Économie, Sociologie et Histoire du monde contemporain

Florent Aubry-Louis
Agrégé de sciences économiques et sociales
Professeur de classes préparatoires au lycée Gustave-Flaubert (Rouen)

Pierre-André Corpron
Agrégé de sciences économiques et sociales
Professeur de chaire supérieure au lycée Jean-Baptiste-Corot (Savigny-sur-Orge)

Rémi Darfeuil
Agrégé de sciences économiques et sociales
Professeur en classes préparatoires au lycée Janson-de-Sailly (Paris)

Daniel Didier
Agrégé de sciences économiques et sociales
Professeur en classes préparatoires au lycée Jean-Baptiste-Corot (Savigny-sur-Orge)

Stéphane Moussiegt
Agrégé de sciences économiques et sociales
Professeur en classes préparatoires au lycée militaire de Saint-Cyr (Saint-Cyr-l'École)

Patrice Pourcel
Agrégé de sciences économiques et sociales
Professeur en classes préparatoires à l'Institut Stanislas (Cannes)

Mickaël Sylvain
Agrégé de sciences économiques et sociales
Professeur en classes préparatoires au lycée Gustave-Flaubert (Rouen)

Sandrine Yvaniès
Agrégée de sciences économiques et sociales
Professeur de chaire supérieure au lycée Saint-Charles (Marseille)

Ouvrage dirigé par
Pierre-André Corpron

Bréal

ISBN 978 2 7495 3669 9

www.editions-breal.fr

AVANT-PROPOS

Ce manuel est conforme au programme d'Économie, Sociologie et Histoire du monde contemporain enseigné dans les classes préparatoires économiques et commerciales, voie économique.

Suivant fidèlement le programme des deux années d'enseignement, il permettra aux étudiants d'acquérir les connaissances nécessaires pour se présenter aux concours des écoles de management. Il les accompagnera au cours de leurs années de scolarité en classes préparatoires et au-delà encore, éclairant les grands enjeux et débats contemporains en les replaçant dans leur contexte historique et théorique.

Les auteurs, enseignant tous au niveau du supérieur, et particulièrement en classes préparatoires économiques et commerciales, ont eu à cœur de présenter de manière approfondie les thèmes étudiés, tout en s'assurant de la clarté de l'exposé.

Afin d'apporter le maximum d'éléments nécessaires à la préparation des concours et dans un souci d'efficacité, nous proposons à la fin de chaque chapitre une bibliographie et une chronologie, ainsi que deux sujets d'examen. Une liste exhaustive des sujets posés aux concours depuis 1997 clôture l'ouvrage.

Destiné particulièrement aux étudiants de classes préparatoires, cet ouvrage s'adresse naturellement à tous ceux qui cherchent à comprendre les problèmes économiques et sociaux contemporains.

Pierre-André Corpron

SOMMAIRE

PARTIE I
LES FONDEMENTS DE L'ÉCONOMIE ET DE LA SOCIOLOGIE

1
Les fondements de l'économie
par Mickaël Sylvain

I
Les acteurs et les grandes fonctions de l'économie

II
Le financement de l'économie

III
Les grands courants de l'analyse économique depuis le XVIe siècle

2
Les fondements de la sociologie
par Daniel Didier

I
Objet et méthodes

II
Histoire de la pensée sociologique

3

Entreprise et organisations

par Daniel Didier

I

Les transformations de l'entreprise depuis le XIXe siècle

II

La firme vue par la science économique

III

Éléments de sociologie des organisations

PARTIE II

CROISSANCE ET DÉVELOPPEMENT DU XIXe SIÈCLE À NOS JOURS

1

Croissance et fluctuations économiques depuis le XIXe siècle

par Stéphane Moussiegt

I

La croissance économique depuis le XIXe siècle

2

La dynamique de la mondialisation financière

par Pierre-André Corpron

I

Balance des paiements, taux de change et systèmes de change

II

Évolution du système monétaire international depuis le XIXe siècle

III

Constitution et fonctionnement du marché mondial des capitaux

3

L'intégration européenne

par Florent Aubry-Louis

I

Un projet d'intégration régionale ambitieux

II

La construction d'une gouvernance macroéconomique originale

PARTIE 1

LES FONDEMENTS DE L'ÉCONOMIE ET DE LA SOCIOLOGIE

CHAPITRE 1

LES FONDEMENTS DE L'ÉCONOMIE

I

LES ACTEURS ET LES GRANDES FONCTIONS DE L'ÉCONOMIE

Une manière d'aborder l'économie est de l'appréhender comme un quasi-organisme vivant composé d'organes spécialisés et complémentaires. Si les différents acteurs jouent leur rôle alors l'économie peut se reproduire dans le temps. À l'instar de la comptabilité nationale, s'ensuit ici une approche descriptive de l'économie.

A LES CARACTÉRISTIQUES DES PRINCIPAUX ACTEURS

Les entreprises et les pouvoirs publics sont les deux principaux acteurs. D'autres acteurs sont ensuite présentés.

1. – Les entreprises

Parmi les acteurs et les institutions de l'économie, les entreprises sont les cellules de base de l'activité économique, lieux de formation du profit, et font l'objet d'enjeux de pouvoir entre partenaires sociaux. Pour l'Institut national de la statistique et des études économiques (INSEE), l'entreprise est une entité disposant d'une autonomie de décision dans la production. Non seulement elle peut comprendre un ou plusieurs établissements (la plus petite unité de production géographiquement localisée et juridiquement dépendante de l'entreprise), mais elle peut aussi combiner d'autres entités juridiquement autonomes mais économiquement totalement dépendantes. Cette définition[1] économique plus que juridique de l'entreprise permet de compter pour une entreprise (sens économique) un ensemble composé de plusieurs entreprises (sens juridique). La comptabilité nationale distingue les entrepreneurs individuels et les sociétés non financières.

Les entreprises ont depuis longtemps retenu l'attention des économistes, des sociologues et des historiens (*cf.* partie 1, chapitre 3). Pour ces derniers, les travaux de l'historien américain Alfred Chandler ont joué un rôle déterminant en établissant un lien entre concentration et performances des entreprises, en célébrant les avantages de la grande entreprise et le rôle des managers, cette nouvelle catégorie de patrons non propriétaires. Dans cette perspective, de nombreuses monographies ont été consacrées aux grandes entreprises. Dans un article de 2016 – *Focus* n° 56 –, l'INSEE définit 3 000 entreprises constituant le « cœur de l'économie française » en 2013 : elles réalisent 52 % de la valeur ajoutée marchande, 70 % de l'investissement et 83 % des exportations. Elles emploient 5,1 millions de salariés en équivalent temps plein (ETP), soit près de 20 % de l'emploi total. 240 sont des grandes entreprises, 2 030 entreprises sont de taille intermédiaire (ETI), 590 sont des petites et moyennes entreprises (PME) hors microentreprises, et 140 sont des microentreprises

1 Dans la loi de modernisation de l'économie (2008), l'entreprise est définie dans son article 1 comme « la plus petite combinaison d'unités légales qui constitue une unité organisationnelle de production de biens et services jouissant d'une certaine autonomie de décision, notamment pour l'affectation de ses ressources courantes ».

(PME-MIC). Ces dernières sont en général associées à un groupe (ensemble de sociétés liées entre elles par des participations au capital et contrôlées par une même société). Pourtant, le capitalisme de groupe n'a pas faire disparaître les petites et moyennes entreprises. À l'opposé, 3 millions d'entreprises ne contribuent qu'à hauteur de 14,1 % de la valeur ajoutée et 4,5 % de l'investissement, mais emploient 17 % des salariés en ETP. Même si l'industrie en France connaît un lent repli depuis plusieurs décennies, les 1 140 principales entreprises industrielles représentent environ 40 % des effectifs salariés, de la valeur ajoutée et de l'investissement, ainsi que 69 % des exportations de ces 3 000 entreprises. Enfin, derrière une apparente stabilité du nombre d'entreprises, il faut souligner des changements importants : des entreprises se créent, d'autres disparaissent. La destruction créatrice renouvelle le système productif.

La mondialisation des échanges et la globalisation financière modifient l'horizon de décision des entreprises. Depuis vingt ans, le développement des nouvelles technologies de l'information et de la communication (NTIC) favorise la modularisation du processus productif, c'est-à-dire la segmentation de la production entre plusieurs entreprises spécialisées. Organisée à l'échelle internationale, elle devient une division internationale des processus productifs (DIPP). On utilise aussi l'expression de « firme-réseau » (*cf.* partie 1, chapitre 3) pour traduire ce processus. Une modalité en est l'externalisation qui consiste à faire faire à d'autres entreprises ce que l'entreprise ne fait plus en se recentrant sur son « cœur de métier » (dont elle attend une baisse de ses coûts). La progression rapide des services aux entreprises ces dernières années traduit l'existence d'importants transferts d'activité, par externalisation, de l'industrie vers les services. Selon l'INSEE, de nombreuses filiales tertiaires de grands groupes industriels sont donc à réintégrer dans l'industrie. Ceci augmente en 2009 de 2 points le poids de l'industrie dans l'emploi et même de 4 points son poids dans la valeur ajoutée.

2. – Les pouvoirs publics

L'État exerce un pouvoir politique qui entretient des rapports complexes – et qui ont évolué depuis la révolution industrielle – avec les entreprises, qui détiennent le pouvoir économique en régime capitaliste. Depuis la seconde moitié du XIXe siècle, les interventions économiques et plus encore les interventions sociales de l'État se sont multipliées. La comptabilité nationale distingue les administrations publiques centrales, locales et de sécurité sociale.

De fait, après deux guerres mondiales au XXe siècle pendant lesquelles l'État a dû prendre en main le fonctionnement de l'économie, la vie économique et sociale a été profondément bouleversée par cette intervention, qu'on la mesure par l'ampleur des dépenses publiques (de fonctionnement, d'investissement et de transfert, monétaires ou en nature) ou des prélèvements obligatoires (impôts, cotisations sociales et taxes fiscales). Selon l'OCDE, les dépenses publiques sont passées en France de 11,2 % du PIB en 1880 à 57,4 % en 2014 et les prélèvements obligatoires atteignent 45,5 % du PIB en 2014.

Au-delà de la part des dépenses publiques dans le PIB, les écarts entre pays dans la structure de ces dépenses révèlent des préférences collectives et des articulations État-marché bien différentes. La typologie de R. Musgrave (1959) distingue la fonction d'allocation des ressources (l'État planificateur), de régulation de l'activité économique (l'État keynésien) et de redistribution (l'État providence). Aux États-Unis, la politique économique conjoncturelle est traditionnellement très réactive depuis les années 1960 (régulation), mais l'État laisse en revanche très largement au fonctionnement de l'économie de marché le soin d'allouer les ressources et n'intervient que très peu au titre de la redistribution. La spécificité européenne par rapport aux États-Unis apparaît dans le développement d'un État providence généreux dans l'après-Seconde Guerre mondiale alors que les inégalités avant redistribution sont plus fortes aux États-Unis et que la mobilité sociale n'y est pas plus élevée. A. Alesina et E. L. Glaeser (*Combattre les inégalités et la pauvreté. Les États-Unis face à l'Europe*, 2004) identifient ainsi une redistribution supérieure en Europe. Elle tient à la fois à l'ampleur des dépenses publiques en faveur des pauvres (2/3 de l'écart des 10 points de pourcentage de dépenses publiques entre UE et États-Unis), mais aussi à la progressivité du système fiscal et à la réglementation des marchés en faveur des plus défavorisés.

Depuis les années 1980 cependant, l'intervention économique et sociale de l'État est remise en cause par une triple crise de financement, d'efficacité et de légitimité que P. Rosanvallon a initialement mise en évidence pour l'État providence, mais qui peut être étendue à l'État en général :

- La crise financière : le ralentissement de la croissance, la montée du chômage et dernièrement l'ampleur de la crise économique pèsent sur les recettes et les dépenses du système de protection sociale (le « trou de la Sécu »). L'accumulation récurrente de déficits budgétaires a progressivement élevé la dette publique au point que la question de sa soutenabilité est aujourd'hui posée, pour un certain nombre de pays européens notamment.
- La crise d'efficacité : le système de protection sociale n'a pas empêché le maintien d'inégalités sociales devant la mort et, depuis les années 1990, la protection sociale est de plus en plus perçue comme contre-productive du fait de l'exigence de compétitivité et d'effets pervers (les trappes à pauvreté). Les fréquents échecs des politiques de relance menées par l'État dans les années 1970 ont nourri depuis leur contestation et ont conduit à leur abandon relatif selon les pays (plus en Europe qu'aux États-Unis, notamment).
- La crise de légitimité : l'expansion de la protection sociale depuis 1945 n'a pas été portée par les mouvements sociaux mais décidée par l'État, et la propension à cotiser en fonction de ses revenus (et non pas en fonction de son risque) a fortement baissé. De même, l'école du *Public Choice* a montré (Buchanan et Tullock, 1962) que l'action de l'État, ne serait-ce que dans son action pour la sécurité civile, pouvait obéir à une optimisation politique bien plus qu'économique. Le décideur politique dispose d'une asymétrie d'information qui ne permet pas aux usagers de l'obliger à limiter son budget pour produire les services collectifs.

Néanmoins, la violence de la crise de 2007-2008 a remis en valeur le rôle d'amortisseur social de l'État redistributeur et redonné sa place, au moins aux États-Unis, à la politique budgétaire discrétionnaire.

3. – D'autres acteurs importants

Au-delà des entreprises et des pouvoirs publics, les ménages, les institutions financières et l'extérieur sont des acteurs importants de l'économie.

a. — Les ménages

66,6 millions de personnes habitent dans 29,2 millions de résidences principales en France en 2016, constituant autant de ménages au sens de l'INSEE. Depuis les années 1970, la taille des ménages diminue, passant de 3,1 personnes en moyenne en 1968 à 2,2 personnes en 2013, du fait notamment du vieillissement de la population et de la plus grande fragilité des unions. 90 % des actifs étant salariés au tournant du XXIe siècle, les ménages français sont le plus souvent offreurs de travail sur le marché du travail où ils acquièrent des revenus salariaux leur permettant d'accéder à la consommation de biens et de services marchands vendus par les entreprises. Les ménages sont ainsi au cœur du fonctionnement de l'économie française.

L'accélération de la moyennisation de la société française dans la seconde moitié du XXe siècle (Mendras, 1986) a coïncidé avec le plein-emploi d'actifs organisés syndicalement. Les ménages ont connu alors une forte intégration par le travail professionnel qui en même temps permettait d'accéder à un niveau de vie croissant. Une société de consommation s'est mise en place. Depuis le milieu des années 1980 en revanche, cette dynamique est infléchie. Les inégalités face à l'emploi sont devenues fortes (chômage massif des non-qualifiés, précarisation de l'emploi pour les jeunes, etc.), la désyndicalisation est patente et le ralentissement de la croissance freine la progression du pouvoir d'achat, notamment pour les ménages médians (1,1 % par an contre 1,3 % par an pour le ménage moyen entre 1979 et 2009), pour lesquels le poids des dépenses contraintes (logement, eau, gaz, etc.) a presque doublé depuis 1979 (CREDOC, décembre 2011).

b. — Les banques et les institutions financières

La comptabilité nationale identifie des sociétés financières dont l'activité principale est de financer (c'est-à-dire de collecter, transformer et répartir des moyens de financement) ou de gérer des moyens de financement. Les banques sont des institutions financières de dépôts qui créent de la monnaie par le crédit, mais il existe d'autres institutions financières qui offrent des services d'intermédiation financière en gérant des moyens de financement.

Les activités de ces institutions financières ne sont pas simples à mesurer, à commencer par les activités traditionnelles de collecte de dépôts et d'octroi de crédits, évaluées par une marge d'intérêts réalisée (par exemple, la différence entre le taux d'intérêt du crédit et le taux d'intérêt sur le marché monétaire). Or, le financement externe intermédié a perdu de son importance, une nouvelle forme d'intermédiation s'est développée depuis les années 1980, celle qui consiste, pour les institutions financières, à acheter des titres émis par les entreprises ou collectivités qui désirent se procurer des capitaux et, symétriquement, à se procurer des capitaux en recourant au marché. On parle alors d'intermédiation de marché (*cf.* partie 1, chapitre 2). Les chiffres de la finance peuvent ainsi faire les grands titres des médias sans que ces activités ne soient bien prises en compte par la comptabilité nationale.

Enfin, l'activité bancaire s'est internationalisée. Un peu plus de la moitié des effectifs des grands groupes bancaires français travaillent ainsi dans des filiales à l'étranger. Cette internationalisation s'accompagne d'une concentration bancaire, amorcée dans les années 1990. L'impact de ce processus de concentration sur la solidité du secteur bancaire est pourtant apparu clairement négatif à l'occasion de la crise de 2008 en ayant fait naître des « entités systémiques ». L'instabilité financière menace de plus en plus les économies.

c. — L'extérieur, un nouvel acteur de l'économie

On ne peut plus traiter les relations économiques extérieures comme une annexe de la vie économique nationale. L'étranger, ou le « reste du monde » dans la dénomination de la comptabilité nationale, est devenu un véritable acteur au même titre que les agents intérieurs. La balance des paiements (*cf.* partie 3, chapitre 2) enregistre les opérations avec le reste du monde. Les échanges internationaux de biens et de services se sont développés : le taux d'ouverture de l'économie française a plus que doublé de 1965 à 2015, passant de 13 % à 31,5 % du PIB. L'ouverture concerne aussi les flux de capitaux étrangers. Le solde des investissements directs à l'étranger (IDE) est légèrement débiteur en 2015 de 2 milliards d'euros : les investissements directs français à l'étranger, d'un montant de 33,8 milliards, sont légèrement inférieurs aux investissements directs étrangers en France, évalués à 35,7 milliards. En 2015, le stock d'IDE investis en France la classe à la 8e place selon la CNUCED. Ainsi, les firmes multinationales (FMN) sous contrôle étranger emploient 1,8 million de salariés en France en 2010, soit 12,5 % des salariés des entreprises, tandis que les firmes multinationales sous contrôle français emploient en France 4,9 millions de salariés. 64 % des emplois industriels sont désormais situés dans une multinationale. Cette internationalisation de l'ensemble de l'économie française la rend plus sensible aux chocs qui affectent l'économie mondiale.

Les relations avec l'Europe, et notamment avec l'Allemagne, constituent néanmoins un espace privilégié (2/3 des exportations de l'UE-27 vont vers d'autres États membres). La construction européenne pèse sur les contenus et les modalités de la politique économique en France (*cf.* partie 3, chapitre 3) et constitue un choc d'offre qui contribue à remodeler le capitalisme français en stimulant la concurrence, en encourageant le passage aux grandes unités de production.

B LES GRANDES FONCTIONS DE L'ÉCONOMIE

Depuis J.-B. Say (1803), l'économie « enseigne comment se forment, se distribuent et se consomment les richesses qui satisfont aux besoins des sociétés ».

1. – La production

La production est une activité de création de biens et de services dont l'utilisation va permettre de satisfaire un certain nombre de besoins (consommation). La production est ainsi au cœur d'une économie des besoins, c'est-à-dire de désirs, de manques qui peuvent être comblés par l'utilisation de biens et de services rares (disponibles en quantité limitée car produits par les hommes). Depuis la naissance de la science économique avec l'œuvre d'Adam Smith, *La Richesse des nations* (1776), la production constitue donc la richesse d'une collectivité.

a. — La mesure de la production par le PIB

Des travaux de Kuznets au début des années 1930 aux États-Unis jusqu'à nos jours, la mesure de la production par le PIB a intégré progressivement, au-delà des seuls biens, les services marchands (transports, assurances, commerce, etc.) puis les services non marchands (santé, éducation, etc.). En 1976, le passage de la production intérieure brute au produit intérieur brut a ainsi consisté à prendre en compte les services non marchands en les évaluant à leur coût de production par des administrations publiques les mettant souvent gratuitement à disposition.

Le PIB est la somme des VAB des secteurs institutionnels résidents – c'est-à-dire qui, quelle que soit leur nationalité, ont leur activité économique depuis au moins un an sur le territoire économique national –, augmentée de la TVA et des droits de douanes. Le PNB mesure la seule création de valeur des unités nationales, quelle que soit leur implantation, sur le territoire économique national ou non. Pour les membres de la collectivité, le PNB/habitant permet de donner une première mesure du niveau de vie.

Le PIB est calculé en France par la comptabilité nationale sous la responsabilité de l'INSEE. Toutefois, le système statistique mis en place est largement harmonisé au niveau international, puisque la comptabilité nationale en France obéit aux normes édictées au niveau mondial par le système de comptabilité nationale (SCN 93), et plus précisément au niveau européen par le système européen des comptes (SEC 95). Les comparaisons internationales en sont facilitées.

Le PIB peut être évalué en valeur ou en volume. Le passage des valeurs au volume suppose d'éliminer l'effet de l'inflation. À ce titre, la mesure du niveau et de l'évolution des prix est un enjeu essentiel de la détermination du PIB en volume. Dans le système de la comptabilité nationale, la valeur de la production marchande s'appuie sur le prix de vente, qui s'entend hors taxes (TVA principalement), mais avec subventions (*cf.* l'agriculture) : c'est le prix de base. De l'après-guerre au début des années 1980, les critiques portent principalement sur la mesure de l'inflation en ce qu'elle sous-estime l'inflation réelle qui rogne le pouvoir d'achat. Dans les années 1990 aux États-Unis en revanche, l'idée se répand que la hausse des prix à la consommation est surestimée. Elle conduit le gouvernement américain à nommer une commission d'experts, présidée par le professeur Boskin. Le rapport, publié en 1996, fait état d'une surévaluation de l'indice des prix de 1,1 % par an (avec un intervalle de confiance assez large allant de 0,8 % à 1,6 %). Cette surévaluation a principalement deux origines :

- une évolution des comportements d'achat des ménages (du recours aux produits « génériques » au *shopping* dans les magasins *discount*), comptant pour 0,5 % ;
- une sous-estimation des innovations affectant un certain nombre de produits, en particulier liés aux technologies de l'information et de la communication, comptant pour 0,6 %.

L'évaluation monétaire de la production marchande d'une économie n'est donc pas si évidente qu'elle peut paraître au premier abord.

b. — La critique du PIB comme indicateur de bien-être

Tout ce qui se vend ajoute au PIB indépendamment de son impact sur le bien-être individuel ou collectif. On ne déduit pas du PIB les dégâts actuels du modèle de croissance, les externalités négatives, de pollution par exemple, et on ajoute en revanche les productions réparatrices : une marée noire augmente ainsi le PIB. En dehors des services non marchands produits par les administrations publiques et privées, tout ce qui est produit et ne se vend pas n'ajoute rien au PIB, même si son impact sur le bien-être est positif : les externalités positives[2], le temps libre, les activités bénévoles et le travail domestique notamment. Dans une évaluation de novembre 2012, l'INSEE estime le travail domestique à 60 milliards d'heures en France, dont la valorisation monétaire au SMIC (dite aux coûts des facteurs) représente 1/3 du PIB.

Le PIB est donc une « convention de richesse » (J. Gadrey) qui mesure imparfaitement le « beaucoup avoir » et assez mal le bien-être, c'est-à-dire la satisfaction de vie. On sait d'ailleurs, au moins depuis les travaux d'Easterlin (1974), que dès lors qu'un seuil de confort matériel est atteint, la satisfaction de vie stagne. Depuis la fin des années 1960, les Américains sont même 1/3 de moins à se dire « heureux » alors que le PIB/habitant a dans le même temps poursuivi sa progression. Cette divergence entre la progression des revenus et du produit intérieur brut (PIB) par habitant, d'une part, et du bien-être, c'est-à-dire l'évaluation subjective de sa satisfaction personnelle, d'autre part, s'explique par deux facteurs principaux :

- d'abord, toute richesse est relative, au fil de la croissance économique, les aspirations personnelles sont constamment relevées à la hausse ;
- ensuite, la richesse n'est pas tout : le bien-être personnel dépend également de quantité de facteurs plus ou moins éloignés de la croissance économique proprement dite, comme les risques de la vie quotidienne, les conditions de travail, le lien social, la santé, l'environnement ou la qualité de la gouvernance.

---

2 Lorsque vos voisins font ravaler les façades de leurs maisons, ils augmentent un peu la valeur de votre maison en donnant aux potentiels acheteurs une impression favorable sur le quartier.

Depuis 1990, le Programme des Nations unies pour le développement (PNUD) élabore de nouveaux indicateurs de développement dont l'IDH est le plus connu. Les travaux d'Amartya Sen, Prix Nobel 1998, ont servi de base à sa construction. L'IDH est un indicateur composite de trois indicateurs : de santé (espérance de vie), d'éducation (durée moyenne et attendue de scolarisation) et de niveau de vie (RNB/habitant en PPA). En 2011, la France est classée 20e selon cet indicateur de l'IDH, loin derrière les pays d'Europe du Nord, notamment du fait d'une durée de scolarisation plus faible. Néanmoins, l'IDH est peu classant pour les pays à IDH élevé, les trois quarts des pays ayant un IDH faible ou moyen. Visant ces pays, des indicateurs spécifiques sur la pauvreté, les inégalités, notamment de genre, ont été développés depuis 1995 : l'IDH ajusté aux inégalités, l'indicateur de pauvreté multidimensionnelle et l'indicateur de genre.

Le paradoxe d'Easterlin (1974), le développement des inégalités intranationales au sein de l'OCDE depuis les années 1980 (OCDE, 2011), mais aussi l'affirmation de la problématique du développement durable suscitant un scepticisme croissant autour de la réduction de la richesse et du bien-être au PIB, d'autres indicateurs ont été construits ces dernières années (*cf.* Jean Gadrey et Florence Jany-Catrice, *Les Nouveaux Indicateurs de richesse*, 4e édition, 2016) :

- les indicateurs composites à dominante sociale : l'indice de santé sociale, le BIP 40, l'indice de sécurité personnelle ou la mesure du « bien-être économique » par Nordhaus et Tobin ;
- les indicateurs à dominante environnementale : le PIB vert, l'indice de bien-être économique durable (IBED), l'indicateur d'épargne véritable de la Banque mondiale, l'empreinte écologique ou l'indice du bien-être économique d'Osberg et Sharpe.

La commission Stiglitz-Sen-Fitoussi (2008), officiellement nommée « commission sur la mesure des performances économiques et du progrès social », a développé une réflexion sur les moyens « d'échapper à une approche trop quantitative, trop comptable de la mesure de nos performances collectives » et d'élaborer de nouveaux indicateurs de richesse. Elle a rendu son rapport final le 14/09/2009, dans lequel elle fait des recommandations visant à dépasser le PIB pour retenir le bien-être, dans une approche pluridimensionnelle, tant objective que subjective, mais aussi d'évaluer la soutenabilité du bien-être, c'est-à-dire qu'il puisse être maintenu dans le temps et transmis aux générations futures sans pressions environnementales excessives. Un tableau de bord peut offrir une présentation synthétique du suivi d'un ensemble d'indicateurs du bien-être matériel, de la qualité de vie et de la soutenabilité (rapport du CAE, n° 95, décembre 2010, p. 44).

2. – La répartition : primaire et secondaire

Les revenus primaires sont versés aux facteurs de production (travail et capital) pour leur contribution à la production. La croissance économique élève donc *a priori* les revenus et le niveau de vie. Néanmoins, le revenu disponible pour la consommation dépend aussi de l'action redistributive opérée par les pouvoirs publics. Elle modifie une répartition primaire des revenus jugée souvent trop inégalitaire.

a. — La répartition primaire des revenus et le partage de la valeur ajoutée

En soustrayant à la valeur de la production les consommations intermédiaires qu'elle a nécessitées, on calcule la valeur ajoutée qui mesure la création de richesse imputable aux différents acteurs de la production :

- les salariés perçoivent des salaires ;
- les apporteurs de capitaux touchent des dividendes, des intérêts, des loyers, etc. ;
- l'État prélève des impôts sur la production.

Le partage entre salaires et profits caractérise donc fondamentalement la répartition primaire des revenus, mais aussi révèle des types d'économie. Une économie d'exportation comme l'économie allemande privilégie les profits, car « les profits d'aujourd'hui font les investissements de demain et les emplois d'après-demain » selon le théorème du chancelier Helmut Schmidt. Les débouchés sont recherchés d'abord à l'étranger, de sorte que la hausse des salaires ne peut être qu'une conséquence et non une cause de la croissance. En revanche, une économie d'abord centrée sur elle-même, comme l'économie française jusqu'à ces dernières années, donne la priorité aux salaires dans le partage de la valeur ajoutée car elle alimente le dynamisme de la consommation des ménages, donc accroît les débouchés internes pour la production : l'augmentation des salaires est une cause et non une conséquence de la croissance.

Cette opposition dans la priorité à avoir dans le partage de la valeur ajoutée recouvre en partie une opposition théorique en macroéconomie, respectivement entre classiques et keynésiens. Elle est inaugurée en Angleterre en 1815 lors du débat sur les *corn laws* entre D. Ricardo et T. R. Malthus : pour Ricardo, l'élimination des droits de douane pesant sur les importations de blé permettrait de faire baisser le prix du blé, donc le prix du pain, et par là les salaires versés par les entrepreneurs capitalistes. Un partage des profits en leur faveur soutient l'investissement et la croissance. En revanche, Malthus met en avant une autre conséquence du démantèlement des droits de douane sur le blé : l'effondrement des rentes des propriétaires fonciers, donc de leur demande et des débouchés pour les entreprises. La croissance nécessite une demande effective pour laquelle, à l'époque, celle des propriétaires fonciers est cruciale (*cf. infra*, III. B. pour plus de détails).

b. — Éclipse et réapparition de l'antinomie entre salaires et profits depuis 1945

Cette antinomie entre salaires et profits a cependant été surmontée au cours des Trente Glorieuses (1945-1975). Selon l'école française de la régulation, dont R. Boyer est l'un des principaux représentants, la hausse des profits alimente l'investissement qui permet des gains de productivité (« production de masse ») dont la distribution est organisée en augmentation de salaires (« convention fordienne ») qui ouvrent les débouchés nécessaires (« consommation de masse ») et une nouvelle hausse des profits. Le partage de la valeur ajoutée cesse d'être conflictuel car la progression des salaires est organisée par les négociations collectives des partenaires sociaux (patronat et syndicats de salariés) et le soutien de l'État providence aux bas salaires (création du SMIG en 1950, du SMIC en 1970). Il est légitimé par la croissance économique rapide qui l'accompagne jusqu'aux débuts des années 1970.

L'ouverture progressive des économies puis la mondialisation ont détruit le cadre national dans lequel les évolutions de la production, des revenus et des débouchés avaient été rendues compatibles par les institutions mises en place progressivement après la guerre. L'argumentation classique a depuis tendance à s'imposer : dans la concurrence pour les débouchés extérieurs, les salaires sont d'abord un coût et les profits une ressource pour l'investissement et la croissance. Le ralentissement de plus en plus marqué de la croissance en France depuis les années 1970 aurait donc pour cause une part excessive des salaires dans la valeur ajoutée.

L'intégration européenne conduit à ce que le marché européen soit désormais le niveau pertinent de coordination de l'offre, des revenus et de la demande (2/3 du commerce extérieur en Europe est intraeuropéen). En l'absence d'institutions de coordination, la croissance européenne est victime d'une externalité négative de demande que le marché unique ne parvient pas à internaliser : la baisse de la part des salaires dans la valeur ajoutée des années 1980 en France et dans les années 2000 en Allemagne limite les débouchés et produit en partie le ralentissement de la croissance. L'augmentation de la part des profits dans la valeur ajoutée en France n'est donc pas une condition suffisante de l'investissement et de la croissance.

c. — La redistribution modifie une répartition primaire trop inégalitaire

La redistribution modifie sensiblement la répartition primaire des revenus au motif en général que les inégalités de revenus primaires sont excessives. La distribution des revenus ne peut pas alors être laissée au fonctionnement libre de l'économie de marché, l'État et les pouvoirs publics doivent intervenir. Il demeure que cette intervention est plus limitée dans les pays anglo-saxons que dans les pays d'Europe du Nord ou continentale (France, Allemagne).

En France, l'action redistributive relativement forte opérée par les pouvoirs publics passe tout à la fois par des revenus de transfert (indemnités chômage, retraites, allocations familiales, etc.), des prélèvements obligatoires (cotisations sociales, impôt sur le revenu, sur les sociétés, etc.) et des règles institutionnelles contraignant la fixation des revenus primaires, comme le SMIC. Le développement de l'État providence après la Seconde Guerre mondiale s'est organisé autour de la Sécurité sociale, un système d'assurances sociales financé conjointement par les entreprises et les salariés au moyen de cotisations sociales ouvrant des droits à percevoir les revenus de transfert en cas de réalisation du risque social. C'est donc au départ un système contributif et de mutualisation, et non d'assistance sociale.

Les modifications de la répartition primaire des revenus opérée par le marché sont ainsi sous-tendues par des conceptions de la justice sociale (*cf.* partie 4, chapitre 3) et des modes de régulation différents géographiquement (B. Amable, *Les Cinq Capitalismes*, 2005 : néolibéral, continental européen, social-démocrate, méditerranéen et asiatique), mais aussi différents historiquement (capitalisme fordiste puis actionnarial dans la seconde moitié du XXe siècle). Depuis les années 1980, les politiques de l'offre (de libéralisation et d'activation) se sont imposées dans tous les pays de l'OCDE, occasionnant une nouvelle hausse des inégalités des revenus presque partout (OCDE, 2011) par le recul des actions redistributives (revenus de transfert moins généreux, prélèvements obligatoires moins progressifs, déréglementation de la relation salariale).

3. – Consommation, épargne, investissement et échanges extérieurs

En dépensant les revenus, les productions sont acquises pour être utilisées à divers titres (consommation, investissement) et par différents acteurs nationaux ou étrangers (échanges extérieurs). Le système financier permet de désynchroniser les ressources et les dépenses en reportant dans le futur des revenus présents par l'épargne ou en transférant des revenus futurs aujourd'hui, *via* le crédit par exemple.

a. — L'évolution de la consommation et les comportements de consommation

Pour J.-B. Say, « consommer, c'est détruire l'utilité qui est dans un produit, et par là lui ôter la valeur que cette utilité lui donnait ». L'INSEE peut ainsi distinguer les biens, produits matériels, selon leur rythme de disparition : non durables (alimentation), semi-durables (habillement) et durables (automobile). Les services sont des produits immatériels dont la consommation est souvent concomitante de sa production : un service de transport est consommé en même temps qu'il est produit, il en est de même pour le cours d'un enseignant. La comptabilité nationale mesure la « consommation effective » des ménages en ajoutant aux dépenses payées par le ménage

(« dépense de consommation ») les sommes engagées par les administrations publiques et privées pour la santé, l'éducation, le logement et la culture qui sont individualisables.

Depuis le XIXe siècle, la consommation a fortement augmenté et sa structure s'est modifiée. La croissance économique élargit l'accès aux biens et aux services. À l'issue d'une étude sur le budget de 157 familles belges, le statisticien E. Engel met en évidence en 1857 que la hausse du revenu s'accompagne de la baisse de la part de la consommation alimentaire dans celui-ci (1re loi d'Engel). À mesure que le pouvoir d'achat des ménages augmente, ils diversifient leur consommation au-delà des « biens de première nécessité ».

Pendant l'entre-deux-guerres, avec le triomphe du taylorisme et du fordisme aux États-Unis, une production de masse se met en place. Les débouchés sont assurés par une consommation de masse de biens d'équipement ménager (réfrigérateur, lave-linge, etc.) et d'automobiles dont la solvabilisation est permise par le compromis fordien (5 $ par jour chez Ford en janvier 1914) et le développement du crédit à la consommation. Les actifs américains, puis européens après la Seconde Guerre mondiale, se définissent de plus en plus par leur consommation ; c'est l'avènement d'une « société de consommation » (J. Baudrillard, 1970) où la consommation est une communication de signes, un moyen de différenciation symbolique au service de la construction des identités. Derrière l'uniformisation que représente la consommation de masse, sont à l'œuvre des stratégies de différenciation menées et constamment renouvelées par les milieux sociaux les plus favorisés au service du maintien de leur « distinction » (Bourdieu, 1979). La sociologie insiste donc sur les contraintes sociales pesant sur les choix de consommation.

La microéconomie standard fait en revanche du consommateur un individu rationnel et souverain qui fait des choix optimaux de consommation en égalisant les utilités marginales pondérées par leurs prix (W. S. Jevons, 1872). Certes, la société de consommation offre *a priori* de nombreuses opportunités de consommation pour les individus, mais encore faut-il que le revenu courant ne soit pas une contrainte trop forte pour eux. Pour Keynes, la consommation varie en effet avec le revenu courant, quoique dans des proportions moindres (Keynes, 1936) : c'est la « loi psychologique fondamentale ». M. Friedman défend au contraire que la consommation est largement indépendante du revenu courant puisque les individus peuvent transférer du revenu dans le temps. Elle dépendrait surtout du revenu permanent, c'est-à-dire des revenus touchés sur l'ensemble du cycle de vie. Cependant, les contraintes de liquidité sont inégales selon les individus et le développement du système financier : pour les ménages les plus défavorisés, la consommation est plus fréquemment contrainte par le revenu courant.

b. — Épargne et investissement

L'épargne est la partie non consommée du revenu. La comptabilité nationale définit ainsi l'épargne brute des ménages comme la différence entre leur revenu disponible brut (RDB) et leur consommation finale. Le taux d'épargne (EB/RDB) est de 14,5 % en 2015. L'épargne non financière consiste en l'investissement en logement et l'épargne financière en placements et avoirs liquides. Les entreprises épargnent une partie de leurs profits pour financer des investissements (autofinancement), mais ont en général besoin de faire appel à des financements externes (*cf. infra*, II. C.). L'investissement productif des entreprises est mesuré par la formation brute de capital fixe (FBCF) dans la comptabilité nationale. Le taux d'investissement des entreprises (FBCF/VA) est de 21,5 % en 2015.

Pourtant, le lien entre épargne et investissement fait l'objet d'une opposition entre théorie classique et théorie keynésienne.

Pour les classiques (*cf. infra*, III. B.) et les néoclassiques, l'épargne est un préalable à l'investissement. Chez les néoclassiques, le taux d'intérêt équilibre la demande de fonds (l'investissement) et l'offre de fonds (l'épargne) sur le marché des fonds prêtables. Le taux d'intérêt est ainsi, du point de vue de l'épargnant, le prix de la renonciation à la consommation, et du point de vue de l'investisseur le coût de financement de l'investissement. Leurs intérêts égoïstes antagonistes sont donc réconciliés par le marché qui détermine un taux d'intérêt d'équilibre. Dans le modèle néoclassique de croissance de Solow (*cf.* partie 2, chapitre 1), le taux d'épargne détermine le taux d'investissement, donc le niveau de PIB/habitant que l'économie pourra atteindre. Un partage de la valeur ajoutée en faveur des profits permet aux entreprises d'épargner, donc d'investir, et la libéralisation financière doit leur favoriser l'accès au moindre coût à l'épargne (Gurley et Shaw, 1960).

Pour les keynésiens (*cf. infra,* III. C.), l'investissement crée l'épargne dont il a besoin. Les décisions d'investissement des entreprises sont premières. Elles sont fondées sur la demande anticipée. Si les entreprises sont optimistes sur leurs débouchés, elles mettent en route des plans de production ambitieux et investissent. Par l'effet multiplicateur du revenu, l'épargne dégagée *ex post* permet de financer les investissements décidés *ex ante*. Le marché des fonds prêtables n'existe pas au sens où le taux d'intérêt est fixé sur le marché de la monnaie, il est le prix de la renonciation à la liquidité. Il ne fait donc que déterminer la forme de l'épargne -entre monnaie et actifs, et non son montant. Si la demande effective est insuffisante, l'État peut en conséquence décider d'investissements publics, voire d'une socialisation de l'investissement (Keynes, 1936), pour maintenir un équilibre économique de plein-emploi.

c. — Les échanges extérieurs : les relations commerciales et financières avec le reste du monde

En comptabilité nationale, le reste du monde désigne l'ensemble des agents non résidents, c'est-à-dire qui n'ont pas d'activité économique sur le territoire économique national. Les agents résidents entretiennent des relations économiques, commerciales et/ou financières, avec ces agents non résidents à l'occasion, respectivement, d'exportations et d'importations de biens et de services et/ou de mouvements de capitaux liés à divers motifs (investissements à l'étranger, de portefeuille, de crédits, etc.). La balance des paiements (*cf.* partie 3, chapitre 2) est le document comptable qui retrace l'ensemble de ces opérations entre résidents et non-résidents.

Bien sûr, les opérations sur biens et services peuvent être déséquilibrées et donner lieu à un excédent ou à un déficit courant[3]. En 2015, le déficit commercial de l'économie française, c'est-à-dire l'excès des importations de biens par rapport aux exportations de biens, s'élève à 24 milliards d'euros et alimente un déficit courant de 4,4 milliards d'euros.

À défaut de financer les importations par des exportations suffisantes, il ne reste que trois solutions :

- payer comptant en puisant sur les réserves de devises, ce qui a l'inconvénient de dépendre de la quantité de réserves et n'est, de toute manière, pas soutenable ;
- payer à crédit en empruntant en devises à l'étranger, ce qui devient de plus en plus difficile à mesure que la dette augmente ;
- obtenir des entrées de capitaux, mais qui peuvent être plus ou moins stables, respectivement des investissements directs à l'étranger et des investissements de portefeuille.

3 En première approximation ici, on peut assimiler les transferts de revenus (les bénéfices réalisés à l'étranger par des entreprises françaises et rapatriés en France, notamment) à des services.

Les premiers ne posent pas de réels problèmes au premier abord, les seconds peuvent se révéler en revanche assez volatils et ne pas constituer en conséquence une ressource de financement pérenne.

Depuis la fin des années 1990, la mondialisation, au sens ici de l'ouverture commerciale et financière croissante des économies, a favorisé les déséquilibres courants. Le déficit courant américain et l'excédent commercial chinois atteignent chaque année depuis plus de dix ans plusieurs centaines de milliards de dollars. L'économie chinoise dégage des excédents commerciaux colossaux qui lui permettent de financer le développement de son activité économique (aspect offre) tout en achetant massivement l'endettement privé et public américain afin de contenir la dépréciation du dollar, maintenir sa compétitivité-prix et donc assurer les débouchés américains (aspect demande). Devant l'incapacité des pays émergents tels que la Chine à enclencher une dynamique de consommation en mettant en place les conditions d'un développement de la demande intérieure (crédit à la consommation, négociation centralisée des salaires, protection sociale), le déficit courant des États-Unis apparaît aujourd'hui comme une condition de la croissance mondiale. Sa réduction depuis la crise de 2008 est d'ailleurs en partie à l'origine du ralentissement de la croissance chinoise.

II

LE FINANCEMENT DE L'ÉCONOMIE

La monnaie est l'ensemble des liquidités permettant les transactions marchandes, sur biens et services comme sur actifs. Le financement est le problème posé par l'absence de parfaite adéquation entre les dépenses et les revenus des différents acteurs, les laissant face à un besoin ou une capacité de financement. Bien sûr, ces deux questions sont liées ne serait-ce que du fait que les banques créent de la monnaie en accordant des crédits qui constituent un moyen de financement.

A FORMES ET FONCTIONS DE LA MONNAIE

À quoi sert et à quoi ressemble la monnaie ?

1. – L'approche fonctionnaliste de la monnaie

Pour de nombreux économistes, la question pertinente que l'on doit se poser s'agissant de la monnaie n'est pas celle de sa nature, mais de sa fonction.

a. — Trois fonctions pour la monnaie

Depuis Aristote, trois fonctions habituelles de la monnaie sont avancées :

(a) *l'unité de compte :* la monnaie facilite l'évaluation relative des biens et des services, et simplifie par là les échanges par rapport au troc. Dans une économie à n biens en effet, seuls (n-1) prix exprimés dans le prix du numéraire sont nécessaires au lieu de n(n-1)/2 prix[4] dans le cas du troc ;

(b) *l'intermédiaire des échanges, ou équivalent général :* la monnaie permet de dissocier les échanges dans le temps et dans l'espace par rapport au troc, là où le troc nécessite la « double coïncidence des désirs », c'est-à-dire que les individus possèdent chacun le bien désiré par l'autre et qu'ils soient d'accord sur le rapport d'échange des deux biens ;

(c) *une réserve de valeur :* la fonction précédente impose que la monnaie conserve sa valeur au cours du temps. En conséquence, est-ce une qualité ou une fonction de la monnaie ? Les économistes sont partagés. Clairement, on échange un bien contre de la monnaie parce que le pouvoir d'achat de celle-ci se maintient dans le temps et permet d'acheter demain un autre bien : lorsque la monnaie perd de sa valeur dans le temps, il y a un risque de fuite devant la monnaie.

Défendant cette approche fonctionnaliste de la monnaie, les économistes néoclassiques font de celle-ci un objet économique régi comme les autres par la loi de l'offre et de la demande, à ceci près qu'elle n'est pas demandée pour elle-même (donc pour être consommée), mais pour le service qu'elle rend, celui d'intermédiaire des échanges. Fondamentalement en conséquence, comme

4 Dans une économie à 10 biens, on diminue donc le nombre de prix de 45 à 9, mais dans une économie à 100 biens, de 4 950 à... 99 ! Plus le nombre de biens échangés est élevé, plus l'avantage à l'utilisation d'un numéraire est évident.

l'écrit John Stuart Mill en 1848 dans ses *Principes d'économie politique*, « il n'est pas dans l'économie d'une société quelque chose de plus insignifiant que la monnaie ». Pourtant, dans la lignée de J. M. Keynes, nombreux sont les économistes à contester cette position : s'appuyant au contraire sur la fonction de réserve de valeur de la monnaie, ils en font un lien entre présent et futur au cœur d'une économie monétaire de production marquée par l'incertitude.

b. — Un long processus de dématérialisation de la monnaie dans nos économies

Entre 1950 et 2000, la part des pièces et des billets est passée de 51 % à 16 % de la monnaie pendant que celle des dépôts à vue progressait symétriquement de 49 % à 84 %. La monnaie que nous utilisons aujourd'hui est donc principalement scripturale, c'est-à-dire *via* des jeux d'écriture sur les comptes courants que nous détenons dans les banques. Des moyens de paiement (chèques et cartes bancaires principalement) font circuler cette monnaie scripturale. Certes, subsistent les pièces et les billets en euros émis par la Banque centrale européenne (BCE), mais ils n'ont qu'une valeur faciale : ils constituent une monnaie fiduciaire, c'est-à-dire qui repose sur la confiance en sa valeur. La monnaie est donc largement dématérialisée.

La monnaie n'étant qu'un intermédiaire des échanges dans la conception fonctionnaliste de la monnaie, il est logique que des formes de plus en plus dématérialisées se substituent aux précédentes, moins dématérialisées, et donc moins faciles d'usage. Ainsi, la monnaie fut un temps une monnaie marchandise (les coquillages ou le sel, par exemple), mais elle a bientôt été remplacée par une monnaie métallique, dès lors que les métaux précieux devenaient monnaies par le privilège de la frappe des souverains. La banque est alors gardienne des espèces métalliques. Les banques veillent sur les lingots et pièces d'or, et en échange remettent aux déposants des certificats d'or, représentatifs de la monnaie métallique. Ces récépissés ont autant de valeur que l'or mais sont plus maniables : ils remplacent progressivement l'or dans la circulation monétaire.

Les banques se rendent rapidement compte que les demandes de conversion en or des certificats de dépôt sont faibles et que des nouveaux dépôts d'or viennent largement compenser les retraits. Les banques prêtent alors une partie de l'or déposé contre une commission en exigeant une garantie, puis, à mesure que la circulation des certificats d'or augmente, vont pouvoir prêter directement des certificats d'or qu'elles créent sans autre contrepartie que la promesse du remboursement. Ces derniers prennent bientôt le nom de billet de banque dont l'invention est attribuée au banquier suédois Johan Palmstruch vers 1650. Évidemment, rien ne permet de distinguer les Billets de Banque émis contre un dépôt d'or préalable et ceux émis contre la promesse d'un remboursement : tous sont convertibles en or, ce qui fonde la confiance. Tant que la confiance est là, les billets circulent, c'est-à-dire constituent une monnaie fiduciaire. Mais des crises de confiance interviennent régulièrement car la création monétaire des banques comporte un risque d'illiquidité. La définition de règle de couverture, voire la déclaration par l'État du cours légal et forcé des billets de banque viennent limiter ces crises de confiance.

La circulation des billets dans l'économie se généralise. L'utilisation de l'or ne concerne bientôt plus que les règlements interbancaires. Mais les coûts et les risques associés aux déplacements d'or incitent les banques à trouver un autre moyen d'effectuer ces règlements interbancaires. Par exemple, utiliser les billets émis par une banque jouissant d'une réputation et d'une confiance sans faille : c'est ainsi que les billets de cette banque sont bientôt détenus au même titre que l'or par les autres banques pour effectuer la compensation interbancaire. Le système bancaire se hiérarchise en une banque centrale et des banques de second rang. Ainsi, à la convertibilité-or se substitue progressivement la convertibilité en billets de la banque centrale, « aussi bons que l'or ». Les billets des banques de second rang deviennent inconvertibles en or car convertibles en monnaie centrale.

En Europe, la banque centrale est une banque comme les autres qui est simplement sortie du lot : elle entretient des relations privilégiées avec l'État, qu'elle soit nationale ou qu'elle reste privée. Elle peut soutenir l'État et recevoir en échange le monopole d'émission qui, de fait, devient de droit. C'est le cas de la Banque de France : créée en 1800 par Napoléon, elle détient le monopole d'émission du franc, d'abord pour Paris en 1803 puis pour l'ensemble du territoire en 1848. Elle le conserve de 1848 à la naissance de l'euro. Au moment des guerres, l'État est souvent amené à déclarer le cours forcé – c'est-à-dire l'abandon de la convertibilité-or – et légal de tous les billets de banque : c'est le cas en France sous John Law en 1719, mais aussi entre 1848 et 1850, 1870 et 1878, 1914 et 1928, et définitivement depuis 1936. Dans ces cas, les billets de banque centrale sont une pure monnaie fiduciaire inconvertible.

Dépourvues de la possibilité de créer des billets de banque à partir de la seconde moitié du XIXe siècle, les banques de second rang développent de plus en plus une monnaie scripturale : le chèque, légalisé en France en 1865, permet de faire circuler cette monnaie qui consiste en un jeu d'écriture comptable. Les banques créent la monnaie scripturale en contrepartie d'une créance, c'est-à-dire de la reconnaissance de dette d'un agent économique, et la détruisent à mesure des remboursements du crédit par l'agent. Les crédits font les dépôts. La masse monétaire est aujourd'hui composée pour l'essentiel de la monnaie scripturale émise par les banques de second rang en contrepartie de crédits, et de la monnaie centrale, fiduciaire, créée par la banque centrale.

2. – La monnaie comme institution politique et sociale

La clé de voûte de cette émission monétaire – hier le souverain, aujourd'hui la banque centrale – est la garantie politique et juridique. Pour l'économiste allemand Knapp (*Théorie étatique de la monnaie*, 1905), la monnaie est donc « une création de la loi ». Plus exactement, il y a monnaie lorsque les trois conditions suivantes sont remplies : la monnaie apparaît lorsque l'État sélectionne une certaine unité de valeur et proclame sa validité ; l'État accepte de manière inconditionnelle cette monnaie ; cette monnaie est séparée de toute valeur intrinsèque. Cette définition institutionnaliste de la monnaie a l'avantage d'introduire un acteur majeur, l'État, mais le double inconvénient de ne reconnaître que la seule monnaie exogène créée *ex nihilo* par l'État ou la banque centrale, et de postuler que l'État l'impose aux acteurs.

Or, plus que l'État, c'est la société tout entière qui fonde une communauté de paiement, c'est-à-dire qui définit l'espace au sein duquel la monnaie est acceptée. Pour les anthropologues et les historiens, la fonction de la monnaie est même immédiatement sociale avant d'être marchande. Le troc de marchandises contre d'autres marchandises s'efface largement devant des échanges cérémoniels dont la logique est souvent ostentatoire : pour affirmer sa supériorité, on se doit de donner davantage que l'on reçoit. Les monnaies des sociétés dites primitives, les paléomonnaies, avaient ainsi avant tout une fonction sociale et politique (Courbis, Froment, Servet, « Enrichir l'économie politique de la monnaie par l'histoire », *Revue économique*, n° 2, 1991). Contrairement à l'approche fonctionnaliste, la monnaie ne s'autonomise pas des autres biens pour en faciliter les échanges. L'origine marchande de la monnaie paraît ainsi très improbable.

Dans la lignée des travaux du philosophe René Girard, M. Aglietta et A. Orléan (*La Violence de la monnaie*, 1982) voient dans la monnaie un moyen de sublimer la violence et de stabiliser le lien économique et social. En effet, R. Girard (*La Violence et le Sacré*, 1972) affirme que les sociétés se formant et se pacifiant par un processus de dérivation de la violence sur un bouc émissaire, la monnaie est absolument nécessaire à la constitution de la société. Au lieu de tuer un rival, on lui prend son argent – sans forcément le tuer, car la monnaie est le pouvoir substantialisé. La monnaie est ainsi un moyen de substituer l'échange marchand au rapt : elle permet de se procurer légalement ce que l'on souhaite acquérir. Par là, la monnaie exorcise la violence des relations interindividuelles – « la violence à travers la monnaie s'inverse et se concentre en un principe de souveraineté » (Aglietta et Orléan, 1982) – et permet la société. Cependant, la monnaie est ambivalente : elle est au fondement du contrat social, car elle signifie l'appartenance à une même communauté[5], mais c'est aussi sur elle que se fixent les convoitises et les violences.

À l'instar de K. Marx, caractérisant l'avènement du capitalisme par la séparation du travailleur de ses moyens de production, et d'E. Durkheim, mettant en avant l'approfondissement de la division du travail, le philosophe et sociologue G. Simmel (*La Philosophie de l'argent*, 1900) souligne que le processus de différenciation croissante de la société favorise le développement de l'échange marchand, un échange ternaire et non binaire comme l'est le troc, puisqu'il introduit un intermédiaire : le marchand et l'argent. Le développement de l'usage de l'argent est tout à la fois le signe d'une autonomisation croissante de l'individu et de son intégration à une communauté. La monnaie détache l'individu de l'objet, mais oblige la communauté dans son ensemble à rendre à celui qui veut utiliser la monnaie : c'est à la condition que la monnaie dépossède d'autres de leurs biens qu'on accepte la monnaie en échange du bien en notre possession. L'usage de l'argent est le signe de la confiance dans son pouvoir d'achat donc le signe d'une intégration sociale plus encore que le signe de la capacité de l'État à monnayer : « Ce qui libère le particulier peut signifier obligation pour la communauté dans son ensemble. » Avec l'argent, on participe à une communauté, mais en tant qu'individu autonome. L'espace au sein duquel la monnaie est acceptée définit une communauté de paiement. La division du travail peut donc être particulièrement approfondie (Durkheim), le travail social particulièrement divisé (Marx), ces travaux sont rendus comparables et unifiés par la monnaie en ce qu'elle est une « assignation sur la société » (Simmel).

La confiance qui fonde la monnaie ne découle pas d'une foi transcendantale, mais se construit sur l'expérience accumulée : « l'échange est bien plutôt une socialisation » selon Simmel. Cette socialisation crée des attentes réciproques dans la monnaie dont la stabilité va manifester la légitimité de l'ordre social. Inversement, en Allemagne dans les années qui suivirent la défaite de 1918, les tensions très fortes entre les groupes sociaux et la fragilité de la République de Weimar produisent un désordre social dont l'hyperinflation n'est que la traduction monétaire, une « violence de la monnaie » (Aglietta et Orléan).

B LA CRÉATION MONÉTAIRE

Comme souligné plus haut, l'émission monétaire est désormais totalement détachée de l'or. La monnaie est créée par les banques en contrepartie d'une créance sur un agent.

1. – Création et destruction de monnaie

La banque émet une dette en contrepartie de la reconnaissance de dette de cet agent. Pourquoi une telle opération ? La monnaie créée par la banque a simplement un pouvoir libératoire que n'a pas la reconnaissance de dette de l'agent : la monnaie a le pouvoir d'éteindre la dette. C'est une dette qui efface les autres dettes : quel que soit l'échange, réel ou financier, accepter la monnaie de quelqu'un, c'est détenir la dette d'une banque à la place de la dette qu'il avait envers moi.

5 Notamment, la monnaie ne permet pas de tout se procurer. Dans toutes les sociétés, un certain nombre d'échanges marchands sont interdits (les échanges de sang et d'organes en France restent des dons, par exemple).

Prenons un exemple : le client 1 de la banque A, noté 1A, a besoin de 1 000 euros pour régler un achat. Il reconnaît une dette de 1 000 euros auprès de sa banque et s'engage à la rembourser dans un an : la banque lui fait crédit de 1 000 euros, c'est-à-dire qu'elle reconnaît une dette envers l'individu 1A. Pour 1A, l'intérêt est qu'il a désormais une reconnaissance de dette de la banque A de 1 000 euros en sa possession, or celle-ci est acceptée de tous... au lieu de la sienne, acceptée par personne. La banque A accepte évidemment cette opération car elle lui rapporte l'intérêt.

Faisons comme s'il n'y en avait pas. Alors ?

Le client 1A signe un chèque de 1 000 euros tiré sur la banque A et le remet à son fournisseur, qui l'accepte évidemment puisqu'il y a la signature de la banque. Lui-même, individu 2B, remet ce chèque à sa propre banque B, qui lui reconnaît alors une dette de 1 000 euros en créditant son compte de 1 000 euros. Les crédits font donc les dépôts.

La quantité de monnaie dans l'économie a ainsi été augmentée du montant du crédit accordé par la banque A à son client 1, du moins tant qu'il n'a pas remboursé son emprunt. Le remboursement occasionne la destruction de ce supplément de monnaie.

En conséquence, les chèques modifient à la fois la situation des individus, mais aussi celle des banques : toute avance qu'une banque fait à ses clients est dépensée en totalité (comme ici) ou en partie auprès d'autres banques. La banque B détient une reconnaissance de dette de la banque A qu'elle a acceptée de porter puisqu'elle a reconnu elle-même en contrepartie une dette envers son client 2B. En général, la banque B accepte les chèques venant de A car la réciproque est vraie. Pourtant, comme ici, la compensation n'est pas forcément parfaite entre les banques : il se peut que les reconnaissances de dette détenues par une banque soient supérieures à celles détenues par celle-là sur celle-ci. Les banques ne peuvent régler, c'est-à-dire annuler leurs dettes, que s'il existe un moyen de paiement supérieur accepté par toutes les banques : c'est la monnaie banque centrale, la reconnaissance de dette émise par la banque centrale... que les banques de second rang n'ont pas le pouvoir de créer. Elles doivent donc se la procurer auprès de la banque centrale qui la leur fait payer. Or, plus une banque crée de la monnaie scripturale et plus elle est confrontée à des fuites (retraits de billets banque centrale à ses guichets de la part de ses clients, virements au profit de clients d'autres banques, etc.). Sauf à prendre un risque d'illiquidité (la banque manque de monnaie centrale), ces fuites l'obligent à emprunter la monnaie centrale, ce qui augmente le coût de production de son activité bancaire et diminue sa rentabilité.

Le pouvoir de création monétaire des banques n'est donc pas illimité. La quantité de monnaie qui existe dans l'économie est même un multiple de la quantité de monnaie banque centrale.

2. – Multiplicateur, diviseur de crédit et agrégats monétaires

Il est possible d'aborder la création monétaire de deux manières qui s'appuient toutes deux sur l'existence des fuites évoquées ci-dessus : le multiplicateur et le diviseur de crédit. Il restera alors à mesurer la quantité de monnaie par des agrégats monétaires.

a. — Multiplicateur et diviseur de crédit

Reprenons l'exemple précédent de la banque A accordant un crédit de 1 000 euros à son client 1. Si la banque A avait obtenu 1 000 euros en monnaie centrale de la banque centrale et si le coefficient de réserves est de 10 %, alors les fuites en monnaie centrale associées à ce crédit de 1 000 euros ne sont que de 100 euros. La banque A peut donc encore prêter 900 euros de monnaie centrale, qui eux-mêmes n'occasionneront qu'une fuite de 90 euros. Un nouveau prêt de 810 euros est donc envisageable, etc. La création totale de monnaie est donc la somme des termes d'une suite de premier terme 1000 et de raison 0,9, soit : 1000* (1/(1-0,9)) = 10 000 euros ! Le multiplicateur de crédit est donc l'inverse du coefficient de réserve (1/0,1 = 10) : 1 000 euros de monnaie centrale permettent de créer 10 000 euros de monnaie au total.

Le diviseur de crédit est identique : pour 10 000 euros de monnaie créée, 1 000 euros de monnaie centrale devront être fournis par la banque centrale, soit 10 fois moins. Techniquement, le résultat obtenu est le même et dépend du coefficient de réserves nécessaires[6] aux banques, mais son interprétation est opposée. Le multiplicateur de crédit donne à la banque centrale une capacité de contrôle du pouvoir de création monétaire des banques : la plus (ou moins) grande disponibilité de monnaie centrale encourage (ou décourage) les banques à créer de la monnaie. Le diviseur de crédit donne au contraire aux banques l'initiative de la création monétaire : elles créent la monnaie et se retournent vers la banque centrale qui ne peut que satisfaire leurs demandes en monnaie centrale, sauf à faire courir au système bancaire un risque d'illiquidité, donc de crise monétaire.

b. — Les agrégats monétaires

La monnaie n'étant qu'une dette parmi les autres et un actif parmi les autres pour celui qui la possède, la mesure de la quantité de monnaie (la masse monétaire) dans une économie est à géométrie variable.

La mise en place de l'euro a conduit à la définition d'agrégats communs et harmonisés (BCE, 1999). Une mesure étroite de la monnaie, celle qui a un pouvoir libératoire immédiat, tient dans l'agrégat monétaire (M1) ne retenant que les actifs les plus liquides. Une mesure large de la monnaie est donnée au contraire par l'agrégat monétaire (M3) rassemblant aussi des actifs moins liquides (M2-M1) et beaucoup moins liquides (M3-M2). Les agrégats ainsi emboîtés sont classés par ordre décroissant de liquidité. En Europe, la BCE retient l'agrégat M3 comme mesure pertinente de la quantité de monnaie dans l'économie.

Agrégats monétaires pour l'eurosystème en milliards d'euros, fin novembre 2016

<table>
<tr><th colspan="3">M3 : 11 349,4</th></tr>
<tr><th colspan="2">M2 : 10 676,4</th><td rowspan="3">Pensions : 72,6
Titres d'OPCVM monétaires et instruments du marché monétaire : 506,4
Titres de créance (durée ≤ 2 ans) : 94</td></tr>
<tr><th>M1 : 7 156,5</th><td rowspan="2">Dépôts à terme (durée ≤ 2 ans) : 1 347,9
Dépôts remboursables avec préavis ≤ 3 mois : 2 172</td></tr>
<tr><td>Billets et pièces : 1 075,2
Dépôts à vue : 6 081,3</td></tr>
</table>

Source : site Internet de la BCE.

Sous l'appellation d'« institutions financières monétaires » (IFM), la BCE regroupe trois groupes d'institutions : les banques centrales, les établissements de crédit et les autres institutions financières. Ces IFM créent la monnaie en contrepartie des crédits qu'elles accordent aux agents non financiers (les ménages, les sociétés non financières), qui peuvent détenir de la monnaie mais n'en créent pas.

6 La loi impose aux établissements de crédit la constitution de telles réserves indépendamment du besoin qu'elles ressentiraient à en accumuler. Le Conseil des gouverneurs de la BCE du 8 décembre 2011 a ainsi décidé la baisse du taux de réserves obligatoires que doivent constituer les établissements de crédit auprès de la BCE de 2 % à 1 % à partir du 18 janvier 2012.

Les ménages détiennent cependant de moins en moins d'actifs monétaires, définis comme des liquidités destinées à servir de moyens de paiement, en proportion de leur patrimoine financier. L'avènement d'une économie de marchés financiers depuis la fin des années 1980 desserre la contrainte de liquidité des agents non financiers en offrant des actifs rémunérés transformables immédiatement en moyen de paiement : les ménages détiennent ainsi de plus en plus d'actions, d'assurance-vie et de produits de l'épargne contractuelle (PEL, plan d'épargne logement, par exemple). La frontière entre actifs monétaires et avoirs non monétaires, représentatifs d'un comportement d'épargne à plus long terme, est donc devenue plus floue.

Enfin, la globalisation financière permet aux agents non financiers une diversification de leurs financements par endettement. L'endettement ne résulte plus seulement des crédits distribués par le système bancaire, mais est aussi obtenu sur les marchés monétaires et obligataires internes, voire sous forme de crédits et d'émissions obligataires auprès de l'étranger. L'endettement intérieur total (EIT) recense ces trois types de financement par endettement.

C LES DIFFÉRENTS MODES DE FINANCEMENT DE L'ÉCONOMIE

Aujourd'hui, lorsqu'un ménage ou une entreprise doit ou veut dépenser plus qu'il ne gagne – autrement dit qu'il a un besoin de financement –, il peut s'adresser au système financier. Depuis la révolution industrielle, ce dernier a néanmoins singulièrement évolué.

1. – Financement, financements

À défaut d'autofinancement (ou financement interne), un agent en besoin de financement fait appel à un financement externe. Le système financier désigne l'ensemble des institutions (marchés financiers et intermédiaires financiers) qui permettent aux agents ayant un besoin de financement de se procurer les ressources nécessaires à la mise en œuvre de leurs projets sans attendre d'avoir préalablement accumulé l'épargne suffisante.

a. — Financement direct et financement intermédié

Le premier mode de financement externe est appelé « direct », dans la mesure où les titres émis par les agents à besoin de financement (les demandeurs de capitaux) sont achetés sur le marché financier par les agents à capacité de financement (les offreurs de capitaux). Le marché financier est le marché des capitaux à long terme. Il est constitué de deux compartiments : le marché primaire, sur lequel les agents à besoin de financement émettent des titres, et le marché secondaire sur lequel se négocient les titres déjà émis. Le marché secondaire ne contribue pas directement au financement des agents qui ont émis les titres, mais permet aux apporteurs de capitaux de revendre facilement les titres achetés sur le marché primaire, leur conférant ainsi de la liquidité. Ces titres, constitués notamment d'actions et d'obligations, représentent des droits (respectivement de propriété et de créance) acquis par leurs détenteurs sur l'organisme émetteur (société privée ou collectivité publique). Le marché monétaire est le marché des capitaux à court et moyen terme, sur lequel l'échéance des transactions est comprise entre une journée et un an. Il comprend trois compartiments : le marché interbancaire, réservé aux banques, le marché des billets de trésorerie et le marché des bons du Trésor, sur lesquels se financent à court terme respectivement les entreprises et l'État.

Le second mode de financement externe est dit « intermédié », dans la mesure où un intermédiaire financier, comme une banque, octroie un crédit après analyse de la probabilité de remboursement de l'emprunteur. Il peut mobiliser une épargne déjà existante, notamment celle des ménages, qui globalement dégagent une capacité de financement – il se fait alors intermédiaire financier –, ou créer *ex nihilo* de la monnaie, ce qui est le privilège des banques. Les entreprises et les administrations publiques ont généralement un besoin de financement et font inégalement appel aux deux modes de financement : si les grandes entreprises et l'État peuvent s'adresser au marché financier, la plupart des entreprises (petites et moyennes) et des collectivités locales n'ont pas d'autres choix que de recourir au crédit bancaire.

La frontière entre les deux formes de financement est cependant relative, les banques d'investissement assistant les entreprises lors des émissions de titres sur le marché financier et conservant une partie de ces titres, sous forme d'épargne, dans leur portefeuille. Plus largement, les intermédiaires financiers, et notamment les banques, sont devenus des acteurs importants sur les marchés de capitaux : si le financement externe indirect a perdu de son importance, une nouvelle forme d'intermédiation s'est développée, celle qui consiste, pour les institutions financières, à acheter des titres émis par les entreprises ou collectivités qui désirent se procurer des capitaux et, symétriquement, à se procurer des capitaux en recourant au marché. On passe alors d'une intermédiation de bilan à une intermédiation de marché.

b. — Économie de marchés financiers et économie d'endettement

Quel système financier favorise la croissance ? Le marché ou les banques ? Ce débat chez les économistes, notamment entre néoclassiques et keynésiens, trouve selon A. Gerschenkron (1962) sa traduction dans l'opposition d'expériences historiques différentes : si l'Angleterre a longtemps donné l'exemple de la séparation entre un financement de court terme bancaire et un financement de long terme sur le marché boursier (tradition néoclassique), l'Allemagne a accéléré sa croissance grâce à des banques mixtes capables de stimuler l'investissement par le crédit dans des secteurs encore incapables de recourir au marché (tradition keynésienne).

La grande dépression des années 1930 ayant été attribuée à la spéculation boursière, une tradition planificatrice parvient à imposer après la guerre, dans un certain nombre de pays (dont la France), l'idée d'une efficacité de la gestion de l'économie par l'État. Hicks (1974) a construit dans les années 1970, sur une base keynésienne, le concept « d'économie d'endettement » pour désigner le système financier stable alternatif à l'économie de marchés financiers qui se met en place notamment en France et au Japon après la Seconde Guerre mondiale. L'économie d'endettement est intermédiaire entre une économie dont le financement est administré et celle dont le financement est libre et de marché. Elle accorde une place prédominante aux banques. La création monétaire ou une transformation massive d'une épargne liquide en moyens de financement d'investissement à long terme doivent permettre de stimuler la croissance. L'État incite les banques à prêter en régulant l'activité économique et la banque centrale est prêteur en dernier ressort (PDR). Ainsi peut-on voir l'histoire financière française de l'après-guerre comme la construction progressive d'une économie d'endettement dont les faiblesses – allocation de plus en plus inefficace des crédits et accélération de l'inflation de plus en plus pénalisante à mesure que l'ouverture économique progresse – conduiront à sa réforme dans les années 1980.

Les avantages de l'économie de marchés financiers ont été avancés au début des années 1970 par deux économistes américains – McKinnon et Shaw –, qui soulignent, indépendamment l'un de l'autre, les avantages de la libéralisation interne des marchés financiers. Selon McKinnon par exemple, l'épargne est un préalable nécessaire à l'investissement. Un système financier, animé par le libre jeu de la concurrence entre les banques et sur le marché financier, doit contribuer à augmenter l'épargne (service de liquidité, diversifications des risques et des rendements) et l'investissement (réduction des coûts de financement du fait de l'intensification de la concurrence). Les exigences des agents à capacité de financement, les ménages épargnants (faible montant épargné, durée courte de placement pour motif de liquidité) sont rendues compatibles avec celles des agents à besoin de financement, les entreprises et les États emprunteurs (montant élevé de l'investissement, durée longue). Les marchés financiers contribueraient aussi à une meilleure allocation de l'épargne dans des projets d'investissement mieux choisis : c'est l'argument de l'efficience informationnelle des marchés financiers, pilier de la théorie de la finance contemporaine. Dire que les marchés financiers sont efficients en termes d'information, c'est dire que le prix de marché reflète à chaque instant la totalité de l'information disponible. Il est égal en moyenne à la valeur fondamentale (Fama, 1965).

Cependant, et en premier lieu, la gratuité de l'information est une condition nécessaire au fait que les prix reflètent toute l'information. Si l'information a en revanche un coût, même très réduit, alors l'efficience disparaît. Pire, si tout le monde sait qu'il n'y a rien à gagner à faire l'effort de rechercher une information nouvelle parce qu'elle est immédiatement répercutée dans le prix (marché efficient), alors l'incitation à chercher de l'information disparaît. Tout le monde se contente d'observer le prix et il n'y a plus de contenu informationnel dans le prix. La mise à disposition immédiate et universelle de l'information tue l'information (Grossman et Stiglitz, 1980). En second lieu, la libéralisation des marchés financiers depuis le tournant des années 1980 coïncide avec le retour régulier des crises financières à la fin des décennies 1980, 1990 et 2000. De nombreux économistes font le lien entre les deux et redécouvrent la critique de Keynes (1936) : les marchés financiers seraient loin d'être efficients, ils seraient fondamentalement instables (*cf.* partie 4, chapitre 1 – III).

2. – Petite histoire des systèmes financiers

Avant de tirer un revenu de la production, il faut en verser aux facteurs de production pour les réunir dans la production. Développement de la production et développement financier iraient donc de pair. On ne présente ici que des points de repères historiques très succincts.

a. — Développement industriel et développement financier

La faiblesse de la division sociale du travail dans l'économie préindustrielle et le tabou sur l'activité financière – être « banquier », être capitaliste est une spécialisation condamnée par la morale religieuse – sont remis en cause à partir du XVIIe siècle. Les activités bancaires embryonnaires se moulent sur la structure et les échanges du commerce international qui se développe alors, et le tabou de l'argent est progressivement levé : selon Hirschman (1977), l'amour de l'argent devient « une passion paisible » et un monde où les hommes suivent leur intérêt avec constance apparaît comme un monde souhaitable car prévisible et stable. L'activité bancaire est au XVIIIe siècle plus le fait de banquiers que de banques : la « haute banque » désigne les familles (les Rothschild, par exemple) qui engagent leurs fortunes faites dans le négoce international dans le métier de banquier. Ces banquiers n'ont pas de dépôts à vue mais des fonds propres, voire des dépôts à long terme de clients fortunés qui leur font confiance pour valoriser leur patrimoine financier, plutôt dans les prêts aux États d'ailleurs qu'à l'économie. Jusque dans les années 1830 en Angleterre et en France, l'autofinancement est en effet le principal moyen de financement d'une première révolution industrielle (RI) qui a, de fait, de faibles besoins en capitaux. L'investissement dans les « jouets mécaniques » (Labrousse) repose ainsi sur l'importance du taux de profit. Les besoins de financement externes des entreprises lors de la première RI concernent surtout le capital circulant. Les banquiers offrent néanmoins un utile crédit à court terme, au travers de l'escompte, pour financer les consommations intermédiaires et les salaires.

Au XIXe siècle, développement financier et développement industriel vont ensuite de pair, mais pas forcément de la même façon pour toutes les économies. La révolution des chemins de fer puis la seconde révolution industrielle vont nécessiter des financements externes en Grande-Bretagne ou en France alors que l'absence d'accumulation en Allemagne d'une épargne préalable conduit au choix d'impulser la croissance industrielle à partir des banques.

En Angleterre, l'évolution du système bancaire se caractérise par une spécialisation précoce des banques du fait à la fois de l'avance réglementaire anglaise (en 1826, les banques par actions sont autorisées) et de l'importance commerciale et financière de la place de Londres. Les *merchant banks* sont des banques d'affaires au capital élevé qui ne reçoivent pas de dépôts à vue. Elles ont une activité au service des investissements longs des entreprises. Les *commercial banks* sont les banques commerciales modernes qui collectent des dépôts et offrent du crédit commercial à court terme. En France, la spécialisation bancaire est plus tardive, autour des années 1860. Dans les années 1830, des banques par actions comme la banque Laffitte (1837) sont créées, mais elles collectent aussi des dépôts à vue. Elles développent principalement des opérations de financement à long terme dans les chemins de fer. Les difficultés de ces banques lors de la crise de 1846-1848, notamment la faillite de la banque Laffitte, conduisent à l'évolution vers une spécialisation bancaire à l'anglaise. Aux banques d'affaires, comme la Banque de Paris (1869), les crédits industriels longs, et aux banques de dépôts, comme le Crédit lyonnais (1863), les crédits commerciaux courts. Pour Henri Germain, fondateur du Crédit lyonnais, « les ressources courtes ne doivent être affectées qu'à des crédits courts » (1870). Cependant, ces dernières ont souvent cherché à faire de la transformation. Les plus imprudentes ont fait faillite, les plus prudentes ont eu des difficultés au moment des crises économiques lorsque les déposants se ruaient pour retirer leurs dépôts. Néanmoins, elles se dégagent largement du financement à long terme de l'industrie et leurs dépôts sont de plus en plus à vue et de moins en moins à terme. Il faut attendre cependant les années 1870 pour voir les réticences du grand public à laisser leur épargne dans une agence de ces banques de dépôt s'estomper. Dès lors, l'usage du billet de banque se généralise et le règlement par chèque se développe (distingué de la lettre de change en 1865, création de la première chambre de compensation parisienne en 1871). La diffusion de la monnaie scripturale va accompagner désormais le développement économique.

À l'opposé de la spécialisation bancaire précoce en Angleterre, quelques banques universelles se développent à la fin des années 1860 en Allemagne. Leurs ressources sont composées de fonds propres (actions et obligations) et des dépôts collectés grâce à un dense réseau d'agences et un taux d'intérêt plus élevé que leurs homologues françaises et britanniques. Elles opèrent donc une intense activité de transformation de dépôts à vue de court terme en prêts à long terme. En 1870, Georg von Siemens crée sur ce modèle la Deutsche Bank. La banque universelle allemande s'occupe de la totalité des problèmes de financement de son client, tant de court que de long terme. En contrepartie de cet engagement, la banque contrôle la direction de l'entreprise. Elle possède ses propres spécialistes pour évaluer les projets commerciaux et industriels. Elle est fidèle aux entreprises qu'elle a contribué à lancer (elle ne revend pas les titres qu'elle a souscrits pour faire une plus-value) et soutient même le développement des entreprises partenaires. Les industriels allemands n'ont donc pas peur de la commandite par une banque. Durant le dernier quart du

XIXe siècle, la structure bancaire allemande devient très concentrée. Dans les années 1880, les grandes banques absorbent de nombreuses banques locales en difficulté et multiplient les agences sur l'ensemble du territoire du Reich. À la veille de la Première Guerre mondiale, les « 4D » (Deutsche Bank, Dresdner Bank, Disconto-Gesellschaft et Darmstädter Bank) représentent 40 % du capital bancaire total et les 2/3 de l'activité bancaire allemande. La commandite des banques s'accompagne donc d'une concentration bancaire qui encourage la concentration industrielle et la formation d'un « capitalisme de groupes » dont l'effort d'investissement est dynamique et permet à l'Allemagne d'être un des fers de lance, avec les États-Unis, de la seconde révolution industrielle. Ce système de la banque universelle est plus approprié pour les pays qui connaissent un démarrage tardif : les structures économiques sont oligopolistiques et leur financement ne peut pas être assuré par une épargne nationale qui n'existe pas encore.

b. — L'éclipse de l'économie de marchés financiers au XXe siècle (1933-1984)

Entre 1921 et 1929 aux États-Unis, les cours des actions cotées à la Bourse de New York sont multipliés par quatre. La crise financière de 1929 clôt brutalement cette euphorie financière. La commission Pecora (mars 1932-mars 1933) montre aux Américains la turpitude de Wall Street en inculpant le premier des banquiers, Charles E. Mitchell (National City Bank). L'opinion publique devient très favorable à la régulation financière au moment où F. D. Roosevelt accède au pouvoir, le 4 mars1933. Le *Banking Act* de 1933 comporte trois volets : la séparation de la banque d'affaires et de la banque commerciale – ce qu'on appelle le *Glass Steagall Act* –, la *Federal Deposit Insurance Corporation* garantissant les dépôts des ménages, et le renforcement du rôle du *Federal Reserve Board* dans la fourniture de liquidités à l'économie par un pouvoir de coordination des banques de réserve régionales. Ces évolutions offrent quarante ans de stabilité financière aux États-Unis dans le respect du triangle de Roosevelt (rentabilité économique des banques, crédit bon marché, stabilité financière) en sacrifiant largement la concurrence. Dans l'après-Seconde Guerre mondiale, les marchés organisés jouent un moindre rôle, mais ce sont moins les banques qui prennent leur place que des marchés financiers *internes* aux très grandes entreprises : elles utilisent les revenus tirés de leurs activités « mûres », florissantes, pour financer de nouvelles activités, selon un processus d'élargissement voire de diversification de leur activité conçu par des *managers* et que les actionnaires ne contrôlent pas (Berle et Means, 1932). Le capitalisme devient managérial, de l'après-Seconde Guerre mondiale jusqu'au début des années 1980.

Les pays européens n'adoptent pas de réformes aussi radicales dans les années 1930, mais partout l'activité boursière recule durablement. En Angleterre, aucune réforme sérieuse n'est faite. En Allemagne, la fermeture des banques en juillet 1931 débouche sur leur recapitalisation massive par l'État qui devient leur principal actionnaire. La loi bancaire de 1934 renforce la supervision étatique. Après l'effondrement de l'Allemagne nazie, la tradition de l'appui des banques à l'industrie n'est pas remise en question : la loi bancaire de 1961 réaffirme le modèle de la banque universelle. Fortement dotées par l'autofinancement et par l'aide de leurs banques, les entreprises allemandes sont rarement cotées en Bourse (la moitié seulement des cent premières entreprises). En France, aucune vraie réforme bancaire n'a lieu avant 1942, et la prise de contrôle de la Banque de France par l'État lors du Front populaire est plutôt symbolique. Pourtant, l'État prend le contrôle du financement de l'économie juste après la guerre grâce à un système bancaire largement nationalisé, qu'il contrôle, pour financer la reconstruction et la modernisation de l'économie. Les banques sont sollicitées par les ménages et les entreprises pour financer leurs consommations de biens durables et leurs investissements à crédit. Après les réformes Debré-

Haberer dans les années 1966-1967, la plus grande liberté accordée aux banques de second rang dans l'octroi du crédit est pensée comme permettant une meilleure allocation des ressources, au plus près de l'information disponible. Mais dans les économies d'endettement, la banque centrale valide *ex post* ces décisions d'offre de crédit des banques de second rang en les refinançant, assurant par là leur liquidité. Cette stabilité « bancaire » est acquise au prix d'une inflation rampante, puis galopante dans les années 1970 : assurées d'être refinancées, les banques ne sont pas incitées à allouer les crédits avec efficacité et les performances de l'économie réelle en sont amoindries.

c. — La transformation financière depuis les années 1980

À la suite d'Henri Bourguinat (1987), on a coutume de synthétiser l'ensemble des transformations financières que connaissent les pays de l'OCDE à partir du milieu des années 1970 à l'aide de la règle des trois « D » :

- le décloisonnement, qui produit une intégration financière croissante, tant géographique des marchés nationaux (globalisation financière ou constitution d'un marché mondial du capital) que selon les produits financiers qui ne constituent plus des marchés segmentés ;
- la déréglementation, qui libère les intermédiaires financiers des contraintes légales, tel le contrôle des changes qui limite les mouvements internationaux de capitaux ;
- la désintermédiation, qui donne une place croissante aux marchés financiers dans le financement de l'économie au détriment des banques.

La mutation du système financier français est ainsi menée par Pierre Bérégovoy à partir de 1984 (et surtout entre 1988 et 1991) dans la perspective du marché unique européen. Le système financier français converge progressivement vers un modèle consensuel d'économie de marchés financiers. Il s'agit d'instaurer une économie de « fonds propres », c'est-à-dire une économie où les entreprises ne sont plus dépendantes de leur endettement bancaire, mais investissent avec l'apport en capital d'épargnants-actionnaires rémunérés par un dividende et par les plus-values de leurs titres. Les ménages financent les entreprises en achetant les actions et les obligations qu'elles émettent selon un schéma de finance directe (Gurley et Shaw, 1960), ce qui nécessite un processus de libéralisation financière pour créer un marché financier profond et décloisonné : pour les actions et obligations (règlement mensuel et second marché en 1983), pour les produits dérivés (MATIF et MONEP en 1986), le laisser-faire (avec la fin du monopole des agents de change en 1988) et l'intégration au marché financier international (entre 1985 et 1989, le contrôle des changes est supprimé).

La désintermédiation s'affirme dans les années 1980 et produit une exacerbation de la concurrence entre les banques qui pousse à la restructuration du secteur bancaire. Dans les années 1990, le financement externe direct devient le premier mode de financement des sociétés non financières. Jusqu'au milieu des années 1990, la courbe des taux (la différence entre taux d'intérêt débiteurs et créditeurs) est ainsi peu pentue, voire inversée (1989-1993), ce qui signifie que les marges d'intermédiation sont faibles, voire négatives, pour les banques entre 1989 et 1993. Un processus de restructuration bancaire s'enclenche, notamment au moyen de fusions-acquisitions qui font émerger de grands conglomérats bancaires, des « champions nationaux » (Citigroup en 1998, BNP-Paribas en 1999, Allianz-Dresdner Bank en 2002), puis des fusions transfrontalières (comme celle de HSBC et du CCF en 2000). L'objectif offensif d'une fusion est de réaliser des économies d'échelle (pour de mêmes activités) ou de gamme (pour des activités différentes, comme dans la bancassurance), mais aussi d'élever le pouvoir de marché pour retrouver des marges satisfaisantes. Mais il peut être aussi défensif lorsque l'augmentation de la taille doit permettre d'échapper au rachat par un concurrent (modèle proie-prédateur).

Les banques n'entendent donc pas se laisser dépouiller du financement de l'économie, et plus qu'une économie de financement direct, c'est une « finance de marché intermédiée » qui s'impose. Les agents à besoin et à capacité de financement ne contractent pas directement sur des marchés financiers libéralisés, mais passent par des intermédiaires financiers qui sont bien souvent liés aux banques, telles des sociétés financières satellites (OPCVM, FCP, SICAV, etc.). Pour les banques, le métier change, il évolue « de l'intermédiation de bilan à l'intermédiation de marché » (Courbis, 1990). Une conséquence est qu'à l'actif des banques, il y a non plus seulement des crédits, mais surtout de plus en plus de titres émis par des intermédiaires. Au risque essentiellement lié à la baisse de la demande de produit industriel ou de services qui pouvait dégrader la capacité de remboursement de l'emprunteur, a succédé un risque lié aux mouvements spéculatifs des marchés financiers et à leurs accidents de parcours. M. Aglietta (1993) a ainsi souligné l'existence d'un risque systémique des économies de marchés financiers libéralisés. Certes, les innovations financières protègent certains acteurs contre le risque en le transférant à d'autres acteurs qui souhaitent le porter (les spéculateurs), mais le développement des comportements spéculatifs élève le risque systémique, c'est-à-dire « l'éventualité qu'apparaissent des états économiques dans lesquels les réponses rationnelles des agents individuels aux risques qu'ils perçoivent, loin de conduire à une meilleure répartition des risques par diversification, amènent à élever l'insécurité générale ». L'apparition de grands conglomérats bancaires a de surcroît fait naître des « entités systémiques » selon le FMI, autrement dit « *too big to fail* » sauf à prendre le risque de l'effondrement du système financier. Ces entités peuvent alors prendre des risques excessifs, se sachant assurées d'être sauvées. Ce serait pour décourager cet aléa moral que l'État fédéral américain aurait laissé Lehman Brothers faire faillite le 15 septembre 2008. Mais il a été contraint ensuite de soutenir les banques.

III

LES GRANDS COURANTS DE L'ANALYSE ÉCONOMIQUE DEPUIS LE XVIe SIÈCLE

Selon l'économiste J. Viner, « la science économique consiste en l'activité des économistes[7] ». De fait, l'élaboration des théories économiques est aujourd'hui l'apanage de professionnels dont les controverses font évoluer la science, mais cela n'a pas toujours été le cas.

A LA PRÉHISTOIRE DE L'ANALYSE ÉCONOMIQUE

Les activités économiques ont d'abord dû s'émanciper de la tutelle religieuse pour qu'on puisse commencer à s'interroger sur leurs fonctionnement et motivations.

1. – La longue gestation de la science économique

a. — De la condamnation antique des activités marchandes à leur réhabilitation à partir de la Renaissance

La distinction entre économie et chrématistique chez Aristote est une opposition entre des activités économiques naturelles, car orientées par la recherche de la satisfaction des besoins (*oïko-nomia*, les lois qui règlent le fonctionnement de la maison) et des activités capitalistes car animées par la recherche du profit pour lui-même. L'art d'acquérir des richesses, qui est celui du marchand (« *kapelos* »), est condamnable car non borné : le désir d'accumulation est présenté comme insatiable et donc dangereux pour la communauté. L'économie est au service de la communauté, elle est condamnable si elle s'autonomise et ce faisant perd son sens.

Jusqu'à la Renaissance, cette distinction s'impose. Dans la pensée théologique du Moyen Âge, l'économie est d'abord vue comme une chrématistique, une activité immorale que la loi doit contraindre à respecter les principes de justice. Les activités économiques sont contrôlées et encadrées au sein de l'organisation domaniale de l'économie féodale. Les activités financières, comme le prêt à intérêt, sont condamnées moralement par la religion catholique (et musulmane).

Depuis le XVIe siècle en revanche, l'économie se libère de la morale au nom de l'individualisme et de l'efficacité. L'économique va construire une idéologie qui va « libérer » l'économie des soupçons qui pesaient sur elle jusqu'alors. Le point de départ est la doctrine mercantiliste (XVIe-XVIIIe siècle) et le point d'arrivée est la pensée des économistes classiques (XVIIIe-XIXe siècle). Durant cette période, l'économie est passée de l'immoralité à l'amoralité : de la condamnation de l'économie au nom de la morale à la condamnation de la morale au nom de l'économie.

---

7 À notre connaissance, l'expression « *economics is what economists do* » est attribuée à J. Viner, mais il n'y a pas d'écrits publiés de cet auteur où l'on peut la trouver.

L'œuvre des mercantilistes vis-à-vis de la morale est la justification de la chrématistique. Les auteurs mercantilistes se caractérisent *a posteriori* par leur place dans la transition entre le monde féodal et le monde industriel : ils abandonnent la critique féodale des activités marchandes sur une base morale, mais sont incapables de penser l'économie sur ses bases réelles (*cf. infra*, B.). Selon les mercantilistes, la puissance d'un État dépend de la puissance économique du pays à laquelle est liée sa capacité à lever et entretenir une armée. La puissance économique repose sur la monnaie (ce sont les quantités d'or et d'argent qui circulent dans le royaume) qui peut être amassée dans le cadre du commerce international (un excédent commercial permet l'accumulation de métaux précieux). En conséquence, le commerce, surtout international, doit être soutenu par l'État (soutien au développement du commerce au long cours, aux exportations, protectionnisme et limitation des importations). Ainsi se développe une approche pragmatique de l'économie, la timide défense d'une activité vulgaire mais utile au prince. L'économie abandonne la référence aristotélicienne au bien public et devient un art au service du prince. La monnaie, le profit, l'activité marchande sont justifiés non au nom de la morale, mais de l'efficacité.

b. — Du triomphe de l'idéologie économique à celle de la science économique

Quels sont les éléments de l'idéologie économique, ici entendue au sens de système de valeurs et de pensée ?

Les mercantilistes sont parvenus à défaire l'emprise de la religion sur les activités économiques, mais sans les rendre indépendantes du bon vouloir du souverain. Ce sera l'œuvre des libéraux : l'économie forme un ordre naturel, indépendant du pouvoir politique. Dans la tradition libérale des « droits naturels », la propriété privée est naturelle (Locke, 1690) et les physiocrates représentent en 1758 le fonctionnement de l'ordre naturel de l'économie à l'aide d'un « tableau économique » (*cf. infra*, p. 46). L'économie devient un tout autonome séparé du politique.

L'abandon de la défense de la moralité est définitivement acquis avec *La Fable des abeilles*[8] de Mandeville en 1714 : du vice y naît la vertu, l'amoralité y est supérieure à la moralité, car l'intérêt privé et égoïste est plus efficace que la recherche du désintéressement ou de l'action en faveur de l'intérêt général. Cet ordre naturel est ainsi fondé paradoxalement sur les actions d'individus amoraux. La recherche de l'intérêt privé par tout un chacun aboutit à l'harmonie naturelle des intérêts grâce à « une main invisible », affirme A. Smith en 1776 : « Ce n'est pas de la bienveillance du boucher, du marchand de bière et du boulanger que nous attendons notre dîner, mais bien du soin qu'ils apportent à leurs intérêts » (*Recherche sur la nature et les causes de la richesse des nations*, 1776).

Dès lors, avec Smith, l'économie comme science s'impose au XIXe siècle. La science économique dégage des lois économiques témoignant, comme les lois physiques, de l'existence d'un ordre naturel des phénomènes. Cependant au moins trois biais s'imposent avec Smith dans la science économique classique et néoclassique : les lois économiques sont universelles, l'échange marchand est naturel, et la monnaie est un simple intermédiaire des échanges.

Le caractère historique des lois économiques et l'importance des facteurs institutionnels ont rapidement été soulignés par Marx, plus tard par les institutionnalistes et Keynes. Dans *Misère de la philosophie*, publié en 1847, K. Marx explique ainsi que « les économistes ont une singulière

8 Dans *La Fable des abeilles, ou Les vices privés font le bien public*, le poème « La ruche mécontente ou les coquins devenus honnêtes » tente de montrer comment la convoitise, la recherche du profit individuel et la vanité sont les ressorts de l'opulence. La vertu cherche à faire le bien public en s'opposant aux impulsions de la nature, alors que le vice consiste à satisfaire ses appétits sans considération pour le bien public. Et pourtant, les vices sont utiles à l'économie. La recherche du luxe par l'élite est présentée comme un moteur de l'économie. Lorsque, croyant redevenir vertueux, les habitants de la ruche veulent rétablir l'honnêteté dans le commerce, tous y perdent. Ainsi les passions ne sont pas condamnables en soi mais doivent seulement être orientées.

manière de procéder. Il n'y a pour eux que deux sortes d'institutions, celles de l'art et celles de la nature. Les institutions de la féodalité sont des institutions artificielles, celles de la bourgeoisie sont des institutions naturelles. Ils ressemblent en ceci aux théologiens, qui, eux aussi, établissent deux sortes de religions. Toute religion qui n'est pas la leur est une invention des hommes, tandis que leur propre religion est une émanation de Dieu. En disant que les rapports actuels – les rapports de la production bourgeoise – sont naturels, les économistes font entendre que ce sont là des rapports dans lesquels se crée la richesse et se développent les forces productives conformément aux lois de la nature. Donc ces rapports sont eux-mêmes des lois naturelles indépendantes de l'influence du temps. Ce sont des lois éternelles qui doivent toujours régir la société. Ainsi il y a eu de l'histoire, mais il n'y en a plus. Il y a eu de l'histoire, puisqu'il y a eu des institutions de féodalité, et que dans ces institutions de féodalité on trouve des rapports de production tout à fait différents de ceux de la société bourgeoise, que les économistes veulent faire passer pour naturels et partant éternels ».

Le deuxième biais consiste à réduire la création de richesses aux seules marchandises. Seules les relations marchandes créent des richesses, en conséquence le libre-échange doit être favorisé pour élever la richesse des nations. Or, ce n'est pas l'absence de marchandisation d'une valeur d'usage qui l'empêche d'être une richesse : ainsi en est-il du travail domestique, par exemple (*cf. supra*, la critique du PIB, p. 19). Enfin, les lois économiques portent sur les grandeurs réelles, indépendantes de la monnaie : la détermination de la valeur des marchandises, exprimée en termes de l'une d'entre elles, devient le point de départ de l'analyse économique. Or, là aussi, l'analyse de la monnaie et des relations monétaires est au contraire au cœur des théories antérieures (le mercantilisme) ou postérieures (Keynes). Pour Keynes, la monnaie n'est pas simplement un intermédiaire des échanges sans influence sur l'économie réelle, mais au contraire un pont entre le présent et le futur, un refuge contre l'incertitude inhérente aux économies de marché, dont les effets sur l'économie sont massifs.

Au XIXe siècle, une idéologie libérale et réelle de l'économie se constitue en science autour des analyses classiques et néoclassiques. Selon K. Polanyi (*La Grande Transformation*, 1944), c'est pour le pire : la misère sociale et les troubles politiques (ferments révolutionnaires, idéologies totalitaires du tout-État) prennent leur source dans la tentative de réalisation au XIXe siècle de cette idéologie économique, et notamment de la fiction du marché autorégulateur. Cette utopie économique a menacé la société de destruction et a entraîné un retour de balancier : le tout-État contre le tout-marché, que vont dramatiquement expérimenter les sociétés allemande avec le nazisme et russe avec le stalinisme.

2. – Les mercantilistes au service du prince, une approche pragmatique de l'économie.

a. — Qu'est-ce que le mercantilisme ?

Le mercantilisme est un phénomène européen qui émerge au milieu du XVe siècle, se précise au XVIe, atteint son apogée au XVIIe et décline au XVIIIe siècle avant d'être définitivement enterré par Smith (1776). Le mercantilisme accompagne donc le développement du capitalisme marchand : les marchands, les financiers sont liés au prince, ils veulent des privilèges, et l'État veut des recettes supplémentaires. À partir du XVIe siècle, les États modernes, centralisés, sont en voie de formation, ils recherchent en effet des moyens de financement. L'économie doit servir la puissance du prince. Les activités économiques sont vassalisées par le pouvoir politique, mais vont y gagner leur indépendance vis-à-vis de la morale.

Pour autant, la notion même de mercantilisme est contestée. Non seulement ce terme n'existe pas pour ses auteurs, mais ses adversaires, les physiocrates et Smith, lui préfèrent l'expression de « système mercantile », de sorte que le « mercantilisme » est un terme que l'on doit à l'Allemand Schmoller dans le dernier tiers du XIXe siècle. Ce n'est qu'avec Heckscher (*Le Mercantilisme*, 1931) qu'est défendue pour la première fois la thèse d'un système cohérent de pensée économique.

Mais les critiques restent vives. Pour certains, le mercantilisme réside dans le contenu d'un certain nombre de pamphlets destinés à conseiller le prince et rédigés par des marchands (Mun), des hommes politiques (Colbert) ou des financiers (Law). Pour d'autres, tel Schumpeter (*Histoire de l'analyse économique*, 1954), qui considère l'expression mauvaise, il s'agit de pratiques mercantilistes, des politiques concrètes menées dans tel ou tel pays, débouchant sur des mercantilismes nationaux singuliers bien que développant trois thèmes communs : la primauté de la richesse monétaire, la balance du commerce et la réglementation dans l'industrie et du commerce extérieur.

Le chryshédonisme est la croyance selon laquelle la richesse consiste uniquement en métaux précieux. Le bullionisme est l'ensemble des pratiques gouvernementales qui interdisent les exportations de métaux précieux (les lingots évidemment, mais aussi les pièces parfois) dans l'objectif de constituer un trésor. Quel que soit le mercantilisme, il faut accumuler de la monnaie : pour se procurer davantage de biens, pour accroître la production et favoriser la circulation des biens et services (la métaphore organiciste de la circulation sanguine est souvent utilisée), et pour investir dans le commerce (Angleterre) ou l'industrie (France).

La notion de balance du commerce émerge en 1614 chez Serra (des biens et des services), puis chez Thomas Mun (*A Discourse of Trade from England unto the East-Indies*, 1621) : les exportations et les importations de biens sont étendues de « postes assimilés », à savoir les dépenses des voyageurs, des ambassades et des militaires à l'étranger. La balance du commerce doit permettre d'évaluer l'excédent commercial recherché, notamment par le commerce de réexportation : selon Mun, une sortie d'or pour importer le coton brut d'Inde permet d'exporter des cotonnades pour une valeur cinq fois supérieure.

La réglementation dans le commerce extérieur et l'industrie est très présente car le commerce international est envisagé comme un jeu à somme nulle : « Il n'y a personne qui gagne que d'autres qui perdent », écrit J. Bodin (*Les Six Livres de la République*, 1576). Le libre-échange – tout du moins au sens où nous l'entendons aujourd'hui – est banni. L'expression, que l'on croise dans les écrits mercantilistes, signifie au contraire l'obtention de monopoles, c'est-à-dire de privilèges, ceux des grandes compagnies de commerce anglaises et françaises (face aux hollandaises) en premier lieu. La France souhaite développer des manufactures royales à l'abri du protectionnisme : les droits de douane s'élèvent de 5 % vers 1620 à 20 % vers 1720.

b. — Les mercantilismes nationaux

Le mercantilisme se conjugue au pluriel. Selon Schumpeter, des mercantilismes nationaux peuvent être distingués.

■ Le bullionisme espagnol

Les mercantilistes espagnols ont davantage insisté sur cet aspect pour mériter un tel qualificatif. Les pratiques sont bullionistes incontestablement : 18 000 tonnes d'argent et 200 tonnes d'or sont transférées d'Amérique en Espagne entre 1521 et 1660 selon les données officielles... et vraisemblablement le double selon les estimations des historiens. Certes, dans l'Espagne du XVIe siècle, des intellectuels envoient des mémoires au roi d'Espagne proposant des réponses aux difficultés du moment (« l'arbitrisme ») qui ne se résument pas au bullionisme. Luis Ortiz est un des premiers à le faire en 1558 et beaucoup d'autres par la suite recommanderont comme lui d'élever la productivité du travail agricole et de mettre en place en Espagne une culture d'élevage. Le développement industriel pourrait être suscité par des expositions de nouvelles machines pour mécaniser l'Espagne. Mais les pratiques bullionistes sont plus consensuelles.

■ **L'industrialisme français**

Il y a en France une plus grande méfiance sur les effets positifs de l'accumulation de métaux précieux depuis la controverse entre Malestroit et Bodin à la fin des années 1560. Selon Malestroit en 1566, l'inflation provient des mutations monétaires opérées par les rois. Les Français ne sont pas dupes face à la baisse du poids en métal des pièces frappées : ils augmentent les prix. L'explication de Jean Bodin en 1568 avance d'abord d'autres causes à l'inflation : l'existence de monopoles, la pénurie des biens du fait de leur sortie du royaume, les gaspillages des princes et des seigneurs, mais la cause principale est identifiée dans l'afflux de métaux précieux du Nouveau Monde en Espagne. La hausse des prix en Espagne provoque un déficit commercial espagnol qui se traduit par des sorties d'or et d'argent d'Espagne à destination des pays européens, dont la France. Cette irrigation de l'Europe par les métaux précieux espagnols crée une inflation partout en Europe, dont en France. On a ici la première formulation de la théorie quantitative de la monnaie : le pouvoir d'achat de la monnaie baisse à mesure de sa quantité disponible pour les échanges.

Ainsi, le mercantilisme français est-il industrialiste, comme si toute entrée d'or n'était pas bonne en soi, mais seulement celle obtenue par le développement d'une industrie compétitive. Pour le prédécesseur de Colbert, Antoine de Montchrestien (*Traité d'économie politique*, 1615), conseiller de Louis XIII, il faut réglementer et développer les manufactures et la production, produire en France et exporter plutôt que d'importer, s'appuyer sur les corporations car le travail y est qualifié, ce qui permet une production de qualité. Il est nécessaire également de favoriser le commerce, c'est-à-dire défendre le commerce intérieur « contre les vautours d'étrangers qui viennent en France et aspirent la substance du peuple » et gagner la guerre économique du commerce extérieur par un protectionnisme temporaire et ciblé (interdire les importations de biens manufacturés, les exportations de matières premières et de denrées agricoles) afin de développer l'industrie par substitution aux importations. Montchrestien est favorable en ce sens aux conquêtes coloniales pour s'approvisionner en matières premières.

■ **Le commercialisme britannique**

Les mercantilistes anglais sont d'abord commercialistes. Le commerce de réexportation est promu par Thomas Mun et Josiah Child, les dirigeants de l'*East India Company*, la Compagnie des Indes orientales dont le monopole du commerce dans l'océan Indien est accordé en 1600 pour 21 ans par la reine Élisabeth Ire. C'est la première des grandes compagnies européennes créées au XVIIe siècle. Elle va se partager les positions avec la Compagnie néerlandaise des Indes orientales et éliminer la Compagnie française des Indes orientales en reprenant tous ses comptoirs indiens. Elle ne disparaît qu'en 1874.

Mun, en 1621, on l'a vu, s'attache à décrire la balance du commerce alors que Child (*New Discourse of Trade*, 1668) encourage le développement de la marine marchande. C'est un fervent partisan des Actes de navigation qui réservent à la marine marchande anglaise – contre la suprématie de la marine marchande hollandaise – le monopole du commerce des colonies d'Afrique, d'Asie ou d'Amérique et du transport de marchandises avec la métropole. Le 1er Acte est signé par Cromwell en 1651, ce qui occasionne une guerre avec les Provinces-Unies entre 1652 et 1654. La victoire des Anglais détruit par là même l'amorce de révolution industrielle d'une économie très dépendante du commerce international étant donné l'étroitesse de son marché intérieur.

Charles II signe le 2e Acte en 1660, qui interdit aux colons anglais d'exporter certains produits – principalement le tabac, le riz et l'indigo – ailleurs qu'en Angleterre ou dans d'autres colonies de la Couronne britannique. De nouveaux Actes sont signés en 1666 et 1673. Ils ne seront abrogés qu'en 1849 avec la victoire des libre-échangistes.

c. — Condamnation ou réhabilitation du mercantilisme ?

La condamnation du système mercantile par l'école classique est très claire. La position de Smith n'est cependant pas caricaturale. Il critique l'assimilation des métaux précieux à la richesse : la richesse des nations, c'est la production réelle de biens et de services. Il réfute les positions de Mun et Child sur la balance du commerce excédentaire par la théorie des avantages absolus dont découle la recommandation du libre-échange : il ne faut pas décourager les importations, ni encourager les exportations et encore moins coloniser (toujours au bénéfice de quelques monopoles comme la Compagnie des Indes orientales). Smith condamne le protectionnisme car il a des effets redistributifs en faveur de quelques-uns (des producteurs) au détriment d'autres, plus nombreux (les consommateurs). Smith soutient en revanche les Actes de navigation et des mesures protectionnistes dans certains cas : au nom de l'indépendance nationale (la défense), d'une concurrence déloyale, voire de manière transitoire et progressivement réduite pour faciliter la réallocation des facteurs de production.

L'école historique allemande avait contribué dans la seconde moitié du XIXe siècle, notamment par Schmoller en 1884, à la réhabilitation du mercantilisme, principalement au titre de son rôle positif dans l'unification des États-nations. Mais c'est Keynes, dans le dernier chapitre de la *Théorie générale de l'emploi, de l'intérêt et de la monnaie* (1936), qui œuvre à réhabiliter le mercantilisme sur le plan économique et à rendre « l'élément de vérité scientifique de la doctrine mercantiliste », à savoir qu'une balance commerciale pas trop excédentaire stimule la croissance et l'emploi. Si celle-ci est obtenue en stimulant les exportations sans chercher à prohiber les importations, elle permet d'accroître l'investissement intérieur, et donc la production, car l'entrée de métaux précieux permet la baisse des taux d'intérêt. Cet effet peut cependant être limité, selon Keynes, si la fuite de capitaux vers l'étranger, où les taux d'intérêt sont désormais relativement plus attractifs, est excessive, c'est-à-dire limite le financement pour l'investissement intérieur.

3. – La physiocratie, une doctrine libérale et la première véritable analyse économique de l'ordre naturel

a. — La physiocratie ou le pouvoir de la nature

François Quesnay (1694-1774), chirurgien de Louis XV, rédige des articles sur l'économie (« Évidence », « Fermiers », « Grains ») pour l'*Encyclopédie* de Diderot et d'Alembert (35 volumes, publiés entre 1751 et 1772), qui vont le faire connaître comme économiste sur la fin de sa vie. En 1758 – il a donc 64 ans –, il publie son *Tableau économique*, un schéma en zigzag qui décrit la production et la circulation des richesses d'un « royaume agricole ». Quesnay fonde une école, la physiocratie, dès 1767 : ses disciples (Pierre Samuel du Pont de Nemours, par exemple) ont des relations fluctuantes avec les libéraux (Turgot et Vincent de Gournay) et avec les Encyclopédistes.

Les physiocrates rompent avec les mercantilistes : la richesse est réelle et réside dans les biens agricoles du fait du rôle de la nature dans l'agriculture. L'industrie et le commerce ne font que reproduire (absence de valeur ajoutée) alors que l'agriculture est productive : elle crée un « produit net » dont l'ampleur détermine la richesse du « royaume agricole ».

Les physiocrates ont une vision de la société comme un ordre naturel. Ainsi, la maximisation du produit net agricole passe par la libéralisation de l'économie de manière à ce que l'activité des fermiers soit plus profitable. Il faut supprimer toutes les taxes qui pèsent sur la production agricole et supprimer toutes les entraves à la circulation des produits agricoles, y compris extérieure.

Les physiocrates sont donc des libéraux. Les lois ou institutions humaines sont bonnes si elles sont conformes à l'ordre naturel. C'est le libéralisme des « droits naturels » de Turgot, Condorcet, Jefferson et Paine, les principaux auteurs de la doctrine des droits de l'homme : selon Condorcet, « tout doit tendre non à la plus grande utilité de la société, principe vague et source profonde de mauvaises lois, mais au maintien de la jouissance des droits naturels » (Condorcet, *Vie de M. Turgot*, 1786). La condamnation de l'esclavage par ces libéraux classiques du XVIIIe siècle découle ainsi du droit naturel : « les hommes naissent et demeurent libres et égaux en droits », des contrats de servitude volontaire ne peuvent donc pas être signés. Condorcet (Réflexions sur l'esclavage des nègres, 1781) de conclure : « Les sociétés politiques ne peuvent avoir d'autre but que le maintien des droits de ceux qui la composent. » La justice fait ainsi respecter l'ordre naturel, notamment les droits de l'homme de la Déclaration de 1789 (la liberté, la propriété, la sûreté et la résistance à l'oppression) en France.

Des recommandations libérales sont donc fondées sur une analyse économique de l'ordre naturel permettant d'en dégager les lois de fonctionnement. Le législateur doit donc se contenter de fournir le cadre institutionnel dans lequel des agents non éclairés servent le bien public sans avoir à le rechercher. Ainsi, Turgot dit-il au roi Louis XVI de gouverner avec des « lois générales », c'est-à-dire de ne pas interférer dans le commerce des grains, par exemple. Laisser faire les marchands, accorder la liberté d'entreprise, c'est optimal si le cadre est bien posé. L'influence politique et pas seulement intellectuelle des physiocrates est maximale en France au tournant des années 1760. La libre circulation du blé à l'intérieur des frontières du territoire français est décidée sur leur conseil en 1763 et en 1764, la libre exportation du blé est même autorisée : le blé devient une marchandise.

b. — Le **Tableau économique**, *un circuit monétaire macroéconomique*

Le Tableau économique est la première représentation macroéconomique des relations économiques au sein de la société française du XVIIIe siècle. Pour la première fois, une véritable analyse économique globale est menée, une abstraction ayant vocation à rendre compte de manière intelligible de l'ordre naturel de la société est produite. Elle consiste en cinq flèches représentant des flux monétaires correspondant aux achats (dépenses) et ventes (recettes) entre trois pôles, trois classes sociales définies comme des secteurs d'activité. Un « coup de génie », écrit Marx. Les trois classes identifiées par Quesnay sont :

- la classe productive, c'est-à-dire ceux qui ont une activité agricole ;
- la classe des propriétaires, propriétaires de la terre et qui touchent en conséquence un revenu de la propriété, la rente foncière ;
- la classe stérile, c'est-à-dire ceux qui ont une activité non agricole (industrielle et commerciale). Leur stérilité s'entend ici non pas comme absence de production (c'est la situation des propriétaires), mais comme une simple reproduction (pas de valeur ajoutée aux consommations intermédiaires).

Au départ, la classe stérile a touché 2M de rentes de la part de la classe productive, qu'elle dépense de manière égale auprès de la classe stérile (1M) et de la classe productive (1M). La classe productive produit pour 5M, conserve 2M pour l'année suivante (reconstitution des avances annuelles) et vend pour 3M (1M auprès de la classe des propriétaires et 2M auprès de la classe stérile). Elle dépense 1M auprès de la classe stérile (reconstitution des avances primitives qui se déprécient chaque année) et dégage donc 2M de surplus, versés aux propriétaires fonciers qui les dépenseront l'année suivante.

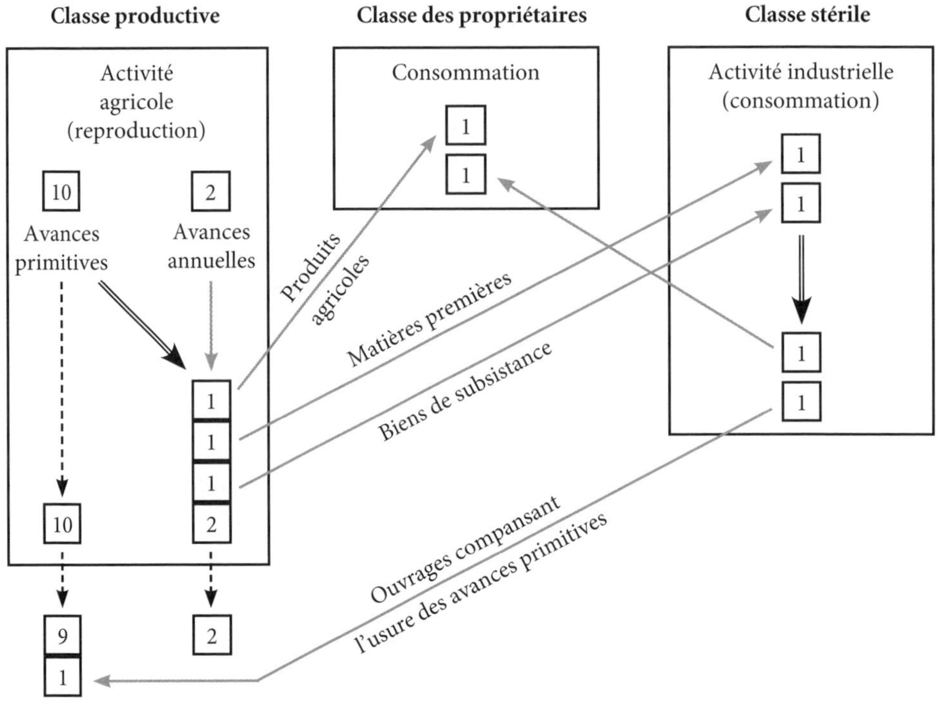

Source : tiré de G. Deleplace, *Histoire de la pensée économique*, Dunod, 2009.

c. — *Intérêts et insuffisances du circuit de Quesnay*

La rupture avec le mercantilisme sur la théorie de la valeur (réelle et non monétaire) et l'analyse de l'ordre naturel du « royaume agricole » font de la physiocratie une analyse classique avant Smith. Le concept de reproduction, « la reproduction annuelle de la nation », qui rend compte des conditions de la perpétuation de l'ordre naturel de la société, c'est-à-dire de la restauration des conditions d'existence des classes, traduit une conception scientifique de l'économie. De même, le concept d'avances comme somme de monnaie avancée à la production précède celui de capital qui sera développé par Smith et ses successeurs. Des crises « classiques » peuvent apparaître en cas d'insuffisante prévoyance des fermiers : « les reprises » sont nécessaires pour reconstituer les avances primitives et annuelles, c'est-à-dire pour entretenir le potentiel de production.

Mais le *Tableau économique* anticiperait aussi le circuit économique keynésien : circulation des biens, circulation de revenus et circulation monétaire. La comptabilité nationale a donné le nom de « tableau économique d'ensemble » (TEE) à sa représentation synthétique de l'économie nationale en l'honneur du tableau économique de Quesnay. La question de la croissance aujourd'hui y est déjà posée à travers celle de la reproduction de l'économie, et repose sur l'écoulement de toute la production : des crises de débouchés peuvent intervenir en cas de thésaurisation de la classe des propriétaires.

Cependant, l'agriculture reste seule productrice de valeur chez Quesnay. Ce postulat n'est pas une simple idée naturaliste, car si la fertilité de la terre est un don, pourquoi ne profite-t-elle pas d'abord aux fermiers mais aux propriétaires fonciers ? Ce postulat est en fait le seul moyen de justifier l'existence des propriétaires : il faut bien que la rente vienne de quelque part. Le « produit net » qu'ils récupèrent est l'expression économique de la réalité sociale (la domination des propriétaires fonciers) qu'on euphémise en la naturalisant (origine naturelle du produit net). Quesnay prétend dégager des lois naturelles du fonctionnement de l'économie, mais reste enfermé dans une vision non scientifique en justifiant ainsi l'existence de la classe des propriétaires. Il peut donc affirmer que la classe des propriétaires joue un rôle central en tant que propriétaire de la source de toute richesse : « La sûreté de la propriété foncière est une condition essentielle de l'ordre naturel du gouvernement et des empires. »

Enfin, le travail salarié et les salaires sont absents. Si on a souligné la présence du capital, le profit est en revanche lui aussi absent, donc l'accumulation du capital et la croissance. Le produit net est d'ailleurs totalement dépensé par les propriétaires fonciers.

B LES DÉVELOPPEMENTS CONTROVERSÉS DE L'ANALYSE ÉCONOMIQUE CLASSIQUE AU XIXe SIÈCLE

Adam Smith (*Recherches sur la nature et les causes de la richesse des nations*, 1776 ; noté RDN par la suite) est le père fondateur de la science économique pour avoir isolé l'objet d'étude de celle-ci : la production est la richesse des nations. Le Français Jean-Baptiste Say, un des premiers lecteurs de Smith, écrit en 1803 que la science économique « enseigne comment se forment, se distribuent et se consomment les richesses qui satisfont aux besoins des sociétés ».

1. – Les classiques : libéralisme et théorie économique

a. — Les classiques adhèrent aux valeurs du libéralisme

L'école classique naît en 1776 avec la RDN d'A. Smith et s'achève en 1848 avec les *Principes d'économie politique* de John Stuart Mill. Elle se développe dans le contexte historique de la révolution industrielle en Angleterre et en France. La RDN est le socle commun à partir duquel les auteurs classiques vont forger leurs propres conceptions et prolongements. En Angleterre, David Ricardo impose son empreinte à l'école avec *Des principes de l'économie politique et de l'impôt* (1817). John Stuart Mill souhaite prolonger la théorie ricardienne. Selon lui, la production est gouvernée par des lois naturelles immuables (analogues à des lois physiques), mais la répartition dépend de lois sociales perfectibles. Le libre-échange et le laisser-faire peuvent ainsi connaître des exceptions. En France, J.-B. Say est un héritier de Smith et sa principale contribution à l'école classique est la loi des débouchés. Mais il est aussi issu d'une lignée qui remonte à Cantillon (le circuit), à Turgot (l'entrepreneur) et à Condillac (l'utilité) qui en font un dissident parmi les classiques, voire un précurseur des néoclassiques par sa théorie de la valeur utilité. Au-delà de l'affiliation problématique de K. Marx à l'école classique, l'unité analytique de celle-ci autour de l'œuvre de Ricardo ne doit donc pas être surévaluée.

Mis à part le radicalisme de Marx, le libéralisme doctrinal des autres classiques est très partagé. C'est un libéralisme « utilitariste », celui de Hume et Smith : « Toutes les institutions de la société [...] sont jugées uniquement par le degré avec lequel elles tendent à promouvoir le bonheur de ceux qui vivent sous leur juridiction. C'est leur seule utilité et leur unique but » écrit Adam Smith dans *Théorie des sentiments moraux*, en 1759. L'ordre naturel se concrétise alors grâce à la liberté individuelle, à la poursuite de l'intérêt personnel qui mène à l'harmonie naturelle et à la satisfaction de l'intérêt général par le fait d'une « main invisible » (A. Smith, 1776). On ne doit restreindre la liberté que si cette restriction accroît le bonheur collectif. Ainsi en est-il de l'esclavage, condamné par les utilitaristes parce que la productivité d'un esclave est inférieure à celle d'un homme libre. Ces auteurs libéraux ne sont donc pas partisans d'une intervention minimale de l'État, limitée aux seules tâches de sécurité.

b. — La théorie objective de la valeur travail de Smith à Ricardo

La richesse est réelle et non monétaire pour les classiques. La monnaie mesure certes la valeur des choses, mais sans en avoir elle-même puisqu'elle n'est qu'un équivalent général. Le prix nominal, c'est-à-dire exprimé en unités monétaires, ne peut pas mesurer la valeur, seul le prix relatif, c'est-à-dire le rapport de prix de deux biens, le peut. Il traduit l'existence d'un élément commensurable entre les biens, et c'est le travail qui fonde la valeur d'échange des biens.

Utilisant le paradoxe de l'eau et du diamant – l'eau est plus utile que le diamant et sa valeur d'échange est pourtant plus faible –, A. Smith rejette la valeur d'usage, l'utilité comme fondement de la valeur d'échange. Ricardo considère que la valeur d'échange des biens non reproductibles dépend de leur rareté relative, tandis que celle des biens reproductibles est fondée sur la quantité de travail incorporée. Ainsi la valeur d'échange d'un verre d'eau dans le désert risque-t-elle d'être élevée parce que son coût de production (trouver un puits, transporter l'eau, etc.) l'est. Selon Ricardo, dans le cas général, les biens sont reproductibles et leur difficulté de production en détermine la valeur d'échange. Dans les sociétés développées, la production incorpore du travail, mais aussi du capital et de la terre, nécessaires à la production. Mais le capital est lui-même le produit d'un travail passé. De même les « différentes espèces de travail » sont présentées comme des multiples du travail le plus simple. Ainsi la valeur d'un bien dépend-elle de la valeur du travail le plus simple, qui est affectée par les prix des biens de subsistance nécessaires à la survie du travailleur. Les gains de productivité, dans l'agriculture par exemple, peuvent modifier les prix relatifs, et pour Ricardo, la théorie de la valeur travail n'est donc qu'une approximation, mais la meilleure.

La distinction entre prix de marché et prix naturel (ou valeur) permet à Ricardo d'intégrer les fluctuations conjoncturelles des prix. Le prix naturel est fondé sur la quantité de travail incorporé, c'est-à-dire sur les difficultés de production du bien, mais le prix de marché résulte de la confrontation entre l'offre et la demande. Face à une augmentation de la demande, le prix de marché s'élève, si bien que les profits et/ou les salaires augmentent dans cette activité. Des capitaux et/ou du travail supplémentaires affluent alors dans ce secteur, élevant les capacités de production et ramenant le prix de marché vers le prix naturel. La contradiction apparente entre une théorie de la valeur stable et des fluctuations observées des prix des marchandises est ainsi résolue. Le prix peut s'écarter de la valeur, mais transitoirement seulement. La question de la valeur est donc bien indépendante de celle du prix. La valeur dépend des difficultés de production et la question du prix est annexe, et renvoie au domaine de l'échange.

c. — Répartition et classes sociales chez les classiques

Les classes sociales se définissent par leurs revenus : les salariés gagnent des salaires, les capitalistes touchent des profits, les propriétaires perçoivent des rentes. Le prix naturel est à la fois le coût de production du bien et la clé de répartition entre rente, salaire et profit.

Évidemment, la terre n'est pas un bien libre, elle fait même l'objet d'une appropriation et d'une transmission par l'héritage dans la plupart des pays du monde. Ricardo explique le montant de la rente par la différence de fertilité des terres qui conduit à la mise en culture de terres de moins en moins fertiles à mesure que la population augmente, et donc à la hausse du coût de production des biens agricoles. La dernière terre à avoir été mise en culture détermine le prix naturel puisqu'elle a le coût de production le plus élevé et ne verse pas de rente. La rente différentielle est la conséquence des écarts entre ce prix naturel et les coûts de production inférieurs sur les terres plus fertiles.

La hausse de la rente est donc la conséquence et non la cause de la hausse du prix. Elle est pour Ricardo un revenu provenant non d'une utilité particulière dans la production, mais d'une difficulté croissante dans la production. Les revenus des propriétaires terriens chez les classiques ne sont donc pas socialement justifiés, ce qui explique la position de Ricardo en faveur de l'abolition des *corn laws*. La baisse du prix du blé sacrifie la rente, mais restaure les profits en favorisant la baisse des salaires de subsistance. La croissance est alors entretenue par l'accumulation du capital. Seul Malthus (1820) trouve une utilité sociale aux « rentiers fainéants » : leur accroissement de revenus permet d'absorber le surcroît de produits et d'éviter les crises de surproduction.

Ricardo juge que le salaire minimum se fixe au minimum vital nécessaire à la survie de l'ouvrier. C'est « la loi d'airain » des salaires (F. Lassalle). La loi de population de Malthus (1798) est au fondement du salaire naturel de subsistance : en l'absence de contrainte morale (le « frein préventif » de l'abstinence), les pauvres s'arrêtent de faire des enfants quand ils n'ont plus les moyens de les nourrir (« frein positif » de la mort). Que le salaire s'élève et la mortalité baisse, favorisant la hausse de la population. Bientôt un excès de population active apparaît et conduit à la baisse du salaire, à la hausse de la mortalité et à la baisse de la population. Le salaire de marché gravite ainsi autour d'un salaire naturel défini comme un minimum vital bien que relatif, selon Ricardo, puisque dépendant des prix des biens de subsistance. Ces derniers peuvent baisser, par exemple du fait de gains de productivité dans leur production ou d'importations en provenance des pays « neufs » (États-Unis, Russie, etc.), ou augmenter du fait de la fertilité décroissante des terres. Dans les deux cas, en dépit des variations du salaire naturel nominal, le salarié conserve le même pouvoir d'achat de subsistance.

Dans la théorie économique classique, le profit se définit et se justifie comme le revenu de celui qui avance les fonds nécessaires à la production. Tous les fonds, aussi bien le fonds de capital que le fonds de roulement ou les fonds de salaires, nécessaires à la survie de travailleurs qui ne peuvent pas, par définition, attendre.

C'est bien parce qu'il est possesseur d'un patrimoine que le capitaliste recueille un profit, mais pas seulement : à la différence du salarié ou du rentier, son revenu n'est pas garanti. La seconde justification selon Smith est donc la prise de risque. À risque identique, la conséquence de la mobilité du capital et du travail est l'égalisation des taux de profit et des salaires entre différentes branches et régions, nous dit Ricardo. Dans tous les cas, le profit dépend du taux de salaire et du capital avancé, c'est-à-dire de l'intensité capitalistique. La hausse des salaires (*cf. supra*, la hausse des prix agricoles) réduit les profits, sauf à accroître l'intensité capitalistique. Les capitalistes sont donc incités à mécaniser au maximum et la répartition est fondamentalement conflictuelle.

d. — Crises et avenir du capitalisme chez les classiques

Selon J.-B. Say, le capitalisme est harmonieux. La loi des débouchés (l'offre crée sa propre demande) affirme en effet que la monnaie n'est qu'un voile jeté sur les échanges, les produits s'échangeant fondamentalement contre des produits. La valeur de l'offre globale des produits se décompose en revenus qui sont intégralement dépensés et suscitent donc une demande globale en valeur nécessairement égale. Quand bien même une partie de la monnaie est épargnée, elle est recyclée et prêtée, si bien que la crise générale de surproduction est impossible. Les crises sectorielles sont quant à elles liées à la mauvaise répartition des ressources rares, la surproduction d'un secteur n'étant que la contrepartie de la sous-production d'un autre. L'économie de marché les résout automatiquement, par des variations des prix et du profit. Les crises durables sont la conséquence du blocage des mécanismes naturels de retour à l'équilibre par des agents interventionnistes, comme l'État. La seule solution est alors la libéralisation.

Pour Ricardo, la loi des rendements décroissants dans l'agriculture condamne la croissance économique. Elle élève le prix des biens de subsistance, donc le niveau des salaires de subsistance et des rentes foncières. En contrepartie, le taux de profit baisse, ce qui conduit à l'arrêt de l'accumulation du capital et ainsi de la croissance. Il faut alors abroger les *corn laws* et importer du blé bon marché pour restaurer le taux de profit. Cela va diminuer les rentes foncières, mais cela n'a aucune conséquence puisque la loi de Say s'applique. Ricardo fonde sa recommandation du libre-échange sur sa théorie des avantages comparatifs (*cf. infra*, partie 3, chapitre 1) : l'économie anglaise délaisse les productions agricoles comme le vin ou le blé aux économies dont la productivité dans ces activités y est supérieure, et se spécialise dans la production industrielle où elle dispose à l'époque d'un avantage comparatif indéniable. Dans le chapitre 31, « Des machines », Ricardo envisage une autre façon de faire reculer l'état stationnaire : le progrès technique. S'il augmente notamment les rendements dans la production des biens de subsistance, le progrès technique restaure le taux de profit.

2. – Marx ou l'exploitation au cœur du système économique capitaliste

a. — Marx formule une critique radicale de l'économie classique

Marx rejette la science détachée de l'histoire, qui prétend à l'universalité. L'économie classique, en ce qu'elle recherche les lois de fonctionnement d'un ordre naturel, n'est donc pas scientifique, mais « spéculative ». L'observation de l'histoire doit néanmoins faire apparaître des lois. L'objectif de Marx est de démonter le moteur de l'histoire, c'est-à-dire d'analyser les conditions de production des choses et non leur fonctionnement dans un système que l'on ne questionne pas.

La compréhension de l'économie (et de la société) ne peut donc se faire en dehors de leur cadre historique : c'est à travers la recherche de types historiques que les économistes peuvent comprendre les phénomènes économiques. En prétendant que les caractéristiques propres du capitalisme appartenaient à la nature humaine – Smith s'appuyant ainsi sur « un certain penchant naturel à tous les hommes [...] à trafiquer, à faire des trocs et des échanges d'une chose pour une autre » –, les économistes classiques ont naturalisé un fait historique. Pourquoi ? Parce que l'économie scientifique est en fait une idéologie, une « conscience fausse », c'est-à-dire une représentation du monde qui se présente comme universelle mais qui n'est que le produit de la place des économistes dans la société : en cachant et en naturalisant la réalité de l'exploitation capitaliste, ils défendent les intérêts de la classe bourgeoise.

L'état des techniques, des connaissances utilisées dans la production détermine la manière dont les hommes rentrent dans des rapports sociaux de production, des rapports nécessaires, indépendants de leur volonté. Ces rapports qu'entretiennent les hommes entre eux sont tant des rapports techniques que sociaux (d'échange, de domination / aliénation, etc.) qui s'expriment à travers la nature de la propriété : la propriété directe des hommes fait le mode esclavagiste, la propriété indirecte des hommes et directe de la terre fait le mode féodal, la propriété privée des moyens de production fait le mode capitaliste, et la propriété commune fait le communisme. Le type de propriété et le type de mode de production déterminent des classes sociales : « Homme libre et esclave, patricien et plébéien, baron et serf, maître de jurande et compagnon, en un mot oppresseurs et opprimés » (Karl Marx et F. Engels, *Manifeste du parti communiste*, 1848).

Le mode de production capitaliste se caractérise par des forces productives gigantesques. La concentration de nombreux travailleurs sur le lieu du capital permet de réaliser les forces productives. La manufacture puis l'usine s'imposent donc. Cette production importante doit être écoulée en dehors de la sphère de la production, nécessité qui transforme la production en marchandise. Il est donc indispensable que le travail soit acheté par le capitaliste pour empêcher le travailleur d'être maître de sa production, afin de contraindre le travailleur non propriétaire du produit de son travail à l'acheter au capitaliste.

Le changement historique de mode de production passe par le bouleversement des rapports sociaux de production désormais inadéquats : un nouveau mode de production émerge et s'affirme pour un temps. Le passage du mode de production féodal au mode de production capitaliste résulte ainsi du développement des forces productives capitalistes au sein du mode de production féodal qui produisent inévitablement la révolution économique, donc politique (enclosures sur la propriété au Royaume-Uni, décret d'Allarde qui libère le travail en France), c'est-à-dire le renversement de l'Ancien Régime. En conséquence, nous dit Marx, le développement des forces productives prolétariennes (les prolétaires regroupés par le capitalisme lui-même dans les usines) produira tôt ou tard le renversement du capitalisme.

b. — Le cœur du capitalisme : la marchandise

Le Capital (1867) s'ouvre sur l'analyse de la marchandise : « La richesse des sociétés dans lesquelles règne le mode de production capitaliste s'annonce comme une "immense accumulation de marchandises". » Toute marchandise a une valeur d'usage, une utilité, mais pour être échangée, elle doit aussi être une valeur d'usage pour autrui, donc une valeur d'usage sociale. La valeur ne peut exister en dehors de l'usage et de l'échange : c'est parce qu'elle a une valeur d'usage qu'une chose est réalisable dans l'échange, et c'est parce qu'elle est une valeur d'échange (donc commensurable) qu'elle permet de quantifier la valeur d'usage sociale.

Comme chez Ricardo, le travail est l'élément social commun à tous les hommes, partagé par tous les hommes et mis en commun dans la production et l'échange. C'est lui qui détermine la valeur. Concrètement, le travail est divers, hétérogène, dépend des hommes, de leur métier, de leur efficacité. Marx distingue travail simple et complexe afin de prendre en compte la qualification et, à l'instar de Ricardo, oppose le travail vivant et le travail mort (le capital). Le capitalisme n'est donc que l'appropriation du travail mort par des individus qui le rendent indispensable à la production. Le « travail socialement nécessaire » est alors la quantité moyenne de travail que nécessite la production d'un bien.

Si Marx reconnaît sa dette vis-à-vis de Ricardo sur la théorie de la valeur travail, il s'en sert pour abattre les fondements du capitalisme : si le travail est à l'origine de toute richesse, pourquoi des non-travailleurs, les propriétaires des moyens de production, s'accaparent-ils une partie de la valeur créée par le seul travail ?

c. — La répartition chez Marx est marquée par l'exploitation capitaliste

Deux types de revenus pour deux classes sociales : les salariés touchent des salaires et les capitalistes perçoivent la plus-value.

Le travail (fondement de la valeur dans toute société) ne doit pas être confondu avec la force de travail (la transformation du travailleur en marchandise). Comme toute marchandise, la force de travail a deux valeurs : valeur d'usage et valeur d'échange. La valeur d'échange de la force de travail est le salaire. Comme chez Ricardo, la valeur d'échange de la force de travail dépend de la quantité de travail nécessaire pour la (re)produire, c'est-à-dire de la valeur des biens et services nécessaires à la survie du travailleur et à l'entretien de sa famille. Le salaire est forcément un salaire de subsistance, un minimum vital.

La « loi d'airain des salaires » (Lassalle) est provoquée par une surpopulation relative. Marx affirme, contrairement à Malthus, que l'excès de population, de main-d'œuvre, n'est pas « naturel », mais est causé par le capitalisme lui-même. Le capitalisme réduit sa demande de travail (par substitution du capital au travail), ce qui crée une « armée industrielle de réserve » qui fait pression sur les salaires, ce qui accroît la concurrence, et fait augmenter l'offre de travail par un effet revenu : progressivement les femmes, les enfants sont mis au travail et la famille ouvrière court après un niveau de subsistance qui recule à mesure qu'elle travaille davantage puisque cela fait baisser le salaire.

La magie du capitalisme réside dans l'excès de la valeur d'usage sur la valeur d'échange de la force de travail. La valeur d'échange de la force de travail est déterminée par le salaire de subsistance, or l'achat de la force de travail à ce prix donne le droit au capitaliste à la valeur d'usage de la force de travail, c'est-à-dire la valeur produite par le travail (mort et vivant) dans l'usage de la force de travail. L'écart entre les deux est le surtravail ou plus-value (Pl) qui mesure l'exploitation. Le taux de profit mesure alors le rapport entre la plus-value (Pl) et le capital avancé par le capitaliste qui se décompose en capital constant (C, qui sert à financer le capital fixe et les consommations intermédiaires) et capital variable (V, correspondant au paiement des salaires). Or, la concurrence entre capitalistes pousse à accroître le capital constant par rapport au capital variable (la composition organique du capital), à substituer du capital au travail. À terme, le taux de profit diminue, sauf à augmenter le degré d'exploitation, c'est-à-dire Pl/V. La loi de baisse du taux de profit n'est donc que tendancielle, les capitalistes peuvent en effet :

- augmenter la plus-value absolue : intensification, augmentation du temps de travail (en fait, limité), baisse du niveau de salaire (limitée, déjà au niveau du minimum vital) ;
- augmenter la plus-value relative : augmentation de la productivité des secteurs qui fabriquent les biens de subsistance par l'innovation ; recours à l'impérialisme pour se les procurer.

Néanmoins, le capitalisme est condamné, socialement par la concentration des prolétaires dans les usines où une socialisation ouvrière se développe et fait naître une conscience de classe, et surtout économiquement, par la loi de surpopulation relative qui produit une insuffisance structurelle de la demande par le maintien dans la pauvreté de bataillons toujours plus nombreux de prolétaires, à mesure que la déqualification progresse et que la concurrence des usines fait disparaître les travailleurs indépendants.

Le paradoxe d'une révolution industrielle qui s'accompagne à la fois de la croissance économique et du développement de la pauvreté dès le début du XIXe siècle interroge. Selon Marx, cette nouvelle pauvreté de masse des travailleurs (paupérisme) résulte du mode d'organisation des économies et de la répartition des richesses. La surpopulation est le produit du mode de production capitalistique parce qu'elle est utile à l'accumulation de richesses. Les capitalistes ont, en effet, intérêt à avoir des hommes en trop qui constitueront « l'armée industrielle de réserve ». Cette dernière permet un maintien d'un taux de chômage élevé, bloque le niveau de salaire et donc pérennise la plus-value. La pauvreté des travailleurs est ainsi une conséquence du fonctionnement libre du marché du travail.

3. – Les néoclassiques : de la révolution marginaliste à la nouvelle microéconomie

Si les néoclassiques sont dans une grande continuité doctrinale, libérale, par rapport aux classiques, ils rompent analytiquement avec eux : la théorie de la valeur utilité se substitue à celle de la valeur travail. Pour autant, les approches néoclassiques sont diverses.

a. — Les néoclassiques, ruptures et continuités par rapport à l'école classique

Au tournant des années 1870, une « révolution marginaliste » menée parallèlement par Menger (1871), Walras (1874) et Jevons (1871) met au centre de l'analyse le raisonnement à la marge, d'où son nom. L'utilité d'une unité supplémentaire d'un bien diminue avec la quantité consommée, ce qui signifie que l'utilité marginale est décroissante (Gossen, 1854). Ainsi, l'eau étant consommée en abondance, l'utilité associée à une unité supplémentaire est faible, ce qui explique que les consommateurs ne sont pas prêts à la payer cher.

Substituant l'utilité au travail comme fondement de la valeur d'échange, les marginalistes se débarrassent surtout de la critique de Marx de l'économie classique. La valeur utilité explique désormais la valeur d'échange qui n'est plus que psychologique, et n'est donc plus liée à un quelconque rapport social. La problématique de la valeur disparaît même avec les néoclassiques. La question de la rareté (utilité et quantité limitée par rapport aux besoins) remplace alors celle de la valeur : la production est un calcul économique sous contrainte de ressources rares, de techniques rares, etc.

Pour les économistes « néoclassiques » du dernier tiers du XIXe siècle, la science économique constitue d'abord une méthode d'appréhension des activités économiques par les calculs coûts-bénéfices qu'effectuent les hommes à leur occasion. Elle conduit à scientifiser l'homme à l'origine de ces activités économiques : l'*homo œconomicus* est rationnel, au sens où il combine des moyens logiques pour atteindre une fin – un producteur recherche le profit qu'il pourra atteindre en minimisant les coûts, un consommateur recherche la satisfaction de ses besoins en dépensant le moins possible compte tenu de sa contrainte de revenu et des prix des produits.

La consommation passe au premier plan avec cette approche microéconomique. Le cœur de l'économie pour les néoclassiques, en effet, c'est l'échange et non la production. La question pertinente devient celle de la coordination par le marché et non plus celle de la création de richesses par la production : le capitalisme a eu besoin de montrer un temps qu'il produisait de la richesse, mais ce n'est plus le problème. Le problème – soulevé par Marx – est de montrer sa capacité à durer au-delà des crises, à s'auto-organiser. La problématique de la croissance disparaît avec les néoclassiques au profit de celle de l'équilibre concurrentiel.

La répartition ne fait plus question chez les néoclassiques. L'antinomie ricardienne entre les revenus de différentes classes sociales (salaires, rentes et profits) n'existe plus. Avec les néoclassiques, les revenus sont simplement les prix de vente des facteurs de production. Ainsi, le salaire est le prix du travail et le profit est le prix de location du capital. Ces revenus sont des revenus individuels, chaque unité de travail, chaque unité de capital se vend à un certain prix : les classes sociales disparaissent. La fin de la lutte des classes résulte aussi du fait que ces revenus sont justes puisqu'ils dépendent de leur contribution productive. À l'équilibre, le salaire est égal à la productivité marginale du travail. De même, s'agissant du capital, la distinction intérêt, dividende, loyer, etc., perd beaucoup son sens : dans un contexte concurrentiel, les revenus du capital s'égalisent à leur liquidité et risque près : les loyers sont moins liquides, les dividendes sont plus risqués.

b. — De l'équilibre partiel à l'équilibre général

La méconnaissance de Walras en Angleterre au tournant du XXe siècle a conduit à créditer Marshall de la loi de l'offre et de la demande. L'apport de Marshall est d'appliquer à la détermination des quantités le principe du raisonnement marginaliste en faisant l'hypothèse des rendements décroissants dans la production : « Les tendances à l'utilité décroissante et à la productivité décroissante trouvent leurs racines, la première dans les qualités de la nature humaine, la seconde dans les conditions techniques de l'industrie » (1890). La loi de l'offre et de la demande se traduit par le croisement de la courbe de demande décroissante et de la courbe d'offre croissante sur chaque marché, déterminant un prix et une quantité d'équilibre (p^*, q^*) simultanément pour chaque bien sur son propre marché. C'est une théorie qui fait disparaître la question de la valeur pour construire directement une théorie du prix de marché. Il n'y a plus la distinction classique entre une théorie du prix naturel (la valeur), fondée sur les difficultés de production, et une théorie du prix de marché, fondée sur l'économie de marché.

Or, Marshall observe que la tendance à la décroissance des rendements n'est pas toujours la règle. Il met en évidence l'existence d'économies d'échelle externes : l'augmentation de la production du secteur permet aux entreprises de ce secteur de faire baisser le coût unitaire de production. Les infrastructures de transport développées dans une région dynamisée par un secteur d'activité créent en effet un avantage en retour pour les producteurs individuels. On sort forcément dans ce cas de l'équilibre partiel, sauf à considérer ces économies d'échelle externes... comme internes à la branche.

L'économie politique pure, telle que la présente Léon Walras (1834-1910), est une théorie de l'équilibre général du marché, selon une approche formalisée qui va du plus simple au plus compliqué, en l'occurrence des modèles successifs d'échange – pur, de production, de capitalisation, d'économie monétaire (*Éléments d'économie politique pure*, 1874). L'économie d'échange pur est constituée des seuls marchés de biens et services. L'économie d'échange et de production y ajoute les marchés des services producteurs. L'économie de capitalisation introduit en plus les marchés des capitaux dont les équilibres découlent de l'égalisation des taux de revenus nets (revenus nets/prix des capitaux) des différents capitaux. C'est une présentation pédagogique qui vise à identifier les lois économiques fondamentales. L'hypothèse de la concurrence parfaite est levée dans « l'économie politique appliquée », qui étudie les situations concrètes et réelles de concurrence.

Les ménages possèdent des capitaux (dont le « capital humain », même si Walras n'emploie pas le terme) dont ils tirent des revenus en vendant leurs services producteurs (dont le travail). Ils dépensent leurs revenus et en épargnent une partie, placée en titres qu'ils achètent sur le marché financier, titres qui leur rapportent un revenu : l'objectif des ménages est de maximiser leur utilité sous contrainte budgétaire. Les entreprises tirent des recettes de la vente des biens de consommation, de production et de titres, avec lesquelles elles achètent les services producteurs et des biens de production neufs : l'objectif est celui de la maximisation du profit sous la contrainte des techniques de production.

La théorie de l'équilibre général walrassien traduit l'objectif de Walras ainsi : il existe une solution (p^*, q^*) au système d'équations linéaires que représente l'égalité entre l'offre et la demande sur chacun des marchés de l'économie. C'est un équilibre général du fait de l'interdépendance des marchés qui se traduit dans la « loi de Walras » (Oskar Lange, 1942). Il existe, sous certaines hypothèses, un équilibre général walrassien (EGW) en concurrence parfaite, c'est-à-dire un ensemble de prix qui permette l'équilibre simultané sur tous les marchés. La puissance de l'analyse néoclassique est là : il y a un état de l'économie où les décisions individuelles égoïstes sont mutuellement compatibles.

Au-delà des conditions très restrictives nécessaires à l'obtention d'un tel résultat, il reste que l'existence possible d'un équilibre n'établit pas qu'on l'atteint dans une économie de marché : c'est la question de la stabilité de l'EGW. Smith était convaincu que la libre concurrence est cette main invisible qui conduit à l'ordre naturel. Pour Walras, l'équilibre général se forme par tâtonnements sur les prix. Un crieur de prix, une institution de coordination des marchés qui n'est pas le marché lui-même – Walras utilise l'image du commissaire-priseur ou de la criée du marché aux poissons –, engage un processus d'ajustement des prix criés par l'augmentation des prix des biens dont les demandes dépassent l'offre, et la baisse des prix des biens dont les demandes sont inférieures à l'offre. Les prix convergent vers le vecteur de prix d'équilibre (p*), et les transactions peuvent avoir lieu. La loi de l'offre et de la demande est pour Walras un processus centralisé. La décentralisation des décisions n'est donc obtenue qu'à la condition d'une hypercentralisation des ajustements du prix. Walras a donc le mérite d'expliciter le mode de formation du prix d'équilibre sur un marché. Pour lui, les marchés réels se rapprochent plus ou moins des Bourses de valeurs, des criées aux poissons. Mais les économistes néoclassiques auront tendance à prendre moins de précaution et à faire « comme si » ce processus de formation du prix d'équilibre ne posait pas problème, autrement dit à adopter la position de Smith.

Vilfredo Pareto (1848-1923) succède à Léon Walras à la chaire d'économie politique de l'université de Lausanne. Il se présente comme un disciple critique. Il adopte en effet la théorie de l'équilibre général de Walras, mais apporte la notion de maximum « d'ophélimité », appelé désormais optimum de Pareto. Une allocation est un optimum de Pareto si l'on ne peut améliorer la situation d'un agent sans dégrader celle d'un autre agent. Un EGW en concurrence parfaite est un optimum de Pareto (1er théorème du bien-être). Mais là encore, les conditions d'obtention d'un tel résultat sont héroïques : concurrence parfaite, absence d'effets externes et de biens collectifs... Il demeure aussi que l'optimum de Pareto ne dit rien du maximum d'utilité (on ne peut pas additionner les utilités individuelles), ni de la répartition et de la justice (une allocation absolument inégalitaire est un optimum de Pareto), ni de l'organisation économique (une société collectiviste peut atteindre le maximum d'ophélimité).

c. — *Du marginalisme à la nouvelle microéconomie*

L'Américain Gary Becker a reçu le prix Nobel 1992 pour avoir « étendu le domaine de l'analyse microéconomique à un vaste éventail de comportements et d'interactions humaines, y compris à des comportements qui ne relèvent pas du marché ». G. Becker développe ainsi une économie de la famille (*A Treatise on the Family*, 1981) où il applique la théorie des choix rationnels. Il affirme ainsi que les couples riches ont un taux de divorce plus faible parce qu'ils ont des coûts de divorce plus élevés. Il étudie l'impact de salaires réels élevés sur la « valeur du temps » et donc sur les coûts de la production domestique, comme l'éducation des enfants. Comme les femmes ont augmenté leur investissement en capital humain et entrent davantage sur le marché du travail, le coût d'opportunité de l'éducation d'un enfant augmente. De plus, l'augmentation de la rentabilité de l'éducation (en tant qu'investissement) élève le désir de fournir à ses enfants une éducation coûteuse. La conséquence de ces deux phénomènes est un taux de fertilité plus bas. Cette intrusion hors des sentiers battus de la production et de la consommation *stricto sensu* est souvent présentée comme un « impérialisme de l'économie ».

Sommes-nous en toutes circonstances assimilables à des *homo œconomicus* ? Ceci est infirmé par les résultats de l'économie expérimentale qui est une branche de la science économique utilisant l'expérimentation comme méthode d'investigation. L'expérimentation en économie consiste en la restitution, en laboratoire, d'une situation économique simplifiée pour laquelle l'ensemble des variables est contrôlé par l'expérimentateur. Dans les « jeux de biens publics », on teste par exemple le comportement de passager clandestin *a priori* induit mécaniquement par l'hypothèse d'égoïsme des individus. Ledyard (1995) trouve que les individus contribuent au contraire à hauteur de 40 % à 60 % de leur dotation initiale au financement du bien public. Ce type de résultat fait douter de l'universalité du comportement purement égoïste défendu par la théorie économique standard. Amartya Sen, Prix Nobel 1998, a d'ailleurs traité avec humour l'*homo œconomicus* « d'idiot rationnel ». Il vaut donc mieux faire l'hypothèse d'un consommateur raisonnable plutôt qu'optimisateur, dont la rationalité est limitée et procédurale (H. Simon, 1968), car l'environnement est incertain et les capacités de calcul des agents sont limitées.

L'approfondissement critique du schéma initial de l'équilibre en concurrence parfaite proposé par Marshall et Walras est passé par la levée des hypothèses. En situation de concurrence monopolistique par exemple, c'est l'hypothèse d'homogénéité du produit qui n'est pas respectée (Chamberlin, 1933). Chaque consommateur choisit les produits en fonction des prix de ces produits, mais aussi de l'éloignement relatif des produits à son produit idéal (Lancaster, 1966). Les producteurs ne peuvent pas en effet produire tous les produits idéaux, mais seulement un certain nombre. La demande adressée à la firme dépend alors du prix et des caractéristiques du produit, mais aussi des prix et des caractéristiques des produits substituts. Il y a donc une interdépendance des demandes des différents produits : une firme sera en concurrence avec les firmes dont les produits sont très proches, mais en monopole par rapport aux firmes dont les produits sont éloignés. Dans ce cas, le prix de vente peut être supérieur au coût marginal qui serait le prix de concurrence pure et parfaite. Chaque entreprise présente est spécialisée dans une variante du produit et en profite pour maximiser son profit à la manière d'un monopole, en tenant compte de la courbe de demande des consommateurs.

Il ne faut pas confondre cette situation avec celle de l'oligopole, où les producteurs sont peu nombreux et peuvent donc tenir compte dans leur décision de production de la présence des autres vendeurs, et construire une fonction de réaction aux décisions de production que prendront les autres vendeurs ou l'autre vendeur – au singulier dans le cas d'un duopole, de Cournot ou de Stackelberg par exemple. L'analyse de ces structures de marché non concurrentielles a été renouvelée par la théorie des jeux, notamment non coopératifs (Von Neumann et Morgenstern, 1944). Les joueurs ont des stratégies auxquelles sont associés des gains ou des pertes, représentés le plus souvent dans une matrice des gains. Le dilemme du prisonnier (Tucker, 1950) présente un équilibre en stratégies dominantes (une stratégie qui doit être jouée quelle que soit celle de l'adversaire) qui a la particularité d'être sous-optimal pour les acteurs. La poursuite par chacun de son intérêt égoïste ne conduit pas à la meilleure situation globale. Cet équilibre se trouve être aussi un « équilibre de Nash » (Nash, 1951) puisqu'il est en même temps sans avantage pour un des joueurs de changer unilatéralement de stratégie.

La nouvelle microéconomie, ou « économie de l'information », lève l'hypothèse d'information parfaite. Les acteurs ont rarement le même accès à l'information, de sorte que des asymétries d'information caractérisent leurs relations économiques. L'aléa moral et l'antisélection résultent de l'imperfection de l'information sur les marchés concrets. Sur le marché des voitures d'occasion, de l'assurance, du travail, l'antisélection menace ; dans les relations principal/agent (relation salariale, relation d'expertise, relation d'assurance), l'aléa moral est fréquent. Les asymétries d'information multiplient ainsi les échecs de marché. Selon Akerlof (1970), lorsque les acheteurs de voitures d'occasion ne peuvent pas discriminer entre les « bonnes » et les « mauvaises » occasions, ils proposent un prix moyen qui évince les voitures de « bonne » qualité et fait par là disparaître le marché. Le modèle principal/agent de Jensen et Meckling (1976), appliqué à la relation d'expertise par exemple, met quant à lui en évidence l'opportunisme de l'expert (agent) qui impose des travaux et des productions inutiles au commanditaire sous-informé (principal). L'intervention de l'État doit permettre d'augmenter le bien-être collectif en modifiant l'équilibre sous-optimal de marché en présence d'asymétries d'information. Des règles institutionnelles peuvent ainsi être élaborées et imposées aux acteurs : le « *screening* », par exemple, désigne un ensemble de règles qui contraignent l'agent le mieux informé à dévoiler son information – en France, l'autobilan est ainsi obligatoire avant la vente d'une voiture sur le marché de l'occasion.

C LES DÉVELOPPEMENTS CONTROVERSÉS DE L'ANALYSE ÉCONOMIQUE KEYNÉSIENNE AU XXe SIÈCLE

Après la Seconde Guerre mondiale se forge un « consensus keynésien ». Son déclin s'amorce dans les années 1970 avec un retour en force des analyses classiques qu'avait enterrées Keynes à la fin des années 1930. Mais la restauration classique est bousculée par le renouvellement des lectures de la pensée économique de Keynes.

1. –La révolution keynésienne

La légitimité traditionnelle et légale-rationnelle des « classiques », c'est-à-dire tous les économistes classiques et néoclassiques[9] qui l'ont précédé en somme, ne peut appeler selon Keynes que le projet d'une théorie générale alternative : ce sera la *Théorie générale de l'emploi, de l'intérêt et de la monnaie* en 1936 (TGEIM ensuite).

a. — Une économie monétaire orientée par la demande effective

Contre l'économie d'échange des « classiques », Keynes représente l'économie comme une économie de production, principalement orientée par la demande effective. Les entreprises sont premières en ce qu'elles élaborent des plans de production dont elles espèrent la validation par le marché. Pour cela, elles anticipent la demande. En découlent des plans de production dont l'agrégation a cependant un résultat largement autoréalisateur : que l'optimisme gagne les entreprises et elles s'ouvriront mutuellement de vastes débouchés. Il faut donc prévenir le pessimisme des acteurs pour maximiser la production.

À l'opposé de l'économie réelle des classiques, Keynes représente l'économie comme une économie monétaire. Face à l'incertitude inhérente aux économies de marché, les acteurs se réfugient dans la monnaie dont ils espèrent qu'elle va leur permettre de figer leur position en atten-

9 Keynes regroupe les analyses classiques et néoclassiques sous le terme de « théorie classique » ou « école classique ». À la première page de la TGEIM, Keynes précise en effet qu'il entend par là « les successeurs de Ricardo, c'est-à-dire les économistes qui ont adopté et amélioré sa théorie y compris notamment Stuart Mill, Marshall, Edgeworth et le professeur Pigou ».

dant de trouver des signes d'optimisme dans l'évolution de l'économie. C'est la préférence pour la liquidité. La demande de monnaie permet d'articuler monnaie et finance en tant que demande de monnaie pour motif de spéculation, c'est-à-dire moyen de détention du patrimoine. La monnaie n'est donc pas seulement demandée au titre de sa fonction d'intermédiaire des échanges (le motif de transaction selon Keynes) comme le défendent les classiques.

Dans le chapitre 12 de la TGEIM, Keynes met en avant que le capitalisme n'est plus ce qu'il était : au XXe siècle, les grandes sociétés anonymes (SA) remplacent les entrepreneurs aventuriers des débuts de la révolution industrielle, et donc la Bourse des valeurs remplace l'autofinancement. L'investissement et le placement en sont facilités : sur le marché financier, les acteurs en besoin de financement empruntent aux agents en capacité de financement d'autant plus facilement que la Bourse assure la liquidité de ces emprunts. Ainsi, une action acquise sur le marché primaire peut-elle être revendue rapidement et à faible coût sur le marché secondaire (la Bourse). Mais l'instabilité du financement de l'économie augmente à mesure que les marchés financiers se développent, car l'incertitude caractérise la prise de décision de placement comme d'investissement. La Bourse assure certes la liquidité du capital, mais permet surtout la révision permanente de décisions malheureusement marquées par la fragilité de leur fondement. L'efficacité marginale du capital peut en effet être calculée – d'ailleurs Keynes en déduit la fonction d'investissement décroissante du taux d'intérêt –, mais la confiance dans sa valeur reste faible puisque dépendante des anticipations sur l'évolution de l'économie à l'avenir (niveau de la demande, progrès technique, inflation, etc.). Cette incertitude sur l'avenir produit des révisions des anticipations permanentes. Le « climat des affaires » génère des révisions mimétiques (c'est la métaphore du concours de beauté), pessimistes ou optimistes, de l'efficacité marginale du capital dont la liquidité du marché financier permet la réalisation : « C'est comme si un fermier, après avoir tapoté son baromètre au repas du matin, pouvait décider entre dix et onze heures de retirer son capital de l'exploitation agricole, puis envisager plus tard dans la semaine de l'y investir de nouveau » (Keynes, chap. 12). Le fermier retire alors son capital en le transformant en monnaie : il y a une interdépendance très forte entre le marché financier et le marché de la monnaie par la demande de monnaie pour motif de spéculation. C'est la préférence pour la liquidité. Ne rapportant aucun revenu, la monnaie est détenue parce qu'elle endort notre inquiétude : sinon, « pourquoi quiconque en dehors d'un asile d'aliénés devrait-il souhaiter utiliser la monnaie comme réserve de valeur ? » (Keynes, 1937).

b. — Les instruments de la régulation économique

Les voies de la politique monétaire discrétionnaire expansionniste abaissant le taux d'intérêt pour relancer l'investissement sont donc étroites : à anticipations inchangées seulement, cette baisse du taux d'intérêt augmente l'investissement, qui par l'effet multiplicateur augmente la production. La banque centrale influence alors l'économie réelle par son action monétaire, il n'y a plus de dichotomie entre sphère réelle et sphère nominale chez Keynes. Mais si l'offre de monnaie accrue provoque une hausse de la demande de monnaie, alors le taux d'intérêt n'est pas modifié : les agents souhaitent détenir davantage de monnaie qu'avant parce qu'un choc de pessimisme s'est abattu et l'investissement n'augmente pas. C'est la trappe à liquidité. Selon Keynes, cette situation est fréquente, si bien que la politique budgétaire, voire la socialisation de l'investissement est un meilleur levier pour assurer la régulation de l'économie.

Une économie monétaire de production égalise donc l'épargne (S) et l'investissement (I), non par les variations du taux d'intérêt sur un marché des fonds prêtables comme chez les classiques, mais par les variations de la production et du revenu. Le taux d'intérêt est en effet déterminé sur le marché de la monnaie. Il récompense le renoncement à la liquidité et non à la consommation. L'épargne est alors la partie non consommée du revenu. L'effet multiplicateur permet l'égalisation *ex post* de I et S : l'investissement crée toujours l'épargne dont il a besoin. Les entreprises initient le circuit économique par leurs décisions d'investissement et d'emploi, fondées sur leurs anticipations, plus ou moins optimistes, de la demande. Le volume d'emploi est donc déterminé en dehors du marché du travail par le refus du « second postulat classique », c'est-à-dire d'une offre de travail résultant d'un arbitrage entre consommation et loisirs. Dans une société salariale, les ménages n'ont pas d'autre choix que de travailler, et se retrouvent fréquemment rationnés par les entreprises dont la demande de travail est faible compte tenu de l'insuffisance de la demande effective. Le chômage est ainsi involontaire.

Mais la pensée économique de Keynes a très rapidement (dès 1937) été résumée avec un certain brio par J. Hicks dans son article « *Mr Keynes and the Classics : a suggested interpretation* », imposant sa lecture[10] de Keynes dans l'après-guerre à travers le modèle IS/LM. Les économistes pensent avoir trouvé la pierre philosophale de l'économie de marché régulée par l'État. La politique conjoncturelle est justifiée par le diagnostic largement partagé que la dépression des années 1930 avait été causée par une chute de la demande globale non enrayée par l'action des pouvoirs publics. Durant les années 1950 et 1960, le réglage fin (*fine tuning*) de l'économie s'impose. Ces années-là, l'inflation rampante pose problème aux keynésiens de la synthèse puisque le modèle IS/LM est à prix fixes. Comment prendre en compte les effets prix ? En 1958, A. W. Phillips met en évidence une relation statistique non linéaire entre le chômage et les variations des salaires nominaux. Cette « courbe de Phillips » est intégrée au modèle IS/LM par Samuelson et Solow en 1960 : c'est la « synthèse néoclassique », dite offre globale/demande globale. La relation de Phillips entre chômage et prix (les prix étant considérés proportionnels aux salaires) offre au modèle IS/LM une cohérence externe supérieure : le réglage fin de l'économie demande seulement à arbitrer entre l'inflation et le chômage à défaut de pouvoir être réduits simultanément. Au tournant des années 1970, l'inflation s'accélère et le chômage augmente : c'est la stagflation qui invalide la relation de Phillips et met à terre le modèle de la synthèse, ouvrant une période de déstabilisation du « consensus keynésien ». La politique économique conjoncturelle n'apparaît plus en mesure de réguler l'activité économique.

2. – Monétaristes et nouveaux classiques : contre-révolution ou restauration ?

L'article de Milton Friedman publié en 1968 apporte une critique théorique au modèle offre globale / demande globale : son absence de fondements microéconomiques et du marché du travail. Or, la prise en compte de l'illusion monétaire des offreurs sur le marché du travail permet de rendre compte de la disparition de l'arbitrage inflation-chômage : c'est la surprise d'une inflation plus forte qu'anticipée qui conduit les travailleurs à confondre hausse du salaire nominal et hausse du salaire réel et à offrir davantage de travail, réduisant par là un chômage forcément volontaire. À long terme, les autorités monétaires ne peuvent pas accélérer constamment l'inflation et l'arbitrage inflation-chômage disparaît. Le chômage se maintient à son niveau naturel. Le monétarisme de Friedman est donc à bien des égards une restauration plutôt qu'une contre-révolution keynésienne : c'est la restauration du « second postulat classique » et d'un marché du travail néoclassique traditionnel. Ce faisant, M. Friedman ne fait que compléter le cas n° 1 dit « classique » présenté par Hicks (1937) d'une macroéconomie monétaire (la théorie quantitative

10 La fidélité du modèle à la pensée de Keynes est pour le moins sujette à débat.

de la monnaie détermine les prix en fonction de l'offre de monnaie) par une sphère réelle réduite au marché du travail (le niveau de production résulte d'un volume de travail utilisé selon les techniques existantes).

Les travaux de Lucas, Sargent et Wallace fondent une « nouvelle macroéconomie classique » (NMC) à partir de la seconde moitié des années 1970. L'idée classique d'une parfaite flexibilité des prix, assurant le maintien permanent à l'équilibre des marchés, est retrouvée en s'appuyant sur l'hypothèse d'« anticipations rationnelles » des agents (Muth, 1961). Ces derniers sont certes rationnels, mais leur information est supposée imparfaite : ils mobilisent au mieux toute l'information disponible pour prévoir l'évolution des variables sur lesquelles ils font leurs choix. Selon Lucas (1972), ils connaissent mieux l'évolution des prix des biens qu'ils produisent que celle du niveau général des prix. Cette imperfection de l'information conduit à ce qu'une accélération de l'inflation produite par une politique monétaire discrétionnaire augmente la production, l'agent prenant l'inflation pour une hausse du prix du bien qu'il vend. La hausse de la production appelle celle de la demande de travail et la baisse du chômage. Pour autant, la courbe de Phillips ne réapparaît pas ici. Les agents intègrent rapidement le changement de politique monétaire et la production retrouve son niveau initial. Si les pouvoirs publics tentent ainsi d'utiliser des relations statistiques entre inflation et production (ou inflation-chômage), alors les anticipations rationnelles les font disparaître. Les chocs monétaires peuvent donc avoir des effets réels sans que les pouvoirs publics puissent s'en servir pour la politique économique. La critique de Lucas (1976) affirme ainsi que les modèles keynésiens sur lesquels s'appuie la politique économique sont fragiles puisqu'ils ne tiennent pas compte de la manière dont les agents économiques modifient leurs anticipations suite à une décision de politique économique. Ainsi, il y a peu de chance que les agents économiques soient surpris par une politique monétaire expansionniste devenue systématique à la fin des années 1960 : la surprise d'inflation justifiait l'arbitrage inflation-chômage à court terme chez M. Friedman, elle disparaît donc lorsque Sargent et Wallace (1975) retiennent l'hypothèse d'anticipations rationnelles dans leur analyse de la courbe de Phillips. On peut tromper les agents économiques une fois (Friedman), mais pas systématiquement. La politique monétaire est alors inefficace dès le court terme : aucun arbitrage entre inflation et chômage n'existe, même à court terme. La courbe de Phillips est verticale.

Au début des années 1980, la théorie des cycles réels (TCR) se constitue autour des articles de Kydland et Prescott (1982) et Long et Plosser (1983). Elle s'appuie sur la même idée classique qu'une parfaite flexibilité des prix caractérise le fonctionnement des économies, de sorte que les fluctuations économiques empiriquement constatées sont la conséquence de chocs exogènes, mais en l'occurrence réels et principalement technologiques. Les deux chocs pétroliers des années 1970 ont déplacé l'intérêt des économistes des chocs monétaires (la surprise d'inflation) aux chocs d'offre (dont technologiques). La notion de cycle ne signifie pas ici un écart à une tendance, mais bien les variations de la tendance elle-même. Les agents économiques ont des anticipations rationnelles et modifient en effet leurs comportements d'offre et de demande de manière optimale en réaction aux chocs qui se produisent : on parle de « cycles à l'équilibre ». Du coup, la distinction entre les fluctuations de court terme et la tendance de long terme n'a plus lieu d'être, ce qui se traduit par l'utilisation du modèle de croissance optimale de Solow (1957, *cf.* partie 2, chapitre 1). La politique économique conjoncturelle comme moyen de réduction des déséquilibres n'a ainsi plus de sens et devient néfaste puisqu'elle viendrait perturber une économie à l'équilibre.

Un choc positif transitoire de productivité doit ainsi conduire les offreurs de travail à augmenter leur offre de travail pour profiter de la hausse transitoire de salaire qui l'accompagne (le travail est rémunéré à sa productivité marginale) ; au contraire, dans le cas d'une hausse permanente de la productivité, l'effet revenu compense l'effet substitution et l'offre de travail n'augmente pas (Nelson et Plosser, 1982). La fréquence et l'ampleur de chocs technologiques transitoires expliqueraient ainsi les fluctuations économiques. La mesure habituelle du progrès technique est le résidu de Solow (1957) : ses variations représentent 70 % de la variation de la production américaine dans l'après-guerre pour Kydland et Plosser (1991). Les fréquentes et fortes variations du résidu attesteraient de l'importance des chocs technologiques. Pourtant, le néokeynésien Mankiw (1989) conteste que le résidu soit une mesure satisfaisante de la technologie à court terme, ainsi que les récessions puissent être empiriquement identifiées comme résultant de reculs technologiques. De même, les variations de l'emploi au cours du cycle sont trop fortes pour être imputables au seul comportement de substitution du travail au loisir des individus. En cas de récession, la hausse du chômage n'est pas pleinement volontaire, c'est pourquoi la théorie des cycles réels ne parvient pas non plus à rendre compte du cycle de la productivité pourtant observé empiriquement. Enfin, l'hypothèse d'un agent représentatif de l'ensemble des individus laisse de côté les questions de coordination et d'asymétries d'information entre les individus. Ces critiques ont conduit à relativiser l'apport scientifique de la théorie des cycles réels et ont nécessité d'intégrer des apports néokeynésiens, comme les rigidités nominales des prix et des salaires, à travers de nouveaux modèles d'équilibre général dynamiques stochastiques (DSGE).

3. – Néokeynésiens et postkeynésiens : les héritages pluriels de la révolution keynésienne

Dans les années 1970, la recherche des fondements microéconomiques de la macroéconomie keynésienne s'est aussi inscrite à l'agenda des keynésiens, notamment dans le programme de recherche de la « théorie du déséquilibre » : les travaux de Barro et Grossman (1971), Benassy (1976) et Malinvaud (1977) introduisent des rigidités de prix et de salaires sur des marchés désormais en déséquilibre, notamment sur le marché du travail où apparaît un chômage involontaire.

a. — La rigidité des prix

En abandonnant l'hypothèse de parfaite flexibilité des prix et d'information parfaite, la théorie du déséquilibre introduit une rigidité des prix qui produit des rationnements : c'est le côté court du marché. S'effectuent dès lors des échanges en dehors de l'équilibre. Le rationnement sur un marché a des effets de report sur les autres marchés. Par exemple, si les offreurs de travail sont rationnés sur le marché du travail, alors ils demandent moins que prévu sur le marché des biens et services, et les entreprises vendent donc moins. Les déséquilibres se diffusent ainsi de marché en marché. Cette situation est celle du « chômage keynésien » : insuffisance de la demande effective – rationnement des entreprises sur le marché des biens et services – et chômage – rationnement des ménages sur le marché du travail. À l'opposé, la situation de « chômage classique » se caractérise par un rationnement des ménages sur les deux marchés : le salaire élevé conduit les ménages à vouloir offrir beaucoup de travail et demander beaucoup de biens et services, mais que les entreprises ne peuvent pas produire faute de rentabilité suffisante étant donné le niveau élevé du salaire. La politique économique doit donc être adaptée au déséquilibre diagnostiqué : face au chômage, les prix doivent-ils baisser (insuffisance de la demande) ou augmenter (excès de demande) ? Dans le premier cas, une politique de relance de la demande *via* l'effet multiplicateur parvient à terme à réduire le chômage par l'élévation de la demande de travail ; dans le second cas, une politique de rigueur salariale doit conduire à la baisse de la demande de biens et de l'offre de travail.

Il demeure que les rigidités de prix et de salaires ne sont pas expliquées. Au tournant des années 1990, la nouvelle macroéconomie keynésienne (NMK) va chercher à donner des fondements microéconomiques à ces rigidités. Dans le cadre de l'équilibre général walrassien utilisé par la NMC, la NMK peut alors trouver des résultats keynésiens comme le chômage involontaire. Si l'hypothèse des anticipations rationnelles est ainsi largement utilisée par la NMK, ce n'est donc pas dans le même environnement de parfaite flexibilité des prix.

Lorsque la demande varie ou que les coûts de production varient, le prix ne s'adapte pas immédiatement. Parmi d'autres explications, celle de l'existence de coûts de catalogue (*menu costs*) est proposée par Akerlof et Yellen (1985). Les coûts liés à la modification des prix à l'image de ceux liés à l'impression de nouveaux menus pour un restaurant ne seront supportés que si les variations de prix sont suffisantes. De même, de nombreuses explications sont avancées pour rendre compte des rigidités du salaire sur le marché du travail (*cf.* partie 4, chapitre 1). À titre d'exemple, l'opposition *insiders / outsiders* étudiée par Lindbeck et Snower (1985) fonde une rigidité des salaires sur l'importance des coûts de rotation de la main-d'œuvre. Les entreprises préfèrent en effet payer plus cher un insider opérationnel plutôt que d'embaucher un outsider d'abord peu productif puisqu'il faudra le former (et encore faut-il qu'un insider accepte de le faire). Le salaire moyen se fixe donc au niveau du salaire concurrentiel augmenté des coûts de rotation de la main-d'œuvre récupérés par les insiders. Le chômage des outsiders apparaît donc involontaire.

L'introduction de rigidités nominales ou réelles et des imperfections de marché est au cœur des modèles les plus récents d'équilibre général stochastiques dynamiques (DSGE pour le sigle anglo-saxon). Christiano *et al.* (2005) retiennent ainsi une structure de marché en concurrence monopolistique, des rigidités nominales (les prix et les salaires ne s'adaptent pas immédiatement) et réelles (la consommation des ménages est marquée par une dépendance aux habitudes prises, donc à la consommation passée, et les variations de l'investissement des entreprises sont beaucoup plus faibles que celles de la demande du fait de l'existence d'un coût d'ajustement du stock de capital). Ce modèle a la propriété de reproduire de manière satisfaisante les « faits stylisés » et sert donc au FMI, aux banques centrales ou encore au ministère français de l'Économie et des Finances pour simuler l'impact de mesures de politique économique.

b. — Les défauts de la coordination marchande

Quand bien même les prix et les salaires sont flexibles, certains travaux de la NMK mettent aussi en avant des défauts de coordination marchande qui produisent des résultats keynésiens, comme du chômage involontaire. Ce sont notamment des externalités de demande négatives dans des économies décentralisées qui expliquent les récessions, selon Ball et Romer (1991) : lorsqu'une entreprise décide de licencier pour adapter ses capacités de production au niveau plus faible de la demande à laquelle elle fait face désormais, elle ne tient pas compte de l'effet négatif sur la demande pour les autres entreprises qui risquent de prendre elles-mêmes alors la même décision et d'emmener l'économie dans une spirale dépressive. L'intervention d'une autorité centrale permet de coordonner ces acteurs et d'atteindre un équilibre « haut ». Autrement dit, les équilibres économiques sont multiples et dépendent des coordinations marchandes qui se mettent en place. Ces derniers travaux néokeynésiens ont souvent plus de proximité intellectuelle d'ailleurs avec les analyses postkeynésiennes.

c. — Les postkeynésiens et l'importance de la demande effective

Comme leur nom l'indique, les postkeynésiens s'inscrivent aussi dans la lignée des travaux de Keynes et de sa TGEIM de 1936. Ils en ont simplement une lecture différente de celle des économistes de la « synthèse », qui lisent Keynes et la TGEIM à travers l'article de Hicks de 1937, comme de celle des néokeynésiens, tel Mankiw, qui s'appuient sur le même canevas théorique que les nouveaux classiques tout en recherchant des résultats « keynésiens » (le chômage involontaire, par exemple). Au cœur des analyses postkeynésiennes, on trouve le principe de la demande effective et l'importance de la trajectoire, du temps historique d'une économie (Lavoie, 1992).

Certes, la demande globale détermine le niveau de production chez les néokeynésiens, mais seulement à court terme. À long terme, les contraintes d'offre sont prédominantes du modèle offre globale / demande globale jusqu'aux modèles DSGE les plus récents, de même, donc, que dans le modèle néoclassique canonique de Solow (1956). Pour les postkeynésiens en revanche, le principe de la demande effective s'applique aussi à long terme : il y a donc une infinité d'équilibres de longue période dont la réalisation, forcément d'un seul, dépend des contraintes sur la demande et notamment sur l'investissement (qui crée l'épargne dont il a besoin) ainsi que des institutions mises en place. Les postkeynésiens partagent l'idée de Keynes d'un capitalisme efficace pourvu qu'il soit encadré par l'État et des institutions démocratiques qui en limitent les excès et les errements. Le capitalisme laissé à lui-même est instable, limite les investissements productifs et ne garantit pas une demande globale suffisante pour assurer le plein-emploi. En effet, non seulement le futur est incertain, mais le temps n'est pas réversible. De nouveaux investissements ne sont donc jamais entrepris à la légère. Certes, la Bourse permet de les rendre liquides pour un individu, mais jamais pour la collectivité tout entière (Keynes, TGEIM, chap. 12). Toute décision économique a un coût qui peut se révéler plus élevé que prévu et donc modifier l'équilibre final : c'est la « dépendance au chemin parcouru » (*path dependency*) mise en évidence par N. Kaldor ou H. Minsky. Les équilibres sont donc multiples. Les politiques d'austérité qui diminuent la demande globale à court terme ont ainsi des effets à long terme car la diminution des capacités de production qu'elles ont provoquée s'avère définitive. La priorité des pouvoirs publics doit donc toujours être le plein-emploi, ce qui n'est pas le moindre des marqueurs d'une pensée keynésienne.

CHRONOLOGIE

1694. – Création de la Banque d'Angleterre.
1758. – *Tableau économique* de F. Quesnay.
1776. – *Recherches sur la nature et les causes de la richesse des nations* d'A. Smith.
1800. – Création de la Banque de France.
1815. – Débat sur les *corn laws* entre D. Ricardo et T. R. Malthus.
1817. – D. Ricardo, *Principes de l'économie politique et de l'impôt.*
1857. – 1re loi d'Engel.
1867. – K. Marx, *Le Capital.*
1874. – L. Walras, *Éléments d'économie politique pure.*
1913. – Création du Federal Reserve System (Fed).
1914. – *$5 a day* chez Ford.
1933. – *Banking Act* qui comporte la séparation de la banque d'affaires et de la banque commerciale, ce qu'on appelle aussi le *Glass-Steagall Act.*
1936. – *Théorie générale de l'emploi, de l'intérêt et de la monnaie* de J. M. Keynes.
1937. – J. Hicks, « Keynes versus Classics : a suggested interpretation ».
1968. – M. Friedman, « The Role of Monetary Policy ».
1974. – Formulation du paradoxe d'Easterlin.
1981. – G. Becker, *A Treatise on the Family.*
1999. – Création de l'euro.
2008. – Faillite de la banque Lehman Brothers le 15 septembre.
2015. – Mise en place du Quantitative Easing (QE) de la BCE.

BIBLIOGRAPHIE

BUISSON-FENET (E.) ET NAVARRO (M.), *La Microéconomie en pratique*, Armand Colin, coll. « Cursus », 2e édition, 2015.

COUPPEY-SOUBEYRAN (J.), *Monnaie, banques, finance*, PUF, 2010, 2e édition, 2015.

DELEPLACE (G.), *Histoire de la pensée économique*, Dunod, 2009.

ÉCHAUDEMAISON (C.-D.) (DIR.), *Les Grands Textes de l'économie et de la sociologie*, Nathan, 2000.

GADREY (J.) ET JANY-CATRICE (F.), *Les Nouveaux Indicateurs de richesse*, 4e édition, 2016.

KRUGMAN (P.), *Microéconomie*, De Boeck, 3e édition, 2016.

MIGNON (V.), *La Macroéconomie après Keynes*, La Découverte, coll. « Repères », 2010.

PIRIOU (J.-P.) ET BOURNAY (M.), *La Comptabilité nationale*, La Découverte, coll. « Repères », 2015.

PLIHON (D.), *La Monnaie et ses mécanismes*, La Découverte, coll. « Repères », n° 295, 2013.

RUFFINI (P.-B.), *Les Théories monétaires*, Seuil, coll. « Points », 1996.

« Comprendre l'économie », *Cahiers français*, n° 315, 2003.

« L'économie. 1. Concepts et mécanismes », *Problèmes économiques*, HS n°7, 2015.

« Le Financement de l'économie », *Cahiers français*, n° 331, mars-avril 2006.

SUJETS CORRIGÉS

SUJET
I

En quoi les évolutions de la pensée économique de la fin du XVI*ᵉ *à la fin du XIX*ᵉ *siècle résultent-elles de controverses théoriques ?

Avec l'époque moderne, émerge la possibilité d'une pensée scientifique. En effet, le poids des dogmes religieux sur le travail des penseurs s'affaiblit, et dès lors une pensée économique autonome est possible. La démarche scientifique ayant le projet de construire des outils objectifs d'appréhension du monde, la modernisation de la vie économique et sociale entre le XVIe et le XIXe siècle impulse une évolution de ces élaborations théoriques désormais dépourvues de tout ancrage religieux.

Après le Moyen Âge, les mercantilistes offrent ainsi les premières élaborations théoriques de relations marchandes de plus en plus nombreuses. Pour autant, la science ne se confond pas avec un empirisme naïf : les controverses théoriques sont multiples et contribuent à l'élaboration d'une pensée économique de plus en plus précise. En réaction notamment à la pensée économique de Marx, le courant néoclassique apparaît dans les années 1870 et domine la pensée économique à la veille de la Première Guerre mondiale.

Dès lors, quelles sont les principales controverses théoriques de la fin du XVIe à la fin du XIXe siècle, des mercantilistes aux néoclassiques ? Quels débats contribuent de manière déterminante à forger et à faire évoluer la science économique ?

Si les discussions théoriques sur l'explication des prix des marchandises sont importantes (I), celles concernant le rôle de l'accumulation du capital le sont aussi (II).

I Les discussions théoriques sur l'explication des prix des marchandises

A. — Dans la manière de réfléchir à l'explication des prix des marchandises, les économistes successifs se réfèrent souvent aux travaux de leurs prédécesseurs ou de leurs contemporains, même si c'est pour les compléter ou les critiquer.

1. — La distinction par les économistes entre valeur d'usage et valeur d'échange est reprise d'Aristote et est largement utilisée. Cette distinction est cependant plus ou moins radicale selon les économistes. Smith, Ricardo ou Marx insistent sur cette distinction pour fonder la valeur d'échange sur la quantité de travail et évacuer plus (Ricardo) ou moins (Marx) la valeur d'usage. En revanche, Say considère que l'utilité apportée par une marchandise détermine assez bien son prix, il précède les marginalistes Menger, Walras et Jevons qui fondent la valeur d'échange sur l'utilité marginale.

2.- Une distinction s'affirme un temps également, celle à établir entre le prix naturel des marchandises et le prix de marché. Smith et Ricardo séparent dans leurs raisonnements le prix naturel du prix de marché. Le prix de marché gravite autour du prix naturel selon Ricardo, mais les néoclassiques abandonnent en revanche cette distinction pour une théorie « symétrique » du seul prix de marché, conjointement déterminé par l'offre, qui résulte du coût marginal, et de la demande, fondée sur l'utilité marginale (Marshall, 1890).

B. — La problématique de l'explication des prix fondamentaux des marchandises traverse la pensée économique et suscite des controverses nombreuses.

1.- Selon Ricardo, le prix naturel dépend de la quantité de travail incorporé dans la marchandise. En distinguant travail direct et indirect, il dépasse l'erreur de raisonnement de Smith, circulaire, en termes de travail commandé. Le prix naturel permet de rémunérer le travail et le capital, une rente apparaît sur les terres, sauf la terre la moins fertile. Marx fonde le prix de production sur la quantité de travail abstrait, mesurée par le « travail socialement nécessaire » qui a le mérite de mettre en évidence les différentes manières de produire qui coexistent à un moment donné et dévoile le fétichisme de la marchandise.

2. — En revanche, chez les marginalistes qui intègrent véritablement la production à leur raisonnement, Marshall et Walras, la loi de l'offre et de la demande détermine un seul prix de marché. Lorsque le prix augmente, l'offre de produit s'accroît alors que la demande diminue. Les rendements décroissants nécessitent en effet que les consommateurs acceptent un prix supérieur pour couvrir le coût unitaire de production croissant.

C. — La réflexion sur la valeur et les prix débouche sur des débats sur la nature de la répartition des revenus.

1. — Pour les auteurs qui considèrent que c'est le travail qui est l'étalon de la valeur des marchandises, la rémunération du travail à un niveau inférieur à la valeur que le travail a créée peut apparaître comme un phénomène qui pose question, voire qui n'est pas acceptable. La théorie des prix débouche donc sur des débats sur la théorie des profits et des salaires. Smith considère que le salaire est maintenu au niveau de subsistance essentiellement par le pouvoir de négociation des employeurs alors que Ricardo considère que ce bas niveau des salaires est surtout dû au comportement démographique des travailleurs qui font des enfants (Malthus) dès que le salaire s'élève, ce qui provoque sa rechute. Selon Marx en revanche, les capitalistes créent une armée industrielle de réserve qui maintient les salaires au niveau de subsistance (loi de surpopulation relative).

2. — Le profit est considéré comme une rémunération des avances des capitalistes selon Smith et Ricardo, alors que pour Marx c'est la manifestation de l'existence d'un sur-travail et donc du phénomène de l'exploitation. Pour Say, les apporteurs de capitaux ont un droit légitime à rémunération puisqu'ils ont apporté un service productif, le profit n'est pas une déduction sur la valeur créée par le travail. Là encore, il devance le résultat des marginalistes : la répartition des revenus n'est pas conflictuelle pour peu que la concurrence existe. Les facteurs de production (Marshall) ou les « services producteurs » (Walras) rendus par les différents capitaux sont rémunérés à leur productivité marginale. À chacun donc selon sa contribution, il y a égalité proportionnelle.

II Les divergences entre économistes quant à l'intérêt de l'accumulation du capital pour l'enrichissement d'un pays

A. — Les controverses pour savoir si la simple accumulation d'un capital monétaire permet l'enrichissement d'un pays.

1. — Un certain nombre de penseurs mercantilistes considèrent que l'accumulation d'un stock d'or dans le pays est un moyen de permettre l'enrichissement de ce pays. Cette idée est la conséquence d'une conception de la richesse qui l'identifie au métal précieux et, partant, à la quantité de monnaie dont peut disposer une population. Luis Ortiz développe par exemple cette conception en Espagne au XVIe siècle. On retrouve cela sous une autre forme dans les conceptions de John Law qui, au début du XVIIIe siècle, considère que l'accroissement de la circulation monétaire est un moyen d'enrichir un pays. Ces idées sont combattues par d'autres penseurs comme Jean Bodin, lequel considère que la hausse de la quantité de monnaie provoque une inflation qui n'est pas un signe d'enrichissement : il plaide plutôt pour une hausse de la population.

2. — La conception de la richesse évolue avec la prise en compte des biens agricoles (Quesnay), de l'ensemble des biens (Smith), de tout ce qui est utile y compris les services mar-

chands (Say et les marginalistes). Smith écarte la monnaie lorsqu'il réfléchit à la valeur des marchandises (le travail comme étalon, pas la monnaie). Ricardo, Marx et les marginalistes font de même. Il y a donc une grande continuité entre classiques et néoclassiques sur la monnaie pour souligner qu'elle n'est qu'un voile (Say, loi des débouchés).

B. — L'investissement est-il le moteur essentiel de l'enrichissement des nations ou, en produisant des crises, de l'instabilité des économies nationales ?

1. — Pour Ricardo et Marx, le rythme de l'accumulation détermine le rythme de l'enrichissement : l'investissement est permis par l'épargne qui est fonction du niveau des profits, car seuls les capitalistes épargnent selon ces deux auteurs. Des profits trop faibles conduisent donc à un ralentissement de l'enrichissement. Cependant, l'économie est menacée par l'état stationnaire du fait de la baisse du taux de profit.

2. — D'autres pensent que ce n'est pas un élément suffisant, voire que cela risque de conduire à des crises économiques. Smith ne met pas l'accent sur l'accumulation du capital, mais sur les progrès de la division du travail comme moyen d'enrichissement des nations. L'accumulation du capital n'est qu'indirectement nécessaire en ce qu'elle favorise les progrès de la division du travail selon Smith. Pour Malthus et Sismondi, un excès d'épargne peut être nuisible à l'essor économique car il pose à terme des problèmes de débouchés pour les biens de consommation. Selon Marx, la volonté de maintenir des salaires ouvriers bas et l'accumulation du capital sont les causes de difficultés croissantes dans l'économie capitaliste : elles provoquent des crises de débouchés.

C. — Au cœur de l'enrichissement, l'accumulation du capital... ou plutôt le bon fonctionnement de l'économie de marché ?

1. — Pour la plupart des classiques en revanche, les inquiétudes portent sur la capacité à long terme du capitalisme à créer des richesses réelles, mais pas sur le fonctionnement de l'économie de marché. Smith a foi en « la main invisible » du marché et Say avance que la crise économique ne peut être générale du fait de la loi des débouchés.

2. — Pour les néoclassiques, la capacité du capitalisme à être harmonieux doit être affirmée par la notion d'équilibre. La loi de l'offre et de la demande n'est pas évidente, elle est contingente à la croissance du coût marginal... mais Marshall met en évidence l'existence d'économies d'échelle internes et externes. Walras recherche dans la métaphore du commissaire-priseur les conditions institutionnelles d'une économie de marché concurrentielle atteignant l'équilibre général. La foi en la main invisible ne suffit plus, mais en revanche la foi dans la capacité du capitalisme à créer des richesses ne fait plus de doute.

Karl Popper propose aux scientifiques d'abandonner l'illusion de la vérité absolue pour la certitude provisoire du discours scientifique qui, s'offrant à la controverse, peut être à tout moment réfuté. Les débats théoriques autour de la « bonne » représentation du fonctionnement de l'économie, de la fin du XVIe à la fin du XIXe siècle, contribuent ainsi à l'élaboration d'une science économique, marquée par une certaine accumulation des connaissances.

Pourtant, les mutations économiques et sociales – la révolution industrielle, notamment au XIXe siècle, et le contexte sociopolitique –, l'émergence du libéralisme et d'une instabilité politique et sociale ont certainement aussi pesé sur ces débats.

SUJET
II

Les banques et le financement de l'économie française depuis 1945

Les banques n'ont pas toujours eu un rôle dans le financement de l'économie, notamment au cours de la première révolution industrielle, largement autofinancée. Pourtant, dès le milieu du XIXe siècle, la révolution ferroviaire puis la seconde révolution industrielle conduisent au développement de la finance externe directe par les marchés financiers et intermédiée par les banques, qu'elles soient d'affaires ou de dépôt, alors que la Banque de France, née en 1800, obtient le monopole de l'émission monétaire en 1848 à défaut d'avoir déjà un objectif de stabilité financière.

Si les banques jouent bien sûr un rôle dans le financement de l'économie française depuis 1945, pour autant, l'évolution du financement de l'économie française depuis cette date transforme les banques et leur rôle.

De 1945 au début des années 1980, se met en place en France une économie d'endettement donnant aux banques commerciales un rôle essentiel dans le financement de l'économie et à la Banque de France le soin d'assurer la stabilité financière par son rôle de prêteur en dernier ressort (I) ; depuis les années 1980, émerge une économie de marchés financiers qui transforme plus qu'elle ne supprime le rôle des banques de second rang dans le financement de l'économie, et demande toujours à la banque centrale, même si celle-ci est devenue européenne, d'assurer la stabilité financière (II).

I De 1945 au début des années 1980, se met en place une économie d'endettement en France donnant aux banques commerciales un rôle essentiel dans le financement de l'économie et à la Banque de France le soin d'assurer la stabilité financière par son rôle de prêteur en dernier ressort

A. — La mise en place d'une économie d'endettement dans l'économie française d'après-guerre

1. — De 1945 à 1967, le rôle des banques commerciales est très encadré par un financement administré de l'économie par le Trésor public, et de nombreuses institutions financières publiques (Crédit national, foncier, agricole, etc.) y participent. La création monétaire et la transformation de l'épargne liquide en crédits de long terme doivent se substituer à l'épargne longue, bien trop faible par rapport aux besoins de reconstruction de l'après-guerre. L'État flèche ainsi les crédits.

2. — Des années 1960 au début des années 1980, les secteurs nouveaux et de biens de consommation sont exclus par ce financement administré. Face à cette imperfection dans l'allocation des crédits alors que les efforts de reconstruction sont en partie dépassés, une politique de libéralisation de l'activité des banques commerciales est adoptée et leur donne un rôle central dans le financement de l'économie.

B. — Une inflation « créatrice » ?

1. — La Banque de France est contrainte de jouer son rôle de prêteur en dernier ressort, ce qui continue de se traduire par une allocation sous-optimale des crédits. Les banques commerciales se soucient peu de la qualité des crédits et maximisent la quantité en faisant appel à la Banque de France pour se refinancer : le mécanisme du diviseur de crédit joue à plein.

2. — Les conséquences : l'inflation s'accélère dès les années 1960 à mesure que la qualité des crédits se dégrade ; elle fait perdre de la compétitivité-prix aux produits français et les dévaluations du franc sont alors de plus en plus fréquentes dans un contexte d'ouverture croissante de l'économie française.

C. — La priorité à la croissance

1. — La Banque de France mène une politique monétaire expansionniste favorable à la croissance mais aussi à l'inflation. L'accès aisé au crédit favorise les investissements qui doivent créer ex post *l'épargne qui les finance (cf. Keynes).*

2. — La Banque de France contribue aussi à assurer une visibilité aux investisseurs en favorisant une progression rapide de la demande, mais contribue à développer l'aléa moral des banques commerciales qui ne discriminent pas suffisamment les emprunteurs.

II Depuis les années 1980, émerge une économie de marchés financiers qui transforme plus qu'elle ne supprime le rôle des banques de second rang dans le financement de l'économie et demande toujours à la banque centrale, même si celle-ci est devenue européenne, d'assurer la stabilité financière

A. — La transition vers une économie de marchés financiers dans les années 1980

1. — Le système financier français converge à partir des années 1980 vers une économie de marchés financiers libéralisés dans le cadre de la construction européenne et de la globalisation financière (les « 3D ») : la loi bancaire de 1984 (et surtout entre 1988 et 1991) puis la création d'un marché financier profond et décloisonné (règlement mensuel en 1983, etc.) constituent des étapes d'un vaste processus de libéralisation financière.

2. — On attend en effet de l'efficience informationnelle de marchés financiers libéralisés (Fama, 1970) que ceux-ci assurent un financement à moindre coût de l'économie française.

B. — La transformation des activités bancaires

1. — Face à la concurrence des marchés financiers, les banques se restructurent (course à la taille) et cherchent à conserver leur rôle d'intermédiaire financier. Leur rôle est donc plus transformé que supprimé. On assiste globalement davantage à une évolution vers une « finance de marché intermédiée » qu'à une « économie de marchés financiers » (Hicks, 1974).

2. — Pour les banques, on passe alors d'une intermédiation de bilan à une intermédiation de marché car les agents à besoin et à capacité financement ne contractent pas directement sur des marchés financiers libéralisés, mais passent par des intermédiaires financiers qui sont bien souvent liés aux banques telles des sociétés financières satellites (OPCVM, FCP, SICAV, etc.).

C. — La priorité à la lutte contre l'inflation

1. — La Banque de France puis la BCE ne retiennent plus qu'un objectif de stabilité monétaire, la lutte contre l'inflation : en 1983 est opéré le tournant de la rigueur, notamment monétaire, dans un objectif de désinflation compétitive. C'est une nécessité compte tenu du choix de François Mitterrand de pérenniser le SME et de ne pas remettre en cause la circulation des capitaux (triangle de Mundell). La création de l'euro et de la BCE entérine cette priorité donnée à la lutte contre l'inflation.

2. — Pourtant, l'instabilité financière est croissante à mesure que la libéralisation financière progresse. Cette instabilité financière se traduit dans des crises financières, dont la crise actuelle, qui fragilisent le financement de l'économie. L'investissement est certes facilité par le développement des marchés financiers, mais également son instabilité (Keynes, 1936).

Les banques jouent bien sûr un rôle dans le financement de l'économie française depuis 1945, mais celui-ci s'est modifié au gré des évolutions du système financier français. D'abord fermement contraintes par l'État, les banques de second rang ont bénéficié à partir des années 1960 de réelles marges de manœuvre, d'autant que la Banque de France jouait son rôle de prêteur en dernier ressort. Depuis les années 1980, le développement des marchés financiers exerce une nouvelle contrainte sur les banques françaises, sommées d'adapter leur modèle économique et de gagner une course à la taille non sans conséquences, puisque faisant émerger des entités systémiques contraignant cette fois la BCE à redécouvrir son rôle de prêteur en dernier ressort.

Si les banques ont été sur la sellette à l'occasion de la crise financière impulsée par la crise américaine des *subprimes*, force est de constater qu'à l'heure actuelle, une nouvelle grande transformation ne les menace plus.

CHAPITRE 2

LES FONDEMENTS DE LA SOCIOLOGIE

I

OBJET ET MÉTHODES

A UN ZESTE D'ÉPISTÉMOLOGIE...

Le mot sociologie est une combinaison du *socius* latin et du *logos* grec. Le *logos*, au sens premier du terme, est un discours, une parole. Il désigne également la connaissance technique d'une langue par l'utilisation de la raison. Étymologiquement, la sociologie a partie liée avec les disciplines du savoir. Mais sur quoi porte ce savoir ? Sur le *socius*, c'est-à-dire l'association d'êtres humains. Le sociologue aurait donc pour tâche d'étudier, à l'aide de sa raison, les pratiques de plusieurs individus réunis.

1. – Ce que fait la sociologie

On pourrait considérer que l'approche étymologique résout l'énigme de ce que fait la sociologie ; pourtant, elle pose plus de problèmes qu'elle n'en résout. Car les actions d'hommes et de femmes en société sont extrêmement diverses : on peut interagir avec son voisin pour lui demander du sel, avec son collègue dans le cadre d'une entreprise, avec un ami dans une soirée, mais également collectivement lors d'un culte religieux ou d'une manifestation sportive. D'autre part, les associations que nous formons sont de natures diverses : la famille n'a rien à voir avec un conseil d'administration d'entreprise, une classe d'élèves n'est pas de même nature qu'un syndicat. Enfin, il existe de multiples façons de s'interroger sur des rassemblements d'individus. Que l'on songe par exemple aux rites religieux : il est possible d'en décrire la forme, d'en rechercher les origines historiques, d'envisager les impacts de leur pratique sur les comportements quotidiens, sur les mentalités, sur l'organisation politique.

La liste n'est pas exhaustive, mais la conclusion évidente : il est difficile de savoir précisément ce qu'étudie la sociologie en adoptant une démarche étymologique. Tentons alors une approche plus directe du problème : se référer à ce qu'en pensent les principaux intéressés, les sociologues. La sociologie est volontiers définie par celles et ceux qui la pratiquent comme une discipline scientifique. En tant que discipline, c'est-à-dire une branche de la connaissance, elle se compose d'un ensemble de propositions intellectuelles, stabilisées dans un corpus de textes. Mais son ambition va au-delà de simples propositions, si réfléchies soient-elles : elle revendique le statut de science. Cette question de la scientificité de la sociologie est à la fois au cœur du projet de ses fondateurs et l'enjeu de débats actuels très vifs : est-elle véritablement une science ? Si c'est le cas, s'agit-il d'une science comparable à la physique ? Aux mathématiques ? Ou a-t-elle un statut particulier, qui en fait une discipline à part ?

Aborder frontalement ces interrogations reviendrait à mobiliser des outils conceptuels complexes issus de l'épistémologie, discipline prenant précisément pour objet la connaissance scientifique. Modérons quelque peu notre ambition et commençons par une question simple : quelle différence y a-t-il entre le « sens commun » (entendez par là le discours de parents, de camarades, du quidam rencontré dans la rue, etc.) et les connaissances produites par la sociologie ? En quoi la proposition « un individu n'adopte un mode de consommation régulier de la marijuana que s'il a appris à l'aimer » de Howard S. Becker (*Outsiders*, 1963) est-elle différente de l'explication du fumeur lui-même lorsqu'il parle de sa consommation de drogue ? Quel complément d'information la proposition de Becker apporte-t-elle à la compréhension du comportement de fumeur de drogue régulier par rapport à une connaissance intuitive ? Évidemment que le fumeur aime fumer, sans quoi il cesserait aussitôt ! Et pourtant, le processus est plus complexe qu'il n'y paraît. Car l'individu n'apprécie pas immédiatement la marijuana, et sa consommation va connaître différentes phases : de débutant, il passe à utilisateur occasionnel, puis au statut de confirmé. Le plaisir retiré de l'acte de fumer est directement lié à la progression dans cette « carrière » et à l'apprentissage qu'elle nécessite. Les contrôles sociaux directs (la difficulté de se procurer de la drogue, substance illicite) et indirects (le jugement d'un proche qui découvrirait cette consommation, par exemple) se relâchent progressivement, et le fumeur commence à éprouver un réel « plaisir » à partir du moment où cette émotion est partagée avec d'autres fumeurs qui, comme lui, s'engagent dans la déviance. Il y a donc, derrière le jugement de goût, un processus complexe d'apprentissage et de connaissance de la substance, mais également d'un milieu social dont les règles s'opposent à celles que respecte la majorité de la population. La citation de départ, qui se distingue peu de la connaissance immédiate du phénomène, recèle donc divers degrés de compréhension qui n'ont plus rien d'évidents ! De l'intuition initiale au concept de carrière déviante de Becker, un vrai travail de construction de connaissances sur la consommation de drogue a été nécessaire. La sociologie a donc quelque chose de particulier à dire sur ce phénomène social, quelque chose de qualitativement différent d'une compréhension spontanée, immédiate, irréfléchie du phénomène en question.

Un premier pas a été fait dans le sens d'une meilleure compréhension de ce que fait la sociologie. Nous savons maintenant qu'elle produit des connaissances, construites à partir de l'expérience et de l'observation, sur des phénomènes sociaux. Toutefois, plusieurs professions reposent également sur cette pratique : les journalistes, les médecins, les historiens, et parfois même les philosophes. Parmi ces professions, certaines sont qualifiées de scientifiques, d'autres ne le sont pas. En quoi la connaissance sociologique peut-elle être rangée dans la première catégorie ? Pour répondre à cette question, nous avons fait le choix de montrer ce que la sociologie n'est pas, ou, en d'autres termes, d'explorer des pistes de réflexion qui débouchent toutes sur des apories, problèmes insolubles, ou des impossibilités épistémologiques. Cette manière de débuter par des impasses n'est pas simplement une forme de masochisme intellectuel, mais la façon la plus pratique de se débarrasser de critères qui ne sont pas efficaces pour définir la spécificité de la connaissance sociologique au sein de l'espace des sciences.

2. – Les trois apories[1]

a. — Première aporie : définir la connaissance sociologique par son objet

Une manière simple de définir une science consiste à préciser son objet de recherche. Pour cela, les scientifiques choisissent parmi l'ensemble des phénomènes physiques et sociaux un sous-ensemble dont ils développent une connaissance spécifique, avec des compétences qui leur sont propres. Par exemple, la géographie, dans son acception étroite, s'intéresse à la dimension spatiale des phénomènes. La psychologie s'intéresse, dans l'ensemble des comportements humains, à leur dimension psychologique ou psychanalytique. L'économie isole les faits relevant de la production, de la consommation et de la distribution des ressources considérées comme rares. L'avantage de cette stratégie de découpage permet de savoir précisément de quoi l'on parle, ou plutôt de quoi il est légitime de parler, lorsqu'on se revendique de telle ou telle science.

1 Cette partie s'inspire largement du cours d'introduction à la sociologie donné par M. François aux étudiants de l'IEP de Paris.

L'inconvénient est d'isoler artificiellement un ensemble de comportements, de phénomènes, qui dans la réalité ne sont pas isolés. Par exemple, lorsqu'un économiste dit s'intéresser aux phénomènes de production, de consommation et de distribution des ressources rares, il le fait en se donnant pour outil conceptuel une construction anthropologique, l'*homo œconomicus*, un individu rationnel, calculateur, égoïste. L'utilisation de cet outil conceptuel l'incite à méconnaître le fait que les individus sont insérés dans un réseau de relations sociales, amoureuses, familiales, professionnelles, religieuses, et que ces relations peuvent avoir, par exemple, un impact sur leurs comportements de consommation ou de production. C'est le sens de l'argument développé par le sociologue allemand Max Weber dans son ouvrage de 1905, *L'Éthique protestante et l'esprit du capitalisme* (*cf. infra*, p. 87). Il y soutient l'idée que les valeurs diffusées par une branche du protestantisme, le calvinisme, ont eu pour conséquence d'orienter les comportements des croyants et sont ainsi à l'origine de la naissance du capitalisme dans sa forme occidentale ! Cette religion suggère aux fidèles une grande modération dans l'usage des biens de consommation (ascétisme), mais valorise également le travail assidu. L'application au travail est plus qu'une nécessité économique : c'est une vocation voulue par Dieu. La combinaison de l'ascétisme et de l'accumulation du profit constitue pour Weber une explication possible de l'accumulation du capital à l'origine du capitalisme moderne.

Mais revenons à nos premiers sociologues : ils sont opposés au découpage disciplinaire. L'un d'entre eux, Émile Durkheim, affirme même que la sociologie a vocation à étudier tous les phénomènes sociaux. De fait, certains objets apparaissent au premier abord intimement liés à la connaissance sociologique. Par exemple, les groupes sociaux, les réseaux d'amitié, les classes sociales, les manifestations et autres phénomènes sociaux dits « de masse ». Mais d'autres faits sociaux étudiés par la sociologie sont moins évidents : la gêne au détour d'un regard insistant dans le métro, les diverses manières de montrer l'angoisse, l'amour, la honte. Et les questionnements aussi divers que les objets d'étude : quelles sont les multiples façons de se nourrir ? Quand cesser de faire laver son linge à ses parents ? Qui peut se dénuder sur la plage ? Une multiplicité de questionnements et une infinité d'objets d'étude potentiels : pour le dire de façon provocante, la sociologie ne semble pas être discipline à se laisser définir par son objet.

b. — Deuxième aporie : définir la connaissance sociologique par la langue qu'elle utilise

Assez spontanément, une personne à qui l'on demanderait de définir ce qu'est une science le ferait par un critère simple : le langage qu'elle emploie. Selon toute vraisemblance, les premières images qui viendraient à l'esprit de cette personne seraient un homme, en blouse, devant un tableau couvert de formules mathématiques complexes. Pourquoi le langage mathématique est-il spontanément associé à la représentation de la science ? Peut-on définir une science, par exemple la sociologie, par le langage qu'elle emploie ? Ce principe épistémologique très fort a été théorisé par un auteur italien, Galileo Galilei (Galilée en français), qui, dès le début du XVIIe siècle, dans un ouvrage intitulé *L'Écriture mathématique du livre de l'Univers* (1623), affirme que le monde peut se lire comme un ensemble de proposition mathématisables. Il est donc possible de décrire et d'expliquer l'ensemble des phénomènes liés directement ou indirectement à l'activité humaine au moyen de lois mathématiques.

Pour les tenants plus contemporains de cette approche, la science est par « essence » une description du monde dans un langage mathématique. Et il est vrai que le langage mathématique présente des avantages certains : il est universel, totalement dénué d'ambiguïté, et permet de ramener à quelques propositions relativement simples les phénomènes les plus complexes. Décrire la chute d'un corps ? Le langage mathématique le permet à l'aide de quelques éléments : la masse de l'objet, la valeur de la force de gravitation, les frottements de l'air. Comprendre les préférences d'un individu ? Le langage mathématique le permet en supposant l'individu doté de raison et de préférences définies à l'avance. La science physique dans le premier cas, la science économique dans le second reposent toutes deux sur l'utilisation intensive des mathématiques pour expliquer les objets qu'elles se sont donnés.

La sociologie décrit le monde en manipulant un autre langage : la langue naturelle. Bien entendu, elle peut se servir des mathématiques comme d'un outil, en raisonnant à l'aide de statistiques par exemple. Néanmoins, une étude sociologique est rarement constituée d'une suite ininterrompue d'équations. Surtout, un sociologue n'exprime pas ses idées uniquement à l'aide des mathématiques. Ce travail se fait à l'aide d'une langue qui n'est en rien différente de la langue de l'écrivain, du journaliste, de l'historien ou des individus qu'il étudie. C'est là un immense avantage : la sociologie a à sa disposition toute la richesse descriptive de la langue vivante. Elle peut saisir avec de multiples nuances les relations au sein d'un couple. Elle peut exprimer avec force détails les déterminants d'un vote au cours d'une élection. Cet avantage peut toutefois rapidement se transformer en inconvénient : si le sociologue partage la richesse de la langue des individus qu'il étudie, il gagne au passage en équivocité. La polysémie de la langue le renvoie aux limites mêmes du langage : comment expliquer ce qu'est un conflit social si l'on utilise les termes de ceux qui en sont les acteurs ? Comment dépasser la compréhension commune de l'accès aux œuvres d'art en se servant du mot qui le résume dans le langage courant, la culture ? Cette langue partagée se heurte par ailleurs à un autre problème : la compréhension, par les individus engagés dans l'action sociale, de ce que le sociologue écrit. Pour reprendre l'idée développée par trois sociologues français, J.-C. Passeron, J.-C. Chamboredon et P. Bourdieu (*Le Métier de sociologue*, 1983), la malédiction de la sociologie est d'avoir à faire à des sujets qui parlent... et pensent. Il est rare de voir un caillou s'étonner que le physicien décrive sa chute en utilisant le concept de gravité. Il n'est pas rare en revanche de voir des policiers critiquer la compréhension sociologique de la délinquance, car « elle excuse tout ». Ce langage de la science, si facilement identifiable dans le cas des sciences de la nature, est difficilement identifiable en sociologie. Ce ne peut donc être une voie de compréhension sûre de la nature des connaissances qu'elle produit.

c. — Troisième aporie : définir la connaissance sociologique par la théorie sur laquelle elle repose

Troisième et dernière façon d'aborder la spécificité d'une science : par l'univocité du discours scientifique. Reprenons l'exemple de la chute d'un objet vu plus haut : il est acquis qu'aucun physicien ne proposera un modèle qui verrait l'objet en question s'envoler au lieu de tomber. Si la totalité de la communauté des physiciens peut, à un moment donné de son histoire, se mettre d'accord pour expliquer la chute d'un objet en utilisant les mêmes outils intellectuels, alors la science physique se trouve dans un état particulier qu'un historien des sciences, Thomas Kuhn, nomme science « normale » (*La Structure des révolutions scientifiques*, 1962). Une science normale, au sens de Kuhn, se caractérise par un accord de ceux qui la pratiquent autour d'un paradigme, sorte de compilation de grands principes théoriques et d'outils servant à résoudre les questions posées dans le cadre de cette science. Mais Kuhn n'arrête pas son investigation à l'état de science normale. Dès lors que le cadre de référence théorique commun est remis en cause, dès lors que les scientifiques contestent radicalement le pouvoir explicatif de la théorie unique et lui opposent d'autres modèles alternatifs, la science entre en période de crise. Cette crise ne peut être dépassée que par une révolution scientifique, voyant l'ancien paradigme remplacé par un nouveau sur lequel les scientifiques s'accordent. En adoptant la perspective historique de Kuhn, on peut affirmer qu'une science se définit par une alternance de périodes de science normale (périodes longues) et de révolutions scientifiques (périodes plus courtes).

D'un point de vue kuhnien, la sociologie n'est ni dans un état de science normale, ni dans un état de révolution scientifique : elle serait en crise constante. En effet, la sociologie se caractérise par l'opposition d'« écoles », de « courants de pensée », proposant chacun des explications différentes d'un même phénomène social. Prenons l'exemple canonique de cette concurrence des théories dans la sociologie française : l'explication de l'échec de l'école républicaine à réduire les inégalités scolaires. Dans les années 1960 en France, des sociologues s'aperçoivent que, contrairement à son objectif affiché, l'école n'est pas à même de garantir l'égalité des chances de réussite. Un groupe social, issu de la frange des ménages favorisés, apparaît surreprésenté dans les filières les plus sélectives et prestigieuses (par exemple, les classes préparatoires). Un autre groupe, issu des ménages les moins favorisés, se trouve surreprésenté dans les formations professionnelles moins cotées, les étudiants provenant de ce groupe se trouvant plus souvent en situation d'échec scolaire que les autres. Comment expliquer l'échec de l'école républicaine ? Deux grandes théories s'affrontent sur l'explication à donner à ce phénomène :

- Jean-Claude Passeron et Pierre Bourdieu, auteurs d'un ouvrage paru en 1970 intitulé *La Reproduction*, partent du principe que l'échec de l'école républicaine n'a rien d'un hasard et ne résulte pas d'un dysfonctionnement. Car le véritable rôle de l'école ne serait pas de réduire les inégalités, mais de les reproduire ! Plus encore, le rôle de l'école serait de nous faire croire qu'elle cherche à réduire les inégalités alors que ce n'est, dans les faits, pas le cas. Mais comment l'école reproduit-elle les inégalités ? L'institution scolaire va prétendre mettre sur un pied d'égalité des individus qui fondamentalement ne le sont pas. Pour cela, elle va dispenser le même savoir à l'ensemble des élèves. Or, au moment de leur entrée à l'école, les élèves ont été socialisés dans des milieux différents. Il est raisonnable de penser qu'un enfant dont la mère est cadre supérieure dans une grande entreprise et dont le père est professeur agrégé de philosophie sera confronté à un autre type de savoir au sein de cette famille qu'un enfant dont la mère est caissière dans un supermarché et le père docker au Havre. Les thèmes abordés à table lors des repas, par exemple, ne seront pas les mêmes. Le vocabulaire employé différera ; l'intérêt porté par les adultes à l'avis de l'enfant également. En clair, il ne sera pas armé de la même façon pour comprendre ce que l'institution scolaire lui demande. D'autant plus lorsque cette institution considère comme légitime de valoriser ce savoir, à travers les programmes scolaires ou la notion de « culture générale » lors des examens. L'école fait donc comme si les inégalités sociales n'existaient pas et les légitime par l'octroi d'un diplôme.
- Raymond Boudon, dans un ouvrage intitulé *L'Inégalité des chances* paru en 1973, propose une tout autre vision de l'échec de l'école. Écrivant après Bourdieu et Passeron, il cherche à mettre à distance l'idée avancée par ces auteurs d'un complot de la classe dominante souhaitant légitimer par l'école les inégalités sociales existantes. Pour Boudon, l'explication de l'inégalité des chances se trouve dans le calcul d'individus confrontés à un dilemme : poursuivre ou non des études longues. Au moment du choix d'études à poursuivre, les individus ont un raisonnement très simple : ils mettent en rapport les bénéfices attendus de la filière choisie et l'investissement que cela leur demande. Si l'investissement est supérieur aux bénéfices attendus, alors les individus renoncent à la poursuite de ce type d'études.

Inversement, si le coût de l'investissement est inférieur aux bénéfices attendus, alors les individus poursuivent leurs études. Ce que Boudon ajoute à cette notion de calcul coût/avantage classique, c'est l'idée que l'évaluation des coûts et des bénéfices attendus de la poursuite d'études sera différent selon le milieu social d'origine de l'étudiant. Ainsi, un étudiant provenant d'un milieu aisé aura tendance à sous-estimer les coûts liés aux études et à en surestimer les bénéfices. Soutenu financièrement par sa famille, dont les parents ont eux-mêmes fait des études longues, poussé par l'exemple de voisins ou d'amis et connaissant l'importance d'un diplôme validant des études longues, notre étudiant n'hésitera pas à se lancer dans des filières longues. L'étudiant issu d'un milieu populaire évalue la situation différemment : il envisage en premier lieu la probabilité de l'échec, et est soumis à une contrainte financière plus forte. Son milieu le porte à sous-estimer les bénéfices attendus des études longues et à en surestimer les coûts. Ainsi, l'échec de l'école républicaine s'explique par les calculs d'individus qui évoluent dans des milieux sociaux différents.

L'illustration de la concurrence des théories peut amener l'observateur à une conclusion simple : la sociologie n'est pas une science « normale », puisqu'il est impossible aux sociologues de s'accorder sur une théorie unique. Les plus mal intentionnés y voient le symptôme d'une immaturité scientifique de la discipline. Il est toutefois possible de l'envisager différemment : la concurrence théorique est le symptôme de la complexité des phénomènes sociaux, que l'on peut et doit aborder sous différents angles pour en saisir la complexité. Cette seconde thèse est évidemment celle vers laquelle penchent les sociologues...

B LA MÉTHODE DES SOCIOLOGUES

Le terme de méthode renvoie à des techniques d'observation ou d'analyse des données recueillies au cours d'enquêtes scientifiques. Les sociologues ont ainsi à leur disposition un certain nombre d'outils qui forment la base de leur travail d'enquête. On peut les regrouper en trois grandes catégories : les techniques quantitatives, essentiellement statistiques, les méthodes d'observation qualitatives, et l'approche comparative. Cette « boîte à outils » n'est pas propre à la sociologie et peut concerner d'autres sciences sociales, comme l'anthropologie, l'économie ou l'histoire. L'utilisation privilégiée de l'une ou l'autre de ces méthodes contribue toutefois à différencier les pratiques disciplinaires et, au sein des disciplines, les courants de pensée.

1. – L'approche qualitative

Il existe deux types de méthodes qualitatives : l'observation et les entretiens.

a. — Les méthodes qualitatives : observation et entretiens

L'observation consiste à regarder attentivement une situation sociale afin de l'étudier. Toute observation est par définition participante : le sociologue fait simplement le choix du degré de participation à la situation étudiée. Le degré le plus faible d'intégration consiste à se tenir à l'écart de la situation et à prendre des notes (désengagement). Le degré le plus fort consiste à devenir un membre du groupe à part entière (immersion). Le choix dépend des objectifs de sa recherche et du courant de recherche auquel il se rattache. Par exemple, le courant interactionniste (*cf. infra*, p. 106) privilégie l'immersion pour comprendre les logiques des acteurs dans leurs interactions quotidiennes avec autrui.

La technique de l'observation pose la question de la subjectivité du sociologue (comment prendre du recul lorsqu'on est un acteur de la situation ?) et celle de l'impact de la présence de l'observateur (les comportements des personnes sont différents si elles se savent observées). Avant de se lancer dans une observation, le sociologue constitue généralement une « grille d'observation », *i.e.* un ensemble de questions auxquelles il souhaite répondre. Il lui est par définition impossible de tout prendre en notes. La grille lui permet de focaliser son attention sur des éléments particuliers, sur lesquels il aura préalablement réfléchi.

La technique de l'entretien consiste à interroger une personne en face-à-face (entretien individuel) ou en groupe de personnes (entretien de groupe). Elle consiste généralement en une suite de questions, réfléchies et formulées à l'avance par le sociologue. On distingue des types d'entretien selon le degré de liberté laissé à l'enquêté. L'entretien peut être libre (ou non directif) si le sociologue se contente de lancer un thème et d'enregistrer les réponses de la personne interrogée. Un entretien peut aussi être directif : l'enquêteur s'en tient aux questions qu'il aura préalablement rédigées. Il existe enfin un niveau intermédiaire entre ces deux extrêmes, l'entretien semi-directif : l'enquêteur intervient ponctuellement au cours du dialogue pour réagir par rapport à ce que dit l'enquêté.

b. — Un exemple d'application des méthodes qualitatives

Street Corner Society (littéralement « la société du coin de la rue »), publié en 1943 par William Foote Whyte, est considéré comme l'un des ouvrages classiques lorsque l'on s'intéresse aux méthodes qualitatives en sociologie. L'auteur a passé trois ans et demi dans un quartier délabré du North End, à Boston, où vit une majorité d'Italiens. La plupart d'entre eux sont des immigrés de première et de deuxième génération. Pour l'auteur, il y a société dès que des individus se retrouvent, au coin d'une rue par exemple, pour échanger des paroles, de l'argent ou des services. Et le monde de « Cornerville » foisonne d'activité. En complet désaccord avec la thèse, répandue à l'époque, selon laquelle les ghettos sont victimes de désorganisation sociale et leurs habitants incapables de s'intégrer, Whyte veut montrer que de solides réseaux de socialisation existent aussi dans cette société italo-américaine. Ils font de ce quartier un espace organisé selon des règles aussi contraignantes, bien que différentes de celles de la société américaine. Sans tomber dans un éloge sans mesure des habitants de ce quartier, le sociologue nous invite à décentrer le regard pour comprendre la logique qui anime les gens « de l'autre côté de la barrière ». Pour cette raison, il plaide en faveur d'une enquête de terrain, longue et informée, et utilise l'observation participante. Elle est pour lui la condition nécessaire d'un bon travail en sociologie.

Pour mener son travail de terrain, Whyte doit dans un premier temps se faire accepter des habitants du quartier. Petit problème : c'est un « WASP » (« White Anglo-Saxon Protestant ») et dans ce quartier très homogène ethniquement, il dénote par son physique (il est blond et très grand) et sa profession (chercheur). Il va donc tenter plusieurs approches : d'abord en venant dans le quartier une fois par semaine. C'est un échec. Ensuite, en prenant une chambre chez deux habitants du quartier. C'est à nouveau un échec : mis à part ses hôtes, personne ne lui adresse la parole. Il finit par rencontrer Doc, le leader d'une bande de rue, les Nortons. Ce dernier accepte de lui faire rencontrer des personnes, et l'intègre à sa bande. Il va alors devenir, pendant plusieurs années, un membre « particulier » des Nortons, participant à toutes les activités du groupe mais également observateur. La bande se compose d'une dizaine de membres et est formée de trois groupes d'âges différents. Doc, le chef, est un enfant de la rue : victime d'un handicap naturel à une main, il s'est pourtant forgé une réputation de dur à cuire. Victime de la crise de 1929, il alterne périodes d'emploi et de chômage, pendant lesquelles il passe beaucoup de temps dans la rue. Juste en dessous de Doc dans la hiérarchie du groupe, on trouve Danny et Mike, les plus vieux et les plus aptes à se mouvoir dans la société, connaissant d'autres groupes et en étant respectés. En dehors de ce trio de tête, on trouve d'autres membres, plus jeunes. Whyte montre comment le bowling, activité à laquelle se livrent fréquemment les Nortons, sert de mise en scène pour cette hiérarchie. Whyte remarque que lors de chaque partie, Doc, Danny et Mike arrivent en tête, alors que les autres membres se disputent les places suivantes. Le sociologue explique ce résultat de plusieurs façons. Tout d'abord, les chefs d'une bande ont tendance à choisir les activités du groupe en fonction de leur capacité à s'y illustrer. Mais surtout, le bowling ne fait pas seulement appel à des qualités techniques mais aussi à la confiance en soi, qui renvoie à la confiance que place le groupe en chaque participant, et donc à la position objective de l'individu dans la hiérarchie. Il faut ajouter que les leaders ne voulaient sous aucun prétexte perdre, car la modification des statuts au bowling aurait sûrement amené une lutte pour la redéfinition de la hiérarchie dans la bande.

2. – L'approche quantitative

Les techniques quantitatives reposent principalement sur l'utilisation de statistiques. Afin de constituer des bases de données, les sociologues procèdent à des enquêtes par questionnaire (ou sondage d'opinion). Cette technique est également utilisée en politique ou en marketing. Elle implique un travail de « codage » informatique des réponses obtenues. L'utilisation de statistiques n'est pas nouvelle en sociologie. Les fondateurs de la discipline ont contribué à en définir l'usage.

a. — La place des statistiques dans la perspective d'Émile Durkheim

Pour Durkheim, la méthode par excellence de la sociologie est la statistique, dont le procédé « est non seulement le moyen de mesurer mais le moyen d'analyser tout fait social, parce qu'il force à apercevoir le groupe agissant » (*Les Règles de la méthode sociologique*, 1895). La statistique devient à la fois moyen d'observation et d'expérimentation, et se retrouve donc au cœur du projet durkheimien de fondation de la sociologie.

François Simiand (1873-1935), sociologue français et membre de l'école durkheimienne, réfléchit à l'usage contrôlé des statistiques en sociologie, qui doit permettre d'aboutir à un double résultat :

- étudier les faits en eux-mêmes ;
- mettre au jour les correspondances entre les phénomènes observés de façon à dégager les antécédents les plus proches et les plus généraux.

L'étape préalable réside dans la reconnaissance des faits sociaux. Le statisticien doit savoir ce qu'il mesure et comment il le mesure. Il faut arriver à appréhender des réalités collectives, un « certain genre de liaison entre les phénomènes » qui reflètent des représentations collectives. Il s'agit ensuite d'arriver à dégager de ces observations des liaisons significatives. Par exemple, il est possible d'examiner le fonctionnement de la production dans l'industrie du charbon au XIXe siècle en remarquant des cycles de prix et de quantité produite.

La statistique est non seulement le moyen idéal de ne pas perdre de vue l'observation nécessaire de la réalité telle qu'elle est objectivement, mais elle autorise aussi une analyse qui permet de « bien comprendre », i.e. de préciser de manière claire ce que l'on sait et ce que l'on ne sait pas. Elle permet donc de faire un traitement scientifique de la causalité. La méthode positive exige que, dans la série des causes possibles, on identifie l'antécédent le plus proche, le plus général et le plus substituable afin de faire apparaître et d'éliminer les relations de causalité les plus « lâches ». Par exemple, si l'on fait sauter un rocher à la dynamite, quelle est la cause du phénomène, le rocher, la poudre ou le feu ? « Le rocher n'est lié à l'explosion que par une relation très particulière ;

de même, la poudre et le feu. Au contraire, l'expansion brusque des gaz est liée par une relation très générale, puisqu'elle n'exige la présence ou l'intervention ni du rocher, ni de la poudre, ni du feu, et se produirait aussi bien autrement. C'est donc elle la cause : tout le reste n'est que conditions. En d'autres termes, la condition est l'antécédent substituable, la cause est celui qui ne l'est pas, ou qui l'est le moins » (F. Simiand, *Méthode historique et sciences sociales*, 1987).

La statistique est donc un moyen de réaliser des expérimentations. Pour autant, selon les mots de Simiand, « il n'est pas contraire à la méthode expérimentale de s'engager dans une étude des faits avec quelque préconception des relations que l'on s'attend à trouver ; mais c'est à la condition de ne donner à cette préconception que valeur d'hypothèse, tant que les faits ne l'ont pas établie, et d'être prêt à l'abandonner s'ils s'y montrent indifférents ou contraires. » Le lien est alors possible, et scientifiquement validé, entre l'observation et la théorie. L'explication des phénomènes sociaux débouche alors sur l'élaboration de relations stables et générales qui en expliquent la présence, la succession, voire l'évolution. On parle de lois générales du social. Le modèle durkheimien précisé par Simiand respecte donc l'ambition nomologique du premier : faire apparaître des lois générales du social, valables universellement.

b. — Paul Lazarsfeld et les statistiques « raisonnées »

Paul Lazarsfeld (1901-1976), sociologue américain d'origine autrichienne, professeur de sociologie à l'université de Columbia, est connu pour ses enquêtes sur les médias et leur impact sur la population américaine. Fervent défenseur de l'utilisation de méthodes statistiques dans les sciences sociales, il milite pour l'utilisation d'une démarche positive et d'une méthodologie dite de « l'explication de texte », invitant le sociologue à partir du particulier pour remonter ensuite en généralité. Il cherche à éviter à tout prix la profusion des « -ismes », caractéristiques, selon lui, de la méthode déductive dans les sciences sociales.

Cet effort de clarification a un autre mérite : celui de faire apparaître des relations insoupçonnées entre des domaines de la recherche généralement cloisonnés. Sans douter de l'utilité des données qualitatives, il souhaite montrer que « les méthodes quantitatives modernes sont beaucoup plus raffinées et plus souples que ne le croient les critiques qui ne les connaissent pas » (Lazarsfeld, *Qu'est-ce que la sociologie ?*, 1971) et permettent d'étudier bon nombre de situations définies comme problèmes sociologiques.

Lazarsfeld va baser sa pratique de la sociologie quantitative sur les notions de variable et de concept. Par variable, il faut entendre « toute classification ou mise en ordre permettant de distinguer entre des personnes ou des groupes (la taille d'une ville, le QI d'un individu, etc.) ». Par concept, il faut entendre « des concepts classificatoires : la "cohésion" des groupes, l'"agressivité" d'un peuple, la "bureaucratisation" d'une institution, etc. ». Derrière tout effort classificatoire se cache une « observation originaire », c'est-à-dire des variations et des différences à expliquer (par exemple, le fait que certaines personnes trouvent un emploi plus facilement que d'autres).

Pour Lazarsfeld, il faut se garder de surévaluer la portée causale des relations observées entre les variables construites par le sociologue. Il prend l'exemple d'une corrélation observée entre les quartiers pauvres et les taux d'hospitalisation psychiatriques. Doit-on en déduire que la pauvreté a une incidence sur la probabilité du développement de troubles psychiatriques chez l'individu ? Non, car cette hypothèse n'est qu'une de celles possibles pour expliquer la corrélation observée. Il se peut que lorsque les troubles apparaissent, ils engendrent une désorganisation de la vie professionnelle qui conduise à une dégradation des conditions de vie de l'individu et l'oblige à s'installer dans le quartier pauvre. Ou alors, il se peut que le développement de troubles soit favorisé par le climat ou le type de relations sociales caractéristiques des quartiers pauvres, la probabilité dépendant alors seulement des caractéristiques sociales du quartier et non de celles de l'individu. Plus généralement, la source de cette ambiguïté vient du fait que l'on ne peut pas interpréter sans précaution au niveau individuel une corrélation observée au niveau d'un agrégat (un quartier). Cette discussion constitue un exemple typique d'analyse méthodologique : un problème méthodologique général est soulevé à propos d'un problème particulier, et permet au chercheur de prendre conscience des hypothèses mises en jeu dans l'analyse des relations ainsi définies.

3. – L'approche comparative

La question de l'utilisation d'une méthode comparative, indépendante des deux précédentes, se pose peu dans la sociologie française actuelle. Son enseignement et son utilisation sont plus ancrés dans une tradition anglo-saxonne. Elle est également davantage utilisée par d'autres disciplines, comme les sciences politiques ou le droit. Pourtant, cette méthode est au cœur de la discipline : on la retrouve dans les travaux des fondateurs de la sociologie, Émile Durkheim et Max Weber, mais également dans nombre d'enquêtes et d'études de cas.

a. — La comparaison dans la sociologie d'Émile Durkheim

Pour Durkheim, la sociologie constitue une science comparative par définition. Dans *Les Règles de la méthode sociologique* (1895), il affirme que « la sociologie comparée n'est pas une branche particulière de la sociologie, c'est la sociologie même ». Cette méthode comparative en sociologie est pour lui un moyen d'aller au-delà de la simple accumulation de faits : elle est le pendant sociologique de l'analyse expérimentale dans les sciences de la nature. Plus qu'une méthode de travail, elle est une méthode d'administration de la preuve, une façon d'expliquer le fait social sur lequel le scientifique travaille. Toutefois, toutes les méthodes comparatives ne s'appliquent pas à la sociologie. La méthode des concordances ou celle des différences sont pour lui difficilement utilisables car les phénomènes sociaux comportent de multiples dimensions et sont de ce fait très complexes à analyser. Les deux méthodes mentionnées supposent en effet que les cas comparés concordent en un seul point ou diffèrent par un seul.

La méthode retenue par Durkheim est celle des variations concomitantes. Cette méthode suppose que dès lors qu'une relation existe entre un phénomène social et son antécédent (le concomitant), un parallélisme des valeurs prises par ces phénomènes peut être observé. Si le phénomène A est lié au phénomène B, alors les deux phénomènes varieront de façon « identique », quelle que soit la donnée C à laquelle on compare la relation. Par exemple, si le taux de suicide (phénomène A) est lié négativement au fait d'être marié (phénomène B), cette relation peut être vérifiée quel que soit le sexe de l'individu (donnée C1), son lieu d'habitation (donnée C2) ou la religion qu'il pratique (donnée C3). Durkheim met en garde le sociologue contre toute généralisation hâtive. En effet, les lois établies par ce procédé ne se présentent pas toujours sous la forme de la causalité. La concomitance peut être due non à ce qu'un phénomène est cause de l'autre, mais à ce que tous deux sont les effets d'une même cause, ou bien encore à ce qu'il existe entre eux un troisième phénomène qui est l'effet du premier et la cause du second. Il faut donc procéder de la manière suivante (dans *Les Règles de la méthode sociologique*, 1895) :

1) « On cherchera d'abord, à l'aide de la déduction, comment l'un des deux termes a pu produire l'autre ».
2) Puis « on s'efforcera de vérifier le résultat de cette déduction à l'aide d'expériences, c'est-à-dire de comparaisons nouvelles ».

3) « Si la déduction est possible et si la vérification réussit, on pourra regarder la preuve comme faite. Si au contraire, l'on n'aperçoit entre ces faits aucun lien direct, surtout si l'hypothèse d'un tel lien contredit des lois déjà démontrées, on se mettra à la recherche d'un troisième phénomène dont les deux autres dépendent également ou qui ait pu servir d'intermédiaire entre eux. » Par exemple, on observe que la tendance au suicide varie comme la tendance à l'instruction. Mais il est impossible de comprendre « intuitivement » comment l'instruction peut conduire au suicide. On peut en revanche trouver une cause commune, qui est l'affaiblissement du traditionalisme religieux.

Cette méthode doit être appliquée rigoureusement. Pour démontrer une causalité entre deux phénomènes, il ne suffit pas de s'appuyer sur quelques exemples. Il faut comparer des séries statistiques entières.

b. — La comparaison dans la sociologie de Max Weber

Chez Weber, on observe une pratique idéal-typique de la comparaison qui se double d'une approche pluridisciplinaire (intérêt pour le droit, pour l'économie...). Un idéal-type constitue pour Weber une représentation simplifiée de la réalité, dont le sociologue aurait sélectionné, pour les besoins de son analyse, les traits qu'il juge les plus importants. L'analyse comparative résulte de cette construction méthodologique. Le travail du savant consiste précisément à faire « dialoguer » les idéal-types entre eux, en établissant des relations d'« affinités électives ». Ainsi, à un moment donné de l'histoire, deux formes idéal-typiques présentent une relation de causalité limitée à cette période historique. Sur cette base, il est également plus aisé de conduire une analyse comparative : on peut sélectionner les éléments d'un phénomène sociologique complexe correspondant au sujet de l'enquête, et les mettre en rapport avec un autre idéal-type construit pour l'occasion. Par exemple, si l'objectif de l'enquête consiste à préciser la nature des relations existant entre une éthique religieuse et la naissance du capitalisme dans sa forme occidentale, il est intéressant de sélectionner, dans l'ensemble des religions existant à l'époque, les traits les plus saillants des comportements des croyants ayant un rapport avec un comportement que le scientifique aura défini comme capitaliste. On peut ainsi établir des affinités entre une branche du protestantisme, le calvinisme, et l'accumulation du capital à l'origine du capitalisme. On peut également comparer les effets possibles des différentes religions sur le comportement d'accumulation, et ainsi éliminer comme cause possible la pratique des religions confucianiste ou juive.

c. — La comparaison dans la sociologie contemporaine

Ce détour par les pensées des fondateurs de la sociologie nous a permis d'apprécier la pertinence de la méthode comparative dans cette discipline. Dans sa pratique contemporaine, les sociologues qui l'utilisent mettent en avant les avantages suivants :

- La comparaison permet au chercheur de rendre la réalité plus intelligible en classant son objet d'étude en différentes catégories. Cet ordonnancement permet d'opposer des catégories qui s'opposent sur un ou plusieurs critères, et qui, collectivement, rendent compte de la totalité de l'objet que l'on étudie.
- Comparer permet aussi de généraliser : cette généralisation peut se faire dans l'espace (perspective synchronique) ou dans le temps (perspective diachronique).
- Comparer permet d'agir : surtout affirmée dans les sciences politiques, la comparaison peut être orientée vers l'action concrète, sur le terrain. On peut alors parler d'une utilité pragmatique de la comparaison (identifier des « *best practices* »). L'objectif est donc double :

connaissance et action. Ce type de comparaison présente un risque de tension entre finalités théoriques et finalités pratiques.
- Comparer permet également au chercheur de se confronter à de nouvelles questions de recherche, puisqu'il « délocalise » nécessairement son point de vue en le comparant à d'autres traditions nationales, ou à des traditions du passé.

Cette méthode présente également des faiblesses :
- une conceptualisation floue. C'est la question « classique » des terminologies : l'existence d'un équivalent lexical ne signifie pas que les notions utilisées recouvrent les mêmes réalités. Par exemple, dans le cas des politiques familiales, les allocations familiales françaises ne sont pas équivalentes à ce que l'on appelle en Allemagne le *Kindergeld*, ni à ce que l'on appelle en Angleterre les *family benefits* (d'où l'intérêt de garder dans le texte le terme étranger).
- le manque d'homogénéité des données : les chercheurs négligent souvent l'importance des diversités internes aux pays sur le plan régional, qui peuvent être plus fortes que les différences entre pays. Ils ne prennent pas toujours le temps d'homogénéiser les phénomènes dont ils traitent : l'utilisation de données synthétiques statistiques peut, en ce sens, s'avérer dangereuse. C'est l'exemple typique du PIB, censé représenter une mesure de création de richesse au niveau d'une nation, mais ne prenant pas en compte, par définition, l'économie parallèle. Or cette dernière varie de façon importante selon les pays, cet oubli pouvant fausser les comparaisons internationales.
- le piège des conventions statistiques : la comparaison peut être rendue difficile par l'absence de catégories statistiques homogènes. C'est le cas par exemple des nomenclatures professionnelles (tous les pays européens ne travaillent pas avec les hypothèses retenues par l'INSEE pour les PCS) ou la définition du chômage en Europe (il existe plusieurs définitions concurrentes qui dépendent par exemple des modalités d'indemnisation des chômeurs, des taux d'inscription au chômage, etc.). Ces difficultés peuvent être regroupées sous le terme de « comparaison synthétique », qui critique l'usage d'indicateurs statistiques globaux et l'ambition de certaines enquêtes qui prétendent mettre en évidence des relations entre facteurs économiques et sociaux complexes.
- le risque de l'ethnocentrisme : il intervient lors de la formulation des problématiques et du choix des concepts. Il consiste à comparer des phénomènes sans tenir compte du contexte historique, social ou politique des aires étudiées.

C QUELQUES GRANDS THÈMES DE LA SOCIOLOGIE

Les premiers sociologues travaillent sur des objets particuliers. Max Weber souhaite comprendre l'origine du capitalisme, Karl Marx analyser les conflits sociaux de son époque et Émile Durkheim caractériser le lien social. On trouve, au cœur des théories fondatrices de la sociologie, deux thèmes d'une grande importance : la question des hiérarchies sociales et l'explication du capitalisme.

1. – Hiérarchie et stratification sociales

Toutes les sociétés sont constituées de groupes d'individus : ce sont les liens entre membres d'un même groupe et entre les groupes sociaux qui constituent la chair de la vie sociale. Ces groupes ne sont pas simplement juxtaposés : ils sont hiérarchisés en fonction d'un accès inégal à des ressources valorisées. La question des inégalités se pose entre les différents groupes, mais également à l'intérieur de chaque groupe pris isolément, entre les individus. En sociologie, on donne le nom de stratification sociale (au sens large) à l'étude des inégalités et de la hiérarchisation des groupes sociaux. Les études de stratification sociale sont structurées autour de deux grandes questions : faut-il concevoir la société comme un espace d'opposition entre les groupes sociaux (approche en termes de classes sociales) ou comme un simple agencement de groupes hiérarchisés par la possibilité d'accès à certaines ressources (approche en termes de stratification sociale au sens strict) ?

a. — L'approche en termes de classes sociales

En sociologie, l'approche en termes de classes est issue de la théorie développée par Karl Marx. Les inégalités sont pensées en termes de groupes : il existe des dominants et des dominés. L'analyse sociologique a pour objectif de comprendre la nature de la relation qui s'instaure entre les groupes sociaux : s'agit-il d'une domination de type économique, symbolique, politique, ou des trois ensemble ?

■ Retour sur le concept de classe sociale

Le concept de classe est ancien et son usage n'est pas exclusivement sociologique. Le sociologue Ralf Dahrendorf rappelle notamment qu'il est apparu dans l'Antiquité romaine « lorsque les censeurs introduisirent le terme *classis* en vue de répartir la population en groupes fiscaux » (dans *Classes et conflits de classes dans la société industrielle*, 1972). Tombé dans l'oubli, le concept ne réapparaît qu'au XVIIIe siècle avec les ordres de l'Ancien Régime. La Révolution française, dans sa volonté de promouvoir une société des égaux, fait disparaître la notion de classes, car elle ne peut soutenir un discours qui introduit de la différenciation sociale. C'est d'ailleurs à cette période que se construit l'idée de nation, en parallèle de l'idéal égalitaire. Il en découle une certaine confusion entre homogénéisation et unification de la société française (qui explique peut-être toutes les difficultés actuelles autour de la notion de communautarisme). Pourtant, en même temps que l'égalité de droit se fonde en actes, la libération de l'économie fait imploser le tiers état à travers la multiplication des oppositions d'intérêts : petits paysans, corporations, masses populaires, etc. C'est ainsi qu'à la société d'ordres se substitue une société de classes, dont les intérêts ne convergent pas toujours.

■ L'utilisation « classique » du concept de classe

Les éléments suivants résument la conception des classes sociales de Marx :

- Les classes sociales se distinguent par un critère économique, la propriété des moyens de production, qui permet de distinguer les dominants (les propriétaires de l'outil de production) des dominés (qui ne détiennent que leur force de travail).
- Elles doivent être analysées à l'aide d'une approche réaliste : l'appartenance de classe existe sur la base de la position réelle des individus dans les rapports de production.
- Elles peuvent être différenciées par l'existence ou l'absence d'une conscience de classe (classe en soi/pour soi).
- Elles se définissent par la lutte contre une ou plusieurs autres classes. Les classes sociales ne peuvent être pensées indépendamment les unes des autres : elles sont dans un rapport de domination.

■ Le prolongement de l'analyse marxiste : l'analyse de Ralf Dahrendorf

R. Dahrendorf (*Classes et conflits de classes dans la société industrielle*, 1972) revisite la notion marxienne de classes en lui ajoutant des éléments empruntés à Max Weber. Il définit une classe sociale comme « toute collectivité, organisée ou non, d'individus partageant des intérêts manifestes ou latents qui découlent de la structure des associations régies par l'autorité. Les classes sociales sont toujours des groupes de conflit ». Dahrendorf reprend trois idées essentielles de l'héritage marxiste :

- Le conflit est au cœur de l'organisation sociale.
- Il peut exister plusieurs conflits sociaux, mais tous ces conflits ne se ramènent pas nécessairement à un grand conflit central.
- L'analyse de la société doit être matérialiste : elle se fait à partir des conditions économiques de production.

L'auteur s'écarte cependant de la tradition marxiste sur cinq points :

- Le dépassement du conflit social est impossible : une société sans conflit est pathologique.
- Dans des sociétés de plus en plus complexes et différenciées, la possession des moyens de production ne peut pas fonder seule les identités de classes.
- L'existence d'une pluralité de conflits implique la naissance d'intérêts spécifiques à chaque type de conflits. Il y a autant d'intérêts et donc de potentiels conflits qu'il y a de secteurs de la vie sociale. La conflictualité tend à se diversifier.
- Les conflits ne se résolvent pas automatiquement par une révolution. Ils débouchent plus souvent sur des transformations progressives.
- La possession des moyens de production comme critère central de la définition de la classe est désormais insuffisante pour comprendre la nature de la classe capitaliste. Les transformations du système capitaliste ont œuvré dans le sens d'une disjonction croissante entre possession et contrôle des moyens de production (distinction entre actionnaire et gestionnaire).

L'originalité de Dahrendorf consiste également en l'ajout d'éléments empruntés à Weber. Il souligne ainsi l'importance des luttes pour l'autorité dans l'activité sociale. Et ajoute que toute autorité repose sur la croyance en sa légitimité. Pour Dahrendorf, il existe des formes d'autorité spécifiques à chaque espace social. Par exemple, la richesse matérielle ne détermine pas l'autorité dans les sphères religieuse ou politique. Dès lors, les conflits sociaux sont des luttes pour la répartition de l'autorité, dont le contrôle des moyens de production ne constitue que l'une des formes possibles. D'où sa définition des conflits de classes : « Les classes ne sont liées ni à la propriété privée, ni à l'industrie, ni aux structures économiques en général, mais en tant qu'élément de la structure sociale et facteurs produisant le changement, elles sont aussi universelles que leur déterminant, à savoir l'autorité et sa distribution spécifique. »

b. — L'approche en termes de stratification sociale

L'approche en termes de stratification (au sens strict) mesure les inégalités entre les individus (inégalités graduelles) sur plusieurs échelles. Il existe une infinité de positions entre les individus situés en bas et en haut de l'échelle sociale. La question des liens entre les groupes se pose avec moins de pertinence que dans le cas des classes sociales.

■ L'analyse de la stratification sociale par Max Weber

L'analyse que Max Weber propose des classes sociales arrive chronologiquement après celle de Marx. Jugeant l'approche de ce dernier trop caricaturale, il propose de replacer les classes sociales dans un contexte social plus large. Pour lui, tout espace social génère des inégalités par rapport à trois dimensions distinctes :

- Il existe premièrement un ordre économique, qui règle la distribution et l'utilisation des biens et des services. L'identité des conditions économiques et des revenus permet de distinguer un premier ensemble de groupes sociaux, selon qu'ils possèdent et disposent de droits de propriété (classe possédante) ou qu'ils détiennent un monopole sur l'utilisation de qualités individuelles liées à leur capital scolaire ou leur force de travail (classes d'acquisition). Au sein des classes d'acquisition, certains sont « positivement » privilégiés (les entrepreneurs, les ingénieurs, etc.), d'autres « négativement » privilégiés (les salariés de l'industrie). Le classement au sein de l'ordre économique se rapproche de la vision que propose Marx des classes sociales.

- Il existe également un ordre social, caractérisable par des différences de statuts sociaux. À chaque statut est associé un degré de prestige, d'honneur social, ressources sociales très inégalement distribuées. L'honneur social consiste en une considération sociale positive ou négative, dépendant du style de vie, du type d'instruction, du prestige de la naissance ou de la profession. Il est par définition non réductible aux relations économiques : il repose sur une forme de mise à distance sociale d'autrui, basée sur l'exclusivité. On en trouve des signes visibles (façon de s'habiller, de parler) et d'autres plus implicites (goût pour certaines pratiques sociales « classantes »). Il s'agit d'un phénomène social au sens où il caractérise les membres d'un groupe plutôt qu'un individu pris à part.
- Enfin, un troisième ordre, politique, regroupe l'ensemble des relations de compétition pour la direction de l'appareil d'État. Cet ordre doit être mis en rapport avec le développement de la légitimité légale-rationnelle au sein des sociétés modernes : plutôt que de se battre physiquement pour l'obtention du pouvoir, les individus se battent symboliquement pour l'obtention de places privilégiées au sein de l'appareil d'État.

Si la dimension économique des rapports entre les groupes sociaux ne disparaît pas, elle s'intègre en revanche dans un ensemble de relations plus larges, incluant le prestige social et la politique. Dès lors, les classes sociales (au sens de Marx) ne constituent pour Weber qu'une dimension parmi d'autres de la stratification sociale : on pourrait d'ailleurs les nommer « classes économiques » (Serge Bosc, *Stratification et transformations sociales*, 1993) car la situation de classe se résume à une situation de marché, dans lequel un individu est positivement ou négativement privilégié selon ce qu'il a à offrir et le pouvoir de marché dont il dispose. Weber souligne toutefois que l'ordre économique prend de plus en plus d'importance avec le processus de rationalisation des activités sociales.

Se pose alors la question du passage de la situation de classe à l'action de classe : pour Weber, le fait de partager une position de classe commune n'amène pas nécessairement à une action de classe visant à faire valoir certains intérêts collectifs. D'autant plus que cette possibilité concerne essentiellement les classes économiques : les groupes de statut représentent une communauté d'intérêts, mais sont relativement amorphes du point de vue de l'action sociale. Weber affirme donc avec force que « les classes ne sont pas des communautés », et la classe n'est pas « infaillible dans la reconnaissance des siens ». Il est seulement possible d'envisager, sur cette base, une « action communautaire informelle », qui peut permettre d'aboutir au sentiment qu'ont les acteurs d'être liés les uns aux autres.

■ L'approche par strates de William Lloyd Warner

Ce type d'analyse de la stratification se rattache à une tradition américaine, allergique aux théories d'inspiration marxiste, et basée sur de monumentales enquêtes de terrain. Consistant en de grandes monographies de communautés, elles visent à décrire toutes les dimensions, sociales, culturelles, économiques, d'une communauté sélectionnée par les enquêteurs. C'est à ce type de tradition sociologique que se rattachent les études menées par William Lloyd Warner et son équipe dans une petite ville de la Nouvelle-Angleterre entre 1930 et 1935, et publiées sous le titre de *Yankee City* (1941 à 1959). Leur idée est de faire ressortir des rapports sociaux empiriques, qui ne seraient pas définis théoriquement *a priori*. Les auteurs sont ainsi amenés à répartir les individus en plusieurs groupes ou « classes » selon deux critères principaux : économique et statutaire. On obtient trois grandes classes, *upper*, *middle*, *lower*, chacune d'elles se divisant en deux étages, *upper* et *lower*. Tout en haut domine la *upper upper class*, généralement installée depuis plusieurs générations : l'ancienneté dans un pays d'immigration n'est-elle pas la marque ultime de la distinction ? À l'autre bout de l'échelle, il y a la *lower lower class*, marquée par l'indigence économique et le déficit de moralité publique et privée (plus le handicap socio-ethnique, le fait d'être noir).

Le problème de cette approche réside dans la définition du concept de classe, qui se confond avec celle de statut. D'autre part, les classements de rapports sociaux « empiriques » dépendent largement de la vision des acteurs : le sociologue ne met pas à distance la perception des personnes qui sont elles-mêmes engagées dans ces rapports sociaux. Or ce regard des acteurs sur eux-mêmes est forcément biaisé : il élimine tout ce qui ne leur apparaît pas comme une évidence, notamment la place dans l'ordre économique et une surévaluation du prestige social.

2. – Le capitalisme

Parler du capitalisme n'est pas propre à la sociologie : d'autres sciences humaines, comme l'économie, lui accordent une place centrale. Les sociologues apportent une façon originale de le comprendre, se focalisant sur les conséquences des comportements capitalistes et de l'apparition d'un système capitaliste.

a. — Le comportement capitaliste

La construction de l'argumentaire sociologique sur le comportement capitaliste trouve son origine dans les travaux de Max Weber. Dans *L'Éthique protestante et l'esprit du capitalisme* (1905), il critique l'idée généralement retenue pour définir un comportement capitaliste : la recherche du profit pour lui-même. Pour lui, cette approche est insuffisante : « la "soif d'acquérir", la "recherche du profit", de l'argent, de la plus grande quantité d'argent possible, n'ont en eux-mêmes rien à voir avec le capitalisme. Garçons de café, médecins, cochers, artistes, cocottes, fonctionnaires vénaux, soldats, voleurs, croisés, piliers de tripots, mendiants, tous peuvent être possédés de cette même soif [...]. Le capitalisme s'identifierait plutôt [...] avec la modération rationnelle de cette impulsion irrationnelle » (Max Weber, *L'Éthique protestante et l'esprit du capitalisme*, 1905).

La recherche du profit, pour être qualifiée de capitaliste, doit être soumise à un calcul rationnel de rentabilité, à une évaluation systématique des coûts et des avantages d'un investissement. Or ce type de comportement ne se déploie pas dans un vide social : Weber montre qu'il présente, en Occident, des affinités avec l'éthique protestante. Par éthique, il faut entendre un ensemble de comportements adossés à une morale. Weber remarque que les valeurs morales délivrées par une branche particulière du protestantisme, le calvinisme, contraignent les croyants qui les respectent à adopter des comportements précis dans leur vie quotidienne.

Cette religion suggère aux fidèles une grande modération dans l'usage des biens de consommation, que le sociologue nomme ascétisme intramondain[2], mais valorise également le travail

2 « Dans le monde », par opposition à l'ascétisme extramondain, qui consiste à se mettre volontairement à l'écart des affaires courantes et du monde : c'est par exemple le cas de certains moines catholiques.

assidu. Le discours des pasteurs calvinistes véhicule en effet l'idée que la réussite professionnelle, l'application au travail sont plus qu'une nécessité économique : elles sont une vocation voulue par Dieu. À cette ascèse quotidienne s'ajoute une croyance caractéristique du calvinisme : la prédestination. Les individus seraient, dès leur naissance, élus par Dieu à l'entrée ou non au Paradis, et ne pourraient influer sur le cours des choses tel que Dieu l'a choisi[3]. Les croyants vont être réduits à un état d'incertitude psychologique : suis-je l'élu de Dieu ? Ils guettent alors le moindre signe de leur supposée élection. L'application au travail et la réussite de leur entreprise remplit en ce sens une double fonction : elles agissent comme confirmation de leur élection divine et apaisent l'incertitude psychologique.

La combinaison de l'ascétisme et de la prédestination constitue pour Weber une explication possible de l'origine du capitalisme moderne. En effet, tout le profit généré par l'entreprise sera immédiatement réinvesti, le croyant ne pouvant profiter des gains de son activité et désirant voir se développer le plus possible son activité, signe de son statut privilégié auprès de Dieu. Le comportement d'accumulation du capital, propre au capitalisme moderne, trouverait dans cette combinaison historique et théologique son origine.

b. — Le système capitaliste

L'analyse sociologique s'appuie ici sur la thèse de Karl Polanyi développée dans *La Grande Transformation* (1944). Bien que n'étant pas un texte sociologique au sens strict (pas de démarche scientifique revendiquée), l'analyse de Polanyi est régulièrement convoquée par les sociologues dans le but de comprendre la nature du système capitaliste. Pour l'auteur hongrois, deux grandes catégories d'économies s'opposent : l'économie traditionnelle et l'économie de marché.

■ Économie traditionnelle et économie de marché

L'économie traditionnelle est fondée sur trois logiques : réciprocité, redistribution et administration domestique. La réciprocité répond à une logique de « don/contre-don » (M. Mauss, *Essai sur le don*, 1923-1924) : tout don contient implicitement ses réciproques sociales, les obligations de recevoir et de rendre. La redistribution entraîne une logique de solidarité interne au groupe social (logique d'assistance). Enfin, l'administration domestique implique que les sphères de la production et de la consommation soient largement confondues au sein de l'espace domestique.

L'organisation d'une économie traditionnelle est très différente de celle que nous connaissons aujourd'hui : les transactions économiques sont encastrées dans la sphère sociale. Cela signifie que les règles sociales imposent certains échanges et en interdisent d'autres : elles priment sur les transactions économiques. Par exemple, il a longtemps été interdit aux catholiques pratiquants de contracter un prêt à intérêt : la transaction économique du crédit est soumise à la règle sociale. Dans une économie de marché pure, les échanges économiques ne sont soumis à aucune autre logique que celle du marché : la rencontre d'offres et de demandes décentralisées constitue le seul mode de régulation des transactions économiques. Les règles sociales sont reléguées au second plan.

■ Le développement de l'économie de marché

Polanyi ne défend pas l'idée d'une apparition subite des marchés, mais se pose la question de leur place dans l'histoire des sociétés et des économies occidentales. Il montre que si les marchés

3 Au contraire du dogme catholique qui place au cœur de sa liturgie le pardon : tout individu a la possibilité de racheter ses péchés par la confession, la contrition et un comportement exemplaire. À l'époque de la Réforme (XVIe siècle), les plus riches pouvaient même acheter leur pardon, au sens propre du terme, en acquérant des indulgences auprès de l'Église catholique contre monnaie sonnante et trébuchante. Calvin insiste sur ce point : il est impensable que Dieu puisse être influencé, ou même enjoint de changer son jugement sur un individu.

comme institution ont existé depuis les premières formes de développement économique, ces derniers n'ont jamais été que des éléments secondaires de la vie économique : « le système économique était absorbé dans le système social ». Cela s'explique facilement : jamais les conditions d'apparition d'une économie de marché « pure » n'ont été réunies. Deux conditions apparaissent primordiales à Polanyi : la création de trois marchés libres fondamentaux (de la terre, de la monnaie et du travail) et un État en retrait de la régulation économique. Ainsi, même dans le système mercantiliste où les marchés constituaient une institution de très grande importance, la terre n'était pas soumise à un marché : des réglementations institutionnelles en organisaient la possession, l'utilisation et l'échange. Le travail n'était pas échangé librement. Il avait certes un prix, mais ce prix était décidé en amont par les corporations qui les imposaient aux patrons. En outre, les pouvoirs locaux étaient relativement autonomes par rapport au pouvoir central et les marchés peu connectés entre eux. L'acteur central du renversement historique, qui explique l'apparition du système capitaliste, c'est l'État, qui va agir à deux niveaux :

- Il va chercher, selon l'expression de M. Weber, à s'assurer le « monopole de la violence légitime » et casser physiquement (destruction des remparts des villes) et politiquement (soumission au monarque) les logiques de fonctionnement des pouvoirs et des marchés locaux.
- Il va mettre en relation les marchés locaux en créant les infrastructures nécessaires (chemin de fer, routes).

Cette logique de développement de l'État s'étale sur plusieurs siècles, mais va connaître son aboutissement au XIXe siècle. Les conséquences économiques qui en découlent sont très concrètes : création d'un marché du travail, appropriation des terres communes par des intérêts particuliers, gestion des transactions par la monnaie. En d'autres termes, c'est la naissance d'une économie de marché. Du point de vue des relations sociales, les relations basées sur l'intérêt se généralisent au détriment des logiques de solidarité (fin de l'assistance aux pauvres en Angleterre en 1834). L'État se désengage de la gestion des relations économiques. L'espace des relations sociales devient extrêmement violent, soumis à l'ordre économique. On assiste donc au désencastrement de l'économique de la sphère sociale. Troisième phase de ce processus historique : après avoir été dominée par l'ordre économique, la sphère sociale cherche à reprendre la main sur l'économie de marché. Ce mouvement d'une violence inouïe, qui débute au début du XXe siècle, Polanyi le nomme la « vengeance » de la société. Pour l'auteur hongrois, il débouche sur les totalitarismes des années 1930 et la destruction de l'Europe par elle-même.

II

HISTOIRE DE LA PENSÉE SOCIOLOGIQUE

Le concept d'intranquillité, un emprunt au poète portugais Fernando Pessoa (*Le Livre de l'intranquillité*, écrit entre 1913 et 1935, paru à titre posthume en 1982), nous semble qualifier avec le plus de justesse la perception d'un XIXe siècle finissant par les contemporains : une vision pessimiste d'un monde désenchanté, en proie à une perte de valeurs et de sens. C'est dans cette perception du monde social que s'éveillent et se déploient les pensées de deux des fondateurs de la sociologie, Max Weber et Émile Durkheim. Tous deux forment leur pensée dans le grand bain des idées utopistes, socialistes et scientistes du premier XIXe, mais leur cadre de vie et la production de leurs travaux les situent dans le second XIXe, avant le début de la Première Guerre mondiale. L'Europe d'alors connaît une période heureuse, considérée rétrospectivement, à l'aune du siècle des excès, comme une période « bénie ». Les contemporains n'ont, semble-t-il, pas perçu ces aspects positifs à la façon des historiens. Comme le souligne Raymond Aron, « en dépit de la paix apparente, tous croyaient que les sociétés traversaient une phase de mutation profonde » (*Les Étapes de la pensée sociologique*, 1967). La volonté affichée de Durkheim, celle moins revendicative mais réelle de Weber, de faire de la sociologie une science peut être saisie comme une réponse originale aux débats intellectuels qui agitent le champ des sciences sociales au XIXe siècle et aux craintes de leur temps.

A LES CLASSIQUES

1. – Les précurseurs de la sociologie

Les précurseurs de la sociologie ne font pas référence explicitement à la sociologie comme science : par leurs enquêtes de journalistes, par leurs écrits d'hommes de lettres, par leur statut d'observateurs politiques, ils posent les jalons du raisonnement sociologique développé à la fin du XIXe siècle. De nombreux auteurs peuvent prétendre à ce titre : nous avons fait le choix de présenter les pensées de trois d'entre eux, Alexis de Tocqueville, Auguste Comte et Karl Marx.

a. — Alexis de Tocqueville (1805-1859)

Homme de lettres et fin observateur politique, fils d'une famille de vieille noblesse, Alexis de Tocqueville poursuit d'abord une carrière de magistrat durant laquelle il est amené à se rendre en

Amérique, avec pour mission d'étudier le système pénitentiaire. De ce voyage, il ressort profondément marqué par le régime politique démocratique qui s'est construit sur le territoire américain : il rassemble ses réflexions dans un ouvrage qui paraît en deux temps, en 1835 puis en 1840, *De la démocratie en Amérique*. De retour en France, il poursuit une carrière politique : il sera député puis conseiller général de la Manche entre 1839 et 1851. Faisant œuvre d'historien et de sociologue avant l'heure, il est élu académicien en 1841 et propose une analyse des changements politiques en cours en France dans *L'Ancien Régime et la révolution* (1856).

■ La démocratie se caractérise par l'égalité sociale

Pour Tocqueville la société démocratique américaine est marquée par la notion d'égalité. Cela ne signifie pas que les individus soient également intelligents ou également riches, mais plutôt que les différences visibles, telles que les distinctions d'ordre ou de classes, s'effacent au profit d'une égalité sociale. Cette dernière combine à la fois une égalité des conditions juridiques (on ne peut hériter d'une position sociale car le droit l'interdit) et une égalité des chances (les positions sociales sont en théorie accessibles à tous). Un des apports essentiels de Tocqueville, par rapport à un auteur comme Montesquieu, est de considérer que la démocratie n'est pas seulement un système politique, mais un état social.

L'égalité des chances autorise la mobilité sociale : « [les riches] sortent chaque jour du sein de la foule et y retournent sans cesse ». Toutes les positions sociales étant accessibles, les individus sont, dans une certaine mesure, libres de choisir leur existence. Il ne s'agit toutefois pas d'un processus mécanique : cela ne signifie pas, par exemple, que les inégalités économiques n'existent plus. Mais la possibilité d'accéder à une position sociale supérieure permet de mieux les accepter.

■ Égalité sociale et uniformisation des modes de vie

Sur le long terme, la mobilité sociale accélère la circulation des fortunes, qui se font et se défont au gré des réussites économique et sociale des individus. La mobilité sociale s'accompagne donc sur longue période d'une homogénéisation des niveaux de richesse, ce que le vocabulaire contemporain désigne sous le terme de niveaux de vie.

À cela s'ajoute la généralisation d'une instruction élémentaire (lecture, écriture) à la portée de tous. L'accession aux connaissances élémentaires, associée à la circulation des richesses, permet aux sociétés démocratiques de viser une forme d'homogénéité des modes de vie.

L'égalité à long terme des modes de vie et des niveaux de vie conduit à la moyennisation de la société. Tocqueville observe avec intérêt que les citoyens n'ont alors pas assez de biens pour susciter l'envie (puisque tout le monde possède à peu près la même chose), mais assez pour désirer l'ordre. Ils redoutent par-dessus tout de perdre leurs propriétés : « ainsi, dans les sociétés démocratiques, la majorité des citoyens ne voit clairement ce qu'elle pourrait gagner à une révolution, et elle sent à chaque instant, et de mille manières, ce qu'elle pourrait y perdre. »

■ Un régime politique adapté à l'égalité sociale

Les gouvernants sont choisis parmi les membres de la bourgeoisie mais également parmi le peuple américain. Il s'agit d'un gouvernement démocratique, élu, qui représente les volontés de la majorité. L'État concentre en ce sens le pouvoir politique issu du peuple.

Cette concentration du pouvoir, même émanant du peuple, peut conduire à des situations de confiscation du pouvoir. La majorité, en s'accaparant les droits législatifs via ses représentants, exerce une pression sur les minorités. Il n'y a pas, pour Tocqueville, de différence de nature entre la tyrannie d'un souverain et le « despotisme de la majorité ». Pour lutter contre cela, il est nécessaire que le régime démocratique organise, en son sein, des contre-pouvoirs : c'est l'équilibre de ces pouvoirs et le contrôle du législatif qui permettra de pérenniser la démocratie.

b. — Karl Marx (1818-1883)

Si certains ouvrages de Karl Marx comme *Le Capital* (1867) ou *Le Manifeste du parti communiste* (écrit en collaboration avec Friedrich Engels en 1848) sont connus du grand public, c'est autant en raison de leur caractère scientifique et polémique que de leur postérité historique. L'œuvre sociologique de Marx, considérable, a en effet donné lieu à de multiples analyses et prolongements. Cette fécondité théorique continue d'inspirer les sociologues contemporains, et c'est à ce titre que nous le présentons ici comme un précurseur de la sociologie. Né dans une famille aisée de Trèves (Prusse) en 1818, Karl Marx est étudiant en droit et en philosophie, proche du mouvement des « jeunes hégéliens », avant de devenir journaliste. S'opposant au despotisme prussien, il va, sa vie durant, connaître de nombreux exils (France, Belgique) avant de s'installer définitivement en Angleterre. Poursuivant un travail théorique critique et une activité de militant (il est un des fondateurs de la Ire Internationale des travailleurs), il vit avec sa famille dans des conditions précaires. De son travail de théoricien du capitalisme, il retire à la fin de sa vie une notoriété croissante, qui ne lui permet pourtant pas d'améliorer ses conditions de vie matérielles. Il s'éteint en 1883.

■ L'existence de classes sociales en soi et pour soi

Au fondement de l'approche sociologique de Marx se trouvent les classes sociales. De ce concept polysémique que Marx lui-même définit de diverses façons au cours de son œuvre, on retient en général qu'il repose sur la place qu'occupent les individus dans les rapports de production. Plus précisément, c'est la propriété des moyens de production qui détermine l'appartenance à la classe dominante (celle des bourgeois), la classe dominée (les prolétaires) ne détenant que leur force de travail. Cette inégalité permet aux premiers d'exploiter les seconds. La position objective d'un individu dans le monde du travail suffit à déterminer son appartenance de classe : on parle de classe en soi. Mais cette vision réaliste des classes sociales, défendue par Marx et Engels dans *Le Manifeste* (1848), n'en épuise pas la définition. Dans *Misère de la philosophie* (1847), Marx précise que « les conditions économiques avaient d'abord transformé la masse du pays en travailleurs [...] ; dans la lutte [...], cette masse se réunit, elle se constitue en classe pour elle-même. Les intérêts qu'elle défend deviennent des intérêts de classe ». La classe pour soi va donc au-delà du socle des conditions matérielles de vie communes : elle implique une prise de conscience collective et débouche sur une organisation et une représentation politiques. L'identité des intérêts se traduit en une communauté d'intérêts.

■ La lutte des classes comme moteur de l'Histoire

La lecture en termes de classes en soi/pour soi permet à Marx de préciser la nature des regroupements sociaux qu'il observe : les prolétaires et les bourgeois constituent des classes pour soi, les paysans parcellaires français, dont il étudie la spécificité dans *Le 18 brumaire de Louis Bonaparte* (1852), ne sont rien d'autre qu'une classe en soi. Mais Marx va plus loin encore : ce qui fonde véritablement une classe, c'est la lutte dans laquelle elle est engagée avec d'autres classes. La lutte des classes conduit à une polarisation de l'espace social en deux groupes antagonistes : les « intermédiaires », petits patrons, artisans, commerçants, se retrouvent ruinés par la concurrence que se livrent les capitalistes et se « prolétarisent ». Seuls l'association et l'accroissement de la taille des industries peut permettre à quelques-uns de survivre et de basculer dans la classe des bourgeois. Marx construit donc un modèle de société conflictuelle, conflit dont l'issue conduira nécessairement à la défaite des bourgeois, sous le poids démographique et la force politique croissants des prolétaires. Vision sociale téléologique, la lutte des classes imprime un sens à l'Histoire : dépasser les contradictions du mode de production capitaliste du XIXe siècle et entrer dans le Communisme moderne.

c. — Auguste Comte (1798-1857)

Penseur hors normes né à la fin du XVIIIe siècle, Auguste Comte laisse à la postérité le néologisme « sociologie » et la doctrine positiviste, devenue devise officielle du Brésil, « l'Amour pour principe, l'Ordre pour base, le Progrès pour but ». Un des maîtres à penser d'Émile Durkheim, Comte a connu une vie riche en rebondissements : reçu à Polytechnique en 1814 mais exclu pour insubordination, secrétaire du comte de Saint-Simon de 1817 à 1824, il n'obtient jamais de poste universitaire et fait cours dans son propre appartement, devant un public choisi. Le *Cours de philosophie positive* (paru entre 1830 et 1842) qu'il dispense à partir de 1826, à défaut d'en faire un homme riche, lui octroie une notoriété importante auprès d'illustres contemporains : Dunoyer, Mill, Littré, etc. À partir de 1845, il change d'orientation intellectuelle et fonde sa propre religion (la religion de l'humanité) dont il se proclame grand prêtre. Il fonde la Société positiviste en 1847 et se brouille avec nombre de ses soutiens. Il vulgarise ses théories en 1852 dans le *Catéchisme positiviste* et meurt dans de grandes difficultés financières en 1857.

■ La doctrine positiviste

Comte n'est pas le créateur du terme positivisme (dont la paternité revient à Saint-Simon), mais il en est en revanche le théoricien : les sociétés seraient, comme les phénomènes physiques, soumis à des lois invariables et naturelles. La science de la société – ou sociologie – aurait pour tâche de les mettre au jour en adoptant une posture inductiviste et holiste : les lois du fonctionnement social doivent être déduites de l'observation attentive des faits sociaux.

■ La loi des trois états

Étudiant « le développement de l'intelligence humaine », Comte applique sa doctrine positiviste et met au jour une loi qu'il considère fondamentale : « cette loi consiste en ce que chacune de nos conceptions principales [...] passe successivement par trois états théoriques différents : l'état théologique, ou fictif ; l'état métaphysique, ou abstrait ; l'état scientifique, ou positif » (*Cours de philosophie positive*). Les connaissances construites par l'esprit humain subissent nécessairement une évolution dont l'aboutissement est l'état positif, i.e. scientifique, se caractérisant par la recherche de lois objectives. Or, toutes les branches de la connaissance ne se sont pas développées à la même vitesse : la science des phénomènes sociaux est la seule à ne pas encore avoir atteint l'état positif. La tâche que se donne Comte consiste précisément à faire atteindre à la connaissance des faits sociaux ce dernier stade de l'évolution.

■ La place de la sociologie et sa méthode

Comte se livre à un classement des sciences positives en fonction de leur degré de généralité et de complexité. Au sein de cette classification, la sociologie est considérée comme la science la moins générale et la plus complexe. Elle dispose en outre d'un statut particulier : elle doit aider à l'action sur la société. Pour Comte, la sociologie ne saurait être confondue avec la biologie et la psychologie. L'observateur des phénomènes sociaux doit se détacher d'une étude des individus et se concentrer sur les grandes lois qui organisent la société : il doit adopter une démarche holiste.

2. – Émile Durkheim : l'explication holiste des faits sociaux

a. — Les fondements de la pensée durkheimienne

Émile Durkheim (1858-1917) est l'un des deux grands fondateurs de la sociologie. Né à Épinal dans une famille juive mais n'adhérant pas au projet de faire de lui le neuvième rabbin de la lignée, il se dirige vers des études de philosophie à l'École normale supérieure de la rue d'Ulm. Agrégé de philosophie à l'issue de ses études, il est d'abord professeur dans le secondaire puis à l'université de Bordeaux (1887), avant de venir à Paris, en 1902, occuper en Sorbonne la chaire de « science de l'éducation », transformée à sa demande en « science de l'éducation et sociologie », qu'il occupera jusqu'à sa mort en 1917. Cette trajectoire fait de lui l'héritier du système de formation des élites françaises ; il est intellectuellement marqué par la IIIe République et les idéaux de Jules Ferry, tandis que sa formation philosophique le confronte aux auteurs des Lumières (Rousseau, Voltaire), mais également à la pensée des « conservateurs », dont Auguste Comte est le représentant qui aura le plus d'influence sur Durkheim.

La pensée scientifique apparaît à Durkheim comme le modèle d'une pensée rigoureuse et efficace, le « modèle unique de la pensée valable » (R. Aron, *Les Étapes de la pensée sociologique*, 1967). Cette idée, loin d'être originale en cette fin de XIXe siècle, ne représente qu'une partie d'une ambition plus vaste : il souhaite expliquer scientifiquement un objet très particulier, la société, et veut s'assurer que la science de la société permettra de trouver les solutions pour recréer du lien social. Durkheim est, sur ce point, l'héritier de penseurs « conservateurs » : ses idées ont une base morale. La société française qu'il cherche à expliquer scientifiquement lui apparaît désordonnée et individualiste. Pour lui, l'archétype de cette société en déliquescence est la Commune de Paris de 1871 : cette guerre civile, qui se solde par plusieurs milliers de morts, est une blessure profonde pour la société française. Pour Durkheim, c'est le symbole d'une société dans laquelle les Français s'affrontent et ne semblent plus partager d'idéaux communs. En digne héritier de Saint-Simon et de Comte, il affirme que c'est à l'étude scientifique des faits sociaux de fonder une morale et de contribuer à recréer du lien social.

b. — La cohésion sociale vue par le prisme de la division du travail social

Dans un ouvrage extrait de sa thèse intitulé *De la division du travail social* (1893), Durkheim lie deux problèmes pour lui fondamentaux : le lien existant entre l'homme et la société, et la division du travail entre les hommes. Cette approche n'est pas nouvelle : de nombreux économistes, en particulier Adam Smith et John Stuart Mill, ont contribué à définir la nature et les fonctions de la division économique du travail, qu'ils associent à la supériorité de la condition humaine : la division technique du travail accroît l'habileté des travailleurs et permet l'augmentation de leur productivité. Pour ces économistes, la division du travail est la condition du progrès économique et de l'accumulation de richesses. Durkheim reconnaît qu'il s'agit d'une fonction importante de la division du travail, mais, élargissant cette perspective, il affirme qu'elle touche l'ensemble de la société : « les fonctions politiques, administratives, judiciaires se spécialisent de plus en plus. Il en est de même des fonctions artistiques et scientifiques ».

Cette division « naturelle » du travail lui apparaît comme le fondement du lien entre les hommes. Se positionnant contre l'avis de ses contemporains les plus pessimistes qui voient dans la division du travail la source d'une perte de valeur et de l'individualisme, mais également contre les libéraux qui saluent l'avènement d'une société spécialisée où les individus seraient liés par contrat, Durkheim met en avant la deuxième et plus importante des fonctions de la division du travail : elle crée des liens de solidarité entre les individus. La division du travail ne détruit pas le lien social, elle le constitue et permet aux individus de s'intégrer à la société : c'est là son unique valeur morale.

Partant du constat que la société n'a pas toujours été aussi complexe et les fonctions sociales aussi divisées, Durkheim va alors chercher à expliquer l'évolution d'un type de société « archaïque », où la division sociale du travail est peu poussée, à un type « moderne », où la division sociale du travail est forte. Dans les sociétés archaïques, l'organisation sociale est fondée sur la similarité des individus : les liens sociaux y sont très étroits et les rôles peu différenciés. La solidarité est dite mécanique, car elle procède de cette similitude : je n'ai pas de problème à échanger avec mon semblable car il me ressemble en tous points. Dans les sociétés modernes, les individus sont plus fortement différenciés. Ils n'exercent pas le même emploi, ne partagent pas forcément les mêmes valeurs ni les mêmes traditions : ils sont différents culturellement. Dès lors, la solidarité se fonde sur cette différenciation. Je n'ai pas besoin que mon voisin me soit identique pour nouer des liens avec lui, seul me suffit ce qui peut me compléter en tant qu'individu, ce qu'il peut m'apporter : la solidarité est dite organique.

Pour Durkheim, le passage de l'une à l'autre de ces formes de sociétés ne réside pas dans le pur intérêt économique, mais est généré par l'augmentation de la densité démographique et morale. Étant plus nombreux, les individus ne peuvent établir des liens aussi riches et aussi complets que dans les sociétés archaïques. Ils séparent les liens comme ils divisent les fonctions sociales. La solidarité sociale étant difficilement observable à l'échelle d'une société, il faut à Durkheim recourir à un fait extérieur visible et objectif qui le renseigne sur la nature de cette solidarité. Ce « symbole visible », c'est le droit : en étudiant la forme prise par le droit dans une société donnée, on pourra ainsi déterminer le type de la solidarité sociale et la rapprocher de la division du travail. Il est possible de déterminer la nature des règles établies par le droit en étudiant les sanctions qui y sont attachées. Celles-ci sont de deux types :

- Les sanctions répressives, qui ont pour objet de priver l'individu qui dérogerait au droit de quelque chose dont il jouit : sa liberté, son argent, ses droits, etc. Elles sont caractéristiques du droit pénal. On les trouve de façon privilégiée dans les sociétés à solidarité mécanique. Les individus y étant semblables socialement, toute atteinte aux règles y est perçue comme une attaque contre l'ensemble des individus : il faut punir fermement pour maintenir le lien social.
- Les sanctions restitutives, qui « remettent les choses en l'état » : c'est le cas du salarié injustement licencié à qui le juge des prud'hommes permet de reprendre le poste qu'il occupait avant son licenciement. Elles sont caractéristiques du droit civil ou du droit administratif, et on les trouve principalement dans les sociétés à solidarité organique. Les individus y étant interdépendants, envoyer un individu en prison ou le condamner à mort signifierait prendre le risque de briser cette chaîne de complémentarité.

c. — La méthode sociologique d'Émile Durkheim

Afin de répondre à l'objectif d'explication scientifique des faits sociaux, Durkheim va développer une méthode propre à la sociologie. Elle est synthétisée dans un ouvrage paru en 1895, *Les Règles de la méthode sociologique*. On peut résumer cette démarche aux éléments suivants :

- Premièrement, le sociologue doit s'assurer que le phénomène qu'il cherche à étudier est de nature sociale, et non psychologique ou philosophique. Durkheim définit un fait social comme un ensemble de « manières d'agir, de penser, de sentir, extérieures à l'individu [...] et douées d'une puissance impérative et coercitive de telle sorte que les faits sociaux s'imposent aux individus ». Deux caractères sont donc fondamentaux pour définir un fait social : son extériorité par rapport à l'individu et le fait qu'il s'impose à lui. L'individu et la société sont ainsi situés à des niveaux radicalement différents : le social existe en dehors de l'individu, lui préexiste et le contraint.
- Deuxièmement, le sociologue doit traiter les faits sociaux comme des « choses » : il doit les mettre à distance en identifiant ses préjugés (les « prénotions » dans le vocabulaire de

Durkheim) et en les écartant. Pour remplir cette tâche, le sociologue doit se concentrer sur la manifestation objective des faits sociaux, lorsqu'ils sont « dégagés des faits individuels qui les manifestent », par exemple en utilisant des statistiques concernant l'ensemble de la population.

- Troisièmement, le sociologue doit distinguer ce qui relève du « normal » et du « pathologique », et n'analyser que les faits sociaux normaux. « Un fait social est normal [...] quand il se produit dans la moyenne des sociétés de cette espèce ». Le fait « normal » se confond avec le fait moyen, que l'on retrouve dans la plupart des sociétés : le crime en constitue un exemple.
- Quatrièmement, un fait social ne peut s'expliquer par la fonction qu'il remplit, car cette fonction peut changer au cours du temps (exemple de la division du travail). Pour expliquer un fait social, il faut en rechercher la cause, qui est nécessairement antérieure chronologiquement et réside toujours dans un autre fait social. Il faut toujours expliquer le social par le social. L'explication de ce principe de causalité réside dans l'idée que « le tout n'est pas identique à la somme des parties » : la société et les faits sociaux présentent des caractères propres indépendants des individus.
- Cinquièmement, l'administration de la preuve se fera au moyen de la méthode des variations concomitantes, à l'aide de comparaisons expérimentales.

L'ensemble de ces cinq éléments montre l'importance accordée à une explication globalisante des phénomènes sociaux, irréductibles à leurs manifestations individuelles. On peut parler à ce propos de holisme méthodologique.

d. — Un exemple d'application des règles de la méthode sociologique : le suicide

Durkheim met en application sa méthode sociologique en choisissant un objet très particulier : le suicide. À première vue, il n'existe rien de plus intime que le suicide. Son interprétation traditionnelle le lie à la dépression, à un divorce douloureux, à la perte d'un être cher, tous éléments en rapport avec la psychologie de chaque individu. En ce sens, il ne s'agit pas d'un fait social : il n'est pas extérieur à l'individu, puisqu'il dépend de son état de santé mental. Pourtant, dans son ouvrage *Le Suicide*, paru en 1897, Durkheim affirme qu'il s'agit bien d'un fait social. En observant les taux de suicide dans divers pays, il remarque que ce taux est relativement constant au cours du temps et dans un espace géographique donné : le phénomène est donc « normal ».

Ce nombre constant de suicides interroge : est-ce que tous les individus se mettent d'accord avant de se tuer ? Bien évidemment non. Mais alors, pourquoi ce chiffre est-il stable ? C'est bien que ce phénomène dépasse l'individu qui commet l'acte de suicide : c'est un fait social. On peut certes le « lire » au niveau individuel comme le signe d'une insatisfaction profonde par rapport à son propre sort. Mais cette lecture est incomplète et fausse : il est avant tout la manifestation concrète d'une inadaptation à la vie en société. Plus précisément, Durkheim établit que les variations des taux de suicide sont liées à deux paramètres : l'intégration à un groupe social et la régulation à laquelle l'individu est soumis :

- Dans le premier cas, l'individu se suicide car il est trop peu intégré au reste de la société (suicide égoïste, caractérisant par exemple le taux de suicide plus important des protestants par rapport aux catholiques), ou au contraire trop intégré à son groupe (suicide altruiste, caractérisant le suicide du soldat qui voit son frère d'armes mourir au combat).
- Dans le second, l'individu se suicide car il est insuffisamment contraint par des règles (suicide anomique, caractérisant le suicide des périodes de crise), ou au contraire trop contraint (suicide fataliste, caractérisant le suicide des époux mariés trop jeunes).

3. – La naissance de la sociologie en Allemagne : la perspective de Max Weber

S'il est considéré comme l'autre grand fondateur de la sociologie, Max Weber (1864-1920) n'en reste pas moins également un juriste, un économiste et un historien du droit et des religions. La sociologie est pour lui une découverte « en cours de route » (Florence Weber, *Max Weber*, 2001). Pour reprendre l'expression de Raymond Aron, c'est en tant que « spectateur engagé » qu'il cherche à comprendre les difficultés économiques et politiques de l'Allemagne au tournant des XIXe et XXe siècles.

a. — Weber et le débat allemand sur la spécificité des sciences sociales

L'approche de Weber est à la croisée des sciences sociales dont il cherche à montrer la spécificité par rapport aux sciences de la nature. De son attrait pour l'histoire, il conserve l'idée de l'importance d'une connaissance empirique. Mais pour lui, la quantité infinie de faits observables implique un travail de conceptualisation. De sa pratique de la science économique, il conçoit la nécessité de se détacher de la description pour formuler des lois. Mais la sociologie doit formuler des lois différentes de celles des sciences de la nature : elles ne sont pas une finalité, mais un outil au service de la connaissance. Elles s'apparentent à des relations causales limitées permettant de mettre en relation des faits historiques. Weber promeut donc une science de la réalité, qu'il construit de manière originale en mêlant l'approche par les faits historiques et la formulation de relations causales limitées historiquement.

Lorsqu'il conçoit l'idée d'une science de la réalité, Max Weber prend position dans un débat intellectuel qui agite les milieux universitaires allemands de son époque. Ce débat est celui de la spécificité des sciences sociales ou humaines par rapport aux sciences de la nature. Deux conceptions s'affrontent :

- Wilhelm Dilthey et d'autres historiens allemands à sa suite avancent l'idée d'une différence de nature entre les phénomènes historiques, qui relèvent des « sciences de l'esprit », et les phénomènes naturels, qui relèvent des « sciences de la nature ». Ceux-ci se répéteraient à l'identique selon un schéma déterministe, et pourraient être expliqués à l'aide de lois générales. Ceux-là seraient également déterminés, mais ne sauraient être compris sans se référer aux intentions des individus qui pensent leurs propres actions. Cette approche s'oppose radicalement à celle du penseur français Auguste Comte, qui ne souhaite faire aucune différence entre les deux types de phénomènes.
- En Allemagne toujours, des universitaires s'opposent à l'approche de Dilthey et contestent la distinction portant sur la nature des phénomènes. On regroupe ces savants sous la bannière de néo-kantiens. Pour l'un d'entre eux, Wilhelm Windelband, la différence entre les sciences doit être trouvée dans la méthode employée par les scientifiques. Il oppose ainsi les sciences nomothétiques (qui recherchent des lois universelles) et les sciences idiographiques (qui s'intéressent aux phénomènes historiques particuliers). Cette classification ne recouvre que partiellement la distinction entre sciences de la nature et sciences de l'esprit. Par exemple, l'histoire est à la fois une science de l'esprit au sens de Dilthey et une science idiographique au sens de Windelband. Mais la psychologie se range du côté des sciences nomothétiques alors qu'elle forme le cœur des sciences de l'esprit pour Dilthey. Pour Windelband, les phénomènes de l'esprit n'échappent pas au règne de la causalité et peuvent faire l'objet d'explications par des lois générales.

L'approche proposée par Weber peut se comprendre comme une synthèse des oppositions théoriques qui le précèdent. Comme les néo-kantiens, il estime qu'il est possible d'établir des relations de causalité, même dans le cas des phénomènes historiques. Mais ces relations de causalité ne peuvent être que partielles, probabilistes et historiquement fondées. D'autre part, comme Dilthey, il ne conçoit pas l'idée de lois sans référence à la compréhension des motifs de l'action humaine. Tout être humain qui agit s'engage dans l'action pour certaines raisons : au sociologue la tâche de les comprendre afin d'expliquer la portée du geste humain. Ce qui intéresse Weber au premier chef, ce sont les actions humaines qui ont une portée historique, dépassant le niveau des individus qui l'accomplissent pour s'ancrer dans le temps long de l'Histoire.

b. — La sociologie comme science de l'action individuelle

Max Weber définit la sociologie comme « une science qui se propose de comprendre par interprétation l'activité sociale et par là d'en expliquer causalement son déroulement et ses effets » (Weber, *Économie et société*, 1922). Le sociologue doit comprendre les motifs de l'action, puis les expliquer au moyen de relations causales. Weber précise cette définition : « Nous entendons par "activité" un comportement humain [...] quand et pour autant que l'agent ou les agents lui communiquent un sens subjectif. Et par activité "sociale", l'activité qui, d'après son sens visé par l'agent ou les agents, se rapporte au comportement d'autrui, par rapport auquel s'oriente son déroulement. » Le motif de l'action est condensé dans le concept de « sens subjectif ». L'individu n'agit pas dans le vide, mais dispose d'une ou plusieurs raisons de le faire. Le sociologue s'intéresse aux comportements dotés de sens, mais surtout orientés, directement ou indirectement, vers autrui.

Il ne faut toutefois pas se méprendre : si le sociologue a pour tâche de « comprendre » le sens de l'action, cela ne signifie pas qu'il s'intéresse à la psychologie de l'individu. Il doit reconstruire (« interpréter ») ce sens au vu des éléments objectifs dont il dispose : le contexte, les événements historiques qui précèdent, la finalité réelle de l'action, etc. De cette perspective théorique découlent plusieurs conséquences méthodologiques concernant le métier de sociologue :

- Le sociologue, comme l'historien, doit se préoccuper de la compréhension de phénomènes uniques, qui ne se répètent pas au cours de l'Histoire.
- L'individu est au cœur de la démarche intellectuelle du sociologue : « si je suis devenu sociologue, comme l'indique mon arrêté de nomination, c'est essentiellement afin de mettre un point final à ces exercices à base de concepts collectifs dont le spectre rôde toujours. En d'autres termes, la sociologie, elle aussi, ne peut procéder que des actions d'un, de quelques, ou de nombreux individus séparés. C'est pourquoi elle se doit d'adopter des méthodes strictement individualistes » (extrait d'une lettre de M. Weber, 9 mars 1920). Cette affirmation a conduit les sociologues contemporains à voir en lui le fondateur de la démarche individualiste dans les sciences sociales.
- La compréhension, résultat du travail du sociologue, constitue une forme d'explication causale. Le sociologue doit rechercher les causes d'une action par une démarche méthodologique de construction du sens. Par ailleurs, les individus n'ayant que très rarement des motivations claires, le sociologue ne doit pas se fier à la façon dont l'individu justifie son action et doit replacer ce comportement dans un contexte plus large.
- Toute conduite sociale dépend de l'adaptation d'un individu à son contexte, à des idées, des valeurs.

c. — Les idéal-types de l'activité sociale

L'outil méthodologique privilégié pour reconstruire le sens des actions individuelles est l'idéal-type. Il consiste à réduire le comportement social à ses traits les plus significatifs. Cette tâche de simplification et de typification du réel constitue le cœur du travail du sociologue. Weber applique sa méthode de l'idéal-type à la compréhension de l'activité sociale. Il distingue ainsi quatre grands types, qui recouvrent tous les motifs des comportements sociaux. L'activité sociale peut être déterminée (*in* Weber, *Économie et société*, 1922) :

- « de façon rationnelle en finalité » : c'est la rationalité au sens fort. L'action individuelle est motivée par un calcul qui met en rapport les coûts et les avantages du comportement adopté. Par ailleurs, l'individu détermine les moyens les plus efficaces de parvenir à l'objectif qu'il s'est fixé. Il s'agit du comportement typique d'un entrepreneur visant à sélectionner les moyens les plus efficaces de faire du profit.
- « de façon rationnelle en valeur, par la croyance en la valeur intrinsèque inconditionnelle -d'ordre éthique, esthétique, religieux ou autre – d'un comportement déterminé » : l'action individuelle est fondée sur les valeurs de l'individu, qui ne tient pas compte de toutes les conséquences de son comportement. La rationalité est ici comprise au sens faible. Il s'agit du comportement typique du kamikaze japonais durant la Seconde Guerre mondiale, ou encore de l'homme politique refusant un pot-de-vin pour des raisons éthiques.
- « de façon affectuelle, et particulièrement émotionnelle, par des passions et des sentiments actuels » : l'action est motivée par l'émotion, par l'affection, par tout ce qui relève de l'irrationnel. L'individu n'a que faiblement conscience du sens qu'il donne à son action. C'est le comportement typique de l'amoureux transi traversant le pays pour retrouver sa bien-aimée.
- « de façon traditionnelle, par coutume invétérée » : le comportement est guidé par la tradition, par l'habitude, par une croyance de longue date. Il n'est donc pas réfléchi. C'est l'exemple du catholique faisant le signe de croix en entrant dans une église, ou encore celui d'embrasser machinalement ses enfants au sortir de l'école. Ce sont les actions les plus nombreuses, mais également les moins intéressantes pour le sociologue.

L'ensemble de ces types d'action permet, pour Weber, de comprendre la totalité des comportements réels. En tant qu'idéal-types, ils ne se rencontrent pas tels quels dans la réalité : on les trouve sous une forme avachie, qui correspond le plus souvent à une combinaison de types. Une action peut en effet être comprise comme relevant de plusieurs motifs : un coup de crampon trop appuyé d'un footballeur sur le tibia de son adversaire peut relever de l'énervement (action « affectuelle »), de la tradition si le joueur a un « historique » de fautes graves (action « traditionnelle ») ou du calcul si le joueur touché par le tacle est le meilleur buteur de l'équipe adverse (action « rationnelle en finalité »). Cette classification est un outil au service du sociologue, qui peut classer les comportements et en déterminer l'importance historique. Il s'agit bien d'une construction intellectuelle qui aide le scientifique à comprendre le monde social.

d. — Rationalisation et désenchantement du monde

Replaçant son analyse sur le long terme, Weber estime que le processus historique qui mène aux sociétés modernes est une forme de rationalisation des conduites, que celles-ci soient d'ordre social, politique, religieux, économique, juridique, artistique... La rationalité en finalité tend à s'imposer dans tous les domaines. Ainsi la science utilise-t-elle les mathématiques et l'expérimentation, l'économie moderne la gestion et le calcul, la finance d'entreprise la comptabilité, les techniques de gestion, la rationalisation des tâches (comme l'illustre la division du travail avec l'OST). Ce processus concerne également les rapports sociaux qui deviennent des rapports formels et impersonnels : c'est l'exemple du rapport entre le capitaliste et le salarié régi par des lois universelles et écrites (contrat de travail, loi sur les conditions de travail). Il peut également toucher le domaine des arts à travers l'écriture très codifiée de la musique, par exemple.

Le processus de rationalisation des activités sociales se caractérise par un recul des valeurs traditionnelles. Les sciences et le développement des techniques mettent à mal les croyances religieuses et les mythes : c'est ce que Weber nomme le « désenchantement du monde ». Ce processus de très long terme traduit le fait que les individus n'ont plus recours de manière privilégiée, pour expliquer un phénomène qu'ils ne comprennent pas, aux explications religieuses, mystiques ou surnaturelles. Le processus de rationalisation est également facteur d'insatisfaction. D'une part, l'explication scientifique est toujours incomplète car toute découverte ouvre de nouvelles perspectives de recherche et peut réduire à néant celles qui l'ont précédée. D'autre part, la science ne peut pas donner un sens à la vie en « disant » aux hommes selon quels principes ils doivent vivre. Ce que font très bien, en revanche, les religions. Ce dernier point est paradoxal car il ramène l'analyse wébérienne au point de départ : les individus ont d'abord cherché à rationaliser leur comportement pour combler un vide, mais, paradoxalement, l'excès de science et de technique agrandit ce vide.

B LA SOCIOLOGIE SE STRUCTURE EN GRANDS COURANTS

1. – La sociologie américaine

a. — Le fonctionnalisme de Talcott Parsons

Talcott Parsons (1902-1979) est un sociologue américain, professeur à Harvard, considéré comme le fondateur du courant fonctionnaliste. D'un point de vue épistémologique, Parsons s'oppose à l'empirisme : pour lui, toute observation doit être précédée de la formulation de questions de recherche (des théories). En tant que fonctionnaliste, il considère que la société est un système dans lequel tous les éléments (individus, groupes, institutions) remplissent une fonction unique et positive : faire en sorte que le système vive et se reproduise. Pour expliquer les actions sociales, le sociologue doit comprendre leurs fonctions vis-à-vis de la structure dans laquelle elles se déploient. L'ouvrage de référence en français est *Éléments pour une sociologie de l'action* (1955).

■ Une sociologie de l'action sociale

Prenant l'exemple d'un malade appelant un médecin pour se faire soigner, Parsons liste les éléments nécessaires à la définition de l'action. Pour qu'il y ait action sociale, il faut la conjonction de quatre éléments :

- une situation de départ (la maladie et la nécessité de recevoir des soins) ;
- un acteur (un individu malade) ;
- une fin ou état futur des choses en vue duquel l'action est orientée (obtenir la venue du médecin et la guérison) ;
- une mise en relation entre ces trois éléments (face à une situation de maladie, j'appelle le médecin).

De cette combinaison d'éléments, Parsons déduit les caractéristiques générales d'une action sociale, qui est :

- un processus pouvant ou non être engagé ;
- un processus pouvant réussir ou échouer ;
- toujours subjective : l'individu agit dans un but précis que lui-même définit.

L'action se construit dans une situation toujours particulière : l'individu agit en fonction de l'interprétation qu'il conçoit des événements. Or, toute situation sociale implique la rencontre d'autres acteurs sociaux. Le sociologue doit également envisager le point de vue de l'ensemble des personnes qui participent à la situation. Toutes ont des attentes vis-à-vis du premier acteur, attentes qui dépendent de leur propre interprétation de la situation. Ainsi le malade attend que le médecin se comporte en professionnel de la médecine vis-à-vis de lui, et le médecin attend que le patient se comporte en malade vis-à-vis de lui. L'action sociale a donc une fonction : elle est utile socialement. En outre, elle s'inscrit dans un contexte normatif : pour que les individus puissent se comprendre, ils doivent se référer aux mêmes « codes » sociaux, aux mêmes normes. Pour que l'action sociale puisse avoir lieu, il faut que les normes d'action soient connues et acceptées par les individus en présence. L'action sociale est donc « toute conduite humaine motivée ou guidée par les significations que l'acteur découvre dans une situation, significations dont il tient compte, auxquelles il répond et dont l'orientation est structurée par des normes ou des modèles collectifs » (*Éléments pour une sociologie de l'action*, 1955).

■ L'interaction sociale du malade et du médecin : la structure des rôles sociaux

La pratique médicale est étudiée avec intérêt par Parsons dans la mesure où elle contribue à maintenir l'organisation sociale. Dans ce système, la maladie risque de remettre en cause les bases de l'activité sociale : c'est une conduite déviante. L'action du médecin et celle du malade constituent des processus de contrôle social qui permettent d'éliminer cette déviance. La situation du malade est définie par trois caractéristiques :

- le malade est en situation d'impuissance ;
- il est incompétent d'un point de vue médical ;
- la maladie le bouleverse, engendrant une forte implication émotionnelle.

La situation du médecin est plus complexe : il utilise ses compétences médicales pour obtenir la guérison du malade. Il est attendu qu'il fasse de son mieux, mais son action rencontre deux types de limites :

- le diagnostic peut faire apparaître que le malade est condamné. Aucun traitement médical, aucune des compétences du médecin ne peuvent le sauver ;
- le médecin doit s'occuper du malade dans des situations qui touchent à l'intimité physique et émotionnelle.

La pratique médicale ne peut donc se développer que dans un contexte extrêmement particulier, contexte qui doit permettre au malade et au médecin de surmonter les tensions auxquelles ils se trouvent confrontés. Comment la pratique de la médecine est-elle dès lors possible ? Par l'existence d'une structure normative de l'action, qui se traduit par des modèles de comportement à adopter et connus de tous : ce sont les rôles sociaux. On est dans la vie sociale comme au théâtre : les individus adoptent des comportements réglés à l'avance en fonction de la situation dans laquelle ils se trouvent. Un rôle social est un ensemble de comportements qu'un individu attend de la part d'un autre individu, compte tenu de la position qu'il occupe dans la société (son statut social). Ainsi conçue, la société n'est qu'un réseau de rôles sociaux organisés en un ordre spécifique cohérent et rationnel à travers des institutions. Chaque individu est constitué par la somme des rôles qu'il joue ou qu'il est amené à jouer en fonction des interactions dans lesquelles il se trouve impliqué. Deux questions se posent alors :

- Quelle est la relation de la personne à ses rôles ? (Comment les apprend-elle ? Peut-elle s'en écarter ?)
- Comment coordonner des rôles sociaux multiples ?

Ces questions renvoient au problème de la socialisation et à l'analyse des rapports entre personnalité, culture et société.

■ **Culture, personnalité, société**

Toute action sociale peut être interprétée en fonction de trois niveaux analytiques, constituant des sous-systèmes de l'action :

- la personnalité, qui recouvre les dispositions psychologiques et biologiques de la personne (besoins organiques et émotionnels) ;
- le système social, qui désigne l'interdépendance des individus (*via* les rôles sociaux) ;
- la culture, qui désigne les valeurs et les normes dans lesquelles se déploient les interactions.

Ces niveaux sont liés entre eux. Quand ils ne le sont pas, des tensions peuvent apparaître. La différence entre culture, personnalité et système social permet au sociologue de comprendre la relation entre l'individu et la société. Pour Parsons, le problème est de comprendre comment les besoins et dispositions personnels peuvent compléter les obligations de rôle qui forment le système social. Le rôle ne vient donc ni de la culture seule, ni de l'individu seul : c'est une interaction entre les deux. Or il existe une correspondance entre les rôles offerts par le système social et les processus de socialisation qui font entrer l'individu dans la société. L'apprentissage des rôles et la formation de la personnalité adulte vont de pair. Le processus de socialisation est donc un processus essentiel de stabilité et d'équilibre au sein de la société. Un dernier problème se pose : comment les différents rôles peuvent-ils être coordonnés les uns avec les autres ? Il faut pour cela que les individus puissent se référer à une seule et même culture. Pour Parsons, une société fonctionne parfaitement si les idéaux des rôles sociaux correspondent aux valeurs de la culture ainsi qu'aux dispositions de la personnalité.

Chaque sous-système de l'action remplit une fonction particulière, ou « impératif fonctionnel », qui contribue à la stabilité de l'ensemble du système d'action sociale. Parsons résume cette conception à l'aide d'un schéma connu sous l'acronyme AGIL :

- A : *Adaptation*, l'adéquation entre le système et son environnement (c'est la fonction de l'économie) ;
- G : *Goal Attainment*, ou réalisation des buts, recouvrant le choix des moyens pour obtenir le but visé par le système (c'est la fonction de l'organisation politique) ;
- I : *Integration*, ou intégration des différentes parties du système en vue de le stabiliser (c'est la fonction de la justice) ;
- L : *Latent pattern maintenance*, ou maintien des modèles latents de contrôle ; cette fonction regroupe la production de valeurs par le système qui seront apprises au cours du processus de socialisation (c'est la fonction de la famille ou de l'école, par exemple).

Ainsi l'action sociale suppose-t-elle l'existence d'un acteur et d'une situation. Cette action se place toujours dans le cadre d'une interaction : l'action sociale présente le caractère d'un système. Parsons emploie le terme de système d'action sociale. Pour que l'interaction soit organisée, il faut qu'elle remplisse un certain nombre de fonctions, mais il faut aussi qu'elle se place dans une certaine configuration normative définie par des variables particulières, qui combinent les dispositions personnelles, la culture et la structure sociale. Cette dernière détermine les orientations d'un acteur, fixe un cadre à ses préférences, mais ne met pas en cause son individualité.

b. — Le structuro-fonctionnalisme de Robert Merton

Robert King Merton (1910-2003) est un sociologue américain appartenant au courant fonctionnaliste, analysant la société comme un système d'institutions répondant à des besoins. L'ouvrage de référence en français est *Éléments de théorie et de méthode sociologiques* (1953), regroupement d'articles parus entre 1936 et 1950.

■ Un fonctionnalisme de moyenne portée

Contrairement à la théorisation à outrance prônée par Parsons, Merton souligne que la sociologie doit se restreindre à un ensemble de « conceptions logiquement reliées entre elles, et d'une portée non pas universelle mais volontairement limitée » (Merton, *Éléments de théorie et de méthode sociologiques*, 1953). Ces théories à moyenne portée sont des « théories intermédiaires entre les hypothèses mineures qui jaillissent [...] dans le travail quotidien de la recherche, et les larges spéculations qui partent d'un maître schéma conceptuel [...] ». Merton a ainsi recours au paradigme fonctionnaliste en l'« aménageant ». Il considère que chaque individu occupe au sein de la société une position sociale (statut), à laquelle est adossé un certain nombre de comportements (rôles sociaux). Chaque individu, chaque institution contribue à pérenniser la structure en y exerçant une ou plusieurs fonctions. Le travail du sociologue consiste à faire apparaître puis à expliquer ces fonctions. Toutefois, le système social ne fonctionne pas toujours parfaitement. Chaque élément de la structure sociale pris séparément peut être dysfonctionnel ou a-fonctionnel: il n'a pas toujours une fonction unique et positive comme le pensait Parsons. Merton avance également l'idée d'une différence au sein de la société : un groupe social peut tirer avantage d'un élément du système (il est en ce cas fonctionnel pour ce groupe) tandis qu'un autre groupe social peut en pâtir (il est dysfonctionnel pour ce groupe). La structure sociale est soumise à des tensions, qui amènent à remettre en cause sa stabilité. Le changement social, qui naît de ces tensions, touche l'ensemble de la structure dont les éléments sont interdépendants (c'est la « servitude structurelle »).

■ Fonctions manifestes et fonctions latentes

Pour Merton, chaque élément de la structure sociale peut remplir deux types de fonctions :

- les fonctions manifestes sont « les conséquences objectives qui contribuent à l'ajustement ou à l'adaptation du système [...] comprises et voulues par les participants du système ».
- les fonctions latentes sont « celles qui ne sont ni comprises, ni voulues ».

Le sociologue doit veiller à bien distinguer les deux types de fonctions. Lorsqu'il observe un comportement social et cherche à en déterminer la fonction, il ne doit pas confondre les conséquences sociales observables et les intentions subjectives des individus. Merton donne l'exemple des danses de la pluie pratiquées par les Hopis, peuplade d'Amérique du Nord apparentée aux Apaches. La fonction manifeste de ce rituel est de faire pleuvoir : elle est connue et voulue par tous les participants à la cérémonie. L'observateur qui assimile ces pratiques à une superstition ne fait pas un travail scientifique. Pour déterminer la fonction latente du rituel, il faut en examiner les conséquences non voulues explicitement par les participants. Dans le cas des Hopis, la fonction latente du rituel est de rassembler en un même lieu les membres de la tribu qui vivent disséminés afin de renforcer la cohésion du groupe. « Grâce à l'application systématique du concept de fonction latente, un comportement irrationnel peut [...] apparaître comme ayant une fonction positive pour le groupe. »

■ Groupe d'appartenance et de référence

Pour Merton, tout individu appartient à au moins un groupe social, dont il partage les valeurs et les normes transmises au cours du processus de socialisation. Toutefois, il peut se produire qu'un individu souhaite ne pas se référer aux valeurs et normes de son groupe d'appartenance mais à celles d'un autre groupe auquel il désire appartenir : on parle alors de groupe de référence. Ce comportement n'est pas forcément synonyme d'un dysfonctionnement du processus de socialisation. Un individu peut, très rationnellement, vouloir s'élever dans la hiérarchie sociale en calquant son comportement sur celui des membres du groupe supérieur. Cette socialisation anticipatrice prépare l'entrée de l'individu dans son futur groupe d'appartenance. Il arrive toutefois que ses aspirations soient déçues, l'inadéquation entre le comportement adopté et la réalité de la situation de l'individu entraînant une « frustration relative ».

Lorsque cette frustration est collective, elle peut engendrer des révoltes ou, dans le cas le plus extrême, des révolutions. Merton utilise l'exemple développé par le psychologue Samuel Stouffer dans un ouvrage sur les soldats américains engagés dans la Seconde Guerre mondiale, intitulé *The American Soldier* (1949). Des entretiens qu'il mène avec les soldats, Stouffer dégage un résultat paradoxal : les soldats de l'armée de l'air sont déçus de ne pas faire carrière aussi vite qu'ils l'auraient souhaité. Les soldats de l'armée de terre en revanche, se disent plutôt satisfaits de leur progression de carrière. Et pourtant, c'est dans l'armée de l'air qu'on gravit le plus vite les échelons. C'est le décalage entre aspirations individuelles et position sociale effective, ou « frustration relative », qui explique le mécontentement des soldats de l'armée de l'air et la satisfaction des soldats de l'armée de terre.

■ La prédiction créatrice

Merton emprunte au sociologue américain W. I. Thomas (*The Child in America*, 1928) le théorème suivant : « Quand les hommes considèrent certaines situations comme réelles, elles sont réelles dans leurs conséquences. » Il en ressort que :

- les hommes réagissent non seulement aux caractères objectifs d'une situation, mais aussi au sens qu'ils donnent à cette situation ;
- la définition de la situation par les individus détermine leurs comportements et les conséquences qui résultent de ces comportements.

Resté à la postérité comme une des seules « lois » que la sociologie ait produites, le théorème de Thomas s'interprète à l'échelle d'une société comme une prédiction créatrice. Merton illustre ce principe par l'exemple de la Last National Bank. En 1932, cette institution est florissante. Un mercredi, le directeur de la banque constate avec étonnement que son établissement est particulièrement animé. Fait encore plus étrange, il remarque deux douzaines d'ouvriers de l'aciérie de la ville faisant la queue à la caisse pour récupérer leurs salaires. N'étant d'ordinaire payés que le samedi, la présence des ouvriers inspire au directeur une remarque faite à voix haute : « J'espère qu'on ne les a pas débauchés au milieu de la semaine. Ils devraient être à l'atelier en ce moment. » Simple phrase sans importance au départ, elle provoque parmi les habitants de la ville une vague de doute sur la santé financière de la banque. C'est le début du « mercredi noir » pour la Last National Bank : malgré les liquidités dont elle dispose effectivement, la rumeur d'insolvabilité, une fois acceptée par un assez grand nombre de déposants, mène à sa faillite. « Prophétiser son effondrement suffisait à le provoquer [...]. La prédiction créatrice débute par une définition fausse de la situation, provoquant un comportement nouveau qui rend vraie la conception, fausse à l'origine » (Merton, *Éléments de théorie et de méthode sociologiques*, 1953). Ainsi les croyances collectives, vraies ou fausses, engendrent-elles leurs propres réalisations, bien réelles.

c. — L'interactionnisme symbolique

■ Tradition sociologique à l'université de Chicago et naissance de l'interactionnisme

Dès le début du XXe siècle, l'université de Chicago constitue un centre de recherche en sociologie très dynamique. Les fondateurs de cette première école de Chicago, Robert E. Park (1864-1944) et Ernest W. Burgess (1886-1966), goûtent peu l'abstraction théorique. Leur objet de recherche privilégié est la ville, et ce sont surtout les aspects conflictuels et la désorganisation sociale qui les intéressent : les thèmes traités sont l'organisation spatiale des villes, l'existence de « ghettos », la délinquance, les relations ethniques, le phénomène des gangs, l'intégration des migrants, etc. Ces chercheurs se distinguent également par l'application de méthodes d'observation très rigoureuses : ils privilégient les enquêtes longues, l'observation participante, les monographies.

C'est dans cette tradition de recherche empirique que se développe toute une génération de chercheurs, que l'on regroupe sous l'appellation de deuxième école de Chicago. Howard S. Becker (né en 1928) et Erving Goffman (1922-1982) en sont les représentants les plus connus en France. Appliquant les principes de l'enquête de terrain, utilisant de manière privilégiée l'observation participante, ces sociologues vont également focaliser leurs recherches sur les interactions entre les individus au sein d'un groupe social. Pour eux, les interactions ne sont pas totalement dictées aux individus par les règles sociales. Elles sont construites par les individus en fonction de leur interprétation de la situation et du cadre social dans lequel ils se trouvent. L'important, c'est la représentation que se font les individus de leur situation et de leur rencontre avec autrui : c'est donc la dimension symbolique des interactions qui doit constituer l'objet de la sociologie.

■ Howard Becker et la carrière déviante

Becker (né en 1928) adopte une approche méthodologique qualitative : ses enquêtes sur les musiciens de jazz, les institutrices américaines et les fumeurs de marijuana sont basées sur la pratique de l'observation participante et des entretiens approfondis. Les trois principes de l'approche qu'il propose sont les suivants :

1) L'observation de la réalité sociale se fait au niveau microsociologique, celui des individus. On change ici complètement d'échelle d'analyse par rapport à ce que préconisait Durkheim un demi-siècle plus tôt.
2) Les individus sont pris dans des interactions : leur vie sociale est organisée en fonction des actions et de la perception d'autrui.
3) La manière dont les gens interagissent dépend de la nature et du déroulement des interactions.

Pour Becker, la déviance ne saurait se résumer au défaut d'obéissance aux normes du groupe. D'abord, car un individu appartient à plusieurs groupes sociaux, et peut très bien transgresser la norme d'un groupe et se conformer à celle d'un autre groupe. Ensuite, parce qu'elle est la conséquence d'une interaction : « les groupes sociaux créent la déviance en instituant des normes dont la transgression constitue la déviance, en appliquant ces normes à certains individus et en les étiquetant comme des déviants » (*Outsiders*, 1963). Il s'agit donc de bien distinguer déviance et transgression des normes. Un individu peut être pleinement déviant, c'est-à-dire transgresser la norme, et être stigmatisé par les autres pour cela. Mais il peut aussi transgresser la norme sans être reconnu comme tel par les autres membres de la société (il est « secrètement » déviant), ou encore désigné comme déviant alors qu'il ne l'est pas (il est « faussement » déviant). Pour qu'il y ait déviance, il suffit donc que l'individu soit reconnu et désigné « officiellement » comme déviant par le reste de la société : nulle nécessité d'avoir transgressé une norme.

Ce processus de désignation, que Becker nomme étiquetage, est complexe : il dépend des circonstances historiques, de la différence de statut ou de classe sociale entre celui qui désigne et celui qui transgresse, et des conséquences de l'acte déviant. L'étiquetage dépend de l'interprétation qui est donnée d'un acte : celle-ci n'est donc pas fixée une fois pour toutes et peut varier dans le temps. Certaines personnes sont spécialisées dans la création de normes et la formulation de jugements de déviance : ce sont les entrepreneurs de morale.

Becker ne s'arrête pas à une analyse synchronique de la déviance comme stigmatisation d'une personne commettant une transgression. Pour lui, la déviance constitue un processus, une construction au cours du temps. On apprend à être et à être désigné comme déviant. Il parle à ce propos de carrière déviante, qui se construit en plusieurs étapes :

– La première étape est l'apprentissage de la transgression de la norme, processus au cours duquel l'individu passe de l'expérience occasionnelle à la répétition de l'acte déviant. Avant de se livrer à une activité déviante, la personne n'a qu'une idée vague des plaisirs qu'elle peut en retirer : les interactions avec des déviants plus expérimentés lui apprennent à en prendre conscience et à les considérer comme agréables. Becker illustre l'importance de cet apprentissage avec le cas des fumeurs de marijuana.

– La deuxième étape est la désignation publique. L'individu acquiert un nouveau statut social, son identité change, le regard d'autrui sur lui également. Une fois le statut acquis, l'identité déviante est perçue comme ce qui le définit entièrement. Toutes les autres caractéristiques de sa personnalité sont analysées au regard de sa déviance. On dit que l'individu est étiqueté déviant.

– La dernière étape est l'adhésion à un groupe déviant, ce qui entraîne deux types de conséquences. Premièrement, les groupes déviants élaborent des rationalisations dans le but de légitimer l'identité déviante, ce qui permet de penser positivement sa différence et de mettre en accord ses propres valeurs et l'image de soi que l'on a. Deuxièmement, l'appartenance à un groupe déviant facilite les pratiques déviantes, car la sous-culture déviante transmet au nouvel arrivant un ensemble déjà construit de valeurs et de normes en accord avec la pratique déviante.

■ Erving Goffman et les rites d'interaction

L'analyse d'Erving Goffman (1922-1982) occupe une place à part dans le courant de pensée interactionniste. Pour lui, la vie quotidienne ressemble à un immense théâtre dans lequel les individus se mettent perpétuellement en scène. Dans un ouvrage de 1959 intitulé *La Mise en scène de la vie quotidienne*, Goffman prête une attention toute particulière aux interactions directes entre les individus. Ces interactions peuvent apparaître, au premier abord, relativement libres. Or c'est précisément l'inverse qui se joue pour Goffman : l'interaction est « cadrée », normée, et doit respecter des limites strictes. Même pour les échanges les plus élémentaires, la vie sociale puise dans un répertoire fini de pratiques qui permettent de mettre à distance ou, au contraire, de se rapprocher (dans des limites raisonnables) de l'individu avec lequel on interagit. Il suffit de penser à une rame de métro bondée, et aux multiples « codes » dont nous disposons pour éviter de croiser le regard des personnes à qui nous sommes collés : fixer un point fixe imaginaire sur une porte, regarder fixement ses chaussures, ne pas bouger, ne pas toucher, etc.

Goffman prolonge la métaphore théâtrale. L'individu se met en scène dans ses interactions quotidiennes, mais doit également répondre à un impératif de l'interaction : ne pas « perdre la face » (E. Goffman, *Les Rites d'interaction*, 1967). Goffman fait une distinction entre le moi (la personnalité de l'individu) et la face (l'image qu'il souhaite renvoyer à autrui). L'enjeu de l'interaction est de « garder la face », de correspondre à l'image sociale positive attendue. Garder la face, c'est jouer parfaitement un ou plusieurs rôles sociaux. C'est permettre qu'entre le moment où deux personnes entrent dans une interaction puis en sortent, aucun des deux participants ne se soit ridiculisé socialement. Il faut donc que chaque individu maîtrise parfaitement les règles sociales qui s'incarnent dans l'interaction. C'est en ce sens que l'on peut dire que Goffman constitue le plus durkheimien des interactionnistes. Plusieurs règles permettent à l'individu de tenir son rang et son rôle :

– La règle de l'amour propre implique que l'individu préserve son image tout au long de l'interaction.

– La règle de la déférence implique que l'individu fasse tout son possible pour préserver également la « face » de son interlocuteur.
– La règle de félicité cherche à s'assurer de la compréhension par son interlocuteur du rôle préétabli que l'on incarne.
– La règle de la figuration s'assure que le comportement adopté (verbal et non verbal) corresponde au rôle que l'on joue.

Il existe donc des rites d'interaction très précis qui empêchent l'interaction de basculer dans l'incontrôlable. L'interaction peut être mise en péril dès lors que l'un des deux interlocuteurs ne peut plus tenir son rôle convenablement. C'est le cas par exemple de l'étudiant fondant en larmes devant un jury de concours. Ce dernier dispose de multiples stratégies (les « échanges réparateurs » au sens de Goffman) pour lui permettre de réintégrer l'interaction convenablement : par exemple laisser le candidat se calmer. Si le comportement déviant de l'étudiant perdure, l'interaction est définitivement rompue. Dans l'analyse de Goffman, l'interaction est donc ce lieu où se joue la société : le système social tout entier dépend de la bonne tenue des interactions quotidiennes. Dès lors que l'individu montre de façon durable des difficultés à respecter ces règles sociales, il est mis à l'écart dans des institutions spécialisées pour « préserver » le reste de la société. Ces institutions, qualifiées par Goffman de totalitaires (*Asiles*, 1961), gèrent la vie de l'individu en lui imposant une normativité construite différemment des échanges extérieurs, dans le monde.

2. – La sociologie française

À la mort de son fondateur E. Durkheim en 1917, l'école de pensée qu'il a fondée structure la sociologie en France. Pourtant, ce courant va connaître un coup d'arrêt durant l'entre-deux-guerres. Il faut attendre les années 1960 pour voir la discipline se reconstruire autour de grandes figures qui émergent : Henri Mendras, Pierre Bourdieu, Jean-Claude Passeron, Raymond Boudon, Alain Touraine vont, chacun à leur façon, contribuer à redonner toute sa vigueur à la sociologie française.

a. — L'opposition structurante de la sociologie française : structuralisme génétique contre individualisme méthodologique

La sociologie française de l'après-guerre se construit dans l'opposition de deux grandes pensées : le structuralisme génétique de Pierre Bourdieu (1930-2002) et l'individualisme méthodologique de Raymond Boudon (1934-2013). Ils sont les chefs de file éclairés de courants radicalement différents et le plus souvent opposés. Le débat qui les oppose est intellectuel tout autant que médiatique, s'entrelaçant avec des événements politiques (mai 1968) et aboutissant à une reconstruction du champ universitaire de la sociologie en France.

■ Le structuralisme génétique de Pierre Bourdieu

Né dans le Béarn, d'extraction modeste, Pierre Bourdieu connaît une trajectoire scolaire et universitaire hors norme : classes préparatoires au lycée Louis-Le-Grand, École normale supérieure de la rue d'Ulm, agrégation de philosophie, puis début de thèse en philosophie sous la direction de Georges Canguilhem. Il délaisse pourtant le « champ dominant » des sciences sociales françaises au profit de l'ethnologie et d'un travail de terrain en Algérie, où il est envoyé en tant que conscrit. Assistant à la faculté de lettres d'Alger, il y publie ses premiers travaux avec un intérêt particulier pour la Kabylie. Regagnant la métropole en 1960, il devient l'assistant de Raymond Aron à l'université de Paris puis maître de conférences à l'université de Lille. Il rejoint Paris et l'École pratique des hautes études (EPHE) en 1964, et acquiert une renommée nationale avec la publication, en collaboration avec Jean-Claude Passeron, des *Héritiers*. Il débute une série de travaux sur les pratiques culturelles qui aboutiront à la parution de son ouvrage le plus célèbre, *La Distinction*, en 1979. Cette œuvre fleuve lui ouvre les portes de la reconnaissance internationale. Il devient professeur au Collège de France en 1981. Parallèlement à son activité universitaire, il s'engage politiquement à gauche, soutenant activement les grévistes de 1995. Il consacre les dernières années de sa vie à la rédaction d'une *Esquisse pour une auto-analyse*, publiée l'année de sa mort, en 2002.

L'œuvre de Bourdieu se situe à la croisée de plusieurs chemins théoriques : ceux de Karl Marx, Émile Durkheim et Max Weber. Le recours à des techniques statistiques poussées (comme l'analyse factorielle des correspondances) et un travail de terrain hérité de sa pratique anthropologique rendent sa production complète et complexe. Bourdieu définit volontiers « sa » sociologie comme une sociologie du dévoilement : l'objectif de la science doit être de mettre au jour les mécanismes cachés permettant une reproduction des structures sociales. De Marx, il hérite une conception de l'espace social comme lieu de conflits sociaux. Au sein des multiples champs qui découpent la réalité sociale en « espaces de jeu », il existe des dominants, des dominés, et un enjeu : obtenir et conserver la place de dominant dans le champ. De Durkheim, il conserve l'idée de l'importance des structures sociales et de leur reproduction. L'individu n'est pas libre, son « choix » est guidé par l'existence de normes qui s'imposent à lui de l'extérieur et le contraignent. De Weber, il reprend la perspective d'un individu prisonnier de la « cage d'acier de la rationalité », pouvant adapter son comportement à ce qu'il juge être la solution la plus conforme à la reproduction de son statut.

La sociologie de Bourdieu se caractérise par l'articulation des niveaux individuel et collectif dans l'explication des faits sociaux. Au niveau individuel, chaque agent acquiert au cours de la socialisation primaire un ensemble de dispositions « durables et transposables » (dans *Le Sens pratique*, 1980). Bourdieu nomme ce système de dispositions un habitus, qu'il définit comme « structure structurée prédisposée à fonctionner comme structure structurante ». Ainsi, à l'âge adulte, l'habitus produit les goûts, les représentations et les pratiques constitutives de « styles de vie ». Les styles de vie sont socialement ordonnés, se calquant sur les hiérarchies existant entre les groupes sociaux en termes d'inégalités économiques et culturelles. Les différences ne sont pas « absolues » mais « relatives » : chaque style de vie ne peut se comprendre que par rapport aux autres styles de vie, auxquels il s'oppose nécessairement. Cet espace de lutte entre des individus ou des groupes sociaux, Bourdieu l'appelle un « champ ». Il y a autant de champs que de domaines de lutte symbolique (champ de la haute couture, champ de la musique classique, etc.). L'analyse d'un champ permet de déterminer quels individus, groupes ou institutions sont dominants et dominés. Il existe une hiérarchie propre à chaque champ : on peut être dominant dans un champ, et dominé dans un autre. À l'échelle de la société, la vie sociale n'est plus simplement conçue comme une opposition simpliste entre des classes sociales. Dans la lutte pour le contrôle d'un champ donné, les individus ou les groupes ne mettent plus seulement en jeu leur capital économique, mais un ensemble de capitaux (économique, culturel, social).

■ L'individualisme méthodologique de Raymond Boudon

Raymond Boudon est un ancien élève de l'École normale supérieure de la rue d'Ulm, agrégé de philosophie, professeur de sociologie à l'université Paris-IV (Sorbonne). Son parcours universitaire est jalonné de plusieurs rencontres majeures : étudiant, il suit les cours de Paul Lazarsfeld aux États-Unis et en conçoit l'importance d'une approche quantitative en sociologie. De retour en France, il côtoie Raymond Aron et s'oppose aux théories structuralistes alors en vogue. Professeur en Sorbonne, il devient le chef de file d'un courant de pensée nommé l'individualisme méthodologique. Indissociable de sa pratique professorale, son œuvre couvre de multiples champs de la discipline : éducation, action sociale, rationalité et justification, histoire de la pensée sociologique. Il porte également un grand intérêt aux questions épistémologiques et à la défense de la sociologie comme science à part entière.

S'inquiétant des dérives des structuralismes dans les années 1960, nourri des principes wébérien et de la culture sociologique américaine, Raymond Boudon développe un attrait particulier pour l'explication individualiste des faits sociaux. Dans *La Logique du social* (1979), il refuse l'idée selon laquelle toute action individuelle résulterait exclusivement de la contrainte de l'individu par des normes, par une structure. Le sociologue doit se concentrer sur l'explication des actions des individus qui doivent être replacées dans leur contexte. S'appuyant sur la distinction de Vilfredo Pareto entre science des actions logiques (économie) et science des actions non logiques (sociologie), Boudon souligne l'importance, pour l'analyse sociologique, des « actions de type complexe », c'est-à-dire « des actions qui donnent à l'observateur l'impression soit que l'acteur s'appuie sur des principes absurdes [...], soit qu'il poursuit des fins qu'il ne désire pas » (dans *La Logique du social*, 1979). En ce sens, la rationalité individuelle ne peut être définie *in abstracto* en dehors du contexte dans lequel l'action se déploie. Ce contexte ne peut se résumer à une structure, mais consiste plutôt en un système d'interactions dans lequel l'acteur social est pris. Sans proposer de définition formelle de la sociologie, Boudon tente de résumer les « intentions diffuses de nombreux sociologues » en trois propositions :

- Proposition 1 : « Les phénomènes auxquels le sociologue s'intéresse sont conçus comme explicables par la structure du système d'interaction à l'intérieur duquel ces phénomènes émergent. »
- Proposition 2 : l'agent social individuel est « l'atome logique de l'analyse sociologique ».
- Proposition 3 : « La sociologie doit, dans de nombreux cas, utiliser des schémas d'analyse de l'action individuelle plus complexes que ceux qu'utilisent par exemple les économistes. »

Point d'intérêt central de la sociologie de Raymond Boudon, l'analyse des croyances va donner lieu à la construction d'un modèle complet des justifications de l'action. Si les croyances intéressent Boudon, c'est avant tout car elles sont la source des actions. Associant les notions de raison et de causes, il distingue ainsi les raisons « objectivement bonnes » et les raisons « subjectivement bonnes » (dans *L'Art de se persuader des idées douteuses, fragiles ou fausses*, 1990). Dans le premier cas, la définition des raisons par l'acteur répond à des propositions « vraies », *i.e.* logiquement correctes et empiriquement validées (par exemple, si je lâche un vélo dépourvu de béquille, il tombe). Dans le second, la définition des raisons par l'acteur répond à des propositions socialement validées mais empiriquement fausses, reposant sur de fausses relations de causalité (par exemple, si je danse selon le rituel magique prévu à cet effet, il se mettra à pleuvoir). Les raisons « subjectivement » bonnes sont un objet d'étude très important pour le sociologue car elles permettent de comprendre pourquoi certains individus croient en des idées que la science révèle être « fausses ». Les individus ont ainsi de « bonnes raisons » de croire en certains rituels magiques ou religieux : le sociologue a pour tâche de retrouver ces raisons.

Si les individus sont objectivement ou subjectivement conscients des raisons de leur action, ils ne peuvent déterminer l'effet de l'agrégation de leurs comportements. Pour pouvoir expliquer cet effet, le sociologue doit s'attacher à comprendre le type de système d'interaction dans lequel l'acteur est pris. Boudon en distingue deux : le système fonctionnel et le système d'interdépendance. Le premier est caractérisé par la référence à la notion de rôle social, un ensemble de comportements attendus de l'acteur compte tenu de sa position dans la société. Le second concerne les systèmes d'interaction où « les actions individuelles peuvent être analysées sans référence à la catégorie de rôle » (dans *La Logique du social*, 1979). Le système d'interdépendance joue un grand rôle dans l'analyse sociologique car il est « générateur d'effets émergents », *i.e.* d'effets non inclus dans les objectifs des acteurs. Boudon distingue les effets de « neutralisation » (par exemple, la stabilité des opinions publiques malgré l'instabilité des opinions individuelles) et de « divergence » (par exemple, la massification scolaire a eu pour conséquence l'augmentation du coût du statut social en termes d'investissement éducatif) des effets de « dégradation » et de « ségrégation » (exemple des chemins de fer nigérians dont la qualité se dégrade du fait de la concurrence des transports routiers et du départ de la partie la plus dynamique et exigeante de la clientèle), ou encore de « frustration » (plus chacun investit dans son capital scolaire pour en retirer de grands profits, et plus les chances de voir cet investissement rémunéré baisse) ou « d'amplification » (exemple de la ségrégation résidentielle, non liée à stratégie consciente).

b. — Les autres courants de la sociologie française d'après-guerre

Hors du débat structurant de la sociologie française opposant les structuralistes aux individualistes, des sociologues français vont développer des théories originales qu'il est difficile de classer comme appartenant à l'un des deux « camps ». Ces théories sont l'œuvre de nombreux penseurs, dont deux font l'objet d'une présentation dans cette partie : Alain Touraine et Bernard Lahire.

■ La sociologie d'Alain Touraine : l'étude des mouvements sociaux

Une des grandes figures de la sociologie française des années 1970, Alain Touraine est entré dans la sociologie par le « terrain ». Avant même l'achèvement d'études universitaires faisant de lui l'héritier de la tradition intellectuelle française (École normale supérieure de la rue d'Ulm, agrégation d'histoire, doctorat de sociologie), il s'engage comme mineur à Valenciennes. Il conçoit de cette expérience l'importance du mouvement ouvrier dans les espaces économique et politique français. Sa sociologie se déploie autour d'un thème, les mouvements sociaux, et d'une ambition épistémologique, la sociologie de l'action.

Alain Touraine s'inscrit dans la tradition marxiste : la société est le lieu d'une opposition entre de grands acteurs collectifs regroupés en classes sociales. Le conflit entre les classes est au centre de l'organisation de la société : il est le moteur du changement social. Dans l'analyse qu'il propose de l'organisation sociale, Touraine met en avant le concept d'historicité. Cette notion recouvre « l'ensemble des formes de travail de la société sur elle-même », *i.e.* le champ de la lutte des classes : elle peut concerner des domaines aussi divers que la répartition des richesses produites, les modèles culturels, la représentation du monde, etc. Un mouvement social se définit dès lors comme l'action collective des acteurs de classe, qui luttent pour le contrôle de l'historicité. Tout mouvement social se caractérise par trois principes :

- Le principe d'identité répond à la question « qui sommes-nous ? » : c'est la définition du mouvement social par lui-même, la prise de conscience collective du mouvement par ses acteurs. L'identité se construit par le conflit et avec le conflit : elle ne précède pas le mouvement social.
- Le principe d'opposition répond à la question « qui est notre adversaire ? », *i.e.* celui qui s'oppose aux principes et valeurs défendus par le mouvement social. La conception de l'adversaire par un groupe social évolue avec le conflit car ce dernier en permet une identification plus précise.

– Le principe de totalité renvoie au concept clé de Touraine, l'historicité, car il répond à la question « pourquoi nous battons-nous ? », *i.e.* l'enjeu du conflit. Dès lors que cet enjeu contribue à définir l'orientation générale d'une société, on peut parler de mouvement social : c'est le cas par exemple du mouvement ouvrier dans les années 1960, par rapport auquel toutes les autres dimensions de la société, économique, sociale et politique, s'agencent.

À chaque type de société correspond un grand mouvement social. La société industrielle est caractérisée par les luttes du mouvement ouvrier, la société postindustrielle par les nouveaux mouvements sociaux. La disparition progressive de la conscience de classe dans la société industrielle laisse vacante la place d'acteur central dans la production de la société. Les nouvelles luttes n'ont pas encore pris l'envergure du mouvement ouvrier. Les sociétés « programmées », ou postindustrielles, sont caractérisées par l'absence d'un sujet historique identifié et par le déplacement du conflit vers le hors travail.

Afin d'analyser les mouvements sociaux, Touraine se dote d'outils conceptuels et méthodologiques qui soulignent l'importance d'une sociologie engagée. Les nouvelles luttes se révèlent au sociologue mais également à elles-mêmes grâce à l'intervention sociologique. Cette méthode suppose la confrontation entre des sociologues et le groupe de militants afin de faire leur autoanalyse. Les premiers doivent gagner la confiance du mouvement, puis les faire se confronter aux alliés et aux adversaires du mouvement social. Les débats qui s'ensuivent doivent permettre, sous la direction du sociologue, d'accroître la « capacité d'action historique » du mouvement social par l'autoanalyse. L'actionnalisme constitue en ce sens une sociologie « engagée » au service des mouvements sociaux. Le sociologue ne peut se dégager de la société qu'il étudie.

■ La sociologie de Bernard Lahire

Dans les années 1980 et 1990, la sociologie française voit le *retour de l'acteur* se confirmer. De nombreux travaux portant sur la détermination individuelle des trajectoires collectives se font jour, au premier rang desquels se trouvent ceux de Bernard Lahire. La pensée sociologique qu'il construit s'inscrit dans une perspective critique par rapport à la sociologie de Bourdieu, faisant entrer l'individu dans l'ère de l'identité plurielle.

Lahire part du principe qu'il est impossible d'expliquer avec les mêmes concepts sociologiques les pratiques d'un individu et d'un groupe social. Il ajoute que la compréhension des comportements individuels implique d'introduire des concepts empruntés à la psychologie. S'intéressant aux travaux de Pierre Bourdieu, qui ont « plus que tous les autres, désigné et caractérisé théoriquement [...] ces "matrices" retenant dans le corps de chaque individu le produit des expériences passées » (dans *Le Travail sociologique de Pierre Bourdieu*, 1999), le sociologue en souligne un défaut majeur : celui de ne pas expliquer précisément l'origine de l'habitus, désigné d'une manière vague comme le produit de la socialisation. La pensée de Bourdieu serait sur ce point comparable à une « boîte noire ». Le sociologue a pour tâche d'éclairer ces procédures cognitives particulières qui permettent à l'individu de mobiliser son apprentissage social au cours de différentes situations.

Lahire construit alors une « sociologie psychologique ». La sociologie des comportements individuels doit « ouvrir la boîte noire » et expliquer la façon dont se construisent les dispositions individuelles, les éléments grâce auxquels elles peuvent être contournées, voire détournées par diverses expériences de socialisation. Car l'individu moderne est l'objet de plusieurs expériences de socialisation, souvent contradictoires. Il construit son identité, son « moi » social, en se servant de cette multiplicité d'expériences. Dans cette optique, il faut dissocier compétence et appétance : on peut être compétent socialement à la compréhension de la musique classique et pour autant ne développer aucun intérêt pour cette musique. La compétence culturelle ne peut être le seul motif de compréhension des pratiques sociales. Ces constats conduisent Lahire à parler d'individu pluriel : rejetant une vision homogénéisatrice de l'individu en société, il propose une conception de l'individu se construisant une identité propre selon ses appétences, ses événements biographiques, son parcours d'apprentissage, non réductible à la trajectoire et à la transmission de valeurs du seul groupe social d'appartenance.

C LA SOCIOLOGIE CONTEMPORAINE : NOUVEAUX OBJETS D'ÉTUDE ET ÉCLATEMENT DES COURANTS

Dans la partie précédente, nous avons montré l'évolution de la sociologie d'après-guerre en partant de deux traditions nationales, française et américaine. Sans renoncer aux oppositions théoriques, les recherches sociologiques actuelles sont plutôt organisées par objets d'étude. On trouve ainsi des sociologues du travail, du droit, de l'art, des spécialistes de la sociologie économique, des réseaux sociaux, etc. Il n'est pas question de dresser un inventaire de tous ces objets d'étude, mais d'en envisager deux en particulier : la sociologie de l'éducation et la sociologie des réseaux sociaux. Nous verrons que, dans la pratique de leur métier, les sociologues sont influencés par des idées venant d'horizons théoriques divers.

1. – La sociologie de l'éducation

Le champ de l'éducation a constitué, dès l'origine de la sociologie, un objet d'étude privilégié. Si l'intérêt des sociologues pour ce thème ne s'est jamais démenti depuis, c'est parce que l'éducation est l'expression la plus visible des inégalités sociales et de leur degré de légitimité.

a. — L'éducation vue par la sociologie

L'école et l'Éducation nationale ont été placées, dès le début de la IIIe République, au centre du projet de construction de la nation française. Le jeune député de Paris Jules Ferry, futur ministre de l'Instruction publique à l'origine des lois sur l'éducation de 1881 et 1882 (rendant l'enseignement primaire public, gratuit et obligatoire) n'appelait-il pas, dès 1870, à une « première fusion qui résulte du mélange des riches et des pauvres sur les bancs de quelque école » ? Une égalité sociale qui permettrait aux plus méritants de s'extraire de leur condition et de connaître des trajectoires sociales ascendantes. Les plus grandes figures nationales, tel Jaurès, n'en sont-elles pas la preuve ? Derrière l'idéal méritocratique fondateur se cache pourtant une réalité crue : l'école n'a accompli sa tâche que très imparfaitement. Mieux, elle la remplirait de moins en moins bien depuis le début de la massification scolaire, dans les années 1970.

Pour les sociologues, le constat de l'échec de l'école à réduire les inégalités est trop général. Ils vont fractionner l'étude du système scolaire et s'intéresser à des types d'inégalités précis : les inégalités d'accès à certaines filières, l'évolution de l'inégalité des chances en fonction des pratiques pédagogiques de l'enseignant ou des pratiques éducatives des familles, etc. Chaque type d'inégalité va disposer de sa mesure statistique, puis d'une interprétation des résultats.

Quels constats les sociologues formulent-ils concernant les inégalités d'accès aux filières du système d'enseignement français ? Lors de l'année scolaire 2011-2012, le taux de scolarisation des enfants de 3 ans en France métropolitaine s'élevait à 100 %. À l'autre bout de la trajectoire scolaire, les fils et filles de cadres et professions intellectuelles supérieures représentaient près des deux tiers des élèves des grandes écoles. À l'échelle de la population active française, seuls 15 % des travailleurs occupés appartiennent pourtant à cette catégorie socioprofessionnelle. Comment passe-t-on d'une situation strictement égalitaire au point d'entrée dans le système scolaire à une situation profondément inégalitaire en son point de sortie ? Pour répondre à cette question, les sociologues vont suivre des cohortes d'individus tout au long de leur parcours scolaire. Premier constat : dès l'entrée en maternelle, les enfants présentent des aptitudes différentes qui peuvent être liées à la profession des parents. La plupart des dimensions cognitives, par exemple la capacité à faire des dessins ou l'organisation temporelle, voient des différences très marquées selon que l'enfant est fils ou fille de cadre ou d'ouvrier. Deuxième constat : la réussite scolaire est différenciée selon l'origine sociale des parents. Ainsi, 95 % des enfants de cadres et de professions intellectuelles supérieures atteignent le CE2 sans redoubler. Cette proportion n'est plus que de 82 % lorsque le père est inactif.

Quels sont les facteurs qui peuvent expliquer ces différences ? Premier facteur : le niveau d'études des parents, et plus précisément le niveau d'études de la mère. Les enfants dont la mère justifie d'un diplôme du supérieur réussiront mieux, toutes choses étant égales par ailleurs, que les enfants dont les parents sont peu diplômés. Deuxième facteur : la taille de la famille. C'est lorsque la famille est de taille réduite que les enfants réussissent le mieux. Il convient de préciser que l'effet de la taille de la famille est inégal selon le milieu social d'appartenance. Lorsque l'enfant est issu d'une famille nombreuse mais que les parents appartiennent à une catégorie socioprofessionnelle élevée, l'effet négatif de la taille de la fratrie diminue singulièrement.

Au collège, les choses s'accélèrent. Si l'essentiel des élèves rentrant en sixième atteignent la classe de troisième, les inégalités ne disparaissent pas mais se déplacent en se concentrant sur deux facteurs : le rythme de la progression scolaire (redoublements ou non) et l'orientation vers des cycles technologiques ou généraux. Ces inégalités sont très fortement indexées sur la position sociale des parents. Ces écarts ne jouent pas seulement au moment tant redouté des familles du passage à la classe supérieure. Dès lors que l'élève rentre au collège en étant défavorisé socialement, sa progression sera moins rapide toutes choses égales par ailleurs, amplifiant les écarts encore faibles constatés dès l'entrée en maternelle. Par ailleurs, la capacité de progression dans le système scolaire apparaît très inégale selon l'origine sociale des parents. Marie Duru-Bellat (*Les Inégalités sociales à l'école*, 2002) montre que le collège a des effets beaucoup plus brutaux en termes de creusement d'inégalités : il produit en deux ans (quatrième et troisième) plus d'inégalités sociales que dans toute la scolarité antérieure.

L'accès au lycée et l'objectif du baccalauréat accélèrent à nouveau le processus. Si l'on prend la cohorte des élèves entrés en sixième en 1989, 90 % des enfants de cadres, professions intellectuelles supérieures et enseignants ont atteint le bac contre 37 % des enfants d'inactifs. On observe donc des écarts de chance considérables selon les catégories socioprofessionnelles. On observe également d'importantes différences sociales selon le type de baccalauréat vers lequel s'orientent les élèves : les enfants d'ouvriers constituent ainsi 14 % des effectifs des filières générales, 26 % de ceux des filières technologiques et 36 % de ceux des filières professionnelles (Duru-Bellat et Kieffer, « Du baccalauréat à l'enseignement supérieur en France : déplacement et recomposition des inégalités », 2008). Les baccalauréats technologiques et professionnels vont de fait s'adresser aux élèves les moins bons sur le plan scolaire, aboutissant à une surreprésentation des élèves de milieu populaire dans ces filières. L'objectif des 80 % d'une classe d'âge au baccalauréat recouvre donc une réalité peu glorieuse de déplacement des inégalités au sein même du lycée. Pierre Merle (*La Démocratisation de l'enseignement*, 2002) parle à ce propos de démocratisation ségrégative.

L'ouverture apparente de l'accès au baccalauréat ne se traduit pas par une diminution des inégalités mais par leur déplacement au sein même du système scolaire dans l'accession aux différentes filières de l'enseignement secondaire.

Ce déplacement des inégalités a une traduction concrète dans l'enseignement supérieur. L'accès aux filières sélectives post-bac ainsi que la réussite des étudiants au sein de ces formations sont largement corrélés avec le type de baccalauréat obtenu. La gradation répond à un stéréotype bien connu des élèves et des parents : les chances de réussite dans le supérieur seront d'autant plus importantes que l'élève est issu d'un baccalauréat général et, au sein même de la filière générale, d'un baccalauréat scientifique. Encore une fois, l'ouverture quantitative recouvre des inégalités profondes qui, loin de diminuer, renforcent les effets de la carrière scolaire de l'individu.

b. — L'explication des inégalités scolaires par les sociologues

Deux grands types d'explication s'opposent quant à la compréhension des inégalités scolaires. Pierre Bourdieu et Jean-Claude Passeron considèrent que l'école perpétue les inégalités scolaires par sa logique de fonctionnement interne. Raymond Boudon montre au contraire que ces inégalités s'expliquent avant tout par un calcul des individus et des familles quant aux chances de réussite dans diverses filières. Ces deux grands types d'explication vont engendrer une multitude de travaux creusant ces deux thèmes : la responsabilité de l'institution scolaire dans la reproduction des inégalités ou le rôle des décisions individuelles au cours de la trajectoire scolaire.

■ L'institution est responsable de la reproduction des inégalités scolaires

L'idée principale de cette démarche consiste à isoler des mécanismes, dans le fonctionnement de l'école, favorisant plus ou moins explicitement la reproduction des inégalités. Le premier argument concerne les normes pédagogiques choisies par l'école, en particulier les normes d'excellence scolaire. Ces normes d'excellence ne sont pas seulement des critères de jugement objectifs de l'exécution d'un exercice scolaire. Ce sont également des normes morales et comportementales. Ceci est lié avec le rôle de l'école au sein du processus de socialisation. Ce ne sont pas des normes comportementales univoques : l'école valorise par exemple l'application et l'attention dans l'espace de la classe. Elle demande à l'élève d'être dynamique, d'être intéressé par le travail scolaire, etc. Au lycée, ces normes relèvent de l'équilibrisme : on insiste sur l'importance des savoirs scolaires tout en ne demandant pas explicitement de « par cœur ». On demande de l'application dans l'exercice de dissertation et le respect de contraintes formelles tout en valorisant le « hors programme » et les qualités esthétiques de la copie. La plupart de ces normes, complexes, sont implicites.

Dans l'inculcation des normes, un individu joue un rôle déterminant : il s'agit du professeur ou du maître. L'« effet maître » a été étudié par de nombreux sociologues, avec une tentative de quantification de l'impact de l'enseignant sur le résultat de ses élèves. Il ressort de ces études que cet effet est important sans être décisif, expliquant entre 10 et 15 % de la variance des acquis. Le rôle du maître est d'autant plus faible que le niveau scolaire de départ des élèves est fort. Ainsi, des élèves d'un faible niveau scolaire de départ bénéficieront plus que les autres élèves d'un enseignant efficace. Un bon maître est par ailleurs celui qui soutient ses élèves sans les stigmatiser sur leur niveau scolaire. Deux psychosociologues américains, Rosenthal et Jacobson (*Pygmalion dans la classe*, 1975), parlent à ce propos d'« effet Pygmalion ». Le maître qui serait persuadé par des critères objectifs (tests de QI, par exemple) ou subjectifs (la représentation qu'il se fait du niveau scolaire d'un élève par sa couleur de peau ou la façon dont il s'exprime) que l'élève n'« a pas le niveau » va agir de façon négative sur sa réussite scolaire. Inversement, celui dont le maître serait persuadé qu'il est bon scolairement va contribuer à faire de lui un élève brillant. Cet effet va évidemment agir sur les inégalités de genre au sein du système scolaire, contribuant à faire des filles d'éternelles « littéraires » et les garçons des « scientifiques » en puissance.

■ Les choix des individus sont responsables des inégalités scolaires

Dans ce deuxième grand type d'explication, l'acteur des stratégies scolaires n'est pas l'élève mais la famille. C'est l'acteur collectif, le projet scolaire porté par la famille, qui va générer et/ou contribuer à reproduire les inégalités. De fait, les familles ne calculent pas le parcours scolaire de leur progéniture de façon équivalente selon que l'on se situe en haut ou en bas de l'échelle sociale. Ceux qui investissent le plus dans l'institution, et qui, par ailleurs, conçoivent le plus le projet scolaire comme un investissement financier et moral, sont les familles favorisées économiquement et socialement.

Il y a pourtant, même dans les familles les plus « utilitaristes », une position ambivalente à gérer : d'un côté motiver l'enfant et de l'autre la volonté de le protéger d'un stress susceptible de le décourager. En outre, les sociologues observent que c'est dans les « dominants de la classe dominante » que les stratégies sont les plus diversifiées et les plus efficaces : l'information y est meilleure, le potentiel d'influence ou de pression sur l'administration est conséquent, et ils arrivent le mieux à préserver l'« entre-soi », gage de réussite scolaire. L'homogénéité sociale de l'établissement de l'enfant est donc un déterminant essentiel de la réussite scolaire, positivement (réussite accrue chez les scolairement dotés regroupés dans des lycées prestigieux) ou négativement (réussite en berne pour les scolairement défavorisés regroupés dans les établissements « ambition réussite »).

Cette explication n'exclut pas définitivement les catégories les plus populaires de la réussite scolaire. Celle-ci peut intervenir en raison d'un « effet mémoire » dans l'histoire de la famille (la trajectoire « aberrante » d'un oncle ou d'une tante qui a réussi scolairement) ou d'un « effet intégration » concernant le groupe social dans son ensemble.

2. – Sociologie des réseaux sociaux

La sociologie des réseaux ne s'intéresse pas aux moyens techniques permettant aux individus d'échanger des informations, comme Facebook ou Twitter. Son objet se dissimule derrière l'infrastructure informatique : les relations qu'entretiennent les individus entre eux.

a. — Présentation générale de l'analyse des réseaux sociaux

La sociologie « traditionnelle » a fait le choix d'analyser les groupes sociaux en se basant sur des catégories : la profession, l'âge, la classe sociale, etc. Les individus appartenant à une même catégorie partagent un ensemble de normes et de valeurs sociales qui les contraignent et guident leurs comportements. Les sociologues des réseaux sociaux pensent qu'il est plus efficace d'analyser une société à partir des relations entre individus. Ils cherchent à les définir exhaustivement, en utilisant, si nécessaire, un langage mathématique. Quelle que soit l'unité sociale analysée (entreprise, organisation, ménage, individu...), ils vont étudier la forme prise par le réseau de relations puis déduire de la position de chaque individu au sein de ce réseau la cause du phénomène étudié. L'analyse de réseau peut être qualifiée de méso-sociologique, à mi-chemin entre le holisme et l'individualisme. Selon Alain Degenne et Michel Forsé (*Les Réseaux sociaux*, 1994), recentrer l'analyse sur les relations conduit à montrer comment la forme du réseau détermine la nature des relations entre individus, mais également comment les relations contribuent à modifier la forme de ce réseau. Se basant en partie sur les intuitions des sociologues « classiques », cette nouvelle théorie permet de développer une compréhension originale des phénomènes sociaux. Il est possible d'illustrer cette démarche en partant de l'exemple du capital social.

b. — Au commencement était Bourdieu

Bien qu'il ne relève pas de ce courant de pensée, Pierre Bourdieu considère le capital social comme un élément fondamental pour comprendre les groupes sociaux. Dans un article de 1980 intitulé « Le capital social. Notes provisoires », il définit le capital social comme « l'ensemble des ressources actuelles ou potentielles qui sont liées à la possession d'un réseau durable de relations plus ou moins institutionnalisées d'interconnaissance et d'interreconnaissance ». Derrière cette phrase à la formulation barbare se cachent de nombreuses intuitions sociologiques.

Premièrement, un groupe social ne se limite pas à un ensemble d'individus dotés de propriétés communes : tous sont unis par des liaisons permanentes et utiles.

Deuxièmement, le volume de capital social que possède un agent dépend du nombre de relations qu'il peut effectivement mobiliser et du volume des autres capitaux qu'il est le seul à avoir : économique, culturel et symbolique. Bien qu'il ne soit pas réductible au capital économique et culturel, le capital social n'en est donc jamais complètement indépendant : les échanges entre les individus supposent un minimum d'homogénéité sociale (revenus, mode de vie, etc.). Le capital social exerce un effet multiplicateur sur les autres capitaux.

Troisièmement, les profits que procure l'appartenance à un groupe social sont au fondement de la solidarité (qui rend elle-même ces profits possibles). Cela ne signifie pas qu'ils soient consciemment poursuivis comme tels (même dans le cas extrême des clubs sélects). Cela implique en revanche que l'existence d'un réseau de liaisons n'est pas un « donné social » : un réseau n'est jamais constitué une fois pour toutes et pour toujours. Il est le résultat d'un travail d'entretien, nécessaire pour reproduire ces liaisons durables et utiles. Le réseau est le produit de stratégies d'investissement social. Le capital social est donc tributaire :

- de toutes les institutions visant à favoriser les échanges légitimes et à exclure les échanges illégitimes : ce sont par exemple des occasions (mariage, rallye), des lieux (Rotary Club) ou des pratiques (sportives ou culturelles) qui rassemblent de manière apparemment fortuite (par « hasard ») des individus aussi homogènes que possible.
- du travail de sociabilité qui suppose, outre des dispositions acquises, une dépense constante de temps et d'efforts, et bien souvent d'argent (invitation à dîner, cadeaux, etc.).

c. — L'impact du capital social sur la recherche d'emploi

Dans un article de 1973 intitulé « The Strength of Weak Ties », le sociologue américain Mark Granovetter cherche à analyser l'importance du réseau de relations dans la recherche d'un emploi. Il part d'une définition de la force d'un lien comme « une combinaison probablement linéaire de la quantité de temps, de l'intensité émotionnelle, de l'intimité et des services réciproques qui caractérisent ces liens ». Son hypothèse de départ repose sur un concept décrivant les relations au sein d'un groupe de trois individus : la « triade interdite ». Si je suis lié fortement à Jean-Claude, et que Jean-Claude possède lui-même un autre ami proche, alors l'absence totale de lien entre son ami et moi-même est très peu probable. Il y a d'ailleurs de fortes chances pour que mes amis soient eux-mêmes liés aux amis de Jean-Claude... Si l'on accepte l'hypothèse de la triade interdite, un lien fort n'est donc jamais un lien unique entre deux parties distinctes d'un réseau social, ce que l'on appelle un « pont ». Un pont est forcément un lien faible. Si l'information ne circule que par des liens forts, elle risque de tourner en boucle au sein d'un réseau de relations restreint. Ce sont les ponts qui lui permettent de circuler dans un réseau plus vaste. Les liens faibles donnent accès à une information nouvelle et plus riche.

Figure 1 – Représentation d'un pont

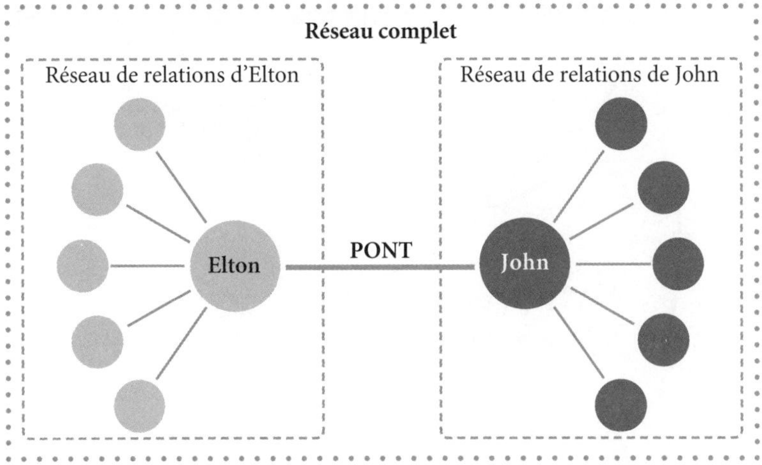

Commentaire : Le pont est le seul lien entre les connaissances d'Elton et les connaissances de John. S'il disparaît, le réseau n'existe plus. Selon l'hypothèse de la triade interdite, le pont entre Elton et John est nécessairement un lien faible.

Granovetter illustre sa théorie à partir des modes de recherche d'emploi. Il sélectionne un échantillon de cadres, de techniciens et de gestionnaires de la région de Boston ayant récemment changé d'emploi grâce à une relation personnelle. Puis il mesure la fréquence des contacts avec l'individu qui leur a permis d'obtenir l'emploi. Il apparaît qu'à la question « combien de fois avez-vous vu la personne au cours de la période où il a fourni l'information d'emploi ? », les réponses les plus fréquentes sont « occasionnellement » (55 % des réponses) et « rarement » (30 % des réponses). Granovetter peut confirmer son hypothèse : « les liens faibles [...] apparaissent comme des instruments indispensables aux individus pour saisir certaines opportunités qui s'offrent à eux [...] ; au contraire, les liens forts, qui engendrent la cohésion sociale, se traduisent par une fragmentation de l'ensemble social. » Les liens faibles s'avèrent les plus efficaces dans la recherche d'emploi car ils permettent l'accès à une information plus rare et de meilleure qualité.

d. — Capital social et progression professionnelle

Ronald Burt, sociologue américain, travaille également sur la question du capital social. Il en retient la définition suivante : le capital social est constitué par les relations avec les autres acteurs et les ressources auxquelles il permet d'accéder. Son originalité réside dans l'ajout d'une dimension stratégique liée à la structure du réseau. Chaque individu a la possibilité d'exploiter à son avantage les « trous structuraux » de son réseau de relations. Un trou structural est un « vide » entre des contacts non redondants, *i.e.* ne donnant pas accès au même type de ressources (*cf.* figure 2).

Figure 2 : Les trous structuraux des réseaux de Jules et Jim

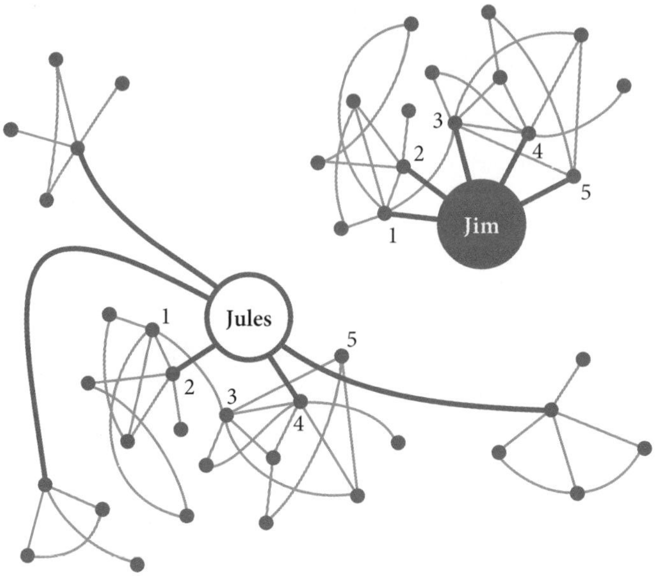

Source : R. Burt, « Le capital social, les trous structuraux et l'entrepreneur », 1995.

Commentaire : Jim et Jules occupent successivement le même poste dans leur entreprise. Dans le réseau de relations de Jim, les contacts 2 et 3 sont redondants : ils donnent accès aux mêmes personnes et à la même information. C'est le cas également des contacts 4 et 5. Les contacts 3 et 4 sont séparés par un « vide » et ne donnent pas accès à la même information : c'est un trou structural. Jules organise ses contacts de façon plus efficace : en utilisant seulement les contacts 2 et 4, il a accès à tout l'ancien réseau de Jim. Cela lui permet de gagner du temps et de développer des contacts supplémentaires. Au même poste, Jules est donc plus efficace que Jim dans la gestion de ses relations de travail.

C'est donc moins les relations que l'absence de relation qui est d'une importance stratégique pour l'individu qui souhaite progresser professionnellement. Dans son ouvrage *Brokerage and Closure : An Introduction to Social Capital* (2005), Burt montre que les entrepreneurs qui disposent d'une proportion élevée de trous structuraux ont plus de chances de réaliser des profits élevés. Au contraire, les profits sont diminués par la présence de trous structuraux chez leurs fournisseurs ou chez leurs clients. L'étude examine les évolutions du marché américain de 77 produits de consommation sur une période de 20 ans. Il en ressort que la position des entrepreneurs dans le processus de fixation des prix est d'autant plus favorable que leurs différents fournisseurs ou clients sont isolés les uns des autres. Autrement dit, la contrainte augmente avec la redondance, l'autonomie avec l'exclusivité des relations. L'efficacité du capital social est fonction du degré d'autonomie de l'entrepreneur vis-à-vis de ses clients et fournisseurs. Burt construit un indicateur chiffré de l'efficacité relationnelle d'un réseau : il correspond au rapport du nombre de ses relations non redondantes et du nombre total de ses relations. La stratégie de l'acteur rationnel doit consister à maximiser l'efficacité relationnelle en multipliant les relations, mais également en minimisant les connexions entre ses relations. On débouche ainsi sur une théorie générale de la contrainte et de l'autonomie, qui peut s'apparenter à une théorie du pouvoir : la hiérarchisation des structures sociales se fait à partir de la répartition des trous structuraux.

CHRONOLOGIE

1830. – Parution de la première leçon du *Cours de philosophie positive* d'Auguste Comte.
1867. – Publication du *Capital* de Karl Marx.
1893. – Publication de *La Division du travail social* d'Émile Durkheim.
1895. – Publication des *Règles de la méthode sociologique* d'Émile Durkheim.
1904-1905. – Publication en deux parties de *L'Éthique protestante et l'esprit du capitalisme* de Max Weber.
1905. – Création de l'American Sociological Association.
1922. – Marianne Weber, veuve de Max Weber, fait paraître *Économie et Société.*
1949. – Robert King Merton publie *Social Theory and Social Structure.*
1963. – *Outisders* d'Howard Saul Becker paraît à Chicago.
1968. – Les étudiants, suivis des ouvriers, manifestent au mois de mai.
1969. – *Les Héritiers* de Pierre Bourdieu et Jean-Claude Passeron paraissent en France.
1973. – Publication de *L'Inégalité des chances* de Raymond Boudon.
Choc pétrolier. Maximum de l'emploi industriel en France. Publication de la *Production de la société* par Alain Touraine.
1975. – Création du collège unique.
1977. – Publication de *L'acteur et le système* par M. Crozier et E. Friedberg
1979. – Parution de *La Distinction* de P. Bourdieu.
1985. – Objectif de 80 % d'une classe d'âge au baccalauréat.
2002. – Création de l'Association française de sociologie.

BIBLIOGRAPHIE

ARON (R.), *Les Étapes de la pensée sociologique*, Gallimard, coll. « Tel », 1976.

BECKER (H. S.), *Outsiders*, Métailié, coll. « Leçons de choses », 2012.

BOUDON (R.), *L'Inégalité des chances*, Hachette, coll. « Pluriel », 2011.

BOURDIEU (P.), CHAMBOREDON (J.-C.), PASSERON (J.-C.), *Le Métier de sociologue*, Mouton-De Gruyter, coll. « Textes de sciences sociales », 2006.

BOURDIEU (P.), PASSERON (J.-C.), *Les Héritiers*, Minuit, coll. « Le sens commun », 2001.

CHRISTIN (O.), *Dictionnaire des concepts nomades en sciences humaines*, Métailié, coll. « Sciences humaines », 2016.

CUIN, (C.-H.), GRELE (F.), *Histoire de la sociologie* (2 tomes), La Découverte, coll. « Repères », 2002.

DELAS (J.-P.) ET MILLY (B.), *Histoire des pensées sociologiques*, Armand Colin, coll. « U », 2015.

DURKHEIM (E.), *Les Règles de la méthode sociologique*, PUF, coll. « Quadrige », 2013.

DURKHEIM (E.), *Le Suicide*, PUF, coll. « Quadrige », 2013.

GOFFMAN (E.), *Les Rites d'interaction*, Minuit, coll. « Le sens commun », 2001.

GOFFMAN (E.), *Asiles*, Minuit, coll. « Le sens commun », 2001.

GRAFMEYER (Y.), ISAAC (J.), *L'École de Chicago*, Flammarion, coll. « Champs Essais », 2009.

KUHN (T. S.), *La Structure des révolutions scientifiques*, Flammarion, coll. « Champs Sciences », 2008.

LAHIRE (B.), *Pour la sociologie*, La Découverte, coll. « Cahiers libres », 2016.

LAHIRE (B.), *À quoi sert la sociologie ?*, La Découverte/Poche, 2004.

LALLEMENT (M.), *Histoire des idées sociologiques. Des origines à Weber*, Armand Colin, coll. « Circa », 2005.

LALLEMENT (M.), *Histoire des idées sociologiques. De Parsons aux contemporains*, Armand Colin, coll. « Circa », 2005.

LE BRETON (D.), *L'Interactionnisme symbolique*, PUF, coll. « Quadrige », 2016.

NISBET (R. A.), *La Tradition sociologique*, PUF, coll. « Quadrige », 2012.

PASSERON (J.-C.), *Le Raisonnement sociologique*, Albin Michel, 2006.

RIUTORT (P.), *Premières Leçons de sociologie*, PUF, coll. « Major », 2013.

STEINER (P.), *La Sociologie de Durkheim*, La Découverte, coll. « Repères », 2005.

WEBER (M.), *Économie et Société*, Pocket, coll. « Agora », 2003.

WEBER (F.), *Max Weber*, Hachette Éducation, coll. « Prismes », 2001.

WEBER (M.), *L'Éthique protestante et l'esprit du capitalisme*, Pocket, coll. « Agora », 1989.

SUJETS CORRIGÉS

SUJET
I

Quelles sont les spécificités de la méthode wébérienne d'analyse des faits sociaux ?

En tant que père fondateur de la sociologie, Max Weber est à l'origine d'une méthode de recherche propre, prenant pour base l'individu. Par méthode, il faut entendre un ensemble de démarches que suit la science pour traiter de son objet de recherche. Ces démarches ne se font pas au hasard : elles impliquent logique, raisonnement et vérification empirique. Comment Weber conçoit-il la sociologie ? Quelles démarches scientifiques suggère-t-il et emploie-t-il dans son œuvre ? Quelle postérité sa méthode a-t-elle connue ?

I Une sociologie de la compréhension des activités sociales

A. — Une science de l'activité sociale

- *Définition de la sociologie. « Nous appelons sociologie une science qui se propose de comprendre par interprétation l'activité sociale et par là d'expliquer causalement son déroulement et ses effets »* (Économie et Société, *1922).*
- *Définition de l'activité. « Nous entendons par* activité *un comportement humain [...], quand et pour autant que l'agent ou les agents lui communiquent un* sens *subjectif. Et par* activité sociale, *l'activité qui, d'après son sens visé par l'agent ou les agents se rapporte au comportement d'autrui, par rapport auquel s'oriente son déroulement »* (Économie et Société, *1922).*
- *Distinction entre activité et comportement. L'activité est un comportement auquel les individus donnent un sens. Si j'ai un accident de voiture, c'est un simple comportement. Si je fonce volontairement dans la voiture d'en face, c'est un comportement doté de sens : on parle d'activité. L'analyse wébérienne prend comme point de départ les motivations de l'action individuelle : c'est une perspective individualiste.*
- *Distinction entre action et action sociale. Lorsque l'activité est orientée par rapport à autrui, on parle d'activité sociale. L'analyse est donc axée sur les motivations de l'action, mais centrée sur les situations d'interactions.*

B. — Les idéaux-types de l'action

- *L'action rationnelle en finalité. L'individu confronte les fins recherchées avec les moyens dont il dispose. Il met en œuvre un calcul coût/avantage.*
- *L'action rationnelle en valeur. Action motivée par la conviction qu'un comportement est souhaitable en raison de sa valeur propre, quels que soient les effets qui peuvent en découler.*
- *L'action traditionnelle. Elle est motivée par la coutume, la tradition, l'habitude.*
- *L'action affective. Elle est motivée par des sentiments, des passions. C'est l'exemple du crime passionnel.*

C. — Compréhension et causalité

- *Le but de la sociologie est de reconstruire le sens de l'action. Le sociologue ne doit pas se limiter à une compréhension spontanée ou aux explications fournies par l'acteur, mais doit reconstruire les motifs de l'action. Comprendre, c'est expliquer.*
- *Le résultat d'une action diffère du sens visé. Exemple de l'éthique protestante et l'esprit du capitalisme. Pour le croyant, l'action individuelle n'a d'autre sens que de répondre à des valeurs religieuses. L'agrégation des comportements individuels conduit à l'apparition du capitalisme occidental.*
- *Les affinités électives. En sociologie, la causalité est historique et à moyenne portée.*

On a des relations de causalité limitées entre des phénomènes historiques qui ne se reproduisent jamais à l'identique. Weber raisonne en termes d'affinités électives.

II Une démarche comparative

A. — Un vaste champ d'analyse

- *Weber adopte une démarche comparative. Il s'appuie sur l'analyse de phénomènes appartenant à des champs très différents : histoire du droit, des structures sociales et politiques, des religions, analyse des facteurs géographiques, etc.*
- *La comparaison s'effectue dans le temps et dans l'espace. Il utilise des exemples qui portent sur l'Antiquité grecque et romaine, la période médiévale, le* XIX*e siècle, qui concernent aussi bien l'Europe occidentale que les États-Unis (étude des sectes protestantes), la Chine (*Confucianisme et Taoïsme*), l'Inde ou le Moyen-Orient.*
- *Une prise de distance par rapport à l'évolutionnisme. La comparaison ne vise pas à établir des lois de développement, mais à mettre en évidence l'originalité de la civilisation occidentale : Weber s'oppose à l'évolutionnisme.*

B. — L'idéal-type comme méthode

- *Une multiplicité des genres d'idéaux-types. Ces types correspondent à une configuration sociale (l'éthique protestante, le capitalisme occidental) ou décrivent des processus de développement (passage d'un mode de domination charismatique à un mode bureaucratique).*
- *Les caractéristiques d'une typologie. L'idéal-type ne prétend pas être une forme de description exhaustive d'un phénomène historique. Il s'agit d'un instrument construit par le savant pour rendre la réalité concrète intelligible rationnellement, en ne retenant que les traits les plus caractéristiques qui intéressent le sociologue.*
- *Un exemple : les modes de domination politique. Weber distingue trois types de mode de domination légitime : la domination rationnelle-légale, qui repose sur la conformité aux règles de droit positif (*cf. *l'État bureaucratique moderne) ; la domination traditionnelle, dans laquelle les traditions ancestrales sont le garant de la légitimité des règles ; et la domination charismatique, où les individus se soumettent aux ordres ou aux règles énoncées par un chef en vertu du caractère sacré ou exemplaire qu'ils lui prêtent.*

III Une science empirique

A. — La fin de l'illusion spéculative

- *La négation de la loi. On ne peut réduire la diversité des faits sociaux à des lois. Il est impossible d'envisager toutes les formes de causalité possibles. La méthodologie d'une science ne peut viser la généralité, mais doit prendre comme base une méthodologie individualisante.*
- *Le refus du classement des sciences. On ne peut classer les sciences en fonction de leur degré d'apport à la compréhension d'un phénomène. La sociologie n'est pas première (s'oppose à Comte et Durkheim).*
- *Une nécessité de rendre compte de ce qui se passe effectivement. On s'éloigne de l'évolutionnisme et de toutes les autres formes de rationalité dépassant les hommes. L'histoire est le produit de l'action sociale, donc de l'action des hommes (« derrière l'action, il y a l'homme »).*

B. — Les conséquences méthodologiques de ce point de vue

- *Il faut faire attention à l'usage de concepts abstraits. Le danger est de confondre les abstractions conceptuelles avec la réalité ou de prétendre déduire la seconde des premières.*
- *L'usage de concepts collectifs doit être contrôlé. Les concepts comme l'État, les classes sociales, le capitalisme, sont utiles pour expliquer la réalité. Mais ils ne doivent pas avoir d'autre signification que celle de l'idéal-type. L'analyse concrète doit vérifier dans quelle mesure et jusqu'à quel point la réalité leur correspond.*

- *Les structures sociales doivent leur existence à l'activité des agents sociaux. Afin d'attribuer à des structures le statut de sujet autonome, le sociologue doit s'appuyer sur la compréhension des actions individuelles.*

C. — Le rapport aux valeurs

- *La subjectivité de la sélection. Le travail du scientifique est une mise en perspective des faits sociaux. Il construit son objet de méthode par une opération de sélection, car le monde est infini et défie toute tentative d'explication causale. La science est toujours partielle, elle est « légitimement arbitraire ».*
- *L'objectivité de la méthode : le principe de neutralité axiologique. Il s'agit d'une attitude rigoureuse que le sociologue doit adopter en mettant à distance ses propres valeurs. Ce principe distingue l'homme de science de l'homme d'action.*
- *La distinction entre jugement de fait et jugement de valeurs. Le travail du sociologue porte sur des faits, il ne contient pas de jugement d'évaluation par rapport à ses propres valeurs (ou jugement de valeur). Le sociologue doit se limiter aux jugements de fait.*

SUJET
II

Comment la sociologie rend-elle compte des phénomènes de déviance ?

Jusqu'en 1990, la mendicité était un délit en France, pouvant conduire le coupable en prison. Elle est aujourd'hui reconnue et en partie prise en charge par les pouvoirs publics. Parallèlement, l'évolution des sociétés modernes conduit à pénaliser des comportements jadis tolérés ou considérés comme normaux : certaines formes de corruption, d'atteinte à l'environnement ou de violences « morales ». Ainsi, les normes juridiques, qui délimitent les comportements légalement acceptables, évoluent au cours du temps. Mais la règle de droit ne saurait rendre compte de la totalité des mécanismes de régulation sociale. Les normes sociales, formelles ou informelles, façonnent un espace de régulation plus étendu que le droit. La déviance, entendue comme un comportement s'écartant des règles acceptées par un groupe social, est une notion plus large que la délinquance : son étude ne peut se limiter à un examen approfondi du Code pénal. Les sociologues font leur cette ambition et cherchent à expliquer scientifiquement les phénomènes de déviance. Pour cela, il leur faut rompre avec le sens commun et procéder à un travail de définition, de contextualisation et de mise à distance des prénotions. La déviance ne peut plus être considérée simplement comme un état figé dans le marbre de la loi : elle est un construit social dont l'origine et l'évolution sont soumises aux actions d'individus ou de groupes sociaux. Comment la sociologie parvient-elle à une compréhension scientifique des phénomènes de déviance ? Quels outils mobilise-t-elle ? L'explication sociologique permet-elle d'aller plus loin qu'une compréhension intuitive de la déviance ?

I Une première approche de la déviance : l'étude de la criminalité par la première école de Chicago

A. — L'écologie urbaine de l'école de Chicago

- *Dans les années 1920 et 1930, des travaux fondateurs des sociologues américains de l'université de Chicago mettent en évidence le rôle de l'acculturation des migrants, la formation et le développement des bandes de délinquants.*
- *Ils s'intéressent également aux effets de la ségrégation urbaine. On qualifie ces travaux d'« écologie urbaine » car la structure urbaine a un impact sur la naissance et le développement de cultures communautaires.*

B. — La déviance comme désorganisation sociale

- *William Thomas et Florian Znaniecki (*Le Paysan polonais, *1918) forgent le concept de* *désorganisation sociale. Les migrants qui débarquent aux États-Unis sont concentrés dans des quartiers pauvres, forcés de cohabiter avec d'autres groupes culturels et confrontés aux contradictions qui surgissent entre la culture d'origine de leur communauté et la culture américaine individualiste.*

- *Cette tension et ces contradictions affaiblissent les normes et les solidarités, créant une ambivalence et une incertitude morales qui facilitent la transgression de la norme.*

C. — La déviance résulte du conflit des cultures

- *Plutôt que de penser le choc de cultures très différentes en termes de contradictions perturbantes, certains sociologues l'analysent en termes de choix exclusifs. Thorsten Sellin* (Conflits de culture et criminalité, *1938) affirme que la déviance provient de la coexistence d'une culture valorisant ou tolérant une pratique interdite par une autre culture. La déviance résulte donc du conflit des cultures.*
- *En 1955, Albert K. Cohen, dans* Delinquent Boys, *proposera d'élargir cette notion pour inclure non seulement les normes transmises au sein de la famille, mais aussi les normes construites par les adolescents, dans des groupes de pairs, en réaction à la culture dominante. L'acte déviant est interdit par la culture dominante et/ou par la culture traditionnelle, mais peut être valorisé par la sous-culture adolescente.*

II La construction sociale de la déviance : de Merton à la deuxième école de Chicago

A. — La déviance résulte d'une frustration relative

- *Dès la fin des années 1930, les sociologues américains relèguent au second plan la problématique du choc des cultures. Robert K. Merton* (Éléments de théorie et de méthode sociologique, *1949) souligne l'importance du décalage entre les aspirations à la réussite sociale qu'encourage l'idéologie individualiste des sociétés modernes et la réalité des inégalités sociales (et raciales) qui n'offrent pas à tous les moyens d'y parvenir. On s'intéresse au vécu des criminels et au sentiment d'injustice qu'ils manifestent.*
- *Ces constats sont toujours valides. Ce mécanisme est souvent cité pour comprendre la délinquance des jeunes des quartiers pauvres, exclus de la réussite sociale et se sentant souvent victimes du racisme et de la « mauvaise réputation » de leurs cités.*

B. — La déviance comme résultat d'une représentation

- *La déviance comme stigmate. C'est l'approche d'Erving Goffman, qui définit un stigmate comme un attribut personnel dont la présence suscite un doute concernant l'ajustement entre la personnalité virtuelle et la personnalité réelle du déviant. Il remarque également que le stigmate peut être retourné comme objet de revendication identitaire du groupe déviant (exemple de la Gay Pride).*
- *Les théories de l'étiquetage. Les déviants ne naissent pas déviants : la déviance est une construction sociale qui résulte d'un regard extérieur stigmatisant. Le processus de désignation peut se faire de façon formelle (entrepreneurs de morale) ou informelle. La déviance n'est qu'un rôle endossé par celui qui est victime de la stigmatisation des autres. S'il persiste (l'individu est « étiqueté » déviant), ce rôle peut entraîner une modification de la personnalité de l'individu ainsi qu'une modification de ses relations sociales. Il entre alors progressivement dans une « carrière » de déviant. Exemples : Becker et les fumeurs de marijuana* (Outsiders, *1963) ou Goffman* (Asiles, *1968).*

C. — Les théories rationnelles de la déviance

- *Le délinquant fait des choix concernant sa vie, anticipe les effets probables de ses actes et de ses paroles, apprend des techniques, etc. En cela, ce sont des individus parfaitement rationnels.*
- *Les approches « stratégiques » (théories dites de l'« opportunité » criminelle) ont justifié une forme de prévention dite « situationnelle » : si l'on supprime l'opportunité de commettre un acte déviant, il ne sera pas accompli, car l'individu est rationnel.*

CHAPITRE 3

ENTREPRISE ET ORGANISATIONS

I

LES TRANSFORMATIONS DE L'ENTREPRISE DEPUIS LE XIXe SIÈCLE

L'entreprise connaît des transformations profondes au cours des XIXe et XXe siècles. Les révolutions industrielles complexifient les techniques, créent les conditions d'émergence du salariat et conduisent à rationaliser la production. Elles contribuent à spécialiser les fonctions et font émerger les grandes figures que sont l'entrepreneur, le gestionnaire et l'actionnaire. La question de la dissociation de la propriété et de la gestion de l'entreprise, et la responsabilité politique d'entreprises qui s'internationalisent s'affirment comme les problématiques centrales de la seconde moitié du XXe siècle. Après un détour par les formes d'organisation préindustrielles de la production, nous nous intéresserons successivement à l'impact des révolutions industrielles et de la mondialisation sur les firmes.

A L'APPARITION DE L'ENTREPRISE MODERNE : LA PHASE PRÉINDUSTRIELLE

C'est au début de la Renaissance européenne (XVIe siècle) que les premières formes d'entreprises « modernes » apparaissent. Peu nombreuses jusqu'à la fin du XVIIIe siècle, les grandes entreprises industrielles ou commerciales appuient leur développement sur des formes plus traditionnelles de production.

1. – La naissance de l'entreprise moderne

Les premières entreprises prennent appui sur des transformations politiques et sociales favorables au déploiement d'une logique capitaliste. Elles sont également portées par l'expansion du commerce au long cours.

a. — Perspectives économiques nouvelles et évolution des mentalités

Du XIe au XVIe siècle, les mentalités n'évoluent que lentement, contraintes par la hiérarchisation de la société, une conception restreinte du progrès et une place de l'Église toujours importante.

La hiérarchisation de la société en trois ordres (ceux qui prient, ceux qui combattent, ceux qui travaillent) façonne les rapports entre les individus et les institutions. La naissance se charge de définir à quel ordre appartient chaque individu. Dans cette société, les trajectoires sociales ascendantes sont envisageables (bourgeoisie du commerce qui accède à la propriété foncière), mais relativement rares.

La conception du progrès est restreinte : les progrès ne sont pas envisagés comme durables. La notion de richesse n'est pas perçue comme un processus d'accumulation, mais comme un élément fini (mercantilisme). L'économie est conçue comme un jeu à somme nulle (si un agent économique obtient plus, c'est qu'un autre agent obtient moins). Par ailleurs, le travail n'est pas réglé par les prix, mais soumis aux règles corporatistes : pour les maîtres artisans, organisés en corporations, le prix ne compte pas. Seule la qualité, « l'art », vaut.

L'Église influence les mentalités. Le dogme catholique insiste sur la résignation et l'attente. Le surnaturel (divin) prend l'ascendant sur la vie de tous les jours. L'homme agit dans le monde selon les préceptes divins, pour obtenir une vie meilleure au paradis. Cette conception théologique a une traduction sociale concrète. La charité pallie les inégalités. La production de richesses est perçue tantôt comme « naturelle » (pour les besoins courants), tantôt comme « non naturelle » (« faire de l'argent avec de l'argent »). Cette dernière forme trahit un comportement cupide, moralement condamnable. L'Église dénonce avec vigueur le commerce, le prêt à usure (laissé aux parias) et toutes les formes économiques qu'elle considère stériles d'un point de vue moral.

Dès la fin du XVe siècle, le commerce lointain se développe, avec l'invention du sextant par Diaz en 1487, qui permet de se repérer par rapport aux étoiles. La découverte de l'Amérique par Christophe Colomb en 1492 et les voyages de Vasco de Gama en Inde en 1498 fondent les voyages au long cours. On rapporte de nouveaux biens – café, chocolat, tabac, tomate, maïs, sucre, pomme de terre, etc. Parallèlement se développe la traite négrière avec le commerce triangulaire (l'Amérique récupère les esclaves venus d'Afrique, achète ou fabrique des produits exotiques et du rhum à bas prix, les commercialise à l'Europe qui envoie ses produits manufacturés en Afrique). L'afflux d'or et d'argent en Europe monétarise l'économie, permettant le développement du commerce avec des marchés locaux, des foires et des Bourses d'échange (P. Verley, *La Révolution industrielle*, 1997). Les banques vont modifier les modes de financement et permettre la diffusion des profits monétaires.

Ces éléments économiques favorisent l'émergence de mentalités nouvelles, guidées par l'esprit des Lumières. C'est le sens de l'argument de Joel Mokyr (*The Gift of Athena : Historical Origins of the Knowledge Economy*, 2004), parlant d'« industrious enlightenment ». Il remarque qu'un siècle et demi avant le début de la révolution industrielle, la « culture du savoir utile » a changé. Le XVIIe siècle a vu augmenter le stock de connaissances scientifiques, qui deviennent un « bien public ». Les notions d'expérimentation, de contrôle empirique du savoir, s'étendent à l'ensemble de la société (*via* des expositions, la presse, les récits des explorateurs), créant une mentalité scientifique. C'est sur cette culture scientifique que s'appuient les innovations majeures de la période industrielle et les transformations économiques qui en découlent. La Réforme protestante du XVIe siècle contribue également à faire changer la perception de l'entreprise. Sous l'impulsion de Luther, qui traduit la Bible en allemand et lutte contre la corruption de l'Église, émergent des mentalités compatibles avec le capitalisme d'accumulation et l'investissement productif (Weber, *L'Éthique protestante et l'esprit du capitalisme*, 1905).

b. — Les premières entreprises sont liées au commerce au long cours

Du XVIe au XVIIIe siècle, le développement du commerce au long cours concerne principalement les Pays-Bas, l'Angleterre et la France. La fin du XVIe siècle voit la domination de la puissance hollandaise sur le commerce international. Amsterdam est un nœud d'échanges de matières premières et de produits manufacturés. Les Hollandais se montrent également les maîtres des mers. Ils créent en 1602 la VOC (« Vereenigde Oost-Indische Compagnie » ou Compagnie unie des Indes orientales. Cette entreprise est créée par des notables hollandais et les états généraux des Provinces-Unies (leur gouvernement fédéral), et rassemble une myriade de compagnies maritimes commerçant avec les Indes. Dotée à l'origine d'un capital de 6,5 millions de florins séparé en actions, la VOC fonctionne sur un modèle de société anonyme. Elle est cotée en Bourse : la valeur des actions fluctue selon l'offre et la demande, et l'entreprise distribue annuellement des dividendes. Les actionnaires sont de petits porteurs fuyant les violences contre les protestants, des notables et les états généraux. Établissant des comptoirs en Inde et maîtrisant le commerce vers l'Asie, la Compagnie possède plusieurs milliers de navires, ainsi qu'une puissance politique considérable. La puissance commerciale des Provinces-Unies (ancien nom des Pays-Bas) s'appuie également sur des activités bancaires et financières adaptées : système d'assurance du transport de marchandises, apport de capitaux, etc. La création de la Banque d'Amsterdam en 1609 (également une société cotée) accompagne le développement des activités commerciales avec l'Inde.

La France et l'Angleterre, principaux concurrents des Néerlandais tant pour les approvisionnements en matières premières que pour la distribution de produits manufacturés, disposent également de grandes compagnies maritimes « à chartes ». L'Angleterre crée en 1600 la Compagnie anglaise des Indes orientales (chargée par décret royal du commerce dans l'océan Indien), qui deviendra la BEIC (« British East India Company »), et dispose également d'un capital anonyme distribué en actions. Forte du soutien du gouvernement britannique, la BEIC exerce rapidement des fonctions régaliennes et contribue à la progression de la souveraineté britannique en Asie. La France crée à son tour une Compagnie française pour le commerce des Indes orientales en 1664. La Compagnie obtient de Colbert un monopole du commerce avec les Indes pour cinquante ans. Elle obtient également le statut de manufacture royale, sous l'autorité exclusive de la Couronne. Ces grandes entreprises, de taille internationale, constituent une matrice de développement pour les entreprises industrielles, de par l'accroissement du volume des échanges et la création de nouveaux débouchés.

2. – L'organisation de la production préindustrielle

Selon l'historien Franklin Mendels, il existait avant l'industrialisation un système de sous-traitance de la production, réalisé par des paysans au service de commerçants. C'est ce que l'on appelle le modèle de la proto-industrialisation. Cette organisation complète la production de manufactures.

a. — Proto-industrialisation et domestic system

Dans un article de 1972, « Proto-Industrialization : the First Phase of the Industrialization Process », F. Mendels décrit un modèle d'organisation de la production caractérisant la période préindustrielle. Ce modèle, dit de la proto-industrialisation, décrit les activités manufacturières à temps partiel de paysans flamands dans le nord de la Belgique. Dans leur propre ferme, avec un métier à tisser loué ou acheté, les paysans réalisent des tissages grossiers pour le compte d'un marchand. Ce dernier leur fournit les matières premières, achète les biens produits et les revend à l'extérieur de la région de production. La vente de produits textiles procure aux paysans un revenu supplémentaire, en sus des revenus agricoles. Il n'est pas rare, compte tenu de la pauvreté des paysans, que ce complément de revenu forme l'essentiel des ressources du foyer. On qualifie cette organisation de *domestic system*. La production est faite par la famille paysanne, dans l'espace domestique. Les marchands utilisent les paysans en raison du manque de main-d'œuvre urbaine, mais également pour rendre la production plus flexible et moins chère.

En termes modernes, la proto-industrialisation s'apparente à un processus d'externalisation de l'activité de production textile dans les campagnes. Ce n'est pas un phénomène marginal : au début du XVIIIe siècle, les deux tiers des tisserands de laine en Picardie sont des paysans. Villes et campagnes entretiennent ainsi des relations étroites : les villes disposent des outils commerciaux et d'entrepreneurs qui se chargent d'organiser les activités manufacturières dans la région. La logique qui sous-tend la proto-industrialisation est à la fois économique et sociale. D'un point de vue économique, la ville s'accapare la qualité, la finition, ce qui décide de l'image du produit (source de plus-value), nécessitant un savoir-faire et devant faire l'objet d'une surveillance rapprochée. L'organisation proto-industrielle picarde en est un bon exemple : à Amiens la « haute lisse » (draps fins), aux villages les draps communs. À Amiens le tissage de la soie (matière première onéreuse), aux villages le tissage du chanvre ou du lin. D'un point de vue social, le système repose sur la pauvreté rurale. On trouve ainsi un moyen d'occuper les saisonniers, mais également les femmes et les enfants. La proto-industrialisation est également remarquable car elle correspond à une entreprise de rationalisation économique de la production, par la mise au travail massive d'ouvriers-paysans coûtant moins cher que leurs homologues des villes. Ce système souligne également la toute-puissance des négociants, qui dirigent la production depuis l'aval (la vente au consommateur final), contrainte directe sur les marchands-fabriquants et indirecte sur les paysans.

b — Manufacture et balbutiements du **factory system**

La manufacture est une manière répandue d'organiser la production avant l'ère industrielle en France. Elle se caractérise par :

- L'absence d'utilisation de machines complexes : la production est réalisée à la main.
- L'absence de division horizontale du travail : les travailleurs dont l'activité de production est autonome sont simplement regroupés dans un même lieu physique.

La manufacture se rapproche de l'artisanat du point de vue technique, mais s'en distingue par la séparation du capital et du travail, et la réunion en un même lieu de corps de métier différents. D'un point de vue juridique, elle peut être une entreprise créée à l'initiative du roi ou de son administration et reconnue par elle (manufacture royale). Dans la pratique, la reconnaissance royale n'implique pas que l'administration s'engage dans sa gestion : ce sont les inspecteurs des manufactures qui en ont la charge. Parmi les avantages du statut de manufacture, on trouve la possibilité d'obtenir des commandes d'État ou le monopole de production d'un bien. Plusieurs des manufactures royales travaillent exclusivement pour la Couronne, assurant au passage certaines des fonctions régaliennes de l'État (manufacture d'armes). Des entreprises privées peuvent prétendre au statut de manufacture et s'assurer de certains privilèges comme un monopole temporaire. Parmi les exemples les plus connus, on trouve la manufacture des Gobelins spécialisée dans la production de tapisseries (actuel 13e arrondissement de Paris), la manufacture des glaces du boulevard Saint-Antoine (actuel 12e arrondissement de Paris), la manufacture textile d'Abbeville en Picardie, ou encore la manufacture de tapisseries d'Oberkampf, située à Jouy-en-Josas.

Ce dernier exemple est significatif de l'ampleur du développement qu'ont pu connaître ces établissements dans la phase préindustrielle. Christophe Philippe Oberkampf, issu d'une famille de teinturiers du Wurtemberg, dans le sud de l'Allemagne, installe vers 1760 un atelier d'impression de tissus avec trois ouvriers à Jouy-en-Josas, près de Paris. L'atelier ne cesse de grandir : au début des années 1800, la manufacture emploie 1 100 personnes sur deux sites. Oberkampf investit dans les bâtiments, développe des procédés chimiques et des moules pour permettre la reproduction de dessins créés par des artistes pour ses produits. La production est organisée par grands ateliers : dessins et gravures, impression, retouches (effectuées par 300 « pinceauteuses »). La main-d'œuvre est encadrée par des commis (22 pour 681 personnes à Jouy en 1802), le salaire atteint le quintuple de celui des imprimeurs. La manufacture dispose d'une cloche pour organiser le temps de travail des ouvriers et vérifier qu'ils ne partent pas avant l'heure dite. Vérifier, chronométrer et spécialiser le travail : on retrouve les éléments qui caractériseront le *factory system* quelques années plus tard. Comme celle d'Oberkampf, plusieurs manufactures sidérurgiques évoluent vers la grande industrie au cours du XIXe siècle. Dans la période préindustrielle, les manufactures les plus importantes utilisent également une main-d'œuvre rurale en complément de leurs employés (proto-industrialisation).

B L'ENTREPRISE ET LES RÉVOLUTIONS INDUSTRIELLES

Sous l'effet des innovations introduites par les révolutions industrielles, l'entreprise va changer de forme. Portée par les figures marquantes que sont les entrepreneurs, elle ouvre progressivement son capital à des investisseurs anonymes et s'émancipe de la famille. La production se rationalise et un mouvement de concentration horizontale se développe.

1. – La figure de l'entrepreneur

En 1829, une institution privée portant le nom d'École centrale est créée. Elle a pour but la formation de techniciens pour l'industrie. On y dispense un enseignement technique et théorique. Mais c'est aussi une école de relations entre membres de la bourgeoisie, et plus certainement encore une école de l'entrepreneuriat. Car l'entrepreneur des débuts de la révolution industrielle est un pionnier issu du haut de l'échelle sociale (J. Lambert-Dansette, *Histoire de l'entreprise et des chefs d'entreprise en France*, 2003). Même si le montant des capitaux nécessaires à la création d'une entreprise est relativement limité, les entrepreneurs se recrutent rarement dans les couches les plus modestes de la population. Le niveau élevé de connaissances techniques nécessaire à la création d'entreprises industrielles contribue à sélectionner les futurs dirigeants. On trouve les anciens élèves d'écoles d'ingénieurs, mais également des artisans et surtout des personnes originaires du négoce. Les trajectoires sociales ascendantes existent, mais sont de plus en plus rares au cours du XIXe siècle.

L'exemple d'Alfred Rangod est à ce titre éclairant (Lambert-Dansette, 2003). Né en 1883 à Paris, le jeune Alfred Rangod perd son père alors qu'il n'est qu'enfant. Sa mère alors veuve se remarie à un fabriquant de bimbeloterie de la rue Quincampoix, nommé Péchiney. Prenant l'enfant à sa charge, il le fait éduquer à l'école Turgot puis chez un chimiste de renom, Pelouze. La carrière de Péchiney suit logiquement sa formation : il est embauché dans le secteur de la chimie en Toscane, puis à Lyon et dans la Drôme. Recruté par H. Merle, il devient en 1874 gérant de la « Compagnie des produits chimiques d'Alais et de la Camargue ». La société en commandite Péchiney et Cie est née : Alfred Péchiney en restera le gérant pendant trente ans. Excellent chimiste, il se révèle un habile homme d'affaires et un excellent administrateur. Mais sa gestion du pouvoir est à l'image de l'enseignement qu'il a reçu : pointilleuse. Et il peut se tromper : il ne croit pas, au départ tout au moins, à la production d'aluminium. Métal qui fera pourtant les beaux jours de son entreprise, bien au-delà de sa mort.

2. – L'évolution des formes juridiques de l'entreprise au XIXe siècle

L'évolution du statut juridique est un bon indicateur des transformations des entreprises au cours du XIXe siècle. Jusque dans les années 1860, les entreprises capitalistes sont des entreprises de type familial. La forme dominante est la société de personnes, dans laquelle les associés répondent des dettes de l'entreprise à partir des avoirs de la société mais également de leurs biens personnels. On distingue les formes de sociétés suivantes :

- Sociétés en noms collectifs : le capital y est ouvert à des amis, associés, parents, etc. La responsabilité des participants au capital se fait au-delà du prorata de leur participation : les actionnaires sont responsables sur leurs biens personnels, sans limite. C'est la forme majoritaire de la société de personnes en France. Elles représentent 76,7 % des sociétés entre 1840 et 1859, et 82,8 % entre 1860 et 1879. La banque Rothschild conserve cette forme juridique jusqu'en 1967.

- Sociétés en commandite simple : c'est la forme juridique la plus fréquente des sociétés sidérurgiques (par exemple Michelin). Il faut distinguer entre les commandités (gestionnaires de l'entreprise), qui sont responsables de façon illimitée, et les commanditaires (apporteurs de capitaux), responsables à hauteur de leur participation au capital de l'entreprise. Entre 1840 et 1859, elles représentent 15,6 % des sociétés en France, et 11,4 % entre 1860 et 1879.
- Sociétés en commandite par actions : l'organisation entre commanditaires (apporteurs de capitaux) et commandités (gestionnaires) est identique à la commandite simple. La différence réside dans la structure du capital : les parts de la société sont des actions et sont librement cessibles. Commanditaires et commandités peuvent donc se substituer d'autres personnes sans le consentement des autres associés (sauf interdiction dans les statuts de l'entreprise). Cette forme de société se rapproche des sociétés de capitaux. Entre 1840 et 1859, elles représentent 7,7 % des sociétés en France, et 1,8 % entre 1860 et 1879.

Il existe également des sociétés de capitaux : les propriétaires détiennent une partie du capital divisé en actions. Les actions sont librement cessibles et négociables. Les associés sont généralement responsables du passif de la société à hauteur de l'apport en capital. Les sociétés anonymes constituent l'exemple type de la société de capitaux. Les actionnaires sont propriétaires de l'entreprise, tandis que son gestionnaire est le plus souvent un salarié. Les associés ne supportent les pertes qu'à concurrence de leurs apports au capital de l'entreprise. Elle est dite « anonyme » par opposition à la société de personnes dont la dénomination devait refléter le nom des associés. La société anonyme a une dénomination sociale librement choisie, ce qui n'empêche pas certaines d'entre elles de prendre le nom de leurs fondateurs. Ce type de société juridique est la forme la plus aboutie de la distinction entre gestion et propriété de l'entreprise : on ne sait pas qui est l'actionnaire, et ce dernier ne peut être poursuivi en termes de responsabilité si l'entreprise fait faillite. Les décisions se prennent au sein d'un conseil d'administration, réunissant les administrateurs de l'entreprise nommés par les actionnaires. On distingue généralement les SA à conseil d'administration des SA à directoire avec conseil de surveillance. Cette forme de société reste minoritaire jusqu'à la fin du XIXe siècle, représentant entre 1840 et 1859 moins de 1 % des formes de sociétés en France, et 4,3 % entre 1860 et 1879. La raison de ce désamour est réglementaire : créer une société anonyme est compliqué, car cela nécessitait jusqu'aux années 1860 une autorisation ministérielle. D'autre part, cette forme d'entreprise est crainte en France et très critiquée en raison de l'absence de responsabilité (vis-à-vis des fournisseurs et des clients). En Grande-Bretagne, ces sociétés sont même interdites jusqu'en 1825. Leur création libre n'est possible qu'à partir de 1856 en Grande-Bretagne, 1867 en France et 1869 en Allemagne. Le changement de législation n'entraîne toutefois pas de développement brutal des sociétés par actions : on a une lente augmentation de leur poids, puisqu'elles passent de 4 % des sociétés dans les années 1860 à 15 % au début du XXe siècle (avec une hausse du capital moyen par société).

Les liens entre l'évolution des formes juridiques de l'entreprise et les transformations du capitalisme ne sont pas univoques. La mutation des formes juridiques apparaît comme un préalable au développement de nouvelles industries, caractérisées par des besoins en capitaux plus importants. C'est l'exemple des chemins de fer, qui nécessitent l'acceptation juridique et sociale du statut de société anonyme pour se développer. Mais on peut envisager la relation en sens inverse : la mutation des formes juridiques résulte de besoins nouveaux en capitaux. Il peut enfin exister une relative indifférence entre le développement des entreprises et les formes juridiques (possibilités de logiques diverses et coexistence de formes variées). C'est la thèse privilégiée actuellement : il y a diversité et diversification des liens.

3. – L'organisation de la production au cœur des révolutions industrielles

Deux tendances lourdes structurent les transformations des processus de production : un mouvement de concentration horizontale touche les grandes entreprises, qui cherchent à rationaliser leur production dans le sens d'une réduction des coûts.

a. — Une tendance à la concentration

On observe une tendance indiscutable à l'augmentation de la taille moyenne des unités de production au cours du XIXe siècle. La concentration apparaît clairement aux États-Unis, mais est moins marquée dans d'autres pays. Ce mouvement ne remet pas en cause la prééminence des petites entreprises. La concentration est un phénomène multiforme. D'une part il y a une augmentation de la taille moyenne des entreprises, et d'autre part une augmentation du poids des plus grandes entreprises sur le marché.

Les causes de la concentration sont diverses :

- Le progrès technique et le coût croissant du matériel : les machines modernes sont plus productives, mais plus chères. Les entreprises font donc des économies d'échelle grâce à la concentration. La dynamique des techniques a un impact sur la croissance.
- La concurrence sur certains marchés : la concentration permet de réduire le nombre d'offreurs et d'accroître le pouvoir de marché des entreprises. C'est l'exemple du chemin de fer : en 1850, il existe en France plusieurs dizaines de compagnies d'exploitation des réseaux ferrés, mais ce nombre va rapidement baisser en raison des processus de concentration.
- Le rôle des crises économiques : elles touchent surtout les petites entreprises (phénomène typique du XIXe siècle), et conduisent à des rachats de clientèle ou d'actifs.
- Les nouveaux modes de financement (banques, marchés financiers) : ils favorisent les grandes structures. Pour se financer en Bourse, il faut être une entreprise de grande taille car ce financement suppose de distribuer un grand nombre d'actions. D'autre part, les banques préfèrent prêter à une grande entreprise plutôt qu'à une petite.
- L'ouverture aux échanges extérieurs : elle accroît la concurrence et génère un mouvement de concentration. Par exemple, dans le secteur agricole, une augmentation des importations de céréales étrangères engendre une baisse des prix, et seules les plus grandes entreprises arriveront à survivre.

Les attitudes politiques diffèrent face à la concentration :

- Aux États-Unis, l'État a la volonté de contrôler et de limiter la concentration grâce aux lois antitrust telles que le *Sherman Antitrust Act* de 1890 ou le *Clayton Act* de 1914. Cela correspond sans doute plus à une logique politique qu'à un principe économique : il faut arriver à contrôler la concentration, non pas pour assurer la concurrence (dans un premier temps tout au moins), mais parce que les grandes entreprises sont devenues trop puissantes et imposent leurs règles à la société. La société Standard Oil, société de raffinage et de distribution de pétrole qui avait la main mise sur le secteur pétrolier des États-Unis, est ainsi divisée en 24 entités différentes. Cela n'empêche pas l'entreprise de se reconstituer sous forme de holding en 1899, en créant Exxon, Mobil, Chevron et Esso. C'est également le cas de l'US Steel, société dépassant le milliard de chiffres d'affaires en 1901, et s'accaparant 65 % de la production d'acier des USA.
- En Allemagne, le gouvernement favorise la création de cartels (accord entre entreprises pour réduire la concurrence), dans le cadre du Zollverein.

– Au Royaume-Uni et en France, l'État reste relativement neutre, à l'exception de la période du Second Empire (Napoléon III favorise la cartellisation).

b. — La rationalisation des formes de production

L'augmentation de la taille des établissements et le développement des usines, caractéristiques de la révolution industrielle, peuvent se lire comme une application directe des principes d'A. Smith (accroissement de l'efficacité technique par augmentation de la division technique du travail). On peut également les lire comme des réponses à plusieurs problèmes de gestion. Le regroupement des travailleurs permet de mieux les contrôler et coordonner. C'est notamment le cas lorsque les techniques de production nécessitent qualification et contrôle, ou lorsque les matières premières sont rares. On peut enfin interpréter ce mouvement comme une minimisation du coût du travail en ajustant les besoins en main-d'œuvre. Le *factory system* complète le *domestic system* typique de la période préindustrielle et se substitue à lui lorsque les nouveautés techniques et la concentration en un lieu de production unique permettent des gains de productivité importants. Si l'écart de productivité est faible, les deux sont alors complémentaires.

L'accroissement de la taille des entreprises, qui marque la seconde moitié du XIXe siècle, entraîne des évolutions dans leur organisation. On assiste à une professionnalisation de la gestion, *via* la création d'écoles de commerce dans les années 1880 (alors que les écoles d'ingénieurs ont été créées bien avant). HEC voit le jour en 1881, les ESC de Lyon et Marseille en 1872, celle de Bordeaux en 1874. On accorde une place plus importante aux managers. Salariés recrutés pour leurs compétences en gestion, ils acquièrent plus de pouvoir dans les entreprises. Le relatif déclin économique de la Grande-Bretagne à partir des années 1860 est dû en partie à une faible présence de managers. Au sein de l'entreprise, les fonctions se spécialisent horizontalement et se hiérarchisent verticalement. On découpe différentes branches (comptabilité, production, apparition des premières divisions marketing, etc.). Même s'il ne faut pas la surestimer, on procède à une rationalisation du travail dans les plus grandes entreprises. C'est l'application des principes de Taylor. Dans un ouvrage de 1903, *Shop Management*, il élabore le principe de l'organisation scientifique du travail (OST) qui a pour but de rendre le pouvoir de gestion de la production aux patrons. Cette méthode est basée sur trois principes : division technique et horizontale des tâches, « *one best way* » (un seul geste utile imposé au travailleur, avec une séparation nette entre conception et exécution), et chronométrage des tâches. Les principes de Taylor sont adoptés progressivement au tournant des XIXe et XXe siècles. Le succès de l'OST s'explique aussi par l'arrivée aux États-Unis de millions d'immigrants non qualifiés qu'il faut intégrer sur le marché du travail. Entre 1880 et 1915, près de 15 millions d'immigrés débarquent en provenance d'Europe du Sud et de l'Est : sans qualifications, ils vont trouver à s'insérer dans le tissu social américain grâce à la mise en place du taylorisme.

C L'ENTREPRISE MONDIALE

Au XXe siècle, l'organisation des entreprises est soumise aux changements de conjoncture économique, aux modifications de la réglementation et aux modes financières. Au niveau macroéconomique, l'organisation des entreprises s'inscrit dans des vagues de concentrations successives. Au niveau microéconomique, les grandes entreprises continuent leur mouvement vers davantage de rationalisation, conduisant à une transformation du management.

1. – Des vagues de concentration successives

Plusieurs vagues de concentration se succèdent au cours du XXe siècle.

Dès la fin du XIXe siècle s'est amorcé un processus de concentration horizontal des activités industrielles. Deux raisons expliquent ce mouvement : la volonté d'accroître le pouvoir de marché des firmes et les contraintes technologiques (coûts fixes élevés des nouvelles technologies). Les secteurs les plus caractéristiques de cette première vague de concentration sont l'industrie lourde et les infrastructures. Les gouvernements luttent contre la constitution de monopoles. C'est le cas aux États-Unis avec la législation antitrust (*Sherman Act* de 1890 et *Clayton Act* de 1914).

Les années 1920 voient la mise en place de structures de production oligopolistiques. L'oligopole est une structure de marché où les entreprises en concurrence sont peu nombreuses et les produits qu'elles vendent sont de proches substituts. Des interactions stratégiques se diffusent entre les entreprises : le choix de l'une affecte nécessairement ceux des autres. Dans ce contexte, les concentrations se font à la fois horizontalement et verticalement, principalement sur le marché domestique. L'exemple type de cette structure de marché est le secteur de l'automobile aux États-Unis. Les « Big Three » – Chrysler, Ford et General Motors – se partagent le marché. General Motors, créée en 1908 par William C. Durant, est par ailleurs issue de la fusion de plusieurs dizaines d'entreprises automobiles, dont les plus connues sont Buick, Oldsmobile et Cadillac.

Dans les années 1960, les concentrations sont à la fois horizontales et conglomérales. La firme coréenne Samsung (« Trois Étoiles ») constitue un bon exemple de cette logique. Nommés *chaebol* en Corée, les conglomérats rassemblent des firmes issues de secteurs d'activités différents. Créée en 1936 par Lee Byung-chul, Samsung est au départ une entreprise de décorticage de riz. Dès le départ, la firme mise sur l'avantage technique : malgré un capital social modeste (30 000 wons), elle est équipée de matériel dernier cri. Au bout de quelques années, l'investissement se révèle rentable et permet à l'entreprise de survivre à l'occupation japonaise (1938-1945) puis à la guerre de Corée (1950-1953). Au lendemain de la guerre, le groupe se diversifie dans le textile et la production de sucre. Au cours des années 1960, il étend ses activités aux engrais chimiques, à la papeterie et à l'assurance. Durant la décennie suivante, le groupe prend place dans les secteurs de l'électronique, de la pétrochimie et de la construction navale. Dans les années 1980, il étend sa domination au secteur des semi-conducteurs. La croissance du groupe entre 1953 et 1986 donne un aperçu de la réussite économique du modèle : son chiffre d'affaires augmente en moyenne de 15,5 % par an (R. Park-Barjot, « Mondialisation et avantage concurrentiel. La percée internationale de Samsung », 2007). La croissance du groupe, portée par l'augmentation de la demande intérieure et les exportations, est fondée sur la diversification des activités. Ce système permet par exemple à la firme de compenser une baisse de chiffre d'affaires dans l'industrie textile par une augmentation des ventes dans l'électronique grand public. La diversité des métiers du groupe permet de diluer les risques de récession sectorielle.

Durant les années 1980, la logique s'inverse. La financiarisation conduit à un pouvoir accru des détenteurs du capital, qui enjoint les managers de l'entreprise à se recentrer sur des cœurs de métier. On assiste alors au « détricotage » de nombreuses entreprises, sommées de se réorganiser autour des branches les plus rentables. Les conglomérats sont jugés peu rentables par les actionnaires. Les concentrations horizontales financières, parfois hostiles, deviennent la norme. Pour ce faire, on utilise les instruments financiers comme les OPA (offre publique d'achat, par laquelle une entreprise source propose aux actionnaires de l'entreprise cible de racheter leurs actions à un cours supérieur au cours de marché). C'est la période des *raiders* (« prédateurs ») financiers, rachetant les entreprises puis procédant à leur vente par morceaux. Ce mouvement de concentration touche principalement les secteurs de la banque, de l'aviation et de l'énergie. Les monopoles publics sont progressivement ouverts à la concurrence.

La dynamique de concentration des années 1990 s'internationalise, tout en restant majoritairement horizontale. Le montant moyen des fusions et des acquisitions d'entreprises augmente de façon importante, créant des bulles spéculatives autour de certains secteurs (NTIC). Les modifications réglementaires (les 3D : déréglementation, désintermédiation, décloisonnement) contribuent à l'augmentation des transactions en volume. Les exemples de fusion sont nombreux, et concernent la finance, les télécommunications, les médias, la pharmacie et le secteur aéronautique. En France, cela se traduit par un mouvement de concentration bancaire sans précédent : les établissements mutualistes, les caisses d'épargne et les banques commerciales de taille modeste fusionnent en de grands groupes. On voit également apparaître de nouvelles firmes de taille mondiale, issues des pays en voie de développement.

2. – Les modifications de l'organisation interne des firmes

Des historiens attribuent une partie des modifications internes des grandes firmes à la diffusion de valeurs issues du capitalisme américain. L'américanisation de l'économie peut être définie comme « un transfert sélectif et adapté de valeurs, de comportements, d'institutions, de technologies, de modèles d'organisation, de symboles et normes depuis les États-Unis dans l'économie des autres États » (H. G. Schröter, « Economic Culture and its Transfer », 2007). Sous l'effet du leadership mondial des États-Unis, les firmes européennes vont adopter des modèles économiques visant à rationaliser la firme, mais surtout à l'adapter à un contexte économique et réglementaire fluctuant. L'internationalisation des connaissances de gestion et d'organisation, facilitée par les enseignements des *business schools*, conduit à la désignation de « modèles » de firmes : firme unitaire (firme U), firme multidivisionnelle (firme M), mais également firme américaine (firme A) ou firme japonaise (firme J).

a. — De la firme U à la firme M

Soumises aux mouvements de concentration, aux coûts croissants des matières premières et à une concurrence plus importante, les firmes se réorganisent en visant la rationalisation de la production. Pour l'historien A. Chandler (*La Main visible des managers*, 1977), cette logique conduit au passage de la firme unitaire à la firme multidivisionnelle, dès le début du XXe siècle.

La forme unitaire repose sur un système décisionnel centralisé, une division des tâches et une spécialisation par fonctions. La direction générale prend les décisions d'orientation économique générale de l'entreprise. Au niveau inférieur, on trouve des directions spécialisées dans une fonction : production, marketing, finances, etc. Elles sont dirigées par des spécialistes du domaine concerné. Les profils de carrière évoluent au sein de chaque spécialité, de façon cloisonnée. L'objectif d'une telle organisation est double : réaliser des économies d'échelle et rationaliser la production en centralisant la prise de décision et en séparant conception et exécution.

Firme U

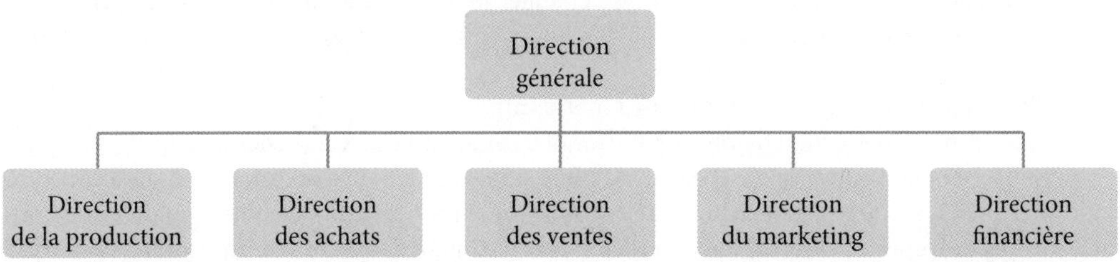

Cette forme d'organisation présente plusieurs avantages :

- Le contrôle de la conception des fonctions et, dans une moindre mesure, de leur réalisation est facilité par la spécialisation.
- Les responsabilités sont définies sans ambiguïté.
- La division du travail est horizontale, mais la circulation de l'information est verticale.

La firme U est adaptée aux productions standardisées. Cependant, l'augmentation de la taille de l'entreprise conduit à une augmentation prohibitive des coûts de transaction (transmission de l'information), multipliant les risques d'inefficacité. En outre, la stricte séparation des fonctions rend difficile l'innovation, l'adaptation aux défauts de production et la réponse aux changements de demande des consommateurs. Dès lors qu'une firme élargit ses activités ou que son environnement devient instable, il devient souhaitable de passer à la forme M.

La forme multidivisionnelle, adoptée par les entreprises américaines dans les années 1950 et par les firmes européennes dans les années 1960, offre d'importants avantages en termes de flexibilité et de circulation d'informations. Elle fonctionne sur le principe d'un système de prise de décision décentralisé. La firme est séparée en divisions autonomes, qui peuvent correspondre à des activités productives ou à des zones géographiques. Chaque division est organisée sous forme unitaire agissant, à son niveau, comme une quasi-firme (on parle en gestion de centre de profit). La gestion des affaires courantes est décentralisée en vertu du principe de subsidiarité (le pouvoir de décision est laissé à l'unité décentralisée la plus compétente). Une direction générale assure les fonctions d'orientation, d'audit interne et de contrôle de l'activité de chaque centre de profit.

Firme M

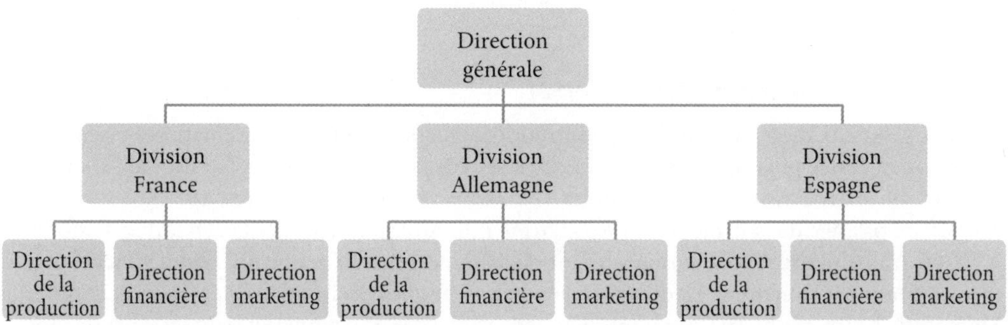

Cette division du travail permet à la direction générale de se concentrer sur les performances globales de l'organisation. Les divisions sont, dans une certaine mesure, mises en concurrence entre elles. On a donc une organisation interne proche du fonctionnement d'un marché. Par rapport à la forme U, cette forme d'organisation favorise une plus grande flexibilité en termes de conquête de marchés, et permet une meilleure coordination des décisions avec le terrain.

L'introduction de la firme M contribue à changer les hiérarchies internes à l'entreprise :

- Elle favorise l'accession au pouvoir des financiers et des commerciaux au détriment des ingénieurs.
- Elle accorde une place importante au marketing.
- Elle permet une recherche plus opérationnelle et adaptée aux marchés locaux.

Plus largement, l'adoption de la forme M est le signe d'une nouvelle conception de la consommation. Après la standardisation du modèle fordiste et le modèle unique contraignant le consommateur, les entreprises « se rallient à l'idée d'une rationalité du consommateur » (D. Barjot,

« Introduction », *Où va l'histoire des entreprises ?*, 2007). Ce changement contribue à l'émergence de firmes de conseil de taille mondiale, imposant des standards managériaux à un ensemble de très grandes entreprises : agences de publicité, cabinets de conseil en tous genres.

b. — De la firme A à la firme J

Dans les années 1970, la vague de la firme multidivisionnelle reflue. Le modèle américain de la firme apparaît affaibli par l'instabilité des dirigeants, les OPA et un système financier tout-puissant. Les entreprises japonaises connaissent, *via* la réussite commerciale de grands groupes (Sharp, Sony, Toyota), une renommée croissante. Les entreprises européennes tournent donc logiquement leurs regards vers le Japon. Un économiste japonais, Masahiko Aoki (« Toward an Economic Model of the Japanese Firm », 1990) résume l'attrait du modèle managérial japonais par la distinction entre firme A (américaine) et firme J (japonaise). Chaque type d'organisation réagit de façon différente aux conditions changeantes du marché et aux opportunités technologiques. Chacun possède un mode d'échange d'informations :

- La firme de type A possède une structure rigide. Ses règles et ses fonctions sont établies en amont par une direction, de façon précise. Séparation et exécution sont strictement séparées, et tout dysfonctionnement implique un long processus pour être résolu. Salariés et propriétaires du capital ont des intérêts opposés : la gestion financière et la rentabilité de court terme priment sur les revendications des salariés.
- La firme de type J possède une organisation du travail souple, sans fonction figée. Les salariés sont autonomisés en partie et doivent savoir réagir immédiatement aux problèmes de production. L'exécution et la conception ne sont plus strictement séparées : un dialogue est instauré, pour faire apparaître les bonnes pratiques. L'emploi est pérennisé : les gestionnaires défendent l'emploi à vie, dans l'intérêt de l'entreprise.

Chaque type d'organisation présente des avantages et des inconvénients. Pour Aoki, la firme J serait plus efficiente en univers incertain.

c. — La firme managériale

Le passage de la forme U à la forme M se traduit par une nouvelle conception de la hiérarchie des fonctions au sein de l'entreprise : les managers prennent le pas sur les ingénieurs. L'adoption de la « *M Form* » permet d'établir, selon les mots de Chandler (*op. cit.*, 1977) le triomphe de la « main visible des managers » sur la « main invisible du marché ». Dans les années 1980, le contexte macroéconomique change : la croissance ralentit, la concurrence entre entreprises se mondialise, l'intermédiation bancaire s'estompe au profit du financement direct sur les marchés financiers. Pour les sociétés cotées, la domination des marchés financiers impose de répondre aux exigences d'actionnaires. Les rapports entre propriétaires de capital, gestionnaires d'entreprise et salariés se redéfinissent autour de cette logique.

Durant les dix dernières années du XXe siècle, un modèle de gouvernance d'entreprise orienté vers les actionnaires s'est développé. Favorisé par la déréglementation des marchés financiers et la désintermédiation (notamment aux États-Unis), le modèle boursier s'est rapidement diffusé à l'ensemble des grandes entreprises cotées. Le comportement économique de l'entreprise est indexé sur les performances économiques mesurées par les actionnaires. Les dirigeants d'entreprise sont confrontés à une contrainte de rentabilité financière très élevée. Le ROI (retour sur investissement en français) attendu par les actionnaires majoritaires s'élève en moyenne à 8 % pour les entreprises cotées. Cela signifie que pour 100 € investis, l'actionnaire s'attend à récupérer un dividende annuel de 8 €. À l'échelle d'une entreprise pesant plusieurs milliards d'euros de chiffre d'affaires, la rentabilité nette demandée dépasse souvent les possibilités de développement économique des firmes, notamment en période de crise. Cela signifie que la stratégie d'entreprise s'oriente explicitement vers la satisfaction de ratios financiers imposés par les actionnaires majoritaires.

Ce modèle connaît un franc succès aux États-Unis, pays comptant le plus de petits actionnaires (environ 38 millions). Il a pour conséquence de voir apparaître des entités de grande taille spécialisées dans ces investissements financiers de court terme : fonds de pension (dont les liquidités proviennent des cotisations retraite d'une catégorie de salariés), banques d'affaires et banques commerciales (grâce à l'abolition en 1999 du *Glass-Steagall Act* qui imposait une séparation entre activités d'investissement et activités de dépôt), auxiliaires de marché (comme les courtiers).

Le modèle boursier de gestion des firmes conduit naturellement à une pression accrue sur les dirigeants de l'entreprise : les rapports d'autorité semblent s'établir en faveur des actionnaires, au détriment des gestionnaires. Jouant sur l'asymétrie d'information (ils connaissent la « vraie » situation financière de l'entreprise), les managers s'octroient les moyens d'être rémunérés à hauteur de l'incertitude de leur maintien en fonctions. Aidés par des conseils d'administration formés en majorité de dirigeants d'autres grandes entreprises (liens interlocks ou « entrecroisés »), ils obtiennent le versement de stock-options (des actions achetées à prix préférentiel, que le dirigeant peut récupérer après une période déterminée par contrat) et d'autres rémunérations incitatives. À la fin des années 1990, les revenus issus des stock-options représentent en moyenne 80 % de la rémunération des patrons d'entreprises cotées. Les rémunérations individuelles s'envolent, n'ayant plus rien à voir avec la réalité de la fonction. La gouvernance d'entreprise « orientée actionnaires » trouve là une de ses limites : gérer la performance financière par des incitations monétaires. L'absence de transparence qui en résulte, la complaisance des cabinets de commissariat aux comptes (les *Big Four* chargés de vérifier l'exactitude comptable des documents fournis aux actionnaires), la mise en place de stratégies économiques de court terme (pour répondre aux exigences de rentabilité élevée) conduisent les États à tenter d'encadrer ces pratiques, sans pouvoir prévenir la crise des *subprimes* de 2008.

II

LA FIRME VUE PAR LA SCIENCE ÉCONOMIQUE

En 1919, sous l'impulsion d'un William C. Durant fraîchement appointé à la tête de l'entreprise qu'il a créée mais dont il avait été débarqué par des financiers 9 ans plus tôt, General Motors signe un contrat de 10 ans avec son principal fournisseur de carrosseries, l'entreprise Fisher Body, dirigée par les sept frères du même nom. La signature s'accompagne d'une prise de participation de General Motors, qui s'octroie 60 % des parts de Fisher Body. Pour cette dernière, l'objectif est simple : éviter des négociations trop serrées sur les prix des pièces détachées et rentabiliser les lourds investissements en presses mécaniques et machines à teinter réalisés spécifiquement pour General Motors. À en croire B. Klein, R. Crawford et A. Alchian (« Vertical Integration, Appropriable Rents and the Competitive Contracting Process », 1978), l'histoire va toutefois prendre un tour inattendu. Au début des années 1920, la demande de châssis augmente brusquement, et Fisher Body n'investit pas suffisamment pour y répondre, refusant notamment de construire une nouvelle usine près du lieu de production de General Motors. Prise au piège du contrat d'exclusivité signé avec son fournisseur, General Motors doit en outre subir les augmentations de prix des pièces détachées, réduisant sa compétitivité sur le marché automobile. Pour sortir de l'ornière, General Motors choisit la stratégie la plus radicale : racheter l'intégralité des parts de Fisher Body et intégrer verticalement sa production. L'acquisition des 40 % des parts restantes et la disparition de Fisher Body comme entité indépendante sont actées en 1926.

L'histoire de l'acquisition de Fisher Body par General Motors constitue pour plusieurs courants de l'économie de l'entreprise une illustration de leurs concepts fondamentaux. Ainsi l'anecdote est-elle rapportée par O. Williamson comme exemple de comportement opportuniste dans un contexte de rationalité limitée et de production d'actifs spécifiques ; mais également par B. Klein, R. Crawford et A. Alchian (*op. cit.*) comme illustration des effets positifs de l'intégration verticale, ou encore par O. Hart (prix Nobel d'économie 2016 avec B. Holmström) dans le cadre de sa théorie des droits de propriété et de la structure de gouvernance de l'entreprise. D'autres économistes doutent de la pertinence théorique de l'acquisition de Fisher Body, qu'ils qualifient de « fable ». C'est le cas de R. Casadesus-Masanell et D. F. Spulber (« The Fable of Fisher Body », 1999), qui insistent sur la confiance mutuelle liant les deux entreprises dès leur rapprochement initial, et sur le principe de codécision prévalant dans le conseil d'administration de Fisher Body bien avant l'intégration à General Motors. R. Coase (« The Acquisition of Fisher Body by General Motors », 2000) souligne qu'il est peu probable qu'un investissement de productivité ait été nécessaire, Fisher Body se situant déjà à la « frontière technologique ». Les interprétations du cas Fisher Body donnent ainsi à voir les nombreux paradigmes qui s'opposent et structurent le champ de l'économie de la firme. Pour les économistes, l'entreprise reste un objet d'étude paradoxal : tous sont convaincus de la place centrale qu'elle occupe dans les économies capitalistes, mais aucune conception de sa nature ou justification de ses actions économiques ne font l'unanimité. Plus précisément, les économistes s'opposent sur trois points clés (M. Chaudey, *Analyse économique de la firme*, 2014) :

- la définition de la firme : l'entreprise est-elle une entité ayant seulement pour but la production ? Quel degré d'épaisseur sociale faut-il intégrer au modèle de la firme ?
- la justification de l'existence des entreprises et la délimitation de ses frontières : pourquoi avoir besoin de recourir à des entreprises alors qu'existe déjà un cadre pour organiser les transactions entre agents économiques, le marché ? Si l'on admet que les deux modes d'organisations sont concurrents, où finit l'entreprise, où commence le marché ?
- les modes d'organisation internes à l'entreprise : comment gérer les conflits d'intérêt ? Plus largement, quelle est la « bonne » gouvernance de l'entreprise ?

La théorie néoclassique propose une approche de l'entreprise à un niveau microéconomique : c'est le modèle de la « firme-point ». Ce modèle ne s'intéresse pas aux différentes relations qui se nouent à l'intérieur de l'entreprise ou encore à sa forme juridique : elle serait une « boîte noire » sans épaisseur sociale. Assimilant l'entreprise à un agent économique rationnel, la théorie néoclassique ignore les problèmes liés au processus de production, à l'organisation interne de l'entreprise, ou la question des frontières de l'entreprise. Pour contourner ces difficultés, certains économistes issus du courant néoclassique vont proposer des modèles centrés sur la notion de contrat : la firme est décrite comme un « nœud » de contrats (*nexus of contracts*) entre des agents économiques. L'existence de la firme est justifiée comme la meilleure réponse possible aux défaillances de marchés. D'autres économistes vont s'intéresser à la relation d'emploi. Les questions cruciales de la hiérarchie, de l'autorité, des relations entre les acteurs de l'entreprises et par extension de la gouvernance sont au cœur de cette approche. Enfin, des économistes développent une approche de la firme que l'on qualifie d'hétérodoxe, basée sur le concept de compétences plutôt que sur celui de contrat. Ce résumé des diverses approches débouche sur un constat simple : il n'existe pas de consensus sur la question de savoir ce qu'est une firme. La diversité n'est pas une fatalité : elle permet d'enrichir notre compréhension de l'organisation centrale du capitalisme.

A LA FIRME EST DÉPENDANTE DU MARCHÉ

Le modèle néoclassique de la firme propose une représentation simplifiée de l'entreprise, assimilée au producteur individuel. L'objectif principal de la firme est la maximisation du profit sous contraintes technique et financière.

1. – La firme-point néoclassique

Dans son modèle le plus simple, développé à la fin du XIXe siècle, l'École néoclassique justifie l'existence de l'entreprise par la technologie. La firme est définie comme une entité confondue avec l'activité de production. C'est un agent économique qui combine des facteurs de production afin de produire des biens et des services destinés à être vendus sur un marché.

a. — L'objectif premier : maximiser le profit du producteur

La firme doit rechercher la meilleure combinaison productive possible : elle doit associer le facteur travail et le facteur capital afin de minimiser les coûts de production et de maximiser son profit. Ce qui importe, c'est de faire face aux contraintes techniques de la production tout en réalisant l'arbitrage financier le plus pertinent. On peut donc distinguer deux enjeux :

- Le premier réside dans le choix d'une combinaison technique : quel type de machine vais-je devoir choisir, combien de salariés est-il nécessaire d'embaucher pour les faire fonctionner ? La nature de la production (boîtes en plastique ou robes haute-couture par exemple), la disponibilité des facteurs, ainsi que leurs conditions de substituabilité limitent les choix possibles. L'entreprise fait toujours le choix d'une combinaison qui assure que tous les facteurs de production disponibles soient utilisés.
- Le second renvoie à une combinaison économique : les facteurs de production sont disponibles sur le marché en quantité finie et sont donc rares. Cette rareté se traduit dans le prix d'achat des facteurs : plus elle augmente, plus les facteurs vont être chers. Plus exactement, c'est de l'évolution des prix relatifs du capital et du travail que dépend le choix de la quantité de facteurs utilisée. La combinaison technique retenue doit donc permettre la production la plus importante au coût le plus faible.

Dans cette perspective, l'entreprise ne se distingue pas d'un producteur individuel. Elle poursuit un objectif de maximisation de profit, sous contrainte de budget et de faisabilité technologique. Elle exécute sa tâche en mettant en œuvre une rationalité en finalité, ajustant les moyens dont elle dispose aux fins qu'elle recherche. L'entreprise néoclassique n'est donc pas une organisation telle que nous pouvons la percevoir dans le monde réel, avec ses salariés, ses relations sociales, ses conflits, ses réussites commerciales, etc. C'est une firme-point, sans épaisseur sociale. Ce qui se passe à l'intérieur de l'entreprise n'intéresse pas les économistes néoclassiques. Ils considèrent l'entreprise comme une boîte noire, et négligent l'impact sur le bon déroulement de la production et des relations sociales qui se développent en son sein.

La théorie néoclassique repose également sur une séparation des activités de production et d'échange. Les allers-retours entre la firme et le marché respectent une stricte division des tâches. La firme a pour charge la production et recourt au marché pour se fournir en facteurs de production. Le marché a pour fonction la coordination de l'offre de production et de la demande des consommateurs. Le mécanisme des prix flexibles assure qu'un équilibre de marché apparaisse, égalisant offre et demande au prix de marché. Le marché est la forme de coordination la plus efficiente. Si tous les acteurs du marché acceptent les conditions d'échange, les problèmes de débouchés (surproduction ou sous-production) n'existent pas. À long terme, l'équilibre est toujours réalisé et permet d'écouler la totalité de l'offre des firmes au prix de marché.

b. — Une conception simple, mais efficace pour comprendre le fonctionnement de l'entreprise

La double hypothèse faite par l'école néoclassique, réduisant l'entreprise à un agent économique comme un autre et postulant que son seul objectif est la recherche du profit le plus important, peut apparaître simple, voire simpliste. Plusieurs arguments peuvent être avancés qui justifient cette hypothèse :

- On peut considérer que le profit constitue la condition préalable à la poursuite d'autres objectifs : si l'entreprise met au point des produits innovants et réalise des profits importants, alors le prestige de son dirigeant augmente. Inversement, si une entreprise du secteur marchand ne fait pas de profit, elle est condamnée à disparaître et son dirigeant sera sur la sellette. On peut donc considérer *a minima* la recherche du profit comme une condition nécessaire de l'activité du producteur.
- On peut également considérer que les dirigeants, souvent salariés de l'entreprise, sont contrôlés par les actionnaires. Une cotation en bourse signifie que les résultats économiques de l'entreprise doivent être rendus publics, et que la gestion de l'entreprise sera appréciée par des acteurs externes. Dans le cas d'un marché boursier parfait, si l'entreprise réalise des profits importants, alors son action sera plus demandée et la cote de l'action montera. Inversement, si les résultats sont médiocres, le cours de l'action baissera. Par l'intermédiaire de la bourse, les dirigeants de l'entreprise sont sous étroite et peu coûteuse surveillance des actionnaires et d'éventuels acquéreurs. La maximisation du profit, qui maintient le cours de l'action à un niveau élevé, rassurera les actionnaires, et dissuadera les tentatives de prise de contrôle ennemies (par exemple les OPA hostiles). Pour les dirigeants de l'entreprise, la maximisation du profit est une façon d'obtenir et de conserver une plus grande liberté d'action. De ce point de vue, l'intérêt des actionnaires et des managers est donc largement convergent.
- On peut proposer des arguments d'ordre épistémologique : le réalisme d'une hypothèse importe moins que son pouvoir explicatif. Cet argument, attribué à Milton Friedman, implique que la pertinence d'une hypothèse scientifique ne se juge pas à l'aune du réalisme de ses postulats. Seul importe le réalisme des conclusions pratiques issues de l'exploitation de ces hypothèses.
- Par ailleurs, utiliser des hypothèses irréalistes a une fonction scientifique précise : cela permet d'évacuer les aspects de la réalité qui n'intéressent pas le scientifique. Cette proposition est convergente avec les caractéristiques de la modélisation en économie, visant un compromis entre la volonté de réalisme et la nécessité de simplicité. C'est l'argument développé par Fritz Machlup (1971), qui souligne que plus l'économiste décide d'intégrer d'éléments dans son modèle, plus ce modèle est réaliste, mais plus ce modèle est complexe et difficile à interpréter. La théorie néoclassique de la firme doit être jugée au regard de l'objectif de simplification lié à la modélisation mathématique qu'elle s'est fixé. Elle se rapproche d'un « *pantin abstrait sorti d'une éprouvette intellectuelle et arbitrairement dotée de quelques traits humains* » (Machlup, 1971).

2. – Les prolongements du modèle de la firme-point

Pour les continuateurs de l'école néoclassique, il est possible d'améliorer le réalisme du modèle standard de la firme en levant l'hypothèse de rendements d'échelle constants ou encore en postulant l'existence d'objectifs différents selon qu'on se situe dans le court ou le long terme.

a. — La firme permet de réaliser des économies d'échelle

Focaliser l'analyse sur le profit n'a pas permis aux économistes néoclassiques de clarifier l'apport économique de la firme en tant qu'organisation. Les prolongements du modèle de base vont réaliser cette avancée théorique, en prenant en compte les effets de la taille de l'entreprise sur le volume de production. Le concept central est ici celui d'économies d'échelle.

On en trouve la première présentation formalisée dans les travaux d'Alfred Marshall (1842-1924) dès 1890 dans ses *Principes d'économie politique.* Réfutant la loi des rendements décroissants introduite par Ricardo (1817), il considère qu'il est possible d'agir sur la fertilité du sol par divers moyens (engrais, sélection des semences, etc.) pour en accroître le rendement. La qualité du travail peut s'améliorer par l'« éducation industrielle ». Le perfectionnement des machines est rendu possible par le progrès technique. Au-delà de l'amélioration qualitative des facteurs de production, Marshall souligne l'existence d'un effet strictement quantitatif : ce sont les rendements d'échelle croissants. Ils signifient que la production augmente plus que proportionnellement par rapport à l'augmentation de la quantité de facteurs. Ainsi, le doublement du nombre de salariés et de machines dans une usine permet d'obtenir plus de deux fois le volume de production initial.

Les rendements d'échelle croissants sont dus à un « effet taille ». Plus l'entreprise est importante, plus elle peut réaliser des économies d'échelle. Marshall les divise en deux catégories : les économies d'échelle externes liées « *au développement général de l'industrie* », et les économies d'échelle internes, liées « *aux ressources des entreprises individuelles,* [...] *à leur organisation et à l'excellence de leur direction* ».

- À l'échelle d'une firme, les économies d'échelle internes réduisent le poids des coûts fixes (indépendants du volume produit) et augmentent la capacité de négociation pour les achats de matières premières ou pour l'obtention de financements. En outre, l'« *augmentation de capital et de travail mène d'ordinaire à une organisation meilleure, qui accroît l'efficacité [des facteurs de production]* ». L'utilisation des facteurs est ainsi optimisée de par la spécialisation des tâches et par l'utilisation plus intensive des salariés et des machines (principe des 3 × 8 dans une usine). Dans l'hypothèse d'une croissance continue des économies d'échelle internes, on aboutit théoriquement à une situation de monopole : le pouvoir de marché de l'entreprise s'accroît progressivement pour aboutir à une position dominante sur le marché.
- À l'échelle d'une branche d'activité, les économies d'échelle externes permettent aux établissements de partager des connaissances, des savoir-faire et des infrastructures communes (laboratoires de recherche, routes, etc.) : ce sont des effets de synergie. Parallèlement, Marshall note la possibilité de déséconomies d'échelle entraînées par les problèmes de coordination entre firmes ou à l'intérieur d'une entreprise, entre les différentes *business units.* Toutefois, dans l'esprit de l'économiste britannique, les économies d'échelle l'emportent, dessinant une tendance à la concentration des activités au sein de chaque secteur d'activité.

b. — Les objectifs de la firme diffèrent dans le court terme et le long terme

Marchant dans les pas de Marshall, l'économiste canadien Jacob Viner souligne, dans un article intitulé « Cost curves and supply curves » paru en 1932, que les perspectives du producteur sont radicalement différentes selon qu'il se situe dans le court terme ou dans le long terme. À court terme, il doit composer avec des facteurs disponibles en quantité fixe et d'autres en quantité variable. Les premiers induisent des coûts fixes, les seconds des coûts variables (qui augmentent avec la quantité produite). Le capital étant considéré comme fixe à court terme, le producteur se retrouve dans l'impossibilité de modifier la taille de son entreprise. Il peut en revanche ajuster le niveau de main-d'œuvre. À long terme, l'entrepreneur est libre de procéder à des changements technologiques, et peut faire varier le volume de production de trois façons :

– une utilisation plus intensive du capital (augmentation de la productivité du facteur capital) ;
– des investissements de capacité (par exemple acheter de nouvelles machines ou augmenter la taille de l'usine) ;
– des investissements de productivité, combinant les deux points précédents.

Il s'ensuit que les producteurs ont intérêt à se regrouper et à créer des entreprises de grande taille, car la concentration industrielle permet d'exploiter les rendements croissants. Des niveaux de production plus élevés permettent l'utilisation de techniques plus efficaces. Ils justifient d'investir dans des technologies de réduction de coûts et permettent aux travailleurs d'être plus spécialisés. De telles économies d'échelle, liées au volume d'activité sur un bien unique, sont appelées « économies spécifiques au produit » ou « économies de réserves groupées » (Robinson, 1958). Elles peuvent s'appliquer aux entreprises fabriquant des produits de nature différente lorsque ces produits partagent les mêmes techniques de production.

B LA FIRME COMME ALTERNATIVE AU MARCHÉ : LES THÉORIES DU CONTRAT

Entreprise et production sont pour les néoclassiques les deux faces d'une même pièce théorique : la firme se confond avec le producteur, également propriétaire des moyens de production et dirigeant de sa structure. En ce sens, le modèle de la firme se rapproche d'une PME détenue par son fondateur. L'entreprise reste toutefois dépendante du marché. Les mécanismes d'ajustement par tâtonnement et confrontation de l'offre et de la demande de marché révèlent aux acteurs du marché un prix d'équilibre. *Price taker* en vertu de l'hypothèse d'atomicité, la firme néoclassique n'a pas la possibilité d'influencer le prix ainsi fixé : la quantité offerte sur le marché dépend uniquement des coûts de production et de la contrainte technique qui s'imposent à chaque firme, compte tenu du prix de marché d'équilibre. Cette conception distingue et hiérarchise firme et marché : l'entreprise n'est qu'une simple chambre d'enregistrement des conditions fixées par le marché.

Dès la fin des années 1930, des économistes vont remettre en cause la dépendance de la firme aux mécanismes de marché et poser la question sous la forme d'une alternative : sous quelle conditions peut-on préférer la firme au marché ? L'idée première de ces auteurs, dont les plus célèbres sont Ronald Coase et Oliver Williamson, consiste à lever l'hypothèse de transparence. Si l'information dont disposent les agents n'est plus parfaite ni disponible gratuitement, la recherche d'information, préalable à toute transaction économique, va nécessiter du temps, des ressources intellectuelles et de l'argent. Le recours au marché n'est donc pas gratuit et entraîne l'apparition de coûts de transaction. L'existence de la firme se trouve alors justifiée, car elle permet de minimiser ces coûts de transaction en établissant des contrats entre les individus. Faut-il « faire » ou « faire faire » ? Telle est la question.

1. – Le choix entre production interne ou production par le marché

C'est à l'économiste britannique Ronald Coase que l'on doit la première intuition de cette nouvelle approche de la firme. Il construit sa réflexion autour d'un constat très simple : il existe des entreprises. Si ces entreprises existent, cela signifie que tous les échanges ne se déroulent pas sur le marché. Il y a donc des échanges qui sont d'une autre nature que les échanges marchands, par exemple hiérarchiques, basés sur l'autorité. Dans un article de 1937 intitulé « The Nature of the Firm », Coase affirme qu'« [à] *l'extérieur de la firme, les mouvements de prix dirigent la production, qui est coordonnée par une série d'échanges marchands. À l'intérieur d'une firme, ces transac-*

tions marchandes disparaissent et on substitue à la structure de marché l'entrepreneur-coordinateur, qui dirige la production ». Les dirigeants d'une firme sont donc confrontés à un choix : réaliser la production en interne (*make*) ou l'externaliser (*buy*). Coase construit un modèle dans lequel le but de la firme est d'affecter au mieux les ressources nécessaires à la production. Parmi ces ressources, on trouve les facteurs de production traditionnels, le travail et le capital, mais également un ensemble de consommations intermédiaires. Imaginons qu'une firme cherche à se procurer ces consommations intermédiaires : elle a le choix entre les acheter sur le marché (production extérieure à l'entreprise) ou les faire elle-même (production interne à l'entreprise). Le choix de l'un ou l'autre entraîne des coûts de production différents (Rainelli, *Économie industrielle*, 1998) :

- Si on lève l'hypothèse de transparence, le recours au marché va générer trois types de coûts : la recherche d'information (explorer le marché, se renseigner sur les prix pratiqués), le coût du contrat (chaque transaction économique nécessite la négociation de contrats d'achat et de vente avec d'autres acteurs sur le marché et peut entraîner des différends juridiques), et l'incertitude (par exemple les variations des taux de change si l'on achète à l'étranger). Le recours au marché n'a donc rien de gratuit.
- Si on décide de produire les consommations intermédiaires en interne, les aléas de la livraison et de la négociation, mais également le temps de recherche d'information, disparaissent. L'internalisation des transactions coûte donc moins cher à la firme que le recours au marché : c'est cette solution qui est la plus rationnelle.

Mais si l'on pousse le raisonnement à son terme, l'économie devrait se transformer en une firme géante. En effet, si chaque firme internalise les transactions portant sur les consommations intermédiaires, on se retrouve *in fine* avec une seule grande firme. La raison pour laquelle l'économie continue de fonctionner avec de multiples entreprises, c'est parce que l'information est difficile à gérer et à rationaliser. On peut concevoir qu'un entrepreneur averti ou un conseil d'administration réduit puissent prendre une décision concernant une entreprise. Mais plus la taille de l'entreprise augmente, et plus la distorsion du message entre le CA et les acheteurs va être importante. Coase indique qu'il existe une taille optimale de l'entreprise : c'est le « *moment où le coût interne de la transaction marginale est égal au coût de marché de cette transaction* ».

2. – Coûts de transaction et contractualisation

S'appuyant sur les travaux de R. Coase, Oliver Williamson propose dans une série d'articles et d'ouvrages (1967, 1981, 1975, 1988, 1989) un approfondissement de la notion de coût de transaction. Considéré comme le fondateur de la théorie des coûts de transaction (TCT) et de l'école néo-institutionnaliste, il emprunte à Coase l'idée que toute transaction de marché implique un coût de recherche d'information qu'il faut comparer avec le coût d'internalisation. Mais il complète ce raisonnement par l'ajout de deux hypothèses comportementales, la rationalité limitée et le comportement opportuniste.

a. — La rationalité limitée et l'opportunisme

La rationalité limitée est un concept originellement développé par un autre économiste américain, Herbert Simon, que Williamson va intégrer à son analyse. Elle signifie que les agents économiques, bien que rationnels, sont incapables de prévoir tous les événements qui forment leur horizon futur. Un agent économique à rationalité limitée agit dans un contexte particulier qui détermine le volume et la nature de l'information disponible ; il est d'autre part limité par ses capacités intellectuelles. Il prend ses décisions en fonction de ces deux paramètres : sa rationalité n'est pas parfaite mais limitée. La conséquence sur le fonctionnement de l'entreprise est simple : les individus ne pouvant prévoir l'ensemble des événements futurs sans se tromper, ils négocient et signent des contrats imparfaits ou incomplets.

Le deuxième point développé par Williamson porte sur une autre caractéristique des comportements humains : l'opportunisme. Il définit ce concept par la réalisation d'un intérêt personnel, en utilisant si nécessaire la ruse et la tricherie. Il n'est pas question ici de jugement moral, mais de comportement stratégique. Lorsque le nombre d'individus est réduit, chaque agent cherche à satisfaire son intérêt personnel en prenant en compte les comportements que les autres peuvent adopter. Le risque d'un comportement opportuniste suffit à modifier les comportements des contractants : ne pouvant être totalement éliminé par contrat (une « promesse naïve » pour Williamson), il faut mettre en place des dispositifs de surveillance pendant et après la signature de l'accord entre les parties.

b. — Les conséquences sur le fonctionnement de la firme

L'application de ces deux hypothèses comportementales transforme la compréhension de la firme. Williamson résume les implications organisationnelles des coûts de transaction dans un article de 1988, « The Logic of Economic Organization » :

Hypothèses comportementales / Implications	Rationalité limitée	Opportunisme
Pour la théorie contractuelle	La rédaction de contrats complets est impossible.	Le contrat est une promesse naïve.
Pour l'organisation économique	L'échange sera facilité par une organisation favorisant une prise de décision séquentielle ou adaptative.	L'échange commercial nécessite la mise en place de dispositifs de surveillance spontanés ou construits.

L'économiste américain ajoute également que les coûts de transaction peuvent varier selon la nature de la transaction. Il souligne trois éléments pouvant agir de façon décisive :

- le degré de spécificité des actifs nécessaires à la transaction : « *une transaction peut dépendre de la réalisation d'un investissement dans un actif spécifique à la production du bien qui est l'objet de l'échange* » (Rainelli, *op. cit.*) Une entreprise industrielle peut s'engager dans de lourds investissements (par exemple la création de moules industriels spéciaux ou d'une nouvelle ligne de production) pour satisfaire la demande d'une entreprise cliente qui désire fabriquer un produit unique. L'entreprise fournisseur, si elle est la seule à pouvoir produire le produit spécifique, peut jouer sur cet avantage et réclamer un prix plus élevé. L'entreprise cliente peut menacer de retirer sa commande et laisser l'entreprise fournisseur avec une ligne de production neuve inutilisable pour d'autres clients. Plus l'actif est spécifique, c'est-à-dire adapté à la demande du client, plus un comportement opportuniste a des chances de se déclarer ;
- la fréquence de la transaction : les comportements opportunistes ont d'autant moins de chances de se déclarer que la transaction est répétée dans le temps ;
- le degré d'incertitude de la transaction : plus elle est forte, plus le recours au marché est risqué.

Compte tenu de l'ensemble de ces éléments, le choix entre le marché et l'internalisation de la transaction au sein de la firme devient moins tranché que dans le modèle de Coase :

- une transaction ne nécessitant pas d'investissement préalable dans un actif spécifique sera systématiquement confiée au marché, qu'elle soit ou non récurrente ;
- une transaction nécessitant un actif spécifique mais dont la fréquence de réalisation est faible sera confiée au marché, avec contrat spécifique ;
- une transaction nécessitant un actif spécifique mais se répétant sera internalisée.

Trois conclusions peuvent être tirées de la TCT :

- premièrement, les salariés d'une firme n'agissent pas en environnement certain : leurs raisonnements sont incomplets et soumis aux aléas des comportements stratégiques ;
- deuxièmement, l'intégration verticale d'une firme (respectivement son démantèlement vertical par l'externalisation) dépend de la comparaison des coûts de transaction dans chacun des cas. Le choix de l'entreprise portera sur la solution proposant les coûts de transaction les plus faibles ;
- troisièmement, il doit exister une structure de gouvernance capable de faire l'arbitrage entre internalisation et marché. L'évaluation des coûts de transaction requiert une expertise qui rend cette fonction spécifique au sein d'une entreprise.

C LA FIRME FONCTIONNE COMME UN MARCHÉ : ELLE EST UN NŒUD DE CONTRATS

Poser la question de l'alternative entre la firme et le marché implique que ces deux mécanismes de coordination des activités économiques soient de nature différente, l'un fonctionnant sur la base de l'autorité, l'autre par le mécanisme d'ajustement par les prix. Des économistes vont contester cette différence, posant que les principes d'organisation de la firme et du marché sont similaires car basés sur la conclusion de contrats. Cette approche, dite des « nœuds de contrats », est aujourd'hui devenue le modèle dominant de l'économie de la firme. Sur cette base, les travaux ultérieurs mettent en évidence l'importance de l'attribution des droits de propriété et les enjeux d'une relation particulière liant un principal et un agent.

1. – La firme est constituée d'un ensemble de contrats

Le contrat est partout dans la vie économique : lorsqu'une personne se fait servir un café dans un troquet, elle passe un contrat par lequel elle s'engage à payer le serveur si le café lui est servi. Le serveur s'engage en retour à ce que le café soit conforme aux attentes du consommateur, chaud et mis à disposition rapidement. Ces attentes réciproques constituent les clauses d'un contrat, qui peuvent être ou non explicitées. Dans l'approche de Coase ou Williamson, la contractualisation caractérise le recours au marché, et génère des coûts de transaction qu'il s'agit de comparer avec le coût d'une transaction en interne, gérée par voie d'autorité hiérarchique, pour en déterminer la rentabilité. C'est donc le contrôle direct par l'entrepreneur des activités des salariés qui constitue l'essence de la firme.

Prenant le contrepied de cette approche, deux économistes américains, Armen A. Alchian et Harold Demsetz, proposent une autre analyse. Dans un article paru en 1972 dans l'*American Economic Review* intitulé « Production, Information Costs, and Economic Organization », ils justifient l'existence de la firme par le fait qu'elle est l'unité la plus appropriée pour organiser la production en équipe. Les auteurs ne souscrivent pas à la vision de Coase pour qui l'autorité caractérise la gestion de la production au sein d'une firme. Au contraire, ils soulignent que la firme ne peut être distinguée des « marchés ordinaires », où les individus contractent mutuellement une obligation de réaliser une transaction. En d'autres termes, la firme ne diffère pas d'un marché. Cette conception sera encore radicalisée par Michael C. Jensen et William H. Meckling, qui soulignent dans un article de 1976 intitulé « The Theory of the Firm : Managerial Behavior, Agency Costs, and Ownership Structure » que « *les relations contractuelles sont l'essence de la firme, non seulement avec les salariés, mais avec les fournisseurs, les clients, les créanciers, etc.* ». Les auteurs substituent à la conception d'une firme fondée sur l'autorité celle d'une firme conçue comme un « nœud de contrats » entre des acteurs aux intérêts divers, à l'image du fonctionnement d'un marché.

a. — Travail en équipe, mesure de la productivité et contractualisation

Dans un premier temps, A. A. Alchian et H. Demsetz remarquent l'existence de rendements croissants dès lors que la production est réalisée en groupe. Des rendements croissants signalent une production efficace, mais pas forcément efficiente. Dans une perspective néoclassique, il faut évaluer la productivité marginale de chaque travailleur pour confirmer qu'il s'agit effectivement de la production la plus importante possible. En effet, à l'équilibre (c'est-à-dire lorsque la quantité produite est la plus importante possible), le marché rémunère chaque facteur de production à sa productivité marginale. Si le marché remplit son rôle de révélateur de la productivité, alors il n'est nullement besoin de recourir à la firme pour s'assurer que le profit du producteur est maximum. Or il se trouve des situations dans lesquelles la révélation de la productivité individuelle devient impossible : c'est le cas de la production en équipe. La production totale qui résulte de la coopération de salariés peut permettre de calculer la productivité moyenne de l'équipe. Mais le producteur ne peut connaître avec certitude ce qui a été produit individuellement par chacun des membres de cette équipe, et le calcul est d'autant plus malaisé que les rendements sont croissants ! Le travail en équipe est donc efficace, mais ne permet pas de rémunérer précisément chaque membre selon l'effort qu'il fournit individuellement. Des comportements individuellement rationnels mais collectivement déviants, comme celui du passager clandestin, peuvent apparaître plus facilement dans le cadre d'un travail collectif.

Plusieurs solutions sont envisageables pour sortir de cette ornière théorique. Alchian et Demsetz proposent de mettre en place un « monitoring » des productivités individuelles. Ils entendent par ce terme un contrôle individualisé de ce que chacun produit au sein d'une équipe. L'agent en charge de ce contrôle, c'est l'entrepreneur ou dirigeant de la firme. En établissant des contrats avec les salariés, en observant leurs comportements, en fixant le niveau de leurs rémunérations, en ayant le monopole de leur licenciement, l'entrepreneur-contrôleur va pouvoir augmenter la production de l'équipe, et capter un profit plus important pour lui. Il y a donc deux versants à l'action de l'entrepreneur :

- le contrôle des productivités des autres salariés par des moyens légaux (contrats, augmentations de salaire, licenciements) ou informels (observation) ;
- l'incitation à adopter le contrôle le plus efficace possible, en étant soi-même rémunéré en fonction des résultats de l'équipe.

En ce sens, l'équipe de production et la firme ne forment plus qu'un. La firme devient un ensemble de contrats permettant à l'entrepreneur de maîtriser la production de son équipe. Le mécanisme permettant la parfaite exécution de ces contrats est double : le contrôle par un agent central, le dirigeant de l'entreprise, et l'incitation à bien contrôler par une rémunération indexée sur les résultats de l'équipe. En d'autres termes, la firme se révèle supérieure au marché par l'introduction d'une logique contractuelle, mais le fonctionnement interne de cette firme ne se distingue pas des mécanismes incitatifs de marché « classiques » par la rémunération : « *Il est illusoire de considérer que la firme est caractérisée par le pouvoir de résoudre des problèmes par décret, par autorité ou par des actions disciplinaires supérieurs aux moyens de contrôle disponibles sur un marché conventionnel.* [...] [Dans le cas d'une transaction de marché], *un contractant peut punir l'autre simplement en renonçant à des achats futurs, ou en attaquant en justice pour non-respect des accords de l'échange. C'est exactement ce que n'importe quel employeur peut faire. Il peut licencier ou poursuivre en justice.* [...] *Parler de manager, de diriger ou d'assigner des travailleurs à diverses tâches est une façon trompeuse de souligner que l'employeur est engagé en continu dans la renégociation de contrats acceptables pour les deux parties.* [La relation est différente dès lors que l'on considère] *le travail en équipe et la position centrale d'un des contractants dans le processus de production en équipe.* » L'autorité supérieure du dirigeant ou un quelconque pouvoir disciplinaire ne sont donc pas reconnus par les auteurs.

b. — La firme comme nœud de contrats

À la suite de cette percée théorique, les économistes Michael C. Jensen et William H. Meckling vont élargir l'approche contractuelle de la firme. Déclarant leur « sympathie » (*sic*) pour le concept de monitoring dans le cas d'une production en équipe d'Alchian et Demsetz, ils soulignent le fait que cette perspective est encore trop restreinte. Pour eux, les relations contractuelles constituent l'essence de la firme, du point de vue des relations entre les employeurs et les salariés, mais également avec toutes les parties engagées dans des relations commerciales avec la firme, comme ses clients, ses fournisseurs, etc.

La logique de marché « pure » étant également une logique contractuelle, la supériorité de la firme, envisagée comme un nœud de contrats, réside moins dans la détermination des productivités individuelles que dans la possibilité de réduire de façon importante le nombre de contrats conclus. L'existence d'un agent central, ou firme, permet de diminuer le nombre de contrats bilatéraux conclus pour chaque transaction économique. La firme permet donc d'économiser des coûts d'information et de négociation trop importants dans une structure de marché. Ces auteurs raisonnent sur des contrats complets : les agents économiques sont parfaitement rationnels, et peuvent prévoir l'ensemble des événements futurs sans se tromper. Dans ce cadre, il est impossible d'adopter des comportements opportunistes (au sens de Williamson) : les clauses du contrat prévoient tout manquement ou déviance possible par rapport à l'objectif de la transaction. Ainsi, les problèmes d'asymétrie d'information sont-ils résolus par l'application du contrat et, si nécessaire, par le jugement d'un tiers (tribunal de commerce par exemple).

2. – Contrats et droits de propriété

Concevoir la firme comme un nœud de contrats revient à nier la nature hiérarchique des relations au sein d'une entreprise au profit d'une conception en termes d'accords réciproques concrétisés dans des contrats. De ce point de vue, les économistes se distinguent des juristes, pour qui la caractéristique principale d'un contrat réside dans la possibilité de vérifier légalement sa bonne application (et, le cas échéant, de sanctionner le non-respect du droit), et se rapprochent d'une conception plus philosophique, hobbesienne du contrat comme justification de l'association et d'un renoncement à la liberté de plusieurs en contrepartie de la sécurité octroyée par l'autorité d'un seul.

Cette conception ne va toutefois pas sans poser problème : d'une part, la réalité du monde du travail nous apprend que le travail salarié relève bien de l'autorité hiérarchique. D'autre part, les firmes de taille importante sont généralement dirigées par des actionnaires : la propriété qui découle de la détention d'actions n'est pas reconnue par les approches en termes de nœuds de contrats, en raison d'une différence de nature entre les droits de propriété et le contrat. Les prolongements théoriques de la théorie des contrats vont s'atteler à clarifier les concepts de droits de propriété et d'autorité et à les intégrer au modèle de la firme.

a. — La double nature de la firme

La discussion du concept d'autorité est centrale dans les approches théoriques de la firme. Depuis l'approche fondatrice de Coase (1937) et sa remise en cause par les tenants des nœuds de contrats, ce concept ne semble pas mettre les économistes à l'aise. Quelques observations empiriques simples peuvent toutefois aider à simplifier le débat :

- Les contrats dans une firme sont souvent plus difficiles à rompre que les relations marchandes « classiques ». Un contrat de travail est par exemple soumis à une législation (le code du travail), qui permet d'en encadrer les clauses ou la rupture. Un salarié essentiel au fonctionnement de l'entreprise, par ses compétences, peut être difficile à remplacer.
- N'importe quel individu ayant travaillé dans une entreprise conçoit la différence entre une relation hiérarchique et une relation contractuelle. Lorsqu'un contractant choisit son partenaire, il a en tête la maximisation de son intérêt, i.e. il compare les avantages et les inconvénients de la contractualisation. Lorsqu'un salarié reçoit un ordre d'un supérieur hiérarchique, il n'est pas question pour lui de se demander si la tâche qu'on lui attribue maximise son utilité : il doit l'exécuter. Il peut concevoir cette tâche comme importante, utile, épanouissante, ou en décalage avec son niveau de qualification, abêtissante, répétitive, etc. : ses états d'âme ne pèsent pas lourd par rapport à l'autorité émanant de la position hiérarchique. Pour le dire comme Melvin A. Eisenberg, « The Conception at the Corporation Is a Nexus of Contracts, and the Dual Nature of the Firm » (1998), « [dans le monde du travail réel], *commande et contrôle constituent la norme* ».
- Une firme n'est pas n'importe quelle organisation hiérarchique : plus sa taille est importante, plus elle devient bureaucratique, avec une division des tâches poussée, une spécialisation accrue et une verticalisation croissante de la prise de décision. Dans cette optique, la firme est plus que la somme des salariés qui la composent : les règles d'organisation s'imposent à ces salariés et structurent les actions des individus nouvellement recrutés.

Ainsi, concevoir la firme comme un nœud de contrats, i.e. nier le concept d'autorité, revient à s'interdire de comprendre une partie significative de la réalité, celle des acteurs économiques engagés dans une relation de travail salariée hiérarchisée dans un cadre bureaucratique. La nature de la firme est double (Eisenberg, *op. cit.*) : les contrats existent mais sont conclus dans ce cadre hiérarchique, impliquant une relation d'autorité entre les collaborateurs. La théorie des contrats n'est donc pas dénuée d'intérêt, mais elle ne représente qu'une partie des transactions réalisées au sein d'un firme et doit être amendée.

b. — Contrats incomplets et droits de propriété

Confrontés à ces apories et désireux de parfaire le modèle dominant de la firme comme nœud de contrats, les économistes vont chercher à concilier autorité et contrats. À cette fin, ils raisonnent en termes de contrats incomplets. Inspirée de l'analyse de Williamson qu'elle souhaite formaliser de façon plus rigoureuse, la théorie des contrats incomplets développée par Oliver Hart et Sanford Grossman (« The Costs and Benefits of Ownership : A Theory of Vertical and Lateral

Integration », 1986) et Oliver Hart et John Moore (« Property Rights and the Nature of the Firm », 1990) postule qu'un contrat ne peut prévoir l'ensemble des occurrences relatives à sa réalisation. Dès lors qu'un événement imprévu se présente et ne permet plus que les engagements pris soient vérifiables par un tiers (par exemple un juge), une nouvelle phase s'ouvre qui amène les contractants à négocier et, partant, à redéfinir les termes du contrat. C'est au cours de cette nouvelle phase que s'exerce le pouvoir lié à l'autorité. En effet, l'incomplétude des contrats implique qu'une décision soit prise quant aux amendements à y porter. L'individu disposant de ce pouvoir discrétionnaire est le propriétaire des actifs de la firme. La propriété d'un actif est « *définie essentiellement comme la détention d'un "droit de contrôle résiduel", c'est-à-dire comme le droit de choisir les usages d'un actif, dans la limite de ce qui est permis par le droit, la coutume, ou des contrats antérieurs et donc comme le droit d'exclure les autres de l'usage de l'actif* » (Benjamin Coriat et Olivier Weinstein, « Les théories de la firme entre "contrats" et "compétences" », 2010). Dès lors que les contrats sont incomplets, la source du pouvoir décisionnel réside dans l'exercice des droits de propriété. Ce pouvoir décisionnel est également un pouvoir sur les hommes, l'exercice de leur profession dépendant des actifs détenus par les propriétaires de la firme. Sans actif, plus d'emploi ni de revenu : dans un curieux retournement marxiste, la théorie des contrats incomplets fait donc découler de la détention des droits de propriété une autorité indirecte sur les hommes, médiée par l'outil de travail.

c. — *Relation d'agence et incitations*

La coopération au sein d'une firme ne résulte pas d'un hasard. L'alignement d'intérêts divergents au sein d'une entreprise (managers, travailleurs, propriétaires, etc.) constitue un problème théorique et pratique majeur, d'autant plus aigu que les firmes de grande taille, au capital ouvert à l'épargne publique, sont devenues des acteurs incontournables du capitalisme financier. Pour y répondre, les économistes ont développé le concept d'incitation. Si l'on admet que les salariés d'une entreprise sont liés par des contrats d'accords réciproques, alors un « bon » contrat doit permettre d'inciter les parties à tout faire pour parvenir au gain attendu de leur coopération. L'incitation est un aiguillon comportemental : elle oriente les actions dans le sens d'une coopération plus efficace. Par exemple, un contrat de travail de commercial est incitatif dès lors que sa rémunération comporte une part variable importante (en fonction du nombre de ventes qu'il réalise) plutôt qu'une rémunération forfaitaire fixe (indépendante des ventes qu'il réalise).

Dans les développements théoriques basés sur la notion de contrats, la question de l'incitation est généralement approchée par le problème de l'agence, ou encore relation principal-agent. Le principal est le donneur d'ordre : il engage un agent qui doit exécuter certaines tâches en son nom. Cependant, le principal ne peut observer directement la réalisation de l'action par l'agent. En découle un problème d'aléa moral : l'agent peut décider de réaliser une action maximisant sa propre utilité, mais réduisant les gains attendus de la coopération. Prenons l'exemple de la relation entre un actionnaire et un directeur général. La séparation de la propriété et du contrôle de l'entreprise prend la forme d'une relation entre un principal (l'actionnaire) et un agent (le directeur général). L'actionnaire ne participant pas directement à la marche quotidienne de l'entreprise, les moyens de contrôle de l'action du directeur général sont généralement indirects, via des rencontres ponctuelles ou par la lecture de rapports financiers. Rien n'empêche alors le directeur général de prendre des décisions stratégiques qui maximisent son implication dans l'entreprise au détriment de l'intérêt de l'actionnaire.

Pour sortir de cette situation d'aléa moral, le principal peut offrir des compensations financières liant le salaire du dirigeant à un niveau de performance financière mesurable « objectivement » (par exemple l'évolution du cours de l'action de l'entreprise, la marge brute de l'entreprise, le résultat avant impôt, etc.). Cependant, ces indicateurs ne sont pas toujours aussi objectifs que souhaités : par exemple, la progression du résultat avant impôts peut résulter d'une embellie macroéconomique, déconnectée de l'action du dirigeant de l'entreprise. L'économiste Bengt Holmström (prix Nobel d'économie 2016 avec Oliver Hart), dans un article intitulé « Moral Hazard and Observability » (1979), s'intéresse à la question de la « juste » mesure des performances de l'agent dans un contexte d'information imparfaite et asymétrique. Il remarque que l'information imparfaite peut être utilisée comme un outil d'amélioration de la mesure de la performance de l'agent, dès la rédaction des contrats (ex ante). Toutes les mesures de performance qui révèlent le niveau d'effort de l'agent doivent être incluses, notamment l'évaluation de performance relative (une comparaison avec d'autres agents exécutant des tâches similaires dans un même contexte économique). C'est ce qu'il nomme l'« *Informativeness Principle* ». Ce principe affirme que, lorsque la rémunération de l'agent est liée à une mesure de sa performance, son contrat de travail doit être suffisamment détaillé pour exfiltrer l'impact des facteurs exogènes sur la performance individuelle, évitant ainsi la « rémunération de la chance ». Dans les faits, la mise en place de tels indicateurs reste complexe, et l'application du principe d'Holmström aux contrats de travail des PDG par exemple, n'a pas montré de résultats probants à ce jour. La particularité du marché du travail des dirigeants des très grandes entreprises, où l'offre de travail est peu abondante et soumise à des effets de réputation très puissants, dilue la possibilité d'imposer des indicateurs de performance relative plus précis.

D LA FIRME GÉNÈRE SES PROPRES RESSOURCES

Le courant dominant en économie de la firme centre l'analyse sur les contrats. Toutefois, d'autres économistes, qualifiés d'hétérodoxes, proposent un paradigme concurrent : la firme peut être comprise comme une entité autonome, gérant ressources, hiérarchie, et partenariats avec les autres firmes. Empruntant au management et à la sociologie des organisations, cette conception de la firme basée sur les compétences propose une vision plus dynamique de la firme, à la fois contrainte par et ouverte aux opportunités de son environnement.

1. – Les théories de la firme basées sur les compétences

Dans un premier temps, les théories de la firme reconnaissent l'importance des compétences dans l'explication de l'existence et dans la délimitation des frontières de la firme. La compétence collective dont est porteuse l'entreprise évolue au cours du temps.

a. — La firme mobilise des compétences diverses

Dans l'histoire du capitalisme moderne, le salariat s'est défini autour des caractéristiques du poste de travail et des garanties sociales attachées à l'obtention de ce poste (Robert Castel, *Les Métamorphoses de la question sociale*, 1995). La définition et la valeur du poste sont au centre de la définition de leur firme : l'humain se positionne clairement au deuxième rang. Cette conception du travailleur-poste est caractéristique du salariat des Trente Glorieuses, noué autour du CDI et de la norme d'emploi à vie. La grande transformation des années 1980, conduisant les entreprises à recourir de plus en plus fréquemment à des formes particulières d'emploi (CDD, intérim, stages, etc.), va modifier la conception du salariat en fragilisant l'ensemble des régulations construites autour du travail. Progressivement, la logique organisationnelle des entreprises évolue du poste vers l'individu. Plus précisément, on met en avant la compétence individuelle plus que les qualifications du poste obtenu par le travailleur.

Réfléchir en termes de compétences implique de bien comprendre ce que l'on entend par ce terme. Si la connaissance est un ensemble de savoirs accumulés par l'individu, la compétence correspond plutôt à un savoir-faire. Être compétent dans un domaine, c'est être en capacité d'agir dans ce domaine. La compétence est donc une connaissance « en action ». La notion de compétence est suffisamment large pour décrire les capacités d'action d'un individu ou d'une firme. Certaines compétences sont partagées par un grand nombre d'individus, comme la capacité de lire ou d'écrire : on dit qu'elles sont génériques. D'autres sont propres à un individu ou à une organisation : on parle en ce cas de compétences spécifiques.

À la suite d'Edith Penrose, qui a publié en 1959 *The Theory of the Growth of the Firm*, plusieurs économistes vont s'intéresser à la notion de compétences, aux deux niveaux déjà cités : l'individu et l'entreprise. L'idée commune à ces approches est de définir l'entreprise comme un agrégat d'individus dotés de compétences propres. De ce « panier de compétences » naît et se développe une compétence de la firme, qui devient de ce fait unique. Ces économistes replacent l'analyse de la firme dans le temps long (la compétence d'une firme se construit au cours du temps) et investissent la notion de ressources : en plus des actifs matériels dont dispose l'entreprise, son fonctionnement repose sur un ensemble plus large d'actifs immatériels, constitués du résultat de l'activité de recherche et développement, mais également du capital humain (les connaissances) des salariés et surtout de leurs compétences. Ces compétences sont construites au cours de la formation scolaire de l'individu ou résultent de processus d'apprentissage « sur le tas » (ce que les Anglo-Saxons nomment le « *learning by doing* »). Au niveau de la firme, les effets de synergie génèrent l'apparition de compétences « de groupe » par la collaboration répétée de plusieurs salariés. Le différentiel de compétences devient un prédicteur de la performance de l'entreprise dans son secteur. Il devient vital, pour la croissance de l'entreprise, de recruter les « bons » individus qui permettront d'accroître le stock de compétences.

b. — La firme apprend au cours de son histoire : la théorie évolutionniste

L'ouvrage de référence de cette approche, publié en 1982 par Richard R. Nelson et Sidney G. Winter, s'intitule *An Evolutionary Theory of Economic Change*. Ces deux économistes américains partent du principe que penser la firme en situation d'équilibre équivaut à ne pas la penser du tout. Toute firme est prise dans une dynamique de changements et évolue au gré des transformations de son environnement (facteur externe) et de sa propre structure (facteur interne). Une approche dynamique impose de s'interroger sur deux notions fondamentales : la routine et la dépendance envers le chemin parcouru par l'entreprise (« *path dependancy* »).

Pour un individu, la routine est une habitude liée à la répétition d'actions. Ce type d'actions que l'on répète sans cesse se fait mécaniquement, de façon irréfléchie. Introduire ce concept permet donc de se libérer, dans une certaine mesure, du concept de rationalité. Mais on peut aussi l'appliquer à la compréhension des transactions réalisées par les firmes. Nelson et Winter définissent ce type de routines comme des schémas de comportements réguliers et prévisibles des firmes, dont le rôle est identique dans l'explication des transactions économiques à celui des gènes dans l'explication des comportements humains. Les routines sont adaptées à l'environnement de l'entreprise :

on peut parler de routines d'achats ou de ventes (décisions de court terme que l'on peut répliquer de période en période), d'investissement, d'information, de recherche, etc. Avec le temps, les entreprises ont sélectionné les routines les plus efficaces compte-tenu de la nature de leur environnement et de leurs objectifs. Il s'agit d'un processus de sélection « naturel », corrélé à l'expérience des acteurs de l'entreprise. Ce ne sont que très rarement des règles écrites. On peut parler de « connaissance tacite » (au sens que leur donne Michael Polanyi dans l'ouvrage *Personal knowledge* en 1958), c'est-à-dire non codifiable en dehors de l'action de l'individu qui détient ces connaissances (le détenteur des connaissances étant lui-même ignorant de cette compétence non codifiée).

Le problème d'une routine ou d'une répétition à l'infini des mêmes actions, c'est qu'elle laisse peu de place au changement. Nelson et Winter s'étant positionnés contre une vision statique de l'entreprise, il y a paradoxe à penser que la répétition suffit à caractériser l'action des firmes face aux changements de leur environnement. Les évolutionnistes vont répondre à cette question en proposant une explication endogène au changement. Si les firmes réussissent à s'adapter, c'est principalement par le biais de compétences secondaires qui vont permettre à l'entreprise de sortir des sentiers battus, autrement dit de casser les routines de production. C'est le cas lorsqu'une firme dispose de réseaux de distribution compétents en aval de son procès de production, capables d'ouvrir la voie à de nouveaux marchés. C'est également le cas en amont de la production, lorsque des entrepreneurs (au sens schumpétérien du terme) ou des chercheurs issus du département de recherche et développement permettent l'apparition d'un produit original, détonnant avec la production « habituelle ».

2. – La firme et l'entrepreneur

La firme doit valoriser les compétences internes et faire émerger de son panier de compétences celles qui lui permettront d'améliorer sa position sur le marché. Dans l'histoire de la pensée économique, mais également dans la conception médiatique la plus contemporaine, c'est la figure de l'entrepreneur qui est associée à la réussite économique de la firme. Deux conceptions s'en détachent particulièrement, l'entrepreneur gestionnaire et l'entrepreneur *risk taker.* Plus largement, questionner la place de l'entrepreneur implique de s'interroger sur la gouvernance de l'entreprise.

a. — Les deux figures de l'entrepreneur

■ L'entrepreneur gestionnaire au sens de F. Knight

Dans un ouvrage de 1921, *Risk, Uncertainty and Profit,* l'économiste américain Frank Knight établit une distinction entre risque et incertitude résidant dans la capacité d'évaluer un danger. Une situation est risquée dès lors qu'un individu peut estimer le danger auquel il est confronté, en se servant de ses connaissances, de son intuition et des informations disponibles. Cette évaluation du risque débouche sur une probabilité d'occurrence. C'est donc la possibilité de probabiliser la situation qui en fait un risque, sans préjuger des erreurs potentielles d'évaluation. En situation d'incertitude, calculer une probabilité d'occurrence est impossible. Aucune information extérieure ni aucun raisonnement mathématique ne permettent de prévoir la réalisation d'un événement donné.

F. Knight applique cette distinction à l'entreprise. Une entreprise capitaliste évolue dans un environnement incertain : elle ne peut prévoir les aléas de la conjoncture, les événements politiques, les changements de goûts des consommateurs. Dans une situation d'incertitude, l'entité productive ne peut pas se reposer sur un protocole préétabli pour réagir et va devoir réagir au jugé, s'adapter aux circonstances et aux fluctuations économiques. La prise de décision dans le milieu des affaires n'a donc rien de « scientifique » : elle repose plutôt sur l'intuition et le bon sens des acteurs économiques. Or, certains individus sont plus doués que d'autres dans cette tâche : ils anticipent mieux les événements, les attentes des consommateurs et les nécessaires changements de l'entreprise pour atteindre leurs objectifs. Ils sont capables d'évaluer les compétences des autres salariés et de revoir l'organisation de la firme en conséquence. Une situation d'incertitude conduit précisément l'entreprise à faire émerger ces individus « spécialisés », disposant d'une meilleure capacité de jugement (Richard N. Langlois & Metin M. Cosgel « Frank Knight on Risk, Uncertainty and the Firm : A New Interpretation », 1993). On leur confie alors naturellement la prise en charge des décisions stratégiques pour l'entreprise, plaçant tous les autres salariés sous leur contrôle. Knight nomme ce processus la « céphalisation », c'est-à-dire la centralisation des fonctions de décision de l'entreprise dans les mains d'une seule personne. Ces salariés qui se distinguent des autres par leurs compétences (capacité d'anticipation, de gestion des hommes et de l'entreprise) s'appellent les entrepreneurs. Grâce à leur capacité de jugement, ils sont en mesure de faire passer l'entreprise d'une situation d'incertitude à une situation de risques probabilisable. Le jugement sûr des entrepreneurs permet également d'accroître le profit, auquel sont conditionnés tous les autres revenus distribués par l'entreprise (paiement des salariés, des actionnaires, des créanciers, etc.).

Se pose alors la question de la séparation des fonctions d'entrepreneur et de propriétaire de l'entreprise. Dans l'idéal-type de la firme imaginé par Knight, la fonction d'entrepreneur est nécessairement confondue avec la propriété de l'entreprise : la responsabilité et le contrôle financier de l'entreprise vont de pair. Le manager engagé en tant que salarié ne peut donc exercer cette fonction. Toutefois, lorsque le capital est divisé entre des actionnaires, comme c'est le cas pour les sociétés cotées, l'entrepreneuriat peut prendre une forme différente. Il est en effet impossible, dans ce cas, de cumuler contrôle total de l'entreprise et fonction de manager. Pour Knight, cela signifie que le type « pur » de l'entrepreneur disparaît au profit d'« entrepreneurs spécialisés », responsables de sous-entités de la firme.

■ L'entrepreneur *risk taker* au sens de J. A. Schumpeter

Dans son ouvrage *Business Cycles* (1939), l'économiste autrichien Joseph Schumpeter insiste sur le caractère central de l'entrepreneur dans l'explication des cycles économiques. Il débute son analyse par l'étude d'une situation d'équilibre économique où les entreprises, en concurrence les unes avec les autres, font peu de profit : c'est le point de départ du cycle économique. En effet, il conçoit le capitalisme comme un système économique soumis à des évolutions brutales, alternant phases de croissance économique et phases de récession. Dans cette économie cyclique, les entreprises ne sont pas appelées à vivre indéfiniment. Raisonnant par analogie avec l'être humain, Schumpeter affirme que, comme les hommes, les firmes peuvent mourir. Les cycles de vie des firmes, et plus largement les fluctuations économiques, sont liés à l'apparition d'innovations, elles-mêmes expliquées par l'apparition d'un acteur économique singulier, l'entrepreneur.

L'entrepreneur n'est pas un « exploitant pur et simple », qui accomplit son travail dans la routine, à la façon d'un gestionnaire. Celui qui « *brise* [cette] *routine* » et révolutionne l'économie, c'est l'entrepreneur. Il est celui qui introduit et prend des risques (« *risk taker* ») en innovant. Il peut être à l'origine du processus ou se servir d'inventions créées par d'autres. Pour Schumpeter, il est indifférent qu'il soit propriétaire des moyens de production ou simple salarié d'une firme : ce n'est pas la position qui importe, mais la fonction. Cette fonction se caractérise par une attitude : c'est un individu motivé qui veut remporter des succès, qui veut créer des structures nouvelles, et qui est indifférent à la consommation de richesses. L'innovateur n'est pas simplement un calculateur froid, visant les opportunités de profit. C'est une personne possédant une configuration psychologique particulière : il est attiré par la prise de risques. Avec une nuance : si l'entrepreneur prend effectivement des risques, ceux-ci sont calculés, en accord avec sa personnalité : « *l'entrepreneur n'est pas un joueur de roulette, c'est un joueur de poker* ». C'est-à-dire que l'entrepreneur fait des choix tactiques, calcule : « *La stratégie de l'innovation réclame de l'énergie, de la décision et l'aptitude à reconnaître, dans une situation donnée, les facteurs qui déterminent le succès* » (Joseph A. Schumpeter, *Impérialisme et classes sociales*, 1972). De plus, il ne se laisse pas absorber par la routine : il observe, repère et met en œuvre les opportunités de mutations. Schumpeter souligne toutefois que « *personne n'est un entrepreneur en permanence, et personne ne peut être seulement un entrepreneur* » (Schumpeter, *The Instability of Capitalism*, 1928). Lors de la mise sur le marché d'une innovation, l'entrepreneur sera confronté à des tâches « non entrepreneuriales ». S'il réussit, la position dominante de son entreprise l'amènera à « gérer » l'innovation comme l'exploitant d'une vieille firme.

Le projet de l'entrepreneur suppose des capitaux pour être mis en œuvre : l'innovation a un coût. Il a donc besoin de soutiens financiers (les banques) et la dynamique globale de l'innovation supposant le recours au crédit. L'innovation peut prendre différentes formes touchant les coûts de production ou l'offre et la demande sur un marché donné. Schumpeter distingue cinq types d'innovations : un nouveau bien, une nouvelle méthode de production, un nouveau marché, la découverte et l'exploitation de nouvelles matières premières, une nouvelle organisation de marché. Lorsque l'entrepreneur innove avec succès, il en retire un monopole temporaire, et un profit plus important que les autres : c'est la rente de monopole. L'innovation n'entraîne pas seulement une augmentation de la production, mais bouleverse également les structures et les équilibres existants : elle ne s'ajoute pas à ce qui existe, mais le remet en cause, au moins en partie. C'est le processus de destruction créatrice. L'innovation est protégée par le mécanisme des brevets, permettant la légalisation temporaire de la situation de monopole dans laquelle se trouve l'entrepreneur innovateur. Après que le brevet est tombé, le monopole disparaît, et l'innovation se diffuse, grâce à un processus d'imitation : ce sont les « grappes d'innovations ».

Se pose alors la question de l'apparition des entrepreneurs : pourquoi n'apparaissent-ils pas d'une manière continue et régulière au cours de chaque période mais par vagues ? Schumpeter soumet la réponse suivante : « *uniquement parce que l'apparition d'un entrepreneur* [...] *rend plus facile, et* [...] *provoque l'apparition d'autres entrepreneurs, et que cette apparition provoque à son tour l'apparition d'autres entrepreneurs toujours plus nombreux. Qu'est-ce à dire ? L'exécution de nouvelles combinaisons est difficile et accessible seulement à des personnes ayant des qualités déterminées. Seules quelques personnes ont les aptitudes voulues pour être chefs et réussir dans une situation qui n'est pas l'"essor". Mais si une ou plusieurs personnes ont déjà tracé la voie avec succès, beaucoup de difficultés s'évanouissent. D'autres peuvent suivre sous l'aiguillon d'un succès qui paraît désormais à portée* » (Schumpeter, *Théorie de l'évolution économique*, 1912). La phase des entrepreneurs imitateurs suit donc celle des entrepreneurs innovateurs : par l'ajout de petites innovations (ou innovations incrémentales), ils bénéficient d'une part du surprofit et contribuent à l'expansion de la branche. La phase d'imitation cesse au moment où, par le jeu de la concurrence entre entrepreneurs, les perspectives de profits diminuent et le risque augmente. La récession naît donc de l'essor qui entraîne une surchauffe : l'afflux d'entrepreneurs « imitateurs » conduit à concurrencer les entrepreneurs « initiateurs » sur leurs produits ou procédés nouveaux, on assiste progressivement à la saturation des marchés (surinvestissement, surproduction). L'économie connaît alors une baisse de l'investissement, de la production, des prix, de l'emploi, de la consommation : la récession se mue en dépression. Une nouvelle phase d'expansion ne débutera qu'avec l'émergence d'une nouvelle vague d'innovations.

b. — La gouvernance de l'entreprise

Si, pour Schumpeter, la figure de l'entrepreneur est centrale pour comprendre le cycle de vie des entreprises et la dynamique capitaliste, d'autres économistes insistent sur les évolutions en matière de gouvernance d'entreprise. Partant de la distinction entre les firmes entrepreneuriales et managériales, ils soulignent l'importance de la prise de décision dans la résolution du conflit entre les managers et les propriétaires d'une firme.

Dans les firmes entrepreneuriales, le propriétaire de l'entreprise en est également le gestionnaire : il dispose des droits de propriété sur les actifs non humains utilisés pour la production, dispose d'une compétence (entrepreneur) et en est le créancier résiduel (sa rémunération correspond au profit de l'entreprise, une fois tous les coûts pris en compte) (Bernard Baudry, *Économie de la firme*, 2003). Dès lors que l'entreprise croît, dissocier propriété et gestion devient une obligation : le propriétaire ne peut plus tout contrôler, et doit déléguer les responsabilités opérationnelles. La firme devient managériale. Dans un ouvrage de 1932, *The Modern Corporation and Private Property*, Adolf Berle et Gardiner Means rendent compte de cette évolution en étudiant les mutations du capitalisme industriel américain. Le principal risque identifié par les auteurs est le conflit potentiel dans la relation entre les propriétaires et les gestionnaires ou managers de la firme. C'est ici qu'intervient la question de la gouvernance d'entreprise. Au sens strict, elle correspond aux « *moyens par lesquels les fournisseurs de capitaux de la firme peuvent s'assurer de la rentabilité de leurs investissements* » (Andrei Shleifer et Robert Vishny, « A Survey of Corporate Governance », 1997), *i.e.* aux dispositifs permettant de s'assurer de la convergence d'intérêts entre les managers et les actionnaires. On retrouve ici les problèmes théorisés dans le cadre de la relation d'agence (*cf. infra*), impliquant une résolution des asymétries informationnelles et de l'aléa moral. En un sens plus large, la gouvernance d'entreprise implique de s'interroger sur l'ensemble des règles de fonctionnement, de production d'information et de contrôle qui permettent d'assurer son fonctionnement au quotidien. Au-delà de la divergence d'intérêts entre les propriétaires et les gestionnaires de la firme, c'est bien la question de sa cohésion en tant qu'organisation qui fait débat. S'opposent alors la vision d'une firme limitée aux *shareholders* et celle d'une firme prenant en compte l'ensemble des parties prenantes, ou *stakeholders.* Développée par Robert E. Freeman (*Strategic Management : A Stakeholder Approach*, 1984), cette théorie a inspiré les approches contemporaines en termes de responsabilité sociale des entreprises. Elle conteste la primauté de la valeur actionnariale dans les objectifs de gestion de la firme, incluant les actionnaires dans un ensemble plus large, celui des acteurs permettant l'activité de production de l'entreprise. Une firme serait donc constituée de groupes distincts, aux intérêts divergents, plus ou moins éloignés de la prise de décision stratégique, et en subissant les effets de manière différenciée. Dès lors, une tension apparaît autour d'une constellation d'intérêts à la fois divergents et coopératifs. La gestion de la firme ne peut se limiter aux intérêts des seuls actionnaires, le processus de décision devant inclure l'ensemble des acteurs de l'entreprise.

Une firme-réseau met en relation des structures de production juridiquement indépendantes mais engagées dans la production du même bien ou service. Une relation durable de confiance s'établit entre le donneur d'ordre et l'exécutant. Une fois ce réseau stabilisé, aucun des participants n'a d'intérêt à rompre la transaction commerciale.

III

ÉLÉMENTS DE SOCIOLOGIE DES ORGANISATIONS

Les organisations dominent les sociétés occidentales : administrations publiques, partis politiques, entreprises, associations orchestrent nos activités quotidiennes. Objet de nombreuses disciplines, comme l'économie, la psychologie, le management, la science politique ou le droit, l'organisation est également étudiée par la sociologie. Deux perspectives orientent les explications du sociologue : la connaissance et l'action. La première sert à mieux comprendre l'organisation sur un plan intellectuel. La seconde vise à agir pour en accroître l'efficacité. La diversité des formes organisationnelles, leur fonctionnement interne, les relations qu'elles entretiennent avec leur environnement, la question de leurs frontières ou des changements auxquels elles sont soumises sont autant de problématiques traitées par les sociologues pour comprendre la nature, la structuration et l'évolution des organisations.

Compte tenu de la multiplicité des approches théoriques et des divergences internationales, il est impossible de définir précisément ce qu'est une « organisation ». Cette définition varie selon l'époque, le contexte national et la théorie mobilisée. Nous verrons ainsi dans un premier temps que l'organisation a été considérée par les fondateurs comme une structure permettant de rationaliser l'action collective. Dans un deuxième temps, la rationalité de la structure doit être remise en cause, du fait de la dépendance de l'organisation envers son environnement et des comportements stratégiques développés en interne. Enfin, l'organisation apparaît traversée par les grands changements historiques (firme-réseau) et sociaux (individualisme).

A L'ORGANISATION RATIONNELLE

Les premiers penseurs des organisations ont des objectifs différents : Max Weber cherche à saisir la spécificité du capitalisme occidental, et met au jour un mouvement concomitant de rationalisation des activités. Un type d'organisation naît et accompagne la rationalisation : c'est la bureaucratie. Parallèlement à ces travaux, des ingénieurs se focalisent sur l'amélioration des structures productives pour en accroître l'efficacité. Ces deux courants partagent pourtant une idée clé : l'organisation est et doit rester rationnelle.

1. – La bureaucratie ou le symptôme de la rationalisation

Pour le sociologue allemand Max Weber (1864-1920), la civilisation moderne est prise dans un processus de rationalisation des activités économiques à l'origine de la naissance du capitalisme dans sa forme occidentale. Mais ce processus de rationalisation concerne également les activités sociales. Il signifie que les actions rationnelles en finalité, accordant fins et moyens selon un critère d'efficacité objectif et calculable, prennent le pas sur les autres types d'activités, traditionnelles, liées à l'affect ou aux valeurs. Le processus repose sur trois principes généraux :

- l'autonomisation et la spécialisation des fonctions sociales. Pour que l'économie ou la sphère culturelle puissent introduire des procédures rigoureuses dans les modes de gestion, il est nécessaire qu'elles se dégagent des contraintes religieuses, de la théologie et de la philosophie. Si l'entreprise s'engage dans une gestion méthodique de ses activités, il lui faut par exemple se séparer de la communauté familiale. Il y a donc une autonomisation croissante des sphères de la vie sociale ;
- l'universalisation et la formalisation des rapports sociaux. Le passage d'une économie et d'un droit traditionnels à une économie et un droit modernes implique une « universalisation » ainsi qu'une « dépersonnalisation des rapports sociaux ». Dans la gestion rationnelle du travail de l'entreprise capitaliste, les rapports formels et impersonnels du capitaliste au salarié se substituent aux rapports d'homme à homme du travail artisanal. Un droit systématique, universel et formel prend le pas sur les coutumes locales et sur les rapports d'allégeance personnelle des sociétés précapitalistes ;
- la formalisation de l'ensemble des activités sociales. La rationalisation concerne l'économie, le droit, l'État, la science (mathématisation et expérimentation), l'art (institutionnalisation d'un marché, développement de la musique harmonique, de la perspective linéaire et aérienne de la peinture), l'architecture, etc. La rationalisation généralisée de la société constitue l'élément distinctif de nos sociétés par rapport à celles qui les ont précédées.

Pour Weber, l'administration bureaucratique, qui accompagne la naissance de l'État moderne, représente le type pur de la domination rationnelle-légale. Elle est la forme d'organisation la plus juste et la plus efficace. Trois éléments la caractérisent :

- la substitution de fonctionnaires salariés, recrutés sur la base d'un examen sanctionnant une connaissance acquise par une formation spécialisée, aux anciens notables ;
- la hiérarchie des fonctions : le processus de décision est centralisé, éloignant les décideurs de ceux qui seront affectés par leurs décisions. La décision est ensuite répercutée jusqu'au niveau adéquat, traversant l'ensemble des « services subalternes ». En cas de problème, le fonctionnaire d'un grade donné peut faire appel à l'arbitrage de l'instance supérieure, c'est-à-dire son supérieur hiérarchique. La hiérarchie implique également la possibilité de contrôler le travail d'un subordonné ;
- la neutralité : le fonctionnaire ne cherche pas à juger mais à appliquer un ensemble de règles édictées sur des principes légaux. L'exécutant est d'ailleurs anonyme et le système de règles impersonnel.

Ces trois caractéristiques, constitutives des organisations bureaucratiques accompagnant le développement de l'État moderne, peuvent également être appliquées hors du secteur public. Les entreprises privées peuvent être analysées à l'aune de cet idéal-type. Pour Weber, une organisation respectant ces principes de fonctionnement est efficace car ils permettent de repousser l'arbitraire de la tradition, du charisme ou des statuts.

2. – L'organisation scientifique du travail

Parallèlement aux travaux de Weber sur la rationalisation des activités sociales, des ingénieurs de métier vont se lancer dans l'étude des principes fondant une organisation efficace de la production. Tournée vers la pratique industrielle, ayant pour objectifs la diminution des coûts de production et l'accroissement du contrôle des activités des ouvriers, les méthodes de Taylor, Ford ou Fayol visent à régler scientifiquement les problèmes liés à la gestion des hommes.

a. — Taylorisme et fordisme

Frederick Winslow Taylor (1856-1915) est un ancien ouvrier devenu ingénieur en chef puis consultant en organisation industrielle. Au regard de son expérience d'ouvrier, il prétend pouvoir améliorer la productivité des ouvriers en maîtrisant les temps morts et les marges de manœuvre de ces derniers, la « boîte noire du travail ouvrier ». Dans un ouvrage de 1903, *Shop Management*, il élabore le principe de l'organisation scientifique du travail (OST) qui permet de faire travailler les ouvriers le plus possible, sans qu'ils puissent intervenir personnellement dans la gestion de leur temps de travail. Le but avoué d'une telle méthode est de rendre le pouvoir de gestion de la production aux patrons, permettant de lutter contre « la flânerie généralisée » des ouvriers et sa « contagion ». Sa méthode est basée sur trois éléments :

- la division technique (horizontale) des tâches, aussi appelée parcellisation. L'ouvrier verrait sa productivité augmenter en se spécialisant dans l'exécution d'un geste ;
- le « *one best way* » : un seul geste utile conçu et imposé par la direction de l'entreprise. Dans cette division verticale des tâches, l'ouvrier est un simple exécutant ;
- le chronométrage des tâches.

Taylor propose également de remplacer les ouvriers qualifiés par des ouvriers sans qualification, notamment pour les tâches les plus sommaires. Pour illustrer son propos, Taylor prend l'exemple de la manutention des gueuses de fonte. Il s'agit de masses de fonte pesant une quarantaine de kilogrammes, devant être déplacées à la main durant le processus de production. D'ordinaire, ce travail est confié à des ouvriers qualifiés. Pour Taylor, cette organisation est contre-productive : il suffit d'un « bœuf » pour accomplir cette action. Pour le prouver, il recrute parmi des costauds un manutentionnaire et lui demande, moyennant une augmentation de son salaire journalier de 60 %, d'effectuer la tâche. Celui-ci la réalise avec un rendement quatre fois plus élevé que son prédécesseur, pourtant qualifié.

Taylor précise que l'augmentation des salaires des ouvriers accomplissant leur travail avec succès est une condition du bon fonctionnement de l'OST : il s'agit de la contrepartie d'un travail peu exaltant et difficile. En cas d'échec dans la réalisation de la tâche, Taylor souligne la nécessité de punir financièrement l'ouvrier : « *When he fails he should be sure that sooner or later he will be the looser by it*[1]. » Taylor introduit une autre nouveauté concernant le salaire : en lieu et place de l'habituel salaire forfaitaire, payé en contrepartie d'un temps de travail hebdomadaire, il propose de payer les ouvriers à la pièce produite. Ainsi, l'ingénieur s'assure que la « flânerie des ouvriers », leur seul moyen de défense contre les patrons, disparaisse. En mettant en place l'OST, l'entreprise accroît ses profits, mais une partie des gains de productivité se traduira par une baisse des prix de vente de la production, ce qui sera bénéfique aux salariés (leur pouvoir d'achat étant en hausse).

---

1 « Lorsqu'il échoue, [l'ouvrier] doit être convaincu qu'il est celui qui, tôt ou tard, y perdra le plus » (F.W. Taylor, *Shop Management*, notre traduction).

L'OST connaît rapidement un franc succès auprès des industriels, au point d'être enseignée à Harvard dès 1908. Les entreprises qui l'adoptent voient la productivité de leurs ouvriers augmenter considérablement : en 1909, à la Midvale Steel Co., la productivité des ouvriers augmente de 378 % en un an, tandis que les salaires connaissent une explosion de 60 % sur la même période. L'application de la méthode taylorienne voit une opposition croissante des syndicats, accusant le patronat de vouloir transformer l'ouvrier en machine. C'est toutefois dans les usines d'Henry Ford (1863-1947), patron de la firme automobile du même nom, que la méthode taylorienne connaîtra son application la plus fameuse.

Ford ne se contente pas d'appliquer la méthode à la lettre et l'aménage : c'est le fordisme. Il fait remplacer le chronométrage des tâches par l'imposition d'un convoyeur, et établit un travail à la chaîne en standardisant les pièces détachées et le produit fini. Il reprend de Taylor l'idée de la rémunération au-dessus du salaire de marché (le « *Five Dollar Day* »). En utilisant ces principes, il est en mesure de produire dès 1908 la Ford T : une voiture à très bas coût, proposée seulement en noir, qui devient rapidement la voiture des masses.

b. — Fayol

La méthode développée par le Français Henri Fayol (1841-1925) vise le même but que le taylorisme et le fordisme : accroître l'efficacité de la production. Ingénieur reconnu pour son travail, Fayol fait également ses preuves en tant que gestionnaire des Houillères de Commentry. Arrivant à sauver l'entreprise alors en difficulté, il en occupera le poste de directeur jusqu'à l'âge de 77 ans. Il nomme sa méthode de gestion des hommes « administration » et publie en 1916 un ouvrage sur ce thème : *L'Administration industrielle et générale*. Il est considéré comme le « Taylor à la française ».

Selon sa méthode, six opérations distinctes sont nécessaires au bon gouvernement de l'entreprise

- les opérations technologiques ;
- les opérations commerciales (vendre, acheter des biens) ;
- les opérations financières (gestion des capitaux, financement) ;
- les opérations de sécurité (protection des personnes contre le vol, l'incendie, etc.) ;
- les opérations de comptabilité (comptabilité et contrôle de gestion) ;
- les opérations administratives (de plus en plus importantes dans l'entreprise, elles regroupent des opérations que nous qualifierions de management : la prévision, ou anticipation, l'organisation, le commandement, la coordination et le contrôle final.

Les travailleurs sont spécialisés dans la réalisation d'une fonction. L'administrateur (manager) doit être bon juge de la nature humaine, sait anticiper les difficultés liées à la production ou les conflits au sein de l'entreprise, et parvient à se faire obéir sans difficulté. Il doit également mettre en place un système de contrôle strict des autres activités, et parvenir à coordonner l'ensemble des activités productives. Fayol détaille quatorze principes nécessaires à la direction d'une grande entreprise (par exemple, division du travail, autorité, ordre, hiérarchie, etc.). L'inspiration militaire de son « entreprise » est évidente : l'initiative individuelle y est reléguée à la seconde place.

3. – Une rationalisation humaine

Pour les théoriciens de l'organisation rationnelle, le facteur humain ne constitue pas un problème. Les éléments dysfonctionnels, comme par exemple les comportements de freinage des salariés, sont expliqués par un défaut d'organisation de la structure productive. Plusieurs courants de pensée vont réintroduire ce facteur humain « oublié », dont la contingence a un effet réel sur l'efficacité de l'organisation.

a. — L'effet Hawthorne

Elton Mayo (1880-1949), psychosociologue australien, est un des fondateurs de l'école des relations humaines. En 1927, alors professeur à Harvard, il est contacté par des ingénieurs de l'entreprise Western Electric travaillant à l'usine d'Hawthorne, près de Chicago. Ces derniers souhaitent comprendre les conclusions surprenantes de tests menés sur la productivité des ouvrières au sein de leur usine. Chargés par la direction de l'entreprise de mesurer l'effet de la variation d'intensité de l'éclairage sur le rendement des ouvrières, les ingénieurs les ont séparées en plusieurs groupes. Des groupes « témoins » continuent de travailler dans les conditions de travail habituelles, tandis que d'autres subissent les tests.

Après mesure, il est constaté que la productivité des ouvrières augmente dans les groupes test... mais également dans les groupes témoins ! Devant cette énigme, Mayo et son équipe sélectionnent des ouvrières volontaires et les mettent au travail dans un atelier à part sous les ordres de surveillants particuliers : c'est la *relay assembly test room*. On fait ensuite varier, sur une période de plusieurs semaines, les conditions de travail des ouvrières testées : temps de repos, mode de rémunération, durée du travail, temps des repas, etc. Les observateurs sont chargés de mesurer l'impact sur le rendement, mais aussi les impressions des ouvrières sur l'ambiance, la pénibilité du travail, ou tout autre élément de leur intérêt.

Les résultats sont encore une fois surprenants : même dans la phase de suppression de tous les avantages des ouvrières, leur productivité continue d'augmenter. Les chercheurs parviennent alors à la conclusion que les conditions de travail n'ont pas d'impact sur la variation du rendement. L'élément déterminant est la « supervision amicale » : au lieu de transmettre des ordres, les superviseurs s'intéressent à la satisfaction des ouvrières, au moral du groupe, aboutissant à une augmentation importante de la productivité.

Les facteurs affectifs et psychologiques liés à la participation à l'expérience ont donc un impact positif sur la motivation des individus, qui ne peut se résumer à la variation des conditions de travail ou à la recherche du profit. Cette conclusion est restée sous le nom d'effet Hawthorne. La découverte de Mayo et de son équipe, aujourd'hui banale, « constitue à l'époque une innovation majeure dont la portée a été considérable » (E. Friedberg, « Organisation », *in* R. Boudon [dir.], *Traité de sociologie*, 1992). Pour la première fois, l'homme au travail n'est plus un paramètre négligeable de l'organisation : il en devient le centre.

b. — La théorie des motivations et des besoins

La théorie des motivations et des besoins repose sur les travaux de deux psychologues, Abraham Maslow (1908-1970) et Frederick Herzberg (1923-2000). Dans un ouvrage de 1954, *Motivation and Personality*, Maslow considère que l'investissement au travail de l'individu dépend de ses motivations. Par motivation, il faut entendre des « forces », à la fois extérieures à l'individu et propres à sa psychologie, le poussant à se conduire d'une manière spécifique. Toute motivation est orientée vers un but que l'individu formule plus ou moins clairement. Ainsi le choix des enjeux et l'intensité de l'investissement pour atteindre l'objectif visé varient-ils considérablement selon les personnes. Les origines de la motivation d'un individu sont multiples. Maslow fait l'hypothèse qu'elles répondent à des besoins qu'il est possible de hiérarchiser : c'est la « pyramide des besoins ». Cela donne, des plus élémentaires aux plus complexes, la classification suivante :

- les besoins physiologiques (se nourrir, boire, dormir, etc.) ;
- les besoins de sécurité (se protéger et être protégé) ;
- les besoins d'appartenance et d'affection (être accepté dans un groupe) ;
- les besoins d'estime et de prestige (être reconnu par les autres) ;
- les besoins de réalisation ou d'accomplissement (l'épanouissement dans la réalisation d'activité).

Le principe de fonctionnement d'un individu est simple : il cherche à satisfaire ses besoins, en partant des plus fondamentaux vers les plus complexes. Appliquée à l'activité productive, cette théorie signifie que le salarié sera d'autant plus productif que l'employeur saura satisfaire ses besoins élémentaires et créer les conditions de réalisation d'objectifs plus complexes, comme la réalisation de soi au travail.

F. Herzberg reprend, dans son ouvrage *Work and the Nature of Man* (1966), l'idée de hiérarchisation des besoins de Maslow : ils peuvent être d'ordre inférieur ou supérieur. Il ajoute que satisfaction et insatisfaction ne doivent pas être vues en négatif l'une de l'autre. Il s'agit de deux phénomènes distincts : le contraire de la satisfaction est l'absence de satisfaction, le contraire de l'insatisfaction est l'absence d'insatisfaction. Dès lors, une direction va devoir choisir entre accroître la satisfaction ou diminuer l'insatisfaction. Pour cela, elle peut agir sur deux types de facteurs : les facteurs de motivation (responsabilité, reconnaissance, un travail stimulant) et les facteurs d'hygiène (salaire, avantages sociaux, conditions de travail, stabilité de l'emploi). Si la direction souhaite accroître la motivation au travail de ses salariés, elle devra faire en sorte que le poste occupé permette la réalisation de l'individu au travail en offrant une expérience stimulante et enrichissante. Si la direction souhaite réduire l'insatisfaction, elle se contentera d'agir sur les facteurs d'hygiène en modifiant les conditions générales de travail ou le salaire, sans changer la nature des tâches réalisées par le salarié.

B LA COHÉRENCE ORGANISATIONNELLE MISE À L'ÉPREUVE

La découverte de l'importance du facteur humain ouvre la voie à des interrogations sur le degré d'autonomie et de rationalité de l'organisation. Cette dernière apparaît contrainte par son environnement, mais également par les stratégies des acteurs sociaux.

1. – La stabilité de l'organisation dépend de son environnement

Dès les années 1950, la sociologie des organisations va connaître un développement théorique important sur la base d'une idée simple : pour comprendre ce qui se passe à l'intérieur de l'organisation, il faut regarder ce qui se déroule à l'extérieur. L'environnement immédiat, qu'il soit technique, économique ou politique, va déterminer la forme de la structure interne de l'organisation.

a. — Les théories de la contingence structurelle

Les théories de la contingence structurelle partent du principe qu'une organisation (en l'occurrence une entreprise) ne peut être étudiée hors du contexte économique dans lequel elle s'inscrit. La structure interne de la firme est dictée par la spécificité du bien produit et les caractéristiques des marchés sur lesquels les biens sont vendus. Ces contingences externes à l'entreprise sont traitées « à la fois comme des contraintes et des opportunités influençant la structure interne et les processus [de production] » (P. Lawrence et J. Lorsch, *Organization and Environment*, 1967). Plusieurs travaux illustrent cette approche.

Tom Burns et G. M. Stalker (*The Management of Innovation*, 1961) travaillent sur un panel de vingt firmes industrielles britanniques issues de diverses branches d'activité. Leur étude vise à démontrer que les pratiques managériales dépendent des caractéristiques de leur environnement externe, notamment la rapidité de l'évolution des techniques scientifiques et des caractéristiques des marchés. Les auteurs classent les différentes méthodes de management et procédures observées en deux catégories :

– Le système de méthodes et procédures « mécaniques » est utilisé dès lors que l'entreprise opère dans un environnement économique et commercial stable (lorsque les changements techniques de production sont peu rapides et prévisibles). Les problèmes et les tâches sont divisés en spécialités, tandis que des procédures précisent comment éviter le problème ou le résoudre. Les statuts des salariés et leur domaine de prérogatives techniques sont précisément définis. La hiérarchie y est stricte et verticale. Les décisions stratégiques et techniques sont prises par une direction centralisée.
– Dans les systèmes de méthodes et procédures « organiques », l'entreprise opère dans un environnement économique et commercial instable (la demande des consommateurs est volatile, les modifications techniques de la chaîne de production fréquentes). Les problèmes éventuels ne pouvant tous être prévus à l'avance, les ouvriers ne peuvent se reposer sur des procédures génériques et exhaustives. Ils doivent s'adapter au problème, le traiter en coordination avec d'autres salariés de la firme. Les statuts sont plus flexibles, les fonctions de chacun indicatives, la structure productive reposant sur la capacité d'adaptation des travailleurs. La hiérarchie, bien que maintenant une forme de verticalité (du supérieur vers le subordonné), est également distribuée horizontalement.

Dans un ouvrage paru en 1965, *Industrial Organization : Theory and Practice*, la sociologue anglaise Joan Woodward expose les résultats d'une enquête qui peut être liée au courant de la contingence structurelle. Travaillant sur plus d'une centaine d'entreprises industrielles britanniques, elle commence par classer les firmes selon leur type de production (de masse ou de niche, degré de spécificité des actifs produits, etc.). Dans un deuxième temps, elle relève les caractéristiques des systèmes de production des entreprises : niveau hiérarchique de la prise de décision, degré de détail des procédures écrites, centralisation du pouvoir, etc. Elle établit enfin une relation entre le type de production et la structure interne de l'entreprise, constatant un degré de réussite économique plus ou moins élevé des firmes selon que cette relation fonctionne ou non.

Paul R. Lawrence et Jay W. Lorsch (« Differentiation and Integration in Complex Organizations », 1967) mènent quant à eux une enquête sur six entreprises appartenant à la branche des industries chimiques. Dans ce type d'industrie, les changements technologiques sont fréquents et les processus de production doivent être adaptés régulièrement à l'environnement. Pour plus de précision, les auteurs sélectionnent trois « sous-environnements » – de marché, scientifique et technico-économique – qu'ils caractérisent en fonction de la qualité de l'information, de la fréquence des changements, et du temps nécessaire à l'obtention d'une évaluation de ce qui est produit. Le sous-environnement scientifique apparaît alors comme le moins stable, suivi, dans un ordre croissant de stabilité, par le sous-environnement de marché et le sous-environnement technico-économique. La structure interne de chacune des six firmes est également décomposée en sous-systèmes : ventes, recherche, production. Les auteurs caractérisent ces sous-systèmes en fonction de plusieurs critères : le degré de rigidité des structures, la capacité des équipes de s'accorder sur un but commun et de se coordonner pour atteindre le but fixé. Lawrence et Lorsch établissent enfin un lien entre sous-systèmes et sous-environnements : la structure interne de chaque sous-système est évaluée au regard de sa conformité avec les contraintes de chaque sous-environnement. Ils mettent au jour une corrélation positive entre le degré de conformité des sous-systèmes avec les sous-environnements et la performance économique des entreprises observées. Plus ce degré de conformité est élevé, autrement dit plus la structure interne de la firme est adaptée aux contraintes de son environnement, plus la performance économique des firmes est importante.

Les théories de la contingence structurelle permettent ainsi d'établir un lien entre l'organisation et son environnement d'action immédiat : la contrainte exercée par l'environnement leur impose de s'adapter (par la différenciation, la spécialisation, l'intégration, etc.) ou les conduit à disparaître. On est donc en présence d'un déterminisme radical de l'environnement.

b. — Le système sociotechnique

L'analyse sociotechnique, développée par Frederick Emery et Eric L. Trist dans un article de 1965, « The Causal Texture of Organizational Environments », reprend des théories de la contingence structurelle l'idée qu'il est impossible d'expliquer les caractéristiques d'une organisation sans se référer à son environnement. L'organisation est définie comme un système sociotechnique ouvert : le technologique et le social sont en interaction permanente. Le système technique détermine le système social de façon souple : il contribue à modifier l'état d'esprit des membres de l'organisation et leur niveau d'engagement. L'efficacité d'une organisation dépend donc de l'adéquation des deux systèmes, social et technique. De plus, l'ouverture du système sociotechnique le soumet à l'influence de l'environnement de l'organisation. Seule une compréhension fine des influences réciproques entre les dimensions sociale, technique et externe à l'entreprise permet aux dirigeants de déterminer la structure interne adéquate.

Emery et Trist illustrent leur propos par l'étude d'une mine de charbon en Angleterre. Les patrons de cette entreprise ont acheté de nouvelles machines permettant d'extraire le charbon plus rapidement : la production est censée être multipliée par deux. Après vérification, la production n'augmente pas, mais diminue sensiblement. Pour comprendre ce paradoxe, Emery et Trist, aidés de chercheurs du Tavistok Institute de Londres, vont observer le comportement des équipes de travail. Au sein d'une première équipe, le travail est organisé selon les principes développés par Taylor : division stricte des tâches, séparation entre conception et exécution, et chronométrage. La production est faible et l'absentéisme important, et les conflits avec les contremaîtres sur les manières d'utiliser les nouvelles machines fréquents. Dans la deuxième équipe, le travail des mineurs est élargi : ils ne se contentent plus d'actionner la machine mais possèdent une vision plus globale du processus de production. Ils sont encouragés à travailler en équipe. Ils peuvent également prendre la parole et donner leur avis. La prise en compte du facteur humain, et pas simplement technique, conduit la deuxième équipe à être plus efficace que la première.

c. — La contingence stratégique

Dès le début des années 1970, les théories de la contingence structurelle sont remises en cause : le caractère radical du déterminisme exercé par l'environnement sur l'entreprise est contesté, de même que le constat d'une marge de manœuvre limitée des dirigeants de l'organisation. Les théories de la contingence stratégique vont s'opposer à ces conclusions. Les choix stratégiques des gestionnaires leur permettent d'agir sur l'environnement immédiat et de le contrôler en partie. Les gestionnaires, par leurs prises de décision, permettent un ajustement de l'entreprise à son environnement.

Dans un ouvrage paru en 1978, *The External Control of Organizations*, Jeffrey Pfeffer et Gerald R. Salancik proposent ainsi de replacer l'organisation dans son réseau de relations avec d'autres organisations. L'environnement que forment les échanges et les transactions avec les autres groupes la contraint en partie. Il détermine l'accès aux ressources dont elle a besoin pour produire (capitaux technique et humain, savoir-faire) ou pour vendre (accès au marché). Par exemple, une entreprise est contrainte de recruter de la main-d'œuvre, d'acheter des matières premières ou encore de vendre les biens qu'elle produit. Dans ce but, elle noue des liens avec d'autres entreprises qui deviennent ses fournisseurs ou ses clients. Mais l'établissement de tels liens n'est pas simplement une opportunité de faire du profit : ils constituent pour elle une contrainte forte. Clients ou fournisseurs peuvent profiter de leur position et faire pression sur les prix. Pour continuer de vendre, l'entreprise sera contrainte de renégocier les contrats et d'accepter une partie des demandes formulées par son environnement. En d'autres termes, sans possibilité de contrôle des ressources externes à l'organisation, la marge de manœuvre des dirigeants est limitée.

Il est possible de mesurer le degré de dépendance envers l'environnement, en fonction du type de produit mis sur le marché (une firme produisant un large panel de biens ne dépend pas d'un seul type de clientèle) ; du degré de substituabilité des ressources nécessaires à la production (plus la substituabilité des facteurs est forte, plus la dépendance est réduite) ; de la disponibilité de la ressource (objective dans le cas de matières premières, subjective si le fournisseur adopte un comportement stratégique et/ou opportuniste).

Toutefois, l'organisation dispose de différents moyens pour réduire sa dépendance aux ressources. Un bon gestionnaire peut trouver les moyens de réduire cette dépendance aux ressources externes en intégrant verticalement l'entreprise par le rachat de fournisseurs ou de clients. Il peut également avoir recours à la concurrence entre les fournisseurs. Il peut enfin prévoir les comportements stratégiques des possesseurs de ressources et adapter la structure de son organisation de manière à limiter leurs possibilités d'action.

2. – L'efficacité de l'organisation limitée par ses membres

Après avoir étudié les contingences environnant l'organisation, les sociologues s'intéressent aux incertitudes liées à son organisation interne. Les membres de l'organisation n'apparaissent plus comme des « idiots organisationnels », appliquant mécaniquement les règlements qui leur sont imposés par la direction. Au contraire, ils sont capables de réfléchir et éventuellement d'orienter les décisions pour satisfaire leur propre intérêt. Ils utilisent alors les zones d'incertitude laissées par l'organisation pour se ménager des marges de liberté.

a. — Une rationalité limitée

Herbert A. Simon et James G. March (*Organizations*, 1958) se positionnent par rapport aux apports de l'école des relations humaines dont les travaux soulignent l'importance du facteur humain au sein d'une organisation. Pour Elton Mayo et son équipe, deux logiques s'opposent : la logique rationnelle des managers et la logique affective irrationnelle des salariés. Leur affrontement conduit à des dysfonctionnements qui peuvent être préjudiciables à la bonne marche de l'organisation.

Pour March et Simon, supposer que les comportements des salariés sont irrationnels n'aide pas à comprendre les rouages de l'organisation, ni à résoudre les problèmes qui émergent. Ils forgent alors le concept de rationalité limitée. Lorsqu'un individu est confronté à une prise de décision, il prend en compte les informations dont il dispose et fait fonctionner son intelligence. En termes techniques, il raisonne en information imparfaite, en étant limité par ses capacités cognitives. En pratique, ce raisonnement peut conduire à des erreurs : la décision prise n'a pas l'effet escompté, parfois même génère des effets indésirables. Cela peut laisser penser que l'individu est irrationnel. Pour Simon et March, c'est tout le contraire : l'individu est rationnel, mais seulement par rapport à un contexte, en fonction de ses capacités d'analyse, d'un comportement habituel, ou selon une stratégie d'action qu'il s'est fixée. Sa rationalité est limitée (« *bounded rationality* ») par rapport à tous ces éléments.

Dès lors que la prise de décision est complexe (et toute décision l'est, à des degrés divers), l'individu a tendance à simplifier les données du problème pour pouvoir raisonner plus efficacement, ou à se reposer sur des comportements jugés « sûrs » au regard de son expérience. Si un comportement adopté par le passé a fonctionné correctement, alors il devient rationnel d'appliquer cette solution aux problèmes complexes qui surviendront. Si et seulement si la réaction adoptée habituellement ne fonctionne pas, alors l'acteur tente une recherche de solution originale. L'arbitrage se fait sur le moment, l'individu cherchant à parvenir à un niveau de satisfaction suffisant. Cette analyse permet également de souligner l'importance des conséquences des décisions. S'il recherche un état satisfaisant, l'individu n'envisage pas de façon rationnelle tous les effets possibles de ses décisions.

b. — Des comportements stratégiques

E. Friedberg et M. Crozier (*L'Acteur et le système*, 1977) proposent une analyse des comportements au sein d'une organisation qu'ils nomment analyse stratégique. Leur point de départ : concevoir l'organisation comme une entité autonome.

Aucune structure externe à l'organisation, formelle (lois) ou informelle (traditions), ne peut déterminer totalement son fonctionnement interne. La raison tient en deux mots : liberté et stratégie. Liberté, car même dans les structures les plus contraignantes, il existe toujours une marge de liberté pour l'individu. Stratégie, car l'individu se donne les moyens d'une relative indépendance vis-à-vis des autres membres de l'organisation, en fonction d'objectifs (rationalité en finalité) ou de valeurs (rationalité en valeur) qui lui sont propres. Pour ce faire, l'individu évalue son environnement en fonction de tous les éléments dont il dispose et de ses capacités intellectuelles : il fait montre de rationalité limitée.

Partant de là, les sociologues de l'analyse stratégique montrent que l'évolution d'une organisation ne suit pas mécaniquement les objectifs fixés par une direction, une maison mère ou un gouvernement. Il est illusoire de croire que les personnes concrètes participant quotidiennement à l'organisation adopteront sans broncher les préceptes transmis « d'en haut ». Ils le feront si ces objectifs généraux concordent avec leur intérêt personnel. Dans le cas contraire, les objectifs seront interprétés, détournés et, si l'absence de contrôle le permet, laissés de côté, car les individus cherchent avant toute chose à maintenir une marge de liberté, d'indépendance par rapport à la pression hiérarchique. Parce que chacun tente de ménager la marge de liberté la plus importante possible, les relations dans une organisation s'apparentent à des jeux de pouvoir complexes. Chacun tente de bénéficier des zones d'incertitude (techniques, humaines, financières, commerciales) en mobilisant des compétences propres et adaptées au contexte décisionnel. Plus les zones d'incertitude du système sont importantes, plus l'acteur se révèle autonome, et plus il accroît son pouvoir au sein de l'organisation. Le pouvoir correspond à la capacité d'obtenir d'un autre individu qu'il fasse ce que le premier désire. Il n'est pas strictement lié à la position hiérarchique, mais dépend de la capacité à maîtriser des zones d'incertitude.

Reste alors à gérer les problèmes quotidiens. Un grand nombre d'entre eux correspondent à des situations non prévues par l'organisation. Dépourvus de réponse formelle, les acteurs vont inventer des réponses originales, en se basant sur des normes informelles. Ils mobilisent leurs compétences et interagissent avec les autres membres de l'organisation pour résoudre le problème, utilisant le pouvoir relationnel dont ils disposent. Crozier et Friedberg nomment l'ensemble de ces relations un système d'action concret. Il existe donc une relation étroite entre l'acteur et le système. Le système est un construit toujours provisoire qui émerge des relations de pouvoir entre individus. L'organisation est ainsi en perpétuelle redéfinition.

C L'ENTREPRISE AU CŒUR DU CHANGEMENT HISTORIQUE ET SOCIAL

Après avoir envisagé l'entreprise comme une organisation rationnelle, puis dépendante de son environnement et des stratégies des acteurs, la compréhension des organisations est à la croisée des chemins. La sociologie française va concentrer sa réflexion sur les problématiques d'identité et de culture au travail. La sociologie américaine s'intéresse aux transformations de la grande entreprise liées à la financiarisation et aux relations qu'elle entretient avec ses concurrentes sur le marché.

1. – La sociologie française : culture d'entreprise et identité au travail

Après avoir souligné l'importance des comportements stratégiques des individus au sein d'une organisation, la sociologie française replace l'individu dans un contexte normatif plus large. D'une part, l'individu se construit au sein d'instances de socialisation primaires (famille, école), mais également au travail. De ces expériences de socialisation multiples (et parfois contradictoires) résulte une identité. Les transformations économiques récentes de l'entreprise fragilisent cette identité. D'autre part, l'individu évolue dans une culture spécifique à un groupe, à l'échelle d'une nation ou d'une entreprise.

a. — L'identité au travail

Selon C. Dubar (*La Crise des identités. L'interprétation d'une mutation*, 2001), l'identité peut être envisagée selon deux points de vue : pour soi (celle que l'on s'attribue soi-même) et pour autrui (celle que les autres nous attribuent). Ces deux formes d'identité sont liées : la façon dont je me construis dépend de la façon dont les autres me perçoivent, et inversement. Elles s'expriment de façon claire dans l'exercice d'un métier. En effet, le rapport à la production caractérise le travailleur : degré d'engagement physique, utilisation de matériel technique, travail d'équipe ou autonome, rapports avec la hiérarchie, etc. Le travail l'engage également dans une forme de sociabilité particulière : temps de pause partagés avec les collègues, organisation d'événements d'entreprise, etc. Enfin, le travailleur s'engage dans des conflits l'opposant à la direction de l'entreprise. Comme le souligne P. Bernoux (*Sociologie des organisations*, 1985), beaucoup de ces conflits sont issus de « violence d'identité » : « dans les années soixante-dix, on a vu surgir des groupes minoritaires qui n'avaient pas, jusque-là, obtenu de reconnaissance sociale. Citons les OS (grèves de Renault, au Mans, en 1971), les femmes (grèves du Crédit lyonnais en 1976), les immigrés (grèves des éboueurs parisiens de 1974). » La socialisation par le travail est donc une composante essentielle de la formation de l'identité.

R. Sainsaulieu (*L'Identité au travail*, 1985) définit l'identité au travail comme la « façon dont les différents groupes de travail s'identifient aux pairs, aux chefs, aux autres groupes ». Plusieurs éléments doivent être pris en compte pour la définir : la trajectoire biographique, les relations avec les autres collaborateurs et les liens avec les supérieurs, l'engageant dans des rapports de pouvoir. L'identité professionnelle croise donc deux dimensions : un rapport de l'individu au collectif et un comportement d'opposition ou d'acceptation de l'autorité. Sainsaulieu remarque en outre que les transformations économiques qui touchent l'activité productive (par exemple, une nouvelle organisation de la production ou une gestion de la main-d'œuvre plus flexible) ont un impact sur l'identité des salariés. Le chômage de masse est une des transformations les plus importantes. Les heures de travail absorbant la majeure partie du temps d'activité des individus, le chômage entraîne quasi automatiquement une crise identitaire chez les chômeurs (et également leur entourage proche). La crise économique fait apparaître un nouvel enjeu : il ne suffit plus d'être formé scolairement, marié, ou encore de posséder un logement. Il devient nécessaire de se définir par et dans le travail, sous peine de déclassement social. Le déficit identitaire vient s'ajouter à la liste des exclusions économiques (risque de licenciement, précarité, consommation en berne). Touchés par la peur du déclassement et du chômage, les individus modifient leurs façons d'être dans le cadre de l'expérience professionnelle. Ils s'engagent moins, redoutent les conséquences économiques des changements de direction, hésitent à faire valoir leurs droits *via* des instances représentatives, comme les syndicats. La légitimité de l'entreprise comme pourvoyeuse d'identité est mise à mal par le contexte économique et les pratiques de gouvernance modernes au sein des grandes entreprises.

b. — La culture d'entreprise

Une autre branche de la sociologie des organisations française va s'intéresser à la culture d'entreprise. Au sens courant, le mot « culture » concerne la connaissance des œuvres de l'esprit (littérature, musique, peinture, etc.). En sociologie, le terme désigne l'ensemble des normes, valeurs et pratiques sociales propres à un groupe donné. Cette définition implique qu'il existe une multiplicité de cultures, visibles à différentes échelles. Partant du constat que les grandes firmes ne fonctionnent pas de la même façon selon qu'elles sont implantées en France, aux États-Unis ou au Japon, les sociologues des organisations vont s'interroger sur la naissance et la transmission d'une culture au sein d'une organisation.

Philippe d'Iribarne, dans *La Logique de l'honneur. Gestion des entreprises et traditions nationales* (1989), s'intéresse aux déterminants culturels des comportements économiques au sein des entreprises. Son hypothèse est que les « traditions » d'un pays dirigent la vie des entreprises. Pour le prouver, il étudie trois filiales d'un groupe industriel français situées dans trois pays différents, la France, les États-Unis et les Pays-Bas. S'intéressant aux logiques industrielles (la façon dont la production est organisée, la façon dont la firme est gérée, la nature des rapports de travail et la conflictualité), il affirme qu'elles sont le résultat de permanences culturelles nationales.

- En France, règne la logique de l'honneur, issue de la société d'Ancien Régime. Cette logique implique des droits et des devoirs très stricts selon la position occupée dans l'organisation.
- Aux États-Unis s'impose la logique du contrat, de l'échange entre « égaux ».
- Les Pays-Bas se caractérisent par la recherche permanente du consensus.

D'Iribarne en déduit les règles d'une bonne gestion d'entreprise : les dirigeants n'ont pas d'autre choix que de prendre en compte les spécificités des cultures nationales pour être performants. Cette approche a fait l'objet de nombreuses critiques : le fait d'expliquer des comportements par des événements historiques datant de plusieurs siècles, l'idée que ces comportements seraient « inscrits » une fois pour toutes (« biologiquement ») dans une communauté nationale, ou encore le découpage des « cultures » propres à chaque pays (pourquoi ne pas inclure la France et les Pays-Bas dans une culture latine par opposition à une culture anglo-saxonne ?).

2. – La sociologie américaine : firme-réseau et firme dans le réseau

Si les sociologues des organisations français portent leur attention sur la notion d'identité au travail, leurs collègues américains s'intéressent plutôt aux évolutions structurelles des grandes firmes à l'ère de la financiarisation de l'économie. Deux axes d'étude sont privilégiés : la dépendance des firmes envers les marchés financiers et leurs actionnaires, et l'impact du positionnement dans un réseau de grandes entreprises.

a. — Les transformations des grandes entreprises américaines : l'impact de la valeur actionnariale

Dans un article de 2007, « Shareholder Value and the Transformation of the US Economy, 1984-2001 », Neil D. Fligstein et Taekjin Shin s'intéressent aux relations existant entre les transformations structurelles de l'industrie américaine et l'émergence de la valeur actionnariale. Pour expliquer les transformations des entreprises depuis les années 1980, ils ont recours à l'hypothèse de la « maximisation de la valeur actionnariale ». Selon cette dernière, les managers visent à satisfaire en priorité les actionnaires en augmentant la valeur de la capitalisation boursière, et portent moins d'attention aux salariés et aux sous-traitants de la firme. En d'autres termes, certains managers se comportent comme des analystes financiers vis-à-vis de leur propre firme, favorisant le réglage fin de documents comptables pour donner aux marchés financiers les résultats qu'ils attendent. Plusieurs stratégies adoptées par les grandes entreprises américaines dans les années 1980 et 1990 s'expliquent par ce mouvement de fond : recentrage sur un cœur d'activité, multiplication des fusions ou des acquisitions de concurrents, et coupes fréquentes dans les effectifs.

Fligstein et Shin défendent l'idée que certaines des transformations plus structurelles de l'industrie américaine peuvent également s'expliquer par l'importance prise par la valeur actionnariale. Pour eux, la perte d'audience des syndicats, l'introduction des NTIC et la profitabilité en berne du secteur industriel trouvent leur origine dans la prise de pouvoir de l'actionnariat. Analysant les stratégies de 62 firmes industrielles américaines entre 1984 et 2000, les auteurs confirment plusieurs de leurs intuitions :

- Les fusions d'entreprises concurrentes ont lieu principalement dans les branches industrielles présentant des niveaux de profit faibles par rapport aux autres branches.
- Les branches dans lesquelles la fréquence des fusions augmente voient augmenter le taux d'investissement en nouvelles technologies (équipement informatique, nouvelles machines) ;
- La place plus importante des NTIC dans certaines branches conduit à réduire les effectifs, visant en particulier les salariés syndiqués.
- Contrairement à l'argument avancé par les financiers pour justifier les fusions et les coupes dans les effectifs, les taux de profit des branches d'industrie concernées n'ont, en moyenne, pas augmenté à la suite de la recomposition du secteur.

Les transformations des entreprises industrielles américaines sont donc intimement liées à la diffusion d'une idéologie managériale, celle de la valeur actionnariale.

b. — La firme intégrée dans un réseau

Le deuxième type d'interrogations portées par la sociologie américaine des organisations se rapporte aux réseaux de relations dans lesquels les firmes sont enchâssées. Entre autres travaux, les sociologues envisagent les effets de la nature du réseau de relations sur les stratégies de rapprochement des entreprises et sur la diffusion des pratiques de gouvernance.

■ La diffusion des pratiques de gouvernance

Au début des années 1980, alors que l'univers des grandes entreprises américaines est secoué par une vague d'OPA (« *takeovers* »), deux innovations cherchent à en protéger les entreprises :

- Les *golden parachutes* (parachutes dorés) assurent aux managers qui auraient été évincés à la suite de l'OPA de confortables indemnités de départ.
- Les *poison pills* (pilules empoisonnées) permettent aux actionnaires d'une entreprise cible d'un *takeover* de racheter des actions (créées pour l'occasion) de leur propre entreprise à un

prix très avantageux (en général, la moitié du cours en Bourse). On les dissuade ainsi de vendre leurs actions au repreneur hostile, qui propose en général une fois et demie le cours de Bourse.

Constatant que ces deux innovations financières ne se diffusent pas au même rythme, les sociologues Gerald F. Davis et Heinrich R. Greve (« Corporate Elite Networks and Governance Changes in the 1980s », 1997) cherchent à évaluer l'impact du réseau de relations de l'entreprise avec les autres firmes. Plus précisément, ils étudient le rôle des liens interorganisationnels (le partage par deux firmes d'administrateurs communs ou liens « interlocks ») dans la diffusion des deux innovations. Leur enquête concerne les 648 plus grosses firmes américaines cotées en Bourse entre 1980 et 1989.

Réglementairement, l'inscription des innovations dans les statuts de l'entreprise est le résultat d'un vote du conseil d'administration. Les auteurs remarquent pourtant que la diffusion des *golden parachutes* et des *poison pills* ne se fait pas à la même vitesse : les *golden parachutes* se diffusent linéairement, tandis que l'adoption des *poison pills* décrit une courbe en S (lente au début, très rapide ensuite, lente à la fin). Davis et Greve montrent que l'adoption des *poison pills* est d'autant plus probable que l'on a des administrateurs communs (des liens interlocks) avec une entreprise ayant elle-même adopté auparavant des *poison pills*. Rien de tel pour les *golden parachutes*. Les deux innovations empruntent donc des canaux de diffusion différents. Pourquoi ? C'est en fait la nature de l'innovation qui est en jeu. Si un administrateur est partagé par deux entreprises, ces deux entreprises ont des chances d'exercer des activités en partie similaires. Il s'ensuit que si la première se dote de *poison pills*, la seconde devient une cible privilégiée pour une OPA hostile. L'administrateur commun aux deux entreprises fait en sorte que la seconde entreprise adopte rapidement les poison pills. Les *golden parachutes* n'entraînent pas les mêmes conséquences. Ce n'est pas parce qu'elle a des *golden parachutes* qu'une entreprise est à l'abri d'un éventuel *takeover* : il n'y a donc pas de raison qu'un administrateur commun à deux firmes fasse adopter des *golden parachutes* dans la seconde quand il y en a dans la première. Les *golden parachutes* ne se diffusent pas par l'entremise de liens interlocks. Cette différence permet également d'expliquer la croissance exponentielle du nombre d'entreprises adoptant des *poison pills* dans le temps : plus nombreuses sont les entreprises du secteur qui en sont dotées, plus il faut soi-même s'en doter pour espérer échapper aux OPA hostiles.

■ **Les alliances d'entreprises**

Dans un article de 1999, « Where Do Interorganizational Networks Come From ? », Ranjay Gulati et Martin Gargiulo souhaitent répondre à la question de l'origine des liens entre les organisations. Les sociologues travaillent sur les alliances stratégiques conclues entre des firmes américaines, européennes et japonaises dans trois secteurs industriels : industrie automobile (52 firmes), productique (52 firmes) et nouveaux matériaux (62 firmes), sur une période de vingt ans (1970-1989). À partir de ces données, ils construisent un indicateur d'interdépendance mesurant :

- une dépendance productive : le degré auquel deux entreprises dépendent l'une de l'autre pour se procurer leurs ressources ou pour trouver des débouchés ;
- une dépendance stratégique : le risque auquel une entreprise s'expose sur un marché, par rapport à ses concurrents, lorsqu'elle décide d'innover.

Il apparaît que les firmes ont d'autant plus de chances de conclure une alliance qu'elles sont fortement liées, d'un point de vue productif comme d'un point de vue stratégique. À cela deux raisons : un effet des « attributs » des firmes, leur activité, l'aire géographique, la nature des biens ou services produits, etc. Mais également un effet de la position de la firme dans le réseau global des entreprises du secteur. Ainsi, une alliance est d'autant plus probable que deux firmes sont déjà alliées, chacune de leur côté, avec une même entreprise partenaire (ce que les auteurs nomment la transitivité des alliances stratégiques). Une alliance est également plus probable si la firme occupe une position centrale dans le réseau des acteurs du secteur. La centralité d'une firme lui permet en effet d'avoir un accès privilégié à certaines informations, une plus grande visibilité, etc.

Par ailleurs, il est peu probable qu'une firme centrale accepte une alliance avec une firme trop périphérique, qui sera perçue comme ayant peu à offrir. Enfin, les auteurs montrent qu'une alliance entre deux firmes, toutes choses étant par ailleurs égales, est d'autant plus probable que le réseau global des firmes est différencié. Autrement dit, la probabilité d'alliance sera d'autant plus forte que les firmes offrent l'accès à des ressources différentes ou bénéficient d'un savoir-faire complémentaire. La raison : un réseau de relations de ce type réduit l'incertitude associée au choix des partenaires potentiels, encourageant ainsi la conclusion d'alliances. La conclusion d'alliances entre des firmes ne dépend donc pas seulement de leurs caractéristiques, mais aussi de leur position dans le réseau des firmes d'un secteur.

CHRONOLOGIE

1600. – Création de la B.E.I.C. (« *British East-India Company* ») ou Compagnie britanniques des Indes orientales.

1602. – Création de la V.O.C. (« *Vereenigde Oost-Indische Compagnie* ») ou Compagnie néerlandaise des Indes orientales par les États généraux des Provinces-Unies.

1609. – Création de la Banque d'Amsterdam.

1694. – Création de la Banque d'Angleterre.

1758. – Publication du *Tableau économique* de François Quesnay.

1776. – Publication de *Recherches sur la nature et les causes de la richesse des nations* d'Adam Smith.

1807. – Création des sociétés anonymes (SA) en France.

1855. – Libéralisation des sociétés anonymes en Grande-Bretagne.

1867. – L'obtention d'une autorisation du Conseil d'État n'est plus nécessaire pour créer une société anonyme en France.

1887. – Interdiction des trusts aux États-Unis d'Amérique.

1890. – Vote du *Sherman Antitrust Act* aux États-Unis.

1903. – Publication de *Shop Management* par F.W. Taylor.

1908. – Commercialisation de la première Ford T.

1914. – Vote du *Clayton Antitrust Act* aux États-Unis.

1916. – Publication de *L'Administration industrielle et générale* par H. Fayol.

1925. – Création des sociétés à responsabilité limitée (SARL) en France.

1936. – Accords de Matignon (création de conventions collectives, durée du travail hebdomadaire de 40 heures, deux semaines de congés payés).

1945. – Vague de nationalisations d'entreprises en France.

1947. – Lancement du plan Monnet en France.

1949. – Retour de la production industrielle française à son niveau de 1938.

1950. – Création du SMIG.

1956. – Troisième semaine de congés payés pour les salariés français.

1969. – Quatrième semaine de congés payés pour les salariés français.

1970. – Création du SMIC.

1981. – Nationalisations après l'élection de François Mitterrand.

1982. – Lois Auroux, semaine de travail de 39 heures et cinquième semaine de congés payés en France.

1985. – Séparation des SARL en deux statuts : SARL pluripersonnelles et EURL (un seul associé).

2000. – Explosion de la « bulle Internet ».

2001. – Faillite de la société Enron (secteur de l'énergie), une des plus importantes capitalisations boursières aux États-Unis.

2008. – Crise des *subprimes*.

BIBLIOGRAPHIE

BALLE (C.), *Sociologie des organisations*, PUF, coll. « Que sais-je ? », 2011.

BARJOT (D.) (dir.), « Où va l'histoire des entreprises ? », *Revue économique*, vol. 58, janvier 2007.

BAUDRY (B.), CHASSAGNON (V.), *Les Théories économiques de l'entreprise*, La Découverte, coll. « Repères », n° 636, 2014.

BAUDRY (B.), *Économie de la firme*, La Découverte, coll. « Repères », 2003.

BERNOUX (P.), *La Sociologie des entreprises*, Seuil, coll. « Points Essais », 2009.

BERNOUX (P.), *La sociologie des organisations*, Seuil, coll. « Points Essais », 2009.

BOUBA-OLGA (O.), *L'Économie de l'entreprise*, Seuil, coll. « Points Économie », 2003.

CHAUDEY (M.), *Analyse économique de la firme*, Armand Colin, coll. « Cursus », 2014.

CORIAT (B.) ET WEINSTEIN (O.), *Les théories de la firme entre « contrats » et « compétences ». Une revue critique des développements contemporains*, Revue d'Économie industrielle, 129-130, 2010.

CORIAT (B.) ET WEINSTEIN (O.), *Les Nouvelles Théories de l'entreprise*, Le Livre de poche, coll. « Références », 1995.

DUBAR (C.), *La Socialisation*, Armand Colin, coll. « U », 2002.

DUPUY (F.), *Lost in Management : la vie quotidienne des entreprises au XXIe siècle*, Seuil, coll. « Points Essais », 2013.

EYMARD-DUVERNAY (F.), *Économie politique de l'entreprise*, La Découverte, coll. « Repères », 2004.

GABRIE (H.) ET JACQUIER (J.-L.), *La théorie moderne de l'entreprise, l'approche institutionnelle*, Paris, Economica, 1994.

LAMBERT-DANSETTE (J.), *Histoire de l'entreprise et des chefs d'entreprise en France*, cinq tomes, L'Harmattan, coll. « Chemins de la mémoire », 2001.

LAMBERT-DANSETTE (J.), *Genèse du patronat 1780-1880*, Hachette, 1991.

MUSSO (P.), *La Religion industrielle*, Fayard, Essais, 2017.

PEREZ (R.), *La Gouvernance de l'entreprise*, La Découverte, coll. « Repères », 2003.

PLANE (J.-M.), *Théorie des organisations*, Dunod, coll. « Les Topos », 2013.

RICHET (X.), *Économie de l'entreprise*, Hachette Supérieur, coll. « Les Fondamentaux », 2006.

SAUSSOIS (J.-M.) (dir.) *Les Organisations, état des savoirs*, Éditions Sciences humaines, coll. « Ouvrages de synthèse », 2016.

VAUJANY DE (F.-X.), HUSSENOT (A.) CHANLAT (J.-F.), *Théorie des organisations : nouveaux tournants*, Economica, coll. « Gestion », 2016.

VERLEY (P.), *La Révolution industrielle*, Gallimard, coll. « Folio histoire », 1997.

VERLEY (P.), *Entreprises et entrepreneurs du XVIIIe siècle au début du XXe siècle*, Hachette Supérieur, coll. « Carré histoire », 1994.

SUJETS CORRIGÉS

SUJET
I

La recherche de la grande dimension est-elle inéluctable pour l'entreprise dans le système capitaliste ? (Ecricome, 2000.)

Il peut sembler paradoxal, au premier abord, de souligner l'inévitable accroissement de la taille des entreprises capitalistes au regard de la place minoritaire des très grandes entreprises dans l'économie française. Ces dernières représentent moins de 1 % du total des unités de production. Toutefois, la multiplication des phénomènes de fusion et d'acquisition et le poids économique démesuré des plus importantes multinationales interrogent. Si le système capitaliste, un ensemble de relations entre les activités de production, de répartition et de consommation, permet la coexistence d'entreprises de tailles diverses, c'est avant tout car elles ne répondent pas aux mêmes logiques économiques. La recherche d'une grande taille ou concentration peut résulter d'une stratégie de défense pour s'imposer dans un contexte concurrentiel, peut viser la maîtrise des coûts de production, ou peut constituer une réponse à un environnement économique mouvant. Dans quelle mesure la concentration est-elle une contrainte pour la firme capitaliste ? Est-elle le résultat d'un processus historique de long terme ou résulte-t-elle des cycles productifs ?

I L'inévitable croissance de la taille des entreprises dans le système capitaliste

A. — La maîtrise des coûts de production

- *L'entreprise capitaliste vise à maximiser son profit. Elle peut agir sur les marges de vente, mais aussi sur la maîtrise des coûts de production.*
- *Historiquement, la concentration d'entreprises relève d'économies d'échelle. Au* XIX*e siècle, l'accroissement des coûts fixes (notamment dans l'industrie) conduit à la recherche d'économies par la multiplication de concentrations horizontales et verticales.*
- *Résistance des autorités. Ce n'est pas une logique économique qui pousse certains pays (notamment les USA) à lutter contre les entreprises de très grande taille dès la fin du* XIX*e siècle, mais une logique politique : les autorités se défendent d'un « contre-pouvoir » de l'intérieur. Exemple des* Sherman Act *et* Clayton Act.

B. — Pouvoir de marché et limitation des risques

- *L'objectif de contrôle du marché. La concentration est un moyen d'acquérir un pouvoir de marché vis-à-vis des concurrents (position de leader sur le marché), mais également par rapport aux consommateurs.*
- *L'objectif de limitation des risques. La concentration horizontale réduit les risques de faillite car il y a moins de concurrence sur le marché. La concentration verticale permet un meilleur contrôle de la* supply chain *et de la distribution des produits. La concentration conglomérale met à l'abri des risques conjoncturels et sectoriels en diversifiant les activités de l'entreprise.*
- *Historiquement, la tendance est à l'extension des marchés. Un marché étendu (planétaire dans le cas de la mondialisation) rend les phénomènes de concentration plus probables. Exemple des entreprises cotées.*

C. — L'influence décisive du système capitaliste

- *Thèse de la centralisation du capital de K. Marx. Le processus de centralisation renvoie directement au fonctionnement du sys-*

tème capitaliste. L'accumulation de capital s'accompagne nécessairement d'une domination des « gros » sur les « petits », visant à lutter contre la baisse tendancielle des taux de profit.

- *Thèse du monopole naturel néoclassique. Pour répondre aux contraintes techniques de production, il devient économiquement efficace de confier la production à une entreprise unique. Cette entreprise dégage alors un profit « pur » supplémentaire.*
- *Thèse du monopole d'innovation. C'est la thèse développée par Schumpeter. L'accroissement de la taille est lié au monopole temporaire des entreprises sources de l'innovation. Cependant cette thèse implique qu'il ne s'agit pas d'une tendance univoque, mais d'un cycle économique.*

II Le choix de la croissance de la firme

A. — La concentration comme phénomène de mode

- *Historiquement, on peut repérer des vagues de concentration. Cinq grandes vagues de concentration se sont succédé depuis le XIXe siècle, dans des secteurs particuliers et selon des modalités propres à chaque vague (concentration horizontale ou verticale, par exemple).*
- *La concentration destructrice de valeur. La gestion des fusions est complexe, les rapprochements ne débouchant pas forcément sur des synergies positives (redondance de postes et de qualifications), et pouvant générer des pertes de marché.*

B. — Le choix de la structure de petite taille

- *Grande taille ne rime pas forcément avec efficacité économique accrue. La théorie des coûts de transaction (Coase, 1937 ; Williamson, 1988) démontre l'existence dans les firmes de comportements opportunistes. Les acteurs économiques peuvent adopter des comportements stratégiques qui satisfont leurs propres intérêts au détriment de l'organisation.*
- *Ni marché, ni hiérarchie : les formes hybrides. Williamson et la TCT envisagent théoriquement les formes hybrides entre firme et marché. Aoki oppose la firme américaine à la firme japonaise qui adopte le principe des relations de long terme avec des sous-traitants, qui sont mis en concurrence à intervalles réguliers.*
- *Dynamisme de la petite structure. Dans les pays industrialisés, l'essentiel de la production est assuré par des structures de petite taille ou PME. Vues négativement jusqu'aux années 1980, l'ère des start-up des NTIC a permis de remettre en avant leurs avantages en termes de flexibilité et d'innovation.*

C. — La firme-réseau

- *Le recours à la sous-traitance. La plupart des FMN ont recours à des formes d'externalisation, notamment dans le secteur industriel. La firme établit une relation d'agence classique avec un sous-traitant, rendant la production plus flexible et améliorant la réactivité face aux exigences du marché.*
- *La firme-réseau : la nouvelle organisation des FMN. La firme-réseau est une version plus aboutie de la sous-traitance : le donneur d'ordre établit et maintient des liens de dépendance forts avec une ou plusieurs entreprises partenaires juridiquement indépendantes. Cela se traduit par des investissements croisés, la routinisation des transactions commerciales, le partage d'objectifs de production ou de main-d'œuvre.*
- *La firme-réseau est-elle un choix ? Certains économistes mettent en doute le choix de cette forme d'organisation en réseau, soulignant que certains secteurs industriels se sont construits sur ce modèle (start-up dans les NTIC, industrie du cinéma). D'autres rappellent que derrière le réseau se trouve une hiérarchie verticale toujours présente.*

SUJET
II

Les firmes recherchent-elles uniquement la maximisation du profit ?

Il peut sembler paradoxal, au premier abord, de s'interroger sur l'objectif de profitabilité d'une firme : le profit n'est-il pas au cœur de la dynamique capitaliste et de l'accroissement des richesses depuis le XIXe siècle ? Toutefois, l'existence de l'économie sociale et solidaire, posant comme principe l'absence d'activité lucrative et représentant 10,3 % de l'emploi total français en 2012, conduit à s'interroger sur la pertinence de cet objectif. La firme peut être définie comme une structure juridiquement organisée combinant des facteurs de production en vue de produire des biens ou des services destinés à être vendus sur un marché. Toute firme visant une production marchande cherche à couvrir ses coûts de production. Mais limiter l'entreprise à sa fonction productive conduit à méconnaître la dépendance envers un environnement économique, politique ou social. Cette définition fait également l'impasse sur les objectifs des salariés, parfois contradictoires avec ceux de l'organisation. Le sujet nous invite à épaissir socialement et économiquement une conception monolithique de la firme comme boîte noire impénétrable, limitée à l'affectation optimale de ressources rares. La firme maximise-t-elle son profit comme le prédit la théorie standard ? Cet objectif inclut-il d'autres variables (prestige, ego, pouvoir, nombre de subordonnés, taille du budget, convivialité, etc.) ? A-t-elle une fonction bien définie, ou repose-t-elle sur des routines comportementales et une rationalité limitée ?

I La firme optimise la production pour maximiser son profit

A. — La firme ne se distingue pas d'un producteur individuel

- *La firme-point. L'entreprise est considérée par la théorie standard comme un producteur individuel : elle ne possède pas d'épaisseur sociale (firme-point) et dispose d'un objectif unique, maximiser le niveau du profit.*
- *Des facteurs de production rémunérés à leur productivité marginale. La firme se limitant à une fonction de production, le profit généré sert à rémunérer les facteurs de production selon leurs productivités marginales, inverses de leurs coûts marginaux.*
- *Des choix limités. La firme-producteur est confrontée à des choix réduits. La contrainte technique l'oblige à sélectionner la combinaison de facteurs de production la plus efficace pour réaliser le bien ou le service. La contrainte financière implique que le choix des facteurs soit borné par leurs prix.*

B. — La firme technologique recherche les économies d'échelle

- *La concentration des entreprises comme réponse à l'objectif de maximisation du profit. Les entreprises ont intérêt à se regrouper pour bénéficier d'économies d'échelle et de rendements croissants. Des niveaux de production plus élevés permettent l'utilisation de techniques plus efficaces. Ils justifient d'investir dans des technologies de réduction de coûts et permettent aux travailleurs d'être plus spécialisés. Le XIXe siècle fournit de nombreux exemples de concentration d'entreprises, notamment dans les secteurs où les coûts fixes sont importants.*
- *La firme unitaire. L'objectif de maximisation du profit apparaît dans la forme prise par la gouvernance d'entreprise. La firme regroupe des activités ne dépendant pas directement de la production : audit, marketing, gestion du personnel, finance, R&D. Un tel regroupement évite le double emploi de coûts fixes associés à ces services. C'est l'avènement de la firme unitaire au XIXe siècle.*
- *Propriété du capital et direction de l'entreprise sont liées. Historiquement, on observe*

que les premières dynasties industrielles associent étroitement propriété du capital et activité de direction de l'entreprise. C'est le cas des entreprises familiales (sociétés en nom propre ou en commandite simple), qui forment la majorité des grandes entreprises jusqu'à la fin du XIXe siècle.

II La firme satisfait des objectifs multiples et parfois contradictoires

A. — La séparation du pouvoir entre managers et propriétaires du capital

- *Évolution vers une nouvelle structure de gouvernance, séparant fonctions de direction et propriété du capital. C'est l'arrivée des managers à la tête des entreprises qui bouscule la simple logique marchande d'affectation de ressources (Chandler). Phénomène qui conduit à une évolution vers les firmes multifonctionnelles dès la fin du XIXe siècle.*
- *L'objectif des managers. Si les propriétaires cherchent toujours à maximiser le profit, qu'en est-il des managers, souvent salariés ? Les managers cherchent à maximiser le chiffre d'affaires, mais pas le profit (Baumol). Ils recherchent l'efficacité (situation économique meilleure qu'à la période précédente), mais pas l'efficience (situation la meilleure possible).*
- *Asymétrie d'information et aléa moral. La séparation entre managers et propriétaires du capital repose sur une relation d'agence. Cela conduit à une situation d'asymétrie d'information et favorise les comportements d'aléa moral des managers.*
- *Les solutions pour continuer de pousser les managers à maximiser le profit. Il existe plusieurs solutions pouvant conduire les managers à se conduire en individus maximisateurs de profit : les stock-options, la concurrence par la comparaison, les incitations positives (salaire indexé sur la performance de l'entreprise) ou négatives (surveillance rapprochée).*

B. — La firme est travaillée par des logiques qui n'ont rien à voir avec le profit

- *L'importance des routines. Les relations commerciales se font dans la durée et sont amenées à se répéter dès lors que les deux parties se font confiance. Le critère de fonctionnement n'est pas la maximisation du profit, mais la reconduite de transactions « institutionnalisées ». Une évolution est possible, mais se fait sur le long terme, en fonction d'un chemin déjà parcouru (*path dependency*).*
- *La rationalité limitée. La théorie standard suppose que la rationalité est substantive (met en rapport tous les moyens pour obtenir la fin recherchée). Simon et March montrent au contraire qu'elle est procédurale et limitée : elle repose sur une connaissance imparfaite et biaisée de l'environnement décisionnel. L'objectif ne peut être la maximisation du profit, mais la satisfaction d'objectifs dont l'ambition est plus limitée.*
- *La firme est traversée par des logiques opportunistes. La firme est constituée d'individus qui peuvent adopter des comportements opportunistes, reposant sur la maîtrise de zones d'incertitude. Les relations internes sont davantage guidées par des logiques de pouvoir que par une stricte logique économique. La somme des comportements individuels peut aller dans le sens inverse de la trajectoire de progression de la firme.*
- *La firme dépend de son environnement. L'environnement socio-économique, mais aussi technique, contraint les possibilités de choix de facteurs de production et d'écoulement des biens et services produits. L'objectif de maximisation du profit apparaît alors largement irréaliste.*

PARTIE 2

CROISSANCE ET DÉVELOPPEMENT DU XIXe SIÈCLE À NOS JOURS

CHAPITRE 1

CROISSANCE ET FLUCTUATIONS ÉCONOMIQUES DEPUIS LE XIXe SIÈCLE

I

LA CROISSANCE ÉCONOMIQUE DEPUIS LE XIXe SIÈCLE

A LA DIFFUSION PROGRESSIVE D'UNE DYNAMIQUE MODERNE

1. – Les particularités et les faits stylisés de la croissance à partir du XIXe siècle

a. — Croissance ancienne et croissance moderne

La croissance économique est une tendance, sur le long terme, à une progression de la production des richesses dans une économie, l'échelle d'analyse étant généralement nationale. Une telle évolution économique est souvent considérée comme une spécificité du monde contemporain, à l'aune duquel les sociétés plus anciennes sont présentées comme stagnantes, enfermées dans des techniques et des conditions matérielles de vie archaïques. La schématisation proposée par Walt Whitman Rostow dans son ouvrage de 1960, *Les Étapes de la croissance économique*, a contribué à ancrer cette vision dans une partie de la littérature économique. L'idée d'une stagnation plurimillénaire a pu être renforcée par une approche rapide du travail statistique proposé par Angus Maddison dans *L'Économie mondiale, une perspective millénaire*, publié en 2001.

Pourtant, on aurait tort de croire que le progrès économique était totalement absent des sociétés anciennes. La relative stagnation des niveaux de vie pour une majorité d'habitants ne doit pas masquer l'augmentation considérable de la production dans beaucoup d'économies, en particulier européennes depuis, sans vouloir remonter plus loin, la diffusion de l'agriculture et de l'élevage au néolithique. Des phases d'essor de plusieurs siècles ont pu exister en Europe de l'Ouest, à l'époque de la paix romaine (Ier et IIe siècles en particulier) ou pendant une partie de la période médiévale (essor des XIe - XIIIe siècles), même si la hausse de la production était moins marquée que la croissance économique observée depuis deux siècles. Les travaux d'histoire globale nous ont par ailleurs appris que d'autres régions du monde avaient connu des essors économiques marqués, comme la Chine entre les VIe et XIe siècles. Il est cependant vrai que, pour ces époques, la hausse démographique et la progression du confort de vie des élites sociales restent trop masquées dans les représentations par la persistance de conditions de vie misérables pour la majorité de la population. En outre, ces phases de croissance des économies anciennes ont été souvent suivies d'effondrements économiques et démographiques, comme à la fin de la domination romaine en Europe de l'Ouest et du Sud, ou au XIVe siècle sur le continent européen, en raison des « trois Parques surmortelles » (famines, guerres, épidémies). Les moments de croissance dans les économies anciennes, croissance essentiellement extensive et fondée en particulier sur une progression du nombre des travailleurs, n'ont donc pas été moins longs que ceux que les pays avancés ont connu depuis deux siècles, mais une différence majeure dans les résultats de cette dynamique économique peut être observée : la hausse marquée des niveaux de vie pour le plus grand nombre est un phénomène récent, car elle était pour l'essentiel réservée auparavant à une minorité. Ainsi, pour la période antérieure au XIXe siècle, la longue stagnation du niveau de vie de la majorité et l'enchaînement de phases d'essor et de déclin conduisent, vus de notre époque, à une impression statistique d'immobilité.

Production de richesses
(en milliards de dollars internationaux de 1990)

	0	1000	1820	1998
Europe de l'Ouest, Japon et pays d'immigration européenne	12,8	14,1	198	17 998
Amérique latine	2,2	4,6	14,1	2 942
Asie (hors Japon)	77	78,9	390,5	9 983
Afrique	7	13,7	31	1 939

Population en millions et production par habitant
(en dollars internationaux de 1990)

		0	1000	1820	1998
Europe de l'Ouest, Japon et pays d'immigration européenne	Population	28,9	34,9	175,1	838
	Production par hab.	*443*	*405*	*1 130*	*21 470*
Amérique latine	Population	5,6	11,4	21,2	508
	Production par hab.	*400*	*400*	*665*	*5 795*
Asie (hors Japon)	Population	171,2	175,4	679,4	3 390
	Production par hab.	*450*	*450*	*575*	*2 936*
Afrique	Population	16,5	33	74,2	760
	Production par hab.	*425*	*416*	*418*	*1 368*

Source : Angus Maddison, *L'Économie mondiale, une perspective millénaire*, OCDE, 2001.

La croissance économique moderne s'est en effet accompagnée d'une progression de la productivité du travail qui a permis la hausse des niveaux de vie. L'heure de travail devenant plus efficace, la richesse créée s'élève, ce qui permet une rémunération plus importante pour les travailleurs. Au final, la population bénéficie de plus de biens et de services susceptibles de répondre à ses besoins. La hausse du niveau de vie a bien des traductions concrètes en termes de satisfaction des besoins primaires des individus, de recul de la grande pauvreté et d'élévation du confort de vie pour les habitants d'un pays. Cette particularité de la croissance économique à l'époque contemporaine, cette spécificité de la croissance moderne est le résultat de plusieurs évolutions de fond dans la vie économique et sociale.

b. — Les évolutions économiques et sociales ayant permis l'avènement de la croissance moderne

L'accumulation du capital a été plus forte à partir du XIXe siècle que par le passé, c'est-à-dire qu'une part plus importante qu'auparavant des richesses supplémentaires créées a été réutilisée pour approfondir la dynamique de croissance, en perfectionnant les capacités productives des économies. Ce résultat est le fruit d'une évolution des mentalités de l'élite sociale valorisant davantage qu'auparavant en son sein les comportements capitalistes. Le basculement des sociétés contemporaines avancées au XIXe siècle dans des systèmes capitalistes signifie que ces sociétés acceptent désormais assez largement des comportements de recherche méthodique du profit maximum par les producteurs de richesses, lesquels réinvestissent une part importante de leurs gains, ce qui a pour effet d'élever les moyens de production au sein d'une économie. Max Weber, dans *L'Éthique protestante et l'esprit du capitalisme* (1905), a souligné ces particularités du capitalisme moderne qu'il voit grandir à partir du XVIe siècle. Fernand Braudel, dans *Civilisation matérielle, économie et capitalisme* (1979), a remarqué cependant combien ces pratiques restaient, jusqu'au XVIIIe siècle, en marge du cœur de l'activité productive formé par le travail paysan et artisanal. Ce qui change au XIXe siècle, même s'il y a des écarts du point de vue chronologique entre les pays, la Hollande ou la Grande-Bretagne connaissant des évolutions plus précoces par exemple, c'est que l'élite sociale cesse de plus en plus de dépenser les fruits de la croissance des richesses produites pour des usages improductifs. Elle donne dès lors les moyens à l'économie d'autoentretenir plus solidement sa dynamique de croissance, grâce à des investissements productifs accrus.

Le progrès technique a été plus marqué à partir du XIXe siècle, ce qui explique en grande partie la dynamique plus nette de hausse de la productivité du travail. Max Weber a montré combien les progrès de la science et de la technique avaient été vifs, en particulier en Europe, au moins depuis le XVIe siècle, et constituaient une des facettes de la dynamique de long terme de rationalisation des représentations et des activités sociales qu'il pense percevoir. Les progrès scientifiques depuis la Renaissance sont encore favorisés par les Lumières du XVIIIe siècle, qui placent la raison au centre de l'esprit humain. Les besoins du développement économique, l'intérêt du recours à des procédés plus performants ont ensuite suscité des innovations de plus en plus nombreuses à partir de la révolution industrielle. Les entreprises prenant progressivement elles-mêmes en charge méthodiquement une part de l'effort de recherche et développement qui, s'il n'a pas forcément débouché sur une dynamique continue d'innovation, a entretenu la croissance économique.

La hausse du niveau de vie a aussi été permise par un changement de régime démographique et une évolution, en particulier, des comportements de fécondité. La dynamique démographique ancienne effaçait presque entièrement les effets de la hausse de la production des richesses sur le niveau de vie moyen des populations. Que la situation économique s'améliore et la baisse temporaire de la mortalité, en particulier infantile, dévoilait le dynamisme prodigieux de la natalité et permettait des hausses spectaculaires de population. Par exemple, sur un espace correspondant plus ou moins au territoire actuel de la France, on estime que la population est passée d'environ 100 000 habitants vers – 4000 à 4 millions d'habitants vers – 2000 et que l'essor des premiers siècles de la période gallo-romaine a permis d'atteindre environ 10 millions d'habitants. La forte chute démographique à la fin de l'Empire romain a été comblée ensuite pendant l'époque médiévale, et en particulier entre les XIe et XIIIe siècles, grâce à un triplement de la population, qui atteint plus ou moins 15 millions d'habitants avant la crise du XIVe siècle. Une fois cette dernière surmontée, la population atteint 25 millions d'habitants au XVIIIe siècle, moment où la croissance moderne va démarrer. Cette tendance à l'essor démographique lorsque les conditions économiques sont favorables a été soulignée très clairement par Malthus dans son *Essai sur le principe de population* (1798). Il indiquait qu'elle venait inéluctablement buter sur les disponibilités alimentaires, en perpétuant par ailleurs la misère des plus pauvres par dilution des richesses supplémentaires dans la population plus nombreuse. Or, à partir du XIXe siècle, la France étant particulièrement précoce dans cette évolution, la natalité recule : la fécondité cesse d'être une donnée biologique et commence à être consciemment maîtrisée par les populations. Dès lors, les richesses peuvent plus facilement s'élever à un rythme supérieur à la progression démographique.

Les études sur les causes du démarrage de la croissance moderne mettent en évidence la complexité des mécanismes économiques et sociaux ayant permis l'amorce d'un processus qui n'est pas la simple continuité des dynamiques antérieures. L'essor économique n'a concerné au XIXe siècle qu'une minorité de pays, déjà souvent les plus avancés économiquement, mais pas nécessairement.

Parmi les comparaisons célèbres, celle rapprochant l'Angleterre et le bas bassin du Yangzi en Chine au XVIIIe siècle : les deux régions du monde font alors partie des foyers où l'activité économique est des plus intenses, l'agriculture chinoise est même nettement plus productive, mais la croissance économique moderne va démarrer en Angleterre et non en Chine. Autre exemple, alors que la France est, au milieu du XVIIIe siècle, le pays européen ayant la puissance globale, économique et démographique la plus marquée, elle perd rapidement ce statut, dépassée en un siècle par la Grande-Bretagne et l'Allemagne. La recherche sur les causes de l'enrichissement de certaines nations amène donc à découvrir l'entrecroisement complexe de facteurs économiques mais aussi sociaux et politiques, pour comprendre ces évolutions historiques.

c. — La diffusion internationale de la croissance moderne

La croissance économique moderne ne s'est pas diffusée immédiatement à tous les pays du monde et son apparition a engendré depuis deux siècles une forte hausse des inégalités entre les pays. L'Europe et quelques pays sur d'autres continents, comme par exemple ceux de l'Amérique du Nord, l'Australie ou le Japon, ont connu une croissance des niveaux de vie marquée, alors que le reste du monde prolongeait la dynamique incertaine des économies anciennes. Pourtant, au cours du XXe siècle, la croissance moderne s'est étendue dans beaucoup de pays, si bien que ses traits caractéristiques – la hausse du niveau de vie grâce à la hausse de la productivité du travail, la hausse du capital par habitant, la diffusion rapide de technologies nouvelles, la fin de la dynamique traditionnelle de la fécondité – sont des réalités qui tendent à s'imposer partout dans le monde. Cela ne signifie pas encore une réduction globale des écarts de niveaux de vie entre pays, mais la richesse par habitant progresse depuis le XXe siècle de plus en plus largement dans une majorité de pays peu concernés encore par le phénomène au XIXe siècle.

La croissance économique moderne a aussi entraîné un bouleversement des hiérarchies économiques mondiales. Si l'on a assisté globalement à une hausse des inégalités, des cas de rattrapage spectaculaires ont été au contraire observés, qu'il s'agisse, pour ne citer que quelques exemples, de l'Allemagne au milieu du XIXe siècle, de la Corée du Sud dans la deuxième moitié du XXe siècle ou de la Chine au cours des années récentes. Ces mouvements de rattrapage des niveaux de vie des pays avancés engendrent des évolutions de la hiérarchie mondiale des puissances : alors que la Chine au niveau mondial et la France en Europe sont en tête au milieu du XVIIIe siècle, la Grande-Bretagne est un siècle plus tard la puissance prééminente, tandis que le XXe siècle marque le triomphe des États-Unis. La prolongation des courbes du début du XXIe siècle laisse penser que la domination globale de ce pays risque cependant de s'interrompre dès le deuxième tiers du siècle, face à l'avancée de la Chine.

Parts du PIB mondial

	1500	1820	1913	1998
Europe de l'Ouest	17,9	23,6	33,5	20,6
Pays d'immigration européenne	0,5	1,9	21,7	25,1
Asie	65,2	59,2	24,5	37,2
Amérique latine	2,9	2	4,5	8,7
Afrique	7,4	4,5	2,7	3,1
Total	100	100	100	100

Source : Angus Maddison, *L'Économie mondiale, une perspective millénaire*, OCDE, 2001.

d. — Les faits stylisés de la croissance moderne selon Kaldor et Romer

Les économistes ont tenté d'établir une liste plus complète des traits caractéristiques de la croissance moderne. En 1961, Nicholas Kaldor propose une liste de six traits marquants, qu'il qualifie de « faits stylisés » de la croissance économique, dont cinq ont, sur la durée, été validés par des recherches plus récentes. Ces faits sont des régularités établies statistiquement ; ce ne sont pas des lois absolues mais des tendances fortes :

- La hausse de la productivité du travail est le premier fait stylisé remarqué par Kaldor. L'élévation de la production ne s'effectue donc pas d'abord grâce à une hausse de la quantité de travail, du nombre de travailleurs notamment, c'est ce qui permet la progression des niveaux de vie.
- La hausse du capital par travailleur, c'est-à-dire l'élévation de l'intensité capitalistique des combinaisons productives. Les travailleurs mettent chacun en moyenne en œuvre un capital de plus en plus important, ce qui contribue à rendre le travail plus efficace.
- Le rapport entre le capital mis en œuvre et la production réalisée (coefficient de capital) est relativement stable. Ce qui est cohérent avec les deux premiers faits stylisés de la croissance moderne. Mais cette stagnation de la productivité apparente du capital est a priori surprenante en raison de la modernisation, au fil du temps, du capital utilisé. C'est que l'effet positif de cette modernisation sur la productivité apparente du capital est statistiquement annulé par l'effet négatif dû à la productivité marginale décroissante du capital.
- Un partage de la valeur ajoutée entre salaires et profits assez stable ; ce qui signifie que les salaires progressent sur le long terme au rythme des gains de productivité. Ainsi, le taux de marge est depuis un siècle voisin de 30 % dans les pays développés, bien que marqué par des variations de moyen terme parfois assez amples. Les explications de cette relative stabilité et universalité ne sont pas encore bien établies.
- Le taux de croissance de la production par habitant est très inégal selon les pays. Fait stylisé qui illustre à la fois la progression des écarts de niveaux de vie entre pays depuis deux siècles et les phénomènes spectaculaires de rattrapage qui ont pu parfois se produire.

Parmi les travaux plus récents sur la croissance mondiale, ceux de Paul Romer (1989) ont conduit à compléter la liste des faits stylisés, notamment :

- Le taux de croissance économique n'est pas corrélé au niveau du revenu par habitant. C'est une précision du dernier fait stylisé de Kaldor : les pays avancés ne croissent pas nécessairement plus vite ou moins vite que les pays où le niveau de vie est le plus bas. Ce fait stylisé reflète donc à la fois les phénomènes de hausse des inégalités entre pays, mais aussi l'existence de rattrapages spectaculaires.
- La croissance de la population est corrélée négativement avec le niveau de revenu par tête. Ce fait stylisé renvoie notamment à l'observation selon laquelle la hausse du revenu par tête s'accompagne de changements dans les comportements de fécondité.
- La croissance économique et le développement du commerce international sont corrélés positivement. Ce qui en soi ne suffit cependant pas à établir un lien de causalité univoque entre ces deux phénomènes.
- La hausse du stock de capital n'explique pas la totalité de la croissance de la production. Ce qui souligne indirectement les causes complexes de la croissance économique, puisque celle-ci ne dépend pas seulement de la hausse du volume des facteurs de production.

2. – L'apparition de la croissance moderne pendant la révolution industrielle

Le démarrage de la croissance moderne correspond historiquement à l'entrée dans la « révolution industrielle ». Cette expression, utilisée dès 1837 par l'économiste Adolphe Blanqui, établit une analogie implicite avec la Révolution française, en tant à la fois que rupture et événement fondateur, et souligne l'importance du phénomène et les nouveautés qu'il porte. On assiste en effet à de multiples innovations, dans le textile, la métallurgie et la mécanique en particulier : des machines nouvelles apparaissent et se diffusent en quelques décennies dans le tissu productif. Paul Mantoux, le premier à véritablement analyser la révolution industrielle en tant que telle dans son ouvrage de 1906 intitulé *La Révolution industrielle au XVIIIe siècle*, la considère en effet d'abord comme un ensemble de bouleversements techniques. De nouvelles façons de travailler, de nouveaux antagonismes sociaux naissent aussi dans les foyers souvent sombres et bruyants de l'industrie moderne. Ils nous permettent de compléter les traits caractéristiques de cette révolution industrielle, au-delà donc des nouveautés techniques qu'elle apporte : l'esprit capitaliste bouscule les méthodes artisanales anciennes dans la transformation de la matière, le capital fixe prend un poids croissant dans les combinaisons productives, le système usinier tend à supplanter les formes proto-industrielles du travail à domicile et de l'industrie paysanne dispersée, la productivité du travail s'élève, ouvrant la voie à une hausse globale des niveaux de vie, même si celle-ci est au départ assez inégale.

a. — Des transformations économiques majeures

Avec la révolution industrielle, on assiste à la diffusion d'innovations majeures. L'exemple du textile est édifiant : le temps est relativement court de l'invention des machines à filer par Arkwright (1768) et Crompton (1779) à leur adoption par les entrepreneurs dès les années 1770 et 1780. Arkwright meurt à la tête d'un empire industriel, preuve du succès de ses « *water frame* ». Les gains de productivité sont énormes avec ces machines qui peuvent fabriquer simultanément des dizaines de bobines. Autre symbole de ces ruptures techniques, la machine à vapeur : perfectionnée par James Watt et Matthew Boulton des années 1760 aux années 1780, elle ne se fatigue pas, à la différence des animaux ou des hommes, et elle est indépendante du débit des cours d'eau et des vents. Dans les années 1820, la locomotive et le chemin de fer sont des ruptures techniques majeures permettant désormais de transporter de manière rapide des matières pondéreuses jusqu'alors très coûteuses à déplacer hors des voies d'eau. Le convertisseur Bessemer (1856), en divisant le coût unitaire de fabrication de l'acier par dix, conduit à sa diffusion massive dans la vie économique. Les progrès décisifs dans la maîtrise de l'électricité dans les années 1870 et la mise au point du moteur à combustion interne à quatre temps pouvant être utilisé dans les transports sont aussi des innovations majeures qui, quant à elles, permettent l'entrée dans la deuxième révolution industrielle.

La révolution industrielle est également à l'origine du développement des formes modernes d'organisation industrielle et financière. Le capital fixe prend dans certains secteurs un poids croissant dans les combinaisons productives, ce qui, en raison des économies d'échelle, ouvre la voie au système usinier. Jusqu'alors, l'essentiel de l'activité industrielle se réalisait dans de petites structures productives : ateliers urbains, industrie paysanne dispersée dans les campagnes, rares manufactures. La révolution industrielle, c'est au contraire la naissance de la grande usine, la concentration de la main-d'œuvre autour de machines souvent actionnées par une machine à vapeur. Au milieu du XIXe siècle, soit quelques décennies après le démarrage de la révolution industrielle, les sociétés anonymes, jusqu'alors assez rares, se multiplient dans les chemins de fer, les mines, la métallurgie, l'assurance ou la banque. Le système bancaire moderne apparaît à la même époque : les grandes banques par actions collectant d'importants dépôts et les banques d'affaires.

À partir de la révolution industrielle, la croissance repose avant tout sur les gains de productivité : c'est vrai dans l'industrie, mais aussi dans l'agriculture. Jusqu'alors, la dynamique était surtout fondée sur une croissance économique extensive : plus de terres cultivées, plus de travailleurs. Grâce aux gains de productivité, le niveau de vie du plus grand nombre commence enfin à progresser. Sur le temps long, la rupture de la révolution industrielle est donc évidente puisqu'elle sort les populations des conditions de vie misérables que la majorité connaissait auparavant. Une croissance à la fois smithienne – l'amélioration des transports permet une extension des marchés qui incite à une plus grande division du travail (technique, sociale et internationale) et les gains de productivité réalisés permettent d'étendre encore les marchés ; une dynamique vertueuse est ainsi activée – et schumpetérienne : toutes les innovations dans les machines et les méthodes de production entraînent un abaissement des coûts unitaires de fabrication, et donc la hausse des débouchés ainsi que des capacités d'autofinancement des investissements futurs.

L'industrialisation s'est révélée être un changement brutal dans certains pays : en Grande-Bretagne d'abord, un phénomène de décollage économique (« *take-off* », Rostow, 1960) se produit vers 1780, une hausse du taux d'investissement net au-dessus de 10 % portée par un essor du textile cotonnier et de la métallurgie. La Grande-Bretagne devient dans la première moitié du XIXe siècle la première puissance industrielle mondiale, en dépassant largement la France. Le contraste est aussi très frappant avec la Russie, encore relativement stagnante au début du XIXe siècle : les productions sidérurgiques de la Grande-Bretagne et de la Russie sont équivalentes en 1800, mais l'écart est de 1 à 10 en 1850. Aux États-Unis aussi la révolution industrielle est une rupture puisque la croissance industrielle est proche de 10 % l'an entre 1830 et 1850. La révolution Meiji à partir de 1868 fait aussi entrer le Japon dans l'ère industrielle : en quelques décennies, au départ sans industrie moderne et importateur de textiles en coton, il devient exportateur puis, vers 1910, dispose déjà d'une industrie sidérurgique et mécanique moderne.

Le développement des usines s'accompagne de celui de nouveaux pôles économiques, ce qui était moins le cas dans le système proto-industriel où l'essor était plus diffus. En France, les régions qui portent le développement économique du XIXe siècle ne sont pas toujours celles du XVIIIe. L'est du Massif central, le Nord, la Lorraine, l'Alsace sont au XIXe siècle de vrais pôles de croissance, alors que la façade atlantique, auparavant très dynamique, décline depuis les conflits du tournant du XIXe avec la Grande-Bretagne. Dans ce pays, ce sont les régions du nord-ouest de l'Angleterre (Lancashire, notamment) et celles de Glasgow en Écosse et de Cardiff au pays de Galles qui sont bouleversées en quelques décennies. Manchester voit sa population multipliée par 10 entre 1760 et 1830. En Allemagne, la Ruhr connaît une forte croissance au milieu du XIXe siècle, attirant la main-d'œuvre venue du reste du pays. Aux États-Unis, l'industrialisation du pays est concentrée dans le Nord-Est.

b. — Des changements qui ont souvent été assez progressifs

Ce qui apparaît comme les nouveautés techniques et organisationnelles de la révolution industrielle est en partie le fruit de transformations progressives. Les inventeurs géniaux, comme James Watt, dont on dit qu'ils sont à l'origine de la révolution industrielle n'ont pas tout inventé. Les machines à vapeur de Newcomen (« pompes à feu ») sont utilisées depuis le début du XVIIIe siècle pour évacuer l'eau des mines. Watt a donc amélioré considérablement un élément déjà existant. Les concentrations de main-d'œuvre sont présentes, sous la forme de manufactures, comme à Abbeville ou à Rochefort, en France. Certes, elles abritent un travail essentiellement manuel, avec des outils et non pas autour de machines, mais l'espace clos et la main-d'œuvre disciplinée placée sous l'autorité du patron existent déjà, même si ces manufactures sont peu nombreuses. Smith en a remarqué l'existence, dans son exemple célèbre de la manufacture d'épingles, et souligne déjà les gains de productivité qui peuvent être obtenus par un travail concentré et bien organisé.

Les évolutions économiques prennent du temps, ce qui conduit parfois à préférer le terme d'« industrialisation ». Les indicateurs macroéconomiques révèlent que l'accélération de la croissance est d'une ampleur souvent assez limitée : les taux annuels dépassent rarement 3 % dans la première moitié du XIXe siècle – le cas des États-Unis est assez exceptionnel. La France n'a pas connu de décollage économique net, mais une industrialisation plus progressive que la Grande-Bretagne. Le *take-off* n'est ainsi pas incontournable pour entrer dans la dynamique de la croissance moderne, et on est en général loin des taux de croissance des « nouveaux pays industriels » de la fin du XXe siècle. Tous les pays n'ont pas vécu l'industrialisation comme une rupture, notamment parce que les changements rapides ou importants ne concernaient qu'une petite partie de l'économie (les filatures ou la sidérurgie, notamment) et des régions.

Les innovations mettent en outre du temps à se diffuser. La machine à vapeur n'efface pas les autres forces motrices : dans la plupart des pays, la multitude des cours d'eau rend toujours rationnelle l'utilisation des moulins. En France, au milieu du XIXe siècle, le manque de charbon de terre conduit à exploiter encore massivement les forêts pour produire du charbon de bois. Le réseau de chemin de fer n'a été que très progressivement étendu en France, jusqu'à la IIIe République.

La proto-industrialisation s'est maintenue, voire même développée dans certaines activités et certains pays, en parallèle de l'implantation du système usinier. Dans le tissage, les artisans sont encore présents en Grande-Bretagne au milieu du XIXe siècle et en France au-delà. Leur activité se développe par exemple à Lyon, tout comme le travail qu'ils donnent aux paysans des alentours jusqu'à la Grande Dépression (1873-1896). La main-d'œuvre rurale est abondante, bon marché et cherche des compléments à une agriculture peu modernisée. Paris reste au XIXe siècle un pôle d'activités dynamique dans la fabrication des biens de luxe. Or, le cadre de ces activités est encore celui de la petite entreprise artisanale. Les formes d'organisation industrielle associées à la proto-industrie prospèrent aussi en Suisse au XIXe siècle.

Finalement, l'expression « révolution industrielle » traduit surtout l'importance, la profondeur des changements, même si ceux-ci se sont déroulés souvent sur de nombreuses décennies. Par ailleurs, l'étude du phénomène doit conduire à évaluer la pertinence de l'expression d'abord en fonction de l'échelle d'analyse. À l'échelle nationale, certains pays, comme la France, connaissent une évolution industrielle assez lente, tandis que pour d'autres les mutations sont plus rapides (États-Unis ou Japon, par exemple). À l'échelle régionale, certains espaces seulement concentrent les industries nouvelles et connaissent des bouleversements à la fois rapides et brutaux : Angleterre noire, est du Massif central en France, Donbass en Russie, nord-est des États-Unis, etc.

c. — Les causes du démarrage de la révolution industrielle

■ Des mutations profondes dans certaines économies et sociétés

Un ensemble de changements institutionnels a favorisé le démarrage de l'industrie moderne. Il a fallu, pour que le progrès technique s'accélère à partir du XVIIIe siècle, une évolution des mentalités. Celles-ci devaient être plus ouvertes aux nouveautés et accepter l'abandon de méthodes traditionnelles. Rostow (1960) considère cette évolution comme une des conditions préalables au décollage économique. La rationalisation progressive de la pensée en Europe de l'Ouest à partir de l'époque moderne, l'accroissement des échanges et de l'urbanisation ont pu aider à cette évolution, même si certains cadres institutionnels comme les corporations ont résisté avant d'être balayés. La pensée scientifique s'est améliorée en Occident et, détachée de la théologie et de la philosophie, a pu interagir de façon fructueuse avec la pensée technique pour générer des inventions plus nombreuses.

La valorisation accrue de l'activité marchande et du comportement capitaliste dans certaines sociétés a été une évolution institutionnelle de fond, plaçant certains pays en position favorable pour l'amorce de la croissance moderne. L'acceptation sociale de la quête méthodique du profit le plus grand et de l'engagement dans l'activité professionnelle s'est affirmée à l'époque moderne, notamment grâce à l'indulgence plus grande de la doctrine catholique, à l'émergence du protestantisme (Weber, 1905) et au développement du grand commerce (Braudel, 1979). La dévalorisation par l'élite sociale des activités de commerce, de production ou de finance, trait caractéristique des mentalités en Europe depuis l'Antiquité, cède progressivement du terrain devant l'affirmation sociale de la bourgeoisie qui porte des comportements différents, même si elle cède parfois encore, au XIXe siècle, aux attraits du mode de vie aristocratique.

La Grande-Bretagne a construit au fil des siècles un environnement institutionnel particulièrement favorable à l'éclosion de la révolution industrielle. On peut y déceler une avance pour la protection des innovations par les brevets (1623) – bien que longtemps difficilement effective –, l'existence d'un gouvernement favorable aux capitalistes, une définition assez tôt des droits de propriété sur la terre (*enclosures*) et le patrimoine en général (actes notariés), la fondation de banques, une attitude de la noblesse plus ouverte à la démarche capitaliste que sur le continent. Des changements institutionnels ont ainsi préparé la révolution industrielle dans ce pays, comme le soulignent Douglass North et Robert Thomas dans *L'Essor du monde occidental* (1973). Ils notent un fort contraste avec l'Espagne d'alors, bureaucratique et aristocratique. Les auteurs indiquent que le développement économique suit une logique de *path dependence*, les évolutions institutionnelles en amenant d'autres. Des pays peuvent ainsi se retrouver durablement enfermés dans des sentiers de développement peu favorables à l'industrialisation, tandis que d'autres y sont conduits.

À côté de ces mutations institutionnelles, certaines évolutions économiques accélèrent le développement des activités productives dans certains pays. Le développement des exploitations coloniales outre-Atlantique suscite une demande en produits manufacturés venant d'Europe. La Grande-Bretagne est à partir du XVIIIe siècle la nation qui profite le plus de ces débouchés extérieurs et de l'essor du grand commerce. La production de cotonnades y est significativement tirée par les débouchés extérieurs (Verley, 1997). La proto-industrie est stimulée en premier, ce qui accroît les revenus des ruraux ainsi que des marchands manufacturiers. L'autoconsommation recule dans les campagnes grâce à ces activités, les possibilités de consommation marchande progressent, tout comme l'épargne, placée parfois dès le XVIIIe siècle dans de petites banques locales. Prolongeant le travail fondateur de Mendels sur les Flandres (1969), des études soulignent qu'un *putting out system* tourné vers les villes et les colonies a dynamisé certaines régions, devenues ensuite parfois des foyers dynamiques de l'industrie moderne (nord de la France, Lancashire, Rhénanie, etc.).

On assiste aussi au XVIIIe siècle à un début de modernisation agricole, en particulier en Grande-Bretagne (Rostow, 1960 ; Bairoch, 1992 et 1997), en parallèle dans ce pays du mouvement des *enclosures* (Marx, 1867). Les techniques culturales progressent avec le recul de la jachère, le perfectionnement de la rotation des cultures (assolement quadriennal), le développement des plantes fourragères et de l'élevage. La hausse du pouvoir d'achat des fermiers aidés d'agronomes est importante ; par ailleurs les meilleurs rendements dans l'agriculture permettent de mieux nourrir les populations, ce qui fait reculer les crises de subsistance et assure donc des débouchés plus stables aux produits manufacturés. Des revenus, des travailleurs sont libérés pour la consommation et la production de produits non agricoles. L'existence d'une véritable révolution agricole préalable à la révolution industrielle est cependant discutable, même pour la Grande-Bretagne, car les mouvements ont été largement simultanés.

Des transports plus efficaces élargissent les marchés. Smith soulignait bien que l'étroitesse économique des marchés était un obstacle au développement de la division du travail et de l'enrichissement d'un pays. Or, dès le XVIIe siècle en Grande-Bretagne, des efforts sont réalisés pour rendre navigables les très nombreux cours d'eau du pays puis, aux XVIIIe et XIXe siècles, des routes à péages et des canaux améliorent la circulation des produits, abaissant les coûts de transport, ce qui libère du pouvoir d'achat pour les clients et accroît les profits des producteurs. Les entreprises les plus efficaces grandissent en captant d'anciens marchés locaux où subsistaient des producteurs peu efficaces. La productivité moyenne de l'économie progresse. Les États-Unis sont aussi un exemple édifiant du perfectionnement des infrastructures de transport dès le début du XIXe siècle. De grands programmes de canaux permettent d'intensifier le trafic des bateaux, et l'essor du chemin de fer est décisif pour l'amplification de la puissance industrielle du pays au milieu du XIXe siècle. *A contrario*, la France, l'Allemagne et encore davantage la Russie tardent à mettre sur pied des réseaux de transport efficaces.

■ Les causes directes du démarrage de la révolution industrielle

Les limites des formes proto-industrielles antérieures expliquent les évolutions du système productif. La croissance proto-industrielle est en effet essentiellement extensive, c'est une croissance par une augmentation de la quantité de travail, du nombre de jours travaillés dans l'année, mais les activités dispersées et la modicité des moyens des familles paysannes ne permettent guère l'utilisation de machines plus performantes que celles utilisées traditionnellement (rouet, métier à tisser rustique, petits outils). Le dynamisme économique rencontre l'obstacle d'une main-d'œuvre devenant rare et chère, la pénurie de main-d'œuvre en Grande-Bretagne mi-XVIIIe et aux États-Unis début XIXe poussent donc à la mécanisation. Il faut augmenter la production par tête pour une croissance durable et donc la productivité doit s'accroître. Une meilleure organisation du travail dans les ateliers et les manufactures permet dans un premier temps d'exploiter au maximum les possibilités du système productif ancien (croissance smithienne). Mais les innovations techniques sont incontournables pour certains pays s'ils veulent répondre efficacement à la hausse de la demande et affronter la concurrence étrangère, notamment sur les activités très porteuses du moment, les cotonnades. D'où des innovations nombreuses dans le textile en Grande-Bretagne au milieu du XVIIIe siècle. D'où aussi une mécanisation poussée aux États-Unis dès le milieu du XIXe siècle dans l'agriculture et l'industrie du Nord-Est, à l'abri de barrières douanières. L'existence de goulets d'étranglement dus à une pénurie de matières premières – toujours cet épuisement de la croissance extensive – pousse aussi à la recherche de nouvelles solutions techniques. La Grande-Bretagne manque de bois, ce qui incite les producteurs à utiliser précocement la houille puis le coke. Les difficultés des tisserands pour s'approvisionner en fil au milieu du XVIIIe siècle favorisent des innovations dans le filage dans les années 1760 et 1770, de la *spinning* à la *mule-jenny*.

La révolution industrielle résulte aussi parfois d'une volonté politique de certains pays de s'industrialiser pour ne pas être dominé. L'Allemagne se reconstruit économiquement et politiquement au XIXe siècle : le peuple allemand a mis du temps à se relever des multiples conflits qui, entre le XVIIe et le début du XIXe siècle, ont ravagé ses terres (la guerre de Trente Ans en particulier) et mis à bas son économie. Après 1815, c'est un ensemble politiquement divisé en 39 États.

La reconstruction de la puissance économique précède la reconstruction politique, avec l'union douanière de 1834 (Zollverein) qui dresse des barrières sélectives pour faciliter l'émergence de producteurs industriels allemands et l'adoption dans les années 1850 du thaler prussien comme monnaie commune. Le Japon et la Russie ne veulent pas non plus finir comme d'autres pays alors dominés (Empire ottoman, pays d'Amérique latine, Iran, Chine, etc.). La prise de conscience d'une partie de l'élite que la modernisation économique et sociale est le prix de la souveraineté politique pousse la Russie (après la défaite de 1856) et le Japon (après l'ultimatum américain de 1853) à moderniser leurs économies. Dans ces deux pays, l'État joue un rôle particulièrement marquant, en raison sans doute de leur retard économique, comme le souligne Gerschenkron (1962). Outre les réformes institutionnelles (abolition du servage, affaiblissement du *mir* en Russie et fin du shogunat pour le Japon), l'État subventionne, bâtit des entreprises, fait appel aux technologies et capitaux étrangers, dresse des barrières douanières parfois utiles.

3. – L'essor économique de « l'âge d'or du capitalisme » ou des « Trente Glorieuses »

a. — Une période de croissance exceptionnelle dans les pays avancés

Le redressement qui s'opère à partir de 1945 prend tout son relief par comparaison avec la période de l'entre-deux-guerres, où les phases d'expansion et de crises se succèdent à des rythmes différents selon les pays, mais où il apparaît que la stagnation économique peut être une tendance durable - une crainte exprimée notamment par Kuznets en 1941. Ce qui se produit après la Deuxième Guerre mondiale n'était donc absolument pas prévu. Du début du XIXe siècle à la Première Guerre mondiale, la production par habitant des pays développés avait cru d'un peu plus de 1 % par an en moyenne ; pour la période des Trente Glorieuses, la hausse a été de plus de 3,5 % par an. Jean Fourastié, évoquant cette période d'une trentaine d'années (1945-1973), considère qu'elle a fait passer la France « de la pauvreté millénaire, de la vie végétative traditionnelle, aux niveaux de vie et aux genres de vie contemporains ». Le titre de son ouvrage de 1979, *Les Trente Glorieuses*, a presque fait oublier le sous-titre, « la révolution invisible », car les Français des années 1950, encore marqués par les difficultés matérielles et les traumatismes de la Deuxième Guerre mondiale, englués dans les crises politiques de la IVe République et les conflits de la décolonisation, ne perçoivent pas tous qu'ils vivent la période économique la plus glorieuse de l'histoire de leur pays, un « âge d'or du capitalisme » pour reprendre l'expression d'Angus Maddison. En une génération, le pouvoir d'achat du revenu moyen en France triple. C'est l'équivalent de la progression qui avait été enregistrée entre le début du XIXe siècle et 1930 pour la France : les améliorations dans le confort de vie de quatre ou cinq générations successives se trouvent réalisées en une seule. L'ouvrier peut espérer, au moment où il débute sa vie professionnelle, avoir en fin de carrière le même niveau de vie que les cadres qui dirigent son usine.

La rapidité de la reconstruction est considérée comme un premier miracle économique, par comparaison avec ce qui s'était produit à la fin de la Première Guerre mondiale. Récupération deux fois plus rapide pour la France, par exemple. Dans ce pays, ce n'est qu'en 1924, donc six années après la fin de la guerre, que l'on retrouve le niveau de production de 1913, alors que dès 1949 la production dépasse durablement son maxima de l'entre-deux-guerres.

Le deuxième miracle est que ce sont les régions du monde parmi les plus ravagées par la guerre, c'est-à-dire l'Europe de l'Ouest et le Japon, qui connaissent l'essor économique le plus fulgurant. En 1960, le Japon est admis à l'OCDE, aux côtés des États-Unis, du Canada et de l'Europe occidentale, une entrée qui couronne les résultats de la croissance la plus forte au niveau international à cette époque (autour de 8 % l'an). En Europe, le miracle économique ouest-allemand se produit pendant les années 1950, avec un taux de croissance annuel moyen de plus de 7 %. Bien qu'inférieure à la moyenne de l'OCDE, la croissance britannique, proche de 3 % l'an, est très honorable. Un pays qui apparaissait sur le déclin depuis le début du XXe siècle connaît alors rien moins que la plus forte période de croissance de son histoire, plus rapide même que celle de la première partie du XIXe siècle.

Le troisième miracle est que la croissance se soit poursuivie à un rythme rapide pendant plus de vingt années après la fin de la reconstruction, ce qui a permis une réduction inédite des écarts de niveaux de vie moyens avec les États-Unis. Sur cette période, l'Europe de l'Ouest connaît une croissance économique plus forte que celle des États-Unis, ce qui rompt avec la tendance à l'œuvre depuis la première moitié du XIXe siècle. Bien que non touchés sur leur sol (hors Hawaï) par le conflit et en tête de la puissance industrielle et financière, les États-Unis ne sont pas le centre du dynamisme mondial, leur croissance moyenne entre 1950 et 1970 étant, à 4 % l'an, près d'un point en dessous de la moyenne de celle des pays de l'OCDE. En 1950, la productivité horaire du travail des quinze pays industriels suivant les États-Unis est en moyenne moitié moindre que celle du pays leader. À la fin des années de forte croissance, en 1973, elle atteint les deux tiers du niveau de la productivité américaine, en raison d'un mouvement de rattrapage par l'Europe des niveaux techniques américains.

b. — La contribution des facteurs de production à cette croissance forte

Le facteur travail a quantitativement peu participé à la hausse de la production ; c'est essentiellement la productivité du travail qui a augmenté, d'où les très fortes hausses des niveaux de vie. La population active croît souvent lentement puisque ceux qui arrivent en âge de travailler pendant les Trente Glorieuses sont nés dans l'entre-deux-guerres, période de faible dynamisme démographique dans les pays avancés. Les nombreux enfants du baby-boom d'après-guerre n'arrivent pas sur le marché du travail avant le milieu des années 1960. Signe même d'un manque de main-d'œuvre, l'Europe, continent d'émigration au XIXe siècle, devient après 1945 un espace d'accueil de travailleurs venus d'autres continents. Ainsi les soldes migratoires cumulés des pays d'Europe occidentale entre 1950 et 1973 donnent un chiffre de plus de 9 millions de personnes. Mais face à la tendance à l'allongement de la scolarité et de la durée des congés payés (de 2 à 4 semaines pour la France), cet apport de main-d'œuvre ne suffit pas ; les heures supplémentaires sont fréquentes. C'est en fait surtout à partir du milieu des années 1960 que, par la hausse du taux d'activité des femmes, on assiste enfin à une hausse véritable de la population active.

L'investissement a été un facteur de croissance par une hausse du stock de capital par travailleur. En effet, les taux d'investissement se redressent après-guerre. En Allemagne, ils retrouvent des niveaux équivalents à ceux, exceptionnels, de la Belle Époque. La Grande-Bretagne, pays industriellement vieillissant depuis la fin du XIXe siècle, se modernise pendant les années 1950 et 1960. Au Japon, en France et en Italie, l'effort d'investissement (I/PIB) atteint des niveaux historiquement inédits : 20-25 % en France, par exemple. Outre le niveau élevé des taux d'investissement, leur durée à ces niveaux – une vingtaine d'années – est exceptionnelle. Ces records sont dus à des anticipations alors particulièrement favorables sur les évolutions de la demande et des profits. Les taux d'intérêt sont par ailleurs bas, grâce à la création monétaire et à un effort d'épargne, et l'investissement bénéfice d'un soutien financier des pouvoirs publics dans plusieurs pays, y compris par le plan Marshall de 1947 qui représente l'équivalent du transfert vers l'Europe de l'Ouest de 5 % d'une année de PIB des États-Unis.

c. — *Une croissance remarquablement intensive*

Un des traits spécifiques aux Trente Glorieuses est la croissance très rapide de la productivité des facteurs (PIB/facteurs de production)[1]. La croissance a été intensive comme jamais auparavant dans certains pays (France, Allemagne, Italie, Espagne, Japon, etc.).

L'investissement dynamique a permis de faire entrer le progrès technique dans le système productif. En effet, à cette époque, la durée de vie du capital diminue, ce qui limite l'impact de l'investissement sur la progression du capital par tête ; les entreprises remplacent plus rapidement leur capital par des formes plus modernes qui incorporent du progrès technique. La contribution qualitative de l'investissement à la croissance est ainsi à cette époque plus importante que sa contribution quantitative. Les formes d'organisation du travail tayloro-fordistes mises au point au début du XXe siècle se diffusent de façon plus large dans les industries ouest-européennes, grâce aux investissements réalisés par les entreprises afin de se réorganiser. Le travail à la chaîne devient plus fréquent dans les diverses activités industrielles, ce qui contribue aux forts gains de productivité des Trente Glorieuses.

Par ailleurs, l'investissement immatériel génère, par l'intermédiaire des dépenses de recherche et développement (R&D), des innovations qui entretiennent la croissance. Certaines innovations réalisées pendant la Deuxième Guerre mondiale ont eu des impacts considérables sur des activités en croissance après 1945 – ainsi, dans l'aéronautique, les matériels électriques ou l'électronique. Prolongation de ce mouvement, aux États-Unis surtout, la recherche militaire et spatiale financée par les pouvoirs publics dans le contexte de la guerre froide favorise des retombées technologiques civiles. Par ailleurs, les entreprises ont étoffé pendant les Trente Glorieuses des services de recherche et développement qui n'avaient qu'émergé dans la deuxième moitié du XIXe siècle. L'effort est particulièrement concentré sur certains secteurs comme les industries spatiale, électronique, chimique, pharmaceutique et les instruments de précision.

Si le travail n'a guère contribué quantitativement à la croissance, on assiste par contre après-guerre à une progression sans précédent des niveaux d'éducation et de formation. C'est après la Seconde Guerre mondiale que s'amorce le mouvement de massification de l'enseignement secondaire, puis supérieur, dans beaucoup de pays européens. En France, alors qu'en 1946 le système éducatif accueillait environ 650 000 élèves et étudiants, ce sont près de 4 millions de personnes qui sont scolarisées en 1975. L'évolution dans ce sens est générale dans les pays industriels, et les niveaux éducatifs des États-Unis d'avant-guerre sont donc rejoints par les pays d'Europe de l'Ouest au cours des Trente Glorieuses, pendant que les États-Unis poursuivent leur effort de développement de l'enseignement supérieur. Cet effort d'éducation a contribué à mieux former la main-d'œuvre et par là à améliorer ses capacités productives, la rendant apte à réaliser des tâches plus complexes génératrices de davantage de valeur ajoutée : la productivité du travail en valeur (VA/L) est ainsi poussée à la hausse par une élévation du stock de capital humain. Selon Denison, pour les États-Unis, c'est presque 1/2 point de croissance par an qui est dû à cette amélioration de la formation de la main-d'œuvre.

L'importance des transferts de main-d'œuvre de l'agriculture vers l'industrie et les services est un effet de structure qui contribue aussi à l'élévation de l'efficacité globale des économies avancées. Si l'agriculture améliore fortement sa productivité – révolution agricole en France dans les années 1960, par exemple –, la valeur ajoutée créée par une heure de travail agricole reste inférieure au

---

1 Plus exactement, la PGF peut être appréhendée à partir d'une modélisation de la croissance à l'aide d'une fonction de production, pour laquelle on fait habituellement l'hypothèse de rendements d'échelle constants : $Q = A \times K^{\alpha} \times L^{(1-\alpha)}$ avec A correspondant à la productivité totale des facteurs. La PTF est une notion très proche de la PGF, appelée aussi parfois productivité multifactorielle, d'où $PGF = Q / [K^{\alpha} \times L^{(1-\alpha)}]$, avec $0 < \alpha < 1$. Le taux de croissance économique « g » dépend donc du taux de croissance du capital « k », du taux de croissance du facteur travail « l » et du taux de croissance de la PGF assimilé au progrès technique « t », de sorte que : $(1 + g) = (1 + t)(1 + k)^{\alpha}(1 + l)^{(1-\alpha)}$.

niveau de productivité d'une heure de travail dans l'industrie et les services. Si bien que le transfert de main-d'œuvre vers des secteurs où la productivité est plus élevée entraîne mécaniquement, par un effet de structure, une progression de l'efficacité moyenne de l'économie. Cet effet de structure agit surtout dans les pays où l'agriculture se modernise le plus, notamment la France, le Japon ou l'Italie.

L'ouverture internationale croissante des économies des pays à économie de marché à partir de 1947, renforcée au sein de l'Europe de l'Ouest par le traité de Rome de 1957, est aussi un facteur de la croissance de cette époque. Elle accélère la généralisation dans toutes les économies industrielles des techniques les plus évoluées en intensifiant la concurrence entre les systèmes productifs. Elle élève aussi l'efficacité moyenne des économies en favorisant la croissance au sein de chaque pays des activités dans lesquelles ceux-ci disposent d'avantages comparatifs. Le développement des échanges est également porté par un perfectionnement des moyens de communication et de transport qui élargit les marchés et donc les débouchés des meilleurs producteurs. Les économies d'échelle dont ils peuvent ainsi bénéficier renforcent leur efficacité.

d. — Une conjonction singulière de facteurs favorables et un rôle essentiel de l'État

C'est le double dynamisme de l'offre et de la demande qui crée un contexte si favorable à l'essor de l'économie pendant les Trente Glorieuses. Les forts gains de productivité permettent des hausses de salaires et assurent aussi la préservation des taux de marge. Les entreprises acceptent de répondre à la demande supplémentaire par une hausse de la production puisque des bénéfices nouveaux conséquents peuvent être envisagés et que les moyens de financement de ces investissements sont présents, à la fois par autofinancement et par emprunt. Les économistes de la régulation comme Robert Boyer et Michel Aglietta évoquent un régime de « croissance fordiste » dans le cadre d'un mode de régulation de capitalisme monopoliste (avec les grandes firmes ayant des pouvoirs de marché importants). Le rapport salarial est fordiste dans le sens où les forts gains de productivité s'accompagnent de fortes hausses de salaires : indexation des salaires sur les prix et hausse des salaires réels (dividendes du progrès).

Le poids financier des pouvoirs publics grandit de 10 à 20 points de PIB dans beaucoup d'économies avancées entre 1950 et 1977. Il est certain que l'État contribue de manière importante à la croissance des Trente Glorieuses. Outre l'impulsion initiale par le financement de la reconstruction, des relances conjoncturelles stimulent la croissance lors des phases de ralentissement, comme aux États-Unis au milieu des années 1960. Les banques centrales, voire les systèmes bancaires globalement, sont sous l'influence des gouvernements qui les incitent à financer la croissance. La redistribution des revenus progresse, stimulant la consommation intérieure par le soutien aux revenus des milieux modestes. En outre, des programmes de long terme accompagnent le développement économique : soutien à l'investissement privé, modernisation des infrastructures, recherche publique dans des domaines stratégiques. Le contexte de guerre froide incite les États-Unis à accepter plus facilement des transferts de technologie en direction de leurs alliés.

4. – La croissance économique dans le monde depuis la fin des Trente Glorieuses

a. — Le ralentissement de la croissance

■ Après 1973, une croissance économique pas aussi faible qu'on le pense souvent

La croissance économique ralentit au niveau mondial après 1973, date du premier choc pétrolier qui brise la dynamique d'expansion forte et régulière de la plupart des pays industrialisés capitalistes. Les décennies suivantes sont marquées par un rythme de hausse des PIB plus faible, et des années difficiles (1975, 1981, 1993) s'intercalent entre des phases d'expansion plus brèves et moins affirmées. Pourtant, après la phase de « l'âge d'or du capitalisme » entre 1945 et 1973, la période récente, qualifiée parfois de piteuse (*Les Trente Piteuses*, ouvrage de Nicolas Baverez, 1998), voire considérée comme une crise économique interminable, fait partie des phases de développement économique les plus rapides du monde, et même de l'Europe occidentale. La « stagflation » des économies avancées dans les années 1970, qui devrait désigner une stagnation de la croissance accompagnée d'un renforcement de l'inflation, est une expression fréquemment employée qui ne doit ainsi pas conduire à exagérer le ralentissement de la croissance : pour les pays d'Europe occidentale, elle est en moyenne sur les années 1973-1980 de 3 % par an, et pour la France de 2,5 % l'an (Maddison, 2001). Bien que seulement partiellement fondé sur un plan statistique, le regard sombre porté sur la période récente dans les pays avancés est pourtant explicable. Les PIB par habitant en Europe de l'Ouest progressent deux fois moins rapidement que pendant les Trente Glorieuses, et si les pays ayant fait l'expérience du communisme connaissent un effondrement économique à la fin du XXe siècle, avec au début des années 1990 des reculs de production de 15 % à 50 %, les pays capitalistes avancés ne peuvent que constater qu'ils ne constituent plus pour autant le cœur dynamique de l'économie mondiale : celui-ci se trouve désormais ailleurs, en Asie orientale en particulier. L'idée du déclin relatif de l'Europe de l'Ouest ou des États-Unis est donc une analyse qui s'exprime périodiquement dans ces pays à partir des années 1980.

■ Les raisons du changement de rythme de croissance dans les pays avancés

Le ralentissement de la croissance dans les pays avancés est causé par la perte de nombre des facteurs de dynamisme de la période antérieure. Les statistiques indiquent un fléchissement des gains de productivité en Europe de l'Ouest et aux États-Unis à partir des années 1970. La croissance économique devient moins intensive, comme le montre, dans la décomposition des facteurs de la croissance, la baisse de la part imputable à l'élévation de la productivité globale. En Europe occidentale, on explique cela en partie par la fin de la dynamique de rattrapage des niveaux technologiques américains. Même si les niveaux de productivité des États-Unis ne sont pas atteints, le PIB par habitant de la France au début des années 1980 progresse jusqu'à représenter 80 % de celui des États-Unis, suite aux années de plus forte croissance en France. Ce rattrapage s'interrompt avec la fin des Trente Glorieuses en Europe de l'Ouest. Cette explication de la croissance plus faible n'est cependant que partiellement satisfaisante car, même aux États-Unis, pays déjà à la frontière technologique et qui ne relâche pas ses efforts de recherche et développement, la croissance ralentit dans les années 1970. Dans les pays avancés, l'offre productive semble déstabilisée, notamment par les chocs pétroliers successifs (1973 et 1979), par des coûts salariaux en forte progression dans les années 1970 et par la concurrence internationale croissante des nouveaux pays industrialisés ou du Japon, encore en forte croissance jusqu'à la fin des années 1980, mais qui finit par connaître une quasi-stagnation de son PIB ensuite. La montée du chômage, le climat économique plus incertain imprimé par des phases d'expansion économique plus brèves, fragilisent le dynamisme de l'investissement et donc de la demande dans les économies avancées. À partir des années 1980, l'intensification de la lutte contre l'inflation conduit à limiter le développement du crédit, et les entreprises optent souvent pour des stratégies de désendettement. La non-exploitation par les pays avancés de tout leur potentiel de croissance à partir des années 1970 engendre l'installation d'un chômage assez massif au début des années 1980, qui affecte en retour cette croissance potentielle par une fragilisation du capital humain. C'est ainsi que, malgré les nouveautés techniques nombreuses, dans l'informatique en particulier, les statistiques de progression de la productivité globale restent décevantes dans les années 1980 et jusqu'au milieu des années 1990 (paradoxe de Solow, 1987 : « *You can see the computer age everywhere except in the productivity statistics* »).

b. — L'essor économique de l'Asie orientale

De nouveaux pays d'Asie orientale connaissent une croissance économique forte des années 1960 aux années 1990, rejoignant en quelques décennies les niveaux de vie des pays avancés. Ils réhabilitent l'idée que l'enfermement d'une population dans la misère n'est pas une fatalité, alors même que des expériences de modernisation menées par des pays latino-américains ou africains dans les années 1960 et 1970 aboutissent à des échecs plus ou moins marqués. *A contrario*, l'essor économique de la Corée du Sud, de Taïwan, de Singapour, de Hong Kong et aussi de la Thaïlande, de la Malaise ou de l'Indonésie a surpris par sa rapidité. En 1997, le niveau de vie moyen en Corée du Sud est équivalent à celui de l'Espagne, alors même qu'en 1950 le niveau de vie moyen d'un Espagnol était plus de trois fois supérieur, et alors même qu'entre-temps le PIB par habitant a été multiplié par 5,7 en Espagne. Les performances de la Corée du Sud et de Taïwan sont spectaculaires, ils passent du statut de pays pauvres à celui de pays riches en un demi-siècle. Une stratégie de croissance associant la promotion des exportations et des politiques actives de développement économique suscitant un rattrapage technologique montrent ainsi leur efficacité. Jusqu'à la crise de 1997, la croissance économique de ces pays est spectaculaire, à tel point que la Banque mondiale parle en 1993 d'un « miracle asiatique ». Une croissance qui redevient forte depuis le début des années 2000, même si elle est de plus en plus masquée par l'affirmation de la puissance chinoise.

Encore discret dans les années 1980, le réveil économique de la Chine est porté par une politique de modernisation mise en place à partir de 1978 par Deng Xiaoping. En dépit du maintien d'un régime politique non démocratique communiste, le choix est fait à la fois d'autoriser le développement d'un capitalisme privé interne au pays, sous la surveillance de l'État, et d'ouvrir certaines régions aux technologies et capitaux étrangers. Une économie mixte associe entreprises d'État et planification économique d'un côté, et des structures capitalistes ainsi qu'une logique marchande de l'autre. L'activité est par ailleurs stimulée par des partenariats avec des producteurs étrangers, attirés dans des zones économiques spéciales installées le long des côtes. Les entreprises mixtes chinoises et étrangères se multiplient dans le Guangdong et le Fujian, et profitent de la main-d'œuvre bon marché pour produire des biens destinés à l'exportation vers les marchés occidentaux. La croissance chinoise est ainsi stimulée et, à plus long terme, cette stratégie favorise des transferts de savoir-faire et de technologies systématiquement recherchés par les Chinois, ce qui permet l'accès à des productions au contenu technologique croissant. C'est ainsi que la croissance chinoise est très forte dès les années 1980, tirée par la demande extérieure, des taux d'investissement exceptionnels et un rattrapage technologique. Bien qu'imité de manière plus discrète par le Vietnam à partir des années 1990, le cas chinois manifeste un succès économique assez exceptionnel sur la période récente pour un pays officiellement communiste. Les réformes chinoises des années 1980 ont de ce point de vue des effets bien différents de celles conduites en URSS et dans ses pays satellites – réformes économiques moins axées sur l'ouverture aux capitaux étrangers et surtout accompagnées d'un assouplissement politique, alors que la Chine s'y refuse comme le montrent à la fois la répression sanglante en 1989 des manifestations étudiantes sur la place Tian'anmen et le maintien de camps de travaux forcés pour les opposants. L'envolée économique chinoise contraste avec l'effondrement politique puis économique de l'ancien bloc de l'Est.

c. — Le retour de la croissance dans certains pays avancés au moment de l'essor de la nouvelle économie

À partir des années 1990, on constate que certaines économies appartenant au groupe des pays avancés connaissent un nouvel essor économique. Il s'agit des États-Unis mais aussi de pays comme la Finlande, l'Irlande ou la Corée du Sud, notamment entre 1996 et 2000, et dans une moindre mesure jusqu'en 2007. Les taux de croissance annuels dépassent en général 4 %, ce qui est supérieur à la moyenne de l'OCDE. On met en relation cette décennie de croissance assez forte avec la diffusion des nouvelles technologies de l'information et de la communication, les pays cités ayant la particularité d'être en plus des foyers de production de ces matériels informatiques et de télécommunication. Il semble que le paradoxe de Solow soit enfin surmonté, grâce à une main-d'œuvre désormais accoutumée à l'usage des nouvelles technologies et à des entreprises dorénavant organisées pour en exploiter pleinement les potentialités. Ainsi, l'évolution de la productivité globale des facteurs semble enfin refléter ce qui est considéré comme une nouvelle révolution industrielle : l'OCDE mesure une progression de 2 % par an en moyenne entre 1996 et 2006 de la productivité globale aux États-Unis, soit un rythme deux fois plus élevé qu'au cours des dix années précédentes. Des études soulignent alors que les écarts de productivité du travail entre les États-Unis et l'Europe de l'Ouest se remettent à se creuser, marquant le retour d'une dynamique antérieure aux Trente Glorieuses. L'idée progresse qu'un retard de croissance en Europe est associé à un retard technologique dans les NTIC, retard dans la production et la diffusion de ces technologies. Les données statistiques indiquent effectivement des écarts de poids des NTIC de plusieurs points dans les PIB ou les dépenses d'investissement.

Cependant, la croissance économique plus rapide des États-Unis, tout comme la hausse plus prononcée de leur productivité du travail, reposent aussi sur d'autres explications. L'effort d'investissement est nettement plus marqué aux États-Unis qu'en France entre 1990 et 2007, le stock de capital progresse donc plus rapidement en même temps qu'il se modernise plus vite. Par ailleurs, le nombre d'emplois augmente à un rythme rapide outre-Atlantique et les États-Unis ne connaissent alors pas, contrairement à l'Europe de l'Ouest, de tendance à la diminution du temps de travail, au contraire. La croissance économique plus forte des États-Unis s'explique donc aussi par une progression quantitative des facteurs de production, une forte hausse de l'investissement – dont le financement est permis par une élévation marquée de l'endettement des agents économiques privés. Tandis que la croissance économique moins forte de l'Europe de l'Ouest est en partie imputable à des taux d'intérêt plus élevés dans les années 1990 et à une moindre efficacité de la politique économique dans les années 2000, due en partie aux insuffisances de la gouvernance économique européenne.

B LA MISE EN ÉVIDENCE DES GRANDS MÉCANISMES DE LA CROISSANCE

1. – La croissance, un phénomène déséquilibré selon les premières analyses de Harrod et Domar

a. — Une rupture avec les conceptions dominantes antérieures de la croissance économique

Les réflexions développées par les économistes classiques Adam Smith (1776), Jean-Baptiste Say (1803) ou encore David Ricardo (1817) au sujet de la croissance économique restent largement dominantes dans la pensée économique jusque dans les années 1920, même si la perspective d'un état stationnaire du développement économique semble repoussée, grâce notamment aux effets du progrès technique. Cependant, à partir des années 1930, le travail de John Maynard Keynes, en particulier sa *Théorie générale de l'emploi, de l'intérêt et de la monnaie* (1936), modifie les représentations dominantes du fonctionnement de l'économie. L'affirmation du courant keynésien conduit donc à des analyses radicalement nouvelles de la dynamique de la croissance économique, notamment à travers les travaux d'Evsey Domar (1947) et de Roy Harrod (1948).

L'adhésion des économistes classiques et des néoclassiques à la loi des débouchés formulée par Jean-Baptiste Say entraîne jusqu'alors l'idée que l'étude de la seule augmentation des capacités productives d'une économie est suffisante pour comprendre la croissance. L'offre globale suscite une demande globale à son niveau : toute création de biens et services supplémentaires entraîne une création de revenus nouveaux d'une valeur équivalente, revenus qui sont tous dépensés, soit en consommation, soit parce que la part épargnée est investie. En effet, la conservation d'une épargne monétaire importante est considérée comme irrationnelle, puisque pour les classiques et néoclassiques la monnaie est demandée seulement afin de constituer des encaisses utiles aux transactions habituelles. Dès lors, l'épargne est pour l'essentiel placée et sert donc à financer les investissements. En cas d'écart entre les niveaux de l'épargne et de l'investissement, la variation du taux d'intérêt, prix des fonds prêtables, rétablit assez rapidement l'équilibre. Ainsi, avant la rupture introduite par la pensée keynésienne, les conceptions dominantes considèrent qu'en cas de développement des capacités productives, la demande globale suit. Des déséquilibres sectoriels peuvent se produire, tout comme des désajustements temporaires entre offre et demande globale, mais l'économie de marché corrige d'elle-même ces situations, sauf si des entraves réglementaires empêchent les ajustements de se réaliser.

À la suite des critiques formulées par Keynes, Harrod et Domar ne considèrent pas que les mécanismes marchands permettent un développement des débouchés dans une économie automatiquement au même rythme que la progression de l'offre. Outre l'idée que la monnaie peut parfois être recherchée pour elle-même, en raison de sa vertu de réserve de valeur, les critiques de la loi des débouchés exprimées par les keynésiens reposent en particulier sur l'idée que les variations du taux d'intérêt ne permettent pas un équilibrage automatique de l'épargne et de l'investissement. Dès lors, le montant des dépenses dans une économie n'a aucune raison *a priori* d'être équivalent à la valeur globale des biens et services produits. La compréhension de la croissance économique nécessite donc, pour les keynésiens, d'étudier à la fois la progression des capacités productives (l'offre) et la hausse des débouchés (la demande).

b. — Le modèle de Domar (1947)

Domar remarque que l'investissement a deux effets dans l'économie : un effet de capacité et un effet de revenu. L'investissement a un effet de capacité car, avec de nouvelles machines, les capacités productives de l'économie progressent. Une hausse de l'investissement permet aussi d'accroître les revenus des fournisseurs de capital fixe et des salariés qui travaillent dans les entreprises qui fabriquent les biens d'équipement. Ces agents économiques dépensent plus, ce qui accroît donc les revenus d'autres producteurs, etc. C'est ce que l'on appelle l'effet multiplicateur de l'investissement sur les revenus. En économie fermée et en faisant abstraction des prélèvements et dépenses opérés par l'État, le niveau de l'effet multiplicateur dépend de la propension marginale à consommer des agents économiques : $k = \Delta Y / \Delta I = 1 / (1 - c)$, avec « k » le multiplicateur, « Y » le revenu national, « I » l'investissement et « c » la propension marginale à consommer.

L'investissement a donc un double effet, sur l'offre et sur la demande, qui est particulièrement utile pour la croissance économique. Cependant, il est peu probable selon Domar que ces deux effets soient équivalents. Si l'effet de revenu est supérieur à l'effet de capacité, la demande tend à progresser plus vite que l'offre et cela génère de l'inflation. Dans le cas contraire, l'offre tend à progresser plus vite que la demande, ce qui entraîne une surproduction, une déflation et des difficultés économiques avec un chômage en hausse. C'est le cas le plus probable selon Domar, qui adhère à la fonction de consommation keynésienne et pense que l'épargne va croître plus vite que le revenu. Une évolution qui devrait limiter l'effet multiplicateur et orienter l'économie vers des temps difficiles.

c. — Le premier problème de Harrod : la croissance économique régulière est comme « sur le fil d'un rasoir »

Le modèle de croissance de Harrod repose sur un certain nombre d'hypothèses importantes pour comprendre les résultats obtenus. Les variations de l'investissement des entreprises résultent essentiellement des modifications des débouchés, puisque ceux-ci affectent les profits qu'elles peuvent espérer. L'épargne des agents économiques est une proportion donnée de leurs revenus. Le coefficient de capital « v » ($v = K / Y$, avec « K » le stock de capital) est considéré comme constant dans une économie sur plusieurs périodes.

Découlant de ces hypothèses, le modèle permet de déterminer un taux de croissance économique pour lequel les plans des investisseurs et des épargnants sont en adéquation :

Si $v = K / Y$, alors $v = K0 / Y0 = K1 / Y1$ et donc $v = \Delta K / \Delta Y$, d'où $\Delta Y = \Delta K / v$.

De plus, $S = sY$, avec « s » correspondant au taux d'épargne.

Donc, si les plans des épargnants et des investisseurs sont compatibles, et en laissant de côté l'effet de l'amortissement du capital, on a :

$$\Delta Y = sY / v$$

$$\Delta Y/Y = s / v$$

Le rapport s / v donne une valeur numérique que Harrod appelle taux de croissance « nécessaire » ou « garanti ». C'est un taux de croissance pour lequel le montant de l'investissement désiré par les entreprises est égal au montant de l'investissement finalement réalisé, car les débouchés ont été bien estimés et car la progression du revenu assure une épargne d'un même montant que l'investissement désiré. Ainsi, si le taux de croissance économique constaté (ou effectif, c'est-à-dire celui qui se réalise effectivement dans l'économie) est égal à ce rapport s / v, c'est-à-dire au taux de croissance nécessaire, la croissance économique peut être régulière. Cependant, cette situation est tout à fait exceptionnelle, le fruit du hasard. Le cas le plus fréquent, selon Harrod, est que l'investissement désiré par les entreprises ne correspond pas aux comportements d'épargne des agents. Dans ce cas, l'économie va connaître soit une croissance de plus en plus forte, soit une croissance de plus en plus faible, une croissance déséquilibrée.

Si les producteurs sous-estiment la progression des débouchés, on est dans le cas où la croissance effective dépasse la valeur de s / v. La demande, plus dynamique que prévu, incite les producteurs à réviser à la hausse leurs programmes d'investissement. L'effet multiplicateur amplifiant la progression des revenus et de la demande, l'économie s'emballe, la croissance accélère et la croissance effective s'écarte de la croissance nécessaire.

Si les producteurs surestiment la progression des débouchés, on est dans la situation où la croissance effective est en dessous de s/v. Les débouchés s'avérant décevants, les entreprises réduisent leurs programmes d'investissement. Par effet multiplicateur, les revenus et la demande diminuent davantage. La croissance économique effective baisse, s'écartant de plus en plus de la croissance nécessaire. L'économie peut basculer dans la dépression.

d. — *Le deuxième problème de Harrod : la croissance économique peut s'accompagner d'un chômage persistant*

Pour les keynésiens, le volume de l'emploi est déterminé par le niveau d'activité des entreprises. Si la production progresse, les entreprises embauchent et l'emploi s'élève. Cette hypothèse conduit à celle de la constance du coefficient de capital dans le modèle de Harrod. La progression de la population active dans un pays nécessite donc une élévation au même rythme du volume de l'emploi pour que le chômage reste faible. Or, il n'existe pas de mécanisme assurant que le taux de croissance nécessaire d'une économie, c'est-à-dire le sentier régulier de croissance, impulse une dynamique de création d'emplois suffisante pour éviter la progression du chômage. Harrod explique, par ailleurs, que la hausse de la population active influe sur un taux de croissance dit « naturel » de l'économie, qui dépend aussi du rythme des gains de productivité et détermine un rythme maximal de hausse de l'offre à long terme.

Si le taux de croissance effectif dépasse le taux de croissance nécessaire, la croissance accélère jusqu'à rejoindre le taux de croissance naturel qui, dans une économie au plein-emploi, est le taux de croissance maximal de l'économie. La croissance forte s'accompagne dans ce cas d'un chômage faible et de tensions inflationnistes. Les Trente Glorieuses seraient, dans les économies avancées, une période caractéristique de cette situation.

Par contre, si le taux de croissance naturel est inférieur au taux de croissance nécessaire, ou si le taux de croissance effectif est en dessous de la croissance nécessaire, l'économie s'enfonce dans une dynamique de croissance de plus en plus faible, voire de dépression. La chute de la croissance effective la place en dessous de la croissance naturelle, ce qui favorise une progression du chômage. Les années 1930 ou les années 1970 dans les économies avancées illustreraient ces situations. La particularité des années 1970 étant que le soutien de la demande par les États, grâce à des déficits budgétaires chroniques, a empêché la croissance effective de baisser trop fortement.

e. — *Des modèles de demande qui donnent un rôle essentiel à l'État pour guider la croissance*

Au final, le modèle keynésien de croissance est fondamentalement un modèle de demande, ce sont les fluctuations de la demande qui déterminent le rythme de la croissance. La production – l'offre – essaie de s'ajuster aux fluctuations de la demande. La croissance est déséquilibrée pour Harrod et Domar. Il y a déséquilibre entre les effets de revenus et de capacité de l'investissement, entre les plans des agents qui épargnent et de ceux qui investissent, entre la main-d'œuvre disponible et les besoins des producteurs.

L'État, en stimulant la demande globale, peut empêcher que la croissance effective ne soit trop faible et ne déçoive les anticipations des producteurs. Il peut aussi agir pour que la croissance naturelle soit suffisante, afin que l'offre puisse se développer lorsque la demande est forte. Il peut au contraire ralentir la croissance naturelle, afin de rendre celle-ci compatible avec le rythme des créations d'emplois dans l'économie.

2. – La croissance économique vue comme une dynamique de long terme par Solow

a. — *Un modèle de croissance néoclassique*

Les travaux keynésiens sur la croissance économique sont critiqués, notamment par l'économiste américain Robert Solow qui considère que leurs conclusions et certaines hypothèses ne sont que partiellement acceptables. Il reproche en particulier aux modèles de Harrod et Domar d'aboutir à des dynamiques de croissance trop extrêmes, puisque la croissance effective tend à s'écarter de plus en plus d'un sentier régulier de croissance dès qu'une économie quitte ce sentier régulier. Si l'histoire économique est faite de phases d'essor remarquables et de dépressions, elle prend le plus souvent, selon Solow, un rythme plus continu, comme si des mécanismes économiques empêchaient la croissance de trop s'écarter d'un sentier régulier.

Robert Solow propose en 1956 une nouvelle modélisation du phénomène de croissance économique. Son analyse reprend certains éléments du travail de Harrod et Domar, tels que l'idée d'un taux de croissance maximal de long terme correspondant au taux de croissance naturel d'une économie, ou encore le fait que l'épargne augmente proportionnellement au revenu dans un pays, si bien que le modèle de croissance de Solow a pu être considéré comme un modèle de synthèse entre les approches keynésiennes et néoclassiques. Cependant, il s'agit en fait essentiellement d'un modèle de croissance néoclassique pour deux raisons. Tout d'abord, l'équilibrage de l'épargne et de l'investissement s'opère par le taux d'intérêt, de sorte que si le niveau de l'épargne se modifie dans l'économie, la variation du taux d'intérêt assure que cette épargne est investie. Le modèle de Solow semble donc réhabiliter la loi de Say. Par ailleurs, l'hypothèse de la stabilité du coefficient de capital sur plusieurs périodes est abandonnée : les facteurs de production sont considérés comme substituables. Dès lors, la question du chômage est déconnectée de celle du rythme de la croissance, c'est sur le marché du travail que se détermine le volume de l'emploi. En cas de hausse de la population active, la variation des salaires permet d'équilibrer le marché du travail et d'assurer un plein-emploi de la main-d'œuvre disponible. Le modèle de Solow est donc un modèle de l'offre qui décrit une croissance équilibrée : les mécanismes du marché permettant tout au long de la dynamique de croissance un équilibre entre épargne et investissement, entre offre et demande de travail, et finalement entre offre globale et demande globale.

b. — La croissance jusqu'à l'état stationnaire du capital par tête avec une population stable

L'offre de biens et de services, c'est-à-dire la production, peut être exprimée par une fonction telle que Y = f(K,L) où, par hypothèse, les rendements d'échelle sont constants et les rendements factoriels sont décroissants. Ainsi, si on multiplie les deux facteurs par un coefficient α, la production est elle aussi multipliée par ce coefficient α. Par contre, si on ne fait augmenter qu'un seul des facteurs de production, par exemple le capital, sans modifier le volume du facteur travail utilisé, le facteur capital subit des rendements factoriels décroissants. Autre hypothèse, toute production de richesses étant aussi une production de revenus et l'épargne étant investie, on peut considérer que le taux d'épargne (épargne/revenu national) dans une économie est égal au taux d'investissement (investissement/production).

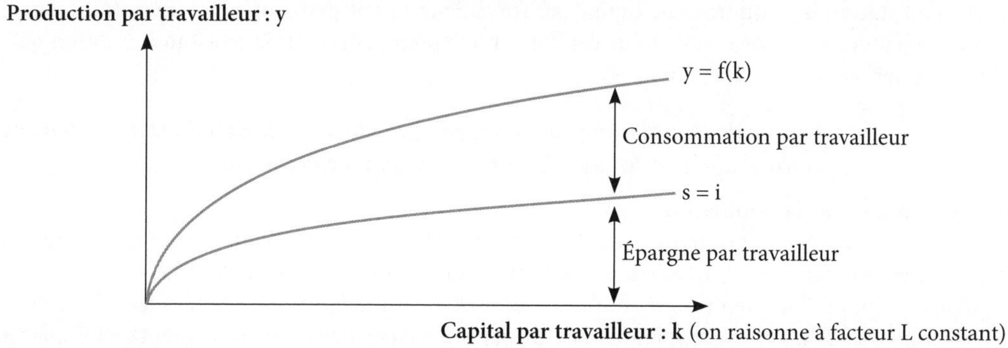

La courbe supérieure du graphique précédent représente la production par travailleur en fonction du stock de capital par travailleur. Elle figure donc aussi le revenu par travailleur en fonction du stock de capital, et donc le niveau de vie de la population. On sait que l'épargne dans ce modèle est proportionnelle au revenu. Ici, « s » correspond à l'épargne par travailleur et « i » à l'investissement par travailleur. Pour chaque niveau de capital par travailleur, l'espace entre l'axe des abscisses et « s = i » correspond à l'épargne et à l'investissement par travailleur.

Si l'épargne et donc l'investissement permettent de faire croître le stock de capital par travailleur, une force contraire, l'usure du capital, tend à faire diminuer ce stock. Le montant de cet amortissement est proportionnel au stock de capital. Plus ce dernier est important, plus la valeur de l'amortissement est élevée.

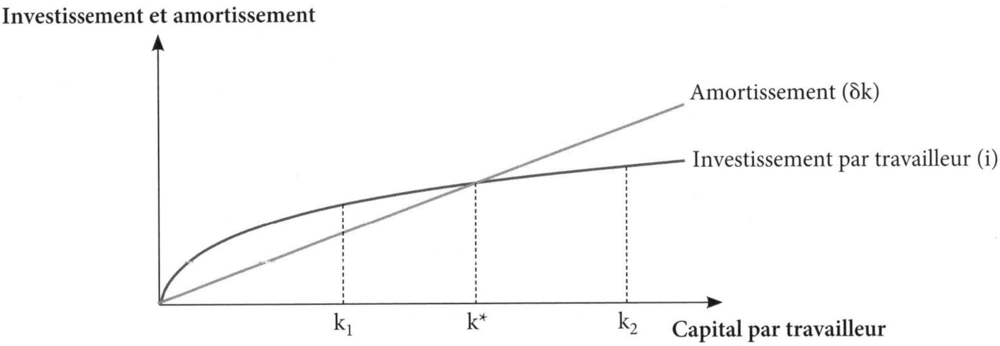

Plus le stock de capital augmente, plus cela favorise une hausse de la production et du revenu, et donc de l'épargne et de l'investissement. Mais d'un autre côté, plus le stock de capital est important, plus le volume du capital qui se déprécie est élevé. Quand on augmente le stock de capital par travailleur, d'abord l'effet de la hausse du stock de capital sur la production, les revenus, l'épargne et l'investissement l'emporte sur l'effet de la hausse du stock de capital sur l'amortissement. Mais ensuite, le capital supplémentaire est victime des rendements factoriels décroissants et ne produit plus une hausse suffisante de la production, des revenus, de l'épargne et donc de l'investissement pour que ce dernier ne se fasse pas rattraper et dépasser par la hausse de l'amortissement. Ainsi, lorsque le stock de capital par tête se trouve au niveau k_1, l'investissement est supérieur à l'amortissement, et le stock de capital est poussé vers le haut. À l'inverse, si le stock de capital est au niveau k_2, il aura tendance à diminuer car alors l'amortissement est supérieur à l'investissement. Finalement, on s'aperçoit que le stock de capital tend vers un niveau k^* qui correspond à un niveau dit stationnaire du stock de capital par travailleur. On ne peut donc plus *a priori* ici compter sur la hausse spontanée du stock de capital par tête pour générer de la croissance économique, il faut rechercher d'autres facteurs.

c. — Le rôle de la croissance démographique, de la variation du taux d'épargne et du progrès technique dans la croissance économique

■ La hausse de la population

Une fois cet état stationnaire atteint, la croissance économique peut se poursuivre grâce à l'accroissement démographique, qui permet une augmentation du facteur travail. Cependant, la hausse de la population tend à faire diminuer le stock de capital par travailleur, il faut donc pour maintenir ce stock un effort supplémentaire d'épargne qui permette, non seulement de remplacer le capital usagé, mais aussi de fournir du capital aux nouveaux travailleurs. Si la croissance peut alors se poursuivre, par contre, le niveau de vie par travailleur ne progresse pas puisque le revenu par travailleur reste inchangé.

■ La hausse du taux d'épargne

Afin de prolonger la hausse du stock de capital par tête et donc du niveau de vie de la population, il peut être souhaitable d'élever le taux d'épargne. Ainsi, le stock de capital par travailleur peut s'élever au-dessus de k*1 car le rythme de l'investissement dépasse à nouveau celui de l'amortissement. Néanmoins, on retrouve un nouveau niveau stationnaire qui correspond à un stock de capital par travailleur plus élevé (k*2).

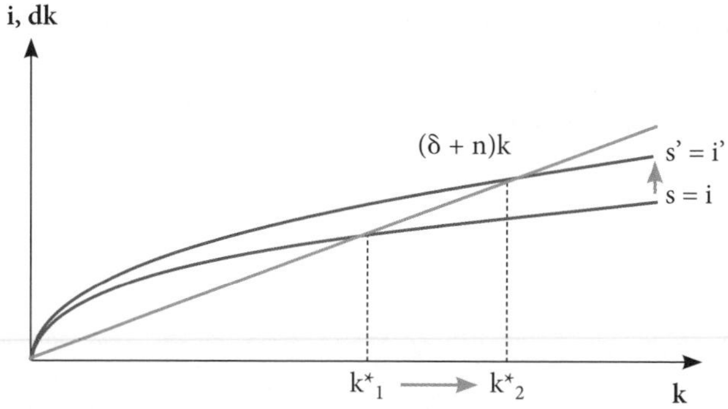

NB. « (δ + n)k » : droite représentant l'effet négatif sur le stock de capital par travailleur de l'amortissement et de la croissance démographique (« n »).

En économie fermée, si le taux d'épargne est élevé, l'économie se dote d'un stock de capital important qui lui permet de réaliser un volume élevé de production, et donc de revenu et de niveau de vie. Si le taux d'épargne est faible, la modicité du stock de capital ne permet à l'économie qu'un volume de production plus modeste, et donc un niveau de vie plus faible. Cependant, un taux d'épargne très haut n'est pas forcément souhaitable. S'il permet un revenu par tête très élevé, il ne conduit pas nécessairement à une bonne satisfaction des besoins de consommation. Or, ce qui intéresse la population, ce n'est pas le stock de capital par tête, ni même le niveau de production, ce sont plus concrètement les biens et services qui peuvent être consommés. Et donc, le niveau stationnaire de capital par tête optimal est celui qui maximise le niveau de consommation des habitants d'un pays (règle d'or). Il correspond à un taux de croissance économique de long terme équivalent à la productivité marginale du capital, et donc au taux d'intérêt si l'on suit l'hypothèse néoclassique de la rémunération des facteurs.

■ Le progrès technique

Le progrès technologique permet la poursuite de la hausse de la productivité du travail. Par définition, dans le modèle de Solow, le progrès technique est ce qui permet d'accroître la production, même si le nombre de travailleurs et le stock de capital par travailleur n'augmentent pas. Grâce à lui, le revenu par travailleur repart à la hausse, ce qui permet ensuite, avec un taux d'épargne inchangé, d'augmenter à nouveau le stock de capital par travailleur. Ainsi, le rôle du progrès technique est décisif pour expliquer la hausse à long terme des niveaux de vie. Mais Solow n'explique pas l'origine de ce progrès technologique, il se contente d'analyser ses effets sur la croissance. Ce progrès technique est donc un phénomène exogène dans son modèle.

d. — L'intérêt du modèle de Solow pour comprendre certaines situations

■ La croissance ouest-allemande et japonaise après 1945

Le modèle de Solow peut aider en partie à comprendre la très forte croissance économique de l'Allemagne et du Japon après la Deuxième Guerre mondiale. La guerre a eu notamment pour effet économique une destruction importante du stock de capital dans ces pays mais, en partie grâce à l'aide américaine et en partie grâce à un effort d'épargne interne de ces deux pays, la RFA et le Japon connaissent une phase de rattrapage. Suite aux destructions, on est passé schématiquement d'un stock de capital de k^* à un stock de capital de k_1, et donc l'investissement s'est révélé très supérieur à l'amortissement, ce qui a poussé vers le haut le stock de capital par tête et a accru très rapidement la capacité productive de ces économies. D'où un taux de croissance économique très fort, jusqu'à ce que ce taux ralentisse lorsque l'économie approche et atteint le niveau stationnaire de capital.

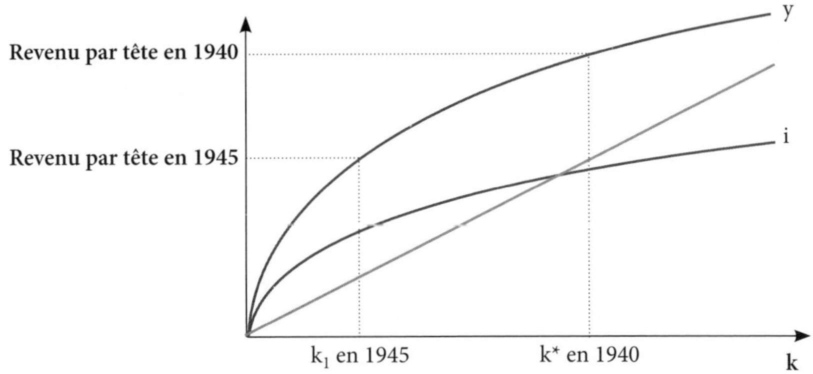

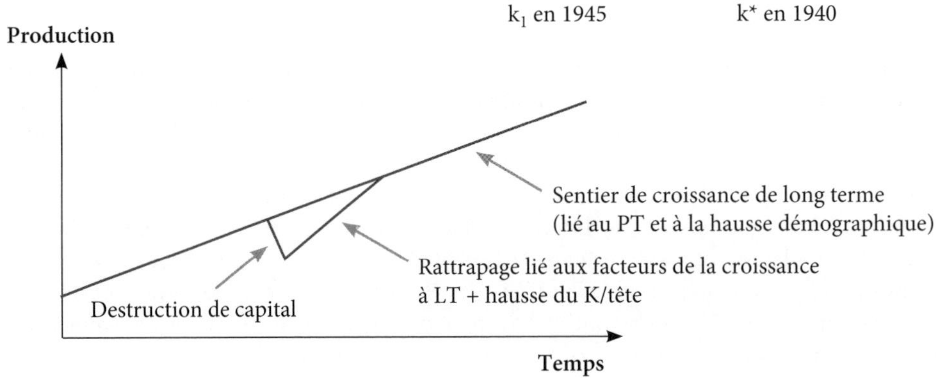

Ces deux pays ont alors en outre un taux d'épargne élevé, de sorte que le niveau stationnaire du capital par tête est haut, donc plus long à atteindre, ce qui explique aussi cette longue phase de croissance rapide. Et puis ces pays font l'effort d'atteindre la frontière technologique, c'est-à-dire le niveau technologique le plus avancé à un instant *t*. En suivant le modèle de Solow, c'est la combinaison de ces trois facteurs qui explique le succès économique de ces pays pendant les Trente Glorieuses.

■ La comptabilité de la croissance

L'importance donnée au progrès technique dans la dynamique de croissance de long terme des économies est tout à fait concordante avec les résultats des études adoptant une méthode de comptabilité de la croissance, c'est-à-dire cherchant à mesurer historiquement les contributions des différents déterminants de l'élévation du PIB. Par exemple, étudiant la croissance économique des États-Unis entre 1909 et 1949, Robert Solow, à côté de la contribution de la hausse quantitative des facteurs de production à la croissance, identifie ce qu'il appelle un « résidu », qu'il assimile donc au progrès technique. Il qualifie de résidu tout ce qui améliore la productivité globale des facteurs, l'élévation qualitative des facteurs eux-mêmes et de l'efficacité de leur combinaison. Sur la période 1909-1949, Solow considère que les sept huitièmes de la croissance du produit par tête aux États-Unis seraient imputables au progrès technique.

Les économistes Denison (1962, 1967) aux États-Unis et Carré, Dubois et Malinvaud (1972) pour la France tentent de décomposer les facteurs de la croissance économique. Denison remarque qu'une part importante du résidu est imputable à une amélioration qualitative du facteur travail (accumulation du capital humain). Même en retirant l'effet de l'amélioration qualitative des facteurs de production, il reste, d'après ces études sur la croissance économique des pays avancés depuis le milieu du XXe siècle, un résidu plus ou moins variable selon les périodes et représentant environ 50 % de la croissance économique.

Décomposition de la croissance annuelle moyenne de la productivité en France
(champ : secteur marchand – en % et en points)

	1896-1913	1913-1929	1929-1951	1951-1973	1973-1984
Productivité par emploi	1,7	1,5	1,3	5,2	2,4
Productivité par heure [b]	2,0	2,5	1,7	5,6	3,8
Contributions :					
Intensité capitalistique, par heure [c]	0,6	0,7	0,5	1,4	1,8
Productivité globale des facteurs [d]	1,4	1,8	1,2	4,2	2,0

b = c + d

Source : Gilbert Cette *et alii*, « La productivité en France, au Japon, aux États-Unis et au Royaume-Uni au cours du XXe siècle », *Revue de l'OFCE*, n° 111, avril 2009.

■ L'essoufflement de la croissance économique soviétique à partir des années 1960

Paul Krugman (1994) utilise le modèle de Solow pour comprendre la croissance économique dans d'autres pays que le monde capitaliste avancé. Il rappelle que la croissance économique soviétique dans les années 1940 et 1950 est très rapide. Elle est alimentée par une hausse de la quantité des facteurs de production, surtout un accroissement du stock de capital, grâce à une limitation de la consommation de la population soviétique. L'épargne dégagée est investie en priorité dans le secteur des biens de production. L'effort d'épargne imposé à la population repousse le stock stationnaire du capital par tête. Mais cette croissance économique forte ne peut être infinie, en raison des rendements décroissants du capital. Ceci est d'autant plus dramatique en URSS que l'absence de concurrence et de profit privé n'encourage pas l'innovation par les entreprises et donc, si l'on suit le modèle de Solow, l'arrêt de la croissance du niveau de vie est inéluctable. Pire, l'état stationnaire avec un taux d'épargne très élevé s'accompagne de capacités de consommation limitées, le taux d'épargne étant supérieur à celui conduisant à un niveau stationnaire du capital par tête satisfaisant la règle d'or. Ainsi, l'accumulation du capital permet une certaine hausse du niveau de vie en URSS entre les années 1930 et les années 1950, mais, pour rattraper les niveaux de vie occidentaux, il faudrait aussi que la productivité globale des facteurs s'élève. Lorsque les dirigeants russes en prennent conscience dans les années 1960, ils tentent de pousser leur économie à faire des gains de productivité, mais en vain. Schématiquement, il aurait fallu passer d'une croissance solowienne, par la hausse du capital par tête, à une croissance schumpetérienne, par l'innovation, ce que n'a pas réussi à faire l'URSS.

■ La convergence ou la divergence internationale des niveaux de vie

On remarque statistiquement, depuis le XIXe siècle, une convergence des niveaux de vie entre les pays ayant les PIB par habitant les plus élevés. Ainsi, parmi les pays actuellement membres de l'OCDE, les pays qui avaient fin XIXe les PIB par habitant les plus faibles sont ceux qui ont connu, depuis un siècle, les taux de croissance annuels moyens les plus élevés. Par contre, on ne peut étendre cette observation à l'ensemble des pays dans le monde, c'est-à-dire qu'il n'existe pas, notamment sur la deuxième partie du XXe siècle, de corrélation négative au niveau mondial entre les taux croissance et les PIB par habitant.

Le modèle de Solow peut nous aider à comprendre l'évolution des écarts de niveaux de vie moyens entre les pays. La pauvreté d'un pays reflète selon le modèle de Solow un stock de capital par travailleur plus faible que dans les pays riches ou un niveau technologique plus bas. Un pays pauvre peut conserver un stock de capital stationnaire par travailleur durablement plus faible si l'épargne par travailleur est durablement inférieure au niveau observé dans un pays riche. Mais si l'effort d'épargne par travailleur est le même, si la croissance démographique est la même dans un pays riche et dans un pays pauvre, si les technologies se diffusent, alors les niveaux de vie doivent nécessairement converger.

On comprend mieux la convergence des niveaux de vie observable sur le long terme entre les pays avancés. Ces pays possèdent des caractéristiques structurelles similaires (moyens de financement des investissements, croissance démographique, technologies) qui expliquent qu'ils soient membres d'un même « club de convergence » ; la convergence est ainsi dite conditionnelle, c'est-à-dire conditionnée à des caractéristiques structurelles communes. Par contre, les pays conservant des caractéristiques structurelles différentes ne convergent pas, il n'y a pas de convergence absolue.

Le modèle de Solow ne nous aide cependant pas à comprendre pourquoi certains pays conservent des désavantages structurels durables en matière de niveau de vie. Une approche plus institutionnelle contribue à expliquer pourquoi certains pays en manque de capital ne parviennent pas à attirer des capitaux internationaux pourtant très mobiles (paradoxe de Lucas, 1990), pourquoi ils conservent des taux de croissance démographiques plus importants et pourquoi ils ne parviennent pas à combler leur retard technologique.

3. – Les théories de la croissance endogène

a. — Présentation d'ensemble

Dans les années 1980, Paul Romer (1986) et Robert Lucas (1988) proposent des modèles de croissance économique dans lesquels le progrès technique devient une variable endogène. Alors que dans le modèle de Solow le progrès technique, décisif pour la croissance du niveau de vie de long terme, a une origine indéterminée (progrès technique exogène) et se manifeste selon un rythme fonction du temps, les modèles de croissance endogène se proposent d'expliquer la vitesse et l'origine de ce progrès technique. En ce sens, les modèles de croissance endogène prolongent le travail de Solow sur la croissance économique. Ils restent d'inspiration essentiellement néoclassique puisque ce sont des modèles d'offre, qui tentent d'exposer les mécanismes par lesquels des économies peuvent sécréter elles-mêmes un progrès technique leur permettant d'élever sur le long terme leur production par habitant. Il ne s'agit pas seulement d'explorer le résidu de Solow, mais bien de montrer que, loin de « tomber du ciel », le progrès technique auquel le résidu est assimilé par convention est le fruit de certaines activités existant au sein des économies.

Les théories de la croissance endogène sont des modèles mathématiques qui formalisent des idées souvent déjà énoncées par des économistes plus anciens. Adam Smith (1776) avait pu souligner le rôle utile de l'État en matière d'éducation et d'infrastructures pour l'encouragement au développement économique. Il avait indiqué que la division du travail et donc l'efficacité productive était un phénomène cumulatif, la spécialisation appelant elle-même des progrès nouveaux dans la division du travail. Schumpeter (1911) avait insisté sur le rôle de l'innovation dans la croissance et sur l'intérêt à autoriser une rente temporaire de monopole pour l'entrepreneur innovateur, afin de récompenser l'acte d'innovation utile à la croissance de l'économie dans son ensemble. Uzawa (1965) avait aussi proposé une explication aux différences de niveaux de production entre les économies fondée sur des écarts d'efforts d'accumulation de capital humain. Cela ne diminue en rien l'intérêt du travail des théoriciens de la croissance endogène et leur apport à la compréhension de la croissance, mais leurs idées sont aussi le fruit de réflexions antérieures, ce que certains reconnaissent volontiers.

b. — Quelques théories marquantes

Paul Romer explique en 1986 que la croissance est autoentretenue par l'accumulation du capital-connaissance dans l'économie. Celui-ci est conçu comme un sous-produit de l'activité des firmes, à la fois lié à leur activité productive et aux efforts d'innovation qu'elles réalisent. Dans le premier cas, on retrouve, formulée cette fois dans le cadre d'un modèle mathématique de croissance, l'idée du « *learning by doing* » de Kenneth Arrow (1962). Cet économiste avait observé empiriquement que les entreprises gagnaient en efficacité au fil du temps dans la fabrication d'un produit donné. Romer formalise donc le fait que ceux qui produisent le plus sont les plus aptes à gagner en efficacité dans la production. Par ailleurs, les innovations de certaines entreprises entraînent la diffusion dans le système économique des nouvelles bonnes idées, traitées par Romer comme des biens non rivaux. L'acte d'innovation est donc porteur d'externalités positives qui élèvent l'efficacité globale de l'économie. En 1990, Romer introduit un nouveau modèle de croissance dans lequel l'accumulation de ce capital-connaissance est désormais le résultat d'une activité consciente des firmes engagées dans la recherche et développement. La non-rivalité des bonnes idées et la rentabilité de l'effort de recherche et développement peuvent être garanties par l'existence des brevets d'invention qui procurent des rentes de monopole provisoire aux entreprises les plus innovantes en même temps qu'ils diffusent les connaissances techniques nouvelles.

D'autres activités peuvent contribuer à entretenir la dynamique de croissance de long terme. Lucas (1988) rappelle le rôle de l'accumulation du capital humain dans la croissance et souligne les externalités positives générées par ceux qui font un effort d'accumulation de savoirs et de savoir-faire valorisables sur le marché du travail. Certes, ils subissent un coût d'opportunité lié au temps passé à étudier, mais ensuite ils peuvent espérer un revenu supérieur à celui des autres travailleurs. Et surtout, ils permettent d'accroître l'efficacité des entreprises dans lesquelles ils travaillent et qui n'ont pas forcément contribué à financer leur formation. Robert Barro (1990) propose pour sa part un modèle qui incorpore le rôle positif de certaines infrastructures publiques dans la croissance. En améliorant en particulier la qualité des réseaux utilisés par les producteurs d'une économie, l'État élève l'efficacité globale de ces producteurs grâce, à nouveau, aux externalités positives. Il peut s'agir des réseaux de transport, des réseaux d'énergie, de télécommunication, autant de domaines où les opérateurs privés peuvent hésiter à financer la mise en place des infrastructures en raison des coûts très élevés et des délais de retour sur investissement.

c. — La portée des théories de la croissance endogène

Les théories de la croissance endogène permettent incontestablement de comprendre la persistance de l'importance du résidu dans les statistiques de comptabilité de la croissance. Leur portée dépasse cependant cet objectif de modélisation des résultats statistiques. Elles redonnent indirectement de l'importance à l'investissement pour la croissance de long terme, en tout cas aux investissements porteurs d'externalités positives, dans la recherche et développement, le capital humain, certaines infrastructures publiques. Par ces externalités positives, les théoriciens de la croissance endogène proposent des modèles à rendements d'échelle croissants, même si les rendements factoriels restent décroissants. La croissance n'est dès lors plus limitée et peut se prolonger indéfiniment par un progrès technique autoentretenu. Alors que le modèle de Solow déconnectait analytiquement l'effet de l'investissement sur les niveaux de vie, limité dans le temps, de l'effet plus durable du progrès technique, les modèles de croissance endogène soulignent l'importance de certains investissements pour expliquer le rythme du progrès technique. Par ailleurs, indirectement aussi, ces modèles suggèrent que les mécanismes marchands sont insuffisants pour permettre une croissance de long terme suffisamment rapide. Ces modèles soulignent, implicitement ou explicitement, que l'État peut jouer un rôle pour déterminer le rythme de la croissance de long terme : en garantissant les droits de propriété sur les inventions, en soutenant financièrement la recherche et développement, en incitant les individus à accumuler du capital humain, en finançant certaines infrastructures utiles aux entreprises. Il ne s'agit pas d'un soutien de la croissance par des politiques de demande, mais bien par des politiques d'offre, les théoriciens de la croissance endogène appartenant généralement à l'école des nouveaux classiques.

Les théories de la croissance endogène sont loin de pouvoir expliquer l'intégralité du résidu. Elles laissent de côté en particulier des déterminants institutionnels difficilement incorporables dans des modèles mathématiques de croissance. Qu'il s'agisse d'institutions formelles (réglementation du marché du travail, des marchés de biens et services, des droits de propriété, système financier, stabilité politique, etc.) ou informelles (traits culturels valorisant plus ou moins les comportements capitalistes, attitudes à l'égard de l'innovation, etc.), celles-ci contribuent à expliquer, parfois de manière décisive, les phénomènes de croissance. Comment comprendre, sans étudier les changements institutionnels, le démarrage de la croissance moderne au tournant des XVIIIe et XIXe siècles ou encore la diminution des niveaux de vie moyens de certains pays d'Afrique subsaharienne depuis les années 1970 ? Enfin, centrées sur l'étude du développement des capacités productives des économies, les théories de la croissance endogène considèrent implicitement acquise la loi de Say et contournent ainsi, dans la droite ligne du modèle de Solow, un peu facilement les problèmes de déséquilibres pouvant accompagner le processus de croissance.

4. – Les économies avancées face à un risque de stagnation des niveaux de vie moyens

Si, des années 1940 aux années 1980, le défi théorique pour les économistes était de mieux expliquer d'où venait la croissance économique, depuis quelques années des économistes se confrontent au mystère du fléchissement de la croissance dans les pays avancés. L'observation des tendances statistiques montre en effet, depuis une quarantaine d'années, un ralentissement tendanciel de la croissance de la production et de la productivité dans ces pays. Pourtant, les efforts de recherche et développement y sont souvent plus élevés qu'il y a quelques décennies. Les innovations technologiques apparaissent nombreuses et modifient les interactions sociales, les manières de s'informer, de consommer. Par ailleurs, la part de la population totale détentrice d'un diplôme de l'enseignement supérieur continue de progresser dans les pays développés.

a. — Les analyses englobantes de Robert Gordon et quelques prolongements

Robert Gordon (*Is US Economic Growth Over?*, 2012) est le premier à souligner les effets décevants de la révolution technologique des années 1990 sur le rythme tendanciel des gains de productivité. Malgré leur caractère parfois spectaculaire, nombre de nouveautés techniques n'apporteraient finalement qu'une amélioration limitée à l'activité économique. En 2012 et 2014, Gordon énonce pour les États-Unis six « vents contraires » qui, pour l'avenir, risquent selon lui de conduire l'économie à retrouver des niveaux de vie stagnants, comme c'était le cas avant la révolution industrielle :

- la baisse du nombre d'heures travaillées en moyenne par habitant (recul du taux d'emploi, vieillissement) ;
- la stagnation, voire la baisse du niveau d'éducation moyen des jeunes générations ;
- la hausse des inégalités de revenus au sein des pays, de sorte que la maigre croissance de la production de richesses sera pour l'essentiel captée par l'élite sociale ;
- l'endettement public élevé qui risque de conduire à des politiques de réduction des déficits pesant sur la demande interne ;
- la mondialisation qui nuit à la progression des revenus des travailleurs peu qualifiés dans les pays développés ;
- les contraintes environnementales enfin, avec le coût des politiques de lutte contre le changement climatique et la hausse du prix de ressources naturelles se raréfiant.

L'approche de Gordon consiste donc à expliquer le ralentissement de la croissance essentiellement par des limitations freinant la capacité à élever la production par tête. D'autres économistes (Artus et Virard, *Croissance zéro : comment éviter le chaos*, 2015, par exemple) prolongent cette approche en soulignant le rendement marginal décroissant des dépenses de R&D dans nombre de branches des économies avancées. En outre, les progrès technologiques dans l'information ou la communication génèrent certes beaucoup d'innovations de produits, mais ils semblent moins porteurs d'améliorations révolutionnaires dans la productivité physique par comparaison avec celles apportées par le tayloro-fordisme lors de la deuxième révolution industrielle. Même s'il est possible qu'une bonne partie du gain de bien-être économique fourni par la révolution numérique actuelle échappe à une mesure statistique correcte.

b. — Une interprétation plus keynésienne en termes de « stagnation séculaire »

Une autre approche visant à expliquer le ralentissement de la croissance dans les économies avancées a été proposée à partir de 2013 par Lawrence Summers. Il évoque un risque de « stagnation séculaire », reprenant ainsi une formulation utilisée par Alvin Hansen dans les années 1930. La stagnation séculaire résulte d'un excès d'épargne désirée des agents économiques dans le sens où, malgré une baisse des taux d'intérêt, cette volonté d'épargne ne s'accompagne pas d'un dynamisme équivalent de l'investissement. L'hypothèse d'une incapacité du taux d'intérêt à équilibrer épargne et investissement dans l'économie rattache les réflexions sur la stagnation séculaire à une tendance théorique plutôt keynésienne. L'excès d'épargne désirée résulterait de plusieurs évolutions structurelles dans les pays développés et l'économie mondiale. Tout d'abord, dans les PDEM, les revenus des ménages des couches sociales aisées progressent plus vite que ceux du reste de la population, qui sont parfois stagnants. Ce sont donc les revenus de ceux ayant statistiquement la propension marginale à consommer la plus faible qui sont les plus dynamiques. Il en résulte une hausse du taux d'épargne global, même si celle-ci peut certaines années être masquée par une progression de l'endettement des couches modestes, comme aux États-Unis. De plus, les taux de marge des sociétés se situent à des niveaux historiquement assez élevés dans beaucoup de pays développés et les taux d'autofinancement sont hauts eux aussi ; des indicateurs qui suggèrent un effort d'épargne et des réticences à investir. De plus, à l'échelle mondiale, les pays en excédent courant placent souvent leur épargne dans des actifs d'occasion, ce qui favorise une hausse de leurs cours mais n'est pas nécessairement suivi par une progression équivalente des investissements productifs. Au total, le taux d'épargne mondial est donc en augmentation. Des études statistiques confirment cette tendance (Blanchard, 2014 ; Eichengreen, 2015), qui pèse sur le rythme de l'activité productive en ralentissant la progression de la demande finale. D'où, malgré des taux d'intérêt faibles dans les pays développés, un investissement et une croissance atones. Si les pays émergents parviennent à maintenir leur dynamisme, c'est en raison notamment de leur capacité à accéder aux marchés des pays développés et donc grâce à la progression de leurs parts de marché dans le commerce mondial. Ils exploitent en outre dans certains cas les effets d'un rattrapage technologique, lorsqu'ils parviennent à élever leur productivité globale.

II

LES FLUCTUATIONS ÉCONOMIQUES DEPUIS LE XIXe SIÈCLE

La croissance économique, en tant que tendance à l'augmentation sur le long terme de la production de biens et services dans un pays, est affectée d'irrégularités de court ou moyen terme. Ce sont ces périodes de prospérité ou au contraire ces années difficiles qui conditionnent la perception de la situation économique par les populations, plus que la tendance longue de hausse des richesses disponibles.

A L'IRRÉGULARITÉ DE LA DYNAMIQUE DE CROISSANCE

En lien avec l'étude de la croissance, il est donc possible d'interpréter les fluctuations de l'activité comme des écarts par rapport au trend de la croissance économique, lui-même déterminé essentiellement par la dynamique du progrès technique et de la croissance démographique.

1. – Nature et mesure des fluctuations économiques

a. — Des fluctuations dues à des écarts entre croissance potentielle et croissance effective

On appelle « croissance potentielle » le rythme tendanciel de hausse des possibilités productives d'une économie sans apparition de tensions inflationnistes. Cette croissance dépend de la hausse du volume des facteurs de production et de la hausse de l'efficacité des facteurs. Dès lors, une première interprétation des fluctuations de la croissance est celle d'un écart temporaire de la croissance effective par rapport à la croissance potentielle. Cet écart peut se manifester par une croissance économique plus faible sur quelques mois ou quelques années, voire par une phase de récession (recul de la production sur au moins deux trimestres consécutifs) ou même de dépression économique si le recul de la production dure plusieurs années. On voit dès lors apparaître un écart de production (*output gap*), manifesté par une baisse marquée du taux d'utilisation des équipements dans les entreprises et par un développement du chômage pour des raisons conjoncturelles. Une telle interprétation implique de considérer qu'à court ou moyen terme la loi de Say n'est pas forcément valable, puisque le rythme d'évolution de la demande peut s'écarter de celui du développement de l'offre. Le passage de la croissance effective en dessous de la croissance potentielle est imputé à l'effet d'un choc de demande négatif sur l'activité économique. Ce choc est repérable par une brusque baisse de l'investissement (agrégat économique à l'évolution assez instable) ou une remontée temporaire du taux d'épargne des ménages, ou encore une amputation de leur pouvoir d'achat (hausse des impôts plus forte que des dépenses publiques, hausse du taux de marge des entreprises, hausse du prix d'un produit importé, etc.). Ainsi, la chute d'une des composantes de la demande globale (investissement, consommation finale, demande extérieure) provoque un effet négatif à court et moyen terme sur la croissance économique.

A contrario, la croissance effective peut temporairement dépasser la croissance potentielle d'une économie. Si des capacités productives sont inutilisées, la croissance peut pendant quelques mois ou quelques années dépasser la tendance de long terme sans générer de tensions inflationnistes. Ces capacités inutilisées sont perceptibles sous la forme de taux d'utilisation des équipements productifs particulièrement faibles ou par l'existence d'une main-d'œuvre employable (dont les qualifications sont adaptées, en particulier) et qui reste sans emploi malgré une volonté de travailler. Le temps que les facteurs de production disponibles soient à nouveau pleinement utilisés, la croissance économique effective peut dépasser la croissance potentielle. Par ailleurs, cette croissance effective peut être dopée temporairement par une hausse du taux d'endettement des agents économiques qui va stimuler l'investissement mais aussi la consommation et donc permettre un développement rapide de la demande. La hausse du taux d'endettement n'est pas une dynamique soutenable sur le long terme, il s'agit donc nécessairement d'un processus susceptible d'élever de manière transitoire la croissance. Les phases de hausse trop marquée des taux d'endettement sont nécessairement suivies de phases de désendettement des agents économiques, au cours desquelles la croissance effective repasse en dessous de la croissance potentielle.

b. — Des fluctuations explicables aussi par les mouvements de la croissance potentielle

Des chocs d'offre expliquent pour certains économistes l'essentiel des fluctuations de l'activité productive. Il peut s'agir d'une posture théorique découlant de la conviction que la demande ne peut guère, même à court et moyen terme, s'écarter de l'offre. Mais même sans une telle hypothèse, on ne peut uniquement interpréter les fluctuations économiques comme des variations de la demande autour de la tendance de développement de l'offre. Les producteurs peuvent subir des contraintes productives nouvelles ou, au contraire, bénéficier d'un environnement économique qui accroît la rentabilité de leur activité. Dans le premier cas, une hausse des coûts salariaux unitaires (évolution des salaires corrigée de celle de la productivité du travail), une hausse du coût des inputs (matières premières, capital), une hausse de la fiscalité sur l'activité productive réduisent la rentabilité des offreurs, ce qui constitue un choc d'offre négatif. La croissance potentielle peut être réorientée dans un sens moins favorable si ces contraintes persistent. Au contraire, une diminution des coûts des facteurs de production ou de la fiscalité constitue un choc d'offre positif qui encourage le développement de l'activité économique. Un progrès technologique permet de rendre les facteurs de production plus efficaces et facilite donc l'activité des producteurs, un choc d'offre positif peut donc être la conséquence d'un choc technologique, c'est-à-dire de la diffusion d'innovations de procédés dans le système productif.

Les variations de la croissance effective ne sont pas nécessairement sans effets sur le potentiel de développement de l'offre productive, en particulier lorsque la croissance effective se maintient un certain temps en dessous de la croissance potentielle. Le maintien hors du monde du travail d'une partie de la population active peut accroître la part structurelle du chômage, c'est-à-dire la proportion de chômeurs plus difficilement employables, en raison d'une dégradation de leur capital humain. Par effet d'hystérèse, la faiblesse de la croissance effective diminue le rythme de la croissance potentielle. Le maintien trop long dans la situation de chômage peut décourager aussi certains demandeurs d'emploi et réduire ainsi le taux d'activité de la population (effet de flexion). Par ailleurs, l'affaiblissement de l'investissement affecte la qualité du capital, puisqu'il réduit le rythme de diffusion du progrès technologique dans le système productif. Certaines formes d'investissement porteuses de progrès technique et de croissance pour le futur peuvent aussi fléchir, comme les dépenses de recherche et développement ou de formation, ce qui réduit le rythme de la croissance potentielle. Certains producteurs innovants peuvent être emportés par les difficultés économiques générales et avoir disparu au moment où la reprise arrive. Enfin, en cas de difficultés économiques graves, récession ou dépression, le système financier du pays peut être fragilisé par des krachs boursiers ou des faillites bancaires, ce qui rend plus difficile le financement de la reprise de l'investissement et peut donc retarder le retour d'une croissance économique forte.

c. — Les difficultés de la mise en évidence de cycles économiques

Les fluctuations économiques apparaissent au premier abord assez erratiques et il semble difficile d'y voir autre chose qu'une dynamique chaotique. Pourtant, les économistes ayant commencé à travailler sur des données statistiques pour décrypter les mouvements de la croissance, comme Clément Juglar dans son ouvrage de 1862, *Des crises commerciales et de leur retour périodique en France, en Angleterre et aux États-Unis*, ou encore Nikolaï Kondratiev dans son étude de 1926 intitulée *Les Grands Cycles de la conjoncture*, ont pensé percevoir des régularités dans les fluctuations. C'est ainsi que Juglar explique avoir identifié des cycles de huit années environ, tandis que Kondratiev dit mettre au jour des grands cycles d'une cinquantaine d'années chacun. L'appellation de « cycles » pour désigner ces fluctuations introduit l'idée de régularités dans l'amplitude et surtout la périodicité des mouvements de la conjoncture, ce qui est une prise de position théorique qui va s'avérer fragile. Les cycles économiques apparaissent comme le fruit d'une construction statistique, Juglar travaillant notamment sur des séries de prix, de taux d'intérêt et surtout sur l'évolution des bilans bancaires. Il ne cherche pas particulièrement à distinguer le cycle d'une tendance plus longue, mais s'attache à l'identification de points hauts et bas des séries statistiques sur lesquelles il travaille.

Le cycle économique est difficile à identifier tant que l'agrégat qu'est le produit national brut n'est pas inventé ; il faudra pour cela attendre les années 1930 et 1940 et les travaux de Simon Kuznets. Faute d'agrégat global, le cycle économique est recherché à l'aide de statistiques sectorielles sur les quantités et sur les prix des produits, considérant que des prix orientés à la hausse sont plutôt des signes de dynamisme de l'activité. D'autres séries statistiques peuvent être utilisées, comme celles de l'emploi, de l'état des carnets de commandes des entreprises ou même des indicateurs subjectifs sur le moral des agents économiques. Les différentes séries statistiques n'ayant pas de points de retournement synchronisés, on considère que lorsqu'une majorité de séries se retournent, la position de l'économie dans le cycle change : on passe d'une phase d'essor à une phase de ralentissement, que l'on qualifie parfois de phase récessive ou dépressive du cycle, ou au contraire on y voit un signe de reprise de l'activité générale et d'amorce d'une nouvelle phase ascendante. C'est la méthode utilisée notamment par le NBER aux États-Unis à partir des années 1920. Si l'on observe que certaines séries statistiques ont régulièrement tendance à se retourner à la hausse ou à la baisse avant les autres, on peut en faire des indicateurs avancés de la conjoncture. C'est le cas en particulier des indicateurs de confiance très utilisés de nos jours, comme les indices PMI (*Purchasing Managers Index*), indicateurs de confiance des directeurs d'achat qui mesurent le degré de confiance des entreprises dans le dynamisme de l'activité économique, ou les indicateurs de confiance des consommateurs.

Des outils statistiques sont utilisés pour mettre en évidence les cycles à partir des données brutes. Une difficulté est que les séries statistiques ne forment pas des mouvements d'amplitude et de périodicité régulières autour d'une tendance stationnaire qui serait clairement identifiable. Il n'y a pas de données moyennes stables autour desquelles des mouvements conjoncturels se dessineraient ; la tendance elle-même est sujette à des variations. Par exemple, les mouvements du PIB ne se font pas autour d'une valeur moyenne constante puisque le PIB tend à croître à long terme. Mais la croissance de long terme n'est pas elle-même constante et, selon la durée retenue (plusieurs décennies, un siècle, plusieurs siècles), le trend de croissance change. Cela rend difficile la décomposition cycles / tendance. Si, qui plus est, plusieurs types de cycles se superposent, le travail de mise au jour des cycles devient périlleux. C'est ainsi que le travail de Kondratiev, fondé sur l'utilisation des moyennes mobiles pour mettre en évidence les cycles longs, se heurte à des critiques méthodologiques indiquant que les cycles longs pourraient être des constructions statistiques plus que des réalités objectives (effet Slutsky[2], 1927). Les méthodes plus contemporaines de calcul de l'écart entre croissance potentielle et croissance effective, pour la mesure de l'*output gap*, n'échappent pas à ces difficultés statistiques. Le filtre Hodrick-Prescott, très utilisé depuis les années 1980, essaie de distinguer dans les fluctuations ce qui relève d'écarts au trend et de mouvements du trend lui-même. Il suppose que la série X se décompose en une tendance et un cycle, avec $X_t = T_t + C_t$ et que T peut être obtenu par le calcul suivant :

$$\min_{X_t^*} \sum_{t=1}^{N} [(X_t - T_t)^2 + \lambda\, ((T_{t+1} - T_t) - \lambda(T_t - T_{t-1}))^2]$$

L'utilisation de cette méthode nécessite la fixation d'un paramètre de lissage λ de manière un peu arbitraire, sans fondements théoriques véritables. La valeur de ce paramètre conditionne en grande partie le résultat : plus il est petit, plus les fluctuations sont assimilées à des mouvements du trend et plus il est élevé, plus elles sont imputées à des écarts au trend. Une autre grande approche pour la mise en évidence de la croissance potentielle, par une fonction de production utilisant les facteurs de production disponibles dans une économie, est soumise elle aussi à des fragilités. Notamment la détermination de la part du chômage d'équilibre à partir du taux de chômage observé. La croissance économique potentielle étant d'autant plus faible que l'on considère élevé le niveau du taux de chômage d'équilibre, c'est-à-dire la part des chômeurs peu employables.

2. – Les causes endogènes non monétaires aux fluctuations : l'importance de l'investissement

L'idée que l'investissement pourrait participer de façon décisive à la croissance mais aussi à son instabilité remonte aux origines de la réflexion sur les fluctuations économiques. Sur un siècle au moins, de Karl Marx à Richard Goodwin, des économistes de tendances différentes accordent aux mouvements amples de l'investissement observables empiriquement une responsabilité majeure dans les fluctuations générales de l'activité.

a. — L'hypothèse de crises périodiques de surproduction

Karl Marx explique que le capitalisme est sujet à des crises périodiques, en raison d'une tendance chronique à l'insuffisance des débouchés. Il n'est pas le premier à rejeter la loi de Say, Jean Charles de Sismondi en 1819 et Thomas Robert Malthus en 1820 avaient déjà exprimé leurs craintes à ce sujet. L'observation d'une accumulation croissante du capital par la bourgeoisie au XIXe siècle afin de développer les capacités productives semblait, en particulier pour Sismondi, peu compatible avec le maintien de conditions de vie misérables pour la masse des consommateurs des milieux populaires. Marx rend hommage à Sismondi pour ses réflexions à ce sujet et approfondit l'analyse.

2 À partir d'une série de nombres au hasard, Slutsky a montré qu'on pouvait systématiquement obtenir des cycles en effectuant un lissage avec des moyennes mobiles ; il suffit de trouver la bonne largeur de moyenne mobile.

Le capitalisme lui semble traversé de contradictions : la tendance à accumuler toujours plus de capital (« c'est la loi et les prophètes ! ») suscite le développement de la section de biens de production mais, d'un autre côté, la volonté de maintenir bas les salaires des prolétaires limite les débouchés de la section des biens de consommation. De là des crises récurrentes de surproduction marquées par une baisse des prix, des faillites et une hausse du chômage. La compression des salaires et la remontée des prix, après que la surproduction eut été purgée, permettent la restauration de la plus-value dans les entreprises survivantes, souvent les plus grosses et les plus efficaces, ce qui engendre un retour de la croissance. Cependant, une deuxième contradiction rend les crises de plus en plus dures selon Marx : pour limiter le risque de hausse des salaires par un accroissement trop marqué des besoins de main-d'œuvre, les capitalistes cherchent à réaliser des gains de productivité et élèvent pour cela la part des machines dans la composition organique du capital – capital constant/capital variable. Par hypothèse, la plus-value des capitalistes venant de l'exploitation des prolétaires, un tel comportement engendre une baisse tendancielle des taux de profit, allant à l'encontre de l'intérêt des capitalistes sur le long terme. Les crises deviennent plus dures et plus longues car la plus-value peine à retrouver aussi vite qu'auparavant des niveaux permettant la sortie de crise. Les fragilités de cette thèse sont que l'assimilation de la recherche de gains de productivité à la hausse de la composition organique du capital laisse trop de côté l'effet du progrès technique, en particulier sur la qualité du capital. En outre, cette thèse est la conséquence de la théorie du profit de Marx, qui voit celui-ci comme le fruit d'une exploitation du travail, seul véritable créateur de richesses. L'impossibilité pour Marx d'asseoir cependant sa théorie de la valeur-travail comme fondement solide d'une théorie des prix fragilise tout l'édifice analytique qui découle de cette théorie de la valeur.

b. — L'accélérateur et ses développements

Bien que très différentes, d'autres analyses théoriques adoptent une approche déterministe des fluctuations économiques, dans le sens où l'activité économique elle-même comporterait des dynamiques autoentretenant les cycles. L'investissement est considéré par les modèles de l'accélérateur comme pouvant engendrer ce type de mouvements.

■ L'accélérateur de Clark

John Maurice Clark propose son modèle de l'accélérateur en 1917. Il distingue deux causes à l'investissement : le remplacement et l'augmentation du stock de capital (investissement net). L'investissement de remplacement est proportionnel au stock de capital mis en œuvre pour produire et donc à la demande qui s'exprime. Le coefficient de capital (capital/production) est en effet supposé constant. L'investissement net réagit lui aux variations de la demande. J. M. Clark se rend compte que le principe de l'accélérateur conduit à ce que l'investissement surréagisse aux mouvements de la demande, ce qui crée des fluctuations économiques, comme l'illustre une modélisation numérique simple :

Années	Consommation	Stock de capital	Investissement de remplacement	Investissement net	Investissement total	Variation de la consommation	Variation de l'investissement
1	100	500	50	-	50	-	-
2	102	510	51	10	61	2 %	22 %
3	110	550	55	40	95	8 %	56 %
4	116,6	583	58,3	33	91,3	6 %	- 3,9 %
5	117,8	589	58,9	6	64,9	1 %	- 28,9 %

Cette surréaction apparaît pour un coefficient de capital supérieur à 1, et est d'autant plus forte que le coefficient de capital est élevé. Dans la phase d'expansion, cette surréaction renforce la croissance économique mais, si la demande ralentit, alors l'investissement réagit à la baisse. Il peut s'effondrer et précipiter l'économie dans la récession. Les fluctuations de l'investissement ont bien sûr un impact d'autant plus fort sur les variations de la croissance que le poids de l'investissement dans la demande totale est élevé. En pratique, l'investissement représente en général une part plus faible que la consommation dans la demande intérieure, mais il fluctue de manière bien plus ample que la consommation, d'où son poids dans les variations de la demande. Ce modèle de l'accélérateur comporte une limite importante : il fait l'hypothèse que les entreprises investissent pour augmenter leur capital suite à une hausse de la demande. C'est-à-dire que le modèle de l'accélérateur de Clark postule un taux d'utilisation du capital toujours très haut. Or, si le taux d'utilisation des équipements est faible parce que la demande a baissé, les entreprises, dans un contexte de reprise de l'activité, vont d'abord accroître leur taux d'utilisation des équipements avant d'investir. Dans la réalité, le mécanisme de l'accélérateur ne fonctionne donc pas aussi automatiquement que dans le modèle de Clark.

■ L'oscillateur de Samuelson

En 1939, l'économiste américain Paul Samuelson reprend le mécanisme de l'accélérateur en le combinant au mécanisme keynésien du multiplicateur. Le modèle qui en ressort est celui de l'oscillateur. Suivant la propension marginale à consommer (c) et le coefficient d'accélération (β, tel que β = investissement/variations de la consommation), Samuelson essaie de modéliser les fluctuations économiques que peut générer la combinaison des deux effets. Si la propension à consommer est élevée et le coefficient d'accélération faible, l'effet multiplicateur l'emporte et finalement il n'y a que des fluctuations amorties, pas de mouvement cyclique durable (1). Si la propension à consommer est élevée et le coefficient d'accélération également, alors les oscillations sont au contraire explosives (2). Si la propension à consommer est faible et que le coefficient d'accélération est petit, on n'a pas de fluctuation mais convergence monotone vers une production stable (3) ; et si le coefficient d'accélération est élevé et la propension à consommer faible, la situation diverge de manière monotone (4), la hausse de la production s'accélère.

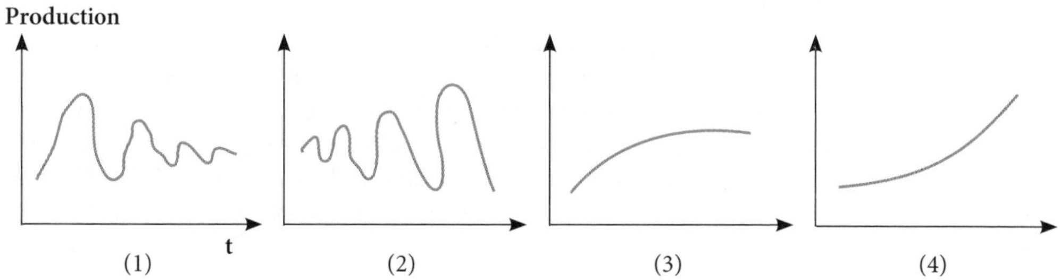

Il n'apparaît d'oscillations régulières que dans le cas ou c = 1 / β, et c'est le seul cas où le modèle de Samuelson permet l'explication de fluctuations autoentretenues. Sinon, soit le modèle conclut à une absence de fluctuations, soit les fluctuations finissent par disparaître ou bien sont explosives.

■ Le perfectionnement de l'oscillateur par Hicks

En 1950, John Hicks propose un modèle qui est un perfectionnement de l'oscillateur de Samuelson afin de rendre les fluctuations plus proches de ce que l'on peut constater dans la réalité économique. Hicks considère que les mouvements cycliques sont liés à la combinaison de cycles explosifs, tels qu'envisagés comme possibles par Samuelson, et de plafonds ou de planchers au taux de croissance. Le plafond est déterminé par les capacités de production maximales, telles qu'autorisées par les ressources disponibles. Le taux de croissance plancher est déterminé par ce que Hicks appelle l'investissement autonome, c'est-à-dire celui qui n'est pas induit par la variation du revenu. Dans le pire des cas, l'investissement induit par la variation du revenu est nul, mais il reste toujours un investissement, par exemple l'investissement public ou bien celui destiné à terminer un programme de long terme. Hicks postule que cet investissement autonome est croissant sur longue période.

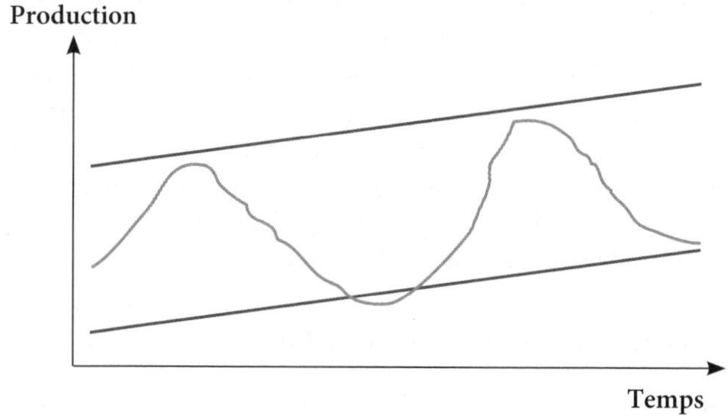

Si l'on considère le point de départ du schéma, le jeu combiné du multiplicateur et de l'accélérateur, avec une propension à consommer élevée et un coefficient d'accélération élevé également, fait monter le niveau de production jusqu'au plein emploi des facteurs de production. Mais la poursuite du rythme de hausse est impossible et donc, la hausse de l'activité ralentissant, la progression de la demande faiblit, ce qui, par l'effet d'accélération, provoque une baisse de l'investissement qui, par l'effet multiplicateur, entraîne une baisse des revenus. L'économie entre alors dans une phase de recul de la production. Quand l'investissement induit est tombé à zéro, la poursuite de la progression de l'investissement autonome provoque une reprise économique. Pour Hicks, la croissance économique ne peut être régulière, elle oscille autour du sentier de croissance régulier sans jamais parvenir à s'y maintenir. Son analyse montre la difficulté d'obtenir une croissance autoentretenue de plein-emploi puisque, une fois le chômage réduit, le ralentissement de la croissance déclenche un retournement négatif de la conjoncture. Il s'agit d'un prolongement du modèle de Harrod-Domar, mais qui aboutit à des résultats très différents. La tendance de croissance dépend certes du rythme de la croissance naturelle, mais aussi du rythme de l'investissement autonome. Des déterminants dont l'accroissement est cependant inexpliqué par le modèle.

c. — *Le modèle de Goodwin*

En 1967, l'économiste américain Richard Goodwin propose une explication endogène des cycles à partir des interactions entre les salaires, les profits, le taux de chômage et l'investissement. Il existe, selon Goodwin, un conflit de répartition de la valeur ajoutée entre les capitalistes et les salariés, l'évolution de la part des salaires étant, très classiquement, liée au niveau du taux de chômage. Après une période d'expansion, la croissance ralentit d'elle-même en raison de la diminution du chômage qui tend à donner un pouvoir de négociation important aux salariés, de sorte que les salaires progressent plus vite que la productivité du travail. La diminution consécutive de la part des profits dans la valeur ajoutée dégrade la rentabilité des projets d'investissement et baisse les capacités d'autofinancement. Tout cela conduit à un ralentissement de l'investissement et de la croissance qui engendre une remontée du chômage. Cette hausse restaure le pouvoir de négociation des entreprises et leur permet de baisser la part des salaires dans la valeur ajoutée. Il en résulte une remontée des profits qui élève la rentabilité des projets d'investissement et facilite leur financement. La croissance accélère. Les fluctuations sur le long terme s'établissent donc autour d'un niveau que l'on pourrait dire d'équilibre du partage de la valeur ajoutée, tel que les salaires horaires progressent au rythme de hausse de la productivité horaire du travail. Une des faiblesses de la théorie de Goodwin est de limiter la détermination de l'investissement à la situation financière des entreprises ; il néglige l'effet sur la demande de la hausse de la part des salaires dans la valeur ajoutée et l'effet de la variation des taux d'intérêt. Mais, de ce point de vue, sa théorie apparaît complémentaire des modèles de l'oscillateur qui eux, au contraire, lient l'évolution de l'investissement aux fluctuations de la demande.

Ces modèles théoriques contribuent certainement à expliquer une part des fluctuations économiques observées, mais ils restent insatisfaisants en ce qu'ils aboutissent à des dynamiques trop régulières qui sont en cela trop éloignées des mouvements de l'économie réelle. Les fluctuations sont en fait plus erratiques, avec des périodes et amplitudes inégales et sans doute donc moins prédéterminées que ces modèles endogènes ne le laissent penser.

3. – Les causes exogènes non monétaires aux fluctuations

a. — Les innovations sont la principale cause des fluctuations de la croissance selon Schumpeter

■ La démarche de Schumpeter

Joseph Schumpeter s'intéresse à la croissance économique sous un angle novateur. Considérer ce phénomène comme une tendance régulière à la hausse des quantités produites dans un pays conduirait, selon lui, à passer à côté de l'essence de ce qu'est la croissance. Loin d'être un phénomène seulement quantitatif, elle est d'abord une évolution qualitative du système productif : de nouveaux produits apparaissent et d'autres, frappés d'obsolescence, ne sont plus fabriqués. De nouvelles façons de produire succèdent à des procédés moins performants, de nouvelles entreprises sont créées et se développent, tandis que d'autres disparaissent. Cette destruction créatrice, expression utilisée dans *Capitalisme, socialisme et démocratie* en 1942, est une évolution qui accompagne toujours la hausse globale de la production. Elle est due à ce qui est au fondement de la croissance économique selon Schumpeter, c'est-à-dire l'innovation : celle-ci produit une croissance qui est intrinsèquement porteuse de destruction créatrice. Mais comme l'innovation n'est pas un processus continu, dans le sens où certains moments historiques sont marqués par une concentration d'innovations, la croissance économique elle-même ne peut être régulière. Dès lors, une étude des fluctuations économiques trop distincte de celle de la croissance n'a guère de sens pour Schumpeter.

Ayant connaissance des travaux de Kondratiev sur les cycles économiques, Schumpeter ne se montre cependant pas vraiment convaincu par les interprétations fournies par l'économiste soviétique. Kondratiev considère que ces cycles longs sont imputables aux mouvements de l'épargne dans l'économie : l'abondance de l'épargne, au début de la phase d'essor, permet un investissement dynamique qui finit par ralentir, selon Kondratiev, en raison d'un épuisement de l'épargne disponible. La phase descendante du cycle permet, grâce à une tendance à la baisse des prix, de reconstituer une épargne détenue par des agents économiques qui voient leur revenu réel progresser. Attaché à son analyse de 1911 donnant un rôle majeur à l'innovation pour comprendre les mouvements de la croissance, Schumpeter entreprend de construire sur cette base une théorie globale des mouvements de l'activité qui tienne compte en particulier des travaux de Kondratiev (cycles d'une cinquantaine d'années), de ceux de Juglar (cycles d'une dizaine d'années) et de ceux de Kitchin (cycles d'un peu plus de trois ans).

■ **Expansion, crise, récession : les caractères des phases de l'activité**

Les innovations que sont les nouveaux produits de consommation, les nouvelles méthodes de production et de transport, les nouveaux marchés, les nouvelles sources de matières premières et les nouvelles formes d'organisation productive stimulent la croissance économique au cours de leur diffusion. Dans son ouvrage de 1911, *Théorie de l'évolution économique*, Schumpeter souligne le rôle des entrepreneurs dans la mise en œuvre de ces innovations et dans leur diffusion, notamment grâce à l'action d'entrepreneurs imitateurs. En 1939, dans *Business Cycles*, il insiste nettement moins sur ces figures charismatiques du capitalisme, sans doute parce que l'affirmation du rôle des grandes firmes dans le système productif fait de l'innovation le fruit d'un travail plus collectif, même si Schumpeter craint que le souffle de l'entrepreneur ne manque à ces grosses structures. L'innovation assure à l'entreprise une rente temporaire de monopole, mais les superprofits réalisés s'amenuisent à mesure que des entreprises imitatrices gagnent des parts de marché sur les produits ou s'inspirent des nouvelles méthodes de production plus efficaces. Ce comportement permet toutefois à l'innovation de se diffuser et, s'il s'agit d'une innovation de procédé, le système productif gagne progressivement en efficacité. En outre, une innovation dans un domaine suscite des innovations dans des domaines proches (de l'Internet dans la téléphonie, par exemple) et pousse à des innovations en amont et en aval de l'activité (l'essor du chemin de fer a incité les producteurs d'acier à innover au XIXe siècle pour répondre à la demande). C'est pourquoi les innovations apparaissent généralement en grappes, selon Schumpeter, et non de manière continue dans le temps. Le dynamisme de l'investissement participe aussi à la phase d'essor car la mise en œuvre des innovations nécessite de modifier les combinaisons productives. Dès lors, Schumpeter insiste sur l'indispensable existence d'un système financier permettant de soutenir la phase d'expansion ; il évoque le rôle des banques en particulier. Les économies connaissent donc des phases périodiques d'essor où la croissance est particulièrement forte, l'investissement dynamique, la création monétaire marquée et où les prix sont orientés à la hausse en raison de la recherche effrénée de facteurs de production par les entreprises.

L'expansion s'achève néanmoins par une crise qui marque l'entrée dans une période de croissance économique plus lente. Cette phase récessive ou dépressive, qui peut comporter quelques années de recul de la production globale, ne signifie généralement pas un effondrement économique, ni même un effacement des gains de la période d'essor. Elle peut même être assez favorable aux travailleurs qui, conservant leur emploi, bénéficient d'une tendance à la stabilisation ou à la baisse des prix des produits, et donc de possibilités de consommation accrues. La crise qui ouvre cette nouvelle période peut ne pas être particulièrement brutale car elle signifie tout simplement l'épuisement de l'essor, une fois que les innovations ne produisent plus d'effets stimulants supplémentaires. Schumpeter conçoit cependant que la crise est parfois marquée par des phénomènes brutaux et problématiques, comme des krachs financiers ou des vagues de faillites. Dans cette phase de croissance ralentie, l'investissement a perdu son dynamisme et, dès lors, la masse monétaire tend à se contracter. Le marasme économique peut se prolonger de nombreuses années, mais les entreprises sont poussées par ces circonstances à trouver les sources d'un nouveau dynamisme. Schumpeter, sans en analyser véritablement l'origine, pense que des innovations vont finir par réapparaître, permettant une reprise économique et l'amorce d'une nouvelle phase d'expansion.

b. — D'autres analyses soulignent que des chocs exogènes aléatoires peuvent produire des fluctuations de l'activité

■ **Les précurseurs**

Ragnar Frisch (1933) considère qu'une fluctuation plus ou moins régulière de l'activité économique peut très bien être la résultante d'une cause qui opère de façon irrégulière. Il convient, selon lui, de distinguer deux aspects fondamentaux dans l'analyse du cycle : l'impulsion d'une part, et la propagation d'autre part. Se concentrant sur la question de l'impulsion, il renvoie à un autre économiste, Wicksell, qui a souligné l'analogie entre le mouvement cyclique d'une économie et le mouvement d'un cheval à bascule. Wicksell explique (1907) que « si vous frappez un cheval à bascule avec un bâton, les mouvements du cheval sont très différents de ceux du bâton » : on peut donner des coups de bâton de manière irrégulière sur un cheval à bascule et obtenir malgré tout un mouvement cyclique à peu près régulier. Ainsi, selon Frisch, il existe probablement des chocs exogènes aléatoires qui impulsent malgré tout un mouvement cyclique à l'activité économique, mouvement qui tend à s'atténuer jusqu'à ce qu'une nouvelle impulsion relance le cycle. L'analyse de Slutsky (1927) appuie cette idée de chocs aléatoires. Construisant des séries de moyennes mobiles[3] avec des numéros sortis des résultats d'une loterie, Slutsky obtient des courbes similaires à celles des prix de gros anglais sur la période 1855-1877. De cette constatation, il tire l'idée que les cycles des affaires sont simplement dus à des chocs aléatoires venant perturber le système économique.

■ **La théorie des cycles réels**

La nouvelle économie classique élabore à partir des années 1980 une théorie qui renoue avec une approche exogène des cycles économiques, accordant un rôle central aux chocs technologiques. Le progrès technique suit selon cette vision un rythme très heurté et stochastique (aléatoire). Les premiers modèles sont présentés par Kydland et Prescott en 1982 et décrivent une économie dont les fluctuations sont considérées comme le résultat macroéconomique des modifications de choix microéconomiques que les agents économiques réalisent suite à un choc exogène. Ce choc modifie le rythme de progression de la productivité. Les fluctuations économiques sont donc dues à des comportements d'optimisation de la part d'agents économiques parfaitement rationnels, raisonnant de manière intertemporelle, qui modifient leurs choix suite à un choc d'offre. Les ménages, par exemple, modifient leur arbitrage entre consommation présente et consommation future, entre consommation présente et loisirs, entre loisirs actuels et loisirs futurs. Les producteurs quant à eux modifient leurs choix en tenant compte des nouvelles données de manière à optimiser leurs profits actuels et futurs. Un choc de productivité à un moment donné a donc des effets dans le présent mais aussi dans le futur, puisqu'il peut affecter les arbitrages intertemporels des agents.

Avec la théorie des cycles réels, ce sont les variations de la tendance de croissance qui conduisent aux fluctuations économiques. Kydland et Prescott soulignent que, d'après les statistiques, ce sont les variations du résidu de Solow qui expliquent l'essentiel des mouvements de l'activité. Comme le résidu est assimilé au progrès technique par les néoclassiques, on comprend que la TCR attribue les fluctuations à des chocs technologiques. Les agents continuent à faire des choix de manière optimale et, si fluctuations cycliques il y a, celles-ci sont considérées comme « à l'équilibre », c'est-à-dire résultant de choix optimaux, étant donné les circonstances nouvelles, réalisés par les individus. En conséquence selon ces auteurs, l'intervention publique contracyclique est à proscrire, puisqu'elle vient perturber les décisions optimales que les agents économiques prennent. Par exemple, les phases de récession traduisent simplement une adaptation, à un moment donné optimale, des agents économiques à une nouvelle donne due à un choc exogène. La connotation négative associée à certaines phases des fluctuations – la crise, la récession, la dépression – n'est pas justifiée dans le cadre de ces modèles. Le recul de la production en période de dépression est dû à des modifications des choix des agents : les entreprises considèrent qu'il est

3 Une moyenne est dite mobile parce qu'elle est recalculée de façon continue, en utilisant à chaque calcul un sous-ensemble d'éléments dans lequel un nouvel élément remplace le plus ancien ou s'ajoute au sous-ensemble.

optimal pour elles qu'elles investissent moins, les ménages font le choix de moins travailler dans un contexte où les salaires sont déprimés. Le chômage est considéré comme volontaire.

Les tests empiriques de ces modèles ont donné des résultats satisfaisants pour retracer les fluctuations de la production aux États-Unis de 1955 à 1985. Par contre, ils sont moins concluants pour ce qui est des variations de l'investissement et de l'emploi. Ces théories du cycle économique réel ont donc été l'objet de critiques. Tout d'abord, cette idée que les travailleurs pourraient choisir librement leur durée de travail en fonction des salaires pratiqués apparaît peu vérifiée. Considérer l'existence du chômage comme le simple résultat d'un arbitrage entre travail et loisirs n'est pas satisfaisant, notamment pour les keynésiens ou même ceux qui pensent que les rigidités du marché du travail sont à prendre en compte comme facteurs d'explication. Par ailleurs, le rôle central donné aux chocs technologiques pose un problème d'interprétation des phases de récession ou de dépression, qui devraient être le résultat de chocs technologiques négatifs, ce qui est peu convaincant. Enfin, la monnaie est considérée comme neutre, ce qui est aussi discutable, mais cohérent avec l'hypothèse d'anticipations rationnelles utilisée dans ces modèles. Des évolutions récentes de la TCR permettent de tenir compte de certaines de ces critiques, en considérant notamment l'existence de rigidités sur les marchés.

4. – Les causes monétaires et financières aux fluctuations

La monnaie est un outil qui, pour certains économistes, outre sa fonction d'instrument des échanges, peut avoir un impact sur le volume de l'activité productive. L'action des banques, à travers le cycle du crédit, permet ainsi de comprendre une partie des mouvements de l'activité. L'évolution des formes de monnaie et des systèmes monétaires a toutefois pu modifier les mécanismes par lesquels la croissance a pu être affectée par les phénomènes monétaires. Le développement des activités financières et la multiplication de crises financières à certaines époques de l'histoire contemporaine invitent en outre à considérer le rôle de la finance dans l'existence des cycles.

a. — L'existence d'une base monétaire formée de métaux précieux a pu engendrer des fluctuations économiques jusque dans l'entre-deux-guerres

■ Crédit et fluctuations de l'activité : les analyse de Juglar et de Hawtrey

La théorie de Clément Juglar, qui accorde un rôle central à l'action des banques pour expliquer les fluctuations économiques, ne s'inscrit pas dans la conception théorique dominante de son époque d'une sphère monétaire totalement déconnectée de l'activité productive. Dans son ouvrage de 1862, il explique que des crises reviennent régulièrement dans les économies capitalistes après six ou sept années d'essor, et marquent l'entrée dans des périodes difficiles de deux ou trois ans. Dans la tradition de beaucoup d'auteurs du XIXe siècle, Juglar distingue la monnaie et le crédit, et considère que ce sont les mouvements du crédit qui expliquent ces crises périodiques. Une distinction plus contemporaine conduit à séparer la monnaie métallique des autres formes de monnaie, comme les billets ou la monnaie scripturale ; le crédit est alors considéré comme de la monnaie et cela justifie de positionner le travail de Juglar dans les théories monétaires des cycles. Cet auteur renoue avec l'idée que la demande de crédit émanant des agents économiques non bancaires pilote le rythme des émissions des banques. Lors de la phase d'essor, les banques accompagnent donc le développement de l'activité en fournissant des moyens de paiement aux agents, si bien que les bilans des banques comportent une part de plus en plus faible de monnaie métallique. L'essor s'accompagne d'une hausse des prix des produits et d'enthousiasmes spéculatifs nourris par cette hausse du crédit. L'arrêt de la phase d'essor est moins clairement expliqué par Juglar, mais les banques finissent, selon lui, par remonter leurs taux d'intérêt pour stopper le déséquilibre de leurs bilans. Ce faisant, elles contribuent sans doute à l'aggravation, sinon à la survenue de la crise. Au cours de la phase dépressive, la baisse des prix se termine par d'inévitables faillites, y compris de banques. La baisse de la part des encours de crédit dans les bilans permet aux banques de baisser leurs taux, ce qui prépare les conditions de la reprise.

Ralph Hawtrey (1926) approfondit l'étude de l'impact du crédit sur le cycle économique. Il souligne que l'origine du problème est à la fois dans un taux d'intérêt trop faible, qui engendre un excès d'émission de crédit par rapport à la monnaie métallique disponible, et dans le comportement des entreprises (les « commerçants » pour Hawtrey) qui cherchent trop à emprunter en période d'essor. Les réserves monétaires servent en quelque sorte de force de rappel pour arrêter cette dérive dans la distribution du crédit, mais cela engendre des crises. Hawtrey souligne que la banque centrale peut orienter la distribution de crédit en la freinant tant qu'il est temps et qu'elle peut fournir de la monnaie supplémentaire en cas de crise.

■ Variations des réserves en métaux précieux et fluctuations : les analyses de Cassel et de Simiand

Gustav Cassel (1918) explique que l'observation des mouvements du stock de métaux précieux disponible dans les économies industrialisées permet de retracer assez fidèlement les mouvements des prix des produits entre 1850 et 1910. Un stock d'or augmentant trop faiblement conduirait à la baisse des prix tandis qu'une hausse rapide de ce stock (Cassel fixe le taux charnière à 3 % de hausse annuelle moyenne) engendrerait de l'inflation. Les mouvements des prix sont assez bien corrélés avec ceux de la production. François Simiand (1932) considère que le poids des mouvements de la monnaie métallique dans les moyens de paiement disponibles est marqué avant 1914 et contribue à expliquer les phases d'essor. La hausse du stock de monnaie métallique dans les pays où se trouvent les mines provoque une inflation, et la hausse des moyens de paiement dans ces pays stimule les importations en provenance du reste du monde. L'économie à l'échelle mondiale voit sa production et ses prix augmenter. John Maynard Keynes, dans son *Traité sur la monnaie* (1930), avance aussi cette hypothèse que, dans l'histoire longue, les périodes d'essor seraient en grande partie imputables aux découvertes de métaux précieux, soulignant que la hausse des moyens de paiement provoque une stimulation de la demande qui élève certes les prix des produits mais surtout les perspectives de profit des producteurs, ce qui les incite à accroître leur activité. Historiquement, des découvertes importantes d'or ont lieu en Californie (1848) et en Australie (1851), permettant une multiplication par quatre de la production annuelle mondiale d'or jusqu'en 1859. Le point bas est atteint en 1883 et la relance de la production d'or intervient après les découvertes de 1886 en Afrique du Sud. En 1910, la production annuelle d'or dans le monde est 4,8 fois plus forte qu'en 1883.

b. — La manipulation de la création monétaire par le système bancaire créerait des expansions artificielles et des crises

■ L'essor artificiel du crédit provoque un mal-investissement et une crise inévitable selon Hayek

Hayek rejette l'idée, encore dominante dans la pensée économique de son époque, que la variation de la monnaie serait neutre pour l'activité productive. L'origine des cycles est selon Hayek (1931) à rechercher dans les écarts pouvant se créer entre le taux d'intérêt naturel (permettant l'équilibre entre épargne et investissement) et le taux d'intérêt monétaire. C'est l'action du système bancaire, y compris des banques centrales, qui peut générer une différence entre ces deux taux. Si le taux monétaire baisse en dessous du taux naturel, le système de crédit a une action perturbatrice puisque la création monétaire qu'il réalise ne correspond pas à une création durable de capital. Cette création monétaire donne lieu à un investissement excessif (mal-investissement) par rapport à la capacité d'épargne d'une économie. Les crédits supplémentaires accordés aux entreprises qui souhaitent développer leur production entraînent donc une demande accrue de biens de production, ce qui pousse leur prix à la hausse. Le secteur des biens de production devenant très rentable, il se développe artificiellement par rapport à celui des biens de consommation. Mais les consommateurs souhaitent toujours acheter autant de biens de consommation, puisqu'ils n'ont pas épargné davantage. Or, la production de biens de consommation n'ayant pas été privilégiée, les prix relatifs de ces biens augmentent, ce qui réduit le pouvoir d'achat des consommateurs. Cette baisse des capacités de consommation peut s'interpréter selon Hayek comme une épargne forcée subie par les ménages.

Il se produit alors une correction brutale. Puisque la production de biens de consommation est devenue très rentable, les facteurs de production se déplacent vers cette activité, mais le passage des facteurs d'un secteur à l'autre est difficile et s'accompagne en général de chômage dans le secteur des biens de production. Ceci est d'autant plus marqué que les banques, qui avaient accordé beaucoup de crédits, restreignent maintenant cette distribution car la masse monétaire a excessivement augmenté. Les taux d'intérêt monétaires sont plus élevés, ce qui fait baisser l'investissement. Les entreprises fabriquant des biens de production qui avaient réalisé des investissements pour s'agrandir ne peuvent les rentabiliser, puisque la demande de biens de production a été surestimée, et certaines font faillite. Du capital qui avait été investi dans des activités très en amont des biens de consommation est perdu, et on assiste à une montée du chômage dans le secteur des biens de production, ce qui réduit la demande de biens de consommation et suscite chômage et baisse des prix aussi dans ce secteur.

La crise n'est pas causée par une insuffisance de la demande en biens de consommation, mais au contraire par un surinvestissement ou mal-investissement. Toute tentative pour guérir la dépression par une expansion du crédit conduit à ajouter le mal au mal, selon Hayek. Les cycles économiques sont ici liés à un « effet d'accordéon » (expression de Kaldor, 1939) : l'abondance excessive de crédit favorise l'utilisation de détours de production de plus en plus longs ; l'accordéon s'ouvre. Mais la correction qui s'opère par le changement des prix relatifs et le resserrement du crédit provoque une fermeture de l'accordéon, le processus de production se raccourcit. Ce coup d'accordéon entraîne un chômage important.

■ Les politiques monétaires peuvent être responsables de fluctuations de l'activité selon les monétaristes

Milton Friedman (1968) considèrent que les fluctuations économiques sont en général dues aux variations de la masse monétaire, sous l'effet de l'action des banques centrales. Pour réduire ces fluctuations, il conviendrait d'encadrer l'action des banques centrales en leur imposant des règles d'émission monétaire calées sur la croissance tendancielle de la production. Lorsque la masse monétaire s'accroît, les agents économiques disposent de plus de monnaie à dépenser, ce qui stimule temporairement l'activité, fait baisser le chômage passagèrement mais se révèle finalement inflationniste, car les entreprises répercutent sur leurs prix la hausse des coûts salariaux nécessaire pour attirer de la main-d'œuvre. Le chômage est en effet considéré comme volontaire. Découvrant que la hausse de leur salaire nominal n'est pas une hausse de leur pouvoir d'achat, les anciens chômeurs quittent leur emploi ; chômage et production reviennent à leur niveau initial, mais pas les prix. Pour maintenir un chômage artificiellement bas, les autorités monétaires sont poussées à injecter à nouveau de la monnaie, d'où l'installation d'une tendance inflationniste et des mouvements irréguliers de l'activité et du chômage.

Robert Lucas (1973) propose de renoncer à cette hypothèse d'illusion monétaire systématique à court terme. Cependant, si les agents sont rationnels, ils évoluent malgré tout avec des informations imparfaites, ce qui explique qu'ils pensent parfois que la hausse nominale de leurs revenus est aussi une hausse réelle. Si les travailleurs considèrent que la hausse de leur salaire est provisoire et ne concerne pas les prix des autres biens, ils vont offrir tout de suite davantage de travail et donc globalement la croissance sera accrue. Les individus vont se laisser surprendre d'autant plus que le pays n'a pas de tradition inflationniste, sinon leur mémoire va considérer que la hausse des revenus nominaux n'est pas réelle car due à une hausse de l'offre de monnaie. Cette capacité d'apprentissage rend les agents moins faciles à berner que dans l'approche de Friedman. Reste qu'avec l'abandon de l'imperfection informationnelle, les cycles ne peuvent plus être expliqués par des chocs monétaires, d'où le passage des nouveaux classiques à des explications par les chocs réels.

c. — L'imperfection de la sphère financière cause des fluctuations de l'activité économique selon les keynésiens

■ La psychologie collective est au fondement des fluctuations de l'activité selon Keynes

Keynes considère que la monnaie n'est pas neutre et que les interactions entre les questions monétaires et financières sont fréquentes. De ce fait, l'analyse keynésienne des cycles économiques (1936) mêle les dimensions réelles, monétaires et financières. Les cycles économiques sont dus pour Keynes aux fluctuations de l'investissement, consécutives notamment aux variations de l'efficacité marginale du capital (taux de rentabilité anticipé des investissements). Dans la phase d'expansion, les anticipations sont optimistes, parfois exagérément, et les entreprises investissent beaucoup. Cet optimisme favorise une préférence faible pour la liquidité, ce qui maintient des taux d'intérêt assez bas malgré la hausse de la demande de monnaie pour le motif de transaction. Cet optimisme se lit dans la hausse des cours de Bourse, qui peut aboutir à la formation de bulles spéculatives. L'existence de ces bulles est due aux anticipations sur l'évolution des cours des titres. Comme ces anticipations se heurtent à l'incertitude radicale de l'avenir économique, les opérateurs sur les marchés financiers sont à l'affût d'indices pouvant les orienter sur les cours futurs. Or, l'avis des autres opérateurs de marché fait partie en premier lieu de ces indices, de sorte que l'opinion commune sur l'évolution future des cours devient une « convention » qui guide les comportements. La bulle se forme donc lorsque la tendance haussière est une opinion largement partagée. C'est la polarisation des opinions qui conduit à ce qu'une bulle puisse se former. L'expression selon laquelle « le marché a toujours raison » devient un principe et conduit à des comportements moutonniers. Keynes évoque une analogie avec un concours de beauté : on gagne le concours si l'on a parié sur la fille qui a attiré le plus de voix en sa faveur. Si on a acheté une action qui finalement est achetée aussi par beaucoup d'autres, alors on a aussi gagné car le cours de l'action monte. La rationalité est autoréférentielle, les comportements sont guidés non plus d'abord par l'analyse des fondamentaux des entreprises, mais par l'anticipation de ce que feront les autres acteurs du marché boursier.

Les investissements étant moins rentables que prévu, l'efficacité marginale du capital finit par baisser, ce qui engendre le retournement du cycle. Cette diminution de l'efficacité marginale du capital se lit dans les cours de Bourse qui s'effondrent. Le krach boursier appauvrit certains agents économiques, ce qui nuit à une partie des débouchés des producteurs. La chute de la Bourse renforce le pessimisme et la baisse de l'efficacité marginale du capital, ce qui affecte l'investissement. La crainte de l'avenir pousse par ailleurs à une hausse de la préférence pour la liquidité qui élève le taux d'intérêt, ce qui accentue la baisse de l'investissement. On est dans un schéma de prophétie autoréalisatrice : le pessimisme des agents économiques, lisible notamment dans les évolutions des cours de Bourse, provoque des comportements qui aggravent les difficultés. La faiblesse de l'investissement dure quelques années selon Keynes. Il faut du temps pour que l'efficacité marginale du capital soit restaurée ; l'État peut y aider par sa politique. Il est possible aussi, même si cela est moins efficace, de baisser les taux d'intérêt de la banque centrale, un des déterminants de l'investissement selon Keynes.

■ La fragilisation des bilans des agents économiques au cours de l'essor conduit à la crise selon Minsky

Dans la lignée de travaux de Keynes, Hyman Minsky (*Stabilizing an Unstable Economy*, 1986) a considéré que les aspects monétaires et financiers étaient des facteurs d'évolution cyclique de l'économie. Une économie capitaliste n'est pas figée et c'est dans les périodes de prospérité, quand l'endettement s'accroît pour financer les projets, quand l'optimisme se mue progressivement en euphorie, que sont semés les germes des futures crises financières (paradoxe de la tranquillité). Les agents économiques, pleins de projets prometteurs, souhaitent emprunter de plus en plus. Les banques, qui vivent des intérêts perçus sur les crédits distribués, ne s'y opposent pas. Elles essaient même d'accroître, par l'innovation financière, la diversité des titres et mécanismes d'endettement. La croissance étant forte, le développement de l'activité par emprunt permet dans un premier temps de couvrir les frais d'endettement, voire d'accroître les profits ; la structure financière reste saine. Minsky parle de *hedge finance*. Mais l'optimisme devient généralement excessif et l'endettement avec : progressivement, les revenus supplémentaires liés au développement de l'activité permettent simplement de payer les intérêts des emprunts et non plus de rembourser le capital (situation de *speculative finance*). Les dettes anciennes ne sont remboursées que par de nouvelles dettes. Pourtant, souvent, la prise de conscience des risques ne se produit pas. Minsky parle « d'aveuglement au désastre ». La situation financière de certains agents peut alors devenir vraiment périlleuse et Minsky évoque dans ce cas une structure de type *Ponzi finance*, caractérisée par des problèmes de liquidités qui peuvent obliger à emprunter pour payer les intérêts. Cette situation est intenable à terme puisqu'elle conduit à une hausse des dettes sans hausse des actifs et qu'il faut toujours plus de dettes pour faire face aux engagements financiers.

L'accroissement de la fragilité financière est endogène à l'activité économique. La recherche du profit et l'innovation, y compris financière, associées à l'aveuglement au désastre conduisent à cette dynamique interne. Ce boom de l'endettement finit par provoquer une raréfaction des liquidités et une hausse des taux d'intérêt. Les entreprises les plus fragiles, dont la rentabilité est moins forte que prévu et qui ont un endettement important et de plus en plus coûteux, peuvent être contraintes de vendre à perte certains actifs (stocks de produits lorsque cela est autorisé, titres, immobilier) pour récupérer des liquidités leur permettant de faire face à leurs engagements de remboursement ; c'est le « moment Minsky ». La chute des cours des actifs dégrade encore plus les bilans des agents endettés et accélère les faillites, beaucoup d'entreprises n'arrivant pas à honorer leurs engagements.

■ Les imperfections du fonctionnement des marchés financiers et bancaires peuvent favoriser des fluctuations économiques selon les nouveaux keynésiens

Stiglitz et Grossman (1980) critiquent l'idée selon laquelle les marchés financiers sont efficients. Cette thèse explique que l'information serait proche de la perfection sur les marchés financiers quant à la situation des agents en besoin de financement, puisque chaque gestionnaire d'épargne aurait intérêt à découvrir, pour faire de bons placements, meilleurs si possible que les autres gestionnaires, les demandeurs de fonds prêtables ayant les meilleures perspectives de développement. L'information circulant vite sur ces marchés, cela conduirait à une allocation optimale de l'épargne dans l'économie et à une juste valorisation des actifs cotés (Fama, 1965). Pour Stiglitz et Grossman, l'information n'est pas parfaite sur les marchés financiers, notamment en raison de la logique autoréférentielle des agents mise en évidence par Keynes : si les agents considèrent que toute l'information utile est valorisée dans les cours des titres, ils ne sont plus incités à rechercher l'information en dehors des cours des titres. Les marchés financiers ne sont dès lors pas forcément aptes à valoriser toujours correctement les titres des entreprises. Des bulles peuvent apparaître et leur éclatement peut engendrer des crises.

Stiglitz et Weiss (1981, 1983) soulignent que le fonctionnement de l'activité bancaire peut conduire à l'aggravation d'une crise. En cas de ralentissement de l'activité économique, les firmes éprouvent des contraintes de liquidité car leurs produits se vendent moins bien et elles sont donc amenées à demander davantage de crédit au système bancaire. Mais les banques considèrent que, étant donné la conjoncture, le risque de faillite pour les entreprises est accru, et elles restreignent le crédit distribué. L'activité des banques est confrontée à une asymétrie d'information structurelle entre prêteur et emprunteur sur les capacités de remboursement de ce dernier et, qui plus est, à une incertitude accrue en période de crise. Le comportement rationnel des banques – la maximisation du profit en limitant les risques de défaut de remboursement de leurs emprunteurs – conduit donc à un approfondissement de la crise.

B LES CRISES ÉCONOMIQUES : DES MOMENTS DRAMATIQUES DE L'ÉVOLUTION ÉCONOMIQUE

1. – De nouvelles formes de crises économiques à partir du XIXe siècle

a. — La raréfaction des « crises d'Ancien Régime »

Les crises économiques existent depuis bien longtemps et sont dues, dans les économies préindustrielles, à des causes exogènes au monde économique : des guerres, des maladies ou des événements météorologiques. Ces crises, qualifiées par Labrousse de crises d'Ancien Régime ou de crises frumentaires, débutent dans le monde agricole, qui représente l'essentiel de l'activité productive et utilise des techniques encore précaires. Il en résulte une sous-production agricole. On assiste, suivant la loi de King (1699), à une surréaction à la hausse des prix du blé et du pain, explicable par la faible élasticité-prix de la demande de produits alimentaires et par les obstacles à la circulation des grains dans les économies anciennes. Si certains fermiers ou spéculateurs profitent de cette hausse pour s'enrichir, la demande de produits artisanaux souffre de la perte de pouvoir d'achat du plus grand nombre, dans les campagnes et dans les villes. La sous-production agricole entraîne une mévente de biens non agricoles. La disette, voire la famine, s'accompagnent de faillites et de pertes d'emplois dans l'ensemble de l'économie, jusqu'à ce qu'une récolte meilleure permette la reprise. Ces crises de subsistance ne disparaissent pas complètement au XIXe siècle : en 1816 et 1817, avec une agriculture encore fragilisée par les guerres napoléoniennes et dans un contexte météorologique défavorable, une crise de subsistance modérée affecte la France ; c'est plus grave en Irlande entre 1845 et 1851, en raison de la maladie de la pomme de terre, ou encore en Russie en 1891-1892, en partie en raison de la météo et du choix politique de privilégier les exportations agricoles.

b. — Le XIXe siècle, phase de transition vers les crises économiques modernes

À partir du XIXe siècle cependant, la nature de la plupart des crises se modifie parce que l'économie évolue, illustrant l'expression de Labrousse selon laquelle « les économies ont les crises de leurs structures ». Le passage à des économies où les activités industrielles et financières prennent du poids fait émerger des crises modernes, dont les causes ne sont plus nécessairement exogènes au monde économique. On compte douze crises économiques entre 1816 et 1914. Avec le développement des transports, des échanges internationaux de marchandises et aussi avec une plus grande circulation des capitaux et des informations d'un pays à l'autre, les crises ont une ampleur internationale croissante, à mesure que l'industrialisation touche un nombre plus important de pays. Le premier pays qui entre en crise est généralement celui de l'économie dominante, mais pas toujours. L'Angleterre est impliquée au démarrage en 1816, en 1846, mais ce n'est déjà plus le cas en 1873 ou en 1882, quand les nouveaux poids lourds économiques, Allemagne et États-Unis, sont les épicentres des difficultés.

Dans les pays qui s'industrialisent, la première moitié du XIXe siècle voit coexister des crises ayant des aspects frumentaires (pénuries alimentaires et prix élevé des grains) et des aspects plus modernes (krachs boursiers, faillites industrielles et bancaires). La crise de la deuxième partie de la décennie 1840 est ainsi pour la France une « crise mixte ». Les difficultés commencent dès 1846 avec une mauvaise récolte céréalière qui affecte toute l'Europe de l'Ouest et la diffusion du phytophthora, ou maladie de la pomme de terre. La disette dans l'ouest de l'Europe – famine en Irlande – nuit aux débouchés des industries textiles, composantes essentielles à cette époque du tissu industriel. Mais les difficultés sont renforcées en Grande-Bretagne ou en France par des causes modernes. Dans les années qui précèdent la survenue de la crise, les chemins de fer connaissent un essor considérable, accompagné de celui du crédit. Le décalage entre l'explosion des crédits et l'encadrement des émissions de billets de banque conduit à une limitation des opérations de réescompte par les banques centrales. Ceci s'accompagne de la prise de conscience d'une rentabilité des chemins de fer moindre qu'anticipé. La Bourse, qui était excessivement montée, s'effondre en 1847 en France et en Grande-Bretagne. Les Britanniques, qui avaient contribué au financement des compagnies ferroviaires françaises, rapatrient leurs capitaux, ce qui accentue l'effondrement des cours des titres de ces compagnies à la Bourse de Paris. Les faillites se multiplient, y compris de banques qui ne recouvrent pas certaines créances ou sont emportées par des ruées bancaires. Malgré le retour de bonnes récoltes en 1847, la crise perdure. La production nationale recule de 20 % au total entre la fin de 1846 et la fin de 1848 ; c'est en France la plus brutale crise du XIXe siècle, même si elle ne dure que deux années. Les difficultés agricoles, financières et industrielles se conjuguent et favorisent la survenue de troubles sociaux et politiques en 1848 dans plusieurs pays d'Europe.

c. — La « Grande Dépression » de 1873 à 1896

Contrairement à ce que pourrait laisser penser cette expression, ce n'est pas une période marquée par un recul cumulatif et uniforme de la production des économies industrialisées. Certes, par exemple, la France connaît, outre des récessions ponctuelles, une phase de baisse de 10 % environ de sa production entre 1883 et 1887. Néanmoins, entre 1873 et 1896, la croissance française se situe en moyenne autour de 0,5 % par an. Sur la durée, cela contraste avec la période du Second Empire (1852-1870) où la croissance annuelle avait été un point plus élevée. Bien que souvent marquée par un certain ralentissement, pour les États-Unis la croissance reste presque à 4 % en moyenne annuelle, pour l'Allemagne à 2,5 % et pour le Royaume-Uni à 1,5 %. Le seul véritable facteur d'homogénéité de la période est la tendance à la déflation qui rompt avec au moins un demi-siècle d'assez forte stabilité du niveau général des prix. Si ceux qui ont vécu à la fin du XIXe siècle ont utilisé l'expression « Grande Dépression », c'est, outre une ambiance économique plus morose, en raison de l'évolution des prix considérée alors, à tort en l'occurrence, comme révélatrice de l'évolution de la production.

Les difficultés commencent, comme souvent dans les crises modernes, par un krach boursier en 1873 en Allemagne, en Autriche puis aux États-Unis. Comme dans les années 1840, les espoirs considérables dans la rentabilité des chemins de fer ont engendré une spéculation boursière. La déception provoque un krach, un recul marqué des investissements des compagnies ferroviaires, des difficultés industrielles suivies de faillites bancaires. L'Angleterre est touchée par l'intermédiaire du recul de ses exportations, la France également. Alors que la reprise économique s'amorce à partir de 1877, notamment en France, les difficultés ressurgissent en 1882. En France, l'État suspend, en raison du creusement du déficit budgétaire, d'importants travaux publics et des programmes ferroviaires (plan Freycinet lancé en 1878). Cela provoque un krach boursier à Paris et à Lyon, et met en difficulté plusieurs branches de l'économie. Les faillites industrielles se répercutent sur les banques, des ruées bancaires emportent l'Union générale, le Crédit lyonnais échappant de justesse à la faillite. Le début des années 1890 est marqué encore par des difficultés importantes dans le domaine financier, dans le sillage de l'effondrement de la banque Baring en Grande-Bretagne, engagée dans des opérations financières risquées en Argentine et sauvée *in extremis*.

La composante agricole des difficultés économiques de la période est majeure dans certains pays, sans qu'il s'agisse du retour de crises frumentaires. La paysannerie française bénéficie, des années 1850 aux années 1870, de prix orientés modérément à la hausse et donc d'une certaine prospérité. Le début des années 1880 marque une rupture qui affecte le pouvoir d'achat des campagnes. Les progrès des transports maritimes favorisent l'afflux de denrées agricoles vers les marchés d'Europe de l'Ouest, de blé mais aussi de produits frais transportés dans les nouveaux navires réfrigérés. On assiste donc à une concurrence accrue de l'agriculture des pays neufs, des États-Unis, de la Russie, de l'Argentine, de l'Australie, de la Nouvelle-Zélande. Dans ces pays, de grandes exploitations très compétitives, car très mécanisées ou pratiquant une agriculture extensive, exportent des produits agricoles à bas prix vers les marchés ouest-européens. En Grande-Bretagne, en France ou en Italie, la production agricole stagne ou recule globalement au cours de la Grande Dépression. La crise agricole est, dans ces trois pays, plus grave que la crise industrielle, mais l'impact économique global est d'autant plus fort que la part de l'agriculture dans la production du pays est importante. La France est donc très touchée, l'Italie aussi, même si ces pays mettent en place des barrières douanières pour protéger leurs agriculteurs. Le vignoble français est à la même époque ruiné par le phylloxéra.

Au cours de la Grande Dépression, les prix baissent beaucoup plus que les salaires, ce qui affecte les profits des entreprises et explique les nombreuses faillites. La baisse des prix industriels s'explique en partie par des répercussions sur la demande intérieure de la diminution du pouvoir d'achat des agriculteurs et en partie par le contrecoup des krachs boursiers qui génèrent des pertes, engendrent des faillites bancaires et créent un climat d'incertitude. L'investissement baisse et, par effet multiplicateur, entraîne la demande globale. En outre, l'or manque jusqu'à la fin des années 1880, à une époque où l'étalon-or est, pour des raisons de prestige politique, de plus en plus adopté, par les États-Unis ou l'Allemagne par exemple. Il est possible que cela ait freiné la croissance de la masse monétaire.

Au milieu des années 1890, on assiste à l'arrêt de la déflation et à une nouvelle expansion économique ; c'est la prospérité de la « Belle Époque ». Les profits se sont redressés en raison de la baisse de la part des salaires dans la valeur ajoutée à partir des années 1890, ce qui, avec le retour d'un crédit plus abondant grâce aux découvertes d'or et au développement de l'usage de la monnaie scripturale, a permis le retour des projets d'investissement. La restauration des profits est facilitée aussi par les ententes entre entreprises et par les concentrations qui contribuent à stopper la baisse des prix. La conquête de marchés étrangers dans les pays pauvres dominés politiquement, en Amérique latine, au Proche- et au Moyen-Orient, offre aussi de nouveaux débouchés à l'industrie. Des activités motrices nouvelles émergent dans l'électricité, l'automobile, la chimie, et on commence à réfléchir à de nouvelles organisations du travail dans les usines.

2. – Les grandes crises depuis le début du XXe siècle

a. — La crise de 1929 et la dépression du début des années 1930

■ Un krach boursier qui vient frapper une économie américaine plus vulnérable qu'il n'y paraît

Entre 1922 et 1929, les États-Unis connaissent une croissance économique de 4,5 % l'an en moyenne, qui permet à ce pays d'accéder le premier à une véritable société de consommation. L'automobile, les biens d'équipement des logements, l'immobilier sont des branches motrices. Les gains de productivité sont élevés dans l'industrie grâce, notamment, à la diffusion des méthodes tayloro-fordistes. Ce mouvement s'accompagne d'un essor considérable du marché des actions : l'indice Dow Jones est multiplié par 2,5 entre 1922 et 1928. Cependant, l'essor est fragile car la montée de la Bourse est excessive. Une bulle se forme à partir de 1928 puisque la progression des cours est bien plus rapide que celle des dividendes. En outre, l'essor du marché immobilier ralentit à partir de cette année-là, et la production automobile connaît des difficultés dès le printemps 1929. La forte hausse de la productivité dans l'industrie des années 1920 n'est pas suivie, dans ce secteur, d'une progression identique des salaires. L'endettement croissant des ménages permet certes à la demande finale de suivre le dynamisme de l'offre, mais la tendance n'est pas soutenable à long terme. Par ailleurs, le secteur agricole, représentant encore 25 % de l'emploi aux États-Unis, est en crise de surproduction depuis le milieu des années 1920 : une mécanisation poussée, et donc une hausse de l'offre, conjuguées à une réduction des débouchés européens en raison de la reprise des agricultures européennes après la Première Guerre mondiale, entraînent une « crise des ciseaux » par le croisement de deux courbes : les prix baissent plus que les coûts unitaires. Enfin, le système bancaire est aux États-Unis éclaté en 25 000 banques, souvent petites, dont une partie échappe à toute supervision du système fédéral de banques centrales. La crise agricole a rempli les bilans des banques rurales de créances douteuses. Avant même le krach, elles apparaissent en situation précaire. Le fort endettement des agents, entreprises et surtout ménages, y compris pour financer des activités spéculatives dans les années 1920, renforce cette exposition des banques en même temps qu'il alimente des bulles spéculatives dans l'immobilier et surtout à la Bourse.

■ L'amorce d'une aggravation des difficultés aux États-Unis par le krach boursier d'octobre 1929

Le jeudi 24 octobre et le mardi 29 octobre 1929, les cours chutent à la Bourse de Wall Street, amplifiant brutalement une tendance baissière à l'œuvre depuis le début du mois d'octobre. La chute va se poursuivre jusqu'en 1932, entraînant une baisse de 90 % au total du Dow Jones. Les quatre ou cinq millions de ménages détenteurs d'actions voient leur patrimoine financier baisser dès la fin de l'année 1929, et cet effet richesse négatif les incite à réduire leurs dépenses. Or, le poids de ces ménages dans la demande finale dépasse largement leur poids démographique, puisqu'il s'agit de ménages de milieux sociaux aisés ou des classes moyennes supérieures. D'autres agents économiques, entreprises, banques, qui avaient placé une part de leur trésorerie en Bourse essuient également des pertes. Les achats d'actions à crédit étaient fréquents avant le krach et les banques ne peuvent recouvrir une part significative de ces créances. La chute des cours dégrade enfin la valeur de marché des capitaux propres des grandes entreprises. La fièvre de l'endettement s'arrête donc, une méfiance s'installe à l'égard de l'avenir économique du pays et à l'égard des débiteurs dont on craint désormais la faillite.

Le retournement des anticipations entraîne une baisse de la demande qui fragilise encore la situation financière des agents économiques. La consommation de biens durables recule dès la fin de l'année 1929 en raison, outre l'effet richesse négatif, de la crise de confiance provoquée par le krach : les achats non immédiatement nécessaires sont reportés. L'effet psychologique du krach affecte aussi les décisions d'investissement, en forte baisse dès les premiers mois qui suivent. La chute de la Bourse entraîne celle de l'efficacité marginale du capital, ce qui, si l'on suit l'analyse de Keynes (1936), provoque un recul de la volonté d'investir de beaucoup d'entreprises. Par ailleurs, les banques voient augmenter le volume de leurs créances douteuses, suite à la fragilisation des sociétés confrontées à une crise des débouchés. La crainte de graves difficultés fait ainsi plonger l'économie dans une crise économique ; les moteurs de la croissance des années 1920, l'automobile, les biens durables, l'immobilier, sont touchés.

■ Une crise économique qui devient catastrophique

Après un bref rétablissement début 1930, la récession s'installe et, à l'automne, l'économie connaît une première vague de faillites bancaires. Certains établissements fragilisés ferment car, en manque de liquidités ou ayant accumulé trop de créances irrécouvrables, ils ne peuvent plus faire face à leurs engagements financiers. Les premières faillites en engendrent d'autres car les déposants craignent pour leur épargne et se ruent dans les banques pour la retirer.

Aux États-Unis, la crise déborde de plus en plus de la sphère financière. En quête de liquidités, les agents vendent leurs actifs, ce qui amorce un mouvement de déflation dans l'immobilier et sur les marchés des biens. Les faillites de plus en plus nombreuses font augmenter le nombre de chômeurs qui ne peuvent bénéficier de revenus de compensation, puisqu'il n'existe pas alors d'assurance chômage. Les faillites bancaires ruinent de nombreux particuliers et aggravent la situation des entreprises qui perdent des liquidités et l'accès au crédit. Les banques sont de plus en plus méfiantes et les entreprises qui conserveraient des projets trouvent difficilement des financements externes. Bernanke (1983) évoque une hausse des coûts d'intermédiation. Dans l'ensemble, l'investissement et même la consommation chutent de plus en plus. La déflation qui s'installe accroît la valeur réelle des fortes dettes passées des agents économiques, ce qui les pousse à liquider leurs actifs. Cette déflation par la dette (Fisher, 1933) accentue donc les difficultés et décourage tout projet d'investissement puisque qu'elle obère la rentabilité future des investissements qui pourraient être réalisés. Les difficultés de l'économie réelle aggravent encore celles des banques, et de nouvelles vagues de ruées et de faillites bancaires se déroulent jusqu'au début de l'année 1933. La moitié des banques du pays disparaissent finalement, le taux de chômage dépasse 20 % en 1933 et le PIB des États-Unis a été réduit de 30 % depuis 1929.

■ Des erreurs manifestes de politique économique

La banque centrale américaine, tentant de stopper la spéculation alimentée par le crédit à partir de 1928, augmente ses taux d'intérêt à 6 %, ce qui provoque un ralentissement de la croissance avant le krach boursier sans entraver la hausse des cours à Wall Street. Lors du krach, le *board* fédéral demande à la Fed de New York de cesser son soutien aux banques, alors même que des achats massifs de titres d'État étaient engagés pour injecter des liquidités. Si les taux d'intérêt à court terme baissent en novembre 1929, à 3 % puis jusqu'à 2 % début 1931, ils remontent ensuite à 4 % la même année pour attirer les capitaux étrangers, alors même que l'économie est en pleine dépression. De plus, la déflation conduit à un envol des taux d'intérêt réels, dissuadant tout emprunt. Friedman et Schwartz (1963) indiquent que la Fed laisse, de fait, s'effondrer de plus de 30 % la masse monétaire aux États-Unis et que ce *credit crunch* contribue notoirement à l'aggravation de la crise. La Fed n'a pas assez baissé ses taux et, surtout, n'a pas mené, comme le souligne Bernanke (2000), de politiques fortes d'*open market* pour injecter des liquidités dans l'économie et jouer son rôle de prêteur en dernier ressort. Par ailleurs, la politique budgétaire du président Hoover évolue, entre 1929 et 1932, de plus en plus vers une volonté de contrôler le creusement du déficit budgétaire qui prend le pas sur les quelques mesures timides de soutien économique mises en œuvre au début de la crise.

■ Une crise économique mondiale

Il n'existe pas dans l'entre-deux-guerres d'habitude de coopération économique. De ce fait, les réponses à la crise sont nationales et les stratégies non coopératives d'exportation de la crise vers d'autres pays favorisent son extension. Dès 1930, le tarif Hawley-Smoot décidé par les États-Unis fragilise le commerce mondial et ferme des débouchés aux entreprises étrangères. Il s'accompagne dans les années suivantes de mesures protectionnistes dans la plupart des pays capitalistes : dévaluations monétaires, contingentements et taxations des produits importés. L'Allemagne et l'Italie réduisent au minimum leurs échanges extérieurs avec le reste du monde et la conférence de Londres en 1933 entérine l'absence de mesures internationales coordonnées de sortie de crise. Cette fermeture des économies réduit les débouchés extérieurs des entreprises les plus compétitives et maintient des producteurs peu efficaces derrière les barrières douanières.

L'Allemagne est parmi les premiers pays touchés en Europe. Jusqu'alors très dépendante des capitaux américains, elle subit leur retrait progressif puis accéléré à partir de la fin de l'année 1929. L'effondrement d'une grande banque autrichienne en 1931, le Kredit Anstalt, déclenche un mouvement de panique. L'instauration du contrôle des changes permet d'éviter une dévaluation forcée du mark. Quelques mois plus tard, la livre sterling est attaquée et la Grande-Bretagne doit suspendre la convertibilité en or de sa monnaie tout en dévaluant fortement. L'économie française est finalement elle aussi touchée par les protectionnismes tarifaires et monétaires ainsi que par les difficultés générales. En Europe de l'Ouest, le chômage explose et la dépression s'installe, jusqu'en 1932 dans la plupart des pays. D'autres régions du monde, comme l'Amérique latine, sont très touchées également.

L'étalon-or porte une responsabilité dans la crise dans la mesure où il a pu conduire à de mauvaises décisions. Cela a été visible dès 1928, lorsque la Fed monte ses taux d'intérêt pour freiner les sorties d'or vers la France, et cela se retrouve lorsque, en 1931, en pleine dépression, la Fed élève ses taux d'intérêt pour rassurer les détenteurs d'or sur la convertibilité du dollar. Désordres monétaires et décisions non concertées, comme la dévaluation britannique de 1931, révèlent bien une crise du système monétaire mondial. Cependant, aucune puissance économique ne prend l'initiative d'impulser une réforme de ce système ou une réponse coordonnée face à la crise ; c'est une période de crise hégémonique (Kindleberger, 1973).

b. — La rupture de croissance de 1973

Dans le contexte politique de la guerre du Kippour en 1973, les pays arabes décident de réduire leur production de pétrole et d'augmenter la part de leurs revenus dans l'exploitation du pétrole, en partie en réaction au soutien apporté à Israël par les pays occidentaux. Le prix du baril est multiplié par quatre et provoque une cassure de croissance qui marque la fin des Trente Glorieuses dans les pays avancés, dont les deux tiers de la consommation énergétique est importée sous forme de pétrole.

La rupture de la croissance est associée à un renforcement de l'inflation, originalité de la crise des années 1970 par rapport aux crises industrielles classiques. La hausse des prix atteint dans les pays de l'OCDE en moyenne 13,4 % en 1974, soit le double du rythme antérieur à la brusque hausse du prix du pétrole. La simple répercussion de la hausse du prix de cette matière première en 1974 n'explique mécaniquement qu'une progression de 2 points environ du taux d'inflation dans les économies industrialisées occidentales – on est loin du doublement constaté. La hausse du prix du pétrole relance en fait les conflits de répartition des revenus, chacun essayant de rejeter sur un autre agent économique le poids financier de la hausse du prix du pétrole. Cette augmentation entraîne des « effets de second tour » qui accélèrent la boucle prix-salaires.

Mais le choc pétrolier est surtout dans un premier temps un choc négatif sur les économies. Un choc de demande tout d'abord. Une part de la demande représentant 3,5 % du PIB français change de direction : elle n'est plus adressée aux producteurs installés sur le territoire français, mais sert à continuer à acheter du pétrole (faible élasticité-prix de la demande), ce qui réduit d'autant la demande intérieure. Et les revenus accrus des pays pétroliers ne permettent pas une progression équivalente des exportations en provenance des pays industrialisés. Un choc d'offre négatif ensuite. Le pétrole et ses dérivés sont utilisés comme consommations intermédiaires dans les entreprises et les coûts de production progressent.

Au cours de la décennie 1970, la demande se rétablit, mais la situation de l'offre continue de se dégrader. Les salaires s'élèvent généralement plus rapidement que la productivité du travail, les États sont fréquemment en situation de déficit budgétaire, les chômeurs sont en général fortement indemnisés (en France, notamment) ; la demande finale est donc soutenue. Au contraire, l'offre productive voit sa rentabilité se dégrader : tant que la croissance était forte, les hausses marquées des salaires étaient supportables par les entreprises, mais, dans les années 1970, les coûts salariaux unitaires progressent, ce qui dégrade les taux de marge. Le second choc pétrolier de 1979 accentue les difficultés financières des entreprises, aggravées à la même époque par la hausse des taux d'intérêt dans beaucoup de pays avancés. Si les années 1974 et 1975 sont souvent difficiles dans les pays industrialisés, avec parfois des récessions, le marasme économique est de retour au début des années 1980. Un contexte associé à une assez forte inflation qui a conduit à l'utilisation de l'expression de stagflation.

c. — La crise économique de 2008-2009 et ses suites dans les pays développés

Une récession a lieu dans beaucoup de pays avancés en 2009. On observe par exemple, selon l'OCDE, un taux de croissance de – 2,9 % en France, de – 2,8 % aux États-Unis et de – 5,6 % en Allemagne. La baisse de la croissance s'amorce souvent dès 2008 et la chute s'accélère après le krach boursier du 15 septembre 2008, déclenché suite à l'annonce de la faillite de la banque américaine Lehman Brothers. Cette récession est la plus marquée dans les pays de l'OCDE (- 3,6 % en moyenne) depuis la fin de la Seconde Guerre mondiale, ce qui frappe les esprits. L'année suivante, la croissance est de retour dans l'essentiel des pays de l'OCDE dont les États-Unis, pourtant point de départ des difficultés, où la croissance annuelle moyenne entre 2010 et 2012 dépasse 2 %. Mais la crise se prolonge dans plusieurs États, en particulier en Islande, en Irlande ou en Grèce, pour des raisons spécifiques à ces économies nationales ; respectivement, une crise bancaire particulièrement grave dans les deux premiers pays et une crise de dette souveraine dans les deux derniers.

La crise financière dans les pays avancés a été initialement la conséquence d'une hausse marquée de l'endettement privé, aux États-Unis, en Grande-Bretagne, en Espagne et dans bien d'autres pays. Des politiques publiques, y compris celles menées par les banques centrales, ont favorisé cette accumulation de dettes privées. On peut l'expliquer aussi par l'accroissement des inégalités de revenus, aux États-Unis et en Grande-Bretagne en particulier, depuis les années 1980, et par l'endettement extérieur croissant des États-Unis. Un abaissement général des primes de risques sur les crédits y a aussi contribué. L'illusion du recul des risques dans la sphère financière est en partie due à l'existence de boucliers trompeurs, censés prévenir d'éventuelles crises financières : titrisation, agences de notation, CDS, rehausseurs de crédit, etc. Dans un contexte euphorique de hausse des marchés financiers, l'opacité croissante de la sphère financière, due au développement des produits dérivés, du hors bilan et des flux financiers avec les paradis fiscaux et réglementaires, ne posait pas problème. Mais avec les défauts croissants sur les crédits *subprimes* à partir de 2007 et avec les difficultés de plusieurs banques apparemment respectables, un effondrement généralisé de la confiance a amorcé une crise financière si grave qu'elle a contaminé l'économie réelle. La chute de l'investissement et des achats de biens durables a plongé les économies avancées dans la récession. Seule l'intervention massive des banques centrales, par injection de liquidités, et des États, par hausse des déficits, a permis d'éviter un effondrement général.

Alors que la croissance économique revient dans la plupart des pays depuis 2010, la crise rebondit dans la zone euro à partir de 2011 sous la forme d'une crise des dettes souveraines qui dure jusqu'en 2014 et affecte en particulier la Grèce, l'Irlande, l'Espagne et le Portugal. La zone euro dans son ensemble retourne en récession en 2012 et 2013. La dépression en Grèce de 2008 à 2013 provoque une contraction de 26,5 % du PIB du pays selon l'OCDE. Malgré une reprise économique en zone euro depuis 2014, le PIB de 2015 reste inférieur à celui de 2008 de 4,4 % en Espagne et de 5,4 % au Portugal selon l'OCDE. En Espagne et en Grèce, les taux de chômage dépassent encore 20 % en 2015. La gravité des difficultés économiques dans ces pays est largement équivalente à celle connue par les États-Unis ou l'Allemagne au début des années 1930. Beaucoup de pays d'Europe du Sud se sont donc appauvris ces dernières années, alors même que d'autres États de la zone euro retrouvaient une croissance marquée (Allemagne, Suède, Finlande, etc.). Le choc financier de 2008 et le choc de demande négatif de 2009 ont ainsi révélé des déséquilibres et des divergences économiques marquées entre pays de la zone euro, entraînant l'émergence de doutes sur la solidité de cette union monétaire.

CHRONOLOGIE

1623. – Législation sur les brevets en Grande-Bretagne.
1693-1694. – Dernière grande famine en France suite à une crise frumentaire.
1733. – Invention de la navette volante par John Kay (tissage).
1769. – Invention de la *water frame* (filage).
Entre 1770 et 1800. – Probable décollage économique en Grande-Bretagne.
1779. – Invention de la *mule-jenny* (filage).
1784. – Mise au point du puddlage destiné à purifier la fonte pour la transformer en un fer plus solide.
1785. – Installation de la première machine à vapeur dans une filature industrielle.
1791. – Législation sur les brevets en France.
1793. – Mise au point d'une machine à égrener le coton. Début de l'essor de cette culture aux États-Unis.
1801. – Mise au point du métier à tisser de Jacquard qui dynamise les soieries lyonnaises.
1807. – Mise en service du premier navire à vapeur sur l'Hudson aux États-Unis.
1816-1817. – Crise économique frumentaire en France, crise mixte en Grande-Bretagne.
1825. – Ouverture de la première ligne de transport ferroviaire avec locomotive à vapeur en Grande-Bretagne.
1845-1848. – Crise économique dans plusieurs pays européens qui prend la forme d'une crise mixte en France et en Grande-Bretagne.
1848. – Début de la ruée vers l'or en Californie.
1851. – Découverte d'importants gisements d'or en Australie.
1856. – Invention du convertisseur par Bessemer, permettant une forte baisse du coût de production de l'acier et favorisant sa diffusion.
1868-1912. – Révolution Meiji au Japon.
1873. – Invention du moteur électrique par Gramme et Fontaine.
Krachs boursiers à Vienne et à New York. Début de la « Grande Dépression » (1873-1896).
1879. – Invention de la lampe à incandescence par Edison.
1882. Krach boursier en France, faillite de l'Union générale (grande banque).
1883-1887. – Dépression économique en France (baisse cumulée de 10 % de la production globale).
1885. – Autour de cette date, les États-Unis deviennent la première puissance industrielle mondiale, dépassant le Royaume-Uni.
1886. – Découverte d'importants gisements d'or en Afrique du Sud.
1887. – Brevet de Daimler qui améliore le moteur à combustion interne et amorce le développement de l'automobile.
1891. – Grave crise frumentaire en Russie.
1908. – Lancement par Ford de son modèle à succès, la Ford T.
1929 (24 et 29 octobre). – Krachs boursiers à New York.
1931. – Faillite du Kredit Anstalt en Autriche.
Fin de la convertibilité en or de la livre sterling.

CHRONOLOGIE

1945-1973. – Trente Glorieuses.
1969. – Première mise en réseau d'ordinateurs de quatre universités américaines, ouvrant la voie à la naissance de l'Internet.
1971. – Invention du microprocesseur par Intel.
1973. – Premier choc pétrolier.
1975. – Récession dans la plupart des pays développés à économies de marché.
1978. – Début de la politique de modernisation et d'ouverture en Chine impulsée par Deng Xiaoping.
1979. – Deuxième choc pétrolier.
1982. – Récession dans plusieurs pays avancés, en RFA et aux États-Unis notamment (pas en France).
1987. – Krach boursier dans les pays développés à économies de marché, suivi de crises immobilières et bancaires.
1990. – Krach boursier au Japon. Fin de la très forte croissance économique japonaise entamée en 1945.
1991. – Fin de l'Union soviétique. Une dépression économique de plusieurs années dans la plupart des économies en transition y fait suite.
1992. – Début de la grande expansion économique chinoise, avec un taux de croissance jusqu'en 2014 qui reste supérieur à 7 % par an.
1997-1998. – Crises financières dans les nouveaux pays industrialisés.
2007 (juillet). – Premières faillites de *hedge funds* liées aux défauts de remboursement sur les crédits *subprimes*.
2008 (16 septembre). – Annonce de la faillite de la banque américaine Lehman Brothers, krach boursier dans de nombreux pays.
2009. – Récession aux États-Unis, en Europe et au Japon. Les pays émergents conservent une croissance positive mais qui ralentit de plus en plus les années suivantes.
2012. – Début du ralentissement de la croissance économique chinoise qui, d'un rythme moyen de 10 % par an entre 1989 et 2011, diminue progressivement jusqu'à passer en dessous de 7 % en 2015, selon les statistiques officielles.
2012-2013. – Récession dans la zone euro.
2014. – La Chine devient la première puissance économique mondiale avec un PIB (ppa) dépassant celui des États-Unis.
– Forte baisse en fin d'année du prix du pétrole. Le baril se maintient ensuite jusqu'à mi-2016 au moins à un prix inférieur à 50 dollars alors qu'il était autour de 100 dollars depuis 2010.
2015. – Récession en Russie et au Brésil.

BIBLIOGRAPHIE

Lectures facilement accessibles aux étudiants :

Artus (P.), Virard (M-P.), *Croissance zéro, comment éviter le chaos ?*, Fayard, 2015.

Barou (V.), Ting (B.), *Fluctuations et crises économiques*, Armand Colin, 2015.

Bolusset (C.), *L'Investissement*, Bréal, coll. « Thèmes et Débats », 2007.

Bosserelle (É.), *Dynamique économique*, Gualino, 2010.

Braudel (F.), *La Dynamique du capitalisme*, Flammarion, 2008.

Cette (G.), *Productivité et croissance en Europe et aux États-Unis*, La Découverte, coll. « Repères », n° 483, 2007.

Ferrandon (B., dir.), *Croissance et innovation*, La Documentation française, *Cahiers français*, n° 323, 2004.

Galbraith (J.-K.), *Voyage dans le temps économique*, Seuil, 1998.

Hautcœur (P.-C.), *La Crise de 1929*, La Découverte, coll. « Repères », n° 538, 2009.

Huart (J.-M.), *Croissance et développement*, Bréal, coll. « Thèmes et Débats », 2003.

Maddison (A.), *L'Économie mondiale, une perspective millénaire*, OCDE, 2001.

Marcel (B.), Taïeb (J.), *Les Grandes Crises, 1873, 1929, 1973*, Armand Colin, 2010.

Musolino (M.), *Fluctuations et crises économiques*, Ellipses, 2011.

Robert (P.), *Croissance et crises*, Pearson, 2010.

Verley (P.), *La Première Révolution industrielle*, Armand Colin, 2008.

Pour aller plus loin :

Abraham-Frois (G.), *Dynamique économique*, Dalloz, 2001.

Abraham-Frois (G.), *Les Fluctuations économiques*, Economica, 1999.

Aghion (P.) *et alii*, *Crise et croissance, une stratégie pour la France*, rapport du CAE n° 100, 2011.

BIBLIOGRAPHIE

AGHION (P.) ET ALII, *Les Leviers de la croissance française*, rapport du CAE n° 72, 2007.

ARROUS (J.), *Les Théories de la croissance*, Points, 1999.

ARTUS (P.), GRAVET (I.), *La crise de l'euro*, Armand Colin, 2012.

BERGEAUD (A.), CETTE (G.), LECAT (R.), « Le produit intérieur brut par habitant sur longue période en France et dans les pays avancés : le rôle de la productivité et de l'emploi », *Économie et Statistique*, n° 474, 2014.

BOURDIN (J.), *L'Économie française et les finances publiques à l'horizon 2013 : les défis d'une nouvelle croissance économique*, rapport d'information du Sénat n° 91, 2008.

BOURDIN (J.), *Productivité et niveau de vie : l'Europe décroche-t-elle ?*, rapport d'information du Sénat n° 262, 2007.

BRODER (A.), *L'Économie française au XIXe siècle*, Ophrys, 1993.

BURDA (M.), WYPLOSZ (C.), *Macroéconomie, une perspective européenne*, De Boeck, 2009.

CARRÉ (J.-J.), DUBOIS (P.), MALINVAUD (E.), *Abrégé de la croissance française, un essai d'analyse économique causale de l'après-guerre*, Seuil, coll. « Points », 1984.

COMBEMALE (P.), *Introduction à Keynes*, La Découverte, coll. « Repères », n° 258, 2010.

CONSEIL D'ANALYSE ÉCONOMIQUE, *La France dans quinze ans, perspectives économiques*, rapport de synthèse, 2009.

DUPRAT (M.-H.), « La zone euro face à une stagnation séculaire ? », *EcoNote*, n° 28, mars 2015.

ENDERLEIN (H.), PISANI-FERRY (J.), *Réformes, investissement et croissance : un agenda pour la France, l'Allemagne et l'Europe*, 27 novembre 2014. www.economie.gouv.fr/files/files/PDF/Rapport_pisani-ferry_enderlein-VF.pdf

FOURASTIÉ (J.), *Les Trente Glorieuses*, Hachette Pluriel, coll. « Références », 2011.

GAFFARD (J.-L.), *La Croissance économique*, Armand Colin, 2011.

GILLES (P.), *Histoire des crises et des cycles économiques*, Armand Colin, 2009.

BIBLIOGRAPHIE

GUELLEC (D.), RALLE (P.), *Les Nouvelles Théories de la croissance*, La Découverte, coll. « Repères », n° 161, 2003.

JONES (C. I.), *Théorie de la croissance endogène*, De Boeck, 1999.

KERGUERIS (J.), SAUNIER (C.), *Recherche et innovation en France : surmonter nos handicaps au service de la croissance*, rapport d'information du Sénat n° 392, 2008.

MIGNON (V.), *La Macroéconomie après Keynes*, La Découverte, coll. « Repères », n° 555, 2010.

QUILÈS (J.-J.), *Schumpeter et l'analyse économique de l'évolution*, Armand Colin, 2005.

RIOUX (J.-P.), *La Révolution industrielle*, Seuil, coll. « Points », 1989.

ROSTOW (W. W.), *Les Étapes de la croissance économique*, Economica, 1999.

VERLEY (P.), *L'Échelle du monde, essai sur l'industrialisation de l'Occident*, Gallimard, 1997.

VIDAL (J.-F.), *Dépression et retour de la prospérité, les économies européennes à la fin du XIX*e, L'Harmattan, 2000.

CERTAINS DE CES DOCUMENTS SONT DISPONIBLES SUR INTERNET :

- Les rapports du Conseil d'analyse économique (CAE) cités sont accessibles en ligne à l'adresse : http://www.cae.gouv.fr

- Les rapports d'information du Sénat sont accessibles en ligne à l'adresse : http://www.senat.fr/themes/rapports-economie-et-finances-fiscalite.html

SUJETS CORRIGÉS

SUJET
I

En quoi l'investissement a-t-il été un facteur de croissance économique dans les pays développés à économies de marché depuis 1945 ?

Éléments de problématisation : L'investissement contribue-t-il seulement à une croissance économique extensive ou agit-il par d'autres voies sur l'augmentation de la production ? Quelle place donner à l'investissement dans l'explication des phases de croissance économique forte depuis 1945, notamment celle des Trente Glorieuses et, dans une moindre mesure, celle liées à l'essor de la « nouvelle économie » ?

I L'investissement a été un facteur de hausse à court et moyen terme des possibilités productives d'une économie

A. — L'investissement a permis une croissance de la productivité du travail

- *L'investissement net conduit à accroître le stock de capital par travailleur jusqu'au niveau stationnaire du stock de capital par travailleur (Solow, 1956). L'investissement permet une progression de la productivité des travailleurs et donc de la production et du revenu global.*
- *Mais l'investissement net faiblit en raison de la loi des rendements décroissants affectant le capital par travailleur. La croissance extensive tirée par l'investissement ne peut qu'être temporaire.*

B. — L'investissement a favorisé un processus de rattrapage

- *Au début des Trente Glorieuses, la RFA et le Japon, qui avaient connu une importante destruction de leur capital productif pendant la Seconde Guerre mondiale, ont vécu un rattrapage économique tiré en partie par un très fort investissement net, plus facile à obtenir que dans les pays ayant un stock de capital productif par travailleur plus élevé.*
- *La hausse du taux d'investissement pendant les Trente Glorieuses a été permise par une aide financière des États-Unis, mais aussi plus durablement par une progression de l'effort d'épargne intérieure. Or, une hausse du taux d'épargne permet de repousser le niveau stationnaire du stock de capital par travailleur.*

II L'investissement a été un stimulant à l'essor de la demande dans l'économie

A. — Les hausses de l'investissement ont dynamisé la croissance aussi par leur action sur la demande

- *L'effet multiplicateur de l'investissement peut conduire à une croissance forte. On peut ici évoquer l'effet de revenu de l'investissement, souligné par le modèle de Domar dans lequel la hausse de l'investissement dynamise les débouchés en raison de l'effet multiplicateur de cette variation autonome d'une composante de la demande.*
- *Dans le modèle de Harrod, l'investissement réalisé détermine le rythme de la croissance effective. Une hausse de l'investissement provoque, via l'effet multiplicateur, l'amorce d'un mouvement d'expansion. L'État peut encourager l'investissement en facilitant son financement ou en conduisant lui-même des investissements publics, comme lors de la reconstruction après la Deuxième Guerre mondiale et lors des plans de modernisation ensuite.*

B. — Les gains de productivité générés notamment par l'investissement ont permis la progression de la demande

- *Les gains de productivité permettent de produire plus, mais aussi de baisser les prix ou d'augmenter les salaires et, par la hausse des bénéfices, de stimuler les investissements, ce qui entretient une dynamique de croissance par une consommation de masse (mode de régulation fordiste selon l'école de la régulation).*
- *Les gains de productivité permettent aussi de renforcer la compétitivité-prix des produits fabriqués, ce qui stimule la demande extérieure, qui tient une place croissante dans des économies avancées de plus en plus ouvertes après 1945.*

III L'investissement a entretenu sur le long terme la dynamique de croissance

A. — L'investissement a été un vecteur du progrès technique en faisant entrer ce dernier dans les structures productives

- *L'économie peut difficilement progresser techniquement sans investissement. Kaldor (1978) avance même l'idée selon laquelle le progrès technique est fonction du rythme de l'investissement. Les investissements de productivité permettent d'incorporer le progrès technique au capital installé.*
- *Depuis les années 1990, les très forts investissements dans les NTIC aux États-Unis ont permis aux entreprises de réaliser plus de gains de productivité qu'en Europe, où l'effort d'investissement dans la « nouvelle économie » a été moindre.*

B. — Certains investissements ont créé la croissance économique future grâce aux externalités positives

- *L'investissement dans la R&D (Romer, 1990) tout comme l'investissement dans le capital humain (Lucas, 1988) sont des facteurs de hausse de la productivité future.*
- *L'investissement public n'est pas qu'un stimulant de la demande, mais peut être un stimulant de l'offre même privée s'il permet aux producteurs d'être plus efficaces (réseaux d'infrastructures en particulier ; Barro, 1990).*

SUJET II

La crise économique de la fin des années 2000 est-elle la répétition de la crise économique entamée à la fin des années 1920 ?

Éléments de problématisation : Dans quelle mesure la crise économique entamée en 2007-2008 dans les pays avancés partage-t-elle des traits caractéristiques communs avec la crise qui a débuté en 1929, dans ses causes, dans son déroulement, dans sa gravité et les réponses qu'elle a suscitées de la part des pouvoirs publics ?

I Des crises économiques qui partagent certains traits communs dans leurs causes et leur déroulement

A. — Les deux grandes crises de la sphère financière au XXe siècle

- *Deux crises dues à un excès d'endettement. Fin des années 1920 : endettement des ménages pour des biens durables ou des titres, endettement des agriculteurs. Fin des années 2000 : endettement des ménages pour les achats immobiliers, endettement des sociétés financières.*
- *Les années 1920 et 2000 aux États-Unis ont en commun de voir se développer la finance de marché et l'imbrication de la finance de marché et de la finance bancaire. Dans les deux situations, les banques échappent en partie au contrôle des autorités de supervision.*

B. — Deux grandes crises financières qui se transmettent à l'économie réelle

- *Un krach boursier dans les deux cas frappe la sphère financière, en octobre 1929 et en sep-*

tembre 2008. Se mettent en place un mouvement de baisse des prix des actifs et un effet richesse négatif qui fragilisent les bilans des agents.

- *On assiste à un choc négatif. La consommation de biens durables baisse et l'investissement privé chute. Le chômage progresse.*

II Les causes des difficultés économiques de la fin des années 1920 ne sont pas les mêmes que les causes des difficultés de la fin des années 2000

A. — Des causes profondes différentes

- *Les racines spécifiques à la crise de 1929 : l'agriculture mondiale souffre depuis le milieu des années 1920, les banques ne bénéficient pas de l'assurance publique des dépôts, l'économie mondiale garde des séquelles de la Première Guerre mondiale, l'étalon-or fonctionne mal et il n'existe pas d'habitude de négociation internationale sur les sujets économiques.*
- *Les causes particulières à la crise entamée à la fin des années 2000 : l'émergence d'une finance structurée qui met en circulation des CDO aux sous-jacents peu transparents, un niveau d'endettement bancaire bien plus considérables en 2008 qu'en 1929 et des montages financiers bien plus complexes.*
- *La crise économique qui rebondit à partir de 2011 dans la zone euro révèle une fragilité d'abord politique de la gouvernance économique de cette union monétaire.*

B. — Des éléments déclencheurs différents

- *La crise de 1929 : une crise boursière qui se transmet aux banques.*
- *La crise de 2008 : une crise immobilière qui se transmet à la finance.*

III Les difficultés économiques sont d'une ampleur généralement différente

A. — Une « grande dépression » (L. Robbins) généralement bien plus grave que la « grande récession » (J. Stiglitz)

- *La crise de 1929 débouche sur un processus déflationniste de plusieurs années pratiquement absent suite au krach de 2008 dans les pays avancés.*
- *Des pertes de production plus marquées et un chômage souvent plus grave au début des années 1930. Le chômage élevé est moins fréquent après 2008 et les mécanismes d'indemnisation du chômage existent pendant la crise récente, alors qu'ils ne sont que balbutiants en 1929.*
- *Des conséquences internationales plus graves au début des années 1930, en raison d'une montée du protectionnisme et de stratégies non coopératives de sortie de crise.*

B. — Une action très différente des autorités publiques face aux difficultés

- *Dans la crise récente, les États disposent d'outils théoriques, keynésiens en particulier, qui n'existaient que très marginalement en 1929.*
- *Le déficit budgétaire est généralement recherché en 2009 pour répondre à la chute de la demande privée, alors qu'il était combattu au début des années 1930.*
- *Par comparaison avec les timides baisses de taux directeur du début des années 1930, l'action des banques centrales depuis 2008 est massive, par des politiques de détente quantitative.*

CHAPITRE 2

LES TRANSFORMATIONS DES STRUCTURES ÉCONOMIQUES, SOCIALES ET DÉMOGRAPHIQUES DEPUIS LE XIXe SIÈCLE

I

LES TRANSFORMATIONS DES STRUCTURES ÉCONOMIQUES

Les transformations des structures économiques apparaissent directement en lien avec la croissance. Celle-ci est ainsi passée par des évolutions dans la taille, le statut juridique et le fonctionnement des entreprises, ainsi que par des changements dans les modes de financement de l'économie, qui ont été abordés dans le chapitre 1 (partie 1). Mais les gains de productivité, qui constituent le moteur principal de la croissance, ont aussi engendré une forte diversification de la production et d'importantes mutations dans la nature et la répartition des secteurs d'activité, qui ont en retour influé sur leur rythme.

A L'ÉVOLUTION DE LA PRODUCTIVITÉ

La formidable progression des niveaux de vie enregistrée à travers le monde depuis le XIXe siècle s'explique essentiellement par l'enclenchement d'une dynamique de croissance intensive, résultant d'une augmentation de l'efficacité des facteurs de production. La productivité, qui mesure cette efficacité, constitue donc une variable clé dans la compréhension de cette dynamique, de son rythme global, de ses inflexions et de ses différences de vitesse selon les pays.

1. – Une forte croissance de la productivité depuis le XIXe siècle

Le fait le plus marquant est bien sûr la très forte croissance enregistrée par les actuels pays développés.

Mais cette tendance générale a suivi des rythmes différents au fil du temps et selon les zones géographiques.

a. — Un puissant trend *haussier*

En France, selon les calculs d'Olivier Marchand et Claude Thélot (*Le Travail en France*, 1800-2000, 1997), la productivité par tête du travail aurait crû en moyenne de 1,7 % par an entre 1830 et 1995, la productivité horaire de 2,1 % par an et la productivité globale des facteurs (PGF) de 1,0 % à 1,3 % par an. Au total, chaque actif employé était à la fin du XXe siècle environ 15 fois plus productif que dans les années 1830, et chaque heure de travail environ 28 fois plus productive. Ce *trend* se retrouve dans l'ensemble des pays industrialisés. Selon les calculs de Gilbert Cette (*Productivité et croissance en Europe et aux États-Unis*, 2007), sur la période 1870-2005, le PIB par heure travaillée a été multiplié par un facteur 16,5 aux États-Unis (qui partaient d'un niveau plus élevé) et par un facteur 50 au Japon (qui partait d'un niveau plus faible).

Encadré 1 – La mesure de la productivité

De manière générale, on définit la productivité comme le rapport entre une production (notée Q) et les ressources mises en œuvre pour l'obtenir (*inputs*). Le numérateur est toujours la production, mais au niveau d'une entreprise, elle peut être mesurée physiquement (en kilos de coton ou en nombre de voitures, par exemple) ou en valeur (par le chiffre d'affaires ou plus souvent par la valeur ajoutée - VA). Au niveau macroéconomique, elle ne peut être mesurée qu'en valeur, par le produit intérieur brut (PIB).

Le dénominateur, lui, change. Selon que l'on considère un ou plusieurs facteurs, on peut calculer des productivités partielles ou bien la productivité globale des facteurs (PGF).

■ ***Les indicateurs de productivité partielle ou apparente***

Les indicateurs de productivité partielle (ou de productivité apparente) rapportent la production au volume d'un des facteurs de production utilisés, soit la productivité du capital (Q/K) et la productivité du travail (Q/L).

Pour calculer la productivité du capital, on évalue le dénominateur par une mesure brute ou nette du stock de capital productif fixe. C'est un indicateur utile pour un entrepreneur qui cherche à apprécier l'efficacité d'un investissement, mais il sera plus intéressé par la rentabilité économique, mesurée par le rapport entre le profit (excédent brut d'exploitation - EBE) et le capital investi. Pour l'obtenir, il faut multiplier la productivité du capital par le taux de marge, qui représente la part de la valeur ajoutée qui va au capital :

$$\underset{\text{Rentabilité économique}}{\frac{EBE}{F}} = \underset{\text{Taux de marge}}{\frac{EBE}{VA}} \times \underset{\text{Productivité du capital}}{\frac{VA}{K}}$$

La productivité du travail est l'indicateur le plus important du point de vue de l'étude de la croissance et du niveau de vie. Sur le long terme, accroître la productivité du travail constitue en effet la principale manière d'augmenter le revenu par tête.

Deux indicateurs sont généralement utilisés : on rapporte la production à l'effectif employé pour calculer la productivité par tête, et au nombre d'heures travaillées pour calculer la productivité horaire.

La productivité horaire peut sembler un indicateur plus précis de l'efficacité du travail, permettant d'isoler la contribution de ce facteur à la production par rapport aux autres facteurs que sont le taux d'emploi et la durée moyenne du travail. D'un point de vue comptable en effet, si l'on note Y le PIB, N la population, E l'emploi et H le nombre d'heures travaillées, on peut décomposer le PIB par tête (Y/N) comme suit :

$$\frac{Y}{N} = \frac{Y}{H} \times \frac{H}{E} \times \frac{E}{N}$$

C'est-à-dire que le PIB par tête est égal au produit de la productivité horaire du travail par le volume d'heures travaillées par tête et par le taux d'emploi.

Cette relation comptable doit toutefois être interprétée avec précaution dans la mesure où ses différents éléments ne sont pas indépendants. En particulier, il ressort de plusieurs études que la productivité horaire du travail est une fonction décroissante de la durée du travail et du taux d'emploi. Dans le premier cas, cela peut s'expliquer par des effets de fatigue qui réduisent le rendement de l'heure de travail, dans le second par le fait que dans les pays à faible taux d'emploi, celui-ci est concentré sur les catégories les plus productives, à l'exclusion des jeunes peu qualifiés et des travailleurs âgés ayant perdu en capital humain. La productivité horaire élevée de pays à faibles taux d'emploi et durée du travail comme la France est ainsi pour partie le produit de ces mécanismes.

PIB par habitant et ses composantes dans quelques pays industrialisés en 2015

	PIB par habitant, dollars des E-U	PIB par heure travaillée, dollars des E-U	Heures travaillées par habitant	Taux d'emploi (/population totale)	Heures travaillées par personne employée
France	41 004	67,6	607	41,4	1 467
Allemagne	47 988	66,6	721	52,7	1 368
Italie	37 255	53,6	695	40,3	1 722
Japon	40 737	45,5	896	52,1	1 719
Suède	47 823	60,5	791	49,1	1 610
Royaume-Uni	41 779	51,1	796	48,0	1 658
États-Unis	56 066	67,2	820	46,9	1 748

Source : OCDE, http://www.oecd.org/

La productivité du travail dépend en outre de la combinaison productive choisie. Mécaniquement en effet, plus la part du travail dans cette combinaison est faible (et donc plus la part du capital est forte), plus sa productivité sera élevée : doter ses travailleurs de plus de machines (c'est-à-dire augmenter l'intensité capitalistique) permet *a priori* d'augmenter leur efficacité.

Pour porter un jugement sur l'efficience globale du processus productif, il faut donc tenir compte de tous les facteurs de production dans une même mesure.

■ ***La productivité globale des facteurs***

L'indicateur utilisé pour cela est la productivité globale (ou totale) des facteurs. Sa mesure dépend du nombre de facteurs de production retenus et de la fonction de production choisie pour représenter la combinaison productive. Généralement, on se limite au capital et au travail, et on utilise une fonction de Cobb-Douglas à rendements d'échelle constants. On a alors :

$$Q = PGF \times K^{\alpha} \times L^{1-\alpha}$$

Soit en taux de croissance : $q = pgf + \alpha k + (1-\alpha) l$

Le coefficient , qui représente la contribution du capital, est compris entre 0 et 1. Il est généralement évalué par la part du capital dans la valeur ajoutée, censée refléter sa contribution en situation de concurrence parfaite.

La PGF mesure l'efficacité avec laquelle travail et capital contribuent à la production. Ses évolutions traduisent la part de la croissance qui n'est pas expliquée par l'évolution de la quantité de facteurs de production (ce qui correspond au résidu de Solow).

b. — Des rythmes de croissance différents selon les périodes et les pays : accélération d'abord américaine, rattrapage européen puis ralentissement global

Tableau 1 – Taux de croissance annuel moyen de la productivité horaire du travail dans quelques pays industrialisés *(en %)*

	1870-1913	1913-1950	1950-1975	1975-1990	1990-2005	1870-2005
Allemagne de l'Ouest	1,6	0,7	5,6	2,9		
Allemagne réunifiée					2,2	
États-Unis	1,9	2,5	2,4	1,3	1,9	**2,1**
France	1,7	2,0	4,9	3,1	1,9	**2,7**
Italie	1,7	2,0	4,9	2,6	1,0	**2,4**
Japon	2,0	1,8	7,0	2,9	2,0	**2,9**
Royaume-Uni	1,2	1,7	2,7	2,4	2,2	**1,9**

Source : Gilbert Cette, *Productivité et croissance en Europe et aux États-Unis*, 2007.

Le rythme des gains de productivité a évolué au cours du temps. Durant le XXe siècle, l'ensemble des pays développés a connu une accélération, que Robert Gordon (« Deux siècles de croissance économique : l'Europe à la poursuite des États-Unis », 2003) a appelé « grande vague » (« *big wave* »), puis un ralentissement après les années 1970.

La chronologie a toutefois différé selon les pays. En Europe et au Japon, l'accélération a été brutale et s'est produite essentiellement au cours des Trente Glorieuses. Aux États-Unis en revanche, elle a débuté dès le début du siècle et s'est étalée sur une période plus longue : les gains de productivité moyens réalisés entre 1913 et 1950 ont ainsi été équivalents à ceux enregistrés entre 1950 et 1975.

À l'inverse, le rythme de croissance après le choc pétrolier de 1973 est aux États-Unis inférieur à ce qu'il était avant 1950, tandis que dans les autres pays, si la décélération est nette par rapport aux Trente Glorieuses, les rythmes demeurent supérieurs aux niveaux moyens d'avant 1950. Pour ces pays, c'est ainsi la période des Trente Glorieuses qui apparaît la plus atypique par rapport au *trend* de longue période.

Cela peut s'expliquer par un phénomène de « rattrapage » de la productivité américaine. Déjà en avance en 1870, les États-Unis ont creusé l'écart jusqu'en 1950, la productivité horaire européenne passant, selon Gordon, de 79 % à 47 % du niveau américain. Puis le mouvement s'est inversé, la productivité horaire européenne remontant jusqu'à plus de 90 % de celle des États-Unis en 2000.

Ce rattrapage de la productivité horaire a nourri un mouvement similaire du PIB par tête, mais ce dernier a ralenti à partir des années 1970, le PIB par tête européen culminant à 77 % du niveau américain en 2000. En effet, le taux d'emploi a progressé plus fortement aux États-Unis et la durée du travail y a baissé plus faiblement au cours de cette période.

Ce dernier point conduit d'ailleurs à relativiser le constat de rattrapage, puisque ces évolutions ont pu freiner la progression de la productivité des États-Unis et accélérer celle des pays européens.

c. — Les évolutions récentes : d'un nouveau « décrochage » européen à un épuisement global ?

Le net redressement du rythme de croissance des gains de productivité au milieu des années 1990 aux États-Unis, alors même qu'il tendait plutôt à ralentir dans les pays européens et au

Japon, a nourri la thèse d'un nouveau « décrochage européen ». Mais si le processus de rattrapage paraît bien s'être interrompu, c'est aujourd'hui l'idée d'un essoufflement global qui domine. L'accélération américaine a en effet été de courte durée et les dernières statistiques font apparaître un nouveau ralentissement quasi général (voire une stagnation et même une baisse dans certains pays).

Tableau 2 – Taux de croissance annuel moyen de la productivité du travail au cours des dernières décennies

	Productivité horaire		Productivité par tête		Productivité globale des facteurs	
	1995-2005	2005-2015	1995-2005	2005-2015	1995-2005	2005-2015
Allemagne	1,7	0,8	1,2	1,3	0,9	0,6
États-Unis	2,5	1,0	2,3	0,6	1,5	0,5
France	1,8	0,7	1,7	0,3	1,1	0,2
Italie	0,6	0,0	1,2	– 0,9	– 0,1	– 0,4
Japon	2,0	0,8	1,0	0,6	0,8	0,5
Royaume-Uni	2,2	0,5	2,6	0,4	1,6	0,1

Source : OCDE.

2. – Les explications des évolutions de la productivité

La recherche des causes des évolutions de la productivité recoupe largement celle des origines de la croissance. Logiquement, la hausse de la productivité du travail résulte statistiquement à la fois de l'augmentation de l'intensité capitalistique et de la progression de la PGF (*cf. supra,* partie 2, chapitre 1 pour l'évaluation du poids relatif de ces deux facteurs dans les études économétriques). C'est l'explication de cette dernière qui est l'objet des investigations.

a. — Les facteurs de la croissance de la productivité

Parmi les facteurs explicatifs de la croissance de la productivité, viennent en premier lieu les grandes révolutions technologiques, dont la « révolution industrielle » constitue l'archétype et dont les mutations liées aux technologies de l'information et de la communication (TIC) représenteraient le dernier avatar.

L'impact des innovations majeures sur la productivité est toutefois généralement décalé car leur valorisation nécessite d'importants changements techniques et organisationnels. Il a par exemple fallu quarante ans pour que l'électricité fasse sentir ses effets sur la productivité, le temps de réorganiser les usines et de réduire la taille des machines pour amener le courant jusqu'au poste de travail. Quant au moteur à combustion interne, ce n'est qu'après des investissements massifs dans les routes et les aéroports qu'il a pu permettre un fort accroissement de la productivité. Ainsi pourrait s'expliquer également le décalage constaté aux États-Unis entre les forts investissements dans les TIC dès les années 1980 et le redécollage de la productivité au milieu des années 1990.

Les investissements privés et publics, notamment en recherche et développement, en infrastructures et en capital humain, mais aussi les changements organisationnels (concentration des entreprises, division du travail, recours à la sous-traitance...) ou encore les transformations des modes de financement de l'économie ont ainsi joué un rôle important dans la diffusion des différentes révolutions technologiques.

b. — Les explications des évolutions depuis 1950

Les variations du rythme des gains de productivité depuis les années 1950 peuvent ainsi s'expliquer par différents facteurs, technologiques, économiques mais aussi institutionnels.

Pour les auteurs qui s'inspirent des analyses de Joseph Schumpeter, l'accélération enregistrée en Europe et au Japon pendant les Trente Glorieuses apparaît liée au rapide rattrapage du retard pris par rapport aux États-Unis dans la diffusion des innovations (électricité, automobile, chimie...), la mise en œuvre de l'organisation du travail tayloro-fordiste et l'élévation du niveau d'éducation. Quant au ralentissement survenu après le premier choc pétrolier, il peut être interprété comme la conséquence de l'achèvement de ce processus de rattrapage technologique, et plus globalement de l'épuisement de la « grappe d'innovations » qui avait généré la « grande vague ».

La théorie de la régulation, développée notamment par Michel Aglietta et Robert Boyer, propose une analyse plus globale. Dans cette perspective, les forts gains de productivité enregistrés pendant les Trente Glorieuses s'inscrivaient dans la cohérence d'ensemble du régime de croissance fordiste, caractérisé par la conjonction d'une production et d'une consommation de masse : alimentant de fortes augmentations de salaire dans le cadre d'un rapport salarial régulé par l'État et les conventions collectives, ils nourrissaient la croissance de la demande et donc de la production ; celle-ci, en permettant l'approfondissement de la division du travail et l'incorporation du progrès technique par le renouvellement rapide des équipements, autorisait en retour la poursuite des gains de productivité (loi de Kaldor-Verdoorn).

À partir des années 1970, différents phénomènes ont déréglé le cercle vertueux de ce régime de croissance : le tayloro-fordisme s'est heurté à la résistance des salariés à l'augmentation des cadences et aux coûts d'organisation engendrés par l'accroissement de la taille des usines, l'équipement de la majorité de la population en biens durables a atteint un niveau élevé et entraîné une saturation de la demande, l'ouverture et la concurrence internationale croissantes ont tendu à faire du salaire un coût pesant sur la demande extérieure.

Les facteurs explicatifs du nouveau « décrochage » européen constaté depuis le milieu des années 1990 sont également divers. La moindre importance des secteurs producteurs de TIC et la moindre diffusion des TIC dans l'ensemble de l'économie ont souvent été mises en avant et reliées au moindre effort en matière de recherche et développement. Mais d'autres éléments paraissent également avoir joué, tels un niveau global d'investissement moins élevé dans un contexte moins favorable en termes de taux d'intérêt et de demande, une élévation plus limitée du niveau de qualification de la main-d'œuvre, de plus grandes rigidités sur les marchés du travail et des biens ralentissant les processus de destruction créatrice ou encore la mise en œuvre de politiques favorisant l'enrichissement de la croissance en emplois.

Quant à l'essoufflement contemporain des gains de productivité, il fait l'objet d'importants débats. Certains comme Robert Gordon (*The rise and fall of american growth*, 2016) y voient le signe d'un épuisement précoce des bénéfices tirés des technologies de l'information et de la communication qui auraient permis des progrès beaucoup plus modestes que ceux enregistrés sous l'effet de la généralisation des innovations de la seconde révolution industrielle (par exemple les progrès permis par la gestion informatisée des billets d'avion sont réels mais sans commune mesure avec ceux induits par l'invention de l'avion). D'autres, comme l'historien de l'économie Joël Mokyr (« *Is our economic future behind us ?* », 2016) sont plus optimistes. Ils pointent la dynamique vertueuse liant science et technique – le progrès scientifique permet un perfectionnement des instruments de mesure et d'étude qui facilite en retour l'amélioration des connaissances – et soulignent les potentialités offertes par le Big Data, les biotechnologies ou l'intelligence artificielle. Ils rappellent que des transformations des modes de production et d'organisation et donc du temps sont nécessaires avant que les inventions ne se traduisent en gains de productivité. Ils mettent enfin en avant la difficulté de saisie par les catégories statistiques traditionnelles (PIB, productivité) des gains permis par des biens et services (logiciel, messagerie électronique, moteur de recherche…) onéreux à mettre au point mais qui peuvent être copiés à un coût très faible voire nul et qui sont souvent fournis gratuitement.

3. – Les conséquences globales des gains de productivité

À l'origine de l'augmentation des niveaux de vie, les gains de productivité ont aussi permis une forte diversification de la production et une baisse de la durée du travail.

■ Un mouvement d'enrichissement collectif

En rendant l'heure de travail plus efficace et donc plus rentable, l'augmentation de la productivité du travail a permis aux entreprises à la fois de baisser leurs prix et de distribuer des revenus plus élevés. Elle est ainsi à l'origine d'une formidable progression des niveaux de vie. Lisible dans les statistiques de PIB par tête, celle-ci peut aussi être mesurée plus concrètement par l'augmentation de la quantité de produits que peuvent se procurer les individus. En comparant les évolutions du salaire du manœuvre et celles des prix de différents biens et services, Jean Fourastié et Béatrice Bazil (*Pourquoi les prix baissent*, 1984) ont ainsi mis en évidence l'augmentation au cours du xxe siècle du pouvoir d'achat de ce salarié situé au bas de l'échelle sociale. Pour acquérir une bicyclette, il avait besoin de 200 heures de travail en 1925 ; en 1982, il lui suffisait de travailler 20 heures. L'évolution est plus spectaculaire encore pour l'achat d'un récepteur radio : alors qu'il lui en coûtait 1 273 heures en 1925, il n'en valait plus que 6 en 1982. Déjà très significatif, cet indicateur demeure toutefois uniquement quantitatif : il néglige d'autres évolutions qui ont également grandement contribué à la hausse des niveaux de vie, telles l'amélioration de la qualité des produits et surtout la création de nouveaux produits.

■ Une forte diversification de la production

La croissance économique est en effet aussi passée par une très forte diversification de la production (et de la consommation) : chemin de fer, automobile, frigidaire, télévision, ordinateur, téléphone portable, comptes bancaires gérés par Internet… il serait fastidieux de dresser la liste des biens et services dont nous faisons aujourd'hui quotidiennement usage et qui n'existaient pas avant la révolution industrielle, voire pour certains il y encore seulement vingt ans. Produit direct de l'innovation technique, cette diversification a aussi été autorisée par les gains de productivité : en faisant baisser les coûts, ceux-ci ont permis de lever le verrou de la rareté, entraînant la saturation des besoins anciens et l'apparition d'une nouvelle demande solvable pour de nouveaux biens et services. C'est ainsi, en se diversifiant, que la production a pu croître. Important dès les prémices du développement économique en Angleterre, où la baisse des prix alimentaires permise par les premiers progrès de l'agriculture dès la fin du xviie siècle a libéré du pouvoir d'achat chez les classes moyennes, stimulant le développement de l'industrie et des services, ce processus s'est depuis continûment répété.

■ **Une baisse de la durée du travail**

Mais en permettant d'économiser le travail, de produire plus avec autant, voire moins, les gains de productivité ont aussi autorisé une autre évolution majeure, qui a également contribué à l'amélioration du bien-être collectif : la baisse de la durée du travail. S'il n'a vraiment débuté qu'à partir des années 1880 (la durée du travail a au contraire plutôt augmenté dans l'industrie jusqu'aux années 1830-1840) et qu'il a touché l'industrie et les services plus fortement que l'agriculture, ce mouvement, lié à la montée du salariat, a été général au sein des pays avancés : avoisinant les 3 000 heures vers 1870, le nombre moyen d'heures travaillées a partout été divisé par un facteur proche de 2, puisqu'il se situe aujourd'hui dans une fourchette allant de 1 400 heures (Allemagne) à près de 1 800 heures (Italie), selon les données de l'OCDE.

Cette baisse n'a toutefois pas été linéaire et n'a pas suivi la même chronologie dans tous les pays. En France, scandée par de grandes lois symboles (loi de 1919 sur la journée de 8 heures ; accords de Matignon en 1936 sur la semaine de 40 heures et les deux semaines de congés payés ; ordonnance de 1982 instituant la semaine de 39 heures et la cinquième semaine de congés payés, lois de 1998-2000 sur la semaine de 35 heures), elle s'est temporairement interrompue durant les deux guerres mondiales puis la Reconstruction, marquées par une légère remontée. Aux États-Unis, elle a eu lieu plus précocement, mais beaucoup plus lentement depuis 1975.

B LES GRANDES MUTATIONS SECTORIELLES DE L'ÉCONOMIE

Les transformations des secteurs d'activité depuis le XIXe siècle ont été spectaculaires. Elles se donnent à voir notamment dans les changements de la répartition de l'emploi entre grands secteurs. En France, en 1806, 65 % des personnes travaillaient dans le secteur agricole, 20 % dans l'industrie et la construction, et 15 % seulement dans les services ; en 1974, l'agriculture n'en employait plus que 10 %, alors que la part de l'industrie et de la construction avait grimpé à 33,1 % et celle des services à 51 % ; en 2016, nouveau paysage encore, la part de l'agriculture confirme sa baisse (2,7 %), mais celle de l'industrie et de la construction a fortement chuté (16,9 %) tandis que celle des services continuait de s'élever (80,4 %).

Ces flux sectoriels, d'abord de l'agriculture vers l'industrie et les services, puis également de l'industrie vers les services, ont concerné l'ensemble des pays avancés. Si la dynamique différenciée des gains de productivité en constitue l'explication principale, d'autres facteurs, comme les changements dans l'organisation des entreprises ou la mondialisation, ont également joué au cours des dernières décennies.

1. – Depuis le XIXe siècle, la dynamique des gains de productivité a provoqué un déversement de l'agriculture vers l'industrie et les services

Facteur principal de la croissance économique, les gains de productivité ont aussi entraîné d'importantes modifications de la structure de l'offre et de la demande, qui constituent la principale cause des transferts sectoriels.

a. — La logique du déversement

La théorie du « déversement », formulée par Alfred Sauvy et complétée par Jean Fourastié, fournit une explication aux principaux flux sectoriels à partir de la dynamique des gains de productivité. Sauvy (*La Machine et le chômage*, 1980) part d'une réflexion sur les effets des gains de productivité sur l'emploi. Dans la mesure où elle permet d'économiser le travail, une augmentation de la productivité peut conduire à une diminution de l'emploi. Ceci n'est vrai toutefois que pour un niveau de production et une durée du travail donnés. Or, on a vu que les gains de productivité avaient engendré une forte croissance de la production et une baisse de la durée moyenne du travail (autre façon d'économiser le travail). Au niveau macroéconomique et en longue période, ces deux effets l'ont emporté et l'emploi a crû en même temps que la productivité.

Au niveau des secteurs d'activité (*a fortiori* des branches) en revanche, les gains de productivité se sont effectivement traduits à certains moments par d'importantes suppressions d'emplois dans les secteurs où la croissance de la productivité du travail a excédé celle de la production. Simplement, ces mêmes gains de productivité ont généré des hausses de pouvoir d'achat, qui ont alimenté une demande croissante dont ont bénéficié d'autres secteurs ; au sein de ceux-ci, du fait d'une croissance de la production supérieure à celle de la productivité, des emplois ont au contraire été créés.

b. — Les facteurs du déversement : gains de productivité inégaux et déformation de la structure de la demande

Deux facteurs, l'un d'offre, l'autre de demande, ont ainsi gouverné ces transferts sectoriels. Du côté de l'offre, en fonction des capacités différentes d'intégration du progrès technique et de réorganisation de la production, le rythme des gains de productivité n'a pas été le même dans tous les secteurs : en moyenne, il a été plus rapide dans l'industrie que dans l'agriculture et dans les services. L'indicateur construit par Fourastié et Bazil le montre bien : alors que les prix de la plupart des biens industriels ont chuté, que ceux des biens alimentaires dont la production a pu être industrialisée ont également baissé, ceux de nombreux services tels qu'une coupe de cheveux ou une pièce de théâtre sont demeurés quasiment identiques, parce qu'ils nécessitent toujours autant de travail humain.

Du côté de la demande, les différents secteurs ont également fait preuve d'une capacité inégale à capter à leur profit les gains de pouvoir d'achat en suscitant de nouveaux besoins par diversification des productions. Comme l'a montré notamment Colin Clark dans *Les Conditions du progrès économique* (1940), et conformément à la loi énoncée par le statisticien Ernst Engel, au fur et à mesure que le niveau de vie s'est élevé, la part des produits agricoles a diminué au profit des produits industriels et des services ; puis, après la montée du taux d'équipement des ménages, la demande de produits industriels s'est elle-même tassée, entraînant un nouveau déplacement vers les services.

En combinant ces deux facteurs, Jean Fourastié a distingué trois secteurs – primaire, secondaire et tertiaire – qu'on a pris l'habitude d'assimiler respectivement à l'agriculture, à l'industrie et aux services. L'agriculture, avec des gains de productivité relativement rapides mais une demande faiblement élastique au revenu, et donc une production à croissance lente, a connu une baisse très importante de ses effectifs. L'industrie, avec des gains de productivité rapides et une demande d'abord fortement élastique au revenu puis plus faiblement, a vu ses effectifs croître jusqu'au milieu des années 1970, et décroître depuis. Les services, avec une productivité faiblement croissante et une demande très élastique au revenu (particulièrement les services « supérieurs » comme l'éducation, la santé, les loisirs ou la culture...), ont enregistré d'importantes créations nettes d'emplois, en particulier depuis 1945.

c. — Des rythmes différents selon les pays

Si la dynamique du déversement se retrouve dans tous les pays, la chronologie et le rythme des évolutions sectorielles n'y ont pas été les mêmes. Les progrès de l'agriculture ont été précoces en Angleterre : liés à la constitution de plus grandes exploitations (mouvement des « enclosures ») et au recul de la jachère notamment, ils y ont précédé la révolution industrielle. Le déclin relatif de l'emploi agricole s'y est donc fait plus tôt. Aux États-Unis, la mécanisation (charrues, moissonneuses McCormick) et l'utilisation des engrais provoquèrent dès le XIXe siècle de forts gains de productivité, mais l'extension vers l'Ouest et la captation de la demande extérieure permirent le maintien du dynamisme de la production et d'un niveau d'emploi agricole élevé. En Allemagne, l'accélération de la modernisation lors du dernier tiers du XIXe siècle provoqua un important exode rural. En France, l'importance des petites et moyennes exploitations ralentit le rythme des gains de productivité et des transferts sectoriels : en 1949, l'agriculture concentrait encore près de 30 % de la population active.

Tableau 3 – Pourcentage de la population agricole dans la population active

	Grande-Bretagne	France	Allemagne	États-Unis
1820	46	75	80	75
1850	22	64	65	65
1870	15	49	49	50
1910	6	42	18	33

Source : Jean-Pierre Rioux, *La Révolution industrielle*, 1989.

d. — Un déversement qui ne doit pas faire oublier les recoupements et les interdépendances entre secteurs

L'analyse en termes de « déversement » peut conduire à figer les frontières, voire à opposer les secteurs d'activité, créant une représentation erronée de la réalité.

En premier lieu, dans la continuité de la proto-industrialisation, la double activité, paysanne et ouvrière est demeurée la règle dans beaucoup de régions jusqu'à la fin du XIXe siècle. Ensuite, le déversement a souvent été intrasectoriel : des branches industrielles de la première révolution (textile) vers celles de la seconde (automobile, chimie), puis de la troisième (électronique). Enfin et surtout, le développement des différents secteurs d'activité s'est souvent fait en parallèle et en interaction.

Les interdépendances entre agriculture et industrie ont fait l'objet de nombreuses études : la première a fourni à la seconde des intrants (coton, lin, laine...), mais aussi une demande de biens d'équipement et de consommation (du fait de la hausse des revenus agricoles entre 1820 et 1860, en France notamment) ; elle a elle-même trouvé de nouveaux débouchés dans l'expansion des revenus industriels et de nouveaux moyens de se moderniser grâce à la mécanique et à la chimie.

Mais l'expansion de la production, agricole comme industrielle, a aussi été conditionnée par la constitution de marchés intérieurs, liés au développement des services de transport mais aussi des réseaux de distribution (142 000 boutiques de vente au détail en Angleterre dès 1759) et des techniques de commercialisation (vente sur catalogue et publicité par le fabricant de boutons Boulton en Angleterre à la fin du XVIIIe siècle). Quant à l'internationalisation, autre moteur de la croissance économique au XIXe siècle, elle a reposé sur les prestations des négociants, des armateurs, des chargeurs, mais aussi des assureurs et des banquiers. En retour, le développement industriel a stimulé celui des services financiers, administratifs, juridiques ou encore publicitaires.

2. – Depuis les années 1970, la poursuite du mouvement de tertiarisation s'accompagne d'une désindustrialisation

Les pays avancés ont connu au cours des dernières décennies un important recul de l'emploi manufacturier, qui s'est accompagné d'une progression soutenue de l'emploi tertiaire.

Encadré 2 – La classification des secteurs d'activité

La classification des secteurs d'activité a varié historiquement et selon les pays. Un effort d'harmonisation a toutefois été progressivement mené : l'actuelle nomenclature d'activités françaises, en vigueur depuis le 1er janvier 2008, découle ainsi de la nomenclature d'activités de la Communauté européenne (NACE), elle-même issue de la nomenclature de l'ONU. Mais la ventilation des activités en secteurs primaire, secondaire et tertiaire demeure variable. Le secteur primaire est par exemple généralement assimilé au poste « agriculture, sylviculture et pêche », mais certains, considérant qu'il regroupe l'ensemble des activités d'exploitation des ressources naturelles, y incluent aussi l'extraction minière. Le secteur secondaire regroupe quant à lui l'ensemble des activités consistant en une transformation plus ou moins élaborée des matières premières. On l'identifie souvent à l'industrie, mais de plus en plus on distingue l'industrie manufacturière proprement dite de la construction, voire des industries extractives et de la production d'énergie et d'eau. Le secteur tertiaire, assimilé aux services, regroupe l'ensemble des autres activités. On distingue souvent les services principalement non marchands (administrations publiques, enseignement, santé humaine, action sociale) des services principalement marchands, eux-mêmes subdivisés en six grandes catégories : commerce, transports, hébergement et restauration ; information et communication ; activités financières et d'assurance ; activités immobilières ; activités scientifiques et techniques et services administratifs de soutien aux entreprises ; autres activités de service (arts et spectacles, activités des ménages en tant qu'employeurs).

Tableau 4 – Répartition de l'emploi intérieur en France en 1974 et 2016
(en équivalent temps plein)

	1974		2016		Variation
	(en milliers)	(en %)	(en milliers)	(en %)	(en %)
Agriculture, sylviculture, pêche	2 286	10,4	743	2,7	- 67,5
Industrie	5 332	24,2	2 933	10,6	- 45,0
Construction	1 967	8,9	1 743	6,3	- 11,4
Tertiaire marchand	7 661	34,7	13 880	50,3	81,2
Commerce, transports, hébergement et restauration	*4 476*	*20,3*	*6 212*	*22,5*	*38,8*
Information et communication	*362*	*1,6*	*832*	*3,0*	*130,0*
Activités financières et d'assurance	*548*	*2,5*	*792*	*2,9*	*44,6*
Activités immobilières	*201*	*0,9*	*346*	*1,3*	*72,5*
Activités scientifiques et techniques, services administratifs de soutien	*1 292*	*5,9*	*4 115*	*14,9*	*218,6*
Autres services	783	3,6	1 583	5,7	102,1
Tertiaire non marchand	4 802	21,8	8 313	30,1	73,1
Total	22 048	100,0	27 612	100,0	25,2

Source : Comptes nationaux - Base 2010, Insee.

Ces mouvements parallèles de « désindustrialisation » et de tertiarisation font aujourd'hui l'objet d'inquiétudes croissantes, particulièrement en France, l'opinion publique mais aussi un certain nombre d'économistes y voyant un signe de déclin face à la concurrence des pays émergents, ainsi qu'un risque d'évolution vers le statut d'économie de services « stagnante ».

S'ils contiennent une part de vérité, ce diagnostic et ce pronostic également pessimistes doivent toutefois être relativisés : désindustrialisation et tertiarisation sont certes liées à la mondialisation, mais résultent d'abord du changement technique, et sont plus globalement partie prenante d'une transformation des systèmes productifs potentiellement porteuse de croissance.

a. — Ampleur et causes des processus à l'œuvre

Si la désindustrialisation est une tendance commune aux pays avancés et constitue d'abord l'envers de la tertiarisation, elle a eu tendance à s'accélérer en France au cours de la dernière décennie, reflétant les difficultés spécifiques de l'industrie nationale.

■ Une tendance générale, accentuée en France depuis 2000

Différentes données chiffrées permettent de mesurer l'ampleur des transformations du système productif en France. Selon l'Insee, l'emploi industriel (hors construction) qui s'était accru pendant les Trente Glorieuses jusqu'à atteindre 5,3 millions en 1974 (24,2 % de l'emploi total), n'a depuis cessé de décroître. Il n'était plus en 2016 que de 2,9 millions (10,6 %). En un peu plus de quarante ans, ce sont ainsi 2,4 millions d'emplois industriels qui ont disparu (près de 60 000 par an). La part de l'industrie manufacturière dans la valeur ajoutée totale est quant à elle passée de 22,3 % en 1970 à 11,3 % en 2016 (elle avait commencé à baisser plus tôt puisque elle atteignait 30 % au début des années 1950). L'évolution a été inverse dans le tertiaire. Prolongeant une tendance déjà à l'œuvre depuis 1945, l'emploi y a augmenté dans le secteur non marchand où il est passé de 4,8 millions en 1974 (21,8 %) à 8,3 millions en 2016 (29 %) et plus encore dans le secteur marchand où il a grimpé de 7,6 millions en 1974 (34,7 % de l'emploi total) à 13,9 millions en 2016 (50,3 %). La part du tertiaire marchand dans la valeur ajoutée totale, qui était de 45 % en 1980 (34 % en 1949), est montée à 56 % en 2016.

Ces mouvements symétriques de désindustrialisation et de tertiarisation constituent une tendance générale au sein des pays avancés (*cf.* tableau 4).

Tableau 5 – Part de l'emploi dans l'industrie manufacturière
(en % de l'emploi total)

	1960	1974	1990	2000	2016	Variation 2000-2016 (en %)
Allemagne*	34,3	35,8	31,6	21,2	18,6	– 4,2
États-Unis	26,4	27,5	18,0	14,7	10,6	- 21,1
France	27,3	28,3	21,0	14,5	10,6	- 21,3
Japon	21,3	26,1	24,1	21,1	16,6	- 19,5
Italie	24,2	28,0	22,4	21,2	16,9	- 14,4
Royaume-Uni	35,6	31,8	22,3	14,7	9,0	- 29,4

Source : OCDE – *Allemagne de l'Ouest jusqu'en 1990, puis Allemagne réunifiée.

Ils n'ont toutefois pas suivi partout la même chronologie ni eu la même ampleur. Le déclin de l'emploi manufacturier a commencé plus tôt au Royaume-Uni et il a été globalement plus fort dans les pays anglo-saxons et en France. En Allemagne, les pertes d'emplois industriels ont été plus nombreuses au cours des années 1990, suite à la réunification, beaucoup plus faible depuis 2000.

Si la situation de la France n'a rien d'exceptionnel, la baisse constatée au cours des années 2000 y a toutefois été plus importante que chez ses voisins de la zone euro. Il en est allé de même pour la contribution de l'industrie manufacturière à la valeur ajoutée totale qui est passée de 16,2 % en 2000 à 11,2 % en 2016, chiffre qui situe la France très en-dessous de la moyenne de la zone euro (16,9 %) et plus encore de l'Allemagne (22,8 %). En outre, ces baisses ont été accompagnées d'une diminution des parts de marché à l'exportation. Entre la fin des années 1990 et 2016, la part des exportations françaises de marchandises dans les échanges mondiaux a reculé de 5,7 % à 3,1 %. Dans les exportations totales de la zone euro, la part des exportations françaises a baissé de 16,8 % à 12,6 % (Coe-Rexecode, *La compétitivité française en 2016*). Cette détérioration des performances à l'export a pesé sur le solde commercial hors énergie, qui est passé d'un excédent de 24,5 milliards d'euros en 2002 à un déficit de 16 milliards en 2016 (43,4 milliards pour le déficit extérieur total). Incarnation aux yeux de l'opinion de ce déclin industriel, les déboires du secteur automobile, encore excédentaire de 10 milliards d'euros en 2005 mais déficitaire de 8,4 milliards en 2011, y ont de fait contribué significativement.

■ Des explications plurielles

Cette dégradation récente des performances commerciales et sa concomitance avec la montée en puissance de la Chine dans le commerce mondial font que la désindustrialisation est généralement reliée à la hausse de la concurrence internationale. Si celle-ci a effectivement compté, elle n'est toutefois pas seule en cause.

La désindustrialisation s'explique en premier lieu par un effet comptable lié à l'externalisation des activités de services par les entreprises manufacturières. Elle constitue ainsi l'envers de la tertiarisation. Au cours des Trente Glorieuses, les fonctions tertiaires s'étaient développées au sein des grandes entreprises industrielles intégrées, dans les services juridiques, commerciaux ou financiers. Certaines fonctions « sociétales », telles l'éducation ou la santé, étaient même souvent prises en charge par des entreprises elles-mêmes. Leur développement était ainsi masqué statistiquement. Au contraire, depuis les années 1980, les entreprises, exploitant les possibilités croissantes de fragmentation des processus productifs offertes par les TIC, ont eu tendance à se recentrer sur leur cœur de métier et ont confié à des sociétés de services les tâches de comptabilité, de marketing, de logistique, mais aussi de nettoyage, de restauration, de maintenance, ou encore d'ingénierie informatique, voire de recherche et développement (R&D). Ces nouvelles modalités de gestion, qui se sont traduites statistiquement par des transferts d'emplois vers le tertiaire marchand, se sont en outre accompagnées d'un enrichissement du contenu en services de la production manufacturière, design, publicité, service après-vente ou contrôle qualité représentant autant de moyens de différencier les produits. Selon L. Demmou (« La désindustrialisation en France », 2010), ces processus combinés expliqueraient 25 % des pertes d'emplois manufacturiers en France entre 1980 et 2007, mais ils auraient marqué le pas au cours des années 2000 puisque leur pouvoir explicatif tombe à 5 % pour la seule période 2000-2007.

La deuxième cause de la désindustrialisation correspond à la poursuite du processus de déversement. La productivité a en effet continué à croître à un rythme plus élevé dans l'industrie manufacturière (par exemple, 3,4 % par pour la productivité horaire entre 1995 et 2015 contre 1,3 % pour l'ensemble de l'économie). Ces forts gains de productivité expliquent que, malgré la baisse de l'emploi industriel, la valeur ajoutée manufacturière à prix constants a continué à croître. Ils ont entraîné une baisse des prix relatifs qui a mécaniquement pesé sur la part de l'industrie manufacturière dans le PIB en valeur.

Par un effet de substitution, cela a certes soutenu la demande en biens industriels, mais a également dégagé un pouvoir d'achat supplémentaire (effet-revenu) qui a essentiellement nourri la croissance de la demande de services marchands, nettement plus élastique. Au final, la part en valeur de la demande intérieure consacrée aux biens industriels est passée de 39 % en 1980 à 32 % en 2007, tandis que celle des services marchands grimpait de 24 % à 32 %, ce qui, selon la logique du déversement, a généré un transfert d'emplois du secondaire vers le tertiaire. Selon L. Demmou, les effets combinés des gains de productivité différenciés et de la modification de la structure de la demande expliqueraient ainsi 29 % des pertes d'emplois industriels entre 1980 et 2007, et même 65 % sur la période 2000-2007.

Les effets de l'accroissement de la concurrence internationale sont quant à eux difficiles à mesurer. Une première méthode consiste à calculer le solde des échanges en emplois en comparant le contenu en emplois des exportations et des importations. Elle évalue la contribution du commerce international à seulement 13 % des destructions d'emplois industriels entre 1980 et 2007, mais 28 % entre 2000 et 2007. Mais cette méthode fait l'objet d'importantes critiques : elle surestime le contenu en emplois des exportations en l'évaluant à partir de la productivité moyenne, mais néglige l'effet induit des importations sur la croissance, au travers des baisses de coût et des gains de pouvoir d'achat qu'elles génèrent. Une approche économétrique alternative, qui s'efforce de corriger ces défauts, aboutit quant à elle à une contribution de 38 % entre 1980 et 2007, mais avec une forte marge d'erreur.

Quant aux délocalisations, l'étude d'Aubert et Sillard (« Délocalisations et réductions d'effectifs dans l'industrie française », 2005), qui les identifient par une situation où une baisse de l'emploi dans une entreprise est observée simultanément à une hausse de ses importations dans le bien qu'elle produisait auparavant, estime qu'elles ont causé 13 500 destructions d'emplois par an en France entre 1995 et 2001 (dont 6 400 pour les délocalisations à destination des pays à bas salaires) et environ 15 000 entre 2000 et 2003 (8 500), soit 25 % de l'ensemble des pertes.

Cette décomposition ne doit toutefois pas faire oublier les interdépendances entre ces différents phénomènes. Pierre-Noël Giraud (*La Mondialisation. Émergences et fragmentations*, 2012) conteste par exemple la séparation comptable entre les effets du progrès technique et de la mondialisation, considérant que les importants gains de productivité réalisés dans l'industrie sont la conséquence de la pression accrue de la concurrence internationale. De la même manière, l'externalisation des activités de services participe d'une logique de rationalisation qui a elle-même généré des gains de productivité. Mais en fragmentant les processus productifs, elle a aussi rendu plus aisée la délocalisation de certaines activités.

b. — Des processus aux conséquences complexes

Le jugement porté sur les mouvements symétriques de tertiarisation et de désindustrialisation est aujourd'hui plutôt négatif. La première mènerait l'économie sur la voie de la stagnation, la seconde de la perte de substance. Si des risques existent, les appréhender en termes d'opposition entre industrie et services n'apparaît toutefois pas le plus pertinent.

■ Un risque de stagnation ?

Selon le modèle proposé par William Baumol (« Macroeconomics of Unbalanced Growth », 1967) le déversement serait porteur d'un risque de stagnation de l'économie. Ce modèle oppose schématiquement un secteur à forts gains de productivité, assimilé à l'industrie, et un secteur à productivité stagnante, identifié au tertiaire. Il fait en outre les hypothèses que les salaires augmentent dans le secteur stagnant en fonction des gains de productivité du secteur dynamique (« maladie des coûts ») et que la structure de la demande est constante en volume (effets-prix et effets-revenus s'annulant). Dans ces conditions, les prix relatifs augmentent continûment dans le secteur tertiaire et avec eux la part en valeur de la demande qui leur est adressée. Les emplois s'y concentrent donc progressivement, entraînant un ralentissement et à terme un tarissement des gains de productivité.

S'il est ainsi tentant d'attribuer à la tertiarisation la réduction du rythme des gains de productivité qu'ont connue les pays industrialisés depuis les années 1970, les analyses empiriques ne paraissent pas valider cette hypothèse. Dans le cas de la France, une étude de la DARES (Schreiber et Vicard, « La tertiarisation de l'économie française et le ralentissement de la productivité entre 1978 et 2008 », 2011) conclut par exemple à l'absence d'impact global de la tertiarisation. Ce résultat dissimule toutefois la combinaison d'effets en sens inverse qui se sont compensés. Si le rythme de croissance de la productivité est en moyenne plus faible dans les services, le niveau de la productivité y est supérieur à celui de l'agriculture et de certaines branches industrielles. Le transfert des emplois vers les services tend donc à augmenter la productivité moyenne, mais à limiter sa croissance ultérieure.

Plus globalement, la thèse d'un faible dynamisme de la productivité dans les services apparaît très discutable. Grâce aux technologies de l'information et de la communication (TIC), certaines activités tertiaires ont ainsi connu de forts gains de productivité depuis les années 1980. Soulignant la forte hétérogénéité du secteur tertiaire, Jean Gadrey (*Socio-économie des services*, 2003) propose de le diviser en trois types d'activité, plus ou moins concernés par le progrès technique : le tertiaire qui effectue des opérations sur les biens (nettoyage, réparation, transport, distribution) qui a connu des gains de productivité modérés ; le tertiaire qui traite l'information (transactions bancaires, assurances, administration, télécommunication...) où les gains ont été rapides ; et le tertiaire qui rend des services à la personne (soins, formation, conseils divers, spectacles vivants...) où ils ont été faibles.

Cette décomposition ne fait certes que repousser la conclusion du modèle de Baumol, le déversement étant amené à se poursuivre vers ce dernier secteur. Difficilement mesurables en termes de productivité, les progrès ne sont toutefois pas absents de ces services humains et même si elle est susceptible de conduire à une stagnation économique, leur expansion constitue plutôt un signe de développement.

■ **Un risque de perte de compétitivité et de potentiel d'innovation ?**

Les craintes associées à la désindustrialisation sont quant à elles à apprécier en premier lieu au regard de leurs causes. Génératrice d'un simple transfert comptable, l'externalisation a en outre permis une rationalisation de la production porteuse de croissance. Il en va de même des gains de productivité, mais aussi des destructions d'emplois liées à la concurrence internationale et aux délocalisations qui ont des répercussions positives au niveau macroéconomique

Toutefois, en dépit de sa part restreinte dans la valeur ajoutée et l'emploi, l'industrie manufacturière demeure, par ses effets d'entraînement sur les services aux entreprises, mais aussi par son poids dans l'équilibre commercial (80 % des exportations françaises sont des exportations de marchandises) et l'innovation (85 % des dépenses des R&D des entreprises en France sont le fait du secteur manufacturier), un secteur moteur dans les économies avancées. Le déclin industriel pèse donc sur la balance des paiements et expose à un risque de diminution du potentiel d'innovation. La délocalisation des seules phases les plus intensives en main-d'œuvre paraissait protéger les pays avancés, mais outre que les activités plus qualifiées ne sont plus à l'abri de la concurrence des pays émergents, des doutes apparaissent aujourd'hui quant à la conservation de la maîtrise technologique une fois perdus les savoir-faire pratiques et les possibilités d'expérimentation productive liés à la fabrication. C'est à partir de ces constats que des plans de reconquête industrielle ont été lancés aux États-Unis (où l'industrie a regagné 500 000 emplois entre 2010 et 2013) ou en France (pôles de compétitivité en 2005 ; création d'une Banque publique d'investissement, pacte pour la compétitivité de l'industrie française inspiré par le rapport Gallois en 2012).

Il paraît toutefois vain d'opposer en la matière l'industrie et les services. En effet, comme on l'a vu, la tertiarisation est aussi liée à un accroissement des *inputs* services dans la valeur ajoutée industrielle, et une bonne part des avantages comparatifs des vieux pays industrialisés réside aujourd'hui dans la valeur en services de leurs produits, que ce soit des services privés (R&D, marketing, organisation, réseaux de distribution) ou des services issus de biens publics (infrastructures, sécurité des approvisionnements, sécurité sanitaire, homogénéité des normes...).

II

LES TRANSFORMATIONS DES STRUCTURES SOCIALES

Les profondes mutations économiques qu'ont connues les pays développés depuis le début du XIXe siècle se sont accompagnées de transformations également considérables de leur structure sociale. Procédant de déterminants similaires, celles-ci ont globalement été parallèles dans les différents pays. Toutefois, plus encore qu'en matière économique, les formes et les rythmes du changement ont varié, en fonction de facteurs nationaux spécifiques. C'est pourquoi le choix a été fait de se concentrer ici sur le cas de la France.

A L'ÉVOLUTION DES GROUPES SOCIAUX AU XIXe SIÈCLE

Les transformations de la société française au XIXe siècle sont filles à la fois de la révolution industrielle et de la Révolution de 1789. La première a nourri un mouvement d'enrichissement collectif sur le long terme, et a modifié les sources de la fortune, la répartition des activités et les conditions de travail. La seconde a entraîné le passage progressif d'une société d'ordres, où la place de chacun était définie par sa naissance et son appartenance familiale, à une société de classes où l'accès aux différentes positions, théoriquement plus ouvert, dépend en pratique de la richesse et de la qualification. Mutations économiques (avec le développement des transports et la concentration industrielle) et politiques (avec l'action unificatrice de l'État, notamment au travers de l'instruction) ont en outre joué conjointement dans le sens de l'augmentation de la mobilité des populations et de l'atténuation des particularismes locaux.

1. – Les évolutions des classes supérieures

Le XIXe siècle est globalement marqué par une modification de l'équilibre du pouvoir au sein des classes supérieures, au détriment de la noblesse et au bénéfice de la « grande bourgeoisie ». À la fin du siècle, émergent en outre de nouvelles élites.

a. — Un déclin relatif et progressif de la noblesse

■ La France des notables : un système de domination proche de l'Ancien Régime

Pendant la première moitié du XIXe siècle, aristocrates et grands bourgeois composent une élite de « notables », certes traversée de conflits, mais caractérisée par une relative cohésion sociale et idéologique. La propriété foncière constitue la base de leur pouvoir : toujours source principale de la richesse, elle conditionne également l'accès aux postes administratifs et au pouvoir politique dans le cadre d'un système électoral censitaire et d'un système fiscal reposant lui-même essentiellement sur l'impôt foncier. Dans une société encore majoritairement rurale et cloisonnée, elle garantit en outre prestige et influence, conférant à ces détenteurs le statut d'élites locales et d'interfaces entre les régions et l'État central.

Au sein de ce groupe, la noblesse occupe une position de force. Elle continue de dominer par sa richesse foncière (environ 10 % des terres), qui n'a été qu'en partie entamée par la vente des biens nationaux, et a reconquis son influence dans l'armée, la diplomatie et l'appareil administratif (75 % des préfets en 1824). Si elle partage le pouvoir avec la bourgeoisie d'affaires, celle-ci est fortement influencée par les valeurs et le mode de vie aristocratiques, comme en témoigne son souci d'acquérir terres et châteaux, principaux attributs de la classe dominante. En outre, si la propriété a remplacé la naissance comme critère de la valeur sociale, les principes de la domination des notables restent très inégalitaires, proches de ceux d'une société aristocratique. Le déclin des notables au cours du siècle est donc aussi celui de l'aristocratie en tant que classe et mode de domination.

■ Les raisons d'un déclin

À partir des années 1850 puis surtout 1870, le pouvoir de la noblesse et des notables décline. Économiquement, ils sont victimes de la baisse de la rente foncière lors de la crise agricole de la fin du siècle. Seule une petite partie de l'aristocratie, notamment à Paris, a investi dans certains secteurs porteurs comme les mines ou les chemins de fer, et a su faire évoluer son patrimoine vers les valeurs mobilières. D'un point de vue social, leur pouvoir d'influence est affaibli par l'urbanisation, le désenclavement rural et la scolarisation. D'un point de vue politique, le passage au suffrage universel sanctionne le rejet du modèle aristocratique inégalitaire et ouvre la voie à une nouvelle forme de compétition électorale où les programmes et les affiliations partisanes supplantent la notabilité. L'imposition par les républicains du recrutement méritocratique par voie de concours tend parallèlement à les exclure de l'administration, même s'ils conservent des positions dans l'armée et la diplomatie.

b. — L'essor de la grande bourgeoisie

■ Les ressorts d'une montée en puissance

Le XIXe siècle a pu être défini comme le siècle de la bourgeoisie. Mais s'il a une certaine unité de valeurs, le monde dit « bourgeois » regroupe des catégories très diverses et aux revenus inégaux, des chefs d'entreprise aux boutiquiers en passant par les médecins ou les avocats. Au niveau des classes dominantes, le XIXe siècle a ainsi surtout consacré le triomphe de sa fraction supérieure, constituée des grands capitalistes de la finance, de l'industrie et du négoce. Son ascension a d'abord été économique, la possession directe ou sous forme d'actions des moyens modernes de la production industrielle et commerciale ayant surpassé la propriété foncière comme source principale de la richesse. Elle a aussi été politique, les représentants des grandes dynasties bourgeoises (Laffitte, Rothschild, Pereire, Schneider...) participant à la conduite des affaires publiques sous la monarchie de Juillet puis le Second Empire. Et si son rôle direct est relativement moindre sous la IIIe République, elle continue d'y exercer une puissante influence *via* son contrôle sur une partie de la grande presse, mais aussi l'utilisation nouvelle de lobbies tels le Comité des forges (fondé en 1864) ou l'Union des industries métallurgiques et minières (1901). Sa domination se manifeste également par le triomphe des valeurs qu'elle partage avec l'ensemble du monde bourgeois : effort, épargne, responsabilité, foi dans le progrès, attachement à la famille. Elle se donne à voir à travers l'accumulation ostentatoire de mobiliers ou de collections artistiques et dans l'édification de riches hôtels particuliers dans de nouveaux quartiers.

■ L'origine du monde patronal : entre ouverture et reproduction sociale

La figure de l'homme d'affaires « fils de ses œuvres », version française du *self-made-man*, qui en une génération se hisse au niveau du grand monde, participe de la mythologie méritocratique de la bourgeoisie. La réalité est toutefois plus nuancée. L'industrialisation a effectivement ouvert des possibilités de promotion sociale, en particulier à ses débuts, dans les secteurs du textile et de la construction mécanique qui demandaient peu de savoir scientifique et de capitaux. Mais la plupart de ces promotions se sont faites sur deux ou trois générations, grâce à la mobilisation d'un réseau familial, les cas d'ascension fulgurante – tels ceux de Jean-François Cail, fils de charron devenu patron d'une grande fabrique de locomotives ou, à la fin du siècle, du constructeur automobile Marius Berliet, issu d'une famille de canuts – demeurant exceptionnels. En outre, au fil du siècle, l'augmentation des besoins en capital et de la technologie incorporée a renforcé la logique de reproduction sociale, la famille s'imposant comme lieu crucial de transmission du capital économique et culturel.

c. — L'émergence de nouvelles élites à la fin du siècle

À la faveur des évolutions du dernier tiers du XIXe siècle, certaines catégories sociales, sans acquérir tous les attributs des classes supérieures, voient leur pouvoir augmenter. Dans la sphère économique, la complexité croissante des techniques accroît le rôle des ingénieurs, issus des grandes écoles telles l'École polytechnique (fondée initialement en 1794 pour former des officiers), l'École centrale des arts et manufactures (1829) ou l'École supérieure d'électricité (1892). Amenés à occuper des fonctions techniques mais aussi d'encadrement dans les grandes entreprises, ils en sont parfois aussi les fondateurs, tels le centralien Peugeot ou le polytechnicien Citroën. Cette montée en puissance n'est toutefois pas contradictoire avec les stratégies de reproduction familiale, puisque les ingénieurs sont souvent fils et/ou gendres de patrons d'industrie. Dans la sphère politique, les nouvelles règles de la compétition électorale et la généralisation du recrutement par concours ont ouvert les positions d'élus et de hauts fonctionnaires à la « bonne bourgeoisie » des professions libérales (avocats et médecins) et le rôle accru de l'opinion publique s'accompagne de l'émergence des intellectuels, hommes de lettres et universitaires, consacrés par l'affaire Dreyfus qui éclate en 1894.

2. – La formation progressive d'une classe ouvrière

L'industrialisation a aussi donné naissance à un nouveau monde social du côté des catégories populaires, celui des ouvriers. Celui-ci est toutefois demeuré très divers pendant la majeure partie du XIXe siècle, ne tendant à s'homogénéiser et à se constituer en classe mobilisée qu'au cours des dernières décennies.

a. — La diversité de la condition ouvrière

■ Des univers différenciés

Durant les deux premiers tiers du XIXe siècle, le monde ouvrier est très hétérogène. Trois ensembles peuvent être sommairement distingués : les gens de métiers de la « petite industrie », les travailleurs de la proto-industrie rurale et le prolétariat d'usine. Les premiers, héritiers de l'artisanat, travaillent dans de petits ateliers urbains. Dotés d'une qualification professionnelle et insérés dans des communautés de métier qui maintiennent la logique des corporations en dépit de leur interdiction officielle par le décret d'Allarde (1791), ceux-ci disposent d'une certaine autonomie de travail et d'un pouvoir de négociation. Ils franchissent souvent, mais rarement définitivement, la frontière floue qui sépare leur statut dépendant de celui de « petit patron ». Les travailleurs de la proto-industrie sont eux des paysans à qui la pratique d'une ou plusieurs activités d'appoint permet de survivre. Faiblement coûteuse, flexible, adaptée à la réalisation de séries plus petites, cette main-d'œuvre convient bien dans des industries de biens de consommation, comme le textile, où l'activité est irrégulière et la demande diversifiée. Le prolétariat d'usine se développe dans les filatures de coton, les mines ou la sidérurgie, mais demeure minoritaire, les grands établissements étant rares. Constitué à l'origine de migrants ruraux temporaires, il tend à se sédentariser et est progressivement discipliné par les contraintes réglementaires et le rythme de la machine qui le dépossède de ses compétences.

■ Une condition matérielle rude mais elle-même diverse

Les enquêtes sociales menées sous la monarchie de Juillet pointent la dureté des conditions de travail de ces prolétaires de l'industrie mécanisée : enfermement, chaleur, bruit, longueur des journées de travail (jusqu'à 15 heures dans les années 1840), insalubrité, qui génèrent maladies et accidents du travail. Elles soulignent également la fréquence du travail des femmes, payées la moitié des hommes, et des enfants, dont la petite taille est utile pour certaines tâches. Mais la rudesse de la condition prolétaire tient aussi aux méfaits d'une urbanisation incontrôlée qui conduit les ouvriers à s'entasser dans des caves, greniers ou « dortoirs », dans des quartiers malsains et pollués. À cette misère physique s'ajoute une « misère morale » dont les symptômes, violence, fréquence des liaisons illégitimes et surtout alcoolisme, nourrissent les peurs et les fantasmes des observateurs.

S'il correspond à une réalité, ce tableau a le double tort de se focaliser sur une catégorie encore minoritaire et de masquer l'hétérogénéité des situations. D'une part, le sort des autres catégories populaires n'était pas forcément meilleur : le confinement était parfois plus important dans les ateliers que dans les manufactures, les rythmes de travail étaient très contraignants aussi dans le *domestic system* et les conditions d'hygiène mauvaises également à la campagne. D'autre part, les niveaux de vie étaient très variables selon les secteurs, les régions, mais aussi les individus, en fonction de la qualification, des modes de rémunération, de la possession d'un lopin de terre ou encore des accidents de la vie (chômage, maladie) qui pouvaient faire basculer dans la très grande misère.

b. — Les évolutions après 1880 : progrès matériel et affirmation sociale

■ Homogénéisation et amélioration relatives

Au cours des dernières décennies du XIXe siècle, le monde ouvrier connaît une homogénéisation relative. L'accroissement de la concurrence, la hausse des salaires réels et le coût élevé des investissements dans les nouvelles industries (construction électrique, chimie, automobile...) incitent les entrepreneurs à accélérer la mécanisation et à concentrer la main-d'œuvre pour réaliser des gains de productivité et pouvoir produire en série. Certes, les petits établissements continuent de dominer le paysage industriel, mais la proto-industrie régresse fortement et le modèle de la grande usine se répand : en 1906, 11 % de la main-d'œuvre travaille dans des entreprises de plus de cinq cents ouvriers.

Simultanément, la condition ouvrière s'améliore légèrement. La baisse des prix de l'alimentation au cours des années 1880-1890 augmente le pouvoir d'achat des salaires ouvriers qui résistent à la baisse. La consommation peut ainsi s'étendre aux produits industriels les plus simples. Les journées de travail demeurent longues, mais la tendance à la diminution s'amorce, officialisée par des lois au début du XXe siècle (journée de 10 heures en 1904, de 8 heures en 1919). Les accidents du travail s'accroissent avec la mécanisation, mais la loi de 1898 institue leur réparation automatique. Enfin, la concentration spatiale s'accroissant, les logements demeurent petits et insalubres, mais certains ouvriers bénéficient de programmes d'amélioration à l'initiative de patrons paternalistes (cités ouvrières de Mulhouse, du Creusot ou de Noisiel), puis de la Société française des habitations à bon marché (HBM), créée en 1889 et soutenue par les pouvoirs publics dès la loi Siegfried de 1894.

■ **Organisation et affirmation sociale**

Ces différentes conquêtes sont en partie le résultat d'une meilleure organisation et d'une mobilisation plus grande, qui accompagnent la constitution du groupe ouvrier en véritable classe sociale. Très dispersé à l'origine, le mouvement ouvrier s'est progressivement organisé, d'abord au travers de la création de mutuelles (300 000 ouvriers en 1853, 800 000 en 1869) puis *via* la formation de syndicats officiellement autorisés par la loi Waldeck-Rousseau de 1884. Parallèlement, sont nés des courants politiques « socialistes » puisant leur inspiration dans l'héritage égalitaire de la Révolution française et de plus en plus dans le marxisme, regroupés dans la Ire Internationale ouvrière en 1864. Si les grandes insurrections du « peuple » de Paris (journées de juin 1848, Commune de Paris en 1871), où les gens de métier côtoient les petits artisans et commerçants, incarnent la lutte sociale pendant les deux premiers tiers du siècle, le renouveau de la conflictualité après l'écrasement de la Commune prend la forme moderne des grèves, qui se multiplient et s'allongent à la fin du siècle, impliquant des franges de plus en plus larges du monde ouvrier. Divisé entre différents courants, marxistes, anarchistes et réformistes, mais aussi entre sa branche syndicale qui préconise l'action directe et sa branche politique qui participe avec un certain succès à la compétition électorale (une cinquantaine de députés en 1893, une centaine en 1910), le mouvement ouvrier tend toutefois à s'unifier et à gagner en visibilité sociale avec la fondation de la Confédération général du travail (CGT) en 1895 puis celle de la Section française de l'Internationale ouvrière (SFIO) en 1905.

3. – L'évolution du monde paysan et rural

L'évolution du monde paysan singularise la France par rapport à ses voisins européens. Alors que le déclin de l'emploi agricole et l'exode rural ont été précoces en Grande-Bretagne et qu'ils se sont faits sur un rythme accéléré en Allemagne à la fin du XIXe siècle, ils se sont étalés en France sur près de deux siècles (cf. supra, tableau 3). Ainsi, en 1911, la population rurale représente encore 56 % de la population totale (contre 27 % au Royaume-Uni et 40 % en Allemagne).

Reflet d'une industrialisation elle-même plus lente et progressive, cette particularité sociale en est également une des explications : si elles n'ont pas bloqué le changement, les structures sociales traditionnelles, par leur faculté de résistance et d'adaptation, ont sans doute contribué à le ralentir.

a. — La France paysanne dans la première moitié du XIXe siècle : diversité et surpeuplement

La structure foncière au début du XIXe siècle en France demeure très inégalitaire. La vente des biens nationaux, qui a surtout profité à la bourgeoisie urbaine et aux cultivateurs aisés, a certes interrompu le mouvement de concentration des terres du XVIIIe siècle, mais n'a pas modifié la hiérarchie globale. Si un nombre important de paysans sont propriétaires, ils ne possèdent souvent que de maigres lopins de terre insuffisants pour subsister et leur condition n'est guère éloignée de celle des salariés agricoles encore nombreux : dépendants des grands propriétaires pourvoyeurs de travail et principaux créanciers, ils recourent pour survivre à la pluriactivité, dans le cadre de la proto-industrie ou des migrations temporaires. Leur condition tend à se dégrader au cours de la première moitié du siècle, la croissance démographique, même limitée, accroissant le surpeuplement rural.

La variété régionale des structures foncières et des modes de faire-valoir est toutefois très grande. Le Bassin parisien voit le développement d'une agriculture capitaliste, dominée par les grands fermiers, au sein de laquelle le progrès économique apaise les antagonismes sociaux. Dans le Nord-Est et la Normandie, la petite propriété est plus importante, de même que l'appoint fourni par la proto-industrie. Dans le Sud et l'Ouest, les rapports sont plus traditionnels et contraignants encore entre d'un côté châtelains nobles ou bourgeois, et de l'autre journaliers et métayers. La faiblesse des progrès y exacerbe les conflits, liés notamment à la contradiction entre la propriété privée moderne et l'usage collectif des communaux. Jusqu'en 1847, il est ordinaire qu'en période de difficultés économiques, des révoltes frumentaires éclatent.

b. — Les évolutions au cours de la deuxième moitié du XIXe siècle : un monde social plus homogène et plus intégré

■ Homogénéisation et enrichissement relatif

Le Second Empire est marqué par un enrichissement relatif du monde paysan, évidemment inégal. Les prix sont orientés à la hausse, la demande de produits agricoles augmente dans les villes ainsi que les exportations, surtout après 1860. Après avoir atteint son maximum en 1846, la population rurale tend à décroître, une partie des salariés agricoles quittant les campagnes pour aller s'employer dans les grands chantiers urbains. La situation de ceux qui restent s'en trouve meilleure. Le progrès des communications améliorant en outre la régulation marchande, les révoltes de la faim se raréfient.

Certains paysans enrichis en profitent pour devenir propriétaires.

La crise de la fin du siècle, marquée par une forte baisse des prix et un enchaînement de catastrophes naturelles (en particulier le phylloxéra qui touche la viticulture), a des conséquences ambivalentes. Elle touche surtout les plus faibles qui, victimes en outre du déclin de la proto-industrie, sont contraints à l'exil. Ainsi, entre 1881 et 1911, 100 000 à 150 000 ruraux partent chaque année. Mais ces départs, conjugués à la baisse de la rente foncière qui incite les grands propriétaires non résidents à vendre, renforcent l'homogénéité sociale des campagnes au bénéfice de la petite et moyenne exploitation : au début du XXe siècle, le nombre de propriétaires exploitants atteint 3,4 millions. En outre, la crise incite à la modernisation, selon des modalités diverses : spécialisation, rationalisation de la commercialisation, innovations techniques. Favorisée dans certaines régions par le développement des coopératives, elle permet une reprise sensible au début du XXe siècle.

En dépit du maintien local de situations d'extrême pauvreté, la période 1850-1914 voit donc globalement les niveaux de vie s'élever. La nourriture s'améliore, l'habitat gagne en confort et en salubrité, de nouveaux biens de consommation (notamment des vêtements) arrivent des villes.

■ Organisation et intégration

Le dernier tiers du XXe siècle voit aussi le développement de formes d'organisation nouvelles de la paysannerie, devenue une force politique. Ce sont les notables conservateurs qui, les premiers, dans les années 1870, suscitent le développement de syndicats agrariens. Fédéré dans l'Union centrale des syndicats agricoles, ce mouvement revendique en 1912 près d'un million de membres. Mais les républicains réagissent en créant leurs propres syndicats, réunis au sein de la Fédération nationale de la mutualité et de la coopération agricole. Ces groupes de pression, souvent dirigés par de gros exploitants, mobilisent les plus petits pour influencer le gouvernement dans le sens de leurs intérêts, et notamment en faveur de mesures protectionnistes.

De fait, les différents gouvernements, conscients du poids politique des paysans, s'efforcent de s'attirer leur soutien. Cette attention particulière se traduit par la création d'un ministère indépendant de l'Agriculture en 1881, par l'instauration d'un protectionnisme modéré, sous l'impulsion de Jules Méline, en 1892, ou encore par la naissance de la banque du Crédit agricole en 1898. Mais l'intégration de la France rurale est aussi passée par différents vecteurs d'homogénéisation linguistique et culturelle, parmi lesquels évidemment l'école républicaine, mais aussi l'extension des réseaux de communication, la diffusion de la presse, la conscription universelle ou encore le développement des élections locales.

4. – La montée des classes moyennes fin XIXe siècle-début XXe siècle

Au début du XIXe siècle, l'expression « classe moyenne » désignait la bourgeoisie des talents et des capacités (professions libérales, négociants, industriels), exclue du pouvoir par les notables et la monarchie censitaire, et qui allait jouer un rôle moteur dans les révolutions de 1830 et 1848. Au cours de la deuxième moitié du siècle, son sens s'élargit pour englober les petits entrepreneurs, les petits commerçants, mais aussi les employés et les fonctionnaires. Ces « couches nouvelles » selon l'expression de Gambetta en 1874, connaissent une forte expansion et deviennent un enjeu politique pour les républicains qui cherchent à en faire le socle principal du régime. Si la diversité de leurs situations justifie le passage au pluriel, elles ont en commun l'extériorité au monde de l'usine, une relative indépendance économique, un minimum d'instruction et l'aspiration à la promotion par le mérite.

a. — Les catégories indépendantes

■ Les petits commerçants et artisans

Si, au cours de la première moitié du siècle, le commerce itinérant des colporteurs subsiste, les boutiques de détail se multiplient après 1850, sous l'effet de la hausse des niveaux de vie, de l'urbanisation et du chemin de fer, qui permet d'étendre les réseaux : le nombre de commerces d'alimentation aurait ainsi triplé entre 1850 et 1880. On compte 1,5 million de boutiquiers au début du XXe siècle et près de 3,5 millions d'indépendants si l'on inclut les artisans et les « petits patrons ». S'il fait preuve d'une forte vitalité, ce statut social, échappatoire au prolétariat pour les ruraux contraints à l'exil et voie d'ascension pour les ouvriers, est toutefois fragile. Le risque de faillite est important et la concurrence des grands magasins dans les centres-villes, couplée à la migration de la clientèle populaire vers les faubourgs et les banlieues, oblige à des redéploiements géographiques. Les niveaux de fortune accumulés en fin de vie demeurent en outre modestes et permettent rarement l'accès à la vraie bourgeoisie. En raison de son poids numérique, ce monde de « l'atelier et de la boutique » contrôle toutefois le label « classes moyennes ». Ce sont ainsi des indépendants qui sont à l'origine de la création des associations de défense des classes moyennes. Sur le plan politique, s'ils ont tendu à glisser vers la droite à Paris, ils constituent en province la base sociale du Parti radical (fondé officiellement en 1901), qui les séduit par sa défense de la petite propriété contre le « grand capital ».

■ Les professions libérales

Frange supérieure des classes moyennes, elles servent de référence aux autres groupes. Si toutes sont susceptibles d'apporter richesse et notoriété, un clivage sépare toutefois les professions médicales et juridiques, qui assurent le niveau de vie bourgeois standard (emploi de domestiques, notamment), et les nouvelles carrières journalistiques et artistiques, en forte expansion, dont le statut est plus fragile.

Après avoir souffert de l'encombrement des carrières au début du siècle, les médecins, mieux organisés et libérés de la concurrence des officiers de santé, profitent de la hausse des niveaux de vie, de la révolution pastorienne qui augmente leur efficacité et de la valorisation républicaine de la science. Dans le milieu juridique, ce sont surtout les avocats qui tirent parti du développement des affaires et de la technicité croissante des procédures pour étendre leur nombre et leur influence.

Comme en atteste leur surreprésentation parmi le personnel parlementaire et ministériel (149 députés avocats et 62 médecins en 1881), ces professions connaissent à cette époque leur âge d'or. Techniciens de la parole, porteurs d'une expertise officiellement validée et fortement implantés sur le territoire, ils jouent le rôle stratégique d'intermédiaire dans les processus de représentation, profitant du déclin des notables et du caractère encore embryonnaire des formes collectives modernes (syndicats, partis, groupes de pression).

b. — De nouvelles catégories salariées

■ Les employés

Les employés, définis à l'époque comme les salariés non ouvriers, connaissent une forte progression à la fin du XIXe siècle et au début du XXe siècle, sous l'effet du développement des grands magasins, du monde de la banque et de l'assurance dont les agences se multiplient, mais aussi de la complexification et de la bureaucratisation croissantes des grandes entreprises. Aux employés de commerce (commis, vendeurs, caissiers...) s'ajoutent ainsi les employés de bureau des entreprises (gestionnaires, comptables, dactylographes...). Travaillant majoritairement en ville, ils sont dotés dans les grandes entreprises de quelques avantages sociaux (fonds de prévoyance) qui les dissocient des autres salariés, mais simultanément soumis à un contrôle très strict. S'ils se vivent comme proches de la bourgeoisie, valorisant les manières et le savoir, les cas d'ascension sociale sont pourtant plus rares que ceux de retour au travail manuel. La diffusion de l'instruction tend en outre à renforcer la concurrence au début du XXe siècle, engendrant un écrasement de la hiérarchie des salaires et un sentiment de déclassement chez les plus mal lotis, obligés de pratiquer un second métier ou de faire travailler leurs femmes, à rebours de l'éthique petite-bourgeoise.

■ Les fonctionnaires

À mesure que de nouvelles fonctions de l'État se développent (éducation, unification de la nation par les poste, télégraphe puis téléphone, protection de l'économie), ses effectifs s'accroissent : on peut estimer qu'il s'est produit un doublement du nombre de fonctionnaires entre 1858 et 1896, de 217 000 à 416 000 (militaires exclus). Ceux-ci se distinguent des autres employés par la sécurité relative de l'emploi et le bénéfice d'un régime de retraite (créé en 1853). L'univers administratif tend toutefois à devenir de plus en plus hétérogène en même temps qu'il se ramifie et que ses services s'installent sur tout le territoire national, jusqu'aux villages, voire aux hameaux dans le cas de l'enseignement primaire.

Dans l'administration centrale, la faiblesse persistante des traitements en début de carrière et le maintien de principes de gestion autoritaire et de favoritisme politique entrent en contradiction avec la création de concours qui débouchent sur le recrutement d'un personnel plus qualifié et plus porté à la contestation. Des tensions s'observent également dans le milieu des instituteurs. Ces « hussards noirs » de la République, vecteurs de la généralisation de l'instruction primaire gratuite, laïque et obligatoire décidée par les lois Ferry de 1881-1882, sont certes dotés de tous les attributs d'un nouveau corps : formation par l'école normale, diplôme, lieu propre d'exercice et de logement. Voie de promotion sociale pour les enfants de paysans ou d'ouvriers qualifiés ou solution de repli pour ceux issus de milieux indépendants menacés par l'évolution économique, leur métier leur offre en outre la sécurité et un certain prestige social. Mais la faiblesse des traitements, qui implique souvent des travaux secondaires si on veut faire vivre une famille, et l'hostilité de certains milieux ruraux ou ouvriers rendent son exercice difficile, en particulier pour les institutrices moralement isolées et victimes d'inégalités.

B L'ÉVOLUTION DES GROUPES SOCIAUX AU XXe SIÈCLE

La société française a connu au XXe siècle des transformations sans doute plus importantes encore qu'au XIXe siècle. Si l'entre-deux-guerres a surtout vu les tendances passées s'accentuer, les Trente Glorieuses ont été marquées par le déclin de la paysannerie et l'essor des classes moyennes salariées, tandis que les dernières décennies ont été le temps d'un recul de la classe ouvrière.

Encadré 3 – Le code des « professions et catégories socioprofessionnelles » (PCS)

Depuis 1954, on dispose en France d'un outil statistique sophistiqué pour appréhender les transformations des structures sociales : le code des catégories socioprofessionnelles (CSP). Élaboré par l'Insee, il est l'héritier d'une statistique économique née dans les années 1830, mais aussi de la production sociologique sur les classes et la stratification sociale. Révisé en 1982 (et de nouveau amendé en 2003) pour tenir compte des transformations intervenues au cours des Trente Glorieuses, et appelé désormais code des PCS, il est articulé en quatre niveaux : on distingue ainsi 8 groupes (dont 6 d'actifs), subdivisés en 24 catégories agrégées et 42 catégories détaillées, qui elles-mêmes englobent 486 « professions ». Si tous les pays industrialisés ont des systèmes de classification professionnelle, la nomenclature française a la particularité d'être multidimensionnelle. Elle combine en effet plusieurs critères de classement qui interviennent à divers niveaux : la profession individuelle, le statut (salarié ou non), la qualification, la position hiérarchique, l'importance de l'entreprise, le secteur d'activité, et l'opposition fonction publique / entreprise privée.

Construite selon une logique nominaliste (rassemblement d'individus ayant des caractéristiques communes sans que ceux-ci forment nécessairement un groupe réel et s'y sentent appartenir), elle a toutefois aussi pour objectif de constituer des catégories présentant une certaine homogénéité sociale, et influence par ailleurs les représentations collectives du fait de son usage massif dans les enquêtes de l'Insee et les sondages d'opinion. Si elle constitue ainsi un outil privilégié pour analyser les transformations sociales, elle ne recoupe cependant que partiellement les analyses en termes de classes ou de groupes sociaux.

Tableau 6 - Les groupes socioprofessionnels d'actifs
Effectifs en 1962 et 2015, part des femmes, taux de chômage

	1962		2015			
	Effectifs (en milliers)	% de la population active	Effectifs (en milliers)	% de la population active	Part des femmes (en %)	Taux de chômage (en %)
Agriculteurs exploitants	3 045	15,9	483	1,6	27,7	0,5
Artisans, commerçants et chefs d'entreprise	2 084	10,9	1 780	6,0	29,2	5,0
Cadres et professions intellectuelles supérieures	892	4,7	4 821	16,4	39,9	4,0
Professions intermédiaires	2 114	11	7 126	24,2	52,2	5,9
Employés	3 535	18,4	8 321	28,2	75,8	10,5
Ouvriers	7 488	39,1	6 346	21,5	20,0	15,0
Ensemble*	19 158	100	28 390	100	48,1	10,4

* y compris les chômeurs n'ayant jamais travaillé

Source : Serge Bosc, *Stratification et classes sociales*, 2011 ; Insee, Enquête emploi 2015.

1. – L'affirmation de la société salariale

Comme dans l'ensemble des pays développés, l'extension du salariat constitue en France une tendance lourde, amorcée dès le XIXe siècle, mais qui s'est accentuée depuis les années 1950. La part des salariés dans la population active est ainsi passée de 48,3 % en 1851 à 62,2 % en 1936 et 88,4 % en 2011. Symétriquement, les non-salariés ont connu un net déclin numérique : alors qu'ils représentaient encore le tiers des actifs en 1954, ils n'en regroupent plus qu'un peu plus de 11 % en 2011. Ces évolutions quantitatives se sont accompagnées de renouvellements internes et, dans le cas des salariés, d'une différenciation croissante incarnée notamment par l'émergence de la figure du cadre.

a. — Déclin et renouvellement des non-salariés

■ Des paysans aux agriculteurs exploitants

Dans la mesure où il est composé pour près des trois quarts de non-salariés, le déclin de l'emploi agricole a fortement contribué à celui de l'emploi indépendant. L'agriculture française, qui avait évolué lentement au cours du XIXe siècle et même pendant la première moitié du XXe siècle, s'est modernisée très rapidement après 1950. La commercialisation de la production s'est fortement accrue et des investissements importants, financés par endettement, ont permis une mécanisation massive (tracteur, moissonneuse-batteuse), entraînant une chute des effectifs. Parallèlement, sous l'effet du développement des communications et des loisirs de masse (radio et télévision), l'intégration des paysans à la culture nationale s'est poursuivie, leurs pratiques sociales perdant en spécificité (Henri Mendras, *La Fin des paysans*, 1967).

L'évolution du statut agricole n'a toutefois pas été seulement le produit de déterminants économiques. Le modèle qui s'est imposé au cours des Trente Glorieuses, celui de l'exploitation de taille moyenne, moderne mais familiale, positionnant les agriculteurs parmi les classes moyennes, a été élaboré conjointement par les courants novateurs du monde agricole (notamment le Centre national des jeunes agriculteurs – CNJA) et les pouvoirs publics. Le niveau de diplôme des agriculteurs s'est ainsi élevé, en même temps que leur niveau de vie moyen. Ce modèle dominant a toutefois fait l'objet de remises en cause à partir des années 1980, tant de la part de « petits agriculteurs » critiquant la logique productiviste que de grands exploitants promouvant une « agriculture capitaliste » plus concentrée.

■ Le recul des indépendants non agricoles

Si la baisse de l'emploi non salarié a épargné les chefs d'entreprise, artisans et commerçants ont poursuivi un déclin numérique amorcé dans l'entre-deux-guerres. L'artisanat de fabrication a subi la concurrence des entreprises industrielles, et les commerçants celle de la grande distribution, qui a connu un essor spectaculaire.

Ce mouvement n'a toutefois pas été général et univoque. D'une part, l'emploi artisanal continue de dominer dans le bâtiment et les travaux publics. D'autre part, de nouvelles unités commerciales spécialisées (traiteurs, confection, artisanat d'art, agences de voyages, boutiques informatiques) ont connu un essor significatif au cours des dernières décennies. Enfin, l'emploi indépendant s'est développé dans « les services aux particuliers » (soins médicaux et paramédicaux, arts, spectacles et loisirs...). En moyenne, ces « nouveaux » commerçants et artisans sont d'un niveau économique et culturel plus élevé.

b. — Expansion et différenciation du salariat

■ Une forte croissance des emplois salariés non ouvriers

Les catégories salariées ont progressé tant dans le privé que dans le public. Dans le privé, si l'emploi ouvrier a suivi les fluctuations de l'emploi industriel, s'accroissant jusqu'au milieu des années 1970 avant de régresser nettement depuis, le fait majeur est l'extension de l'emploi salarié non ouvrier. Le progrès technique, mais aussi l'accroissement de la concentration et la généralisation de l'organisation taylorienne du travail pendant les Trente Glorieuses ont nourri la croissance des postes d'ingénieurs et de techniciens, exerçant des fonctions d'encadrement ou bien intervenant en amont (bureau d'études) ou en aval (contrôle) de la fabrication. Mais du fait de la complexité organisationnelle croissante des entreprises, l'emploi s'est aussi développé et différencié dans les fonctions administratives et commerciales, donnant lieu à une division verticale des tâches entre cadres, intermédiaires et employés, qui fait pendant à la hiérarchie « technique » entre ingénieurs, techniciens et ouvriers.

Le même processus est à l'œuvre dans les administrations publiques dont les effectifs, qui se montaient à 5,5 millions en 2010, ont quasiment doublé depuis 1954. Liée au gonflement de l'appareil étatique et des collectivités territoriales, cette croissance est aussi le produit du développement de fonctions sociétales largement socialisées, en particulier l'éducation et la santé.

■ **Une nouvelle figure sociale : le cadre**

La nomenclature des PCS porte la trace de cette différenciation / hiérarchisation du salariat non manuel. Alors que jusque dans les années 1930, l'appellation « employés » rassemblait aussi bien les ingénieurs, les techniciens que les cols blancs intermédiaires et subalternes, ceux-ci sont répartis en trois grands groupes dans la classification actuelle. Signe que l'évolution des groupes sociaux n'est pas que le produit des transformations du système productif, tous n'ont pas acquis la même consistance sociale. Si l'identité des professions intermédiaires et des employés apparaît floue, le terme « cadre » renvoie à une image sociale relativement nette et valorisée, associant rémunérations confortables, responsabilités professionnelles, compétences et modernité du style de vie.

Dans son ouvrage *Les Cadres, la formation d'un groupe social* (1982), Luc Boltanski a analysé les différentes médiations politiques, culturelles et institutionnelles qui ont permis à ce groupe de s'affirmer socialement, en dépit de son hétérogénéité interne entre experts techniques et « administratifs », ou entre autodidactes et diplômés. Les ingénieurs ont formé le noyau constitutif du groupe. Ils ont vu leur rôle s'accroître dans l'entre-deux-guerres avec la diffusion du taylorisme et ont cherché à affirmer leur position singulière entre le salariat d'exécution et le patronat, fondée à la fois sur l'expertise et l'autorité hiérarchique. C'est sous leur houlette qu'est créée en 1944 la Confédération générale des cadres (CGC) qui entend défendre les intérêts spécifiques des salariés non subalternes. Consacrée institutionnellement par l'obtention d'un régime complémentaire de retraite spécifique en 1947 et par le code des CSP de 1954, l'identité sociale du groupe se fixe durablement au cours des Trente Glorieuses, grâce à d'efficaces relais associatifs mais aussi médiatiques (news magazines) qui diffusent l'idéologie managériale importée des États-Unis et mettent en avant un nouveau style de vie moderne et hédoniste, tranchant avec le rigorisme et le passéisme des fractions indépendantes des classes moyennes.

2. – L'évolution des classes supérieures

Les classes supérieures appartiennent principalement aux groupes des indépendants non agricoles et des cadres et professions intellectuelles supérieures, sans que tous les membres de ces groupes en fassent partie.

a. — La bourgeoisie managériale : nouvelle forme de pouvoir mais continuité sociale

L'évolution du monde patronal français est globalement conforme aux thèses managériales développées dès l'entre-deux-guerres aux États-Unis et défendues notamment par James Burnham (*The Managerial Revolution*, 1941) : les grandes entreprises ne sont plus dans leur majorité dirigées effectivement par les détenteurs du capital, mais par des « managers » et des technocrates salariés qui accèdent à ces postes par la vertu non de l'hérédité mais de leur réussite dans les filières les plus élitistes du système de formation (ENA, Polytechnique, Centrale, HEC, ESSEC...).

Il serait toutefois erroné de conclure à une éviction des classes possédantes. D'une part, le poids du capital familial demeure important. Il est dominant dans le monde des PME, bon nombre de celles choisissant le statut de société anonyme appartenant en fait à un propriétaire principal qui préfère adopter le statut de p-dg. Et il continue d'exercer une influence non négligeable dans les grandes entreprises, par contrôle majoritaire ou par détention d'une minorité de blocage. D'autre part, la grande majorité des cadres dirigeants des grandes entreprises sont eux-mêmes issus des classes supérieures, la transmission par la famille de capitaux culturels et sociaux élevés étant, comme l'ont montré notamment les travaux de Pierre Bourdieu (« Le patronat », avec Monique de Saint-Martin, 1978), un atout essentiel pour passer le cap de la sursélection scolaire et professionnelle.

b. — Diversité et convergence des élites

Le pluriel semble s'imposer quand on évoque les classes supérieures. En raison de la différenciation sociale des fonctions, le pouvoir est en effet exercé par plusieurs catégories dirigeantes relativement distinctes sur le plan fonctionnel. Alors que le patronat dynastique et managérial exerce le pouvoir économique, le pouvoir politique est le fait de la haute fonction publique et de l'élite des partis de gouvernement, tandis que le pouvoir culturel est partagé entre médias et intellectuels. S'il existe une forme de répartition des tâches, ces divers groupes n'ont pas tous les mêmes intérêts et se trouvent ainsi en compétition. Ils s'opposent également par les ressources qu'ils mobilisent et leurs styles de vie : Pierre Bourdieu a ainsi mis en évidence le clivage entre industriels et commerçants, dont le capital est surtout économique, et qui valorisent la possession d'œuvres d'art et d'objets de luxe, et les cadres administratifs et les professeurs, dont le capital est surtout culturel, qui fréquentent plus assidûment la culture classique et la culture d'avant-garde (*La Distinction*, 1979). La haute bourgeoisie d'affaires et l'aristocratie se singularisent en outre, comme l'ont montré Michel Pinçon et Monique Pinçon-Charlot, par l'importance des pratiques mondaines (rallyes et soirées dansantes pour les jeunes, cercles et clubs pour les adultes), permettant de préserver l'entre-soi, et plus généralement par une mobilisation active pour défendre leur position qui en font une vraie « classe mobilisée » (*Sociologie de la bourgeoisie*, 2000).

Toutefois, plusieurs éléments rapprochent les différentes fractions des élites et contribuent à renforcer leur homogénéité socioculturelle. Premièrement, les hauts fonctionnaires ont la même origine sociale, majoritairement bourgeoise, sont recrutés selon la même logique de sursélection scolaire, et donc socialisés dans les mêmes écoles que les managers du privé. Deuxièmement, ces hauts fonctionnaires occupent eux-mêmes très souvent des postes de direction dans les entreprises privées (pratique du « pantouflage ») et sont aussi très présents dans les cabinets ministériels comme dans les états-majors des partis politiques. Enfin, un certain nombre de clubs de discussion (Fondation Saint-Simon, Cercle Interallié, Le Siècle) organisent la rencontre entre les personnalités les plus influentes des affaires, de la politique, de la culture ou des médias.

3. – Les mutations des classes moyennes

À mesure que le salariat non manuel se développait et se différenciait, la division ternaire de la société a supplanté le schéma bipolaire opposant bourgeoisie et classes populaires. Si elles occupent aujourd'hui une place centrale dans les discours médiatiques et politiques, les classes moyennes sont toutefois hétérogènes et difficiles à délimiter. Le débat sociologique à leur sujet a évolué, de la thèse de la « moyennisation » à la supposée crise qu'elles connaîtraient actuellement.

a. — Un ensemble aux frontières floues et traversé de clivages

■ Une nébuleuse aux contours imprécis

S'il apparaît clair que le centre de gravité des classes moyennes s'est déplacé, le salariat intermédiaire en expansion supplantant les catégories indépendantes en déclin numérique, identifier les frontières de cet univers est plus malaisé. S'il a le mérite de montrer l'attractivité du label « classes moyennes », auquel s'affilie une proportion croissante de personnes, le critère subjectif de l'auto-positionnement dans l'espace social débouche sur des résultats très variables (entre 40 % et 66 % des personnes dans les années 2000) et dépendants des items proposés. Plus solide est le critère objectif du revenu, utilisé par le Centre de recherche pour l'étude et l'observation des conditions de vie (Crédoc), selon lequel appartiennent aux classes moyennes les individus dont le niveau de vie est compris entre 75 % et 150 % du niveau de vie médian. Mais la fixation des bornes est arbitraire et conduit à rapprocher des personnes aux profils sociaux très différents. Le critère du statut socio-professionnel paraît ainsi plus pertinent, car plus riche et plus apte à faire émerger des groupes sociaux réels partageant des conditions de travail mais aussi des styles de vie similaires (*cf.* encadré 3). Toutefois, les classes moyennes ne peuvent être identifiées simplement à un ou plusieurs des groupes du code des PCS. Du côté des indépendants, nombre de chefs d'entreprise, mais aussi certains commerçants fortunés, font partie des classes supérieures. Quant aux classes moyennes salariées, si les professions intermédiaires en constituent le noyau, elles débordent sur les deux groupes contigus. Il est ainsi possible d'y inclure, du côté des employés, les employés administratifs, plus diplômés et plus stables dans l'emploi que les autres, et du côté des cadres et professions intellectuelles supérieures, les professeurs, dont les revenus et les conditions d'exercice professionnel sont proches de ceux du salariat intermédiaire. Mais la banalisation et la différenciation du statut de cadre depuis les années 1980 (Paul Bouffartigue, *Les Cadres. Fin d'une figure sociale*, 2001) peuvent aussi justifier d'intégrer aux classes moyennes ceux des cadres qui exercent des fonctions d'étude ou de gestion et non d'encadrement, et sont soumis à un fort contrôle hiérarchique.

■ Un univers hétérogène

Si les différentes catégories qui forment les classes moyennes partagent quelques traits communs, comme des postes de travail qui ne sont ni de pure exécution, ni de direction, un niveau d'études souvent supérieur au bac ou une assez forte fluidité sociale (fréquence du changement de position sociale d'une génération à l'autre), d'importants clivages les opposent. La ligne de fracture la plus importante sépare les indépendants des salariés. Dans ses travaux des années 1970 (*La Distinction*, 1979), Pierre Bourdieu, s'il pointait leur « bonne volonté culturelle » et leur conformisme communs, soulignait aussi qu'ils se différenciaient à la fois par la structure de leur capital (plus économique chez les premiers, plus culturel chez les seconds) et par leur style de vie (ascétique pour les premiers, plus hédoniste pour les seconds). Les chercheurs du Centre d'étude de la vie politique française (CEVIPOF) ont eux pointé un clivage politique, les valeurs antiautoritaires (libéralisme culturel) des salariés s'opposant au conservatisme des indépendants, tentés depuis les années 1980 par le vote Front national (FN). Mais le ralentissement de la croissance et les difficultés sociales qui l'ont accompagné ont aussi creusé le fossé interne aux classes moyennes salariées. Le vote majoritaire à droite de celles du privé peut s'interpréter comme l'expression d'un ressentiment à l'égard des « privilèges » de celles du public qui, elles, apportent leur suffrage à une gauche perçue comme plus protectrice. Ce contraste se retrouve sur le terrain de l'action revendicative, le taux de syndicalisation et la participation aux mouvements sociaux étant plus élevés chez les salariés des administrations publiques.

b. — Les classes moyennes en débat : de la moyennisation à la crise

■ Une moyennisation de la société française ?

Le thème de la « moyennisation » s'est développé en France au tournant des années 1970-1980. Dans son acception sociologique précise, défendue par Henri Mendras et le groupe Louis Dirn, il désignait la centration progressive de la société sur les classes moyennes et procédait de trois évolutions liées : la formation d'une vaste « constellation centrale » allant des cadres aux couches supérieures du monde ouvrier, l'atténuation des disparités socio-économiques, et l'homogénéisation des comportements et des styles de vie. S'il repose sur certains éléments incontestables (expansion numérique du salariat intermédiaire, amélioration du standing matériel des classes populaires, homogénéisation relative de la condition juvénile, proximité accrue des modèles conjugaux et familiaux), ce diagnostic a toutefois fait l'objet de fortes critiques. Tout d'abord, l'évolution des inégalités de revenus n'a pas été linéaire : elles se sont accrues au cours des Trente Glorieuses, ont nettement régressé pendant les années 1970, avant de remonter dans les années 2000. Les écarts de patrimoine sont eux demeurés très importants : en 2010, celui des cadres est sept fois plus élevé que celui des employés et des ouvriers. Ensuite, les différences d'expérience professionnelle demeurent fortes entre les fractions supérieures du salariat, dont les compétences et l'autonomie sont valorisées, et les fractions inférieures, déconsidérées et strictement contrôlées. Enfin, les enquêtes sur les pratiques culturelles n'enregistrent pas de réduction significative des disparités entre groupes sociaux.

■ **Des classes moyennes en crise ?**

Au cours des années 2000, différents travaux sociologiques, relayés par les médias, ont avancé l'idée d'une déstabilisation, voire d'un déclin des « classes moyennes » (Jean Lojkine, *L'Adieu à la classe moyenne*, 2005 ; Louis Chauvel, *Les Classes moyennes à la dérive*, 2006) : celles-ci seraient les perdantes d'un système de redistribution profitant aux plus pauvres et épargnant les plus riches, connaîtraient une précarisation, et feraient de plus en plus l'expérience du déclassement.

Pointant certaines réalités, ces constats pèchent cependant par excès de généralité et d'alarmisme. Tout d'abord, si les classes moyennes bénéficient moins des revenus de transfert que les catégories populaires, elles demeurent moins sollicitées fiscalement que les classes supérieures et profitent en revanche largement des dépenses publiques d'éducation. Ensuite, si elles ne sont pas épargnées par la montée du chômage et de la précarité, elles restent moins touchées que les classes populaires. Le « malaise » de certains membres des classes moyennes, comme les personnels hospitaliers ou les enseignants, tient sans doute plus au durcissement de leurs conditions de travail et à la détérioration de leur image sociale. Enfin, l'idée que les classes moyennes seraient les principales victimes d'une panne de l'ascenseur social a été invalidée par différentes études. Si, d'après Camille Peugny (*Le Déclassement*, 2009), le déclassement intergénérationnel s'est accru depuis trente ans, les cas de mobilité ascendante demeurent plus importants et plus fréquents pour les enfants des classes moyennes que pour les enfants d'ouvriers. Comme l'ont montré Dominique Goux et Éric Maurin (*Les Nouvelles Classes moyennes*, 2012), les classes moyennes ont largement profité de la massification de l'enseignement secondaire puis supérieur, et ont su en tirer parti pour préserver leurs positions. Simplement, du fait de l'accentuation de la compétition scolaire, cette préservation s'est faite au prix d'efforts, d'angoisses et de sacrifices croissants.

4. – L'affirmation puis l'effacement de la classe ouvrière

La trajectoire du groupe ouvrier a connu de fortes inflexions au cours du XXe siècle : après s'être affirmé comme une vraie classe dotée d'une identité forte au milieu du siècle, il a ensuite perdu en consistance et en visibilité.

a. — L'apogée de la classe ouvrière des années 1930 aux années 1970

Même si elle est restée un groupe dominé, la classe ouvrière a acquis au milieu du XXe siècle une centralité sociale et politique. Sa croissance numérique, qui en a fait le premier groupe socio-professionnel jusqu'aux années 1970, s'est accompagnée d'une poursuite du mouvement d'homogénéisation, à la suite de la concentration des entreprises et de la diffusion progressive, au cours de l'entre-deux-guerres et pendant les Trente Glorieuses, du tayloro-fordisme. Des différences internes ont certes persisté, notamment entre les ouvriers spécialisés (OS) nés de la parcellisation des tâches et les ouvriers qualifiés, mais cela n'a pas empêché la structuration de la classe autour d'un « groupe central » constitué des métallos, des mineurs et des cheminots.

Emblèmes valorisés du groupe, ceux-ci ont aussi été les éléments moteurs des luttes sociales et politiques au travers desquelles la classe ouvrière s'est affirmée socialement en même temps qu'elle renforçait sa cohésion. Épisode fondateur, la grève générale de juin 1936, qui suivait l'accès au pouvoir du Front populaire et a débouché sur la conquête symbolique des « congés payés », a ainsi inauguré un cycle conflictuel qui allait durer jusqu'aux années 1970, à travers la Résistance, les grandes grèves de 1947-1948 ou celles de mai 1968.

Incarnation, par leur force militante et leurs succès électoraux, de la puissance sociale du monde ouvrier, la CGT et le Parti communiste français (PCF – parti d'obédience bolchevique né en 1920 au congrès de Tours d'une scission de la SFIO) y ont eux-mêmes fortement contribué. Organisateurs et animateurs des mobilisations, ils ont plus largement fait exister socialement et symboliquement la classe ouvrière, en s'imposant comme ses porte-parole légitimes. Mais le PCF, par son pouvoir municipal, en particulier dans les « banlieues rouges », et ses associations satellites, a aussi participé à l'entretien d'une contre-culture ouvrière, mêlant sa propre culture militante aux pratiques communautaires et festives traditionnelles des catégories populaires.

b. — L'éclatement de la classe ouvrière depuis les années 1980

■ Une déstructuration sociale

Dès les années 1960-1970, certains observateurs prévoyaient une disparition de la classe ouvrière du fait de son intégration aux classes moyennes, voire de son « embourgeoisement ». De fait, la généralisation de la Sécurité sociale, l'extension des conventions collectives, les fortes hausses de salaire du régime fordiste et l'accès aux biens durables (équipement ménager, automobile) qu'elles ont permis ont diminué l'originalité de la condition ouvrière, la rapprochant de la norme salariale dominante.

Mais bien plus que la prospérité, c'est la crise qui a déstabilisé la classe ouvrière. La forte baisse des effectifs depuis les années 1970 s'est en effet traduite par la disparition (mineurs, sidérurgistes) ou le recul numérique (ouvriers de l'automobile, cheminots) des figures emblématiques qui structuraient le groupe. Affaiblies par ces difficultés économiques, les communautés professionnelles l'ont en outre été par les mutations de l'organisation du travail et de la gestion de la main-d'œuvre : recrutement de « nouveaux ouvriers » plus diplômés dans le cadre de l'automatisation, collectifs de travail autonomes de taille réduite, recours croissant à la sous-traitance, individualisation des rémunérations, usage managérial de nouveaux termes (opérateurs, moniteurs). Touchant plus fortement les ouvriers, le chômage et la précarité ont de plus creusé en leur sein de nouvelles fractures dont témoigne l'apparition dans les années 1990 de la problématique de l'exclusion, notion floue englobant les chômeurs de longue durée, les précaires enchaînant les contrats courts, les travailleurs pauvres à temps partiel, les relégués dans les « quartiers sensibles ». Flottante, la frontière qui sépare ces populations marginalisées de la frange mieux intégrée du monde ouvrier n'en est pas moins génératrice d'angoisses et de ressentiment.

■ Une perte d'identité politique et culturelle

Cette déstructuration sociale s'est accompagnée d'un déclin du syndicalisme et du mouvement ouvrier. Traditionnellement peu élevés en France, les effectifs syndicaux ont chuté depuis les années 1980, surtout dans le privé où les collectifs locaux se sont délités. S'ils n'ont pas disparu, les conflits sociaux sont essentiellement défensifs, mettant en scène des salariés en butte aux plans sociaux et aux fermetures de sites. Simultanément, le nombre d'adhérents et les scores électoraux du PCF ont considérablement baissé, les ouvriers s'orientant vers l'abstention et, pour une partie d'entre eux, vers le vote FN. Conséquence de la crise sociale, cette perte d'influence procède aussi de l'écroulement du système communiste qui a lui-même fortement contribué à ébranler l'identité ouvrière militante.

Plus globalement, c'est la culture ouvrière qui a eu tendance à s'effriter, sous l'effet de la diffusion d'une culture standard par les moyens de communication de masse, et surtout d'une panne de la transmission générationnelle. Perturbée à l'usine par les suppressions d'emplois et la déstabilisation des collectifs de travail, contrariée par le départ des quartiers populaires des ouvriers qualifiés fuyant la relégation, elle a également souffert de l'allongement de la scolarité qui a rapproché les conditions de socialisation des enfants d'ouvriers du reste de la jeunesse. Comme l'ont montré notamment Stéphane Beaud et Michel Pialoux (*Retour sur la condition ouvrière*, 1999), la participation à la culture adolescente et la découverte de l'illégitimité de certaines pratiques populaires ont conduit ces jeunes à prendre leurs distances avec les valeurs de leurs parents.

■ **Une perte de centralité**

Le monde ouvrier n'a pas disparu, les classes populaires encore moins. Une convergence semble même se dessiner entre les ouvriers non qualifiés et certains employés, devenus des « OS du tertiaire ». Proches par la faiblesse de leurs revenus et l'instabilité de leurs emplois, ils le sont aussi de plus en plus par leurs conditions de travail. Tandis que la logique de rationalisation gagnait certains univers employés (centres d'appel, grande distribution, restauration rapide), les ouvriers, déclinants dans l'industrie, ont vu leurs effectifs croître dans les services (transports, réparations...) et se retrouvent plus souvent sous la pression des exigences de la demande. En outre, les femmes, qui composent majoritairement les catégories « employés de commerce et personnels de services », ont tendance à choisir pour conjoints des hommes ouvriers.

Mais ce nouvel ensemble n'a ni la consistance ni la centralité sociales de l'ancienne classe ouvrière. Au-delà de celle-ci, c'est la logique même de représentation de la société en termes de classe qui a en effet décliné, concurrencée par de nouvelles « questions sociales » (l'exclusion, l'immigration, les banlieues), de nouveaux mouvements sociaux (écologisme, féminisme, mouvement des « sans », altermondialisme), de nouvelles formes de conflictualité (émeutes urbaines) et de nouveaux registres identitaires (selon le sexe, l'âge, l'origine « ethnique », la religion).

III

LES TRANSFORMATIONS DÉMOGRAPHIQUES

La plupart des pays du monde ont connu au cours des deux derniers siècles d'importantes transformations démographiques. La concomitance de ces évolutions avec la dynamique de croissance économique n'a pas manqué de susciter hypothèses et recherches. Effectives, les relations entre phénomènes économiques et démographiques sont toutefois complexes.

A LES GRANDES ÉVOLUTIONS DÉMOGRAPHIQUES DEPUIS LE XIXe SIÈCLE

La population mondiale a connu une formidable croissance au cours des deux derniers siècles. Alors qu'elle n'était que d'environ 1 milliard d'habitants en 1800, elle aurait franchi le seuil des 7 milliards en 2011 selon les Nations unies. Après s'être accélérée jusque dans les années 1960, la croissance démographique mondiale a toutefois ralenti depuis et devrait continuer à le faire. L'analyse démographique propose des outils qui permettent de décortiquer ces évolutions et de faire le lien avec d'autres phénomènes, parmi lesquels la croissance économique.

1. – Les outils de l'analyse démographique

La démographie est l'étude des populations visant à connaître leur effectif, leur composition par âge, sexe, statut matrimonial, etc., et leur évolution future. Elle utilise les informations statistiques fournies par les recensements et l'État, et s'appuie sur différents indicateurs.

a. — La mesure des flux démographiques

■ **La croissance démographique et ses composantes**

La croissance démographique mesure l'augmentation de l'effectif d'une population au cours d'une période donnée (le plus souvent une année). Elle correspond à la somme du solde naturel et du solde migratoire. Pour évaluer le rythme de cette croissance, on calcule le taux d'accroissement annuel, rapport entre la variation de la population au cours d'une année et son effectif au milieu de l'année.

Le solde naturel est la différence entre le nombre de naissances vivantes et le nombre de décès. Comme il est généralement positif, on parle d'accroissement naturel et on calcule le taux d'accroissement naturel, rapport du solde naturel à la population totale de la période.

Le solde migratoire est quant à lui la différence entre le nombre de personnes qui sont entrées sur un territoire (immigrants) et le nombre de personnes qui en sont sorties (émigrants).

■ **Les indicateurs relatifs aux décès**

Le taux de mortalité est le rapport entre le nombre de décès au cours d'une année et la population moyenne de cette année. Il est généralement exprimé pour mille personnes. C'est un indicateur fruste qui ne permet pas réellement de mesurer la propension à mourir d'une population, car il dépend en partie de la structure par âge : deux populations vivant dans des conditions sanitaires absolument identiques peuvent ainsi avoir des taux de mortalité différents selon la place qu'occupent les personnes âgées.

Pour neutraliser cet effet de structure, les démographes calculent des taux de mortalité par âge, qui rapportent le nombre de décès survenus au cours d'une année chez des personnes d'un âge donné à la population moyenne du même âge. En France, ce taux diminue avec l'âge jusqu'à environ 10 ans, demeure ensuite très faible jusque vers 50-60 ans, puis augmente très rapidement.

L'espérance de vie à la naissance, qui synthétise ces données, permet de caractériser la mortalité indépendamment de la structure par âge : elle mesure la durée de vie moyenne d'une génération fictive qui serait soumise à chaque âge aux taux de mortalité par âge actuels. La durée de vie moyenne effective d'une génération ne peut, elle, être calculée qu'après son extinction.

Un des taux de mortalité par âge fait l'objet d'une attention spécifique : le taux de mortalité infantile, qui rapporte le nombre de décès d'enfants de moins d'1 an au nombre de naissances.

■ Les indicateurs relatifs aux naissances

Le taux de natalité est le rapport entre le nombre de naissances vivantes au cours d'une année et la population moyenne de l'année. Il est généralement exprimé pour mille personnes. Comme le taux de mortalité, il est sensible à la structure par âge (et par sexe) de la population : deux populations dont les comportements procréatifs sont similaires peuvent avoir des taux de natalité différents selon la proportion d'individus d'âge fécond.

La neutralisation de cet effet de structure se fait par le calcul de taux de fécondité par âge, rapportant le nombre de naissances engendrées par les femmes d'un même âge à l'effectif des femmes de cet âge. En France en 2016, le taux de fécondité, très faible avant 18 ans, augmente rapidement avec l'âge pour atteindre un maximum de 142 ‰ vers 30 ans, puis redescend plus lentement pour redevenir négligeable au-delà de 40 ans.

Pour avoir une vue synthétique, on utilise l'indicateur conjoncturel de fécondité (ICF) qui se calcule en additionnant les taux de fécondité par âge d'une année donnée. Indépendant de la structure par âge, il peut être interprété comme le nombre moyen d'enfants que mettrait au monde une femme si elle connaissait, durant toute sa vie féconde, les conditions de fécondité observées cette année-là.

L'ICF est affecté par les modifications du calendrier de la fécondité : si un grand nombre de femmes retardent le moment où elles mettent au monde des enfants, il aura tendance à baisser, sans pour autant que le nombre d'enfants qu'elles auront en définitive ne diminue forcément.

Il est donc à distinguer de la descendance finale des générations, qui est le nombre moyen d'enfants effectivement mis au monde par les femmes appartenant à une même génération, parvenues en fin de vie féconde (en pratique à 50 ans).

C'est ce dernier indicateur qu'il convient d'utiliser dans les comparaisons avec le seuil de remplacement des générations. Mesurant le nombre d'enfants par femme nécessaire pour remplacer nombre pour nombre les générations en âge de procréer par les générations naissantes, celui-ci varie selon les pays : évalué à 2,1 dans les pays développés, il est de 3 dans certains pays africains. Il est en effet obtenu en divisant 2,05 (le nombre d'enfants nécessaires pour avoir une fille) par la probabilité de survie à l'âge moyen de la maternité (0,98 dans les pays développés, mais seulement 0,7 dans certains pays africains), et dépend donc notamment du niveau de la mortalité infantile.

b. — La mesure de la structure démographique

■ La pyramide des âges

La pyramide des âges est une représentation graphique qui permet de visualiser la répartition d'une population par sexe et par âge, à un moment donné. Elle est constituée de deux histogrammes (un pour chaque sexe ; par convention, les hommes à gauche et les femmes à droite), où les effectifs masculins et féminins sont portés en abscisse (axe horizontal) et les âges en ordonnée (axe vertical).

Le nom « pyramide » vient de la forme que prend cette représentation quand une population a une forte natalité et une forte mortalité : elle est élargie à la base et étroite au sommet (cas de l'Afrique). Mais cette forme varie en fonction du régime démographique d'un pays. Elle prend l'aspect d'un cylindre lorsque la fécondité baisse et que la durée de vie s'allonge (cas des États-Unis), d'une toupie si la fécondité diminue en dessous du seuil de remplacement des générations (cas de l'Europe).

Exemples de pyramide des âges en 2013
(en milliers d'habitant par tranche d'âge)

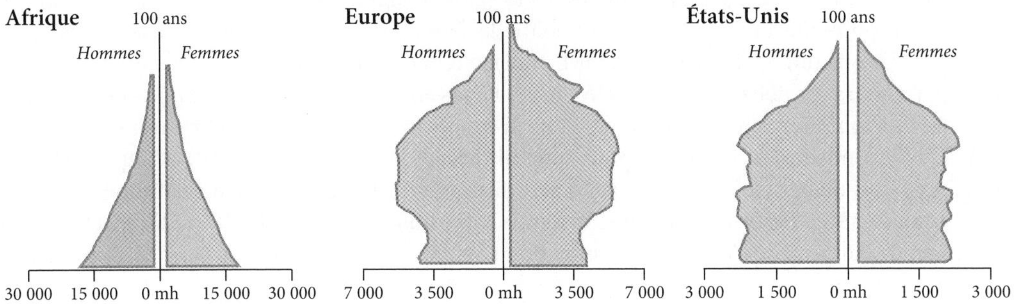

Source : Institut national d'études démographiques - www.ined.fr

■ Proportions et ratios de dépendance

Pour caractériser la structure d'une population, on peut également mesurer la proportion (en pourcentage) de certaines catégories de sexe ou d'âge au sein de la population totale. L'augmentation de la part des personnes âgées (généralement plus de 65 ans) permet ainsi de caractériser une situation de vieillissement démographique.

Le ratio de dépendance démographique mesure quant à lui le rapport entre l'effectif de la population d'âges généralement inactifs et donc « dépendante » (enfants et personnes âgées) et l'effectif de la population en âge de travailler (15-64 ans). On peut calculer séparément un rapport de dépendance des jeunes et un rapport de dépendance des personnes âgées, et les bornes d'âge peuvent varier.

Quelques grands indicateurs démographiques – Estimations 2017

Continent	Population totale (en milliers)	Taux de natalité (en ‰)	Taux de mortalité (en ‰)	Espérance de vie	Taux de mortalité infantile (en ‰)	Nombre d'enfants par femme (ICF)	Taux d'accroissement annuel (en ‰)	Part des plus de 65 ans (en %)
Afrique	1 246 500	33,9	9,0	61,3	52,8	4,5	24,5	3,6
Amérique latine	647 565	16,6	6,0	75,6	17,0	2,1	10,0	8,1
Amérique du Nord	363 224	12,3	8,3	79,8	5,3	1,9	7,4	15,7
Asie	4 478 320	16,7	7,1	72,7	27,0	2,2	9,3	8,0
Europe	739 208	10,6	11,3	77,8	4,6	1,6	0,4	18,2
Océanie	40 467	16,5	6,8	78,3	18,9	2,4	13,9	12,4
Monde	7 515 280	18,7	7,8	71,6	32,0	2,5	11,0	8,7

Source : Institut national d'études démographiques - www.ined.fr / Source : World Population Prospects. Nations Unies. 2015

2. – Les grandes dynamiques démographiques depuis le XIXe siècle

La croissance de la population mondiale s'explique essentiellement par l'entrée successive des différentes régions du monde dans la « transition démographique ». En Europe, où celle-ci s'est achevée dès le milieu du XXe siècle, les comportements ont toutefois continué à évoluer.

a. — L'évolution de la population mondiale

Alors que sa croissance était demeurée très faible jusqu'à il y a deux siècles, la population mondiale a connu une augmentation exponentielle depuis la fin du XVIIIe siècle. Selon les estimations des Nations unies, elle n'était que d'1 milliard d'habitants en 1800 et a donc été multipliée par sept au cours des deux derniers siècles. Jusque dans les années 1970, son rythme de croissance n'a cessé de s'accélérer : après avoir doublé une première fois en 130 ans pour atteindre 2 milliards en 1927, elle a mis moins de 50 ans pour franchir le cap des 4 milliards en 1974. Depuis lors, sa progression est demeurée soutenue mais a sensiblement décéléré : après avoir culminé à plus de 2 % par an en 1965-1970, son taux de croissance a diminué de moitié (1,1 % en 2011), et devrait continuer de baisser jusqu'à ce que la population se stabilise dans un siècle autour de 11 milliards d'habitants d'après le scénario moyen projeté par les Nations unies.

Figure 1 – Évolution de la population mondiale depuis 1800 et projection jusqu'à 2100
(en milliards d'habitants)

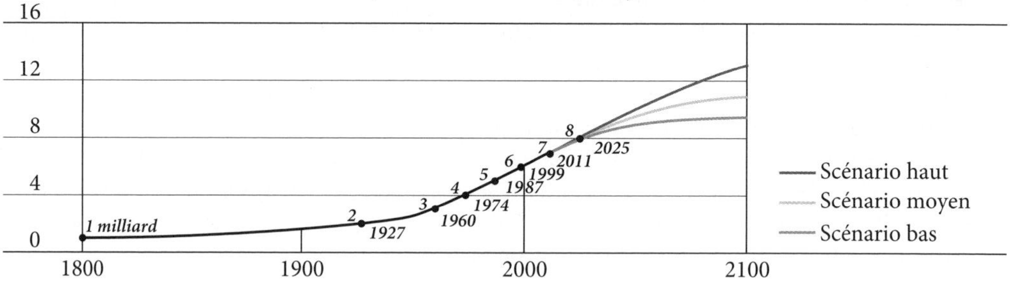

Figure 2 – Taux de croissance de la population mondiale de 1700 à 2100
(en pourcentages annuels)

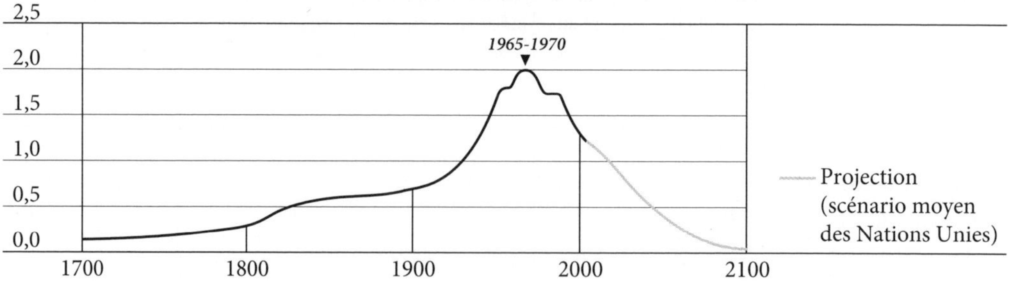

Source : Nations Unies. G. Pison, Population et sociétés, n° 482, Ined, octobre 2011.

Un modèle permet d'expliquer à la fois cette formidable accélération historique et cette décélération plus récente : celui de la transition démographique.

b. — Le modèle de la transition démographique

La transition démographique désigne le passage d'un régime traditionnel où la natalité et la mortalité sont élevées et s'équilibrent à peu près, à un régime moderne où la natalité et la mortalité sont faibles et s'équilibrent également. Ce modèle a été proposé en 1934 par le démographe français Adolphe Landry (1874-1956) dans son ouvrage *La Révolution démographique*, et repris depuis par divers auteurs. Un régime démographique se caractérise par trois paramètres : le niveau de la natalité, le niveau de la mortalité et le niveau de l'accroissement naturel.

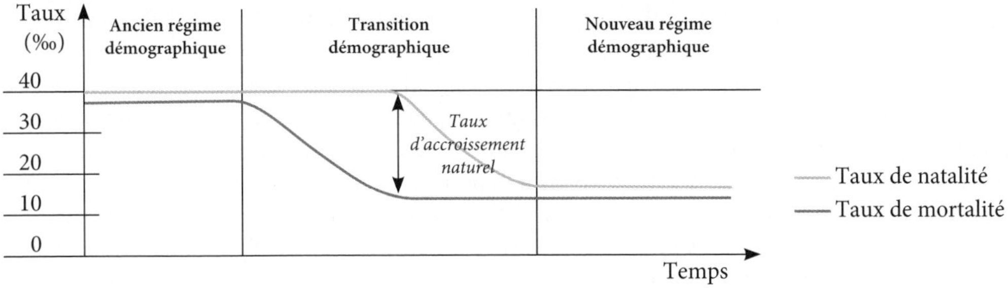

Le régime démographique traditionnel se caractérise par une natalité et une mortalité élevées (respectivement 35 à 40 pour mille et 30 à 35 pour mille) et un accroissement naturel faible (inférieur à 5 pour mille, et parfois négatif). La mortalité infantile est notamment très élevée (autour de 200 pour mille), ce qui rend nécessaire une fécondité de l'ordre de 6 enfants par femmes pour assurer la stabilité de la population. Celle-ci n'augmente donc guère et est en outre soumise à de fortes fluctuations, au gré des épidémies, des famines et des guerres, la durée de vie moyenne oscillant entre 20 et 25 ans.

Jamais parfaitement observé mais proche de la situation de certains pays développés, le régime démographique moderne se caractérise quant à lui par des niveaux bas et stables de natalité et de mortalité (autour de 12 pour mille) et un taux d'accroissement naturel compris entre 0 et 5 pour mille, proche de celui qui prévalait avant la transition. La fécondité y est proche de 2 enfants par femme, la durée de vie moyenne égale ou supérieure à 70 ans.

La transition s'opère en deux phases. La première se caractérise par un déclin de la mortalité combiné à un maintien de la natalité à un niveau élevé, entraînant une forte augmentation du taux d'accroissement naturel. Dans la seconde phase, la mortalité poursuit sa baisse, mais à un rythme moins soutenu, tandis que la natalité diminue plus fortement, venant progressivement s'ajuster à la mortalité : le taux d'accroissement naturel a donc tendance à diminuer.

C'est l'entrée successive depuis deux siècles des différentes régions du monde dans la transition démographique qui explique l'augmentation du rythme de croissance de la population, puis sa diminution. Si la plupart des pays ont suivi des trajectoires proches de celle décrite par le modèle, la durée et l'amplitude (écart entre le taux de natalité et le taux de mortalité) de la transition ont été variables. Les hausses de population constatées ont donc été différentes selon le niveau du multiplicateur transitionnel, qu'on calcule en faisant le produit de la durée et de l'amplitude.

c. — La transition démographique dans les pays avancés

C'est dans le monde occidental que l'équilibre démographique ancien a été rompu en premier, à la fin du XVIIIe siècle. Différents facteurs (*cf. infra*) ont fait progressivement disparaître les épidémies et les famines d'Europe et d'Amérique du Nord, entraînant une baisse de la mortalité, notamment infantile. Les naissances excédant dorénavant les décès, la population s'est alors accrue, jusqu'à ce que, après une ou plusieurs générations, la fécondité diminue à son tour. En dépit d'une importante émigration, la population de l'Europe serait ainsi passée de 140 millions d'habitants en 1750 à 420 millions en 1900, et celle de l'Amérique du Nord, sous l'effet conjugué de l'accroissement naturel et de l'immigration, de 3 millions à plus de 100 millions.

La chronologie, la durée et l'amplitude de la transition ont été différentes selon les pays. Précoce mais très longue en Grande-Bretagne, où la baisse de la mortalité a débuté dès le XVIIIe siècle et où la natalité n'a réellement chuté qu'après 1880 (s'élevant même dans un premier temps), la transition a été plus tardive dans les pays d'Europe de l'Est et du Sud, où la croissance de la population n'a atteint son rythme maximal qu'au cours de la période 1880-1914.

La France s'est quant à elle singularisée par une transition précoce, relativement longue mais de très faible amplitude, natalité et mortalité baissant presque simultanément. La croissance démographique y fut donc plus faible : alors que la population de la Grande-Bretagne a été multipliée par 2,6 entre 1800 et 1900 et celle de l'Allemagne par 2,4, la population française ne s'est accrue que de 42 %. La baisse de la natalité se poursuivant, elle finira même par diminuer durant l'entre-deux-guerres.

Cette forte croissance de la population européenne a généré une émigration elle-même croissante : 48 millions de personnes ont ainsi quitté l'Europe entre 1815 et 1915, l'essentiel des flux s'étant fait après 1865 (38 millions). D'abord essentiellement d'origine britannique, le phénomène s'est étendu au fil du siècle à l'Allemagne et à la Scandinavie, puis aux pays du sud et de l'est de l'Europe. Là encore, seule la France s'est distinguée, en accueillant plus d'immigrants qu'elle ne comptait d'émigrants.

Les États-Unis ont été la première destination de ces flux : le solde migratoire global entre 1820 et 1920 s'y serait élevé à 25 millions de personnes. Sa contribution est toutefois demeurée secondaire par rapport à l'accroissement naturel, la transition démographique ayant été précoce, longue et d'amplitude élevée.

d. — La transition démographique dans les pays en développement

Dans la plupart des pays en développement, la transition démographique s'est opérée au cours du XXe siècle. En moyenne, elle a été à la fois d'une amplitude plus forte et d'une durée plus courte que dans les pays avancés.

■ **Une baisse plus rapide de la mortalité...**

Grâce à l'exportation de techniques sanitaires qui avaient déjà fait leurs preuves en Europe, la baisse de la mortalité est intervenue plus rapidement dans le monde en développement. Elle a débuté dès l'entre-deux-guerres dans certains pays d'Amérique latine et d'Asie, et s'est accélérée après 1945. En une ou deux décennies, beaucoup de PED ont ainsi vu leur espérance de vie passer de 30 à 50 ou 60 ans, gains que les pays européens avaient mis près d'un siècle à réaliser.

Comme la fécondité n'a que peu baissé dans ces mêmes pays jusqu'en 1970 (elle était en moyenne de 6,15 enfants par femme en 1950-55 et encore de 6 en 1965-70), les taux de croissance de la population y ont atteint des niveaux inconnus jusque-là : de l'ordre de 3 % par an, alors que dans l'Europe de 1880 à 1914, des taux durables de 1,5 % par an étaient exceptionnels. C'est dans ce contexte que s'est développée au sein de la communauté internationale la crainte d'une « explosion démographique » du tiers-monde.

■ **... mais aussi de la fécondité**

Si la croissance démographique mondiale s'est poursuivie, son rythme a toutefois, on l'a vu, décéléré. Suivant le schéma de la transition démographique, la fécondité a en effet fortement baissé dans beaucoup de pays en développement depuis les années 1970 et elle l'a fait à une vitesse supérieure à ce que la plupart des démographes avaient anticipé en se basant sur l'exemple historique des pays développés. En France, il avait fallu près de 200 ans, entre 1750 et 1930, pour passer de 6 enfants par femme à un peu plus de 2. En Chine, de 1960 à 1990, il n'a fallu que 30 ans.

C'est d'ailleurs en Asie de l'Est que la baisse a été la plus spectaculaire, la fécondité passant de 5,2 enfants par femme en 1965 à 2,5 en 1985, et seulement 1,6 en 2015. Sur l'ensemble du continent asiatique, elle n'est plus que de 2,2 en 2015. Mais la diminution a également été très rapide en Amérique latine (de 5,8 enfants par femme en 1965 à 2,2 en 2015) et en Afrique du Nord (de 6,8 à 3,4).

En 2015, la fécondité mondiale n'est ainsi plus que de 2,5 enfants en moyenne, soit deux fois moins qu'en 1950 (5 enfants), et près de la moitié de l'humanité vit dans un pays où elle est inférieure à 2,1 enfants par femme. Les régions du monde qui conservent une forte fécondité, supérieure à 5 enfants par femme, rassemblent quant à elles moins de 10 % de la population mondiale. Il s'agit des régions parmi les moins développées de la planète, essentiellement concentrées en Afrique subsaharienne. C'est dans ces zones que devrait avoir lieu l'essentiel de la croissance démographique à venir, la population de l'Afrique étant amenée à quintupler en un siècle (de 800 millions en 2000 à 4,4 milliards en 2100 d'après le scénario moyen des Nations unies).

■ De nouveaux flux migratoires

Ces nouvelles évolutions démographiques ont engendré de nouvelles migrations. Celles-ci ont triplé depuis le milieu des années 1970 : en 2015, selon les estimations de l'ONU, 244 millions de personnes, soit 3,3 % de la population mondiale, résidaient dans un autre pays que celui où elles étaient nées, contre 77 millions de personnes en 1975.

Cette deuxième grande phase de migrations se distingue de la première, qui s'était développée entre la seconde moitié du XIXe siècle et les années 1930, par différents traits. Tout d'abord, l'Europe ne constitue plus le principal pôle de départ mais au contraire une importante zone d'immigration. Ensuite, les mouvements concernent l'ensemble des continents : 70 % des migrants sont certes originaires des pays en développement et leur part dans la population est beaucoup plus élevée dans les pays développés (11,2 %) que dans les pays en développement (1,7 %), mais les migrants Sud-Sud sont aujourd'hui plus nombreux (90 millions) que les migrants Sud-Nord (85 millions) et les migrants Nord-Nord (55 millions). Enfin, les migrations s'inscrivent majoritairement dans des logiques régionales : l'essentiel des flux vers les États-Unis (47 millions de personnes nées à l'étranger) provient d'Amérique latine et des Caraïbes, ceux qui ont pour destination les pays européens (70 millions) arrivent principalement d'autres pays européens, de la rive sud de la Méditerranée et d'Afrique subsaharienne, et ceux qui aboutissent aux pays du Golfe viennent de l'Égypte, de la corne de l'Afrique ou du Pakistan.

e. — Les évolutions démographiques en Europe et en France depuis 1945

Si le modèle de la transition démographique rend bien compte des grandes dynamiques depuis le XVIIIe siècle et a même fait preuve d'un pouvoir prédictif certain, les évolutions plus contemporaines ont révélé ses limites. En Europe notamment, premier continent à avoir achevé sa transition, les indicateurs démographiques ne se sont pas stabilisés aux niveaux de l'équilibre théorique moderne.

■ Une poursuite de la baisse de la mortalité

D'une part, la baisse de la mortalité ne s'est pas interrompue. La mortalité infantile, qui atteignait encore 84 ‰ en 1950 (50 ‰ en France), n'est plus que de 4,6 ‰ (3,5 ‰ en France) et l'espérance de vie a continué à progresser, en moyenne de trois mois par an, repoussant régulièrement les supposées limites biologiques que certains démographes avaient cru identifier : dans l'Union européenne, elle était en 2015 de 77,9 ans pour les hommes et de 83,3 ans pour les femmes (respectivement 79,4 ans et 85,4 ans en France en 2016). Toujours important, l'écart entre les hommes et les femmes, qui avait poursuivi depuis 1945 une croissance entamée avec l'industrialisation, s'est toutefois réduit au cours des deux dernières décennies : dans le cas de la France, de l'ordre de 1 an au début du XIXe siècle, il était monté à 5 ans vers 1930 pour dépasser 8 ans dans les années 1980, avant de redescendre à 6 ans en 2016.

■ Un *trend* baissier mais des variations de la fécondité

Après la Seconde Guerre mondiale, les pays du quart nord-ouest de l'Europe (pays scandinaves, Allemagne, Autriche, Belgique, France, Luxembourg, Royaume-Uni, Suisse), qui avaient une natalité faible dans les années 1930, ont connu un phénomène de baby-boom, c'est-à-dire un redressement rapide et soudain de cette natalité, généré initialement par une reprise de la fécondité. En France par exemple, l'ICF est passé de 1,9 enfant par femme en 1941 à 3 en 1947.

Dès les années 1960 cependant, la tendance s'est inversée et au cours des années 1970, l'ICF est descendu dans ces pays sous le seuil de 2 enfants par femme (1,8 en France en 1978). Ce mouvement de baisse (baby-bust) s'est étendu aux pays méditerranéens à partir des années 1980 puis aux pays d'Europe centrale et orientale dans les années 1990. Il est assez vite apparu qu'une part de cette baisse était liée à une modification du calendrier de la fécondité : les nouvelles générations ne souhaitaient pas forcément avoir moins d'enfants, elles désiraient les avoir plus tard. De fait, l'âge moyen à la maternité a augmenté partout en Europe (en France, il est passé de 26,5 ans en 1977 à 3,5 ans en 2016). Les évolutions de la descendance finale ont ainsi été à la fois plus étalées dans le temps et de moindre amplitude : en France, le nombre d'enfants par femme est passé de 2 pour la génération 1896 à 2,6 pour la génération 1926, pour revenir à 2,1 pour la génération 1960.

Mais les chiffres les plus récents révèlent des situations différentes selon les pays. Dans ceux d'Europe du Nord et de l'Ouest, passé l'effet de calendrier, l'ICF a remonté depuis les années 1990 et convergé vers les descendances finales à des niveaux proches de 2 enfants par femme (1,9 en France en 2016). Un modèle familial dominant à 2 enfants semble s'être imposé et la part des femmes sans enfant a même diminué. Celle-ci a au contraire augmenté dans le reste de l'Europe, au sud, à l'est mais aussi au centre, où l'ICF tend à se fixer à des niveaux plus faibles (1,5 enfant par femme en Allemagne et 1,3 en Espagne et en Pologne en 2015).

■ Une croissance démographique très affaiblie

L'Europe comptait 740 millions d'habitants en 2016 (64,8 millions en France métropolitaine) contre 550 millions en 1950 (42,1 millions). Les tendances en matière de croissance démographique reflètent globalement celles constatées pour la fécondité. Le taux d'accroissement de la population, proche de 1 % dans les années 1950, a légèrement augmenté jusqu'à la fin des années 1960, avant de décroître ensuite régulièrement, en raison d'une baisse de l'accroissement naturel que ne compensent ni l'augmentation régulière de l'espérance de vie, ni une légère augmentation du solde migratoire. À partir des années 1990, l'accroissement naturel devient même négatif et c'est l'augmentation du solde migratoire qui empêche la population de diminuer.

La situation géographique est contrastée. Les pays de l'Ouest et du Nord de l'Europe continuent de voir leur population progresser naturellement. Ceux du centre (Allemagne, Autriche) connaissent une décroissance naturelle mais font plus que la compenser par un solde migratoire excédentaire (encore plus depuis l'afflux de migrants venus du Moyen-Orient). Ceux de l'Est et du Sud tendent à combiner déficits naturels et migratoires.

3. – Les explications des phénomènes démographiques : quelle place pour les facteurs économiques ?

Différents facteurs permettent d'expliquer les évolutions séculaires et les tendances récentes des indicateurs démographiques. Parmi ceux-ci, les variables économiques jouent un rôle certain.

a. — La mortalité

Les principales causes de la forte mortalité d'autrefois semblent avoir été la malnutrition et les maladies infectieuses. Ce sont d'abord ces causes qui ont reculé en Europe depuis la fin du XVIIIe siècle et dans les PED depuis 1945. Mais cette première « transition sanitaire » a été suivie d'une seconde, initiée également dans les pays développés, qui a généré une diminution des décès pour cause de maladies cardio-vasculaires.

■ Progrès médical ou progrès économique ?

La question des causes du déclin de la mortalité liée aux maladies infectieuses a fait l'objet de controverses. Sur la base de l'expérience des PED, certains auteurs ont soutenu que ce déclin n'avait pas de lien avec le progrès économique et l'élévation du niveau de vie, l'amélioration des connaissances médicales étant seule responsable. En effet, les gains considérables d'espérance de vie enregistrés dans les PED au lendemain de la Seconde Guerre mondiale l'ont été indépendamment de toute progression du revenu par tête, grâce à la simple importation de techniques occidentales (désinfectants, antibiotiques, campagnes de vaccination financées par l'Organisation mondiale de la santé).

Cette thèse trouve toutefois ses limites quand on tente de l'appliquer aux pays d'Europe qui les premiers ont vu la mortalité baisser à la fin du XVIIIe siècle. D'une part, la diminution a débuté avant même la diffusion du premier vaccin (la vaccine de Jenner contre la variole, 1796) et semble donc avoir été d'abord permise par l'amélioration de la nutrition consécutive aux progrès de l'agriculture. D'autre part, la mise en œuvre des premières mesures de santé publique (par exemple, la diffusion de la vaccine) supposait l'existence d'une volonté étatique et de moyens d'action eux-mêmes dépendants d'un certain niveau de richesse.

■ Des facteurs multiples diversement imbriqués

Les recherches les plus récentes ont montré les limites des explications monocausales. Il apparaît ainsi que le recul des maladies infectieuses a été obtenu en plusieurs étapes où différents facteurs ont combiné leurs effets. Après la phase initiale où les progrès de l'économie (production, mais aussi stockage et distribution des denrées alimentaires) ont été primordiaux, le développement de l'hygiène publique (notamment la modernisation et la généralisation des réseaux d'égouts) a joué un rôle majeur au cours du XIXe siècle. Puis, à la fin du siècle, la révolution pasteurienne a augmenté l'efficacité des techniques médicales et permis, *via* le relais de l'instruction publique, une amélioration de l'hygiène personnelle. Enfin, après la Seconde Guerre mondiale, le développement des antibiotiques et la généralisation de l'accès aux soins dans le cadre des systèmes de Sécurité sociale ont parachevé le processus.

De la même manière, différents éléments semblent avoir contribué aux succès rencontrés depuis les années 1970 dans la lutte contre les maladies cardio-vasculaires : progrès médical, efficacité et rapidité d'intervention accrues des services de santé, mais aussi modification des comportements alimentaires et des styles de vie. Cette nouvelle transition sanitaire quasiment achevée, les nouvelles avancées pourraient tenir à l'attention grandissante portée à la santé quotidienne des personnes âgées, comme le laissent penser les gains d'espérance de vie plus élevés enregistrés récemment dans des sociétés solidaires, comme le Japon ou la France.

b. — La fécondité

L'explication des évolutions de la fécondité a fait l'objet d'analyses variées, démographiques, sociologiques, historiques, mais aussi purement économiques.

■ **Les facteurs techniques et leurs limites**

La baisse historique de la fécondité peut s'interpréter comme le résultat du passage d'un régime de fécondité naturelle à un régime de fécondité dirigée, se caractérisant par l'usage de procédés visant explicitement à limiter les naissances. Il est donc tentant de lier ce mouvement à la mise à disposition croissante des couples de moyens techniques permettant cette limitation (préservatifs, avortement, pilule, stérilet). S'il est indéniable qu'il est aujourd'hui plus facile pour un couple de contrôler sa fécondité, cette explication techniciste trouve toutefois rapidement ses limites.

En premier lieu, la seule évolution des techniques ne prédéterminerait pas le sens de l'histoire puisque les progrès médicaux ont simultanément contribué à l'augmentation de la fécondité naturelle potentielle, permettant notamment une baisse de la stérilité et de la mortalité intra-utérine. Par ailleurs, comme le montre encore aujourd'hui l'exemple de certains pays africains, la simple importation des techniques ne suffit pas à engendrer une limitation effective des naissances. Enfin et surtout, le contrôle de la procréation a débuté en Europe et notamment en France bien avant la généralisation des techniques modernes. Une « première révolution contraceptive », fondée sur des moyens sociaux comme le mariage tardif ou des techniques rudimentaires, comme le coït interrompu ou l'allaitement prolongé, a ainsi précédé de près de deux siècles la « seconde révolution contraceptive » caractérisée par la diffusion après la Seconde Guerre mondiale de la pilule et du stérilet.

■ **Les explications de la baisse de la fécondité pendant la transition démographique**

Plus que la technique, la volonté nouvelle des couples de limiter les naissances constitue ainsi le facteur clé. Comment l'expliquer ?

L'hypothèse de base de la théorie de la transition formulée par Adolphe Landry est qu'elle a constitué un ajustement à la baisse de la mortalité infantile, qui permettait à une proportion croissante de nouveau-nés de survivre. Ajustement qui n'est intervenu qu'après un certain délai, nécessaire à la prise de conscience individuelle que le recul de la mortalité infantile était durable, mais aussi à la rupture avec des valeurs ancestrales favorables à une forte fécondité.

Toutefois, le décalage chronologique entre baisse de la mortalité infantile et baisse de la fécondité n'a pas constitué une réalité universelle : en France, les deux évolutions ont été concomitantes, voire d'ordre inversé ; en Angleterre, la fécondité a commencé par s'élever dans les milieux populaires. D'autres facteurs, économiques, culturels et sociaux, semblent ainsi avoir joué.

Sur le plan économique, le déclin de la famille comme unité de production et l'accroissement des besoins de mobilité, plus faciles à satisfaire avec une famille réduite, ont diminué les avantages économiques de la famille nombreuse. L'enfant est devenu de plus en plus une charge.

Sur le plan culturel, l'accès à l'instruction, notamment pour les femmes, et le recul simultané de l'influence de la religion ont contribué au changement des mentalités. C'est d'ailleurs dans la France des Lumières que sont apparus ces nouveaux comportements procréateurs : s'y seraient « inventés » selon Philippe Ariès (*L'Enfant et la vie familiale sous l'Ancien Régime*, 1975) le « sentiment de l'enfance » et son corollaire, la famille moderne structurée autour de l'enfant rare. D'abord bourgeois, ce modèle s'est ensuite étendu au cours du XIXe siècle aux familles rurales puis ouvrières, selon un schéma de diffusion des normes commun à toute l'Europe.

■ Des modèles concurrents pour expliquer les évolutions récentes de la fécondité

Les évolutions récentes de la fécondité, et notamment l'enchaînement du baby-boom et du baby-bust, ont fait l'objet de tentatives de théorisation économique plus formalisées.

Sur la base de la nouvelle microéconomie du consommateur, Gary Becker (« An Economic Analysis of Fertility », 1960) a proposé un modèle explicatif de la décision de fécondité dans lequel les enfants sont considérés comme un bien de consommation durable et qui prend en compte le coût d'opportunité en termes de temps de leur éducation. L'augmentation des revenus des parents, particulièrement ceux de la mère, est ainsi susceptible de générer deux effets de sens contraire : un effet-revenu qui accroît la « demande » d'enfants et un effet-prix qui augmente le coût d'opportunité des enfants. Si l'effet-prix l'emporte, l'accroissement des ressources induit par la croissance économique se traduira par une baisse de la fécondité. C'est, selon Becker, ce qui se serait passé lors du baby-bust.

Critiquant notamment l'absence de prise en compte par Becker de l'évolution des préférences, Richard Easterlin (« Relative Economic Status and the American Fertility Swing », 1960) a quant à lui proposé un modèle où le facteur déterminant est le revenu relatif du couple, défini comme le rapport entre ses possibilités de gains – estimées par le revenu actuel du mari – et ses aspirations matérielles – estimées par les revenus passés des parents. Ce revenu relatif dépendrait lui-même de la taille relative des cohortes, une petite cohorte étant supposée mieux s'insérer sur le marché du travail. Les cohortes de petite taille verraient ainsi leur revenu relatif s'améliorer et engendreraient donc plus d'enfants, le mécanisme inverse se produisant pour les cohortes de grande taille.

Les démographes Ron Lesthaege et Dirk Van de Kaa (« Two Demographic Transitions ? » dans *Population Growth and Decline*, 1986) ont, eux, émis l'hypothèse d'une « seconde transition démographique » : l'enrichissement des populations européennes les aurait conduites à se détacher de préoccupations strictement matérielles pour accorder davantage d'importance à des valeurs « post-matérialistes » selon le concept de Ron Inglehart (1990), parmi lesquelles la liberté de pensée et l'épanouissement personnel. D'où le développement des nouveaux comportements caractéristiques des dernières décennies : déclin du mariage et montée des formes d'union alternatives, report de l'âge de l'installation en couple, mais aussi baisse de la fécondité.

■ Un facteur décisif : la conciliation entre vie familiale et activité professionnelle

Chacune de ces thèses apporte des éléments de compréhension. La théorie de Becker a le mérite de souligner la perte de revenu et d'opportunités que peut représenter la naissance d'un enfant pour les femmes obligées d'interrompre leur carrière ; celle d'Easterlin offre une interprétation originale de la succession du baby-boom et du baby-bust ; celle de la seconde transition rend bien compte de la déconnexion contemporaine entre sexualité, mariage et procréation.

Toutes trois toutefois ont leurs limites. Elles peinent notamment à expliquer la remontée de la fécondité dans les pays d'Europe du Nord et de l'Ouest. La question des conditions de l'accès des femmes à l'emploi paraît ici essentielle. Au début des années 1980, la fécondité était la plus haute dans les pays ayant les taux d'emploi féminin les plus bas, aujourd'hui, elle est la plus haute là où les taux d'emploi sont les plus élevés (pays scandinaves, pays anglo-saxons, France). Différents facteurs, qui tous participent à rendre plus facile la conciliation entre vie familiale et activité professionnelle, peuvent expliquer cette nouvelle relation : les politiques familiales qui offrent une aide publique importante ou des possibilités d'horaires flexibles aux parents de jeunes enfants qui travaillent ; l'évolution des rapports de genre qui va dans le sens d'une participation plus grande des hommes aux tâches domestiques, contrastant avec une répartition plus traditionnelle dans les pays d'Europe de l'Est et du Sud ; les normes sociales qui jugent compatibles travail et maternité, par opposition à l'idéal dominant en Allemagne de mères totalement dévouées à leurs jeunes enfants.

B LES EFFETS ÉCONOMIQUES DES PHÉNOMÈNES DÉMOGRAPHIQUES

La question des effets des phénomènes démographiques a fait l'objet d'importantes controverses entre économistes. Si les vives oppositions au sujet de l'impact, positif ou négatif, de la croissance démographique apparaissent aujourd'hui atténuées, c'est désormais l'influence des modifications de la structure de la population, en particulier du vieillissement, qui est au cœur des débats.

1. – Le débat théorique sur les effets de la croissance démographique

Les économistes ont exprimé des points de vue divergents à propos des conséquences de la croissance démographique. Obstacle au développement économique pour l'école malthusienne, elle est au contraire présentée comme un stimulant majeur par l'école populationniste.

a. — Les théories malthusiennes

Énoncée à la fin du XVIIIe siècle, la thèse de Malthus entendait démontrer mathématiquement l'impossibilité d'une croissance durable de la population. Depuis lors, on a pris l'habitude de qualifier de « malthusiennes » les théories économiques qui, plus globalement, jugent négativement la croissance démographique. Elles ont connu un puissant renouveau lors des années 1960-1970, au moment où le rythme de croissance atteignait son maximum dans les PED.

■ **La thèse de Malthus**

Dans son *Essai sur le principe de population* (1798), Thomas Robert Malthus avance l'idée que la croissance démographique peut compromettre la croissance économique. Selon lui, « lorsque la population n'est arrêtée par aucun obstacle, elle double tous les vingt-cinq ans, et croît ainsi de période en période selon une progression géométrique » (1, 2, 4, 8, 16...). Simultanément, en raison de l'existence de rendements décroissants dans l'agriculture, « les moyens de subsistance, dans les circonstances les plus favorables à la production, ne peuvent jamais augmenter à un rythme plus rapide que celui qui résulte d'une progression arithmétique » (1, 2, 3, 4, 5...). La conséquence de cette différence de rythme de croissance est implacable : soutenable à court terme, la croissance démographique est toutefois condamnée à buter rapidement sur une insuffisance de ressources.

Deux voies possibles peuvent alors permettre un rétablissement de l'équilibre. La première tient à l'existence d'obstacles destructifs : famines, guerres et épidémies qui, entraînées par la surpopulation, tendent naturellement à la résorber. La deuxième, qui a la préférence de Malthus, passe par la mise en œuvre d'obstacles préventifs limitant la progression de la population. Pour cela, hostile à la contraception pour des raisons religieuses, il préconise le recours au mariage tardif et à l'abstinence (« contrainte morale »). Dans la même perspective, il exprime aussi son opposition aux *poor laws* (lois sur les pauvres) anglaises, voyant dans l'assistance financière qu'elles procuraient aux plus démunis une incitation à la procréation.

■ **Les thèses néomalthusiennes**

Dans les années 1960-1970, l'« explosion démographique » du tiers-monde a conduit à un renouveau du malthusianisme. L'ouvrage au titre évocateur de Paul Ehrlich (*La Bombe P*, 1968) ou encore le rapport Meadows (1972) publié par les experts du « Club de Rome » sont emblématiques des craintes de cette époque. Ils reprennent les arguments malthusiens selon lesquels la surpopulation conduira inéluctablement à la dégradation des terres et à l'épuisement des ressources naturelles, mais y ajoutent une nouvelle dimension écologique en dénonçant le développement des pollutions.

D'autres auteurs s'intéressent plus spécifiquement à la situation des PED, pointant dans la croissance démographique un obstacle majeur sur la voie du développement. L'observation de taux de croissance de la population, très supérieurs à ceux constatés dans les pays développés au XIXe siècle, et l'idée que la baisse de la mortalité a été importée et a donc cette fois précédé le progrès économique (*cf. supra*) nourrissent les diagnostics pessimistes. Limitant mécaniquement la croissance du revenu par tête, la croissance démographique génère en outre des charges supplémentaires (prise en charge des enfants) qui amputent d'autant la capacité d'épargne des pays pauvres et les empêchent de réaliser les investissements dans les différents secteurs d'activité et dans l'éducation, pourtant nécessaires pour combler leur retard économique sur les pays riches. La recommandation qui découle de ce raisonnement est claire : les États doivent mettre en œuvre des politiques visant à limiter les naissances.

■ **Les critiques des thèses malthusiennes**

Une des critiques les plus virulentes de la thèse de Malthus est venue de Karl Marx. Pour lui, il n'existe pas de lois « naturelles » mais seulement des lois historiquement déterminées, valables pour un mode d'organisation sociale de la production particulier. Dès lors, la surpopulation envisagée par Malthus n'est pas le produit d'une fatalité naturelle, mais la conséquence du fonctionnement du mode de production capitaliste. Relative et non absolue, elle est liée à la dynamique d'accumulation du capital qui conduit au remplacement des hommes par les machines. Révélateur des contradictions du capitalisme, ce processus sert toutefois ses intérêts à court terme, dans la mesure où il conduit à la constitution d'une « armée de réserve industrielle » de chômeurs, dont la concurrence potentielle permet de maintenir les salaires à un niveau minimal.

Dans les années 1960-1970, cette critique a été reprise par les auteurs néomarxistes, mais aussi par les gouvernements des PED qui s'opposaient aux recommandations malthusiennes des pays développés, notamment lors de la conférence des Nations unies sur la population de Bucarest en 1974. Tous considéraient que la croissance démographique était un faux problème, masquant les obstacles principaux au développement que constituaient à leurs yeux l'inégale répartition du pouvoir et des richesses et la domination économique des pays du Nord.

Une autre critique majeure a porté sur la fixation d'une limite absolue et intangible à la progression des ressources sur la base de l'hypothèse des rendements décroissants. Malthus, pourtant témoin de la révolution agricole en Grande-Bretagne, tout comme après lui les experts du Club de Rome, a sous-estimé les potentialités du progrès technique qui, jusqu'à présent, a constamment rendu caducs les supposés seuils infranchissables de densité.

Enfin, si les analyses de Malthus rendent assez bien compte du fonctionnement du régime démographique ancien, il n'avait pas anticipé les mécanismes d'ajustement à la baisse de la fécondité qui se sont mis en place au cours de la transition.

b. — Les théories populationnistes

Ce sont les mercantilistes qui ont initié ce courant. Reprenant la formule de Bodin, « il n'est de richesse que d'hommes », ils voient dans une forte population le moyen d'encourager la production et les exportations, donc l'afflux d'or. Après une éclipse due aux succès des thèses malthusiennes, le populationnisme a connu un puissant renouveau en France après les années 1860, la baisse précoce de la fécondité laissant craindre un déclin démographique dommageable dans le contexte de la rivalité avec l'Allemagne. Au XXe siècle, Alfred Sauvy (1898-1990) en a été le représentant le plus emblématique.

■ **Les effets quantitatifs**

La croissance démographique permet d'abord un accroissement de la quantité de facteur travail disponible. Par simple « effet de taille », elle peut donc alimenter une croissance extensive de la production totale. Par ailleurs, en rendant le travail plus abondant, l'accroissement de la main-d'œuvre disponible peut exercer une pression à la baisse sur les coûts salariaux et ainsi faciliter l'adoption d'une stratégie de production et d'exportation de biens manufacturés à forte intensité de travail. Simultanément, le capital, devenant relativement plus rare, verra sa rentabilité augmenter, ce qui peut attirer les investissements étrangers. Nombre de nouveaux pays industrialisés (NPI) asiatiques semblent ainsi avoir bénéficié de ce type de mécanisme. Enfin, de manière plus indirecte, la pression démographique dans les campagnes peut engendrer des transferts de main-d'œuvre vers les secteurs industriels plus productifs.

La croissance démographique peut ensuite influencer positivement la demande globale, une naissance augmentant immédiatement la consommation. En élargissant la taille des marchés, une population nombreuse peut permettre aux entreprises de réaliser des économies d'échelle, d'accentuer la division du travail et d'écouler une production de masse. La croissance de la population apparaît ainsi avoir été un des facteurs de l'industrialisation des États-Unis au XIXe siècle.

■ Les effets qualitatifs

La thèse de la pression créatrice représente un élément clé dans la critique que les auteurs populationnistes adressent au malthusianisme. Mobilisée par Alfred Sauvy, elle a surtout été développée par Ester Boserup (*Évolution agraire et pression démographique*, 1970). Celle-ci souligne qu'il est fallacieux de vouloir confronter les densités de population avec des disponibilités alimentaires théoriques calculées à un moment donné en fonction des surfaces cultivables. En effet, la capacité d'une terre à nourrir la population dépend des systèmes agraires et ceux-ci évoluent justement en fonction de la pression exercée par la population, qui stimule l'introduction d'innovations. Ester Boserup oppose notamment la situation des plaines agricoles d'Asie du Sud-Est, où les fortes densités humaines ont poussé à augmenter le temps de travail et à appliquer de nouvelles méthodes culturales (régression des jachères, utilisation d'engrais, irrigation, mécanisation), à celle de nombreuses régions africaines prisonnières de « trappes à faible densité », qui se caractérisent par une agriculture extensive à productivité faible et pourtant fortement destructive pour l'environnement.

Ce raisonnement a été repris et généralisé dans les années 1980 par un courant de pensée qu'on a appelé « révisionniste » car il s'est opposé au paradigme malthusien qui dominait jusqu'alors dans les milieux académiques. Selon ces auteurs d'inspiration néoclassique (notamment Julian Simon, *L'Homme, notre dernière chance*, 1985), un marché concurrentiel a parfaitement la capacité de créer les ajustements nécessaires face aux situations de rareté créées par la pression démographique. Dès lors, les problèmes rencontrés par certains PED viendraient non pas d'une croissance excessive de leur population, mais de leur non-recours aux mécanismes régulateurs et incitatifs de l'économie de marché.

Du fait de l'introduction de rendements croissants et de l'accent mis sur le capital humain, les théories de la croissance endogène ont également contribué à revaloriser le rôle de la croissance démographique. Le remplacement de générations de travailleurs peu ou mal formés par des générations nouvelles plus qualifiées et plus ouvertes à la modernité est ainsi susceptible de faciliter l'introduction d'innovations dans le système productif. Applicable aux PED, cet argument a aussi été mobilisé pour expliquer le plus grand dynamisme des gains de productivité liés aux NTIC aux États-Unis depuis les années 1990.

■ Les limites des thèses populationnistes

Les principaux points reprochés aux analyses populationnistes sont leur trop haut niveau de généralité et leur caractère mécaniste. Les liens de causalité qu'elles établissent entre phénomènes démographiques et économiques tendent en effet souvent à ignorer les différentes médiations qui interviennent dans la relation entre ces phénomènes et peuvent venir en modifier le sens.

L'évolution de la population active, par exemple, ne découle pas mécaniquement de la croissance démographique. Elle est également influencée par les changements dans les comportements d'activité. Une croissance démographique faible peut ainsi paradoxalement déboucher sur une augmentation de la population active si, « libérant » les femmes des tâches domestiques liées au grand nombre d'enfants, elle les rend disponibles pour se porter sur le marché du travail.

Par ailleurs, les flux de population active ne coïncident pas nécessairement avec les besoins, tant quantitatifs que qualitatifs, du système productif. Si la croissance de la population active française paraît avoir contribué à la progression de l'emploi et de la production au cours des Trente Glorieuses, elle s'est ainsi accompagnée depuis les années 1970 de l'apparition d'un chômage de masse.

Quant à la demande globale, elle ne résulte pas uniquement du nombre de personnes, mais également du revenu par personne. Si la croissance de la population se traduit par une diminution de celui-ci, l'effet en termes de demande sera nul.

Pour ce qui est enfin de la thèse de la pression créatrice, les fluctuations de la population européenne avant la transition rappellent que la croissance démographique n'a pas toujours débouché sur une amélioration des méthodes culturales, mais bien souvent sur la « régulation naturelle » décrite par Malthus. Stimulant de l'innovation, la pression démographique n'en est pas une condition suffisante.

c. — Quelles validations empiriques ?

Les différentes tentatives de validation empirique ne permettent pas de trancher clairement entre malthusiens et populationnistes. Si l'expérience des pays développés montre que la croissance démographique en longue période n'a pas été contradictoire avec la croissance économique et pourrait même l'avoir stimulée, ces études révèlent surtout que la relation entre ces deux processus n'est ni mécanique ni univoque, et que son sens et son intensité dépendent de nombreux facteurs intermédiaires.

■ **L'investigation historique : croissance démographique et industrialisation au XIXe siècle**

Les auteurs populationnistes ont puisé de nombreux arguments empiriques dans l'histoire du XIXe siècle. Alfred Sauvy, notamment, a comparé la situation de la France et de l'Allemagne pour démontrer que la moindre croissance démographique de la première avait été un handicap bien plus qu'un atout : la croissance des rendements agricoles tout comme celle de la production industrielle y ont en effet été moins rapides, de même que la modernisation de l'appareil productif.

Plus généralement, il est clair que l'accélération simultanée de la croissance démographique et de la croissance économique qu'ont connue l'Europe et les États-Unis au XIXe siècle ne va guère dans le sens des thèses malthusiennes.

Mais si l'influence des progrès économiques sur la baisse de la mortalité et donc la croissance de la population ne fait pas de doute, l'hypothèse d'une causalité dans l'autre sens, faisant de la croissance démographique un préalable à l'industrialisation, est plus discutée.

En premier lieu, dans le cas britannique, l'accélération démographique ne s'est réellement produite qu'après le début du XIXe siècle, c'est-à-dire après le démarrage de l'industrialisation. Selon Jean-Pierre Rioux, la population de l'Angleterre et du pays de Galles qui n'avait crû que de 5 millions en 1700 à 6,5 millions en 1750 puis 9 millions en 1801, serait ainsi passée à 14 millions en 1831. À l'inverse, la Russie, dont la population « européenne » aurait été multipliée par 4 entre 1750 et 1850 (de 14,5 à 57 millions) n'a pas pour autant connu d'industrialisation au cours de cette période.

Plus précisément, selon Patrick Verley, la thèse selon laquelle la croissance démographique aurait fourni une main-d'œuvre abondante et bon marché favorable à l'industrialisation n'est vérifiée qu'en Suisse et en Belgique, qui connurent effectivement des situations de surpeuplement rural. En Grande-Bretagne jusque vers 1815 et aux États-Unis, la mise en œuvre de nouvelles techniques *labour-saving* semble au contraire avoir été stimulée par la rareté et la cherté de la main-d'œuvre dans certaines régions industrielles.

Quant à l'autre argument populationniste qui met l'accent sur l'accroissement des débouchés permis par la croissance démographique, il est lui aussi à relativiser. Si l'extension des marchés intérieurs américain et britannique et du marché rural français de 1815 à 1870 a effectivement stimulé l'industrialisation, elle le doit autant sinon plus à des facteurs socio-économiques qu'à l'évolution démographique : dans le cas britannique, l'apparition et l'essor d'une classe moyenne fut déterminante ; dans le cas français, la demande rurale fut surtout nourrie par la hausse de la productivité et des prix agricoles.

■ Les tests économétriques : une relation complexe

Un grand nombre de tests économétriques ont été réalisés à partir de données concernant essentiellement les PED, mais ils ne débouchent pas sur une conclusion univoque. C'est ce que soulignent notamment Michel Aglietta, Didier Blanchet et François Héran dans leur rapport au Conseil d'analyse économique, *Démographie et Économie* (2002).

Tout d'abord, les résultats apparaissent variables : alors que jusqu'aux années 1980, une corrélation faiblement positive apparaissait entre les taux de croissance de la population et du niveau de vie, la majorité des études plus récentes semblent au contraire faire ressortir un lien inverse.

Ensuite, ces corrélations sont susceptibles d'interprétations différentes, et peuvent notamment refléter plutôt l'effet de la croissance économique sur les phénomènes démographiques. Il est possible ainsi que le lien positif repéré jusque dans les années 1980 soit la manifestation de la baisse de la mortalité induite par le progrès économique au cours de la première partie de la transition démographique, et que le lien négatif identifié ensuite résulte du passage à la deuxième phase, où la progression du niveau de vie fait baisser la fécondité.

Enfin, il apparaît utile de faire la distinction d'une part entre les différentes sources de la croissance démographique, d'autre part entre son influence à court et à moyen terme. Des effets négatifs de l'accélération de la croissance démographique n'ont ainsi été détectés que lorsque celle-ci est provoquée par la natalité (et non par une baisse de la mortalité) et ils ne se manifestent qu'à court terme. À horizon de quinze ans, les effets deviennent positifs, ce qui pourrait correspondre au moment de l'entrée dans la vie active.

La compréhension de la relation entre démographie et économie implique donc de dépasser la simple analyse en termes de flux pour s'intéresser aux effets de structure.

2. – Les effets de la modification de la structure de la population

Les évolutions de la mortalité et de la fécondité n'influent pas que sur le rythme de la croissance démographique. Elles peuvent aussi générer des modifications de la structure de la population qui ont elles-mêmes des effets économiques.

a. — Des effets plus ou moins avérés

■ Une modification des ratios de dépendance

Les effets les plus directs tiennent à la modification des ratios de dépendance. Toutes choses égales par ailleurs, une baisse de la natalité se traduit en effet par une baisse de la part des jeunes dans la population totale, et une diminution de la mortalité après 65 ans par un vieillissement démographique.

En fonction de l'évolution des paramètres démographiques, les effets sont toutefois susceptibles de différer à court et à moyen terme.

Ainsi, la séquence caractéristique de la transition démographique – baisse de la mortalité infantile puis baisse de la fécondité – engendre généralement une génération plus nombreuse que celles qui l'ont précédée et que celles qui la suivent. À mesure que cette cohorte d'individus avance en âge, c'est d'abord la proportion de jeunes qui augmente puis celle des personnes d'âge actif.

On comprend que les effets de la transition et de la croissance démographiques puissent être ambivalents et varier au cours du temps. Autant la phase initiale génère des charges supplémentaires pour les actifs, autant la deuxième est susceptible, en augmentant le ratio travailleurs/personnes dépendantes, d'engendrer une forte progression du revenu par tête. Les pays d'Asie de l'Est semblent avoir particulièrement profité de ce que les démographes David E. Bloom et David Canning (« Booms, replis et échos », 2006) ont appelé le « dividende démographique » : entre 1965 et 1990, la population d'âge actif s'y est accrue presque 4 fois plus vite que la population dépendante, et selon plusieurs études, cette évolution serait à l'origine de près d'un tiers de la forte croissance économique de la zone. Dans une moindre mesure, l'enchaînement baby-boom - baby-bust qu'ont connu les pays d'Europe du Nord et de l'Ouest a généré une déformation et des effets bénéfiques similaires.

Dans un troisième temps cependant, c'est la proportion des personnes âgées qui est amenée à croître, provoquant cette fois une dégradation « par le haut » du ratio de dépendance.

■ Des effets sur l'équilibre des comptes sociaux

Ce phénomène, que certains ont appelé « papy-boom », ne vient toutefois qu'accentuer conjoncturellement la tendance au vieillissement que connaissent la majorité des PDEM et que sont amenés à connaître rapidement nombre de PED, et dont l'explication structurelle est la hausse de l'espérance de vie.

Outre l'effet direct sur la proportion d'actifs potentiels dans l'économie, ce vieillissement pose la question de l'équilibre des systèmes de sécurité sociale. Si l'effet sur les dépenses de santé et de dépendance doit être relativisé, l'espérance de vie en bonne santé et donc l'âge à partir duquel les dépenses s'accroissent ayant aussi tendance à augmenter, celui qui s'exerce sur les retraites est massif. Certes dépendant d'autres variables, et notamment de la situation de l'emploi, le ratio cotisants/retraités a fatalement tendance à se détériorer, et l'écart entre des recettes qui faiblissent et des dépenses croissantes à se creuser.

■ Des effets sur le taux d'épargne ?

Les effets de la structure par âge sur le taux d'épargne des ménages sont plus incertains. Le modèle de référence est ici celui du cycle de vie de Franco Modigliani (« Utility Analysis and the Consumption Function : An Interpretation of Cross-section Data », avec Richard Brumberg, 1954). Selon celui-ci, les ménages, soucieux de lisser leur consommation sur l'ensemble de leur cycle de vie, recourent à l'endettement quand ils sont jeunes et que leurs revenus sont faibles, puis épargnent de manière croissante à mesure que leurs revenus d'activité progressent, et enfin désépargnent une fois retraités.

Ces prédictions sont toutefois ambivalentes : mécaniquement, l'augmentation de la part des actifs doit conduire à une augmentation du taux d'épargne, le vieillissement à une baisse. Mais l'anticipation d'une durée de vie à la retraite plus longue peut aussi conduire les actuels actifs à épargner plus.

En outre, ce modèle n'apparaît guère validé par les observations empiriques. S'il peut fournir une explication de la croissance du taux d'épargne des ménages chinois dans les années 1980-1990, il ne rend pas compte des différences entre pays européens : par exemple en 2008, le taux d'épargne net des ménages était de 11 % en France et de - 3 % au Danemark, alors que la part des 65 ans était dans les deux cas proche de 17 %. L'existence de systèmes sociaux de retraite garantissant un bon niveau de remplacement des revenus d'activité, mais aussi la volonté de transmission patrimoniale des ménages âgés semblent notamment remettre en cause les conclusions du modèle.

■ **Des effets sur la productivité ?**

Les différentes recherches menées sur les éventuels effets sur le niveau moyen de productivité concluent à leur faiblesse. D'une part au niveau individuel, ils sont sans doute ambivalents : la jeunesse apparaît certes plus propice à la mise en œuvre de nouveaux procédés techniques, mais cet effet peut être compensé par des phénomènes d'apprentissage par l'expérience. D'autre part, au niveau collectif, l'allongement de la durée de vie est sans influence, puisqu'elle concerne des âges supérieurs à celui de la retraite. Seuls jouent donc les variations de la natalité (et éventuellement les réformes augmentant la durée d'activité). Les effets de structure, touchant de surcroît des tranches d'âge plus restreintes, ne peuvent donc qu'être d'ampleur limitée.

b. — Quelle gestion politique ?

Plus robustes que les effets de la croissance démographique, ces effets de structure représentent, pour les pays concernés, des opportunités ou des menaces auxquelles il convient de faire face. Tant la transition dans le cas de PED que le vieillissement doivent être gérés adéquatement.

■ **Gérer la transition**

Cette question s'est posée pour les PED à partir des années 1960 et continue de se poser aujourd'hui pour ceux d'entre eux qui ne l'ont pas achevée, voire pas entamée. S'ils veulent bénéficier du « dividende démographique », il faut certes que la natalité ne baisse pas aussi tôt que la mortalité, mais qu'elle baisse suffisamment vite pour limiter la période d'augmentation du ratio de dépendance « jeunes ».

Si les préconisations malthusiennes sont ainsi partiellement légitimées, il reste à savoir si les politiques qu'elles inspirent sont efficaces. Lors de la conférence de Bucarest en 1974, de nombreux PED le contestaient. « Le meilleur contraceptif, c'est le développement », arguaient-ils.

Si la majorité d'entre eux ont tout de même mis en œuvre des mesures destinées à faire baisser la fécondité (campagnes d'information, mise à disposition de contraceptifs, incitations financières), l'utilité de celles-ci est sujette à débat. La sévère politique chinoise de limitation du nombre d'enfants par femme (1 en ville, 2 dans les campagnes) a certes porté ses fruits, mais la Corée du Sud et la Thaïlande ont connu une chute similaire de leur fécondité sans mettre en œuvre de mesures contraignantes. En Inde au contraire, les premières politiques menées, dans les années 1950-1970, ont rencontré peu de succès, signe sans doute qu'elles étaient contraires aux désirs des couples. Ces constats ne conduisent pas à condamner les programmes de planification familiale qui permettent aux couples qui le souhaitent de contrôler plus facilement leur procréation, mais ils plaident, dans l'esprit des conclusions de la conférence sur la population du Caire de 1994, pour leur intégration dans des politiques de développement plus larges, visant en particulier à améliorer le statut des femmes (scolarisation, meilleur accès au marché du travail...).

Une fois la baisse de la fécondité réalisée, l'autre enjeu consiste à tirer le meilleur parti du « dividende démographique ». Celui-ci n'est en effet aucunement automatique : si les générations nombreuses qui arrivent à l'âge actif n'ont pas les qualifications adéquates ou ne trouvent pas à s'employer, l'amélioration du ratio de dépendance démographique risque de n'avoir d'autre effet économique qu'une progression du chômage. Dans le cas des pays asiatiques, l'investissement public dans la formation, la souplesse du marché du travail et la stimulation de la production par la demande extérieure ont permis d'engranger le « dividende ».

■ **Gérer le vieillissement**

Le vieillissement est déjà bien engagé dans les pays développés. En France, la part des plus de 65 ans dans la population totale était de 11,6 % en 1960 et de 19,41 % en 2017 ; elle devrait être de 26 % en 2030 et de 26,7 % en 2060 selon les projections de l'Insee. Dans les PED, le processus n'en est qu'à ses débuts, mais sera beaucoup plus rapide, en répercussion d'une transition elle-même plus brutale : en Chine, par exemple, la part des plus de 65 ans est passée de 4 % en 1960 à 9,6 % en 2015 ; selon les projections des Nations unies, elle sera de 17,2 % en 2030 et de 32,9 % en 2060. Il sera d'autant plus important que, dans certains de ces pays, la fécondité est déjà descendue en dessous du seuil de remplacement des générations : en 2015, l'ICF était ainsi de 1,8 au Brésil, il valait 1,6 en Iran et en Chine, 1,32 en Corée du Sud et 1,03 à Taïwan.

La fécondité n'est toutefois par la variable décisive. Certes, la situation de la France, où l'ICF est remonté à 2 enfants par femme, est plus favorable que celle de ces pays ou de ses voisins de l'Est et du Sud, ce qui peut justifier chez ces derniers la mise en œuvre de politiques natalistes. Mais il serait illusoire de vouloir, par un relèvement de la natalité ou un recours accru à l'immigration, lutter contre un processus qui est avant tout nourri par l'allongement de la durée de vie.

Le vrai défi, pour les PDEM comme pour les PED, consiste donc à s'adapter au mieux à ce processus inéluctable. Les premiers ont commencé à le faire en engageant des réformes de leurs systèmes de retraite. Dans le cas des systèmes par répartition comme celui de la France, il est possible de jouer sur trois leviers : augmenter le montant des cotisations payées par les actifs, diminuer le niveau relatif des pensions, relever l'âge de cessation d'activité (en augmentant l'âge légal de départ en retraite ou la durée de cotisation nécessaire pour bénéficier d'une pension à taux plein). En France, comme ailleurs en Europe, c'est le troisième levier qui a été majoritairement actionné. Il a l'avantage de corriger directement le ratio actifs/cotisants, mais ne sera vraiment efficace que s'il se traduit par une hausse du taux d'emploi des 55-64 ans. Sinon, il n'aura pour effet qu'un transfert des charges vers l'assurance chômage et une détérioration de la situation des retraités qui n'auront pas assez cotisé. En France, ce taux d'emploi n'était en 2016 que de 49,1 %, contre 55,3 % en moyenne dans l'Union européenne. Comme le montre notamment l'exemple des pays scandinaves (le taux est de 75,5 % en Suède et de 72,6 % en Norvège), son augmentation passe par un effort d'adaptation des conditions de travail dans les entreprises et par des politiques de formation continue.

Dans les PED, la tâche paraît plus importante, car alors que la solidarité familiale s'érode, les systèmes de retraite collectifs sont faiblement développés. Ils devront y être rapidement créés pour éviter que les adultes d'aujourd'hui ne voient leur niveau de vie chuter quand ils seront âgés.

CHRONOLOGIE

1791. – Décret d'Allarde qui supprime les corporations en France et loi Le Chapelier qui proscrit les coalitions.
1798. – Première édition de l'*Essai sur le principe de population* de T. R. Malthus.
1800. – La population mondiale est estimée à 1 milliard de personnes.
1806. – L'emploi agricole représente les deux tiers de l'emploi total en France.
1864. – Suppression du délit de coalition et reconnaissance de la grève en France.
1865. – Égalité entre la population urbaine et rurale au Royaume-Uni (approximativement).
1884. – Légalisation des syndicats en France.
1895. – Création de la Confédération générale du travail (CGT).
1905. – Création de la Section française de l'Internationale ouvrière (SFIO).
1920. – Création du Parti communiste français (PCF) par scission de la SFIO lors du congrès de Tours.
1926. – L'emploi tertiaire devient plus important que l'emploi agricole en France.
1927. – La population mondiale est estimée à 2 milliards de personnes.
1931. – Égalité entre la population urbaine et rurale en France.
1934. – Première édition de *La Révolution démographique* d'Adolphe Landry.
1944. – Naissance de la Confédération générale des cadres (CGC).
1949. – L'emploi tertiaire devient plus important que l'emploi industriel en France.
1954. – Création du code des catégories socioprofessionnelles (CSP) par l'Insee.
1973. – Maximum de l'emploi industriel en France.
1974. – Première conférence mondiale sur la population à Bucarest.
1982. – Refonte du code des CSP qui devient code des professions et catégories socioprofessionnelles (PCS).
1984. – Deuxième conférence mondiale sur la population à Mexico.
1994. – Troisième conférence mondiale sur la population au Caire.
2011. – La population mondiale passe le cap des 7 milliards d'êtres humains.

BIBLIOGRAPHIE

Aglietta (M.), Blanchet (D.) et Héran (F.), *Démographie et Économie*, rapport au Conseil d'analyse économique n° 35, 2002.

Bosc (S.), *Stratification et classes sociales*, Armand Colin, coll. « Cursus », 2013.

Cette (G.), *Productivité et croissance en Europe et aux États-Unis*, La Découverte, coll. « Repères, » 2007.

Charle (C.), *Histoire sociale de la France au xix*e *siècle*, Seuil, coll. « Points », 1991.

Crozet (Y.) et Niveau (M.), *Histoire des faits économiques contemporains*, PUF, coll. « Quadrige », 2008.

Demmou (L.), « La désindustrialisation en France », *Les Cahiers de la DG Trésor*, 2010.

Fontagné (L.), Mohnen (P.), Wolff (G.), « Pas d'industrie, pas d'avenir ? », *Notes du conseil d'analyse économique*, n°13, 2014.

Fredj (C.), *La France au xix*e *siècle*, PUF, ll. « Licence Histoire », 2014.

Giraud (P.-N.), Weil (T.), *L'industrie française décroche-t-elle ?* La Documentation française, 2013.

Luca Barrusse de, (V.), *La Population de la France*, La Découverte, coll. « Repères », 2016.

Luca Barrusse de, (V.), « Les inégalités, un phénomène à plusieurs dimensions », *Cahiers Français*, n° 386, 2015.

Marchand (O.) et Thélot (C.), *Le Travail en France, 1800-2000*, Nathan, coll. « Essais et recherches », 1997.

Noiriel (G.), *Les Ouvriers dans la société française (xix*e*-xx*e *siècles)*, Seuil, coll. « Points Histoire », 2002.

Parienty (A.), *Productivité, croissance, emploi. La France dans la compétition mondiale*, Armand Colin, coll. « Circa », 2005.

« Démographie : tendances, incertitudes, implications », *Revue économique*, vol. 59, n° 5, 2008.

« Le déclin industriel », *Problèmes économiques*, n° 3040, 2012.

« Les services, une révolution ? », *Problèmes économiques*, n° 3049, 2012.

« Sept milliards d'hommes », *Problèmes économiques*, n° 3046, 2012.

« Les transformations de la société française », *Cahiers français*, n°383, 2014.

Webographie :

www.insee.fr, www.ined.fr, http://stats.oecd.org

SUJETS CORRIGÉS

SUJET I

Causes et conséquences de la tertiarisation des économies avancées. (HEC, 2004.)

La tertiarisation peut se définir globalement comme la croissance de la part du secteur tertiaire dans le PIB et dans l'emploi. Le secteur tertiaire inclut toutes les activités que l'on ne peut classer dans le secteur primaire (production agricole) ou dans le secteur secondaire (production de biens industriels) et que l'on appelle aussi activités de services. Très diverses, celles-ci peuvent être définies par leur caractère immatériel, donc non stockable, ou par la mise à disposition d'une capacité technique ou intellectuelle. Ces activités tertiaires représentent aujourd'hui plus de 70 % du PIB et des emplois dans l'ensemble des pays développés. Leur expansion est un phénomène ancien, remontant au XIXe siècle, voire au-delà, mais elle s'est accélérée depuis les années 1970 dans les économies les plus avancées, et s'accompagne d'une diminution de la part de l'industrie dans la valeur ajoutée et d'une baisse de l'emploi industriel.
Ces évolutions récentes, que désigne plus spécifiquement le terme de « tertiarisation », font l'objet de controverses. La recherche des facteurs explicatifs et des effets de ce processus participe ainsi d'une interrogation plus normative : la tertiarisation marque-t-elle le passage à un stade supérieur de développement, celui de la société postindustrielle (Bell, 1967), ou bien porte-t-elle une menace d'un déclin économique ?

I La tertiarisation constitue une tendance de long terme qui est partie prenante du développement économique

A. — La croissance économique a provoqué un déversement (Sauvy) de la production et des emplois vers le secteur tertiaire

- *Le processus de déversement sectoriel. Ce déversement s'est d'abord effectué du secteur primaire vers les secteurs secondaire et tertiaire, puis, à partir des années 1970, du secteur secondaire vers le secteur tertiaire.*
- *Des gains différentiels de productivité. Le déversement s'explique d'une part par des gains de productivité différentiels : selon les distinctions établies par Jean Fourastié, le progrès technique est plus rapide dans l'industrie et l'agriculture que dans les services.*
- *Une modification de la structure de la demande. Il tient d'autre part à la modification de la structure de la demande qui accompagne la hausse du niveau de vie (lois d'Engel) : la part des produits agricoles a diminué, la part des produits industriels s'est d'abord élevée puis a régressé, la part des services a constamment progressé.*

B. — Le développement des activités tertiaires a accompagné et nourri la croissance dans les sociétés industrielles

- *Des relations d'interdépendance avec l'industrialisation. La croissance des activités de transport et de commerce a été permise par les innovations techniques, mais a aussi autorisé l'unification et l'extension des marchés. De même, la banque et l'assurance ont été stimulées par l'industrie en même temps qu'elles ont permis son financement.*
- *De nouvelles fonctions tertiaires au sein des entreprises et des administrations publiques. La concentration et la complexification des entreprises ont généré de nouvelles fonctions tertiaires (gestion, conseil juridique, ingénierie, finance, communication...). La croissance des appareils d'État et l'élargissement de leurs missions ont aussi entraîné le développement de*

services non marchands (administration, poste, télécommunications, éducation, santé...).

C. — La tertiarisation est porteuse de progrès économiques et sociaux

- *Des progrès économiques. La tertiarisation a contribué à l'élévation du niveau des qualifications, du côté de l'offre (diffusion de l'éducation) comme de la demande (professionnels des secteurs de la santé, de l'éducation, de l'information, des services aux entreprises). Le développement des services aux entreprises (logistique, design, ingénierie) augmente la qualité des produits.*
- *Des progrès sociaux. Le développement des services d'éducation et de santé contribue directement à l'augmentation du développement humain (hausse du niveau d'instruction, de l'espérance de vie). Le développement des services récréatifs (culture, loisirs, hôtellerie-restauration, soins du corps...) a permis la satisfaction de nouveaux besoins. Les services à la personne (gardes d'enfants, travaux domestiques, soins) ont favorisé l'accès des femmes au marché du travail et peuvent permettre le maintien à domicile des personnes âgées.*

II Mais la tertiarisation peut aussi signaler et/ou provoquer certaines faiblesses

A. — Dans certains cas, la tertiarisation résulte aussi de difficultés économiques

- *En l'absence de déformation de la structure de la demande, le déversement peut résulter de la « maladie des coûts ». Le modèle de Baumol montre que, même si la structure de la demande est constante en volume, les emplois tendent à se concentrer dans le secteur tertiaire. Cela résulte des gains de productivité moindres, mais aussi de la « maladie des coût » : les salaires croissant plus vite que la productivité dans le secteur tertiaire, les prix relatifs des services augmentent et leur part dans la demande en valeur s'accroît.*
- *La tertiarisation contemporaine résulte également en partie d'une perte de compétitivité industrielle. La concurrence internationale serait responsable d'environ un quart des destructions d'emplois industriels en France au cours des dernières années. Certains services aux entreprises (comptabilité, services informatiques) sont aussi exposés à la concurrence des pays à bas coûts et aux délocalisations, mais les services aux particuliers sont largement protégés.*

B. — La tertiarisation peut peser négativement sur la croissance

- *Le déversement génère mécaniquement un ralentissement des gains de productivité. Selon le modèle de Baumol, le transfert des emplois vers le secteur tertiaire où les gains de productivité sont peu dynamiques entraîne à moyen terme une réduction de leur rythme de croissance moyen. De fait, il y a une corrélation historique entre le ralentissement des gains de productivité et l'accentuation de la tertiarisation dans les pays développés à partir des années 1970.*
- *La désindustrialisation, qui va de pair avec la tertiarisation, risque de conduire à une diminution du potentiel innovant. L'industrie concentre encore la majorité des exportations et des dépenses de R&D, et certains savoir-faire pratiques peuvent être perdus du fait des destructions d'emplois. La tertiarisation précoce de l'économie britannique a coïncidé avec sa perte du leadership industriel à la fin du XIXe siècle.*

C. — La tertiarisation peut avoir des effets sociaux négatifs

- *Certains des emplois créés dans les services sont de « mauvaise qualité ». Les employés des secteurs de la grande distribution ou de la restauration rapide apparaissent comme des nouveaux « OS du tertiaire », mal payés, précarisés, soumis à de fortes cadences et au temps partiel subi. Les mêmes faibles rémuné-*

rations et la même précarité prévalent dans le secteur des services à la personne, qui apparaît comme un important gisement d'emplois.

- *La société postindustrielle paraît ainsi fortement inégalitaire. La satisfaction des besoins des uns est permise par la précarité des autres, certains emplois de service s'apparentant à des « emplois de serviteurs » (Jean Gadrey). Le nombre plus important d'emplois aux États-Unis dans la restauration ou les services à la personne apparaît ainsi lié au niveau élevé des inégalités : forts revenus des classes supérieures d'un côté, faibles rémunérations des travailleurs de l'autre.*

III Les craintes qui lui sont associées doivent toutefois être relativisées

A. — La tertiarisation n'équivaut pas forcément à la désindustrialisation

- *Le concept de désindustrialisation est contestable. La production industrielle a continué à croître en volume au cours des dernières années. Une part du transfert entre emplois industriels et emplois tertiaires s'explique par l'externalisation de certaines activités (nettoyage, maintenance, conseil, ingénierie...) par les entreprises industrielles.*
- *L'opposition entre industrie et services est réductrice. Le contenu en services des produits industriels s'est significativement accru (design, publicité, service après-vente). Ces services incorporés dans les marchandises contribuent à la compétitivité hors-prix des pays développés.*

B. — La thèse d'une productivité stagnante dans les services est critiquable

- *Certains services ont connu une croissance significative de leur productivité. Les innovations dans le secteur de l'information et de la communication ont concerné simultanément industrie (microprocesseurs, téléphones mobiles) et services (gestion de réseaux, développement de logiciels). Grâce aux TIC, des gains de productivité significatifs ont été enregistrés dans les services informatiques, mais aussi dans les services financiers ou administratifs.*
- *La notion de productivité est difficilement applicable au secteur tertiaire. Il est malaisé de déterminer et donc de mesurer ce qui est produit. Que produit par exemple un hôpital : des journées d'hospitalisation ? des admissions ? des guérisons ? La mesure de la qualité est complexe. Par exemple, quelle hausse des prix justifie la sophistication croissante des produits financiers proposés par les banques ?*

C. — Le type et la qualité des emplois de service dépendent des modèles nationaux

- *Il existe plusieurs modèles d'économie de services... La part des services personnels et de commerce est plus importante aux États-Unis, celle des services sociaux (éducation, santé) est plus élevée dans les pays d'Europe du Nord. La qualification et la qualité des emplois de service sont supérieures dans les pays d'Europe du Nord.*
- *... qui paraissent correspondre à des normes sociales différentes. La faiblesse des inégalités et l'existence de services publics de qualité pour la garde d'enfants et l'aide à domicile dans les pays d'Europe du Nord limitent les « emplois de serviteurs ». Le rapport du CAE de 2004 (*Productivité et emploi dans le tertiaire*) propose deux voies pour développer les services à la personne en France : diminuer le coût du travail non qualifié ou augmenter la qualité de service.*

SUJET
II

Peut-on toujours parler des classes moyennes ? (Ecricome, 2012.)

Un paradoxe caractérise aujourd'hui la question des « classes moyennes ». D'un côté, elles semblent ne jamais avoir été aussi importantes : l'autoaffiliation aux classes moyennes a tendance à progresser dans les enquêtes d'opinion depuis les années 1970 et elles constituent une référence obligée des discours politiques, chaque camp cherchant à s'attirer leurs faveurs. De l'autre, alors qu'au tournant des années 1970-1980 était fait le diagnostic d'une « moyennisation » de la société française, les classes populaires paraissant amenées à se fondre dans une vaste constellation centrale (Mendras), se développe actuellement la thèse inverse d'une fragilisation des classes moyennes les rapprochant de la situation des classes populaires. De nombreux observateurs médiatiques mais aussi certains sociologues (Jean Lojkine, Louis Chauvel) diagnostiquent ainsi leur crise, voire leur disparition.

Si elle suscite le débat et la critique, d'autres auteurs comme Éric Maurin et Dominique Goux soutenant au contraire que les classes moyennes ont fait mieux que résister à la mauvaise conjoncture économique et qu'elles n'ont jamais été aussi fortes, cette thèse a le mérite de questionner un concept qu'il est difficile de définir plus précisément que comme désignant les groupes sociaux dont la position est intermédiaire entre les classes populaires et les classes supérieures. Se demander si l'on peut toujours parler de classes moyennes amène ainsi à s'interroger à la fois sur la pertinence sociologique de ce concept et sur les réalités qu'il prétend désigner aujourd'hui.

I Parler des classes moyennes est difficile car c'est un univers aux frontières floues et traversé de clivages

A. — Il est malaisé de délimiter et de définir les classes moyennes

- *La signification sociale de l'expression « classes moyennes » a varié au fil du temps. Pendant la première partie du XIXe siècle, la « classe moyenne » correspond à la bourgeoisie industrielle et commerciale puis aux professions libérales. Pendant la deuxième moitié du XIXe siècle, les « classes moyennes » désignent essentiellement les petits commerçants et artisans avant d'inclure aussi, au début du XXe siècle, les salariés non manuels. Pendant les Trente Glorieuses, les catégories salariées intermédiaires qui connaissent une croissance forte s'imposent comme le nouveau cœur des classes moyennes.*
- *Les différents critères utilisés aboutissent à des regroupements plus ou moins larges. Le critère subjectif de l'autopositionnement dans l'espace social et le critère objectif du revenu aboutissent à des résultats très variables et rassemblent des individus aux profils sociaux très différents. Si les groupes socioprofessionnels des professions intermédiaires et des artisans, commerçants et chefs d'entreprise constituent le noyau central des classes moyennes, de nombreux cadres et employés, voire certains ouvriers, s'en rapprochent subjectivement, mais aussi par leurs revenus ou leurs conditions de travail.*
- *Les flux de mobilité et les alliances matrimoniales brouillent les frontières. D'importants flux de mobilité dans les deux sens caractérisent le petit patronat et le salariat intermédiaire. L'hétérogamie est importante chez les professions intermédiaires, notamment chez les femmes dont un quart vivent avec un homme cadre.*

B. — Elles constituent un univers très hétérogène

- *Si l'univers des classes moyennes n'a jamais été homogène... Les catégories indépendantes (petits commerçants et artisans) qui constituaient le gros des classes moyennes au début du XXe siècle mais ont ensuite décliné, s'opposent aux catégories salariées qui ont connu une forte croissance numérique depuis 1950. Elles se différencient à la fois par leurs pratiques culturelles (plus intenses chez les salariés), leurs valeurs (conservatisme des indépendants, libéralisme culturel des salariés) et leur rapport à l'action collective.*

- *... les clivages se sont renforcés et multipliés depuis les années 1980. La séparation entre indépendants et salariés s'est doublée d'une nouvelle ligne de fracture entre salariés du public et salariés du privé : les opportunités de promotion sont plus rares pour les premiers, les risques de déclassement plus élevés pour les seconds. Cette double polarisation pèse sur les choix politiques (vote plutôt à gauche pour les salariés du public, plutôt à droite pour les salariés du privé) et tend à prendre le dessus sur le clivage traditionnel classes supérieures / classes populaires. La moindre progression salariale a accru le clivage entre détenteurs et non-détenteurs de patrimoine.*
- *La position de classe elle-même est concurrencée par de nouveaux critères de regroupement. L'individualisation des carrières et la précarisation de certaines catégories ont accentué les différences internes aux différentes classes (et notamment aux classes moyennes) en termes de revenus et situation d'emploi. De nouvelles oppositions (appartenance ethnique, sexe, âge, orientation sexuelle, génération) traversent les classes moyennes comme l'ensemble de la société.*

II Si la dynamique sociale leur est moins favorable, les classes moyennes n'ont toutefois pas disparu

A. — La position sociale des classes moyennes s'est partiellement fragilisée

- *Une stagnation de leur pouvoir d'achat. Les professions intermédiaires, qui constituent le noyau central des classes moyennes salariées, ont vu leur salaire réel stagner depuis le milieu des années 1970, alors qu'il avait considérablement progressé au cours des Trente Glorieuses. En outre, si l'écart s'est maintenu avec les cadres et professions intellectuelles supérieures, il s'est réduit avec les ouvriers et les employés. Compte tenu de la hausse des prix du logement, les classes moyennes n'ont pu accéder à la propriété qu'en s'endettant plus lourdement et/ou en faisant des sacrifices sur d'autres postes de dépense.*
- *Une fragilisation statutaire. Les indépendants font face à une concurrence croissante : le taux de faillite s'est accru depuis les années 1980. Le risque de chômage s'est accru pour les catégories intermédiaires du salariat, de même que le recours aux emplois atypiques. Les personnels de la santé ont des charges de travail croissantes, ceux de l'éducation doivent prendre en charge des publics plus difficiles. Les salariés intermédiaires des entreprises et de nombreux cadres sont soumis au « néo-management » : valorisation de l'autonomie, mais compétition et évaluations régulières.*
- *Des formes de déclassement. Depuis les années 1980, le nombre de diplômés (bacheliers puis diplômés de l'enseignement supérieur court) a progressé plus vite que les postes correspondants. Certains individus issus des classes moyennes ou aspirant à y accéder font donc l'expérience d'un « déclassement professionnel » : leur situation est moins bonne que celle des personnes de niveau comparable dix ans auparavant. Dans le même temps, l'expansion numérique des groupes des cadres et des professions intermédiaires a mécaniquement déplacé leur position sociale vers le bas : alors que pendant les Trente Glorieuses, les professions intermédiaires constituaient une avant-garde du salariat, elles sont aujourd'hui véritablement dans une position médiane. Certaines professions ont vu leur image sociale se détériorer (instituteurs, professeurs, représentants et vendeurs, techniciens...).*

B. — Mais l'écart avec les classes populaires n'a pas pour autant disparu

- *Leur situation matérielle demeure meilleure que celle des catégories populaires... Alors que l'accession à la propriété est quasi stagnante pour les employés et les ouvriers depuis le début des années 1990, elle a continué à progresser pour les professions intermédiaires, passant de 57 % à 64 % entre 2000 et 2009. Si les inégalités internes sont fortes, les classes moyennes salariées* (a fortiori *les classes moyennes indépendantes) ont un patrimoine moyen nettement supérieur aux employés et aux ouvriers.*
- *... tout comme leur situation professionnelle. Le risque de chômage est deux fois plus élevé chez les ouvriers et les employés que chez les professions intermédiaires. Le temps partiel et les emplois atypiques touchent également plus fortement les catégories populaires. Les salariés intermédiaires bénéficient toujours d'une plus grande autonomie dans leur travail.*
- *Elles demeurent majoritairement un univers de mobilité ascendante. Les cas de mobilité ascendante en cours de carrière restent nombreux chez les professions intermédiaires administratives et commerciales des entreprises. Les classes moyennes salariées ont tiré parti de la démocratisation scolaire : la mobilité sociale ascendante intergénérationnelle est plus fréquente chez les enfants issus des professions intermédiaires que chez ceux d'employés ou d'ouvriers.*

CHAPITRE 3

ÉCONOMIE ET SOCIOLOGIE DU DÉVELOPPEMENT

I

LES INÉGALITÉS DE DÉVELOPPEMENT

Si la richesse mondiale augmente, l'inégalité de sa répartition ne diminue pas. Selon le Programme des Nations unies pour le développement (PNUD), 75 % de la population mondiale possède 25 % du revenu mondial. Une grande partie de la population mondiale ne parvient pas à satisfaire ses besoins essentiels. Le sous-développement est indéniable. La question des critères et des indicateurs permettant de le caractériser est ainsi essentielle, dans la mesure où ils peuvent permettre de fixer des objectifs et des stratégies de développement, mais aussi d'évaluer les résultats de ces stratégies.

A COMMENT CARACTÉRISER LE SOUS-DÉVELOPPEMENT ?

Le concept de sous-développement a été largement utilisé après la Seconde Guerre mondiale pour désigner les pays pauvres par opposition aux pays riches, industrialisés et développés. Qualifier la situation des pays ne connaissant pas de trajectoire de développement similaire aux pays occidentaux est apparu nécessaire parce que la situation de ces pays constituait un enjeu économique et politique.

1. – Une diversité des situations

Il faut se garder de toute généralisation lorsqu'on parle des PED, qui ne forment pas un groupe économiquement et socialement homogène.

a. — Le choix des termes

La question du choix des termes pour nommer les pays qui ne sont pas les pays industrialisés est importante et elle n'est pas uniquement technique. Elle renvoie aussi à une analyse théorique. De plus, du fait de la diversification croissante des pays concernés, la question se pose aussi de la légitimité de les rassembler sous un terme unique.

■ **Le tiers-monde, ou la logique du troisième bloc**

Ce terme, forgé par Alfred Sauvy en 1952, fait une analogie avec le tiers état de la France de l'Ancien Régime. L'auteur évoque l'existence de deux mondes, pays « occidentaux » et pays du « bloc communiste », entre lesquels sévit une guerre froide pouvant se muer en conflit ouvert ; cette opposition tend à nier l'existence d'un troisième monde, l'ensemble des pays sous-développés, d'ailleurs convoité par les deux blocs, qui présente des caractères spécifiques, notamment sa croissance démographique galopante. Continuer à l'utiliser aujourd'hui suppose l'affirmation de la persistance d'une certaine unité des pays concernés, même si cette dernière est moins apparente qu'il y a une cinquantaine d'années.

- **Les pays sous-développés, en voie de développement ou en développement, ou la logique de la croissance**

L'appellation « pays sous-développés » rejoint l'idée que ces pays ont un retard à combler, l'objectif devant être de rattraper la situation des économies industrialisées : celle-ci est considérée comme la norme à atteindre. Ce terme peut être vu comme la traduction de la pensée de Walt Whitman Rostow. Cette vision a été remise en cause, en particulier par François Perroux qui critiquait la non-prise en compte des spécificités de ces pays.

Les termes « pays en voie de développement » (PVD) ou « pays en développement » (PED) ont été jugés moins négatifs que ceux de pays sous-développés. L'appellation PED est la plus fréquemment utilisée aujourd'hui par les institutions internationales. Mais là encore, les spécificités des pays concernés ne sont pas mises en avant. De plus, elle laisse supposer que la situation de tous ces pays s'améliore effectivement sur le long terme.

Le PNUD emploie les termes de « pays développés » pour les pays présentant un indicateur de développement humain très élevé, alors que tous les autres pays sont qualifiés de « pays en développement ».

- **Les pays du Sud, les pays pauvres, ou la logique de situation**

Lorsqu'on parle de « pays du Sud », il s'agit d'une opposition aux pays du Nord. L'idée est qu'il existe un clivage persistant entre les économies industrialisées et les autres. La limite de ce vocabulaire est le renvoi implicite à une conception géographique de la situation des pays. Les pays du Sud sont majoritairement situés sous le tropique du Cancer ; les conditions naturelles sembleraient alors le facteur les empêchant de se développer. Mais, évidemment, ce n'est pas le cas. Il suffit de penser aux pays développés, comme l'Australie, la Nouvelle-Zélande, qui se trouvent au sud.

L'appellation de « pays pauvres » décrit la situation de la grande majorité de la population dans ces pays, mais ne montre pas l'existence d'inégalités qui peuvent être très importantes, tant entre les pays qu'au sein des pays. Cela laisse aussi à penser que la situation de ces pays serait due à un manque de ressources, sans soulever la question de l'utilisation et de la répartition des ressources. Ainsi, certains pays sont riches au niveau de leur sous-sol ou plus largement de leur biodiversité (comme la République démocratique du Congo ou encore Madagascar).

b. — Des éléments de différenciation importants entre les pays

Il existe des différences tout aussi importantes entre les PED eux-mêmes qu'entre les PED et les pays industrialisés.

- **Les pays émergents**

L'appellation de pays émergents est souvent préférée, aujourd'hui, à celle de nouveaux pays industrialisés (NPI). Elle s'applique à un petit groupe, non officiel, d'une vingtaine de pays ouvrant des perspectives de débouchés aux firmes du reste du monde, des opportunités d'investissements directs et de placements aux capitaux mondiaux sur de nouveaux marchés financiers en forte expansion (marchés financiers émergents). Ces pays, qui se sont intégrés de manière très importante dans le système économique, commercial et surtout financier mondial, ont connu un taux de croissance exceptionnellement fort, conjugué à un accroissement important de leur poids dans les échanges internationaux. Ils attirent la majeure partie des investissements internationaux et des mouvements de capitaux à destination du monde en développement, et jouent un rôle clé dans la croissance économique mondiale.

Parmi ces pays, on retrouve les « BRIC » (Brésil, Russie, Inde et Chine), fers de lance politiques de ce groupe. L'acronyme BRIICS est aussi parfois utilisé pour montrer le rôle non négligeable de l'Indonésie, mais aussi de l'Afrique du Sud, plus en retrait de la scène mondiale, mais vecteur de croissance pour l'Afrique. Il ne faut pas oublier également des pays comme l'Argentine, la Turquie, l'Arabie saoudite.

Les pays émergents affichent des taux d'emploi relativement élevés. Néanmoins, leur marché du travail revêt un caractère informel, ce qui explique en partie le gros écart de productivité qui les sépare des grandes économies industrialisées. Ils sont devenus des piliers essentiels de l'économie mondiale et, de plus en plus, du système de gouvernance mondiale. En 1999 est créé le G20 au sommet de Cologne, qui rassemble le G7 traditionnel plus douze pays émergents, dont le Brésil, la Chine, la Corée du Sud et l'Inde, pour participer à un forum de réflexion sur le système financier mondial (à ces dix-neuf pays s'ajoute une représentation de l'Union européenne, d'où le nom de G20). L'importance prise par ce groupe de pays est révélée par la participation de la majeure partie d'entre eux au sommet du G20 de novembre 2008 pour trouver des solutions à la crise financière et économique.

Le développement des pays émergents remet en cause la séparation traditionnelle entre pays développés et pays en développement. L'OCDE rappelle ainsi qu'il est de l'intérêt de tous qu'ils mettent en œuvre – au même titre que les pays développés – des réformes structurelles, qui constituent une partie de la solution à nombre des problèmes mondiaux, qu'il s'agisse des déséquilibres mondiaux ou du changement climatique.

■ **Les pays les moins avancés**

Dès 1971, l'ONU a établi une liste des pays les moins avancés (PMA), liste révisée tous les trois ans. Il s'agissait de cibler les États les plus pauvres de la planète, afin de mieux allouer les ressources et les aides au développement. En 2016, ils sont au nombre de quarante-huit : trente-quatre pays africains, neuf pays asiatiques, un pays des Caraïbes (Haïti) et quatre îles du Pacifique. Ils regroupent environ 900 millions de personnes, soit un huitième de la population mondiale, mais représentent moins de 0,9 % du PIB mondial.

L'inscription sur la liste proposée par l'ONU est acceptée ou non par les gouvernements. Cela peut expliquer que des pays tels que le Zimbabwe, la Bolivie ou la Corée du Nord n'en fassent pas partie.

Trois critères sont retenus par la CNUCED (Conférence des Nations unies sur le commerce et le développement) pour caractériser les PMA :

- un faible revenu, mesuré par le revenu national brut par habitant avec un seuil de 750 $;
- une insuffisance de ressources humaines, évaluée par un indicateur de capital humain regroupant des données sur la nutrition (part de la population sous-alimentée), de santé (taux de mortalité infantile), d'éducation (taux de scolarisation) et d'alphabétisation (taux d'alphabétisation des adultes) ;
- un critère de vulnérabilité économique, mesuré par un indice regroupant des données sur l'exposition aux crises naturelles, aux crises commerciales, aux autres crises économiques, et tenant compte de la petite dimension du marché intérieur et de l'éloignement économique par rapport aux pôles de richesse mondiaux.

Les PMA ont des structures qui sont un obstacle au développement : structures productives (fort déséquilibre de la production en faveur du secteur agricole), commerciales (faible part des produits manufacturés dans leurs exportations), sociales (structures sociales inégalitaires et fortement rigides), politiques (instabilité politique, guerres civiles) et démographiques (fort accroissement démographique du fait de la forte natalité et de la baisse amorcée de la mortalité dans le cadre de la transition démographique). Ils bénéficient en conséquence de mesures commerciales spécifiques dans le cadre de l'OMC, comme un accès privilégié aux marchés des autres pays. De plus, ils se voient octroyer des prêts à taux plus faibles de la part des institutions internationales (prêts concessionnels de l'Association internationale de développement de la Banque mondiale) et bénéficient de l'initiative conjointe du FMI et de la Banque mondiale de réduction de la dette (dite « initiative pays pauvres très endettés » [PPTE]). Depuis le début des années 2000 et à la différence des décennies précédentes, les PMA semblent avoir amorcé un processus de rattrapage économique en connaissant un taux de croissance économique moyen sur la période de plus de 7 %. Ce phénomène est encourageant mais encore bien fragile, cette croissance dépendant fortement de la situation des marchés internationaux. De plus, les PMA forment de moins en moins un groupe homogène. Les PMA asiatiques constituent l'avant-garde économique du groupe avec des niveaux de revenu par habitant et de développement plus élevés, alors que les PMA africains ont des niveaux de pauvreté et de sous-développement très forts. La Cnuced tire la sonnette d'alarme dans son rapport 2016 sur les pays les moins avancés (PMA), intitulé *Le Processus de reclassement et au-delà : tirer parti de la dynamique*. Le processus de la sortie de ces pays du cercle vicieux de la pauvreté et du sous-développement est en panne. La communauté internationale s'était pourtant engagée à s'assurer que, d'ici 2020, la moitié des pays classés PMA sortent de cette catégorie. Cet objectif ne paraît pas pouvoir être tenu avec le ralentissement de leur croissance économique, tombée en moyenne à 3,5 %, alors qu'il faudrait une progression annuelle de 7 % pour sortir de la catégorie des PMA.

Treize de ces pays, essentiellement africains, ont même connu en 2015 une baisse de leur PIB par habitant, baisse largement expliquée par l'effondrement des cours des matières premières, ce qui constitue un handicap pour la mobilisation de ressources internes nécessaires à la transformation structurelle de leurs économies. La réalisation des objectifs de développement durable des Nations unies paraît alors difficile pour certains de ces pays.

■ **Un éclatement du tiers-monde ?**

Les PED du début du XXIe siècle offrent une vision contrastée entre, d'une part, des pays émergents, au sommet de l'échelle en termes de revenus, mais qui peuvent connaître des crises financières récurrentes (Asie de l'Est et Amérique latine émergente surtout), et d'autre part des pays au contraire très pauvres, situés tout en bas de l'échelle en termes de revenus, qui sont vulnérables, dépendant de monoexportations de matières premières et de l'aide publique au développement (Afrique subsaharienne surtout). « Entre les deux, un ensemble hétéroclite de pays dits à revenus intermédiaires regroupe à la fois des pays importateurs de pétrole (Côte d'Ivoire) et des pays exportateurs (Congo), des pays géants (Nigeria) et des micro-États (ceux du Pacifique, par exemple), des pays qui sont sur le point d'entrer dans le clan des pays émergents (Indonésie) et d'autres au contraire qui sont tirés vers le bas en raison de dysfonctionnements politiques graves (Zimbabwe) », selon Sylvie Brunel (*Cahiers français*, « Développement et mondialisation », n° 310, septembre-octobre 2002).

Si les PED voient leur part dans le commerce international progresser depuis les années 1970 et une majorité de leurs exportations être constituées de produits manufacturés, ce n'est dû qu'au décollage économique de l'Asie de l'Est. Entre 1948 et 2008, la part des pays émergents dans le commerce mondial est passée de 4 % à plus de 17 %, celle des PMA de 7,3 % à 2,1 %. On assiste ainsi à une marginalisation très forte des PMA dans le commerce mondial. Il faut toutefois noter un signe positif lors de la décennie 2000-2009, où les exportations de marchandises des PMA ont atteint un taux de croissance annuel moyen de 14 %, soit presque le double du taux de croissance du commerce mondial pendant la même période. Mais ces pays sont restés spécialisés dans l'exportation de produits primaires et de produits de base, alors que les pays émergents ont réussi à faire évoluer leur spécialisation vers les produits manufacturés.

D'un point de vue politique et social, les différences peuvent aussi être très importantes. Le plus grand PED, la Chine, est dirigé par un gouvernement communiste. Le deuxième, l'Inde, est considéré comme la plus grande démocratie du monde. De même, les taux d'alphabétisation du Costa Rica sont similaires à ceux des pays industrialisés. En revanche, plus de la moitié de la population adulte en Afrique subsaharienne est illettrée.

Enfin, les PED ne connaissent pas les mêmes situations démographiques. Les pays émergents sont en train d'achever leur transition démographique : l'Amérique latine ne connaît plus qu'un taux de croissance démographique annuel moyen de 1,3 %. Les PMA sont encore en pleine transition démographique : l'Afrique subsaharienne voit encore sa population augmenter de 2,8 % par an. La prévalence des maladies tropicales, du sida, est là encore différente selon les pays considérés. Les problématiques en termes de santé publique ne sont donc pas les mêmes.

c. — Des inégalités internes aux pays

Il existe de fortes inégalités entre les pays (inégalités *between*), que ces inégalités soient mesurées en termes monétaires ou qu'elles soient mesurées à l'aide d'indicateurs plus révélateurs des niveaux de développement. Mais il ne faut pas oublier les inégalités internes aux pays (inégalités *within*).

Dans les économies émergentes, l'accélération de l'intégration dans l'économie mondiale et l'adoption de réformes se sont traduites par une forte croissance économique. Des progrès considérables ont ainsi été réalisés sur le front de la réduction de l'extrême pauvreté qui, selon la définition de la Banque mondiale, concerne les personnes vivant avec moins de 1,90 $ par jour (PPA 2011).

Le nombre de personnes dans le monde vivant sous ce seuil de pauvreté a diminué d'un peu plus d'un milliard en trente ans, passant de 2 milliards en 1981 à 700 millions aujourd'hui, ce qui représente un peu moins de 10 % de la population mondiale. Une évolution d'autant plus positive que, dans le même temps, la population mondiale est passée de 4,5 à 7 milliards d'individus.

Cependant les inégalités entre pays sont grandes. Les importants progrès faits en Asie ou encore en Amérique du Sud contrastent avec la lente amélioration de la situation en Afrique subsaharienne.

Cependant, les études récentes du FMI ou du PNUD (revue *Finances & Développement*, décembre 2012), montrent que dans les années quatre-vingt et depuis la seconde moitié des années quatre-vingt-dix, les inégalités se sont creusées dans la grande majorité des pays, dont les PED. Cette montée des inégalités de revenus intervient alors qu'elles étaient déjà fortes dans les économies émergentes, à l'exception du Brésil où elles ont fortement reculé ces dix dernières années, même si elles restent importantes. Dans ce pays, les plus pauvres ont tiré parti de la progression des revenus en termes réels, alors qu'en Afrique du Sud, en Chine et en Inde, la concentration des revenus entre les mains des plus riches s'est accrue. En général, les inégalités internes dans les pays émergents sont plus élevées que dans les pays développés.

Plusieurs explications peuvent être avancées pour comprendre l'augmentation des inégalités dans les pays émergents. La forte proportion des emplois existant dans le secteur informel favorise les inégalités, les actifs occupés dans ce secteur occupant généralement des emplois peu rémunérés et peu productifs et étant, dans la plupart des cas, exclus des régimes officiels de protection sociale. Si l'emploi informel a sensiblement fléchi au Brésil depuis le milieu des années 1990, il a progressé en Afrique du Sud, en Chine et en Inde. La fiscalité et le système de protection sociale ont un rôle redistributif relativement faible. La couverture sociale y est généralement plus faible que dans la plupart des pays de l'OCDE, même si, au cours de ces dernières années, la tendance mondiale est à l'extension de la protection sociale, en particulier dans les pays à revenu intermédiaire, ainsi que le souligne le Rapport sur la protection sociale dans le monde 2014-2015, de l'Organisation internationale du travail (seuls 27 % de la population mondiale dispose d'un accès à une sécurité sociale complète). Enfin, d'autres facteurs d'inégalités dans les pays émergents existent, comme les disparités entre des régions ou des groupes ethniques différents, entre les populations rurale et urbaine, et entre les travailleurs immigrés et non immigrés.

Ainsi, en Chine, le creusement de l'inégalité spatiale provient principalement de différences à l'intérieur des provinces, où existent de grandes disparités dans l'accès aux services de base des populations rurale et urbaine, plutôt que d'une fracture entre les provinces. Trois facteurs principaux peuvent expliquer près des trois quarts de la différence entre villes et campagnes, ainsi que le soulignent les *Études économiques de l'OCDE : Chine 2010* : en milieu urbain, le niveau d'instruction est bien plus élevé et les études supérieures permettent d'obtenir des emplois mieux rémunérés ; la prime à l'expérience y augmente avec l'âge, alors que c'est l'inverse à la campagne, où elle baisse après 45 ans ; de plus, un plus grand nombre de personnes à charge pèse sur les ménages ruraux.

L'accès à l'éducation demeure lui aussi très inégalitaire en Inde du fait de déséquilibres entre les différents États. De plus, les bénéfices de la croissance se concentrent dans les États qui sont déjà les plus riches, ce qui creuse l'écart avec les États les plus pauvres et les plus peuplés.

En Afrique du Sud, les clivages géographiques reflètent l'inégalité provenant de l'appartenance à un groupe. Des groupes ethniques et sociaux historiquement défavorisés se concentrent dans des régions particulières. Quel que soit le critère de pauvreté considéré, les Africains sont plus pauvres que les métis, qui sont eux-mêmes plus pauvres que les Indiens et les Asiatiques, lesquels sont beaucoup plus pauvres que les Blancs.

2. – La mesure du développement

Pendant plusieurs décennies, le développement n'a pas été réellement mesuré. L'accent était mis sur la mesure de l'augmentation du niveau de vie. Si cette méthode a pour avantage la simplicité et la facilité d'utilisation, l'incapacité de la croissance économique à améliorer le bien-être d'une proportion significative de la population dans de nombreux pays a mis en évidence la nécessité de recourir à des instruments de mesure plus complets, qui rendent également compte du développement humain.

a. — Des indicateurs en termes monétaires

Ces indicateurs ont été essentiellement développés par la Banque mondiale. Cette organisation internationale se compose de deux institutions administrées par 187 États membres : la Banque internationale pour la reconstruction et le développement (BIRD), créée en 1944, et l'Association internationale de développement (IDA,1960) qui est l'une de ses filiales. La BIRD a pour objectif de réduire la pauvreté dans les pays à revenu intermédiaire et dans des pays plus pauvres mais solvables, tandis que l'IDA cible ses efforts exclusivement sur les pays les plus pauvres du monde. Ces deux institutions forment en partie le Groupe de la Banque mondiale[1].

■ L'indicateur du revenu national brut

La Banque mondiale classe les économies du monde en fonction des estimations du revenu national brut (RNB) par habitant de l'année passée.

Le RNB est la somme du produit national brut (PNB) et du revenu net provenant de l'extérieur (rémunération du travail et revenus fonciers). Afin de procéder à la classification, les valeurs

1 Le Groupe de la Banque mondiale comprend trois autres institutions : la Société financière internationale, qui vise à stimuler l'investissement privé dans les PED ; l'Agence multilatérale de garantie des investissements, qui offre aux investisseurs des garanties contre les risques commerciaux dans les PED ; et le Centre international pour le règlement des différends relatifs aux investissements, chargé d'opérations de conciliation et d'arbitrage des différends liés aux investissements.

en monnaies nationales sont converties en dollars des États-Unis sur la base de la moyenne mobile sur trois ans du taux de change.

En 2016, les critères sont les suivants : un RNB par habitant inférieur ou égal à 1 025 dollars définit les pays à faible revenu ; un RNB par habitant compris entre 1 026 et 4 035 dollars définit les pays à revenu intermédiaire de la tranche inférieure tandis qu'un RNB par habitant compris entre 4 036 à 12 475 dollars définit les pays à revenu intermédiaire de la tranche supérieure ; et un RNB par habitant supérieur ou égal à 12 476 dollars définit les pays à revenu élevé.

Avec les données de 2013, les économies à faible revenu sont celles qui ont un revenu moyen par habitant de 1 035 dollars ou moins ; les économies à revenu intermédiaire de la tranche inférieure, un revenu moyen compris entre 1 036 et 4 085 dollars ; les économies à revenu intermédiaire de la tranche supérieure, un revenu moyen compris entre 4 086 et 12 615 dollars ; et les économies à revenu élevé un revenu moyen de 12 616 dollars ou plus. Les économies à faible revenu et à revenu intermédiaire sont généralement qualifiées d'économies en développement ; cependant, cela ne signifie ni que les économies d'un même groupe de revenu ont atteint le même stade de développement, ni que les économies à revenu élevé ont atteint un stade de développement souhaité ou final.

Cette classification rencontre des limites, elle réduit le développement à la seule variable du niveau de vie.

■ L'indicateur de la pauvreté monétaire de la Banque mondiale

Les indicateurs de pauvreté monétaire sont les plus couramment utilisés pour estimer le nombre de pauvres. Le poids de la Banque mondiale – financier et en termes d'expertise – et son influence sur les questions de pauvreté et de développement expliquent en partie cette domination des indicateurs monétaires. Si la Banque mondiale admet la multidimensionnalité de la pauvreté, elle ne réserve le terme de « pauvreté » qu'aux indicateurs de pauvreté monétaire liée aux revenus.

Pour déterminer la catégorie des *income-poors* (pauvres au niveau du revenu), la Banque mondiale fixe des seuils de pauvreté. Le seuil retenu pour évaluer la pauvreté « absolue » est de 1,90 $ par jour. Ce qui correspond à la moyenne des seuils de pauvreté nationaux dans les pays en développement, eux-mêmes calculés à partir du niveau minimum de calories nécessaire à la survie. Ce seuil est ensuite traduit en un seuil « national » (c'est-à-dire en monnaie locale) par le biais d'une formule de parité du pouvoir d'achat. La Banque mondiale retient aussi un seuil supérieur de « 3,10 $ par jour ». Le choix de l'un ou de l'autre dépend du niveau de développement. S'agissant des pays à revenu intermédiaire, comme l'Amérique latine ou certains pays d'Asie, le second seuil est considéré comme étant un meilleur indicateur de la pauvreté réelle des populations. Le premier seuil est, quant à lui, adapté aux pays les moins avancés, dont l'Afrique subsaharienne.

Ratio de la population pauvre en 2012 *(en %)*

	Moins de 1,90 $ par jour (PPA)
Afrique subsaharienne	42,7
Amérique latine et Caraïbes	5,6
Asie de l'Est et Pacifique	7,2
Asie du Sud	18,8
Europe et Asie centrale	2,1
Monde	12,7

Source : Banque mondiale.

b. — D'autres indicateurs sont nécessaires pour mesurer le développement

D'autres indicateurs sont essentiels pour prendre davantage en compte le caractère humain du développement. Le PNUD en propose ainsi plusieurs qui ont évolué dans le temps, s'inspirant de l'approche d'Amartya Sen (1981) de la pauvreté par les *capabilities* (capacités à être ou à faire), les pauvres étant ceux qui ne possèdent pas ces capacités à être ou faire et n'ont donc pas la liberté de choisir leur vie. Depuis 1990, date de la première présentation de l'indicateur de développement humain, le PNUD a proposé toute une batterie d'indicateurs permettant d'explorer différentes dimensions du développement. Chaque rapport est l'occasion de fournir de nouveaux indices, dont certains ne connaissent pas toujours d'actualisation.

■ **L'indice de développement humain (IDH)**

Le *Rapport sur le développement humain* a été présenté pour la première fois en 1990 avec l'objectif de replacer les individus au centre du processus de développement. Le but était d'évaluer le bien-être des personnes sur le long terme et de mettre l'accent sur le fait que les buts du développement sont les choix et les libertés.

Une nouvelle manière de mesurer le développement est introduite en faisant la synthèse des indicateurs d'espérance de vie, de niveau d'études et de revenu, pour aboutir à un indicateur composite du développement humain, l'IDH. L'IDH établit un minimum et un maximum pour chaque dimension, appelés balises, et indique ensuite la situation de chaque pays par rapport à ces dernières (dont la valeur varie entre 0 et 1).

Il est distingué plusieurs groupes de pays : à IDH très élevé, comme la France ; à IDH élevé, comme Cuba ; à IDH moyen, comme l'Afrique du Sud ; à IDH faible, comme le Burkina Faso.

Composantes de l'indice de développement humain (IDH)

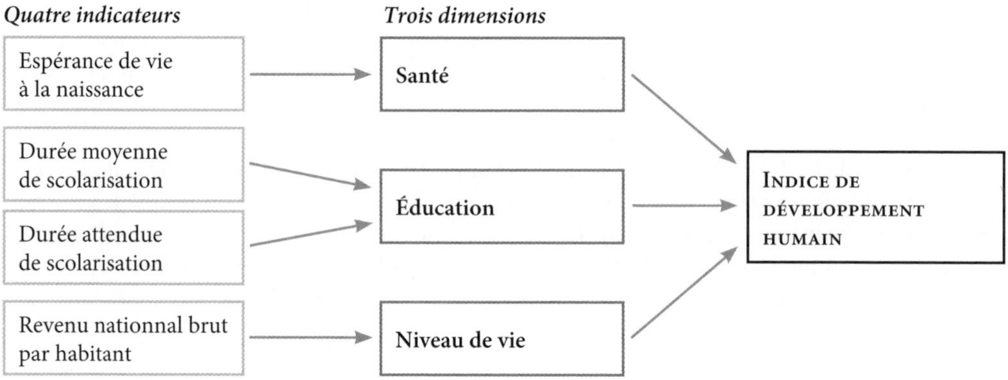

Source : BRHO.

Ainsi, l'IDH offre une sérieuse alternative au RNB pour mesurer les progrès socio-économiques. Comparer les classements des pays, des régions ou des groupes ethniques au sein des pays en fonction de l'IDH et du revenu par tête met en valeur la relation qui existe entre, d'un côté, leur richesse matérielle et, de l'autre côté, leur développement humain. Tout écart négatif implique un potentiel de réallocation des ressources au développement humain.

L'IDH peut donc être utilisé pour remettre en question les choix de politiques nationales, en se demandant pourquoi deux pays avec le même niveau de RNB par habitant peuvent se retrouver avec des résultats différents en matière de développement humain, ou inversement. Par exemple, en 2015, les RNB par habitant en dollars PPA d'Oman et de Cuba sont de 38 650 $ et 7 455 $, alors que leurs IDH sont très proches (respectivement 0,796 et 0,776).

■ **L'indice de développement humain ajusté aux inégalités (IDHI)**

L'IDHI ajuste l'IDH en tenant compte des inégalités dans la répartition de chaque dimension au sein de la population. L'IDHI « réduit » la valeur moyenne de chaque dimension en fonction du niveau d'inégalité qu'elle présente. Ainsi, l'IDHI est en théorie égal à l'IDH s'il n'existe aucune inégalité entre les individus, et diminue pour s'éloigner de l'IDH à mesure que les inégalités augmentent. Ainsi, l'IDHI représente le niveau réel du développement humain (tenant compte des inégalités), tandis que l'on peut considérer l'IDH comme un indice de développement humain « potentiel » qu'il serait possible d'atteindre en l'absence de toute inégalité. La différence entre les deux indicateurs, exprimée sous forme de pourcentage, indique la « perte » subie par le développement humain potentiel en raison des inégalités.

■ **L'indice des inégalités de genre (IIG)**

Cet IIG traduit le désavantage des femmes dans trois dimensions : la santé de la reproduction, l'autonomisation et le marché de l'emploi. L'indice indique les pertes en termes de développement humain causées par les inégalités entre femmes et hommes au regard de ces dimensions. Il varie entre 0 – situation dans laquelle les femmes ont un traitement égal aux hommes – et 1, cas dans lequel la condition des femmes est aussi mauvaise que possible quelle que soit la dimension mesurée.

■ **L'indice de pauvreté multidimensionnelle (IPM)**

L'IPM reflète les privations multiples dont souffre chaque individu, au travers des mêmes trois dimensions que celles considérées par l'IDH (éducation, santé et niveau de vie). Un manque unique peut ne pas signifier nécessairement la pauvreté. Ainsi, l'IPM fait état de manque de la part d'un ménage selon des indicateurs multiples. Une personne est pauvre de manière « multidimensionnelle » si les indicateurs pondérés dans lesquels elle subit des manques s'élèvent à au moins 33,3 %.

Composition de l'indice de pauvreté multidimensionnelle

Dimension	Indicateur		Pondération
Éducation	Années de scolarité	Aucun membre du ménage n'a au moins 5 ans de scolarité complète	1/6
	Fréquentation scolaire	Un enfant en âge scolaire ne va pas à l'école	1/6
Santé	Mortalité infantile	Le ménage a connu un décès d'enfant au cours des cinq dernières années	1/6
	Nutrition	Un enfant ou un adulte dans la famille souffre de malnutrition	1/6
Conditions de vie	Électricité	Le ménage n'a pas accès à l'électricité	1/18
	Équipements sanitaires	Les équipements sanitaires du ménage ne sont pas adéquats ou sont utilisés en commun avec d'autres ménages	1/18
	Eau potable	Le ménage n'a pas accès à l'eau potable ou cet accès est à 30 minutes ou plus à pied en aller-retour	1/18

Dimension	Indicateur		Pondération
	Revêtement du sol	Le plancher du logement est fait de boue, bouse ou sable	1/18
	Énergie de cuisson	La cuisson des aliments est effectuée au bois, au charbon de bois ou à la bouse	1/18
	Biens d'équipement	Le ménage ne possède pas plus d'un des biens suivants : poste de radio, télévision, téléphone, vélo, moto, voiture	1/18

1,6 milliard d'êtres humains souffrent de pauvreté multidimensionnelle. Selon l'IPM, il y a 50 % de pauvres en plus que selon l'approche monétaire de 1,90 $ par jour. 54 % de la population des pays d'Afrique (hors Afrique du Nord) souffre de pauvreté multidimensionnelle. Dans certains pays, l'écart entre la pauvreté multidimensionnelle et la pauvreté de revenu est frappant. Cette dernière ne donne pas une indication exacte des privations subies dans les domaines de la santé, de l'éducation et des conditions de vie.

Certains pays ont réussi à réduire cette pauvreté multidimensionnelle depuis quelques années. C'est le cas notamment du Rwanda (le pays a non seulement réduit sa pauvreté IPM plus rapidement que tous les pays, mais aussi dans tous ses indicateurs), du Ghana, du Liberia, des Comores, de la République démocratique du Congo, du Burkina-Faso, du Gabon ou du Mozambique.

Mais sur les 30 pays qui ont considérablement réduit leur pauvreté, seulement 12 ont réduit le nombre de pauvres. En effet, pour 18 pays, la croissance de la population a augmenté le nombre de pauvres.

L'IPM est un outil essentiel car il peut contribuer à cibler les ressources de développement de manière plus efficace. Il peut être observé par les bailleurs de fonds, mais aussi par les gouvernements pour juger de l'efficacité des politiques menées en faveur de la réduction de la pauvreté et du développement. Ces indicateurs ont par ailleurs servi à la détermination des Objectifs du millénaire pour le développement en 2000, puis à celle des dix-sept Objectifs du développement durable adoptés en 2015.

B LES CAUSES DU SOUS-DÉVELOPPEMENT

La problématique, ici soulevée, est de comprendre les raisons du sous-développement de certains pays. Des raisons très diverses sont avancées et toutes ne font pas l'objet d'un consensus.

1. – Le sous-développement pourrait s'entendre comme un retard de développement

Le courant libéral considère le sous-développement comme un simple retard de développement qui pourra être rattrapé par des politiques appropriées, imitant celles adoptées par les pays développés lors de leur industrialisation.

a. — Une approche libérale

Le sous-développement s'explique par un retard dans le processus de développement. W. W. Rostow constitue le représentant le plus significatif de ce courant. Dans *Les Étapes de la croissance économique, un manifeste non communiste* (1960), il décrit les étapes de développement par lesquelles toute société doit passer au cours de son histoire. La première étape est celle de la société traditionnelle, où domine l'activité agricole. Le progrès technique est absent, la croissance est nulle. La deuxième étape est celle des conditions préalables au décollage, ou *take-off*, que sont la révolution démographique, la révolution commerciale, la révolution des transports, l'évolution des mentalités qui commencent à rompre avec le fatalisme. La troisième étape est celle du *take-off*, étape au cours de laquelle « la société s'affranchit des obstacles qui s'opposaient à la croissance». Les taux d'épargne et d'investissement augmentent significativement et la croissance apparaît. La quatrième étape est celle de la « marche vers la maturité » où le progrès technique se diffuse à l'ensemble des activités. Enfin, la dernière étape est « l'ère de la consommation de masse ».

Ces étapes sont calquées sur l'évolution des sociétés européennes du XVe au XXe siècle, et un pays sous-développé est alors un pays qui n'a pas encore atteint la dernière étape.

Pour franchir de telles étapes, les théoriciens néoclassiques prônent l'accumulation d'épargne afin de financer le processus de croissance et ainsi amorcer le take-off. S'appuyant sur les acquis théoriques des avantages comparatifs de Ricardo et du théorème Heckscher-Ohlin-Samuelson, ils mettent aussi en avant les bénéfices que les PED tireraient d'une plus grande insertion dans le commerce international. L'économie néoclassique met donc en avant un modèle uniforme de croissance pour l'ensemble des PED qui prendra la forme des politiques mises au point à partir des années 1980 par les grandes institutions internationales comme le FMI ou la Banque mondiale à travers le « consensus de Washington » : l'ouverture commerciale et la libéralisation des structures économiques et financières.

b. — Une vision controversée

Le sous-développement des PED n'est pas assimilable à la situation des pays européens avant la révolution industrielle. En effet, un point commun à la plupart des PED est le processus de colonisation qu'ils ont subi de la part des économies aujourd'hui développées, entre le XVIe siècle pour l'Amérique latine et les XVIIIe et XIXe siècles pour l'Asie et l'Afrique. Certains pays n'ont pas connu de colonisation directe, ont gardé un pouvoir politique indépendant et ont même pu exercer une domination sur des pays voisins. Mais ils ont connu l'implantation sur leur territoire de comptoirs commerciaux ou de sociétés étrangères (comme en Chine) et se sont donc trouvés insérés dans le système colonial mondial.

Si les modalités de la colonisation ont pu être différentes selon les puissances coloniales et selon les régions concernées, un point commun peut être relevé : la mise en valeur des ressources productives se fait en fonction des besoins de la métropole. L'insertion de ces pays dans le commerce colonial a provoqué le démantèlement des structures productives locales, notamment dans l'industrie, dans les pays où cette activité commençait à se développer. Paul Bairoch (*Le Tiers-Monde dans l'impasse*, 1971) décrit ainsi comment les échanges commerciaux imposés par la Grande-Bretagne vont conduire l'Inde, traditionnellement exportatrice de cotonnades, à devenir importatrice, n'exportant plus que des matières premières.

Il ne faut pas, évidemment, oublier les pertes humaines considérables liées à l'esclavage. Les conséquences de l'esclavage en Afrique sont estimées à une perte humaine de 40 à 100 millions de personnes directement ou indirectement, et le nombre d'esclaves à près de 20 millions entre le XVIe et le XIXe siècle. Cette ponction sur la population, essentiellement de personnes en âge de travailler, a causé un arrêt du progrès technique.

De plus, le fonctionnement contemporain de l'économie mondiale n'offre pas les mêmes possibilités aux PED de franchir les étapes de l'industrialisation dans des conditions identiques. Le caractère universel et linéaire de la trajectoire de développement décrite par Rostow est remis en cause. Cette idée avait déjà été émise par Alexander Gerschenkron, en 1962, dans *Economic Backwardness in Historical Perspective*, où il soutenait que le développement ne suit pas nécessairement les étapes décrites par Rostow : les pays en retard (*late-comers*) mettent en œuvre des stratégies spécifiques leur permettant de rattraper les pays en avance.

Enfin, l'idée selon laquelle il y aurait un stade unique de développement souhaitable est restrictive et normative. Cette dernière étape de la croissance, « l'ère de la consommation de masse », serait le but ultime. La spécificité des sociétés et des cultures est oubliée.

2. – Les structures des PED peuvent représenter des obstacles au développement

Un pays en développement connaîtrait des blocages empêchant le processus de développement de se mettre en place. La prise en compte de ces obstacles est nécessaire pour comprendre le sous-développement.

a. — Le dualisme de l'économie

Des approches hétérodoxes considèrent que le dualisme du système économique des PED est un handicap pour leur développement, alors que des auteurs voient ce dualisme comme une opportunité.

■ **Le dualisme peut bloquer le développement**

François Perroux relie le sous-développement à la désarticulation de l'économie résultant du dualisme de l'économie : un secteur moderne côtoie un secteur traditionnel. À la frontière des deux secteurs s'insère une économie informelle : activités de réparation, de transformation et de vente de biens industriels... Ces activités sont très peu capitalistiques et faiblement productives (cireurs de chaussures, vendeurs de lacets, de cigarettes à l'unité...).

La désarticulation provient du fait que l'essor du secteur moderne, lié aux échanges commerciaux et financiers avec l'étranger, n'exerce aucun effet d'entraînement (ou très peu) sur le secteur traditionnel. Le secteur traditionnel reste en retrait dans la mesure où il ne répond pas (ou partiellement) aux besoins des pays avancés. Ainsi, selon F. Perroux, « le sous-développement n'est pas un phénomène conjoncturel, ni un retard, mais un phénomène structurel » (« Trois outils pour l'analyse du sous-développement », *Cahiers de l'ISEA*, 1955).

Un autre auteur souligne les blocages du développement liés au dualisme. Ragnar Nurkse (*Problems of Capital Formation in Underdeveloped Countries*, 1953) développe son analyse des cercles vicieux de la pauvreté et du sous-développement. La pauvreté se traduit par la faiblesse des revenus, donc une épargne réduite qui ne permet pas l'accumulation du capital, d'autant plus que la pression démographique est forte du fait d'une fécondité élevée ; la productivité restant basse, les revenus demeurent faibles.

Les revenus faibles se traduisent également par une demande solvable limitée qui n'incite pas à investir, du fait d'un manque de débouchés. Les investissements insuffisants ne permettent pas d'augmenter la productivité et donc les revenus. Le montant réduit du revenu national entraîne la faiblesse des dépenses d'éducation et de formation, donc de la productivité et par conséquent du revenu national. Ce cercle vicieux se présente comme un système circulaire de causalités directes.

L'analyse de R. Nurkse présente un caractère tautologique : « les pays sont pauvres parce qu'ils sont pauvres ». Mais cet auteur met l'accent sur la nécessité d'un recours aux capitaux étrangers autorisant un accroissement du stock de capital, de la productivité, des revenus et de la demande.

Une possibilité de briser ce cercle vicieux de la pauvreté pour R. Nurkse est l'aide internationale et le choix d'une stratégie de croissance équilibrée. La croissance repose sur un effort minimum d'investissement de départ, mais il faut respecter en permanence l'interdépendance entre l'offre et la demande aussi bien au niveau global qu'au niveau de chaque secteur, ce qui à terme permet un équilibre de croissance autoentretenue.

Paul Rosenstein-Rodan (« Les problèmes d'industrialisation de l'Europe de l'Est et du Sud-Est », 1943) rejoint cette approche. Il met l'accent sur le rôle nécessaire des infrastructures et introduit la notion de grande poussée (*big push*). Les infrastructures représentent les équipements collectifs d'un pays qui facilitent le fonctionnement de l'économie (moyens de communication, distribution d'énergie, éducation, santé). Ces investissements doivent être mis en place avant l'implantation de structures productives. Des structures productives diversifiées doivent être activées en même temps. Cela nécessite une certaine forme de planification *ex ante*.

■ **Une analyse contestée**

D'autres auteurs ne perçoivent pas le dualisme comme frein au développement. Arthur Lewis (Prix Nobel d'économie en 1979) interprète le dualisme comme une étape du développement. Son analyse est basée sur l'hypothèse d'une économie duale composée d'un secteur capitaliste et d'un secteur traditionnel, de subsistance. Le premier comprend des activités manufacturières et minières et d'agriculture commerciale : il est orienté vers le profit, lequel est consacré au financement de l'investissement. Le second secteur, qui inclut l'agriculture traditionnelle et les activités informelles urbaines, est orienté vers la subsistance. Le développement se traduit par l'extension progressive du secteur moderne. Ce dernier crée des emplois et absorbe le surplus de main-d'œuvre rurale. Progressivement, ce surplus disparaît et les salaires augmentent. La création d'emplois continuera tant que la productivité marginale de chaque travailleur supplémentaire égalise le salaire. Or, les profits réalisés sont investis, la productivité marginale s'accroît et induit de nouvelles créations d'emplois. Le dualisme va alors progressivement disparaître.

Plusieurs critiques ont été adressées à cette analyse. Le transfert de main-d'œuvre du secteur de subsistance vers le secteur moderne peut provoquer une baisse de la production agricole en raison de la diminution de la main-d'œuvre disponible dans le secteur traditionnel. De plus, la main-d'œuvre du secteur moderne est en moyenne plus qualifiée que celle du secteur traditionnel : la demande de travail émanant du secteur moderne peut ne pas être satisfaite. La question de l'éducation est alors importante. En outre, le niveau modeste des salaires, même s'il s'accroît, peut limiter les débouchés. Si la demande intérieure augmente, il n'est pas certain qu'elle se porte sur des produits locaux.

Albert Otto Hirschman (*The Strategy of Economic Development*, 1958) avance la théorie d'une croissance déséquilibrée. En lançant des investissements directement productifs, des goulets d'étranglement apparaissent et de nouveaux investissements sont nécessaires. Les effets de l'investissement sont multiples : ils augmentent les revenus et la demande, mais également les capacités de production et l'offre. Ils entraînent des effets de complémentarité et des effets de liaisons intersectorielles vers l'amont ou vers l'aval. L'État maximise ces effets qui se cumulent s'il choisit de promouvoir une industrie située vers l'amont. Pour les partisans de la croissance déséquilibrée, il convient donc de créer des foyers d'industrialisation. François Perroux défendait aussi cette idée de créer des pôles de croissance, générateurs d'effets d'entraînement. C'est la logique des « industries industrialisantes » qui est ici à l'œuvre (*cf. infra*, II). L'État doit ainsi jouer un rôle essentiel dans le processus d'industrialisation et il n'est pas surprenant que ces approches aient influencé les PED riches en ressources naturelles et accédant à leur indépendance.

b. — Des spécificités politiques et culturelles

Les traditions présentes dans les PED peuvent être une entrave au développement. Mais il faut éviter de conclure à un déterminisme socioculturel du sous-développement.

■ **Des caractéristiques sources de blocage du développement**

Le système politique peut être vu comme un handicap pour le développement. A. Sen souligne l'importance de la liberté politique comme élément constitutif du développement. Il affirme (*Development as Freedom*, 1999) que « le développement peut être considéré comme le processus par lequel les libertés réelles des personnes s'accroissent ». La liberté est centrale pour deux raisons : parce qu'elle est le critère global permettant d'évaluer le bien-fondé de toute action, et parce qu'elle est l'état social le plus efficace pour permettre à chacun de contribuer lui-même à la poursuite de son épanouissement. Dans l'esprit d'A. Sen, la liberté concrète n'est pas celle de l'individu abstrait forgé par la tradition libérale ; elle désigne la possibilité d'intervenir dans le débat politique et de l'influencer. C'est dire combien cette liberté a partie liée avec la démocratie.

Aucune démocratie, remarque A. Sen, n'a connu de grandes famines. Le manque de démocratie est la cause de nombreuses crises alimentaires. Un gouvernement qui aurait à rendre compte de son action devant les citoyens, même dans un pays pauvre, ne laisserait pas se produire une famine. Dans une démocratie, l'information se propage plus rapidement et les critiques publiques s'expriment plus facilement, ce qui oblige les autorités à réagir rapidement aux situations extrêmes. Ainsi, certains auteurs mettent aussi l'accent sur le fait que les PED sont souvent marqués par la corruption, le clientélisme, l'incompétence des dirigeants politiques. Le non-respect des droits de l'homme, l'instabilité politique, l'apathie des populations menacées en permanence par des mesures répressives, la priorité donnée aux dépenses militaires contribuent à perpétuer le sous-développement. Ces caractéristiques ne sont cependant pas partagées à l'identique par tous les PED : par exemple, l'Inde est qualifiée de plus grande démocratie du monde. En outre, les régimes évoluent : en Amérique latine, depuis les années 1980, plusieurs dictatures militaires ont été remplacées par des régimes démocratiques.

De plus, l'absence de démocratie et les limites aux libertés n'ont pas toujours été des freins au développement. Ainsi, par exemple, en Corée du Sud, c'est sous un régime militaire ayant accédé au pouvoir par un coup d'État en 1961 et pratiquant la répression (assassinats politiques, multiplication des procès politiques, arrestations arbitraires) qu'une politique de développement efficace se met en place. La transition vers une relative démocratie ne se fera qu'à la fin des années 1980. Cela ne justifie évidemment pas le fait qu'un régime autoritaire soit favorable au développement. D'ailleurs, selon A. Sen, rien n'indique qu'une stratégie plus soucieuse des règles démocratiques n'aurait pas également réussi en Corée du Sud.

Les valeurs et normes socioculturelles peuvent aussi être perçues comme un handicap pour le développement. Cette thèse s'inscrit dans la continuité des travaux du sociologue allemand Max Weber (*L'Éthique protestante et l'esprit du capitalisme*, 1905). Il y aurait des « affinités électives » entre certaines valeurs et le développement. Le sous-développement serait caractérisé par un système de valeurs refusant le changement et prônant la soumission aux traditions, à la nature, aux dieux... Par exemple, la valorisation du rôle procréateur des femmes dans les sociétés traditionnelles implique une fécondité élevée qui pèse sur les revenus et l'épargne des familles. L'absence d'un droit réel de propriété privée de la terre en Afrique subsaharienne n'incite pas aux progrès agricoles, le fatalisme dissuade d'innover. Le système des croyances et des valeurs expliquerait l'incompatibilité entre la culture traditionnelle et celle que nécessite le développement.

■ **Une approche à relativiser**

Il faut prendre du recul face à ce type d'analyse. Il est difficile de distinguer les valeurs nécessaires au développement. Ainsi, la réussite des « dragons » asiatiques a conduit certains à en déduire l'efficience des valeurs asiatiques, inspirées du confucianisme et du bouddhisme, par rapport au développement. Ces mêmes valeurs qui auparavant avaient pu être analysées comme des obstacles au développement.

Ainsi, pour Jean-Pierre Olivier de Sardan (« Le développement comme champ politique local », *Bulletin de l'APAD*, juin 1993), les références aux « facteurs culturels » comme explication des « blocages » font de la « culture » une sorte d'essence naturalisée, ce qui nie la complexité de toute situation de développement ; celle-ci tend à être masquée ou réduite par le recours à des clichés idéologiques ou des représentations stéréotypées. Invoquer la « culture » ou le « facteur ethnique » est un moyen de gommer la complexité des situations. Enfin, une analyse trop simpliste peut entraîner des erreurs de raisonnement. Un des premiers à le montrer est Theodore Schultz (Prix Nobel d'économie en 1979), dans *Transforming Traditional Agriculture* (1964). Le fait qu'un paysan pauvre d'un PED n'investisse pas peut se comprendre par la thèse fondée sur le calcul rationnel. L'investissement, les innovations sont générateurs de gains futurs incertains. Cette incertitude est d'autant plus angoissante que les moyens financiers disponibles sont modestes : le risque de perdre un dollar pour un pauvre n'a pas la même signification que pour un riche. Le paysan pauvre rationnel du PED n'est pas incité à adopter de nouvelles techniques culturales. T. Schultz souligne ainsi que les paysans des États pauvres font un usage efficace de leurs faibles ressources. Les États font des efforts le plus souvent insuffisants pour former leurs agriculteurs aux méthodes modernes d'exploitation. Plus généralement, T. Schultz s'efforce de montrer que la pauvreté rurale dans les pays en voie de développement persiste du fait même de la politique de leurs gouvernements, qui favorisent les citadins au détriment des populations vivant dans les campagnes. Dès lors que cette discrimination relative cessera, les nations agricoles pourront se développer. T. Schultz est ainsi l'un des premiers économistes, avec Gary Becker, à intégrer le facteur humain dans les mécanismes de développement (théorie dite du « capital humain »). C'est donc en généralisant et en améliorant l'éducation et la formation des populations que l'on parviendra à vaincre la pauvreté.

Ainsi, si la sociologie et l'anthropologie peuvent fournir des pistes intéressantes pour comprendre certains blocages culturels au développement, il faut se garder de tout déterminisme culturel du sous-développement ou du développement.

3. – Le sous-développement pourrait s'expliquer par un rapport de domination

L'analyse structuraliste et les approches néomarxistes mettent l'accent sur la domination des PED par les pays développés pour comprendre leur sous-développement.

a. — La dépendance des PED à l'égard des pays développés

L'analyse structuraliste fait des relations inégales entre les pays développés (« le centre ») et les pays pauvres (« la périphérie ») la cause du sous-développement. Élaborée au début des années 1950 dans le cadre de la Commission économique pour l'Amérique latine des Nations unies (CEPAL), la théorie structuraliste part du constat de la permanence historique d'une division internationale du travail qui engendre la polarisation du monde entre un centre et une périphérie. L'avancée technologique et la position du centre lui permettent d'organiser à son profit les relations avec la périphérie. Les pays de la périphérie se voient cantonnés à l'exportation des produits primaires pour le centre. Les structures de ces économies sont hétérogènes, peu diversifiées, désarticulées, sans intégration verticale. Le progrès technique a ainsi des effets différents sur les prix. Dans le centre, les marchés étant peu concurrentiels, la baisse des prix est limitée alors que pour la périphérie, les produits primaires sont confrontés à une demande faiblement élastique par rapport au prix, et qui augmente très peu, voire pas du tout. De plus, beaucoup de produits primaires exportés par les PED ont une régulation de l'offre assez rigide, réagissant lentement aux baisses de prix, provoquant une tendance à une situation de surproduction. Du fait de la faible élasticité-revenu des produits primaires, la demande des produits primaires augmente bien moins vite que le revenu. Pèsent aussi les substitutions possibles des produits de synthèse aux produits naturels. En conséquence, les prix de leurs importations augmentant par rapport à ceux de leurs exportations, les pays de la périphérie s'appauvrissent en participant au commerce international.

L'évolution des termes de l'échange[2] est une des principales manifestations de cette dynamique inégale.

En 1950, Raúl Prebisch (*Le Développement économique de l'Amérique latine et ses principaux problèmes*) et H. Singer (*The Distribution of Gains between Investing and Borrowing Countries*) constatent une dégradation forte des termes de l'échange pour les pays de la périphérie. Cette thèse Prebisch-Singer de la détérioration des termes de l'échange des PED implique donc que ces derniers doivent exporter des quantités de plus en plus importantes de produits (surtout primaires) pour compenser l'accroissement du prix relatif de leurs importations, sinon le solde de leur balance courante ne peut que se détériorer.

Leur approche se présente ainsi à la fois comme une critique des théories traditionnelles du commerce international (ici l'insertion dans le commerce international peut être appauvrissante) et comme la formulation d'une nouvelle théorie du développement. La spécialisation dans les produits primaires des PED peut ainsi être la cause de leur sous-développement. Il n'est pas question d'un retard de développement. Seule une remise en cause du commerce international tel qu'il est organisé et une industrialisation menée par l'État pourraient amorcer le processus de développement. Cette pensée va constituer le fondement des stratégies d'industrialisation mises en place dans un grand nombre de PED.

François Perroux est un autre représentant de l'analyse structuraliste du sous-développement. Le monde s'organise selon lui dans des relations inégales de pouvoir entre les pays, certains pouvant orienter les échanges et la production à leur profit. L'économie mondiale est donc structurée en pôles d'influence entretenant des relations asymétriques entre eux, basées sur des dominations. Le sous-développement est le produit de la domination volontaire ou involontaire exercée par les pays développés sur les PED ; cette domination est à l'origine de la destruction de l'équilibre ancien, ce qui a débouché sur un phénomène de désarticulation des structures. Pour Perroux, la colonisation a été seulement une des formes de domination des pays industrialisés vis-à-vis des autres pays. Il y en a d'autres, toujours présentes – économiques, financières, techniques, politiques –, que subissent les PED de la part des grandes puissances.

2 La notion de « termes de l'échange » désigne le rapport de l'indice des prix des exportations à l'indice des prix des importations d'un pays. Termes de l'échange = Indice des prix des exportations/Indice des prix des importations x 100.
Lorsque ce rapport augmente, on parle d'amélioration des termes de l'échange, et de dégradation lorsqu'il diminue. Leur amélioration peut être interprétée comme le fait que le pays voie le pouvoir d'achat de ses exportations augmenter : avec une unité de produit exporté, il pourra acheter une quantité plus importante de produits étrangers. Leur détérioration signifie qu'avec la valeur d'une unité de produit exporté, il pourra importer moins de produits étrangers. L'évolution des termes de l'échange dépend donc de l'évolution des prix des produits exportés et importés.

b. — Les théories marxistes de la domination

Cette asymétrie de l'échange international a été interprétée par d'autres auteurs en termes marxistes lors des années 1970.

Ces auteurs perçoivent le dualisme comme le fruit d'une domination intentionnelle des pays développés. Ils dénoncent le néocolonialisme des pays avancés qui explique « le développement du sous-développement », selon l'expression de l'auteur tiers-mondiste André Gunder Frank.

Pour Samir Amin (*La Déconnexion*, 1985), le Nord exploite le Sud comme les capitalistes exploitent les travailleurs. Les PED fournissent des produits bon marché aux pays développés et offrent des opportunités de taux de profit élevés aux capitaux des multinationales du Nord, en particulier du fait de l'exploitation d'une main-d'œuvre très faiblement rémunérée. La bourgeoisie des PED ne peut pas jouer un rôle positif dans le développement, elle a tout intérêt à ce rapport de domination. Le « centre » a donc développé une véritable relation de dépendance de la « périphérie ». Ainsi, pour assurer le développement des PED, Samir Amin va prôner la « déconnexion », et faire la promotion d'un développement autocentré (basé sur le marché intérieur).

De même, Arghiri Emmanuel (*L'Échange inégal*, 1969) considère que l'échange est structurellement inégal entre les pays développés et les PED. En effet, les premiers échangent des produits nécessitant du travail mieux payé et donc ayant une valeur plus grande que ceux des seconds, qui eux nécessitent du travail très peu rémunéré. Ces échanges de biens à forte valeur et de biens à faible valeur ne peuvent que contribuer à entretenir le sous-développement. Le développement ne pourra se faire dans le cadre du capitalisme. D'autres voies de développement sont nécessaires.

Le nouvel ordre économique international (NOEI)

Au cours des années 1970, l'idée d'un nouvel ordre économique international est portée par le mouvement des non-alignés, alors à l'apogée de son influence. Les pays en développement (PED) tentent de rééquilibrer à leur profit un système international perçu comme biaisé au bénéfice des pays industrialisés. La notion de NOEI regroupe un ensemble de propositions qui ont donné lieu à une déclaration votée en 1974 par l'Assemblée générale des Nations unies. Parmi elles, il faut souligner : 1) le droit des PED de contrôler les activités des entreprises multinationales sur leur territoire ; 2) le droit de nationaliser ou d'exproprier les investisseurs étrangers, à des conditions toutefois favorables pour ces derniers ; 3) la nécessité de garantir des prix de matières premières « équitables » et rémunérateurs ; 4) le droit de constituer des associations de producteurs de matières premières, à l'image de l'OPEP, pour mieux contrôler la production et les prix ; 5) le devoir des pays industrialisés d'ouvrir largement leurs marchés sans réciprocité automatique ; 6) leur devoir de fournir une aide économique et technique sans obligation commerciale ni politique.

Au sein du système des Nations unies, c'est la CNUCED qui a le plus fortement porté ces thèses, pour partie jusqu'à nos jours. La Banque mondiale et le FMI y sont peu réceptifs. Au début du XXIe siècle, avec l'audience accrue des mouvements altermondialistes et les intenses négociations au sein de l'Organisation mondiale du commerce, les grands thèmes du NOEI semblent refaire surface.

Source : O. Charnoz, J.-M. Severino, *L'Aide publique au développement*, La Découverte, coll. « Repères », 2007.

II

STRATÉGIES ET SOUTENABILITÉ DU DÉVELOPPEMENT

S'interroger sur les stratégies de développement mises en place et sur leurs évolutions est essentiel pour comprendre le développement. Mais il faut aussi étudier la manière dont des contraintes nouvelles en termes de soutenabilité pèsent de plus en plus sur le développement de l'ensemble du monde.

A LES STRATÉGIES D'INDUSTRIALISATION

Les stratégies menées dans la plupart des PED des années 1950 aux années 1980 ont un objectif commun, celui de vouloir affirmer l'indépendance politique des États. Mais les politiques d'industrialisation volontaristes menées vont prendre des aspects fort différents selon les pays et les périodes.

1. – Des stratégies d'industrialisation fondées sur le marché intérieur qui rencontrent des limites

Ces stratégies proposent un développement basé en priorité sur les ressources et le marché national au détriment de l'intégration aux échanges internationaux.

a. — L'industrialisation par substitution d'importations (ISI)

Elle consiste à substituer des productions locales aux importations, mais suppose que le marché intérieur soit suffisant. Des barrières protectionnistes sont érigées, qui peuvent inciter les firmes multinationales à implanter des filiales dans ces pays. La stratégie suivie consiste le plus souvent à une remontée de filière. Dans une première étape, il s'agit de pratiquer cette substitution pour les biens de consommation, puis dans une deuxième étape pour les biens d'équipement. Cette stratégie d'industrialisation par substitution aux importations (le « désarrollisme », de l'espagnol *desarrollo* = développement) est d'abord une simple improvisation des grands pays d'Amérique latine, à la suite de l'expérience de ces pays (du Brésil en particulier) des années 1930 et 1940, et est ensuite théorisée par la Commission économique pour l'Amérique latine (CEPAL) et les travaux de Raúl Prebisch et Celso Furtado. Elle va se généraliser dans un grand nombre de PED après la Seconde Guerre mondiale, dans une logique de rupture du lien de dépendance avec les pays développés.

Cette stratégie ISI pose des problèmes dès les années 1960. Le protectionnisme réduit la concurrence, n'incite pas à l'innovation et génère de l'inflation. La demande est trop peu dynamique pour tirer la production, car les fruits de la croissance sont mal redistribués. Elle suppose aussi un endettement extérieur croissant. En effet, toutes les importations ne parviennent pas à être remplacées par des biens locaux et les pays doivent importer de nombreux intrants et des biens d'équipement. Ces importations ne sont pas compensées par les exportations. La remontée de filière ne s'opère pas, ou alors seulement partiellement. À la fin des années 1970, un constat s'impose : ces stratégies n'ont pas permis d'entretenir un processus durable de croissance et de développement ; la pauvreté et les inégalités sont toujours fortement présentes.

b. — L'industrialisation par industries industrialisantes

Le terme d'industrie industrialisante a été avancé pour désigner le fait que certaines branches industrielles peuvent donner naissance à d'autres activités induites, donc favoriser des phénomènes d'industrialisation. Les industries industrialisantes sont celles qui, dans leur environnement local, modifient structurellement la matrice interindustrielle par des effets d'entraînement et augmentent la productivité de l'ensemble de l'économie. La priorité donnée à ces industries repose sur une forte intervention de l'État *via* la planification et la nationalisation des entreprises. Cette stratégie est censée réduire rapidement la dépendance vis-à-vis des pays du Nord et conduire à l'indépendance économique, financière et technologique du pays, compléments nécessaires de l'indépendance politique.

Les politiques effectivement menées ont mis l'accent sur l'industrie lourde, celle-ci devant exercer des effets d'entraînement sur le reste de l'économie. Cette stratégie est adoptée en Inde et en Chine à partir des années 1940, mais aussi en Algérie à partir de 1966, sous l'ère Boumediene. Elle est inspirée de l'expérience soviétique. Le rôle de l'État est très fort dans des pays qui adoptent un mode de développement socialiste. Dans un premier temps, les résultats de cette stratégie sont assez satisfaisants, la part de l'industrie dans le PIB augmente fortement. Mais elle rencontre par la suite des limites très importantes. Elle nécessite des capitaux importants, des biens d'équipement et des techniques de production ainsi qu'une main-d'œuvre qualifiée, qu'il n'est pas toujours possible de trouver sur place. La dépendance tant financière que technologique est forte vis-à-vis de l'extérieur. De plus, le poids de l'industrie lourde dans les choix de politiques entraîne un effet d'éviction sur les autres activités, qui manquent des ressources nécessaires pour se développer. L'agriculture et l'industrie des biens de consommation sont délaissées. C'est une des explications de la crise alimentaire en Inde en 1965 et 1966, années où le pays subit deux mauvaises moussons. En 1966, l'Inde importe 10 millions de tonnes de céréales pour échapper à la famine. La décision est alors prise de lancer la « révolution verte » : de nouveaux systèmes techniques, comme une irrigation efficace, sont adoptés et une certaine dépendance envers le marché extérieur est acceptée afin d'augmenter les rendements par hectare. L'Inde importe alors des semences à haut rendement et des engrais chimiques.

En Algérie, le financement des investissements est fondé sur les recettes tirées des exportations de gaz et de pétrole dont les cours sont fluctuants, et vont même baisser pendant les années 1980, posant un réel problème d'endettement au pays.

2. – Des stratégies d'industrialisation extravertie aux résultats contrastés

Une partie des PED vont suivre une autre stratégie d'industrialisation, passant par une participation croissante au commerce international, suivant en cela les principes de la théorie néoclassique des avantages comparatifs.

a. — L'exportation de produits primaires

En vertu de la théorie classique de la spécialisation (*cf.* partie 3, chapitre 1), certains PED vont suivre une stratégie classique de spécialisation dans l'exportation des produits primaires : matières premières, produits agricoles. Les ressources financières tirées de ces exportations doivent permettre d'importer des biens d'équipement pour favoriser l'industrialisation du pays.

La dégradation des termes de l'échange des pays exportateurs de produits primaires non pétroliers a réduit l'impact positif de cette stratégie : la baisse des prix relatifs des produits primaires a augmenté le coût des importations de biens d'équipement et accru la dette extérieure.

Cette stratégie s'est avérée particulièrement négative pour les pays spécialisés dans une monoculture. De plus, la concurrence et les pratiques protectionnistes des pays du Nord rendent ce processus de développement instable. La production de produits agricoles a aussi eu un effet relativement négatif sur la production agricole vivrière où peu d'innovations ont été introduites. Beaucoup de ces pays, hormis les pays de l'OPEP, font partie des PMA aujourd'hui, en partie du fait de leur spécialisation internationale défaillante.

Des économistes se sont interrogés sur les risques pour la croissance de la dégradation des termes de l'échange des pays pauvres exportateurs de matières premières. En 1958, Jagdish Bhagwati montre qu'une croissance économique fortement biaisée à l'exportation pourrait détériorer à ce point les termes de l'échange d'une économie ouverte qu'elle verrait disparaître tous les bénéfices de sa croissance. La croissance du PIB induite par la croissance des exportations conduit à une augmentation des importations. Si le prix relatif des exportations chute (dégradation des termes de l'échange), il est nécessaire d'augmenter fortement le volume des exportations pour préserver le pouvoir d'achat des recettes d'exportation. C'est le concept de croissance appauvrissante, qui peut apparaître si trois conditions sont remplies : le secteur d'exportation représente une part importante du PIB, les importations augmentent fortement quand le PIB s'accroît (forte élasticité des importations au PIB), la hausse du volume des exportations ne compense pas la baisse de leurs prix (l'effet prix l'emporte sur l'effet volume).

b. — L'industrialisation par substitution d'exportations (ISE)

Il s'agit de promouvoir les exportations de produits manufacturés en remplacement des exportations de produits primaires. La réussite de cette politique dépend de la capacité à substituer des exportations de produits manufacturés à fort contenu technologique aux produits à fort contenu en travail peu qualifié. Cette stratégie a été adoptée par les pays de l'Asie de l'Est et du Sud-Est.

■ La thèse de Kaname Akamatsu

Le « vol d'oies sauvages » est l'image utilisée par l'économiste japonais Kaname Akamatsu, dans les années 1930 pour illustrer le processus de développement industriel que permettent les échanges entre un pays en développement et les pays plus avancés. Ce modèle est basé sur l'industrialisation japonaise au tournant des XIXe et XXe siècles. L'évolution dans le temps des importations, de la production nationale puis des exportations d'un pays en phase de rattrapage économique évoque en effet un vol d'oies sauvages, en V inversé. L'approche d'Akamatsu a ensuite été popularisée dans les années 1960. Dans une première phase, le pays importe des produits manufacturés des pays industrialisés, et exporte des matières premières et des produits agricoles. Les importations concurrencent l'artisanat local, et une partie de la main-d'œuvre doit rejoindre le secteur exportateur. Dans une deuxième phase, le pays construit sa propre production de biens de consommation qui font concurrence aux importations. Les politiques publiques ont pour rôle de promouvoir et de protéger l'industrie nationale par le biais d'outils protectionnistes. On retrouve ici la thèse de Friedrich List (*Système national d'économie politique*, 1841) de la protection des industries dans l'enfance. Le pays se protège en vue de construire ses avantages compétitifs qui lui permettront de tirer profit de l'insertion internationale. Durant la troisième étape, le pays devient un pays exportateur et la production locale de biens d'investissement se développe. Enfin, la quatrième étape est marquée par le déclin de l'exportation de biens de consommation de base. Les entreprises locales délocalisent la production des biens à faible valeur ajoutée et la production nationale se tourne vers des biens à plus fort contenu technologique, dont des biens d'équipement. Le pays apparaît alors comme une force exportatrice dans les échanges internationaux.

■ **L'exemple des pays du Sud-Est asiatique**

Les « dragons asiatiques » (Corée du Sud, Singapour, Taïwan, Hong Kong) ont connu cette montée en gamme de la production à travers l'exploitation et la transformation de leurs avantages comparatifs.

À partir des années1990, le développement de ces pays est marqué par la montée en puissance de leurs propres firmes et la hausse des coûts de production internes. La production de produits à faible valeur ajoutée ou le montage des produits sont renvoyés dans un second cercle de pays-ateliers. C'est pourquoi se créent des réseaux de sous-traitants et d'usines d'assemblage dans de nouveaux pays d'Asie du Sud-Est, comme la Malaisie, la Thaïlande, l'Indonésie, les Philippines et surtout la Chine. La réussite de cette stratégie d'industrialisation par l'exportation repose sur une bonne insertion dans les échanges internationaux, grâce à la diversification progressive des exportations. Il s'agit de s'insérer de façon optimale dans la division internationale du travail.

La réussite de ces pays est le produit de plusieurs ingrédients d'après Joseph Stiglitz (Prix Nobel d'économie 2001). L'accumulation du capital est favorisée par un taux d'épargne élevé (proche de 25 %), et par l'apport de capitaux extérieurs (aide massive des États-Unis en particulier pour la Corée du Sud, endettement, IDE). Le décollage industriel a commencé par des réformes agraires importantes, permettant la création d'une classe moyenne nécessaire pour créer une demande interne. Des banques de développement ont été créées afin de promouvoir des investissements de long terme. Les industries ont été subventionnées comme les aciéries à Taïwan ou la production des microprocesseurs en Corée du Sud. Dans ce dernier pays en particulier, l'État est intervenu massivement en tant que planificateur et coordonnateur du développement. Les entreprises locales ont pu bénéficier des transferts de technologie provenant de l'implantation des firmes multinationales japonaises. Des investissements massifs dans l'éducation, et en particulier dans l'éducation des filles, ont été réalisés. Les États ont aussi recherché une certaine stabilité macroéconomique et ont fait pression sur les responsables économiques pour qu'ils limitent les différences de salaire.

Le développement extraverti n'a donc été un succès que pour les pays qui ont su faire évoluer leur spécialisation en remontant la filière de leurs exportations. Ainsi, plusieurs pays d'Amérique latine n'ont pas réussi à sortir de leur spécialisation initiale et ont vu leur dette extérieure s'accroître fortement à la fin des années 1970 et au début des années 1980, alors que les pays asiatiques ont réussi à dégager les ressources nécessaires au remboursement de la dette. La crise asiatique de 1997 montre aussi la fragilité de cette stratégie, si la remontée de filière n'est pas assez rapide. Des pays comme la Thaïlande ou la Malaisie, encore fortement dépendants des firmes multinationales, ont subi les démantèlements d'un certain nombre d'unités de production.

B LA SOUTENABILITÉ DU DÉVELOPPEMENT

Il n'est plus possible de concevoir les stratégies de développement sans tenir compte des contraintes environnementales. La question du développement est devenue aussi celle du développement durable. Avec la révolution industrielle, ce sont deux mouvements qui ont eu lieu : une prospérité jusqu'alors inconnue et une crise écologique majeure.

1. – Une problématique mondiale

La dégradation globale de la qualité de l'environnement et la crainte d'un épuisement général des ressources naturelles figurent parmi les soucis essentiels de la communauté internationale.

Les menaces sur l'environnement à l'échelle planétaire accréditent l'idée que le développement économique en est responsable. Pour apporter des éléments de compréhension et des solutions, les outils économiques sont essentiels à mobiliser.

a. — Un constat alarmant

On peut distinguer trois problèmes écologiques majeurs : le changement climatique (prévisions du réchauffement climatique de 2 à 6 degrés supplémentaires d'ici la fin du XXIe siècle par rapport à l'ère pré-industrielle), la destruction de la biodiversité (depuis les années 1970, 30 % de la biodiversité a disparu) et la dégradation des écosystèmes (60 % des écosystèmes sont aujourd'hui considérés comme dégradés).

La plupart des scientifiques considèrent qu'il n'y a plus de doute sur le caractère anthropique du réchauffement climatique. Le terme d'anthropocène commence à être utilisé pour qualifier notre nouvelle ère géologique où les activités humaines ont un effet majeur sur l'environnement de la planète.

En 1988 a été créé par l'Organisation météorologique mondiale et le Programme des Nations unies pour l'environnement (PNUE), le Groupe d'experts intergouvernemental sur l'évolution du climat (GIEC) qui publie régulièrement des rapports. Cette organisation et l'ancien vice-président américain Al Gore (qui a attiré l'attention de l'opinion publique en 2006 avec son livre et documentaire *Une vérité qui dérange*) ont été récompensés, en 2007, pour leur engagement dans la lutte contre les changements climatiques, par le prix Nobel de la paix.

Un rapport scientifique de novembre 2012 commandé par la Banque mondiale prévient qu'à défaut de mesures de lutte contre le changement climatique, la communauté internationale pourrait bien subir les conséquences catastrophiques d'une hausse de 4 degrés de la température moyenne d'ici la fin du siècle : inondation des villes côtières, risques accrus pesant sur la production vivrière pouvant conduire à une hausse des taux de sous-alimentation et de malnutrition, aggravation de la sécheresse dans les zones arides et du niveau d'humidité dans les zones humides, aggravation sensible des pénuries d'eau, intensification des cyclones tropicaux, perte irréversible de la biodiversité, diminution des rendements agricoles. Or, les prévisions démographiques donnent 9 milliards d'humains en 2050. Il ne s'agit pas de sauver la planète, mais de sauver l'humanité.

L'adoption de politiques de développement durable pourrait permettre de limiter le réchauffement planétaire à moins de 2 degrés, soit le seuil fixé par la communauté internationale, en sachant que cette limite fait elle-même courir à l'environnement et aux populations humaines des risques non négligeables.

Ce réchauffement climatique est lié à la concentration des gaz à effet de serre (GES). L'image utilisée pour décrire cette augmentation est celle de la crosse de hockey. Avant le XIXe siècle, les émissions étaient très faibles, et suivaient une tendance linéaire horizontale, or depuis la Seconde Guerre mondiale, et encore davantage depuis les années récentes, ces émissions s'accroissent de manière exponentielle. Le taux de croissance annuel moyen des GES était de 1 % entre 1990 et 2000, il est de 3 % depuis 2000.

b. — L'analyse économique est essentielle

L'analyse économique est fondamentale pour comprendre les mécanismes en jeu et mettre en œuvre des politiques de l'environnement efficaces. Ces politiques ont des coûts, en termes financiers et/ou d'emplois. Il s'agit de mobiliser des instruments économiques qui permettent de calculer le meilleur rapport coûts/bénéfices.

La théorie économique offre trois apports :

- Elle permet de donner un prix aux ressources environnementales. Ces dernières, et les services rendus par l'environnement, posent en effet souvent le problème de leur gratuité, partielle ou totale. L'évaluation marchande n'existe pas (biodiversité, pollution...). De plus, quand il existe un prix de marché, celui-ci n'est pas toujours fiable, n'incite pas toujours aux bonnes décisions. L'exemple du prix du baril de pétrole est flagrant : en 1998, il était de 15 dollars, en 2008 il a atteint 145 dollars et il est de 51 dollars début 2015. Les décisions économiques vont être différentes selon le prix fixé par le marché. Il faut parvenir à mesurer les avantages et les coûts sociaux pour donner les bonnes incitations aux acteurs économiques.
- Elle permet de recourir au calcul d'actualisation et donc de prendre en compte l'incertitude. En actualisant les coûts et les bénéfices futurs des politiques environnementales, des décisions vont être prises. Si le taux d'actualisation est faible, la vision est de long terme. Nicholas Stern, dans son rapport de 2006 sur le changement climatique, choisit un taux d'actualisation de 1,4 %. La valeur actualisée des dommages futurs des émissions de carbone est élevée, la valeur présente du flux de dommages futurs (financiers et extra-financiers) induits par l'émission d'une tonne de CO_2 est de 85 dollars. Des technologies alternatives aux énergies fossiles deviennent socialement désirables. William Nordhaus (*A Question of Balance : Weighing the Options on Global Warming Policies*, 2008) a critiqué le rapport Stern, soulignant que le taux d'actualisation choisi accordait trop de poids aux générations futures (qui seront plus riches que les générations présentes si on s'en réfère à l'histoire économique) au détriment des générations présentes. Il préconise donc un taux d'actualisation de 5 %, ce qui donne une valeur présente des dommages futurs de 8 dollars. Cela n'incite pas aux mêmes investissements. Le taux d'actualisation choisi répond à la question politique du poids que la société décide d'accorder au long terme.
- Elle permet d'orienter le progrès technique. Un problème posé est que l'innovation a le plus souvent lieu dans les secteurs les plus avancés, qui sont souvent aussi les plus polluants. Il existe une dépendance historique au sentier de croissance. Une croissance plus « verte » ne peut survenir que si on fournit aux entreprises et aux chercheurs les incitations appropriées. Plus ces dernières seront précoces, plus la transition vers une croissance respectueuse de l'environnement sera possible.

2. – La prise en compte des ressources naturelles et de l'environnement dans l'analyse économique

La mobilisation des outils en économie de l'environnement et en économie des ressources naturelles est indispensable pour appréhender ce que peut être un développement durable.

a. — L'économie des ressources naturelles

Une ressource naturelle est qualifiée de non renouvelable lorsque sa vitesse de destruction dépasse sa vitesse de création. À l'inverse, une ressource est renouvelable lorsque sa production est possible sur un temps court (production animale, végétale, etc.) ou lorsque la ressource n'est pas détruite par l'usage. Il peut s'agir de l'énergie solaire, éolienne ou encore marémotrice.

■ L'allocation intertemporelle des ressources

La gestion optimale d'une ressource non renouvelable à travers le temps est un problème économique d'allocation intertemporelle des ressources. Harold Hotelling (« The Economics of

Exhaustible Resources », 1931) prend l'exemple d'une entreprise minière en s'appuyant sur les éléments de la théorie microéconomique. Le stock disponible de la ressource épuisable est fini et connu, le problème de son exploitation optimale se résume à un arbitrage entre usage présent et usage futur. L'extraction d'une unité de ressource aujourd'hui implique l'impossibilité d'extraire cette unité plus tard, puisque le stock est fini, ce qui entraîne la perte du revenu futur qu'aurait permis cette extraction plus tard. L'entrepreneur cherche à maximiser la valeur actuelle de ses profits. Si l'entrepreneur choisit d'extraire une unité aujourd'hui, c'est qu'il considère que la valeur de l'extraction, représentée par le prix de vente de l'unité moins les coûts d'extraction, est supérieure à la valeur de cette unité restée sous terre (valeur actualisée du prix de vente futur). L'exploitation s'arrête lorsque le coût d'opportunité de l'épuisement de la ressource devient supérieur à la valeur non extraite. À mesure que la ressource s'épuise, le prix va croître de manière exponentielle, pour tendre vers l'infini lorsque le stock de la ressource rare tend vers zéro. Ainsi, la condition d'équilibre, baptisée règle de Hotelling, exprime que le prix de la ressource naturelle doit croître à un taux égal à celui du taux d'actualisation.

Une telle règle peut guider les décisions des producteurs de ressources épuisables, telles que les énergies fossiles. Mais les vérifications empiriques de cette règle sont peu probantes. La découverte de nouveaux gisements, de nouveaux procédés d'extraction permettant d'exploiter des sous-sols jusqu'alors impossibles à forer, entraîne de nouveaux calculs concernant l'exploitation de ces ressources. On peut ainsi voir que les nouvelles techniques d'extraction du gaz de schiste ont changé la donne concernant les énergies fossiles.

■ **La « tragédie des communs »**

Nombre de ressources naturelles en quantités abondantes, voire illimitées, sont d'accès libre pour tous, comme les océans, l'air ou l'eau. Ces ressources présentent les caractéristiques de ce que Paul Samuelson (« The Pure Theory of Public Expenditure », 1954) a appelé des biens collectifs : leurs usages sont dits non rivaux, l'utilisation d'un usager n'entraîne aucune réduction de la consommation d'autres usagers et n'entrave pas la possibilité qu'ont les autres d'en faire usage ; et ces biens sont non exclusifs, puisque personne ne peut être exclu de leur usage – il est par conséquent impossible d'en faire payer l'utilisation.

Mais les ressources naturelles ont des caractéristiques qui font d'elles des biens publics impurs, elles peuvent être rivales, mais non excluables. Ce sont des biens communs. Il en résulte une conséquence majeure : la surexploitation, voire la disparition de la ressource. La « tragédie des biens communs » (ou « tragédie des communs ») désigne le problème posé par l'exploitation de la ressource partagée par des agents économiques qui agissent de manière individuelle, dans une logique court-termiste. Cela conduit à un appauvrissement de la ressource. Il s'agit d'une situation de type dilemme du prisonnier où la compétition pour l'accès à la ressource entraîne un résultat perdant-perdant.

Garrett Hardin (« Tragedy of the Commons », 1968) prend l'exemple d'un champ de fourrage commun à tout un village où chaque paysan amène toujours plus de bêtes pour profiter d'un maximum de fourrage. Il arrive un moment où le champ est une mare boueuse dans laquelle les bêtes ne peuvent plus se nourrir.

Ce problème de surexploitation est posé, par exemple, au niveau des ressources halieutiques mondiales. Déjà, en 1954, Scott H. Gordon (« The Economic Theory of a Common-Property Resource : The Fishery ») montre qu'en l'absence de contrôle, les ressources halieutiques vont diminuer. Dans les premiers stades du développement d'une pêcherie, les ressources sont abondantes et les pêcheurs réalisent des taux de capture et des profits élevés. Ils sont incités à augmenter leurs investissements pour pêcher davantage. Mais la pression croissante exercée sur le stock de poissons entraîne son appauvrissement. Gordon affirme alors qu'un stock peut être exploité durablement si les prélèvements effectués par la pêche sont maintenus en deçà de la capacité naturelle de renouvellement de ce stock.

Plusieurs solutions peuvent être avancées pour tenter de résoudre cette « tragédie des communs » :

- La nationalisation : l'État devient propriétaire de la ressource et peut la réglementer (par exemple en mettant en place des quotas, des limitations d'accès, voire des interdictions d'accès) ou bien l'exploiter directement lui-même (en confiant l'exploitation à une entreprise publique). La création d'un parc national apparaît comme un outil de gestion adapté pour la sauvegarde du patrimoine naturel. La nationalisation a souvent été préconisée, et suivie, en particulier dans les pays en développement, mais n'a pas forcément eu les résultats escomptés. L'exemple de la déforestation l'illustre.
- La privatisation : transformer la ressource en une ressource privée. Le droit de propriété sur la ressource va inciter le propriétaire à la gérer de manière rationnelle. La surexploitation des ressources halieutiques peut être évitée par la mise en place de quotas individuels de pêche transférables. Le cas de l'Islande a été étudié, car il s'agit d'un des premiers pays à avoir mis en place ce système de quotas pour gérer l'ensemble de ses ressources halieutiques. Mais toutes les ressources ne sont pas adaptées à un tel système (par exemple, une zone de protection de site naturel), et dans certains pays, le manque de fiabilité institutionnelle rend sa mise en œuvre difficile, voire illusoire.
- La gestion par les acteurs locaux : l'idée, mise en avant par Elinor Ostrom (Prix Nobel d'économie 2009), est la gestion des ressources par les acteurs locaux à travers des normes sociales et des arrangements institutionnels. Dans *Gouverning the Commons* (1990), elle affirme l'existence d'une voie entre le marché et l'État pour la gestion des ressources communes. Elle montre, grâce à de multiples exemples, que les communautés locales peuvent parvenir par elles-mêmes à mettre en place une gestion efficiente, sans avoir recours à l'État ou au marché. Les communautés parviennent à gérer durablement les ressources en créant des institutions à petite échelle bien adaptées aux conditions locales. Des principes permettent une gestion réussie des « communs », comme la mise en place de procédures pour les choix collectifs, l'adoption de règles de supervision et de surveillance, la mise en place de sanctions, de mécanismes de résolution des conflits. Cette gestion durable de la ressource est possible tant que le groupe n'est pas trop nombreux et que le bien commun est local. Certaines ressources ne correspondent pas à ces critères – il suffit de penser à la question du réchauffement climatique.

b. — L'économie de l'environnement

Arthur Cecil Pigou (*The Economics of Welfare*, 1920) est un des précurseurs de l'économie de l'environnement, en développant le concept d'externalité. En matière d'environnement, les effets externes négatifs représentent les phénomènes de nuisance ou de pollution qui ne donnent donc pas lieu à une compensation monétaire. Il existe une divergence entre le coût privé et le coût social (coût pour l'ensemble de la collectivité). L'équilibre décentralisé est alors sous-optimal. L'intervention publique peut améliorer la situation de la société, même si cela ne veut pas dire que toute intervention sera meilleure que le laisser-faire. Quelles doivent être ces politiques ? Elles doivent modifier les incitations de manière adéquate. Pour reprendre l'expression de J. Stiglitz, il faut « aligner les incitations », faire en sorte que les incitations privées soient alignées sur l'intérêt collectif. Plusieurs instruments peuvent ainsi être mobilisés.

■ Réglementation et normes techniques

Les responsables politiques préfèrent souvent cet instrument car il est simple à utiliser. Ce peut être l'interdiction de certaines substances ou la réglementation sur l'utilisation de certains produits. La réglementation a des effets incitatifs, la menace d'une interdiction d'un produit pousse à trouver des substituts. Mais une norme uniforme est imposée à des agents hétérogènes, ce qui peut poser des problèmes. Certaines entreprises peuvent ainsi être mises en difficulté par l'instauration d'une nouvelle norme.

Une autre difficulté vient de la possible apparition du paradoxe de Jevons, énoncé dans *The Coal Question* (1865) : l'utilisation plus efficace d'une ressource énergétique se traduit par une augmentation, et non une diminution, de la consommation de cette ressource. Ce phénomène porte aussi le nom d'effet-rebond.

Il peut en être ainsi lorsque l'État édicte des normes plus strictes d'émission de dioxyde de carbone. Les constructeurs automobiles réduisent la consommation des véhicules par des améliorations techniques, mais le signal-prix joue alors dans le mauvais sens pour les utilisateurs. Le coût par kilomètre parcouru diminue et les personnes vont être incitées à utiliser davantage leur véhicule. La réglementation doit être accompagnée d'autres mesures comme l'augmentation du prix du carburant, sachant qu'il faudrait prendre en compte la baisse du pouvoir d'achat des ménages défavorisés, l'utilisation de l'automobile étant pour certains une nécessité.

■ La fiscalité

A. C. Pigou a introduit ce qui est connu aujourd'hui comme le principe pollueur-payeur. L'État peut taxer le pollueur de telle sorte que la taxe permette d'éliminer l'écart entre coût social et coût privé. La situation est alors optimale. La taxe est un moyen de pallier la défaillance du marché.

La taxe écologique peut, de plus, entraîner un double dividende : elle procure des recettes fiscales qui peuvent financer les investissements favorisant la transition énergétique ou baisser les cotisations sociales. Deux signaux sont ainsi envoyés dans ce dernier exemple : les énergies fossiles sont plus chères et le travail moins cher. Mais le but recherché de la taxe n'est pas de rapporter des recettes fiscales, elle a pour objectif de fournir les bonnes incitations aux agents. Si cette taxe est efficace, elle doit rapporter de moins en moins.

Une des difficultés est le choix du calibrage de la taxe. Il est difficile d'évaluer monétairement les dommages. Lorsque l'externalité négative est locale, il est possible d'interroger les personnes pour connaître le montant qu'elles seraient prêtes à payer pour que la pollution disparaisse. Une autre manière de la calculer est d'observer le prix du foncier qui donne la disposition à payer des agents pour s'éloigner de la pollution. Mais ces solutions ne sont pas possibles à mettre en œuvre lorsqu'il ne s'agit pas d'une zone locale précise. Or c'est le cas des émissions des gaz à effet de serre responsables du réchauffement climatique.

Le montant de la taxe doit être suffisamment élevé pour inciter à un changement de comportement des agents pollueurs, mais il ne doit pas être trop élevé pour ne pas nuire à l'activité économique. Une manière pragmatique est de voir quelles sont les technologies alternatives et évaluer à partir de quel prix du carbone ces technologies deviennent rentables. Un autre obstacle à la mise en œuvre des taxes liées à l'environnement est la crainte de voir les secteurs à forte intensité énergétique perdre de leur compétitivité sur le plan international.

Pour W. Nordhaus, la solution est de conclure un accord international sur les taxes carbone perçues nationalement, mais de même niveau partout. Cela permettrait de résoudre le problème des « fuites de carbone ». Les entreprises obligées de réduire leur pollution peuvent perdre des parts de marché par rapport à leurs concurrentes non soumises à cette obligation et décider de délocaliser une partie de leur production dans les pays où la législation est moins contraignante. Un accord international est donc nécessaire.

■ **Le recours au marché**

Ronald Coase (« The Problem of Social Cost », 1960) propose des procédures de marché évitant l'intervention correctrice de l'État. Il propose de créer de nouveaux droits de propriété qui pourront être échangeables sur le marché.

Aux États-Unis, un marché du soufre dont l'efficacité semble indéniable a été créé en 1995 : les émissions de dioxyde de soufre ont diminué, permettant ainsi une nette réduction des pluies acides.

En 2005, un marché du carbone a été créé au sein de l'Union européenne, dans le cadre du protocole de Kyoto : le système communautaire d'échange de quotas d'émission. L'offre est contrôlée par la puissance publique. Des quotas d'émission sont distribués gratuitement aux entreprises en fonction des émissions historiques. Très peu sont donnés aux nouvelles entreprises qui doivent les acheter sur le marché.

Les quotas sont échangés sur le marché : les entreprises qui émettent moins que leur dotation initiale vont vendre et celles qui émettent plus vont acheter ces droits d'émission. Le prix du carbone va être déterminé par la confrontation entre l'offre et la demande. Le marché est au service d'un mécanisme incitatif.

Mais ce marché n'a jamais fonctionné correctement, n'envoyant pas le bon signal aux acteurs. Des fraudes massives ont eu lieu, amenant à la fermeture du marché à plusieurs reprises pour quelques jours. Il faut aussi mettre l'accent sur le fait que le prix a quasiment toujours été trop bas et fluctuant pour être incitatif. De nombreux quotas ont été distribués – pour éviter de nuire à la compétitivité des entreprises européennes –, ce qui a entraîné un prix relativement bas. De plus, la crise de 2008 va entraîner un « carbone crash » : l'Europe plonge dans la récession et les entreprises, produisant moins, vendent leurs quotas excédentaires, ce qui tire le prix vers le bas. Du fait de prophéties autoréalisatrices, les agents pensent que les prix vont continuer à baisser et cherchent donc à se débarrasser de leurs quotas, d'où une baisse qui se renforce. En février 2017, le prix de la tonne d'émission est de 5 euros, contre 20 euros avant la crise, un prix beaucoup trop bas pour avoir un effet incitatif à l'adoption d'autres technologies par les entreprises. Des entreprises ont fait le choix d'investissements lourds pour émettre moins en comptant sur les ventes des permis pour rembourser les emprunts liés à ces investissements. Ces entreprises, innovantes du point de vue de l'impact de leur production sur l'environnement, ont pu alors se retrouver dans des situations catastrophiques, contrairement aux entreprises les plus émettrices. Il s'agit là d'une antisélection, ou sélection adverse.

Face à ces dysfonctionnements, les États membres ont prévu de mettre en place un mécanisme pour faire remonter le prix de la tonne d'émission : le retrait automatique du marché d'un pourcentage de quotas d'émission, qui sera mis en place en 2019. Les négociations avec le Parlement européen ont commencé. Le plus grand marché du carbone au monde pourrait ainsi gagner en efficacité et permettre à l'UE de tenir ses engagements en matière de lutte contre le changement climatique.

Une autre proposition avait été faite par des économistes comme Jean Tirole pour rendre le mécanisme plus performant : la fixation d'un prix plancher.

■ **L'information et l'éducation**

L'information et l'éducation sont deux moyens essentiels pour changer les préférences et donc les comportements des agents dans le sens d'un plus grand respect de l'environnement. En

Europe, jusqu'en 2008, on a assisté à un mouvement fort pour la lutte contre le réchauffement climatique. L'Europe est, à ce titre, le leader mondial des actions en faveur de la protection de l'environnement. Or, avec la crise, peu d'avancées ont été faites. Éloi Laurent et Jacques Le Cacheux (*Économie de l'environnement et économie écologique*, 2012) considèrent que la sortie de crise passe par une transition énergétique. Elle entraîne un processus de destruction créatrice, permettant un renouvellement de l'appareil productif, source d'une plus grande compétitivité : les pays les plus en avance dans la transition énergétique auront ainsi un avantage compétitif.

La transition écologique paraît essentielle au regard des problèmes écologiques posés par nos modes de production actuels. C'est ce que met en avant Jeremy Rifkin dans *La Troisième Révolution industrielle* (2012). De même, l'avis du Conseil économique, social et environnemental de février 2013 (présenté par Catherine Tissot-Colle et Jean Jouzel), *La Transition énergétique : 2020-2050, un avenir à bâtir, une voie à tracer*, précise que « la transition énergétique s'affirme comme la seule réponse possible aux défis du changement climatique, de la raréfaction des ressources naturelles facilement accessibles et à l'évolution de la demande en énergie ». L'Union européenne, en 2007, s'était d'ailleurs fixé les objectifs des « 3 x 20 » : à l'horizon 2020, une augmentation de 20 % de l'efficacité énergétique, une diminution de 20 % des émissions de GES, une part de 20 % d'énergies renouvelables dans la consommation d'énergie. Ils constituent également des objectifs phares de la stratégie Europe 2020 en faveur d'une croissance intelligente, durable et inclusive. En 2014, le cadre pour le climat et l'énergie à l'horizon 2030 fixe trois objectifs plus ambitieux : réduire les émissions de gaz à effet de serre d'au moins 40 % (par rapport aux niveaux de 1990) ; porter la part des énergies renouvelables à au moins 27 % ; améliorer l'efficacité énergétique d'au moins 27 %.

Ce cadre est conforme à la perspective à long terme définie dans la feuille de route vers une économie compétitive à faible intensité de carbone à l'horizon 2050 avec une réduction prévue de 80 % des émissions de GES par rapport aux niveaux de 1990.

3. – La soutenabilité du développement

En 1987, avec le rapport de Gro Harlem Brundtland, le concept de développement durable est formalisé : « C'est un développement qui répond aux besoins du présent sans compromettre la capacité des générations futures de répondre aux leurs. ». Cette notion de développement durable ou soutenable a connu depuis un succès immense, expliqué par l'aspect consensuel que revêt le développement durable. Pourtant, ce consensus n'est qu'apparent car il existe de profondes divergences d'interprétation de cette soutenabilité.

a. — Un grand nombre d'indicateurs

Il existe plusieurs indicateurs de soutenabilité, nous ne présenterons ici que les principaux. Il faut garder à l'esprit que tout choix de mesure est implicitement normatif.

■ **Le PIB « vert »**

Il s'agit de soustraire au PIB une estimation monétaire des flux de ressources naturelles épuisables et des dommages causés à l'environnement naturel. Les Nations unies s'efforcent d'harmoniser les méthodes de valorisation. Mais, outre les problèmes de valorisation propres à tous les indicateurs synthétiques, monétaires ou non, qui cherchent à intégrer les coûts environnementaux, le « PIB vert » ne renseigne pas davantage que le PIB sur la soutenabilité de la croissance. Aucune norme permettant de savoir si l'activité productive est excessive n'est précisée.

■ L'empreinte écologique

La notion « d'empreinte » a suscité l'élaboration d'indicateurs physiques de soutenabilité environnementale, comme l'empreinte carbone ou encore l'empreinte écologique publiée chaque année par le WWF (World Wildlife Fund) dans son rapport *Living Planet*. L'empreinte écologique est la mesure de la charge qu'impose à la nature une population donnée. Elle représente la surface totale nécessaire pour soutenir les niveaux actuels de consommation des ressources et de production de déchets de cette population.

Cette empreinte écologique indique s'il est possible de maintenir le niveau de consommation actuelle de l'humanité ; elle fournit une mesure chiffrée de l'écart à la soutenabilité. L'unité de mesure est l'hectare mondial. Elle permet également la comparaison des pays entre eux, en fonction de la charge qu'ils imposent à l'environnement.

Mais cet indicateur ignore l'épuisement des ressources non renouvelables : les seules conséquences pour la soutenabilité de la consommation des énergies fossiles sont les déchets (émissions de CO_2) et leur absorption. L'empreinte écologique correspond à un raisonnement en termes de « soutenabilité forte » (*cf. infra*).

■ L'épargne nette ajustée

L'épargne nette ajustée est un indicateur de la Banque mondiale qui met en évidence le surplus de ressources dont dispose l'économie à l'issue d'un cycle annuel de production et de consommation, une fois compensée la dépréciation du capital économique, humain et naturel. L'épargne nette ajustée est calculée comme l'épargne brute tirée de la comptabilité nationale, moins la consommation de capital fixe, plus les dépenses d'éducation (consommations requalifiées en investissement en capital humain), moins les dommages aux actifs naturels (dépréciation du capital naturel). Le capital humain et le capital naturel sont considérés comme des éléments patrimoniaux à part entière. Les dommages environnementaux sont évalués, comme la réduction des stocks d'énergie, de minerais et de forêt, à laquelle sont ajoutés les dommages causés par les émissions de CO_2. Ils sont calculés en référence à un modèle théorique fondé sur la tarification des ressources épuisables.

Une épargne nette ajustée négative indique que la « richesse au sens large » diminue et que le mode de développement économique du pays considéré ne respecte pas la condition de soutenabilité. Les ponctions opérées sur les ressources naturelles épuisables peuvent être compensées par un surcroît d'investissement en capital productif ou humain. L'hypothèse de parfaite substitution entre les différentes formes de capital est posée, mais elle ne fait pas l'unanimité car elle n'inclut pas l'idée de limites écologiques et s'oppose en ce sens à la soutenabilité « forte », dont la prise en compte des limitations physiques de la nature constitue le fondement.

■ L'Inclusive Wealth Index (IWI)

Un nouvel indicateur, l'Inclusive Wealth Index (IWI), a été proposé à l'occasion de la conférence sur le développement durable Rio+20 par le PNUE. Cet indicateur de richesse globale (ou « richesse inclusive ») relève d'une démarche économique semblable à l'épargne nette ajustée. Mais il cherche à tenir compte de « toutes les composantes de la richesse dans un pays ».

Certains résultats sont alarmants. La forte croissance démographique de certains pays (comme le Nigeria) par rapport à leurs taux de croissance de richesse inclusive (IWI) risque de les amener vers des situations insoutenables ; malgré tout, les conclusions de ce rapport se veulent quelque peu rassurantes car 70 % des pays étudiés présentent un indice de richesse inclusive (IWI) positif, ce qui serait le signe que leur croissance économique est durable.

Jean Gadrey critique ce nouvel indicateur (communiqué du Forum pour d'autres indicateurs de richesse du 21 juin 2012) : « Avec l'IWI, le pays qui détient le plus haut taux de croissance de sa soutenabilité globale est... la Chine. Et tous les pays riches évoluent paisiblement vers la soutenabilité globale. » Ces résultats s'expliquent, d'après J. Gadrey, par la survalorisation des évaluations monétaires des ressources naturelles et du capital humain. De plus, n'importe quelle dégradation de l'environnement peut être compensée par l'augmentation du capital humain et/ou productif. Les seuils critiques de détérioration de l'environnement ne sont pas pris en compte. Enfin, l'indicateur néglige totalement les inégalités et les risques écologiques majeurs comme les émissions de GES.

La commission Stiglitz-Sen-Fitoussi a remis en septembre 2009 un rapport sur la mesure de la performance économique et du progrès social. Ce document s'appuie sur les travaux de recherche menés au cours des années récentes proposant des indicateurs synthétiques de bien-être plus appropriés que le PIB. Aucun indicateur synthétique n'a été créé, mais des recommandations ont été émises pour l'élaboration d'un indicateur permettant de rendre compte des liens entre performance économique et qualité de la vie.

b. — Durabilité forte ou durabilité faible

L'opposition entre modèle de « soutenabilité faible » et modèle de « soutenabilité forte » structure le débat économique relatif au développement soutenable depuis la fin des années 1980. Cette opposition repose pour l'essentiel sur la substituabilité plus ou moins forte du « capital naturel » et des autres formes de capitaux, ce qui débouche sur la préconisation de politiques différentes, compte tenu de l'importance accordée au rôle du progrès technique.

■ La soutenabilité forte

La durabilité s'analyse en termes de ressources, qualifiées aussi de « capital ». Ce capital peut être soit naturel (les ressources naturelles, renouvelables ou non renouvelables), soit construit : capital physique, capital financier, capital humain, capital social.

La durabilité est dite forte quand on considère que le capital naturel doit être maintenu en état. Ses partisans estiment que les activités humaines doivent être limitées pour préserver la planète. Herman Daly (*Beyond Growth : The Economics of Sustainable Development*, 1996) précise qu'il faut maintenir constant le stock de capital naturel. Plusieurs hypothèses sont retenues. Le taux d'actualisation est nul car l'intérêt des générations futures est le même que celui de la génération présente. Le capital construit et le capital naturel sont complémentaires, le capital manufacturé n'étant pas indépendant du capital naturel. Le progrès technique n'a qu'un impact limité sur le capital naturel, du fait des limites au recyclage des matières premières et des impossibilités de recyclage de l'énergie. Les nouvelles technologies ont de plus besoin de composants dont la production peut avoir des effets néfastes.

Le développement soutenable est alors défini comme le développement maximal qui peut être atteint sans diminuer le stock de capital naturel. La règle de soutenabilité propre à cette approche peut être qualifiée de *conservationniste*. Elle suppose des taux de croissance économique et démographique nuls.

Pour certains, il faut même entrer dans la décroissance, c'est-à-dire le programme bioéconomique minimal destiné à faire durer le plus longtemps possible le stock d'énergie et de matière disponible pour l'humanité, pour reprendre la définition de Nicholas Georgescu-Roegen qui a introduit en économie le concept physique d'entropie. Il montre (*The Entropy Law and the*

Economic Process, 1971) que les ressources naturelles s'épuisent irrévocablement. La croissance matérielle entraîne la dégradation inéluctable, suite à leur usage, des ressources naturelles.

D'autres auteurs sont partisans de la décroissance. Paul Ariès affirme que la décroissance est avant tout un projet politique. Dans *La Décroissance : un nouveau projet politique* (2007), il critique la croissance économique telle qu'elle est envisagée depuis la révolution industrielle. Elle signifie la possession toujours plus importante de biens matériels. L'humanité est en danger, tant d'un point de vue physique avec les problèmes écologiques que d'un point de vue symbolique où l'homme se résume à un *homo œconomicus*. Il propose une alternative politique portée par la décroissance : vivre autrement grâce à un autre partage des ressources et à la non-production des biens inutiles.

Pour Serge Latouche (*Le Pari de la décroissance*, 2007), la décroissance est devenue impérative. Le développement durable est une imposture. Un changement de valeurs et une nouvelle façon de concevoir le monde doivent permettre de diminuer le PIB tout en améliorant le bien-être. La transition doit passer par la relocalisation des activités de production, la restauration de l'agriculture paysanne, la production de « biens relationnels », la réduction du gaspillage, la réorientation de la recherche scientifique.

Une des principales critiques adressées aux partisans de la décroissance est l'impossibilité d'améliorer la vie de plus de trois milliards d'habitants des pays en développement sans passer par une croissance matérielle.

■ **La soutenabilité faible**

La durabilité est dite faible lorsque la somme du capital naturel et du capital construit doit être maintenue constante, c'est-à-dire que l'on peut substituer du capital construit à du capital naturel. Le progrès scientifique et technique remet en question l'irréversibilité des destructions et des dégradations portées à l'environnement. Mais une intervention régulatrice est nécessaire. Elle peut venir des mécanismes de marché (droits d'émission de CO_2 par exemple), de l'adoption par la puissance publique de normes environnementales et/ou d'une fiscalité écologique, de l'incitation aux innovations.

Même si les termes de durabilité faible n'étaient pas encore employés, J. M. Hartwick (« Intergenerational Equity and the Investing of Rents from Exhaustible Resources », 1977) s'inscrit dans la perspective d'un développement soutenable. Dans la continuité des travaux de Hotelling, il étudie le mode de gestion optimale des ressources naturelles qui ne lèse pas les générations futures. La règle qu'il énonce est que les recettes provenant de l'exploitation de la ressource doivent être investies intégralement dans la formation du capital productif. De cette manière, la capacité totale de production des générations futures sera la même qu'aujourd'hui.

La règle de J. M. Hartwick a influencé la gestion de certains fonds souverains contemporains. Le fonds souverain norvégien, le Government Pension Fund, géré par la banque centrale, investit les recettes tirées de l'exploitation des énergies fossiles norvégiennes dans des entreprises dont les activités sont respectueuses de l'environnement, mais aussi des droits humains. La gestion de ce fonds souverain, obéissant à des règles éthiques, se fait avec une stratégie de long terme.

Le trait a été ici forcé pour présenter ces deux approches opposées de la durabilité, mais le but est de faire apparaître deux pôles entre lesquels toutes les nuances existent.

c. — La gouvernance environnementale globale

La gouvernance environnementale globale désigne une conduite collective décisionnelle réunissant tous les pays du monde selon un mode partenarial, en vue d'une gestion mieux intégrée des ressources et d'une prise en considération des conséquences environnementales des politiques menées.

■ **Une construction progressive**

Le début des années 1970 marque l'émergence de la prise de conscience des limites environnementales de la croissance. La plupart des pays développés créent des ministères de l'Environnement. En 1972 est publié le rapport Meadows, *The Limits to Growth*, qui attire l'attention sur l'impossibilité de poursuivre au même rythme l'exploitation des ressources naturelles. La première conférence des Nations unies sur l'environnement fut organisée à Stockholm en 1972 et n'eut que peu d'écho. La sensibilité à la question de la soutenabilité de la croissance n'était alors que peu développée. Le PNUE fut créé à cette occasion.

La conférence de Rio de Janeiro, en 1992, a consacré la notion de développement durable. Les éléments de consensus étaient alors suffisants pour envisager de réunir les nations du monde autour de cet objectif de développement durable. Plus de 180 chefs d'État et de gouvernement vont alors s'engager sur un certain nombre de conventions et de textes.

L'Agenda 21 (21 pour XXIe siècle) est adopté lors de cette conférence. Il affirme que la solidarité est une nécessité entre pays riches et pays pauvres pour un monde meilleur. Mais au final, les préoccupations environnementales y occupent une place prépondérante. Les orientations sont clairement écologiques, la question des inégalités entre pays passe au second plan, ce qui peut peut-être expliquer la réticence des pays en développement à s'engager. L'Agenda 21 définit l'objectif du développement durable qui doit en théorie concilier protection de l'environnement, efficacité économique et équité sociale. Des agendas 21 locaux en découlent. Il s'agit de guides d'actions, insistant sur le recours nécessaire à des instruments économiques pour atteindre les objectifs du développement durable. La logique est celle du « penser global, agir local ».

En 2002, s'est tenu le sommet de Johannesburg qui a abouti à des décisions portant, entre autres, sur l'eau, l'énergie, la santé, l'agriculture et la diversité biologique. Mais au final, ces décisions n'ont pris la forme que de recommandations, sans aucun cadre contraignant.

En 2012, s'est tenue la conférence « Rio+20 » où, dans un contexte économique international défavorable, la déclaration finale est minimale. Il existe un réel décalage entre les timides avancées internationales et le sentiment d'urgence diffusé par les nombreux experts.

Enfin, en 2015, a été conclu à l'unanimité l'accord de Paris : il s'agit d'un signe tangible d'une prise de conscience planétaire de l'enjeu climatique. Les États s'engagent non seulement à « contenir l'élévation de la température moyenne de la Planète nettement en dessous de 2°C par rapport aux niveaux préindustriels », mais aussi à poursuivre l'action menée afin de « limiter l'élévation des températures à 1,5°C ». Toutefois, l'accord ne fixe pas d'objectifs précis pour les prochaines années, ni même de date pour le « plafonnement mondial des émissions de gaz à effet de serre », lequel devra être atteint dans les « meilleurs délais ». Les contributions annoncées pour l'instant par les différents pays ne sont pas compatibles avec cette ambition. Il est ainsi prévu qu'elles seront révisées tous les cinq ans et toujours à la hausse à partir de 2018.

Face au défi climatique, l'accord reconnaît une responsabilité partagée mais différenciée des États, c'est-à-dire en fonction des capacités respectives et des contextes nationaux différents.

Il prend aussi en compte le niveau de développement et les besoins spécifiques des pays particulièrement vulnérables. Outre les engagements financiers, les pays industrialisés se sont engagés dans une aide financière mais aussi dans un accès facilité aux transferts de technologie.

Un système est également institué afin de suivre les efforts de chaque pays au regard des engagements annoncés.

■ **Quelle gouvernance environnementale mondiale ?**

Les deux piliers de l'action internationale en faveur de l'environnement sont actuellement le PNUE et les accords multilatéraux environnementaux (AME). Le PNUE a plusieurs missions : surveiller l'état de l'environnement mondial, et en dresser régulièrement un bilan, servir de lieu de discussion des actions et politiques à mettre en œuvre pour répondre aux problèmes identifiés et pour préparer les conventions internationales relatives à l'environnement. Les AME se sont multipliés ces vingt dernières années, de sorte qu'on en compte aujourd'hui plus de 500. La plupart d'entre eux ne prévoient pas de mécanisme de sanction en cas d'inexécution, et ne comportent pas de véritable système de surveillance. Tous ces AME ont entraîné de nombreuses décisions dont la logique d'ensemble n'est pas toujours pertinente. De plus, tous les textes n'ont pas été forcément ratifiés par les États signataires, et ne sont donc pas appliqués.

Quelques AME parmi les plus significatifs peuvent être cités :

- la Convention sur le commerce international des espèces de faune et de flore sauvages menacées d'extinction (1973) ;
- la convention de Vienne pour la protection de la couche d'ozone et le protocole de Montréal relatif aux substances qui appauvrissent la couche d'ozone (1987) ;
- la convention de Bâle sur le contrôle des mouvements transfrontières de déchets dangereux et de leur élimination (1989) ;
- la Convention-cadre sur les changements climatiques (1992), adoptée à la conférence de Rio en 1992, prône des investissements en faveur des activités produisant moins de gaz à effet de serre. Le protocole de Kyoto, adopté en décembre 1997, est un des instruments mis en œuvre ;
- la Convention sur la diversité biologique (1992), premier accord mondial sur la conservation et l'utilisation durable de la diversité biologique, ainsi que le partage juste et équitable des avantages qui découlent de l'utilisation des ressources génétiques ;
- la convention de Stockholm sur les polluants organiques persistants (2001), qui vise à protéger la santé humaine et l'environnement contre les effets nocifs de certaines substances chimiques.

La portée réelle de ces conventions est variable. L'utilisation des gaz chlorofluorocarbures (CFC) contribuant à la destruction de la couche d'ozone a progressivement disparu dans tous les États. D'autres accords n'ont eu que peu d'effets, comme la lutte contre la désertification. Certains n'ont eu que des conséquences partielles. Ainsi le protocole de Kyoto, adopté en 1997, entré en vigueur depuis 2005, fixe des objectifs chiffrés de réduction de gaz à effet de serre. L'Europe a mis en place un marché de permis d'émission de carbone pour respecter ces objectifs. Des pays très pollueurs n'ont pas ratifié le protocole, comme les États-Unis, la Chine, l'Inde ou le Brésil. Lors de la conférence de Doha sur le climat en décembre 2012, l'accord Kyoto 2, prévu jusqu'en 2020, a une portée encore plus faible. Le Canada, la Nouvelle-Zélande, le Japon et la Russie se sont retirés du processus. L'Europe, l'Australie et une dizaine d'autres pays, qui ont renouvelé leur engagement, ne représentent que 15 % de ces émissions au niveau mondial.

Même si l'accord de Paris représente une réelle avancée, les objectifs unanimement adoptés devront se traduire rapidement dans les faits. En 2018, lors de la COP 24, les règles de mise en œuvre de l'accord de Paris devront être finalisées. Le risque est que, d'une part, les États ne présentent pas de plans climat suffisamment ambitieux dans leurs engagements en matière de réduction des émissions de gaz à effet de serre, et que, d'autre part, les États-Unis se retirent de cet accord. D'autres pays pourraient alors faire de même.

La gouvernance mondiale actuelle de l'environnement manque de logique. Davantage de coopération entre institutions dans la mise en œuvre de règles communes et des moyens de les faire respecter est nécessaire. La gouvernance mondiale économique est relativement développée, comme l'atteste l'existence du Fonds monétaire international, de la Banque mondiale, de la Banque des règlements internationaux ou de l'OMC. Il faut rééquilibrer la gouvernance mondiale en faveur de l'environnement pour une action internationale plus résolue en matière de protection de l'environnement.

III

ÉCONOMIE ET SOCIOLOGIE DES INSTITUTIONS ET DU DÉVELOPPEMENT

L'économie du développement est une branche de l'économie qui s'est développée après la Seconde Guerre mondiale. Le projet consiste à proposer des stratégies de développement aux pays nouvellement indépendants. Mais l'économie du développement va être l'objet d'une remise en cause dans les années 1980. La pensée tiers-mondiste est rejetée. Les stratégies de développement menées vont rencontrer des limites importantes. Ces pays vont connaître une crise de la dette majeure qui va entraîner un rôle nouveau des institutions financières internationales préconisant des stratégies d'ajustement structurel. Une nouvelle norme de développement est affirmée, s'appuyant sur un corpus doctrinal libéral, mais qui va être revue, du fait d'un certain échec des politiques menées. Un nouveau questionnement se pose depuis ces dernières années, celui de la qualité des institutions comme facteur déterminant du développement.

A LA CRISE DE LA DETTE ET SES CONSÉQUENCES SUR L'ANALYSE DES FACTEURS DU DÉVELOPPEMENT

Suite à l'échec des stratégies de développement autocentré et à la crise de la dette, les politiques de développement vont connaître un profond changement. L'économie du développement va se renouveler de façon conséquente à partir des années 1980.

1. – La crise de la dette

L'aggravation de la situation financière d'un certain nombre de pays en développement ayant largement emprunté sur les marchés de capitaux prend un tour critique en août 1982, lorsque le Mexique suspend ses paiements. Cette cessation de paiement mexicaine ouvre la crise de la dette qui va se propager à toute l'Amérique latine et à l'Afrique.

a. — Les raisons de l'endettement

Les causes de l'endettement des pays du tiers-monde sont multiples et sont d'ordres interne et externe. La mise en œuvre de « politiques de développement » a exigé un fort endettement extérieur des économies en développement et cet endettement a très largement été encouragé.

- **La dette peut être favorable à la croissance des PED**

La dette est un moyen de financer le développement, le sous-développement étant globalement perçu comme un manque de moyens financiers. La stratégie d'endettement consiste d'abord à emprunter pour accroître l'investissement national, qui doit générer une croissance économique permettant ensuite de rembourser l'emprunt. L'endettement permet de briser les cercles vicieux du sous-développement et de la pauvreté.

L'endettement n'est pas un frein à la croissance en raison de l'effet de levier de l'endettement mis en lumière par le Suédois Knut Wicksell à la fin du XIXe siècle. Il distingue le taux d'intérêt monétaire (taux d'intérêt réel) et le taux d'intérêt naturel (taux de profit). Tant que le taux monétaire est inférieur au taux naturel, les entreprises sont incitées à investir. Ce raisonnement peut être appliqué au niveau des pays et justifie des stratégies d'endettement international. Par ailleurs, selon l'Américain Paul Samuelson (Prix Nobel d'économie 1970), le taux de croissance du PNB devrait être supérieur au taux d'intérêt réel de manière à ce que le poids des remboursements s'allège progressivement.

Le ratio du service de la dette aux exportations rapporte les obligations de remboursement (versement des intérêts annuels + part du capital remboursée par an) aux recettes d'exportation. La dette extérieure étant généralement libellée en monnaie étrangère, le service de la dette extérieure suppose de disposer de devises. Celles-ci proviennent essentiellement des exportations (et parfois des envois de fonds des migrants). Le FMI considère que le ratio est soutenable s'il ne dépasse pas 18 %, et que la situation devient préoccupante au-delà de 30 %.

Historiquement, nous pouvons voir qu'au XIXe siècle l'endettement extérieur a permis à certains pays de combler le déficit d'épargne. Alexander Gerschenkron montre que les pays tardivement industrialisés (*late-comers*) ont fait appel à l'épargne étrangère. Par exemple, les États-Unis ont émis au XIXe siècle des obligations souscrites essentiellement par les Anglais. Ils ont ainsi pu financer en partie les chemins de fer ou encore les canaux des Grands Lacs.

L'exemple des pays d'Asie du Sud-Est illustre aussi cette corrélation positive entre endettement et développement. En effet, dans les années 1960, ces pays font appel aux capitaux étrangers pour financer leurs stratégies d'industrialisation. Celles-ci ayant porté leurs fruits, ils ne connaîtront pas la crise de la dette connue par bon nombre de PED au cours des années 1980.

■ **À partir des années 1960, la dette extérieure des PED augmente fortement**

Jusqu'aux années 1960, la dette extérieure des PED reste d'un montant limité et correspond à des financements publics provenant d'États (financements bilatéraux) ou d'institutions internationales comme la Banque mondiale (financements multilatéraux). Les PED, qui se sont endettés, en dollars, pour financer leurs stratégies d'industrialisation, ont contracté la dette à une époque où les conditions étaient généralement favorables : une croissance économique forte, des taux d'intérêt peu élevés et un dollar américain faible. À partir des années 1970, les prêteurs se diversifient : la part du secteur privé s'accroît. Les banques des pays développés disposent de liquidités à la suite des chocs pétroliers qui induisent un net accroissement des avoirs en dollars des pays exportateurs de pétrole. Plusieurs d'entre eux (Arabie saoudite, Koweït...) « recyclent » une partie de leurs avoirs sur les marchés financiers occidentaux et auprès des banques occidentales.

De grandes sommes d'argent ont ainsi été prêtées aux PED, le plus souvent à taux variable. La dette totale dans les PED passe ainsi de près de 70 milliards de dollars en 1970 à 750 milliards en 1982, et à près de 1 150 milliards en 1988. La répartition de cette dette est très inégale, dans le monde, puisqu'en 1980, les pays d'Amérique latine totalisent à eux seuls la moitié de la dette totale, trois pays en représentant plus du tiers (Brésil, Mexique, Argentine).

b. — La crise de la dette et sa gestion

Le retournement de la politique monétaire américaine, à la suite du second choc pétrolier (1979), a pour effet de porter les taux d'intérêt à des niveaux très élevés. Une partie des prêts contractés par les PED étant à taux variable, les charges d'intérêt vont exploser. S'ajoutent les conséquences de la récession mondiale provoquée par les effets combinés du second choc pétrolier et du resserrement monétaire aux États-Unis. Les débouchés se contractent pour les PED qui connaissent simultanément une détérioration des termes de l'échange du fait de l'effondrement des cours des produits primaires. Enfin, comme la plupart des emprunts contractés par les PED sont libellés en dollars et que la valeur de la monnaie américaine s'apprécie, le service de la dette s'accroît fortement.

En 1982, le Mexique annonce qu'il est en incapacité de rembourser ses dettes. Il est dans une situation de défaut de paiement. Les pays d'Amérique latine sont les plus touchés. Les pays africains, qui pour la plupart avaient contracté des dettes auprès d'organismes officiels comme le FMI ou la Banque mondiale, voient leurs versements au titre des intérêts de la dette augmenter de près de 140 % entre 1978 et 1982. Au final, plus de 40 pays sont dans une situation de défaut, avec une croissance très faible.

La résolution de cette crise a finalement pris plusieurs années au cours desquelles les économies d'Amérique latine ont stagné – c'est la « décennie perdue ».

■ Une crise progressivement perçue comme structurelle

Au début de la crise, il s'agit d'aider les pays à résoudre des difficultés passagères. Cette crise paraît conjoncturelle, les PED traversant une simple crise de liquidité[3]. La stratégie est alors d'aider financièrement les pays endettés, tout en leur imposant des réformes structurelles. Les politiques d'ajustement structurel (PAS) promues par le FMI dès les années 1970 ont pour objectif de renouer avec la croissance. Il s'agit d'« assainir » les économies des pays endettés afin d'assurer leur insertion sur le marché mondial et leur permettre, en vertu de leurs avantages comparatifs, de développer des activités exportatrices générant les devises nécessaires au remboursement de leur dette.

En 1985, le plan Baker (du nom du secrétaire au Trésor de Ronald Reagan) offre aux PED les plus endettés la perspective de nouveaux prêts leur permettant de faire face à leurs engagements, en contrepartie d'une PAS. Mais devant les résultats peu probants de ces stratégies – le ratio de la dette continuant à augmenter –, l'idée selon laquelle la dette est structurellement trop élevée par rapport aux perspectives de gains en devises à long terme s'affirme. En 1989, un autre secrétaire au Trésor américain, Nicholas Brady, propose un nouveau plan destiné à réduire l'endettement et le ratio du service de la dette des pays les plus lourdement endettés auprès des banques. Il préconise le recours à des solutions de marché pour régler le problème. Plusieurs outils pour réduire la dette sont alors utilisés. Le pays emprunte des fonds au FMI et à la Banque mondiale, à la condition d'adopter une PAS. Il peut alors racheter une partie de sa dette avec une décote. Dans tous les cas, les banques acceptent donc d'annuler partiellement leurs créances (décote et/ou réduction des taux d'intérêt). De nombreux pays en ont bénéficié : le Venezuela, le Mexique, les Philippines, l'Uruguay...

■ Une justification théorique de l'abandon de certaines créances

Les fondements théoriques de l'approche en termes de solvabilité sont donnés par Paul Krugman (« Analytical Issues in Debt », 1989), au travers de la courbe de Laffer de la dette. À l'instar de Arthur Laffer, considérant que l'accroissement des recettes fiscales peut passer par une baisse des taux d'imposition, Krugman avance l'idée qu'il est parfois dans l'intérêt des créanciers d'accorder des réductions de dette afin d'accroître la probabilité de remboursement. En effet, à partir d'un certain seuil d'endettement, les montants remboursés diminuent du fait de l'insolva-

3 L'illiquidité est une situation où le pays est confronté à un problème de financement à court terme. Dans le cas des PED, on pensait au début de la crise que les pays avaient temporairement un manque de devises. Face à une simple crise de liquidité, un tiers (comme le FMI) peut consentir un crédit à court terme qui empêchera le débiteur de faire défaut. L'insolvabilité est une situation où le pays est incapable de rembourser sa dette sur le long terme. Un crédit de court terme ne lui sera donc d'aucun secours.

bilité dans laquelle se retrouve le pays. Annuler une partie de la dette accroît le montant espéré du remboursement. L'annulation profite au débiteur comme au créancier.

Cette approche sera à la base des politiques de réduction de la dette promues par les institutions financières internationales : en 1996, l'initiative PPTE (pays pauvres très endettés) est la reconnaissance que, pour les pays à faible revenu, le surendettement est devenu structurel. Des allègements de la dette bilatéraux sont aussi mis en place, par le biais de négociations avec les gouvernements créanciers du « Club de Paris », qui sont en grande majorité des pays membres de l'OCDE, mais aussi avec des gouvernements non membres du Club de Paris. En 2005, en vue d'accélérer les progrès vers la réalisation des Objectifs du Millénaire pour le développement des Nations unies, l'initiative PPTE a été complétée par l'initiative d'allégement de la dette multilatérale (IADM). L'IADM prévoit l'allégement de la totalité des dettes par trois institutions multilatérales – le FMI, la Banque mondiale et le Fonds africain de développement – pour les pays parvenus au bout du processus de l'initiative PPTE. En 2007, la Banque interaméricaine de développement a elle aussi décidé d'accorder un allégement de dette supplémentaire à certains pays. Les pays doivent satisfaire à certains critères, s'engager à réduire la pauvreté par des réformes et tendre vers de bonnes performances macroéconomiques. Au stade initial, le FMI et la Banque mondiale offrent un allégement intérimaire de la dette et, lorsque le pays a respecté ses engagements, un allégement intégral de sa dette. L'allégement du service de la dette a pour objectif de libérer des ressources qui doivent être affectées au développement durable. Il est nécessaire pour une réalisation des ODD.

Pour certains auteurs, l'annulation totale de la dette peut être nécessaire. L'endettement des PED relève aussi de la responsabilité des prêteurs (pays développés, institutions internationales) qui fixent les conditions du prêt. Les créanciers se rendent compte des fragilités des pays emprunteurs et doivent assumer le risque pris à prêter ainsi. La « dette odieuse » représente la dette contractée par un pays non démocratique qui fait usage des fonds à mauvais escient. Les créanciers le savent et ils commettent un acte qui peut être vu comme non respectueux vis-à-vis des peuples qui sont sous la coupe de gouvernements despotiques. Enfin, certains pays se retrouvent dans une insoutenabilité de la dette : les recettes fiscales ne servent qu'au remboursement des intérêts de la dette. Celle-ci ne sert donc plus du tout à financer des projets sources de développement.

■ Quel bilan ?

Les annulations ou réductions de la dette peuvent entraîner des risques non négligeables, comme celui d'approfondir l'exclusion des pays pauvres des marchés des capitaux. Annuler la dette présente ne va pas inciter les prêteurs à fournir à l'avenir de nouveaux fonds aux PED. L'autre risque est que les pays soient conduits à s'endetter de manière volontaire au-delà de leur capacité de remboursement. C'est l'apparition d'une situation d'aléa moral. De fait, certains pays ayant bénéficié d'allègements de leur dette au titre de l'initiative PPTE ont enregistré une progression rapide de leurs taux d'endettement. La reprise de l'endettement s'inscrit dans un contexte international marqué par l'apparition de nouveaux prêteurs (pays émergents d'Asie et d'Amérique latine, pays du Golfe) dont les pratiques de financement diffèrent de celles observées par les bailleurs « traditionnels ». Cherchant à pénétrer sur des marchés devenus attractifs au regard notamment des besoins en matières premières, les prêteurs émergents offrent des financements importants et sans conditionnalité de politique interne. Ces financements peuvent être gagés sur des ressources naturelles ou assortis d'engagements de la part des pays bénéficiaires (achats de biens d'équipement, fourniture de pétrole à un prix fixé à l'avance...).

Aujourd'hui, les situations d'endettement sont meilleures que lors des années 1980-1990. Entre 2000 et 2008, les ratios d'endettement et les ratios du service de la dette par rapport aux exportations se sont fortement améliorés. La crise économique est venue mettre à mal ce ratio : les recettes d'exportation des pays en développement ont chuté. Mais depuis 2010, le ratio moyen du service de la dette publique sur les exportations a renoué avec sa tendance à la baisse. Le FMI et la Banque mondiale en concluent qu'une meilleure gestion de la dette, l'expansion du commerce et, pour les pays les plus pauvres, un important allègement de la dette ont été positifs, même si certains pays restent en situation de forte vulnérabilité. De nouvelles obligations de dette se sont accumulées ces dernières années dans des conditions extérieures favorables et de manière largement non coordonnée, créant un mélange de dette publique et privée, libellée en monnaie étrangère et locale, et détenue par des créanciers résidents ou non. La soutenabilité de la dette extérieure des pays en développement dépend non seulement du service de la dette par rapport à la croissance et aux résultats à l'exportation (ces résultats dépendent du prix des matières premières qui est très fluctuant), mais aussi de la composition de la dette extérieure de ces pays (certains taux d'intérêt des emprunts sont variables et une remontée des taux peut rendre difficile le remboursement ; de même, une possible appréciation du dollar alourdirait la charge de la dette).

2. – Une nouvelle norme de développement promue par les institutions internationales

Le « consensus de Washington » marque un retournement complet dans la façon d'appréhender la question du développement. Alors que les structuralistes et les théoriciens de la dépendance voyaient le sous-développement comme un problème global qui devait être traité nationalement, la proposition va être renversée au début des années 1980 : les problèmes viennent de pays qui ont fait de mauvais choix et seule une réponse globale, le consensus de Washington, peut permettre le développement.

a. — Les politiques d'ajustement structurel et le consensus de Washington

Face aux défaillances des PED dans leurs stratégies autonomes de développement révélées par la crise de la dette des années 1980, et pour les aider à surmonter cette crise, les institutions financières internationales prennent la relève de la CNUCED dans la politique de développement et réagissent en soumettant leurs prêts à des conditions : ce sont les politiques d'ajustement structurel (PAS).

Les PAS comportent un volet conjoncturel, correspondant à la mise en œuvre de politiques de rigueur. Il est considéré qu'il faut impérativement maîtriser et au besoin réduire le crédit intérieur, ce qui revient à réduire la consommation intérieure, principale composante de la demande globale. Les budgets publics doivent retrouver l'équilibre. La rigueur doit s'accompagner d'un ajustement des taux de change visant à restaurer la compétitivité extérieure, ce qui passe par une dévaluation.

Sur le plan structurel, les PAS visent à instaurer une économie de marché garantissant la croissance. L'accent est mis sur l'imperfection des marchés dans les PED et sur l'intervention de l'État entravant les lois du marché.

La doctrine néolibérale est au fondement du consensus de Washington (expression utilisée par l'économiste John Williamson). Ce consensus est fondé sur une série de principes, recommandés, voire imposés par le biais de la conditionnalité des prêts, par la communauté financière internationale. Il s'agissait à l'origine de faire face à la crise financière de l'Amérique latine, mais ces recommandations ont fini par structurer la pensée dominante du développement jusqu'au milieu des années 1990. Il est préconisé :

– la discipline budgétaire ;

- l'orientation des dépenses publiques aussi bien vers la croissance économique que la répartition des revenus ;
- des réformes fiscales pour obtenir une large assiette fiscale et des taux maximaux d'imposition faibles ;
- la libéralisation financière ;
- la libéralisation des échanges avec la suppression des protections douanières ;
- la recherche d'un taux de change stable et compétitif ;
- l'abolition des barrières à l'entrée sur le marché et la libéralisation des investissements internationaux ;
- la privatisation de l'ensemble des entreprises publiques ;
- la déréglementation, c'est-à-dire l'élimination de tous les obstacles à la concurrence ;
- la protection légale des droits de propriété intellectuelle.

Le consensus de Washington a constitué le fondement des politiques menées par la Banque mondiale et le FMI, basées sur le triptyque stabilisation, libéralisation, privatisation.

b. — La crise du consensus de Washington

Cette doctrine a fait l'objet d'une remise en cause à la suite des conséquences des PAS et des crises financières à répétition dans les pays émergents.

Les réductions budgétaires ont entraîné des coupes dans les infrastructures, l'éducation et la santé, domaines nécessaires au développement. Les PAS ont pu avoir des effets sociaux dramatiques. Dans certains pays d'Afrique subsaharienne, l'état nutritionnel des enfants s'est dégradé, le taux de mortalité infantile a augmenté, le taux brut moyen de scolarisation primaire, après avoir diminué dans les années 1980 et au début des années 1990, avait à peine retrouvé en 2000 le niveau qu'il avait atteint en 1980. Dans ses rapports annuels sur la situation des enfants dans le monde, l'Unicef (United Nations Children's Fund – Fonds des Nations unies pour l'enfance) déplorait les restrictions dans les budgets sociaux des pays pauvres. Dès 1987, l'Unicef préconisait « un ajustement à visage humain ».

La libéralisation commerciale n'a pas toujours eu les effets escomptés. Certains PMA sont non compétitifs, malgré de faibles coûts de main-d'œuvre. Ils ne disposent que de très peu de techniques, les rendements sont donc faibles, ils sont en concurrence sur les marchés internationaux, mais aussi sur leurs propres marchés avec une production agricole subventionnée des pays développés. De plus, les incitations aux exportations les ont parfois détournés de l'agriculture vivrière. De manière générale, le rôle de l'agriculture dans le développement a été omis.

La libéralisation financière a été source d'instabilité. Les pays émergents ont connu des crises financières à répétition dans les années 1990 : crise mexicaine en 1994, crise asiatique en 1997-1998, crise russe et crise brésilienne en 1998. Ces crises, qui se traduisent par des coûts exorbitants, exercent des effets négatifs sur l'économie réelle.

Joseph Stiglitz est le nouveau représentant de l'économie hétérodoxe. En 1997, il intègre la Banque mondiale en tant qu'économiste en chef et vice-président. Il démissionne de cette institution en 2000 en critiquant les politiques recommandées (*La Grande Désillusion*, 2002). Il préconise un rôle accru de l'État comme régulateur du processus de développement en complément du marché, il remet en cause le libre-échange dérégulé et affirme la nécessaire élaboration des stratégies de développement à un niveau local, par les populations concernées, et non imposées par les institutions internationales. L'exemple des PED ayant réussi leur décollage sans avoir appliqué à la lettre les principes du consensus de Washington conforte ses propos.

c. — *Une reformulation du consensus de Washington*

Se dégage alors progressivement, à la toute fin des années 1990 et au cours de la première décennie du XXIe siècle, un « post-consensus » autour du rôle central que doivent jouer les institutions. Dans son rapport annuel de 1997, la Banque mondiale affirme que la « bonne gouvernance » est indispensable au bon fonctionnement du marché. L'idée est de compléter la doctrine précédente et non de remettre en cause ses fondements mêmes. Pour Kenneth Rogoff (ancien économiste en chef du FMI de 2001 à 2003), le problème des PED est la « mal-gouvernance » (volet institutionnel) et la conduite de politiques économiques inadaptées (volet macroéconomique).

La « bonne » gouvernance repose sur plusieurs principes : favoriser une administration efficace, accroître la responsabilité (*accountability*) des dirigeants et des agents de l'État vis-à-vis des citoyens, garantir la transparence, la primauté de l'État de droit avec la protection de la protection privée.

Les politiques proposées sont la démocratisation (élections libres, liberté d'expression, liberté de la presse), la décentralisation (les ressources publiques doivent être proches des citoyens pour garantir l'efficacité de leur utilisation), la lutte contre la corruption et le clientélisme.

Plusieurs études ont montré que le retrait de l'État n'avait pas eu pour effet de stimuler l'investissement privé. Le rôle bénéfique de l'État est mis en évidence dans les nouvelles théories de la croissance, ou théories de la croissance endogène. Les investissements publics dans les domaines sources d'externalités positives, comme l'éducation, la recherche-développement et les infrastructures, sont essentiels.

Il est admis que les défaillances de marché impliquent une intervention de l'État, mais que celle-ci n'exclut pas la régulation marchande. La complémentarité État/marché est affirmée, le développement relevant d'un équilibre efficace entre l'intervention de l'État et le recours aux mécanismes de marché. Ce *mix* entre ces deux formes de coordination peut prendre des modalités spécifiques à chaque pays.

Les institutions internationales vont alors élaborer une reformulation de la doctrine, empruntant des éléments des théories de la croissance endogène et de l'approche néo-institutionnaliste.

■ **La lutte contre la pauvreté, un enjeu majeur**

De nouvelles stratégies de réduction de la pauvreté sont proposées. Dans son rapport de 2001, la Banque mondiale intègre des éléments de la réflexion d'A. Sen. Elle s'est ainsi engagée dans la réalisation des objectifs du Millénaire pour le développement (OMD) qui sont les cibles que la communauté internationale s'est données en vue de réduire de moitié la pauvreté dans le monde et d'améliorer la situation des plus démunis d'ici 2015. Le FMI contribue à cet effort par les conseils de politique économique, l'assistance technique et les prêts qu'il propose à ses membres, ainsi que par le rôle qu'il joue dans la mobilisation de l'aide des bailleurs de fonds. Enfin, l'OMC rappelle, lors du lancement du dernier cycle de négociations multilatérales en 2001, le cycle de Doha pour le développement, que la libéralisation des échanges est pertinente pour la réalisation d'un certain nombre des OMD. Cette libéralisation va permettre aux pays en développement d'améliorer leurs perspectives de croissance et de développement, et donc de diminuer la pauvreté.

En 2000, les États membres des Nations unies s'étaient fixé huit objectifs de développement à atteindre d'ici 2015. Si les résultats sont mitigés, le bilan est positif pour certains objectifs : la pauvreté absolue et la mortalité infantile ont ainsi très nettement diminué. En 2015 ont été adoptés les dix-sept objectifs de développement durable (ODD) pour la période 2015-2030, qui remplacent les objectifs précédents. Il est ainsi notamment prévu de mettre fin à l'extrême pauvreté, d'assurer la sécurité alimentaire, de garantir une couverture santé universelle, d'éradiquer le VIH/sida, la tuberculose et le paludisme, d'assurer une scolarisation universelle, de parvenir à l'égalité entre les sexes, de garantir l'accès à l'eau potable à tous, de réduire les inégalités dans les pays et entre les pays. Tous les progrès doivent être en outre compatibles avec l'environnement. Une coopération mondiale est une nécessité pour atteindre ces objectifs.

Cette nouvelle approche du développement se retrouve dans le parcours de l'économiste Jeffrey Sachs. Il fut un ardent promoteur des thérapies de choc menées en Amérique latine et en Europe de l'Est dans les années 1980-1990, puis il s'est intéressé à la question des institutions et est devenu le conseiller spécial des Nations unies pour les OMD.

■ La conférence de la CNUCED à São Paulo

En juin 2004, s'est tenue à São Paulo la XIe Conférence de la CNUCED qui a trouvé une certaine résonance du fait des critiques issues tant des milieux académiques que de la société civile à l'encontre des politiques d'ajustement structurel et du consensus de Washington.

La déclaration de la CNUCED XI se voudrait à l'origine d'un nouveau consensus, celui de São Paulo : une remise en cause de « la conception orthodoxe des stratégies de développement », où toute forme d'intervention de l'État est jugée créatrice de distorsion, le marché étant considéré comme le mode optimal et efficient d'allocation des ressources. Concevoir une politique unique de développement ne convient pas, il faut prendre en compte les potentialités et les caractéristiques socio-économiques propres à chaque pays. L'État doit avoir un rôle actif en matière de santé, de formation, d'infrastructures. L'ouverture internationale n'est pas la politique de développement par excellence. Le commerce doit être au service du développement et la libéralisation financière ne doit être envisagée que comme un soutien à l'investissement productif.

Le consensus de São Paulo reprend des points du consensus de Washington, en partie reformulés. Les équilibres macroéconomiques, particulièrement en matière de discipline budgétaire et monétaire, doivent être respectés. Une politique d'attractivité des IDE est nécessaire. L'accent est aussi mis sur la bonne gouvernance : « Les conditions préalables nécessaires à la croissance et au développement sont notamment la stabilité politique, une bonne gouvernance, la primauté du droit et les ressources humaines. »

3. – Vers une réévaluation des politiques de développement

Ce regard porté sur les difficultés rencontrées par un certain nombre de PED a entraîné une nouvelle façon d'appréhender les politiques de développement. Il paraît nécessaire de repenser l'aide publique au développement, de mettre l'accent sur les possibilités d'accès au crédit des populations pauvres et de pouvoir mesurer l'efficacité des politiques d'aide au développement.

a. — La question de l'aide publique au développement (APD)

L'APD est une activité par laquelle des pays font transiter vers d'autres des ressources publiques en vue de contribuer à leur développement. Au-delà des capitaux financiers sont également transférées des compétences et des pratiques. Cela peut prendre la forme de transferts de technologies.

■ Le montant de l'APD reste faible, malgré les engagements des pays

Les chiffres de l'OCDE montrent que l'APD nette totale s'établit, en 2015, à 131,4 milliards de dollars (l'APD nette est l'aide brute après déduction des remboursements de prêts). Compte tenu de l'inflation et de l'appréciation du dollar américain, cela constitue une augmentation de 6,9 %

en termes réels par rapport à 2014. L'augmentation de l'APD enregistrée en 2015 est, en majeure partie, due à l'accroissement des dépenses au titre des coûts des réfugiés dans les pays donneurs résultant de la forte hausse du nombre des demandeurs d'asile.

L'APD représente 0,30 % du RNB, loin de la promesse de consacrer 0,70 % du RNB faite dans les années 1970 et reprise par l'ONU. Ainsi seuls six pays, la Suède (1,40 %) la Norvège (1,05 %), le Luxembourg, le Danemark, les Pays-Bas et le Royaume-Uni respectent ou dépassent ce ratio. Certains pays ont un ratio bien inférieur (France 0,36 %, Canada 0,28 %, Japon 0,22 %, États-Unis 0,17 %, Pologne 0,10 %). La contribution de l'Union européenne, même si elle représente plus de la moitié de l'aide globale, ne dépasse pas 0,40 % du RNB cumulé de ses pays membres.

Cette faiblesse de l'aide peut être expliquée par les critiques qui lui sont adressées. Elle a été en effet remise en cause ces dernières années par un certain nombre d'auteurs. L'efficacité de l'APD est très difficile à évaluer de manière macroéconomique. Ces objectifs sont nombreux. De ce fait, les mesures de ses résultats sont partielles.

■ **Une aide critiquée**

William Easterly affirme que l'aide au développement est un échec. Par exemple, l'aide, sous sa forme de remise de dettes, a entraîné un cercle vicieux dans lequel la remise de dettes est attendue, ce qui invite au gaspillage tout en incitant les prêteurs à ne plus prêter à ceux qui en ont besoin. Dans *Le Fardeau de l'homme blanc*, paru en 2006, Easterly insiste sur le fait que le développement des pays pauvres ne pourra venir que d'eux-mêmes, qui sont les mieux placés pour identifier leurs problèmes et pour mettre en œuvre des solutions efficaces. L'APD correspond à une logique de « planificateur », celui qui conçoit de grands projets, qui a de grandes idées générales et qui n'est pas comptable de ses actions devant les populations qu'il est censé aider. À cette logique, Easterly oppose la logique du « chercheur » qui adopte un point de vue pragmatique, qui trouve des solutions à des problèmes locaux.

Dambisa Moyo, économiste zambienne, soutient dans son ouvrage *Dead Aid* (2009) que l'aide extérieure est mauvaise pour l'Afrique et qu'elle devrait être arrêtée. L'aide sans limites aux gouvernements africains a créé la dépendance, encouragé la corruption et enfin perpétué la mal-gouvernance et la pauvreté. La fin de l'aide inciterait les gouvernements à agir et à chercher des sources de financement plus durables et plus efficaces.

■ **Des critiques controversées**

A. Sen est en désaccord avec les détracteurs de l'APD. Dans bien des pays, elle a permis une amélioration des indicateurs de développement humain, en dépit de la stagnation du RNB par habitant. Jeffrey Sachs pense lui aussi que l'APD est indispensable. Il ne croit pas que l'augmentation de l'aide est la panacée, mais il la juge essentielle. Le constat de J. Sachs est que, dans une nation, il suffit qu'une génération sorte de la zone de pauvreté pour que les générations suivantes prospèrent. Or, l'aide est nécessaire pour enclencher ce processus. L'APD permet ainsi de mettre en place des méthodes concrètes d'éradication de la pauvreté comme, par exemple, le financement de l'agriculture (avec de meilleures semences, une irrigation améliorée et l'utilisation d'engrais). Elle peut prendre aussi la forme, sur le plan de la santé, de distribution gratuite de moustiquaires qui sont en nombre insuffisant dans les régions pauvres. J. Sachs insiste sur la lutte contre les maladies tropicales qui est prioritaire pour pouvoir envisager le développement de certains pays.

■ **La cohérence des politiques**

Entre l'APD et les autres politiques publiques des pays développés, domestiques ou internationales, les interférences ou synergies sont nombreuses. L'impact final de l'aide est largement conditionné par ces interactions. Par exemple, l'expansion de l'agriculture dans les PED est un facteur capital de réduction de la pauvreté. Un accès libre et équitable de leurs produits aux marchés internationaux est nécessaire. Pourtant, les pays développés continuent de soutenir leurs propres producteurs *via* des barrières tarifaires ainsi que des subventions à l'exportation. Cela crée une concurrence déloyale. Or, l'APD peut prendre la forme d'aide aux pays qui connaissent des problèmes chroniques d'alimentation. Il y a ici, on le voit bien, un problème d'incohérence entre l'APD et la politique agricole des pays développés.

En 1991, l'OCDE avance pour la première fois la notion de « cohérence des politiques du point de vue du développement international ». La Déclaration du Millénaire réaffirme cette nécessaire cohérence pour que l'aide soit efficace.

b. — L'accès au crédit

Environ 2,5 milliards d'adultes n'ont pas de compte en banque officiel dans le monde. L'Afrique subsaharienne a ainsi un taux de bancarisation très bas, autour de 20 %. Ces personnes exclues du système bancaire n'ont pas accès à un large éventail de services financiers, dont le crédit. Or, le manque de ressources financières ne permet pas aux acteurs de développer leur potentiel productif. Les banques sont peu incitées à prêter. Les ménages sont pauvres et le risque de non-remboursement est élevé. On peut donc parler d'un rationnement du crédit.

Le microcrédit a fait son apparition dans les années 1970 au Bangladesh avec la création de la Grameen Bank par Muhammad Yunus, Prix Nobel de la paix 2006. Le microcrédit consiste en des prêts de montant faible à des individus, de manière privilégiée des femmes, dans le cadre d'un système de caution solidaire par groupe de personnes qui se connaissent. Le contrôle par les pairs est efficace pour combler l'asymétrie d'information ; la pression sociale est forte, ce qui explique des taux de remboursement des crédits élevés (le taux moyen de remboursement est de 90 %). Le montant des taux d'intérêt appliqués sur les microcrédits est généralement plus élevé que celui des banques traditionnelles en raison de coûts supérieurs engendrés par l'octroi de ces crédits (le temps passé à sélectionner les clients, la collecte des remboursements, l'accompagnement des clients dans leurs projets...).

Le microcrédit est en croissance rapide et s'ouvre à d'autres services financiers, la microfinance : épargne, transferts, microassurance. Près de 100 millions de personnes dans le monde ont recours à la microfinance. On dénombre plus de 1 700 institutions de microfinance dans le monde, et ce domaine attire de plus en plus les banques.

Le microcrédit a pu être vu comme une politique efficace de développement. Dans certaines régions, il a permis de créer de petites entreprises, de faire reculer la pauvreté extrême, de faire augmenter les taux de scolarisation. Il est d'ailleurs reconnu comme l'un des moyens de réaliser les objectifs du Millénaire.

Mais si la microfinance est d'un apport incontestable pour les politiques de développement, elle ne constitue pas une stratégie globale de développement. D'une part, le microcrédit ne peut porter que des microprojets, insuffisants pour insuffler une réelle dynamique de développement. D'autre part, le système de microcrédit est ébranlé depuis quelques années par plusieurs crises localisées (Inde, Maroc, Nicaragua, Bangladesh, Afrique de Sud…). Des situations de surendettement conduisant aux suicides des emprunteurs se sont multipliées, des pratiques commerciales ont pu rompre avec la mission sociale du microcrédit. Le nombre croissant de telles situations dans les pays en développement a sapé la confiance dans ce modèle. Les crises de la microdette se manifestent par une baisse à grande échelle du montant des remboursements des microprêts. Le microcrédit a de plus en plus soutenu les dépenses de consommation de base financées par la dette, au lieu de financer l'investissement productif à microéchelle. La fragilité financière des microsecteurs dans les pays en développement est susceptible d'influer sur la soutenabilité de la dette dans ces pays. Une réévaluation du rôle du microcrédit comme politique de réduction de la pauvreté est alors nécessaire.

c. — *La méthode de l'évaluation aléatoire*

Le resserrement des contraintes budgétaires, les critiques adressées à l'aide au développement ont conduit les décideurs politiques à vouloir rationaliser leurs interventions. De ce fait, la méthode de l'évaluation aléatoire connaît une large audience depuis ces dernières années.

La recherche expérimentale est une technique issue de l'expérimentation médicale et importée depuis un peu plus d'une dizaine d'années dans le champ des politiques publiques et de l'économie du développement. Elle mobilise des apports récents de l'analyse économique et d'autres disciplines, comme la psychologie ou les sciences politiques. Elle s'appuie sur des techniques de plus en plus sophistiquées grâce aux développements de l'économétrie. Il s'agit d'évaluer de façon rigoureuse et objective les programmes d'action en faveur du développement afin de déterminer quelles aides sont réellement efficaces. Le principe de l'évaluation aléatoire est simple. Au sein d'une liste de bénéficiaires potentiels d'un programme de développement, deux groupes sont constitués en effectuant un tirage au sort. Le groupe-test a accès au programme, le groupe-témoin n'y participe pas. La comparaison entre les deux groupes va permettre d'évaluer les effets du programme. Par exemple, il existe des moyens diversifiés de promouvoir la scolarisation des enfants, comme réduire le coût d'accès à l'éducation en fournissant des incitations financières aux parents qui accepteraient de scolariser leurs enfants, subventionner l'achat de matériel de cours, distribuer des uniformes ou des repas gratuits à l'école, proposer des traitements médicaux afin d'améliorer la santé des enfants, ou encore motiver de diverses manières les enseignants. L'expérience aléatoire va permettre d'évaluer les outils les plus efficaces pour augmenter le taux de scolarisation.

Esther Duflo insiste sur la nécessité d'une évaluation de l'APD. Pour que celle-ci continue et progresse dans les montants alloués aux PED, il faut qu'elle réponde à des exigences d'efficacité.

Cette nouvelle approche en économie du développement n'est pas exempte de critiques. Pour Dani Rodrik (« The New Development Economics: We Shall Experiment, but how Shall We Learn? », 2008), les résultats obtenus ne sont valables que dans un contexte donné, à un moment particulier, donc sont difficilement transposables. Si la validité interne des conclusions est solidement établie, le manque de validité externe est un obstacle à la définition de stratégies plus globales de développement. Agnès Labrousse (« Nouvelle économie du développement et essais cliniques randomisés : une mise en perspective d'un outil de preuve et de gouvernement », 2010) regrette elle aussi l'absence d'un ensemble théorique donnant du sens à la multitude des expériences réalisées. Ces expériences apportent des informations utiles, mais elles ne conduisent pas à une véritable réflexion sur les mécanismes complexes du développement.

B DES ASPECTS ESSENTIELS À PRENDRE EN COMPTE POUR COMPRENDRE LE DÉVELOPPEMENT

Certains aspects de la croissance ont été occultés par le passé dans les politiques du développement. Or, la question du développement ne peut être comprise sans la prise en compte de la question agraire, de celle du statut des femmes et de celle des institutions.

1. – Le rôle de la modernisation de l'agriculture doit être affirmé

L'agriculture a un rôle essentiel à jouer dans les politiques de développement. Des réformes indispensables sont à mettre en place.

a. — Sortir du sous-développement agricole

La part de l'agriculture reste largement majoritaire dans l'emploi et le PIB des PMA. D'un point de vue technique, l'agriculture est en mesure de nourrir la population mondiale, pourtant la malnutrition reste endémique. Certains pays émergents et certains PMA connaissent des situations de sous-nutrition et des famines. En 2008, les émeutes de la faim, expliquées par la crise alimentaire ayant principalement pour origine l'augmentation du prix des denrées alimentaires de base, ainsi que la famine dans la Corne de l'Afrique en 2011 qui a causé des dizaines de milliers de victimes, ont amené à reconsidérer de façon prioritaire la question agraire.

Il faut s'interroger sur les solutions pour réduire la dépendance alimentaire et pour intégrer le monde rural à la dynamique du développement. Cette question n'est pas nouvelle. W. W. Rostow a montré que les progrès de l'agriculture ont joué un rôle clé lors de la deuxième étape des conditions préalables au décollage de la Grande-Bretagne.

Le rapport de la FAO (Organisation des Nations unies pour l'alimentation et l'agriculture) de 2012, *Investir dans l'agriculture pour un avenir meilleur*, rappelle qu'il est essentiel d'investir dans l'agriculture si l'on veut réduire la faim et promouvoir une agriculture durable. Les régions où les investissements publics dans l'agriculture ont stagné sont les épicentres de la pauvreté et de la faim dans le monde.

Une agriculture modernisée peut fournir à l'industrie les matières premières dont elle a besoin. Elle entraîne une demande adressée à l'industrie et au secteur tertiaire grâce à la croissance du revenu des paysans générée par les gains de productivité dans les campagnes. Les gains de productivité agricoles peuvent aussi permettre de baisser les prix des produits alimentaires, ce qui est source d'une augmentation du pouvoir d'achat. L'accroissement des capacités d'épargne en résultant permet de financer de nouveaux investissements. De plus, le monde rural peut aussi fournir une main-d'œuvre aux autres secteurs du fait des progrès de la productivité permettant de produire davantage avec moins de travailleurs. On retrouve ici la thèse du déversement sectoriel.

Les exportations de produits agricoles peuvent aussi permettre de gagner les devises nécessaires au paiement des importations des produits nécessaires. Ceci à la condition que cultures d'exportation et cultures vivrières se développent simultanément.

b. — Les réformes nécessaires

Dans certains cas, la grande division des terres en des surfaces trop petites pour la survie d'une famille peut s'expliquer par l'insuffisance de surfaces cultivables. Mais dans beaucoup de pays, la répartition inégalitaire des terres est le réel problème. Les meilleures terres sont aux mains de quelques-uns, et les paysans pauvres cultivent de petits lopins de terre peu fertiles. La situation extrême est celle de l'Amérique latine, avec les *latifundia*.

La question de la réforme agraire représente un problème social récurrent. Un accès plus égalitaire aux terres est une condition nécessaire au développement, mais les résistances à ces réformes sont encore très nombreuses et sont des sources de blocages. Au Brésil, le président Lula da Silva a d'ailleurs échoué, au cours de sa présidence de 2003 à 2010, à imposer une réforme agraire d'envergure.

Kaushik Basu (économiste en chef de la Banque mondiale) soutient que le rôle crucial de la réforme agraire est de créer de nouvelles possibilités d'emploi dans le secteur rural, offrant à la population agricole un meilleur niveau de vie jusqu'à ce que le développement industriel crée une situation telle que de la main-d'œuvre puisse être dégagée de l'agriculture. Cela peut aussi permettre l'apparition de nouveaux comportements culturels, favorisant la planification familiale. Au Japon, en Corée du Sud et à Taïwan, par exemple, le progrès de l'industrialisation a réussi à absorber la main-d'œuvre du secteur agricole et a constitué un des facteurs du succès des mesures de réformes agraires.

Des investissements dans les infrastructures destinés à faciliter le stockage et l'écoulement de la production et dans les techniques culturales pour augmenter les rendements agricoles sont nécessaires. La « révolution verte » désigne le bond technologique réalisé en agriculture de la fin de la Seconde Guerre mondiale aux années 1970. Elle s'est traduite en Inde, au milieu des années 1960, par l'introduction de nouvelles variétés de céréales à haut rendement, par l'utilisation des engrais et des produits phytosanitaires, par le développement de la mécanisation et de l'irrigation. Elle a eu pour conséquence un accroissement spectaculaire de la productivité agricole. Cet accroissement a aussi eu lieu en Asie du Sud-Est, au Pakistan, au Mexique, notamment. Ces dernières années, les rendements agricoles cessent d'augmenter et ont même commencé à diminuer dans certaines régions, du fait d'une culture trop intensive appauvrissant les sols et de l'utilisation massive d'engrais et de pesticides les polluant. Il est recommandé de mettre en place, dans le cadre d'une stratégie de développement durable, une « révolution doublement verte ». Enfin, des investissements sont cruciaux dans l'éducation et la formation pour permettre aux agriculteurs de faire évoluer les techniques de culture.

2. – La place centrale des femmes

Les inégalités entre hommes et femmes peuvent être très importantes. La lutte contre ces inégalités est un moyen de promouvoir le développement.

a. — Des inégalités de genre importantes

La question de la place des femmes dans le développement a longtemps été occultée par la réflexion théorique. Les indicateurs de développement pour les femmes sont presque toujours inférieurs à ceux des hommes. Leurs taux d'alphabétisation et de scolarisation sont plus faibles, leurs taux de chômage et de pauvreté plus élevés. L'indice de l'inégalité de genre (IIG) est à cet égard révélateur.

Les inégalités de genre peuvent conduire, dans certains pays, à avoir une préférence pour les garçons. Ce qui entraîne le phénomène de « femmes manquantes », comme l'a décrit A. Sen. La sélection des sexes peut prendre la forme d'avortements sélectifs en fonction du sexe du fœtus, de l'infanticide ou du manque de soins apportés aux petites filles.

L'accès limité des femmes aux ressources éducatives et productives entrave leur capacité à contribuer au développement économique. En outre, étant donné les responsabilités des femmes en matière de soins, celles-ci doivent souvent passer une grande partie de leur temps à des travaux non rémunérés, surtout lorsque les services publics liés à la santé, aux infrastructures, à l'approvisionnement en eau et à la garde des enfants sont peu développés, voire inexistants. Or, ces services sont de moins en moins assurés avec les coupes budgétaires liées aux PAS. Promouvoir le développement, c'est aussi fournir des services permettant aux femmes de développer leur potentiel productif.

b. — Promouvoir le rôle des femmes dans les politiques de développement

Les thèses d'A. Sen ont eu une influence forte sur ce consensus de la promotion du rôle des femmes : ne pas avoir tenu compte de la place des femmes dans un grand nombre de projets de développement a pu conduire à l'échec de ces projets, ou à une dégradation de la situation des femmes suite à leur mise en application.

Le rapport de 2011 de la FAO, *Combler le fossé entre les hommes et les femmes pour soutenir le développement*, indique que les femmes participent de manière considérable à l'économie rurale dans toutes les régions en développement, mais qu'elles ont un accès plus restreint que les hommes aux ressources et aux débouchés qui leur permettraient d'être plus productives. Un meilleur accès des femmes à la terre, aux animaux d'élevage, à l'instruction, aux services financiers, aux technologies se traduirait par une nette augmentation de leur productivité et par une amélioration de la production agricole, et donc de la sécurité alimentaire.

Supprimer la discrimination légale, garantir que les programmes agricoles favorisent l'équité hommes-femmes sont des objectifs à poursuivre. Les études montrent qu'une augmentation des revenus des femmes profite à l'accroissement du bien-être de la famille tout entière. L'augmentation de la durée de la scolarisation des filles fait que leurs futurs enfants seront mieux soignés et auront une durée de scolarisation plus longue.

Cette reconnaissance de la place essentielle des femmes fait l'objet aujourd'hui d'un large consensus. ONU Femmes a été créée par l'Assemblée générale des Nations unies en 2010, pour accélérer les progrès en matière d'égalité des sexes et d'autonomisation des femmes. Des résultats ont été obtenus pour les femmes, avec des initiatives visant à mettre fin à la violence à leur égard, en leur donnant un rôle central dans la consolidation de la paix, en promouvant leur participation politique et en renforçant leur autonomisation économique.

3. – Les institutions sont au cœur du développement

Déjà François Perroux avait souligné l'importance des institutions dans le développement des pays, montrant qu'« il n'y a point de développement économique sans développement social et culturel, et réciproquement ». Il considère ainsi que le développement doit aussi se comprendre comme un changement institutionnel. « Les institutions sont des cadres durables d'action, des règles durables du jeu social et des habitudes collectives. » Les difficultés concrètes des pays sous-développés pour s'industrialiser au début des années soixante, surtout en Afrique, proviendraient de l'inadaptation des institutions. Mais il ne s'agit pas, pour cet auteur, d'appliquer des recettes préalablement élaborées. L'aptitude au développement est fonction pour une société donnée de sa capacité à engendrer de façon permanente des institutions efficaces.

a. — Les institutions au cœur de la « bonne gouvernance »

La nouvelle économie institutionnelle (NEI) réactualise et prolonge les travaux du courant institutionnaliste apparu à la fin XIXe siècle aux États-Unis avec Thorstein Veblen. Pour ce dernier, le développement ne se produit que lorsque des actions individuelles créent des institutions capables de soutenir le dynamisme économique. Aujourd'hui, la qualité des institutions est vue de façon majoritaire comme le facteur déterminant du niveau de développement.

■ Les institutions selon North

Douglass North (Prix Nobel d'économie 1993), chef de file de la NEI, définit les institutions comme l'ensemble des règles formelles et informelles qui régissent les interactions humaines. Les institutions formelles comportent les règles fondamentales, comme le système juridique qui définit la place respective de l'État, des individus et des organisations ainsi que la structure du système politique, mais qui définit aussi les droits de propriété qui sont fondamentaux pour le bon fonctionnement des marchés. Les institutions informelles représentent les systèmes de valeurs et de croyances, les normes et représentations sociales, les traditions, les coutumes, la religion, la morale. Les institutions informelles connaissent des changements beaucoup moins rapides que les institutions formelles.

North explique le décollage industriel de l'Angleterre au XVIIIe siècle par les institutions en place. La protection des droits de propriété plus forte que dans les autres pays à la même période, telle la législation sur les brevets garante de la protection de la propriété intellectuelle nécessaire à l'incitation à l'innovation, a été un facteur déterminant de la croissance anglaise. North souligne aussi qu'institutions et croissance sont en interaction. Si des institutions efficaces portent la croissance, la croissance elle-même permet de mettre en place des institutions plus efficaces.

- **La réduction des coûts de transaction**

Des institutions inefficaces engendrent des coûts de transaction élevés et donc des résultats économiques médiocres. Les coûts de transaction sont un concept introduit par Ronald Coase ; ils comprennent les coûts de recherche qui concernent l'information préalable nécessaire à l'échange, les coûts de négociation dans la mise en place du contrat et les coûts de surveillance de la réalisation du contrat.

Des institutions efficaces vont réduire les coûts de transaction par le bais de la réduction de l'incertitude et des risques, et favoriser les investissements, en particulier les investissements directs à l'étranger, essentiels pour le développement des pays.

Des agences internationales élaborent des indicateurs avec les risques par pays. L'OCDE classe ainsi les pays en fonction du risque encouru par les investisseurs étrangers, comme l'expropriation, la nationalisation forcée, les contrôles de mouvements de capitaux. Ainsi, l'Afrique du Sud a un risque pays moyennement élevé, la Somalie ou le Soudan ont un risque pays très élevé.

Les problèmes de développement rencontrés par l'Afrique et les difficultés de la transition dans les pays de l'ex-URSS peuvent s'expliquer par des coûts de transaction très importants qui viennent d'institutions inefficaces, comme l'insécurité, la corruption, le système clanique, la puissance des mafias, le manque de transparence de la gestion publique...

- **L'importance de l'État de droit**

Dans *Why Nations Fail* (2012), Daron Acemoglu et James Robinson affirment que l'origine des inégalités de développement dans le monde est d'ordre institutionnel : « Les pays diffèrent économiquement parce que leurs institutions, c'est-à-dire les règles qui influencent la façon dont une économie fonctionne et les incitations qui motivent les individus, diffèrent. » Ils mettent principalement l'accent sur l'importance des droits de propriété, qui sont propices à l'accumulation du capital, qui sont des éléments moteurs de l'incitation à innover, « puisque seuls les individus dont la propriété est garantie vont être disposés à investir et à augmenter la productivité ». Selon les auteurs, les autres explications qui ont été apportées pour comprendre les inégalités de richesse dans le monde ne sont pas crédibles. Ils rejettent ainsi l'hypothèse géographique, selon laquelle certaines nations seraient pauvres car situées dans des zones où le climat serait défavorable à l'activité économique, mais aussi l'hypothèse culturelle. Ils prennent l'exemple des deux Corées qui partageaient une culture et une histoire identiques au moment de leur séparation. Aujourd'hui, la Corée du Sud est un des pays les plus prospères d'Asie, alors qu'en Corée du Nord règne une pauvreté extrême. Seuls des changements institutionnels peuvent expliquer ces évolutions économiques.

L'État de droit est essentiel. Daron Acemoglu reconnaît qu'un État autoritaire peut générer de la croissance, la Chine en est l'exemple actuel. Mais cette croissance ne saurait se poursuivre sans un changement de régime politique. L'innovation appelle le changement.

Ces travaux ont fortement influencé les approches du développement de la Banque mondiale et du FMI, qui ont réalisé des études empiriques sur le lien entre qualité des institutions et développement. Dans *Développement institutionnel*, le rapport du FMI de septembre 2005, il est affirmé que « la solidité des institutions économiques va généralement de pair avec l'efficacité des institutions politiques ». Les pays dotés d'institutions de qualité ont consolidé leur structure au fil du temps et récolté les fruits d'une croissance soutenue, alors que les pays aux institutions plus fragiles se sont trouvés pris dans un cercle vicieux où les carences des institutions et la médiocrité des résultats économiques n'ont cessé de s'alimenter mutuellement.

Il faut mettre en place des institutions efficaces : la démocratie, une gestion des affaires publiques saine, sans corruption ni clientélisme, un système juridique favorisant la mise en place et la protection des droits de propriété. La conditionnalité des prêts et aides ne porte plus seulement sur les politiques économiques à mettre en place, mais aussi sur les changements institutionnels indispensables.

Le rapport 2011 sur le développement dans le monde de la Banque mondiale, *Conflits, sécurité et développement*, souligne ainsi qu'il est « crucial de renforcer la gouvernance et les institutions légitimes pour assurer la sécurité des citoyens, la justice et l'emploi, et rompre ainsi l'enchaînement des cycles de violence ».

b. — Des institutions qui peuvent prendre des formes diverses

Dani Rodrik insiste aussi sur le fait que les institutions sont essentielles dans le processus de développement. Il précise que chaque fonction des institutions peut prendre diverses formes. Les dispositifs institutionnels sont influencés par les spécificités des sociétés. Il affirme (*Nations et Mondialisation*, 2008) qu'il ne s'agit pas pour les PED de libéraliser encore davantage leur ouverture, mais de créer des dispositifs institutionnels capables de résoudre les difficultés créées par l'ouverture. Ces institutions doivent garantir la protection des droits de propriété, le respect des contrats conclus, la concurrence sur les marchés, la stabilité macroéconomique, mais elles ne se traduisent pas par une forme d'institution unique. La Chine, par exemple, a engagé des réformes institutionnelles qui s'éloignent fortement des standards occidentaux. La planification dans l'agriculture reste présente, mais un certain degré de libéralisation s'est opéré dans ce secteur d'activité. La terre n'a pas été privatisée (il n'y a pas eu appropriation individuelle des terrains et de la production), mais ont été créées des TVE (*township and village enterprises*) qui accordent des droits de propriété aux collectivités locales. Cela a créé de la compétition et donc une émulation entre régions, permettant l'accroissement des rendements agricoles. Les agriculteurs ont aujourd'hui le droit de vendre librement leurs excédents au prix du marché, excédents par rapport aux objectifs fixés par l'État, ce qui les a poussés à innover. Cet exemple montre que l'adoption de pratiques non conventionnelles a abouti à des résultats orthodoxes. De même, le Chili a adopté des politiques économiques plutôt orthodoxes, mais a également réglementé les mouvements de capitaux, politique hétérodoxe. Ce qui lui a été profitable.

c. — Des thèses controversées

La « bonne gouvernance » prônée par les institutions internationales ne suscite pas l'adhésion de tous. Elle reviendrait en fait à voir l'État toujours comme suspect. Le sous-développement serait expliqué par une mauvaise gouvernance, et au final « moins d'État » serait préférable. Avec les plans d'ajustement structurel, l'État assure, dans un grand nombre de PED, un rôle moins important et une pluralité d'acteurs de la société civile (comme les ONG) produisent désormais des biens et services publics là où, avant, seul l'État était censé le faire. Or, comme le souligne l'anthropologue Jean-Pierre Olivier de Sardan (« Les huit modes de gouvernance locale en Afrique de l'Ouest », 2009), il faut faire attention à certaines idées reçues. L'administration est vue comme trop développée au niveau des effectifs, en particulier en Afrique subsaharienne, mais il s'agit en fait d'États sous-administrés. La fonction publique a été fortement précarisée avec les PAS. Une partie des activités administratives n'est ainsi plus assurée par des fonctionnaires, mais par des « bénévoles », qui se « servent » donc au passage. Ce sont des moyens de rétribution illégaux, mais sans ce type de rémunération, des activités indispensables ne seraient plus effectuées. Dans beaucoup de PMA, les salaires sont faibles, ils ne sont même plus versés dans certaines régions ; les agents adoptent donc des stratégies de recherche de revenus complémentaires liés à des activités licites ou illicites. Ce qui peut aussi expliquer un absentéisme fort. L'inefficacité administrative vient en fait d'un manque de moyens. Se développe une « débrouille » administrative.

En mettant l'accent sur la qualité des institutions comme facteur déterminant du développement, il serait sous-entendu que l'État n'est qu'un simple support du marché. Son rôle est de veiller au bon fonctionnement des mécanismes concurrentiels. Au final, cela revient à trouver une nouvelle justification des plans d'ajustement structurel. Si ceux-ci n'ont pas connu le succès attendu, c'est que les pays n'avaient pas les institutions adéquates. En conditionnant les prêts à la pratique d'une bonne gouvernance, les politiques d'ajustement ne pourront être qu'efficaces.

Enfin, certains économistes, comme Jeffrey Sachs et Jared Diamond, attribuent un rôle dominant à la géographie dans le développement. Le climat et les dotations en ressources naturelles sont essentiels pour comprendre les obstacles au développement. Faire des institutions le déterminant fondamental du processus de développement est réducteur. Sachs explique qu'il serait plus judicieux de se consacrer davantage à la lutte contre le sida, la tuberculose, le paludisme et les autres maladies tropicales. L'amélioration des institutions serait évidemment positive. Mais les pays ont besoin avant tout d'interventions directes, d'une aide accrue des bailleurs de fonds. La lutte contre les maladies, le développement des infrastructures permettant de briser l'isolement géographique de certaines régions, et des transferts de technologie sont indispensables.

CHRONOLOGIE

1944. – Accords de Bretton Woods.
1945. – La Charte des Nations unies promeut l'égalité des peuples.
1952. – L'expression « tiers-monde » est utilisée par Alfred Sauvy.
1955. – Conférence de Bandung.
1960. – Création de l'OPEP.
1964. – Première Conférence des Nations unies sur le commerce et le développement (CNUCED).
1972. – Première Conférence des Nations unies sur l'environnement à Stockholm ; création du Programme des Nations unies pour l'environnement (PNUE).
1973. – Premier choc pétrolier.
1974. – Première Conférence mondiale sur la population à Bucarest.
1979. – Second choc pétrolier.
1979. – Tournant de la politique monétaire américaine.
1982. – Crise de la dette au Mexique.
1984. – Conférence mondiale sur la population à Mexico.
1985. – Plan Baker sur la gestion de la dette.
1987. – Plan Brady sur la gestion de la dette.
1987. – Rapport Brundtland ; popularisation du concept de développement durable.
1990. – Premier rapport du Programme des Nations unies pour le développement (PNUD).
1992. – Conférence des Nations unies sur l'environnement à Rio : le sommet de la Terre.
1996. – Adoption de l'Initiative pays pauvres très endettés (PPTE).
1997. – Conférence mondiale sur la population au Caire.
1997. – Protocole de Kyoto.
1997-1998. – Crise asiatique.
2000. – Conférence du Millénaire ; adoption des objectifs du Millénaire pour le développement.
2002. – Conférence mondiale sur l'environnement de Johannesburg.
2003. – Émergence d'un G20 et d'un G90 à la conférence ministérielle de l'OMC à Cancun.
2004. – Conférence de la CNUCED à São Paulo.
2012. – Conférence des Nations unies sur l'environnement Rio + 20.
2015. – Conférence de Paris sur le climat.

BIBLIOGRAPHIE

Assidon (E.), *Les Théories économiques du développement*, La Découverte, coll. « Repères », 2002.

Barnejee (A.) et Duflo (E.), *Repenser la pauvreté*, Seuil, coll. « Les livres du nouveau monde », 2012.

Bontems (P.) et Rotillon (G.), *L'économie de l'environnement*, La Découverte, 2013.

Bourguignon (F.), *Pauvreté et développement dans un monde globalisé*, Fayard, Collège de France, 2015.

Bourguignon (F.), *La Mondialisation de l'inégalité*, Seuil, coll. « La république des idées », 2012.

Brunel (S.), *Le Développement durable*, PUF, coll. « Que sais-je ? », 2012.

Charnoz (O.) et Severino (J.-M.), *L'Aide publique au développement*, La Découverte, coll. « Repères », 2015.

Chavance (B.), *L'Économie institutionnelle*, La Découverte, coll. « Repères », 2012.

Copans (J.), *Sociologie du développement*, Armand Colin, coll. « Domaines et Approches », 2010.

Duflo (E.), *Le Développement humain*, Seuil, coll. « La république des idées », 2010.

Dulong (D.), *Sociologie des institutions publiques*, La Découverte, coll. « Repères », 2012.

Giraud (P.N.) et Ollivier (T.), *Économie des matières premières*, La Découverte, coll. « Repères », 2015.

Giraud (P.N.) et Ollivier (T.), « Quels objectifs pour le développement après 2015 », *Problèmes économiques*, n° 3116, septembre 2015

Giraud (P.N.) et Ollivier (T.), « COP 21 : quelles solutions au changement climatique ? », *Problèmes économiques*, n° 3119, octobre 2015.

Hugon (P.), *L'économie de l'Afrique*, La Découverte, coll. « Repères », 2013.

Laurent (E.) et Le Cacheux (J.), *Économie de l'environnement et économie écologique*, Armand Colin, collection « Cursus », 2015.

Milanovic (B.), *Global Inequality. A New Approach for the Age of Globalization*, Cambridge, Harvard University Press, 2016.

Raffinot (M.), *Économie du développement*, Dunod, 2015.

Raffinot (M.), *La Dette des tiers-mondes*, La Découverte, coll. « Repères », 2008.

Rotillon (G.), *Économie des ressources naturelles*, La Découverte, coll. « Repères », 2010.

BIBLIOGRAPHIE

STEINER (P.), La Sociologie économique, La Découverte, coll. « Repères », 2011.

TREILLET (S.), *Économie du développement*, Armand Colin, coll. « Cursus », 2011.

« Les défis de l'Afrique », *Problèmes économiques*, n° 3102, première quinzaine de janvier 2015.

« Quels objectifs pour le développement après 2015 ? », *Problèmes économiques*, n° 3116, deuxième quinzaine de septembre 2015.

« COP21 : quelles solutions au changement climatique ? », *Problèmes économiques*, n° 3119, deuxième quinzaine d'octobre 2015.

« Agriculture et alimentation », *Problèmes économiques*, n° 3135, première quinzaine de juin 2016.

SUJETS CORRIGÉS

SUJET
I

Comment expliquer la croissance économique des pays émergents dans les vingt dernières années ?

Depuis une vingtaine d'années, l'économie mondiale est marquée par l'ascension spectaculaire de quelques pays nommés pays émergents. L'exemple du Brésil, de la Russie, de l'Inde, de la Chine et de l'Afrique du Sud sous l'acronyme BRICS est le plus significatif pour qualifier les pays d'« émergents ». En effet, ces pays ont été affectés par la crise économique mondiale née de la crise des *subprimes* de 2008, mais ils se sont vite remis et sont devenus un moteur essentiel de la croissance mondiale. Les pays émergents constituent une nouvelle catégorie de pays depuis la fin des années 1980 et le début des années 1990, qui indique l'hétérogénéité des pays en développement. Ils se caractérisent par une croissance rapide de la production et des marchés financiers, et une intégration de plus en plus importante dans les flux commerciaux et financiers internationaux. Avec de forts taux de croissance économique, ces pays émergents sont en train d'amorcer un processus de modernisation et de rattrapage des pays développés à économie de marché. Autrement dit, ils sont en plein processus de développement. Les caractères du développement rapide des pays émergents induisent leur capacité à engendrer et à perpétuer la croissance économique.

Ainsi, par quels moyens ces pays ont-ils réussi à générer de façon cumulative et durable la croissance économique ces vingt dernières années ?

Après avoir montré les différentes stratégies d'industrialisation qui sont en partie à l'origine de la formidable croissance des pays émergents, nous verrons que d'autres facteurs tout aussi importants sont nécessaires afin de poursuivre le rattrapage de ces pays.

I La mise en place de stratégies d'industrialisation ayant pour objectif l'ouverture des économies a favorisé une forte croissance économique dans les PED devenus pays émergents

A. — Les stratégies d'industrialisation extraverties, fondées sur le marché extérieur, sont une réussite

- *Ces pays vont suivre, à des périodes différentes, une stratégie d'industrialisation passant par une participation croissante au commerce international, suivant en cela les principes de la théorie néoclassique des avantages comparatifs (théorème Heckscher-Ohlin-Samuelson). Cette stratégie de promotion des exportations a été initiée dès les années 1950 par deux pays asiatiques, Hong Kong et Singapour, rejoints dans les années 1960-1970 par la Corée du Sud et Taïwan (ces quatre pays devenant les NPIA : nouveaux pays industrialisés asiatiques ou les « dragons asiatiques »).*
- *Cette politique se traduit par une remontée de filière avec l'image du « vol d'oies sauvages » d'Akamatsu. Ce modèle décrit la montée en gamme de la production d'une économie sous-développée à travers l'exploitation et la transformation de ses avantages comparatifs, qui permet une transition entre des activités intensives en main-d'œuvre et d'autres plus intensives en capital. La Chine et d'autres pays (Malaisie, Indonésie, Thaïlande, Philippines) en sont un bon exemple.*

B. — La globalisation financière a joué un rôle non négligeable

- *La dérégulation financière et la liberté des mouvements de capitaux ont également entraîné un développement du système financier international qui a été un facteur essentiel de la croissance de ces pays. Les investissements directs à l'étranger ont explosé, permettant le financement de l'industrialisation des pays émergents et les transferts de technologie.*
- *Les marchés financiers émergents se développent grâce à un processus de libéralisation interne et externe. Un marché financier émergent est un marché accessible qui a entamé un processus de croissance et de modernisation le rendant attractif pour des investisseurs qui peuvent réaliser des gains de diversification de portefeuille.*
- *Mais cette ouverture financière est aussi source d'instabilité* (cf. *la crise asiatique de 1997).*

C. — Des sentiers de croissance différents pour chaque pays émergent

- *Avec sa stratégie de remontée de filière, la Chine et d'autres pays (Malaisie, Indonésie, Thaïlande, Philippines) connaissent une croissance fondée sur l'exportation de produits manufacturés dont la valeur ajoutée augmente progressivement.*
- *La croissance indienne est particulière car elle repose plus sur les exportations de services que sur celles de produits manufacturés. La croissance dans le secteur des services a en grande partie été alimentée par le boom des technologies de l'information, domaine dans lequel l'Inde devient un leader mondial.*
- *Le Brésil a une croissance fondée sur les exportations agricoles, mais aussi sur les exportations de produits manufacturés en conséquence des politiques intraverties menées précédemment.*
- *La Russie est un pays émergent plus ou moins contesté car on parle parfois d'une économie de rente : les exportations de ressources naturelles comme le gaz et le pétrole sont les principales sources d'une croissance économique d'environ 5-6 % par an. Le problème est que la fluctuation des prix mondiaux peut jouer en défaveur de cette croissance, qui reste fragile.*
- *L'Afrique du Sud est depuis peu considérée comme un pays émergent, d'où le terme BRICS (membre depuis 2010). C'est le géant économique africain. Sa croissance est tirée par des secteurs économiques traditionnels forts (exportations de ressources naturelles et agricoles), puis par le développement du bâtiment, des services financiers, des services aux entreprises. De plus, c'est l'un des pays africains les plus touristiques. Cependant, ce pays est marqué par un dualisme économique interne flagrant. Le taux de chômage est élevé chez les jeunes et particulièrement au sein de la population noire. L'économie formelle coexiste avec une immense économie informelle, ce qui correspond au caractère des pays sous-développés.*

II Des facteurs indispensables à prendre en compte afin d'expliquer la croissance des pays émergents

A. — La mise en place d'institutions stables

- *Douglass North (*Structure and Change in Economic History, *1981) a mis en évidence la nécessité d'institutions stables afin de garantir de forts taux de croissance. Les pays émergents sont des États où les institutions sont plus efficaces que dans les PED où le rattrapage n'a pas encore eu lieu.*
- *La mise en place d'institutions efficaces réduit les coûts de transaction par le bais de la réduction de l'incertitude et des risques, et favorise les investissements, en particulier les investissements directs à l'étranger, essentiels pour le développement des pays.*
- *Il faut mettre en particulier l'accent sur l'importance de la protection de la propriété privée. Daron Acemoglu et James Robinson (*Why Nations Fail, *2012) expliquent que l'origine des inégalités de développement dans le monde est*

d'ordre institutionnel : les droits de propriété, qui sont propices à l'accumulation du capital, sont des éléments moteurs de l'incitation à innover (cf. les exemples opposés du développement en Corée du Sud et en Corée du Nord). Même s'il faut bien sûr distinguer selon les pays : démocratie ou régime autoritaire. Le point commun est la relative stabilité du régime politique.

B. — La modernisation de l'agriculture a été nécessaire pour le développement rapide

- *Une des conditions préalables au décollage et ensuite au développement est la révolution agricole. La réussite des stratégies de développement repose aussi sur l'importance de l'agriculture, afin d'accroître l'efficience de ce secteur pour réduire la dépendance alimentaire et pour intégrer le monde rural à la dynamique du développement.*
- *Kaushik Basu (*Agrarian Structure and Economic Development, *1990) met l'accent sur la réforme agraire qui crée de nouveaux emplois, et qui permet à la population agricole d'obtenir un meilleur niveau de vie jusqu'à ce que le développement industriel entraîne un transfert de la main-d'œuvre de ce secteur d'activité. En Corée du Sud et à Taïwan par exemple, le progrès de l'industrialisation a permis d'absorber la main-d'œuvre agricole et a constitué un des facteurs du succès des mesures de réforme agraire.*

C. — Des investissements massifs des pouvoirs publics

- *Le modèle de développement adopté par la plupart des pays émergents est un mélange de libéralisme et d'interventionnisme. L'État crée les infrastructures nécessaires à l'industrialisation, il choisit les secteurs considérés comme prioritaires pour l'industrialisation, il accentue la scolarisation, il investit en recherche-développement. Des investissements dans les domaines sources d'externalités positives (thèse de la croissance endogène) sont effectués. Joseph Stiglitz insiste sur ce rôle de l'État pour expliquer la croissance des pays émergents, il souligne que les principes du consensus de Washington n'ont pas été tous respectés.*
- *Des mesures protectionnistes (inspirées des travaux de F. List), ont même pu être prises. Mais l'État, dans les pays du Sud-Est asiatique, a aussi mis en place des politiques plus égalitaires envers les populations.*
- *Dans tous les pays émergents, l'État a agi et agit avec le marché et non contre lui, ce qui explique que la croissance économique a pu s'autoentretenir durant toutes ces années.*

SUJET
II

La dette est-elle un obstacle au développement des pays en développement ?

En 2016, le FMI a mis en garde contre une dette mondiale record. Celle-ci a atteint 152 milliards de dollars, soit 225 % du PIB mondial, constituant ainsi un véritable risque, non seulement pour les pays développés, mais aussi pour les pays en développement. Entre 2006 et 2014, les prêts accordés aux pays à faible revenu ont ainsi plus que triplé. Pourquoi prêter au Sud ? Depuis la crise de 2007 causée par le secteur financier, les capitaux cherchent les meilleurs rendements. Les pays du Sud, aux taux de croissance économique plus élevés, sont des cibles privilégiées. La hausse de leurs ressources liées au cours élevé des matières premières combiné au bas niveau des taux d'intérêt encourage alors ces États à profiter de cette conjoncture, enclenchant un nouveau cycle d'endettement. Mais la conjoncture internationale a changé : le prix des matières premières a considérablement diminué ; les taux d'intérêt ont remonté et le dollar s'est apprécié. Certains pays comme le Mozambique et la Tunisie ont même frôlé récemment le défaut de paiement.

La dette a ainsi des effets contradictoires sur le développement des PED. Elle paraît essentielle, mais en même temps elle peut devenir un fardeau si elle n'est pas soutenable sur le long terme. Nous entendrons par PED les pays qui ont un retard de croissance et de développement par rapport aux pays industrialisés, mais il faut souligner que ce terme regroupe des pays très hétérogènes. Les éléments de différenciation entre les pays émergents et les pays les moins avancés sont nombreux. Les besoins de ces pays sont donc très dissemblables.

Ainsi, si la dette peut porter le développement, elle risque aussi de devenir un obstacle majeur au développement. Elle doit donc répondre à certaines exigences.

I L'endettement est une opportunité pour le développement

A. — La dette peut être favorable à la croissance des PED

- *Des capitaux extérieurs sont nécessaires pour financer les investissements indispensables à la croissance, le sous-développement étant globalement perçu comme un manque de moyens financiers. Emprunter peut accroître l'investissement national, qui doit générer une croissance économique permettant ensuite de rembourser l'emprunt.*
- *L'endettement permet de briser les cercles vicieux du sous-développement et de la pauvreté (cf. l'analyse de Ragnar Nurkse,* Problems of Capital Formation in Underdeveloped Countries, *1953).*
- *L'endettement peut porter la croissance en raison de l'effet de levier de l'endettement mis en lumière par le Suédois Knut Wicksell à la fin du XIXe siècle.*

B. — Une corrélation positive constatée entre endettement extérieur et développement

- *Déjà, au XIXe siècle, les pays tardivement industrialisés, ou* « late-comers » *ont fait appel à l'épargne extérieure et ont pu financer les investissements nécessaires à leur industrialisation, comme les États-Unis pour les chemins de fer (A. Gerschenkron,* Economic Backwardness in Historical Perspective, *1962).*
- *Les pays d'Asie du Sud-Est, dans les années 1960, ont fait appel aux capitaux étrangers pour financer leurs stratégies d'industrialisation. Ils ont pu modifier leur spécialisation initiale, ont conquis de nouveaux marchés dans les secteurs traditionnels des pays riches et se sont lancés dans la production de biens sophistiqués : stratégie de remontée de filière (cf. thèse d'Akamatsu et le « vol d'oies sauvages »). Cependant, nous devons noter que ces pays avaient une forte épargne intérieure qui venait en complément de l'endettement.*

II Cependant la dette n'est pas toujours au service du développement

A. — Une dette excessive freine le développement

- *La mise en œuvre de « politiques de développement » a exigé un fort endettement extérieur des économies en développement. Cet endettement a très largement été encouragé et, à partir des années 1960, la dette extérieure des PED augmente fortement. Cette dette contractée en dollars, souvent à des taux variables, va devenir insoutenable (retournement de la politique monétaire américaine, conséquences de la récession mondiale, appréciation forte du dollar). La crise de la dette apparaît d'abord au Mexique en 1982.*
- *La résolution de cette crise a finalement pris plusieurs années au cours desquelles les économies d'Amérique latine ont stagné ; c'est la « décennie perdue ».*
- *La stratégie de la Banque mondiale et du Fonds monétaire international est alors d'aider financièrement les pays endettés, tout en leur imposant des réformes structurelles. Les politiques d'ajustement structurel*

ont entraîné des mesures de réduction drastique des dépenses publiques, comme dans la santé, l'éducation, les infrastructures, ce qui a nui au développement de ces pays, en particulier des pays les moins avancés (cf. *J. Stiglitz,* La Grande Désillusion, *2002).*

B. — L'endettement peut ne pas servir au développement

- *Des institutions inefficaces engendrent des coûts de transaction élevés et donc des résultats économiques médiocres. Les ressources provenant de l'endettement ne vont donc pas porter le développement, du fait de l'insécurité, de la corruption, du système clanique, ou du manque de transparence de la gestion publique.*
- *Une partie de l'aide publique au développement est représentée par l'octroi aux PED de prêts à des taux préférentiels. Pour W. Easterly, cette aide est un échec. Les remises de dettes ont entraîné un cercle vicieux : l'anticipation de l'annulation de la dette pousse au gaspillage tout en incitant les prêteurs à ne plus prêter à ceux qui en ont besoin* (Le Fardeau de l'homme blanc, *2006). Pour D. Moyo* (Dead Aid, *2009), l'aide extérieure est mauvaise pour l'Afrique, car elle crée de la dépendance et encourage la corruption.*
- *La « dette odieuse » représente la dette contractée par un pays non démocratique qui fait usage des fonds à mauvais escient.*

III D'où la nécessité de conditions pour orienter la dette vers le développement

A. — Une action nécessaire pour alléger l'endettement des pays les plus vulnérables

- *Certains pays se retrouvent avec une dette insoutenable : les recettes fiscales ne servent qu'au remboursement des intérêts de la dette. Une restructuration est nécessaire pour que tout endettement futur puisse financer des projets favorisant le développement.*
- *Une justification théorique de l'abandon de certaines créances est avancée par Paul Krugman (« Analytical Issues in Debt », 1989), au travers de la courbe de Laffer de la dette. Il peut être dans l'intérêt des créanciers d'accorder des réductions de dette afin d'accroître la probabilité de remboursement.*
- *Des politiques de réduction de la dette ont été préconisées par les institutions financières internationales avec l'adoption, en 1996, de l'initiative Pays pauvres très endettés, et, en 2005, de l'initiative d'allégement de la dette multilatérale, qui ont depuis profité à un grand nombre de pays les moins avancés.*

B. — Le rôle majeur des institutions pour que la dette favorise le développement

- *Des institutions efficaces vont réduire les coûts de transaction par le bais de la réduction de l'incertitude et des risques* (cf. *D. North,* Institutions, Institutional Change and Economic Performance, *1990). L'endettement peut alors favoriser les investissements essentiels pour le développement des pays.*
- *Il faut ainsi mettre en place des institutions efficaces : la démocratie, une gestion des affaires publiques saine, sans corruption ni clientélisme, un système juridique favorisant la mise en place et la protection de droits de propriété. Cette protection est essentielle : elle fournit les bonnes incitations aux individus (D. Acemoglu et J. Robinson,* Why Nations Fail, *2012).*
- *Cette vision a profondément influencé les institutions financières internationales, la conditionnalité des prêts et aides ne portant plus seulement sur les politiques économiques à mettre en place, mais aussi sur les changements institutionnels indispensables.*

PARTIE 3

LA MONDIALISATION ÉCONOMIQUE ET FINANCIÈRE

CHAPITRE 1

LA DYNAMIQUE DE LA MONDIALISATION ÉCONOMIQUE

I

L'OUVERTURE DES ÉCONOMIES DEPUIS LE XIXe SIÈCLE : ÉVOLUTION ET ACTEURS

L'époque moderne à partir de la fin du XVe siècle est marquée par un développement du grand commerce par voie maritime. L'ouverture des économies par ce que l'on appelle à partir du XIXe siècle le commerce international se manifeste aussi par le déplacement des facteurs de production entre les pays, surtout à partir du milieu du siècle. Acteurs privés et acteurs publics contribuent à tisser ces relations économiques internationales.

A LES GRANDES PHASES DES RELATIONS ÉCONOMIQUES INTERNATIONALES DEPUIS LE DÉBUT DU XIXe SIÈCLE

Le développement des échanges prend de l'ampleur avec la révolution industrielle qui perfectionne les techniques de transport et s'accompagne de mouvements plus nets de la main-d'œuvre et du capital. Les dernières décennies du XIXe siècle sont considérées comme une première phase de mondialisation que vient clore la Première Guerre mondiale. L'ouverture économique n'est en effet pas linéaire ; elle connaît des phases de net repli et aussi de forte accélération depuis le XIXe siècle.

1. – Le commerce international pendant la révolution industrielle

La hausse du poids de l'industrie dans les économies avancées, le développement d'une agriculture plus commerciale signifient une progression du volume des biens échangeables, y compris par-delà les frontières. La part de la production industrielle exportée passe en Grande-Bretagne de 8,7 % en 1780 à 67,3 % en 1870. Pour ce qui est de l'Europe continentale dans son ensemble, les taux d'exportation passent de 3,9 % en 1830 à 9,3 % en 1870, en suivant un mouvement de hausse assez continu.

a. — L'effet stimulant du commerce international sur l'industrialisation de certains pays

Pour la Grande-Bretagne, des observateurs comme Rostow (*Les étapes de la croissance économique*, 1960) ou Bairoch (*Commerce extérieur et développement économique de l'Europe au XIXe siècle*, 1976), en insistant sur le rôle de la modernisation agricole et des transports, ont eu tendance à minimiser le rôle du grand commerce en tant que force d'impulsion à l'industrialisation, en partie sans doute pour marquer une différence avec l'interprétation de Marx (*Le capital*, 1867) qui, au contraire, considérait que la Grande-Bretagne avait été grandement avantagée par sa puissance commerciale et coloniale. À côté de l'enrichissement des landlords, celui des marchands aurait contribué à une accumulation primitive du capital utile au démarrage industriel.

L'insistance plus récente sur les dynamiques internes à l'économie britannique, certainement dominantes au début notamment sous l'effet des progrès agricoles, ne doit cependant pas conduire à sous-estimer le rôle des échanges extérieurs dans l'amorce et dans l'entretien de la croissance industrielle britannique (Verley, *L'échelle du monde*, 1997).

Si l'économie du pays est encore assez fermée au XVIIIe siècle, puisque bien moins de 10 % de la production nationale est exportée, une branche motrice des débuts de la révolution industrielle, celle des cotonnades, est fortement stimulée par le grand commerce : dès 1760, près de la moitié des tissus fabriqués en Grande-Bretagne sont exportés. En outre, l'activité des colonies où est cultivé le coton est stimulée, elles achètent en retour plus de produits à la métropole. La puissance commerciale britannique déjà éclatante est renforcée par la victoire anglaise dans la guerre de Sept Ans (traité de Paris, 1763) et grâce au dynamisme des exploitations coloniales d'Amérique. Elle permet l'enrichissement d'une bourgeoisie marchande dont la fortune – l'or afflue en Grande-Bretagne de la fin du XVIIe aux années 1790 – irrigue les grandes villes du pays et nourrit l'essor des activités protoindustrielles puis des premières usines. Outre l'effet direct du grand commerce sur la demande extérieure, la demande intérieure est donc indirectement stimulée.

Pour certains pays, la contribution de l'ouverture au développement économique au XIXe siècle est encore plus nette. C'est le cas par exemple des pays scandinaves en Europe ou du Japon en Asie. L'ouverture de ce dernier est la conséquence de l'ultimatum de 1853 posé par le commodore Perry (États-Unis) et des bouleversements politiques internes consécutifs amenant à l'ère Meiji entre 1868 et 1912. Entre la fin des années 1880 et 1914, le taux d'ouverture de l'économie japonaise est multiplié par trois. Le dynamisme le plus marqué est celui des exportations de coton et de soie. Mais les effets positifs de l'ouverture sont aussi visibles par le développement d'importations de machines et de produits intermédiaires permettant la mise sur pied d'une puissante activité industrielle sidérurgique et mécanique.

Pour d'autres pays au contraire, comme les États-Unis, l'essor économique passe essentiellement par celui du marché intérieur. Si l'ouverture aux échanges mondiaux a été pourtant perçue aux États-Unis comme un enjeu important pour le développement industriel, c'est plus par la volonté de protéger les industries naissantes de la concurrence étrangère que par la nécessité de trouver des débouchés extérieurs dynamiques.

b. — Les traits caractéristiques des échanges économiques dans le monde au milieu du XIXe siècle

Au milieu du XIXe siècle, l'industrialisation de la Grande-Bretagne, de la Belgique, de la Suisse et dans une moindre mesure de la France est perceptible par un poids dominant des produits manufacturés dans les exportations de ces pays et, bien évidemment, par des importations essentiellement de produits primaires. La Grande-Bretagne participe à une part essentielle du commerce des produits manufacturés : environ 50 % au milieu du siècle. À partir des années 1830, l'industrie britannique des biens de consommation travaille majoritairement pour l'exportation : elle exporte en masse des produits textiles dont les prix sont orientés à la baisse grâce aux gains de productivité.

La France, deuxième puissance industrielle exportatrice au milieu du XIXe siècle, n'affronte pas directement la puissance britannique mais développe une stratégie de créneaux en accentuant son avantage dans les produits industriels haut de gamme, dans le textile, la papeterie, la parfumerie, etc. Les producteurs français pénètrent ainsi les marchés britanniques et ceux des pays émergents de l'époque, comme les États-Unis, où l'élite sociale connaît un enrichissement assez rapide.

Se dessine dans la première moitié du XIXe siècle une structuration de l'économie mondiale qui préfigure celle de la première mondialisation de la fin du siècle. Émerge alors ce que Wallerstein (*Capitalisme et économie-monde*, 1980) qualifie de système-monde, c'est-à-dire une économie internationale organisée selon une logique de division internationale du travail : l'apparition de systèmes productifs industriels dans un petit nombre de pays génère à la fois un afflux de matières premières vers ces pays et des flux d'exportation de produits manufacturés vers le reste du monde. Au sein de cette économie-monde, l'hégémonie britannique est encore en construction : le solde commercial britannique, de plus en plus déficitaire dans la première moitié du XIXe siècle en raison de la baisse des prix des produits exportés, en particulier des cotonnades (-80 % entre 1814 et 1843), est compensé par l'exportation croissante des invisibles. Mais la balance des paiements britanniques n'indique que des sorties limitées de capitaux au cours de la première partie du XIXe. La puissance commerciale et financière du pays s'affirme surtout dans les dernières décennies du siècle.

c. — *L'effet désindustrialisant de l'ouverture internationale pour certains pays*

L'Amérique latine puis l'Asie forment des espaces périphériques indispensables pour l'écoulement de la production industrielle britannique. La part des pays avancés dans les exportations britanniques passe de 44 % vers 1815 à 27 % vers 1845. En 1840, l'Amérique latine et l'Inde assurent plus de 55 % des débouchés extérieurs du principal produit d'exportation britannique, les cotonnades.

L'Inde, soumise à la pression coloniale française et surtout britannique, possède au XVIIIe siècle une activité protoindustrielle très dynamique. Maîtres artisans urbains et très nombreux ouvriers-paysans organisés dans le cadre de manufactures rurales dispersées produisent notamment des tissus en coton coloré exportés, les « indiennes » que les consommateurs européens découvrent avec enthousiasme dès la deuxième partie du XVIIe siècle. Véritable phénomène de mode au XVIIIe, l'indiennage marque les débuts de la révolution industrielle. Au XVIIIe siècle en effet, les marchands manufacturiers européens importent des matières premières transformées en « indiennes » en Europe même. Grâce à la mécanisation, aux baisses de prix des cotonnades anglaises et à la domination de la Compagnie des Indes, les cotonnades britanniques envahissent au XIXe siècle le marché indien. Ainsi, dès les années 1830, la production locale artisanale et protoindustrielle est fortement affaiblie par les arrivées de produits textiles britanniques.

La Chine aussi subit une domination économique étrangère déstabilisante. Début XIXe, l'essor de la production d'opium en Inde, commercialisé par les Britanniques de la Compagnie des Indes à destination du marché chinois, permet aux Anglais en échange de récupérer de la monnaie argent cédée par les Chinois. Les Anglais peuvent ainsi régler leurs achats de thé et de soie chinoise avec de la monnaie métallique argent que recherchent les Chinois. L'opium arrive en Chine par Canton, malgré les interdictions édictées par l'administration chinoise. Les tensions dégénèrent en conflit armé en 1840 et, deux ans plus tard, par le traité de Nankin, la Chine est obligée d'accepter l'ouverture de ses ports aux produits des pays industrialisés et à l'opium britannique fabriqué en Inde, bien que celui-ci demeure illégal en Chine jusqu'à la fin de la seconde guerre de l'opium (1856-1860). Les traités de 1842 et 1860 imposent une ouverture à la Chine aux produits fabriqués dans les pays industrialisés, attribuent Hong Kong aux Britanniques et créent dans des villes généralement portuaires des espaces extraterritoriaux appelés « concessions » attribuées à divers pays comme la Grande-Bretagne, la France, l'Allemagne, etc. Vers 1860, le marché chinois est le troisième marché le plus important pour l'écoulement du textile cotonnier britannique.

L'installation de systèmes économiques périphériques dans des spécialisations primaires moins porteuses de développement économique n'est pas que la conséquence de logiques impérialistes exercées par les puissances industrielles. Des dynamiques internes expliquent les spécialisations primaires en Amérique latine où la couche dominante des propriétaires fonciers empêche la mise en place de politiques nationales industrialistes. En Chine, des problèmes économiques internes interrompent le développement du pays dès les années 1820 (faiblesse du pouvoir central, famines paysannes, corruption, etc.) et les traités inégaux de 1842 et 1860 ne font qu'aggraver une situation difficile dont les causes sont essentiellement internes.

2. – La première mondialisation

a. — L'essor croissant du commerce international jusqu'en 1914

Entre 1830 et 1913, selon Bairoch (1976), la valeur des exportations nettes européennes est multipliée par 16, en particulier après 1846, date de l'abrogation des *Corn Laws* britanniques. Grâce à leur industrialisation, l'Europe de l'Ouest et l'Amérique du Nord réalisent 84 % des exportations mondiales de produits manufacturés en 1914. Le retour du protectionnisme dans les années 1880 n'entraîne pas une fermeture des économies, notamment parce que la baisse des coûts de transport compense en partie la hausse des tarifs douaniers. Au début du XXe siècle, le taux d'exportation des pays européens est voisin de 30 % en moyenne pour les produits manufacturés. À côté d'un commerce international structuré par un schéma d'échanges de produits industriels contre des produits primaires, on assiste pendant la première mondialisation à une montée du commerce de produits industriels entre pays avancés.

Les échanges sont facilités par le perfectionnement des moyens de communication. Les locomotives deviennent à la fin du XIXe siècle des machines extrêmement puissantes. Des tunnels sont percés dans les Alpes à partir des années 1870. Les navires à vapeur supplantent les grands voiliers (clippers) dans les transports transatlantiques grâce à l'utilisation de l'hélice et aux améliorations des capacités de production d'acier. L'ouverture du canal de Suez en 1869 et la mise au point des navires réfrigérés dans les années 1870 sont des étapes marquantes. Le télégraphe électrique, les câbles sous-marins qui accélèrent les communications, sont aussi un facteur de développement des relations économiques internationales. La navigation océanique est facilitée par l'invention de la radio à partir de 1901. Les coûts de transport sont divisés par sept au cours du siècle et les écarts de prix des marchandises entre les régions du monde diminuent selon O'Rourke et Williamson (*Globalization and History*, 1999).

Une mondialisation impérialiste ? Rosa Luxembourg (*L'accumulation du capital*, 1913) explique que la faiblesse des salaires ouvriers freine la croissance des débouchés et incite les capitalistes à écouler leur production à l'étranger, d'où l'intérêt pour eux de la colonisation ou de l'ouverture forcée de marchés étrangers. C'est le cas, outre la Chine, de l'Iran ou de l'Empire ottoman dont la banque centrale est contrôlée par les Rothschild, et dont une partie des impôts est captée par des compagnies occidentales. Globalement, l'ouverture de ces pays pauvres débouche sur une désindustrialisation (Inde, Chine, Maroc, Empire ottoman, etc.), une spécialisation primaire notamment dans l'agriculture commerciale (Égypte) et une hausse des inégalités (Argentine). L'exportation de capitaux est parfois analysée à cette époque comme un moyen d'échapper à la baisse du taux de profit dans les économies industrielles. Cette thèse est notamment défendue par Lénine (*L'Impérialisme, stade suprême du capitalisme*, 1916) mais elle concorde mal avec le fait que les périodes de forte hausse des exportations de capitaux correspondent souvent à des moments de forte croissance économique dans les économies industrielles (1852-1870 et 1898-1913). Néanmoins, de grands groupes prennent le contrôle de mines, zones pétrolifères, plantations ou infrastructures dans les régions dominées du monde. Les exportations de capitaux par les pays européens permettent une domination financière, notamment du Royaume-Uni, de la France et de l'Allemagne, par des achats d'actifs dans d'autres pays ou l'accumulation de créances sur des États étrangers. Selon Boukharine (*L'Impérialisme et l'accumulation du capital*, 1925), les États auraient relancé l'expansion coloniale dans les dernières décennies du siècle dans l'intérêt économique des classes dominantes. Brasseul (*Histoire des faits économiques*, 1998) confirme cette hypothèse pour les Landlords britanniques, menacés de ruine après l'abolition des *corn laws* et déterminés à reconvertir leurs actifs outre mer. En fait, les considérations économiques accompagnent en général une politique internationale des pays industriels préoccupée surtout par la puissance et le rayonnement politique.

b. — L'essor des mouvements de facteurs de production

Les migrations humaines prennent de l'ampleur dans la seconde moitié du XIXe siècle. L'émigration provient essentiellement des Îles britanniques, mais aussi d'Allemagne et des pays scandinaves, puis des pays méditerranéens à la fin du siècle. Quarante-six millions de personnes quittent l'Europe entre 1815 et 1915, dont 38 millions après 1865. Si les deux tiers de cette émigration européenne se dirigent vers les États-Unis, suivent en tant que terres d'accueil l'Argentine, le Brésil, le Canada, l'Australie, la Nouvelle-Zélande et l'Afrique du Sud.

Ces flux d'émigration s'expliquent en partie par une fuite de la misère des couches populaires européennes. La forte croissance démographique du continent limite les progressions salariales pour les travailleurs peu qualifiés et les crises périodiques génèrent un sous-emploi récurrent. Les pays neufs apparaissent plus porteurs d'opportunités que l'Europe surpeuplée et inégalitaire. La perspective de salaires meilleurs outre-Atlantique n'est initialement pas statistiquement infondée, même si les mouvements migratoires se prolongent en dépit de la convergence internationale des salaires réels au cours de la Belle Époque. O'Rourke et Williamson (1999) mesurent que la dispersion des salaires réels diminue de 28 % entre 1870 et 1910 pour 27 pays étudiés. La poursuite des départs s'explique au fil des décennies de plus en plus par la présence de foyers d'immigrants dans les pays d'accueil qui facilitent le financement des voyages et l'intégration des nouveaux arrivants.

Les mouvements de capitaux se développent, en provenance pour l'essentiel d'Europe. 90 % du stock d'IDE en 1913 est la propriété des Européens, détenu aux deux tiers par des agents économiques installés en Grande-Bretagne et en France. Ces placements à l'étranger sont réalisés surtout dans les autres pays développés mais pas seulement : États-Unis, Canada, Argentine, Australie, Nouvelle-Zélande, ou encore Russie, Balkans, Scandinavie, mais aussi Amérique latine, Empire ottoman, Afrique du Sud et Asie accueillent les capitaux européens. Ceux-ci financent la construction des chemins de fer, de mines, de ports, ainsi que des activités de service. Le développement des banques par action dans les pays avancés, grandes banques et banques d'affaires, permet la mise en place de réseaux financiers à l'échelle internationale. L'apparition de lignes télégraphiques internationales à partir des années 1850 stimule les marchés financiers en facilitant les opérations d'arbitrage entre les places financières.

c. — L'hégémonie britannique

Au milieu du XIXe siècle, un Anglais exporte en moyenne trois fois plus qu'un Français ou un Allemand. Et 80 % des tissus en coton fabriqués en Grande-Bretagne sont exportés à la fin du siècle. La Grande-Bretagne fait venir énormément de produits agricoles et plus largement de produits primaires du reste du monde. Elle achète du coton au Sud des États-Unis, de la laine en Australie, du minerai au Chili et en Afrique du Sud, du vin au Portugal, des produits agricoles à l'Argentine et à la Nouvelle-Zélande, etc. Par ses importations, la Grande-Bretagne contribue plus que par ses exportations à l'essor du commerce international, puisque sa balance commerciale est de plus en plus déficitaire : le taux de couverture passe de 70 % vers 1850 à 61 % vers 1900. Le déficit commercial britannique est compensé par un excédent dans les échanges de services et en particulier dans le domaine du transport maritime et par des flux de revenus entrants considérables. En 1850 comme en 1913, la marine marchande britannique représente près de 40 % du tonnage mondial.

La Grande-Bretagne tient aussi un rôle important dans l'essor des mouvements de capitaux au niveau mondial et dans la structuration du système monétaire international. Dans les colonies britanniques (Inde, Canada, Afrique du Sud, Australie...) ou les pays sous influence (Argentine par exemple), les capitaux britanniques s'investissent (chemins de fer, exploitations minières ou agricoles...) et génèrent des revenus rapatriés en Grande-Bretagne. À la veille de la Première Guerre mondiale, les Britanniques détiennent presque autant d'avoirs à l'étranger que l'ensemble des autres pays industrialisés réunis. Par ailleurs, les transactions internationales lors de cette première mondialisation se réalisent fréquemment en livres sterling, moyen de paiement presque universellement accepté.

3. – Du repli de l'entre-deux-guerres à la mondialisation contemporaine

a. — La fermeture internationale des économies dans l'entre-deux-guerres

■ L'absence de retour à la situation d'avant 1914

Alors que le commerce international apparaissait comme un facteur de croissance avant la guerre, les échanges internationaux progressent dans les années 1920 moins vite que la production mondiale. Les débouchés extérieurs ne tirent donc plus la croissance des économies industrielles. Le protectionnisme se renforce dans beaucoup de pays après le conflit. En outre, dès le milieu des années 1920, les prix des produits primaires sont orientés à la baisse en raison d'une tendance à la surproduction. De ce fait, les pays principalement exportateurs de ces marchandises subissent une dégradation des termes de l'échange qui déséquilibre leurs comptes extérieurs et affecte leurs capacités d'importation. Or, la division internationale du travail n'a guère évolué et l'essentiel des régions du monde est alors encore exportatrice de produits agricoles ou miniers. C'est le cas en particulier de l'Amérique latine. Les capacités exportatrices de la petite minorité de pays industrialisés souffrent donc de la restriction des débouchés internationaux. La France, par exemple, voit baisser ses exportations industrielles dès 1927. Le retrait de l'Union soviétique des échanges mondiaux, l'endettement extérieur très lourd de certains pays, dont l'Allemagne, affectent aussi le dynamisme du commerce international. Un autre aspect de la mondialisation d'avant-guerre n'est pas retrouvé, il s'agit des mouvements internationaux de main-d'œuvre. L'Europe cesse d'être un continent d'émigration, notamment parce que les conditions d'entrée dans les pays d'accueil se durcissent. Ceci s'observe en particulier aux États-Unis où, après les premières restrictions des années 1910, des quotas d'immigrés sont mis en place en 1921 et 1924. La France est assez isolée dans sa démarche d'ouverture accrue, après la guerre, à l'arrivée d'étrangers sur son territoire.

■ L'impact de la crise de 1929 sur les relations économiques internationales

La crise de 1929 et du début des années 1930 accentue la fermeture des économies. La chute de l'activité productive fait inévitablement reculer les capacités exportatrices des pays. On constate un recul en volume de 40 % des exportations de marchandises entre 1929 et 1933. La déflation provoque un recul en valeur encore plus marqué, de plus de 60 % du commerce international (Bénichi, *Histoire de la mondialisation*, 2008). Sa reprise s'amorce en 1938 mais, à la veille de la Deuxième Guerre mondiale, le commerce international est encore bien inférieur à son niveau de 1929. Pour certains pays, les déséquilibres extérieurs deviennent dans les années 1930 insupportables, en raison de l'ampleur de la détérioration des termes de l'échange ou de l'épuisement des réserves de change. Dès lors, le contrôle des changes et l'encadrement strict du commerce extérieur sont indispensables pour assurer un équilibre de la balance courante. Dès 1930, les pays d'Amérique hors États-Unis et en 1931 l'Allemagne et les pays d'Europe centrale, adoptent ces mesures fortes et limitent leurs importations à leurs capacités d'exportation. Il en résulte une fermeture de ces économies allant parfois, comme en Allemagne ou en Italie, jusqu'à une quasi-autarcie érigée ensuite en doctrine nationaliste. On assiste à la multiplication d'accords de *clearing*, instituant le troc de marchandises entre pays, pour équilibrer les échanges extérieurs. Pour d'autres, le repli sur l'économie domestique est porté par un protectionnisme tarifaire, non tarifaire ou monétaire. C'est le cas aux États-Unis, en Grande-Bretagne et en France. Pour les pays possédant un empire colonial, comme la Grande-Bretagne ou la France, les échanges avec les colonies ou les dominions sont privilégiés. Certaines puissances sans espace périphérique satellisé cherchent alors à établir leur domination sur des pays voisins par la force, pour se constituer eux aussi un large espace économique exclusif. Cela conduit à des politiques impérialistes de conquêtes menées par le Japon, l'Italie et évidemment l'Allemagne, qui font basculer le monde dans la Deuxième Guerre mondiale.

b. — La mondialisation contemporaine

■ Le constat et les raisons de la réouverture des économies

Après la Deuxième Guerre mondiale, le commerce international retrouve son dynamisme d'avant 1914 en augmentant à nouveau plus rapidement que la production de richesses, avec un écart entre 1950 et 1970 similaire à celui observé entre 1870 et 1914 : une croissance 1,6 fois plus rapide des échanges que de la production. Le taux d'exportation en valeur des pays développés occidentaux passe de 8 % en 1950 à 15,9 % en 1996 (Norel, *L'Invention du marché*, 2004), dépassant dans les années 1970 le maximum précédent atteint à la veille de la Première Guerre mondiale. La hausse est particulièrement marquée pour les pays d'Europe occidentale et d'Asie.

Le mouvement de réouverture des économies après la Deuxième Guerre mondiale concerne avant tout le bloc des pays alliés des États-Unis et est réalisé à l'initiative de cette puissance qui, assumant alors enfin sa position hégémonique (Kindleberger, *La grande crise mondiale 1929-1939*, 1973), organise les relations économiques entre les nations qui acceptent l'économie de marché et le capitalisme. Rupture historique aussi, les États-Unis prennent des positions très favorables à la libéralisation du commerce international, ayant tiré les leçons des effets néfastes du protectionnisme des années 1930 et pour assurer des débouchés extérieurs à leur puissante industrie. Ils veulent éviter que les suites de la Deuxième Guerre mondiale ne conduisent à la réédition des fragilités des années 1920 et, pour cela, ils s'assurent que les économies de leurs alliés sont en capacité de retrouver rapidement un dynamisme marqué et des capacités importatrices. Ils renoncent donc à toute dette de guerre et aident même financièrement l'Europe de l'Ouest et le Japon à amorcer une nouvelle expansion économique (plan Marshall de 1947 pour l'Europe et plan Dodge de 1949 pour le Japon).

Selon Findlay et O'Rourke (*Commodity Market Integration, 1500-2000*, 2002), l'essentiel du dynamisme retrouvé des échanges mondiaux est à mettre sur le compte de la forte croissance économique, en faisant l'hypothèse que, toutes choses égales par ailleurs, l'élasticité du commerce international à la croissance de la production est supérieure à un, notamment lorsque la croissance est tirée par l'industrie. L'ouverture des économies a pu être un facteur de croissance, comme cela est spectaculairement le cas au niveau mondial depuis les années 1990 mais, selon ces auteurs, la relation inverse est aussi vraie. En ce sens, le développement des échanges et de la production sont deux phénomènes économiques étroitement imbriqués, comme l'avait déjà souligné Smith dans la *Richesse des nations*. Le mouvement d'abaissement marqué des barrières tarifaires, divisées par quatre en moyenne entre 1947 et 1967 dans le cadre des négociations internationales du GATT (sans compter l'effet des accords régionaux), contribue aussi significativement à stimuler l'ouverture des économies. Il constitue un acquis institutionnel qui contribue, à la différence des années 1930, à empêcher tout retour au protectionnisme dans le contexte de la crise des années 1970. Enfin, à partir des années 1960, des progrès techniques dans le transport maritime abaissent nettement le coût du fret : le tonnage maximum des tankers est multiplié par cinq en une décennie. Les réseaux autoroutiers et ferroviaires se développent abaissant aussi le coût du transport.

■ **L'entrée dans une nouvelle mondialisation dans les dernières décennies du** xxe **siècle**

On assiste à une polarisation croissante jusqu'aux années 1990 des échanges sur et entre trois zones géographiques formant la « triade » : l'Amérique du Nord, l'Europe occidentale et l'Asie orientale ; la véritable nouveauté étant la constitution du troisième pôle de dynamisme commercial. Depuis les années 1990, une évolution notable est la montée des pays émergents dans les échanges de produits, de sorte que le commerce entre pays développés ne représente plus que 38 % du commerce international en 2013, contre 67 % en 1990.

Alors que les pays d'Asie orientale ne représentaient que 6% des exportations mondiales en 1963, ils triplent leur poids au cours du dernier tiers du xxe siècle. D'où un développement spectaculaire du commerce dans l'Océan Pacifique. L'ouverture économique s'accompagne de mouvements de capitaux, notamment d'investissements directs à l'étranger, pour les deux tiers en direction des pays membres de la triade. Le reste du monde, et en particulier l'Afrique et l'Amérique Latine, voit son poids fortement décliner. Cette marginalisation commerciale d'une partie importante du monde est en partie imputable à la difficulté pour beaucoup de ces pays, essentiellement exportateurs de produits primaires, à s'insérer de façon profitable dans le commerce mondial. En effet, des années 1950 au début des années 1970, ces pays sont victimes d'une baisse prononcée des cours des produits primaires et donc d'une détérioration des termes de l'échange. Loin de les inciter à développer leurs exportations agricoles ou minières, cette tendance les conduit à rechercher plutôt des stratégies de développement autocentrées, voire à mener des politiques d'industrialisation par substitution aux importations de produits manufacturés venus des pays avancés.

L'imbrication des économies progresse donc jusqu'à la crise de 2008, sans que l'on observe depuis un recul véritablement marqué (voir « d »). En 2015, selon la Banque mondiale, le taux d'ouverture (moyenne des exportations et importations de biens et services rapportée au PIB) de l'économie française est encore de 30,7 %, celui de l'économie allemande de 43 % et celui d'un petit pays comme les Pays-Bas de 77,1 %. Le taux d'ouverture des États-Unis est de 14 % et celui du Japon est de 18,4 %.

À la différence de la première mondialisation, le poids des produits primaires dans le commerce international est limité : deux tiers des échanges en 1914 contre seulement un cinquième en 2000. La diffusion de l'industrialisation à un nombre croissant de pays, en Asie orientale ou en Amérique latine en particulier, explique en partie cette évolution. Mais selon Adda (*La mondialisation de l'économie*, 1996), cela reflète aussi la montée d'une logique de concurrence à l'échelle internationale qui tend à supplanter la logique de complémentarité. En effet, la division internationale du travail entre un petit nombre de pays exportateurs de produits manufacturés et le reste du monde exportateur de produits primaires n'est plus pertinente dans la deuxième partie du XXe siècle. Le commerce se déroule surtout entre pays industrialisés et le poids des échanges intrabranches augmente considérablement jusqu'à représenter la moitié des échanges internationaux depuis la fin du XXe siècle. La division internationale du travail n'a pas disparu, la recherche de complémentarités entre les territoires non plus mais l'échelle de compréhension doit être beaucoup plus fine que la simple opposition entre produits primaires et produits manufacturés. Il faut notamment prendre en compte la décomposition internationale de certains processus productifs, en remarquant les différences de localisation de chaque étape de la réalisation des produits et l'importance du commerce intra-firme ou prendre en considération les différences de gammes dans l'échange international de produits apparemment similaires. Dans la mondialisation contemporaine, de nouveaux pays industriels parviennent à s'insérer dans les échanges dans des conditions favorisant leur industrialisation. Ils deviennent des concurrents pour les pays industriels anciens et cette concurrence contribue à la désindustrialisation des économies avancées. L'effet de la mondialisation contemporaine sur l'industrialisation des régions du monde en développement est donc nettement plus favorable qu'avant 1914, quand les puissances industrielles renforçaient souvent leur domination par la désindustrialisation contrainte du reste du monde. Reflet aussi de l'évolution des structures productives internes des pays avancés et trait caractéristique de la mondialisation contemporaine, le poids croissant des échanges de services au niveau international, même s'ils ne représentent en 2000 encore qu'un quart des échanges internationaux. Il s'agit essentiellement de services de transport, de tourisme et de services financiers.

Les mouvements de facteurs de production accompagnent cet essor commercial. À la différence de la fin du XIXe siècle, l'Europe n'est plus l'émettrice exclusive des investissements directs. À partir du milieu des années 1950, les investissements directs à l'étranger, provenant surtout des États-Unis, prennent de l'ampleur et dans les années 1970 atteignent des taux de croissance annuels qui égalent ceux du commerce international. Les mouvements de capitaux s'accélèrent encore au cours des années 1980, marquant le véritable avènement de la mondialisation contemporaine. Les flux mondiaux d'investissement à l'étranger passent de 58 milliards de dollars en 1982 à 1971 milliards en 2010. Les mouvements de capitaux, y compris à court terme, représentent 36 % de la balance des paiements française au milieu des années 1980 contre plus de 90 % vingt ans plus tard. Ce que l'on appelle la « globalisation financière » est une des évolutions les plus spectaculaires de la mondialisation contemporaine. Loin d'être surtout destinés à des pays en développement, à la différence de la première mondialisation, les capitaux s'investissent à partir du milieu des années 1950 essentiellement au sein de la triade. Néanmoins, depuis le début du XXIe siècle, on constate une réorientation des investissements à l'étranger de plus en plus vers les pays émergents ou les pays d'Europe orientale. D'autre part, les mouvements de main-d'œuvre caractérisent aussi la mondialisation contemporaine, même si leur poids démographique rapporté à la population active est deux fois moins marqué qu'à la fin du XIXe (Norel, 2004). L'Europe est désormais un continent d'immigration et les flux migratoires sont l'objet de contrôles beaucoup plus stricts qu'avant 1914, quand les frontières étaient à peu près ouvertes aux mouvements de populations.

c. — *La première et la deuxième mondialisation : des ouvertures similaires ?*

Sur le plan des flux commerciaux, le niveau d'extraversion apparaît aujourd'hui nettement plus important qu'il y a un siècle. En 1913, le taux d'exportation moyen est voisin de 8 % (Norel, 2004) alors qu'il est proche de 30 % en 2015. Géographiquement, la mondialisation actuelle se centre beaucoup plus sur le Pacifique et accorde une place nettement supérieure à l'Asie. Par ailleurs, les logiques économiques structurant les échanges internationaux sont assez différentes d'une mondialisation à l'autre. Le poids des produits primaires dans le commerce international est plus faible dans les décennies récentes : il représentait les deux tiers des échanges en 1914, contre seulement un cinquième en 2000. La diffusion de l'industrialisation à un nombre croissant de pays, en Asie orientale ou en Amérique latine en particulier, explique en partie cette évolution. Mais selon Adda (*La Mondialisation de l'économie*, 1996), cela reflète aussi la montée d'une logique de concurrence à l'échelle internationale qui tend à supplanter la logique de complémentarité. En effet, la division internationale du travail, entre un petit nombre de pays exportateurs de produits manufacturés et le reste du monde exportateur de produits primaires, n'est plus pertinente dans la deuxième partie du XXe siècle. Le poids des échanges intrabranches augmente considérablement. L'indice Grubel-Lloyd (1975) permet de mesurer le poids de ces échanges intrabranches et, à partir de cet indicateur, on estime que le commerce intrabranche représente 50 % du commerce des pays développés. On mesure en 2000 que les échanges manufacturiers intrabranches atteignent 78 % des échanges manufacturiers totaux en France et 72 % en Allemagne. La division internationale du travail n'a pas disparu, la recherche de complémentarités entre les territoires non plus, mais l'échelle de compréhension doit être beaucoup plus fine que la simple opposition entre produits primaires et produits manufacturés. Il faut notamment prendre en compte la décomposition internationale de certains processus productifs, en remarquant les différences de localisation de chaque étape de la réalisation des produits et l'importance du commerce intrafirme, ou prendre en considération les différences de gammes dans l'échange international de produits apparemment similaires. Dans la mondialisation contemporaine, de nouveaux pays industriels parviennent plus fréquemment à s'insérer dans les échanges dans des conditions favorisant leur industrialisation. Ils deviennent des concurrents pour les pays industriels anciens et cette concurrence contribue à la désindustrialisation des économies avancées. L'effet de la mondialisation contemporaine sur l'industrialisation des régions du monde en développement est donc nettement plus favorable qu'avant 1914, quand les puissances industrielles renforçaient souvent leur domination par la désindustrialisation contrainte du reste du monde. Reflet aussi de l'évolution des structures productives internes des pays avancés et trait caractéristique de la mondialisation contemporaine, le poids croissant des échanges de services au niveau international, essentiellement des services de transport, de tourisme et des services financiers. Selon l'OMC (« Statistiques du commerce international 2016 »), ils ne représentent encore que 22,5 % des échanges internationaux en 2015, mais leur poids est sous-évalué car les statistiques des balances des paiements ne prennent pas en compte les échanges de services entre les filiales des firmes transnationales.

L'importance des mouvements de capitaux est une caractéristique commune aux deux mondialisations. Mais leur ampleur est bien plus considérable à notre époque et la nature de ces flux est assez différente. En effet, l'Europe n'est plus l'émettrice exclusive des investissements à l'étranger. Par ailleurs, si les investissements de portefeuille dominent la première mondialisation et que les IDE sont alors rares, ils sont plus fréquents dans la mondialisation contemporaine. C'est que la multinationalisation des firmes progresse, surtout après 1945. À partir du milieu des années 1950, les investissements directs à l'étranger, provenant surtout des États-Unis, prennent en effet de l'ampleur et, dans les années 1970, atteignent des taux de croissance annuels qui égalent ceux du commerce international. Les mouvements de capitaux s'accélèrent encore au cours des années 1980, marquant le véritable avènement de la mondialisation contemporaine. Les flux mondiaux d'investissement à l'étranger passent de 58 milliards de dollars en 1982 à 1 971 milliards en 2010. Les mouvements de capitaux, y compris à court terme, représentent 36 % de la balance des paiements française au milieu des années 1980 contre plus de 90 % vingt ans plus tard. Ce que l'on appelle la « globalisation financière » est une des évolutions les plus spectaculaires de la mondialisation contemporaine. Elle s'appuie aujourd'hui sur des titres financiers complexes (produits dérivés), qui n'en sont encore qu'à leurs balbutiements à la fin du XIXe siècle. Le contexte monétaire stable offert par l'étalon-or rend alors moins nécessaire la couverture des risques de change.

Les mouvements internationaux de main-d'œuvre sont très différents pour le continent européen : c'est au XIXe siècle un espace émetteur de flux migratoires alors que, depuis les Trente Glorieuses, l'Europe est un continent qui attire les migrants. En outre, la contribution des mouvements de population à l'homogénéisation économique des pays qui s'industrialisent est sans doute moindre dans la mondialisation contemporaine (Berger, *Notre première mondialisation*, 2003). C'est que le poids démographique des migrants rapporté à la population active est deux fois moins marqué qu'à la fin du XIXe siècle (Norel, 2004) et que les flux migratoires sont l'objet de contrôles beaucoup plus stricts qu'avant 1914, quand les frontières étaient à peu près ouvertes aux mouvements de populations.

La mondialisation d'il y a un siècle n'est pas encadrée par des organisations internationales nées après la Seconde Guerre mondiale (GATT-OMC, FMI, BM) ; elle est au contraire fondamentalement associée aux politiques de puissance, notamment coloniales, des États européens.

d. — Un coup d'arrêt à la dynamique de mondialisation depuis la crise de 2008 ?

La démondialisation est une expression apparue dans les réflexions économiques suite à la crise de 2008-2009. Elle désigne un arrêt, voire une inversion actuellement de la tendance à l'ouverture des économies. La rupture possède des raisons en partie conjoncturelles. Classiquement, la crise économique a entraîné un recul des échanges internationaux (– 10 %) plus marqué que le PIB mondial (– 2 %) pour l'année 2009, en raison à la fois du poids des biens industriels dans le commerce international et de l'intensité plus marquée de la récession dans ce secteur d'activité que dans le reste de l'économie. La reprise de 2010 n'a pas permis au commerce international de retrouver depuis la tendance à l'essor observée avant le choc de 2008-2009. L'ouverture commerciale du monde ne progresse plus, voire connaît certaines années des reculs (par exemple en 2012 et 2013) alors même que la croissance économique mondiale est à nouveau positive.

Ce ralentissement de la hausse du commerce mondial peut donc être dû aussi à des facteurs structurels comme le comportement commercial de la Chine, les stratégies des firmes multinationales et l'évolution des politiques commerciales. La Chine, depuis la crise, a vu son taux d'ouverture commerciale diminuer. Alors que l'économie de ce pays avait connu un développement économique extraverti centré sur des activités d'assemblage, on observe à la fois une tendance à la réorientation de la production vers la demande intérieure et un recul de la part des activités d'assemblage alimentées en grande partie par des importations. De plus, alors que les années 1990 et 2000 ont été marquées par un éclatement croissant des chaînes de valeur des produits entre les différents territoires de la mondialisation, cette tendance semble s'être ralentie, comme si les entreprises se satisfaisaient du degré actuel de la DIPP et ne souhaitaient pas l'approfondir davantage. Sur le plan des politiques commerciales, la crise a montré le retour de tentations protectionnistes, qui se lisent aussi dans les blocages des négociations commerciales à l'OMC et les réticences croissantes à l'égard d'accords de libre-échange. La baisse des barrières douanières est une tendance qui, pour l'essentiel, appartient au passé, sans que l'on observe de remontée marquée du protectionnisme. Le nombre des barrières non tarifaires a cependant progressé depuis la crise selon l'OMC, notamment dans les pays du G20.

Sur le plan de l'intégration financière, la crise a aussi généré un recul des flux financiers entre pays. C'est par exemple le cas au sein de la zone euro. Les flux financiers animés par les banques internationales sont en particulier en recul, y compris à l'échelle mondiale. Beaucoup de flux financiers étaient guidés par des stratégies d'optimisation ou d'évasion fiscale ; or, des mesures limitant ces comportements ont été mises en place depuis la crise.

B LES ACTEURS DES RELATIONS ÉCONOMIQUES INTERNATIONALES

1. – Les politiques commerciales depuis le début du XIXe siècle

a. — Une tendance dominante au protectionnisme jusque vers 1860

Adam Smith (1776) et David Ricardo (1817) font progresser des conceptions théoriques favorables à la liberté du commerce extérieur. Pourtant, ces évolutions doctrinales ne se traduisent pas par une tendance marquée à la libéralisation du commerce entre les nations.

■ Des conceptions dominantes qui restent méfiantes à l'égard du libre-échange

Certaines décisions assez exceptionnelles, telles le traité de commerce Eden-Rayneval de 1786 entre la France et la Grande-Bretagne, masquent une inclinaison persistante au protectionnisme. Les effets très négatifs du traité de 1786 sur l'artisanat du Nord de la France, notamment le textile, n'ont d'ailleurs pas fourni d'arguments empiriques frappants susceptibles de convaincre durablement les dirigeants politiques et les opinions du bien-fondé de ces conceptions novatrices. L'industrialisation britannique se déroule à l'abri d'importantes restrictions aux échanges extérieurs puisque, vers 1820, les droits de douane moyens sur les produits manufacturés avoisinent 50 % (Bairoch, *Mythes et paradoxes de l'histoire économique*, 1993). En outre, le protectionnisme n'est pas rejeté par toute la pensée économique de cette époque classique : List (*Système national d'économie politique*, 1841) nourrit ainsi ses réflexions de la lecture des écrits des nouveaux promoteurs américains d'un protectionnisme industrialiste, comme Alexander Hamilton (*Rapport sur les manufactures*, 1791), premier secrétaire du Trésor des États-Unis.

■ Un protectionnisme souvent peu réfléchi

Il est néanmoins difficile d'interpréter les multiples entraves au commerce international d'alors comme de véritables politiques commerciales cohérentes visant à favoriser le développement industriel. La nouvelle loi britannique sur le blé de 1815 (la première *Corn Law* britannique datant du xve siècle) interdit l'importation de blé tant que son prix intérieur est en dessous de 80 shillings ce qui, si l'on en croit Ricardo, a des effets néfastes sur le dynamisme industriel du pays. Cette loi n'est supprimée qu'en 1846, au cours d'une décennie où le libre-échange devient un choix commercial durable pour la Grande-Bretagne (abrogation de l'interdiction d'exporter des machines en 1842, fin de la préférence impériale pour les colonies en 1845, abolition des actes de navigation en 1849). Autre exemple édifiant, les taxes sur la houille importée en France mises en place sous la Restauration freinent le développement des hauts fourneaux modernes qui ne peuvent alors que difficilement trouver en France la matière première nécessaire à leur fonctionnement. En fait, on peut comprendre ces multiples restrictions aux échanges à la fois comme le produit de l'habitude héritée des siècles antérieurs, comme le résultat de l'influence des diverses catégories de producteurs demandeurs de protection pour leur marché intérieur et comme un moyen pour les États d'obtenir des recettes fiscales.

La Prusse (sous l'influence des idées de Smith), les Pays-Bas, la Suisse et, dans une moindre mesure, le Portugal font partie vers 1820 des rares pays assez ouverts aux échanges internationaux. À l'échelle internationale hors du continent européen, un des seuls États à pratiquer une ouverture commerciale franche est l'Empire ottoman. Mais la Chine et le Japon sont par exemple des pays fermés jusqu'à leur ouverture forcée par les puissances industrielles au milieu du xixe siècle.

■ Quelques rares politiques commerciales cohérentes

Toutefois, aux États-Unis, un protectionnisme plus réfléchi se développe à partir du tarif de 1792 et surtout de celui de 1816. Il s'agit de bâtir une industrie dans les États du Nord, proches des grandes villes consommatrices de la côte nord-est du pays. Le très fort protectionnisme atteint en 1830 suscite cependant des tensions avec les États du Sud, plus favorables aux échanges extérieurs, et les tarifs douaniers redescendent jusqu'à des taux moyens de 25-30 % dans les années 1840. Dans les États allemands, sous l'influence des conceptions plutôt libre-échangistes de la Prusse, une union douanière est progressivement construite après 1815 autour de la Prusse et aboutit en 1834 au *Zollverein*, avec au départ un tarif extérieur commun assez faible. Néanmoins, en 1844, des tarifs plus élevés sont décidés sur certains produits comme les importations de rails ce qui, avec le maintien de taxes faibles sur la fonte importée, favorise le démarrage de l'industrie ferroviaire du pays.

b. — La parenthèse libre-échangiste de 1860 à 1879 et le retour d'un protectionnisme modéré de 1879 à 1930

■ L'expérience du libre-échange

Le traité de commerce Cobden-Chevalier de 1860, signé entre la France et la Grande-Bretagne, amorce un mouvement d'abaissement des barrières douanières en Europe concrétisé par de multiples traités bilatéraux, comme celui de 1862 entre la France et l'Allemagne. Bairoch (1993) calcule des droits de douane moyens de 7 % sur les produits manufacturés en 1875 en Europe.

■ La remontée du protectionnisme

À l'inverse de la tendance européenne des années 1860, les États-Unis accentuent à partir de 1861 leur protection douanière, affichant des tarifs douaniers en moyenne autour de 45 % en 1875. En Europe, l'agriculture subit la concurrence croissante de produits agricoles des pays neufs ce qui engendre une demande accrue de protection. Le mouvement de déflation observé sur les produits industriels provoque de même une volonté de réduire l'arrivée de produits venant de l'étranger pour restreindre l'offre sur les marchés. L'Allemagne en 1879 amorce en Europe le mouvement de hausse des tarifs douaniers. Après un début de remontée de ses droits de douane en 1877, la Russie adopte en 1891 le tarif dit Mendeleïev, le plus élevé d'Europe, pour protéger son marché intérieur naissant des importations et convaincre les producteurs étrangers d'investir dans le pays. Après aussi plusieurs hausses tarifaires depuis 1881, la France met en place en 1892 le tarif Méline, augmenté encore en 1911. En Europe, ce protectionnisme conduit selon la Société des Nations à des tarifs généralement compris entre 10 et 20 %. La Russie ou l'Espagne pratiquant des taux records, autour de 40 %. Aux États-Unis le protectionnisme reste plus marqué qu'en Europe (tarifs McKinley, 1890 et Dingley, 1897).

La Grande-Bretagne persiste seule à rester largement ouverte au commerce mondial à la fin du XIXe siècle. Confiante dans sa puissance industrielle et commerciale, elle subit pourtant un doublement du déficit de ses échanges commerciaux en une vingtaine d'années et voit son marché intérieur pénétré de plus en plus par les produits industriels allemands et américains. Son agriculture est exsangue dans les années 1870. En dépit d'un courant d'opinion poussant à la mise en place de mesures protectionnistes, le retour de la croissance pendant la Belle Époque ne permet pas à ces idées de s'imposer.

■ **Le protectionnisme modéré des années 1920**

Les années 1920 ne peuvent être considérées, comme le rappelle Bairoch (1993), comme une période de fort protectionnisme conduisant aux difficultés de la décennie suivante. Pourtant, plusieurs pays élèvent leurs barrières douanières. Les États-Unis, après avoir abaissé assez nettement leurs tarifs en 1913, reviennent dès 1921-1922 à des tarifs élevés (tarif Fordney-McCumber). La Grande-Bretagne, la France, de nombreux pays neufs en Amérique du Sud, l'Australie, le Japon et la plupart des pays d'Europe de l'Est, relèvent leurs barrières douanières. En 1927, une conférence économique internationale réunie par la Société des Nations parvient néanmoins à enclencher une baisse des tarifs qui est interrompue par la crise.

c. — La montée du protectionnisme pendant les années 1930 puis la libéralisation du commerce international de 1947 à 1999

■ **L'apogée du protectionnisme**

Les États-Unis adoptent en 1930 le tarif douanier Hawley-Smoot, amplifiant considérablement un mouvement de remontée des barrières douanières amorcé par une loi du printemps 1929. Le niveau des taxes sur les produits importés atteint en moyenne 50 %, un record historique pour ce pays. Dès lors, le protectionnisme progresse très rapidement dans le monde et prend des formes diverses : tarifs douaniers classiques, dévaluations monétaires, taxes sur les changes, contingentements, taxes sur les exportations de produits fabriqués par des filiales étrangères, contrôle des changes, normes diverses, etc.

En 1931, à la suite de la Grande-Bretagne, beaucoup de pays opèrent des dévaluations monétaires. Le Royaume-Uni bascule alors véritablement dans le protectionnisme, 90 ans après le tournant libre-échangiste des années 1840. Des taxes sur les produits importés sont mises en place en 1932 ainsi que des quotas d'importation. Un accord est signé la même année créant le réseau commercial privilégié du Commonwealth (accords d'Ottawa) qui bénéficie de conditions tarifaires avantageuses. Les pays qui se refusent à dévaluer leur monnaie au début des années 1930, comme l'Allemagne, l'Italie ou la France, sont contraints de prendre des mesures protectionnistes compensatoires : contrôle des changes dans les deux premiers cas et nombreux quotas d'importation pour la France. En 1933, la conférence internationale réunie à Londres pour évoquer des actions coordonnées de sortie de crise ne peut que constater les stratégies non coopératives adoptées par les grandes puissances.

■ Le GATT et la marche vers le libre-échange

Par la Charte de l'Atlantique de 1941, les États-Unis marquent leur volonté qu'après la fin de la Deuxième Guerre mondiale les barrières protectionnistes soient progressivement abaissées. Lors de la conférence de Bretton Woods de 1944, les pays s'engagent à ne recourir aux dévaluations monétaires qu'en cas de déséquilibre grave de leurs balances des paiements. Afin d'éviter les comportements protectionnistes désordonnés des différentes nations, les États-Unis agissent pour la réunion d'une conférence internationale à Genève en 1947, au cours de laquelle est signé par 23 pays un Accord général sur les tarifs douaniers et le commerce (GATT).

Celui-ci énonce plusieurs principes fondamentaux devant guider les relations commerciales entre les pays. Tout d'abord, une logique de négociations multilatérales doit prévaloir sur les discussions bilatérales pour éviter toute discrimination. Ainsi, les cosignataires s'engagent à généraliser la clause de la nation la plus favorisée, c'est-à-dire à étendre à tous les pays les meilleures conditions tarifaires accordées à certains. Par ailleurs, les pays déclarent renoncer aux quotas d'importation, au dumping par des prix à l'export inférieurs aux prix intérieurs, à toute discrimination à l'encontre des produits importés, ainsi qu'à l'octroi de subventions à l'exportation pour les produits industriels.

À côté de ces principes généraux, de nombreuses exceptions sont en pratique définies. Les produits agricoles ainsi que les services ne sont pas concernés par les premières négociations tarifaires. En outre, les échanges avec les pays en développement font l'objet de conditions particulières. L'Accord multifibres de 1974 confirme les restrictions aux arrivées de produits textiles des pays en développement sur les marchés des pays avancés. Par ailleurs, le Système généralisé de préférences adopté en 1971 sous l'influence de la CNUCED est censé permettre à certains pays développés d'accorder des conditions plus favorables à certains pays en développement, conditions dérogatoires donc au principe de la généralisation de la clause de la nation la plus favorisée. Ce qui permet à la CEE de signer des accords avantageux pour les anciennes colonies européennes (accords dits ACP, pour Afrique, Caraïbe, Pacifique, à partir de 1975).

Plusieurs cycles de négociations, impliquant un nombre croissant de pays (128 en 1994) permettent un abaissement marqué des barrières tarifaires au niveau mondial. Après l'accord initial de Genève, des négociations se tiennent à Annecy en 1949, à Torquay en Grande-Bretagne en 1951, puis c'est le Dillon Round de 1960-1961. La réduction des droits de douane est spectaculaire : une division par trois entre la fin des années 1940 et le début des années 1960. Lors du Kennedy Round (1964-1967), la Communauté européenne négocie pour la première fois sur la base de ses tarifs extérieurs communs et les tarifs sont encore abaissés de 35 % sur les produits industriels. Lors du Tokyo Round (1973-1979), les pays en développement sont désormais largement les plus nombreux à participer aux négociations. Celles-ci interviennent au moment où les États-Unis sont pour la première fois en déficit commercial. Les tarifs douaniers baissent encore pourtant de 30 % en moyenne.

■ Le freinage de la tendance libre-échangiste à partir de la fin du XXe siècle

L'Uruguay Round qui s'ouvre en 1986 est un cycle de négociations de huit années, le plus long de tous. Alors que les tarifs ont déjà beaucoup baissé, les balances commerciales des grands pays industriels sont très déséquilibrées, accroissant les tensions économiques internationales. Les thèmes de négociation portent de plus sur des sujets jusque-là peu traités où les intérêts sont souvent divergents. Les thèmes sensibles de l'agriculture, largement subventionnée dans les pays avancés, de la fin des accords multifibres susceptibles d'ouvrir les marchés occidentaux aux produits des pays en développement, ou des services, notamment culturels, sont alors abordés. L'accord permet de réduire de 20 % les subventions agricoles à l'exportation de l'Union européenne et des États-Unis. Par ailleurs, le démantèlement des accords multifibres est programmé. Enfin, dans le domaine des services, un Accord général est trouvé (AGS) qui étend à ce domaine les principes du GATT et programme des négociations ultérieures sur les différents types de services. Toutefois, l'audiovisuel n'est pas concerné, notamment à la demande de la France qui met en avant « une exception culturelle ». Des accords sont trouvés sur la propriété intellectuelle pour limiter le développement dans le monde de la fabrication de produits de contrefaçon.

L'accord clôturant en 1994 l'Uruguay Round prévoit en outre que le GATT cède la place à une organisation mondiale du commerce plus institutionnalisée, chargée de promouvoir le libre-échange et reprenant à son compte l'acquis du GATT. Dans ce cadre, de nouvelles négociations se tiennent périodiquement. Mais les avancées sont limitées et les tensions de plus en plus manifestes. Le déclin économique et commercial relatif des pays avancés les place sur la défensive. Les États-Unis ont adopté en 1988 une loi leur permettant d'opérer des rétorsions commerciales à l'encontre de pratiques qu'ils considéreraient comme déloyales. Certains pays avancés réclament l'introduction de clauses sociales ou environnementales à l'encontre de certaines exportations venues de pays en développement. Certains pays émergents veulent la fin de tout protectionnisme agricole dans les pays avancés. Tout cela entraîne des blocages successifs (Seattle en 1999, Cancun en 2003). Ces grandes réunions internationales donnent en outre de plus en plus souvent lieu à des manifestations orchestrées par des organisations non gouvernementales opposées à la libéralisation des échanges et soutenues par une partie des opinions publiques des pays avancés. Le dernier cycle de négociation, dit de Doha, ouvert en 2001, semble pour l'instant enlisé. Sans que l'on observe un retour marqué du protectionnisme, la crise économique dans les pays avancés renforce cette méfiance à l'égard d'une ouverture croissante des économies. La demande de protection dans les vieux pays en partie désindustrialisés est ainsi plutôt croissante.

2. – Le rôle des institutions économiques internationales

Alors qu'elles ne sont qu'une trentaine avant la Première Guerre mondiale, le monde compte un millier d'organisations internationales dans les années 1980 (Roche, *Relations internationales*, 2005). À la différence de la situation contemporaine, la première mondialisation est caractérisée par le faible nombre des instances intergouvernementales et ce manque d'institutionnalisation et de culture de coopération économique internationale explique en partie, suite au choc de 1929, le choix de stratégies nationales de sortie de crise. Sous l'égide de la Société des Nations, l'Organisation internationale du travail (OIT) créée en 1919 est une des rares institutions permanentes de discussion sur certaines questions économiques et sociales. Autre institution ancienne, la Banque des règlements internationaux (BRI), créée en 1930 dans le cadre du plan Young pour initialement répartir les flux financiers liés aux réparations allemandes entre les créanciers et qui sert, après la suspension du paiement des réparations en 1931, d'espace de discussion entre les banquiers centraux.

a. — Le statut ambigu des organisations économiques internationales liées à l'ONU

Les accords de Bretton Woods inaugurent en 1944 la volonté des États-Unis de réorganiser économiquement le monde, selon des conceptions conformes à leurs intérêts (Kindleberger,

The International Economic Order, 1988), même si elles visent aussi à améliorer le bien-être économique international.

Installées à Washington, les organisations créées par les accords de Bretton Woods, le Fonds monétaire international et la Banque internationale pour la reconstruction et le développement, sont cependant transformées en institutions spécialisées des Nations unies par la Charte de San Francisco (1945), ce qui leur confère une vocation universelle. Selon leur charte fondatrice, ces organisations se donnent des buts conformes aux intérêts de tous les pays membres : essor du commerce international, croissance économique, plein emploi, stabilité des changes, amélioration des niveaux de vie et des conditions de travail dans les pays les plus pauvres. La devise de la Banque mondiale qui, autour de la BIRD regroupe progressivement d'autres institutions internationales moins connues, est ainsi d'« œuvrer pour un monde sans pauvreté ». BIRD et Fonds monétaire international sont des institutions accueillant au fil des décennies de plus en plus d'États membres, près de 190 pays actuellement dans le monde sur les 197 États reconnus par l'ONU.

Ces institutions sont cependant financées par une minorité de pays dans le monde, notamment les États-Unis, les pays de l'Union européenne et le Japon. Et le poids des États dans la direction de ces institutions dépend en grande partie de leur « quote-part » financière. Les décisions importantes ne peuvent donc se prendre sans l'accord de ces grands apporteurs de fonds. Car les moyens du FMI dépendent des capitaux propres fournis par les États membres et des emprunts qu'il peut effectuer. Le Fonds n'est en effet pas doté d'un pouvoir de création monétaire. La direction du FMI est depuis l'origine confiée à un Européen, tandis que les États-Unis dirigent traditionnellement la Banque mondiale. Dès lors, ces institutions sont parfois perçues comme agissant en priorité dans l'intérêt d'une minorité de pays riches. Elles refléteraient ainsi une démocratie internationale de type « censitaire », ainsi que l'emprise politique, à travers les décisions économiques, des États-Unis et de leurs alliés.

b. — Les évolutions du rôle du Fonds monétaire international

À sa création en 1944, le FMI est chargé de résoudre les problèmes d'ajustement des balances des paiements entre les pays, dans le cadre de l'instauration progressive d'un système de changes fixe. Le FMI autorise les dévaluations et accorde des prêts aux pays confrontés à des difficultés passagères (catastrophes naturelles...) ou pour accompagner les pays déficitaires sur leurs échanges extérieurs, le temps que des réformes structurelles permettent de résorber ces déficits.

Avec la fin, dans les années 1970, du système de changes fixes instauré entre les grandes monnaies, le FMI perd son rôle de gardien des taux de change. Il conserve toutefois un rôle dans l'aide à l'ajustement des balances des paiements. À ce sujet, il intervient dans les années 1980 dans le contexte de la crise de la dette qui affecte plusieurs pays pauvres. Dans les années 1970, ceux-ci se sont endettés pour financer leur développement, profitant de taux d'intérêt réels alors bas et des cours avantageux des produits primaires. Cependant, à partir de la fin de la décennie, ils sont confrontés à la baisse des prix des produits primaires et à la hausse des taux d'intérêt. Ils ne peuvent plus rembourser leur dette extérieure. Le FMI assortit ses prêts de programmes d'ajustement structurel, contreparties que doivent accepter les pays qui empruntent au FMI. Les objectifs sont de réduire les besoins de financements extérieurs de ces pays et de leur permettre de rembourser les prêts accordés par le FMI. Cependant, les conséquences sociales rudes pour les populations de ces programmes, tout comme leur efficacité économique discutable, conduisent à leur encontre à des critiques de plus en plus nombreuses.

Depuis les années 1990, le FMI essaye de tenir compte des insuffisances des premiers PAS. Il s'efforce de ne plus préconiser la baisse marquée des dépenses de santé et d'éducation pour ne pas plonger les populations dans la misère et briser les perspectives à long terme des pays aidés. L'institution est aussi confrontée aux nouveaux problèmes posés par la globalisation financière. En particulier, la crise de 1997-1998 qui touche certains nouveaux pays industrialisés. Le FMI intervient avec des sommes importantes pour contrer les effets du retrait massif de capitaux étrangers et de l'effondrement des taux de change des monnaies de certains pays (Corée du Sud, Thaïlande, Indonésie, Brésil, Russie...). Il impose en contrepartie des politiques controversées, des hausses de taux d'intérêt en particulier, pour encourager le retour des capitaux.

c. — L'action de la Banque mondiale

La Banque mondiale a comme missions la réduction de la pauvreté et l'élévation du potentiel de croissance des pays pauvres. Elle accorde des prêts à long terme destinés à financer des infrastructures facilitant l'activité des agents privés, elle soutient des programmes d'éducation et de lutte contre la pauvreté, tels ceux améliorant l'accès à l'eau potable. Il s'agit bien d'une banque au sens où, comme le FMI, elle accorde des prêts qui doivent être remboursés avec intérêts. Elle n'est pourtant pas dotée d'un pouvoir de création monétaire et finance ses opérations par ses capitaux propres et les emprunts qu'elle effectue. Cependant, sa vocation n'est pas la maximisation d'un profit privé. Détenue par des États actionnaires, elle poursuit d'abord des objectifs d'intérêts collectifs.

Dans les années 1980, les nouveaux prêts sont conditionnés à des évaluations précises de la rentabilité économique des projets soutenus, pour limiter les risques de défauts de remboursement. La banque finance surtout des programmes ayant des retombées mesurables sur la croissance potentielle des pays, afin que ceux-ci puissent ensuite rembourser leurs prêts. Depuis les années 1990, ces contraintes sont un peu assouplies et la Banque mondiale développe des partenariats avec les ONG pour des actions sur le terrain, au plus près des besoins des populations. Ces partenariats visent à améliorer la qualité des projets et à réduire les risques de détournement de l'aide financière apportée par la banque.

d. — L'organisation mondiale du commerce

L'OMC n'est pas une organisation liée aux Nations unies mais succède au GATT le 1er janvier 1995, suite à l'Accord de Marrakech (1994). Le GATT n'est qu'une structure légère, formée essentiellement d'un secrétariat préparant les différentes conférences internationales et assurant l'enregistrement des accords signés. Plus étoffée, l'OMC reste une structure profondément intergouvernementale, qui reprend l'objectif général de libéralisation des échanges internationaux qui était celui du GATT. Les pays membres de l'OMC ne peuvent obtenir un accord que par consensus ou sur une base de vote correspondant à « un pays, une voix » ; principe très différent de la gouvernance du FMI ou de la Banque mondiale.

Un Conseil général de l'OMC, organe permanent de l'institution, peut avoir fonction d'instance d'examen des politiques commerciales ou d'organe de règlement des différends entre les pays membres. Cette dernière instance est véritablement novatrice (la procédure existant précédemment dans le cadre du GATT était lourde et peu efficace), en ce qu'elle signifie la création d'une forme de tribunal commercial international qui prend ses décisions sur la base du corpus juridique des accords négociés dans le cadre du GATT et de l'OMC. Lorsqu'un État porte plainte contre un autre État membre, et que les procédures de conciliation échouent, l'ORD peut trancher et demander à l'une des parties de se mettre en conformité. À défaut, l'autre partie est autorisée à prendre des mesures commerciales compensatoires au préjudice subi, qui peuvent s'interpréter comme des mesures de rétorsion autorisées par l'OMC.

3. – L'action des firmes multinationales

Lilienthal (*The Multinational Corporation*, 1960) est à l'origine de l'expression « société multinationale » pour désigner une firme implantée dans plusieurs pays. L'existence d'une firme multinationale ou transnationale (expression plus souvent utilisée ces dernières années) implique donc la réalisation préalable d'au moins un investissement direct à l'étranger, qu'il s'agisse de l'implantation d'une unité productive nouvelle ou de la prise de contrôle d'au moins 10 % du capital d'une firme étrangère. En dessous de ce seuil, l'expression « investissement de portefeuille » est utilisée par les organisations internationales ; la prise de participation est considérée comme marginale. Si l'on considère donc comme étant une firme multinationale une entreprise ayant des établissements, contrôlés directement ou par l'intermédiaire de filiales, installés dans plusieurs pays, alors ce type d'entreprise bien que longtemps rare, existe au moins depuis l'époque moderne.

a. — Les multinationales avant la Deuxième Guerre mondiale

Le grand commerce et la haute banque (famille Rothschild par exemple) impliquent, par-delà les frontières, des réseaux de succursales déjà largement installés au XVIIIe siècle selon Verley (*Entreprises et entrepreneurs du XVIIIe au début du XXe*, 1994). Dans le domaine industriel, des exemples existent dès la première moitié du XIXe, comme dans le textile où certaines entreprises sont installées à cheval sur les frontières suisse, wurtemburgeoise et alsacienne, dans le grand pôle européen transfrontalier de l'indiennage. Une des premières entreprises multinationales à se développer serait la société américaine de machines à coudre Singer qui, dans les années 1880, possède, outre ses usines aux États-Unis, des sites de production au Canada, en Grande-Bretagne et en Autriche, en partie pour contourner des barrières douanières et pour accéder au marché de consommation britannique.

La période de la Belle Époque est marquée par une première phase d'accélération de la multinationalisation des firmes. Après la Première Guerre mondiale, le mouvement s'accentue dans les années 1920 puis s'interrompt ensuite jusqu'à 1945. Avant la Première Guerre mondiale, 349 filiales étrangères ont été créées ou acquises par des sociétés mères selon Patrick Verley (1994). Les deux tiers sont détenues par des entreprises européennes et un tiers par des sociétés dont les sièges sont installés aux États-Unis. Cependant, les mouvements du capital sont au cours de la première mondialisation surtout des investissements de portefeuille et le faible poids des IDE reflète le caractère encore assez marginal de la multinationalisation de certaines entreprises. La volonté de pénétrer les marchés étrangers en contournant les barrières douanières, les difficultés du transport de certains produits industriels fragiles, l'avantage de la production à proximité immédiate de certains marchés de consommation déterminent en partie des choix d'installation à l'étranger, à cette époque comme aujourd'hui. On peut citer les exemples de American Tobbaco, de Western Electric, de Siemens, de Nestlé, de Saint-Gobain ou encore pendant les années 1920 de Ford et General Motors. Mais le contrôle de l'approvisionnement en matières premières est une préoccupation plus marquée (Faubert, *Trésor-Eco* n° 93, octobre 2011), comme l'illustre alors le cas de la Standard Oil installée en Amérique latine et en Roumanie, celui de United Fruit qui contrôle des plantations dans plusieurs pays des Caraïbes, ou de Dunlop et de ses plantations d'hévéas dans les pays tropicaux. Jusqu'à la Deuxième Guerre mondiale, les principales nations émettrices de firmes multinationales sont les États-Unis et, en Europe, la Grande-Bretagne est largement en tête.

b. — L'essor des multinationales depuis les années 1950

L'amorce de l'exposition du phénomène de la multinationalisation a lieu au cours des années 1950 et 1960. Tout en augmentant en nombre, les FMN se structurent selon des logiques qui se modifient au fil des décennies jusqu'à notre époque.

■ Les multinationales des Trente Glorieuses

Si 155 filiales étrangères sont créées ou acquises par des sociétés mères étrangères en moyenne chaque année entre 1946 et 1958, ce rythme annuel est multiplié par quatre en moyenne entre 1959 et 1967 (Verley, 1994). Les firmes des États-Unis sont largement à l'origine de cet essor. Alors que l'approvisionnement en ressources primaires, dans une logique d'intégration verticale, expliquait la majorité des premières formes de multinationalisation, on assiste dans les années 1960 à l'affirmation d'une logique multidomestique (Norel, 1994) : il s'agit désormais surtout, et d'abord pour de grandes entreprises américaines, d'accéder aux marchés de consommation des autres pays avancés. Dès lors, des filiales relais assez autonomes sont implantées dans plusieurs pays de manière à mieux répondre aux besoins des marchés locaux.

À partir des années 1970, une troisième logique se dessine cependant en lien avec l'essor de nouveaux pays industrialisés, notamment en Asie orientale. L'implantation de filiales ateliers dans ces pays souvent accueillants à l'égard des investissements de firmes étrangères vise à profiter du bas coût de la main-d'œuvre et de contraintes juridiques et fiscales de production très allégées. S'affirme alors une logique de division internationale du processus productif, attribuant les différentes étapes de la production du produit final à divers territoires. Cette stratégie d'optimisation n'est concevable qu'en raison du coût désormais très bas du transport international des marchandises à l'échelle du globe. Alors même que la multinationalisation par des filiales relais selon une logique multidomestique ne favorise pas un développement de l'échange international (les IDE formant des substituts aux exportations), la décomposition internationale des processus productifs (Lassudrie-Duchêne, « Décomposition internationale des processus productifs et autonomie nationale », in *Internationalisation et autonomie de décision*, 1982) engendre au contraire l'essor d'un commerce intrafirme de produits semi-finis (un tiers du commerce mondial depuis la fin du XXe siècle) qui dynamise globalement les échanges mondiaux de marchandises.

■ Les multinationales de la mondialisation contemporaine

À partir des années 1980, le regard porté sur les firmes multinationales fait émerger de nouveaux concepts, tels la firme globale (Porter, *Competition in Global Industries*, 1986) ou la firme-réseau (Reich, *The Work of Nations*, 1991). La firme globale considère le monde comme son espace possible de production et comme un grand marché potentiel. La stratégie de production est établie sur une base mondiale, tout comme la stratégie de commercialisation visant à écouler les produits auprès des consommateurs mondiaux. Dans la production, la firme globale exploite au maximum le recours à des filiales ateliers. Sans se montrer fidèle à des attaches productives particulières, elle relocalise périodiquement ses activités pour optimiser sa production en tirant le meilleur parti des différences de coûts d'accès aux facteurs de production et des écarts de réglementation entre les territoires. De plus, la firme globale possède un actionnariat et des cadres dirigeants recrutés aussi sur une base internationale. Cette firme globale est nécessairement une firme-réseau qui implique la coopération entre de nombreux sites de production, entre de nombreuses filiales et avec de nombreux sous-traitants installés dans plusieurs pays. Issus d'une conceptualisation idéale typique, les traits caractéristiques de la firme globale ne se trouvent pas réunis par toutes les firmes multinationales. Certaines d'entre elles semblent néanmoins s'en rapprocher, notamment des multinationales issues de petits pays (Nestlé - Suisse ; ABB - Suisse et Suède ; Electrolux -Suède), et beaucoup de firmes multinationales possèdent au moins certaines des caractéristiques des firmes globales.

Si le développement de la firme globale reste limité, c'est qu'en réalité des obstacles persistent au déploiement de stratégies d'entreprise exclusivement mondiales. Le gigantisme des firmes globales peut engendrer des déséconomies d'échelle, sources de pertes de rentabilité. Les coûts d'organisation risquent de dépasser les coûts de transaction. En ce sens, les limites de la firme globale rejoignent celles de la trop grande entreprise, même si dans le cas de la firme globale les coûts d'organisation ne sont pas liés qu'à la taille de la firme mais aussi à son éclatement géographique qui crée des difficultés logistiques, juridiques, culturelles et génère des coûts de transport. En outre, l'ancrage territorial d'une firme peut être un atout, à la fois pour la production et pour la commercialisation. Sur le plan productif, une firme peut avoir intérêt à développer des partenariats au niveau local ou national avec des centres de formation ou des collectivités publiques susceptibles de soutenir certaines activités (mise à disposition d'infrastructures, subventions). Ces partenariats ont souvent besoin de temps pour se développer, ce qui est peu compatible avec le nomadisme de la firme globale. En outre, la diversité des règles comptables et financières à l'échelle internationale est une incitation à conserver des sources de financement mieux maîtrisées dans les pays d'origine, où l'on constate que les FMN continuent à lever l'essentiel des fonds dont elles ont besoin. Par ailleurs, la commercialisation des produits implique de tenir compte des spécificités des besoins des acheteurs locaux, dans la mesure où la mondialisation n'a pas signifié une uniformisation culturelle au niveau mondial. Les logiques multidomestiques perdurent donc.

Le poids croissant des firmes multinationales dans le système productif mondial bouleverse le fonctionnement économique du monde. S'affranchissant des frontières, certaines firmes multinationales implantées dans de nombreux pays brouillent l'idée que toute entreprise aurait une nationalité. Que faut-il retenir : le pays d'implantation du siège social ? La nationalité majoritaire des actionnaires ? Celle des cadres dirigeants ? Le principal pays accueillant les activités de l'entreprise? Ces réalités sont de plus en plus disjointes. La firme globale pousserait à son terme cette perte de nationalité des multinationales. De plus, le poids significatif du commerce intrafirme dans le commerce mondial signifie qu'une part importante des marchandises échangées ne sont plus valorisées à des prix de marché, mais à des prix de transfert entre établissements ou entre filiales d'un même groupe, qui obéissent à des logiques très différentes des logiques marchandes. Ces prix peuvent refléter des stratégies d'optimisation fiscale destinées à faire apparaître les bénéfices dans les filiales localisées dans les pays où l'impôt sur les sociétés est particulièrement faible, même s'il y a des règles définies par l'OCDE et si des accords préalables avec les administrations fiscales sont possibles. Enfin, l'action des firmes transnationales conduit à la multiplication du commerce international de produits similaires (échange intrabranche), puisque ces entreprises déploient des stratégies de concurrence monopolistique ou forment des oligopoles mondiaux, s'affrontant sur des marchés débordant des frontières nationales.

c. — *Synthèse sur les raisons de la multinationalisation des firmes*

■ Arbitrer entre commerce international et investissement à l'étranger

Globalement, à la suite du travail de Dunning (*International Production and the Multinational Enterprise*, 1981), on considère qu'une entreprise a intérêt à se multinationaliser, plutôt qu'à simplement développer son commerce international, si elle dispose d'avantages spécifiques suffisants, si elle peut profiter d'avantages à la localisation d'activités à l'étranger et si elle a intérêt à internaliser ces activités étrangères plutôt qu'à les sous-traiter.

Tableau 1 - Avantage d'une entreprise à se multinationaliser

Mode de pénétration des marchés	Avantages		
	Spécifique (O)	Localisation (L)	Internalisation (I)
Investissement direct	Oui	Oui	Oui
Production ou vente sous licence	Oui	Non	Oui
Exportation/importation	Oui	Non	Non

Une entreprise peut toujours préférer exporter plutôt que de s'implanter à l'étranger. La réalisation d'IDE n'est jamais simple et il faut que l'entreprise en soit capable. Selon Helpman (2004), l'implantation à l'étranger représente un coût fixe (établir une organisation, un réseau d'approvisionnement et de vente, etc.) qui rend la multinationalisation difficile pour les entreprises réalisant des profits faibles ou modérés. L'entreprise qui devient une multinationale doit donc disposer d'avantages compétitifs spécifiques (Porter, 1986) lui permettant de rester compétitive malgré les coûts que représente une implantation à l'étranger. Cette entreprise dispose par exemple d'une meilleure image, d'avantages technologiques, d'une taille qui lui permet des économies d'échelle, ou bien elle a reçu des aides gouvernementales. Mais si la concentration de la production dans un seul pays, dans une ou quelques usines, est économiquement plus efficace, l'exportation peut être un choix rationnel. La firme réalise un arbitrage entre se positionner à proximité des marchés et donc se multinationaliser, ou bien garder une production concentrée dans un seul pays. Les secteurs avec des rendements fortement croissants au niveau de l'usine de production ont tendance à privilégier les exportations plutôt que les investissements directs.

■ Choisir un territoire étranger d'implantation

Pour ce qui est de l'avantage à s'implanter dans un autre pays, les coûts de production faibles sont souvent évoqués, mais il faut aussi prendre en compte la productivité du travail. L'entreprise peut rechercher un pays qui, pour la productivité la plus grande possible, a les coûts de production les plus bas. Les coûts de production à prendre en compte sont les coûts de main-d'œuvre, les coûts d'accès au capital, les coûts fiscaux, les coûts de transport et aussi les coûts liés par exemple aux incertitudes des contextes politiques. On peut donc relier le phénomène de la multinationalisation à l'exploitation des différences d'avantages comparatifs entre les pays : le type de production, ses exigences plus ou moins capitalistiques, déterminent ainsi la localisation de la production. En considérant cette fois l'écart technologique entre les pays, dans le cadre de la théorie du cycle de vie des produits (Vernon, « International Investment and international trade in the product cycle », *Quarterly Journal of Economics*, 1966), les produits banalisés, nécessitant peu d'apport de capital et de connaissances techniques, sont destinés à être fabriqués dans des pays où le coût de main-d'œuvre est bas, à l'inverse des produits avancés nécessitant beaucoup de capital et de qualification, éléments plus disponibles dans les pays avancés.

Le choix d'un territoire peut être déterminé par une stratégie verticale ou horizontale de multinationalisation. L'entreprise peut rechercher les avantages liés à l'internalisation des activités en amont, de manière à sécuriser ses approvisionnements ou à réduire les coûts de ses consommations intermédiaires (multinationales verticales). L'objectif est ici que les bénéfices de l'internalisation de certaines activités ne soient pas effacés par les coûts de gestion supplémentaires liés à cette internalisation. Le choix du territoire d'implantation dépend alors de la disponibilité en ressources naturelles ou de l'avantage dont dispose un territoire dans une activité donnée. Il existe aussi des firmes multinationales horizontales. L'importance des coûts de transport peut en effet inciter une firme à implanter plusieurs sites de production similaires dans des régions géographiquement éloignées, à proximité des clients. La localisation de la production peut en effet être influencée par la proximité géographique d'un grand marché de consommation (nombre de personnes et revenus moyens). Le développement des firmes multinationales répond en partie à une volonté d'adapter la production aux goûts locaux dans une logique multidomestique. Il peut s'agir aussi de contourner des décisions politiques, notamment des barrières douanières ou les dévaluations monétaires, en remplaçant un flux commercial par une implantation locale au plus près des consommateurs. De plus, les firmes en situation de concurrence oligopolistique considèrent le marché mondial indépendamment des frontières nationales : dès qu'une firme s'installe sur un nouveau marché de consommation potentiel, comme en Chine, les autres oligopoles sont obligés de suivre pour que soit conservé l'équilibre global des rapports de forces entre les producteurs (Knickerbocker, 1973).

Sur le plan empirique, on remarque que les principaux IDE émanant des pays développés correspondent à une stratégie horizontale, même si la logique verticale est en forte progression ces dernières décennies. Lorsque le transport des biens est coûteux et que la demande locale nécessite une différenciation des produits, il est préférable de créer un site de production local afin de réduire les coûts de transport et de disposer d'une meilleure connaissance des goûts des consommateurs locaux. Dès que les différences de niveaux de développement entre pays sont plus affirmées, les stratégies des firmes sont plus souvent verticales. Au Mexique par exemple, les *maquiladoras* constituent essentiellement des sites d'assemblage mis en place par des firmes des États-Unis dans le cadre d'une stratégie de décomposition de leur processus productif.

II

L'ANALYSE ÉCONOMIQUE DES ÉCHANGES INTERNATIONAUX

A COMMENT EXPLIQUER L'ÉCHANGE INTERNATIONAL ?

Les échanges internationaux ont considérablement augmenté depuis le XIXe siècle, plus rapidement que la production. La théorie des avantages comparatifs fournit un cadre explicatif cohérent des échanges, mais de nouvelles approches sont apparues depuis les années 1960.

1. – Une explication globale des échanges par l'avantage comparatif des nations

a. — De Smith à Ricardo : l'échange international expliqué par les différences de productivité du travail

Au cours du XVIIIe siècle, la pensée économique se détache progressivement de la doctrine mercantiliste qui supposait que l'enrichissement des nations venait de leur capacité à dégager des excédents commerciaux. Hume d'abord, Smith ensuite font évoluer leur réflexion vers l'idée que les pays ont un avantage à échanger, mais c'est à Ricardo que l'on doit la théorisation de l'avantage comparatif.

■ **L'évolution de la pensée économique au XVIIIe siècle : vers la promotion de l'échange international**

L'analyse smithienne du libre-échange est le prolongement de sa théorie de la division du travail et repose sur une formulation de « bon sens » : « *La maxime de tout chef de famille prudent est de ne jamais essayer de faire chez soi la chose qui lui coûtera moins à acheter qu'à faire.* » (*Recherches sur la nature et les causes de la richesse des nations*, 1776). Il en déduit que « *si un pays étranger peut nous fournir une marchandise à meilleur marché que nous ne sommes en état de l'établir nous-mêmes, il vaut mieux que nous la lui achetions avec quelque partie de notre propre industrie employée dans le genre dans lequel nous avons quelque avantage.* »

Cette vision de l'échange international repose donc sur l'existence d'un avantage absolu dont dispose le pays. La spécialisation qui en résulte, véritable division internationale du travail, permet à chaque pays d'économiser du travail et d'affecter ses facteurs de production là où ils sont les plus efficaces. Cependant, si un pays est capable de tout produire moins cher que les autres (ou rien), il n'a pas intérêt à la spécialisation. C'est sur ce point que Ricardo perfectionne largement l'analyse.

■ **Ricardo et la théorie de l'avantage comparatif**

L'analyse développée par Ricardo (*Principes de l'économie politique et de l'impôt*, 1817) repose sur une série d'hypothèses qui définissent les avantages comparatifs des nations. Les facteurs de production sont considérés comme immobiles entre les pays, alors qu'ils peuvent circuler librement d'une activité à l'autre et géographiquement à l'intérieur d'un territoire. La nation est ainsi le lieu de la mobilité des facteurs, tandis que l'international est défini par leur immobilité. Les différences de techniques de production expliquent les avantages dont disposent les pays et déterminent *in fine* la spécialisation. Ces techniques de production ne changent pas de telle sorte que les avantages sont durables. L'hypothèse de valeur-travail, qui consiste à calculer la valeur des biens à partir de la quantité de travail nécessaire à leur production, permet d'exprimer les coûts en unités de travail. C'est donc la productivité du travail et les technologies utilisées qui sont les déterminants de la spécialisation.

La notion d'avantage comparatif repose sur l'idée qu'il est plus efficace de se spécialiser dans les activités pour lesquelles on est relativement le meilleur, en abandonnant aux autres d'autres activités. Et ceci, même si on est potentiellement capable de tout faire mieux que les autres ! Toute production se fait au détriment d'une autre, car on ne peut pas produire deux choses en même temps, et résulte d'un arbitrage qui fait intervenir un coût d'opportunité. Ce coût peut s'exprimer par la quantité d'un bien ou d'un service que l'on doit renoncer à produire pour pouvoir en fabriquer un autre.

Dans l'exemple fameux proposé par Ricardo, le Portugal est capable de fabriquer du drap et du vin pour un coût inférieur à la Grande-Bretagne, mais il est plus efficace – pour chacun des deux – de se spécialiser. En renonçant à produire du drap, le Portugal peut affecter ses facteurs de production à la production de vin dans laquelle ils sont relativement plus efficaces. Et réciproquement pour l'Angleterre, qui produit le drap. En autarcie, les prix relatifs des produits sont déterminés par le rapport des coûts de production. L'ouverture internationale permet au Portugal d'obtenir davantage de drap par unité de vin que ce qu'il aurait pu obtenir en autarcie. Inversement, avec le drap anglais, on peut se procurer plus de vin en l'achetant au Portugal qu'en Angleterre.

La généralisation du modèle à n biens permet de déterminer la structure du commerce extérieur de chaque pays. Il exportera certains biens et en importera d'autres en fonction des différences relatives de productivité et de coûts relatifs de production de ces biens.

b. — Le théorème HOS : l'avantage comparatif lié à la dotation factorielle

Alors que la pensée économique libérale se tourne vers une théorie de la valeur-utilité dès les années 1860, il faut attendre l'après-Première Guerre mondiale pour voir émerger une nouvelle version des avantages comparatifs, ne nécessitant plus explicitement le recours à la valeur travail.

■ Les travaux d'Heckscher-Ohlin

Les Suédois Eli Heckscher (« *The effect of foreign trade on the distribution of income* », 1919) et Bertil Ohlin (« *Interregional and international trade* », 1933) ont fondé la théorie des avantages comparatifs sur l'importance de la dotation en facteurs de production. Le premier en a l'intuition, le second formule le théorème.

Le raisonnement initial repose sur un modèle à deux nations, deux facteurs et deux produits. Les nations sont définies, comme chez Ricardo, par l'immobilité des facteurs. Les pays sont supposés ne pas avoir les mêmes dotations relatives de facteurs travail et capital et ne peuvent donc pas avoir les mêmes coûts relatifs de production. Les facteurs de production étant substituables, le pays les utilise plus ou moins en fonction de leurs coûts relatifs.

Comme dans le modèle ricardien, la spécialisation se fait en fonction des coûts relatifs et des productivités relatives des facteurs.

Si un pays dispose en abondance d'un facteur de production, son coût relatif sera faible. Il devra donc se spécialiser et exporter les produits intensifs en ce facteur tandis qu'il importera les produits intensifs dans son facteur rare. Ohlin peut ainsi écrire que « *l'échange international est un échange de facteurs abondants contre des facteurs rares* ».

■ **Les prolongements du modèle**

Wolfgang Stolper et Paul Samuelson (« *Protection and Real Wages* », 1941) ont étudié l'impact de la spécialisation sur la répartition des revenus. L'ouverture internationale accroît l'utilisation du facteur abondant, dont la rémunération était faible relativement au facteur rare. Cela a pour effet d'accroître sa rareté relative et donc son prix. On aboutit ainsi à une vision quasi miraculeuse de l'échange international puisqu'il conduit à un mouvement de rapprochement entre les rémunérations des facteurs de production, tant à l'échelle nationale qu'à l'échelle internationale.

Tadeus Rybczynski (« *Factor endowments and commodity prices* », 1955) propose une approche dynamique de la spécialisation, permettant de comprendre comment les dotations factorielles peuvent se transformer. Il montre que, lorsque la dotation factorielle d'un pays évolue – suite à un phénomène de croissance démographique ou à une politique d'accumulation du capital –, la spécialisation du pays se déforme en direction du bien utilisant de manière intensive le facteur qui augmente. Si la population active augmente dans le pays A, le capital y devient relativement plus rare, ce qui renforce l'avantage à la spécialisation dans les activités nécessitant du travail. Si les pays partenaires de A ne connaissent pas la même augmentation de leur population active, ils se verront progressivement concurrencer dans les biens intensifs en travail et devront abandonner ces productions à A.

c. — Les limites de l'explication des échanges par l'avantage comparatif

Si la théorie des avantages comparatifs fournit un cadre cohérent pour expliquer la spécialisation des nations, elle n'est pas toujours facilement vérifiée. L'existence d'échanges intrabranches et la difficulté à faire correspondre la théorie à certaines situations réelles permettent d'éprouver les limites du raisonnement.

■ **Le développement des échanges intrabranches et leur difficile intégration dans la théorie de l'avantage comparatif**

Il y a échange intrabranche lorsqu'un pays importe et exporte les mêmes produits (ou la même gamme de produits). La mesure est complexe car elle suppose de définir précisément ce que sont des produits identiques. Plus la définition de la branche est large, plus l'intrabranche est fort et inversement.

La théorie des avantages comparatifs explique mal l'échange intrabranche. En effet, elle repose sur un principe de spécialisation. On peut certes envisager qu'un pays fabrique un produit, tout en l'important, parce que son marché intérieur est par exemple très grand. En revanche, il n'est pas cohérent d'observer simultanément des exportations et des importations de produits similaires. Pourtant, l'échange intrabranche est devenu un élément essentiel du commerce international et la théorie des avantages comparatifs en est réduite à supposer qu'il y a des différences oubliées. B. Lassudrie-Duchêne et J.-L. Muchielli (« Les échanges intrabranche et la hiérarchisation des avantages comparés dans le commerce international », 1979) ont également montré que, si l'échange intrabranche n'est pas envisageable dans un modèle à deux pays, deux facteurs et deux produits, comme le modèle HOS, il devient possible en introduisant davantage de pays. Si le pays A possède un avantage comparatif par rapport à B dans la réalisation d'un produit, mais qu'il ne possède pas le même avantage par rapport à C, il importera le produit de C, tout en vendant le sien à B. Une décomposition fine des échanges permet alors de faire apparaître des différences qui ne sont pas visibles si l'on observe globalement les échanges. Une décomposition du commerce par zone géographique permet ainsi d'affiner l'étude de l'échange intrabranche. De même, la prise en compte des variations saisonnières permet de comprendre que la France puisse importer des tomates à certaines saisons et en importer à d'autres.

Toutefois, cette analyse ne permet pas d'expliquer les échanges croisés de produits similaires, qui existent pourtant dans le commerce international.

■ **Le paradoxe de Leontief et sa résolution : une première manière d'intégrer l'hétérogénéité des facteurs**

En cherchant à vérifier empiriquement la théorie des avantages comparatifs, Leontief (« *Domestic production and foreign trade: the American capital position re-examined* », 1953) a mis en évidence un paradoxe concernant le commerce extérieur américain. Il s'attendait a priori à trouver que les États-Unis exportent des produits nécessitant du facteur capital et importent des biens riches en travail. Or, ses statistiques montrent le contraire.

Il propose alors une relecture du modèle HOS intégrant les différences de qualité des facteurs. Il considère en effet que les États-Unis de l'époque sont riches en travail qualifié, et qu'il faut réévaluer le contenu de leurs exportations pour intégrer ces différences de qualification du travail. Il montre également que les statistiques d'exportations ne prennent pas en compte le capital compris dans les infrastructures. Il affirme de surcroît qu'il faut mettre à part les exportations et les importations de ressources naturelles dont l'exploitation ne doit rien à une quelconque dotation factorielle. Une fois ces modifications effectuées, le commerce extérieur américain redevient conforme aux prédictions de la théorie des avantages comparatifs. Cependant, les questions de la technologie, de la formation de la main-d'œuvre seront au cœur de certaines nouvelles approches de l'échange international.

2. – Une « nouvelle théorie du commerce international » intégrant de nouveaux déterminants

Les explications du commerce international par les avantages comparatifs conduisent essentiellement à expliquer les échanges par la volonté des pays d'exploiter leurs différences. Or, une grande partie des échanges se fait entre des pays de niveau de développement proche, et porte sur des produits souvent très proches.

a. — L'importance de la technologie dans les déterminants de l'échange international

La réponse au paradoxe de Leontief est une première tentative pour introduire la question de la technologie dans les déterminants de l'échange international. Cependant, l'avantage obtenu est ici très particulier, puisqu'il est le résultat d'un effort d'accumulation de capital humain ou de recherche-développement, qui peut également être réalisé par d'autres pays. Si les firmes d'un pays acquièrent à une date donnée un avantage lié à leur maîtrise d'une technologie, rien ne permet d'affirmer que cette maîtrise soit durable. Le retournement de l'avantage vers un autre pays est tout à fait possible. Le raisonnement en termes d'avantage comparatif n'est pas non plus évident dans ce cas. Ce n'est pas parce que le pays est relativement bien doté dans un facteur plutôt que dans l'autre qu'il possède un avantage, mais plutôt parce qu'il est mieux doté que ses partenaires dans l'un des facteurs. L'échange n'est alors pas lié à un rapport de coûts, mais selon l'expression de Kravis (« *Availability and other influences on the commodity of trade* », 1956) à une situation de « disponibilité-indisponibilité ». On retrouve ainsi plutôt un raisonnement en termes d'avantage absolu que d'avantage comparatif.

Cette question de la technologie a été largement abordée par Vernon qui introduit l'idée de cycle de vie du produit (« *International investment and international trade in the product cycle* », 1966). Selon lui, un produit connaît des phases dans son développement, liées à la maîtrise de la technologie par une ou des firmes et des variations de la demande.

- À sa naissance, la production se fait en petite quantité, destinée principalement au marché national du pays innovateur et les exportations sont très faibles. C'est un produit de luxe.
- La diffusion du produit permet le passage à une production en grande série permettant des économies d'échelle et la réduction de son prix. Les exportations se développent.
- Lorsque le produit atteint sa maturité, il se banalise et des concurrents étrangers apparaissent, freinant les exportations, et incitant la firme à aller produire dans les nouveaux pays consommateurs.
- Dans sa phase de déclin, la technologie est totalement banalisée et la concurrence se fait par les coûts de production, conduisant à des délocalisations. Le pays initialement créateur du produit l'importe alors.

b. — Rendements d'échelle et différenciation des produits

Les différentes versions de la théorie des avantages comparatifs raisonnent à partir de rendements d'échelle constants. Il n'y a aucun avantage à la production en grande quantité et la taille des marchés n'a donc pas de conséquence directe sur les choix de spécialisation.

■ Les différents types de rendements d'échelle

Il y a des rendements d'échelle croissants lorsqu'un accroissement identique des deux facteurs de production se traduit par une augmentation plus que proportionnelle du produit : $f(\lambda K, \lambda L) > \lambda f(K, L)$, avec $\lambda > 1$. On parle aussi d'économies d'échelle, puisque cela se traduit par une réduction du coût unitaire de production lorsque la quantité produite augmente. Alfred Marshall (*Economics of industry*, 1879 puis *Principles of economics*, 1890) a introduit la distinction entre économies d'échelle internes et externes à la firme.

Les économies d'échelle peuvent être internes lorsqu'elles s'expliquent par l'augmentation de la taille de la firme. C'est particulièrement le cas lorsqu'il existe des coûts fixes importants.

Les économies d'échelle externes sont liées au développement général du secteur d'activité dans lequel opère la firme. Dans ce cas, toutes les firmes voient leur coût de production baisser lorsque la quantité globale augmente, sans que cela se traduise pour autant par une réduction de la concurrence. La proximité de fournisseurs spécialisés, l'opportunité de profiter d'externalités de connaissances, la possibilité de bénéficier d'un bassin d'emploi important et d'une main-d'œuvre formée... sont autant de sources possibles de ces économies d'échelle.

L'introduction de rendements croissants dans les modèles d'échange international aboutit au constat qu'il n'est plus nécessaire d'avoir initialement des avantages comparatifs pour justifier l'échange international.

■ La différenciation des produits

La prise en compte de la différenciation des produits permet de sortir des hypothèses traditionnelles des marchés de concurrence parfaite. Les travaux de Chamberlin, *La concurrence monopolistique* (1933) introduisent l'idée d'une différenciation verticale, fondée sur la qualité des produits. Un peu plus tôt, Hotelling dans *Stability in competition* (1929) propose une différenciation fondée sur les spécifications des produits que l'on appelle aujourd'hui une différenciation horizontale. Lancaster (*Commerce intra-industrie et concurrence monopolistique parfaite*, 1980) intègre ces logiques de différenciation à l'échange international.

Mais la différenciation ne s'applique pas seulement du côté de l'offre. Les consommateurs sont également sensibles à la variété des produits qui leur sont proposés. Il en résulte une « demande de différence » selon l'expression de B. Lassudrie-Duchêne (« La demande de différence dans le commerce international », 1971).

L'introduction de cette double logique de différenciation dans les échanges internationaux permet d'apporter de nouveaux déterminants à l'échange, qui ne sont pas alors liés à un avantage comparatif.

■ Rendements d'échelle internes et différenciation des produits

Krugman (« *Scale economies, product differentiation and the pattern of trade* », 1980) a proposé une analyse des échanges internationaux fondée sur l'existence de rendements d'échelle internes et d'une différenciation des produits.

En présence d'économies d'échelle, l'ouverture internationale procure un avantage au consommateur. En effet, l'accroissement de la taille du marché permet à chaque firme de profiter des rendements croissants. Le marché intégré comporte plus de firmes que les marchés en autarcie, chacune produisant davantage et vendant à un prix plus bas.

Supposons une économie mondiale réduite à deux pays, A fortement doté en capital et B en travail, et deux secteurs d'activité, l'automobile et la chaussure.

Si les secteurs d'activité sont en concurrence parfaite, un raisonnement en termes d'avantage comparatif conduirait à une spécialisation complète. Le pays A produisant le bien nécessitant relativement plus de capital, l'automobile, tandis que B serait spécialisé dans la chaussure.

Si l'un des secteurs d'activité, par exemple la chaussure, est en situation de concurrence monopolistique, les producteurs adoptent une stratégie de différenciation des produits.

Le pays A dispose toujours d'un avantage comparatif dans la production automobile et reste donc exportateur de voitures et importateur de chaussures. Le pays B continue à importer des voitures, mais comme les consommateurs demandent des chaussures différenciées, il importe également des chaussures de A, même si elles sont plus coûteuses.

Les échanges internationaux présentent alors des flux commerciaux intrabranches, qui s'expliquent par la combinaison de stratégies de différenciation et par des économies d'échelle.

D'une manière générale, il apparaît que :

- *« le commerce interbranche reflète l'avantage comparatif des pays ;*
- *le commerce intrabranche résulte de la différenciation des produits et des économies d'échelle [...] ;*
- *L'importance relative des échanges intrabranches et interbranches dépend du degré de similarité entre les pays. Le commerce entre deux économies très similaires (c'est-à-dire présentant des avantages comparatifs peu marqués) sera dominé par les échanges intrabranches. Ainsi, le commerce entre pays développés doit être essentiellement de type intrabranche, alors que le commerce Nord-Sud doit être davantage fondé sur les avantages comparatifs et donc de type interbranche »* (Krugman & Obstfeld, Économie internationale, 2009).

■ Rendements d'échelle externe et commerce international

Dans une production caractérisée par des rendements d'échelle externes, un pays avec une production importante est toujours capable de produire avec des coûts de production plus faibles qu'un pays de taille plus réduite. De même, un pays entré le premier dans une production peut toujours produire à un coût plus faible qu'un concurrent potentiel.

La figure 1, tirée de Krugman et Obstfeld (*Économie internationale*, 2009), suppose l'existence de rendements d'échelle croissants dans le secteur des montres et postule que la Suisse est entrée initialement sur ce marché. Sa courbe de coût moyen coupe la courbe de demande mondiale au point 1 et conduit donc à un équilibre (Q_1, P_1).

Figure 1

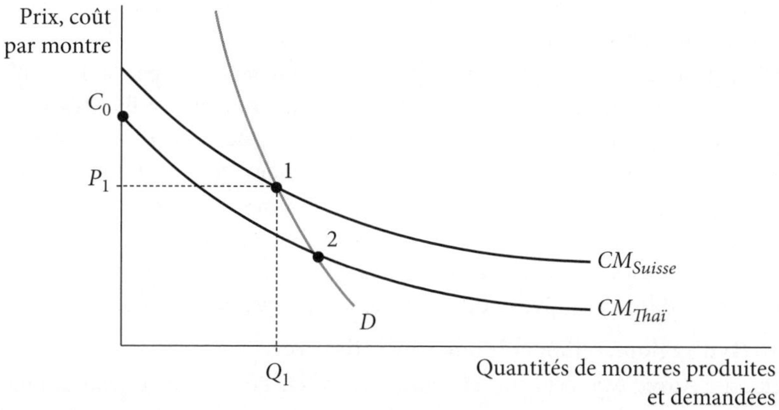

On constate sur cette figure que la Thaïlande pourrait approvisionner le marché mondial à un coût de production plus faible que celui de la Suisse : un prix plus bas et une quantité fournie plus importante. Cependant, il n'est pas envisageable pour la Thaïlande d'entrer directement dans la production et de prendre la totalité du marché, elle ne pourrait faire qu'une entrée progressive. Or, le coût de production de ses premières unités est supérieur au prix auquel la Suisse approvisionne le marché. Il est donc impossible à la Thaïlande d'entrer dans la production et les économies d'échelle réalisées par la Suisse la protègent de la concurrence étrangère.

Plusieurs enseignements importants peuvent être tirés de ce raisonnement :

- l'échange international peut conduire à une situation non optimale. En effet, dans l'exemple précédent, il est évident qu'un déplacement de la production de montres vers la Thaïlande serait avantageux pour les consommateurs. Pourtant, la spécialisation initiale a toutes les raisons de se maintenir, sauf à supposer la mise en place de politiques protectionnistes, ou de subventions lui permettant d'entrer sur le marché ;
- des « accidents historiques » permettent d'expliquer la spécialisation. Ils déterminent le lieu initial de la production et, ensuite, les économies d'échelle font le reste. Ce sont des « effets d'agglomération » ;
- la taille du pays ou du marché devient un élément essentiel de la spécialisation. Un pays exporte un produit, parce que sa taille lui permet de réaliser des économies d'échelle.

Ces deux derniers éléments conduisent à prendre davantage en compte la géographie dans l'explication des échanges.

c. — Échange international et contraintes géographiques

L'analyse géographique des échanges internationaux fait apparaître qu'ils impliquent le plus souvent des pays proches, à structures de production voisines. Le premier partenaire commercial de la France est l'Allemagne, tant à l'exportation qu'à l'importation, et les produits échangés ne semblent pas relever clairement d'une logique de spécialisation par des dotations factorielles. Cela conduit à introduire une dimension géographique dans les déterminants de l'échange.

■ L'importance du niveau de la demande

Dès 1961, Linder (« *An essay on trade and transformation* ») propose une interprétation des échanges internationaux mettant l'accent sur le rôle de la demande, lui permettant de justifier également les échanges intrabranches.

Selon lui, la production d'un pays est principalement déterminée par la demande interne, la « demande domestique représentative ». Les producteurs ne sont pas familiarisés avec les marchés étrangers et produisent donc d'abord pour le marché domestique : « *le marché international n'est rien d'autre qu'une extension, au-delà des frontières nationales, de la propre activité du pays* ».

La demande représentative détermine le surplus exportable d'un pays. Des pays de développement proches ont une demande représentative proche et vont alors proposer à l'exportation des produits similaires. Il est donc logique de trouver d'importants flux commerciaux, y compris intrabranches, entre des pays à niveau de vie et mode de consommation proches.

■ Les effets d'agglomération et le poids de l'Histoire

La réflexion d'Alfred Marshall sur les économies d'échelle est née du constat que les activités industrielles n'apparaissaient pas et ne se développaient pas de manière aléatoire et uniforme. Pourquoi l'industrie automobile américaine est-elle concentrée autour de Détroit dans le Michigan, et pourquoi l'électronique et la micro-informatique se sont-elles développées dans la Silicon Valley ?

Le rôle des économies d'échelle externes et internes peut être invoqué pour expliquer ces phénomènes.

S'il existe des économies d'échelle internes et des coûts de transport, les entreprises ont intérêt à se regrouper le plus près possible du marché le plus important. En effet, si l'on suppose deux pays de taille différente en concurrence monopolistique, les firmes présentes dans le grand pays peuvent bénéficier de coûts de production plus faibles. Celles implantées dans le petit pays peuvent profiter un peu du marché local, du fait de l'existence de coûts de transport, mais elles ont intérêt à déplacer leur production vers le grand marché. Il en résulte un mécanisme d'agglomération, renforcé encore par les économies d'échelle externes. La proximité de sous-traitants, la présence d'un nombre important de consommateurs potentiels... renforcent l'avantage à l'agglomération.

La conjonction de coûts de transport faibles, d'économies d'échelle importantes et de produits fortement différenciés est une condition idéale pour générer le processus. Il en résulte alors du commerce international, puisque les décisions de localisation conduisent à ne réaliser les productions qu'en un seul endroit.

Krugman (*Geography and trade*, 1991) montre l'importance des « accidents historiques » dans la création de ces agglomérations. Un micro-événement, dans les conditions évoquées ci-dessus, s'amplifie et suffit à expliquer la localisation. Ainsi, il montre que l'industrie du tapis en Georgie trouve son origine dans l'habileté d'une certaine Catherine Evans à la fin du XIXe siècle ; que le développement des industries de haute technologie dans le Massachussetts s'explique par la présence d'une université dont l'origine remonte aux Puritains ayant besoin de former leurs prêcheurs; que le garage de Palo Alto dans lequel les jeunes W. Hewlett et D. Packard ont conçu les premiers produits électroniques a donné naissance à la Silicon Valley...

■ **Taille des marchés et modèles de gravitation**

Sans avoir besoin de chercher des explications sophistiquées de l'échange international, il apparaît que la taille des pays et la distance géographique qui les sépare sont un très bon élément de prédiction du niveau des échanges entre eux.

En 2015, sur les 8 premiers partenaires commerciaux de la France, 2 seulement ne sont pas en Europe. Ce sont les États-Unis et la Chine, mais le commerce total avec chacun d'eux (exportations + importations) est très proche de celui réalisé avec l'Italie, la Belgique ou l'Espagne.

Principaux partenaires commerciaux de la France à l'exportation (X) et à l'importation (M) en 2015 *(en milliards d'euros)*

Pays	X	M	X + M	X – M
Allemagne	71,4	86,7	158,0	– 15,3
Italie	31,9	37,6	69,4	– 5,7
États-Unis	32,6	35,0	67,6	– 2,3
Belgique	30,3	36,8	67,1	– 6,5
Chine (hors Hong Kong)	18,0	46,8	64,7	– 28,8
Espagne	32,5	31,5	64,0	1,0
Royaume-Uni	31,6	19,5	51,1	12,1
Pays-Bas	17,4	21,5	38,9	– 4,2

Note : les exportations sont mesurées FAB et les importations CAF.

Champ : commerce extérieur de marchandises, hors comme intracommunautaire inférieur à 460 000 € et hors matériel militaire.

Source : d'après l'Insee.

On peut alors décrire le volume des échanges à partir d'une équation de gravité, ayant pour facteurs la taille de pays et leur distance géographique :

$$XM_{ij} = A\ x\ Y_i^a\ x\ Y_j^b\ /\ D_{ij}^c$$

Avec A une constante ; XM_{ij} le commerce international entre les pays i et j ; Yi et Yj les PIB des deux pays, D_{ij} la distance entre eux. Les coefficients a, b, c expriment les poids des différentes variables.

La pertinence d'une telle équation s'explique assez simplement :

Le PIB du pays importateur joue évidemment un rôle important dans le commerce mondial. Un grand pays se caractérise forcément par une demande importante, sauf s'il mène une politique protectionniste ou recherche l'autarcie. Les États-Unis pèsent sur le commerce mondial même s'ils sont relativement peu ouverts. Le PIB du pays exportateur joue également un rôle puisqu'il détermine la quantité et la variété de produits qui peuvent être proposés au reste du monde.

Le rôle de la distance est plus complexe à analyser. On peut évidemment incriminer les coûts de transport, mais leur forte diminution au cours des dernières décennies aurait dû réduire la pertinence de ce modèle gravitationnel. Une communauté de langue, une histoire commune (parfois même par la colonisation), des régimes politiques proches, la présence d'une frontière, l'existence d'accords commerciaux régionaux, les configurations géographiques... sont autant d'arguments qui peuvent être invoqués pour comprendre l'effet de la distance. Ainsi, la France commerce beaucoup avec la Belgique parce qu'elles sont voisines, parlent la même langue, appartiennent à l'UE...

■ **L'impact de la transnationalisation des firmes**

Les firmes transnationales jouent aujourd'hui un rôle essentiel dans les échanges internationaux. Elles seraient à l'origine des deux tiers environ du commerce mondial dont la moitié de commerce intrafirme. Ces données sont difficiles à vérifier, en raison en particulier de la relative opacité des « prix de transfert », c'est-à-dire des prix auxquels les firmes s'échangent des composants nécessaires à leur production. Même si l'OCDE impose des règles de détermination « de pleine concurrence », visant à éviter l'utilisation du prix de transfert comme moyen d'évasion fiscale, les données ne sont pas très bien connues.

Ce poids considérable s'explique largement par la décomposition internationale des processus productifs (DIPP) qui conduit à segmenter la fabrication des produits pour exploiter au maximum les avantages comparatifs des différents pays. Mais ce développement des multinationales s'appuie sur des investissements directs à l'étranger (IDE), ce qui remet nettement en question la conception de la nation comme « bloc de facteurs » pourtant à la base de la théorie des avantages comparatifs.

Mundell (*International trade and factor mobility*, 1957) montre ainsi que l'existence d'un tarif douanier provoque une distorsion dans les avantages comparatifs qui peut pousser les entreprises à aller s'implanter dans un pays, plutôt que d'échanger avec lui. Le déplacement des facteurs, via les investissements directs, peut se substituer à l'échange international.

S'appuyant implicitement sur les travaux de Coase sur la théorie de la firme (« *The nature of the firm* », 1937), Hymer (*The international operations of national firms: a study of direct foreign investment*, 1960) souligne que le choix entre l'IDE et le commerce international dépend des coûts de transaction et des coûts d'internalisation. Si le recours au marché (transaction) est moins coûteux que la production en interne, l'entreprise choisira d'exporter.

Dunning (*International production and the multinational enterprise*, 1981) synthétise dans le modèle OLI les différentes approches de la théorie de la firme internationale. Il montre que l'entreprise investit à l'étranger si elle combine à la fois des avantages spécifiques (*Ownership advantage*), des avantages de localisation (*Localisation advantage*) et des avantages à l'internalisation (*Internalisation advantage*). Si elle ne possède que l'avantage spécifique, elle aura recours au commerce international.

Le développement des firmes transnationales exerce alors des effets contradictoires sur l'échange international. D'une part, il génère du commerce intrafirme par la DIPP. D'autre part, il réduit le volume des échanges en favorisant le développement des IDE et la mobilité des facteurs.

B PERFORMANCES COMMERCIALES ET CONSÉQUENCES ÉCONOMIQUES DE LA MONDIALISATION

1. – Les différences de performances commerciales à travers l'exemple de la France et de l'Allemagne

a. — Comment mesurer les échanges extérieurs et les performances commerciales ?

Les statistiques du commerce extérieur se résument encore largement à fournir des données sur les valeurs et les volumes exportés et importés. Le passage des valeurs aux volumes se fait en déflatant à l'aide d'indices des prix des exportations et des importations, calculés à partir de paniers de biens et de services représentatifs des échanges extérieurs. Les statistiques des échanges internationaux sont ensuite ventilées par branche de biens et de services et par pays d'origine, ce qui permet de faire apparaître des soldes présentant les principaux déséquilibres par branche et par pays (*cf.* partie 3, chapitre 2, pour l'étude de la balance des paiements). La question de la compétitivité des nations est alors posée en termes de déséquilibres des échanges. Les données concernant les principaux partenaires peuvent être décomposées par produit au sein de matrice des échanges extérieurs.

Il faut cependant largement relativiser la pertinence de ces statistiques commerciales. En effet, la DIPP a profondément modifié la nature et la signification des échanges au cours des dernières décennies. Elle se traduit par un double mouvement d'externalisation et de délocalisation des activités. D'une part, les firmes à la recherche d'une réduction des coûts de production et de distribution tendent à externaliser certaines activités, mais ce mouvement peut se faire au sein d'une économie (recours à la sous-traitance locale par exemple), ou vers l'extérieur (sous-traitance internationale). D'autre part, elles tendent également à se délocaliser, pour différentes raisons : recherche de coûts de production plus faibles, proximité des marchés...

Figure 2

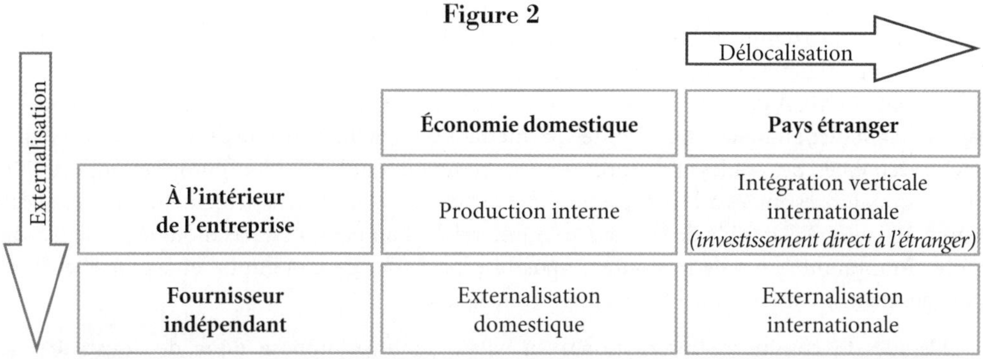

Source : Sébastien Miroubot, in « Mondialisation des chaînes productives et mesure du commerce en valeur ajoutée », Sénat 2010.

Ce double mouvement génère un commerce vertical, le long de la chaîne de valeur. Ce peut être un commerce national, dans le cas d'une externalisation domestique, comme un commerce international. Il peut être intrafirme, dans le cas d'une intégration verticale internationale, comme concerner des firmes indépendantes. La multiplication des relations de sous-traitance, des achats de produits intermédiaires, des externalisations de services... rend ce commerce vertical très complexe. La fabrication de nombreux produits génère aujourd'hui un commerce international de composants et pas seulement les échanges liés au produit fini.

Le développement de ce commerce vertical soulève des problèmes méthodologiques. Si l'on raisonne sur la valeur des exportations, on y inclut les produits intermédiaires. Ainsi, des produits surgelés exportés par une firme française contiennent sans doute des légumes ou de la viande en provenance de différents pays. Quelle est alors la part de la production « française » ? Si une entreprise française de Cognac décide de faire réaliser l'emballage de ses bouteilles en Chine pour les réexporter vers la France ou d'autres pays, il apparaîtra dans les statistiques commerciales mondiales que la France importe du Cognac et que la Chine en exporte.

Le commerce international peut ainsi être décomposé en un « commerce de spécialisation », qui reflète la DIPP et un « commerce en valeur ajoutée ». Alors que les agrégats macroéconomiques de production, tels le PIB ou le PNB, reposent depuis très longtemps sur la notion de valeur ajoutée, les statistiques d'exportation et d'importation n'en tiennent pas compte.

Figure 3

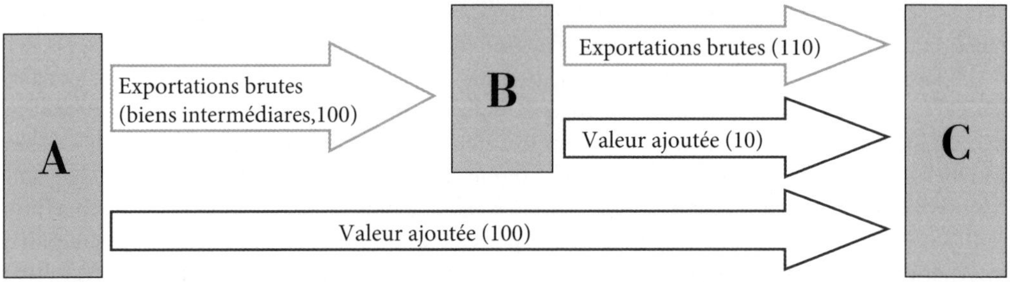

Source : OCDE-OMC, Note de présentation de la base de données sur les échanges en valeur ajoutée, 2013.

Ainsi, dans l'exemple représenté sur la figure 3, les statistiques traditionnelles du commerce mondial retiendraient un volume global d'exportations et d'importations à 210 ; le pays B étant excédentaire de 10, A de 100, tandis que C est déficitaire de 110 vis-à-vis de B et ne commerce pas avec A. Les statistiques en valeur ajoutée permettent de rétablir la réalité du volume des biens et services échangés, des soldes et des provenances géographiques. Les exportations et importations totales sont alors estimées à 110, C est toujours déficitaire de 110, mais seulement pour 10 avec B et pour 100 avec A. Le solde de la balance commerciale d'un pays n'est pas modifié par le passage à une comptabilité en valeur ajoutée, mais la répartition géographique et sectorielle de ses échanges peut se trouver considérablement transformée.

L'étude du commerce international en valeur ajoutée suppose donc de construire des tableaux internationaux entrées-sorties qui décrivent précisément les structures productives. L'OMC et l'OCDE se sont associées, à travers l'initiative « Made in the World », pour construire une base de données du commerce international en valeur ajoutée et dresser un tableau des chaînes de valeur mondiales. Depuis 2016, des données sont disponibles pour un grand nombre de pays, via une base de données en ligne à l'OCDE et des tableaux pays par pays fournis par l'OMC. Les premières analyses permettent déjà de mettre en évidence quelques résultats nets.

■ **Le poids des services est considérablement renforcé.** Ils représentent les deux tiers du PIB dans la plupart des pays développés mais ne pèsent que 20 % des échanges mondiaux dans les statistiques globales de l'OMC. Si l'on intègre la valeur ajoutée créée par les services dans les exportations de biens, on atteint plus de 50 % des exportations totales pour les États-Unis, la France, l'Allemagne ou l'Italie. Le poids s'élève à plus de 40% des exportations chinoises. Les exportations françaises en valeur ajoutée contiennent par exemple 51 % de services français, et presque 12 % de services étrangers réexportés.

■ **En 2011, 40 % des importations de produits intermédiaires sont réexportés, contre un tiers en 1995.** Cela traduit l'insertion des pays dans une chaîne de valeur mondiale. Si la France est très proche de la moyenne (39 %), 50 % des biens intermédiaires importés par l'Allemagne se retrouvent dans ses exportations. Partant d'une situation proche au début des années 2000, l'écart s'est ensuite creusé.

■ **De manière symétrique, les importations intermédiaires incorporent souvent une valeur ajoutée qui a pour origine le pays importateur.** Cela signifie que le pays importe des produits contenant des composants qu'il a lui-même exportés, ce qui est conforme à la logique d'une chaîne de valeur mondiale. Les premiers résultats fournis par l'OMC montraient que 5 % de la valeur des importations américaines de produits intermédiaires trouve son origine dans une valeur ajoutée américaine (7 % pour la Chine).

■ **Mais le plus spectaculaire dans les nouvelles statistiques est la modification des zones géographiques des échanges et des déséquilibres bilatéraux.** L'excédent commercial de la Chine avec les États-Unis diminue ainsi d'un tiers sur les données 2011. C'est la conséquence d'une forte valeur ajoutée américaine contenue dans les produits exportés par la Chine. Il apparaît par exemple que le Japon devient le deuxième partenaire des États-Unis à l'exportation, en raison du contenu en valeur ajoutée américaine des exportations chinoises vers le Japon. Si l'Allemagne, l'Italie et le Royaume-Uni sont les premiers marchés à l'exportation de la France en données brutes, les États-Unis se classent deuxièmes en valeur ajoutée. De même, ils sont le deuxième fournisseur en valeur ajoutée, dépassant la Chine, l'Italie et l'Espagne.

b. — La comparaison entre les performances françaises et allemandes

Au cours des années 2000, les performances commerciales de l'Allemagne et de la France ont profondément divergé. Alors que la France avait connu des excédents commerciaux records au cours des années 1990, elle renoue avec des déficits. L'Allemagne, plus à la traîne dans la décennie précédente, connaît une très forte progression de ses exportations et de l'excédent de sa balance courante. La crise économique qui survient à partir de 2008 ne change pas les grandes tendances. Après un net repli des échanges en 2009, le commerce reprend à partir de 2010 et les excédents allemands de la balance des paiements courants s'accentuent. Ils atteignent 8,8 % du PIB en 2016, dépassant largement ceux de la Chine. Les résultats de la France sont proches de ceux de l'Italie ou de l'Espagne, et c'est donc l'Allemagne qui apparaît particulièrement efficace dans les échanges internationaux, même si son fort déséquilibre des paiements courants, symbole d'un excédent d'épargne, s'explique également par une perspective de déclin démographique et une demande interne atone.

La forte appréciation de l'euro par rapport au dollar est souvent invoquée pour expliquer l'apparition d'un déficit commercial français. Pourtant les différents pays cités disposent de la même monnaie et leurs performances commerciales sont très différentes. On peut évidemment incriminer ici les comportements de marge des entreprises, voire les différentiels d'inflation observés entre les États, qui ne peuvent plus être compensés par des ajustements du change. Il faut cependant chercher les explications dans les différences de spécialisation et le recours à la segmentation internationale de la production.

■ **Les avantages comparatifs révélés et les différences de spécialisation**

Le CEPII (Centre d'études prospectives et d'informations internationales) calcule un indicateur d'« avantages comparatifs révélés » qui compare le solde extérieur pour un produit avec un solde théorique de ce produit en l'absence de spécialisation. On commence d'abord par calculer un solde théorique, dans lequel chaque produit pèserait en fonction de son poids dans les échanges. Si un produit représente 10 % des échanges extérieurs, il devrait représenter 10 % du solde, excédent ou déficit. On compare ensuite avec la réalité observée, la différence permettant de faire apparaître des avantages ou des désavantages. À partir de cet indicateur, le CEPII propose une analyse de la spécialisation des pays (« Panorama de la spécialisation européenne », 2012). Il apparaît que les grands pays européens ont des structures de spécialisation proches : ils ont tous un avantage comparatif révélé dans les produits mécaniques, les véhicules, les produits chimiques et la sidérurgie. Leurs désavantages comparatifs se trouvent également dans les mêmes activités : énergie, textile...

La comparaison entre la France et l'Allemagne ne peut donc se faire qu'à un niveau plus fin. Une analyse par gamme de produits montre que, pour les produits à forte valeur ajoutée, la France s'oriente principalement vers des produits de haute technologie, alors que l'Allemagne se concentre sur des produits à technologie moyennement élevée (machines et automobile). Mais les avantages français sont très concentrés sur deux activités principales, aéronautique et pharmacie, et la France perd en compétitivité par rapport aux pays émergents dans d'autres secteurs. L'Allemagne résiste bien mieux à la montée des émergents, en se désengageant des produits de faible technologie pour se concentrer davantage sur ceux de haute et moyenne technologie.

■ Importance de l'*outsourcing*

Si la situation de l'Espagne et de l'Italie peuvent s'expliquer en grande partie par un effort insuffisant d'innovation ou une augmentation du coût unitaire de production dans l'industrie manufacturière, ce n'est pas le cas de la France. Son effort de R&D global est proche de celui de l'Allemagne, même si l'effort des entreprises y est inférieur, et les coûts salariaux unitaires dans l'industrie sont relativement proches. L'Allemagne a réalisé des réformes de son marché du travail (réformes Hartz) qui lui ont permis de comprimer ses coûts salariaux, mais la productivité du travail a progressé plus rapidement en France. La compétitivité-prix des produits allemands ne peut donc pas s'expliquer uniquement par les coûts salariaux. Il faut chercher une partie de l'explication dans le phénomène d'externalisation (*outsourcing*) de la production et le renforcement d'une DIPP, en particulier avec les nouveaux pays émergents.

L'industrie automobile en est un exemple probant. Les constructeurs français ont réagi à l'élargissement européen en délocalisant une partie de leur production vers les pays d'Europe de l'Est. L'industrie automobile française pèse donc logiquement de moins en moins dans les exportations et la France importe davantage d'automobiles. L'industrie allemande a externalisé une partie de la production, cherchant à réduire les coûts des composants, des produits intermédiaires, mais elle continue à fabriquer et à exporter les voitures. L'accroissement de sa compétitivité, lié à une baisse du coût unitaire, n'est donc pas à chercher dans une réduction des coûts salariaux, mais dans celle des composants. Il faut cependant noter que les activités qui font l'objet d'une délocalisation vers l'Europe de l'Est sont souvent assez qualifiées, ce qui pèse sur le coût salarial allemand (Marin, in « Mondialisation des chaînes productives industrielles et mesure du commerce en valeur ajoutée », OMC 2010). On est dans le cas inverse des *maquiladoras* mexicaines, qui concentrent une main-d'œuvre non qualifiée. « *Le gouvernement allemand n'a pas eu besoin de mener de politique restrictive en matière salariale : les entreprises allemandes ont pu, en délocalisant leurs activités dans des filiales en Europe orientale, à la fois améliorer leur productivité et faire baisser la prime à la qualification.* » (Marin, *ibid*)

C'est tout l'intérêt des statistiques du commerce international en valeur ajoutée que de pouvoir mettre en évidence ce type de phénomène.

2. – Mondialisation, politiques commerciales et rôle des États

a. — Mondialisation et croissance

Les théories de l'échange international mettent en avant les avantages procurés par l'ouverture et *a contrario* les effets négatifs de la protection tarifaire.

L'ouverture internationale permet de profiter des effets d'un grand marché conduisant à des économies d'échelle, de se spécialiser dans les activités pour lesquelles on bénéficie d'un avantage, tandis que l'accroissement de la concurrence favorise innovation et baisse des coûts. On peut voir cette dimension dans la construction européenne, mettant en œuvre à la fois les effets du grand marché, la recherche des avantages comparatifs des pays, la création d'une DIPP européenne assurant des coûts de production plus faibles... Pour les consommateurs, cela se traduit par des prix plus faibles, l'accès à une plus grande variété de produits, la possibilité de consommer davantage, mais également de dégager du pouvoir d'achat pour consommer d'autres produits (effet de déversement).

L'insertion dans les échanges internationaux est également une stratégie utilisée par des pays en développement pour assurer leur croissance. Les trajectoires de développement des pays du Sud-Est asiatique s'inscrivent dans cette voie. Il s'agit de profiter des avantages liés à des faibles coûts de production (en particulier des coûts salariaux) comme source de la croissance (*cf.* partie 2, chapitre 3). Les débouchés extérieurs permettent d'écouler la production, tandis que la croissance du marché intérieur est progressivement rendue possible par la progression des revenus.

Les désavantages du protectionnisme sont également bien repérés. Les tarifs douaniers provoquent une augmentation du prix des produits importés et pénalisent donc les consommateurs. Ils maintiennent des activités peu rentables et n'incitent pas les entreprises à investir et à innover.

Cependant, les critiques de la mondialisation sont également importantes. Dès les années 1950, J. Bhagwati a élaboré le concept de « croissance appauvrissante ». Reposant sur une dégradation des termes de l'échange, il montre que la hausse des exportations induite par l'ouverture peut provoquer une dégradation des termes de l'échange, aboutissant à l'appauvrissement du pays. Ce peut être le cas si l'élasticité des importations au PIB est forte, si les activités d'exportations pèsent fortement dans l'économie et si la valeur des produits exportés diminue plus rapidement que l'augmentation de leur volume.

Cette situation est fréquemment évoquée pour les pays en développement, mais on peut la transposer aux pays développés soumis à la concurrence des économies émergentes dont les parts de marché ont fortement augmenté au cours des dernières décennies. Ce ne sont cependant pas les mêmes mécanismes qui sont à l'œuvre, mais les conséquences peuvent se rapprocher. Si les pays développés ont bénéficié de prix plus faibles pour de nombreux produits, libérant du pouvoir d'achat et favorisant la désinflation, cela s'est également traduit par une réduction de l'activité dans les secteurs concernés. Outre les problèmes d'emplois évoqués plus loin, ce sont des pans entiers de certaines activités qui ont disparu et le creusement des déficits extérieurs conduit à des transferts de revenus internationaux au détriment de ces économies.

Les problèmes écologiques et d'externalités négatives sont également invoqués pour discuter du bien-fondé de la mondialisation. La DIPP conduit à multiplier les transports de produits, générant des pollutions et donc un coût pour la collectivité mal pris en compte par les indicateurs économiques.

b. — Mondialisation, emploi et répartition

C'est dans le domaine de l'emploi que les débats sur les effets de la mondialisation sont les plus importants. L'ouverture internationale est le gage d'une meilleure efficacité productive, au regard des théories de l'avantage comparatif. La DIPP permet également d'exploiter au mieux les faibles coûts salariaux de certains pays et conduit à y localiser les activités fortement intensives en travail. Mais l'ouverture est également synonyme de déplacements d'activité, de délocalisations, qui ont des conséquences sur l'emploi dans les pays d'origine et sont souvent invoquées pour justifier un retour au protectionnisme.

La concurrence internationale a pour effet de détruire des emplois dans les activités insuffisamment compétitives. Ainsi, le textile français a très largement disparu à partir des années 1970, concurrencé par les produits en provenance de pays à bas salaires. Mais les suppressions d'emplois sont aussi liées à des mouvements de délocalisations, *via* des IDE, visant à exploiter les différences de coûts de production entre pays. Cependant, les conséquences ne se limitent pas à des destructions d'emplois d'un côté, compensées par des créations de l'autre. Dans les pays émergents, les IDE entrants ne sont pas la garantie de créations d'emplois. Si l'implantation d'une FMN se traduit par la disparition d'entreprises locales moins compétitives, l'effet sur l'emploi peut être contrasté. Si les effets d'entraînement sur l'économie locale sont importants, *via* des achats de produits intermédiaires par exemple, l'effet peut être positif. Mais cela n'est pas automatique. Dans les pays développés, les destructions d'emplois dans des secteurs peu compétitifs peuvent être compensées par des créations dans d'autres activités. Les effets de déversement de pouvoir d'achat sont ici essentiels. En achetant par exemple des produits textiles moins chers, les consommateurs disposent d'un pouvoir d'achat supplémentaire qui peut être utilisé pour acheter des produits nouveaux.

L'impact sur la nature des emplois est également complexe. Une vision simple de la mondialisation consiste à dire que les emplois détruits dans les pays développés sont peu qualifiés et que les créations d'emplois concernent en revanche des activités plus qualifiées. Cependant, les effets de déversement ne se traduisent pas seulement par une consommation de produits nécessitant une main-d'œuvre qualifiée. Il peut s'agir de produits non échangeables, par exemple des services à la personne... pas nécessairement qualifiés. À l'inverse, la montée en gamme des productions dans les pays émergents y a aussi pour conséquence une croissance de l'emploi qualifié.

D'une manière générale, l'ouverture internationale a eu des conséquences importantes sur la répartition des revenus. En interne, elle provoque une déformation du partage des revenus. Dans les pays développés, la concurrence accrue a poussé à une recherche de flexibilité, a comprimé les revendications salariales et a eu pour conséquence une croissance des salaires plus faible que celle de la productivité. Dans les pays émergents, on assiste au contraire à une montée du coût du travail dans les dernières années, liée à l'épuisement progressif des réserves de main-d'œuvre, à l'augmentation de la qualification et au recentrage de la croissance sur la demande intérieure. Au niveau international, l'accumulation d'excédents d'un côté et de déficits de l'autre s'est traduite par des mouvements de capitaux, par l'accumulation de réserves de change comme alternative à une correction des taux de change (par exemple en Chine) et par une croissance de l'endettement des pays développés (*cf.* partie 3, chapitre 2).

c. — Le débat entre le libre-échange et le protectionnisme reste d'actualité

Initié au XVIIIe siècle, le débat entre libre-échange et protectionnisme a conservé une grande importance au cours des deux derniers siècles. Si le libre-échange est souvent considéré comme une situation optimale, à long terme, dans un raisonnement uniquement fondé sur une rationalité économique, le protectionnisme est lui présenté comme le moyen de défense des acteurs, des États, contre la logique du simple calcul économique.

Ainsi, la thèse du protectionnisme éducateur développée initialement par Hamilton (« *Report on manufactures* », 1791), puis par List (Système national d'économie politique, 1841) repose sur l'idée qu'il est nécessaire de protéger une industrie naissante pour lui permettre d'affronter la concurrence internationale. La remontée du protectionnisme à la fin du XIXe siècle vise au contraire majoritairement à protéger des industries déclinantes de la concurrence exercée par des pays neufs.

Ce débat dévie également sur le rôle que peut jouer l'État et sa politique commerciale dans la spécialisation des nations. Le choix d'une politique tarifaire, d'une insertion ou non dans les échanges internationaux, dépend très largement de décisions politiques et pas seulement des intérêts microéconomiques des entreprises et des consommateurs. Les politiques de subvention à certaines entreprises, à l'innovation et la R&D, la gestion différenciée des tarifs douaniers... sont autant d'armes que les États peuvent utiliser pour infléchir les spécialisations productives.

Au cours des dernières décennies, les nouvelles approches du commerce international ont souvent évoqué, plus ou moins directement la place des États et les politiques commerciales. Ainsi, la prise en compte des innovations met en avant le rôle stratégique que peuvent jouer les États dans la R&D. La présence d'économies d'échelle externes peut parfaitement justifier le recours au protectionnisme éducateur (*cf.* l'exemple des montres, p. 395). Les « politiques commerciales stratégiques », analysées par Brander et Spencer (« *International R&D rivalry and industrial strategy* », 1983) puis développées par Krugman, montrent que dans des cas particuliers de structures de marché (duopole international), les subventions à l'innovation apportées par un État à une firme permettent à celle-ci d'acquérir une situation de monopole, ou de déformer le duopole à son avantage. L'exemple des subventions à l'aéronautique et de la compétition entre Airbus et Boeing a souvent été présenté par Krugman comme un exemple de cette situation. Ainsi, la question du protectionnisme est plus largement englobée dans l'étude du rôle que peuvent jouer les États dans la compétition internationale.

Plus récemment, ce sont des préoccupations écologiques et sociales qui ont été mises en avant pour justifier des pratiques protectionnistes. L'argument du « dumping social », de l'exploitation de la main-d'œuvre dans les pays émergents, de l'utilisation de techniques de production très polluantes... pose la question de l'intégration de clauses sociales ou écologiques aux accords internationaux. Les pays émergents y sont évidemment très réticents car cela conduirait les pays développés à les utiliser comme instrument de protection commerciale. L'échec des négociations sur le Traité de libre-échange transatlantique (TAFTA), le retrait des États-Unis en 2017 du Partenariat transpacifique signé en 2016, le projet de taxation des importations américaines en provenance du Mexique, montrent que les tendances protectionnistes s'affirment très clairement dans la deuxième moitié des années 2010.

III

RÉGIONALISATION, GOUVERNANCE ET RÉGULATION INTERNATIONALES

Le vaste mouvement d'ouverture des économies depuis le XIXe siècle s'est accompagné du développement de différentes formes de coopération entre États, allant du simple arrangement informel à l'organisation centralisée en passant par les accords officiels, tant à l'échelle régionale qu'internationale. Souvent vectrices de la libéralisation, elles apparaissent également et de plus en plus répondre au besoin de régulation des conséquences économiques et sociales de celle-ci. Si le régionalisme apparaît aujourd'hui particulièrement dynamique, la globalité des enjeux rend nécessaire une gouvernance de dimension mondiale.

A LE DÉVELOPPEMENT DU RÉGIONALISME

Parallèlement au processus d'ouverture multilatérale dans le cadre du GATT puis de l'OMC, l'économie mondiale a connu un développement du régionalisme, matérialisé par la signature de nombreux accords commerciaux régionaux (ACR). Si ceux-ci ne constituent pas une nouveauté, leur multiplication au cours des années récentes a relancé les interrogations, tant sur leurs motivations que sur leurs effets sur le commerce international et leur compatibilité avec le multilatéralisme.

1. – État des lieux du régionalisme

Le régionalisme peut se définir comme un processus institutionnel initié par les États en vue de libéraliser ou de faciliter le commerce et/ou de favoriser la coopération entre certains pays. Si le terme de région sous-entend *a priori* que ces pays appartiennent à une même zone géographique du monde, la définition du régionalisme est aujourd'hui plus extensive. L'OMC considère en effet comme accords régionaux tous les accords de préférence qui dérogent au principe de la clause NPF et rentrent dans les exceptions prévues notamment dans l'article XXIV du GATT, quelle que soit la proximité géographique ou historique des pays concernés. Certains auteurs préfèrent ainsi parler d'accords de préférence commerciale.

Le terme de « régionalisation » est parfois utilisé dans le même sens mais il est plus large puisqu'il désigne également la concentration des flux économiques au sein d'une grande région géographique (l'Europe, l'Amérique du Nord, l'Asie du Sud-Est), qui peut être provoquée par la signature d'accords préférentiels mais qui peut aussi se faire « naturellement », sous l'effet de la proximité géographique, culturelle, ou historique entre pays.

Le régionalisme peut prendre différentes formes et se traduire par une intégration plus ou moins poussée. S'il constitue un phénomène ancien, il a connu au cours des dernières années un puissant renouveau, tant quantitatif que qualitatif.

a. — Les différents types d'accords régionaux

En 2017, l'OMC recensait 440 ACR en vigueur à travers le monde. D'une grande diversité, ceux-ci se différencient d'abord par leur extension numérique et géographique : les accords bilatéraux qui lient seulement deux pays (ou un pays et une entité régionale comme l'Union européenne) se distinguent des accords plurilatéraux qui impliquent un nombre supérieur de participants ; les accords intrarégionaux qui associent des pays appartenant à la même zone géographique s'opposent aux accords interrégionaux entre pays de continents différents.

Mais les ACR peuvent aussi être classés selon la forme et le degré d'intégration qu'ils mettent en œuvre. C'est notamment la logique de la typologie devenue classique proposée par Bela Balassa (*The theory of economic integration*, 1961). Le premier stade de l'intégration est selon lui la zone de libre-échange, qui consiste en la réduction voire l'élimination réciproque des barrières douanières. Le deuxième stade, l'union douanière, implique la mise en place d'un tarif extérieur commun vis-à-vis des importations du reste du monde et le partage des recettes douanières. Le troisième stade, le marché commun, étend l'accord de libéralisation aux services et aux facteurs de production (travail et capital). Le quatrième stade, l'union économique, s'enrichit de la mise en commun ou de l'harmonisation des politiques publiques. Elle peut s'accompagner d'une union monétaire, *via* la création d'une zone de parités fixes voire d'une monnaie commune.

Proposée au début de la construction européenne, cette typologie en a effectivement prévu les différentes étapes. Si elle demeure plus généralement utile pour établir de premières distinctions, elle n'apparaît toutefois plus suffisante aujourd'hui pour rendre compte de la complexité du régionalisme. En particulier, elle conduit à classer dans la même catégorie des zones de libre-échange, des accords dont le contenu est pourtant sans commune mesure, par exemple l'Accord de libre-échange nord-américain (Alena), entre les États-Unis, le Canada et le Mexique, qui contient des dispositions sur les services, l'investissement ou la propriété intellectuelle ainsi qu'une procédure interne de règlement des différends, et les accords entre l'UE et les pays méditerranéens qui sont essentiellement des accords classiques de démantèlement douanier.

Il est ainsi utile de recourir à des typologies complémentaires, dont la plus opératoire est celle opposant l'intégration superficielle (*shallow integration*), qui se limite au démantèlement des barrières frontalières aux échanges, à l'intégration profonde (*deep integration*), qui vise à supprimer les barrières internes : celle-ci suppose des mesures d'harmonisation règlementaire voire la mise en place d'institutions communes pour administrer l'accord (Lawrence, *Regionalism, multilateralism and deeper integration*, 1996). L'UE est bien sûr l'exemple d'intégration la plus profonde, mais l'Alena s'inscrit, dans une moindre mesure, dans cette logique.

b. — Un phénomène ancien qui tend à s'accélérer et à se renouveler

■ Les différentes vagues de régionalisme depuis le XIXᵉ siècle

La tendance qui amène certains États à s'efforcer de réduire voire d'éliminer les obstacles entravant leurs échanges n'est pas récente. Trois grandes vagues de régionalisme, précédant la quatrième vague actuelle, peuvent ainsi être distinguées. La première s'est développée durant la seconde moitié du XIXe siècle. Elle est passée par des accords à la fois entre pays européens (le traité Cobden-Chevalier de 1860 ayant initié le mouvement) et avec les pays qu'ils avaient colonisés ou qu'ils dominaient. La deuxième vague, qui a eu lieu durant l'entre-deux-guerres, a accompagné le renouveau du protectionnisme. Elle s'est traduite par un renforcement des préférences régionales dans le cadre des empires coloniaux ou de zones d'influence qui a eu pour conséquence de fragmenter le monde en blocs relativement fermés. La troisième vague date des années 1950-1960. La signature du traité de Rome (1957), instituant une union douanière entre la RFA, la France, l'Italie et les pays du Benelux, a initié le mouvement. Elle a été suivie en Europe par l'institution de l'Association européenne de libre-échange (AELE) en 1960 mais aussi par des accords entre pays d'Amérique latine (Association latino-américaine de libre-échange en 1960, Pacte andin en 1969), dans le cadre des stratégies de développement par substitution d'importations et par la création en 1967 de l'Association des nations du Sud-Est asiatique (Asean selon l'abréviation anglaise). Ces dernières expériences sont toutefois restées formelles et peu actives, la plupart cessant d'être appliquées *de facto*.

■ **Multiplication et diversification des ACR depuis les années 1980**

Le régionalisme a connu un véritable boom au cours des dernières années. Initié dans les années 1980, avec la signature par les États-Unis, jusque-là réticents, d'accords commerciaux avec Israël (1985) et le Canada (1989), le processus s'est accéléré à partir du milieu des années 1990 : alors que 124 accords avaient été notifiés à l'OMC entre 1948 et 1994, il y a eu 530 notifications depuis 1995. Si certaines de ces notifications sont restées lettres mortes, la hausse du nombre d'accords en vigueur est également spectaculaire : 440 en 2017, contre seulement 38 en 1994. En éliminant les doubles comptes (une notification pour les marchandises et une autre pour les services par exemple), ainsi que les accords «en accession», 274 accords sont réellement en vigueur au 1er janvier 2016. Cette extension a pris des formes diverses. De nouveaux accords plurilatéraux intrarégionaux « classiques » ont été signés, tels le Marché commun du Sud (Mercosur) qui réunit Brésil, Argentine, Uruguay et Paraguay (1991), l'Alena (1994), ou le Marché commun de l'Afrique de l'Ouest et de l'Afrique australe (Comesa, 1994) ; d'autres ont été approfondis et élargis comme l'Union européenne (UE) mais aussi l'Asean, relancée en 1991 et muée progressivement en zone de libre-échange.

Mais la croissance numérique s'est aussi nourrie de la multiplication des accords bilatéraux, qui représentent aujourd'hui plus de la moitié des accords en vigueur, faisant perdre à la notion de « région » une part de son sens. Ils ont d'abord été Nord-Sud, impliquant d'un côté l'UE ou les États-Unis, plus récemment le Japon, de l'autre des pays en développement, situés dans leur sphère d'influence (pourtour méditerranéen, Amérique centrale, Asie du Sud-Est) mais aussi plus lointains (UE-Mexique en 2000, États-Unis-Maroc en 2004, Japon-Suisse en 2009). Ils sont de manière croissante Sud-Sud, sous l'impulsion de pays émergents comme le Chili, le Mexique ou la Turquie mais aussi du fait d'un fort accroissement du régionalisme en Asie.

En parallèle à ce développement des accords bilatéraux, les deux dernières décennies ont vu émerger des grands projets d'accords « méga-régionaux ». L'ASEAN a conclu, entre 2010 et 2015, des accords avec 6 grands pays (Chine, Japon, Corée du Sud, Inde, Australie, Nouvelle-Zélande) pour instaurer un libre-échange des biens et des services, ASEAN+ 6. Le partenariat transpacifique, signé en 2016 par 12 pays, vise une plus grande intégration des régions Asie-Pacifique et Amérique et devient la plus grande zone de libre-échange dans le monde. Mais le Président américain, Donald Trump, a dénoncé l'accord pour les États-Unis dès janvier 2017. L'Union européenne est de son côté engagée dans deux grands projets : l'un avec le Canada (le *Comprehensive Economic and Trade Agreement*, CETA) a été signé en 2016, l'autre, le *Trans-Atlantic Free Trade Area* (TAFTA) en négociation avec les États-Unis est aujourd'hui dans l'impasse.

■ **Un « nouveau régionalisme »**

Toutefois, si l'expression de « nouveau régionalisme » (Ethier, « *The New Regionalism* », 1998 ; Echinard, Guilhot, « *Le "nouveau régionalisme" : de quoi parlons-nous ?* », 2007) s'est imposée pour qualifier cette vague récente, c'est surtout parce qu'à ce renouveau quantitatif s'est ajouté un renouveau qualitatif. Si les zones de libre-échange représentent les trois quarts des ACR, beaucoup s'inscrivent dans une logique d'intégration profonde. En témoigne l'accroissement du champ d'application des accords : loin d'affecter uniquement les droits de douane sur les marchandises, nombreux sont ceux qui contiennent des dispositions relatives aux services, à la propriété intellectuelle ou aux obstacles techniques au commerce (OTC). En cela, ils sont en phase avec les progrès du multilatéralisme puisque ces sujets sont couverts par des accords OMC, notamment l'Accord général sur le commerce des services (AGCS) et celui sur les Aspects des droits de propriété intellectuelle qui touchent au commerce (ADPIC). Mais d'une part, certains incluent également des domaines qui ne sont pas visés par les accords de l'OMC voire sont exclus du champ des négociations multilatérales, comme la politique de la concurrence, les normes de travail et d'environnement, les mouvements de capitaux, ou encore la question des visas et de l'asile. D'autre part, les engagements sont souvent plus importants et plus contraignants dans certains domaines traités par l'OMC mais sur lesquels les négociations n'avancent pas, comme les marchés publics ou les investissements. Certes, ces constats ne sont pas valables pour l'ensemble des ACR, dont certains demeurent des coquilles vides, mais un nombre croissant s'inscrivent dans cette logique, y compris parmi les accords bilatéraux.

Tableau 1 – Nombre d'accords incorporant des « nouveaux » sujets
(en nombre et en pourcentage des accords, en 2015, sur 273 accords en vigueur)

Travail	Environnement	Investissement	Achats publics	Régulation domestique	Concurrence
41	62	117	111	94	134
15 %	23 %	43 %	41 %	34 %	49 %

Source : Jean-Marc Siroën, « Les accords commerciaux régionaux », *Écoflash* n° 299, juin 2015.

2. – Les explications du régionalisme

Dans certaines configurations historiques, des motifs politiques ont pu influencer la conclusion d'accords commerciaux régionaux. Dans le cas des États-Unis (avant la signature de la Constitution) ou de l'Allemagne (avec le *Zollverein*), ceux-ci ont ainsi constitué un préalable à l'unification nationale. De même, dans l'esprit de ses fondateurs, la formation de la Communauté européenne devait favoriser le rapprochement politique entre ses membres, voire préparer une intégration fédérale. Quant à la création de l'Asean en 1967, elle découlait notamment de la volonté des gouvernements des cinq pays fondateurs (Indonésie, Malaisie, Thaïlande, Singapour, Philippines) de se prémunir contre la menace communiste.

Si des facteurs géopolitiques continuent à jouer aujourd'hui, le récent renouveau du régionalisme procède toutefois plus de raisons économiques et stratégiques. Nourri par la concurrence entre pays pour l'accès aux marchés, il apparaît également lié au blocage des négociations multilatérales et aux demandes croissantes d'intégration profonde des États comme des acteurs privés.

a. — Une dynamique de « libéralisation compétitive »

Les théories traditionnelles se sont surtout intéressées à l'intégration superficielle. La motivation principale qu'elles mettent en avant est ainsi logiquement l'accès préférentiel aux marchés conféré par la réduction des tarifs douaniers. Selon Baldwin (« *The domino theory of regionalism* », 1995), la compétition commerciale entre pays peut par la suite générer un « effet dominos » : perdant des parts de marché, les pays non signataires peuvent être incités à rejoindre un ACR existant ou à en conclure d'autres. Cette logique compétitive semble avoir contribué à la multiplication des accords commerciaux bilatéraux dans les années 1860 après l'impulsion initiale donnée par la signature du traité Cobden-Chevalier. Elle fournit aussi une explication aux élargissements successifs de l'UE.

Dans le contexte contemporain, l'importance du motif douanier est plus discutable. En effet, grâce notamment aux cycles de négociations du GATT, les droits ont considérablement baissé : en 2009, ils n'étaient plus en moyenne que de 4 %. En outre, si cette moyenne cache des différences significatives entre pays et surtout entre produits, notamment des crêtes tarifaires dans les « secteurs sensibles », la majorité de ces crêtes demeurent dans le cadre des ACR, qui n'instaurent donc pas de préférences dans ces domaines.

Toutefois, l'accès au marché n'est pas qu'une question de droits de douane et la logique de l'« effet dominos » a pu aussi jouer pour l'accès à d'autres avantages, en matière d'investissement ou d'obstacles techniques au commerce par exemple. De fait, la multiplication des accords bilatéraux Nord-Sud s'explique en partie par le fait que certains grands pays ont joué de l'attraction de leur marché pour mettre en concurrence leurs partenaires commerciaux et obtenir en échange des concessions. L'administration américaine a clairement théorisé cette politique et l'UE et certains grands pays émergents ont suivi la même logique. Mais s'ils ont en partie orchestré cette « libéralisation compétitive » selon l'expression de Fred Bergsten (« *Competitive liberalization and global free trade* », 1996), ils ont aussi été pris dans sa dynamique, chacun surveillant les avancées de l'autre et cherchant à répondre par d'autres ouvertures. Cette logique concurrentielle peut d'ailleurs expliquer également la multiplication récente des annonces de projets d'envergure, chacun cherchant à impressionner l'autre et à peser dans les négociations.

b. — Une alternative à la libéralisation multilatérale

Le projet de libéralisation multilatérale dans le cadre du GATT et de l'OMC paraît d'ailleurs lui aussi intégré dans cette dynamique. De la même manière qu'au début des années 1990, la signature de l'Alena et le lancement de l'Apec (Asia-Pacific Economic Cooperation) avaient constitué un argument pour les États-Unis pour presser à l'aboutissement de l'Uruguay Round, le recours croissant aux accords bilatéraux au début des années 2000 a pu être interprété comme un moyen de pousser à la conclusion du cycle de Doha. Aujourd'hui toutefois, les ACR semblent de plus en plus une alternative permettant de pallier le blocage des négociations commerciales multilatérales.

Au-delà des oppositions sur certains dossiers comme l'agriculture ou les services, celui-ci a en effet des causes plus structurelles. En premier lieu, la clause de la nation la plus favorisée (NPF), si elle constitue un puissant accélérateur de l'ouverture, a aussi certains effets pervers. Les États-Unis par exemple peuvent être d'accord pour ouvrir leur marché à un pays de faible poids économique comme le Népal mais être réticents à le faire dans le cadre de l'OMC car la clause NPF les oblige à étendre cette ouverture à l'ensemble des membres, transformant une mesure bénigne en mesure d'envergure. Par ailleurs, la clause NPF encourage les comportements de « *free riding* » de la part des petits pays qui peuvent être tentés de profiter des accords conclus entre grands pays sans accorder de concessions équivalentes. Les accords commerciaux préférentiels, dont les conséquences sont moins massives et qui permettent de mieux contrôler la réciprocité, peuvent ainsi constituer une voie plus lente mais plus sûre vers la libéralisation. 31 ACPr existent ainsi en 2017 visant à octroyer des préférences commerciales à certains États seulement. D'autre part, la règle de l'unanimité, si elle a toujours été contraignante, l'est d'autant plus aujourd'hui que le nombre de membres est plus élevé (164 en 2017) et que le co-leadership traditionnel des États-Unis et de l'UE est contesté par les pays émergents. En outre, le fait que les négociations portent de plus en plus sur les barrières « au-delà des frontières », comme les dispositifs règlementaires, les rend à la fois plus techniques et plus sensibles : la logique de marchandage qui prévalait au temps du GATT fonctionne moins bien et les États sont réticents à abandonner des pans de leur souveraineté. Ce n'est ainsi pas un hasard si de nombreux ACR incluent des dispositions sur des thèmes sur lesquels les négociations ont achoppé à l'OMC (investissements, marchés publics voire normes de travail).

c. — *Des demandes d'intégration profonde*

Mais si ces thèmes sont inclus dans les ACR, c'est aussi qu'ils répondent à une demande qui vient à la fois des entreprises et des États pressés par leurs sociétés civiles.

Le recours croissant des entreprises à la DIPP paraît notamment générer des pressions en faveur de l'harmonisation règlementaire. Les différences entre les cadres juridiques des pays dans des domaines comme les normes de produits, la propriété intellectuelle ou la protection des investissements génèrent en effet des risques et des coûts additionnels pour les entreprises qui recourent au partage de la production, créant une demande d'accords profonds pour sécuriser ces activités. Le caractère évolutif des accords commerciaux en Asie de l'Est, où le partage international de la production occupe une place importante et croissante, illustre le lien existant entre les réseaux de production et l'intégration profonde. Si la fragmentation de la production s'y est d'abord développée dans le cadre d'une intégration économique *de facto*, la région s'est orientée progressivement vers des engagements approfondis : l'Asean s'est notamment dotée d'un accord sur les services et la propriété intellectuelle en 1995 et d'un autre sur la reconnaissance mutuelle des normes en 1998, et le Japon a signé des accords profonds avec la Malaisie, l'Indonésie, la Thaïlande et le Viêtnam.

Mais l'extension des domaines d'application des accords répond également aux préoccupations des États, mis en concurrence par la libéralisation des capitaux. Les opinions publiques des pays du Nord craignent ainsi, parfois avec raison, que des pratiques déloyales viennent fausser la compétition et générer des externalités négatives. À l'OMC, la promotion de nouvelles « règles de loyauté » sanitaires, environnementales ou sociales s'est heurtée à l'opposition des PED qui y voient une forme dissimulée de protectionnisme. Dans le cadre des ACR Nord-Sud, certaines formes de régulation visant à éviter une course au moins disant et rendant donc l'ouverture plus « acceptable » ont été mises en place (« Charte sociale » européenne, annexes sur l'environnement et les normes de travail dans l'Alena). Enfin, les oppositions très fortes au projet de traité de libre-échange transatlantique (TAFTA) montrent que même entre pays développés, les négociations peuvent être très complexes dès lors qu'elles portent sur des sujets qui engagent les modèles économiques, sociaux ou juridiques des États (rôle des tribunaux d'arbitrage dans les litiges par exemple).

3. – Les effets du régionalisme

Le régionalisme a souvent été l'objet de critiques de la part des économistes. Considérés au mieux comme une option de second rang par rapport à l'optimum que représente le libre-échange généralisé, les ACR ont été accusés de générer des détournements d'échange nuisibles au bien-être, d'encourager des politiques commerciales non coopératives et de perturber le système multilatéral. Le jugement est aujourd'hui plus nuancé : les effets sur le commerce apparaissent faibles et plutôt positifs et l'impact sur le multilatéralisme est ambivalent.

a. — La question des « effets de détournement »

■ L'analyse théorique des effets sur le commerce

La théorie développée par Jacob Viner dans les années 1950 (*The Customs union issue*, 1950) fonde l'analyse économique de la libéralisation préférentielle. Elle identifie deux effets principaux de sens opposé. Comme les tarifs douaniers diminuent au sein de la zone, une partie de la production intérieure est remplacée par les importations en provenance des producteurs les plus efficients de la zone, ce qui génère une création d'échanges et des gains de bien-être. Mais la discrimination introduite par l'ACR induit aussi un détournement d'échanges : les importations en provenance des partenaires remplacent en effet aussi en partie des importations en provenance de pays tiers plus efficients. Nuisible internationalement, ce détournement l'est aussi aux pays membres qui se retrouvent à payer plus cher le même produit ; s'il est supérieur à la création, l'ACR a même un impact négatif sur le bien-être de la zone. Pour certains auteurs, ce dernier cas est d'ailleurs le plus probable car les gouvernements sont influencés par les lobbys de producteurs qui peuvent tirer parti du détournement d'échanges.

D'autres travaux théoriques ont toutefois nuancé, voire amendé, la perspective de Viner. Dans le cadre de la nouvelle théorie du commerce international, la formation d'un ACR est susceptible d'engendrer d'autres effets favorables au bien-être : économies d'échelle réalisées grâce à l'accroissement de la taille des marchés, hausse de la variété des produits finis ou intermédiaires, économies d'agglomération permises par la baisse des coûts de transport. En outre, si la zone régionale connaît une croissance plus forte, ses importations en provenance des pays tiers s'accroîtront.

■ Des effets réels limités

Les tentatives d'évaluation empiriques des effets de détournement ou de création de trafic s'avèrent délicates. Une première approche consiste à simuler les effets d'un traité commercial à partir d'un modèle macroéconomique. C'est la méthode la plus souvent choisie pour évaluer ex ante les effets d'un accord, mais les résultats sont extrêmement sensibles aux paramètres et hypothèses du modèle et les résultats dépendent souvent de ce que les auteurs de l'analyse attendent. Une seconde approche cherche à étudier les conséquences ex post d'un accord. Elle repose sur l'utilisation des modèles de gravitation *(cf. supra)*, qui déterminent les échanges entre les pays en fonction de leur PIB et leur distance. Là encore, les résultats dépendent nettement des paramètres et des variables utilisées. Selon Jean-Marc Siroën (« Les accords commerciaux régionaux », Écoflash n° 299, 2015), un certain nombre de résultats robustes peuvent être cependant constatés.

- « Les traités commerciaux contribuent généralement à augmenter le commerce à l'intérieur de la zone avant et après la mise en place de l'accord ;
- les effets sur le commerce sont plus importants pour les traités qui sont régionaux et qui réunissent des pays proches et grands ;
- ces effets varient avec la nature du commerce : les unions douanières (comme l'Union européenne) plus que les accords de libre-échange (Aléna, Asean) et, eux-mêmes, davantage que les accords de préférence ;
- les effets varient également avec le contenu des accords. Ceux qui incluent un plus grand nombre de sujets ou qui vont dans le sens d'une « intégration profonde » ont plus d'effets favorables sur le commerce bilatéral. »

Figure 4 - Part des exportations intra-zone dans les exportations totales de la zone

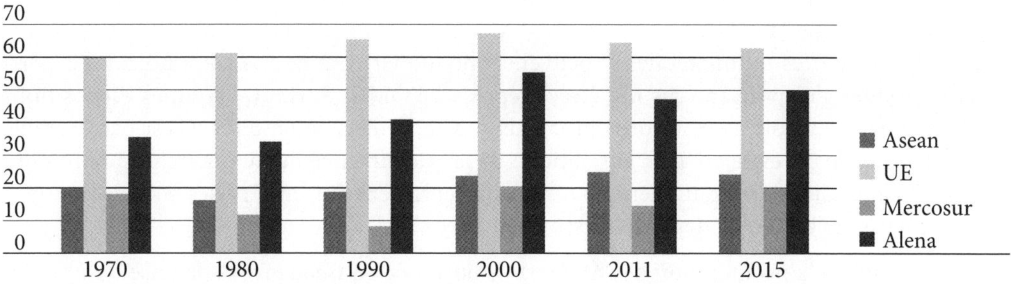

Source : Jean-Marc Siroën, *La régionalisation de l'économie mondiale*, 2004 et OMC - www.wto.org

b. — La question des « blocs régionaux »

Une autre crainte des économistes est que les ACR conduisent à la constitution de grands blocs « forteresses » susceptibles d'influencer le niveau des prix mondiaux et donc de se comporter en prédateurs vis-à-vis du reste du monde. Comme le montre en effet la théorie du tarif optimal, si la zone est suffisamment grande pour influencer le marché mondial, une hausse de son tarif douanier peut améliorer sa situation : la chute de ses importations fait en effet baisser le prix mondial, ce qui améliore ses termes de l'échange au détriment des autres pays. Ces derniers peuvent aussi réagir en formant eux-mêmes une union douanière et en adoptant la même politique de tarif optimum : on se retrouve alors dans une situation de guerre commerciale conduisant à un équilibre de type « dilemme du prisonnier » où la situation des deux zones se dégrade.

C'est une configuration de ce type qui s'était mise en place au cours des années 1930 et c'est pour éviter qu'elle se reproduise que le système commercial multilatéral construit après la Seconde Guerre mondiale a été fondé sur le principe de la non-discrimination. Si les ACR sont tolérés, l'article XXIV du GATT précise d'ailleurs que « *l'établissement d'une Union douanière ou d'une zone de libre-échange doit avoir pour objet de faciliter le commerce entre les territoires constitutifs et non d'opposer des obstacles au commerce d'autres parties contractantes avec ces territoires* ». Cela n'a certes pas empêché la constitution, dans les années 1960, notamment en Amérique latine, d'unions régionales à vocation de forteresse, en phase avec les stratégies d'industrialisation par substitution aux importations. Mais ce n'est plus aujourd'hui la logique qui prévaut : plus ouverts que la moyenne des pays, les grands blocs comme l'UE ou l'Alena n'ont pas un comportement prédateur. La politique agricole de l'UE et des États-Unis peut certes être considérée comme faussant la concurrence mais, fondée sur les subventions, elle n'a pas pour but d'améliorer les termes de l'échange et procède non de la situation de bloc « monopolistique » mais de l'influence des groupes d'intérêt nationaux.

c. — Le régionalisme et le système commercial multilatéral

Même si les ACR sont tolérés par l'OMC et que leurs supposés effets négatifs n'apparaissent guère vérifiés, la logique discriminatoire qui les fonde est souvent dénoncée comme un élément qui mine le système commercial multilatéral, certains auteurs considérant que leur multiplication depuis les années 1990 constitue la principale cause du blocage des négociations internationales.

Là encore, ce jugement négatif est à relativiser. Tout d'abord, on l'a vu, les difficultés de l'OMC répondent d'abord à des carences internes. Ensuite, régionalisme et multilatéralisme ne sont pas toujours contradictoires. Dans certains cas (Mexique, pays d'Europe de l'Est), l'adhésion au GATT ou à l'OMC a ainsi formalisé le ralliement au libre-échangisme et préparé l'intégration dans des ACR. Inversement, certains accords, comme l'APEC, ont pour fonction explicite de favoriser la mise en œuvre des règles multilatérales, d'autres, comme l'Alena, reproduisent les structures multilatérales et peuvent fonctionner comme des laboratoires d'expérimentation de règles pouvant ensuite être intégrées à l'OMC. Surtout, certaines dispositions contenues dans les nouveaux accords profonds sont non discriminatoires. C'est par exemple souvent le cas de celles relatives à la politique de la concurrence ou aux marchés publics qui prévoient l'application du traitement national non seulement aux entreprises de la zone régionale mais aussi à l'ensemble des entreprises étrangères.

Cependant, si la prolifération des ACR est d'abord une conséquence de la crise du multilatéralisme, elle a aussi des effets pervers qui tendent à l'aggraver : d'une part, le chevauchement des différents accords est susceptible de créer ce que Jagdish Bhagwati a appelé un « bol de spaghetti » réglementaire (« *Reshaping the WTO* », 2005), générant des coûts de transaction et de coordination supplémentaires ; d'autre part, le bilatéralisme favorise une logique du rapport de force, néfaste aux pays les plus pauvres.

B GOUVERNANCE ET RÉGULATION DE LA MONDIALISATION

Les difficultés du multilatéralisme commercial constituent une illustration parmi d'autres du défi que représente la régulation de la mondialisation. En l'absence de gouvernement mondial imposant son autorité souveraine à la manière de l'État au niveau national, l'action collective internationale ne peut se développer que sous la forme de coopérations et d'arrangements formels ou informels entre les différents acteurs, ce qu'on a pris l'habitude de nommer, depuis les années 1980, la gouvernance. Si elle n'est pas nouvelle, celle-ci s'est enrichie et complexifiée avec l'interdépendance accrue qui résulte de l'expansion des échanges, économiques mais aussi humains et culturels. Elle apparaît toutefois encore insuffisante au regard des besoins de régulation croissants, dans un contexte d'évolution de l'équilibre des pouvoirs.

1. – La gouvernance d'hier à aujourd'hui

Le terme de gouvernance n'a pris son sens moderne qu'au cours des années 1990, dans le contexte de la fin de la guerre froide. C'est la *Commission on Global Governance*, créée en 1992 par l'ancien chancelier allemand Willy Brandt, qui l'a appliqué à l'échelle mondiale, la définissant comme « *la somme des différentes façons dont les individus et les institutions, publics et privés, gèrent leurs affaires communes. [...] Elle inclut les institutions officielles et les régimes dotés de pouvoirs exécutoires tout aussi bien que les arrangements informels sur lesquels les peuples et les institutions sont tombés d'accord ou qu'ils perçoivent être de leur intérêt* ».

Les réalités que le concept désigne lui ont toutefois largement préexisté, l'action collective internationale ayant connu un développement parallèle à l'expansion des échanges entre nations. Après une phase de repli au cours des années 1980-1990, l'heure paraît à nouveau au renforcement de la régulation, mais sous une forme nouvelle, la gouvernance impliquant désormais une pluralité d'acteurs.

a. — La construction progressive d'une gouvernance mondiale depuis le XIXe siècle

Au cours du XIXe siècle, la gouvernance a essentiellement pris la forme traditionnelle de la diplomatie interétatique. Le traité de Vienne de 1815 a notamment défini un équilibre entre puissances qui a participé au maintien d'une relative stabilité jusqu'en 1914. Sur le plan économique, si le bilatéralisme a caractérisé les relations commerciales entre États, la seconde moitié du siècle a toutefois été marquée par la création d'unions publiques internationales qui ont contribué au développement des infrastructures et à une relative harmonisation des normes techniques : Union télégraphique internationale (1865), Union postale universelle (1874), Union internationale pour la protection de la propriété industrielle (1883), Union internationale pour le transport des marchandises par le chemin de fer (1884-1890).

Ce processus d'institutionnalisation prend une nouvelle dimension avec la création en 1919 de la Société des Nations (SDN), organisation intergouvernementale de compétence générale dotée d'organes permanents dont la vocation est notamment de garantir la pérennité de la paix. Non ratifiée par le Congrès des États-Unis, celle-ci n'est toutefois pas parvenue à se substituer aux arrangements informels entre États et s'est révélée impuissante à endiguer la dynamique de fragmentation et de confrontation des années 1930.

Le système qui se met en place au lendemain de la Seconde Guerre mondiale est d'une tout autre ampleur. Visant à éviter la répétition des errements précédents, il s'appuie sur deux groupes d'institutions internationales. Créées sous l'impulsion des États-Unis, nouvelle puissance dominante, les institutions de Bretton Woods (FMI, Banque mondiale, accords du GATT) promeuvent un « libéralisme enchâssé », selon l'expression de John Ruggie (« *International regimes, transactions and change, embedded liberalism in the postwar economic order* », 1982), permettant la combinaison entre la réouverture progressive des économies et le maintien de politiques interventionnistes des États. Parallèlement, les institutions spécialisées créées au sein du système des Nations unies – Organisation internationale du travail (OIT, qui avait été créée en 1919), Organisation des Nations unies pour l'alimentation et l'agriculture (FAO, 1945), Organisation des Nations unies pour l'éducation, la science et la culture (UNESCO, 1945), Organisation mondiale de la santé (OMS, 1946), Programme des Nations unies pour le développement (PNUD, 1966)... – organisent la coopération économique internationale.

b. — Les évolutions depuis les années 1970

■ De l'ère néolibérale...

La phase ouverte en 1944, marquée par une assez forte régulation, prend fin avec l'effondrement du système de Bretton Woods en 1971 et, après une période de transition, la gouvernance mondiale entre à partir de la fin des années 1970 dans une ère néolibérale. Les politiques promues par les organisations internationales (FMI, Banque mondiale, OMC) et mises en œuvre par les États visent à instaurer un nouvel ordre mondial fondé sur le marché, via un libre-échange généralisé et une parfaite mobilité des capitaux, et organisent un recul de la régulation publique nationale et internationale. Les politiques d'ajustement structurel imposées aux pays en développement et le consensus de Washington qui les inspire incarnent notamment cette période.

Certes, parallèlement à ce mouvement de libéralisation, de nouvelles formes de coopération et de régulation se sont développées. Créé en 1975 à la suite des bouleversements causés par l'effondrement du système de Bretton Woods et le premier choc pétrolier, le G7 réunit ainsi régulièrement les chefs d'État ou les ministres des Finances des sept pays les plus industrialisés

(Allemagne, Canada, États-Unis, France, Italie, Japon, Royaume-Uni). Mais s'il a contribué à la stabilisation des changes au milieu des années 1980, il n'a pas permis une véritable coordination des politiques économiques et est demeuré « un club de riches » aux yeux des PED.

■ ...à sa crise

Depuis la fin des années 1990, la conception « néolibérale » de la mondialisation est toutefois l'objet de contestations croissantes dont le mouvement altermondialiste et ses manifestations lors des conférences ou sommets internationaux (depuis la conférence de l'OMC à Seattle en 1999) constituent la forme la plus visible mais non exclusive. D'un côté, comme en témoigne l'impasse du cycle de Doha, les pays du Sud, s'ils se sont majoritairement ralliés aux stratégies de développement extraverties, font preuve de réticence à l'égard de nouvelles avancées de la libéralisation multilatérale susceptibles de les priver d'outils qui ont été essentiels dans la réussite de certains « champions » actuels de la mondialisation. Comme le souligne notamment Dani Rodrik (« *Growth strategies* », 2005), les pays qui ont le plus tiré parti de celles-ci (Corée du Sud, Chine, Inde...) ont en effet suivi des voies hétérodoxes, usant des armes du protectionnisme sélectif, de la politique industrielle ou encore de la politique de change. De l'autre côté, les opinions publiques des pays du Nord sont de plus en plus sceptiques à l'égard d'un processus dont ils perçoivent moins les bienfaits que les effets pervers en termes de pertes d'emploi, de détérioration des statuts sociaux ou de progression des inégalités.

Les crises de diverse nature qu'a connues le monde au cours de la première décennie du XXIe siècle ont tendu à donner raison à ces critiques de la conception « néolibérale » de la mondialisation, en révélant les insuffisances de la gouvernance mondiale : crise sécuritaire symbolisée par les attaques du 11 Septembre puis les invasions de l'Afghanistan et de l'Irak ; crise environnementale révélée par une série de rapports sur le changement climatique et l'effritement de la biodiversité ; crises sanitaires avec les pandémies H5N1 et H1N1 ; crise économique et financière en 2008 enfin, questionnant la globalisation financière.

À la suite de cette dernière, une nouvelle phase de renforcement de la régulation semble s'être ouverte. L'accroissement du rôle du G20 en constitue un des symboles. Créé en 1999 à la suite de la crise asiatique, celui-ci associe aux pays du G7, l'Union européenne, l'Australie, mais surtout les BRICS (Brésil, Russie, Inde, Chine, Afrique du Sud) et quelques autres pays émergents (Arabie saoudite, Argentine, Corée du Sud, Indonésie, Mexique, Turquie). Ensemble, ses membres représentent ainsi environ les deux tiers de la population du monde et 90 % de sa richesse. Réunissant à l'origine les ministres des Finances et les présidents des banques centrales, il est depuis 2008 organisé également au niveau des chefs d'État et s'est fixé un programme ambitieux en matière de régulation financière et de coopération économique.

■ La montée en puissance de nouveaux acteurs

Parallèlement à ces fluctuations de l'intervention publique, certains acteurs privés ont acquis une importance croissante dans la gouvernance mondiale au cours des dernières décennies.

C'est le cas en particulier des FMN qui exercent une influence croissante sur la définition des normes internationales, devenue pour elle un enjeu stratégique majeur avec la mondialisation des processus productifs. Déployant une intense activité de lobbying auprès des États et au sein des organisations internationales comme l'OMC ou l'OMS, elles sont également des actrices majeures de la standardisation à travers leurs organisations professionnelles. C'est le cas par exemple dans le secteur informatique où l'OASIS (Organization for the Advancement of Structural Information Standards) et l'ECMA (European Computer Manufacturers Association, devenue en 1994

European association for standardizing information and communication systems) définissent des standards qui sont ensuite acceptés par l'ensemble des entreprises puis entérinés par les États et les institutions internationales concernées. De même, l'IASB (International Accounting Standards Board) a joué un rôle moteur dans l'adoption par les autorités publiques, et notamment par l'Union européenne en 2005, de nouvelles normes comptables valorisant les actifs des entreprises à leur valeur de marché.

Ce poids croissant des FMN a été en partie contrebalancé par celui, également en progression, des organisations non gouvernementales (ONG) de défense des causes. Les ONG environnementales (Greenpeace, World Wide Fund for Nature (WWF), Friends of the Earth...) sont sans doute les plus emblématiques de ce mouvement : elles ont fortement contribué à la prise de conscience mondiale des dérèglements climatiques et constituent, depuis le sommet de la Terre de Rio en 1992, des acteurs importants des conférences internationales sur le sujet. Mais d'autres ONG spécialisées comme Amnesty International dans le domaine politique, ou Oxfam, dont la vocation est la lutte contre la pauvreté, dans le domaine économique, ont également vu leur audience et leur influence croître depuis les années 1990. Dotées de leurs propres experts, elles mènent à la fois des actions militantes de sensibilisation de l'opinion et des activités de contre-lobbying. Créée en 2010, Finance Watch s'est par exemple donné pour but de contrer l'influence du lobby financier. Mais si beaucoup s'opposent aux FMN, certaines collaborent parfois aussi avec elles, par exemple dans la promotion et le contrôle des engagements qualitatifs ou sociaux pris dans le cadre des pratiques de responsabilité sociale des entreprises (RSE). De même, nombre d'entre elles sont associées aux négociations au sein des institutions internationales.

Prenant en compte le rôle de ces acteurs privés, auxquels on peut adjoindre universités et fondations philanthropiques, certains auteurs considèrent ainsi que l'action collective traditionnelle entre États serait en train de se muer en une action « hypercollective » (Severino et Ray, « *The birth of hypercollective action* », 2010) complexe mêlant confrontation et coopération.

2. – Défis et perspectives de la gouvernance mondiale

Si une nouvelle phase de renforcement de la gouvernance s'est ouverte après la crise de 2008, les avancées concrètes demeurent pour l'instant modestes. Sur plusieurs dossiers à l'agenda du G20 (stabilisation des marchés de matières premières, rééquilibrage des balances des paiements, politiques de change...), peu de résultats tangibles ont ainsi été enregistrés. Parallèlement, les négociations commerciales multilatérales sont toujours dans l'impasse et les derniers sommets environnementaux (conférences sur le climat, sommet Rio + 20 sur le développement durable) n'ont pas débouché sur des engagements contraignants. S'il est trop tôt pour conclure à l'échec, il est possible de réfléchir aux problèmes structurels qui compliquent la tâche des acteurs de la gouvernance mondiale : dilemme représentativité/efficacité, concurrence des modèles ou encore articulation et hiérarchisation entre les différents enjeux.

a. — Un dilemme représentativité/efficacité

Une première source de blocage tient au manque de légitimité des instances de gouvernance, confrontées à la tension entre représentativité et efficacité. D'un côté, la répartition du pouvoir au sein de certaines institutions apparaît en décalage avec les nouveaux rapports de force internationaux résultant de la montée en puissance des pays émergents. Alors que le monde en développement a dépassé la moitié du PIB mondial en parité de pouvoir d'achat, elles peinent à se défaire d'une image de « club de pays riches ». Des évolutions significatives sont toutefois intervenues au cours des dernières années : le G20 a vu son rôle renforcé, le Brésilien Roberto de Azevêdo devient directeur général de l'OMC en septembre 2013, et une réforme des quotes-parts a augmenté le pourcentage de voix attribuées aux pays en développement au sein du FMI et de la Banque mondiale, principales cibles de ce procès.

Mais le souci de représentativité peut aussi mener certaines institutions à perdre en légitimité par manque d'efficacité dans la gestion de leur mandat. La règle de l'unanimité qui prévaut à l'OMC comme au sein de l'ONU et de ses agences spécialisées apparaît ainsi comme une contrainte forte pesant sur la prise de décision, qui peut conduire les États à opter pour des voies alternatives comme le régionalisme ou le bilatéralisme. Pour être reconnues comme des instances pertinentes de gestion des grandes questions collectives, les instances de gouvernance internationale doivent donc trouver la bonne combinaison entre efficacité et représentativité.

b. — Des modèles concurrents

Un autre facteur qui peut expliquer la lenteur des progrès réalisés est la coexistence de traditions politiques différentes et donc de modèles de gouvernance concurrents. Avant même que soient abordés le fond des sujets, une part importante des discussions porte ainsi sur les modalités de la délibération collective. De fortes différences de conception opposent notamment l'Europe et les États-Unis, qui ont jusqu'ici été les deux grands piliers de la gouvernance mondiale. Schématiquement, les Européens sont plutôt favorables à un modèle structuré et centralisé de type « gouvernement mondial » : pour eux, la coordination ne peut progresser qu'à travers le renforcement de l'autorité centrale du système international et l'émergence de valeurs communes. À l'opposé de cette vision institutionnaliste, de nombreux Américains adhérent à un système moins formalisé et plus parcellaire dans lequel différents acteurs – publics et privés – passent entre eux des contrats bilatéraux et circonscrits. Comme l'illustre sa stratégie dans les négociations commerciales depuis les années 1990 (*cf. supra*), l'administration étatsunienne ne voit dans le système multilatéral que l'une des options pour résoudre un problème donné. Les compromis instables sur la définition du cadre de l'action commune qui sont la conséquence de ces différences culturelles sont en outre amenés à être modifiés par l'affirmation croissante de nouvelles puissances comme la Chine, l'Inde ou le Brésil. Intéressées par les grands enjeux globaux et désireuses d'investir activement les instances de gouvernance existantes, celles-ci semblent simultanément partager un attachement fort au principe de souveraineté.

Dans ce contexte et compte tenu du rôle croissant des acteurs privés, l'avenir de la gouvernance paraît passer par la capacité à faire cohabiter des modes centralisés et décentralisés de prise de décision. Le processus de lutte contre le réchauffement climatique illustre bien cette nécessaire combinaison : ONG, entreprises et centres de recherche portent une partie de l'agenda et jouent un rôle clé dans la prise de conscience collective et la mise en place d'opérations concrètes. Mais l'engagement des États est également indispensable pour établir des normes communes dans le cadre de négociations internationales ou mettre en place des politiques publiques nationales.

c. — Des enjeux à articuler et à hiérarchiser

Un troisième problème tient à la multiplicité des enjeux et à leur nécessaire mais difficile articulation. Les questions commerciales et financières entretiennent en effet des liens forts avec les problématiques environnementales, sanitaires, sociales ou culturelles. Or, d'une part le système construit à partir de 1945 est un système de « gouvernance en silos », basé sur des institutions spécialisées dans différents domaines ; d'autre part, certaines instances possèdent un pouvoir supérieur, ce qui dessine une hiérarchie implicite des normes. En l'occurrence, FMI, Banque mondiale et OMC dont les objectifs sont essentiellement marchands et financiers ont un poids plus fort que les organisations rattachées au système de l'ONU comme l'OIT, l'OMS ou l'UNESCO. Qui plus est, certaines questions touchant à la santé comme celle des médicaments génériques, mais aussi à l'environnement ou à la culture, sont principalement négociées à l'OMC dont la compétence et la pertinence pour réguler ces secteurs est discutable. Si l'utilisation des normes sociales, sanitaires ou environnementales comme barrières protectionnistes constitue une réalité, il paraît en effet excessif de les juger uniquement selon le critère de leur conformité aux principes du libre-échange.

Selon de nombreux auteurs, cette absence de prise en compte de considérations autres que commerciales constitue une des raisons des réticences croissantes. Ils plaident soit pour un rééquilibrage du pouvoir entre les différentes instances de la gouvernance mondiale, soit, comme Dani Rodrik, pour l'accroissement de l'espace public permettant de débattre de la hiérarchie des objectifs (« *How to save globalization from its cheerleaders* », 2007) Partant de l'exemple de l'accord de l'OMC sur les sauvegardes (article XIX), qui permet à un pays de réimposer des barrières douanières ou des restrictions quantitatives quand des importations peuvent provoquer un dommage sérieux à une industrie nationale, il propose un « accord sur les sauvegardes sociales ou environnementales ». Celui-ci permettrait de prendre des mesures protectionnistes en cas de contradiction entre des transactions économiques internationales et certaines valeurs fondamentales, mais seulement à l'issue d'un débat contradictoire où pourraient aussi s'exprimer les partisans de ces transactions.

Au-delà de cet exemple, le renforcement de la gouvernance mondiale paraît ainsi passer également par l'instauration de nouvelles formes d'expression démocratique.

CHRONOLOGIE

1776. — Adam Smith, *Recherches sur la nature et les causes de la richesse des nations.*
1815. — Vote d'une nouvelle loi sur les blés au Royaume-Uni.
1817. — David Ricardo, *Principes de l'économie politique et de l'impôt.*
1834. — Union douanière des États allemands (*Zollverein*).
1840-1842. — Première guerre de l'opium entre la Chine et le Royaume-Uni, conclue par le traité de Nankin.
1842. — Fin au Royaume-Uni des restrictions datant de 1774 sur l'exportation des machines.
1842. — List, *Système national d'économie politique.*
1845. — Fin de la préférence impériale britannique.
1846. — Abrogation des *Corn Laws* au Royaume-Uni.
1849. — Abrogation au Royaume-Uni des « Actes de Navigation » datant de 1651.
1851. — Mise en service de la première liaison télégraphique sous-marine, entre la Grande-Bretagne et la France.
1853. — Ultimatum des États-Unis à l'adresse du Japon pour l'obliger à ouvrir son économie.
1856-1860. — Deuxième guerre de l'opium entre la Chine et une coalition occidentale.
1860. — Traité de commerce Cobden-Chevalier entre le Royaume-Uni et la France.
1869. — Ouverture du canal de Suez.
1891. — Mise en place du tarif douanier dit « tarif Mendeleïev » en Russie.
1892. — Mise en place du tarif douanier dit « tarif Méline » en France.
1919. — Heckscher, « *The effect of foreign trade on the distribution of income* ».
1919. — Création de la Société des Nations (SDN).
1921. — Première loi sur les quotas d'immigrants aux États-Unis.
1930. — Tarif douanier Hawley-Smoot aux États-Unis.
1933. — Échec de la Conférence de Londres sur la lutte coordonnée contre les difficultés économiques.
1933. — Ohlin, « *Interregional and international trade* ».
1944. — Accords de Bretton Woods sur le système monétaire international.
1945. — Création de l'Organisation des Nations unies (ONU).
1947. — Accord général sur les tarifs douaniers et le commerce (GATT).
1957. — Traité de Rome instituant la Communauté économique européenne (CEE).
1974. — Accord multifibres destiné à protéger l'industrie textile des pays du Nord de la concurrence internationale.
1975. — Premier sommet du G6 (devenu G7 en 1976 avec l'ajout du Canada) à Rambouillet.
1980. — Krugman « *Scale economies, product differentiation and the pattern of trade* ».
1991. — Entrée en vigueur du Marché commun du Sud (Mercosur).
1994. — Entrée en vigueur de l'Accord de libre-échange nord-américain (Alena).
1994. — Accord de Marrakech prévoyant la création de l'OMC l'année suivante.
1999. — Création du G20.
2001. — La Chine devient membre de l'OMC.
2008. — Premier sommet du G20 au niveau des chefs d'État ou de gouvernement.
2013. — Accord sur une partie des thèmes du programme de Doha lors de la conférence de Bali de l'OMC.

BIBLIOGRAPHIE

ADDA (J.), *La mondialisation de l'économie*, de la genèse à la crise, La Découverte, 2012.

BENICHI (R.), *Histoire de la mondialisation*, Vuibert, 2008.

FOUQUIN (M.), HUGOT (J.), « La régionalisation, moteur de la mondialisation », *La Lettre du CEPII*, n° 365, mai 2016.

GUILLOCHON (B.), KAWECKI (A.), VENET (B.), *Économie internationale*, Dunod, 2012.

GRAZ (J.-C.), *La gouvernance de la mondialisation*, coll. « Repères » n° 403, La Découverte, 2013.

KRUGMAN (P.), OBSTFELD (M.), *Économie internationale*, Pearson, 2009.

LENAIN (P.), *Le FMI*, coll. « Repères » n° 133, La Découverte, 2004.

MUCCHIELLI (J.-L.), MAYER (T.), *Économie internationale*, Dalloz, 2010.

NOREL (P.) (DIR.), *L'invention du marché, une histoire économique de la mondialisation*, Seuil, 2004.

OMC, *L'OMC et les accords commerciaux préférentiels : de la coexistence à la cohérence*, Rapport sur le commerce mondial 2011.

RAINELLI (M.), *Le commerce international*, coll. « Repères » n° 65, La Découverte, 2015.

RAINELLI (M.), *L'organisation mondiale du commerce*, coll. « Repères » n° 193, La Découverte, 2011.

RAINELLI (M.), *La nouvelle théorie du commerce international*, coll. « Repères » n° 211, La Découverte, 2003.

REICH (R.), *L'économie mondialisée*, Dunod, 1997.

ROCHE (J.-J.), *Relations internationales*, LGDJ, 2012.

RODRIK (D.), *Nations et mondialisation*, La Découverte, 2008.

SIROËN (J.-M.), « Les accords commerciaux régionaux », *Ecoflash*, n° 299, juin 2015.

SIROËN (J.-M.), *La régionalisation de l'économie mondiale*, coll. « Repères » n° 288, La découverte, 2004.

SIROËN (J.-M.), *Relations économiques internationales*, Bréal, 2002.

VERLEY (P.), *Entreprises et entrepreneurs du XVIIIe au début du XXe*, Hachette, 1994.

SUJETS CORRIGÉS

SUJET
I

Échanges internationaux et croissance du XIXe siècle à l'entre-deux-guerres

L'abolition des *Corn Laws* par Robert Peel en 1846 marque l'adoption du libre-échange par la Grande-Bretagne. C'est l'aboutissement d'un intense lobbying de la part des industriels du textile et cela traduit l'importance prise dans l'Angleterre du XIXe siècle par l'activité industrielle. Les propriétaires terriens, hostiles à l'arrivée des blés étrangers, synonyme pour eux de perte de revenu, ne peuvent plus s'opposer aux volontés des industriels. Ceux-ci espèrent pouvoir faire baisser le prix du pain, synonyme à la fois de pouvoir d'achat plus élevé et de salaires nominaux plus faibles.

Dans la tradition intellectuelle des thèses de Ricardo, ils pensent que l'ouverture internationale et la spécialisation qu'elle implique permettront de repousser l'état stationnaire et de garantir une croissance de l'activité. La seconde moitié du XIXe siècle voit ainsi la multiplication des traités d'ouverture, plus ou moins forcés, et une première mondialisation s'instaure, marquée par la croissance des échanges de biens mais également par des transferts de facteurs de production. Cette première mondialisation est interrompue dans l'entre-deux-guerres, dans un contexte de crises économiques et de repli protectionniste. Le lien entre croissance économique et développement des échanges n'est cependant pas aussi simple. Certains pays restent à l'écart de l'ouverture, d'autres en souffrent, et les échanges sont parfois vecteurs de crise plutôt que de croissance.

Nous montrerons que les relations entre croissance et échanges peuvent être vertueuses (I). Puis que certains pays ont préféré fonder leur croissance sur leur développement interne (II). Nous montrerons enfin que la relation vertueuse n'est pas toujours vérifiée (III).

I Des relations vertueuses entre croissance et échanges, surtout pour le cœur de l'économie-monde

A. — La croissance économique s'est accompagnée d'une ouverture internationale

1. — 1850-1880 : le vent de l'ouverture. La croisade libre-échangiste de la Grande-Bretagne se traduit par une vague d'ouverture : abolition des Corn Laws *(1846), traité Cobden-Chevalier (1860)... L'ouverture accompagne l'industrialisation de la seconde moitié du XIXe siècle, portée par les progrès dans les transports.*

2. — La constitution d'une économie-monde. Le XIXe siècle peut s'analyser comme la constitution d'une économie-monde, selon les thèses de Braudel et Wallerstein, dans laquelle les échanges sont le reflet d'une DIT.

3. — Une ouverture rapide. La croissance des échanges est supérieure à celle de la production. Le taux d'ouverture des économies progresse donc, passant de 1 % en 1820 à 4,6 % en 1870 et 7,9 % en 1913.

B. — Les explications

1. — La réduction des coûts liée aux importations. La baisse des prix des produits intermédiaires importés et des biens de consommation stimule la demande et permet de déverser du pouvoir d'achat sur des produits nationaux.

2. — L'extension des marchés. La recherche de nouveaux débouchés stimule la production, tandis que la concurrence internationale pousse à l'innovation, ce qui permet de réduire les coûts de production.

3. — La spécialisation favorise la croissance. Les théories de l'échange international (Smith et surtout Ricardo, puis le théorème HOS) montrent que la spécialisation permet d'utiliser de manière optimale les facteurs de production.

4. — Les échanges de facteurs assurent la transmission de la croissance. Les investissements à l'étranger apportent les capitaux dont les pays ont besoin, tout en rapportant beaucoup aux pays émetteurs. Les échanges de main-d'œuvre stimulent la capacité productive des pays d'accueil (effet d'offre), tout en permettant des hausses de salaires dans les pays de départ (effet de demande).

II Certains pays préfèrent cependant fonder leur croissance sur le développement interne

A. — Le rôle du marché intérieur dans la croissance

1. — L'importance de la demande intérieure dans la révolution industrielle. Dans toutes les révolutions industrielles du XIXe siècle, la demande intérieure est le moteur de la croissance. La révolution industrielle repose sur une spirale offre-demande qui s'appuie sur l'émergence d'une « société de consommateur » en Grande-Bretagne. A contrario, *la faiblesse de la croissance française peut s'expliquer par la faible vigueur de la demande intérieure.*

*2. — Le recours au protectionnisme éducateur. C'est la thèse développée par List (*Système d'économie nationale, *1842) qui affirme que le protectionnisme est nécessaire pour protéger les industries naissantes. Elles ne sont pas capables d'affronter la concurrence de pays plus avancés. L'Allemagne ou les États-Unis au XIXe siècle symbolisent cette stratégie.*

B. — Les échanges de facteur comme alternative au commerce

1. — La théorie ricardienne en défaut. La théorie ricardienne de l'avantage comparatif repose sur une vision de la nation « parc à bestiaux ». Les facteurs de production peuvent circuler librement à l'intérieur de la nation, mais pas entre les nations. Pourtant au XIXe siècle, les facteurs de production circulent assez largement.

2. — Les transferts de main-d'œuvre. Ils sont très importants entre la deuxième moitié du XIXe et les années 1920. Ce sont surtout des émigrants européens qui partent vers les pays neufs, particulièrement les États-Unis.

3. — Les transferts de capitaux. Correspondant à des investissements directs et surtout des investissements de portefeuille, ils culminent au début du XXe siècle, symbolisant une première mondialisation, avant de décliner dans l'entre-deux-guerres.

III Échanges et croissance, une relation pas forcément vertueuse

A. — Les échanges sont vecteurs de transmission des crises

1. — Les crises se diffusent par le biais des échanges internationaux. Dès le XIXe siècle, les échanges internationaux se contractent lors des crises. La crise des années 1930 s'est propagée très rapidement à l'ensemble du monde, via *la contraction des échanges extérieurs américains. Le commerce international est parfois à l'origine des crises. Les échanges de capitaux sont l'un de vecteurs de la transmission internationale des crises financières.*

2. — Le recours au protectionnisme conduit parfois au ralentissement de l'activité. Lors de la Grande Dépression de la fin du XIXe siècle, le repli protectionniste a accompagné le ralentissement de la croissance. Dans les années 1930, la tentation protectionniste (tarif Hawley-Smoot américain 1930, préférence impériale britannique 1932... autarcie allemande) a contribué à amplifier la crise.

B. — Les échanges sont facteurs de déséquilibres

1. — La transmission internationale des tensions inflationnistes ou déflationnistes. Les échanges internationaux permettent une convergence des prix des produits, mais transmettent aussi inflation et déflation. Les politiques de déflation des années 1930 se répercutent d'un pays à l'autre, aggravant la dépression.

2. — Le développement du libre-échange et la concurrence. La libéralisation des échanges exacerbe la concurrence et peut pousser les entreprises à se délocaliser. La tentation est déjà présente au XIXe siècle. Les échanges internationaux renforcent les hiérarchies entre les États et conduisent à une domination du « centre » sur la « périphérie ». Cela rend difficile les stratégies de développement et justifie parfois le recours au protectionnisme.

SUJET II

Les échanges internationaux s'expliquent-ils par les avantages comparatifs ?

À la fin du XVIIIe siècle, Adam Smith affirme que « *si un pays peut nous fournir une marchandise à meilleur marché que nous ne sommes en l'état de l'obtenir nous-mêmes, il vaut mieux que nous la lui achetions avec quelque partie du produit de notre propre industrie, employée dans le genre dans lequel nous avons quelque avantage* » (*Richesse des nations*, 1776). Il rompt ainsi avec une tradition mercantiliste fondée sur le protectionnisme et le repli national.

Si la théorie de Smith, en termes d'avantages absolus, marque une rupture dans la pensée économique, elle est rapidement dépassée par l'apport fondamental de Ricardo (*Principes de l'économie politique et de l'impôt*, 1817) qui raisonne en termes d'avantages comparatifs. Il montre en effet que, même si un pays dispose d'un avantage absolu dans tous les domaines, il a intérêt à se spécialiser. Cette approche ricardienne réalisée dans le cadre d'une théorie de la valeur-travail est complétée au début du XXe siècle par les travaux des économistes suédois Heckscher et Ohlin qui construisent les avantages comparatifs à partir des dotations factorielles. Ce cadre théorique, encore largement accepté, est cependant critiqué et complété par une « nouvelle théorie du commerce international » cherchant à intégrer des dimensions nouvelles et à mieux expliquer la réalité des échanges.

Nous montrerons que le volume des échanges internationaux s'explique d'abord par des raisons non économiques (I), puis que la théorie des avantages comparatifs fournit un cadre de raisonnement intéressant mais partiel pour expliquer la structure des échanges (II), ce qui a conduit à l'émergence d'une nouvelle théorie de l'échange international qui réhabilite partiellement l'avantage absolu (III).

I Le volume des échanges est largement conditionné par des facteurs politiques et historiques

A. — Les décisions d'ouverture ou de fermeture sont éminemment politiques

1. — Le volume du commerce international dépend largement des conditions politiques internationales. Le GATT est un moyen d'assurer la paix par le développement du multilatéralisme. La construction européenne est portée par une volonté politique et l'ouverture n'en est que la conséquence, il n'y a aucune stratégie de recherche d'avantages comparatifs. La Chine ne dispose pas de plus d'avantages comparatifs dans les années 1990 que vingt ans avant... mais son contexte politique a changé.

2. — Les choix de fermeture sont aussi politiques. Le développement du protectionnisme à la fin du XIXe siècle relève de choix politiques (opposition franco-allemande...). Les replis protectionnistes de l'entre-deux-guerres (Grande-Bretagne, Allemagne, États-Unis...) ne relèvent pas d'une critique de la spécialisation ou de l'avantage comparatif, mais de la volonté de pouvoir mener des politiques autonomes et d'une logique isolationniste.

B. — Des facteurs macroéconomiques et historiques sont déterminants

1. — L'existence du SMI. Un SMI est nécessaire pour assurer le règlement des échanges internationaux, garantir la valeur des contrats commerciaux à moyen terme. Les échanges progressent en même temps que le SMI se structure au XIXe *siècle : rôle du* Banking Act *(1844), adoption de l'étalon-or par la plupart des grands pays à la fin du* XIXe *siècle.*

2. — Les conséquences d'une conjoncture économique favorable. La croissance économique contribue à développer le commerce global. La tendance est même à une progression des échanges plus rapide que la croissance, ce qui fait augmenter le taux d'ouverture. La progression de la demande des consommateurs et les besoins des entreprises en produits intermédiaires font augmenter les échanges internationaux.

3. — La sensibilité des échanges aux crises économiques. Les crises économiques se traduisent par une contraction des échanges, sans qu'il y ait un lien avec une transformation des avantages comparatifs et un changement dans la spécialisation.

II Les avantages comparatifs contribuent à expliquer la structure des échanges

A. — Les avantages comparatifs et la logique de spécialisation...

1. — La théorie des avantages comparatifs selon Ricardo (1817). Il est plus efficace de se spécialiser dans les activités pour lesquelles on est relativement le meilleur et d'abandonner les autres. La spécialisation se fait en fonction des coûts comparatifs, et les pays ont tous intérêt à l'échange.

2. — La théorie des dotations factorielles. Les travaux d'Heckscher (1919) puis Ohlin (1933), complétés par Samuelson (1941), montrent que la spécialisation doit se faire en fonction des dotations en facteurs de production qui déterminent les coûts comparatifs.

B. — ... expliquent une partie des échanges internationaux...

1. — Les avantages comparatifs expliquent certaines stratégies d'ouverture. L'ouverture anglaise au XIXe *siècle est en partie justifiée par la logique ricardienne. L'abolition des* Corn Laws *(1846) vise à modifier la structure des échanges, en permettant d'obtenir du blé moins cher, tout en augmentant la compétitivité des industriels anglais. Les stratégies de développement fondées sur l'insertion dans les échanges internationaux, menées par les NPIA à la fin du* XXe *siècle reposent aussi sur la volonté d'exploiter les avantages comparatifs.*

2. — La DIPP est une stratégie de firmes qui repose largement sur le principe de l'avantage comparatif. Les firmes décomposent les processus productifs pour exploiter au maximum les avantages comparatifs des pays dans lesquels elles produisent. Cela a pour conséquence un accroissement du commerce intrafirme qui représente aujourd'hui une grosse partie de l'échange international.

C. — ...mais peinent à expliquer certaines caractéristiques de l'échange

1. — Le développement des échanges intrabranches. Les échanges intrabranches correspondent à des échanges croisés de produits similaires. La théorie de l'avantage comparatif a du mal à les intégrer dans son raisonnement, car ils semblent étrangers à une logique de spécialisation. On ne peut les intégrer qu'en prenant en compte des différences fines entre les produits, ou en découpant les échanges par zone ou dans le temps.

2. — Le commerce entre pays proches. Une grande partie de l'échange international se fait entre des pays de niveaux de développement proche et ne semble pas clairement relever d'une logique de spécialisation. Lorsque des échanges nettement spécialisés sont visibles, ils relèvent plus souvent d'une logique d'avantage absolu que comparatif, comme par exemple les échanges de matières premières.

III Les nouvelles théories de l'échange international ne reposent pas sur l'avantage comparatif

A. — Des explications techniques liées à la production

1. — Technologie et échange international. L'hypothèse de cycle de vie du produit (Vernon, 1966) montre que le commerce international d'un produit varie selon sa maturité. Cette approche permet de comprendre comment le commerce international se transforme au fil du temps. Elle souligne aussi que la spécialisation relève plus d'un avantage absolu temporaire que d'un avantage comparatif. Un pays possède un avantage technologique à un moment, mais peut le perdre lorsque les autres innovent.

2. — Échanges internationaux, rendements d'échelle et différenciation des produits. Les rendements externes croissants conduisent à ce que la spécialisation ne soit pas forcément optimale pour le consommateur (Krugman). Les pays entrés les premiers dans une production sont toujours avantagés. Les stratégies des entreprises pour différencier leurs produits et les goûts des consommateurs pour la différence expliquent en partie les échanges intrabranches. Krugman montre que, en combinant rendements d'échelle internes et différenciation des produits, on peut expliquer que la spécialisation ne soit pas complète. Le commerce interbranche relève de l'avantage comparatif, l'échange intrabranche de la différenciation et des économies d'échelle.

B. — Des contraintes géographiques

1. — L'importance de la demande. Linder (1961) souligne l'importance de la demande domestique pour les producteurs. L'échange international n'en est que le prolongement. Cela permet d'expliquer que le commerce se fasse surtout entre pays de niveau de développement équivalent et qu'on y trouve des échanges intrabranches.

2. — Les effets d'agglomération et le poids de l'histoire. Krugman souligne l'importance des « accidents historiques » pour expliquer la localisation des activités. La présence d'économies d'échelle suffit ensuite à y concentrer les activités et donc l'échange international.

3. — Taille des marchés et modèles de gravitation. La taille des pays et la distance qui les sépare expliquent assez largement l'importance des échanges internationaux. Cela montre que l'échange international est finalement déterminé par la proximité géographique et culturelle des pays et par l'importance de la demande.

C. — Des stratégies de firmes

1. — Commerce intrafirme et DIPP. Le commerce intrafirme est la conséquence de la décomposition des processus productifs. La localisation des activités dépend de nombreux paramètres qui ne peuvent pas s'analyser seulement par des dotations factorielles. L'importance de la DIPP remet en cause la vision de la nation comme « bloc de facteurs » propre à la théorie de l'avantage comparatif.

2. — Le modèle OLI de Dunning. Il montre que l'entreprise peut arbitrer entre commerce international et implantation à l'étranger (et donc recours aux IDE) en fonction des coûts de transaction et des coûts d'internalisation.

CHAPITRE 2

LA DYNAMIQUE DE LA MONDIALISATION FINANCIÈRE

I

BALANCE DES PAIEMENTS, TAUX DE CHANGE ET SYSTÈMES DE CHANGE

Le développement des outils statistiques, surtout dans la seconde moitié du XXe siècle, nous permet d'avoir des instruments performants pour analyser la situation économique. La balance des paiements fait partie de ces instruments, souvent considérés comme réservés aux initiés, qui fournissent quantité d'informations sur les relations économiques internationales. Mais celles-ci ne peuvent avoir lieu que si des agents économiques situés dans des pays différents acceptent d'échanger leurs produits contre la monnaie d'un autre pays. Cela suppose qu'il existe des mécanismes permettant d'exprimer les valeurs des différentes monnaies les unes par rapport aux autres, ce sont les taux de change. La manière dont on détermine les taux de change décrit un système de change.

A LA BALANCE DES PAIEMENTS : INSTRUMENT COMPTABLE ET OUTIL D'ANALYSE DES ÉCHANGES INTERNATIONAUX

La construction d'un instrument comptable permettant de retracer les échanges avec l'extérieur et d'analyser la situation d'un pays par rapport à l'étranger n'est pas nouvelle. À ce titre, les premiers essais de comptabilité nationale, dès le XVIIe siècle avec William Petty ou Gregory King, par exemple, comportent un volet consacré aux échanges extérieurs. Si la balance des paiements est un document assez austère, dont la compréhension nécessite une certaine maîtrise, c'est aussi une source d'information exceptionnelle sur la situation économique d'un pays.

1. – L'architecture de la balance des paiements et les principaux soldes

Selon l'Insee, « *la balance des paiements est un état statistique qui retrace sous une forme comptable l'ensemble des flux d'actifs réels, financiers et monétaires entre les résidents d'une économie et les non-résidents au cours d'une période déterminée (un mois, un trimestre, un an).* »

Il s'agit de regrouper dans un tableau toutes les informations disponibles concernant les échanges extérieurs, qu'il s'agisse des exportations et des importations de biens et services, mais également des échanges de capitaux, sous toutes leurs formes, depuis les investissements directs à l'étranger jusqu'aux opérations de prêts et d'emprunts.

Pour pouvoir effectuer des comparaisons internationales, il est nécessaire d'avoir des instruments de comptabilisation normalisés. Ainsi, la plupart des pays se fondent sur la présentation de la balance des paiements proposée par le Fonds monétaire international (FMI).

a. — Une balance des paiements nécessairement équilibrée

Le principe de comptabilisation en partie double implique que la balance est, par construction, équilibrée. Chaque opération entre un résident et un non-résident se traduit par une variation d'actifs (réels ou financiers) et par une transaction financière correspondante. Celle-ci peut se traduire de plusieurs manières : par une augmentation des dépôts des résidents auprès des banques non-résidentes, ou une diminution de leurs engagements vis-à-vis d'elles (si l'agent rembourse par exemple un crédit), ou encore par une transformation en monnaie nationale dont on retrouve l'effet dans les réserves détenues par la banque centrale.

Le découpage de la balance en différents comptes permet de faire apparaître des soldes internes. Si un pays connaît un déficit commercial, il est important de voir de quelle manière se réalisent les ajustements. Dans le cas le plus simple, toutes choses égales par ailleurs, le déficit conduira à une diminution des réserves de change détenues par la banque centrale. Mais on peut imaginer également qu'il soit financé par emprunts, ou par émission de titres donnant naissance à des flux financiers vers le pays déficitaire, ou encore par la vente de titres détenus sur des agents non-résidents. Ainsi, au-delà d'un simple aspect comptable, la balance des paiements fournit des informations précieuses sur les échanges extérieurs de biens et de services et l'origine des excédents et déficits, sur les flux de revenus avec l'extérieur, sur les investissements à l'étranger, les investissements de portefeuille et les prêts et emprunts internationaux. Le suivi dans le temps des « déséquilibres » internes de la balance est un indicateur important, permettant de juger de la stabilité économique d'un pays.

b. — Les principaux comptes et soldes de la balance

La balance des paiements se présente sous la forme d'un grand tableau statistique, composé d'opérations pour lesquelles apparaissent des crédits, des débits et le solde. L'organisation méthodique de ces opérations dans des comptes séparés permet de faire apparaître les soldes intermédiaires.

■ Le compte des transactions courantes

Le compte des transactions courantes retrace les opérations portant sur les biens, les services, les échanges de revenus primaires et secondaires. Il présente les importations et exportations de biens et services, les mouvements de revenus salariaux entre pays (par exemple le paiement des salaires des travailleurs frontaliers), les revenus liés aux investissements internationaux directs ou de portefeuille, les revenus secondaires regroupent des prestations sociales, les versements effectués par les travailleurs migrants vers leur pays d'origine, ainsi que la contribution de la France au budget européen ou aux organisations internationales.

■ Le compte de capital

Le compte de capital regroupe les transferts en capital, c'est-à-dire les opérations qui donnent lieu au transfert de propriété d'un actif fixe ou à la remise d'un engagement par le créancier sans que rien ne soit reçu en échange (remise de dettes accordée à des pays étrangers, transferts des biens mobiliers ou immobiliers des migrants...), ainsi que les acquisitions et les cessions d'actifs non financiers non produits (brevets, licences, droits d'auteurs...). Le solde du compte de capital n'est pas en lui-même très significatif, mais si on l'ajoute au solde des transactions courantes, il indique le besoin ou la capacité de financement de l'économie.

■ **Le compte financier**

Le compte financier est essentiel pour comprendre par exemple comment les déficits des transactions courantes ont été financés. Il retrace les opérations liées aux investissements internationaux : investissements directs à l'étranger, lorsqu'un agent résident prend le contrôle d'au moins 10 % du capital d'un agent non-résident (ou l'inverse) ; investissement de portefeuille lorsque la prise de contrôle n'excède pas 10 %. Il présente également un poste instruments financiers dérivés ainsi qu'une rubrique « autres investissements » qui intègre les opérations de prêts et d'emprunts internationaux. Toutes ces opérations ayant pour effet de se compenser partiellement, le poste « variation des avoirs de réserve » devrait donc être égal, au signe près, à l'ensemble des opérations précédentes.

■ **Le poste « erreurs et omissions »**

En réalité, des erreurs de comptabilisation peuvent se produire et, surtout, des décalages temporels entre des opérations liées peuvent se produire. Ainsi, une opération d'exportation de biens sera mesurée lors du passage en douane du produit (ou lors de la déclaration dans le cadre de l'Union européenne), tandis que le paiement pourra par exemple être décalé de plusieurs semaines. Le poste « erreurs et omissions », qui apparaît en bas de la balance des paiements, a justement pour objet de permettre que la balance soit équilibrée. L'importance de ce poste rend parfois compliquée l'interprétation des soldes intermédiaires qui apparaissent ainsi comme faussés.

Tableau 1 – Balance des paiements de la France en 2016
(en milliards d'euros)

	Solde	Crédits	Débits
1. COMPTE DE TRANSACTIONS COURANTES	**– 20,4**	**849,5**	**869,8**
Biens	– 27,3	458,4	485,7
Services	0,9	213,9	213,0
Revenus primaires	49,3	155,5	106,3
Revenus secondaires	– 43,2	21,6	64,8
2. COMPTE DE CAPITAL	**1,1**	**2,4**	**1,3**
	Net	**Avoirs**	**Engagements**
3. COMPTE FINANCIER	**– 31,8**	**249,9**	**281,7**
Investissements directs	16,5	30,9	47,4
Investissements de portefeuille	22,5	61,6	39,1
Instruments financiers dérivés	0,3	3,8	3,4
Autres investissements	– 73,3	127,4	200,7
Avoirs de réserve	2,2	2,2	0,0
4. ERREURS ET OMISSIONS NETTES	**12,6**		

Source : d'après données Banque de France, Webstat.

Convention et signification des signes. Sauf cas particuliers, dans le compte de transactions courantes les opérations sont affectées d'un signe positif. Un solde positif indique un excédent des recettes sur les dépenses, donc une capacité de financement nette. Dans le compte financier, un signe positif représente une augmentation des avoirs ou des engagements, un signe négatif une diminution des avoirs ou des engagements. Une entrée de capitaux peut donc être représentée par un signe positif (augmentation des engagements, par exemple emprunter auprès d'une banque étrangère), mais également par un signe négatif (diminution des avoirs, par exemple en vendant des titres étrangers). Et inversement pour les sorties de capitaux.

c. — Ne pas confondre la balance des paiements et la position extérieure

À l'occasion de la publication des données sur la balance des paiements, la Banque de France fournit également la position extérieure de la nation. Il s'agit d'une comptabilité en termes de stocks, alors que la balance des paiements mesure des flux. L'intérêt est ici de connaître le montant des avoirs et des engagements du pays vis-à-vis de l'extérieur. Ceux-ci sont largement le produit de l'histoire et les conséquences des opérations retracées dans la balance des paiements les années précédentes. Ainsi, les flux d'IDE sortants conduisent à un capital détenu à l'étranger par les résidents. La position extérieure exprime ainsi la différence entre les avoirs des résidents français à l'étranger et ceux des non-résidents en France. Elle peut être positive ou négative.

L'évolution de la position extérieure dépend des flux réalisés dans les années précédentes, mais également de la manière de comptabiliser les placements. Une estimation à la valeur comptable des actifs ne donne pas les mêmes résultats, ni les mêmes évolutions qu'une estimation à leur valeur de marché. Un effondrement des marchés boursiers, comme en 2008, a fait chuter la valeur de marché des actifs détenus, tandis que leur valeur comptable reste identique. Les données françaises sont estimées en « valeur mixte », tenant compte de la valeur comptable pour les sociétés non cotées et de la valeur de marché pour les sociétés cotées. Les évolutions différentes des marchés internationaux peuvent conduire à ce que les placements dans les différents pays évoluent de manière divergente, modifiant la position extérieure. La dégradation de la position extérieure de la France est très nette au cours des dernières années. On voit nettement sur la figure 1 l'érosion de la position concernant les investissements de portefeuille : les résidents français ont vendu des titres étrangers, notamment de pays du Sud de la zone euro, tandis que les non-résidents ont acquis des obligations françaises. Ces deux mouvements ont contribué à diminuer le patrimoine net. En sens inverse, les établissements français de crédit ont réduit leurs emprunts auprès des non-résidents.

Figure 1 – Position extérieure nette
(en milliards d'euros)

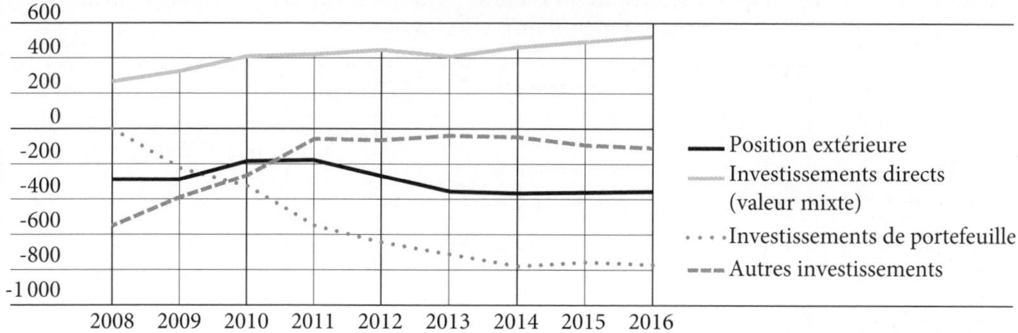

Source : d'après données Banque de France, Webstat.

2. – La dynamique de la balance des paiements : évolution des soldes et déséquilibres

La balance des paiements fournit un état, à une date donnée, des échanges d'un pays avec l'extérieur. Mais les évolutions des différents soldes sur le moyen ou long terme donnent des indications précieuses sur la santé économique du pays et renseignent sur les transformations structurelles ou conjoncturelles qui sont à l'œuvre.

a. — L'évolution des principales composantes de la balance des paiements française

La balance des paiements de la France en 2015 est largement le reflet d'évolutions qui se sont produites au cours des dernières décennies. Ainsi, des déficits chroniques de la balance des transactions ont succédé à une période d'excédents structurels. De même, les flux d'investissements internationaux ont connu des transformations au cours de la dernière décennie.

■ **Le solde des transactions courantes**

Alors que le solde des transactions courantes s'était spectaculairement amélioré au cours des années 1990, il s'est détérioré au cours de la première décennie du XXIe siècle. Structurellement déficitaire depuis 2005, il a connu une nette amélioration en 2015, en raison essentiellement de la diminution de la facture énergétique.

La détérioration de 2016 provient d'un léger tassement des exportations de biens, mais surtout d'une réduction nette de l'excédent des services liée à une hausse des importations de services et à une diminution des exportations. C'est le prolongement d'une tendance assez marquée depuis 2011 qui voit le solde des services progressivement se réduire. Le solde des revenus, proche de l'équilibre, traduit un excédent pour les revenus primaires, lié largement aux revenus des investissements à l'étranger, et un déficit des revenus secondaires qui s'explique par les transferts de revenus de travailleurs, par des prestations sociales (retraites versées à l'étranger) et surtout par la contribution aux institutions européennes.

Ces données sur les échanges de biens et services doivent cependant être nuancées. Les approches en termes de commerce en valeur ajoutée, telles que l'OMC le préconise aujourd'hui, conduisent à modifier la répartition des échanges entre biens et services, ainsi que la géographie des échanges. Il s'agit en effet de tenir compte du contenu réel des produits échangés. Si une entreprise française exporte des parfums en Chine pour y faire décorer les emballages, la France est considérée comme exportatrice et importatrice de parfums, ce qui génère du commerce intrabranche et gonfle les statistiques de l'échange international, puisqu'en fait seule l'opération de décoration devrait être comptabilisée. Les premières statistiques en valeur ajoutée sont aujourd'hui disponibles, mais pas encore intégrées à la balance des paiements.

Figure 2 – Les principaux soldes de la balance française des transactions courantes
(en milliards d'euros)

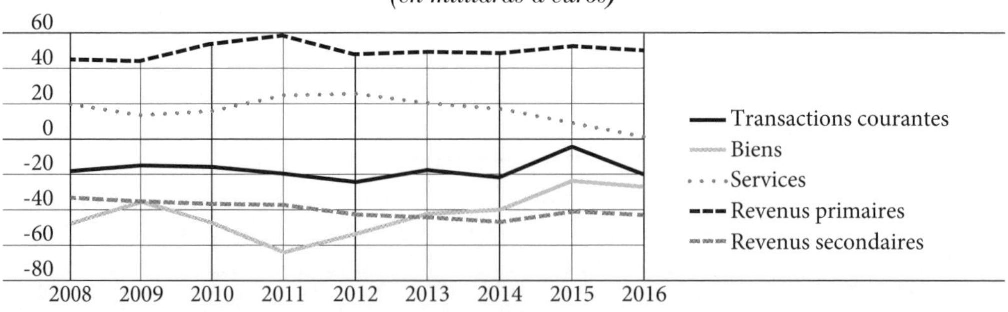

Source : d'après données Banque de France, Webstat.

■ **Investissements directs à l'étranger (IDE)**

Les flux d'IDE se traduisent globalement par des sorties de capitaux depuis les années 2000, les investissements français à l'étranger dépassant les investissements étrangers en France. Les IDE sortants avaient atteint un record à la fin des années 1990, dans le contexte de la bulle internet et de la transition dans les pays d'Europe de l'Est. Malgré un très net dégonflement au début des années 2000, les flux sortants sont toujours plus importants que les IDE entrants. Ce phénomène, qui est à relier au rôle des firmes transnationales et à la décomposition des processus productifs, explique en partie la désindustrialisation que connaît l'économie française.

Figure 3 – Flux d'investissements directs
(en milliards d'euros)

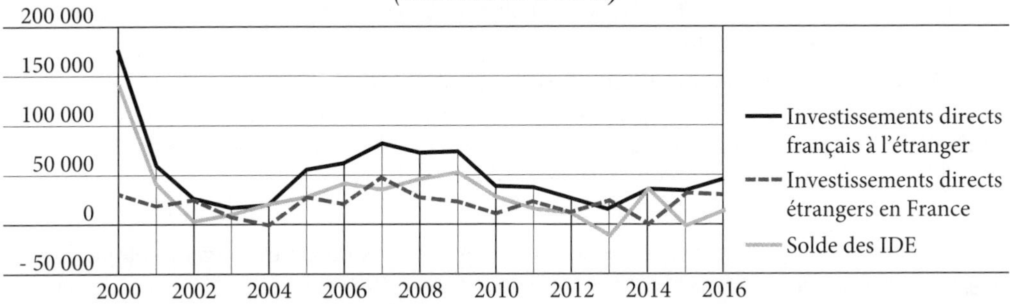

Source : d'après données Banque de France, Webstat.

Compte tenu des éléments précédents et de leur caractère structurel, le déficit des transactions courantes et les investissements directs se traduisent par des sorties de capitaux. Il faut donc trouver des sources de financement, ce qui passe par les investissements de portefeuille, les opérations de crédit et la variation des avoirs de réserve.

■ **Investissements de portefeuille**

Les investissements de portefeuille sont le résultat d'acquisitions ou de cessions de titres français par des non-résidents (les engagements) et de titres étrangers par les résidents (avoirs). Ils se traduisent par des entrées nettes de capitaux (solde net négatif), contribuant par exemple au financement de la dette publique. En 2015 et 2016, le solde positif s'explique par une réduction des acquisitions de titres français par les étrangers. L'agrégation de ces flux d'acquisitions-cessions de titres, sur de nombreuses années, se traduit par ailleurs dans la position extérieure (*cf. supra*).

Figure 4 – Les investissements de portefeuille
(en milliards d'euros)

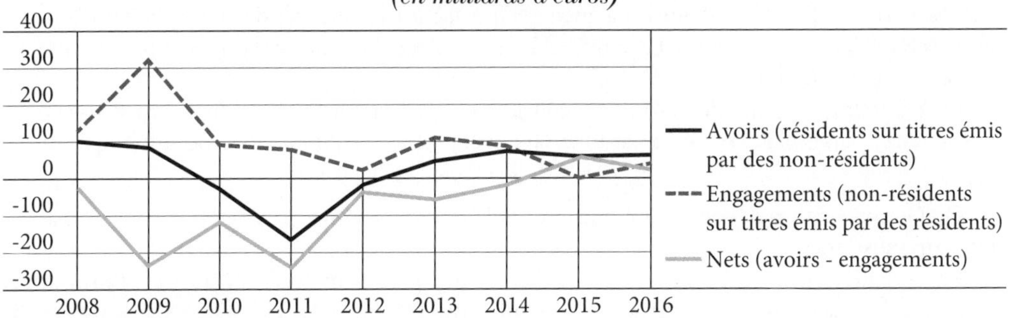

Source : d'après données Banque de France, Webstat.

■ **Autres investissements et produits dérivés**

Le poste « autres investissements » regroupe toutes les opérations liées à des crédits et des emprunts réalisés avec l'étranger. Cela concerne aussi bien les opérations réalisées par la Banque de France que celles des institutions financières et monétaires (IFM), des administrations publiques ou des entreprises. Cela complique sérieusement leur interprétation et il est nécessaire alors de détailler par agent pour rechercher des explications. Les opérations sur les produits dérivés apparaissent dans une rubrique à part du compte financier.

b. — Les théories de l'évolution de la balance des paiements

Si la balance des paiements est toujours globalement équilibrée, les déséquilibres visibles au niveau des différents soldes sont intéressants à observer et posent la question de la soutenabilité à long terme de certaines situations.

■ **Équilibre macroéconomique et balance des paiements**

Les déséquilibres internes à la balance des paiements peuvent se replacer dans le cadre plus général de l'équilibre macroéconomique. Ainsi, si on repart de l'égalité comptable entre l'offre et la demande, qui est simplement obtenue à partir des données de la comptabilité nationale, on obtient :

$$Y + M = C + I + X \quad (1)$$

L'équation (1) ne fait que traduire l'égalisation entre les ressources et les emplois dont dispose l'économie concernant les biens et services : Y représentant le PIB, M les importations, C, la dépense de consommation, I l'investissement et X les exportations. C'est l'équation de base permettant de construire les grands tableaux de la comptabilité nationale, particulièrement le tableau Entrées-Sorties.

En réorganisant les termes, on obtient :

$$X - M = Y - C - I \quad (2)$$

X - M correspond au solde des biens et services. Pour faire apparaître le solde des transactions courantes, on doit introduire dans l'équation (2) les revenus reçus de l'étranger (Rr) et versés (Rv) ainsi que les transferts courants versés (Tv) et reçus (Tr).

$$X - M + Rr - Rv + Tr - Tv = Y + Rr - Rv + Tr - Tv - C - I \quad (3)$$

Le terme de gauche de l'équation (3) comprend toutes les composantes des transactions courantes, tandis que le terme de droite fait apparaître le Revenu national brut à la place du PIB. La différence RNB-C correspond à l'épargne nationale brute notée, S. On obtient alors :

$$\text{Solde des transactions courantes} = RNB - C - I \quad (4)$$

$$\text{Solde des transactions courantes} = S - I \quad (5)$$

En appelant « absorption » le total C + I, Sidney Alexander (*Effects of a devaluation on the trade balance*, 1952) en déduit que la balance des transactions courantes devient déficitaire lorsque l'absorption dépasse le revenu. Ou, ce qui revient au même, lorsque l'épargne nationale brute est inférieure à l'investissement.

En repartant de l'équation (4) et en considérant que la consommation et l'investissement peuvent être réalisés par le privé ou par l'État, on peut réécrire l'équilibre macroéconomique ainsi :

$$RNB = C' + I' + G + STC \quad (4')$$

Où G représente la dépense publique et C' et I' les composantes privées de la consommation et de l'investissement.

En considérant que T représente l'ensemble des prélèvements obligatoires, l'utilisation du revenu par les agents peut s'écrire de la façon suivante :

$$RNB = C' + S' + T \quad (5)$$

On obtient alors :

$$STC = (S' - I') + (T - G)$$

Le solde des transactions courantes apparaît ainsi directement lié à l'écart entre l'épargne et l'investissement privés et à la situation des finances publiques.

On peut ainsi le réécrire :

STC = Capacité de financement privée + Capacité de financement publique (6)

À partir de l'équation (6), différents cas de figure sont possibles, sans que l'on puisse pour autant en déduire des relations de causalité. Si les deux capacités de financement sont positives, alors le STC est nécessairement excédentaire. Si les deux capacités de financement sont négatives, le STC est alors forcément déficitaire. Si l'une est positive et l'autre négative, alors le STC dépend des valeurs absolues des deux capacités et tous les cas de figure sont envisageables.

Ainsi au début des années 1980, comme dans les années 2000, les États-Unis connaissent un déficit des transactions courantes accompagné d'un déficit budgétaire (ce sont les fameux « déficits jumeaux »). À la fin des années 1990, le déficit des transactions courantes correspond à un excédent budgétaire mais c'est le privé qui connaît un besoin de financement.

En France, le déficit des transactions courantes traduit une capacité de financement privée combinée à un besoin de financement public. Un accroissement des déficits publics, sans que la capacité de financement privée augmente, se traduit nécessairement par une dégradation du STC, sans qu'il y ait un réel problème de compétitivité.

■ La question de la soutenabilité des déficits

La persistance de déséquilibres des transactions courantes pose la question de leur soutenabilité. Un pays peut-il connaître durablement une situation de déficit, ou d'excédent des transactions courantes ? Considérant que les déficits des uns correspondent forcément à des excédents des autres, une telle situation est-elle tenable ? Les autorités européennes ont introduit en 2012 le solde des transactions courantes, ainsi que la position extérieure et l'évolution des parts de marché, parmi les indicateurs de la stabilité économique que les États membres doivent respecter, aux côtés des classiques seuils de déficits budgétaires et de dettes publiques. Des seuils significatifs pour une croissance soutenable ont été fixés : STC compris entre – 4 et – 6 % du PIB en moyenne sur les trois dernières années, position extérieure négative inférieure à 35 %, perte de parts de marché inférieure à 6 % sur 5 ans. Cela s'explique en partie par le fait que les mêmes mécanismes peuvent être invoqués pour analyser la soutenabilité du déficit des transactions courantes et du déficit des finances publiques. Dans les deux cas, on se retrouve souvent avec une croissance de l'endettement extérieur qui fait peser une contrainte de remboursement.

Si l'on suppose, pour simplifier, que le déficit des transactions courantes est totalement financé par un emprunt à l'extérieur, on peut réécrire l'équilibre extérieur sous la forme :

Exportations + Emprunts = Importations + Remboursement du capital + Intérêts de la dette (7)

Le raisonnement ne serait pas très différent si on rajoutait des investissements directs ou de portefeuille, qui donneraient lieu à des dividendes ou des intérêts.

On considère ici que les exportations et les importations comprennent les revenus et transferts courants (cela permet de simplifier les équations), que la variation des réserves est une créance du reste du monde qui vient réduire le montant de l'endettement. L'équation (7) équilibre ainsi les entrées de fonds (termes de gauche) et les sorties (termes de droite).

En notant F les emprunts nouveaux, A les remboursements (amortissement) et D la dette extérieure et r le taux d'intérêt de la dette, on obtient :

$$X_t + F_t = M_t + A_t + rD_t$$

où l'indice t représente la période lorsqu'il s'agit de flux et le début d'année pour les stocks.

En considérant que $F_t - A_t$ représente l'augmentation de l'endettement, soit $D_t+1 - D_t$, on obtient :

$$X_t + D_{t+1} - D_t = M_t + rD_t$$

$$D_{t+1} = (1 + r)\, D_t + M_t - X_t \quad (8)$$

L'équation (8) exprime la dynamique de l'endettement extérieur : la dette augmente en fonction du déficit de la balance courante et du paiement des intérêts liés à l'endettement antérieur.

La dette est « supportable », « soutenable », lorsque le ratio Dette/PIB est stable, soit $d_{t+1} = d_t$.

Si on considère que g est le taux de croissance économique et Y_t le PIB, on obtient :

$$d_{t+1} = \frac{1 + r}{1 + g} d_t + \frac{M_t - X_t}{(1 + g)Y_t}$$

Ce qui donne approximativement :

$$d_{t+1} = (1 + r - g)d_t + \frac{M_t - X_t}{(1 + g)Y_t}$$

La condition pour que le ratio soit stable est :

$$(g - r)d_t = \frac{M_t - X_t}{(1 + g)Y_t}$$

En conséquence, si $\frac{M_t - X_t}{(1 + g)Y_t}$ est stable – c'est-à-dire lorsque les exportations et importations progressent au même rythme que le PIB –, il suffit que g soit supérieur à r pour que la dette extérieure soit soutenable. Une croissance économique supérieure au niveau des taux d'intérêt permet de stabiliser l'endettement extérieur, même en cas de déficit des transactions. Il n'est donc pas nécessaire de dégager des excédents si g > r. En revanche, lorsque r > g, la stabilisation de la dette extérieure nécessite la réalisation d'excédents des transactions courantes.

B LES TAUX DE CHANGE ET LEURS DÉTERMINANTS

Les échanges internationaux de marchandises ou de services, comme les flux de capitaux nécessitent de pouvoir convertir des monnaies nationales en devises étrangères. Le taux de change permet de comparer les prix des biens, services ou titres libellés dans des monnaies différentes, et sert de base pour les opérations de conversion. Le niveau des taux de change et leurs évolutions sont liés aux transformations conjoncturelles ou structurelles des économies, tandis que le choix d'un régime de change est déterminé par certains objectifs que les États se fixent ou par des contraintes qui s'imposent à eux.

1. – Les taux de change : de quoi parle-t-on ?

Le taux de change est le prix relatif d'une monnaie par rapport à une autre. On emploie également l'expression « cours du change » pour désigner la formation et l'évolution du taux de change. En revanche, le taux de change est une notion à bien distinguer de celle de parité. Le pair d'une monnaie est la définition de la valeur externe de cette monnaie par un certain poids d'or ou par une certaine quantité d'une devise clé. La parité d'une monnaie par rapport à une autre est alors le rapport des pairs des deux monnaies. On ne peut donc parler de pair et de parité que dans le cadre d'un système de changes fixes comme ce fut le cas du Système monétaire international mis en place lors des accords de Bretton Woods (1944), ou semi-fixes comme le Système monétaire européen (1979).

a. — Taux de change et mécanismes de cotation

Le taux de change observé sur le marché des changes peut être coté de deux façons, au certain et à l'incertain :

- le taux de change au certain exprime le nombre d'unités de monnaie étrangère que l'on peut obtenir avec une unité de monnaie nationale. Par exemple, 1 € = 1,04685 $ au 02/01/2017. L'augmentation du taux de change traduit une appréciation de la monnaie nationale ;
- le taux de change à l'incertain mesure le nombre d'unités de monnaie nationale qu'il faut fournir pour avoir une unité de monnaie étrangère. De manière symétrique à la cotation au certain, on a 1 $ = 0,95525 $ au 02/01/2017. L'augmentation du taux de change correspond alors à une dépréciation de la monnaie nationale.

Les monnaies de l'Europe continentale étaient cotées à l'incertain jusqu'au lancement de l'euro (sauf la livre sterling), laquelle monnaie unique européenne est cotée au certain depuis le jour de son lancement, le 1er janvier 1999, s'alignant sur ce qui était la norme des principales places financières. Les séries statistiques de cotation fournies par les banques centrales respectent ces conventions. Cependant, le fonctionnement du marché des devises, Forex, sur lequel des opérateurs de pays très différents interviennent simultanément, conduit à toujours préciser le sens de la cotation. La convention s'établit ainsi : « EUR/USD = 1,04685 » signifie 1 € = 1,04685 $. La cotation « USD/EUR = 0,95525 », signifie 1 $ = 0,95525 €. La *devise de base*, celle qui est à gauche, est cotée au certain. La devise de droite est appelée *contre-partie* ou *contre-valeur*. Les cotations peuvent se présenter à partir de tableaux de cours croisés permettant de passer d'une cotation à l'autre.

Les cotations pour chaque opérateur sur le marché se traduisent concrètement par deux prix : un cours acheteur et un cours vendeur. Contrairement aux marchés des biens et services sur lesquels les opérateurs sont soit vendeurs, soit acheteurs (parfois successivement dans le cas des commerçants), les opérateurs de marché des changes peuvent être acheteurs ou vendeurs en fonction des ordres passés par leur clientèle et/ou des opérations spéculatives qu'ils peuvent effectuer.

b. — Taux de change au comptant et taux de change à terme

Les opérations relatives à la fixation des taux de change peuvent se faire au jour le jour, ou à un terme défini à l'avance. Le taux de change au comptant est celui qui est déterminé au jour le jour sur les marchés des changes, au gré des offres et des demandes des cambistes.

Le taux de change à terme est le cours, fixé à l'avance, correspondant à un engagement d'achat, ou de vente, de devises à une échéance donnée. Par exemple, une entreprise qui sait qu'elle va devoir acquérir des dollars dans trois mois pour payer un fournisseur peut souhaiter sécuriser son opération en fixant immédiatement le cours auquel elle achètera les dollars. Sa banque va alors lui indiquer un cours à terme, dont les déterminants principaux sont les différentiels de taux d'intérêt.

Imaginons un importateur américain qui sait qu'il devra disposer dans trois mois de 10 millions d'euros pour régler un fournisseur. Il ne souhaite pas prendre lui-même le risque de change et demande à sa banque de lui garantir un cours de l'euro contre le dollar, dans trois mois. Pour déterminer le taux de change à terme, la banque effectue une opération simple de couverture, sans risque pour elle. Elle emprunte des dollars à un taux d'intérêt $\mathbf{i}_{\$}$, les convertit immédiatement en euros et place les euros pour trois mois, à un taux d'intérêt $\mathbf{i}_{€}$.

Si l'on suppose que le taux d'intérêt annuel $\mathbf{i_\$}$ = 2 % et $\mathbf{i_€}$ = 1 %, que l'on divise simplement par 4 pour obtenir le taux sur trois mois, la banque peut déterminer instantanément un cours théorique du dollar qui se traduit pour elle par une opération blanche.

- Elle commence par calculer la quantité d'euros à acquérir pour disposer de 10 millions d'euros dans trois mois. Le calcul tient compte du taux d'intérêt de l'euro et donne :

$$\frac{10 \text{ millions}}{1 + \frac{i_€}{4}} = 9{,}975 \text{ millions}$$

Les 9,975 millions d'euros placés à 1 % annuel, donc 1 %/4 pour un trimestre, donneront 10 millions dans trois mois.

- Elle détermine ensuite le montant de dollars nécessaires pour obtenir 9,975 millions d'euros, qui dépend du taux de change courant. En supposant un taux de change euro-dollar de 1 € = 1,04685 $, cela correspond donc à 10,442 millions de dollars.
- Emprunter ces 10,442 millions de dollars lui coûte réellement, compte tenu des intérêts, 10,442 (1 + $\mathbf{i_\$}$) = 10,495 millions de dollars.

Il est donc facile de calculer que, si l'on échange les 10 millions d'euros contre 10,495 millions de dollars, la banque ne gagne rien, et ne perd rien. Le taux de change 1 € = 1,0495 $ peut donc être garanti à l'importateur, éventuellement majoré d'une commission pour la banque.

D'une manière générale, si on appelle F le court à terme, exprimé à l'incertain, et **S** le taux au comptant (spot), **i** le taux d'intérêt domestique et i* le taux d'intérêt à l'étranger, on obtient :

$$F = S \times \frac{1 + i}{1 + i^*} \simeq S\,(1 + i - i^*)$$

L'euro coûte plus ici cher à terme qu'au comptant (il faut plus de dollars pour se procurer un euro), en raison du taux d'intérêt plus important qu'il est nécessaire de payer pour se procurer les dollars, plus élevé que celui obtenu sur le placement en euros. Lorsqu'une monnaie coûte plus cher à terme qu'au comptant, on dit qu'elle est en report. Le report correspond à la différence entre le cours à terme et le cours au comptant. Lorsqu'elle coûte moins cher, elle est en déport. Lorsque le cours à terme est égal au cours au comptant, on dit qu'elles sont « à parité ».

Si l'euro se déprécie, ou s'apprécie moins que le report, l'entreprise américaine aurait pu être gagnante à ne pas réaliser l'opération à terme. Mais elle préfère ici se prémunir contre le risque de perte, quitte à passer à côté de gains éventuels.

c. — Taux de change bilatéral et taux de change effectif

Le taux de change bilatéral est le taux de change, entre deux monnaies, observé sur le marché des changes. Son évolution peut avoir des conséquences sur le commerce extérieur. Ainsi, une dépréciation de la monnaie nationale rend les produits nationaux moins chers pour les acheteurs étrangers et renchérit le prix des importations. Cependant, une dépréciation de l'euro par rapport au dollar peut se traduire simultanément par une appréciation par rapport à la livre sterling ou au yen. Le taux de change bilatéral ne donne donc qu'une vision partielle de l'évolution de la compétitivité. Un pays dont les exportations sont essentiellement libellées en dollar sera très sensible aux variations du billet vert, tandis qu'un autre dont le commerce se fait surtout avec la zone euro sera plus affecté par les variations de l'euro. La seule prise en compte des taux bilatéraux n'est pas suffisante pour analyser les conséquences des fluctuations des changes.

Le taux de change effectif est un outil construit à partir des taux de change bilatéraux et du poids des partenaires commerciaux. On le calcule en effectuant la moyenne pondérée des taux bilatéraux de cette monnaie, les coefficients de pondération correspondant au poids relatif de chaque pays dans le commerce extérieur. L'évolution du taux de change effectif permet ainsi d'apprécier l'effet des variations du taux de change sur le commerce extérieur.

d. — Taux de change nominal et taux de change réel

Le taux de change nominal exprime la valeur d'une monnaie par rapport à une autre à un moment donné. C'est celui qui résulte des mécanismes de cotation décrits plus haut et qui peut être le taux bilatéral ou le taux effectif.

Le taux de change réel permet de rendre compte de la compétitivité-prix des produits nationaux sur les marchés extérieurs en intégrant les différentiels de prix entre les pays. Si P désigne le niveau national des prix, P* le niveau des prix étrangers, e le taux de change nominal, le taux de change réel q est :

$$q = e \frac{P}{P^*}$$

Par exemple, si l'indice des prix pour un panier de bien se situe à 110 en France alors qu'il vaut 100 aux États-Unis, le taux de change réel vaudra 1,1 × e. Cela signifie que, comme les prix sont plus élevés en France, il faut en tenir compte pour mesurer la compétitivité réelle de l'économie.

L'intérêt principal de cet indicateur est de combiner les effets de variations des prix et de variations du taux de change pour analyser la compétitivité extérieure. Si les prix augmentent plus vite dans un pays que dans le reste du monde, le maintien de sa compétitivité extérieure passe par une dépréciation du taux de change nominal. On peut combiner les éléments précédents en calculant un taux de change effectif réel.

2. – Les déterminants des taux de change

Dans une perspective de long terme, les taux de change dépendent de paramètres structurels liés aux évolutions de prix, tandis que les variations de court terme s'expliquent par une conjonction de facteurs tournant autour des différences de rémunération du capital entre les pays et des imperfections du fonctionnement des marchés.

a. — Les déterminants liés aux échanges de biens et services

Les premières analyses de la formation des taux de change ont été réalisées à une époque où les échanges internationaux concernaient principalement les biens et services. C'est donc la partie haute de la balance des paiements qui est ici utilisée pour comprendre les mouvements des changes.

■ **Taux de change et balance des transactions courantes**

La relation entre la balance des paiements et le taux de change a été largement développée, au cours des années 1960, par les modèles « keynésiens » en économie ouverte. Le modèle de Mundell et Fleming, IS-LM-BP, est construit autour de l'idée que l'on peut combiner l'équilibre interne (IS-LM) et celui de la balance des paiements (BP). Le taux de change intervient non seulement dans la détermination de la balance courante, mais également dans les mouvements de capitaux, car la variation anticipée du change est liée au différentiel de taux d'intérêt (*cf. infra*, p. 437).

Les variations des changes doivent ainsi permettre de remédier aux déséquilibres de la balance courante. Le constat empirique est que les pays à monnaies faibles, celles qui ont tendance à se déprécier, sont ceux qui ont une balance des transactions déficitaire. Le déficit semblant conduire à la dépréciation de la monnaie, mais étant aussi perçu comme le moyen de le réduire. En effet, un déficit des transactions courantes se traduit par une demande nette de devises – on doit convertir de la monnaie nationale contre des devises – qui pousse à la dépréciation. Cependant, la dépréciation du change rend les produits nationaux plus attractifs et les importations plus coûteuses. On peut donc en attendre une hausse des exportations et une baisse des importations rétablissant progressivement l'équilibre. Pourtant, les exemples japonais ou allemand ont montré au cours des années 1970-1980 que des monnaies qui s'apprécient peuvent se conjuguer à des excédents commerciaux. Parallèlement, la dépréciation du franc ou du dollar n'a pas permis de résorber des déficits croissants.

On est alors été amené à se poser la question des conditions dans lesquelles une dépréciation permet de réduire le déficit... ou pas. L'essentiel de ces conditions repose sur la distinction entre des effets de prix et des effets de volume. Une dépréciation du change augmente le coût des importations. Dans le même temps, la valeur des exportations n'est pas modifiée, mais leur prix exprimé en monnaie étrangère est plus faible. On peut donc en attendre une augmentation des quantités exportées et une réduction des importations.

Mais les effets de prix sont immédiats, tandis qu'il faut plusieurs mois pour que les effets sur les volumes soient visibles (les contrats commerciaux mettent du temps à s'ajuster).

- À court terme (moins d'un an), la dépréciation contribue à creuser le déficit. Les effets de prix jouent à plein (renchérissement des importations), sans que les effets de volume soient présents.
- À moyen-terme, les effets de volume peuvent prendre le relais et permettent la réduction du déficit.
- À plus long terme, les effets s'atténuent car la propagation d'une inflation importée – liée au renchérissement des produits importés dont la demande n'est que peu sensible aux prix, les matières premières par exemple – finit par réduire la compétitivité-prix obtenue grâce à la dépréciation.

Le mécanisme de la courbe en J décrit ainsi très bien ce qu'il advient du solde des transactions courantes à la suite d'une dévaluation ou dépréciation (*cf. infra* pour la définition précise des termes).

Figure 6

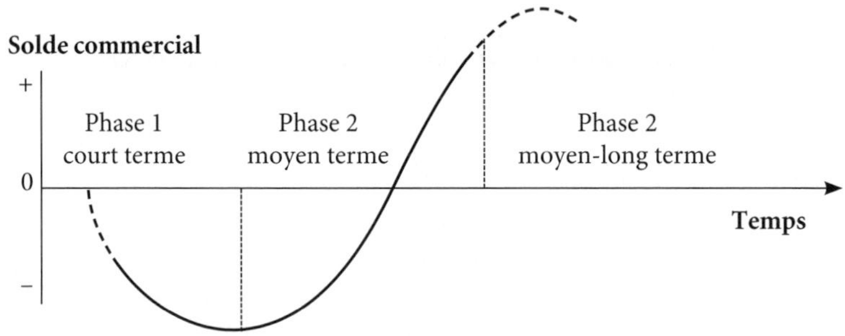

Source : Dominique Plihon, *Les taux de change*, La Découverte, collection « Repères ».

Le rétablissement de la balance à la suite d'une dévaluation n'est cependant pas automatique. Il dépend de l'importance des effets de volume et des effets de prix. Le théorème des élasticités critiques, ou condition de Marshall-Lerner-Robinson, établit que la dévaluation permet le rétablissement de la balance commerciale lorsque la somme des élasticités des exportations et des importations par rapport au taux de change est supérieure à un. Les développements théoriques ultérieurs ont permis de montrer que les conditions pouvaient être un peu assouplies, en raison des comportements de marge des entreprises, qui ne répercutent pas totalement dans leur prix les modifications liées au taux de change. Ainsi, une somme des élasticités supérieure à 0,3 permet déjà d'améliorer le solde des transactions courantes. Mais les bienfaits attendus de la dévaluation peuvent être contestés. Il faut également que l'offre nationale soit capable de satisfaire la demande, intérieure et extérieure, ce qui n'est pas toujours le cas, en particulier dans les pays fortement désindustrialisés. Par ailleurs, la dévaluation conduit souvent à accroître l'inflation importée et favorise le développement des tensions inflationnistes. Ces deux raisons expliquent l'inefficacité des dévaluations françaises du début des années 1980 et justifient le passage à des politiques de désinflation compétitive et de « franc fort ».

■ **La parité de pouvoir d'achat**

La théorie de la parité des pouvoirs d'achat voit dans les mouvements des prix relatifs des biens domestiques et étrangers le déterminant essentiel du taux de change. Cette approche remonte aux travaux de Ricardo au début du XIXe, mais c'est surtout Cassel (« *The present situation of the foreign exchange* », 1916) qui la formalise.

Dans la version « absolue » de la théorie, les taux de change reflètent simplement les différences de valeur des biens et services entre deux économies. L'idée principale sur laquelle repose le raisonnement est que, sur un marché international concurrentiel, sans obstacle à l'échange ni coûts de transport et de transaction, il ne peut y avoir qu'un seul prix pour un produit. Si un même panier de biens vaut 100 € en France et 150 $ aux États-Unis, alors 1 € = 1,5 $. Les taux de change doivent donc, du moins sur le long terme, refléter les différences de niveaux de prix. C'est la logique qui a présidé, en 1986, à la création de l'indice « Big Mac » par *The Economist*, en supposant que les différences de prix du Big Mac dans le monde permettaient de déterminer des taux de change. C'est un mécanisme plus complexe, mais de même nature, qui permet de calculer des taux de change à parité de pouvoir d'achat.

Dans la version « relative » de la théorie, ce sont les évolutions des taux de change qui sont la conséquence des variations des prix dans les pays. Si un produit coûte 150 $ et 100 € fin 2011, un taux de change de 1,5 $ pour 1 € assure l'équilibre. Supposons que les prix augmentent de 3 % en France et de 4 % aux États-Unis, au bout d'un an, le produit français coûte 103 € et le produit américain 156 $. Le taux de change devra donc s'ajuster pour que 103 € = 156 $ soit 1,5145.

La variation du taux de change est ainsi déterminée par les écarts d'inflation soit environ 1 % de dépréciation du dollar : $\Delta e/e = \Delta P^*/P^* - \Delta P/P$.

b. — Les déterminants financiers des taux de change

Dans un monde où les échanges sur les marchés financiers sont sans commune mesure avec ceux des marchés de biens et services, les échanges de devises les unes contre les autres sont très largement déterminés par des facteurs financiers.

■ **Taux de change et parité des taux d'intérêt**

La théorie de la parité des taux d'intérêt a été introduite par Keynes (« *The tract on monetary reform* », 1923) et repose sur l'idée que le taux de change résulte d'un arbitrage, non pas entre des biens comme pour la PPA, mais entre des placements financiers. Elle suppose que les arbitrages réalisés par les épargnants, dans un contexte de mobilité des capitaux, vont tendre à égaliser les rendements des placements entre les pays.

Un taux d'intérêt national plus faible que le taux étranger va se traduire par une dépréciation de la monnaie nationale par rapport à son taux de change anticipé. Les agents se mettent alors à anticiper une appréciation du taux de change qui viendra compenser le différentiel d'intérêt. Le taux de change courant est déterminé par le taux de change anticipé et non l'inverse. Supposons que de mauvaises statistiques du chômage aux États-Unis conduisent la Réserve fédérale à baisser son taux directeur, le dollar se dépréciera immédiatement, pour s'apprécier ensuite. L'ampleur de la variation immédiate dépend de la durée anticipée de l'écart de taux d'intérêt.

Un différentiel durable de taux d'intérêt n'est pas possible, sauf dans deux cas :

- soit parce que les mouvements de capitaux ne sont pas complètement libres et les marchés parfaits. S'il existe des restrictions à la circulation des capitaux, si les coûts de conversion sont trop importants, si les risques liés à certains pays sont trop importants... les agents peuvent accepter des différences de rémunération ;
- soit parce que les agents anticipent durablement une dépréciation du change. C'est une hypothèse évoquée par Keynes dès 1923. Si une monnaie est faible, situation dans laquelle les agents anticipent sa dépréciation, cela va rendre nécessaire un taux d'intérêt plus élevé pour compenser, car les apporteurs de capitaux dans ce pays ont le sentiment de courir un risque de change et n'acceptent de le courir que si leurs placements sont mieux rémunérés. On comprend ainsi pourquoi lorsque le franc s'affaiblissait par rapport au deutsche mark, il fallait proposer des taux d'intérêt plus élevés pour le franc. Une monnaie forte est une monnaie sur laquelle on propose un taux d'intérêt faible !

On peut cependant trouver des situations dans lesquelles le raisonnement ne semble pas s'appliquer. Les taux d'intérêt très élevés pratiqués aux États-Unis au début des années 1980 (suite au durcissement de leur politique monétaire en 1979) ont favorisé les placements en dollars et ont poussé le dollar à la hausse, sans que des mécanismes compensateurs voient le jour.

■ Taux de change et politique monétaire

Développée surtout dans les années 1970, l'approche monétariste des taux de change relie l'évolution de la masse monétaire et le taux de change (Jacob Frenkel, « Exchange rates in the 1920's : a monetary approach », 1978). Alors que la PPA définit le taux de change à partir du prix relatif des biens et services, il est ici considéré comme le prix relatif des deux monnaies.

L'offre de monnaie (M_o) est supposée exogène dans chaque pays, contrôlée par les autorités monétaires, et la demande de monnaie (M_d) y est considérée comme une fonction des prix, des taux d'intérêt et des revenus réels.

$$M_o = P \times M_d(Y, i)$$

$$M_o^* = P^* \times M_d^*(Y^*, i^*)$$

Le taux de change (e) est déterminé à partir de la parité des pouvoirs d'achat de telle sorte que $P = e \times P^*$. En combinant les différentes équations, on obtient :

$$e = \frac{M_o}{M_o^*} \times \frac{M_d^*(Y^*, i^*)}{M_d(Y, i)}$$

Le taux de change dépend donc des niveaux relatifs de la masse monétaire, contrôlés largement par les autorités monétaires des deux pays, des revenus réels et des taux d'intérêt. En supposant que les taux d'intérêt et les revenus réels ne varient pas, si un pays crée davantage de monnaie qu'un autre, sa monnaie doit se déprécier.

■ Taux de change et fonctionnement des marchés financiers

Des économistes comme Tobin (1969) et Roper (1981) ont complété les déterminants financiers des taux de change en y intégrant les effets de l'offre et de la demande d'actifs financiers (actifs monétaires, titres obligataires, actions). Cette demande d'actifs financiers ne dépend pas seulement des taux d'intérêt mais plus largement aussi de la croissance et des politiques économiques menées. Une légère modification de ces facteurs conduit à de très fortes fluctuations des taux de change, compte tenu de la diversification des portefeuilles des investisseurs et de la substituabilité entre titres nationaux et titres étrangers.

Les mouvements spéculatifs amplifient les fluctuations des taux de change et c'est d'ailleurs ce qui avait incité Tobin à proposer dès 1972 une taxe sur les transactions financières dans le but de réduire la volatilité à court terme des taux de change. Ainsi, l'enquête triennale de la Banque des règlements internationaux montre que les transactions quotidiennes sur les marchés de changes sont totalement déconnectées du niveau du commerce international et des flux de capitaux liés aux investissements. En 2016, ce sont quasiment 5 000 milliards de dollars qui se sont échangés tous les jours sur ces marchés, soit deux fois le PIB français. Le volume annuel du commerce mondial de biens et services représente à peine quatre jours de transactions sur les marchés des changes. Et même si les montants sont en légère diminution entre 2013 et 2016, ils ont été multipliés par 4 depuis la fin des années 1990, alors que le commerce mondial en valeur était multiplié par 2. Ces mouvements spéculatifs reposent très largement sur des prophéties autoréalisatrices et sur un fonctionnement particulier de ces marchés pour lesquels les hausses de prix, loin de provoquer la baisse de la demande, conduisent au contraire à la faire augmenter. Si des agents anticipent massivement une dépréciation d'une monnaie, ils veulent tous la vendre, provoquant la dépréciation annoncée.

R. Dornbusch (« *Expectation and exchange rate dynamism* », 1976) a développé un modèle théorique permettant de comprendre des phénomènes de surréaction (*overshooting*) des changes. Il combine dans un même modèle une approche en termes de parité de pouvoir d'achat, qui donne la tendance à long terme des taux de change, et une approche en termes de parité des taux d'intérêt qui traduit les mouvements de court terme liés aux marchés financiers. Par exemple, suite à un accroissement rapide de la masse monétaire, les marchés financiers vont réagir très rapidement, provoquant une baisse des taux d'intérêt et une tendance à la dépréciation de la monnaie. L'impact du choc monétaire sur les prix et la production ne se fera qu'à moyen terme, conduisant alors le taux de change à revenir vers une nouvelle valeur d'équilibre compatible avec la parité des pouvoirs d'achat. Le décalage dans le temps des deux types d'ajustement peut entraîner une variation du taux de change à court terme supérieure à ce qui serait nécessaire pour l'adapter à son niveau d'équilibre de long terme.

Meese et Rogoff (« *Empirical exchange rate models of the seventies: do they fit out of sample?* ») ont montré, en 1983, que les modèles traditionnels se révèlent très largement incapables de prédire le taux de change à une échéance d'un an. S'ils proposent des explications intellectuellement intéressantes de la formation des changes, ils ne sont pas plus efficaces qu'une simple marche au hasard, consistant à prévoir le futur en fonction de la tendance présente.

Cela tient très largement à l'imbrication d'une multitude de facteurs explicatifs, à la très grande instabilité des marchés et aux mécanismes de contagion qui conduisent à suivre la hausse ou la baisse, dans des mouvements mimétiques et de bulles. Une théorie du change est en fait de plus en plus une théorie de la spéculation. Les arbitrages permanents réalisés par les gestionnaires de fonds, l'importance des mouvements de capitaux déconnectés de la sphère réelle, font que c'est très largement la partie basse de la balance des paiements qui joue sur la détermination des taux de change. Par ailleurs, l'importance économique ou politique des pays n'est pas non plus sans influence sur le taux de change. Les mêmes schémas théoriques de détermination ne peuvent pas s'appliquer au cours du dollar et à celui de la couronne norvégienne. Il ne faut pas non plus négliger l'importance des décisions des grandes banques centrales qui, même dans des régimes de change flottants, ne restent pas insensibles au taux de change de leur monnaie et disposent souvent de moyens d'action, plus ou moins concertés, sur les cours.

C FORCES ET FAIBLESSES DES DIFFÉRENTS SYSTÈMES DE CHANGE

Le choix d'un régime de change fait partie des droits régaliens des États. La définition des règles fixant la convertibilité externe de la monnaie, la façon dont la banque centrale est tenue ou pas de fournir de l'or ou des devises en échange de sa monnaie sont des éléments essentiels dans les relations extérieures d'un pays, tant sur le plan politique que sur le plan économique. Les différents régimes de change possibles ne sont pas sans conséquences sur la capacité d'un État à réagir aux chocs extérieurs, ou à conduire de façon autonome sa politique économique.

1. – Typologie des régimes de change

Les régimes de change peuvent se différencier en fonction du caractère plus ou moins stable des taux de change. On est ainsi conduit à opposer des régimes de changes flexibles et des régimes de changes fixes. Au-delà de cette opposition simple, il faut retenir que la plupart des régimes existants sont de type intermédiaire, intégrant plus ou moins de fixité ou de flexibilité.

a. — Changes fixes

Le système pur de changes fixes décrit un régime où les parités nominales doivent demeurer largement constantes dans le temps. Les taux de change sont définis par référence à une grandeur extérieure : or, autre devise... et ils ne peuvent être modifiés que par une nouvelle définition de l'unité monétaire. Une diminution ou une augmentation de la valeur de la monnaie nationale est toujours possible, mais elle relève d'une décision des autorités gouvernementales et correspond à une « dévaluation » ou une « réévaluation ».

Dans le régime de changes fixes, la banque centrale doit assurer la fixité du taux de change nominal. Elle fournit, de manière théoriquement illimitée et au taux de change nominal officiel, les quantités de devises et de monnaie demandées par les agents. Ses réserves de change, en or ou dans les autres devises doivent s'élever à un montant suffisant pour garantir la stabilité des changes. Dans le cas contraire, des mouvements spéculatifs risquent de se produire, conduisant à des dévaluations ou des réévaluations. On comprend donc que la fixation du taux de change ne peut pas s'écarter nettement d'un certain nombre de paramètres fondamentaux.

Le régime de change du XIXe siècle se rapproche le plus d'un système de changes fixes. Les monnaies, définies par un poids d'or ou d'argent, maintiennent entre elles des parités fixes (*cf. infra*, II). Le système monétaire dit de Bretton Woods, défini à l'issue de la Seconde Guerre mondiale, est également un système de changes fixes, avec des marges de fluctuation autorisées ne dépassant pas 1 %. Le système monétaire européen (SME, 1979) est fondé sur l'établissement de parités fixes, mais avec des marges de fluctuations assez larges, autorisant les monnaies à varier de manière plus importante.

D'autres systèmes, plus souvent régionaux ou bilatéraux, lient de manière fixe des monnaies entre elles. Ainsi, le mécanisme du *currency board* dans lequel la création monétaire d'un pays dépend très étroitement de ses réserves dans une autre devise. La politique monétaire n'a alors aucune autonomie

Classification des régimes de change selon le Fonds monétaire international

Type du régime	Nom du régime	Caractéristiques	Exemple de pays	Nombre de pays concernés en 2016 (et %)
Arrimage ferme (*Hard Peg*)	Régime sans monnaie officielle distincte (*Exchange arrangement with no separate legal tender*)	Utilisation de la monnaie d'un autre pays (ex. « dollarisation » de l'économie). Pour les pays ayant une monnaie commune, la classification se fait en fonction du régime de change de cette monnaie.	Panama ($) ; Salvador ($) ; Kosovo (€) ; Zimbabwe ($) ; Monténégro (€) ; Saint-Marin (€)	14 (7,3 %)
	Régime de Caisse d'émission (*Currency board arrangement*)	Le pays s'engage explicitement à échanger sa monnaie contre une devise spécifique à un taux fixe. L'émission monétaire est strictement contrôlée pour pouvoir respecter ces engagements, en fonction par exemple du stock de la devise de référence que détient le pays.	Djibouti ($) ; Hong Kong ($) ; Bosnie-Herzégovine (€) ; Bulgarie (€)	11 (5,7 %)
Arrimage souple (*Soft Peg*)	Régime conventionnel de parité fixe (*Conventional pegged arrangement*)	Le pays rattache officiellement sa monnaie à une autre ou à un panier d'autres monnaies (par exemple les devises de ses principaux partenaires commerciaux) en le notifiant au FMI. Les autorités monétaires maintiennent la parité par des interventions directes sur les marchés ou indirectement (modifications des taux d'intérêt, réglementations des échanges extérieurs…). les taux de changes doivent rester dans une bande de fluctuation maximale de ± 1 % autour de la parité, sur une période de 6 mois minimum.	Arabie saoudite ($) ; Émirats arabes unis ($) ; Bahamas ($) ; Irak ($) ; Danemark (€) ; pays de l'Union économique et monétaire ouest-africaine (€) ou de la Communauté économique et monétaire d'Afrique centrale (€)	44 (22,9 %)
	Régime stabilisé (*Stabilized arrangement*)	Le taux de change reste dans une limite de ± 2 %, sur une période minimale de 6 mois, par rapport à une devise ou un panier de devises. Le classement dans un tel régime repose sur une évaluation statistique et sur le fait que la stabilité des changes provient d'une action officielle (y compris liée à des rigidités du marché), même si cela n'implique pas un engagement des autorités du pays.	Maldives ($) : Macédoine (€) ; Singapour (panier) ; Vietnam (panier)	18 (9,4 %)
	Régime de parités mobiles (ou glissantes) (*Crawling peg*)	Le pays adopte officiellement un régime dans lequel les parités sont modifiées régulièrement en fonction de paramètres prédéfinis (écarts inflationnistes par exemple par rapport aux principaux partenaires commerciaux). Les paramètres sont connus et notifiés au FMI.	Honduras ($) ; Nicaragua ($) ; Botswana (panier)	3 (1,6 %)
	Régime proche des parités glissantes (*Crawl-like arrangement*)	Le taux de change reste, pendant au moins 6 mois, dans une limite de ± 2 %, autour d'un trend repéré statistiquement, et le régime de change ne peut pas être considéré comme flottant.	Croatie (€) ; Éthiopie ($) ; Iran (panier)	10 (5,2 %)
	Régime de bandes de fluctuations mobiles (*Pegged exchange rate within horizontal bands*)	Le taux de change est maintenu dans une bande de fluctuation de ± 1 % autour d'un taux central où l'écart entre le maximum et le minimum du taux de change ne dépasse pas 2 %. Les taux centraux et la largeur de la bande sont publics et notifiés au FMI.	Tonga	1 (0,5 %)

Type du régime	Nom du régime	Caractéristiques	Exemple de pays	Nombre de pays concernés en 2016 (et %)
Flottement (*Floating*)	Flottement (*Floating*)	Le taux de change est largement déterminé par le marché, sans qu'il soit possible de prédire l'évolution. Il peut y avoir des interventions directes ou indirectes des autorités monétaires pour modérer les évolutions, ou éviter des fluctuations inappropriées, mais la définition d'objectifs de taux de change est incompatible avec un classement dans ce régime.	Argentine ; Brésil ; Hongrie ; Inde ; Islande ; Israël ; Roumanie ; Suisse	40 (20,8 %)
	Flottement pur (*Free floating*)	Le classement dans un régime de flottement pur suppose que les interventions sur les marchés des changes soient exceptionnelles, destinées seulement à corriger des incohérences des marchés et à condition qu'il n'y ait pas plus de 3 interventions sur une période de 6 mois. Dans le cas contraire, ou si les informations ne sont pas fournies au FMI, le classement sera fait en régime de flottement.	Australie ; Canada ; États-Unis ; Japon ; Mexique ; Royaume-Uni; pays de la Zone euro ;	31 (16,1 %)
	Autres régimes	Catégorie résiduelle utilisée lorsque le régime ne peut pas être classé dans une rubrique précédente. Se produit par exemple lorsque des pays changent fréquemment de politique.	Algérie ; Chine ; Égypte ; Haïti ; Pakistan	20 (10,4 %)

D'après, FMI, Annual report on Exchange arrangements and exchange restrictions, 2016.

et ces systèmes autorisent le plus souvent une double circulation monétaire. Ces mécanismes ont été utilisés au XIXe siècle par les empires pour contrôler la création monétaire dans les colonies ou les pays liés. Ils ont retrouvé une actualité certaine à partir des années 1980 pour permettre à des pays en difficulté de sortir des hyperinflations et des dévaluations à répétition (Argentine, 1991, peso/dollar), pour faciliter la transition des économies planifiées vers les économies de marché (Estonie, 1992, couronne/euro), ou pour faciliter la reconstruction après un conflit (Bosnie, 1998, mark/euro).

On peut aussi trouver des mécanismes reliant une monnaie à une autre, sans pour autant avoir les contraintes du *currency board*. Ainsi, la monnaie chinoise, le yuan ou renminbi, est restée très longtemps liée directement au dollar, sans que la Chine adhère pour autant à un mécanisme de caisse d'émission monétaire. Les autorités chinoises fixent aujourd'hui leur monnaie par rapport à un panier de devises (*cf. infra*, II).

La forme la plus stricte de changes fixes est l'union monétaire, dans laquelle les taux de change sont irrévocablement fixés. L'Union économique belgo-luxembourgeoise (1921) a permis aux deux monnaies d'avoir une parité fixe entre 1944 et 1999, date de leur disparition dans l'euro. L'Union monétaire européenne est une union monétaire qui s'est transformée immédiatement en monnaie unique.

b. — Changes flexibles ou flottants

Dans ce système, les taux de change peuvent fluctuer librement les uns par rapport aux autres. Les fluctuations des changes se traduisent par une « appréciation » ou une « dépréciation » de la monnaie (les termes dévaluation et réévaluation doivent être réservés aux changes fixes). On dit que le système est pur si les autorités monétaires s'interdisent toute intervention sur le marché des changes. Le taux de change nominal est alors déterminé librement par le jeu de l'offre et de la demande sur le marché des changes. En pratique, cependant, le système peut rarement être qualifié de « pur » dans la mesure où il existe souvent des accords de coopération entre les banques centrales pour limiter les fluctuations des monnaies les unes par rapport aux autres. Même en l'absence d'accords, les banques centrales ne sont que rarement insensibles aux variations des taux de change qui rejaillissent sur la compétitivité extérieure des pays. Il est donc fréquent qu'elles interviennent en achetant ou en vendant des devises contre leur monnaie pour orienter les taux de change.

Les régimes de changes flottants se sont largement développés à partir des années 1970, mais rarement dans le contexte des changes flottants purs. L'Union européenne a tenté de mettre en place un flottement concerté avec le mécanisme du serpent monétaire (1972). Les accords du Plaza (1985) et du Louvre (1987) visaient à stabiliser le cours du dollar, d'abord en le faisant baisser, puis en stoppant la baisse. On est ainsi dans un régime de flottement impur, administré, dans lequel les interventions plus ou moins coordonnées des banques centrales visent à donner des signaux aux marchés pour leur indiquer les valeurs souhaitables des taux de change. Ces accords internationaux des années 1980 s'appuyaient d'ailleurs sur la théorie des « zones cibles » développée par John Williamson (1983). Il s'agit de calculer un taux de change fondamental d'équilibre, qui assure la croissance la plus forte possible tout en permettant l'équilibre de la balance des paiements (équilibre externe) mais également un équilibre en termes de chômage et d'inflation (équilibre interne). Les banques centrales doivent alors maintenir le taux de change dans la fourchette correspondant à la zone cible. La principale difficulté de ce modèle est le calcul du taux de change d'équilibre.

Le régime des parités glissantes, ou *crawling peg*, est un mécanisme fondé sur l'existence de changes fixes, mais dont les parités sont régulièrement modifiées pour tenir compte de l'évolution de paramètres prédéterminés, comme par exemple les écarts de taux d'inflation. De nombreux pays d'Amérique latine ont utilisé ce mécanisme pour corriger leurs taux de change en fonction de l'inflation (Brésil, 1994...).

2. – Le choix du régime de change

Alors que les changes fixes avaient dominé le XIXe et une grande partie du XXe siècle, à travers les mécanismes de l'étalon-or, les changes flottants réapparaissent dans les années 1970. Jusque-là, leur présence dans l'histoire était toujours associée à des périodes de tension (guerres, crises économiques). Ils sont pourtant présentés alors comme une solution permettant de trouver les « vraies valeurs » des monnaies et le moyen de régler les déséquilibres des balances des paiements. Cependant, le recours aux changes flottants pose problème dans certaines situations, par exemple lorsqu'ils apparaissent comme le moyen de fausser la concurrence dans une zone économique. L'abandon d'un système de parités fixes fondées sur l'or a ainsi conduit à inventer de nouvelles procédures pour arrimer entre elles des monnaies.

Le choix d'un régime de change repose à la fois sur des avantages positifs attendus et sur la présence de contraintes.

a. — Les contraintes, relevant de décisions internationales, qui s'imposent aux pays

Robert Mundell (« *The monetary dynamics of international adjustement under fixed and flexible exchange rates* », 1960) a formalisé la manière dont les contraintes internationales s'exercent sur les politiques économiques nationales et a montré que les pays ne peuvent pas satisfaire simultanément trois objectifs : la stabilité des changes, l'autonomie de la politique monétaire, la liberté de circulation des capitaux.

Le modèle de Mundell et Fleming, qui reprend la présentation du modèle IS-LM en économie ouverte, montre que l'efficacité des politiques économiques, et particulièrement de la politique monétaire, dépend de la mobilité internationale des capitaux et du régime de change. En régime de changes fixes, la politique monétaire est inefficace, et la politique budgétaire d'autant plus efficace que la mobilité des capitaux est forte. En changes flexibles, la politique monétaire retrouve son efficacité, tandis que la politique budgétaire perd la sienne sauf lorsque la mobilité des capitaux est faible.

■ **Les ajustements en changes fixes**

En changes fixes, une politique monétaire expansionniste se traduit par une baisse du taux d'intérêt et une tendance à la dépréciation de la monnaie. Si les capitaux peuvent circuler librement, la tendance à la dépréciation est forte. Face à la dépréciation du change, la banque centrale est obligée d'intervenir pour maintenir le taux de change, elle rachète donc sa monnaie en échange de devises. Cela correspond alors à un durcissement de la politique monétaire, annulant les effets de relance initiaux. La politique monétaire est particulièrement inefficace lorsque la mobilité des capitaux est forte, mais elle est également inopérante avec une mobilité faible. Il n'y a que dans le cas où un strict contrôle des changes est instauré que la politique monétaire pourrait avoir un impact. Dans un système de changes fixes, il n'est pas possible de concilier la mobilité des capitaux et l'autonomie de la politique monétaire. C'est ce que présente le triangle d'incompatibilité.

Une politique budgétaire expansive, en changes fixes, accroît le niveau de la demande, qui provoque l'accroissement du revenu (effets multiplicateurs). La demande de monnaie pour les transactions augmente alors, réduisant la quantité de monnaie disponible pour la spéculation, ce qui pousse le taux d'intérêt à la hausse. Les effets sont alors différents selon que les capitaux sont mobiles ou pas :

- avec une forte mobilité des capitaux, la hausse des taux d'intérêt contribue à attirer les capitaux étrangers, ce qui fait apprécier le taux de change, en dépit du déficit des transactions courantes lié à l'accroissement de la demande. Pour lutter contre cette tendance, la banque centrale doit acheter des devises contre sa propre monnaie, ce qui provoque un accroissement de la masse monétaire, permet la baisse du taux d'intérêt et renforce l'effet de la relance. La politique budgétaire est donc d'autant plus efficace en économie ouverte que la politique monétaire ne vient pas contrecarrer son action ;
- avec une faible mobilité des capitaux, la situation est différente. La hausse des taux d'intérêt n'attire que faiblement les capitaux étrangers qui ne compensent pas le déficit des transactions courantes. Celui-ci conduit alors à une dépréciation du taux de change et la banque centrale doit racheter sa monnaie. Elle réduit donc l'offre de monnaie interne pour rétablir l'équilibre de la balance des paiements, annulant en partie les effets de la relance budgétaire.

■ **Les ajustements en changes flottants**

En taux de changes flottants, une politique monétaire expansive a pour conséquence une diminution du taux d'intérêt, stimulant l'investissement et la croissance. Dans le même temps, la dépréciation de la monnaie qui en est la conséquence exerce un effet positif sur les exportations et freine les importations. Non seulement la politique monétaire est efficace sur l'activité, mais elle permet de réduire le déséquilibre extérieur, et ce, d'autant plus que les capitaux peuvent se déplacer.

La politique budgétaire peut perdre en revanche de son efficacité, et ceci, d'autant plus que les capitaux sont mobiles. En effet, l'accroissement de la demande provoque une montée du taux d'intérêt qui a des conséquences différentes selon le degré de mobilité des capitaux :

- si les capitaux sont mobiles, ils affluent, ce qui conduit à une appréciation du taux de change. Celle-ci dégrade la compétitivité extérieure et détériore le solde extérieur (hausse des importations et baisse des exportations). On assiste ainsi à un effet d'éviction par le taux de change : l'augmentation des dépenses publiques est compensée par une diminution de l'activité des entreprises exportatrices et des entreprises concurrencées par les produits importés ;

– si les capitaux sont peu mobiles, le déficit de la balance des transactions provoqué par l'accroissement de l'activité conduit à une dépréciation du change. Celle-ci améliore la compétitivité, ce qui permet de rétablir l'équilibre extérieur. L'effet initial de la politique budgétaire est renforcé par la dépréciation du change. Une restriction aux mouvements des capitaux peut conduire à rendre la politique budgétaire plus efficace.

b. — Le triangle d'incompatibilité et les différentes formes de régime de change

On peut représenter l'évolution des régimes de change depuis le XIXe siècle en les replaçant sur un triangle d'incompatibilité.

Figure 7

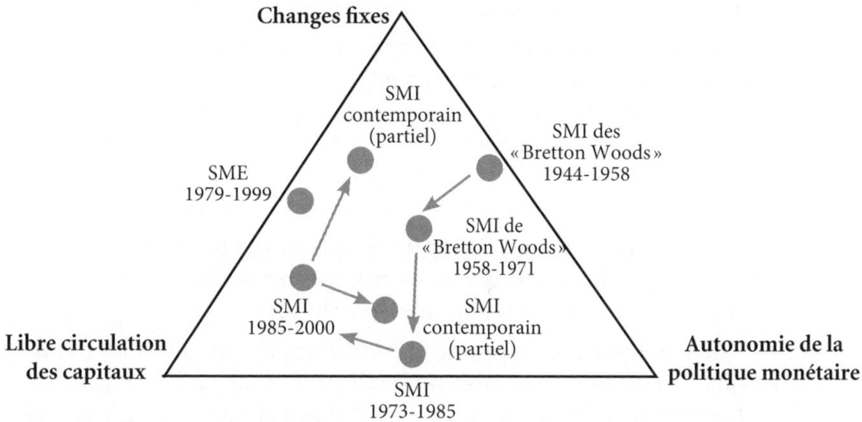

Le SMI de Bretton Woods (*cf. infra*, II) reposait sur des changes fixes mais limitait les possibilités de circulation des capitaux. C'est surtout vrai dans la première époque (1944-1958), avant le retour à la convertibilité externe des monnaies autres que le dollar. La seconde période de ce système (1958-1971) voit les mouvements de capitaux s'accélérer et la stabilité du taux de change devient plus problématique.

L'adoption des changes flottants, progressivement entre 1971 et 1976, marque un nouveau régime de change compatible avec une plus grande liberté de circulation des capitaux et la volonté de rendre les politiques monétaires plus autonomes.

L'ébauche d'une coopération monétaire dans la deuxième moitié des années 1980 (accords du Plaza 1985, accords du Louvre 1987) correspond à une harmonisation des politiques monétaires, qui va permettre une plus grande stabilité des taux de change alors que la globalisation financière se poursuit.

Depuis le début du XXIe siècle, avec l'apparition de l'euro et d'un système plus multipolaire, deux tendances assez nettement opposées se dessinent. Les variations des changes entre les grandes monnaies (euro, dollar) ont été d'une grande amplitude, traduisant des politiques monétaires différentes et l'acceptation du flottement des monnaies. En revanche, la « peur du flottement » (Calvo et Reinhart, « *Fear of floating* », 2002) est visible pour de nombreuses économies émergentes, qui lient leur monnaie au dollar. C'est particulièrement le cas du yuan, certainement amené à devenir une devise clé du SMI dans les prochaines décennies, mais dont la convertibilité n'est actuellement pas complètement assurée.

Le FMI, qui recense toutes les régimes de change constate qu'un peu plus de la moitié des pays (55 % en 2016) ont adopté un régime de change fixe ou stabilisé, tandis que le flottement en séduit un peu plus d'un tiers (37 % en 2016), 10 % environ restant inclassables.

II

ÉVOLUTION DU SYSTÈME MONÉTAIRE INTERNATIONAL DEPUIS LE XIXe SIÈCLE

Un système monétaire international (SMI) est un ensemble de règles qui organisent les décisions des États en matière de change et de réglementation des flux de capitaux et conditionnent de ce fait plus ou moins leur politique monétaire. Quatre éléments permettent généralement de caractériser un SMI :

– **la convertibilité des monnaies et l'organisation des flux de capitaux.** La convertibilité est assurée seulement pour la balance courante lorsqu'il est possible d'échanger une monnaie contre une autre pour réaliser des opérations d'importations et d'exportations de biens et services. La convertibilité du compte financier est réalisée lorsqu'il est possible d'échanger librement des capitaux *via* les prêts et les investissements à l'étranger, directs ou de portefeuille ;

– **le régime de change.** Changes fixes ou changes flottants, choix d'un référent tel que l'or ou une devise, mécanismes permettant de réajuster les changes... tous ces éléments ont varié dans l'histoire ;

– **les mécanismes assurant la fourniture de liquidités en cas de besoin.** La nécessité de se procurer des liquidités suppose qu'il existe un agent susceptible de les fournir. On peut imaginer un SMI centré autour d'une banque internationale assurant la fourniture de liquidités, mais l'histoire des deux derniers siècles, au cours desquels la livre puis le dollar ont joué le rôle de monnaie internationale, nous montre que c'est souvent sur un pays que repose la nécessité de fournir les liquidités ;

– **la surveillance et la coopération monétaire.** Selon les périodes, cette mission est plus ou moins précisément définie. Au XIXe siècle, elle repose surtout sur les épaules de la Banque d'Angleterre. Depuis le milieu du XXe siècle, c'est le FMI qui est chargé d'assurer la surveillance, tandis que la coopération monétaire, qui a pu prendre des formes variées, a été plus ou moins importante et efficace selon les époques.

A LE SYSTÈME MONÉTAIRE INTERNATIONAL DE L'ÉTALON-OR ET SES VARIANTES

Au cours du XIXe siècle, se met en place un système monétaire international reposant sur l'étalon-or. Il est le résultat d'un lent mouvement, conduisant les pays à adopter un cadre défini par l'économie dominante, la Grande-Bretagne, et qui finit par faire de la livre sterling le véritable cœur du système.

1. – L'étalon-or au XIXe siècle : mythe et réalité

Si la définition des monnaies par rapport à un poids d'or n'est pas nouvelle, le débat est nettement réactivé au début du XIXe siècle, avec la recherche de règles strictes liant l'émission monétaire et la quantité d'or. Dans les siècles précédents, et même en remontant très loin dans le temps (Empire romain par exemple), les monnaies sont directement frappées dans un métal précieux (or, argent) ou semi-précieux (bronze). La valeur de la monnaie est donc directement liée à la quantité de métal comprise dans la pièce. L'usage de plus en plus fréquent, à partir du XVIIe siècle, de billets de banque pose plus nettement la question de la référence en or de la monnaie. Les billets sont normalement convertibles en métal précieux, mais leur convertibilité réelle n'est pas toujours assurée comme en témoignent quelques expériences historiques : banqueroute de Law en 1720, expérience des assignats dans la France révolutionnaire...

C'est donc essentiellement la question de la convertibilité en or de la monnaie qui est posée, et en conséquence celle du contrôle de l'émission monétaire. Si la question se pose d'abord sur le plan interne, l'ouverture économique croissante va conduire à aborder le problème de la convertibilité externe de la monnaie et des garanties que la banque centrale d'un pays peut apporter aux non-résidents qui détiennent sa monnaie.

a. — L'origine : la controverse bullioniste

À partir de 1797, du fait de la situation politique et militaire en Europe, les billets de la Banque d'Angleterre deviennent inconvertibles. Jusque vers 1800, la valeur des billets reste la même, ensuite ils se déprécient rapidement. Une seconde crise monétaire se produit en 1810-1811 et le *Bullion Report*, présenté en 1810 à la Chambre des communes, considère que l'émission excessive de billets par la Banque d'Angleterre et les banques commerciales a provoqué une hausse des prix, une hausse de l'or et donc la dépréciation de la livre. Il reprend en cela les principaux arguments défendus par H. Thornton dès 1802, bien que ce dernier ait une interprétation plus nuancée, mette également en avant le rôle de la guerre et s'inquiète de l'effet dépressif sur l'économie que peut avoir une stricte limitation de la création monétaire. La thèse bullioniste trouvera son prolongement dans la *currency school*, à laquelle on associe également D. Ricardo : la stabilité de la monnaie ne peut être garantie qu'en liant strictement l'émission monétaire au stock d'or disponible. Cette approche s'oppose à celle de la *banking school*, défendue par T. Tooke, qui considère que l'émission de monnaie doit répondre aux besoins des agents et que la banque centrale doit lier l'encours des crédits aux mouvements de l'activité.

Même si le Parlement repousse le *Bullion Report*, poursuivant le financement de son effort de guerre contre la France, les thèses de la *currency school* finissent par s'imposer, ce qui ouvre la voie à la définition officielle de la valeur-or de la livre en 1816 et un retour à la convertibilité-or dès 1821. Mais c'est le *Banking Act* de 1844, appelé également Acte de Peel, du nom du Premier ministre qui l'a initié, qui consacre les contraintes de l'étalon-or. La Banque d'Angleterre est divisée en deux compartiments : un département d'émission, qui émet les billets avec une stricte couverture en or et un département de banque chargé de l'escompte des effets de commerce. Ce dernier assure l'introduction dans l'économie des billets émis par le premier, mais il est totalement contraint par le niveau des émissions. On fonctionne alors comme dans un système de *currency board* et les règles d'émission très strictes sont un facteur de confiance dans la solidité de la livre sterling à l'échelle internationale.

b. — Les principes de l'étalon-or

Le système de l'étalon-or provient de l'instauration par un ensemble de pays, de manière très progressive et empirique, d'un ensemble de règles monétaires strictes liant leur monnaie et un métal précieux (généralement l'or) et permettant d'établir des taux de change entre les monnaies.

- **Les monnaies sont définies par un poids en métal précieux qui détermine les parités respectives.**

Dès le début du XIXe siècle on peut, en simplifiant, considérer que l'Europe du Nord fonctionne en régime d'étalon-argent, que la Grande-Bretagne adopte l'étalon-or, tandis que la France et quelques pays latins sont partisans du bimétallisme.

La loi du 7 germinal an XI (28 mars 1803) instaure le bimétallisme. Le franc germinal vaut 5 grammes d'argent, au titre de 9/10e de fin, c'est-à-dire qu'il représente 4,5 grammes d'argent pur, reprenant en cela la définition du franc révolutionnaire de 1795. La même loi établit une parité fixe entre l'or et l'argent, sur la base de 15,5 kg d'argent pour un kilo d'or. Un franc vaut ainsi 0,3225 g d'or et 0,29025 d'or pur. Des pièces en or, d'une valeur de 20 F sont frappées et baptisées « Napoléon ».

La livre sterling est longtemps définie de manière bimétallique. La frappe des pièces en or, interrompue en 1797, reprend en 1816 (loi du 22 juin 1816) et l'étalon-or s'impose alors, même s'il faut attendre 1821 et la suppression des entraves à la libre circulation de l'or pour qu'il fonctionne réellement, en dépit de crises bancaires dans les années 1820-1830. La livre sterling pèse 7,988 g d'or, au titre de 11/12e d'or fin, ce qui signifie qu'elle contient en fait 7,3223 g d'or fin. La référence à l'argent s'estompe au cours du XIXe siècle et la convertibilité-or interne de la livre est assurée de manière très stable à partir de 1820. Une livre sterling vaut donc 7,3223/0,29025 c'est-à-dire 25,22 francs français. Cette parité sera respectée pendant tout le XIXe siècle.

- **Le mécanisme des « points d'or »**

La possibilité de convertir les monnaies en or, ou en argent, permet d'établir des limites de fluctuation des taux de change, c'est le mécanisme des « points d'or ». En effet, si une devise tend à se déprécier, il arrive un moment où il devient plus avantageux de la convertir en or et de faire circuler de l'or.

Supposons un commerçant français qui veut s'approvisionner en Angleterre et doit se procurer des livres pour payer ses achats. Il peut les acquérir auprès de sa banque, à la parité est de 25,22 FF pour une livre sterling. Il peut aussi convertir ses francs en or, transporter l'or en Angleterre et faire une conversion en livres (ou faire frapper des pièces). Cette opération ayant un coût – transport, assurance, monnayage –, il est évident que le commerçant sera prêt à payer les livres sterling un peu au-dessus de leur valeur officielle. En revanche, il n'acceptera pas d'acquérir des livres à un cours trop important et préfèrera dans ce cas faire circuler de l'or. Il existe donc une limite maximale au cours de la livre sterling, au-delà de laquelle les échanges auront lieu en or. C'est le point de sortie de l'or de France et le point d'entrée de l'or en Angleterre. Symétriquement, il existe une limite minimale correspondant au point de sortie de l'or de la Grande-Bretagne et son entrée en France.

Ces limites de fluctuations des cours, liées aux coûts de transport, d'assurance et de monnayage représentaient au XIXe siècle environ 0,2 %. Cela correspond à une marge de variation de la livre sterling de 5 centimes de franc et un cours qui pouvait osciller entre 25,17 F et 25,27 F. Il faut noter qu'en période troublée, le coût de transport et d'assurance augmente... et donc que les marges s'accroissent. C'est la raison pour laquelle la Grande-Bretagne a pu maintenir la convertibilité-or externe de la livre sterling pendant la Première Guerre mondiale, ne l'abandonnant qu'à la fin du conflit.

- **Un système qui garantit un rééquilibrage automatique des échanges extérieurs et une absence d'inflation**

Supposons qu'un pays utilisant ce régime de change connaisse un déficit de sa balance commerciale. Il en résulte une tendance à la dépréciation de sa monnaie. Si le point de sortie de l'or est atteint, la banque centrale doit réduire ses émissions monétaires, pour se conformer aux règles de l'étalon-or.

Cette diminution de la masse monétaire peut avoir deux effets :

- en vertu des principes quantitativistes qui sont étroitement liés à la doctrine de la *currency school*, cela doit provoquer une réduction des prix. À quantité de production égale, une masse monétaire plus faible se traduit par un niveau de prix inférieur, qui améliore la compétitivité-prix du pays et permet de rétablir la balance commerciale ;
- la diminution de la masse monétaire pousse le taux d'intérêt à la hausse, ce qui provoque une réduction de l'activité et de ce fait une diminution des importations (baisse de la demande). Les deux effets cumulés contribuent à améliorer le solde extérieur.

À ces effets auto-stabilisants sur la balance commerciale, s'ajoute la possibilité de maîtriser correctement l'inflation. Un pays dans lequel se déclenche une inflation perd en compétitivité et voit sa balance commerciale se dégrader. En vertu des mécanismes précédents, il en résulte une sortie d'or, une réduction de la masse monétaire et une baisse des prix. Solde extérieur et mouvements de prix sont donc étroitement liés et permettent à la fois d'éviter des déficits et des excédents durables et des pressions inflationnistes ou déflationnistes trop fortes.

c. — Étalon-or ou étalon-sterling ?

Si la Grande-Bretagne applique un étalon-or interne dès la fin des guerres napoléoniennes, ce n'est qu'avec le *Bank Charter Act* de 1844 que l'étalon-or externe est réellement instauré, et les circonstances obligèrent à le suspendre plusieurs fois (1847, 1857, 1866).

■ Monométallisme or ou bimétallisme

Au milieu du XIXe siècle, la Grande-Bretagne est encore seule à privilégier l'étalon-or. Dans la plupart des autres pays, la référence à l'argent est toujours présente, soit de manière exclusive soit *via* le bimétallisme. C'est le cas en particulier de la France qui conserve sa double définition or-argent de la monnaie. Cela provoque des mouvements spéculatifs, lorsque le prix de l'argent-métal varie par rapport à l'or, au gré des découvertes des métaux précieux. Si l'argent se déprécie, il est astucieux d'acheter de l'argent-métal en Angleterre, où il ne coûte pas trop cher, de l'amener en France et d'y faire frapper des pièces d'argent. En les échangeant ensuite contre de l'or au cours légal français, on obtient une plus-value substantielle. Inversement, dans des périodes où les découvertes d'or font baisser le prix relatif de l'or par rapport à l'argent, on observait des entrées d'or dans les pays bimétallistes, ou une thésaurisation des pièces d'argent dont la valeur intrinsèque augmentait et qui disparaissaient ainsi de la circulation monétaire. C'est le principe de la loi de Gresham : « *la mauvaise monnaie chasse la bonne* ».

La France, la Belgique, la Suisse et l'Italie créent en 1865 l'Union latine, véritable construction d'un système bimétalliste. La Grèce les rejoint en 1868, puis de nombreux autres pays d'Europe mais également d'Amérique latine adhèrent, plus ou moins strictement, au mécanisme. Il s'agit d'une convention visant à harmoniser le titrage des pièces d'or et d'argent, c'est-à-dire leur teneur en métaux précieux, et à instaurer des règles d'émission et de convertibilité communes. De la sorte, les monnaies des différents pays, tout en conservant leur nom, contiennent la même quantité de métal précieux et ont donc la possibilité de circuler à l'intérieur de l'Union. L'Union latine, au fil des nouvelles conventions, se transforma assez vite en un étalon-or. Dès la fin des années 1860, plusieurs pays plaident pour une adoption de l'étalon-or, mais c'est la décision allemande d'adopter l'étalon-or, et de démonétiser l'argent, au début de la décennie 1870 qui eut un effet décisif. Elle provoqua un afflux d'argent vers la France et la Belgique, obligeant ces États à mettre fin à la frappe libre des pièces, dès 1873 pour la Belgique, en 1876 puis définitivement en 1878 pour la France ; c'est le « bimétallisme boiteux » car les pièces en argent continuent à avoir cours mais ne peuvent plus être frappées librement.

L'étalon-or se généralise donc dans la deuxième moitié du XIXe siècle : Portugal (1854), Allemagne (1871-1873), États scandinaves (1873-1875), Finlande, Serbie (1878), Argentine (1881), Égypte (1885), Roumanie (1890), Autriche-Hongrie (1892), Russie, Bulgarie, Japon, Chili (1897), États-Unis (1900), Pays-Bas (1901), Mexique (1904)...

■ Le rôle central de la Grande-Bretagne dans le SMI

L'extension de l'étalon-or témoigne largement de l'importance prise par la Grande-Bretagne dans l'économie mondiale et les échanges internationaux. La livre sterling est devenue l'instrument des échanges internationaux et les banques anglaises assurent également une partie du financement de l'économie mondiale. La plupart des opérations liées aux échanges internationaux sont libellées en livre sterling qui est même acceptée en paiement en dehors de la zone où elle a cours. Elle est ainsi une véritable monnaie mondiale.

À ce titre, on voit déjà apparaître les contraintes qui seront théorisées par Triffin au XXe siècle : pour qu'une monnaie nationale puisse avoir un statut international, il faut que le pays émetteur en injecte dans l'économie mondiale. Dans la seconde moitié du XIXe siècle, la balance commerciale britannique est constamment déficitaire, mais sa balance courante excédentaire, en raison d'un fort excédent des invisibles. En effet, l'Angleterre domine les opérations de transport, d'assurance... et ses placements extérieurs lui assurent des revenus importants. C'est donc dans la partie basse de la balance des paiements que se trouve le secret de l'internationalisation de la livre : les crédits, à court ou à long terme, les investissements de portefeuille, les investissements directs contribuent à injecter les livres dont les autres pays ont besoin.

Mais le dilemme de Triffin ne joue que partiellement sur cette période. Les livres accumulées à l'extérieur, les balances sterling, devraient provoquer une tendance à la dépréciation de la livre et conduire à une sortie d'or. Mais elles sont, d'une part, relativement réduites et, d'autre part, la politique de taux d'intérêt menée par la Banque d'Angleterre lui permet de ramener les capitaux en Grande-Bretagne, ou incite les étrangers à conserver leurs avoirs en sterling et évite les sorties d'or. À ce titre, il est difficile de dire si l'Angleterre s'affranchit complètement des contraintes de l'étalon-or. La modification très fréquente de son taux d'escompte, plus de 400 fois entre 1844 et 1914, peut s'interpréter comme une volonté d'éviter les sorties d'or. Mais cela peut également être vu comme le moyen de provoquer le ralentissement de l'activité, la diminution de la création monétaire, la baisse des prix et l'amélioration de la compétitivité extérieure. En ce sens, ce sont les contraintes de l'étalon-or qui s'imposent et la Grande-Bretagne bride sa croissance économique pour maintenir le rôle central de la livre. On est donc bien dans un étalon-or, mais asymétrique : un seul pays a les moyens de payer dans sa propre monnaie et les conséquences des fluctuations des taux britanniques pèsent lourdement sur les autres pays.

2. – L'impossibilité de constituer un SMI multipolaire après la Première Guerre mondiale

Au lendemain de la Première Guerre mondiale, période où a été imposé en interne le cours forcé des billets, le système monétaire international hérité du XIXe siècle ne peut pas être reconstruit. La Grande-Bretagne interdit en 1918 les exportations d'or, mettant fin à un siècle d'étalon-or. Pourtant, la volonté est forte de reconstruire un système monétaire sur des bases proches de celui du XIXe siècle et la plupart des grands pays vont chercher à rétablir la convertibilité-or de leur monnaie, dans un cadre légèrement rénové. Mais la guerre a remodelé le paysage monétaire, consacrant la montée en puissance des États-Unis et le déclin de la Grande-Bretagne et des puissances européennes. Cependant, si les États-Unis sont incontestablement la première puissance économique mondiale, ils ne sont pas prêts à assumer ce rôle, particulièrement dans le domaine monétaire.

a. — La conférence de Gênes et la mise en place d'un étalon de change-or

La conférence qui s'est tenue à Gênes en avril-mai 1922 a initialement pour objet de traiter des questions économiques centrales de l'époque : paiement des dettes internationales, particulièrement celles contractées par la Russie avant 1914, problèmes douaniers et commerciaux, transports. Mais c'est le volet monétaire de la conférence qui est passé à la postérité. Elle réunit les principaux pays impliqués dans la Première Guerre mondiale, à l'exception notable des États-Unis, et pose les bases d'une reconstruction du SMI tout en demandant la tenue d'une convention internationale chargée de définir précisément les modalités de mise en œuvre.

Tous les pays membres sont d'accord pour faire de l'or le centre du système : « *Il est désirable que toutes les monnaies européennes soient basées sur un étalon commun. L'or est le seul étalon commun qu'à l'heure actuelle tous les États européens pourraient convenir d'adopter.* ». Mais ils s'inquiètent du risque de manque d'or et « *suggèrent que la convention contienne des dispositions tendant à l'économie dans l'usage de l'or, par le maintien de réserves sous forme de balances à l'étranger ; on citera, à cet égard, le système de l'étalon-or de change (« gold exchange standard », ou un système de compensation internationale* ». (Actes de la conférence de Gênes)

Le système mis en place repose sur l'existence de monnaies directement convertibles en or, qui correspondent aux « centres or », et sont des monnaies de réserves internationales. Elles sont garanties par les réserves en or et en devises de leur pays émetteur et constituent des devises clés. Leur convertibilité peut être assurée, soit de manière totale, soit – et c'est plus souvent le cas – en la limitant au lingot de 400 onces (ce sera le cas de la Grande-Bretagne en 1925 et de la France en 1928). Les autres monnaies peuvent être rattachées indirectement à l'or par l'intermédiaire des devises clés. On parle d'étalon de change or, car la convertibilité n'est possible qu'après échange contre une devise clé.

La stabilité des changes est assurée par le fait que les pays ne recourent pas à la création de papier-monnaie pour financer leurs déficits et s'imposent une stricte discipline budgétaire.

b. — Les difficultés du retour à la convertibilité des monnaies

Au moment de la conférence de Gênes, le dollar est la seule monnaie convertible en or. Au cours des années 1920, d'autres pays tentent d'assurer la convertibilité de leur devise et de devenir des centres or. Mais les conditions pour y parvenir n'ont pas été faciles.

■ **Le retour de la livre sterling à la convertibilité**

La Grande-Bretagne lutte pour retrouver sa suprématie, contestée mollement par des États-Unis peu soucieux de s'impliquer dans la direction monétaire du monde. S'ils sont devenus la première puissance mondiale, et sont passés d'une situation de débiteur à créancier du monde au cours de la guerre, ils n'ont pas le réseau bancaire, les pratiques financières de l'Angleterre, ni même sa flotte commerciale du XIXe siècle.

Le choix de l'étalon-or, affirmé dès 1918 dans le rapport Cunliffe, est renforcé par la conférence de Gênes. La livre sterling, qui flotte depuis la fin de la guerre, s'est nettement dépréciée et l'Angleterre décide, d'une part, de revenir rapidement à la convertibilité-or de la livre et, d'autre part, de réinstaurer la parité-or du XIXe siècle. Ce choix est en partie imposé par l'importance des balances sterling accumulées au cours de la guerre, qui risqueraient d'être converties en or si la livre était dévaluée. Pour atteindre cet objectif, il est nécessaire de mener une sévère politique de déflation, visant à ramener les prix à leur niveau d'avant-guerre. Cette politique est menée sous l'impulsion du directeur de la Banque d'Angleterre, Montagu Norman, et est incarnée à partir de 1924 par le Chancelier de l'Échiquier, Winston Churchill.

Le 13 mai 1925, la convertibilité de la livre sterling est rétablie, à la parité d'avant 1914, même si la convertibilité n'est assurée que pour le lingot de 400 onces (*gold bullion standard*). Mais la surévaluation de la livre aggrave le déclin industriel de l'Angleterre et les conséquences sociales sont graves, comme le craignait Keynes dès 1924. L'Angleterre connaît sa première grève générale en 1926, le chômage ne descend pas en dessous du million de chômeur (*the untractable million*) sur toute la fin de la décennie. La Grande-Bretagne a sacrifié sa croissance et son industrie à la restauration de son prestige monétaire.

■ L'Allemagne : de l'hyperinflation au retour à la convertibilité

Au début des années 1920, l'Allemagne connaît une hyperinflation qui est restée dans les mémoires comme l'exemple type de ce phénomène. Et pourtant, elle est la première des grandes puissances à retrouver la valeur-or de sa monnaie en 1924.

L'inflation est présente en Allemagne au cours de la guerre, comme dans beaucoup d'autres pays, mais ne disparaît pas à la suite du conflit. Le financement de la guerre par émission monétaire y a été plus important qu'ailleurs, augmentant considérablement la masse monétaire. Le traité de Versailles (1919) la condamne à verser d'importantes réparations. Le montant, déterminé par une commission internationale en 1921, est fixé à 132 milliards de mark-or, avec des annuités de 2 milliards augmentées de 26 % du montant des exportations. Le prélèvement effectué sur le revenu national allemand est estimé à environ 10 % de la richesse nationale au début des années 1920 (même si les données sur ce point sont assez inégales)[1]. La décision allemande de 1922 de ne plus payer, à laquelle fait suite l'occupation de la Ruhr par la France (janvier 1923), précipite d'accélération de l'inflation.

Nombreux sont les symboles de cette hyperinflation : enfants jouant avec des montagnes de billets, billets de banque surchargés valant plusieurs milliards de marks-papier. Mais la dépréciation de la monnaie face au dollar est certainement la mesure la plus vertigineuse du phénomène. 1 mark de 1913 est ainsi équivalent à 1 000 milliards de marks de 1923 !

La hausse des prix de gros traduit le même phénomène. Les prix progressent d'abord moins vite que la dégradation du change, puis plus rapidement, de telle sorte que l'indice des prix de gros atteint 1 261 milliards en décembre 1923 (1913 = 1). Devant une telle hausse des prix et dépréciation du change, on assiste à un phénomène de fuite devant la monnaie, qui contribue d'ailleurs à alimenter l'inflation. Dès que les agents disposent d'une unité monétaire, ils s'empressent de la dépenser ou de la convertir. La baisse de la production, au cours de l'année 1923, contribue également à amplifier le phénomène.

La sortie de cette hyperinflation s'est faite grâce à un changement d'unité monétaire impulsé par le Commissaire à la monnaie, puis ensuite Président de la Reichsbank, Hjalmar Schacht. Après avoir envisagé de créer une nouvelle unité monétaire indexée sur le prix du seigle, le choix s'est finalement porté sur la création d'une nouvelle banque, la Rentenbank au statut privé, émettant une nouvelle monnaie, le rentenmark, dont la valeur était calquée sur celle du mark-or d'avant-guerre. Elle valait donc 1 000 milliards de mark-papier. La valeur de cette monnaie était gagée sur le capital économique de l'Allemagne et ses réserves d'or.

---

1 C.-L. Holtfrerich, *L'inflation en Allemagne 1914-1923,* Comité pour l'histoire économique et financière de la France, 2008.

L'inflation est brisée en quelques semaines, la nouvelle monnaie étant adoptée rapidement par la population qui retrouvait les niveaux de prix d'avant-guerre, mettant fin à la fuite devant la monnaie. L'effet est accentué par l'aide que l'Allemagne reçoit à l'occasion du plan Dawes, en 1924 : 40 millions de livres et la certitude que les paiements ne mettraient pas en péril la stabilité du mark.

Le 30 août 1924, le rentenmark est officiellement remplacé par le Reichsmark, convertible en or. Il continuera cependant à circuler comme moyen de paiement jusqu'à Seconde Guerre mondiale.

■ La France et l'instauration du franc Poincaré

Le retour à la convertibilité-or du franc n'est assuré que dix ans après la fin de la Première Guerre mondiale. Au cours de la période, la France a été marquée par une poussée inflationniste et une dépréciation du franc qui a fait craindre un scénario hyperinflationniste comme en Allemagne.

Jusqu'en 1923, la relative stabilité du franc est liée à l'idée que « l'Allemagne paiera » les réparations de guerres auxquelles le traité de Versailles l'a condamnée. L'impossibilité pour l'Allemagne de financer de telles réparations, même étalées dans le temps, accentue la perte de confiance dans la monnaie française. L'occupation de la Ruhr en 1923 n'y change rien et l'hyperinflation allemande finit de ruiner les perspectives de versement. À partir de 1924, dans un contexte de politique de déflation en Angleterre, et d'arrivée au pouvoir du Cartel des gauches en France, le franc se déprécie rapidement sur les marchés des changes. La chute se poursuit de telle sorte qu'en 1926, R. Poincaré devient Président du Conseil, à la tête d'un gouvernement d'union nationale. Le changement de gouvernement et son statut d'ancien Président de la République au cours de la Première Guerre mondiale, suffisent largement à rétablir la confiance dans la monnaie, preuve tangible qu'il s'agissait surtout d'un mouvement spéculatif. Le retour des capitaux permet la stabilisation de la valeur du franc dès la fin de l'année 1926, à un taux de change proche de 125 francs pour une livre. Cela traduit une nette dévaluation du franc, par rapport à la parité du XIXe siècle, d'environ 80 %.

La stabilisation de fait permettra d'aboutir à une stabilisation de droit, lorsque le 25 juin 1928 le franc est de nouveau convertible. La nouvelle définition du franc en or, la première depuis 1803, se fait sur la base de 65,5 mg d'or pour un franc. La parité choisie, nettement sous-évaluée, contribue à doper la croissance française de la fin de la décennie, avant que la crise des années 1930 ne la rattrape. Paradoxalement, cette parité sous-évaluée, qui permet à la France d'engranger des excédents commerciaux, provoque des entrées d'or.

c. — L'éclatement du SMI au cours de la crise des années 1930

La crise de 1929 a des conséquences importantes sur le système monétaire international. L'effondrement du système bancaire américain, le retrait massif des capitaux américains placés dans le reste du monde, la contagion qui s'opère via les marchés financiers et le commerce international ont raison des efforts entrepris depuis dix ans pour assurer la stabilité du SMI. Les dévaluations compétitives, les politiques de déflation, la montée des tensions internationales vont conduire à son éclatement.

■ Les dévaluations de la livre et du dollar

En quelques mois, en 1931-1932, la Grande-Bretagne abandonne les trois dogmes hérités de l'ère victorienne, la monnaie forte, le libre-échange et la non-intervention de l'État dans l'économie intérieure.

Les exportations britanniques ont diminué de 50 % entre 1929 et 1931 et les invisibles, en nette diminution, ne compensent plus les déficits commerciaux. Les importantes sorties d'or poussent le gouvernement à suspendre la convertibilité de la livre le 21 septembre 1931 et à la laisser flotter. Elle se déprécie rapidement d'un tiers, effaçant la réévaluation réalisée au début des années 1920.

L'*Import Duties Act* de février 1932 établit des droits de douane sur de nombreux produits et les accords d'Ottawa en août 1932 établissent la « préférence impériale ». L'Angleterre accorde une franchise aux produits en provenance des dominions et de l'Inde et obtient en compensation des préférences tarifaires pour ses exportations. Cela se double de concessions politiques qui renforcent l'indépendance des dominions (Statut de Westminster).

De nombreux pays choisissent d'aligner leurs monnaies sur la livre sterling pour préserver leurs échanges avec l'Angleterre : Commonwealth (sauf Canada), pays Scandinaves et Baltes, Grèce, Irak, Iran, Égypte, Irlande, Portugal. Se constitue ainsi une zone sterling qui permet à l'Angleterre d'éviter l'augmentation du prix des produits importés, tout en pénalisant les pays extérieurs à la zone. La situation économique de l'Angleterre s'améliore, conséquence de l'avantage compétitif d'une monnaie faible mais également des mesures protectionnistes et des interventions de l'État pour soutenir l'agriculture, les charbonnages, la sidérurgie...

La conférence de Londres, en juin-juillet 1933, vise à mettre de l'ordre dans les relations monétaires internationales. Les experts des 66 pays réunis préconisent de cesser les dévaluations compétitives et les surenchères protectionnistes, de créer un fonds de coopération internationale et de favoriser le crédit. Mais depuis le 20 avril, le dollar est de fait décroché de sa parité-or et Roosevelt refuse de s'engager à ne pas dévaluer. Il privilégie la stabilité interne, et une politique de reflation à la stabilité du taux de change : « *la solidité du système économique d'une nation est un facteur beaucoup plus grand de son bien-être que le prix de sa monnaie en devises d'autres pays* ». Par le Gold Reserve Act du 30 janvier 1934, le Président américain est autorisé à fixer la valeur du dollar et, le 1er février, Roosevelt établit une parité de 35 $ l'once d'or, dévaluant le dollar de presque 60 %.

■ Le franc et le bloc-or

En réplique au choix américain de juillet 1933, la France, l'Italie, la Suisse, les Pays-Bas, la Belgique et la Pologne annoncent la naissance du « bloc-or » et confirment « *leur volonté formelle de maintenir le libre fonctionnement de l'étalon-or dans leurs pays respectifs aux parités-or actuelles* ».

Le bloc-or semble une construction solide : grâce notamment aux réserves françaises, il dispose d'une encaisse-or supérieure à celle des États-Unis ; il représente 24 % des échanges internationaux et enregistre alors des taux de chômage beaucoup plus faibles que ceux des États-Unis, de l'Angleterre ou de l'Allemagne.

Mais il ne dispose pas d'institutions communes et les tentatives de coordination monétaire entre les pays sont restées peu efficaces. La plupart des signataires connaissent déjà des déficits commerciaux, signe que leurs prix sont trop élevés ou que leurs monnaies sont surévaluées. En refusant la dévaluation, ils s'obligent à des politiques de déflation, coûteuses en termes de croissance et d'emploi. L'Italie (1934), la Belgique (1935) quittent le bloc-or, et le départ de la France en 1936, matérialisé par la fin de la convertibilité en or des billets, marque la fin de l'expérience.

■ Les zones monétaires de la fin de la décennie

La signature en 1936 d'un accord tripartite États-Unis, France, Royaume-Uni, établissant la convertibilité des billets en or au seul bénéfice des banques centrales, consacre l'idée que l'or n'a plus qu'un rôle international et vise à réinstaurer des changes fixes. Mais au cours de la seconde moitié des années 1930, c'est un éclatement du SMI en zones monétaires qui se confirme.

La zone sterling est liée à la dévaluation de 1931 et à la décision de nombreux pays liés à la Grande-Bretagne de conserver des relations privilégiées avec elle. Des mécanismes de crédit et des accords commerciaux ont contribué à structurer cette zone qui continuera à jouer un rôle important y compris pendant la Seconde Guerre mondiale. L'éphémère expérience du bloc-or visait également à instaurer une zone monétaire. La dévaluation du franc en 1936 et l'instauration d'un « franc-élastique » (franc Auriol) dont la valeur peut varier entre 43 et 49 mg d'or, conduisent dans les faits à un flottement de la monnaie française. L'accord monétaire entre la France et le Royaume-Uni en 1938 permet d'arrimer les deux monnaies.

En plus de la zone sterling et du bloc-or, apparaît une zone dollar englobant l'ensemble des pays du continent américain qui alignent leurs monnaies sur la dévaluation officialisée par Roosevelt le 30 janvier 1934 et signent des accords commerciaux bilatéraux avec les États-Unis (*Reciprocal Trade Agreement Act*, 1934).

L'Allemagne nazie a réussi à créer en Europe centrale une zone mark où les échanges sont fondés sur le troc et les accords de clearing. L'URSS utilise seule le rouble et le Japon crée une zone yen dans « *la sphère de coprospérité en Asie orientale* », l'empire qu'il est en train de constituer en Asie.

À la fin des années 1930, on a donc un cloisonnement commercial et monétaire généralisé, aggravant la paralysie des échanges et désorganisant le marché des capitaux. C'est une stratégie défensive pour les démocraties, mais qui favorise les revendications territoriales des régimes autoritaires. Au nom de la recherche d'un « espace vital » (*Lebensraum* pour les Allemands), ils s'engagent dans des stratégies de conquête qui aboutiront à la Seconde Guerre mondiale.

3. – Le SMI de Bretton Woods et la mise en place d'un étalon-dollar

La seconde moitié du XXe siècle s'ouvre par la mise en place, en quelques années, d'un ensemble d'institutions et de règles de coopération internationales qui visent à éviter le retour des conditions de l'entre-deux-guerres. Organisation des Nations unies (ONU, 1945) pour les aspects politiques, General agreement on tarifs and trade (GATT, 1947) pour les échanges internationaux, Fonds monétaire international (FMI, 1944) pour les questions monétaires. Les accords de Bretton Woods organisent les relations monétaires internationales pour les trois décennies suivantes.

a. — Le contenu des accords de Bretton Woods

La conférence qui s'est tenue à Bretton Woods, du 1er au 12 juillet 1944, a fait l'objet d'un intense travail préparatoire au cours des deux années précédentes. Ce sont les projets proposés par la Grande-Bretagne et les États-Unis qui sont au cœur des négociations et ils sont le reflet de deux visions différentes de l'après-guerre.

■ Le contexte de la conférence internationale : le plan Keynes contre le plan White

La délégation britannique est conduite par John Maynard Keynes, tandis que celle des États-Unis est menée par le sous-directeur au Trésor, Harry Dexter White. Les deux délégations sont d'accord sur la nécessité de mettre en place un SMI qui repose sur l'élaboration d'un système de changes fixes, tout en évitant la déflation liée à une contrainte trop importante sur le stock d'or. Elles souhaitent également mettre en place une institution chargée de faire la police dans les dévaluations et qui puisse prêter aux États en difficulté.

En revanche, le mode de défense des parités et le fonctionnement du système de change font l'objet de thèses très différentes. Le plan Keynes souhaite réduire le rôle de l'or et éviter qu'une monnaie nationale joue également le rôle de monnaie internationale. Il propose la création d'une nouvelle unité monétaire (bancor), uniquement destinée aux règlements internationaux et émise par une banque internationale jouant le rôle de chambre de compensation et assurant le règlement des déficits et des excédents. Les États-Unis préfèrent une solution moins aventureuse, reprenant largement les principes du Gold Exchange Standard. Les accords de Bretton Woods entérinent largement la proposition américaine, d'autant plus facilement acceptable que les États-Unis détiennent les deux tiers du stock d'or mondial et sortent renforcés d'un conflit mondial qui marque le déclin de leurs rivaux monétaires traditionnels, la Grande-Bretagne et la France.

■ **Le contenu des accords**

Les accords signés en juillet 1944, et qui constituent en fait les statuts du Fonds monétaire international (FMI), portent sur la convertibilité des monnaies, la stabilité des changes et définissent également le rôle du FMI.

- La question de la convertibilité peut être abordée à deux niveaux. Il peut s'agir de la convertibilité au sens juridique, celle qui impose à un pays – en l'occurrence sa banque centrale – de racheter sa propre monnaie à la demande de ses partenaires : « *tout État membre doit acheter les avoirs en sa propre monnaie détenus par un autre État membre si ce dernier* [le demande] » (article VIII, section IV). Les rachats peuvent se faire dans la devise de l'autre ou en or. L'autre manière de concevoir la convertibilité consiste à garantir la libre circulation de la monnaie dans l'espace international. « *Aucun membre n'impose, sans l'approbation du Fonds, de restriction à la réalisation des paiements et transferts afférents à des transactions internationales courantes* [...] *Aucun membre ne peut recourir* [...] *à des mesures discriminatoires ou à des pratiques de taux de change multiples* [...] [sauf] *approbation du Fonds.* » (VIII - Sections II et III).
- La détermination des taux de change. Chaque État signataire doit définir la valeur de sa monnaie en or, ou en dollar, au titre de 35 $ l'once d'or. L'or est au cœur du système, mais le dollar est consacré comme un substitut de l'or, « *as good as gold* ». Pour éviter les dévaluations « sauvages » des années 1930, chaque État s'engage à maintenir sa parité dans des marges étroites de fluctuation. « *Tout membre s'engage à ne permettre sur son territoire que des opérations de change entre sa monnaie et les monnaies des autres pays membres qui respectent un écart ne dépassant pas 1 % de la parité* ». Des modifications de parité sont possibles pour corriger un « déséquilibre fondamental », mais des dévaluations ou réévaluations de plus de 10 % doivent obtenir l'accord du FMI. Une modification d'ensemble des parités peut être décidée, il s'agit alors d'une dévaluation ou réévaluation de l'or.
- Le Fonds monétaire international est le gardien de l'orthodoxie monétaire et le garant du respect des accords. Il joue aussi le rôle de caisse de secours mutuel entre les pays signataires. Il dispose pour cela de ressources propres et peut assurer des prêts aux pays en difficulté. Ses ressources sont constituées par des versements effectués par les États membres. Ces « quote-parts » sont calculées en fonction du poids du pays dans le commerce mondial et de ses réserves en or et sont régulièrement réévaluées. Elles sont versées pour un quart en or et pour trois quarts dans la devise du pays. Chaque pays peut alors bénéficier de lignes de crédit, appelées « droits de tirage », auprès du FMI pour 125 % de sa quote-part. Il s'agit en fait d'échanger sa monnaie contre les devises dont il a besoin et le FMI parle d'ailleurs « d'opérations d'achat ». Il doit ensuite racheter sa monnaie, dans un délai variable et paye évidemment des intérêts sous la forme de commissions sur le montant non encore racheté. La première tranche de 25 % est automatiquement accordée car elle correspond à son versement en or, les lignes suivantes sont généralement conditionnées à des mesures de redressement. Le fonctionnement du FMI le conduit ainsi à se charger de monnaies faibles, celles des pays dont la balance est déficitaire, tout en injectant des monnaies demandées dans l'économie mondiale. S'il vient à manquer de certaines devises, il peut proposer au pays émetteur de lui fournir sa monnaie en échange d'or, ou de les emprunter auprès des pays qui en détiennent.

b. — *Une mise en place délicate et la transformation en un étalon-dollar*

Le SMI inventé à la conférence de Bretton Woods ne s'est mis en place que très progressivement après la guerre. Les statuts du FMI n'ont été ratifiés que le 27 décembre 1945 et il ne commence ses opérations que le 1er mars 1947.

■ La lettre de 1947 et le rôle central du dollar

Les statuts du FMI prévoyaient une clause d'exception au principe de stabilité des parités : « *est réputé remplir l'obligation ci-dessus* [la stabilisation des changes] *tout membre dont les autorités monétaires, pour le règlement des transactions internationales, achètent et vendent librement de l'or au cours correspondant à la parité, plus ou moins une marge prescrite par le Fonds* ». Cela signifie clairement que toute banque qui vend ou achète de l'or contre sa monnaie, à la parité officielle, n'est plus tenue d'intervenir sur les marchés des changes pour maintenir la valeur de sa devise. Si cette disposition est initialement prévue pour renforcer la confiance dans la convertibilité en or, elle conduit à transformer rapidement le système en un étalon-dollar. En effet, dès la fin 1947, le secrétaire du Trésor, John Snyder, prévient le Fonds que les États-Unis utiliseraient cette disposition. Ils s'engagent à fournir de l'or contre du dollar à ceux qui le demandent et n'interviennent plus sur le marché des changes. De ce fait, le rôle du dollar comme centre du SMI est renforcé, les autres pays ayant seulement à maintenir la parité de leur monnaie contre le dollar. On comprend ainsi pourquoi J. Denizet écrit que « *aucune décision n'a été plus importante que la lettre de 1947 de John Snyder au premier directeur du Fonds, Per Jacobsson* » (*Le dollar*, 1985) ou que pour H. Bourguinat, « *le dollar de 1944 est le soleil autour duquel s'organisent les autres monnaies satellites* » (*Les vertiges de la finance internationale*, 1987).

■ L'impossible retour à la convertibilité de la livre sterling

Le rôle central du dollar a été renforcé par l'impossibilité d'une alternative à sa domination. La livre sterling était la seule candidate possible pour servir de contrepoids au dollar. La maîtrise britannique dans la gestion des flux monétaires, l'importance historique de la livre sterling plaidaient pour qu'elle joue un rôle international important. De fait, le Royaume-Uni souhaite un retour rapide à la convertibilité, mais les balances sterling ont considérablement augmenté au cours de la Seconde Guerre mondiale. Elles sont passées de 600 millions à 3 600 millions (M. Lelart, *Le système monétaire international*, 2007), les pays étrangers ayant accumulé des livres en paiement de l'effort de guerre britannique. Si la Grande-Bretagne rétablit la convertibilité de la livre, il y a un risque que ces balances soient converties en or. Pour lui permettre d'assumer ce risque, les États-Unis concèdent un prêt de 3,75 milliards de dollars dès 1945 à la Grande-Bretagne, à 2 % et remboursable sur 50 ans. En contrepartie, la Grande-Bretagne ratifie les accords de Bretton Woods et met fin à la zone sterling. Le 15 juillet 1947, la livre est de nouveau convertible en or et... tous les pays détenteurs de sterling demandent la conversion de la totalité de leurs avoirs ! (sauf l'Australie et la Nouvelle-Zélande). Le 21 août, la Grande-Bretagne suspend à nouveau la convertibilité de la livre.

c. — *La montée des déséquilibres ne met pas fin à la suprématie du dollar*

Les années 1960 sont marquées par une dégradation progressive des conditions de fonctionnement du système de Bretton Woods.

■ Le paradoxe de Triffin

Le paradoxe de Triffin (*L'or et la crise du dollar*, 1960) résume assez simplement le problème fondamental d'un système monétaire international dans lequel une monnaie nationale joue un rôle central. Soit le pays émetteur de cette monnaie a une balance des paiements excédentaire, et sa monnaie devient rare, mais appréciée. Soit il a une balance des paiements déficitaire et sa monnaie est abondante dans l'économie mondiale, mais a tendance à se déprécier.

Le fonctionnement du SMI entre 1947 et 1971 oscille entre les deux versions du dilemme. À la fin des années 1940, le dollar est rare. Les États-Unis engrangent des excédents commerciaux, les dépenses militaires à l'étranger sont en diminution et les investissements à l'étranger faibles. Leur balance des paiements excédentaire raréfie les dollars. C'est le « dollar-gap », dont on ne sortira que par une injection massive de dollars dans l'économie mondiale. Celle-ci se produit à l'occasion du plan Marshall, qui instaure un soutien massif à la reconstruction européenne.

■ La montée des tensions sur le fonctionnement du SMI

Alors que les années 1950 sont plutôt marquées par un fonctionnement convenable du SMI, symbolisé par le retour à la convertibilité des principales monnaies, les dysfonctionnements réapparaissent dans les années 1960. Cette fois c'est l'abondance des dollars en circulation qui provoque une tendance à sa dépréciation et oblige à mettre en place des mécanismes originaux de soutien. Cette abondance de dollars s'explique par l'importance des dépenses réalisées par les États-Unis, en particulier les investissements de leurs firmes multinationales. La politique monétaire expansionniste permettant de financer les programmes spatiaux, militaires, la guerre du Viêtnam... accroît la quantité de dollars en circulation dans l'économie mondiale.

Mais il faut également noter l'apparition d'une nouvelle forme monétaire, dès 1957, les eurodollars. Il s'agit simplement de dollars détenus dans des banques non américaines, par des non-résidents américains. Leur origine provient des placements en dollars effectués par des banques de l'Union soviétique auprès d'institutions financières anglaises, parce que les taux d'intérêt à terme étaient plus importants et également pour éviter un gel éventuel de leurs avoirs sur le sol américain. Ces comptes constituent une véritable monnaie parallèle, qui peut faire l'objet d'une création monétaire, puisque des crédits libellés en dollars peuvent être accordés par des banques en dehors du territoire des États-Unis et ne sont donc pas soumis aux réglementations bancaires américaines.

Le pool de l'or en 1961 puis le double marché de l'or en 1968 sont des étapes importantes vers la fin du système de Bretton Woods. Les difficultés commencent dès 1960, avec une spéculation sur le marché de l'or, à Londres. Les États-Unis interviennent *via* la Banque d'Angleterre qui vend de l'or pour leur compte. Puis ils obtiennent l'aide des principaux pays qui partagent avec eux les interventions pour vendre de l'or et acheter des dollars. Chaque fois que la banque d'Angleterre intervient pour fournir de l'or, elle cède ensuite les dollars contre de l'or, à d'autres banques centrales, dans des proportions fixées à l'avance. Le système fonctionne correctement, mais il transforme profondément la nature du SMI. D'une part, il implique que d'autres banques centrales que la Fed assurent la convertibilité. D'autre part, il réduit considérablement la convertibilité réelle du dollar, puisque ces banques centrales ne peuvent plus demander la conversion des dollars qu'elles viennent de récupérer.

La reprise de la spéculation au milieu des années 1960, suivie par la dévaluation de la livre (1967) et le retrait de la France du pool de l'or, conduit à la création en 1968 d'un double marché de l'or, prélude à la fin de la convertibilité. En effet, si les États-Unis continuent à assurer la convertibilité du dollar pour les banques centrales, ils ne fournissent plus de dollars pour compenser les ventes d'or sur le marché. Cela signifie la fin des interventions des banques centrales sur le marché libre.

Le coup de grâce est porté au SMI de Bretton Woods le 15 août 1971. Richard Nixon demande à John Connally son secrétaire du Trésor de suspendre « provisoirement » la convertibilité du dollar. Dans le même temps, il impose une taxe de 10 % sur les importations et une dévaluation du dollar, et affirme que « *le moment est arrivé pour que les taux de change soient rectifiés et pour que les principales nations se fassent concurrence sur un pied d'égalité. Il n'y a plus de raison que les États-Unis luttent avec une main attachée derrière le dos.* »

■ Le privilège exorbitant du dollar

Les difficultés de fonctionnement du SMI de Bretton Woods renvoient à la place particulière du dollar dans ce système. Le double statut de monnaie nationale et internationale donne aux États-Unis un « privilège exorbitant » selon l'expression de Valéry Giscard d'Estaing en 1964. Les États-Unis ont le pouvoir de régler leurs dettes dans leur propre monnaie, au moyen d'une création monétaire et sans subir en contrepartie la dépréciation de leur monnaie. Ils ont ainsi le « *secret du déficit sans pleurs, qui permet de donner sans prendre, de prêter sans emprunter et d'acquérir sans payer.* » (Rueff, *L'âge de l'inflation*, 1963)

Un tel système peut fonctionner si la puissance émettrice de la monnaie internationale soumet sa politique économique aux contraintes de sa politique de change. Si la Grande-Bretagne se conforme assez largement à ces conditions au XIXe siècle, les États-Unis n'entendent pas se laisser dicter leurs politiques économiques et les objectifs de politique économique interne ont toujours prévalu sur la stabilité du taux de change. Face à une émission importante de liquidités mondiales, il est alors nécessaire que d'autres pays acceptent d'accumuler des réserves. Dans les années 1960, c'est l'Allemagne qui joue ce rôle, mais sa volonté de ne pas importer davantage d'inflation la conduit progressivement à souhaiter une revalorisation de sa monnaie et à refuser d'accepter ces dollars inflationnistes.

Il n'y a cependant aucune alternative au dollar au cours de la période. La seule autre monnaie susceptible de jouer un rôle international, la livre sterling, connaît plusieurs crises qui la fragilisent – 1947, 1957, 1967 – même si la City reste un pôle important de la finance mondiale. La création des Droits de tirage spéciaux (DTS), en 1969, est une tentative pour proposer un instrument de règlement alternatif au dollar, mais leur rôle reste très marginal dans le SMI. Ainsi, le dollar continue à jouer un rôle central, tandis que la politique monétaire américaine, de plus en plus contraire aux intérêts des autres pays, conduit inexorablement à la fin du SMI de Bretton Woods.

B LE SMI CONTEMPORAIN ET SES ÉVOLUTIONS

La déclaration d'inconvertibilité du dollar en or marque symboliquement la fin d'un système fondé, directement ou indirectement, sur l'or. Elle conduit également à la fin d'un système généralisé de changes fixes qui avait caractérisé l'après-guerre. Pourtant, ce n'est que progressivement que les États acceptent d'abandonner la référence à l'or et il faudra cinq ans avant qu'un nouveau SMI soit officiellement institutionnalisé. Alors que le dollar a largement contribué à déstabiliser le système antérieur, c'est la référence à l'or qui disparaît. Le dollar reste le cœur du SMI, les États-Unis ne se préoccupent qu'accessoirement de leur taux de change et les fluctuations du dollar ont des conséquences importantes pour les autres pays.

1. – L'organisation des changes flottants

La décision américaine du 15 août 1971 transforme profondément le système monétaire international et ouvre une période de crise avec les principaux pays partenaires. En effet, non seulement le dollar n'est plus convertible, mais les États-Unis ont instauré une taxe de 10 % sur leurs importations pour espérer trouver une solution à leurs déséquilibres de balance des paiements.

a. — Des accords du Smithsonian Institute (1971) à la généralisation des changes flottants

La volonté de revenir rapidement à des changes fixes pousse les pays développés à s'entendre sur la manière de reconstruire un SMI et de tenter de prolonger l'illusion de la convertibilité-or des monnaies.

■ Les accords du Smithsonian Institute

Les accords signés le 18 décembre au *Smithsonian Institute* de Washington visent à établir de nouvelles grilles de parité et à mettre fin aux turbulences monétaires. En contrepartie, les États-Unis acceptent de renoncer à la taxe de 10 % sur les importations. Même si le dollar est toujours défini par rapport à un poids d'or, il n'est plus convertible et il est dévalué, sa nouvelle valeur étant de 38 $ l'once. Les parités du franc et de la livre ne varient pas, ce qui correspond à une réévaluation de 8,6 % par rapport au dollar, mais d'autres monnaies sont parallèlement réévaluées par rapport à l'or : le mark de 4,6 % et le yen de 7,7 %. Le dollar est donc largement dévalué par rapport aux monnaies fortes de l'époque et, contrairement à ce que la France tentait d'obtenir, la question du retour à la convertibilité n'est pas à l'ordre du jour.

Les marges de fluctuations sont également élargies, à ± 2,25 %. Le dollar reste toujours au cœur du mécanisme de change et les États-Unis ne sont pas plus tenus que dans le système précédent à stabiliser leur taux de change. Les marges élargies de fluctuations constituent un tunnel, dont le centre est le dollar. Les autres pays doivent donc maintenir les parités dans les marges, mais le dollar reste exempté de toute intervention. Les pays de la Communauté économique européenne considèrent que ces marges de fluctuations sont trop importantes pour eux et instaurent en avril 1972 le serpent monétaire européen, imposant à leurs monnaies de varier ensemble dans une bande de fluctuation plus étroite (*cf.* partie 3, chapitre 3).

■ La marche vers les changes flottants

En dépit des affirmations de Nixon célébrant « l'accord monétaire le plus significatif dans l'histoire du monde », les décisions prises en décembre 1971 n'ont pas permis d'assurer la stabilité du système monétaire international. Une nouvelle crise monétaire se produit dès le début de l'année 1973. Provoquée par une décision italienne d'instaurer un double marché des changes, la crise monétaire s'exacerbe en février avec une forte spéculation à la baisse sur le dollar, aboutissant à la fermeture du marché des changes du 2 au 19 mars.

Les décisions prises en mars 1973 entérinent le passage aux changes flottants : les États-Unis ne défendent pas la parité de leur monnaie qui est de nouveau dévaluée de 10 %, le serpent monétaire européen est adapté pour tenir compte de la nouvelle donne, mais les monnaies faibles de l'Europe ne peuvent pas rester longtemps dans le mécanisme. Les capitaux flottants, la « *hot money* », qui se déplace au gré des fluctuations de change, sont toujours là. Seule une hausse des taux d'intérêt américains et une émission massive de titres à long terme pourraient les réduire, mais les États-Unis s'y refusent.

À la fin de l'année 1973, le choc pétrolier rend nécessaire de se procurer des dollars pour payer des importations devenues plus onéreuses. Le dollar remonte alors brutalement, avant de se déprécier à nouveau. Les monnaies européennes sont normalement liées entre elles par le serpent monétaire, mais il est rapidement réduit à une zone mark. La livre (23/6/1972) et la lire (13/2/1973) en sont sorties, le franc français quitte le serpent le 19 janvier 1974, y retourne le 10 juillet 1975 et en ressort, définitivement, le 15 mars 1976.

b. — Les accords de la Jamaïque donnent un cadre légal aux changes flottants

La conférence qui se tient à Kingston les 7 et 8 janvier 1976 donne un cadre légal au flottement organisé depuis quelques années et entérine la fin du système de Bretton Woods.

■ Banalisation de l'or et rôle central pour les DTS

L'or devient une marchandise comme les autres, dont le cours varie en fonction de l'offre et de la demande. C'est cependant une marchandise spéciale, puis les banques centrales peuvent continuer à en détenir parmi leurs réserves et réévaluer leurs stocks au cours du marché. Mais l'or ne peut plus être utilisé pour définir les parités et c'est donc la fin officielle de son rôle monétaire. Le FMI doit restituer aux États membres 1/6e de l'or qu'ils ont versé et vendre 1/6e aux enchères pour disposer de nouveaux moyens en faveur des pays en développement.

Les Droits de tirage spéciaux existent depuis 1969 et le FMI souhaite qu'ils deviennent des instruments essentiels de l'organisation monétaire internationale. Initialement définis par rapport à un poids d'or équivalent à celui du dollar, ils devaient constituer des instruments de réserve et de règlement internationaux pour les banques centrales et proposer une alternative au dollar.

Le DTS n'est pas une monnaie, c'est une créance sur les États membres du FMI qui s'engagent à les convertir en monnaies clés. Le mécanisme, tel qu'il est présenté par Agnès Benassy-Quéré et Jean Pisany-Ferry (« *Quel système monétaire international pour une économie mondiale en transition rapide ?* », CEPII 2011), est le suivant :

« *(1) le FMI décide d'une allocation de DTS pour un certain montant ;*

(2) les DTS sont répartis entre les États membres selon leurs quotes-parts au Fonds ;

(3) chaque DTS alloué donne lieu, pour l'État concerné, à la perception d'intérêts (le DTS est un actif) et au versement d'intérêts (c'est aussi un engagement) ; le département DTS du Fonds sert de chambre de compensation ; le taux d'intérêt étant le même dans les deux cas, l'opération est neutre au départ ;

(4) un État membre peut convertir ses DTS auprès d'un autre État membre, auquel cas il reçoit en échange l'une des devises du panier, qu'il peut alors utiliser pour faire face à ses engagements ; sa position en DTS devient déficitaire et il verse des intérêts nets au département DTS du Fonds ;

(5) l'État membre s'étant porté contrepartie se trouve en position nette créancière en DTS et reçoit donc des intérêts nets. »

La perspective de la démonétisation de l'or a poussé à chercher une nouvelle définition du DTS. Dès 1974, il est calculé à partir d'un panier de 16 monnaies correspondant aux pays réalisant plus de 1 % du commerce mondial. Le FMI a calculé, le 28 juin 1974, à quelle quantité de chacune des monnaies cela aboutissait pour que la valeur du panier soit équivalente à celle du DTS par rapport à l'or. Depuis, l'évolution des différentes monnaies permet de déterminer la valeur quotidienne du DTS. Par souci de simplification, à partir de 1981, le panier ne retient plus que cinq monnaies (dollar US, yen, livre Sterling, deutsche mark, franc français), puis en 1999 l'euro se substitue au mark et au franc.

■ Une grande liberté de régime de change

Les accords de Kingston traduisent bien la difficulté à concilier des points de vue différents et laissent la porte ouverte à tous les types de régimes de change possibles : changes fixes, changes flottants purs, flottement concerté. La rédaction du nouvel article IV des statuts du FMI fait la part belle aux formules qui n'engagent pas à grand-chose et permettent des lectures multiples.

Les nouveaux statuts (Article IX, section 4) envisagent la possibilité d'un retour à des changes fixes, par rapport au DTS ou un autre dénominateur, mais ni l'or ni une monnaie. Aucune date butoir n'est cependant fixée et les conditions posées de rétablissement des grands équilibres sont à la fois floues et restrictives : « *Le Fonds peut décider, à la majorité de quatre-vingt-cinq pour cent du nombre total des voix attribuées, que les conditions économiques internationales permettent la mise en place d'un système généralisé de régimes de change reposant sur des parités stables mais ajustables. Le Fonds prend une telle décision sur la base de la stabilité sous-jacente de l'économie mondiale et, à cette fin, il tient compte de l'évolution des prix et des taux de croissance économique des États membres. La décision est également prise à la lumière de l'évolution du système monétaire international, eu égard en particulier aux sources de liquidités et, afin d'assurer le fonctionnement effectif d'un système de parités* [...] ». Ce système, prévu pour fonctionner avec des marges définies à ± 4,5 %, nécessite d'obtenir une majorité de 85 % des voix. Or, les États-Unis détiennent 15 % des droits de vote et peuvent donc bloquer tout retour à des changes fixes.

2. – Changes flottants ou semi-étalon-dollar ?

L'effondrement du système de Bretton Woods, provoqué par les difficultés du dollar et le dilemme de Triffin, a provoqué le flottement des principales monnaies. Pourtant, le dollar continue à jouer un rôle essentiel dans le système monétaire international.

a. — La constitution d'un semi-étalon-dollar

Les accords de la Jamaïque permettent une grande variété de régimes de change. Si l'Europe, avec le Système monétaire européen, cherche à reconstruire rapidement un système de changes semi-fixes, la plupart des grandes monnaies connaissent des fluctuations importantes. Le dollar, le yen, la livre sterling flottent et les autorités monétaires abandonnent l'objectif du taux de change pour recentrer leur politique économique sur des priorités internes. Dans le triangle d'incompatibilité, les grands pays ont choisi l'autonomie de la politique monétaire et la liberté de circulation des capitaux.

■ Le flottement des monnaies et les variations importantes du dollar

Les fluctuations du dollar symbolisent assez bien le changement des priorités. À la fin des années 1970, le dollar est faible. L'administration américaine espère à l'époque que la dépréciation de sa devise permettra d'améliorer le solde extérieur. Mais la perte de compétitivité de l'économie américaine n'est pas seulement liée à un niveau de prix trop élevé et le dollar faible, provoquant un renchérissement des importations, accroît l'inflation. L'année 1979 marque un changement de cap de la politique monétaire américaine, conduite désormais par Paul Volcker à la tête de la Réserve fédérale. Le contrôle strict de la masse monétaire, conduisant à des taux d'intérêt réels très élevés, provoque une flambée du dollar. Entre 1979 et 1985, le dollar monte contre toutes les grandes monnaies. Sa valeur par rapport au franc double, mais il progresse également d'environ 50 % par rapport au mark et de plus de 20 % par rapport au yen. Cette progression est le résultat de la combinaison d'une politique monétaire restrictive et d'une politique budgétaire expansionniste. L'économie américaine cumule des déficits, budgétaire et extérieur, et pourtant le dollar monte, car le besoin de financement se traduit par une émission importante de titres, publics et privés, qui sont souscrits par des étrangers.

Le niveau très élevé atteint en 1985 pèse sur la compétitivité de l'économie américaine et pénalise également les pays importateurs de produits dont le prix est libellé en dollar (pétrole par exemple). Les accords du Plaza, le 22 septembre 1985, marquent un retour de la collaboration monétaire internationale. Pour la première fois depuis le début des années 1970, les principaux pays développés coopèrent pour faire baisser le dollar, dans le cadre d'une action concertée. Presque 18 mois plus tard, les mêmes pays s'accordent pour considérer que le dollar a suffisamment baissé (- 40 % environ) et coopèrent à nouveau pour stopper la baisse. Ce sont les accords du Louvre du 22 février 1987.

■ **Ce qui fait du SMI un semi-étalon-dollar**

Michel Aglietta affirme depuis longtemps que le SMI contemporain est devenu un « semi-étalon-dollar ».

La première raison tient au fait que, depuis les années 1990, la plupart des monnaies qui choisissent de s'ancrer plus ou moins fortement à une autre ont choisi le dollar, quelques-unes seulement étant liées à l'euro. On peut citer l'exemple du peso argentin entre 1991 et 2002, du dollar de Hong Kong, mais également du yuan chinois. Au total, c'est environ la moitié des monnaies existantes qui sont liées directement ou indirectement au dollar. Jusqu'en 2005, le yuan-renminbi est strictement attaché au dollar. Depuis, il est officiellement rattaché à un panier de devises (dollar, euro, yen, won) mais le change reste fixé par les autorités. On a donc au sein du SMI des devises qui flottent entre elles et par rapport au dollar, et des devises qui sont étroitement liées au dollar.

La seconde raison, conséquence directe de la première, est que la politique monétaire américaine influence considérablement les taux de change et la liquidité mondiale. Qu'ils émettent peu de monnaie, et les taux d'intérêt se mettent à monter, tandis que le dollar manque dans l'économie mondiale. Qu'ils émettent au contraire beaucoup de liquidités et les dollars abondent, provoquant, d'une part, une appréciation du taux de change des monnaies flottantes (euro, yen) et, d'autre part, une accumulation de réserves de change dans les pays liant leur monnaie au dollar.

Les réserves de change mondiales sont constituées à 63 % en dollar, 22,5 % en euro et le reste se partage entre le yen, la livre, le DTS... La majorité de ces réserves sont aujourd'hui détenues par les pays émergents, particulièrement la Chine, dont les réserves de change ont explosé depuis 2000. Cette accumulation de réserves est la contrepartie de leurs excédents commerciaux, qui sont eux-mêmes le produit de la sous-évaluation de leur monnaie. Refusant de voir leur monnaie s'apprécier, ils accumulent des réserves, qui leur sont de plus nécessaires pour financer leurs importations ou investissements à l'étranger, puisque leur monnaie n'est pas librement convertible. L'importance des réserves s'explique également par le besoin de pouvoir faire face à des retraits massifs de capitaux. La crise qui a frappé certains pays émergents, asiatiques surtout, dans la seconde moitié des années 1990 leur a montré qu'ils pouvaient se trouver confrontés à des sorties de capitaux extrêmement rapides. Même si quelques pays émergents ont abandonné le lien strict avec le dollar pour une politique de ciblage d'inflation, au cours des années 2000, la nécessité de se procurer des liquidités lors de la crise financière de 2008 les a conduits à se rapprocher de la Réserve fédérale.

Le dollar reste la principale monnaie de facturation dans les échanges internationaux et de nombreux produits qui font l'objet d'un marché mondial y sont cotés en dollar. Le rapport du Conseil d'analyse économique, *Comment réformer le système monétaire international ?* (2011), souligne que *« l'ensemble des économies dont la monnaie est reliée au dollar représentait, en 2007, 36 % du PIB mondial hors États-Unis. Si l'on ajoute la part des États-Unis dans le PIB mondial (25 % en 2007), on aboutit ainsi à une « zone dollar » pesant plus de 60 % de l'économie mondiale. »*

b. — Quelles évolutions possibles ?

Depuis le début du XXIe siècle, une situation nouvelle est apparue dans les relations monétaires internationales. La création de l'euro puis la montée en puissance de la Chine dans l'économie mondiale laissent penser qu'une recomposition du SMI autour de plusieurs pôles est possible. Cependant, le rôle essentiel que joue encore le dollar ne permettra que des évolutions très lentes.

■ **Un SMI multipolaire ?**

La création de l'euro propose une alternative crédible à la domination du dollar. L'euro pèse aujourd'hui plus dans les réserves de change que ne le faisaient les monnaies qu'il a remplacées.

Dans le même temps, la montée en puissance de l'Asie, particulièrement de la Chine, rend possible l'émergence d'une monnaie régionale, voire internationale dans cette zone. Les perspectives à moyen et à long terme retenues dans le rapport du CAE prévoient que les États-Unis pèseront en 2050, 20 % du PIB mondial mesuré aux taux de change courants de 2005, un peu plus que la zone euro, contre 25 % pour la Chine.

S'il est très compliqué de prévoir l'évolution du SMI, quelques tendances semblent se dessiner. La forte croissance de la Chine rend possible l'organisation d'un système multipolaire : dollar - euro - yuan. Mais les changements dans les rapports de force économiques se traduisent souvent lentement dans les changements monétaires. Wallerstein (*Capitalisme et économie-monde*, 1980) a montré que l'hégémonie se construit et se détruit dans le même ordre : production, échange, monnaie. La domination commerciale et monétaire anglaise a perduré bien au-delà du déclin industriel britannique. Le dollar continuera certainement à jouer un rôle essentiel, alors que les États-Unis auront cessé d'être la première puissance économique.

En effet, ce n'est pas seulement parce qu'un pays est le plus puissant économiquement que sa monnaie devient internationale : il faut également une ouverture financière permettant la circulation des capitaux, un marché obligataire profond et liquide[2] permettant de se procurer facilement des titres contre la monnaie, une politique monétaire prévisible, une capacité du pays à absorber les chocs macroéconomiques ou financiers. À ces facteurs économiques peuvent se rajouter des critères tels que la cohésion politique ou la puissance militaire et géopolitique. Actuellement, seul le dollar présente toutes les caractéristiques nécessaires à une monnaie internationale.

L'euro remplit de nombreuses conditions nécessaires à son internationalisation, mais le poids de l'Europe décline. Eichengreen (*Un privilège exorbitant, le déclin du dollar et l'avenir du système monétaire international*, 2011) considère que le principal problème est que l'euro est une « monnaie sans État », soulignant le problème posé par l'absence de coordination politique en Europe. Les tensions liées à la crise des dettes souveraines ont montré qu'il était difficile d'avoir une monnaie commune sans coordination efficace des politiques budgétaires. De plus, le marché des titres publics européens est très éclaté, contrairement au marché des bons du Trésor américains. La création d'eurobonds, représentant l'ensemble de la dette publique des États européens, est une solution avancée pour obtenir un marché obligataire profond et liquide. Elle est cependant fortement contestée par certains, l'Allemagne refusant en particulier leur création, considérant que ce serait un recul sur la maîtrise par chaque État membre de sa politique financière.

Le yuan (ou renmimbi) peut profiter de la puissance économique chinoise, mais les structures financières ne sont pas assez solides pour en faire une véritable devise-clé. Il faudrait que le yuan s'internationalise, ce qui suppose que la monnaie soit convertible sans restriction ; que le pays autorise les non-résidents à en détenir (et à posséder des actifs libellés dans cette monnaie) ; que les résidents puissent détenir des devises et des actifs libellés en devises. Si la convertibilité totale est loin d'être encore une réalité, les évolutions des dernières années montrent que le poids du yuan dans le système monétaire international va certainement continuer à s'accroître. Symboliquement, l'introduction du yuan dans la composition du DTS à la date du 1er octobre 2016 traduit cette montée en puissance. Le yuan est également devenu la deuxième monnaie des financements commerciaux, devant l'euro, et même s'il reste loin derrière sur l'ensemble des paiements internationaux, l'évolution des dernières années est impressionnante et le yuan talonne

2 Un marché est profond si on peut y acheter ou vendre de grandes quantités sans effet majeur sur les prix.
Un marché est liquide si on peut y acheter et vendre rapidement sans effet majeur sur les prix.

maintenant le yen. Les premières obligations libellées en yuans ont été émises à la Bourse de Londres en 2013 et plusieurs milliards de yuans ont ainsi été levés sur les marchés depuis lors. Le yuan apparaît aussi dans les réserves de change de certaines banques centrales. Concernant le taux de change, la Banque centrale chinoise intervient très clairement depuis 2016 sur les marchés pour empêcher la dépréciation de sa devise, en net recul par rapport au dollar. Ses réserves de change ont ainsi baissé de 320 milliards de dollars en 2016.

■ Quel rôle nouveau pour les DTS ?

Lors de leur création, les DTS sont conçus comme pouvant être une alternative au dollar, en pleine crise du système de Bretton Woods. Leur rôle est réaffirmé lors des accords de Kingston (1976) puisqu'ils deviennent officiellement l'unité de compte de référence du FMI et prennent la place dévolue jusque-là à l'or.

Pourtant ils n'occupent qu'une place marginale dans les réserves de change des différents pays. Cela s'explique, d'une part, par le fait que le dollar est resté au cœur du SMI contemporain et, d'autre part, par une politique relativement stricte d'émission de DTS. Il n'y a eu que trois allocations générales de DTS depuis 1970. La première portait sur 9,3 milliards de DTS en 1970 et 1972, la seconde sur 12,1 milliards sur la période 1979-1981 et la troisième allocation de 161,2 milliards a eu lieu en 2009 pour contrer les effets de la crise financière. Par ailleurs, en 2009, le FMI a procédé à des « allocations spéciales ponctuelles » de DTS, pour un montant de 21,5 milliards, de façon à permettre aux pays qui avaient adhéré tardivement au fonds de pouvoir bénéficier également des DTS. Au total, il y a donc 204,1 milliards de DTS, ce qui représente l'équivalent de 280 milliards de dollars (au cours d'avril 2017) alors que le montant global des réserves de change dépasse 10 500 milliards de dollars fin 2016.

Le débat sur le rôle des DTS a été relancé en 2009 lorsque Zhou Xiaochuan, gouverneur de la banque centrale chinoise, a souhaité qu'ils jouent un rôle plus important dans les réserves internationales. Les fluctuations du dollar font peser un risque sur la valeur des actifs libellés en dollars pour les pays qui ont accumulé d'importantes réserves de change au cours des dernières décennies. C'est particulièrement le cas de la Chine, qui détient environ un tiers des réserves de change mondiales. Le DTS est également un moyen de fournir des liquidités internationales à ceux qui en ont besoin, sans faire porter toute la responsabilité du prêteur en dernier ressort aux États-Unis.

Plusieurs problèmes se posent cependant pour une extension du rôle international des DTS :

- la création des DTS n'est pas souple. Les allocations sont soumises pour l'instant à l'approbation de l'Assemblée générale. La procédure permet de gérer la fourniture de ces liquidités sur le moyen terme, mais est peu efficace pour répondre à des besoins ponctuels et des situations de crise. Le développement des DTS suppose donc de réformer au préalable les statuts du FMI;
- l'importance actuelle du dollar dans les réserves de change ne permet que difficilement d'envisager son remplacement par une autre devise. En effet, si la Chine par exemple décidait de transférer une partie de ses réserves vers l'euro ou vers le DTS, il en résulterait une dépréciation rapide du dollar. Mais, dans le même temps, tous les placements en dollars détenus par la Chine verraient leur valeur diminuer. On a donc un « équilibre de la terreur financière » selon l'expression de Larry Summers en 2004 ;
- de manière plus radicale, le développement des DTS pose la question de l'existence d'une monnaie internationale qui ne serait pas adossée à une nation. En effet, les titres publics qui sont acquis pour constituer les réserves voient leur valeur liée à la possibilité d'un remboursement. Or il n'est pas facile pour un pays de garantir à la fois sa dette et la dette internationale correspondant à sa quote-part dans le DTS.

■ **Quel rôle pour le FMI et les organisations internationales ?**

La généralisation des changes flottants et la fin du système de Bretton Woods ont modifié le rôle que joue le FMI. Sa fonction initiale de gendarme des dévaluations n'a plus lieu d'être, mais sa fonction de « caisse de solidarité », permettant aux pays en difficulté de se procurer les liquidités dont ils ont besoin, a conservé toute son utilité.

Après 1976, le FMI a largement recentré son activité sur l'aide aux pays en développement. Alors que les tirages auprès du Fonds étaient très largement le fait des pays développés dans la période 1945-1971, ce sont les pays en développement qui sont les principaux utilisateurs dans la période suivante.

Les crises des années 1980 dans les pays en développement ont conduit le FMI à intervenir. Il a multiplié les mécanismes permettant de venir en aide aux pays en difficulté, en assurant des prêts de court comme de moyen et long terme et ne se concentre plus seulement sur les déséquilibres de balance des paiements comme l'y autorisent ses nouveaux statuts. Il s'est ainsi rapproché du rôle traditionnellement dévolu à la Banque mondiale en finançant des projets de développement et s'est fait le héraut des « politiques d'ajustement structurel » et du « consensus de Washington » (*cf.* partie 2, chapitre 3). Défenseur de l'ouverture des marchés, de la libéralisation des économies, il a souvent lié son aide à l'adoption de ces politiques.

Face à la crise financière de 2008, le FMI a accentué ses aides aux pays en difficulté, intervenant pour apporter des liquidités et trouver des solutions aux problèmes de dettes souveraines. L'allocation massive de DTS (2009) a permis de répondre aux besoins de liquidité, tandis que le doublement des quotes-parts (2010) lui assurait des moyens financiers nouveaux.

III

CONSTITUTION ET FONCTIONNEMENT DU MARCHÉ MONDIAL DES CAPITAUX

Les marchés de capitaux sont aujourd'hui très divers et très largement interconnectés. La globalisation financière est certainement un des phénomènes les plus marquants des dernières décennies.

L'histoire économique nous apprend cependant qu'un processus de mondialisation financière, largement comparable à celui que nous connaissons, s'est produit à la fin du XIXe siècle. Son développement et sa disparition apportent un éclairage intéressant sur les transformations à l'œuvre depuis les années 1980.

A LES MARCHÉS DE CAPITAUX

« Marchés de capitaux » ou « marchés financiers », il n'est pas rare d'employer l'un pour l'autre et le langage commun conduit souvent à les considérer comme identiques. Pourtant, l'analyse économique fait nettement la distinction entre les deux formes. Les marchés financiers constituent un sous-ensemble des marchés des capitaux, celui des capitaux à long terme.

L'imprécision vient également du fait que l'utilisation intensive d'anglicisme accroît la confusion. En effet, les capital markets correspondent aux marchés financiers, tandis que les financial markets s'identifient aux marchés de capitaux.

1. – Typologie des marchés de capitaux

Une vision étroite des marchés de capitaux conduit à distinguer, d'une part, le marché monétaire qui est un marché des capitaux à court terme et, d'autre part, le marché financier correspondant aux capitaux à long terme. Une vision plus large étend la notion de marchés de capitaux au marché des changes et à celui des matières premières.

Figure 8

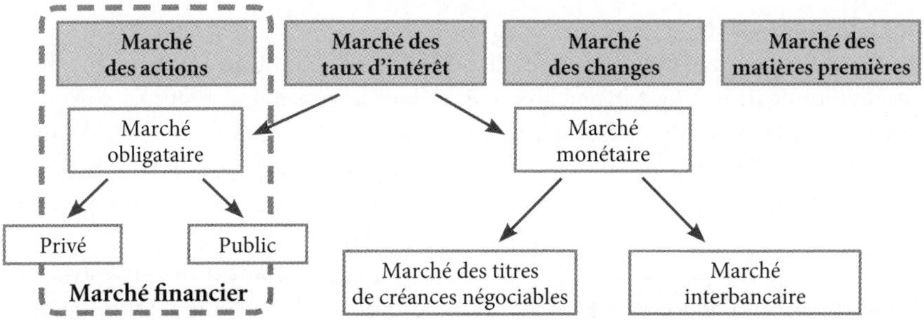

a. — Le marché des actions

Le marché des actions concerne des titres de propriété émis par les sociétés anonymes. On l'appelle classiquement « Bourse des valeurs ». Le détenteur d'une action devient propriétaire d'une partie du capital de l'entreprise et peut donc participer aux décisions prises à l'assemblée générale des actionnaires (une action = une voix). Il est responsable, à la hauteur de son apport, de la situation économique et financière de l'entreprise. En cas de difficulté, le détenteur peut donc perdre la valeur représentée par son titre. En contrepartie, il touche une partie des bénéfices réalisés, sous la forme de dividendes. Tous les bénéfices ne sont pas distribués aux actionnaires, chaque entreprise ayant sa propre politique de distribution. Une action n'est pas remboursable, mais peut être vendue librement. Sa valeur dépend de deux facteurs principaux : l'évolution de la valeur du capital de l'entreprise, puisqu'elle représente une fraction de ce capital ; et le montant attendu des dividendes, lié à la fois à l'excédent brut d'exploitation et à la politique de distribution de l'entreprise.

b. — Les marchés de taux d'intérêt

Sous l'appellation de marché des taux d'intérêt, on regroupe deux marchés pour lesquels les titres échangés correspondent à des créances et sont porteurs d'intérêt. Ils sont émis par des agents à besoin de financement qui empruntent des capitaux à des agents en capacité de financement. L'un correspond aux titres de court terme, l'autre aux titres de long terme.

■ Le marché monétaire

Le marché monétaire est un marché des capitaux à court terme sur lequel les agents s'échangent des liquidités (pour une durée inférieure à un an dans une version stricte, sept ans dans une définition large). Ce marché monétaire est lui-même divisé en deux compartiments :

- le marché interbancaire sur lequel les banques se prêtent entre elles des liquidités sous forme de monnaie banque centrale, pour des durées très courtes. Une partie de ce marché est strictement réservée aux banques, une autre partie est destinée aux échanges avec la banque centrale et lui permet d'injecter des liquidités dans le système (*open market*) ;
- le marché des titres de créances négociables permet d'échanger des titres de créance à court terme ou moyen terme contre des liquidités. Parmi les principaux titres courts, on trouve ceux émis par l'État (bons du Trésor négociables), par les entreprises (billets de trésorerie) ou par les banques (certificats de dépôt). Les bons à moyen terme négociables (BMTN) peuvent être émis par des entreprises ou des établissements financiers, pour une durée de un à dix ans et pour un montant supérieur à 150 000 euros. On trouve donc sur ce marché toute une gamme de produits, d'échéance et d'émetteurs variés, qui permettent d'assurer un continuum d'échéances allant du très court terme (usage traditionnel du marché monétaire), au long terme (qui correspond plus naturellement au marché obligataire).

■ Le marché obligataire

Le marché obligataire concerne les titres de créance émis pour une durée longue. Il existe une grande variété d'obligations. La forme classique prévoit le versement régulier d'un « coupon », correspondant à un taux d'intérêt fixe défini à l'émission. Mais les innovations financières ont conduit à créer des obligations à taux variable ; d'autres qui ne rapportent pas de coupon, mais sont acquises à une valeur inférieure à leur valeur faciale ; d'autres encore qui ne sont pas remboursées mais rapportent des intérêts de manière perpétuelle... On distingue généralement les titres émis par des agents privés (entreprises qui cherchent à financer des investissements par exemple) et des agents publics (l'État peut assurer un besoin de financement long en émettant des obligations assimilables du Trésor, OAT). Le cours des obligations varie généralement de manière inverse du taux d'intérêt. En effet, si le taux d'intérêt diminue, par exemple de 4 % à 3 %, les obligations les plus anciennes rapportent plus que les obligations nouvelles. Elles vont donc être plus largement demandées par les investisseurs, faisant monter leur cours.

c. — Les marchés des changes et des matières premières

■ Le marché des changes

Le marché des changes assure la cotation des devises. Les cambistes échangent pour leurs clients des devises entre elles et déterminent les cours au comptant ou à terme. Les échanges de devise répondent à des besoins d'entreprises lors d'opérations d'exportation et d'importation, mais sont également nécessaires dans la réalisation d'opérations financières impliquant des mouvements entre pays (achats ou ventes de titres, prêts...). Plus encore que les autres, le marché des changes est constitué d'un réseau de salles de marché connectées et fournit en temps réel et de manière continue des cotations pour les différentes devises (*cf. supra,* I-B pour les mécanismes de cotation).

C'est un marché de gros sur lequel des banques commerciales et d'investissement interviennent pour le compte de leurs clients ou pour leurs activités propres. Les banques centrales sont également des intervenants essentiels, particulièrement pour les monnaies en change fixe. Quelques grandes entreprises internationales y effectuent des opérations, souvent par l'intermédiaire de leurs filiales bancaires.

C'est un marché qui a pour fonction d'assurer la fluidité des échanges internationaux, en assurant la conversion des devises, mais c'est aussi un marché du risque. Les agents sont en effet sensibles aux variations de taux de change et les opérations réalisées visent à s'en protéger ou, au contraire, à tirer profit de ce risque. Un détenteur d'actions libellées en dollar peut vouloir se prémunir contre la variation des cours (opération de couverture). On y réalise aussi des opérations destinées à tirer parti de différences de cours (arbitrages) et des opérations purement spéculatives.

■ Le marché des matières premières

Le marché des matières premières est de plus en plus largement considéré comme un marché de capitaux. En effet, s'il porte sur des actifs physiques, il comporte des dimensions qui le rapprochent très fortement des marchés de capitaux. On y trouve une grande quantité d'opérations à terme, portant sur des contrats futurs, utilisant largement des produits dérivés. On peut y distinguer également des marchés organisés et des marchés de gré à gré (*cf. infra*). De nombreux opérateurs interviennent simultanément sur différents marchés, les matières premières faisant aujourd'hui partie des actifs composant des portefeuilles, aux côtés d'actions, d'obligations ou de devises. On distingue habituellement trois compartiments sur ce marché, en fonction du type de produit : produits agricoles, métaux, énergie.

2. – Les différents segments des principaux marchés

Outre la typologie générale classant les marchés à partir des actifs qu'ils cotent, on peut les distinguer en fonction d'autres critères. Il existe ainsi des marchés « du neuf » et des marchés « d'occasion », des marchés organisés et des marchés de gré à gré, des marchés au comptant et des marchés à terme, des marchés reposant sur des actifs et d'autres sur des dérivés d'actifs. Mais tous ces marchés sont également interconnectés.

a. — Marché primaire et marché secondaire

Sur les marchés financiers, on peut distinguer différents segments, correspondant à un marché du neuf et un marché de l'occasion.

■ **Marché primaire**

On appelle marché primaire, le marché d'émission sur lequel les agents à besoin de financement émettent les titres : bons du trésor ou OAT pour l'État, billets de trésorerie, obligations ou actions pour les entreprises...

■ **Marché secondaire**

Le marché secondaire est un marché de revente, sur lequel les titres déjà émis peuvent s'échanger contre des liquidités. Ainsi, une action initialement émise par une entreprise peut continuer à circuler aux mains de différents agents : gestionnaires de portefeuilles, entreprise désirant acquérir le capital de la société émettrice... La valeur de revente de ces titres dépend évidemment de nombreux paramètres : dividendes servis, taux d'intérêt proposé comparé au taux d'intérêt des titres nouvellement émis par exemple... Le bon fonctionnement du marché secondaire est essentiel pour rendre les titres attractifs. En effet, le détenteur d'un titre est très soucieux de sa capacité à le revendre, et ceci le plus rapidement possible. On dit qu'un marché est « liquide » lorsqu'il est possible d'échanger rapidement des titres sans que cela affecte trop les cours. Un marché est dit « profond » lorsqu'on peut y échanger de grandes quantités sans que cela affecte les cours. La liquidité et la profondeur du marché secondaire sont essentielles pour que le marché concerné joue un rôle important dans le financement des agents.

b. — Marché au comptant et marché à terme

Sur certains marchés, on peut distinguer des opérations au comptant et des opérations à terme. Une opération a lieu au comptant lorsque la cotation et le transfert de propriété sont simultanés. Sur le marché à terme, la cotation correspond à des échanges futurs. Ainsi, les marchés à terme sont des marchés dérivés d'un autre actif.

Les marchés à terme fonctionnent depuis très longtemps pour les devises et les matières premières (*cf. infra*). Il s'agit ainsi de déterminer un cours pour un achat de devise ou de matières premières dans trois mois par exemple. Mais depuis les années 1970, on a assisté à la multiplication d'instruments financiers qui « dérivent » d'autres actifs et l'appellation de marchés de produits dérivés s'applique aujourd'hui pour tous les marchés à terme.

Les marchés de produits dérivés sont construits à partir de la valeur ou de l'évolution de la valeur d'un autre actif, appelé sous-jacent. Ce peut être un autre titre, un indice boursier, le cours d'une matière première... Ainsi, le développement des marchés dérivés permet de prendre des positions à terme sur tous les types de produits. Une entreprise peut chercher à se prémunir contre l'évolution du cours du change, une compagnie aérienne peut souhaiter sécuriser la valeur de ses approvisionnements en kérosène, un prêteur peut souhaiter s'assurer contre le défaut de paiement d'un emprunteur. Les *Credit Default Swaps* (CDS) qui ont défrayé la chronique à l'occasion de la faillite de *Lehman Brothers* (2008) sont ainsi des contrats qui visent à protéger d'un défaut de paiement. L'acheteur de protection paye une prime et le vendeur de protection s'engage à compenser les pertes en cas de problème.

On distingue trois grands types de contrat :

- les futures : ce sont des contrats fermes qui engagent donc les signataires. Un importateur français qui doit se procurer des dollars dans trois mois peut utiliser un tel contrat pour supprimer son risque de change. Il connaît immédiatement le prix auquel il devra payer les dollars dans trois mois. En échange, il est contraint de les acquérir à ce prix, même si le cours est plus avantageux à l'échéance ;

- les options d'achat (*call*) ou de vente (*pull*) : il s'agit de contrats plus flexibles que les *futures*, mais qui supposent le versement d'une prime au vendeur de l'option s'il est plus intéressant pour l'acheteur de se procurer directement le sous-jacent. Si l'importateur français choisit une option d'achat plutôt que de recourir à un contrat *future*, il peut à l'échéance faire jouer son option ou décider d'acheter directement des dollars si celui-ci s'est déprécié. S'il n'exerce pas son option, il verse simplement une prime à l'autre partie ;
- les *swaps* : il s'agit de contrat visant à échanger des flux financiers futurs. Les principaux swaps portent sur les taux d'intérêt, sur les devises, sur les matières premières, les défauts de paiements, et même les écarts de température ou de précipitation pour les *swaps* climatiques... Par exemple, une entreprise peut souhaiter transformer son endettement à taux variable en un endettement à taux fixe, si elle anticipe que les taux d'intérêt vont monter ; une entreprise européenne qui a besoin d'un prêt en dollars peut avoir intérêt à emprunter en euros (parce qu'elle aura des conditions plus avantageuses auprès de sa banque) et ensuite à négocier un *swap* avec une entreprise américaine qui se trouve dans la situation inverse ; une compagnie aérienne qui souhaite sécuriser le prix de son pétrole peut ainsi échanger un prix fixe contre un prix variable...

Les produits dérivés visent à se couvrir contre un risque, mais sont également des instruments essentiels de la spéculation (*cf. infra*).

c. — Marché organisé ou marché de gré à gré... mais marchés interconnectés

Sur les marchés organisés, les contreparties ne négocient pas directement, mais passent des ordres de vente ou d'achat auprès d'organismes qui sont chargés d'assurer le fonctionnement institutionnel de ce marché. On y trouve des mécanismes de cotation plus ou moins centralisés, avec des acteurs qui « tiennent le marché » et des chambres de compensation. Les garanties qui sont imposées aux intervenants se traduisent par la nécessité de fournir des liquidités pour sécuriser les transactions et par une certaine transparence des opérations.

Les marchés de gré à gré (ou marchés OTC, *over-the-counter*) reposent sur des relations bilatérales entre des contreparties. Le cadre réglementaire est donc beaucoup plus souple et les opérations nettement moins transparentes. Le marché des devises est en partie un marché de gré à gré, mais ce sont surtout les marchés dérivés qui utilisent cette possibilité.

On trouve des marchés organisés et des marchés de gré à gré dans tous les types de marchés de capitaux. Les marchés des actions et des obligations sont l'exemple type de marché organisé, tandis que les marchés de *swap* relèvent de marchés de gré à gré. Les marchés à terme de matières premières sont souvent organisés, alors que le marché des devises comprend une partie organisée et le reste qui relève d'échanges de gré à gré.

Qu'ils soient organisés ou de gré à gré, les marchés sont largement interconnectés :
- les mêmes opérateurs interviennent sur les marchés : les grandes banques, les fonds d'investissement, les fonds spéculatifs... sont les principaux acteurs des marchés de capitaux. Les décisions qu'ils prennent sur certains marchés ont des conséquences sur d'autres ;
- les marchés au comptant et les marchés à terme sont évidemment liés : les opérations de couverture impliquent à la fois le marché au comptant et le marché à terme ; les dérivés sont aussi affectés par ce qui se passe au comptant...
- les événements qui se produisent sur un marché ont des conséquences sur les autres : une hausse de taux d'intérêt décidée par la Banque centrale européenne aura des conséquences sur le cours de l'euro par rapport au dollar, qui se répercutera sur les cours du blé ou du pétrole...

B LA CONSTITUTION DU MARCHÉ MONDIAL DES CAPITAUX DEPUIS LE XIXe SIÈCLE

La globalisation financière est le plus souvent associée à la période contemporaine. Les crises financières, les flux internationaux de capitaux en forte croissance sont considérés comme le produit de la libéralisation des marchés et des innovations financières et technologiques des années 1980-1990. Mais c'est oublier largement qu'une première mondialisation financière a eu lieu au XIXe siècle.

1. – La première mondialisation et les mouvements de capitaux au XIXe siècle

Au cours de la deuxième moitié du XIXe siècle, désarmement douanier, réduction des coûts de transport et d'information liée à des innovations majeures (chemin de fer, bateau à vapeur, réseau télégraphique international...) permettent une croissance des échanges de biens et services plus rapide que celle de la production. Mais c'est une véritable mondialisation qui est à l'œuvre, portée par des flux de facteurs de production. Les migrations internationales déplacent des millions d'Européens vers les pays neufs, et se doublent d'intenses flux de capitaux qui font de cette première mondialisation un phénomène d'ampleur comparable à celui qui touche la fin du XXe siècle.

a. — L'importance des flux internationaux de capitaux au XIXe siècle

Les mouvements internationaux de capitaux ont progressé très rapidement au cours du XIXe siècle. Alors que les exportations mondiales passaient de 0,9 à 18,5 milliards de dollars de 1825 à 1913, le stock des capitaux détenus à l'étranger passait de 1 à 48 milliards. L'accélération de ce mouvement a été très rapide à partir des années 1850-1860.

■ Le rôle central de l'Europe dans les flux financiers

L'Europe est le principal pourvoyeur de capitaux lors de cette première mondialisation. Bairoch (*Victoires et déboires*, 1997) montre que l'Europe détient 90 % des investissements à l'étranger à la veille de la Première Guerre mondiale, le Royaume-Uni en assurant à lui seul presque la moitié. La montée en puissance des États-Unis n'est vraiment visible qu'à la fin de la période et ce n'est qu'au XXe siècle qu'ils joueront un rôle majeur dans les investissements internationaux.

Les investissements européens se répartissent entre les « pays neufs » et l'Europe elle-même. Si les capitaux français se portent principalement vers l'Europe (30 % du stock de capital investi se trouve en l'Europe de l'Est), les capitaux britanniques se dirigent largement vers l'Amérique du Nord comme du Sud.

Si l'Europe joue un rôle essentiel, tant comme émetteur que comme destinataire, c'est que les marchés financiers s'y sont organisés très tôt et de manière efficace. Les marchés des actions, organisés autour de bourses des valeurs, sont rapidement stabilisés. Des instances de régulation, comme la Compagnie des agents de change à Paris, assurent le fonctionnement des marchés et garantissent le bon déroulement des opérations qui s'y réalisent. Les grands investissements en infrastructures (chemin de fer, ports...) trouvent sur ces marchés les moyens de leur financement. Les compagnies de chemin de fer émettent ainsi des titres pour l'équivalent de 1 % du PIB chaque année pendant plusieurs décennies (Hautcœur, « les marchés financiers français : une perspective historique », *Cahiers français* n° 361, 2011). La révolution bancaire qui s'opère à partir du milieu du XIXe siècle permet à la fois de drainer l'épargne de la population et de participer au financement de l'investissement. La Grande-Bretagne pèse de toute sa puissance sur cette économie mondiale. Elle en est le cœur, structurant les échanges internationaux et les flux financiers. La City est ainsi le centre d'une « économie-monde », au sens de Braudel ou Wallerstein.

L'intégration mondiale se traduit par un rapprochement du prix des actifs. Ainsi, Feldstein et Horioka (« *Domestic saving and international capital flows* », 1980) montrent que les différentiels de taux d'intérêt sont très faibles à la fin du XIXe siècle, proches de ceux que l'on trouvera un siècle plus tard. C'est conforme à l'idée qu'il existe un marché mondial unique pour le capital et que les épargnants peuvent investir n'importe où dans le monde, tandis que les emprunteurs se tournent facilement vers les places qui leur assurent les taux les plus bas.

■ Une prédominance des investissements de portefeuille

Bairoch (1997) estime que les placements extérieurs se font pour 80-90 % sous forme d'investissements de portefeuille (achat de bons d'État, d'obligations de compagnies de chemins de fer...). Les investissements directs à l'étranger (IDE) ne représentent donc que 10 à 20 %.

Les banques jouent un rôle essentiel dans ces placements. En Grande-Bretagne, les banques familiales (Rothschild) se sont associées aux banques de dépôt pour créer des banques spécialisées dans certaines régions, les *colonial and foreign banks*. En Allemagne, les « 4 D » (*Darmstäter bank, Deutsche bank, Dresdner bank, Diskonto und Commerz bank*) jouent un rôle essentiel en tissant un véritable réseau mondial. En France, les banques d'affaires s'occupent des emprunts privés tandis que les banques de dépôt se chargent de placer les emprunts d'États étrangers.

Si les investissements de portefeuille dominent, on voit cependant apparaître des investissements directs à l'étranger, surtout à la fin du siècle. Ils traduisent les débuts d'une multinationalisation des firmes, à laquelle les entreprises américaines vont largement participer. En 1914, un tiers des firmes multinationales sont américaines contre 17 % seulement de firmes britanniques. Les capitaux placés en portefeuille ou en IDE ont surtout servi aux infrastructures et à l'extraction minière. Une faible part (à peine 15 %) s'est dirigée vers les industries manufacturières.

b. — Les raisons des flux internationaux de capitaux

Les mouvements de capitaux relèvent de motivations économiques, la recherche du profit ou la volonté de sécuriser les approvisionnements ou de contourner des barrières tarifaires, mais les décisions stratégiques et politiques jouent également un grand rôle.

■ La recherche du profit

Les différentiels de rendement sont une raison essentielle dans les placements à l'étranger. Les épargnants individuels sont attirés par le différentiel des taux d'intérêt entre une Europe occidentale où le loyer de l'argent est bas et des pays neufs où la rareté du capital disponible se traduit par des taux élevés. Les investisseurs (entreprises ou banques d'affaires) sont quant à eux attirés par le différentiel des profits, et des dividendes servis, entre les pays neufs et l'Europe.

Pour les marxistes, l'exportation des capitaux est imposée par les contradictions internes du capitalisme. Les profits élevés supposent que les salaires restent bas, empêchant la consommation de progresser. L'exploitation des ressources dans la périphérie du système est le seul moyen de rétablir les taux de profit. Lénine fait ainsi de l'impérialisme le « stade suprême du capitalisme ».

■ La recherche de débouchés et la maîtrise des approvisionnements

Les investissements à l'étranger, directs ou non, visent en premier lieu à sécuriser la production et le commerce. À ce titre, le contrôle des approvisionnements et la création d'infrastructures de transport ont été la motivation principale des flux financiers, particulièrement en période de forte croissance.

La recherche de débouchés est également un motif important, surtout lorsque la dynamique interne de la croissance est en panne. Il s'agit parfois de contourner des barrières protectionnistes, comme lors de la remontée du protectionnisme à la fin du siècle, parfois de se donner les moyens d'exploiter ses propres techniques à l'étranger alors que les brevets ne protègent pas assez. Ainsi, Colt a été l'un des premiers Américains fonder une usine à Londres, dès 1852, pour y produire et vendre ses armes. C'est aussi un des motifs d'investissement pour les firmes de petits pays, dont le marché intérieur est trop limité : Nestlé en Suisse ou Philips aux Pays-Bas sont rapidement à l'étroit sur leur marché national et cherchent des débouchés à l'étranger.

La répartition sectorielle des investissements européens à l'étranger confirme ces motivations. Compagnies ferroviaires, mines, plantations dominent, devant les activités industrielles et de services. En 1913, par exemple, 58 % des investissements britanniques concernent les transports, contre 10 % respectivement dans les mines, les plantations et les industries, et le reste dans les services (Bénichi, *Histoire de la mondialisation*, 2003).

■ Une stratégie de puissance et le rôle de la diplomatie

Le rôle important joué par les États dans la globalisation financière traduit également les préoccupations stratégiques et diplomatiques qui visent à développer des zones d'influence et à renforcer la puissance politique du pays fournisseur de capitaux.

De nombreux pays émergents de cette fin du XIXᵉ siècle ont d'importants besoins de financement. Les politiques d'industrialisation, la nécessité de construire des infrastructures ferroviaires coûteuses, la volonté de mettre en valeur leurs richesses minières, les conduisent souvent à lancer des emprunts publics. Ces emprunts ont permis à l'épargne, française par exemple, de trouver des placements attractifs, mais ils ont aussi joué un rôle diplomatique et stratégique.

Le placement des emprunts russes auprès des épargnants français a eu pour contrepartie une alliance franco-russe (1892) permettant d'entourer l'Allemagne. L'Empire ottoman a dû faire appel aux étrangers pour gérer sa dette publique. La banque ottomane, fondée par un consortium londonien en 1856, à la suite de la guerre de Crimée, fut l'un des principaux soutiens des finances publiques turques. La Chine, humiliée par les « traités inégaux » et son ouverture forcée, fut obligée d'acheter des produits européens pour rembourser ses dettes. Les États-Unis privilégient un impérialisme financier à la colonisation plus classique des Européens.

2. – La globalisation financière de la fin du XXᵉ siècle

La mondialisation du XIXᵉ siècle s'achève dans un grand mouvement de repli initié par la Première Guerre mondiale. L'impossibilité de reconstruire un SMI dans les années 1920, l'hyperinflation allemande, la crise de 1929 conduisent à un éclatement des relations monétaires internationales et la construction de zones économiques et monétaires. Après la Seconde Guerre mondiale, l'organisation des échanges internationaux suppose que les échanges monétaires sont relativement limités, que les politiques monétaires s'exercent dans un cadre national et que le contrôle des mouvements de capitaux est important. L'éclatement du SMI de Bretton Woods, la libéralisation des mouvements de capitaux va progressivement aboutir à une nouvelle globalisation financière.

a. — Une globalisation souhaitée pour ses effets positifs

La libéralisation des marchés et l'accroissement de leur rôle dans le financement de l'économie sont souhaités pour différentes raisons.

Au-delà d'un présupposé théorique sur l'efficacité des mécanismes de marché, trois effets positifs de la globalisation sont attendus : une réduction du coût de l'intermédiation financière, du fait de l'intensification de la concurrence entre les modes de financement et les opérateurs ; un accroissement de la gamme des placements mis à la disposition des détenteurs de capitaux ; une amélioration de l'efficience informationnelle des marchés en raison de la diffusion rapide de l'information *via* les prix.

La généralisation des changes flottants donne également un cadre théorique et institutionnel nouveau. Le triangle d'incompatibilité repose sur l'idée qu'on ne peut pas avoir simultanément plus de deux éléments parmi les trois suivants : des changes stables, des capitaux qui circulent librement, des politiques monétaires autonomes. Le SMI de Bretton Woods reposait très clairement sur des changes fixes et supposait donc un arbitrage entre les deux autres possibilités, qui s'était traduit par le contrôle des changes et une faible circulation des capitaux. Le basculement vers des changes flottants permet donc de mener des politiques monétaires autonomes dans un nouveau cadre qui est celui de la libéralisation des mouvements de capitaux.

b. — Les réformes des années 1980

La règle des « 3D », présentée par Henri Bourguinat (*Finance internationale*, 1995), est une façon simple de décrire les mécanismes à l'œuvre dans les années 1980.

■ Le décloisonnement et la déréglementation

Le décloisonnement et la déréglementation sont deux processus conjoints. La suppression d'un grand nombre de règles qui encadraient le fonctionnement des marchés a pour objectif de les décloisonner. Ainsi, l'abandon progressif du *Glass-Steagall Act* par les États-Unis met fin à la distinction entre les banques d'investissement et les banques de dépôt. Instauré en 1933, il est progressivement allégé dans les années 1980, avant d'être supprimé en 1999. Les réformes bancaires initiées en France au milieu des années 1980 reviennent également sur le principe de séparation bancaire qui remontait au XIXe siècle. L'assouplissement du contrôle des changes permet aux capitaux de circuler beaucoup plus facilement entre les pays. On assiste à un double mouvement avec, d'une part, l'ouverture internationale des marchés et, d'autre part, la suppression des compartiments qui rendaient les marchés étanches, y compris au niveau national. La distinction entre le financement de court terme (sur le marché monétaire) et le financement de long terme (marchés financiers) s'estompe progressivement. L'ouverture du marché monétaire aux grandes entreprises, qui y émettent des billets de trésorerie, multiplie par exemple leurs possibilités de financement. Désormais les opérateurs interviennent sur des marchés qui proposent un continuum d'échéances, allant du très court terme au long terme.

■ La désintermédiation

La désintermédiation se traduit par le recul du financement bancaire au profit de la finance de marché. Les agents non financiers ont de plus en plus recours aux marchés de capitaux pour satisfaire leurs besoins de financement. Les entreprises émettent des titres au lieu d'emprunter auprès des banques. Les États se financent directement sur les marchés en émettant des titres de la dette publique. Ce mouvement se traduit très nettement dans la diminution du taux d'intermédiation.

c. — Le rôle essentiel des marchés financiers au tournant du XXIe siècle

La globalisation financière des dernières décennies se caractérise par trois dimensions principales.

■ L'intensification de la circulation internationale des capitaux

L'importance des flux de capitaux entre les pays est l'un des signes les plus visibles de la globalisation financière. Alors que les flux financiers étaient faibles à l'issue de la Seconde Guerre mondiale, ils ont commencé à progresser à partir des années 1950-1960, sous l'impulsion des investissements directs des firmes multinationales et de l'accroissement des échanges commerciaux. Mais le contrôle des changes reste important et les flux financiers ne progressent très fortement qu'à partir des années 1980, dans le contexte des 3D.

Ils augmentent alors plus vite que la production et plus que les échanges, alors que l'intégration économique internationale, la décomposition des processus productifs et l'apparition de nouveaux pays sur la scène internationale contribuent à accroître nettement la valeur des échanges commerciaux. Alors que les flux de capitaux internationaux représentaient l'équivalent de 10 % du commerce mondial en 1970, ils en représentent 60 % en 2010. Ces flux sont pour partie le résultat d'investissements à l'étranger importants, dans le contexte de la décomposition des processus productifs, mais ils ont également tendance à s'autonomiser. Les investissements de portefeuille, en très forte augmentation, permettent aux investisseurs de diversifier les risques, de placer l'épargne là où elle rapporte le plus.

Si l'on intègre les marchés des changes, les valeurs échangées prennent une ampleur encore plus considérable. Ce sont quasiment 5 100 milliards de dollars qui s'échangent quotidiennement sur ces marchés, soit plus de 2 fois le PIB français. Annuellement, cela représente 15 fois le PIB mondial et 65 fois le commerce mondial.

■ Le développement du rôle des marchés dans le financement de l'économie

Le développement du rôle joué par les marchés est la seconde caractéristique du mouvement récent de globalisation. Longtemps on a opposé le modèle de l'économie d'endettement, caractérisé par l'importance du financement bancaire, et l'économie de marchés de capitaux (Hicks, *La Crise de l'économie keynésienne*, 1975). C'est largement ce dernier modèle qui s'est imposé au cours des dernières décennies, le développement des marchés ayant permis de multiplier les possibilités de financement direct.

La diminution du taux d'intermédiation est parfaitement visible dans le cas français. Au sens strict, il se mesure par le rapport entre les crédits accordés par les institutions financières aux agents non financiers et la totalité du financement obtenu par ces agents. Ce rapport est passé par exemple de 55 % en 1994 à 40 % en 2011. En prenant un indicateur plus large, intégrant au numérateur non seulement les crédits accordés par les institutions financières, mais également les titres acquis par ces institutions et qui correspondent à un financement indirect de leur part, le taux d'intermédiation passe de 75 % en 1994 à 55 % en 2011.

Le développement de la titrisation a permis à de nouveaux acteurs de participer au financement de l'économie, tandis qu'il permettait aux banques de sortir de leurs bilans une partie des prêts consentis et donc de réduire considérablement leurs risques. Le paysage de l'intermédiation financière a ainsi considérablement changé. Les banques, les assureurs, les fonds d'investissement, les fonds de pension... sont devenus des acteurs essentiels du financement de l'économie et assument également une partie importante des risques autrefois pris par les banques.

■ L'intensification des transferts internationaux d'épargne

C'est au cours des années 2000 que les transferts internationaux d'épargne ont pris une ampleur considérable. Ils correspondent à des déséquilibres internationaux entre l'épargne, qui exprime une capacité de financement, et les besoins de financement.

Les échanges de capitaux entre pays se sont largement équilibrés jusqu'au début des années 2000, se traduisant largement par des flux croisés. Ensuite, les déséquilibres se sont très largement manifestés. Alors que certains pays connaissaient des besoins structurels de financement, d'autres se trouvaient avec des excédents permanents de leurs transactions courantes. Ces situations, nécessairement conjointes, ont conduit à une très forte montée des flux financiers, mais dans un sens surprenant. Ce sont les pays émergents, Chine en tête, mais également les pays « rentiers » exportateurs de pétrole, qui acquièrent des titres émis par les pays développés. La globalisation a ici permis aux pays émergents de poursuivre leur croissance économique alors que leur excédent d'épargne aurait pu les pénaliser. Cela a également permis aux pays développés de poursuivre leur endettement, mais au prix d'un accroissement du risque systémique.

Le financement international a ainsi très largement changé au cours des dernières décennies. Dans son ouvrage, *La tyrannie des marchés* (1995), Henri Bourguinat considérait qu'il y avait eu trois stades depuis les années 1970. Une *économie internationale d'endettement* avait fonctionné de 1973 au début des années 1980. Elle reposait sur le recyclage des capitaux pétroliers et avait abouti à la crise de l'endettement des pays latino-américains (1982). Le développement des innovations financières (titrisation) a permis ensuite de passer à une *économie de marchés financiers*, dans laquelle la finance directe prend le pas sur l'intermédiation classique. Il considère qu'ensuite, à partir des années 1990, on bascule vers une *économie internationale de spéculation*, caractérisée par des risques plus importants, des prises de position liées à des modifications du prix de l'actif et des opérations à découvert qui prennent une place prédominante. La résurgence des crises financières, très nette depuis la deuxième moitié des années 1990 (*cf.* partie 4, chapitre 1) est sans doute la conséquence de ces transformations.

■ **Le rôle de la finance dans la transition énergétique**

Le début du XXIe siècle est marqué par des crises soulevant la responsabilité du secteur financier dans l'instabilité économique. Mais il marque également une prise en compte de la nécessité d'intégrer une dimension financière à la question du changement climatique. Au-delà des questions morales, que l'on retrouve dans les réflexions autour d'une « finance éthique », ce sont les liens entre la finance et le climat qui sont analysés.

Certains pays ont mis en place des instruments en faveur d'un développement durable, en particulier la taxe carbone ou les marchés de permis d'émission. Mais ces instruments rencontrent un succès mitigé car le prix du carbone qui émerge est insuffisant pour être réellement pris en compte par les agents dans leurs décisions d'investissement. Il existe ainsi un écart significatif entre le rendement social des investissements bas-carbone et le rendement privé de ces investissements. Mettre un prix du carbone élevé est nécessaire. Mais si on impose brutalement ce prix incitatif pour diminuer les externalités carbone, cela va induire un coût très important tant pour les entreprises que pour les citoyens. Il s'agit donc de trouver un mécanisme de financement transitoire. Il faut alors mettre en place des outils spécifiques.

La conférence de Copenhague (COP15, 2009) échoue à imposer des mesures contraignantes dans la limitation de la hausse des températures, mais l'accord signé affirme le besoin de lever « *100 milliards de dollars par an, d'ici à 2020 pour répondre aux besoins des pays en développement* » et insiste sur la nécessité de mobiliser des sources de financement publiques et privées, y compris des sources innovantes, pour lutter contre le changement climatique. Il s'agit donc de trouver les moyens de financement permettant de diriger l'épargne mondiale vers les investissements de la transition bas-carbone et de créer de nouveaux instruments de financement.

L'Accord de Paris (COP21, 2015) inscrit très clairement la finance au cœur des mécanismes concernés par l'objectif de limiter l'élévation des températures à 2 degrés. Ainsi, dès l'article 2 de l'accord, il est écrit qu'il faut rendre « *les flux financiers compatibles avec un profil d'évolution vers un développement à faible émission de gaz à effet de serre et résilient aux changements climatiques* ». Cela signifie clairement que les flux financiers doivent aller en priorité vers des investissements bas-carbone et se détourner progressivement des combustibles fossiles. L'objectif de 100 milliards de dollars par an est réaffirmé et l'accent est mis sur les instruments financiers permettant de l'atteindre.

De nombreux fonds sont disponibles dans le monde pour investir dans la finance bas-carbone. Le fonds souverain norvégien par exemple, qui pèse plus de 700 milliards de dollars, est sensible au bilan carbone des entreprises dans lesquelles il investit. Les réserves de change chinoises, placées en titres du monde entier, les achats massifs de titres par la BCE dans le cadre de son *quantitative easing*… sont autant de sources de financement possibles. Mais cela suppose l'existence d'instruments financiers permettant de diriger ces fonds vers les besoins de financement. À ce titre, le développement d'obligations vertes (green bonds), permettant de financer des programmes environnementaux, apparaît comme un moyen d'orienter les investissements. Émis par des entreprises, mais également par des États, par des banques publiques d'investissement, ces titres verts sont un moyen de mobiliser des financements vers des projets dont le rendement social est supérieur au rendement privé. L'une des principales difficultés dans le développement des « actifs verts » est la diffusion d'une information correcte sur la nature réelle des projets d'investissements qu'ils financent. La mise en œuvre de labels écologiques, l'obligation de la transparence sur le risque climat des investissements (article 173 de la Loi de transition énergétique pour la croissance verte en France, 2015)… visent à fournir aux marchés les informations pertinentes.

Au-delà de cette nécessité de mettre la finance au service de la lutte contre le changement climatique, le lien entre risques climatiques et stabilité financière a été clairement présenté par Mark Carney, gouverneur de la Banque d'Angleterre, dans un discours de 2015, quelques semaines avant l'ouverture de la Conférence de Paris. Il y évoque une « tragédie des horizons », parallèle moderne de la « tragédie des communs » de Harding. Selon lui, les conséquences du changement climatique se produiront dans un horizon bien plus éloigné que celui que prennent en compte les politiques monétaires, ou même les acteurs chargés de s'assurer de la stabilité financière. De telle sorte que, « lorsque le changement climatique sera devenu déterminant pour la stabilité financière, il pourrait déjà être trop tard ». Il souligne également que la stabilité financière peut être mise en danger via trois types de risques liés au changement climatique :

- des risques physiques: les catastrophes climatiques sont coûteuses et leur multiplication pèse sur les compagnies d'assurance et sur la valeur des actifs financiers. Ainsi, les inondations, ouragans…, en se multipliant, provoquent des dégâts matériels, pèsent sur le commerce et l'activité, tout en impactant les compagnies d'assurance ;
- des risques en responsabilité : on peut penser que, dans le futur, des poursuites judiciaires pourraient être engagées contre des acteurs jugés responsables d'avoir accentué le changement climatique, ou de ne pas avoir suffisamment lutté contre. À l'instar des procès qui sont faits aujourd'hui à des groupes pharmaceutiques ou à l'industrie du tabac, les générations futures pourraient attaquer les entreprises d'extraction et les émetteurs de carbone ;
- des risques de transition : le passage à une économie bas-carbone peut entraîner des changements dans la valorisation des entreprises. Ainsi, la hausse des températures peut réduire à néant la valeur d'une station de ski, tandis que le développement des énergies renouvelables viendrait affecter la valeur des activités d'extraction pétrolière par exemple. C'est une large gamme d'actifs dont les prix seront affectés par l'ampleur du changement climatique.

Les liens systémiques entre climat et finance nécessitent aujourd'hui davantage de régulation. Selon Michel Aglietta : « Il revient à la finance de jeter un pont entre le présent et l'avenir. Or le marché financier, même s'il était efficient, pourrait au mieux synthétiser l'information passée. Il est en revanche incapable de fournir une boussole pour s'orienter vers un futur qui n'est pas connu. » (Le Monde, 10 mai 2016). Ce sont alors les investisseurs et prêteurs publics qui doivent orienter les financements vers les projets qui engendrent des externalités positives.

CHRONOLOGIE

1803. — Franc Germinal.
1816. — Définition de la livre sterling par rapport à l'or.
1844. — *Bank Charter Act.*
1865. — Union latine.
1871-1900. — Adoption généralisée de l'étalon-or.
1922. — Conférence de Gênes et adoption du Gold Exchange Standard.
1928. — Franc Poincaré.
1931. — Dévaluation de la livre.
1934. — Dévaluation du dollar.
1936. — Dévaluation du franc.
1944. — Conférence de Bretton Woods.
1958. — Retour à la convertibilité-or du franc.
1961. — Pool de l'or.
1968. — Double marché de l'or.
1969. — Création des DTS.
1971. — Abandon de la convertibilité-or du dollar (15 août) ; accords de Washington (18 décembre).
1972. — Serpent monétaire européen.
1976. — Accords de la Jamaïque.
1979. — Création du système monétaire européen.
1985. — Accords du Plaza.
1987. – Accords du Louvre.
1992. — Accords de Maastricht.
1999. — Création de l'euro.
2010. — Doublement des quotes-parts du FMI.
2016. — Intégration du yuan-renminbi au panier de monnaie définissant le DTS.

BIBLIOGRAPHIE

AGLIETTA (M.), COUDERT (V.), *Le dollar et le système monétaire international*, La Découverte, coll. « Repères », 2014.

BENASSY-QUERE (A.), *Économie de l'euro*, La Découverte, coll. « Repères », 2014.

BENASSY-QUERE A., FARHI E., GOURINCHAS P.-O., MISTRAL J., PISANI-FERRY J., REY H., *Réformer le système monétaire international*, Conseil d'analyse économique, septembre 2011.

BENASSY-QUERE (A.), PISANI-FERRY (J.), « Quel système monétaire international pour une économie mondiale en mutation rapide ? » Document de travail du CEPII, mars 2011.

BIASUTTI (J-P.), BRAQUET (L), *Comprendre le système financier*, Bréal, coll. « Thèmes & Débats », Bréal 2014.

BRENDER (A.), PISANI (F.), *La crise de la finance globalisée*, La Découverte, coll. « Repères » n°533, 2009.

BRENDER (A.), PISANI (F.), *Les déséquilibres financiers internationaux*, La Découverte, coll. « Repères », 2007.

DENIZET (J.), *Le dollar*, Fayard, 1985.

EICHENGREEN (B.), *Un privilège exorbitant. Le déclin du dollar et l'avenir du système monétaire international*, Odile Jacob, 2011.

GUILLOCHON (B.), KAWECKI (A.), VENET (B.), *Économie internationale*, Dunod, 2012.

LELART (M.), *Le système monétaire international*, La Découverte, coll. « Repères », 2011.

KRUGMAN (P.), OBSTFELD (M.), *Économie internationale*, Pearson, 2009.

MUCCHIELLI (J.-L.), MAYER (T.), *Économie internationale*, Dalloz, 2010.

PLIHON (D.), *Les taux de change*, La Découverte, coll. « Repères », 2012 (6e ed.).

RAFFINOT (M.), VENET (B.), *La balance des paiements*, La Découverte, coll. « Repères », 2003.

« Dollar : fin de règne ? » *Revue d'économie financière* n° 94 (1-2009) Toute une série d'articles sur l'histoire du rôle du dollar. *http://www.aef.asso.fr/parution.jsp?prm=52520*. Article disponible en ligne en créant un compte gratuit.

Rapport annuel de la balance des paiements et la position extérieure de la France. Disponible sur le site de la Banque de France (www.banque-France.fr). Données internationales sur Eurostat.

SUJETS CORRIGÉS

SUJET
I

Le taux de change est-il encore aujourd'hui un bon facteur de compétitivité ? (ESCP 2013)

Alors que la France connaît une récession au début de l'année 2013, des voix s'élèvent en Europe pour critiquer « l'euro fort ». Le président Hollande a même dénoncé en février 2013 l'absence de politique de change de la zone euro, tandis que son ministre de l'économie, Pierre Moscovici, s'inquiétait du niveau de l'euro « *fort, peut-être d'ailleurs trop fort* ».

Cette charge contre l'euro fort, responsable du déficit commercial, est récurrente dans le discours politique français. Elle s'appliquait autrefois au franc fort avec les mêmes arguments. Pourtant les politiques de dévaluation compétitive n'avaient pas permis de rétablir le solde extérieur au début des années 1980.

La compétitivité d'une nation désigne parfois la capacité à innover. La « stratégie de Lisbonne » en 2000 ne vise-t-elle pas à faire de l'Europe « *l'économie de la connaissance la plus compétitive et la plus dynamique du monde en 2010* ». Mais le lien avec le taux de change semble renvoyer plus précisément à la réalisation de l'équilibre commercial, voire la recherche de l'excédent commercial. La compétitivité de la nation est alors ici liée à celle des entreprises dans un contexte de concurrence internationale.

Si le taux de change est incontestablement une variable sur laquelle les décisions des autorités, gouvernements ou banques centrales, peuvent avoir un impact, est-il pour autant un bon facteur de compétitivité ?

Nous montrerons que, s'il peut améliorer la compétitivité, c'est souvent au risque de voir se déclencher une guerre des monnaies (I). Nous évoquerons ensuite le fait que le taux de change n'est pas le seul déterminant de la compétitivité et qu'il est donc nécessaire d'être prudent dans sa manipulation (II).

I Un facteur de compétitivité... qui conduit à la tentation de la guerre des monnaies.

A. — Les mécanismes classiques du lien entre taux de change et compétitivité

1. — Le lien entre taux de change et compétitivité repose largement sur l'idée d'une sur- évaluation ou sous-évaluation de la monnaie. Cela suppose de pouvoir déterminer un taux de change d'équilibre (souvent sur le long terme le taux de change PPA). Cela revient à supposer qu'en l'absence de sur- ou sous-évaluation de la monnaie, la balance commerciale serait équilibrée. Affirmer qu'une monnaie est sur- ou sous-évaluée est très difficile car les équilibres extérieurs ne sont pas seulement liés aux taux de change.

2. — Un taux de change surévalué nuit à la compétitivité des produits exportés qui coûtent cher pour les étrangers. En revanche, les produits importés coûtent moins cher. Un taux de change faible favorise les exportations.

3. — Les conditions de l'efficacité de la dévaluation compétitive : le théorème des élasticités critiques et la courbe en J. Importance de la sensibilité des exportations et des importations aux variations de leurs prix provoquées par le changement de parité.

B. — De nombreuses situations historiques montrent que la recherche de compétitivité s'est faite par une sous-évaluation du change.

1. — Une monnaie surévaluée peut pénaliser la compétitivité d'un pays. L'Angleterre des années 1920 paye lourdement le retour de la livre à la parité-or d'avant-guerre. La forte appréciation *du dollar au milieu des années 1980 finit par creuser le déficit commercial des États-Unis. Le commerce extérieur du Japon subit également, à la fin des années 1980, les conséquences de l'appréciation du yen (*endaka*).*

2. — Les dévaluations (changes fixes) ou les dépréciations (changes flottants) compétitives ont souvent été utilisées comme des moyens de rétablissement du déséquilibre extérieur. La course aux dévaluations compétitives dans les années 1930 est qualifiée de « guerre des monnaies » : livre (1931) puis dollar (1934) visent à favoriser les productions nationales. La dévaluation du dollar en 1971, qui accompagne la fin de la convertibilité-or, est justifiée par l'apparition d'un déficit commercial américain. Les dévaluations du franc entre 1981 et 1983 sont motivées par l'importance du déficit extérieur.

3. — Certains pays sont accusés de maintenir leur monnaie de manière chronique à une parité sous-évaluée pour gagner des parts de marché. Ainsi, la Chine a conservé jusqu'en 2005, un taux de change fixe et sous-évalué par rapport au dollar, ce qui a favorisé sa compétitivité. Il s'est depuis apprécié, mais reste globalement sous-évalué.

C. — La tentation récente d'utiliser le taux de change dans une « guerre des monnaies »

1. — Dès 2010, les premières craintes d'une nouvelle guerre des monnaies apparaissent. L'injection massive de liquidités, pour lutter contre la récession et le risque de déflation, provoque une dépréciation du taux de change et cela peut résorber en même temps le déséquilibre extérieur. Les États-Unis et le Japon sont les premiers critiqués et ce sont les pays émergents qui réagissent fortement. Leurs monnaies se trouvent surévaluées, pénalisant leurs exportations et ils voient des capitaux affluer avec un risque d'attiser l'inflation. Le ministre des Finances brésilien, Guido Mantega, est l'un des premiers à employer le terme de « guerre des devises » en septembre 2010. La question est devenue récurrente dans les G20 et G7 des ministres des Finances. En février 2013, ils s'inquiètent de la forte dépréciation du yen et des répercussions sur les autres pays. En mai 2013, certains pays asiatiques, Inde, Corée du Sud, Viêtnam... mais également l'Australie ou la Nouvelle-Zélande, assouplissent leur politique monétaire pour provoquer la dépréciation de leur monnaie.

2. — La question du taux de change du yuan (et d'autres monnaies asiatiques qui y sont liées de facto*) se pose également. Depuis 2005, le yuan s'est apprécié sensiblement (+ 30 %), mais la Chine se dit prête à entrer dans une guerre des monnaies. Les États-Unis affirment en avril 2013 que le yuan est « considérablement sous-évalué », ce que réfutent les autorités chinoises qui font valoir que le renminbi s'est apprécié de 10 % par rapport au dollar depuis 2010. La Corée du Sud est critiquée pour avoir empêché le won de s'apprécier, en intervenant sur le marché des changes.*

3. — La situation européenne est très particulière. La BCE n'a pas pour mandat de défendre le taux de change, et elle s'est largement accommodée d'un euro fort qui réduit le coût des importations et donc l'inflation importée. Pourtant des voix discordantes s'élèvent en Europe. La France ou l'Espagne sont pénalisées lorsque l'euro dépasse 1,2 $, alors que les exportations allemandes tolèrent un euro à 1,5 $. Pour la première fois en février 2013, Mario Draghi a reconnu que l'appréciation de l'euro pourrait poser problème... mais sans se placer en termes de compétitivité. Il évoquait plutôt le risque de récession et de déflation. Si l'Europe est globalement à l'équilibre, ce qui peut laisser penser que l'euro est à son taux de change d'équilibre, les déséquilibres intra-européens sont très importants. L'euro est fortement surévalué pour les pays d'Europe du Sud, qui ont connu une inflation plus forte que ceux du Nord. En effet, une inflation plus forte se traduit alors par une appréciation du taux de change réel, dégradant la compétitivité, tandis que le taux de change nominal ne change pas.

II La compétitivité n'est pas seulement liée au taux de change.

A. — La manipulation du taux de change peut avoir des effets pervers.

1. — Les dévaluations compétitives des années 1970-1980 n'ont pas eu les effets escomptés. Elles ont généré de l'inflation importée en augmentant le coût des produits importés. On retrouve ici les conditions de Marshall Lerner. Si les élasticités-prix des exportations et des importations sont faibles, les effets de volume l'emportent sur les effets de prix et les échanges extérieurs se dégradent. Si les entreprises profitent de la dévaluation pour augmenter leurs prix à l'exportation et leurs marges commerciales, l'effet de la dévaluation risque d'être très faible.

2. — Une succession de dévaluations ou une dépréciation continue génère des effets de prix avant que les effets de volume ne puissent se produire et la courbe en J ne se réalise jamais. C'est le cercle vicieux des monnaies faibles auquel on a cherché à opposer le cercle vertueux des monnaies fortes fondé sur l'appréciation du taux de change.

3. — Les conséquences d'une guerre des monnaies peuvent être potentiellement graves pour les échanges internationaux. Dans les années 1930, les dévaluations ont finalement conduit au développement de mesures protectionnistes et à un morcellement de l'espace international : repli protectionniste sur les Empires...

B. — Le taux de change n'est qu'un des éléments de la compétitivité

1. — Le taux de change n'est pas le seul déterminant de la compétitivité-prix. Celle-ci dépend du coût des intrants, du coût salarial (la baisse des salaires en Irlande depuis 2009 a permis aux exportations de repartir, malgré l'euro fort) et du différentiel d'inflation qui peut jouer le même rôle que la dévaluation/dépréciation. Une hausse des prix inférieure à celle des partenaires commerciaux suffit à améliorer la compétitivité-prix et inversement. Les stratégies de désinflation compétitive mises en œuvre par exemple par la France dans la deuxième moitié des années 1980 ont permis le rétablissement du solde extérieur, dans une période de stabilité des changes dans le SME. Les différences d'inflation dans la zone euro depuis 1999 expliquent en partie le contraste des performances commerciales.

2. — La compétitivité hors prix est essentielle. La qualité des produits est un élément de la compétitivité. Les consommateurs ne sont pas seulement attentifs aux prix, mais prennent en compte la qualité du produit, du service après-vente... C'est un des éléments importants qui expliquent la réussite commerciale de l'Allemagne et le fait que ses exportations soient beaucoup moins sensibles que d'autres au taux de change de l'euro.

3. — Le taux de change ne joue pas le même rôle selon les pays : le taux de change est essentiel dans les gammes de faible qualité, là où le prix est un déterminant important de l'achat du produit. La structure du commerce extérieur joue un rôle important : si le commerce extérieur est essentiellement interbranche, dans le cadre d'une spécialisation internationale, le taux de change ne joue qu'un rôle faible ; dans le cas d'un commerce intrabranche, avec une spécialisation imparfaite, la sensibilité du commerce au taux de change peut être plus grande. Lorsque des pays partagent la même monnaie, comme c'est le cas en Europe, le taux de change ne peut plus être un facteur de compétitivité et il faut jouer sur d'autres leviers (flexibilité des prix et des salaires...) mais c'est un processus forcément long. La part des échanges intrafirme dans le commerce international est très importante (1/3). Ces échanges ne dépendent que très peu du taux de change, puisque les prix de transfert entre les filiales sont établis au sein des entreprises et sont largement insensibles aux variations des cours.

C. — Les autres facteurs de la compétitivité extérieure

1. — L'importance de l'innovation, de la formation... sont des déterminants essentiels de la compétitivité extérieure d'un pays. Les straté-

gies de remontée de filière montrent par exemple l'impact de l'innovation. La capacité à proposer de nouveaux produits, à améliorer les techniques de production pour réduire les coûts... sont autant de facteurs qui ne dépendent pas du taux de change.
2. — Le tissu industriel, le rôle des PME dans l'exportation, la capacité à organiser les relations productives dans une DIPP sont autant d'éléments qui n'ont pas grand-chose à voir avec le taux de change. On vante ainsi le Mittelstand *allemand, traduisant l'importance des PME dans l'exportation ; on met également l'accent sur la manière dont les entreprises allemandes ont mis en place des réseaux d'approvisionnement avec les PECO assurant des coûts de production plus faibles...*

SUJET
II

« Le dollar de 1944 est le soleil autour duquel s'organisent les autres monnaies satellites », écrit Henri Bourguinat (Les vertiges de la Finance internationale, 1995). La place du dollar dans le SMI a-t-elle fondamentalement changé ?

Les Alliés viennent juste de débarquer en Normandie lorsque la conférence de Bretton Woods (juillet 1944) jette les bases d'un nouvel ordre monétaire international. Les participants sont largement convaincus que l'instabilité financière et monétaire de l'entre-deux-guerres a été en partie responsable de la montée des tensions et du conflit.

Le déroulement de la conférence préfigure ce que sera le SMI d'après-guerre. Si les Anglais, par la voix de Keynes, proposent un plan très audacieux prévoyant la création d'une nouvelle unité monétaire (bancor) et la création d'une banque mondiale, les Américains voient d'un très mauvais œil cette institution qui pourrait représenter l'embryon d'un gouvernement du monde. Futurs vainqueurs de la guerre, sur plusieurs fronts, leur économie est sortie renforcée d'un conflit qui a rendu exsangues leurs principaux rivaux.

C'est donc tout naturellement que le dollar est placé au cœur du SMI, comme le soleil au centre du système solaire.

Cependant, l'histoire montre depuis le XIXe siècle que la possibilité d'émettre la monnaie mondiale se double de certaines responsabilités. Ainsi, l'émission incontrôlée de dollars a conduit à sa dépréciation et à son inconvertibilité (1971). Mais ceci n'a pas pour autant réduit considérablement le rôle du dollar et il reste aujourd'hui encore très largement au cœur du SMI, même si certains rivaux potentiels apparaissent en ce début de XXIe siècle.

Nous montrerons d'abord que le dollar occupe une place centrale dans le SMI de Bretton Woods (I). Nous verrons ensuite que cette place est restée considérable, alors même que le dollar n'était plus officiellement au cœur du système (II). Nous nous demanderons enfin si le XXIe siècle verra l'émergence d'un SMI multipolaire (III).

I Le SMI de Bretton Woods consacre la suprématie économique des États-Unis et leur donne un privilège exorbitant.

A. — Le dollar est au cœur du SMI de Bretton Woods en raison de la puissance économique américaine

1. — La conférence de Bretton Woods consacre le dollar comme « as good as gold »*. Il est convertible au cours de 35 $ l'once. La décision américaine de ne pas défendre la parité du dollar (1947) mais d'assurer simplement la convertibilité transforme le système en étalon-dollar.*
2. — Poids économique des États-Unis : à l'issue de la guerre, les États-Unis sont incontesta-

blement la première puissance mondiale. Ils approvisionnent les pays européens en reconstruction et aucune puissance financière ne peut les concurrencer. Ils détiennent les 2/3 du stock d'or mondial.

B. — Le privilège exorbitant

1. — Le dilemme de Triffin : le pays émetteur de la monnaie mondiale doit avoir une balance des paiements déficitaire pour injecter des liquidités dans l'économie mondiale. Mais cela peut compromettre la solidité de sa monnaie.

2. — Le reste du monde a forcément des excédents qu'il faut placer. Ils détiennent alors des réserves en dollars qui servent à acquérir des titres américains (obligataires souvent). Seuls les États-Unis ont un marché assez liquide et profond pour permettre de placer les excédents.

3. — Le statut de monnaie internationale fournit alors un « privilège exorbitant » *(V. Giscard d'Estaing, 1964). Les États-Unis ont la possibilité de régler leurs dettes en émettant leur propre monnaie. La même idée est évoquée par Rueff lorsqu'il parle de* « déficit sans pleurs » *(1971) ou plus récemment par Eichengreen (2011) qui en fait le titre de son ouvrage.*

II L'affaiblissement du dollar... n'a pas mis fin au privilège.

A. — Les crises des années 1960 visent à soutenir le dollar plus qu'à le concurrencer.

1. — Les crises monétaires des années 1960 traduisent la montée des déséquilibres. Elles sont largement liées à une émission trop importante de dollars pour des raisons internes à l'économie américaine (plans de relance Kennedy-Johnson, conquête spatiale, guerre du Viêtnam) et également externes (création des eurodollars).

2. — Les solutions trouvées visent à maintenir la parité du dollar, quitte à faire pression sur les autres pays ou à mettre en place des « bricolages » comme le « pool de l'or » (1961) ou le « double marché de l'or » (1968).

3. — L'absence de rivaux potentiels : aucune autre monnaie n'est capable de concurrencer le dollar comme monnaie internationale. La livre et le franc ont perdu leur statut du XIXe siècle ; l'Allemagne et le Japon ne souhaitent pas une internationalisation de leurs monnaies qui signifierait une réévaluation préjudiciable à leur compétitivité (ils accumulent des excédents et des réserves en dollars).

B. — L'adoption des changes flottants se fait sur la pression américaine

1. — La décision d'inconvertibilité du dollar d'août 1971 est totalement unilatérale. Connally : « le dollar c'est notre monnaie et votre problème ».

2. — Les accords de Washington (décembre 1971) correspondent à une volonté de reconstruire des changes fixes, toujours autour du dollar. Les marges sont plus larges que celles de Bretton Woods.

3. — L'adoption des changes flottants est largement imposée par la dévaluation du dollar de 1973. Les États-Unis sont sensibles à l'idée que les changes flottants permettent de rétablir les équilibres extérieurs et souhaitent profiter d'un dollar sous-évalué.

4. — Les accords de la Jamaïque (janvier 1976) entérinent un « non-SMI » dans lequel chacun fait ce qu'il veut. Disposant de 15 % des droits de vote au FMI, les États-Unis peuvent s'opposer à un retour aux changes fixes qui doit être voté à 85 %.

C. — Les variations du dollar continuent de peser sur l'économie mondiale

1. — Le dollar reste la monnaie de référence : importance dans les réserves de change (plus de 60 %), poids dans les transactions internationales (près de 90 % des opérations de change), importance sur les marchés financiers.

2. — Un exemple : la montée du dollar des années 1980 et ses conséquences. Équivalent d'un troisième choc pétrolier pour les importa-

tions de pétrole, crise de la dette en Amérique latine. Lorsque les États-Unis trouvent que le dollar est trop haut, ils obtiennent une coopération internationale pour le faire baisser (accords du Plaza, 1985), puis pour faire cesser la baisse (accords du Louvre, 1987).

III L'évolution contemporaine du SMI : vers un SMI multipolaire ?

A. — Les tendances des deux dernières décennies et l'émergence des rivaux potentiels

1. — La naissance de l'euro : montée en puissance de l'euro, dans les échanges internationaux et dans les réserves de change. L'appréciation de l'euro a incité certains pays émergents à accroître son poids dans leurs réserves de change. Mais la crise financière a mis en évidence les difficultés de la zone euro et les problèmes d'une « monnaie sans État » *(Eichengreen). Même si l'éclatement de la zone euro ne semble plus d'actualité en 2013, l'euro n'a pas tous les atouts pour remplacer le dollar. La zone euro est excédentaire pour ses échanges, son marché de la dette publique n'est pas unifié et elle ne peut donc pas jouer le rôle d'émetteur de monnaie mondiale.*

2. — La question chinoise.... Le yuan-renminbi n'est pas librement convertible et ne le sera pas avant plusieurs années. Les conditions économiques et financières de son internationalisation ne sont pas réunies : marché de capitaux profond et liquide et d'accès facile, liberté de conversion... La monnaie chinoise reste encore très liée au dollar, même si les autorités reconnaissent aujourd'hui un attachement à un panier de monnaies. La sous-évaluation du yuan s'est traduite par une accumulation de réserves de change et de placements en dollars, corollaires des excédents commerciaux. La Chine n'a donc pas intérêt à un affaiblissement du dollar, qui provoquerait une dépréciation de ses avoirs et réduirait sa compétitivité.

B. — Quels scénarios pour les prochaines décennies ?

1. — Le dollar conserve sa place car personne n'a intérêt à son éviction. La place centrale du dollar présente des avantages pour les autres puissances. Importance dans les réserves de change des pays émergents : la Chine et les États-Unis restent dans l'« équilibre de la terreur monétaire » *(L. Summers, 2004) ; nécessité d'une monnaie internationale et impossibilité de trouver un remplaçant.*

2. — Le krach du dollar et son remplacement par une autre devise. Un krach pourrait se produire si les opérateurs sur les marchés étaient pris d'un mouvement de panique sur le dollar. Ce scénario paraît peu crédible, mais pourrait arriver si les déficits budgétaire et extérieur américains se maintiennent à des niveaux insoutenables. Mais il est probable que la Fed et d'autres banques interviendraient pour soutenir le dollar... car il n'existe pas d'alternative crédible. Les tentatives pour mettre en avant les DTS restent très limitées. Même si des voix s'élèvent pour souhaiter une montée en puissance des DTS (Aglietta, ou Zhou Xiaochuan, gouverneur de la banque chinoise en 2009), leur développement est aujourd'hui limité par des conditions d'émission complexes et pose la question d'une monnaie internationale non adossée à une nation.

3. — Un rééquilibrage du poids des monnaies et la constitution d'un SMI multipolaire. En 2011, le rapport du CAE « *Réformer le SMI* » *souligne qu'un rééquilibrage probable des échanges mondiaux, du fait du développement du marché intérieur chinois et d'une* « *réindustrialisation* » *des États-Unis devrait réduire l'accumulation de devises dans les pays émergents. On pourrait ainsi voir apparaître un monde tripolaire (euro-dollar-yuan), à la croissance en partie autocentrée, et qui ne reposerait plus nécessairement sur les déséquilibres de paiement. Les pays pétroliers auraient alors intérêt à diversifier davantage leurs réserves, en proportion du commerce qu'ils effectuent avec chacune des zones.*

CHAPITRE 3

L'INTÉGRATION EUROPÉENNE

I

UN PROJET D'INTÉGRATION RÉGIONALE AMBITIEUX

L'idée d'Europe est ancienne. Le terme même, *Europa*, remonte à la Grèce antique. En 1945, le contexte politique semble *a priori* peu propice à la relance d'un projet d'unification politique tel que le proposaient, au XIXe siècle, des écrivains de l'envergure de Hugo ou Goethe. Certes, après la Première Guerre mondiale, des hommes politiques comme Aristide Briand et Gustav Stresemann ont de nouveau porté l'idéal d'une communauté de peuples pacifiés. Mais cette idée s'est brisée sur la réalité des ressentiments nationaux. Elle se réalise progressivement, après la Seconde Guerre mondiale, sur un continent encore ravagé par les conséquences du conflit. Les régimes communistes au pouvoir en Europe de l'Est poussent les gouvernements de l'Ouest à se rapprocher.

A UNE EUROPE DE MARCHÉ TEMPÉRÉE PAR DES POLITIQUES COMMUNES

Dès 1946, Winston Churchill évoque, dans un discours célèbre prononcé à Zurich, la mise en place des « États-Unis d'Europe ». S'il lui apparaît, de façon prémonitoire peut-être, que le Royaume-Uni n'a pas nécessairement vocation à en faire partie, l'ancien Premier ministre anglais estime que cette évolution, pour partie politique, est inéluctable. Les pays fondateurs privilégient cependant une intégration par l'« économique », en posant les bases d'une union régionale en priorité libre-échangiste. Le projet européen est depuis lors traversé de tensions multiples : le succès est indéniable, comme en témoignent les adhésions successives et l'élaboration de politiques sectorielles ou régionales. Mais les critiques s'accentuent symétriquement.

1. – Un espace régional fortement attractif

La réussite de l'union régionale a conduit à des élargissements successifs qui portent le nombre de pays membres de six en 1957 à vingt-huit en 2013. Le processus d'ouverture à de nouveaux pays semble inscrit dans les gènes de la communauté européenne. Pourtant, des limites à l'intégration par le marché apparaissent nettement. En 2016, le référendum au Royaume-Uni en faveur du retrait de l'UE constitue un véritable revirement historique.

a. — L'Europe des « fondateurs »

La montée des tensions politiques sur le continent, dans le contexte de la guerre froide, autant que les aides à la reconstruction accordées par les États-Unis, via le plan Marshall (1947), favorisent l'accélération du projet européen. Des hommes politiques français, comme Jean Monnet et Robert Schuman, allemand, comme le chancelier Konrad Adenauer, italien, comme le président du Conseil Alcide de Gasperi, jouent ici un rôle déterminant. Ils mettent au point une stratégie des « *petits pas* », en promettant d'aboutir, par étapes successives, à une intégration de plus en plus forte.

Le 9 mai 1950, dans le célèbre discours du « salon de l'Horloge », Robert Schuman, alors ministre des Affaires étrangères de la IVe République française, propose au gouvernement allemand de « *placer l'union de la production franco-allemande de charbon et de l'acier sous une Haute Autorité commune et largement ouverte à la participation d'autres pays européens* ». Le traité de Paris (18 avril 1951) donne naissance à la Communauté européenne du charbon et de l'acier (CECA). Celui-ci réunit l'Allemagne, la France, l'Italie, le Luxembourg, la Belgique et les Pays-Bas. La réalisation d'une union douanière dans ces secteurs, sous l'égide d'une Haute Autorité supranationale présidée par Jean Monnet, marque le premier pas de l'intégration européenne.

L'échec du projet de Communauté européenne de défense (CED), en 1954, met parallèlement un terme au calendrier de coopération politique, du fait des désaccords quant à l'opportunité du réarmement allemand. Sur la base des propositions du comité présidé par Paul-Henri Spaak, ministre belge des Affaires étrangères, la relance de l'Europe suit alors la voie du libre-échange. La signature du traité de Rome, le 25 mars 1957, par les six pays membres de la CECA, sanctionne la naissance de la Communauté économique européenne (CEE) et de la Communauté européenne de l'énergie atomique (Euratom). Le traité pose les bases de la construction d'un « marché commun ». Ce dernier doit s'organiser autour de la suppression progressive des droits de douanes internes comme des contingents, mais à l'abri d'un tarif extérieur commun (effectif en 1968).

Il en résulte un renforcement des flux entre pays de la communauté. Les échanges commerciaux internes passent de 27 % des échanges extérieurs réalisés par les pays membres à la fin des années 1950, à plus de 50 % moins d'une décennie plus tard. La priorité donnée au libre commerce n'empêche cependant pas la mise en place de politiques communes. Ainsi la politique agricole commune (PAC) est-elle lancée en 1962. La mobilité des travailleurs est encouragée (par l'entremise du Fonds social européen) et le rattrapage des régions les plus pauvres est soutenu par des financements mutualisés *(cf. infra)*.

b. — Une union régionale aux frontières sans cesse repoussées

Le Royaume-Uni refuse initialement de participer à la CEE. Il promeut au contraire la mise en place d'un espace de libre-échange concurrent : l'Association européenne de libre-échange (AELE). Cette dernière regroupe en 1960 sept pays réticents à une intégration économique poussée au-delà des échanges commerciaux : le Royaume-Uni, le Danemark, la Norvège, la Suisse, le Portugal, l'Autriche et la Suède. Le succès de la CEE amène toutefois les gouvernements britanniques successifs à poser leur candidature d'adhésion dès 1961. Le président français Charles de Gaulle leur oppose son veto à deux reprises, en 1963 et en 1967.

Ce n'est finalement qu'en 1973 qu'a lieu le premier élargissement. Il permet l'entrée du Royaume-Uni, de l'Irlande et du Danemark dans la CEE. Ces pays sont ensuite suivis de la Grèce (1981), de l'Espagne et du Portugal (1986), de la Suède, de l'Autriche et de la Finlande (1995). Parallèlement, en 1994, naît l'Espace économique européen (EEE) qui associe l'UE et l'AELE (à l'exception de la Suisse) dans une vaste zone de libre-échange. Par le traité de Maastricht (1992), la CEE devient la Communauté européenne, un des piliers de l'Union européenne (UE).

La chute du mur de Berlin (9 novembre 1989) et l'effondrement du bloc soviétique qui s'ensuit posent rapidement la question de l'élargissement aux pays de l'Europe de l'Est. C'est au sommet de Copenhague, en 1993, que sont fixés les « critères d'adhésion » : les pays candidats doivent présenter un ensemble de garanties politiques (régime démocratique, respect des droits de l'homme), remplir des conditions économiques (mise en place d'une économie de marché) et s'engager à reprendre l'intégralité de « *l'acquis communautaire* » dans leur droit national (c'est-à-dire les règlements et directives adoptés jusque-là).

Au 1er mai 2004, huit pays d'Europe centrale et orientale, les « PECO » (Estonie, Lituanie, Lettonie, Slovénie, Hongrie, Pologne, Slovaquie, République tchèque), de même que Chypre et Malte, rejoignent l'UE. Celle-ci voit alors sont hétérogénéité s'accroître considérablement puisque sa population augmente de 20 %, alors que son PIB ne progresse pour sa part que de 7,5 %. Effectivement, le niveau de vie des « nouveaux entrants » atteint seulement 50 % de la moyenne de l'ex-UE (ou UE-15), avec un maximum de 70 % en Slovénie. Les salaires y sont, globalement, inférieurs de moitié. Par ailleurs, comme le choix d'un élargissement s'effectue à budget communautaire constant (en pourcentage du PIB de l'UE), se pose déjà avec acuité la question de la stratégie de rattrapage. Plus tard, la Roumanie et la Bulgarie, en 2007, puis la Croatie, en 2013, intègrent l'UE. Le PIB par habitant de ces derniers entrants n'excède pas alors 30 % de la moyenne du cœur de l'Europe.

L'adhésion de 28 États témoigne, bien entendu, de la forte attractivité de l'UE comme espace régional. Toutefois, ces élargissements successifs ne sont pas sans poser de nombreux problèmes institutionnels. Les insuffisances du traité de Nice (2001), qui succède au traité d'Amsterdam (1997) et l'échec du projet de Constitution européenne (2005) à la suite des référendums négatifs aux Pays-Bas, en Irlande et en France, résultent de difficultés croissantes à organiser le processus décisionnel.

L'extension du marché européen, aux frontières sans cesse repoussées, semble être un processus continu, peut-être au détriment de l'approfondissement des politiques économiques. La prise de décision en est affectée. Le traité de Lisbonne (2007), modifiant le traité sur le fonctionnement de l'Union européenne (TFUE, également appelé traité de Rome), constitue un compromis institutionnel bancal, comme le montre la gestion de la crise de 2009 qui, faute de stratégie commune, reste pour l'essentiel dominée par les procédures inter-gouvernementales.

Surtout, l'Union européenne connaît un choc majeur. Lors du référendum organisé au Royaume-Uni le 23 juin 2016, près de 52 % des Britanniques se prononcent en faveur du Brexit (ou *British exit*) c'est-à-dire, purement et simplement, la sortie de l'UE. Certes, le Royaume-Uni a toujours fait jouer une forme « d'exceptionnalisme » en refusant d'intégrer l'euro, ou en bloquant de nombreuses initiatives en matière d'harmonisation sociale. Mais ce vote montre, pour la première fois, que le processus d'intégration est réversible. En activant l'article 50 du traité de Lisbonne, le gouvernement britannique ouvre une période de négociations avec les autres pays membres, d'une durée ne pouvant théoriquement pas dépasser deux ans. Il s'agit de fixer les conditions du retrait puisque, formellement, le Royaume-Uni doit renégocier l'ensemble des règles concernant ses échanges avec l'UE (tant humains que commerciaux et financiers).

Les discussions sont donc appelées à être longues et âpres, d'autant que les deux protagonistes, le gouvernement de T. May d'une part et la Commission d'autre part, annoncent qu'ils se montreront inflexibles. S'il est difficile d'en mesurer les conséquences, la sortie du Royaume-Uni soulève d'ores et déjà, en 2017, des enjeux majeurs. On peut en souligner au moins deux. Le premier concerne le choix futur des entreprises actuellement installées sur le territoire britannique : rien ne garantit, en effet, qu'elles ne chercheront pas à relocaliser leurs activités sur le continent compte tenu de la complexité future des procédures d'accès au marché unique. Le second implique les activités bancaires et financières, aujourd'hui au cœur du régime de croissance anglais (près de 10 % du PIB) : si le gouvernement de Londres souhaite préserver « le passeport unique » qui permet aux acteurs financiers de la City d'exercer pleinement dans l'espace européen, les autres pays européens semblent s'y opposer.

En mars 2017, alors que l'UE s'apprête à célébrer les 60 ans du traité de Rome, les incertitudes sont donc grandes. Le président la Commission, Jean-Claude Juncker, souligne que l'Europe est soumise à une « poly-crise » dont le Brexit n'est pas le moindre des symptômes.

2. – La priorité donnée à la construction du marché unique et à la politique de la concurrence

Parallèlement à la mise en place du marché commun, le traité de Rome de 1957 pose des objectifs ambitieux en matière de coopération économique ou de politiques intégrées. On observe cependant, au fil du temps, un renforcement de la place prise par la politique de la concurrence.

a. — Le marché unique devient l'horizon ultime de la Commission

La construction européenne connaît un infléchissement notable au début des années 1980. Le constat d'une stagnation des échanges intra-communautaires, d'une croissance affaiblie et inflationniste, se combine à la remise en cause des politiques keynésiennes menées lors de la précédente décennie. Tout semble plaider alors en faveur d'un renforcement de la concurrence.

La victoire de Margaret Thatcher aux élections britanniques, en 1979, et sa politique intérieure de privatisations et de déréglementations symbolisent l'ancrage des théories de l'offre dans le paysage européen. Progressivement, la Commission accentue, elle aussi, son interprétation libérale de la CEE, comme le démontre l'adoption du « Livre Blanc » (1985). Pour son président Jacques Delors, les 310 mesures alors préconisées sont susceptibles de relancer l'Europe « par le marché », après la période « d'euroscepticisme » qui a caractérisé les années 1970.

Dans cette ligne, l'Acte unique européen ou « Acte unique », ratifié en 1986, entre en vigueur le 1er juillet 1987. Il repose sur la volonté d'approfondir le « marché unique » qui se substitue donc au « marché commun ». Sa réalisation est effective au 1er janvier 1993. La philosophie générale est au démantèlement des barrières aux échanges, qu'elles soient tarifaires, quantitatives ou réglementaires. Le marché intérieur doit se réaliser particulièrement à travers la reconnaissance des « quatre libertés » : la libre circulation des biens, des personnes, des services et des capitaux. Trois outils juridiques contribuent à l'accélération du processus : le *passage à la majorité qualifiée* dans un certain nombre de secteurs, le *principe de reconnaissance mutuelle* qui autorise l'activité d'une entreprise dans un pays tiers, dès lors qu'elle est légalement reconnue dans son pays d'origine, et l'ébauche d'un *statut de société européenne* (qui ne devient effectif qu'en 2004).

Le rapport Cecchini (1988) évalue les gains attendus de la libéralisation du marché intérieur dans une fourchette de 4,5 à 7 % de PIB, à l'horizon de cinq ans. La concurrence est ici supposée entraîner une série de mécanismes positifs pour l'activité : baisse des prix profitable aux consommateurs, meilleure allocation des ressources, par la disparition des entreprises non concurrentielles, renforcement de la compétitivité externe sur les marchés étrangers, et économies d'échelle grâce à l'accroissement du marché potentiel.

Ces arguments sont, depuis lors, mobilisés à chaque étape de l'approfondissement du marché : en 1997, avec le « Plan d'action en faveur du marché unique » ou, en 2011, quand, à la suite du rapport Monti, la Commission adopte un « Acte pour le marché unique » *(Single Market Act)* comme stratégie de sortie de crise pour l'UE.

b. — La prééminence de la politique de la concurrence

L'influence des théories critiques à l'égard de l'intervention publique se révèle croissante à partir des années 1970 (école de Chicago, monétarisme, nouvelle économie classique). Mais le biais initial, en faveur de la politique de la concurrence, trouve aussi ses origines dans l'ordo-libéralisme allemand. Ce courant est né dans l'entre-deux guerres sous la plume d'auteurs tels que Walter Eucken, Wilhelm Röpke ou Alexander Rüstow. Il recherche une forme de voie intermédiaire entre le libéralisme, alors en échec avec la crise des années 1930, et la planification qui caractérise les régimes communistes.

L'ordo-libéralisme acquiert une place prépondérante dans l'Allemagne d'après-guerre. Il devient un élément fondamental du modèle d'« économie sociale de marché » *(Soziale Markwirtschaft)*, porté par le chancelier Ludwig Wilhelm Erhard à partir de 1952. Il se caractérise par la défense de la concurrence comme garante de l'efficacité de l'allocation des ressources. Mais il préconise aussi un encadrement très strict du marché par la loi : il s'agit en effet d'éviter les tendances à la concentration et à la monopolisation, ainsi que de limiter les pouvoirs discrétionnaires de l'État. Il en découle l'indépendance des banques centrales et l'adoption d'une discipline budgétaire. Cette doctrine, pourtant non explicite dans la construction européenne, rejoint les positions d'autres économistes européens de premier plan, tels que Maurice Allais (prix Nobel 1988), Jacques Rueff, ou Friedrich Hayek (prix Nobel 1974). L'influence de l'analyse apparaît indéniable par la suite.

Le traité de Rome vise déjà à construire un marché commun par l'extinction des barrières douanières. Il accorde donc une place importante à la politique de la concurrence. Sous « *Les règles communes* », un chapitre entier est consacré aux « *règles de la concurrence* ». La conception sous-jacente est contenue dans trois articles-clés : l'article 85 relatif aux ententes entre entreprises, l'article 86 relatif aux contrôles des positions dominantes, et l'article 92 relatif aux aides publiques nationales. Leur champ d'application se renforce même à mesure que les traités successifs étendent le pouvoir de la puissante Direction générale de la concurrence (DGC). L'Acte unique et le traité de Maastricht étendent encore le champ de la compétition par la promotion des « quatre libertés ». Ils ouvrent par exemple les marchés monétaires et financiers à la déréglementation. Par ailleurs, la DGC s'oppose à plusieurs reprises à des fusions-acquisitions, comme dans les affaires Aérospatiale-De Havilland (1991), Péchiney-Alcan-Algroup (2000), Schneider-Legrand (2001). Elle empêche *de facto* la naissance de géants industriels de taille mondiale, au motif de risque d'« abus de position dominante » sur le marché continental.

Dans les années 1990, ce sont les services et les monopoles publics qui font l'objet de l'ouverture à la concurrence. La Commission accepte, certes, de définir des services d'intérêt économique général (SIEG), mais elle distingue la propriété des réseaux d'infrastructure de leur exploitation commerciale. Elle ouvre par conséquent la voie au démantèlement des monopoles publics (chemins de fer, postes, électricité, télécommunications, gaz, transports aériens par exemple). Elle laisse, à cette heure, les services « non économiques » d'intérêt général hors du marché (police, justice, sécurité sociale.

La prééminence de la concurrence s'affirme également par l'entremise du droit et de la jurisprudence de la Cour de justice des communautés européennes (CJCE). Des décisions importantes infléchissent le contenu effectif de la construction européenne : l'arrêt « Cassis de Dijon » (1979) ouvre la voie à la reconnaissance mutuelle et à la libre prestation de services, les arrêts Laval, Viking (2007) et Rüffert (2008) semblent permettre une mise en compétition des systèmes sociaux *(cf. infra).*

La « *quasi-constitutionnalisation de la politique de la concurrence* » en Europe (Élie Cohen) contraste avec les évolutions constatées ailleurs. Aux États-Unis, les politiques volontaristes se renforcent à partir des années 1990, tandis que les pays émergents, notamment la Chine, n'hésitent pas à subventionner les secteurs jugés stratégiques pour leur développement industriel. Le tournant opéré dans les années 1980 a donc considérablement renforcé, selon l'analyse proposée par Jan Tinbergen, « *l'intégration négative* ». Cette dernière mise sur la réduction des entraves aux échanges pour soutenir l'activité, au détriment de « *l'intégration positive* », qui passerait par l'élaboration de politiques communes en matière industrielle, commerciale, budgétaire, etc. Cette option a également été accentuée par les élargissements successifs et par la difficulté à voir émerger des intérêts communs. Le marché unique est donc apparu comme le plus petit dénominateur commun, se transformant d'un moyen, en une fin.

3. – Des politiques communes pour accompagner la création du marché intérieur

La priorité donnée à la construction du marché intérieur n'a pas éliminé les ambitions initiales d'intégration des politiques économiques, notamment en matière de politique agricole ou de politiques régionales. Cependant, au fil des décennies, on observe ici aussi des inflexions majeures dans la philosophie sous-jacente.

a. — La politique agricole commune (PAC)

Dans l'après-guerre, l'Europe souffre de pénuries alimentaires et le rationnement perdure dans de nombreux pays. Le traité de Rome inscrit l'agriculture au programme de la libéralisation. Pourtant, les États-membres n'avaient jusque-là jamais laissé les produits agricoles au libre jeu du marché. Sous la pression de la France, la question agricole passe au premier plan. La logique initiale de la politique agricole commune est d'abord de parvenir à l'autosuffisance sur le continent. Il s'agit donc d'une politique d'organisation du marché qui se veut protectrice, voire protectionniste. Dès l'origine, cinq objectifs lui sont assignés (art. 39 du TFUE) : accroître la productivité de l'agriculture, assurer un niveau de vie équitable aux producteurs, stabiliser les marchés agricoles, garantir la sécurité des approvisionnements et assurer des prix raisonnables aux consommateurs.

Les trois principes de la PAC sont établis à la conférence de Stresa (1958) : 1) *l'unicité du marché agricole* organise la libre circulation des biens agricoles et supprime les droits de douanes internes ; 2) *la préférence communautaire* repose sur un protectionnisme douanier à l'égard des importations à bas coût, ainsi que sur un mécanisme de subventions aux exportations, les « restitutions » ; 3) la *solidarité financière entre les États membres*, par l'instauration d'un Fonds européen d'orientation et de garantie agricole (FEOGA, 1962). Ce dernier a la double mission de garantir les prix et d'engager des actions structurelles favorables à la modernisation des secteurs concernés. Une fois par an, les « marathons agricoles » déterminent un ensemble de prix : les *prix de référence* que les pays membres souhaitent atteindre dans chaque secteur, les *prix d'intervention*, c'est-à-dire les prix minima qui déclenchent les achats de l'UE (pour limiter l'effondrement des cours), et les *prix de seuil* qui fixent un prix minimum aux biens importés. La PAC fonctionne alors, clairement, comme une politique protectionniste favorable aux surplus des producteurs.

L'autosuffisance alimentaire est atteinte dès la fin des années 1960. Le volume des échanges intracommunautaires est multiplié par 6 entre 1962 et 1990. L'UE est alors devenue le deuxième exportateur mondial. Mais la PAC apparaît également victime de son succès quand apparaissent d'importants excédents de production au début des années 1980. Elle absorbe en outre une part croissante du budget européen : à son plus haut niveau, en 1985, la PAC en engloutit près de 73 %. Les réformes se succèdent depuis lors, au rythme d'une tous les quatre ans en moyenne : en 1984, par exemple, sont décidées la mise en place de quotas, notamment dans la filière laitière, et une réduction des prix de soutien ; en 1988 est organisée une politique de gel des terres (« la jachère »).

Le contexte international pèse aussi de plus en plus sur sa cohérence initiale. Ainsi, les négociations internationales, au cours du cycle de l'Uruguay, font converger les critiques contre la CE : les États-Unis condamnent le mécanisme des prix garantis tandis que le groupe de Cairns, composé de pays fortement exportateurs (Argentine, Brésil, Australie par exemple), plaide pour une élimination de toute barrière aux échanges. Le compromis de Blair House, en 1993, entre les États-Unis et la CE, accompagne l'évolution fondamentale déjà engagée au niveau européen à travers la réforme Mac Sharry de 1992. *In fine*, les prix garantis sont revus à la baisse pour se rapprocher des cours mondiaux et les fonds dégagés sont alors réorientés vers des « aides directes », versées aux producteurs.

Le retour des excédents, au début des années 2000, pose de nouveau la question de l'élimination des subventions. Les négociations, dans le cadre du cycle commercial de Doha, montrent que les problèmes internes et externes sont restés irrésolus. La réforme de 2003, par l'accord de Luxembourg, dessine alors les contours de la « nouvelle PAC » : les aides ne sont plus liées à la production (principe du *découplage*), elles sont conditionnées au respect de critères en matière d'environnement, par exemple, ou de bien-être animal (principe de la *conditionnalité*). Parallèlement, une baisse progressive des subventions versées aux grandes exploitations est mise en œuvre (principe de la *modulation*).

La PAC, en dépit des nombreuses réformes, a donc réalisé ses objectifs premiers. Elle constitue l'exemple le plus abouti de politique sectorielle communautaire intégrée. Elle a permis à l'UE de devenir le premier exportateur mondial de produits agricoles mais s'est traduite aussi par des restructurations internes, souvent douloureuses.

b. — La politique régionale

Le traité de Rome, dans son préambule, fait mention de la nécessité pour les États-membres de la CEE de « *renforcer l'unité de leurs économies et d'en assurer le développement harmonieux en réduisant l'écart entre les différentes régions et le retard des moins favorisées* » (aujourd'hui art. 174 du TFUE). S'il n'existe pas encore à proprement parler de politique régionale, le FSE (Fonds social européen, 1958) et le FEOGA (Fonds européen d'orientation de garantie agricole, 1962) contribuent rapidement à réaliser un certain niveau de redistribution entre les territoires. Depuis 2007, le FEOGA a été partitionné entre le FEAGA d'un côté (ex-section « garantie ») et le FEADER de l'autre (ex-section « Orientation »),

Les élargissements successifs accroissent nettement les écarts de niveau de vie entre Européens. La prise de conscience s'accélère à la faveur de l'entrée de l'Irlande, en 1973, alors en très grand retard de développement. Les risques sont multiples, que ce soit en termes de concurrence par les salaires ou de *dumping* par la fiscalité. En 1975, est créé le Fonds européen de développement régional (FEDER). Il devient le pivot de la politique régionale en aidant au financement d'investissements productifs ou à la modernisation des infrastructures. L'élargissement de l'UE en direction des pays du Sud, au cours des années 1980, pose une nouvelle fois la question de l'hétérogénéité. De 1986 à 1992, ces pays reçoivent des aides importantes, au titre des « *programmes intégrés méditerranéens* ».

Sous l'impulsion de Jacques Delors, alors président de la Commission, l'Acte unique européen (1986) permet à l'UE de se doter d'une politique régionale à la fois approfondie et ambitieuse. Le traité de Maastricht (1992) renforce ensuite le dispositif en créant un Fonds de cohésion. La politique dite de « cohésion économique » se structure depuis lors autour de plusieurs instruments :

- le Fonds social européen (FSE) : il est spécialisé dans la lutte contre le chômage des jeunes et le chômage de longue durée, l'aide aux PME et, depuis 2007, dans l'activation des politiques du marché du travail et la reconversion professionnelle ;
- le FEDER : il aide à la reconversion des bassins productifs ;
- le Fonds de cohésion : il est réservé aux pays dont le niveau de vie est inférieur à 90 % de la moyenne de l'UE. Il se concentre uniquement sur les secteurs de l'environnement et des infrastructures de transport ;
- la Banque européenne d'investissement (BEI) : elle a été créée par le traité de Rome. Véritable banque de l'UE, elle est dotée en capital par les pays membres (à hauteur de 232 milliards d'euros depuis 2012). Elle contribue au financement des investissements de grande envergure en émettant des titres sur le marché obligataire international. Sa mission actuelle est définie par l'article 309 du TFUE : « *contribuer au développement équilibré et sans heurts du marché intérieur* ». Son action se concentre sur le financement des réseaux de transport, le développement régional ou la protection de l'environnement. Elle participe également, au nom de l'UE, aux financements de projets de coopération internationale.

Sur la période 2014-2020, les dépenses relevant de la politique de cohésion (à travers le FEDER, le Fonds social européen et le Fonds de cohésion) représentent 40 % du budget européen (soit environ 0,4 % du revenu national brut européen). En euros, par an et par habitant, les montants reçus s'échelonnent d'un minimum de 8,5 euros pour les Pays-Bas à un maximum de 384 euros pour l'Estonie. À l'exception du Portugal (295 euros par habitant) et de Malte (233 euros), les dix premiers bénéficiaires sont des PECO, comme par exemple la Hongrie (314 euros), la Pologne (290 euros) ou la Slovaquie (363 euros). Dans certains cas, les fonds reçus peuvent représenter jusqu'à 4 % du PIB du pays récipiendaire.

La politique de cohésion a connu également des inflexions majeures. La réforme de 2007 a dégagé trois axes prioritaires de son action : la *convergence* (près de 82 % des fonds), la *compétitivité régionale et l'emploi* (16 % des fonds) et la *coopération territoriale européenne* (2 % des fonds). On observe donc un glissement d'une logique de redistribution vers une logique de soutien à la compétitivité. S'il est vérifié que les pays d'Europe du Sud ou les membres les plus récents, notamment les PECO, ont connu une croissance moyenne plus forte que les autres membres de l'UE, il n'en reste pas moins que les écarts de niveau de vie ou de développement restent très marqués. La faiblesse des fonds dédiés à la politique de cohésion semble donc aussi indiquer que la mise en concurrence, par les salaires, la fiscalité ou les conditions de travail, demeure le levier le plus puissant du rattrapage.

B LA STRATÉGIE DE CROISSANCE DE L'UNION EUROPÉENNE

Lorsque les pays fondateurs de la CEE rejoignent le marché commun, ils sont en phase de forte croissance, au firmament des Trente Glorieuses. La question de la politique commune de croissance se pose donc assez peu. Mais le diagnostic d'un décrochage de l'UE par rapport à ses concurrents, et au premier titre par rapport aux États-Unis, s'impose progressivement. Il donne lieu à l'adoption d'une stratégie ambitieuse, dite de « Lisbonne » (2000). Toutefois, la priorité donnée au marché intérieur a conduit à négliger la politique industrielle. De même, l'absence de véritable harmonisation fiscale prive en partie les États d'un autre levier majeur d'action économique.

1. – De l'arrêt de la convergence économique à une stratégie de croissance ambitieuse

Dans les années 1960, les économies européennes apparaissent comme des modèles de croissance. Elles associent faible chômage, amélioration continue du niveau de vie et systèmes de protection sociale généreux. Les années 1980 et 1990 sont au contraire caractérisées par l'idée d'une stagnation de l'Europe dans la compétition internationale. C'est seulement au début des années 2000 qu'apparaît un véritable « agenda de croissance ».

a. — Le décrochage

Jusque dans les années 1970, les pays membres de la CEE connaissent une amélioration continue de leur niveau de vie. Le PIB par tête de l'UE-6, puis de l'UE-15, atteint près de 70 % du niveau de vie américain à la fin des années 1970. Cette proportion stagne au cours des années 1980, avant de décliner, lorsque la croissance américaine accélère de nouveau, à partir des années 1990. L'écart ne se réduit donc plus mais, au contraire, se creuse. L'installation dans un chômage de masse semble par ailleurs durable.

Tableau 1

	Indicateurs	1979-1991	1992-1998	1999-2008
Zone euro	Taux de croissance	1,7	1,4	1,8
	Taux de chômage	7,5	9,9	8,2
États-Unis	Taux de croissance	1,4	2,5	1,3
	Taux de chômage	7,0	5,9	5,0

Source : « L'euro, une enfance difficile », OFCE (2009).

La thèse d'une inaptitude structurelle à générer des emplois, souvent avancée pour expliquer « l'eurosclérose », doit pourtant être relativisée. Dans les années 1960, l'UE crée en moyenne dix fois moins d'emplois que les EU, en proportion de la population active. Ce rapport tombe à 1 pour 7 dans les années 1970, à 1 pour 3 dans les années 1980, puis à 1 pour 2,5 dans les années 1990. Au cours des premières années de la décennie 2000, l'emploi total progresse même davantage dans l'UE (+ 7 %) qu'aux EU (+ 5 %).

Une analyse des taux d'emploi, c'est-à-dire du rapport entre la population effectivement en emploi et la population en âge de travailler, montre malgré tout que les pays européens peinent à mobiliser leur main-d'œuvre. Le taux américain progresse ainsi de 9 % entre les années 1970 et les années 2000, pour atteindre 73 %. Il stagne à 64 % en Europe sur la même période. Cet écart est à lui seul responsable d'un différentiel de croissance entre les deux zones de l'ordre de 0,4 % par an. Par ailleurs, alors que la durée annuelle travaillée progresse aux EU depuis les années 1970, elle diminue de manière relativement uniforme dans les pays européens. Ce sont-là les deux causes principales du décrochage en termes de niveaux de vie relatifs.

Il n'y a cependant pas d'accord sur l'analyse du phénomène. Deux thèses s'affrontent et ce, depuis les années 1980. Pour la Commission, l'insuffisance de concurrence sur les marchés des biens et des services ainsi que les rigidités du marché du travail expliquent les mauvaises performances relatives de l'UE. La priorité doit alors être donnée à l'approfondissement du marché intérieur. C'est l'option choisie en 1986, avec l'Acte unique.

Au contraire, les « keynésiens », tels que J.-P. Fitoussi (*Le Débat interdit*, 1995), soulignent la responsabilité du pilotage macro-économique dans le décrochage : les politiques restrictives, tant dans le domaine monétaire que budgétaire, mais aussi l'inadéquation des règles, pénaliseraient fortement l'investissement, qu'il soit public ou privé.

Le débat est particulièrement vif au cours de la décennie 1990. Le développement de la « nouvelle économie » souligne la capacité du système productif américain à générer des innovations technologiques radicales. Il met aussi en lumière l'efficacité du *policy-mix* Clinton-Greenspan, qui associe politiques budgétaires équilibrées, voire excédentaires, et politique monétaire expansionniste, favorable à l'investissement privé. L'Europe connaît une situation presque symétrique, puisque l'investissement privé dans les NTIC peine d'abord à décoller et que, dans le même temps, le *policy-mix* est, lui, globalement restrictif dans le contexte de qualification à l'euro *(cf. infra)*.

b. — La définition d'une stratégie de croissance

Jusqu'au Conseil européen de Lisbonne de mars 2000, il n'existe pas à proprement parler de stratégie partagée de croissance. La philosophie générale reste profondément inspirée de l'analyse libérale des vertus spontanées du marché. Ainsi, le traité de Maastricht dispose que « *les États membres et la Communauté agissent dans le respect d'une économie de marché ouverte où la concurrence est libre, favorisant l'allocation efficace des ressources* » (art. 98 TCE, art. 120 TFUE). Tout au plus, le Conseil, sur recommandation de la Commission, adopte chaque année les grandes orientations de politique économique (les GOPE) qui visent à harmoniser les politiques nationales mais qui ne sont pas contraignantes.

Pourtant, les années 1970 marquent une rupture nette dans la dynamique des gains de productivité. Alors que ceux-ci atteignaient 4,3 % par an dans l'UE-15 avant 1974, ils ne progressent plus ensuite que de 1,6 % en moyenne. S'impose donc le constat que les économies européennes souffrent d'un déficit d'innovation. Leur modèle de croissance, parvenu à la frontière technologique, ne parvient pas à susciter de « destruction-créatrice », dans une logique schumpetérienne. Il apparaît aussi que les dépenses de recherche et développement (R&D), à 1,9 % du PIB en 2000, sont clairement insuffisantes en comparaison avec celles des EU (2,7 %) ou du Japon (3,1 %), alors même que les théories de la croissance endogène soulignent leur importance dans une économie moderne.

Le Conseil de Lisbonne (2000) définit une stratégie volontariste. Il fixe à l'UE l'ambition de devenir « *l'économie de la connaissance la plus compétitive et la plus dynamique au monde d'ici à 2010, capable d'une croissance économique durable accompagnée d'une amélioration quantitative et qualitative de l'emploi et d'une plus grande cohésion sociale* ». Des objectifs « finals » sont définis : atteindre 3 % de croissance annuelle, élever le taux d'emploi à 70 % pour les hommes et 60 % pour les femmes et réduire les émissions de gaz à effet de serre conformément aux engagements de Kyoto. Des objectifs « intermédiaires » sont également posés : activation des politiques du marché du travail (*cf. infra*, la stratégie européenne pour l'emploi), seuil minimal de 3 % de PIB pour la R&D.

L'échec de cette politique, constaté dès le Rapport d'étape de 2005, débouche sur une réactivation des ambitions, à travers la stratégie « Europe 2020 » intitulée : « *Pour une croissance intelligente, durable et inclusive* » (2010). Cinq objectifs sont posés : un taux d'emploi à 75 % pour les 20-64 ans, une dépense de R&D effectivement portée à 3 % du PIB, la sortie de la pauvreté pour 20 millions d'Européens, une proportion de personnes ayant un diplôme de l'enseignement supérieur de 40 % parmi les 30-34 ans, et le respect des objectifs environnementaux, issus de la conférence de Copenhague de 2009 (20 % de réduction des émissions de gaz à effet de serre, 20 % d'énergies renouvelables et 20 % de gains d'efficacité énergétique).

Cependant, si les ambitions en matière de croissance ne cessent d'être relevées, leur réalisation concrète peut paraître compromise par l'architecture globale de la gouvernance européenne. A. Bénassy-Quéré (*in* « Les obstacles à la croissance européenne », *Cahier du Cercle des économistes*, 2006) met ainsi en évidence l'existence d'un « triangle d'incompatibilité » sur le modèle du triangle de Mundell. Le premier sommet serait constitué de la stratégie de Lisbonne : celle-ci, non contraignante, est fondée sur la coordination, par la méthode ouverte de coordination (MOC, *cf. infra*). Le second sommet en serait le pacte de stabilité et de croissance : il oblige les États à se conformer à un objectif de déficit public, sans prise en compte des investissements favorables à la croissance, et sous peine de sanctions. Le troisième sommet en serait la concurrence fiscale : elle encourage la mobilité des travailleurs qualifiés, parfois au détriment des pays qui les ont formés, ou des entreprises innovantes. Le risque est alors que la stratégie de croissance, de Lisbonne ou de Lisbonne 2020, ne devienne le « côté faible » du triangle.

2. – La politique industrielle et l'industrie en Europe

Longtemps négligée par les autorités communautaires, la politique industrielle est dans une position asymétrique face à la politique de la concurrence. Les évolutions de la concurrence mondiale ont cependant infléchi la position de l'UE à partir des années 1990. La problématique industrielle est aujourd'hui clairement au cœur de la Stratégie Europe 2020. Si la désindustrialisation affecte l'ensemble des pays européens, elle est en revanche une réalité inégalement partagée. Le cœur industriel s'est concentré géographiquement, au risque, et à cause aussi, d'une véritable guerre de compétitivité interne à l'UE.

a. — Une reconnaissance tardive de la politique industrielle

La priorité donnée à la politique de la concurrence dans le traité de Rome contraste avec l'absence de base légale pour la politique industrielle. Seul l'article 235 reconnaît la possibilité pour le Conseil de prendre les « *dispositions nécessaires pour réaliser, dans le fonctionnement du Marché commun, l'un des objets de la Communauté, sans que le traité n'ait prévu les pouvoirs d'actions requis à cet effet* ». Les seuls programmes industriels de premier plan qui sont engagés, tels que Concorde (1962), Airbus (1970) ou Ariane (1973), le sont sur la base d'accords intergouvernementaux.

Les sommets de Paris (1972) et de Copenhague (1973) permettent la mise en place du premier outil institutionnel de la Communauté avec la naissance du CERD, Comité européen de la recherche et du développement. Des initiatives, ou « programmes », visant à promouvoir des coopérations en matière technologique sont ensuite engagées pour répondre aux défis ambitieux lancés par l'administration Reagan aux États-Unis : Esprit (1984), Eureka (1985) ou Brite (1986). Toutefois, les résultats sont relativement décevants, car la conception de la concurrence au sein de l'UE limite les aides européennes au seul champ de la « recherche pré-compétitive ». Elle pénalise donc le passage de la recherche au stade du développement industriel.

L'Acte unique européen (1986) pose les premières bases légales d'une action communautaire. L'article 130 dispose que « *la Communauté a pour objectif de renforcer les bases scientifiques et technologiques de l'industrie de la Communauté et de favoriser le développement de sa compétitivité internationale* ». L'inflexion est renforcée par le traité de Maastricht. Ce dernier autorise la création « d'entreprises communes », nécessaires à l'exécution des programmes de recherche. Toutefois, si l'UE reconnaît la notion de « compétitivité industrielle », notamment dans le « Livre blanc sur la compétitivité, la croissance et l'emploi » (1993), elle n'emploie pas clairement le terme de politique industrielle. Les années 1980-1990 restent en effet caractérisées par la priorité donnée au démantèlement des monopoles nationaux, à la mise en concurrence des industries de réseaux, tandis que la DGC bloque un certain nombre de fusions *(cf. supra)*. Seules les politiques « horizontales » favorables à l'environnement des entreprises, mais sans ciblage des aides, sont de fait tolérées par la Commission.

La stratégie de Lisbonne marque une évolution majeure, avec la reconnaissance implicite que les économies européennes souffrent d'un retard dans le domaine des NTIC et qu'elles subissent également de plein fouet la concurrence des émergents, dont le bas coût du travail rend délicat le maintien des industries arrivées à maturité. La Commission, dans ses communications, évoque désormais la nécessité d'une action coordonnée (« La politique industrielle dans une Europe élargie », 2002, 2004). En témoignent la mise en place d'un programme « *Small Business* », favorable à la croissance des PME (2008), la définition de sept « Initiatives phare » (2010) dans des secteurs-clés (biotechnologies, transports, santé par exemple), ou la promotion d'une « politique industrielle intégrée à l'heure de la mondialisation » (stratégie Europe 2020). Cette reconnaissance tardive de la politique industrielle ne se traduit pourtant pas nécessairement par une mobilisation de fonds significatifs : les dépenses de R&D engagées par le budget européen ne représentent que 6 milliards d'euros en 2012. De fait, les stratégies industrielles restent, pour une large part, du ressort des États membres.

b. — La recomposition de l'industrie européenne

Les économies européennes sont historiquement très industrialisées. Le point haut de la part de l'emploi industriel est atteint au milieu des années 1970, lorsque le tiers des effectifs salariés se trouve dans le secteur secondaire. Mais ce dernier connaît depuis lors une reconfiguration profonde. Dans les années 1980, les pertes d'emplois sont massives : la sidérurgie et les charbonnages sont touchés par des restructurations profondes, l'automobile est concurrencée avec force par les entreprises japonaises et le textile connaît les premières vagues de délocalisation, parfois vers le Sud de l'Europe (Portugal, Espagne) mais surtout vers les pays d'Asie ou du Maghreb.

Entre 1980 et 1994, la part de l'emploi industriel diminue de 21 % en France et en Allemagne, de 33 % au Royaume-Uni, de 15 % en Italie, et de 32 % en Espagne. Deux facteurs se combinent pour expliquer cette évolution. D'une part, les gains de productivité progressent plus vite que la demande en biens industriels et, d'autre part, la concurrence des pays à bas coûts rend le travail des salariés européens non compétitif.

Une deuxième grande vague de désindustrialisation touche l'Europe à partir de la fin des années 1990. L'UE-27 perd, entre 1998 et 2008, près de 17,5 % de son emploi manufacturier, qui passe de 35 millions à 29 millions d'emplois. La part de la valeur ajoutée industrielle dans la valeur ajoutée totale recule : au Royaume-Uni et en France, elle passe de 15 % à 11 %, en Italie de 20 % à 17 %. Seule l'Allemagne parvient à maintenir cette part à plus de 25 %.

Cette évolution est portée par la montée en puissance des émergents et notamment de la Chine, devenue la première puissance industrielle au monde et excédentaire dans ses échanges avec tous les pays européens. Cette tendance globale masque cependant des évolutions différenciées au sein de l'Europe. Les derniers élargissements ont contribué à un redéploiement de l'industrie au sein de l'UE au profit des pays d'Europe centrale, qui restent globalement plus industrialisés. Les bas salaires et une fiscalité attractive y ont renforcé l'intérêt des délocalisations ou de la sous-traitance internationale. Ainsi, les coûts salariaux des PECO, rapportés au coût allemand dans le secteur manufacturier, montrent un avantage comparatif indéniable : ils en représentent 75 % en République slovaque, 50 % en Roumanie et en Bulgarie, 80 % en Pologne et en Hongrie (2015). On observe, par exemple, un redéploiement de l'industrie allemande vers les PECO pour réduire les coûts des biens intermédiaires. Les importations en provenance des PECO, qui représentaient moins de 3 % des importations allemandes en 2000, s'élèvent en 2015 à près de 12 % du total.

L'industrie européenne est également marquée au cours de la décennie 2000 par un phénomène de concentration de l'emploi sur quelques pays ou quelques régions. L'Allemagne, qui pesait 17,6 % de l'emploi industriel européen en 1998, en représente 19,3 %, en 2009. L'Italie progresse de 13,6 % à 14,1 %, tandis que la France et l'Espagne stagnent à respectivement 10,5 % et 7,1 % et que le Royaume-Uni voit sa part régresser de 11,6 % à 8,5 %. Au niveau infra-étatique, 9 des 271 régions européennes (3 % du territoire européen) concentrent 16 % de l'emploi industriel. La Lombardie, région la plus industrialisée d'Europe, compte à elle seule 3,5 % de l'emploi industriel du continent. Cette évolution de l'implantation géographique de l'industrie semble relativement conforme à l'analyse des effets d'agglomération proposée par P. Krugman. Dans la mesure où l'industrie demeure un élément déterminant de la croissance, la perte de substance dans ce secteur peut se révéler toutefois très problématique. Ainsi, en moyenne, 70 % des exportations et 80 % des dépenses de R&D sont liées à l'industrie. La désindustrialisation avancée de nombreux pays et la guerre de compétitivité que se livrent les pays de l'UE en l'absence de stratégie commune sont également un élément majeur de la crise de l'UE débutée en 2009 *(cf. infra)*.

3. – La politique fiscale en Europe

Les pays qui rejoignent l'UE sont caractérisés par des systèmes fiscaux très différenciés. Ils sont restés très soucieux de maintenir leur souveraineté dans ce champ essentiel de la politique économique. Seule la fiscalité indirecte a véritablement fait l'objet d'une forme d'harmonisation, tandis qu'en matière de fiscalité des entreprises, de l'épargne ou des personnes, la concurrence demeure, au risque d'encourager le *dumping* fiscal visant à attirer les bases fiscales les plus mobiles.

a. — Des régimes fiscaux hétérogènes et soumis au principe du vote à l'unanimité

Le poids des prélèvements obligatoires, en proportion du PIB, varie assez largement au sein de l'UE. Ils sont, pour une grande part, le fruit de l'histoire mais aussi du niveau de développement des systèmes de protection sociale et de la fourniture de biens publics (périmètre de l'action publique). Les recettes fiscales totales atteignent 44,9 % du PIB dans l'UE-28 en 2016, et 46,2 %

dans la zone euro-19. Mais la dispersion est importante : l'écart est supérieur à 20 points de PIB entre l'Irlande (27,5 % du PIB) et la France (52,8 % du PIB), ou la Lituanie (26,4 %) et le Danemark (48,6 %). Cette hétérogénéité s'est significativement accrue lors des élargissements de 2004 et de 2007. En effet, les nouveaux États membres présentent des régimes de protection sociale nettement moins généreux que le cœur historique de l'UE. Ils sont aussi nettement moins tolérants à l'égard de l'intervention publique du fait de leur assujettissement passé au bloc communiste.

Tableau 2 – Indicateurs de pression fiscale pour quelques pays

	Recettes des administrations publiques en % PIB (1)			Taux d'IS (2)		Taux de TVA (3)	
	2000	**2007**	**2016**	**2000**	**2016**	**2000**	**2017**
UE (28 pays)	44,1	43,8	44,9	32	23	NR	NR
Zone euro (19 pays)	45,4	44,7	46,2	NR	NR	NR	NR
Danemark	54,6	54,6	52,7	32	22	25	25
Allemagne	45,6	43	45,1	52	30	16	19
Irlande	35,7	36,1	27,5	24	12,5	21	23
France	49,8	49,7	52,8	37	34	19,6	20
Italie	44,2	45,3	47,1	41	31	20	21
Estonie	36,3	36,8	40,7	26	20	18	22
Slovaquie	40,0	34,5	40,0	29	22	23	20
Suède	56,8	53,0	50,9	29	20	25	25
Grèce	42,4	40,4	49,7	40	29	18	24
Royaume-Uni	37,2	38,6	39,1	30	20	17,5	20

Lecture : (2) taux d'impôt sur les sociétés facial augmenté, le cas échéant, des contributions sociales ; (3) taux de TVA standard ; NR : non renseigné.

Sources : (1) Eurostat (2017), (2) et (3) Commission européenne (2017).

Or, la constitution du marché unique, avec la libre circulation des facteurs de production et des marchandises au sein de l'UE, renforce les opportunités de mise en concurrence des systèmes fiscaux. Ceci est particulièrement vrai pour les facteurs les plus mobiles que sont le capital, le travail qualifié, ou les entreprises (notamment pour les sièges sociaux).

Cette question oppose d'ailleurs assez nettement les pays. Pourtant, au fil des traités, le principe de l'unanimité est resté la règle de décision au sein du Conseil, témoignant du maintien de la pleine souveraineté nationale dans ce domaine. Ce principe équivaut, *de facto*, à octroyer un droit de veto à tout État qui s'oppose à une mesure de coordination ou d'harmonisation.

On peut distinguer plusieurs arguments favorables au maintien de la concurrence fiscale au sein de l'UE :

- Elle autorise la diversité des préférences collectives, notamment en matière de niveau de protection sociale et de prise en charge des risques. Ces préférences résultent en effet de la constitution historique des modèles nationaux.
- Elle permet de compenser un handicap géographique, tel que l'éloignement au centre de gravité du marché unique, ou un retard de niveau de vie qui peut s'analyser comme un choc

asymétrique permanent. Dans ce cas, le dumping fiscal se substitue à l'absence de transferts budgétaires fédéraux.

- Elle est un rempart à « l'État-Léviathan » et conduit les gouvernements européens à améliorer l'efficience des dépenses publiques.

D'autres, au contraire, soulignent les effets néfastes de celle-ci :

- Elle introduit des distorsions dans la décision d'implantation des entreprises. Si cet aspect peut être limité par des considérations de demande et de proximité au marché, il reste pertinent pour la localisation des sièges sociaux des entreprises qui détermine le poids relatif de la fiscalité entre l'entreprise mère et les filiales.
- Elle fait peser les charges fiscales sur les assiettes les moins mobiles (travail et consommation), au risque de limiter nettement la progressivité des régimes fiscaux et de limiter la capacité des États à fournir des biens publics à un niveau optimal.
- Elle encourage l'optimisation mais aussi l'évasion fiscale.

On observe une évolution assez significative des trajectoires fiscales, notamment depuis la mise en place de l'euro : d'abord, une tendance marquée à la baisse des taux de prélèvements obligatoires dans la période qui précède la crise de la zone euro ; ensuite, un allégement des taux d'impôt sur les sociétés (même s'il faudrait tenir compte de l'élargissement, parfois, des bases) ; enfin, un relèvement, presque partout, des taux de TVA « normale ». Il apparaît donc que, loin de converger ou de tendre vers l'harmonisation, les États européens se sont lancés dans une véritable « bataille fiscale » au cours des dernières années. Certains auteurs soulignent cependant que les effets de cette concurrence sont à nuancer (A. Bénassy-Quéré *et al.*, « Renforcer l'harmonisation fiscale en Europe », *Les Notes du CAE*, juillet 2014).

b. — Des degrés divers en matière d'intégration fiscale communautaire

Les avancées en matière de prélèvements obligatoires européens restent très différentes selon la nature des bases fiscales considérées. On peut distinguer quelques grands traits :

L'harmonisation domine en matière d'imposition indirecte. Il s'agit essentiellement de la volonté de construire une fiscalité la plus neutre possible, afin de permettre le fonctionnement du marché unique. La taxe sur la valeur ajoutée (TVA) est sans doute l'impôt pour lequel les règles communautaires ont le plus convergé. La TVA est inventée en 1954, en France. Elle est rapidement adoptée par les pays européens, notamment le Danemark (1967), l'Allemagne (1968), l'Italie et le Royaume-Uni (1973). Deux directives de 1967 posent les bases d'une harmonisation des règles applicables dès 1967. Elles sont ensuite enrichies : en 1977, il est décidé que 1 % des taux nationaux finance le budget européen (1,64 % aujourd'hui) ; en 1992, des modifications sont apportées pour accompagner la mise en place du Marché unique. L'adoption de la TVA est désormais un prérequis à l'adhésion à l'UE.

La TVA est réglée sur le *principe de destination* pour les *assujettis*, c'est-à-dire pour les agents économiques qui reversent à l'État les montants de TVA, et sur le *principe d'origine* pour les *non-assujettis*, c'est-à-dire pour les agents qui supportent l'impôt. Ainsi, une entreprise française s'acquitte du taux français sur les importations qu'elle effectue en provenance de pays tiers, mais ne paie aucune TVA sur les produits exportés hors du territoire national. En revanche, les consommateurs paient la TVA au taux français sur toutes les consommations réalisées en France, et au taux belge sur les achats réalisés en Belgique. Toute baisse de la TVA doit faire l'objet d'un vote à l'unanimité au Conseil. L'augmentation reste du ressort de chaque État-membre. Le fait que les exportations soient exonérées du paiement de la TVA peut pousser les États à en augmenter le taux, pour, par exemple, baisser les cotisations sociales nationales. La compétitivité-coût de leurs entreprises domestiques sur le marché international s'en trouve alors potentiellement renforcée, au détriment des produits importés, qui sont soumis au taux national.

La coopération est la règle en matière de fiscalité de l'épargne. Or, la mobilité des capitaux, organisée par la directive sur la liberté des capitaux (1988), rend possible l'optimisation, voire l'évasion fiscale. Le rejet de la proposition de la Commission (1989) de taxer à la source les intérêts des obligations et des dépôts bancaires (du fait du veto du Luxembourg) ainsi que la volonté de protéger le secret bancaire (Luxembourg, Autriche, Belgique) ont conduit historiquement à privilégier la coopération. Les affaires d'évasion fiscale, autant que la remise en cause des paradis fiscaux à partir de 2009, conduisent les États à envisager une plus forte harmonisation. Une directive du Conseil de décembre 2014 organise l'échange automatique d'informations entre les États-membres de l'UE à compter de 2017.

La concurrence reste la règle en matière de fiscalité des personnes physiques et des entreprises. Le principe du vote à l'unanimité est ici un puissant levier dans la bataille fiscale que se livrent les économies européennes. Les États se sont opposés à la proposition de la Commission européenne (Comité Rüding, 1991) qui visait une harmonisation du taux d'impôt sur les sociétés (IS), dans une fourchette de 30 à 40 %. Les efforts portent, depuis lors, sur la limitation des « pratiques fiscales dommageables » (déficit d'information, défaut de transparence, par exemple). Il n'existe pas de seuil minimal en matière d'IS. Il en résulte une forte dispersion des taux effectifs maximums d'imposition sur les sociétés. La comparaison reste toutefois malaisée du fait des différences entre le taux facial et le taux effectif, ou même des différences d'assiette. Cependant, la concurrence est clairement effective puisque, depuis 1995, le taux moyen a baissé de plus de 12 points au sein de l'UE. La Commission tente d'aboutir, depuis 2004, à une harmonisation des assiettes, en laissant aux États la possibilité de fixer librement les taux. Cette proposition vise, en premier, à accroître la transparence des régimes fiscaux en maintenant le principe de souveraineté. Une hypothèse de travail semble se dessiner à partir de 2015, qui obligerait les FMN installées sur plusieurs territoires européens à communiquer sur les chiffres d'affaires réalisés, les effectifs employés, ainsi que les impôts payés dans chaque pays. Cette évolution se voit cependant contrariée, au motif du respect du « secret des affaires ».

La question fiscale est donc aujourd'hui traversée d'enjeux contradictoires :

- d'un côté, la possibilité d'une concurrence accrue s'affirme : le Royaume-Uni, à la faveur du Brexit, a annoncé son intention de porter le taux d'IS à 10 %, ce qui installerait une forme de paradis fiscal pour les entreprises, à proximité immédiate du marché unique ;
- d'un autre côté, une forte pression des opinions publiques en faveur d'une coopération renforcée, voire d'une harmonisation. La Commission (2012) évalue le coût de la fraude et de l'évasion fiscales à près de 1 000 milliards d'euros chaque année.

Les révélations sur les pratiques du Luxembourg (« scandale LuxLeaks », novembre 2014), de l'Irlande ou des Pays-Bas, pour l'essentiel, ont montré que les grands groupes parvenaient à réduire considérablement leurs impôts, soit par des montages habiles (« double irlandais », « sandwich hollandais », par exemple), soit par des négociations directes avec des gouvernements bienveillants (« *tax ruling* luxembourgeois » par exemple). La pression est évidente sur la Commission Juncker, dont le président a longtemps gouverné les affaires économiques et fiscales du Luxembourg.

II

LA CONSTRUCTION D'UNE GOUVERNANCE MACROÉCONOMIQUE ORIGINALE

À côté de la construction d'un vaste marché commun, la mise en œuvre d'une union monétaire, au terme d'un processus relativement long, témoigne de la volonté d'intégrer un levier essentiel de leur souveraineté économique. Cet avancement contraste avec le domaine budgétaire qui reste caractérisé par une préférence pour l'encadrement des pouvoirs nationaux au détriment d'un véritable fédéralisme budgétaire.

A LA CONSTRUCTION DE L'EUROPE MONÉTAIRE

L'adoption d'une monnaie unique n'apparaît pas initialement comme une condition nécessaire au marché commun. En effet, le système de Bretton-Woods offre une grande stabilité des changes au sein de la CEE. Son délitement progressif accélère la mise en place de mécanismes d'ancrage à travers le Serpent monétaire (1972-1978) puis le Système monétaire européens (1979-1998). Le processus s'achève avec la naissance de l'euro et l'instauration d'une banque centrale aux prérogatives originales. Les années 2000 permettent de dresser un premier bilan de la monnaie unique, teinté de réussites et d'incomplétudes indéniables.

1. – Aux origines de la monnaie unique

Le projet d'intégration monétaire date de la fin des années 1960 mais se heurte à la décomposition progressive du système de Bretton-Woods. Si, dans les années 1970, les États membres tentent déjà de limiter les fluctuations des devises, il faut attendre les années 1980 pour que la monnaie unique devienne un objectif prioritaire de l'intégration européenne.

a. — Du rapport Werner au Système monétaire européen (SME)

Suite au mémorandum Barre (1968), le rapport Werner (1970) propose la réalisation d'une « union économique et monétaire » en dix ans. Trois étapes sont définies : le rétrécissement des marges de fluctuation des monnaies, puis la libéralisation des mouvements de capitaux et, enfin, la définition d'orientations communes en matière budgétaire ou fiscale. La première est engagée le 1er janvier 1971, mais elle échoue du fait de la suspension de la convertibilité du dollar en or (15 août 1971). Les mouvements monétaires incontrôlés risquent alors de pénaliser les échanges commerciaux intra-européens que la réalisation de l'Union douanière (1968) vient d'intensifier.

Par les accords de Bâle (avril 1972), les six membres de la CEE ainsi que le Royaume-Uni, l'Irlande et le Danemark décident d'appliquer le principe du « serpent monétaire », présenté initialement dans le rapport Werner. Il ne s'agit pas seulement de limiter les marges de fluctuations entre les monnaies, comme l'Europe l'avait déjà expérimenté à partir de 1955 dans le cadre de l'Accord monétaire européen. L'objectif est de faire en sorte que les monnaies européennes évoluent de conserve par rapport au dollar. Ainsi, toutes les monnaies du serpent doivent se retrouver dans une bande de fluctuation d'une largeur de 2,25 %, comprise dans le « tunnel » de 4,5 % défini par les accords de Washington (*cf.* partie III, chapitre 2). Ce dispositif se révèle rapidement fragile, car il fait reposer une grande partie de l'effort sur les monnaies les plus faibles. Lorsque le dollar se déprécie, il s'ensuit une appréciation du mark, valeur refuge alternative. Mais l'appréciation de la devise allemande ne signifie pas forcément une appréciation du franc ou de la livre. Ainsi, les banques centrales française ou anglaise doivent augmenter leurs taux d'intérêt, ou racheter leur monnaie pour qu'elle s'apprécie et puisse rester dans le serpent. Cette asymétrie conduit à la sortie de la livre, dès juin 1972, et de la lire, en février 1973. Le premier choc pétrolier accroît les divergences de performance, notamment en matière d'inflation. Le franc quitte le serpent en janvier 1974, le rejoint à nouveau en juillet 1975, avant d'en sortir définitivement en mars 1976. À partir de cette date, le serpent est de fait une zone mark, puisqu'il ne cohabite plus qu'avec le franc belgo-luxembourgeois, le florin néerlandais et la couronne danoise. En 1978, les difficultés des banques centrales à limiter les fluctuations de leur monnaie sont telles que les échanges communautaires sont compromis.

Une étape fondamentale est alors franchie avec l'instauration du Système monétaire Européen, le 13 mars 1979. Il s'agit ici de mettre en œuvre une zone de stabilité des changes qui soit autonome par rapport au dollar. Une monnaie-panier est créée, l'Ecu *(European Currrency Unit)*, dont la composition est officiellement définie sur la base, non seulement du poids économique de chaque État membre, mais aussi de sa part dans le commerce intra-communautaire. Au jour le jour, chaque banque centrale nationale est en charge de défendre la parité de sa monnaie par rapport à toute autre devise, ce qui définit un mécanisme de parités bilatérales, dans la limite théorique de +/– 2,25 % par rapport au pivot que constitue l'Ecu. Cette construction oblige, en théorie, les banques centrales nationales à des interventions symétriques, par la vente de la devise qui tend à s'apprécier et par l'achat de la devise qui se déprécie. L'Europe a donc tiré les leçons de l'échec du serpent monétaire en inventant un système coordonné, obligeant toutes les banques centrales à intervenir dans le maintien des taux de change.

b. — Des insuffisances du SME au projet de monnaie unique

La mise en œuvre du SME coïncide avec des pics inflationnistes dans quelques économies européennes (Italie, France ou Royaume-Uni) et le durcissement de la politique monétaire américaine à partir d'octobre 1979. Les réajustements sont donc fréquents à l'origine, du fait des divergences des politiques économiques nationales. Le choix de la France de renoncer à toute dévaluation compétitive (1983) et de privilégier la désinflation compétitive ancre la crédibilité du SME autour du binôme franco-allemand. Ainsi, entre 1987 et 1992, la parité entre le franc et le deutsche mark (DM) n'est pas modifiée, ce qui renforce la convergence des taux d'intérêt entre les deux pays. De nouvelles monnaies rejoignent progressivement le SME : la peseta espagnole (1989), la livre britannique (1990), l'escudo portugais (1992). Seule la drachme grecque reste en dehors du mécanisme au début des années 1990, au sein de l'UE-12.

Cependant, le SME se révèle à son tour asymétrique, le mark s'imposant de nouveau comme la monnaie-pivot du système. L'économie germanique demeure en effet la plus puissante de la CEE, avec plus de 30 % du PIB communautaire. La Bundesbank parvient également à maintenir une inflation domestique plus faible que chez ses partenaires. Le mark est enfin la seule devise européenne qui bénéficie d'un statut international : en moyenne, au cours des années 1980, 15 % des réserves officielles des banques centrales et 10 % du commerce mondial sont libellés en DM. La valeur de la devise allemande est donc intimement liée à la confiance des investisseurs internationaux, mais ses variations se répercutent, *in fine*, sur l'ensemble des devises participant au SME.

Du fait de la suprématie du DM, la banque centrale allemande parvient à s'affranchir des obligations formelles du SME. Ainsi, il lui arrive fréquemment de refuser de vendre des marks contre une monnaie plus faible pour soutenir la parité bilatérale. Cette opération, qui accroîtrait la masse monétaire en DM, est en effet jugée potentiellement inflationniste par les autorités monétaires allemandes (et donc non conforme au statut de la Bundesbank). Les pays à monnaie faible doivent alors, unilatéralement, soit procéder à une dévaluation, soit durcir fortement leur politique monétaire pour maintenir le change.

La mise en place d'un marché des capitaux unifié, prévue par l'Acte unique pour le 1er janvier 1991, tend à renforcer cette asymétrie. Ce résultat de la théorie économique, connu sous le nom de triangle d'incompatibilité de Mundell, est popularisé par le rapport Padoa-Schioppa (1987). Il montre qu'il n'est pas possible de concilier simultanément changes fixes, mobilité des capitaux et politique monétaire nationale autonome. Si deux des conditions sont vérifiées, alors la troisième ne peut l'être. Dès lors, la libéralisation des marchés financiers et la volonté de limiter le flottement des changes obligent les banques centrales européennes à s'aligner sur la Bundesbank du fait de la plus forte stabilité du mark.

Les limites intrinsèques du SME poussent les États, au Conseil européen de Hanovre de 1988, à relancer le projet d'une intégration monétaire complète. S'il s'agit donc en priorité d'accompagner et de renforcer le passage au marché unique, la mise en place d'une monnaie unique apparaît également comme un moyen de partager la souveraineté qui échoit *de facto* à la seule Bundesbank. Le Comité Delors, s'inspirant des conclusions du rapport Werner, propose en avril 1989 la mise en place d'une union monétaire à une échéance de dix ans.

c. — Les critères de zone monétaire optimale (ZMO)

Les gains attendus du passage à l'euro (la dénomination n'est définitivement adoptée qu'en 1995), sont analysés par le rapport Emerson (1990). Sur le plan microéconomique, une monnaie unique est censée favoriser la transparence des prix, réduire les coûts de transaction et améliorer la diffusion de l'information. Elle doit permettre l'intensification de la concurrence et de la division du travail au sein de l'espace européen. Sur le plan macroéconomique, la disparition du risque de change est supposée permettre l'élimination des réserves en devises des banques centrales, renforcer l'intégration commerciale et encourager les investissements à l'étranger. En limitant les primes de risque (ou *spreads*), la monnaie unique doit également assurer la convergence des taux d'intérêt. Elle peut enfin devenir une devise à vocation internationale, potentiellement concurrente du dollar.

Mais l'adoption de l'euro prive aussi les États de la possibilité de dévaluer leur monnaie en cas de choc asymétrique conjoncturel ou de perte de compétitivité. Initiée par R. Mundell (« *A theory of optimum currency areas* », 1961), la littérature sur les zones monétaires optimales (ZMO) établit les conditions que doivent remplir des économies pour renoncer à l'outil du change face à un choc asymétrique. Plusieurs critères sont identifiés au fil des travaux académiques :

Critère de mobilité des facteurs de production. Pour Mundell, la dévaluation n'est pas nécessaire s'il existe une parfaite flexibilité des prix et notamment des salaires. Le ralentissement économique peut en effet être absorbé par une baisse spontanée des prix qui restaure la compétitivité perdue. Si les prix sont rigides, les facteurs de production (capital et travail) doivent alors être parfaitement mobiles et la résorption du chômage s'effectue par la migration de la main-d'œuvre, des zones en difficulté vers les régions prospères.

■ **Critère du degré d'ouverture des économies.** Pour Mac Kinnon (1963), plus les économies sont ouvertes, plus elles ont intérêt à fixer leur change : une dévaluation compétitive améliore la compétitivité-prix des exportations mais augmente le prix des importations au risque d'une inflation importée, annulant les effets positifs initiaux.

■ **Critère de diversité du tissu productif.** Pour Kenen (1969), un pays dont le tissu économique est diversifié peut renoncer à la flexibilité du change pour deux raisons : d'abord, les conséquences d'un choc asymétrique sont réduites dans une économie peu spécialisée ; ensuite, une manipulation du change, pour répondre à un problème sectoriel, modifie la totalité des prix relatifs, même pour les secteurs non affectés, ce qui peut se révéler déstabilisateur.

■ **Critère d'intégration financière et fiscale.** Pour Ingram et Johnson (1969), une union monétaire nécessite un certain niveau d'intégration financière et fiscale : les déficits éventuels d'une région doivent pouvoir être financés par une mobilité parfaite des capitaux et/ou par des transferts budgétaires fédéraux, pour limiter les pressions sur les taux d'intérêt nationaux.

■ **Critère d'homogénéité des préférences.** Pour Haberler (1970) ou Kindleberger (1993), une monnaie unique s'apparente à un bien collectif. Elle nécessite par conséquent des préférences communes de la part des populations qui la partagent, pour limiter les désaccords, notamment en matière de niveau d'inflation souhaitée ou tolérée.

■ **Critère d'endogénéité des cycles.** Pour Frankel et Rose (1998), l'optimalité d'une zone peut se construire *ex post*. L'union monétaire, en renforçant l'intégration commerciale et la convergence des niveaux d'inflation, contribue à la synchronisation des cycles économiques entre régions. La probabilité de choc asymétrique se réduit, ce qui limite l'intérêt des dévaluations.

La mise en œuvre de la monnaie unique ne nécessite pas la réalisation de tous les critères simultanément. Toutefois, la littérature théorique consacrée aux ZMO montre clairement que la non-optimalité de l'UE peut nécessiter une coordination, voire une intégration, étroite des politiques économiques nationales.

2. – Une union monétaire originale

Le calendrier retenu par la Commission Delors détermine trois phases de convergence pour les États qui acceptent l'adoption de la monnaie unique. Le traité de Maastricht institutionnalise l'organisation effective du Système européen des banques centrales (SEBC). La Banque centrale européenne (BCE) se voit alors confier un mandat hiérarchique, clairement tourné vers la lutte contre l'inflation.

a. — La marche à l'euro

La première étape de l'unification monétaire, la « phase I » (en théorie, de juillet 1990 à décembre 1993), repose sur la coordination accrue des politiques monétaires, la libéralisation complète des marchés financiers et l'obligation pour les États de rendre leur banque centrale indépendante. Le calendrier est très largement favorisé par le bouleversement politique que constitue la chute du mur de Berlin. En effet, l'Allemagne n'a que peu d'intérêt à abandonner son autonomie monétaire. Elle l'accepte cependant, sous l'impulsion du chancelier Kohl, pour ancrer l'économie allemande au projet européen et lever les réticences possibles des autres pays à sa réunification (3 octobre 1990).

Du point de vue institutionnel, la monnaie unique rend indispensable une refonte des traités. C'est l'objet du traité de Maastricht, signé en février 1992 et qui entre en vigueur au 1er janvier 1993. Le Royaume-Uni et le Danemark négocient au même moment une clause d'*opting out*, c'est-à-dire une dérogation permanente à l'obligation de rejoindre l'euro.

Durant la « phase II » (en théorie de janvier 1994 à janvier 1997), les États doivent mettre en œuvre des politiques permettant de respecter cinq critères de convergence nominale :

- un déficit public inférieur à 3 % du PIB. Il s'agit théoriquement d'un seuil qui, compte tenu de la croissance nominale constatée et des taux d'intérêt en vigueur, permet une stabilité du ratio d'endettement ;
- une dette publique inférieure à 60 % du PIB ;
- une inflation qui ne doit pas excéder de plus de 1,5 % la moyenne des trois meilleures performances nationales ;
- un taux d'intérêt de long terme qui ne doit pas dépasser de plus de 1,5 % la moyenne des trois meilleurs taux constatés ;
- une devise nationale ancrée au SME sans modification de parité depuis au moins deux ans.

L'adoption de ces critères coïncide cependant avec une période de faible croissance mondiale du fait de la guerre d'Irak (1991) et la gestion non coopérative de la réunification allemande. Ce dernier élément pèse particulièrement en Europe. En effet, la reconnaissance d'une égalité de valeur nominale entre un mark de l'Ouest et un mark de l'Est, alors même que les écarts de productivité sont de 1 à 2, fait craindre une poussée inflationniste à la Bundesbank, qui décide unilatéralement de relever ses taux d'intérêt. Les autres banques centrales du SME n'ont alors d'autre choix que de relever les leurs pour maintenir leur devise dans le SME. Mais les marchés financiers, fraîchement libéralisés, doutent de la volonté des États d'accepter les effets récessifs associés à ces politiques monétaires restrictives. Il s'ensuit une vague de spéculations sur les monnaies nationales qui ne semblent pas pouvoir tolérer une appréciation calée sur le mark : entre 1992 et 1993, la crise du SME se traduit par la dévaluation de la livre, de la lire et de la peseta, et par le retour d'un contrôle des changes en Espagne, au Portugal et en Irlande. La France décide de s'ancrer sur les taux allemands mais le paie, en 1993, d'une année de récession. Le SME ne perdure que par la décision d'élargir les bandes de fluctuations à +/– 15 %. Il s'agit, de fait, d'un retour au flottement des monnaies européennes entre elles, afin de décourager la spéculation.

La « phase III » débouche sur la mise en place effective du SEBC et de la BCE (juin 1998), la fixation des taux de change irrévocables entre les monnaies et l'adoption de l'euro au niveau communautaire pour les transactions financières. À l'exception du Royaume-Uni, du Danemark (clause d'*opting out*), de la Suède et de la Grèce (non qualifiée avant 2001), tous les pays de l'UE-15 adoptent officiellement l'euro le 1er janvier 1999.

b. — L'organisation du Système européen des banques Centrales et de l'Eurosystème

Les pays qui intègrent l'UE après le traité de Maastricht ont vocation à rejoindre à terme la zone euro. Les vingt-huit banques centrales (avec l'intégration de la Croatie au 1er juillet 2013) font partie du Système européen des banques centrales (SEBC), tandis que l'Eurosystème, sous-partie du SEBC, ne regroupe que les 19 pays ayant effectivement adopté l'euro à ce jour : l'Allemagne, l'Autriche, la Belgique, l'Espagne, la Finlande, la France, l'Irlande, l'Italie, le Luxembourg, les Pays-Bas et le Portugal, depuis 1999, la Grèce depuis 2001, la Slovénie depuis 2007, Chypre et Malte depuis 2008, l'Estonie, depuis 2011, la Lettonie, depuis 2014 et la Lituanie, depuis 2015. À terme, l'Eurosystème et le SEBC sont appelés à se confondre.

La Banque centrale européenne succède à l'Institut monétaire européen le 1er juin 1998. Installée à Francfort-sur-le-Main, elle est en charge du pilotage de la politique monétaire au sein de la zone euro. Institution dotée d'une personnalité juridique, son capital, de 10,8 milliards d'euros au 1er janvier 2015, est abondé par les banques centrales nationales (BCN) selon une clé de répartition pondérée par le poids économique de l'État dans l'UE. Les principales contributrices au capital sont : la Banque centrale d'Allemagne (18,9 %), la Banque d'Angleterre (14,5 %), la Banque de France (14,2 %) et la Banque d'Italie (12,5 %).

Trois organes de décision jouent un rôle fondamental mais inégal au sein du SEBC :

- Le Conseil des gouverneurs réunit les 6 membres du Directoire et les 19 gouverneurs des BCN qui appartiennent à la zone euro. Il prend les décisions de politique monétaire au cours des réunions qui se tiennent habituellement deux fois par mois. Le Président, lors de conférence de presse qui suit la première réunion mensuelle, explique en détail les choix de la BCE.

- Le Directoire est composé de 6 membres nommés pour huit ans (dont le président et le vice-président de la BCE). Il met en œuvre les décisions du Conseil des gouverneurs et est donc en charge de la gestion courante de la politique monétaire en donnant les instructions aux BCN.

- Le Conseil général de la BCE regroupe le Président de la BCE, le vice-président et l'ensemble des gouverneurs des BCN de l'UE. Il dispose essentiellement d'une fonction consultative et participe à la collecte des informations statistiques.

Depuis sa création, la BCE a connu trois présidents : le néerlandais Wim Duisenberg (1998-2003), le français Jean-Claude Trichet (2003-2011) et l'italien Mario Draghi (depuis le 1er novembre 2011).

c. — Un mandat hiérarchique

Le contexte qui prévaut lors de la marche à l'euro pèse fortement sur les objectifs et la gouvernance de la BCE. Ainsi, le « banquier central keynésien », soucieux d'arbitrer entre la lutte contre l'inflation et le chômage, fait l'objet de critiques radicales. Des auteurs monétaristes tels que Milton Friedman (Nobel 1976) ou des nouveaux-classiques, tels que Kydland et Prescott (Nobel 2004) et Lucas (Nobel 1995) dominent le débat économique des années 1990 : les thèses favorables à une banque centrale indépendante et en quête de « crédibilité » face aux marchés financiers s'imposent après la stagflation des années 1970. Les politiques de désinflation compétitive engagées par de nombreux pays témoignent de ce revirement radical des politiques monétaires ainsi que de l'émergence de la figure du « banquier central conservateur ».

Les arbitrages politiques sont par ailleurs déterminants. En effet, l'Allemagne pose des conditions fermes à l'abandon de sa souveraineté monétaire et, notamment, l'adoption de statuts pour la BCE calqués sur ceux de la Bundesbank. Or, le souvenir de l'hyperinflation allemande de 1923, l'utilisation de la politique monétaire pour financer l'effort de guerre par A. Hitler et la tradition ordolibérale, avaient fortement pesé sur la définition du mandat de la « Buba » en 1948. Cette dernière avait pour objectif unique la lutte contre l'inflation et une stricte indépendance à l'égard du pouvoir politique. Le fait que la Buba ait été la première institution fédérale après la Seconde Guerre mondiale (et donc un symbole d'une souveraineté recouvrée) et que le miracle économique allemand ait rendu au mark une place prépondérante sur les marchés mondiaux, ont également contribué à l'émergence d'un véritable « patriotisme de la monnaie » dans l'opinion allemande.

Le mandat de la BCE, adopté par le traité de Maastricht, contraste assez nettement avec ceux de la Réserve fédérale américaine. Les objectifs de la banque centrale américaine sont, depuis 1977, le plein emploi, la stabilité des prix et le maintien de bas taux d'intérêt de long terme. L'article 105.1 du TCE (art. 127 du TFUE) définit, lui, un mandat hiérarchique pour la BCE. Il dispose ainsi que « *l'objectif principal du système européen de banques centrales est de maintenir la stabilité des prix. Sans préjudice de l'objectif de stabilité des prix, le SEBC apporte son soutien aux politiques économiques générales dans l'Union [...]* ».

La BCE jouit également d'une indépendance absolue à l'égard du pouvoir politique, à travers l'article 108 du TCE (art. 130 du TFUE) qui dispose que : « *Dans l'exercice des pouvoirs et dans l'accomplissement des missions et des devoirs qui leur ont été conférés par les traités et les statuts du SEBC et de la BCE, ni la Banque centrale européenne, ni une banque centrale nationale, ni un membre quelconque de leurs organes de décision ne peuvent solliciter ni accepter des instructions des institutions, organes ou organismes de l'Union européenne, des gouvernements des États membres ou de tout autre organisme.* » Ces dispositions sont enfin renforcées par le choix d'un mandat de huit ans pour le Président de la BCE, durée qui excède, en 1992, tout mandat électif en Europe. Élément fondamental, la BCE ne peut en aucun cas être le prêteur en dernier ressort des États ou des institutions publiques en vertu de l'article 101 (art. 123 du TFUE).

L'ambiguïté de l'article 111 (art. 219 du TFUE), relatif à la question de la valeur externe de l'euro, offre enfin la possibilité à la BCE de privilégier la lutte contre l'inflation sur une politique de change favorable à la compétitivité-prix. Ainsi, les décisions du Conseil européen en matière de change ne peuvent être mises en œuvre que si elles sont « *compatibles avec l'objectif de stabilité des prix* ».

3. – Un bilan de la politique monétaire après une décennie (1999-2008)

Le dixième anniversaire de la BCE permet de dresser un premier bilan des réalisations de la monnaie unique. Réussite sur le plan technique, l'euro a permis une accélération des échanges intra-zone et a coïncidé avec une baisse de l'inflation. Le pilotage monétaire reste cependant contesté, la BCE cherchant à asseoir sa crédibilité par une politique monétaire orthodoxe, au moins jusqu'à la crise financière de 2008.

a. — Des réussites indéniables

Adopté en 1999 comme monnaie scripturale par onze pays, l'euro devient, au 1er janvier 2002, une véritable monnaie fiduciaire pour les citoyens, avec la mise en circulation des pièces et des billets. Dès 1999, le système TARGET (« *Trans-European Automated Real-Gross settlement Express Transfer* » ou « Système européen de paiement et de compensation ») permet une intégration complète du marché monétaire. La construction d'un marché interbancaire unifié, indispensable à la circulation de la liquidité au sein de l'eurozone, se traduit dès lors par une réduction très significative des taux obtenus par les opérateurs bancaires sur le marché monétaire.

L'euro favorise également l'intégration commerciale et économique. Les échanges de biens augmentent de plus de 7 points entre 1998 et 2007, passant de 26 % à 33 % du PIB européen, et les échanges de services progressent de 5 % à 7 % du PIB. Sur la même période, les flux avec les trois pays qui ont choisi de rester en dehors de la monnaie unique, à savoir le Royaume-Uni, le Danemark et la Suède, ne progressent que de 3 % de PIB. Les flux d'IDE intra zones (investissements directs à l'étranger) se renforcent également de 15 %.

La réussite la plus incontestable semble résider dans le maintien d'une faible inflation. En 1998, le Conseil des gouverneurs de la BCE décide, de manière parfaitement indépendante, de fixer un objectif chiffré à l'objectif de stabilité des prix inscrit dans le traité de Maastricht : la progression de l'indice des prix à la consommation harmonisé (IPCH) doit être « inférieure à 2 % par an ». Alors que dans les années 1980, l'inflation atteint 8,1 % en moyenne dans la future zone euro et encore 3,1 % au cours des années 1990, la progression des prix n'est plus que de 2,1 %, entre 1999 et 2008. Cette réduction est particulièrement marquée pour les « grands pays » de la zone euro (Allemagne, France et Italie) dont l'inflation moyenne passe, sur la même période, de 6,3 % à 1,8 % par an. La convergence des prix se réalise donc en partie, tandis que l'inflation se révèle moins volatile.

Toutefois, la responsabilité de la BCE dans cette stabilité nominale peut être relativisée. Si l'essentiel du ralentissement de l'inflation a eu lieu avant la mise en place de la monnaie unique, cette évolution n'est pas propre à la zone euro. Elle correspond à l'épisode de « grande modération » que connaissent les pays développés dans leur ensemble. Ainsi, de 1999 à 2008, l'inflation s'élève à 2,8 % par an aux États-Unis et à 1,7 % dans les trois pays qui ont décidé de ne pas adopter l'euro. Par ailleurs, les performances globales ne peuvent dissimuler une assez forte hétérogénéité. L'inflation moyenne annuelle atteint 3,3 % en Grèce, 3,2 % en Espagne et 3 % en Irlande, contre 1,7 % en Allemagne et 1,9 % en France. Ces écarts constituent donc un défi majeur pour la BCE dans la fixation du taux directeur, par définition unique. Ils conduisent à des divergences considérables de taux d'intérêt réels. Une même politique monétaire peut, au total, se révéler très expansive pour les économies en forte croissance nominale et très restrictive pour les pays peu inflationnistes.

b. — Un pilotage contesté

En 1998, la BCE définit une stratégie fondée sur deux « piliers » :

- le premier, intitulé « pilier monétaire », fixe un objectif quantitatif pour l'agrégat monétaire M3 dont la progression annuelle ne doit pas excéder 4,5 % ;
- le second, intitulé « pilier économique », rassemble un grand nombre d'indicateurs susceptibles de fournir des informations sur l'évolution future des prix (progression du crédit aux ménages et aux entreprises, variations des prix de l'énergie, écart de la croissance effective à son niveau potentiel, par exemple).

Cette stricte hiérarchie ainsi que le lien explicite entre un objectif quantitatif de masse monétaire et l'inflation anticipée témoignent d'une forte imprégnation par les thèses monétaristes et par l'héritage de la Bundesbank. La jeune BCE cherche clairement à gagner la confiance des opérateurs financiers et bancaires, conformément aux travaux théoriques qui accordent une grande importance à la crédibilité des banques centrales dans les économies financiarisées.

Le ralentissement économique, après l'éclatement de la bulle des nouvelles technologies en 2000, conduit la BCE à réviser sa stratégie en mai 2003. En premier lieu, l'objectif final devient une

« inflation inférieure *mais proche* de 2 % en moyenne », ce qui intègre le risque déflationniste. En second lieu, la hiérarchie des piliers est inversée : le pilier économique passe au premier plan et le pilier monétaire au second. Ces évolutions démontrent donc le souhait de rééquilibrer son pilotage, au profit des variables économiques et au détriment des indicateurs strictement monétaires.

En dépit de ces inflexions, la conduite de la politique monétaire montre une plus faible réactivité de la part de la BCE que de son homologue américaine. Ainsi, sur la période 1999-2008, la Fed procède à plus de quarante révisions de son principal taux directeur, tandis que la BCE ne modifie le sien qu'à une vingtaine de reprises. Les différences d'amplitude sont aussi significatives : la variation atteint près de 650 points de base sur la période aux États-Unis (avec un maximum à 6,5 % fin 2000 et un minimum à 0,25 % à partir de fin 2008) contre seulement 275 points de base pour la zone euro (avec un maximum à 4,75 % fin 2000 et un minimum à 2 % en 2003). Cependant, il faut noter que la plus forte financiarisation de l'économie américaine rend la manipulation des taux d'intérêt plus efficace aux États-Unis qu'en Europe, où domine le financement bancaire (75 % du financement total de l'économie).

Les différences de mandat ne peuvent suffire à expliquer de telles dissimilitudes. Ainsi, la stratégie de la BCE, clairement tournée vers la lutte contre l'inflation conjoncturelle, ne lui permet pas de prendre en compte la très grande stabilité de l'inflation sous-jacente (ou structurelle) qui se maintient sur la période à 1,8 % au sein de l'UEM. En effet, les pressions désinflationnistes résultant du poids croissant des importations en provenance des pays émergents ainsi que la bonne maîtrise des coûts de production européens limitent grandement les risques d'emballement des prix. Il peut donc y avoir contradiction entre une poussée inflationniste qui justifierait une hausse des taux à court terme et, au contraire, une activité réelle atone qui plaiderait pour le *statu quo* monétaire, voire une baisse des taux.

c. — Une dimension internationale en progression

Pour devenir une véritable devise de stature internationale, l'euro doit remplir trois fonctions : devenir un moyen de paiement, une unité de compte et une réserve de valeur pour les opérateurs internationaux aussi bien privés que publics. Après plus d'une décennie d'existence, la monnaie unique semble n'avoir que partiellement érodé la place de la monnaie américaine :

- En tant que monnaie de facturation : le dollar reste la devise de référence pour un grand nombre de marchés internationaux tels que les matières premières et le pétrole. En 2010, les pays de la zone euro parviennent à facturer près de 58 % de leurs exportations et près de 50 % de leurs importations en euros. La proportion n'atteint que 26 % pour les transactions réalisées par les pays hors zone euro. Les flux commerciaux avec les pays membres de l'UE mais non membres de la zone euro, ainsi que ceux avec les partenaires d'accords d'intégration régionale (par exemple l'AELE ou le pourtour méditerranéen) tendent, toutefois, à en renforcer l'usage, du fait des effets de réseaux.
- En tant que moyen de paiement : l'euro est également en retrait puisqu'il intervient, selon la Banque des règlements internationaux, dans 39 % des opérations de change, contre 89 % pour le dollar. Cet écart est stable depuis 2000, même s'il faut tenir compte de la disparition, dans les statistiques internationales, des opérations de change qui avaient lieu entre monnaies européennes préalablement.
- En tant que réserve de valeur : les obligations libellées en euros sur le marché international, qu'elles soient publiques ou privées, représentent le deuxième marché mondial (32 %),

derrière le marché obligataire américain (46 %). Le poids des dettes publiques européennes joue ici un rôle déterminant, même si l'absence d'un marché unifié de la dette – les obligations publiques sont libellées en euros mais restent émises par les États nationaux – limite son développement international. L'euro s'est également renforcé dans les réserves de change des banques centrales puisque sa part est passée de 18 % des réserves officielles en 1999 à 27 %, en 2011. Le dollar a vu sa part diminuer de 71 % à 65 %, sur la même période. Au total, la monnaie unique pèse davantage que les devises qu'elle a remplacées.

Les fluctuations face au dollar sont en partie révélatrices de cette incapacité à détrôner la devise américaine. Lancée au cours de 1 € pour 1,16 $ en janvier 1999, la devise européenne atteint son plus bas en octobre 2000 au cours de 1 € pour 0,82 $. Elle connaît ensuite une appréciation ininterrompue jusqu'en juillet 2008, pour un maximum à 1 € pour 1,60 $. Outre que ces variations apparaissent contra-cycliques, l'euro se dépréciant en période de forte croissance européenne et s'appréciant en période défavorable, elles témoignent du rôle secondaire de la BCE dans la détermination de la valeur externe de sa monnaie. La soutenabilité de la croissance américaine mais aussi les options de la Fed semblent en effet peser davantage que les équilibres internes européens dans la fixation de la parité.

La tolérance à l'appréciation de l'euro par la BCE révèle aussi l'utilisation du change au profit de la lutte contre l'inflation domestique. Si une valeur élevée de la monnaie unique limite effectivement l'inflation importée, elle n'est pas sans poser de lourds problèmes pour la compétitivité-prix des industries européennes sur les marchés mondiaux. Les désaccords, ouvertement exprimés par les dirigeants européens à partir de 2007, témoignent de ces difficultés mais aussi des différends internes à l'UEM : alors que les exportations françaises ou espagnoles sont pénalisées dès que l'euro dépasse une parité de 1,20 $, la très bonne compétitivité-hors prix de l'économie allemande lui permet de tolérer un euro qui excède 1,50 $. Le choix d'un euro fort par la BCE s'inscrit dès lors dans la stratégie désinflationniste du traité de Maastricht, mais peut se révéler contradictoire avec le maintien des parts de marché de certains pays européens.

B LA DISCIPLINE COMME PRINCIPE FONDATEUR DE POLITIQUE BUDGÉTAIRE

La mise en œuvre de la monnaie unique accélère significativement le projet européen. Elle pose au premier chef la nécessité d'encadrer les finances publiques budgétaires, voire de les intégrer, au niveau communautaire. Les États européens font le choix d'une discipline par la règle, règle dont les insuffisances apparaissent rapidement et requiert des aménagements. Le budget européen reste quant à lui minimaliste et témoigne de l'absence de projet fédéraliste.

1. – La logique originelle de la discipline budgétaire européenne

La qualification à l'euro nécessite d'honorer un certain nombre de critères de finances publiques, mais le traité de Maastricht ne garantit pas le respect de cette discipline après la mise en place de la monnaie unique. Le pacte de stabilité et de croissance (PSC) pallie cette carence et encadre de manière définitive les politiques budgétaires nationales à partir de 1997.

a. — Les fondements théoriques et institutionnels

L'article 104.C.1 du traité de Maastricht dispose que « *Les États membres évitent les déficits publics excessifs* ». La traduction concrète, lors de la phase de qualification, a été la fixation d'un seuil de déficit public maximal de 3 %, associé à un ratio de dette maximale de 60 % de PIB. Mais rien n'est prévu pour la période suivante, après l'adoption de la monnaie unique. Trois facteurs concourent au renforcement de dispositions visant à proroger l'équilibre des finances publiques :

- l'absence et le refus de solidarité financière (clause de « *no bail out* ») entre États conformément à l'article 104.B.1 qui dispose que « *la Communauté ne répond pas des engagements des administrations centrales ou d'autres organismes ou entreprises publics d'un État membre, ni ne les prend à sa charge, sans préjudice des garanties financières mutuelles pour la réalisation en commun d'un projet spécifique* » ;
- la domination croissante des thèses des nouveaux classiques lors des années 1980, notamment à la suite des travaux de Kydland et Prescott (« *Rules rather than discretion : the inconstency of optimal plans* », 1977). La critique de l'efficacité des politiques discrétionnaires keynésiennes conduit, en matière budgétaire comme en matière monétaire, à privilégier l'adoption de règles supposées renforcer la confiance des marchés ;
- l'héritage ordo-libéral allemand qui promeut depuis les années 1930 un encadrement strict des déficits et de la dette publics.

Si l'objectif premier est de permettre une meilleure crédibilité des États sur les marchés financiers (crédibilité favorable à une baisse des taux d'intérêt de long terme), il s'agit surtout de prendre en compte l'originalité du *policy-mix* européen.

En effet, la mise en place de l'euro constitue une situation inédite : la politique monétaire est aux mains de la BCE, institution fédérale, et elle est tournée prioritairement vers la lutte contre l'inflation. Les politiques budgétaires restent pour leur part du ressort des États. Ces derniers peuvent donc continuer de privilégier la stabilisation des cycles, l'emploi ou la croissance. Cette répartition des rôles peut trouver une justification théorique forte : la politique monétaire est, conformément au modèle IS-LM-BP, efficace en cas de changes flexibles et de parfaite mobilité des capitaux (cas de la future zone euro face au reste du monde), tandis que les politiques budgétaires sont de leur côté efficaces en cas de régimes de changes fixes et de parfaite mobilité des capitaux (cas de chaque État-membre de la zone euro). La politique monétaire peut dès lors répondre aux chocs symétriques, c'est-à-dire touchant l'ensemble de la zone, quand l'utilisation des politiques budgétaires nationales reste justifiée par le risque de chocs asymétriques, c'est-à-dire ceux qui n'affectent qu'un ensemble restreint d'économies.

Cette configuration n'exclut cependant pas un risque de « guerre d'usure » (*war of attrition*), comme le démontrent les travaux issus de la théorie des jeux. En effet, il est possible qu'un État-membre, se comportant en passager clandestin (*free rider*), laisse filer ses déficits publics pour soutenir sa demande intérieure, tout en profitant des taux d'intérêt faibles de l'ensemble de la zone euro. La BCE pourrait alors être tentée d'augmenter ses taux directeurs pour limiter les effets potentiellement inflationnistes de ces politiques de relance. Le resserrement monétaire pénaliserait l'activité de l'ensemble de la zone et les pays pourraient être incités, par conséquent, à redoubler d'activisme budgétaire pour en contrarier les effets récessifs.

La guerre d'usure entre les deux leviers de la politique économique s'analyse comme un équilibre non coopératif aux conséquences redoutables : si l'augmentation des taux accroît le poids de la dette (effet « boule de neige »), le risque d'insolvabilité des États peut, *in fine*, contraindre la banque centrale à abaisser ses taux, l'obligeant de fait à renoncer à son objectif de stabilité monétaire (monétisation *ex post* de la dette publique). Aucune des deux parties n'a cependant intérêt à renoncer à sa stratégie, compte tenu de ses intérêts propres. Or, dans le cas européen, la BCE dispose d'atouts significatifs : son indépendance absolue ainsi que son mandat, clairement tourné vers la lutte contre l'inflation, lui garantissent un avantage décisif face aux gouvernements élus. L'encadrement des politiques budgétaires discrétionnaires semble découler logiquement de cette configuration.

b. — De la proposition Waigel à la mise en œuvre du pacte de stabilité et de croissance

Dès 1995, le ministre des Finances allemand Théo Waigel propose l'adoption d'un « pacte de stabilité » visant à proroger la discipline budgétaire issue des critères de convergence au-delà de seule période de qualification. L'objectif est triple. Il s'agit, en premier lieu, de limiter le risque de passager clandestin au sein de l'UEM : un État peut en effet être encouragé à volontairement ignorer les externalités négatives de sa politique (en termes d'inflation notamment) et à en mutualiser le coût, du fait des faibles écarts de *spreads*. Il s'agit, en second lieu, de tenir compte des écarts de la future zone euro aux critères d'optimalité : la faible mobilité de la main-d'œuvre, l'imparfaite flexibilité des salaires et des prix, ou l'absence de budget centralisé, par exemple, sont autant de facteurs qui rendent des chocs asymétriques probables. L'adoption d'une règle visant l'équilibre des finances publiques, en conjoncture moyenne, permet alors théoriquement de maintenir des marges de manœuvre budgétaires, pour faire face à ralentissement temporaire. Il s'agit, en troisième lieu, de protéger l'objectif de stabilité des prix dévolu à la banque centrale, en écartant le risque d'une monétisation *ex post* des dettes publiques insoutenables.

La proposition faite par le ministre allemand d'un pacte de stabilité est adoptée au Conseil européen d'Amsterdam de juin 1997. Sous la pression du premier ministre français Lionel Jospin, elle est renforcée d'un volet théorique de « croissance ». La logique du pacte est double : il s'agit de renforcer la prévention des déficits et de garantir des mécanismes de sanction en cas de dépassement des ratios autorisés. Dans les faits, l'objectif de finances publiques « *saines et équilibrées* » se traduit par la sanctuarisation des seuils limites de 3 % de déficit et de 60 % de PIB de dette publique.

Deux règlements sont adoptés lors du Conseil de l'Union européenne de juillet 1997, encadrant les procédures d'évaluation et de sanction en cas de déficits publics. La concertation est renforcée, en amont, par la mise en place d'une « *procédure de surveillance multilatérale* ». Cette dernière oblige les États à présenter des évaluations pluriannuelles de finances publiques. La Commission européenne dispose, à ce stade, d'un pouvoir d'appréciation quant à la crédibilité des plans proposés. Le déficit national est jugé « *excessif* » s'il excède 3 % du PIB, sauf « *circonstances exceptionnelles et temporaires* », ou en cas de « *récession grave* » (supérieure à 2 %). En cas de ralentissement économique significatif (baisse du PIB comprise entre 0,75 % et 2 % du PIB), le pays peut demander à être considéré en situation de « *récession sévère* ». Il peut obtenir un report de l'ajustement de ses finances publiques.

En cas de dépassement du seuil de 3 % et en dehors des cas de récession, la Commission engage une « procédure pour déficit excessif » (PDE). Le Conseil peut, dans un premier temps, adresser à l'État concerné une « recommandation » de politiques à mettre en œuvre, éventuellement suivie d'un « avertissement », puis d'une « mise en demeure ». En l'absence de mesures correctrices, le Conseil peut, dans un second temps et à la majorité des deux tiers, mettre en œuvre des sanctions à l'égard du pays concerné. Il s'agit d'un dépôt légal équivalent à 0,2 % du PIB, auquel s'ajoute une part variable, calculée sur la base de l'ampleur du dépassement. Le total ne peut excéder 0,5 % du PIB. Si le dépassement n'est pas corrigé dans les deux ans, le dépôt légal se transforme en une amende définitive, versée au budget de l'Union européenne.

2. – Les limites d'une intégration budgétaire par la règle

Adopté dans un contexte de rééquilibrage des comptes publics grâce à une forte croissance, le PSC se révèle assez rapidement insuffisant face au ralentissement de l'activité mondiale et européenne. Il en résulte des ajustements significatifs, en 2003 et en 2005, fruits de négociations laborieuses entre les États.

a. — La remise en cause de la pertinence du pacte

Lors de la phase de qualification, La future zone euro dépasse 2,5 % de croissance par an, avec un pic à 3,7 % en 2000. L'éclatement de la bulle technologique (NTIC) et le ralentissement de l'activité, rouvrent rapidement le débat sur la pertinence de la règle budgétaire préalablement adoptée. Plusieurs arguments sont alors avancés.

■ La pertinence de l'objectif de déficit nul et des seuils retenus

Le PSC oblige les États à atteindre un solde conjoncturel nul. Cette règle équivaut à réaliser des excédents primaires, c'est-à-dire des excédents budgétaires hors charge de la dette. Elle conduit donc logiquement à une dette publique nulle à terme. Or, rien ne permet de conclure *a priori* que la réduction de la dette – voire son extinction – soit nécessairement favorable à la croissance. Il existe, en outre, une demande d'actifs liquides et sûrs de la part des investisseurs de long terme (assurances, fonds de pension, etc.). Ceci plaide pour le maintien d'une offre de titres de dettes souveraines sur les marchés obligataires.

La pertinence des seuils retenus, de 3 % et de 60 %, est également discutable. La soutenabilité des finances publiques repose, par construction, sur la prise en compte de nombreux facteurs tels que la croissance, les taux d'intérêt, le stock de dette actuelle, mais aussi des perspectives futures de dépenses publiques et de recettes fiscales (dépenses de retraites, de santé, poids de la fonction publique, dette implicite). Il n'existe donc pas nécessairement de seuil identique pour tous les pays membres de l'UE. Par exemple, les pays d'ores et déjà avancés dans leur vieillissement sont appelés à connaître une progression moins importante de leurs dépenses de retraites et de santé dans le futur, que les pays aujourd'hui plus jeunes, et moins généreux en matière de protection sociale.

■ Une règle pro-cyclique et asymétrique

En fixant une limite maximale au déficit, le pacte de stabilité cherche à prévenir le « laxisme budgétaire » possible des États. Mais il tolère une certaine dégradation en cas de ralentissement conjoncturel. Toutefois, les stabilisateurs automatiques peuvent se révéler insuffisants pour renverser le cycle économique. Selon les calculs de la Commission européenne (2001), ces derniers permettent au mieux d'absorber 30 % de la chute de l'activité. La règle des 3 % conduit donc potentiellement les États à mener des politiques budgétaires restrictives en bas de cycle, au risque de renforcer, par le jeu du multiplicateur, le ralentissement économique. L'autorisation temporaire de dépassement, en cas de « circonstances exceptionnelles », apparaît également très restrictive. Par exemple, la France n'a connu entre 1945 et 2005 que deux années de récession, en 1975 et en 1993, et d'une ampleur plus limitée, respectivement – 1,1 % et – 0,7 %, que les seuils retenus par le pacte (2 % de récession) pour suspendre l'application des sanctions.

Le pacte se révèle enfin asymétrique, puisqu'il ne fixe aucune règle de comportement en cas de bonne conjoncture. Il reste donc possible à un État en haut de cycle de réduire les impôts ou d'augmenter les dépenses, au risque de dégrader le solde structurel de ses finances publiques. Par conséquent, le respect des 3 % ne garantit pas intrinsèquement la soutenabilité future de la dette. Typiquement, l'économie irlandaise connaît, au début des années 2000, une phase de forte croissance (4-5 % par an), mais accompagnée d'une inflation par ailleurs supérieure à la moyenne européenne (5 %). Son endettement est explosif. Comme l'Irlande respecte parfaitement le PSC, rien ne l'oblige pourtant à limiter les risques de surchauffe par un resserrement budgétaire.

■ Une règle unique aux effets différenciés

La diminution des *spreads* sur les dettes souveraines permet la convergence progressive des taux d'intérêt de long terme dans la zone euro. Comme les performances en matière d'inflation restent quant à elles très hétérogènes, il en résulte une dispersion forte des taux d'intérêt réels. En 2003, la Commission estime par exemple que l'adoption de l'euro a permis une amélioration spontanée du solde budgétaire de l'ordre de 2 % de PIB en Espagne, sous le seul effet de la baisse du taux d'intérêt réel. Le respect des critères du pacte se révèle donc, au total, plus contraignant pour les économies vertueuses en matière de stabilité des prix que pour les économies inflationnistes.

Les seuils sont enfin inadaptés aux PECO qui rejoignent l'UE en 2004. Ces derniers ont en effet des niveaux d'endettement public relativement contenus. La dette atteint par exemple 57 % de PIB en Hongrie, 42 % en Pologne, 30 % en République tchèque, et seulement 12 % en Lettonie, au moment de leur adhésion. Or, l'effet Balassa-Samuelson montre que, au sein des pays en rattrapage, une dynamique inflationniste s'engage. En effet, les gains de productivité réalisés dans les secteurs exposés à la concurrence permettent des augmentations de salaires qui, en se transmettant aux secteurs abrités, accélèrent l'inflation. Comme la forte croissance nominale réduit le coût de l'endettement (à taux d'intérêt donné), il peut apparaître peu efficace de limiter le déficit public des nouveaux entrants, alors même que leurs besoins en infrastructures publiques modernes justifieraient, au contraire, une politique d'investissements massifs.

■ L'absence de prise en compte de l'endettement privé

Les règles d'Amsterdam se focalisent sur la soutenabilité des finances publiques. Une estimation de l'endettement soutenable d'un pays doit cependant tenir compte, au-delà de la dette publique, de la dette contractée par le secteur privé (entreprises et ménages). En effet, le besoin ou la capacité de financement extérieur d'une économie résulte du désajustement entre l'épargne totale (publique et privée) et l'investissement total (public et privé). La balance courante est un indicateur pertinent de la dépendance aux marchés financiers internationaux. La soutenabilité globale du mode de croissance peut donc être compromise, sans dette publique élevée, mais à cause d'un excès d'endettement privé. Par exemple, l'Espagne, en 2002, avec un déficit public de 0,5 %, une croissance de 2,8 % et une inflation de 2,7 %, respecte parfaitement le PSC, tandis que l'Allemagne, confrontée à une croissance nulle, un déficit public de 2,8 % et une inflation de 1,3 %, est soumise à une procédure pour déficit excessif. La prise en compte des balances courantes (déficit de – 3,3 % de PIB en Espagne contre un excédent de 2% de PIB en Allemagne) aurait pourtant obligé la Commission à nuancer son diagnostic : l'économie espagnole, en phase de surchauffe, aurait dû durcir sa politique budgétaire, quand l'économie allemande aurait pu tolérer un déficit conjoncturel grâce à sa capacité de financement. Une règle prenant en compte conjointement déficit public et déficit courant donnerait, dès lors, des informations plus précises sur le sens des politiques macroéconomiques (A. Bénassy-Quéré, « Le PSC : deux objectifs, deux règles », Cepii, 2003).

b. — La crise du pacte de 2002-2005 et sa réforme

Le ralentissement de l'activité mondiale et européenne, à partir de 2001, ouvre une période de remise en cause profonde du PSC. Ce sont les « grands pays » de la zone euro qui connaissent la plus forte dégradation de leurs finances publiques. Ainsi, de 2002 à 2005, l'Allemagne, la France et l'Italie connaissent des déficits supérieurs à 3 %, en contravention avec le pacte. Les critiques à l'égard de ce dernier se multiplient, comme en 2002, lorsque le président de la Commission, R. Prodi, déclare qu'il est « *stupide, comme toutes les décisions qui sont rigides* », ou que P. Lamy, alors commissaire européen au Commerce, le qualifie de « *pacte médiéval* ».

Le conseil Ecofin adopte un premier assouplissement en mars 2003 : l'objectif d'un solde budgétaire « *proche de l'équilibre ou en excédent* » doit désormais s'apprécier sur l'ensemble du cycle d'activité. Mais le solde structurel, c'est-à-dire corrigé du cycle, doit s'améliorer au rythme de 0,5 point de PIB par an pour les pays en déficit. La réforme corrige donc, partiellement, le caractère asymétrique du pacte, même si les seuils de 3 % et de 60 % sont maintenus.

La crise devient manifeste lorsque le Conseil européen, en novembre 2005, refuse d'adopter les sanctions réclamées par la Commission à l'encontre de l'Allemagne, de la France et de l'Italie dans le cadre de la PDE. Les désaccords politiques sur les modalités de révision de la règle sont profonds. L'Allemagne demande la prise en compte de plusieurs critères, tels que la mise en œuvre de réformes coûteuses à court terme mais porteuses de croissance à long terme, la contribution du pays à la stabilité des prix dans la zone, les versements nets à l'UE ou les transferts vers les nouveaux *Länder*, au titre de la participation à la politique de cohésion. La France insiste sur la prise en compte des investissements publics, ou des dépenses militaires engagées au titre de la contribution à la sécurité de l'Union. Les « petits pays », Espagne et Irlande en tête, plaident pour le maintien de la discipline en l'état. On est alors à front renversé des oppositions qui se feront jour à partir de 2009-2010.

Un nouvel accord est donc adopté en mars 2005. Si la Commission reste la gardienne des traités, il appartient au Conseil d'apprécier l'opportunité d'engager la procédure pour déficit excessif. Il peut, dans son jugement, tenir compte de « *tous les facteurs pertinents* », tels que, par exemple, les dépenses de RD engagées au titre de Lisbonne, les contributions nettes au budget européen, la soutenabilité de la dette et les réformes structurelles engagées pour la garantir. La réforme définit des « objectifs à moyen terme » d'assainissement budgétaire (ou OMT) qui peuvent différer selon les pays considérés.

La réforme de 2005, née sur fond de désaccords politiques majeurs, aboutit donc à une remise en cause de l'application automatique de la procédure pour déficit excessif. Elle souligne la nécessaire appréciation des choix de politique économique du pays en cause. Ce compromis est fortement désavoué par la Banque centrale européenne par la voix de son économiste en chef Otmar Issing, ou de son président Jean-Claude Trichet, ce dernier qualifiant la décision du Conseil de ne pas condamner l'Allemagne et la France de « *jugement de Salomon* ».

3. – Du traité de Rome au plan Juncker : une communautarisation budgétaire a minima

La construction d'un marché commun et, plus encore, d'un espace monétaire intégré, peuvent justifier la mise en place d'un budget à l'échelle européenne. Toutefois, les désaccords entre États membres, tant sur le périmètre pertinent que sur le niveau, ont débouché sur une communautarisation de faible ampleur. Le budget européen reste *in fine* fortement dépendant des contributions des États et sa structure largement héritée des politiques historiques.

a. — Un budget de faible ampleur

Les théories du fédéralisme budgétaire offrent de nombreux arguments favorables à la mise en place d'un budget au niveau européen. Traditionnellement, la typologie de Musgrave permet de distinguer la fonction d'allocation, la fonction de stabilisation et la fonction de redistribution. Il est possible de les décliner ici.

■ **La fonction d'allocation :** le budget européen peut résulter de la volonté de mettre en œuvre des politiques ciblées, telles que la PAC, ou des projets industriels. L'absence de coopération risquerait en effet de déboucher sur une production sous-optimale, au sens de Pareto, de biens publics favorables aux performances globales de l'UE. Au-delà, la préservation du marché unique ou son renforcement nécessitent le financement d'infrastructures à dimension régionale.

■ **La fonction de stabilisation :** dans un espace intégré, la gestion des chocs ou des cycles à l'échelle étatique peut se révéler faiblement efficace, car les politiques budgétaires nationales ignorent les effets de « débordement », c'est-à-dire les conséquences, positives ou négatives, de leurs décisions sur les autres économies. À l'opposé, l'existence d'un budget fédéral permet de faire jouer les stabilisateurs automatiques : les contributions de l'État au budget commun diminuent spontanément, tandis que les transferts du budget fédéral vers les régions affectées par un ralentissement économique s'accroissent. Les nouvelles théories du commerce international montrent, par ailleurs, que la probabilité de chocs asymétriques augmente avec la construction d'un marché et d'une monnaie uniques, du fait d'un renforcement de la division du travail à l'échelle régionale.

■ **La fonction de redistribution :** les transferts communautaires se justifient pleinement par les écarts de développement, qu'ils soient nationaux ou infra-étatiques, et qui ont été nettement accru par les élargissements successifs.

La faiblesse initiale du budget peut s'expliquer, non seulement par la forte similitude de niveaux de vie des membres fondateurs, mais aussi par le consensus, alors encore important, en matière de politiques économiques : interventionnisme élevé et État social protecteur dans chaque pays. En dépit de la mise en œuvre des premiers projets communautaires (Euratom, Fonds social européen, PAC), il plafonne à 0,7 % du PIB au milieu des années 1970.

Le rapport Mac Dougall (1977) propose de le relever à 6-7 % du PNB de la CEE, et même à 10 % en cas de communautarisation de la politique de défense. L'euroscepticisme dominant puis l'arrivée de M. Thatcher à la tête du Royaume-Uni rendent rapidement caduc ce projet. Ainsi en 1984, au sommet de Fontainebleau, le Premier ministre britannique obtient même une réduction de la contribution de son pays au budget européen (« *I want my money back* » reste l'un des slogans les plus célèbres de l'histoire européenne). Un recul supplémentaire est franchi lorsque, en 1993, la Commission rejette l'idée d'un fédéralisme centralisé au profit d'un renforcement du principe de subsidiarité : l'action doit, selon elle, être engagée au niveau jugé le plus efficace, donc au niveau national. Elle plaide pour un budget plafonné à 2 % du PNB communautaire. Au total, le budget européen ne dépasse jamais le seuil de 1,24 % du PIB européen.

Le traité de Maastricht ne contient d'ailleurs aucune trace de fédéralisme pour accompagner la création de l'euro. Il se contente, par l'article 99, d'une coordination minimale : chaque année les « grandes orientations de politique économique » (GOPE) doivent être débattues entre les différents membres du Conseil afin d'harmoniser les objectifs nationaux. Mais ces mêmes GOPE demeurent non contraignantes.

b. — Des ressources fortement contraintes

Depuis 1988, le budget européen fait l'objet d'une programmation pluriannuelle au sein des « cadres financiers », négociés pour une durée de sept ans. Il doit être constamment à l'équilibre, ce qui signifie que l'UE ne se voit pas reconnaître le droit de contracter des dettes. L'UE ne dispose pas non plus du pouvoir de lever l'impôt : les ressources du budget européen restent donc très dépendantes des contributions nationales.

Jusqu'au milieu des années 1970, l'essentiel des recettes provient des droits de douane : perçus par les États, ils sont reversés initialement aux trois quarts au budget communautaire (à hauteur de 80 % désormais). En 1979, pour compenser leur diminution du fait de l'élargissement du marché commun et de l'abaissement des protections tarifaires dans le cadre des négociations du GATT, une nouvelle ressource est introduite : « la ressource TVA ». Elle correspond à un reversement au budget européen d'1/2 point de TVA collectée par les États membres (aujourd'hui 0,3 point). En 1988, est créée la « ressource RNB », qui correspond à un versement des États au budget sur la base de leur revenu national. Cette ressource est par nature plus contributive. Enfin, une quatrième ressource, intitulée « autres recettes », comprend un ensemble de recettes telles que, par exemple, les participations des États non membres à certains programmes européens. En 2015, l'origine du budget européen se décompose ainsi : 74 % pour la « ressource RNB », 12 % pour la « ressource TVA », 13 % pour les ressources douanières et très minoritairement par le poste « autres recettes ».

La part croissante de la contribution des États et le financement très concentré sur quelques économies renforcent les risques de marchandage budgétaire lors des négociations. Ainsi, pour l'exercice 2014-2020, les cinq premières économies fournissent 71 % de l'ensemble des recettes et les dix derniers pays moins de 3,5 %. La hiérarchie des pays reste relativement stable, du fait des écarts de RNB : l'Allemagne, avec près de 20 %, est le premier contributeur, suivie de la France (18 %), de l'Italie (13,9 %), du Royaume-Uni (10,5 %) et de l'Espagne (9 %). Si l'on corrige les sommes versées par les fonds reçus, la hiérarchie se modifie légèrement : l'Allemagne reste le premier contributeur net, suivi de la France et de l'Italie, du Royaume-Uni et des Pays-Bas. Du fait que le RU a historiquement exigé une « ristourne » (66 % de sa contribution nette lui sont reversés), d'autres pays, comme l'Allemagne, l'Autriche ou la Suède, par exemple, ont à leur tour demandé à limiter leur participation au budget 2014-2020.

Les principaux bénéficiaires, en termes de fonds européens rapportés au PIB, sont historiquement les pays qui ont rejoint la CEE, puis l'UE, avec des retards de niveaux de vie importants. Dans les années 1970, l'Irlande reçoit chaque année l'équivalent de 7 % de son PIB, au titre de la politique régionale. Dans les années 1980, les principaux bénéficiaires sont la Grèce, l'Espagne et le Portugal avec des montants compris entre 4 % et 7 % de leur richesse nationale. Depuis les élargissements de 2004 et 2007, la plupart des PECO reçoivent des aides européennes qui excèdent également 4 % de leur PIB.

Depuis 2006, la Commission européenne tente de promouvoir l'idée d'un impôt européen qui renforcerait l'autonomie fiscale du budget européen. Trois pistes sont évoquées : la taxation des carburants, l'application d'un taux de TVA ajouté au taux national ou l'instauration d'un impôt sur les sociétés. Toutefois, les États restent très soucieux de maintenir leur souveraineté absolue en matière budgétaire. En 2013, au cours des négociations pour le « cadre financier 2014-2020 », les États ont même proposé l'adoption d'un budget européen en diminution pour la première fois de l'histoire de la construction européenne. Au total le budget ne représente que 1 % du PIB européen, pour un total de 960 milliards d'euros sur la période.

c. — *Une structure de dépenses héritée de l'histoire des politiques européennes*

Les dépenses effectuées sont le reflet des politiques effectivement communautarisées par les États membres. Il n'est donc pas étonnant de constater la place prise par la PAC au cours des années 1960-1970. Ceci s'explique d'abord par la faiblesse globale du budget dans son ensemble, ensuite par l'absence d'ambitions réelles dans d'autres secteurs. Au début des années 1980, la PAC absorbe près des trois quarts des fonds européens. Elle suscite alors des critiques farouches, de la part du Royaume-Uni et de l'Allemagne notamment, car elle profite au premier chef à l'agriculture française. Elle recule au profit des dépenses associées à la redistribution inter-régionale, en dépit même de l'adhésion des PECO, pour lesquels l'agriculture concentre encore près de 10 % de la population active, dans certains cas. Pour le cadre financier 2014-2020, la nouvelle PAC est intégrée au poste « Croissance durable : ressources naturelles », qui représente près de 39 % du budget, tandis que les fonds de « Cohésion économique, sociale et territoriale » atteignent 37 %. On doit noter cependant que les dépenses d'innovation et de recherche-développement (4 % du budget) restent très faibles, ce qui témoigne d'une forte inertie des priorités européennes.

À l'initiative de la Commission Juncker, est lancé, en 2014, un plan de relance de l'investissement pour près de 315 milliards d'euros. Il s'agit pour l'essentiel d'une forme de plan de cautionnement : la Commission mobilise 16 milliards d'euros, auxquels s'adjoignent 5 milliards d'euros de la Banque européenne d'investissement, au sein d'une structure *ad hoc*, le Fonds d'investissement stratégique européen. Par un effet levier estimé à 15, les fonds réellement investis (le complément étant apporté par les États, régions et acteurs privés) devraient s'élever, dans une perspective optimiste, à près de 315 milliards d'euros. Les projets sont sélectionnés par les États, validés par un Comité d'investissement indépendant. Ils doivent viser des objectifs à haute valeur ajoutée n'entrant pas en concurrence avec le secteur privé.

Si la présentation faite par la Commission estime les créations d'emplois à près de 1,3 million à l'horizon 2020, plusieurs critiques s'élèvent rapidement. D'abord, les fonds nets dégagés par l'UE sont d'un montant très modeste, le reste n'étant que le résultat de montages financiers hypothétiques. Ensuite, un bilan effectué en 2017 indique que les principaux bénéficiaires du plan Juncker sont en réalité des pays qui disposent toujours de marges de manœuvre budgétaires (Allemagne, France, Royaume-Uni et Espagne ayant déposé le plus de projets validés), et non les pays de la périphérie, qui peinent à se relever de la crise économique.

C LA GOUVERNANCE EUROPÉENNE FACE À LA CRISE

La crise, d'abord financière, puis économique, qui affecte l'économie mondiale à partir de 2008 est une crise née des innovations de la finance anglo-saxonne. Elle affecte profondément l'ensemble de l'UE via notamment le ralentissement des échanges commerciaux ou le report de décisions d'investissement ou de consommation. Mais alors que les autres pays semblent rebondir assez rapidement, l'UE, et plus encore la zone euro, s'enfoncent à nouveau dans la récession à partir de 2012 (– 0,9 % en 2012 et – 0,3 % en 2013). La configuration de la construction européenne semble en être la cause principale. Une redéfinition de la gouvernance européenne s'engage.

1. – Une crise spécifique à l'UEM ?

La reprise économique est sensible dès 2010 quand la croissance atteint 2,1 %. Toutefois, les pays de la « périphérie » (pays du Sud de la zone euro et Irlande) sont touchés par une vague de défiance sur les marchés financiers qui compromet lourdement leur capacité de refinancement. L'éclatement de la monnaie unique apparaît alors comme un scénario crédible, tant l'euro se révèle être une « monnaie incomplète ».

a. — La polarisation des balances courantes aux origines de la crise européenne ?

La gouvernance publique, construite tant dans la phase d'adoption de l'euro que dans sa consolidation, a profondément insisté sur les questions de maîtrise des finances publiques. La crise mondiale de 2009 puis ses répliques montrent cependant que de nombreux autres indicateurs, comme les divergences de compétitivité, la dynamique de l'endettement privé et la dépendance au financement extérieur, ont été gravement négligés.

■ Les pays périphériques : des régimes de croissance fondés sur l'endettement (2000-2007)

La mise en place de l'euro coïncide avec une accélération de la croissance dans les pays de la périphérie. Elle signifie pour eux une convergence accélérée vers la moyenne européenne. Entre 2000 et 2007, le revenu par habitant augmente, en rythme annuel, presque deux à trois fois plus vite en Irlande, en Grèce, en Espagne, qu'en Allemagne ou en France. Au total, ces pays représentent une part croissante de la demande intérieure de la zone euro : les demandes intérieures grecque, espagnole et irlandaise cumulées passent de 13,8 % du PIB de la zone euro en 2000 à 17,7 % en 2007.

Mais leur régime de croissance repose en grande partie sur le gonflement de la dette, qu'elle soit privée ou publique. En Irlande et en Espagne, la bulle immobilière alimente la richesse des ménages et soutient leur haut niveau de consommation. Cette forme de « capitalisme patrimonial » (M. Aglietta) est artificiellement soutenue par la baisse des taux d'intérêt réels, grâce à une inflation supérieure à la moyenne de l'UE. Elle ne peut perdurer qu'à la condition, peu probable, d'une augmentation continue des cours immobiliers ou financiers. En cas de retournement du marché des actifs, la solvabilité des acteurs privés est largement compromise, le ratio dette sur revenu se révélant parfaitement excessif.

Participent également à cette croissance soutenue la progression des dépenses publiques, notamment sociales *(cf. infra)*, ainsi qu'une augmentation significative des rémunérations, au-delà des gains de productivité. Il en résulte une perte de compétitivité, des déficits commerciaux et des balances courantes.

Le régime de croissance des pays périphériques apparaît donc extrêmement fragile, car fortement dépendant des financements extérieurs, et associé à une dégradation structurelle de la compétitivité. Cependant, jusqu'en 2007, ils portent la performance globale de la zone euro en offrant des débouchés aux économies mercantilistes de l'UE qui accumulent, elles, des excédents commerciaux en comprimant leur demande interne.

■ Les pays du Nord renforcent leur compétitivité

Les pays du Nord ne cessent au contraire de renforcer leur compétitivité relative au cours des années 2000. L'économie allemande, première puissance de la zone euro et de l'UE, avec près de 20 % du PIB de l'UE-28, est l'exemple le plus abouti de cette évolution. Avec la réunification, elle a subi un important choc d'offre négatif. La productivité du travail dans l'ex-RDA s'est révélée inférieure de moitié à ce qu'elle était en RFA, l'appareil productif y étant également en grande partie obsolète. L'Allemagne est donc entrée dans l'euro avec un mark surévalué d'environ 20 % par rapport à ce qu'aurait été un taux de change d'équilibre. En outre, elle connaît un déficit de la balance courante, du fait d'une dégradation de sa compétitivité, situation inédite depuis plusieurs décennies. Le chômage progresse même jusqu'en 2005, où il atteint 11,3 %.

L'Allemagne est devenue, au début du millénaire, « l'homme malade de l'Europe ». Une véritable réflexion nationale s'engage sur le thème du « *Standort Deutschland* » (« l'Allemagne comme site de production »). À partir de 2003, Le gouvernement Schröder engage une série de profondes réformes dénommées « Agenda 2010 ». Ces réformes combinent plusieurs actions engagées tant par l'État fédéral que par les régions, ou les acteurs privés. Outre une flexibilisation accrue du marché du travail à travers les lois Hartz *(cf. infra)*, les dépenses publiques sont diminuées par des mesures d'économies sur les emplois publics, des privatisations d'entreprises et un durcissement du système de protection sociale (par exemple : report progressif de l'âge légal de la retraite de 65 à 67 ans). Les dépenses de protection sociale passent de 29,7 % à 27,8 % du PIB ; les dépenses publiques diminuent globalement de près de 5 points de PIB.

Dans le même temps, le secteur productif se réorganise, avec une accélération des délocalisations ou de la sous-traitance, notamment au profit des PECO. L'économiste Hans Werner Sinn montre ainsi que l'économie allemande se transforme en une véritable « économie de bazar » : des biens intermédiaires sont importés en provenance de pays émergents, surtout des PECO, en vue d'être réexportés, après transformation, vers le reste du monde (« *Die Bazar-Ökonomie-Deutschland : Exportweltmeister oder Schlusslicht ?* », 2005). La zone euro reste cependant le marché privilégié puisque l'Allemagne y réalise alors les deux tiers de ses excédents commerciaux. Au total le « *made by Germany* », synonyme de haute qualité, se substitue de plus en plus au « *made in Germany* » relativement trop coûteux face aux émergents.

La puissance mercantiliste se renforce également au terme d'une profonde désinflation compétitive : les syndicats de salariés et d'employeurs négocient des gels, ou des baisses de salaires, contre le maintien du volume de l'emploi. Au total, la part des salaires dans la valeur ajoutée baisse de 4 points de PIB. Cette « glaciation salariale », comme l'écrit Jacques Le Cacheux (« La nouvelle désinflation compétitive », *Revue de l'OFCE*, 2006), vient renforcer une compétitivité hors-prix déjà excellente.

L'Allemagne redevient le premier exportateur mondial (même si elle est détrônée par la Chine en 2009), mais au prix d'un coût social élevé *(cf. infra)*.

Tableau 3 – Le creusement des écarts de compétitivité au sein de l'UE au cœur de la crise ?

	Coûts unitaires de main-d'œuvre (2008)	Compte des transactions courantes *(en % du PIB)*				Dette privée *(en % du PIB)*				Dette publique consolidé *(en % du PIB)*			
	Base 100 : 1998	**2000**	**2007**	**2012**	**2016**	**2000**	**2007**	**2011**	**2015**	**2000**	**2007**	**2012**	**201**
Allemagne	104	– 1,7	7,4	7,0	8,3	131	122	128	105	60	65	82	68,
France	120	1,2	– 1,0	– 2,3	– 0,9	117	142	160	183	57	64	90	96,
Danemark	132	1,4	1,4	5,2	8,1	163	224	237	218	52	27	46	37,
Pays-Bas	126	2,0	6,7	9,9	8,4	190	210	224	236	54	45	71	62,
Espagne	133	– 4,0	– 10,0	– 1,1	2,0	122	215	218	174	59	36	84	99,
Grèce	134	– 7,8	– 14,6	– 3,1	– 0,6	58	107	130	126	103	107	157	17
Estonie	197	– 5,4	– 15,9	– 1,2	2,7	73	159	133	131	5	3	10	9,5

Source : Eurostat (2013, 2017).

b. — Une crise de la dette ou une crise de l'euro ?

L'adoption de la monnaie unique a permis, conformément aux attentes des fondateurs de l'euro, une convergence des taux d'intérêt souverains. En 2007, par exemple, la Grèce emprunte à 10 ans au taux de 4,5 %, soit à peine 0,25 % de plus que le *bund* allemand – c'est-à-dire le taux à 10 ans des obligations allemandes – qui sert de référence au marché européen. On observe partout, une diminution du *spread*, ou prime de « risque-pays » exigée par les créanciers sur les marchés. Les conditions de financement sont donc facilitées, tant pour les acteurs privés que pour les États. Surtout, dans les économies où la croissance nominale est forte, la baisse des taux souverains allège spontanément l'endettement des acteurs.

La mise en place d'un marché de capitaux unifié et la crédibilité acquise par la Banque centrale européenne sont grandement responsables de cette évolution. Le système financier européen permet en réalité le recyclage des excédents d'épargne accumulés dans les pays du Nord au profit des pays de la périphérie. Cependant, cet afflux de capitaux ne finance pas toujours des dépenses favorables à la compétitivité et il n'oblige pas les gouvernements nationaux à corriger leurs déséquilibres internes. Finalement, alors que l'UE est globalement caractérisée par un équilibre de sa balance des paiements courants, on observe une polarisation croissante des déficits et des excédents en son sein, notamment dans la zone euro. Certains pays sont donc très fortement dépendants de financements extérieurs quand d'autres sont en position de créanciers nets. L'euro apparaît dès lors comme une véritable « machine à fabriquer de l'hétérogénéité », comme le démontre Patrick Artus (« Pourquoi il faut partager les revenus. Le seul antidote à l'appauvrissement collectif », 2010).

En 2009, la crise financière mondiale entraîne une chute brutale de l'activité avec une contraction du PIB de 4,4 % dans l'UE et la zone euro. Elle devient une crise spécifiquement européenne à partir de la fin de 2010, lorsque les carences institutionnelles de la monnaie unique laissent libre cours aux spéculations sur les dettes souveraines.

Dans un premier temps, les États européens parviennent aisément à financer leurs déficits publics croissants, ces derniers étant alimentés autant par la récession que par le sauvetage des systèmes bancaires nationaux. En effet, les banques commerciales et plus généralement les acteurs financiers sont très soucieux d'acquérir des titres sûrs (phénomène de « *flight to quality* ») quand leurs bilans ne cessent de se dégrader, du fait qu'ils sont contaminés par des titres financiers structurés. Dans un second temps, la confiance s'érode, lorsqu'il apparaît que les dettes publiques de pays de la périphérie sont peu soutenables, compte tenu de la fragilité de leur croissance.

L'annonce par le Premier ministre grec à peine élu, G. Papandréou, d'une réévaluation du déficit de la Grèce (octobre 2009) de 6 % à plus de 12 % sonne le début de la crise proprement européenne. Elle précède de quelques semaines la mise en place d'un plan de sauvetage du système bancaire irlandais, d'un montant équivalent à 30 % du PIB, alors même que la gestion irlandaise avait été jusque-là montrée en exemple (on évoquait « le Tigre celtique »).

C'est le point de départ d'un embrasement sur les marchés, alors même que la dette grecque ne représente pas plus de 3 % du PIB de la zone euro. Le tarissement brutal des flux financiers se traduit par une hausse très forte des conditions de refinancement pour les pays de la périphérie. Tour à tour, ils font face à la défiance des créanciers, renforcée par les dégradations successives des *ratings* donnés par les agences de notation. Les taux souverains à 10 ans dépassent par exemple 8 % en Grèce en mai 2010, et plus de 20 % en 2011. Ils excèdent 6 % en Irlande ou au Portugal au même moment. Cette augmentation souvent brutale, parfois sans fondement (l'Italie rencontre également une hausse de ses taux d'intérêt alors qu'elle enregistre toujours des excédents primaires), transforme dès lors une crise de liquidité en une crise de solvabilité. Elle accroît donc les probabilités de défaut sur les dettes *souveraines.*

Certains auteurs, à l'instar de M. Aglietta, montrent qu'à partir de cette période la relation entre les *spreads* et les taux d'intérêt s'inversent, témoignant d'un comportement mimétique. Alors que les *spreads* sont supposés refléter le « risque-pays », on observe que leurs variations précèdent cette fois les évolutions des taux d'intérêt : l'opinion moyenne des marchés, que Keynes dénommait « la convention », pèse dès lors pleinement, confirmant le diagnostic de « panique » qui suit inévitablement « l'aveuglement au désastre » (H. Minsky) qui a ignoré les déséquilibres antérieurs à la crise.

La zone euro est ici frappée d'une crise de balance des paiements courants, doublée d'une crise bancaire (crise dite « jumelle » selon le vocable des années 1980). La dévaluation n'étant pas possible dans l'UEM, ce sont les taux d'intérêt exigés par les marchés financiers qui reflètent les sorties de capitaux. Pour les pays non membres de la zone euro, comme la Hongrie ou la Roumanie, les difficultés de refinancement sur les marchés internationaux donnent également lieu à une envolée des taux souverains. Dans ce cas, ils sont suivis de fortes dépréciations monétaires.

La crise mondiale de 2009 puis ses conséquences dans la zone euro montrent donc que le régime de croissance européen est difficilement soutenable. La complémentarité « factice » entre des excédents d'épargne au Nord et une demande intérieure dynamique au Sud se trouve anéantie dès lors que les marchés financiers ne permettent plus la circulation des capitaux. Les limites du *policy-mix* européen élaboré dans les années 1990 apparaissent clairement. Les carences institutionnelles ne permettent pas de réponses aussi rapides qu'aux États-Unis, ou même que dans les pays de l'UE non membres de la zone euro, tel le Royaume-Uni, pourtant durement touchés.

Il faut dans les faits une multiplication de « sommets de la dernière chance », de « réunions de crise » pour élaborer une nouvelle architecture de l'UE. Mais c'est sans doute la BCE qui a joué un rôle décisif dans l'apaisement des marchés financiers.

2. – Une gouvernance macroéconomique remaniée

La crise économique montre rapidement les insuffisances du *policy-mix* dessinées au cours des années 1990 : une BCE indépendante et tournée vers la lutte contre l'inflation et une règle de surveillance des finances publiques. Tant l'origine de la crise des subprimes que les conséquences sur l'existence même de la zone euro contraignent les gouvernements à élaborer une nouvelle architecture de la gouvernance européenne, dont la cohérence fait toujours débat.

a. — Les nouveaux habits de la politique monétaire

Dès août 2007, la confiance sur les marchés monétaires et financiers disparaît du fait de l'exposition de nombreuses banques au marché des *subprimes*. Pour débloquer le marché interbancaire, la BCE doit inonder le marché de liquidités à court terme pendant quelques jours (7-9 août 2007). Mais, à la différence de son homologue américaine qui abaisse continûment ses taux directeurs au cours de l'année 2008, la Banque centrale européenne ne semble pas prendre la mesure de la profondeur de la crise à venir. Au contraire, elle remonte ainsi ses taux directeurs en juillet 2008 pour contrer le pic inflationniste dû au renchérissement des matières premières, alors que le ralentissement économique est déjà installé. Le taux de change de l'euro, face au dollar, atteint son maximum à 1 euro pour 1,60 dollars, pénalisant de surcroît les exportations des industries continentales.

La faillite de la banque Lehman Brothers (15 septembre 2008) contraint la BCE à engager des politiques monétaires « non conventionnelles » pour contrer l'installation dans la récession et le risque de trappe à liquidité. Cette option de politique monétaire fait l'objet de vives critiques, comme en témoignent les démissions d'Axel Weber, successeur putatif à Jean-Claude Trichet, et de Jürgen Stark, économiste en chef de la BCE.

Dans un premier temps, la Banque centrale européenne ne parvient pas à contrer de manière efficace la hausse des taux souverains. Parce que son mandat lui interdit d'acheter des titres sur le marché primaire de la dette publique, elle ne peut en effet jouer le rôle de prêteur en dernier ressort et endiguer les emballements spéculatifs. Elle tente en revanche de limiter la hausse des taux en achetant de la dette publique, essentiellement grecque (2010), espagnole et italienne (2011-2012), sur le marché secondaire. Elle fournit également des liquidités aux banques de second rang, dans des proportions inconnues jusque-là. En effet, entre décembre 2011 et janvier 2012, la BCE, sous l'égide de son nouveau président, Mario Draghi, prête plus de 1000 milliards d'euros au taux de 1 % aux banques commerciales européennes. Elle fait ici le pari que celles-ci feront baisser les taux obligataires des États périphériques, en achetant des titres publics sur les marchés.

Le succès est de courte durée puisque les taux souverains repartent à la hausse dès l'été 2012. En Italie, en Espagne ou au Portugal, ils dépassent 6 %, quand la France et l'Allemagne empruntent à des taux exceptionnellement bas, proches de 2 %. Ces divergences révèlent le morcellement avancé des marchés monétaires et financiers : on observe de fait une forme de renationalisation du financement des économies domestiques.

Les taux qui affectent les pays du Sud sont intenables dans un contexte de très faible croissance. Le risque d'emballement de la dette est tel, que le président Draghi annonce que « *l'euro étant irréversible, il s'engage à faire tout ce qui est nécessaire pour le sauver* » (« *ready to do whatever it takes* », juillet 2012). La BCE promet, à partir de septembre 2012, d'acheter des titres de dette publique pour des montants *a priori* illimités sur le marché secondaire, dès lors que les États auront fait appel au mécanisme européen de stabilité (MES, *cf. infra*). Cette politique, dite d'OMT (*Outright Monetary Transactions*), rompt avec celle de son prédécesseur, Jean-Claude Trichet : la BCE s'apprête à utiliser sa capacité de création monétaire, potentiellement infinie, au service du sauvetage de la monnaie unique. La démarche est habile car, en agissant sur le marché secondaire, elle ne contrevient pas à ses statuts. La réussite est immédiate puisque l'annonce, seule, suffit à faire baisser les taux italien, espagnol et portugais, sans que les États n'aient eu à se soumettre préalablement au MES.

La crise débouche parallèlement sur un renforcement du pouvoir de la BCE. Elle acquiert progressivement un rôle en matière de supervision des banques. Elle se voit déléguer *de facto* la surveillance de tous les établissements de la zone euro, dans le cadre de l'Union bancaire que les États élaborent à partir de la fin de l'année 2012. Cette union, effective au 1er janvier 2014, implique, à côté d'une définition de règles prudentielles communes, une supervision unifiée à travers le mécanisme de surveillance unique (MSU), et un mécanisme de résolution des faillites bancaires (MRU). L'Union bancaire marque une étape importante à deux niveaux. Il s'agit d'abord de « couper le cordon » qui relie les finances publiques et les bilans bancaires, les risques pris par les banques ne devant théoriquement plus être assumés par les États. Ensuite, la BCE se voit confier, à côté de l'objectif de stabilité des prix, un objectif de supervision financière, à l'instar de son homologue américaine.

La crise débutée en 2007 fait donc jouer un rôle primordial à la politique monétaire européenne. Le doublement du bilan de la BCE, entre 2008 et 2016, l'abaissement de ses taux à des niveaux inédits jusque-là (0,05 % pour le principal taux, à compter de septembre 2016, le taux de facilité de dépôt marginal devenant même négatif, à – 0,2 %) ainsi que des mesures de politique « non conventionnelles » (*quantitative easing*, *credit easing* et *forward guiding*) marquent une inflexion majeure dans son « orthodoxie ». Toutefois, cette évolution est peut-être compromise par le recours effectué par la Bundesbank auprès de la Cour constitutionnelle de Karlsruhe contre la BCE. La « Buba » accuse en effet la BCE d'avoir outrepassé ses statuts. La cour de Karlsruhe a, dans un premier temps, renvoyé la responsabilité de statuer à la Cour de justice de l'Union européenne (ou CJUE). Mais elle se réserve, dans un second temps, la possibilité de juger en toute fin de la conformité de l'action de la BCE à son mandat.

b. — La mise en place d'une solidarité budgétaire conditionnelle

Alors que le choc récessif de 2009 se traduit dans la plupart des pays développés, mais aussi dans les pays émergents, par la mise en œuvre de relances budgétaires, le plan européen reste, lui, plus tardif, de moins grande ampleur et faiblement coordonné. Au total, il ne dépasse pas 1,5 % du PIB de la zone euro contre 5,5 % aux États-Unis. La dimension strictement européenne de la récession pousse cependant à des évolutions importantes et la coopération budgétaire progresse sensiblement. Si le traité de Maastricht excluait toute forme de solidarité financière, l'urgence de la crise de la dette souveraine conduit les États membres de la zone euro à s'engager plus loin. Ils parviennent ainsi à s'entendre sur des mécanismes de prêts aux économies en difficulté de refinancement. La première étape est en fait franchie en 2008, lorsque des aides sont accordées à la Hongrie et à la Roumanie, conjointement par l'UE et le FMI.

Par la suite, des dispositifs de soutien plus ambitieux sont élaborés, à la faveur des crises grecque et irlandaise. Le Mécanisme européen de stabilité financière (MESF) est mis en place en octobre 2010. Il permet à la Commission, après approbation du Conseil européen, de porter assistance à un État sous forme de prêt. Dans cette première mouture, le montant maximal que le MESF peut engager reste limité à 60 milliards. En mai 2010, les États organisent un Fonds européen de stabilité financière qui est d'abord conçu comme un dispositif temporaire. Avec une capacité de prêt théorique de 440 milliards d'euros, auxquels s'ajoutent des prêts du FMI pour un montant maximal de 250 milliards, il dispose de la possibilité d'acheter de la dette publique sur le marché primaire autant que secondaire afin d'éviter des hausses trop sensibles des taux d'intérêt souverains. L'ultime étape est franchie avec la création du Mécanisme européen de stabilité (MES) dont la mise en place est décidée en décembre 2010 (ratification effective en 2012). Plus ambitieux, le MES est une structure institutionnelle appelée à être définitive. Il constitue une forme de « fonds monétaire européen », susceptible d'endiguer les crises de balances des paiements au sein de la zone euro.

L'accès au MES est cependant conditionné à la ratification du « traité sur la stabilité, la coordination et la gouvernance » (TSCG, 2012), ou « pacte budgétaire », qui durcit considérablement les règles budgétaires. Ce dernier prévoit l'inscription de la « règle d'or » des finances publiques dans la constitution des États (ou dans des dispositifs juridiques contraignants). Les pays signataires s'engagent à ne pas dépasser 0,5 point de PIB de déficit structurel. Ils doivent également réduire d'au moins 1/20 par an l'écart entre leur dette publique et le seuil de 60 %. En cas de déficit supérieur à 3 % de PIB, la sanction est supposée devenir automatique, sauf en cas de majorité qualifiée s'y opposant (principe de la « majorité qualifiée inversée »). En outre le « semestre européen » oblige les gouvernements à présenter leurs projets de loi budgétaire à la Commission, préalablement à leur adoption par les parlements nationaux. La préférence pour la règle s'impose donc une nouvelle fois. Le rejet du fédéralisme budgétaire est aussi tangible puisque la proposition de mettre en place une émission de dette commune sur les marchés obligataires, par des *eurobonds*, se heurte au refus des pays du Nord, peu soucieux de partager leur crédibilité sur les marchés financiers.

Le MES constitue bel et bien une avancée majeure pour la sauvegarde de la monnaie unique : il peut se substituer aux marchés pour éviter la hausse intenable des taux d'intérêt et limiter les crises d'illiquidité. Toutefois, la très forte conditionnalité qui lui est associée fait débat. En effet, l'objectif d'une dette publique plafonnée à 60 % reste discutable quand elle dépasse, depuis 2012, 90 % du PIB de la zone euro. Ensuite, le calendrier de la consolidation budgétaire risque de conduire les États à mener des politiques de rigueur coordonnée. Le risque est alors de renforcer l'effet multiplicateur négatif et d'empêcher le désendettement, comme le reconnaît l'économiste en chef du FMI, Olivier Blanchard, dès 2011. Enfin, le calcul du déficit structurel, dont la limitation est inscrite dans les lois ou les constitutions, pose de nombreux problèmes théoriques. Son calcul ne fait d'ailleurs pas l'unanimité dans les différentes institutions économiques.

La crise financière, née pour l'essentiel de la dette privée, a donc conduit à une solidarité *a minima* et à un renforcement des règles budgétaires. La préférence pour la discipline tient davantage d'une conception de l'UEM comme zone de stabilité, sans transferts, que d'une zone intégrée avec transferts budgétaires. Le TSCG offre ainsi la possibilité pour un État de porter plainte auprès de la CJUE, en cas de doute sur les engagements d'un gouvernement tiers en matière de discipline budgétaire. Cette évolution semble donc aussi témoigner d'une forme d'institutionnalisation de la défiance.

c. — *Approfondissement, adaptation ou refonte ?*

Les réponses monétaires et budgétaires apportées au plus fort de la crise, lors des sommets (répétés) de la « dernière chance » ont été doublées d'une prise en compte des déséquilibres structurels. Les divergences de compétitivité sont désormais étroitement surveillées. Mais cette nouvelle architecture ne répond pas, pour tous les économistes, aux défis multiples que la crise n'a fait que souligner. De profonds désaccords, voire des oppositions franches, continuent d'obscurcir l'horizon de la monnaie unique.

■ Une surveillance élargie à travers le pacte Euro-plus

Sous la pression de la chancelière allemande Angela Merkel et du président français Nicolas Sarkozy, la Commission européenne propose l'adoption d'un pacte intitulé « Euro-plus » (mars 2011). Celui-ci est censé prévenir les crises futures de la zone euro en intégrant une gamme étendue d'indicateurs dont les évolutions avaient été négligées au cours de la période 2000-2007. La doctrine sous-jacente au pacte indique clairement que les divergences de compétitivité sont rendues responsables de la crise européenne. Au final, ce sont donc les pays de la périphérie (auxquels il faut rajouter l'Irlande) qui apparaissent comme « fautifs » des désordres de la monnaie unique. Les pays du Nord qui ont, eux, laissé stagner leur demande intérieure, ne sont en aucun cas pointés du doigt.

Il faut souligner que le pacte Euro-plus constitue à maints égards une avancée majeure pour la coordination des politiques économiques. Le cadre de surveillance macroéconomique est finalement élargi à de nombreuses dimensions : progression du crédit intérieur, évolution des coûts salariaux unitaires, viabilité des régimes de pensions, progression de l'endettement privé ou déséquilibres courants. En théorie donc, le diagnostic sur les économies semble s'émanciper de la focalisation sur les seules finances publiques qui prévalaient jusqu'alors.

Le pacte décline concrètement des axes de politiques économiques favorables à la compétitivité. Les pays signataires s'engagent par exemple à entreprendre des réformes, comme la désindexation des salaires par rapport aux prix, la décentralisation des négociations salariales, la promotion des gels des rémunérations contre le maintien de l'emploi. Ils doivent également adosser la durée de cotisation et l'âge légal de la retraite aux gains d'espérance de vie. Si la Commission préconise, depuis les années 1980, des réformes dites « structurelles » supposées accélérer la croissance potentielle, l'inflexion est ici majeure. En effet, au début des années 2000, à travers la stratégie de Lisbonne, puis au moyen de la Stratégie européenne pour l'emploi (SEE), la référence promue par les autorités européennes semblait être la « voie scandinave » (« flex-sécurité à la danoise » associée à un haut niveau de recherche-développement). C'est désormais le « modèle allemand », tourné vers l'export et le tassement des coûts salariaux, qui semble dessiner le contour des réformes à suivre.

L'accord accepte, par exemple, une asymétrie dans l'estimation des déséquilibres courants : est jugé tolérable un excédent de 6 % de PIB, en glissement annuel sur trois ans, alors qu'un déficit dépassant 4 % de PIB doit être corrigé.

La logique néo-mercantiliste qui sous-tend le pacte convient donc particulièrement à l'Allemagne, à l'Autriche ou aux Pays-Bas, économies caractérisées par un vieillissement avancé et par la nécessité d'accumuler des réserves d'épargne. Certes, la Commission européenne a lancé, en 2013, une procédure d'« examen approfondi » quant aux excédents commerciaux de l'économie allemande. Mais dans le même temps, le président de la Commission pouvait affirmer que « *la Commission aimerait voir davantage de pays comme l'Allemagne* ». Depuis, aucune injonction concrète n'a été prononcée à l'encontre de l'Allemagne, dont la trajectoire excédentaire (sur une si longue période) n'enregistre aucun précédent dans l'histoire économique mondiale (T. Piketty).

Le risque est donc grand de voir les économies européennes, et plus particulièrement encore celles de la zone euro, s'engager dans une guerre de compétitivité. Il pourrait en résulter une dégradation continue des modèles sociaux nationaux, sans amélioration des performances globales de l'UE.

■ Des débats en suspens

L'économie européenne a certes été durement touchée par la crise mondiale, mais sa trajectoire ultérieure, particulièrement pour la zone euro, présente des spécificités. Après un rebond en 2010 et 2011, l'UEM connaît à nouveau deux années de récession (– 0,9 % en 2012 et – 0,3 % en 2013). Depuis 2012, la croissance de la zone euro est comprise entre 1,2 % et 1,9 %, c'est-à-dire à un niveau bien inférieur à celui atteint par les États-Unis, qui a été en moyenne supérieur à 2,2 % par an. Le décrochage apparaît particulièrement lié aux choix de politique macroéconomique effectués dès les premières heures de la crise des dettes souveraines. Plus encore, les divergences au sein de l'UE et de la zone euro semblent se renforcer : pour un indice 100 en 2008, le PIB par habitant atteint par exemple 105 en Allemagne en 2016, 103 au Royaume-Uni, 101 en France, 98 en Espagne, 91 en Italie et 72 en Grèce. Au total, le PIB par habitant de la zone euro de même que le nombre d'emplois (144 millions) ont tout juste retrouvé, en 2016, leur niveau de 2008.

La responsabilité première dans cette quasi-« décennie perdue » semble incomber aux politiques de consolidations budgétaires menées trop précocement. La « Troïka » a sous-estimé la valeur des multiplicateurs en temps de récession. La demande intérieure, qui s'établissait à 98 % du PIB de la zone euro, ne s'élève plus, en 2016, qu'à 95,5 %. L'UEM souffre donc pour certains d'un déficit d'investissement public chronique, déficit que les règles du TSCG ont potentiellement inscrit dans le marbre en obligeant les pays à atteindre un déficit structurel nul (y compris les investissements publics). Enfin, la question de la soutenabilité des dettes n'est en rien résolue et reste grandement soumise aux évolutions des taux obligataires. Contrairement au FMI, qui préconise un *haircut* (c'est-à-dire une réduction des créances détenues sur les pays débiteurs) sur la dette grecque (180 % du PIB en 2016, contre 110 % en 2008), l'Eurogroupe, sous la pression particulière de l'Allemagne et des Pays-Bas, maintient une conditionnalité forte à tout plan d'aide. Il continue même de plaider pour un durcissement budgétaire en Grèce : alors que l'ajustement du solde structurel des finances publiques, d'ores et déjà réalisé, est sans équivalent dans l'histoire économique (plus de 9 points de PIB), la Troïka exige toujours des gouvernements hellènes d'atteindre un excédent primaire de l'ordre de 4,5 % de PIB dès 2018. Le respect de cet objectif ne pourrait pourtant permettre au pays de rejoindre le seuil de 60 % qu'à l'horizon 2060.

En matière de politique monétaire, de nombreux analystes soulignent que la BCE a joué le rôle le plus décisif dans la sauvegarde, non seulement de l'euro, mais aussi de l'UE. Mais la nouvelle architecture issue de la crise n'est pas sans ambiguïté, ni sans risque. En effet, la politique monétaire s'est en quelque sorte retrouvée comme le seul levier de politique conjoncturelle. Or, en dépit des injections massives de liquidités, la BCE n'a pu contrarier la baisse importante de l'inflation (comprise entre 0,2 % et 0,6 % de 2014 à 2016) et même le risque déflationniste. L'analyse keynésienne montre qu'en cas d'*output gap* négatif (c'est-à-dire l'écart entre le PIB effectif et le PIB potentiel), la baisse des taux directeurs ne peut suffire à renverser le cycle, surtout quand sont menées conjointement des politiques de rigueur budgétaire et des politiques de dévaluation interne. Enfin, malgré, la mise en place de l'union bancaire, les banques européennes restent très fragiles, car la part des prêts non performants, pouvant donc ne pas être honorés, s'est à peine stabilisée depuis la crise. Elle s'est même aggravée, comme en Italie (18 % du total des crédits bancaires en 2015) ou au Portugal (13 %). Il en résulte une faiblesse du volume du crédit octroyé, qui pénalise sans doute l'investissement privé. La fragmentation de l'espace bancaire demeure donc patente en dépit de la mise sous perfusion du système monétaire européen.

La restauration de la compétitivité des économies, au cœur du pacte Euro-plus, n'est pas non plus sans conséquences, à plus long terme. En effet, le biais néo-mercantiliste semble assez marqué : il s'agit pour toutes les économies de lutter contre des déficits commerciaux antérieurs, jugés excessifs (avec une asymétrie dans la règle, *cf. supra*). Il en ressort que le solde courant de la zone euro, qui était proche de l'équilibre en 2007, est désormais assez nettement excédentaire : il atteint 3,1 % en 2015 et 3,4 % en 2016. La croissance de l'UEM est donc tirée par les débouchés extérieurs, alors même qu'elle est l'un des premiers marchés mondiaux. Il existe des risques non négligeables de tensions avec les autres régions (EU ou Chine), qui tentent de maintenir leur part du commerce mondial. Par ailleurs, cet excès d'épargne sur l'investissement alimente aujourd'hui des flux de capitaux sortants qui, certes, participent à la baisse à court terme de l'euro sur les marchés mondiaux, mais le maintien d'excédents structurels de la balance des paiements dans certains pays et l'extension de la logique d'équilibre aux autres renforcent, au contraire, la tendance haussière du taux de change.

La nouvelle gouvernance issue de la crise semble donc trouver sa cohérence globale dans un renforcement des règles. Les défis restent cependant nombreux et les points de vue très opposés. Certains, comme J. Stiglitz, estiment que la monnaie unique est, à plus long terme, condamnée faute d'accord politique suffisant pour effectuer le « saut fédéral » nécessaire. Le maintien en l'état de l'architecture serait même lourd de risques pour la démocratie, tant les coûts sociaux s'accumulent. Pour d'autres, à l'instar de T. Piketty, le sursaut pourrait s'effectuer par la mise en place d'un parlement de la zone euro afin de lever les blocages du processus décisionnel intergouvernemental actuel.

Face à la « poly-crise » évoquée par le président de la Commission, Jean-Claude Juncker, les États européens, et notamment ceux de la zone euro, semblent avoir acté que le scénario le plus crédible est désormais celui d'une intégration différenciée, par « cercles concentriques », permettant une forme d'Europe « à la carte ».

III

UNE INTÉGRATION ÉCONOMIQUE ET SOCIALE INACHEVÉE

A L'EUROPE SOCIALE

Les systèmes sociaux sont, dans l'ensemble, très protecteurs puisque les dépenses sociales engagées au sein de l'UE, représentent près de 60 % des dépenses sociales mondiales totales. Toutefois, si des objectifs sociaux figurent dans le projet initial de la construction européenne, les réalisations effectives restent sensiblement moins abouties que dans de nombreux autres domaines. L'hétérogénéité croissante de l'Union et le renforcement de la logique d'intégration par le marché ont également contribué à un changement sensible de la philosophie initiale : des avancées institutionnelles notables peuvent être constatées mais elles demeurent globalement peu contraignantes. Le modèle social européen reste ainsi donc assez largement « introuvable », comme le constatait déjà l'ancien président de la Commission Jacques Delors, lorsqu'il affirmait, en 1993, que la dimension sociale était « le talon d'Achille de l'Europe ».

1. – Une évolution du projet d'Europe sociale

Les membres de la CEE, puis de l'UE, sont caractérisés par des systèmes de protection sociale développés, les luttes syndicales autour de la « question sociale » ayant joué un rôle moteur dans leur élaboration. La construction européenne se fait, pour une part, dans le respect des modèles d'États-Providence qui lui préexistent mais elle infléchit, pour une autre part, les équilibres antérieurs entre marché et protection sociale.

a. — Les premiers pas : du traité de Rome à la fin des années 1970

Le projet des fondateurs est d'abord économique. La dimension sociale n'est certes pas absente du traité de Rome : dans les premiers articles, figure l'objectif « *d'améliorer les possibilités d'emploi des travailleurs et de contribuer au relèvement de leur niveau de vie* ». Pourtant, la mise en place d'un Conseil économique et social (CES) et d'un Fonds social européen (FSE), visant à promouvoir la mobilité géographique et les possibilités d'emploi des travailleurs, ne définissent pas de véritable « doctrine ». Le premier reste en effet purement consultatif, et le second, faiblement doté budgétairement.

L'essentiel des premières mesures cherche à garantir la libre circulation des travailleurs au sein du marché commun (titre III du traité, « *Libre circulation des personnes, des services et des capitaux* »). Elles visent aussi à harmoniser, *a minima*, les dispositifs de protection sociale existants, pour limiter les distorsions de concurrence. Le traité prévoit la mise en place d'un système de couverture sociale du travailleur migrant, en application du principe de liberté d'établissement. Il affirme également le principe selon lequel le droit du travail applicable est celui du pays dans lequel s'effectue l'activité professionnelle. Dès 1959, une vingtaine de règlements organisent la coordination des systèmes de sécurité sociale pour les travailleurs migrants, en garantissant par exemple la portabilité des droits, l'égalité de traitement entre nationaux et autres ressortissants communautaires, ainsi que l'unicité de la législation dans le pays d'emploi.

Le sommet de Paris de 1972, en adoptant le projet d'une union économique et monétaire, à l'issue du rapport Werner, marque aussi la volonté de relancer l'Europe sociale, via le droit communautaire. En janvier 1974, le Conseil des ministres approuve les articles du traité de Rome relatifs au rapprochement des législations. Plusieurs directives sont successivement adoptées : sur l'égalité de rémunération entre les hommes et les femmes (1975), sur l'égalité de traitement entre les deux sexes (1976), sur les licenciements collectifs (1975), sur les droits des travailleurs en cas de cession ou de fusion des entreprises (1977), sur l'égalité de traitement en matière de protection sociale (1978) et sur la protection des salariés en cas d'insolvabilité de l'employeur (1980). Cette première strate de textes, si elle révèle une « approche européenne » de la dimension sociale comme composante du projet d'intégration économique ne constitue pas encore de véritable « doctrine ».

b. — Un modèle social « correcteur » de la libéralisation économique (1980-1990)

La construction européenne subit un infléchissement notable, avec la mise en place du marché unique. Le Livre blanc sur l'achèvement du marché intérieur, présenté par la Commission (1985), ne comporte aucune mention de politique sociale, à l'exception du chapitre sur « La liberté de circulation des travailleurs et autres professionnels ». Pourtant, le Président de la Commission, Jacques Delors, affiche des ambitions, affirmant que l'Europe ne peut se passer d'une plus forte coordination et d'une plus forte harmonisation dans le domaine social (« *On ne peut pas tomber amoureux d'un marché unique* » déclare-t-il). L'opposition du Royaume-Uni à ce projet pèse cependant sur les réalisations effectives. L'UE renonce alors de fait à une politique sociale approfondie, privilégiant le principe de subsidiarité en la matière. On note malgré tout des avancées dans plusieurs domaines, comme par exemple l'institutionnalisation du « dialogue social européen » (article 118.B. de l'Acte unique. *cf. infra*).

Le traité de Maastricht (1992) ouvre la voie à une nouvelle procédure d'adoption des règles sociales, en particulier sous la pression des syndicats européens et des pays du Nord. Toutefois, le Royaume-Uni fait jouer la clause d'*opting out* et les dispositions restent, dans un premier temps, pour les 11 pays membres de l'UE qui les acceptent, cantonnées dans un « protocole sur la politique sociale » annexé au traité. Ce protocole est finalement intégré au traité d'Amsterdam de 1997, après le changement de majorité au Parlement britannique. Les évolutions concernent tant la répartition des compétences que les modalités d'intervention de l'UE dans le champ social. Trois niveaux sont distingués :

- les domaines qui restent hors du champ communautaire, tels que les rémunérations, le droit d'association, le droit de grève et le droit de *lock-out*. Ces questions sont de la compétence exclusive des États-membres ;
- le vote à la majorité qualifiée remplace le vote à l'unanimité du Conseil, mais après consultation du Comité économique et social (CES) et du Comité des régions, dans de nombreux domaines : santé, sécurité, conditions de travail, information et consultation des travailleurs, intégration des personnes exclues du marché du travail, égalité entre hommes et femmes sur le marché du travail, lutte contre l'exclusion sociale et la modernisation des systèmes de protection sociale ;

– le vote à l'unanimité, après consultation du Parlement européen, du CES et du Comité des régions, reste de rigueur, notamment sur les questions relatives à la sécurité sociale et la protection sociale des travailleurs, sur les enjeux relatifs à la représentation, à la défense collective des intérêts des travailleurs et des employeurs, dès lors qu'ils engagent des fonds budgétaires nationaux.

Parallèlement se dessinent les prémices d'un projet social plus ambitieux. La première Charte sociale européenne a été signée à Turin en 1961. La Charte communautaire des droits sociaux fondamentaux des travailleurs, souvent dénommée la Charte sociale, adoptée en décembre 1989, par onze États sur douze (du fait du refus britannique), fixe les grands principes d'une politique générale en matière de droit du travail européen. Elle dégage un socle de règles et de valeurs communes dans certains domaines (droit des travailleurs, conditions de travail et de rémunération, protection de certaines catégories de travailleurs, relations sociales et formation professionnelle). Elle est cependant dépourvue d'effets juridiques contraignants. En réalité, seuls les champs relatifs à la protection de la santé et à la sécurité dans le milieu du travail, grâce au passage à la majorité qualifiée (lors de la signature de l'Acte unique) ont pu donner naissance à des directives, notamment concernant les femmes enceintes (1992) ou l'aménagement du temps de travail (1993).

L'ambiguïté du projet demeure donc. Par exemple, si la durée maximale du temps de travail hebdomadaire est fixée à 48 heures, le Royaume-Uni obtient que certains secteurs en soient exonérés (transports, activités en mer, médecins en formation) et que des dérogations soient accordées au niveau national, avec l'accord du salarié concerné. Les avancées institutionnelles des deux décennies 1980 et 1990 se révèlent, finalement, assez subordonnées au calendrier de libéralisation des marchés du travail et des biens et services.

c. — *Les systèmes sociaux au service de la compétitivité économique (du début des années 2000 à aujourd'hui)*

L'adoption du traité d'Amsterdam, en 1997, offre une nouvelle inflexion à la construction de l'Europe sociale. À partir de cette date, les États-membres vont garder la haute main sur la dynamique de leurs systèmes nationaux de protection sociale. Le projet d'harmonisation va céder le pas à la définition d'objectifs communs, mais au prix d'une mise en compétition accrue.

La Commission européenne promeut l'idée que la modernisation des systèmes de protection sociale participe du renforcement de la compétitivité globale des économies. Les « agendas sociaux », lancés à partir de 2000, révèlent ce changement de stratégie : ils ne cherchent plus l'uniformisation des politiques sociales mais leur évolution en faveur de l'efficacité de l'économie de marché *(cf. infra)*. La directive Bolkestein par exemple, du nom du commissaire européen au Marché intérieur, occupe le débat européen en 2003-2005. Relative à la libéralisation du secteur des services, elle cristallise de nombreuses oppositions de la part des syndicats et des opinions publiques. S'y joue, à travers la facilitation de la mobilité des travailleurs européens, l'enjeu de la mise en concurrence par les salaires et les coûts sociaux afférents. Ce débat sur les risques du dumping social s'incarne, avec virulence, à travers la figure du « plombier polonais », dans la campagne politique française lors du référendum sur la projet de Constitution européenne (2005). Fortement amendée par le Parlement européen, cette directive entre malgré tout en vigueur en 2006.

Ce sont surtout les décisions de la Cour de justice de l'Union européenne qui se substituent aux carences de la gouvernance européenne, mais d'une manière non neutre. Elles tendent en effet à renforcer la mise en concurrence des systèmes sociaux, en affirmant la prééminence des libertés associées au marché unique (liberté d'établissement et liberté de prestations de services). Trois arrêts vont particulièrement contribuer à définir la hiérarchie des normes juridiques : l'arrêt Laval (2007), l'arrêt Viking (2008) et l'arrêt Rüffert (2008). Le premier reconnaît la possibilité pour l'entreprise lettone Laval de louer de la main-d'œuvre du pays d'origine à des entreprises travaillant en Suède, aux conditions de salaire et de travail lettones. Le second légalise le changement de pavillon du navire finlandais *Viking* en pavillon estonien, changement qui visait à appliquer des normes sociales inférieures aux membres d'équipage. Le troisième autorise une entreprise de construction opérant en Allemagne à employer des salariés polonais, tout en dérogeant aux conditions de salaire minimal prévues par la convention collective allemande. Se dessine donc, au cours des années 2000, une jurisprudence européenne. Celle-ci semble affirmer la concurrence sociale comme une composante de la concurrence globale.

2. – Les réalisations institutionnelles : entre objectifs ambitieux et règles peu contraignantes

Si l'histoire des avancées en matière de protection sociale indique une action dans plusieurs directions au détriment, souvent, d'un modèle de construction bien identifié, il est possible de trouver une cohérence *a posteriori*. Se dégagent, progressivement, la mise en place d'une méthode, à travers la reconnaissance du dialogue social européen, la définition d'objectifs communs par les « agendas sociaux », ainsi que l'autonomisation d'un champ spécifique, comme pour la « Stratégie européenne pour l'emploi » (SEE).

a. — Le dialogue social européen

Il existe depuis le XIXe siècle, et plus encore à partir du XXe siècle, des modalités nationales de dialogue autour des règles de fonctionnement du marché du travail ou des systèmes de sécurité sociale. Les pays européens articulent, chacun à leur manière, le rôle des partenaires économiques et des gouvernements dans l'élaboration des règles. La mise en place d'un dialogue social au niveau européen marque, dès lors, une étape importante dans l'intégration régionale.

Les prémices du dialogue social européen datent des années 1970. Mais c'est en 1985, à l'occasion des entretiens dits de « Val Duchesse » (Bruxelles), que les représentants des employeurs et des syndicats de salariés se rencontrent afin d'adopter des relations conventionnelles. L'Acte unique puis le traité de Maastricht lui offrent ensuite une assise institutionnelle, aujourd'hui reconnue par l'article 155 du TFUE. Techniquement, les partenaires sociaux sont désormais en mesure de proposer l'adoption d'accords-cadres relevant des domaines de la compétence communautaire.

En 1985, ce sont les trois principales organisations syndicales qui se réunissent :

- le Centre européen des entreprises à participation publique et des entreprises d'intérêt économique général (CEEP), créé en 1961. Il représente, encore aujourd'hui, l'organisation patronale des entreprises du secteur public ou gestionnaires d'un service d'intérêt général ;
- l'Union des confédérations de l'industrie et des employeurs d'Europe (UNICE), formée en 1958. Elle est devenue, depuis 2007, Business Europe et regroupe une quarantaine de confédérations nationales issues de 34 pays (donc au-delà de l'Union européenne au sens propre) ;

- la Confédération européenne des syndicats (CES), constituée officiellement en 1973. Elle compte aujourd'hui 89 organisations représentant 39 pays.

Le traité de Maastricht réaffirme le rôle de la Commission en matière d'initiative sociale. Il oblige à consulter les partenaires sociaux avant de présenter toute proposition au Conseil européen. Celui-ci peut ensuite l'adopter ou la rejeter, à la majorité qualifiée ou à l'unanimité, selon le champ concerné (« voie de la consultation »). Par une procédure novatrice, dite « voie de la négociation », le traité offre la possibilité aux partenaires sociaux de se saisir de l'initiative de la Commission, afin d'aboutir à un accord, proposé ensuite au vote du Conseil. Cette négociation directe a, depuis 1993, débouché sur l'adoption de sept « accords-cadres », notamment dans les domaines du congé parental (1995), des contrats de travail à durée déterminée (1999), du télétravail (2002) ou des marchés du travail inclusifs (2010).

b. — Les agendas sociaux

Les « agendas sociaux » se présentent sous la forme d'un document préparé à l'initiative de la Commission. Ils visent à fixer des objectifs à l'ensemble des acteurs européens. Le premier agenda social est mentionné dans le document préparatoire au Conseil européen de Lisbonne de mars 2000. Il identifie 32 « objectifs ou moyens », regroupés sous six axes prioritaires tels que « *des emplois plus nombreux et meilleurs* », « *anticiper et gérer le changement et s'adapter au nouvel environnement de travail* » ou « *moderniser et améliorer la protection sociale* ». Le but n'est cependant pas d'harmoniser les politiques sociales qui restent, du fait du principe de subsidiarité, du ressort des États-membres. Il s'agit d'instaurer une « coopération volontaire » entre les acteurs. Les acquis sociaux sont donc supposés évoluer en conformité avec le dynamisme économique, dans une économie mondialisée. L'agenda repose sur la mise en place d'une coordination par la « méthode ouverte de coordination » (MOC). Celle-ci oblige les États à se concerter sur les dispositions entreprises au niveau national, sur leur efficacité comparée (le *benchmark*) et sur leur adéquation aux objectifs européens.

Le deuxième agenda social, dénommé « Agenda social européen » couvre la période 2006-2010. Quoique moins exhaustif, il n'en est pas moins ambitieux que le premier. Il détermine deux axes prioritaires : « Vers le plein emploi » et « Une société plus solidaire ». Le troisième agenda ou « Agenda social renouvelé », adopté le 2 juillet 2008 par la Commission européenne, définit à son tour sept domaines prioritaires, pour la période 2011-2016, parmi lesquels « *les enfants et les jeunes* », « *l'investissement dans le capital humain* », « *la mobilité* », « *vivre plus longtemps et en meilleure santé* ».

c. — La Stratégie européenne pour l'emploi (SEE)

Dès le traité de Rome, la Communauté se fixe un objectif de « *niveau d'emploi et de protection sociale élevé* ». Pourtant, la question de l'emploi n'est abordée frontalement, pour la première fois, que dans le Livre Blanc « Croissance, compétitivité et emploi », en 1993. Au Conseil européen d'Essen (1994), l'UE définit plus clairement une stratégie d'ensemble. Elle promeut l'augmentation du potentiel d'emplois, dans un contexte marqué par un chômage élevé des plus jeunes, des travailleurs âgés et des femmes. Le traité d'Amsterdam consacre pour la première fois un titre entier à cette question, le titre IX. Ce dernier offre à la Communauté européenne la possibilité de fixer des « orientations globales ». Il lui permet également de compléter l'action des États-membres, tout en respectant le principe de subsidiarité (articles 145 à 150 du TFUE).

La Stratégie européenne pour l'emploi, ou SEE, repose sur la volonté de promouvoir un haut niveau d'emploi, au-delà même de la lutte contre le chômage. Elle s'appuie sur la Méthode ouverte de coordination (MOC, *cf. infra*) et s'articule plus généralement aux « Grands objectifs de la politique économique » (GOPE). Sur la base des comparaisons des résultats et des bonnes pratiques (*best practices*), un Conseil européen se réunit annuellement. Il adopte, à la majorité qualifiée, des « lignes directrices pour l'emploi » (LDE), proposées par la Commission, qui se déclinent ensuite en « plans d'actions nationaux » (PAN). Après le premier Conseil européen dédié à ce chapitre, à Luxembourg, en 1997, la SEE fait rapidement l'objet d'une révision en vue de l'adapter à la stratégie de Lisbonne. Trois « objectifs globaux » sont alors définis : « le plein-emploi », « l'amélioration de la qualité et de la productivité du travail » et « un marché du travail favorisant l'inclusion sociale ». Des mesures favorables à la formation professionnelle, aux stages et à la lutte contre le chômage de longue durée, à la simplification administrative des procédures de création d'entreprises ou d'embauches, font, par exemple, l'objet d'objectifs quantifiés, ainsi que d'une surveillance au niveau communautaire.

En mars 2005, le Conseil adopte une nouvelle réforme de la SEE. Elle débouche sur une fusion des LDE et des GOPE au sein des lignes directrices intégrées (LDI). Celles-ci sont supposées garantir une meilleure cohérence entre les actions macroéconomiques, microéconomiques, et les mesures pour l'emploi. L'adoption d'un Fonds européen d'ajustement à la mondialisation (FEM) en 2007, pour fournir une assistance aux bassins d'emplois fortement touchés par les délocalisations, complète l'action européenne. Doté de 500 millions d'euros pour la période 2007-2013, il intègre pour la première fois la prise en compte des effets de la mondialisation et vise à faciliter les reclassements. Pour la période 2014-2020, son montant annuel est plafonné à 150 millions d'euros.

Les critiques à l'égard de la SEE restent vives. D'abord, les moyens dédiés restent globalement faibles. Ensuite, le caractère peu contraignant des objectifs permet aux États de juxtaposer un ensemble de mesures disparates, ou de recycler des mesures nationales, sous des intitulés européens délibérément vastes et généraux. Enfin, un certain nombre d'auteurs soulignent, à l'instar d'E. Malinvaud (« Réduction du chômage : Les réussites en Europe », rapport du Conseil d'analyse économique, 2000), la cohérence des modèles nationaux hérités de l'histoire longue. Ils soulignent, par conséquent, la faible « transposabilité » des bonnes pratiques qui limite les espoirs de convergence des modèles d'emplois.

3. – Un modèle social européen introuvable

La notion de « modèle social européen » (MSE) s'est progressivement imposée dans le discours public. S'il est vrai que les pays de l'UE, notamment ceux de la zone euro, engagent des dépenses particulièrement élevées en matière de protection sociale, comparativement aux régions de même niveau de développement comme le Japon ou les États-Unis, de nombreuses disparités subsistent. La « gouvernance sociale » européenne, élaborée au fil du temps, semble même favoriser leur mise en en concurrence.

a. — Des modèles sociaux très différenciés

Au début des années 2000, la stratégie européenne promeut un modèle largement inspiré des canons du modèle de la « flex-sécurité » danoise. Ce dernier associe un haut niveau de protection du salarié en matière de formation, la générosité de l'indemnisation chômage et une forte flexibilité de la relation d'emploi (règles souples d'embauches et de licenciement). L'analyse des systèmes sociaux, dans la lignée des travaux d'Esping-Andersen (« Les trois mondes de l'État-Providence », 1990), montre que les États européens présentent pourtant des caractéristiques fortes. On peut identifier, en tenant compte des trois dimensions que sont le rôle des pouvoirs publics, le niveau de développement de la protection sociale et la place des partenaires sociaux, quatre « idéal-types » en Europe :

■ Le modèle latin ou méditerranéen

Une forte défiance à l'égard des institutions mais aussi entre les citoyens s'y manifeste, avec pour conséquences la domination de logiques « corporatistes » et une fiscalité complexe comportant beaucoup de « niches ». Le marché du travail y est peu fluide : les taux d'emplois sont faibles, essentiellement du fait de barrières à l'embauche des jeunes, le poids des *insiders* dans les négociations favorise le chômage de longue durée des *outsiders*. Le bas taux de syndicalisation y est compensé par le rôle de la loi et la protection statutaire des salariés. La segmentation est donc forte au sein de la société dans son ensemble et au sein des marchés du travail. Ce modèle caractérise par exemple la Grèce, l'Italie ou le Portugal.

■ Le modèle scandinave ou nordique

Il se définit au contraire par une forte confiance des citoyens dans les institutions et entre eux, une acceptation des règles de l'économie de marché concurrentielle. C'est un modèle social « universel » fondé sur des syndicats puissants (près de 80 % des salariés), qui négocient des conventions collectives globales et peuvent, dans certains cas (comme au Danemark), gérer directement les caisses d'assurance chômage. Les prestations indemnitaires y sont généreuses mais conditionnées à une politique d'activation des dépenses. Le niveau de dépenses publiques y est élevé mais compatible avec une croissance soutenue du fait d'efforts de formation professionnelle continue et autant que de dépenses en R&D significatives. Cet ensemble comprend, notamment, le Danemark, la Finlande ou la Suède.

■ Le modèle anglo-saxon

Il est fondé sur une logique « beveridgienne », assistantielle et peu généreuse. Il mobilise une responsabilisation aiguë de l'individu. La faible tolérance à l'impôt et la préférence pour la concurrence fiscale, perçue comme un rempart face à l'État-Léviathan, expliquent une forte capacité des gouvernements à réduire rapidement les dépenses publiques pour relancer la compétitivité du secteur productif. Peu répandu en Europe, il est propre à l'Irlande ou au Royaume-Uni.

■ Le modèle continental

Il prend la forme d'un modèle essentiellement « bismarckien » assurantiel. Il se traduit par une préférence pour la règle, afin d'éviter la manipulation des politiques publiques par les partis politiques. Il conditionne l'ouverture des droits à une activité préalable, associe un degré important de corporatisme à une forte différenciation des catégories socioprofessionnelles. Les négociations sociales portent sur l'emploi et le niveau des salaires, avec des différences nationales qui restent cependant marquées. On peut rassembler dans cet ensemble l'Allemagne, la France, les Pays-Bas ou la Belgique.

Tableau 4 –
Indicateurs sociaux de quelques pays membres de l'UE

	Dépenses de protection sociale en % du PIB (1)			Taux de syndicalisation des employés (2)	Indicateur de protection de l'emploi (3)	Indice de Gini du revenu disponible par unité de consommation (4)	Taux de risque de pauvreté, à 60 % du revenu médian, en % de la population totale (5)	
Année	**2000**	**2007**	**2014**	**2013**	**2013**	**2015**	**2000**	**2015**
Allemagne	29,7	27,8	29,1	18,1	2,84	0,30	10	16,7
France	29,5	31	34,3	7,7	2,82	0,29	16	13,6
Danemark	28,9	28,8	32,9	66,8	2,32	0,27	13,3	12,2
Pays-Bas	26,4	28,3	30,9	17,8	2,94	0,27	11	11,6
Espagne	20	20,7	25,4	16,9	2,36	0,34	18	22,1
Grèce	23,5	24,8	2629	21,5	2,41	0,34	20	21,4
Estonie	13,9	12,1	15,1	5,7	2,07	0,35	18	21,6

Sources : (1), (4), (5) : Eurostat (2017) et (2), (3) : OCDE (2017).

b. — Le déficit de gouvernance entretient le risque de dumping

Pour de nombreux analystes, la construction actuelle de l'Union européenne favorise le « dumping social ». Le renforcement de la compétitivité et de l'attractivité des économies nationales se ferait par l'effritement progressif des régimes sociaux nationaux. Ce scénario serait appuyé par la conjonction de deux facteurs : d'une part l'architecture du *policy-mix* européen, d'autre part le choix d'une gouvernance sociale peu coercitive.

En premier lieu, il faut souligner que les contraintes en matière monétaire et budgétaire ne sont pas sans conséquences sur les régimes nationaux. Sur le modèle du triangle d'incompatibilité de Mundell, Torben Iversen et Anne Wren (« *Equality, employment, and budgetary restraint : the trilemma of the Service Economy* », 1998) montrent qu'il existe un « triangle d'impossibilité » dans la poursuite simultanée des trois objectifs suivants : réduction des inégalités, recherche d'un haut niveau d'emploi et discipline budgétaire. Si seulement deux de ces objectifs peuvent être atteints simultanément, les gouvernements sont alors amenés à sacrifier le troisième. Par exemple, un modèle soucieux de limiter les disparités de revenus et de viser le plein-emploi serait conduit à renforcer les dépenses de protection, stimuler activement l'activité au détriment de l'équilibre des finances publiques. Symétriquement, conserver la discipline budgétaire et limiter les inégalités aurait un coût en matière d'emploi. Comme les règles de finances publiques sont inscrites dans les traités successifs, il en résulte que les politiques nationales sont soumises à des « dilemmes » d'une difficulté plus ou moins prononcée. En effet, d'après ces travaux, et sous l'hypothèse d'équilibre budgétaire, le modèle « libéral » (ou « anglo-saxon » dans notre typologie) serait relativement adapté, du fait d'une grande tolérance aux inégalités. À l'inverse, le modèle continental ou le modèle social-démocrate, devraient payer un prix élevé en matière d'emploi, notamment pour les moins qualifiés, s'ils cherchent à limiter les écarts de niveaux de vie.

En second lieu, la gouvernance en matière sociale s'est également révélée être le « côté faible » du processus décisionnel. Les États sont en effet restés jaloux de leurs prérogatives en ce domaine,

Figure 1 –
Le triangle d'incompatibilité de T. Iversen et A. Wren

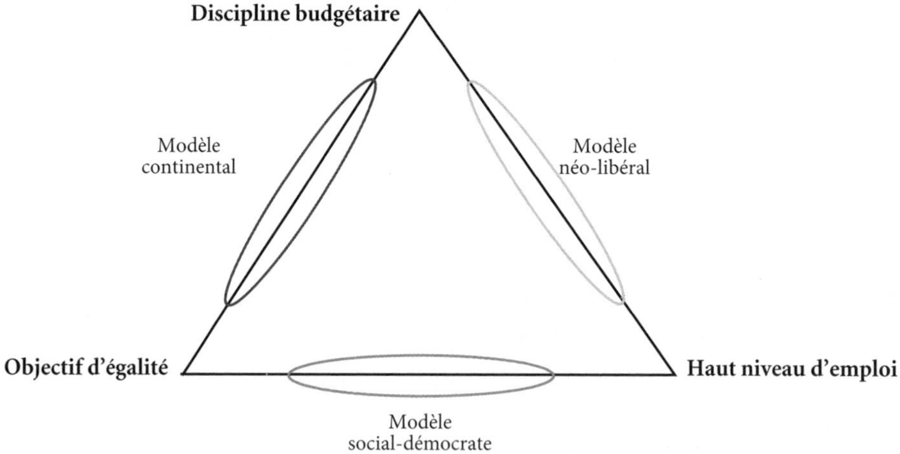

tandis que l'hétérogénéité au sein de l'UE, tant en termes de niveaux de dépenses que de « préférences collectives », n'a cessé de croître, depuis l'adhésion du Royaume-Uni jusqu'aux élargissements à l'Est. Il en est résulté une mise en difficulté grandissante de l'« approche fonctionnaliste ». Cette démarche, défendue initialement par Jean Monnet, visait à étendre pas-à-pas les compétences européennes à de nouveaux champs. Elle bute sur le maintien dans les procédures décisionnelles de la majorité absolue dans de nombreux domaines *(cf. supra).* Face à cette difficulté, l'UE a renforcé au contraire le principe de subsidiarité (les États restant en charge de la mise en œuvre des objectifs au niveau jugé le plus pertinent). Elle a élaboré une forme de « gouvernance souple » : la méthode ouverte de coordination, adoptée au Conseil européen de Lisbonne (2000). Formellement, cette méthode est fondée sur « l'action coordonnée » et « le partenariat ». Concrètement, elle se traduit par l'adoption de critères et d'objectifs que les États membres s'engagent à traduire en politiques opérationnelles, via les plans d'action nationaux (*cf. supra* : la SEE). La démarche repose également sur le *benchmarking*, c'est-à-dire la comparaison des « bonnes pratiques », qui sert ensuite à fixer des buts communs. On peut souligner toutefois la permanence de divergences en matière de « préférences collectives », les pays d'Europe de l'Est restant globalement très rétifs au renforcement de l'État depuis la fin du bloc communiste. Il faut aussi insister sur le fait que la singularité des modèles sociaux est forte et inscrite dans l'histoire longue (dans la logique de « dépendance au sentier » ou *path dependency*). Ces deux constats sont sans doute corrélés au ralentissement, voire à la paralysie, du processus décisionnel.

Face à ces déséquilibres évidents, certains arguments vont dans le sens d'un rééquilibrage institutionnel des objectifs de l'Union. Il passerait par un renforcement du poids de l'EPSCO (Conseil emploi, politique sociale, santé et consommateurs) qui rassemble notamment les ministres du Travail et des Affaires sociales européens, face à l'ECOFIN. Les ministres allemand et français du Travail proposent, en février 2013, la mise en place d'un « Eurogroupe social », se réunissant préalablement aux sommets de l'euro.

B LE MODÈLE ÉCONOMIQUE ET SOCIAL EUROPÉEN À L'ÉPREUVE DE LA CRISE : LA CROISÉE DES CHEMINS

Née de l'effondrement de la finance structurée aux États-Unis, la crise des *subprimes* devient rapidement une crise de la zone euro et une crise de l'Union européenne. La croissance des années 2000 a en effet masqué une hétérogénéité croissante des dynamiques nationales ainsi que des divergences de compétitivité difficilement soutenables. La profondeur de la crise sociale et le déficit d'intégration laissent entrevoir le risque d'une concurrence accrue comme unique stratégie de sortie de crise. De nombreux défis restent donc posés au projet social européen.

1. – Les modèles sociaux « à l'économie »

La crise économique a des conséquences profondes pour les modèles sociaux. Au-delà de la progression forte du chômage, commune à l'ensemble des pays de l'OCDE, la voie choisie par l'UE pour sauver l'euro porte une responsabilité nette dans le coût élevé, payé par les populations européennes.

a. — Des divergences sociales d'ampleur depuis les années 2000

La mise en place de l'euro coïncide avec une accélération de la croissance dans les pays de la périphérie. On y observe une amélioration continue de l'emploi et une convergence accélérée vers la moyenne de l'UE. Par exemple, entre 2000 et 2007, le revenu par habitant augmente de près de 35 % en Irlande et en Grèce, et de 18 % en Espagne. Il ne progresse, sur la même période, que de 13 % en Allemagne et de 11 % en France.

La forte activité y est soutenue par la progression des dépenses sociales. Leur part dans la richesse nationale augmente globalement, alors qu'elle reste stable dans le reste de la zone euro. En Irlande et en Grèce, la hausse est de 5 points de PIB et elle est de 4 points à Chypre ou au Portugal. Parties d'un niveau plus bas de protection sociale, ces économies sont en phase de convergence vers la moyenne du cœur de l'Europe. La générosité des systèmes n'y est donc que relative. En outre, elle ne se traduit pas par une dérive des comptes publics car, à l'exception du Portugal et de la Grèce, tous ces pays connaissent une phase de désendettement public.

Mais la croissance, l'inflation soutenue et la baisse du chômage contribuent à une hausse des rémunérations plus rapide que les gains de productivité réalisés. La progression des coûts salariaux unitaires est alors nettement plus importante dans le Sud et les PECO que dans le reste de l'UE. Il en résulte une perte de compétitivité à l'exportation qui, combinée à la très bonne dynamique de la demande intérieure, creuse le déficit commercial. Selon les calculs de France Stratégie (2015), le coût salarial unitaire (CSU) augmente dans les pays du Sud de 5 points de plus que la hausse du CSU moyen de la zone euro entre 2001 et 2008, quand celui des pays du Nord augmente de 5 points de moins.

Le durcissement du système de protection sociale au service de la compétitivité a été particulièrement marqué en Allemagne. L'Agenda 2010 (adopté par le gouvernement Schröder en 2003) débouche sur des réformes d'ampleur du marché du travail (lois Hartz de 2003-2004) et du système de retraites. Par exemple, la durée d'indemnisation du chômage est réduite de 32 à 12 mois et, au-delà, les sans-emploi basculent dans un dispositif d'assistance, peu généreux. Les emplois atypiques, n'ouvrant que des droits partiels à la santé et à la retraite, sont développés : « mini-jobs », offrant une rémunération inférieure à 450 euros mensuels, et « jobs à 1 euro de l'heure », à vocation de réinsertion et qui sont complétés par une allocation de base (environ 400 000 personnes concernées en 2016). En 2007, le gouvernement Merkel décide également d'augmenter la TVA de 3 points pour abaisser, dans le même temps, les cotisations sociales. L'âge légal de la retraite est reporté progressivement de 65 à 67 ans à l'horizon 2030.

Au total, entre 2000 et 2007, les dépenses de protection sociale passent de 29,7 % à 27,8 % du PIB et les dépenses publiques diminuent globalement de près de 5 points de PIB. Si le chômage est fortement réduit, puisque l'Allemagne renoue progressivement avec le plein-emploi, le coût social est élevé : la part des travailleurs à temps partiel dans l'emploi total passe de 19,4 % en 2000 à près de 27 % en 2015. 45 % des femmes sont concernées par des formes d'emplois atypiques, le plus souvent subis. Le taux de risque de pauvreté progresse de 10 % de la population à 16,7 % sur la même période, affectant tant les travailleurs que les retraités, dont le niveau de vie est tendanciellement décroissant. Il s'agit là d'un bouleversement assez radical du modèle bismarckien élaboré au cours des décennies antérieures. Le FMI, dans ses conclusions relatives à l'état de l'économie allemande (mars 2017), souligne que la pauvreté importante et persistante, en dépit des bonnes performances du marché du travail, constitue un défi majeur pour les politiques publiques.

b. — Le coût social de la crise

La crise en Europe se traduit par une hausse ininterrompue du chômage entre 2008 et 2013, passant de 7 % de la population active à près de 11 %. Les destructions d'emploi sont massives et le chômage augmente dans tous les pays, à l'exception notable de l'Allemagne ou des Pays-Bas par exemple, qui ont recours à des mesures de chômage partiel. La progression est surtout marquée pour les jeunes de moins de 25 ans, dont les niveaux de sous-emploi sont sans précédent dans l'histoire sociale européenne récente.

Tableau 5 –
La dégradation de l'emploi en Europe depuis la crise économique

	Croissance de l'emploi total (en %)			Taux de chômage (en % de la population active)			Taux de chômage des moins de 25 ans		
Période	**2000-2007**	**2007-2012**	**2012-2016**	**2007**	**2012**	**2016**	**2007**	**2012**	**2016**
UE-28	+ 7,1	−1,4	+ 1,1	7,2	10,5	8,5	15,7	22,8	18,7
UEM-17	+ 8,1	−1,9	+ 1,0	7,6	11,4	10	15,5	23,0	21,0
Allemagne	+ 1,2	+ 4,4	+ 3,6	8,7	5,5	4,1	8,6	8,1	7,0
France	+ 5,5	−0,3	+ 0,8	8,4	10,2	10,1	22,8	24,3	24,6
Danemark	+ 5,2	−0,2	+ 3,3	3,8	7,5	6,2	11,9	14,1	12,0
Pays-Bas	+ 6,0	+ 1	+ 0,8	3,6	5,3	6,0	7,0	9,5	10,8
Espagne	+ 26,2	−14,2	−2,7	8,3	25,0	19,6	18,2	53,2	44,4
Grèce	+ 13	−15,2	−2,0	8,3	24,3	23,6	22,9	55,2	47,3
Estonie	+ 12,1	−6,1	0	4,6	10,2	6,8	10,1	20,9	13,4

Source : Eurostat (2017).

Après une phase de relative convergence des conditions de vie, les disparités se creusent donc à nouveau. Les divergences de performances d'emploi sont particulièrement marquées au sein de la zone euro : l'écart de taux de chômage entre le Nord et le Sud (plus l'Irlande), qui était de 3,2 points en 1998 et de 0 en 2004, s'élève à 11,3 points en 2013. Le constat est identique en matière de revenu par habitant : les pays du Nord de la zone euro restent 30 % plus riches que la moyenne de l'UE-28, les pays de l'Europe de l'Est se maintiennent à 50 % du niveau de vie moyen entre 2000 et 2008, quand les pays du Sud de la zone euro (Grèce, Espagne, Italie, Portugal) se situent à 90 % en 2016, mais en retrait de de 10 % par rapport à 2008 (ils étaient alors dans la moyenne du niveau de vie). La Grèce voit même son PIB par habitant chuter de près de 30 %, ce qui équivaut à une annulation totale des gains réalisés depuis son adhésion à la zone euro.

Il en résulte que les objectifs sociaux de la Stratégie Europe 2020 (taux d'emploi à 75 %, réduction de la pauvreté d'au moins 20 millions de personnes et accès à un diplôme de l'enseignement supérieur pour 40 % des 30-34 ans) sont largement compromis. Les indicateurs de performances sociales dans l'UE-28 se dégradent significativement dans les pays du Sud de la zone euro. On y observe même un recul de l'indicateur de développement humain (IDH). Or, ces pays étaient déjà caractérisés par la faiblesse relative de leurs « dépenses d'investissement social » (petite enfance, éducation, formation tout au long de la vie, politiques actives du marché du travail). En moyenne, sur la période 2004-2008, les pays du bloc « méditerranéen » et les « nouveaux membres » consacraient moins de 8 % de leur PIB à ce type de dépenses, contre 10 % dans le bloc « continental », et plus de 15 % dans les pays scandinaves (« Un contrat social pour l'Europe : priorités et pistes d'action », France Stratégie, 2014). Le risque est donc grand que la divergence, loin d'être conjoncturelle, ne témoigne d'écarts structurels qui se maintiendraient par un effet d'hystérèse et qui approfondiraient encore les disparités de productivité à terme.

Enfin, face à la dégradation de leur situation sur le marché du travail, de nombreux jeunes émigrent des pays les plus durement touchés par la crise. Comme ils sont le plus souvent qualifiés, cette perte compromet la croissance potentielle future et donc la capacité de rebond des économies. Phénomène particulièrement marqué en Espagne, en Grèce et en Irlande, cette émigration se fait principalement en direction du Nord. Toutefois, on estime que 50 % des immigrants européens en Allemagne n'y restent pas plus d'un an, faute de reconnaissance de leurs diplômes et du fait de la barrière de la langue. Les flux se dirigent donc aussi en dehors de l'Europe, vers les États-Unis ou l'Amérique latine par exemple, ce qui peut se lire comme une perte nette de capital humain pour l'Union dans son ensemble.

c. — *L'ajustement par les dépenses sociales*

La Troïka, composée de la Commission européenne, du FMI et de la BCE, préconise, dès le début de la crise de la dette, la mise en place de politiques de « dévaluations internes », c'est-à-dire déflationnistes. Face aux déséquilibres des balances des paiements courants des pays périphériques, il s'agit de rétablir la compétitivité et de ralentir la demande domestique. À court terme, les politiques d'austérité sont supposées rétablir la confiance des marchés financiers et permettre d'obtenir des taux obligataires plus bas. À moyen terme, elles sont censées affermir la compétitivité des producteurs nationaux et restaurer l'équilibre de la balance commerciale.

À l'instar des politiques d'ajustement structurel, engagées par le FMI dans les années 1980, l'essentiel de la consolidation budgétaire s'effectue par une réduction des dépenses publiques et un durcissement des politiques sociales. Qu'elles aient été imposées par la Troïka, lorsque les pays ont fait appel aux mécanismes de soutien européens (Irlande, Portugal, Grèce, Hongrie, par exemple), ou par les gouvernements eux-mêmes (Italie, Espagne, Royaume-Uni, France), les politiques engagées ont présenté de nombreux traits communs :

- baisse des allocations chômage : en Espagne, en Irlande, en Italie, ou en Lituanie ;
- flexibilisation du marché du travail par la baisse des coûts de licenciement ou la possibilité de déroger aux accords collectifs : au Portugal, en Espagne, au Royaume-Uni, en Italie ou en France ;
- réformes des régimes de retraite : par le report de l'âge légal en Espagne, au Royaume-Uni, en Italie, en Lettonie, en Irlande, ou par le gel des pensions (voire leur diminution) en Grèce ou en Espagne ;
- baisse des salaires minima : en Irlande ou en Grèce ;
- diminution du traitement des fonctionnaires : en Roumanie, en République tchèque, en Irlande, en Grèce, en Espagne, ou au Danemark ;
- gel des rémunérations publiques : au Royaume-Uni, en Italie ou en France ;
- hausse de la fiscalité indirecte (TVA) pour compenser une diminution des cotisations sociales : en Espagne, au Portugal, en Irlande, au Royaume-Uni, en Lituanie ou en Irlande ;
- baisse des dépenses de santé par le déremboursement de certains actes et médicaments : en Grèce, en Irlande ou en Italie.

Les dépenses de protection sociale sont donc globalement gelées, voire diminuées, au même titre que les dépenses de fonctionnement de l'État. Ainsi, en dépit de la progression très forte du chômage et de la hausse attendue des dépenses de retraites liée au vieillissement, la part des dépenses sociales stagne (Irlande, Grèce, Portugal, Espagne, France) ou diminue (Royaume-Uni, Pologne ou Lituanie), ce qui témoigne d'un effritement de la générosité des modèles nationaux. La Commission européenne estime que la croissance des dépenses publiques de protection sociale est ainsi inférieure de 5 % à son *trend* pré-crise, entre 2011 et 2014. L'essentiel de l'ajustement budgétaire a donc été porté par la réduction des dépenses publiques (à hauteur de 80 %) et, parmi les dépenses de protection sociale, l'effort a particulièrement pesé sur la santé, les retraites, les allocations chômage et les politiques familiales. Comme les dépenses d'éducation ont aussi parfois reculé dans les pays d'Europe du Sud, ce sont clairement des investissements en capital humain qui sont affectés.

2. – Des chantiers nombreux

Le 26 avril 2017, la Commission européenne, par la voix de son président Juncker, annonce la mise en place d'un « socle des droits sociaux européens », dans le but de relancer l'Europe sociale, apparue comme le parent pauvre des mandats Barroso. Il s'articule autour de « 20 principes clés », eux-mêmes subordonnés à trois « thèmes » : « égalité des chances et accès au marché du travail », « conditions de travail équitables », ainsi que « protection et insertions sociales ». Destiné en priorité à la zone euro, il invite les pays à choisir le rythme d'intégration et d'harmonisation souhaités, dessinant, ici aussi, une forme d'« Europe à la carte ». Non contraignants, ces objectifs ne sont encore adossés à aucun financement budgétaire mutualisé. Cette annonce indique cependant que la Commission souhaite relancer un dialogue social, aujourd'hui à l'arrêt. Certains chantiers semblent particulièrement prioritaires.

a. — La question de la mobilité de la main-d'œuvre

La mobilité des travailleurs, au sein de l'espace européen, est inscrite à l'agenda du marché commun depuis sa création en 1957. Les premières directives en matière sociale ont rapidement cherché à favoriser la possibilité, pour les salariés, de franchir les frontières *(cf. supra)*. Cette mobilité du travail est même une des conditions d'optimalité d'une union monétaire, selon R. Mundell. La proportion de travailleurs migrants est pourtant restée faible puisqu'elle n'a concerné que 2 % des salariés de l'Union jusqu'en 2000. Cette part s'est légèrement accrue, pour atteindre 3 % en 2015, notamment du fait des écarts de niveau de vie entre les nouveaux États membres et l'UE-15. Elle s'est sans doute encore accélérée à cause de la disparité des taux de chômage, surtout des jeunes, après la crise. Les flux peuvent cependant être très significatifs dans certains pays. Ainsi, plus de 5 % des Lettons en âge d'être actifs, des Lituaniens, des Bulgares ou des Portugais et même 9 % des Roumains, travaillent dans un autre pays européen. Ce chiffre est, à l'opposé, inférieur à 0,5 % pour les Allemands, les Français ou les Danois, par exemple.

Toutefois, la mobilité intra-européenne, mesurée par la part des immigrés récents, c'est-à-dire des citoyens qui travaillaient et résidaient dans un autre État l'année précédente, reste 10 fois moindre que ce qu'elle est aux États-Unis. Les raisons de cette faiblesse sont relativement connues. Il s'agit, d'abord, de la « barrière de la langue », même si 3 millions de jeunes ont bénéficié du programme d'échanges Erasmus depuis sa création en 1987 (Erasmus pour les étudiants en université, Leonardo pour les stages en entreprise européenne, ou Erasmus + à destination des apprentis). Il s'agit ensuite d'un déficit de reconnaissance mutuelle des diplômes, que ce soit pour les techniciens qualifiés ou les secteurs réglementés (obligation de repasser des examens dans de nombreuses professions, médicales notamment). Il s'agit enfin des difficultés inhérentes à toute forme de migration (recherche d'un emploi, d'un logement, complexité des régimes socio-fiscaux, etc.).

Renforcer la mobilité intra-européenne pourrait donc s'inscrire dans le projet européen. Elle pourrait même répondre, pour une part, au défi de l'hétérogénéité croissante. La Commission européenne s'est fixé de favoriser la « portabilité des droits ». Il s'agit là d'une réalité multiforme. Elle concerne les problématiques d'un égal accès aux droits sociaux (prestations et allocations à destination des citoyens nationaux, accès à la formation, etc.), d'un traitement équivalent en matière de santé, ou d'une meilleure prise en compte des cotisations vieillesse (les retraites pouvant ne pas être prises dans le pays d'activité). En dépit d'avancées notables, il existe encore de nombreuses disparités de traitement entre les nationaux et les salariés en provenance d'autres pays européens. Par exemple, la portabilité des allocations chômage, garantie au sein du marché unique, reste très réduite : un salarié européen ayant immigré, touché par le chômage dans un autre pays que son pays d'origine, mais ayant cotisé antérieurement, ne peut prétendre qu'à 3 mois d'allocations. Au-delà de cette période harmonisée, les droits dépendent des critères d'éligibilité légalement en vigueur dans le pays d'accueil.

À plus long terme, la Commission envisage une « européanisation » des assurances sociales pour les risques chômage et vieillesse. Mais cette évolution nécessiterait une coopération très forte, tant les modèles sont empreints de spécificités héritées de l'histoire. Si les mobilités ont vocation à devenir permanentes (des salariés grecs s'installant définitivement en Allemagne par exemple), il pourrait paraître légitime d'envisager un dédommagement pour le coût de formation engagé par le pays de départ, soit par des investissements ayant vocation à compenser les écarts de productivité, soit par une mutualisation partielle des budgets d'éducation et de formation.

La mobilité intra-européenne est aussi devenue un enjeu politique conflictuel à travers la question des « travailleurs détachés ». À l'origine, ce statut est défini par une directive de 1996, quand l'UE ne comptait que 15 membres, aux disparités de moins grande ampleur qu'aujourd'hui. Il s'agissait de simplifier la possibilité pour une entreprise, de recruter un salarié en provenance d'un autre pays européen. Elle s'inscrivait dans la continuité de la problématique des travailleurs frontaliers. Toutefois, les élargissements ultérieurs ont considérablement ouvert l'éventail des salaires mais aussi des cotisations sociales afférentes, créant donc des écarts de coût de la main d'œuvre jusque-là inédits.

Certes, le travailleur détaché ne peut être normalement rémunéré en dessous du salaire minimum national. Deux problèmes se posent d'emblée : d'abord, le salaire minimum peut être appliqué quel que soit le niveau de qualifications (un ingénieur roumain détaché en France pouvant donc être payé au taux horaire du smic) ; ensuite, certains pays n'ont pas de salaire plancher. Les cotisations sociales sont, elles, calculées selon le droit en vigueur dans le pays d'origine et versées à ce dernier. L'écart de coût peut ainsi atteindre 30 % sur le marché du travail en France entre un salarié français et un salarié détaché de Bulgarie ou de Roumanie. Par ailleurs, les contrôles effectués par les inspections du travail nationales indiquent une plus forte probabilité de non-respect des règles par les entreprises : heures supplémentaires non payées, retenues sur salaires pour « frais de mission » (dont logement, transports, etc.). Au total, en 2015, le nombre de travailleurs détachés s'élève à près de 2 millions, mais la progression a été très sensible au cours de la dernière décennie. La Commission européenne reconnaît par ailleurs ne pas pouvoir évaluer exactement le phénomène, tant est forte la complexité juridique des contrats de travail élaborés par les employeurs directs ou indirects (agences d'intérim installées sur différents territoires). La Pologne est le premier pourvoyeur de main-d'œuvre détachée au sein de l'UE.

Il en résulte une montée très nette des tensions dans les opinions publiques, voire entre entreprises, qui perçoivent ce phénomène comme une « concurrence déloyale », voire une forme de « délocalisation à domicile ». Ces crispations nourrissent, surtout en Europe de l'Ouest, un rejet de l'UE, comme l'ont montré par exemple les sondages consécutifs au Brexit. La Commission européenne a elle-même relevé des abus manifestes, dans au moins trois secteurs : le transport, la construction et l'agroalimentaire.

Une première réforme a d'ores et déjà été engagée à travers une directive, en 2016. Cette dernière prévoit notamment une convergence des conditions des travailleurs détachés avec les conditions en vigueur localement : les rémunérations doivent désormais être équivalentes à celles en vigueur sur le marché du travail de destination (selon le principe « à travail égal, salaire égal »), et la durée de détachement est plafonnée à deux années. La directive a fait l'objet d'âpres discussions, les pays de l'Europe de l'Est y voyant une limitation au principe de la libre circulation des travailleurs, visant explicitement leurs ressortissants. La Commission envisage un renforcement des contrôles, peut-être à travers la mise en place d'une inspection du travail européenne. Elle plaide, au minimum, pour un renforcement de la coopération des administrations nationales entre pays d'origine et d'accueil, afin de vérifier plus rapidement la conformité des détachements aux règles communes (les agences de placement pouvant recourir à des montages particulièrement astucieux en déclarant bénéfices, salariés et activités dans des pays différents afin de profiter des disparités des systèmes sociaux-fiscaux). Lors de leur première rencontre en mai 2017, le président Macron et la chancelière Merkel se sont engagés à réformer le statut de travailleur détaché dans un bref délai.

b. — Le débat autour d'une assurance-chômage européenne

Au sein de l'UE, les régimes d'assurance chômage sont d'une grande diversité sur trois dimensions essentielles : durée d'indemnisation, taux de remplacement et critères d'éligibilité. Si la comparaison n'est pas aisée, il est cependant possible de faire ressortir quelques traits caractéristiques :

- critère de la durée d'indemnisation : en 2015, au sein de zone euro, 5 pays ont une durée d'indemnisation inférieure à un an (Malte, Slovaquie, Italie, Autriche et Slovénie) et 6 ont une durée supérieure à deux ans (Pays-Bas, Finlande, Espagne, France, Portugal, Belgique), les autres ayant une durée intermédiaire ;
- critère du taux de remplacement : la générosité est ici aussi variable, puisque le montant des indemnités, rapporté au salaire net passé, est compris entre moins de 55 % (Italie, Autriche, Irlande par exemple) et plus de 70 % (France, Grèce, Luxembourg, Portugal par exemple). La plupart du temps, il existe un plafond maximal mais qui, une fois encore, peut être très différent : près de 7 000 euros en France, contre moins de 950 euros en Espagne ;
- critère d'éligibilité : il s'agit de la période minimale pendant laquelle les salariés doivent cotiser pour acquérir des droits. Cet élément est essentiel pour mesurer le taux de couverture, c'est-à-dire la part des sans-emploi effectivement pris en charge par les régimes d'assurance chômage. La durée nécessaire est donc rapportée à une « période de référence ». Par exemple, en 2012, il fallait cotiser en France au moins 4 mois au cours des 28 derniers mois, pour prétendre percevoir une indemnité, contre 12 mois au cours des 24 derniers mois en Allemagne, ou 6 mois au cours des 8 derniers mois aux Pays-Bas.

La cohérence des systèmes doit donc s'appréhender à partir de plusieurs paramètres et renvoie pour une large part aux histoires nationales.

Les régimes d'assurance-chômage ont été sévèrement mis à l'épreuve au cours de la crise. Il est clairement apparu que la nécessaire prise en charge des chômeurs pouvait entrer en contradiction avec les politiques de consolidation budgétaire. Dès lors, les efforts de maîtrise des dépenses pouvaient, au contraire, approfondir la récession ou la stagnation par le jeu du multiplicateur.

Plusieurs études plaident pour une mutualisation partielle de l'assurance-chômage au niveau européen (par exemple, Allard *et al.*, « *Toward a Fiscal Union for the Euro Area* », *IMF staff discussion Note*, 2013). Les objectifs poursuivis sont de plusieurs ordres et s'inscrivent dans une réflexion plus large sur la capacité budgétaire nécessaire au fonctionnement de la monnaie unique. D'abord, cette assurance-chômage pourrait répondre à la fonction d'allocation, en participant au maintien ou à l'accroissement du capital humain. Ensuite, elle répondrait à l'objectif de redistribution, en créant, de fait, une solidarité entre les salariés européens. Enfin, elle relèverait, plus nettement encore, de la fonction de stabilisation face aux chocs conjoncturels. On peut souligner que cette intégration au moins partielle du risque chômage au niveau communautaire (au moins de la zone euro) aurait par ailleurs un impact symbolique fort. Elle pourrait contribuer à renverser l'opinion plutôt négative des citoyens européens à l'égard des politiques sociales de l'UEM (T. Lellouche et A. Sode, « Une assurance chômage pour la zone euro », *Lettre Trésor-éco* n° 132, juin 2014).

Il serait possible d'envisager au moins trois modalités différentes :

- une assurance complémentaire à l'assurance nationale, avec un régime de base commun et la liberté pour les États de le compléter au niveau national ;
- un régime d'assurance séquentielle dans lequel l'assurance européenne serait mobilisée contre le chômage de courte durée, le chômage de longue durée restant du ressort des États ;
- une forme de réassurance au niveau européen, les fonds n'étant activés qu'en cas de progression « anormale » du chômage dans un pays donné.

L'argument principal est celui de la stabilisation. Il s'agirait de limiter l'ampleur des cycles récessifs, en organisant des transferts temporaires entre pays en récession et pays à faible taux de chômage.

Toutefois, d'importantes limites peuvent être pointées. En premier lieu, il faudrait éviter le risque d'aléa moral, c'est-à-dire le risque qu'un État ne profite de cette aide extérieure pour reporter dans le temps des réformes douloureuses et peu populaires. Ceci plaiderait pour une indemnisation de courte durée et obligerait à moduler les transferts en fonction du niveau de chômage structurel, mesuré sur une plus longue période. En second lieu, comme le remarque X. Timbeau, de l'OFCE, si l'on cherche à écarter l'hypothèse de transferts structurels ou permanents (ce que les pays parvenus au plein emploi pourraient rejeter), il faudrait viser une neutralité du solde contributions – transferts sur le cycle. Mais on perdrait alors, selon lui, « l'intérêt systémique » que représente ce projet. Seul le détail des mesures pourrait dessiner l'ampleur des transferts souhaitables et acceptables.

Pour les plus optimistes (A. Bénassy-Quéré et A. Keogh, « Une assurance-chômage européenne ? », *Focus CAE*, juin 2015), la mise en place d'un tel dispositif pourrait réconcilier trois objectifs de l'Union européenne : le marché unique, en favorisant la circulation des travailleurs, la convergence des systèmes économiques et notamment des marchés du travail, et, enfin, la solidarité entre États-membres (article 3 du traité de Lisbonne : « *Elle [l'Union européenne] promeut la cohésion économique, sociale et territoriale, et la solidarité entre les États membres.* » Ce projet pourrait apparaître comme la première étape vers une assurance-chômage parfaitement intégrée au sein de la zone euro.

c. — Une politique coordonnée des salaires

La formation des salaires peut apparaître fondamentale dans la détermination de la compétitivité. Cette question est même essentielle dans une union monétaire, dès lors que disparaît la possibilité de dévaluer la monnaie. Pour Mundell, la flexibilité des prix et donc des salaires constitue en effet la première condition d'optimalité d'une zone monétaire. En régime de taux de change nominaux fixes, une augmentation des salaires, non compensée par une augmentation de la productivité, se traduit par une dégradation de la compétitivité-coût, potentiellement équivalente à une appréciation du taux de change réel. La capacité des acteurs à prendre en compte les effets des négociations salariales sur la compétitivité des entreprises (ou sur l'emploi), dépend ici, assez largement, des modes de négociations salariales en vigueur.

À la suite des travaux de Calmfors et Driffil (« *Bargaining structure, corporatism and macroeconomic performance* », 1988), il est généralement admis que le degré de centralisation des négociations salariales est relié aux performances en matière de chômage et d'emploi. Ainsi, une courbe en « cloche » semble relier le taux de chômage et le niveau de négociations des salaires : des négociations décentralisées (au niveau des entreprises) et des négociations centralisées (associant les syndicats et l'État au niveau national) seraient plus efficaces que des négociations au niveau intermédiaire (par branche). Or, l'histoire sociale européenne est ici décisive : les négociations décentralisées dominent dans le modèle anglo-saxon (Royaume-Uni, Irlande), tandis que les négociations centralisées restent prééminentes dans le modèle nordique (Danemark, Suède, Finlande) mais aussi dans quelques pays du modèle continental (Pays-Bas avec les accords de Wassenaar de 1982). À l'opposé, les négociations par branche restent davantage la règle dans le modèle méditerranéen ou en France.

La Commission européenne plaide ouvertement pour une décentralisation accrue des négociations salariales. Celle-ci est supposée permettre un meilleur alignement des rémunérations sur les gains de productivité et donc une maîtrise accrue des coûts salariaux unitaires. Le pacte « Europlus » décline concrètement des axes de politiques économiques favorables à la compétitivité, comme la désindexation des salaires par rapport aux prix, leur négociation au niveau des entreprises et la promotion des accords d'entreprises reposant sur le *deal* gel de salaires contre maintien de l'emploi. Les modes de négociations salariales qui prévalent en Allemagne, menées au niveau des branches et avec la possibilité d'y déroger pour les entreprises, semblent inspirer la philosophie globale de l'accord. Très clairement, il s'agit aussi d'un élargissement des pouvoirs de la Commission, par le biais de la surveillance, dans un champ, celui des salaires, qui jusque-là ne relevait pas de son périmètre.

Cette évolution reste pourtant problématique. L'indexation stricte des rémunérations sur les prix condamne ainsi les salariés à une stagnation de leur pouvoir d'achat réel. Si, par ailleurs, l'inflation reste inférieure aux gains de productivité, le mécanisme conduit à une déformation continue de la valeur ajoutée, au détriment de la part des salaires, sans résoudre les écarts de compétitivité entre les économies européennes.

Se rajoute à cette question la très forte dispersion des salaires minima en Europe qui, en 2016, allaient de 215 euros en Bulgarie à 1 923 euros au Luxembourg. Ce niveau nominal doit bien entendu être corrigé par la prise en compte du niveau de productivité, de même que par le degré d'extension des négociations par branche. Il n'en reste pas moins que l'absence de salaires minima dans certains pays à haute productivité, comme en Allemagne, en Italie ou au Danemark, couplée à l'intégration des PECO caractérisés par des niveaux très bas, a posé la question de la concurrence par les rémunérations. Certes, depuis le 1er janvier 2015, l'Allemagne s'est dotée d'un salaire minimum, mais il subsiste de nombreuses dérogations sectorielles qui en limitent significativement le rôle de prix-plancher. Il apparaît même rétrospectivement que la compression des salaires permise par une décentralisation accrue au cours de la décennie explique en grande partie la chute du chômage en Allemagne, plus encore que les réformes Hartz (J. Beuve et B. Françon, « Les lois Hartz : dix après, quels enseignements ? », *Focus CAE*, n° 6, juin 2015).

La question des salaires s'inscrit également dans la gestion de la crise économique. La restauration des balances courantes des pays du Sud a en effet reposé pour l'essentiel sur la compression de la demande intérieure et des actions sur les rémunérations. Or, le tassement des salaires, voire leur réduction, entretient potentiellement le déficit de demande adressée aux entreprises (comme en témoignerait le risque déflationniste persistant du fait d'un *output gap* négatif). La Commission semble donc négliger, ou sous-estimer, assez nettement les effets multiplicateurs négatifs. Les politiques de dévaluation interne exigées des économies en déficit expliqueraient une large partie des difficultés de la zone euro à sortir de la crise ou, du moins, sa croissance faible.

Pour certains économistes keynésiens, notamment de l'OFCE, les divergences de balances courantes pourraient en partie être résorbées par une plus forte coordination des politiques salariales. Plusieurs pistes pourraient alors être poursuivies : une progression des salaires nominaux au rythme de la productivité augmenté de l'objectif d'inflation de la BCE (ce serait une « règle d'or des salaires ») et une coordination des évolutions des salaires minima. L'objectif serait alors double puisqu'il s'agirait de faciliter la baisse du chômage par un soutien à la demande, mais aussi de réduire les divergences entre les pays à excédents courants (Pays-Bas, Allemagne, Autriche par exemple) et les pays en déficit (Europe du Sud, France). Cette évolution permettrait par ailleurs de mobiliser plus activement le dialogue social européen, les membres de la confédération des syndicats européens y étant largement favorables.

3 CHRONOLOGIE

1951. – Traité de Paris instituant la Communauté européenne du charbon et de l'acier (CECA) entre la Belgique, la France, la RFA, l'Italie et le Luxembourg (18 avril).
1957. – Traités de Rome instituant la Communauté économique européenne (CEE) et la Communauté européenne de l'énergie atomique (CEEA) entre la Belgique, la France, la RFA, l'Italie et le Luxembourg et les Pays-Bas (25 mars).
1962. – Naissance de la Politique agricole commune (PAC) et création du Fonds européen d'orientation et de garanties agricoles (FEOGA).
1968. – Instauration de l'union douanière (1er juillet).
1973. – Adhésion du Royaume-Uni, de l'Irlande et du Danemark à la CEE (1er janvier) ; mise en œuvre du Fonds de coopération monétaire (FECOM) (3 avril).
1979. – Création du Système monétaire européen (SME) (13 mars).
1981. – Adhésion de la Grèce à la Communauté.
1986. – Adhésion du Portugal et de l'Espagne à la Communauté (1er janvier) ; signature à la Haye de l'Acte unique européen (28 février).
1989. – Rapport Delors sur la mise en œuvre d'une union monétaire.
1990. – Libéralisation totale des marchés de capitaux ; réunification de l'Allemagne.
1992. – Signature du traité de Maastricht (7 février), la Communauté européenne devient l'UE.
1995. – Adhésion de la Finlande, de l'Autriche et de la Suède à l'UE.
1997. – Signature du traité d'Amsterdam et adoption du Pacte de stabilité et de croissance.
1998. – La Banque centrale européenne (BCE) se substitue à l'Institut monétaire européen (IME).
1999. – Adoption officielle de l'euro par onze pays (1er janvier).
2000. Adoption de la Charte des droits fondamentaux de l'UE.
2001. – Qualification de la Grèce à la monnaie unique ; signature du traité de Nice.
2002. – Mise en circulation des billets et pièces libellés en euro.
2004. – Dix nouveaux pays rejoignent l'UE : l'Estonie, la Hongrie, Chypre, Malte, la Lituanie, la Lettonie, la Pologne, la République tchèque, la Slovaquie et la Slovénie (1er mai).
2007. – Entrée de la Bulgarie et de la Roumanie dans l'UE ; signature du traité de Lisbonne.
2010. – Adoption du Fonds européen de stabilité financière (FESF) (10 mai).
2011. – Accord sur le pacte « euro-plus » (25 mars).
2013. – Adhésion de la Croatie à l'UE (1er juillet).
2013. – Entrée en vigueur du traité sur stabilité, la coordination et la gouvernance (TSCG) (1er janvier).
2014. – La Lettonie rejoint la zone euro (1er janvier).
2014. – La Commission Juncker entre en fonction (1er novembre) ; mise en place du Mécanisme de Surveillance Unique (MSU), premier pilier de l'Union bancaire (4 novembre).
2015. – La Lituanie rejoint la zone euro ; instauration d'un salaire minimum en Allemagne (1er janvier).
2015. – La BCE annonce un plan d'achat massif (1 100 Mds d'euros) de dettes, en partie publiques, de mars 2015 à septembre 2016 (22 janvier).
2015. – Entrée en vigueur du Fonds européen pour les investissements stratégiques (FEIS) visant à cofinancer 315 milliards d'euros d'investissement sur 2015-2017 (septembre).
2016. – La BCE porte le rachat mensuel de dettes à 80 milliards d'euros.
2016. – Référendum sur la sortie de la Grande-Bretagne de l'UE ou « Brexit » (23 juin).

BIBLIOGRAPHIE

AGLIETTA (M.), *Europe : Sortir de la crise et inventer l'avenir*, Michalon, 2014.

ARTUS (P.), GRAVET (I.), *La crise de l'euro – Comprendre les causes, en sortir par de nouvelles institutions*, Armand Colin, 2012.

BARTHE (M.-A.), *Économie de l'Union européenne*, Economica, 2014.

BÉNASSY-QUERE (A.), COEURÉ (B.), *Économie de l'euro*, Repères n°336, La Documentation française, 2014.

BURDA M., WYPLOSZ C., *Macroéconomie. Une perspective européenne*, De Boeck, 2014.

DÉVOLUY (M.) *et alii*, *Les Politiques économiques européennes*, Points, coll. « Poche », 2015.

DEVOLUY (M.), *L'euro est-il un échec ?*, La Documentation française, coll. « Réflexe Europe », 2012.

DEVOLUY (M.), KOENIG (G.), (sous la direction de), *L'Europe économique et sociale. Singularités, doutes et perspectives*, Presses Universitaires de Strasbourg, 2011.

GALBRAITH (J. K.), *Crise grecque, tragédie européenne*, Seuil, 2016.

GRASS (É.), *L'Europe sociale*, La Documentation française, coll. « Réflexe Europe », 2013.

JAMET (J.-F.), *L'Europe peut-elle se passer d'un gouvernement économique ?*, La Documentation française, coll. « Réflexe Europe », 2012.

LE HÉRON (E.), *À quoi sert la Banque centrale européenne ?*, La Documentation française, coll. « Réflexe Europe », 2013.

OFCE, *L'Économie européenne 2016*, La Découverte, coll. « Repères », 2016.

PISANI-FERRY (J.), *Le réveil des démons. La crise de l'euro et comment vous en sortir*, Fayard, 2013.

SAPIR (J.), *Faut-il sortir de l'euro ?*, Seuil, 2012.

Banque centrale européenne : http://www.ecb.int/home/html/index.en.html

Commission européenne : http://ec.europa.eu/index_fr.htm

Eurostat : http://epp.eurostat.ec.europa.eu/portal/page/portal/eurostat/home/

Observatoire français de conjoncture économique (OFCE) : http://www.ofce.sciences-po.fr/

Observatoire des politiques économiques en Europe (OPEE) : http://www.opee.unistra.fr/

Fondation Robert Schuman : http://www.robert-schuman.eu/fr/

Centre Bruegel : http://www.bruegel.org/

SUJETS CORRIGÉS

SUJET
I

Faut-il instaurer un gouvernement économique dans la zone euro ?

La crise financière mondiale est devenue, à partir de 2010, une crise spécifiquement européenne remettant en cause l'existence même de la monnaie unique. Confrontée à une crise des balances des paiements courants, les pays de la périphérie ont en effet subi des attaques spéculatives massives, se traduisant par des hausses insoutenables de leur taux d'intérêt souverains compromettant leur maintien dans la zone euro.

La forte croissance mondiale a pu masquer, lors de la première décennie d'existence de la monnaie unique, les insuffisances de l'architecture de la zone euro. Mais, depuis 2010, il apparaît clairement que la « gouvernance par les règles » et le maintien de fortes prérogatives nationales dans les politiques économiques constituent des points de faiblesse majeurs de l'UEM.

La mise en œuvre de mécanismes de solidarité financière, que les traités européens n'autorisaient pas jusque-là, constitue une avancée significative dans la construction de l'UE. Mais le renforcement de la surveillance macroéconomique et la réaffirmation de la discipline ne répondent que partiellement aux enjeux en matière de croissance future ou de soutenabilité de l'espace monétaire.

Dès lors, faut-il instaurer un véritable gouvernement économique dans la zone euro ?

Nous verrons en premier lieu que l'adoption de la monnaie unique a reposé sur une gouvernance asymétrique favorisant les politiques nationales non coopératives (I) puis, en second lieu, que la crise de la zone euro souligne les limites intrinsèques de cette configuration en montrant la nécessité d'un gouvernement économique à l'échelle de la zone euro (II).

I Une gouvernance asymétrique qui a favorisé des politiques faiblement coopératives

A. — La zone euro est caractérisée par une gouvernance asymétrique...

1. — L'asymétrie originelle du policy-mix européen...

- *La volonté d'intégrer les marchés de capitaux européens et de fixer les taux de change pour favoriser les échanges intra-européens a débouché, conformément au triangle de Mundell, sur l'abandon de la souveraineté monétaire. La BCE constitue la seule entité véritablement fédérale de l'UEM. En théorie, la politique monétaire est efficace contre les chocs symétriques (IS-LM-BP).*
- *Les politiques budgétaires restent du domaine des compétences nationales même si elles ont fait l'objet d'un encadrement par des règles de finances publiques (pacte de stabilité et de croissance). Les seuils retenus de 3 % du PIB pour le déficit maximal et de 60 % pour la dette publique peuvent se révéler inadaptés aux contraintes nationales. Les politiques budgétaires menées au niveau des États restent théoriquement efficaces contre les chocs asymétriques (IS-LM-BP).*

2. — ... n'est pas contrebalancée par un budget fédéral conséquent

- *Contrairement à certains critères de ZMO (Ingram et Johnson), l'intégration budgétaire reste limitée à 1 % du PIB européen, ce qui empêche la mise en œuvre de projets d'investissements significatifs ou le fonctionnement efficace des stabilisateurs automatiques. La zone euro est ainsi l'espace où le poids du budget fédéral est le plus faible (près de 20 % aux États-Unis par exemple).*
- *La structure du budget européen est largement empreinte de l'héritage des politiques européennes et elle est faiblement tournée vers les dépenses de croissance. Il fait par*

ailleurs l'objet d'un marchandage continuel des États quant à leur contribution (« rabais britannique », remise en cause de la PAC, renforcement de la politique de cohésion).

B. — ... qui favorise les comportements de passager clandestin

1. — Une stratégie commune peu contraignante...

- *La coordination des politiques économiques par les GOPE reste peu contraignante. Elle est fondée sur la « Méthode ouverte de coordination » par définition intergouvernementale. L'« intégration négative » (Tinbergen, 1954) domine, faisant du libre fonctionnement du marché le principal ressort de l'allocation des ressources.*
- *La « stratégie de Lisbonne » (2000) et la stratégie « Europe 2020 » donnent des objectifs précis aux États membres notamment en matière de dépenses de R&D ou d'emploi. Mais elles ne disposent pas d'un budget européen significatif et leur réalisation dépend essentiellement de la bonne volonté des gouvernements nationaux. La concurrence fiscale et des règles budgétaires qui ne distinguent pas les dépenses courantes des dépenses d'investissement peuvent peser sur l'intérêt des gouvernements à les mettre en œuvre.*

2. — ... qui encourage l'adoption de politiques non coopératives

- *Le maintien du principe de l'unanimité en matière fiscale favorise les stratégies du « chacun pour soi » comme en témoignent la baisse de la fiscalité sur les bases mobiles (IS, impôts sur la fortune ou IRPP) et le basculement des recettes vers la fiscalité indirecte (TVA).*
- *La focalisation des règles européennes sur l'endettement public n'oblige pas les États à tenir compte de leur participation à la demande interne à la zone euro. Les pays du Nord ont pu engager des politiques de désinflation compétitive visant à exporter leur chômage au détriment de leur demande domestique (Allemagne, Pays-Bas, Autriche).*

II La crise de la zone rend nécessaire la réflexion sur un véritable gouvernement économique.

A. — La crise de la zone euro est en partie due à l'intégration insuffisante des politiques économiques...

1. — La monnaie unique est un facteur d'hétérogénéité...

- *Une convergence nominale est constatée, tant en matière de taux d'intérêt sur les dettes souveraines (grâce à la crédibilité de la BCE) que de déficits publics. Mais elle a masqué des divergences en termes de taux d'intérêt réels (du fait des écarts d'inflation), de coûts salariaux unitaires ou de compétitivité hors prix.*
- *La monnaie unique a offert des taux d'intérêt très proches aux acteurs économiques et favorisé le maintien de régimes de croissance peu soutenables comme en témoigne la polarisation des balances courantes : des déficits tirés par l'endettement privé excessif en Irlande ou en Espagne ou l'endettement public en Grèce, ou des excédents alimentés par les exportations dans les pays du Nord.*

2. — ... que ne compensent pas les mécanismes de solidarité

- *La crise de la monnaie unique peut s'analyser comme une crise des balances de paiements courants. Elle souligne l'« incomplétude » de la BCE qui ne peut monétiser les dettes publiques et empêcher la hausse des taux d'intérêt susceptible de conduire une situation d'insolvabilité (effet « boule-de-neige »).*
- *La préférence pour les logiques intergouvernementales a pesé dans la réaction européenne à la crise mondiale en 2009. Elle a ensuite ralenti la mise en place de mécanismes de stabilité financière (FESF, MESF, MES) laissant libre cours à la spéculation des opérateurs financiers contre les dettes souveraines.*

B. — ... ce qui plaide pour la mise en place d'un véritable gouvernement

1. — La nécessité d'élargir la coopération des politiques économiques...

- *La crise de la zone euro montre la nécessité d'une surveillance élargie des dynamiques internes au-delà des seuls critères de finances publiques : endettement privé, balances courantes, progression des coûts salariaux unitaires (mise en place des euro-indicateurs dans le cadre du « pacte de compétitivité »).*
- *Les travaux de l'économie géographique (Krugman) montrent que la mise en place du marché unique renforce les effets d'agglomération. À terme, il y a donc un risque de renforcement perpétuel des avantages concurrentiels des pays du cœur de la zone euro, notamment en matière d'industrie, et de perte de substance économique dans les pays de la périphérie. Cette hétérogénéité peut justifier des transferts budgétaires définitifs.*

2. — ... et de définir une stratégie de croissance partagée

- *Le choix des politiques de consolidation budgétaire (TSCG) et des politiques de dévaluation interne, sous l'égide de la Troïka, témoigne d'un renforcement de la gouvernance européenne par les règles mais elle fait peser un risque majeur d'enlisement dans une croissance atone voire dans la déflation.*
- *L' « intégration positive » par la promotion d'investissements publics à l'échelle européenne et la définition d'une politique industrielle globale pourraient améliorer la croissance potentielle et autoriser la reconstruction d'avantages comparatifs dans les pays du Sud.*

En 2013, la zone euro apparaît comme la seule région du monde engluée dans la récession. La profondeur de la crise économique montre les insuffisances de la gouvernance par les règles que les États-membres de l'UEM avait mise en place au cours des années 1990. Le déficit de croissance, le maintien du chômage à des niveaux inédits et difficilement tolérables pour les sociétés, la polarisation des avantages comparatifs au sein du marché unique sont aujourd'hui autant d'arguments qui plaident pour la mise en œuvre d'un véritable gouvernement économique.

SUJET II

Une Europe sociale est-elle possible ?

Les pays fondateurs de la CEE avaient en commun des régimes de croissance keynésiano-fordistes, combinant forte progression du niveau de vie et développement continu des systèmes de protection sociale (PS). La priorité donnée à la formation du marché commun puis du marché unique a cependant conduit à négliger la définition d'un Modèle social européen (MSE) partagé. Les traités ont constamment renforcé le rôle de la concurrence et les mesures sociales proprement européennes se sont cantonnées à définir des règles de compatibilité des régimes de protection nationaux avec le développement des échanges. Parallèlement, les désaccords politiques ont compromis la définition d'une stratégie commune, de même que les élargissements successifs en direction de pays nettement moins riches ont accentué l'hétérogénéité sociale et économique de l'espace européen.

Confrontée aujourd'hui à la montée en puissance des pays émergents à bas salaires mais aussi à une crise économique et sociale sans précédent dans son histoire, l'UE est obligée de redéfinir une stratégie commune. Dès lors, une Europe sociale est-elle possible ? Le projet européen peut-il concilier un haut niveau de compétitivité économique et le maintien de systèmes de protection sociale généreux hérités des histoires nationales ? Si l'UE constitue aujourd'hui l'espace mondial le plus avancé en matière de protection sociale, elle est caractérisée par une hétérogénéité croissante (I). La stratégie globale de l'Europe reste assez peu contraignante, ce qui renforce la mise en concurrence des modèles sociaux nationaux au sein même du marché unique (II).

I L'UE est caractérisée par un haut niveau de protection sociale mais aussi par une hétérogénéité croissante.

A. — Des modèles nationaux protecteurs hérités de l'histoire

1. — Un haut niveau de protection sociale

- *Les dépenses de PS des pays européens représentent 60 % des dépenses sociales mondiales totales et atteignent près de 30 % du PIB de l'UE-27 et de la zone euro. L'UE est ainsi l'espace le plus généreux dans la mondialisation, même parmi les pays développés. Ces dépenses sont largement socialisées, ce qui se traduit par des niveaux de prélèvements obligatoires élevés et peut être perçu comme un facteur pénalisant la compétitivité globale des économies, surtout depuis la montée en puissance des pays émergents à bas salaires dans l'économie mondiale. Toutefois, près de 70 % des échanges restent intra-européens.*
- *Les principaux postes sont constitués des retraites et de la santé, puis de l'emploi. Leur dynamique est donc essentiellement portée par le vieillissement démographique, processus relativement avancé en Europe.*

2. — Des modèles nationaux cohérents

- *Dans la lignée des travaux d'Esping-Andersen, il est possible d'exhiber plusieurs modèles de systèmes sociaux nationaux qui cohabitent au sein de l'espace européen : un modèle méditerranéen (Grèce, Italie, Portugal), un modèle nordique (Danemark, Suède, Finlande), un modèle anglo-saxon (Royaume-Uni, Irlande) et un modèle continental (France, Allemagne, Belgique). Chacun présente des spécificités propres en matière de taux d'emploi, de mode de financement de la PS, de protection des salariés.*
- *Les traits caractéristiques des modèles sont le résultat de l'histoire longue (place de l'État dans l'économie, rôle des syndicats et des luttes sociales). Il en résulte une forme de cohérence nationale mais aussi une faible transposabilité des « bonnes pratiques ». L'efficacité de ces modèles, dans la lutte contre le chômage ou la pauvreté, reste assez peu comparable de même que leur résilience face aux chocs macroéconomiques successifs (promotion successive du modèle français dans les années 1960, anglo-saxon au cours des années 1980, nordique, dans la décennie 1990 et du modèle allemand aujourd'hui).*

B. — Mais une hétérogénéité croissante au fil des élargissements

1. — Les nouveaux entrants ont des niveaux de richesse plus faible que les anciens membres.

- *Les élargissements successifs (Irlande, pays méditerranéens, PECO) ont intégré des économies dont le niveau de vie est beaucoup plus faible que les anciens pays de la CEE, ce qui a accru l'hétérogénéité globale de l'UE.*
- *Les écarts en termes de dépenses de PS se sont donc renforcés (d'un minimum de 17,5 % du PIB en Roumanie contre un maximum de 33,7 % du PIB en France en 2010, pour une moyenne de 29,3 %). Les différences de niveaux de salaires minima (d'environ 140 € en Bulgarie à plus de 1 800 € au Luxembourg) ou de protection des salariés atteignent des seuils inédits dans l'histoire européenne.*

2. — Une correction a minima par les politiques de cohésion

- *L'adhésion à la CEE puis à l'UE ne comprend pas de critère relatif aux dépenses sociales. Pourtant les risques d'enclavement des territoires les plus éloignés, ou de dumping social aggravé, plaident pour une correction de ces disparités puisque les écarts de niveau de vie entre régions vont de 1 à 7 en 2010.*
- *La politique de cohésion économique et sociale s'est donc renforcée pour accélérer le rattrapage des pays et des régions les plus*

pauvres de l'espace européen. Elle atteint désormais plus du tiers du budget communautaire. Toutefois, cette réorientation des dépenses ne doit pas faire oublier la faiblesse du budget européen (1 % du PIB).

II La stratégie sociale européenne se révèle peu contraignante et soumise à l'impératif de compétitivité.

A. — La promotion d'un socle minimal

1. — Une stratégie d'accompagnement du marché commun puis du marché unique

- *Les premières mesures sociales visent à limiter la concurrence par les dépenses sociales mais il n'existe pas de doctrine constituée en matière de modèle social dans le projet européen, que ce soit à l'origine (traité de Rome) ou dans les années 1980 (Acte unique). Les champs de la PS restent pour l'essentiel du domaine des compétences nationales, que ce soit pour les retraites, la santé ou l'emploi. L'essentiel des avancées concerne la mobilité des salariés au sein de l'espace européen et la promotion du travail féminin même s'il existe des avancées.*
- *Les différends politiques, notamment entre le RU et le reste de l'UE, ainsi que la priorité donnée à la déréglementation ne permettent pas de faire émerger un MSE cohérent au cours des années 1980 et 1990. Les principales mesures (Charte sociale) restent peu contraignantes et soumises au marchandage des États. L'adhésion des PECO qui ont connu des régimes communistes renforce l'hétérogénéité en matière de préférences collectives.*

2. — Un modèle de flex-sécurité

- *Une forme d'institutionnalisation des règles sociales émerge grâce à la mise en place du « dialogue social européen » ou des Agendas sociaux. Elle témoigne d'une prise en compte progressive des questions sociales au niveau de l'UE. Mais son poids dans la gouvernance européenne reste moindre que les règles relatives à la concurrence.*
- *Le modèle européen prôné au début des années 2000 prend les traits de la flex-sécurité danoise qui combine haut niveau de protection des individus et forte flexibilité de la relation d'emploi (stratégie de Lisbonne, stratégie européenne pour l'emploi). Toutefois il n'existe pas à proprement parler de dispositifs contraignants ni de budget communautaire dédié. La mise en œuvre des préconisations reste donc soumise à la bonne volonté des États (simple coordination des Grandes orientations de politiques économiques, Méthode ouverte de coordination).*

B.- Une mise en concurrence accrue des modèles sociaux

1. — Les risques de dumping social

- *La priorité donnée à la concurrence par la Commission mais aussi l'interprétation des traités par la CJCE renforcent le risque de mise en concurrence des modèles sociaux nationaux (directive Bolkestein, arrêts Laval, Rüffert). Les risques de délocalisation des entreprises vers les pays à bas salaires ou la migration des salariés aux exigences moindres sont perçus comme des éléments de faible ampleur et favorables à la convergence économique.*
- *Les gouvernements ont intérêt à mener des politiques non coopératives pour renforcer leur compétitivité. La concurrence par les coûts peut se justifier pour les pays en rattrapage, elle devient plus problématique lorsqu'elle concerne le cœur historique de l'Europe (Allemagne) et devient un élément du régime de croissance mercantiliste. On observe une diminution de la progressivité de la fiscalité sur les facteurs de production les plus mobiles, un renforcement de la fiscalité indirecte.*

2. — Le pacte euro-plus dessine les contours d'un modèle européen

- *L'interprétation de la crise par les autorités européennes (Commission, BCE) met l'accent sur les écarts de compétitivité comme cause de la crise des balances de paiements. Elle se traduit par la mise en place de poli-*

tiques de dévaluation interne qui durcissent les régimes de PS nationaux. Les dépenses sociales sont alors mises à contribution dans les politiques de consolidation budgétaire.

- *Le pacte « euro-plus » entérine un modèle social européen en creux, tourné vers la promotion de la compétitivité : limitation des dépenses de retraite, flexibilisation des contrats de travail, promotion des accords salariaux à un niveau décentralisé. Fortement inspiré de la réussite de l'économie allemande au cours de la deuxième partie des années 2000, ce modèle témoigne d'une inflexion majeure dans la définition du MSE.*

L'UE n'est pas parvenue au cours de son histoire à définir les contours d'un modèle social européen partagé. Pis encore, la promotion du marché unique et les élargissements successifs ont plutôt eu tendance à renforcer la concurrence interne. En dépit de quelques avancées institutionnelles, l'Europe sociale reste donc, pour une large part, « introuvable », comme le soulignait le président de la Commission Jacques Delors, au milieu des années 1980. La profondeur de la crise sociale actuelle pourrait cependant amener les différents gouvernements à adopter plus clairement une mise en cohérence des dispositifs nationaux notamment au sein de la zone euro.

PARTIE 4

DÉSÉQUILIBRES, RÉGULATION ET ACTION PUBLIQUE

CHAPITRE 1

LES DÉSÉQUILIBRES MACROÉCONOMIQUES ET FINANCIERS

I

INFLATION ET DÉFLATION

A TERMINOLOGIE ET REPÈRES HISTORIQUES

1. – Des définitions et des mesures délicates

a. — L'inflation

L'inflation est un terme parfois utilisé pour désigner une surabondance de monnaie dans l'économie entraînant sa dévalorisation. Cependant, pour ne pas assimiler une cause ou un symptôme au phénomène lui-même, on retiendra plutôt que l'inflation est un mouvement de hausse du niveau général des prix dans une économie, mouvement cumulatif ou auto-entretenu sur plusieurs années. Une hausse ponctuelle du niveau général des prix, par exemple suite à une hausse du taux de TVA dans un pays, ne peut donc être considérée comme un signe d'inflation. L'auto-entretien de la hausse des prix implique en particulier la mise en place dans les économies de mécanismes de « second tour » qui désignent des hausses de revenus consécutives aux premières hausses de prix. Par ailleurs, la hausse des prix de certains produits seulement ne peut être considérée comme un signe d'inflation. Il convient, pour mesurer l'inflation, d'observer les évolutions d'indices de prix reflétant l'évolution moyenne des prix d'un ensemble de produits.

La détermination de l'indice pertinent pour mesurer l'inflation est cependant sujette à controverses. L'indice des prix à la consommation est le plus souvent retenu mais, dans son calcul, les pondérations choisies pour déterminer les contributions des variations de prix des différents produits à la détermination de l'inflation globale mesurée sont discutables. Même en retenant un très large éventail de produits dans l'indice, il est difficile de suivre les changements, nécessairement continuels, dans la composition des paniers des consommateurs, suite aux évolutions des produits et aux modifications des prix relatifs et des revenus. De plus, la mesure de l'évolution des prix des produits doit être réalisée en tenant compte des transformations qualitatives des produits. L'inflation est ainsi mesurée à qualité des produits inchangée. Mais il peut être difficile de faire la part, dans la modification des prix affichés, de ce qui relève de l'évolution qualitative (effet qualité) et des modifications devant être prises en compte dans le calcul de l'indice des prix. Ce choix de l'indice des prix à la consommation pour mesurer l'inflation peut en outre être discuté : il serait possible de retenir plutôt l'indice des prix du PIB ou encore de prendre en compte aussi l'évolution des prix des actifs (titres, immobilier), sur lesquels des mouvements « inflationnistes » marqués se développent parfois, tout en étant de fait non considérés comme des signes officiels d'inflation.

b. — La déflation

La déflation est elle-même parfois assimilée à une situation de dépression économique, sur la base de l'expérience de la déflation du début des années 1930, associée à un recul des productions globales dans beaucoup d'économies. Les politiques appelées alors de « reflation », en fait des politiques de relance (New Deal, politique du Front populaire), visent à permettre de sortir de la crise de déflation. Jusque pendant l'entre-deux-guerres, faute d'appareil statistique suffisamment étoffé, on considère en outre que les mouvements de prix reflètent les mouvements de l'activité productive, à l'image du travail de Kondratiev sur les cycles économiques. Pourtant, le recul nous montre que déflation et dépression ne sont pas intimement liées, comme l'indique la tendance déflationniste observable des années 1810 aux années 1840 dans plusieurs pays industrialisés et accompagnée d'une croissance du produit réel. Comme l'indique aussi la dépression économique grecque au cours de laquelle le recul de la production entre 2008 et 2012 s'accompagne d'une légère hausse des prix à la consommation. Dès lors, on doit considérer la déflation comme une tendance à la baisse du niveau général des prix et non de la production, baisse cumulative ou auto-entretenue sur plusieurs années. La déflation ne doit pas être confondue avec la désinflation, qui signifie la diminution du rythme de la hausse des prix. Les problèmes de mesure de la déflation sont par ailleurs aussi importants et similaires dans leur nature à ceux évoqués concernant la mesure de l'inflation.

2. – L'inflation et la déflation dans l'histoire économique mondiale

a. — Des mouvements anciens

La « révolution des prix » du XVIe siècle en Europe est un événement marquant pour les observateurs de l'époque. L'afflux de l'or venant des Antilles, 1 000 à 1 500 kg par an au début du XVIe, puis de l'argent et de l'or du Pérou à partir du milieu du XVIe siècle, contribuent à une certaine hausse des prix. Elle se diffuse en Europe par les sorties de métaux précieux de la péninsule Ibérique vers le reste du continent grâce au commerce. L'inflation est perceptible en France dans la deuxième partie du XVIe siècle. La hausse est forte certaines années, aussi pour des raisons conjoncturelles internes (crises frumentaires) mais les années de bonnes récoltes n'effacent pas le mouvement tendanciel de hausse des prix. C'est ce qui interpelle Malestroit (1566) et Bodin (1568) qui débattent sur les causes du phénomène. Bodin souligne le lien entre l'inflation constatée et l'arrivée du métal précieux par l'Espagne alors que Malestroit en attribue la responsabilité à de nouvelles mutations monétaires.

Au seuil de l'époque contemporaine en France, au cours de la décennie 1790, les difficultés économiques venant s'ajouter à la crise politique, le pays connaît une période d'inflation entre 1794 et 1797 à cause d'une émission massive de papier monnaie, les assignats, et de l'activité économique déprimée. Dans l'ensemble, la tendance cependant est sur le XVIIIe à une hausse modérée des prix en Europe. Pourtant l'or à nouveau afflue, à un rythme même trois fois plus rapide qu'au XVIe siècle. L'inflation reste malgré cela contenue, ce qui reflète la plus forte élasticité-prix de l'offre productive au XVIIIe qu'au XVIe siècle.

b. — Inflation et déflation depuis le début du XIXe siècle

Le XIXe siècle est marqué par une tendance légèrement déflationniste, à travers toutefois un mouvement discontinu noté par les premiers observateurs des mouvements longs de l'économie. À partir de la crise de la deuxième partie des années 1810, les prix sont à la baisse jusqu'au milieu des années 1840. Pour la Grande-Bretagne, la déflation dépasserait 2 % par an en moyenne entre 1815 et 1850 (Bédarida, *Histoire de la Grande-Bretagne*, tome I, 1972). Les prix repartent à la hausse entre 1850 et 1873, de manière très modérée toutefois en moyenne sur la période, moins de 1 % l'an entre 1851 et 1873 en France selon les données de la Statistique générale de France (SGF). La déflation des années 1873-1896 affecte les pays industrialisés. L'indice des prix de la SGF indique en France une baisse des prix en moyenne de plus de 3 % par an sur cette période ; les années d'interruption de la baisse étant rares. La période de la Belle Époque se caractérise par un retour à une inflation modérée, en moyenne de 1,5 % par an, en France, entre 1896 et la Première Guerre mondiale.

La période allant de 1914 aux années 1930 se caractérise par une forte instabilité des prix. Lorsque la guerre éclate en 1914, les contemporains de cette époque et leurs parents n'ont pas encore connu de véritable crise inflationniste. L'inflation des années de guerre et des années suivantes est une découverte douloureuse. Les prix augmentent, au rythme de 10 à 30 % l'an pour l'essentiel des pays (25 % par an pour la France et l'Allemagne entre 1913 et 1919) et la hausse se prolonge parfois dans les années qui suivent la fin des hostilités. L'épisode hyperinflationniste en Allemagne en 1923 est connu, mais l'inflation existe aussi ailleurs : jusqu'en 1926 en France, par exemple, avec en 1920 et 1926 des pics de hausse annuelle des prix voisins de 40 %. Le mouvement de déflation observé en Grande-Bretagne, avec une baisse de l'indice des prix à la consommation de 4,8 % l'an en moyenne entre 1920 et 1928, est une situation assez exceptionnelle. Il est dû à un retour à la convertibilité-or de la livre qui oblige au maintien de taux d'intérêts élevés dans le pays et se paie d'une croissance faible et d'un chômage élevé. La tendance mondiale à la fin de la décennie est à une légère baisse des prix, en raison notamment de la diminution des cours des produits agricoles dans le monde. La crise de 1929 ouvre véritablement une période de déflation de plusieurs années. Les prix à la consommation baissent en moyenne de 6 % par an environ aux États-Unis entre 1929 et 1933. La baisse des prix de gros dans les pays industrialisés est en moyenne de 30 % entre 1929 et 1932. La déflation cesse au milieu de la décennie.

Depuis la fin de la Deuxième Guerre mondiale, la tendance générale est à un retour à la hausse des prix dans les pays avancés et dans ceux qui s'industrialisent. Après une inflation souvent à deux chiffres dans les années d'après-guerre et jusqu'au début des années 1950, les années 1960 sont marquées par une inflation modérée. Celle-ci s'accélère dans les années 1970 et jusqu'au début des années 1980, atteignant des niveaux assez hauts en Grande-Bretagne et en France par exemple, avec des taux moyens entre 1974 et 1980 respectivement de 15 % et 11 % l'an. La désinflation s'installe ensuite dans les pays avancés, sous l'effet de politiques monétaires de taux d'intérêt assez hauts, de la montée du chômage, de la baisse du prix de matières premières et de l'intensification de la concurrence des pays émergents. Jusqu'à se muer en déflation au Japon depuis le milieu des années 1990. Dans les années 1980 et au début des années 1990 pourtant, des épisodes d'hyperinflation se déroulent dans des pays en développement, en Amérique latine en particulier, et dans les pays entamant une transition postcommuniste vers l'économie de marché.

B LES EXPLICATIONS THÉORIQUES AUX MOUVEMENTS DU NIVEAU GÉNÉRAL DES PRIX

1. – Les évolutions de la masse monétaire peuvent déterminer les évolutions des prix

a. — Les premières formulations de cette explication

L'idée que la hausse du volume de la monnaie en circulation puisse se traduire par une hausse du niveau général des prix et donc par une perte de la valeur interne de la monnaie est formulée déjà par Jean Bodin au XVIe siècle et se retrouve exprimée par exemple par John Locke au XVIIe siècle, lorsqu'il indique que la valeur de la monnaie dans une économie évolue inversement à sa quantité. La théorie quantitative de la monnaie, portée au XIXe par les bullionistes anglais et les tenants de la *currency school* se développe en opposition à l'idée, héritée de la pensée mercantiliste, que la hausse du stock de monnaie est un signe, sinon un facteur d'enrichissement d'un pays.

Formalisant les conceptions dominantes au XIXe siècle, Irving Fisher (*Le pouvoir d'achat de la monnaie,* 1911) s'appuie sur une équation afin d'exposer les effets de la variation de la masse monétaire sur l'économie. Même s'il distingue différentes formes de monnaies, en les regroupant, on obtient :

$$M \times V = P \times T$$

avec : M : masse monétaire ; V : vitesse de circulation de la monnaie ; P : niveau général des prix ; T : volume des transactions. Cette équation est une simple relation comptable tautologique et ne permet pas en elle-même d'expliquer les effets de la variation de M.

En cas de hausse de cette masse monétaire, l'équilibrage est réalisé principalement selon Fisher par la variation de P, en raison de la stabilité intrinsèque des deux autres variables de l'identité. La vitesse de circulation de la monnaie est considérée comme fonction des habitudes et techniques de paiement, de la fréquence de perception des revenus. De plus, Fisher indique que V peut légèrement augmenter en cas de hausse de M, ce qui ne contribue pas à rétablir l'équilibre. T est censé, pour simplifier, refléter le niveau de la production dans une économie. Or, dans la lignée des travaux classiques et néoclassiques, Fisher n'a pas de raison de considérer que, dans une économie de marché fonctionnant correctement, les moyens de production ne sont pas déjà pleinement employés. Il n'existe en particulier ni de main-d'œuvre ni de capital disponibles à court terme pour accroître la production. Fisher introduit pourtant une certaine nuance en indiquant que la position de l'économie au cours du cycle peut conduire à ce que T progresse légèrement, s'il existe au moment de la hausse de M une main-d'œuvre temporairement inemployée étant donné la conjoncture. Dès lors, même si la hausse de P est moins marquée que la hausse de M, la hausse des prix est l'effet largement dominant d'une hausse de la masse monétaire supérieure au rythme tendanciel de progression des facteurs de production.

Symétriquement, le raisonnement s'applique aux conséquences d'une baisse de la masse monétaire : s'il y a dichotomie entre les sphères réelles et monétaires, une diminution de la quantité de monnaie provoque une baisse du niveau général des prix, V et T étant inchangés dans l'équation. Expliquer une déflation par une baisse de la masse monétaire implique de considérer que l'offre de monnaie est exogène. Cette baisse exogène de la masse monétaire peut être due à une sortie de monnaie du pays en raison d'un déficit commercial (thèses de Cantillon et Hume au XVIIIe), à un manque de monnaie, comme cela a pu être le cas – bien que ce point soit discuté – pendant la Grande Dépression de la fin du XIXe siècle en Europe (Vidal, *Dépression et retour de la prospérité*, 2000), à l'effondrement du système bancaire créateur de monnaie, comme aux États-Unis au début des années 1930 (Friedman et Schwartz, *A Monetary History of the United States, 1867-1963*, 1963). Des politiques de stabilisation monétaires brutales (forte hausse des taux directeurs) peuvent causer une désinflation marquée, voire contribuer aussi à un bref épisode déflationniste, comme en 1921 aux États-Unis.

b. — Le quantitativisme contemporain, sa pertinence et ses limites

Lorsqu'il déclare : « *Inflation is always and everywhere a monetary phenomenon in the sense that it is and can be produced only by a more rapid increase in the quantity of money than in output* », (Milton Friedman, in Schultz & Alibert (dir.) *Guidelines, informal controls, and the market place: policy choices in a full employment economy*, 1966), Friedman semble énoncer lui aussi une tautologie. Pourtant, le monétarisme donne à cette phrase un sens précis : ce sont les excès dans l'émission de monnaie qui expliquent l'inflation. Même s'il admet que la hausse de la masse monétaire peut avoir des effets stimulants à court terme sur la croissance et l'emploi, en raison d'une illusion monétaire passagère des agents, le monétarisme de Friedman (1968) renoue donc avec l'idée que, sur le long terme, la monnaie est neutre. Les nouveaux classiques (Lucas, Sargent, etc.), en s'appuyant sur l'hypothèse que les anticipations des agents sont rationnelles, écartent plus radicalement encore l'idée que la monnaie puisse être active, même à court terme.

Outre les exemples historiques nombreux, l'idée que la hausse de la masse monétaire puisse être inflationniste repose sur une conception exogène de la monnaie que l'on ne peut totalement rejeter. Lorsque la base monétaire est constituée d'encaisses métalliques, l'arrivée d'or ou d'argent, par l'exploitation de gisements ou par le commerce, fait enfler la masse monétaire. Davantage de pièces d'or ou d'argent sont frappées et une quantité plus grande des autres formes monétaires convertibles en monnaie métallique, billets ou monnaie scripturale, peut être émise. Par ailleurs, les autorités monétaires, éventuellement sous l'influence de gouvernements, peuvent décider de la création de davantage de monnaie. Celle-ci peut être injectée dans le système économique par l'intermédiaire de dépenses publiques supplémentaires financées grâce à cette émission de monnaie. La hausse de la masse monétaire provoque dès lors une progression du revenu de certains agents économiques.

Cependant, si ceux-ci utilisent cette monnaie supplémentaire pour acquérir des biens et services, l'inflation ne se développe véritablement que si l'offre de produits est inélastique à la tendance haussière des prix impulsée par la progression de la demande. *A contrario*, si les agents économiques thésaurisent cette monnaie, la hausse de M est suivie d'une baisse de la vitesse de circulation de la monnaie, si l'on en croit l'effet d'encaisse réelle de Pigou : suite à l'amorce de hausse des prix, les agents voulant maintenir constante la valeur réelle de leurs encaisses, accroissent leurs encaisses nominales ce qui freine la hausse de la dépense. En outre, s'ils utilisent leur revenu supplémentaire pour acheter des actifs, la hausse des prix se concentre sur l'immobilier ou les cours des titres, amoindrissant l'impact sur le niveau général des prix à la consommation. Des hypothèses fortes sont donc nécessaires pour conclure à l'effet essentiellement inflationniste de la hausse de la masse monétaire. Celle-ci doit susciter une progression de la dépense en biens et services. Le chômage doit être considéré comme inexistant ou naturel, c'est-à-dire constitué de personnes inaptes à répondre aux besoins des employeurs ou exigeant des salaires trop élevés. L'investissement doit être considéré comme indépendant de la politique monétaire et donc de l'offre de monnaie, mais lié plutôt à un niveau structurel d'épargne déterminant les taux d'intérêt à long terme dans l'économie.

2. – Déséquilibres entre offre et demande sur le marché des produits et évolutions des prix

a. — Les causes de l'inflation

Attachés à la loi de Say, les quantitativistes ont du mal à considérer que l'inflation puisse être causée par un déséquilibre entre l'offre globale et la demande globale sur les marchés des produits. Pourtant, l'effet de la hausse de la masse monétaire sur le niveau général des prix, explication qu'ils donnent de l'inflation, transite bien par l'impact de la monnaie supplémentaire sur la demande adressée aux producteurs dans une économie (Bezbakh, *Inflation et désinflation*, 2006). Et c'est bien parce que ces producteurs se montrent incapables de répondre à la hausse de la dépense par une hausse de la production que les prix augmentent. Car si l'offre de produits est élastique, alors la hausse de la masse monétaire est beaucoup moins inflationniste (Robertson, *A*

Survey of Modern Monetary Controversy, 1938), car T peut suivre au moins en partie la hausse de la masse monétaire. Dès lors, puisque l'inflation n'est pas concevable sans l'existence de ce déséquilibre offre/demande sur le marché des produits, il est envisageable que ce déséquilibre se produise pour d'autres raisons que la variation de la quantité de monnaie. Cela implique néanmoins de considérer que la loi de Say n'est pas toujours valable, en particulier que l'investissement ne dépend pas forcément du niveau préalable de l'épargne dans l'économie.

La demande globale peut s'élever au-dessus de l'offre globale et se traduire par une inflation en raison de la modification du comportement d'investissement des entreprises ou d'une baisse du taux d'épargne des ménages. La hausse de l'offre peinera d'autant plus à suivre la progression de la demande si la hausse de cette dernière est brutale. Le modèle Harrod-Domar (*cf.* partie 2, chapitre 1) envisage la possibilité d'une hausse de la demande dans l'économie supérieure à la progression des possibilités productives. L'économie peut connaître une « surchauffe » à l'approche du plein emploi et d'une pleine utilisation des équipements productifs. Une telle situation peut se produire si, le climat des affaires étant porteur, les entreprises accroissent fortement leurs investissements.

Par ailleurs, l'offre productive peut baisser brusquement en dessous de la demande globale dans l'économie, ce qui est un autre facteur d'inflation. Dans les économies anciennes, des causes exogènes peuvent fragiliser l'offre de produits, comme lors des crises frumentaires. Même si les prix des produits artisanaux baissent, puisqu'on s'en détourne alors pour consacrer son budget à la nourriture, la tendance globale est à l'inflation : la hausse des prix des produits alimentaires, qui forment déjà en temps normal dans les économies anciennes l'essentiel des dépenses, l'emporte dans l'évolution globale des prix sur la baisse des prix des autres produits. À l'époque contemporaine, certains épisodes de forte inflation restent en partie explicables par l'effondrement de la production. C'est une des causes de l'hyperinflation allemande de 1922-1923 : une mauvaise récolte agricole en 1922 et une baisse de plus de 30 % de la production industrielle allemande en 1923, même si cette chute est aussi une conséquence de l'hyperinflation. C'est une explication majeure aussi à l'hyperinflation zimbabwéenne des années 2000, qui s'est développée suite à l'effondrement de la production agricole et aux difficultés des activités minières du pays et pas seulement en raison des excès de l'émission de monnaie.

b. — Les causes de la déflation

En cas de chute de la demande en dessous de l'offre globale dans l'économie, une situation de déflation peut apparaître, comme au début des années 1930 (Keynes, 1936). Le début de la crise est marqué par un effondrement de l'investissement privé, sans qu'un brusque recul de l'épargne se traduise par une élévation de la demande de biens de consommation. Ce choc de demande négatif précipite l'économie dans la dépression et dans la déflation ; les producteurs étant obligés de concéder des baisses de prix pour écouler les produits invendus. Voulant préserver leurs marges et profitant de la hausse du chômage, les entreprises s'efforcent de baisser les salaires, ce qui déprime encore plus les possibilités de consommation et oblige les entreprises à baisser encore plus leurs prix.

Un choc d'offre positif peut aussi provoquer une désinflation, voire une déflation. La baisse du prix d'une matière première (comme un contre-choc pétrolier, tel celui de 1986 qui a aidé à la désinflation d'alors dans les PDEM), la diminution du coût salarial unitaire (par exemple au Japon depuis les années 1990, ou en France dans les années 1980), la baisse des taux d'intérêt ou de la fiscalité sur les producteurs, sont des causes possibles d'un choc d'offre. La baisse du coût salarial unitaire peut être due à une modération salariale (pour de multiples raisons : chômage élevé, crise du syndicalisme, abandon de règles d'indexation, anticipations inflationnistes moindres) ou à une accélération des gains de productivité. Le progrès technique est donc un facteur de désinflation voire de déflation.

3. – Évolutions des contraintes productives et mouvements des prix

La hausse des coûts de production génère un choc d'offre négatif et peut favoriser une élévation du taux d'inflation. L'augmentation des coûts sera d'autant plus facilement répercutée sur les prix de vente que l'ensemble des producteurs sur un marché sont affectés par un même accroissement des contraintes productives. L'inflation par les coûts peut dès lors se développer.

a. — Les causes de l'inflation par les coûts

À la suite du travail de Phillips (« *The relationship between unemployment and the rate of change of money wages in the UK 1861-1957* », *Econometrica*, 1958), les néo-keynésiens, tels Solow et Samuelson (« *Analytical Aspects of Anti-Inflation Policy* », *American Economic Review*, 1960), considèrent que l'inflation a pour origine principale une hausse des coûts salariaux. Remarquant une corrélation empirique négative entre la hausse des salaires et le taux de chômage, Phillips formule l'hypothèse que les travailleurs sont plus aptes à obtenir des hausses de salaires lorsque l'économie approche du plein emploi. Le rythme de l'évolution des salaires est donc le résultat d'un rapport de forces collectif entre employeurs et salariés. Plus le taux de chômage baisse en dessous du NAWRU[1] (taux de chômage tel que les salaires sont stables), plus la vitesse de hausse des salaires augmente. Les néo-keynésiens relient la hausse des salaires à l'inflation : si les salaires progressent plus vite que la productivité du travail, les marges des entreprises sont atteintes et les producteurs s'efforcent d'augmenter leurs prix de vente, l'inflation apparaît. Toute hausse du coût salarial unitaire (évolution du CSU horaire = évolution du coût salarial horaire - évolution de la productivité horaire du travail) est, dans l'interprétation néo-keynésienne de la courbe de Phillips, porteuse d'inflation. Les déterminants macroéconomiques du partage des revenus sont en dissonance avec les réalités microéconomiques de l'efficacité des facteurs. Les courants post-keynésien ou cambridgien (Robinson, *Economic Heresies*, 1971 ; Kaldor, *The Scourge of Monetarism*, 1985) insistent davantage encore sur l'idée que l'inflation est fondamentalement liée à une compétition entre groupes sociaux dans le partage du revenu national et à une élévation de certains revenus plus marquée que les gains de productivité.

Dans un contexte de plein emploi ou de négociations collectives sur les salaires, une forte disparité de gains de productivité entre les branches ou entre les secteurs d'activité peut conduire à des évolutions salariales calées sur le rythme des gains de productivité du secteur où la productivité augmente le plus. Ainsi, Baumol indique que les salaires du secteur tertiaire, où les gains de productivité sont faibles, ont tendance à suivre ceux de l'industrie tirés eux par de forts gains de productivité (loi de Baumol, 1966). Comme le souligne Kolm (« Note sur l'inflation de productivité », *Revue économique*, 1970), la hausse des salaires supérieure aux gains de productivité dans certaines activités est inflationniste, puisqu'elle signifie une hausse des coûts de production, c'est « l'inflation de productivité ». La hausse des coûts doit être répercutée soit sur les prix de vente soit, dans le cas des administrations publiques, sur le niveau des prélèvements obligatoires, ce qui entretient l'inflation par les coûts. Plus grande est la part de l'économie où la productivité est stagnante mais où les salaires progressent, plus se manifeste ce phénomène de l'inflation de productivité.

La hausse des coûts de production peut avoir d'autres causes que la hausse des salaires. Elle peut être due notamment à une hausse du prix de certaines matières premières, à une hausse des cotisations sociales ou de la fiscalité sur les entreprises, à une élévation du coût du financement externe, etc. Une

1 NAWRU : *Non Accelerating Wages Rate of Unemployment.*

dévaluation de la monnaie, en renchérissant brutalement le prix de certains intrants importés sans qu'il soit toujours possible de les remplacer par des produits fabriqués dans le pays, favorise une inflation importée. Par ailleurs, à une époque où la perspective de l'épuisement de certaines ressources naturelles utiles à l'activité économique semble se rapprocher, on peut craindre une élévation du prix de certains produits incontournables en l'état actuel des technologies pour la production de certains biens. Qu'il s'agisse du pétrole ou des minerais rares, la hausse des cours jusqu'en 2008, portée par le dynamisme de la demande de certaines économies émergentes, contribuait avant la crise des subprimes à ressusciter la crainte d'un retour de l'inflation à l'échelle mondiale au cours des décennies à venir.

b. — Une inflation sans hausse de la masse monétaire ?

La difficulté de la théorie de l'inflation par les coûts est qu'elle doit expliquer comment l'identité logique MV = PT est maintenue en parallèle de la hausse de P. Il est envisageable que la hausse des coûts de production s'accompagne d'une récession qui conduise à une baisse de la production et donc de T, simultanément à la hausse des prix. Mais lorsque la croissance se poursuit, que T reste en augmentation, il est incontournable de se demander comment les acheteurs peuvent continuer à acheter davantage de produits alors même que leurs prix sont plus élevés. Il devient dès lors difficile, pour expliquer l'inflation, d'écarter comme cause complémentaire à la hausse des coûts une possible élévation de la masse monétaire. Les économistes post-keynésiens ne rejettent pas l'idée que la masse monétaire puisse augmenter, mais cela ne serait, selon eux, qu'une conséquence des difficultés financières des entreprises qui, cherchant un soutien financier du côté des banques, obtiendraient davantage de crédit. Suivant une conception endogène de la monnaie à laquelle sont attachés post-keynésiens et cambridgiens, la masse monétaire progresse ici suite à une hausse de la demande de monnaie exprimée par les agents.

Mais l'inflation peut se développer sans hausse de la masse monétaire, si la vitesse de circulation de la monnaie se modifie. Elle n'a pas de raison d'être immuable selon ces économistes et peut augmenter si les agents économiques le jugent nécessaire. Les entreprises par exemple peuvent gérer différemment leur trésorerie de sorte que la monnaie récupérée soit plus vite dépensée pour faire face, par exemple, à des salaires en hausse. Qui plus est, la monnaie est un actif aux frontières assez largement conventionnelles et beaucoup d'autres actifs très liquides peuvent être utilisés en règlement de dettes si les agents économiques en éprouvent le besoin, sans parler du développement des crédits informels entre agents économiques. Une économie peut donc tout à fait se dispenser d'une masse monétaire officielle croissante pour continuer à régler des transactions à la fois plus nombreuses et à des prix plus élevés.

4. – Anticipations, environnement institutionnel et évolutions de prix

a. — Les anticipations contribuent à expliquer l'auto-entretien de l'inflation ou de la déflation

Si l'économie est installée dans un contexte inflationniste, les agents économiques vont tous s'efforcer de limiter les effets de l'inflation future qu'ils anticipent sur leur pouvoir d'achat. Les salariés vont réclamer des hausses de salaires et les entreprises vont s'efforcer d'augmenter leurs prix. Si un consensus inflationniste tacite s'installe, alors les entreprises accepteront d'autant plus facilement d'augmenter les salaires de leurs employés qu'elles savent pouvoir ensuite répercuter ces hausses de salaires sur les prix de vente.

Si les agents économiques anticipent une inflation très forte, parce qu'ils se trouvent par exemple dans un contexte où le taux d'inflation accélère rapidement, ils peuvent vouloir se débarrasser de leurs encaisses monétaires avant que celles-ci ne perdent trop de valeur. On risque d'assister à une hausse de la vitesse de circulation de la monnaie, voire à une fuite devant la monnaie. Or, si l'on suit l'équation de Fisher, la hausse de V a toutes les chances de provoquer une hausse accrue des prix. Ici encore, l'anticipation de l'inflation conduit à accentuer son rythme.

Si les agents économiques ancrent leurs anticipations sur un mouvement de baisse du niveau général des prix, ils risquent de reporter leurs achats non urgents, espérant dépenser moins quelques mois plus tard. Les vendeurs peuvent éprouver des difficultés accrues à écouler leurs stocks et être contraints, après une certaine attente, de baisser leurs prix de vente pour faire face à des problèmes de trésorerie. L'anticipation de la déflation accroît donc la probabilité de sa survenue ou accélère encore la baisse des prix.

b. — L'environnement institutionnel est plus ou moins favorable à la stabilité des prix

Les monétaristes soulignent le risque inflationniste que représente une banque centrale trop inféodée au pouvoir politique. L'expérience historique montre que l'État, lorsque cela lui était possible, utilise volontiers le pouvoir de création monétaire pour régler des dépenses non couvertes par des impôts, voire pour effacer par l'inflation la valeur réelle de ses dettes internes passées (Reinhart, Rogoff, *Cette fois c'est différent, huit siècles de folie financière*, 2009). Que l'on considère la crise monétaire du IIIe siècle, l'émission massive de papier-monnaie par Law au début du XVIIIe, les assignats des années 1790, les émissions massives de monnaie pendant et juste après la Premier Guerre mondiale, ou même plus récemment les hyperinflations des économies en transition ou du Zimbabwe, les gouvernements sont en grande partie les responsables des crises inflationnistes, même s'il peut s'agir, dans certains cas, de faire légitimement face à des besoins de financements impérieux, notamment pendant des guerres. Indépendamment de ces exemples historiques, l'indépendance de plus en plus marquée des banques centrales à la fin du XXe siècle est une conséquence du retour, porté par les monétaristes et les nouveaux classiques (Kydland et Prescott, « *Business Cycles: Real Facts and The Monetary Myth* », 1990), de l'idée que la monnaie serait neutre. Une banque centrale indépendante serait un garde-fou à l'inflation car elle permettrait de se prémunir contre des relances monétaires plus nuisibles qu'efficaces, trop souvent guidées par des considérations politiciennes de court terme, en assurant au contraire une progression régulière de la masse monétaire, proche du rythme de la croissance économique potentielle.

L'auto-entretien de la dynamique inflationniste implique que les revenus des agents progressent en moyenne au rythme de la hausse des prix, voire davantage. La majorité de la population étant salariée dans les économies contemporaines, la hausse des salaires consécutive à la hausse des prix est donc une condition à la perpétuation d'une tendance inflationniste. Indépendamment du taux de chômage existant dans une économie, si les salariés sont suffisamment organisés pour obtenir ces hausses de salaire, voire s'ils obtiennent la mise en place de règles d'indexation de l'évolution des salaires sur l'évolution des prix, alors l'inflation a toutes les chances de perdurer. D'où le fait que les politiques de désinflation, comme dans les années 1980 en France et en Grande-Bretagne, peuvent impliquer la suppression de ces règles d'indexation et l'affaiblissement du pouvoir de négociation des syndicats. D'où aussi en France l'idée, jamais appliquée ensuite en raison de difficultés de mises en œuvre, du pilotage par l'État et les partenaires sociaux d'une « politique des revenus » permettant de concilier la hausse des salaires avec la stabilité des coûts salariaux unitaires pour prévenir les dérapages inflationnistes.

Pour que l'inflation s'auto-entretienne, il convient aussi que les prix des produits progressent en moyenne au rythme de la hausse des revenus, voire davantage. Cela signifie qu'il faut se trouver dans une configuration de marché où les entreprises sont en partie *price makers*. Les structures de marché peu concurrentielles facilitent la préservation des marges des entreprises soumises à une hausse de leurs coûts de production. Les prix de vente sont dans ce cas fixés selon la méthode du « *mark up* » : le coût unitaire de production plus une marge bénéficiaire déterminent le prix de vente sur le marché. L'existence de syndicats d'employeurs peut aussi faciliter les mesures collectives de hausse des prix et peut même faire reconnaître comme légales les augmentations concertées de prix suite à une élévation des coûts de production. Une telle indexation des prix de vente sur les coûts de production est un mécanisme qui contribue tout autant que l'indexation des salaires sur les prix à favoriser l'inflation. Au total, si un cadre institutionnel s'instaure qui permet à chaque catégorie d'agent économique de reporter sur les autres l'effet négatif de l'inflation sur le pouvoir d'achat, alors l'inflation s'installe ; c'est le mécanisme de la boucle prix-salaires : la hausse de l'un suscite la hausse de l'autre, et réciproquement (Sterdyniak, Debonneuil, « La boucle prix-salaires dans l'inflation », 1984).

L'action concertée sur les prix a été parfois pratiquée dans un contexte au contraire déflationniste pour limiter les baisses de prix. Ainsi dans les années 1880 et 1890, aux États-Unis par exemple, la mise en place de cartels ou de trusts vise notamment à limiter les baisses de prix pour restaurer les profits. De même en 1933, le premier New Deal de Roosevelt encourage les producteurs à s'entendre pour, en éliminant les capacités productives excédentaires, réduire les surproductions et stopper la déflation.

Loin d'être vue comme un problème, l'inflation peut être considérée dans une économie comme une solution facile à des problèmes plus difficiles à régler par d'autres moyens. En ce sens, une économie peut trouver dans l'inflation un moyen commode pour masquer ses déséquilibres, son inefficacité. Les entreprises doivent consentir moins d'efforts pour optimiser leurs combinaisons productives, pour maîtriser leurs coûts et gagner en efficacité si elles savent pouvoir compter sur des hausses de prix pour préserver leurs marges. Les salariés peuvent voir leurs salaires progresser sans que cela reflète nécessairement une élévation de leur productivité. L'État peut financer ses dépenses en empruntant à sa banque centrale, ou par des méthodes de répression financière, sans faire l'effort d'équilibrer son budget. En effet, une banque centrale aux ordres du gouvernement ou des banques commerciales soumises à une obligation de détention de titres d'État dans leurs bilans, créent de la monnaie en prêtant à l'État. La masse monétaire augmente dans l'économie avec la croissance de la dette publique, voire avec un abondement pur et simple du compte du Trésor par la banque centrale. Enfin, l'économie du pays peut rétablir ses comptes extérieurs en dépit de l'inflation par des dévaluations périodiques qui entretiennent elles-mêmes, par une inflation importée, la tendance inflationniste de l'économie.

C LES EFFETS ÉCONOMIQUES DE L'INFLATION ET DE LA DÉFLATION

1. – Les conséquences économiques de l'inflation

a. — L'effet de l'inflation sur le revenu réel des agents économiques

L'inflation est souvent considérée comme néfaste pour le pouvoir d'achat des individus, en partie à juste titre mais en partie seulement. L'auto-entretien de la dynamique d'inflation implique en effet que la hausse des prix engendre une hausse globale des revenus nominaux au moins équivalente. Il existe des exceptions à ce principe : si l'inflation est due à un durcissement croissant des contraintes productives de période en période, qui engendre un effondrement progressif de l'offre productive en volume compensée par une hausse des prix, dans ce cas l'inflation peut être supérieure à la progression des revenus nominaux. Autre exception, si la vitesse de circulation de la monnaie accélère, la hausse des revenus nominaux peut être plus faible que celle des prix. Mais dans le cas où V reste plus ou moins constante et où l'inflation sur plusieurs années ne s'accompagne pas d'une chute de la production, les revenus nominaux des agents progressent.

Cependant, tous les revenus nominaux ne s'élèvent pas à la même vitesse, si bien que certains agents économiques perdent en pouvoir d'achat tandis que d'autres peuvent y gagner. Tout dépend du mode de fixation des différents types de revenus : les revenus qui peuvent être réajustés très régulièrement, voire qui le sont instantanément à mesure que l'inflation se développe, peuvent ne pas y perdre. Les revenus qui sont fixés à l'avance et non renégociables voient en revanche leur valeur réelle baisser fortement.

Y gagnent les agents économiques qui ont emprunté et pour lesquels le prix du service de prêt (le taux d'intérêt) n'est parfois pas modifiable (taux fixe). Plus le taux d'inflation est élevé, plus le taux d'intérêt réel est faible et ce dernier peut même devenir négatif. L'inflation élève donc le pouvoir d'achat des emprunteurs. L'inflation n'est donc pas forcément néfaste pour les profits réalisés par les entreprises, au contraire : les sociétés sont des agents économiques structurellement en besoin de financement et l'inflation peut réduire le coût réel du financement externe par emprunt de manière considérable. L'inflation accentue donc l'effet de levier de l'endettement. Par ailleurs, en cas d'inflation par excès de demande sur les marchés des produits ou par excès d'émission de monnaie, les prix de vente des produits progressent sur certains marchés plus vite que les coûts unitaires des producteurs. La situation des entreprises des pays industrialisés dans les années 1950 et 1960 illustre cette possibilité. Cependant, en cas d'inflation par les coûts, la valeur réelle des profits n'est préservée que si les producteurs arrivent à faire croître leur prix de vente au même rythme que leurs coûts de fabrication, ce qui n'est généralement qu'en partie le cas, comme le montre la situation des entreprises des pays industrialisés dans les années 1970. Dès lors, l'inflation par les coûts peut engendrer une baisse de la valeur réelle des profits des entreprises. Lorsqu'en période d'inflation les profits réels des producteurs sont préservés, voire progressent, cela se reflète dans les dividendes des actions de ces entreprises. Les ménages disposant ainsi d'importants placements en actions peuvent voir les revenus réels qu'ils tirent de ces actions préservés. Quant à l'État, il voit ses recettes fiscales mécaniquement augmenter, au moins par la TVA calculée sur les prix de vente, mais aussi par la hausse des revenus des agents privés.

Le pouvoir d'achat des créanciers qui ont prêté à taux fixe baisse en période d'inflation. Les détenteurs d'obligations, dont les taux d'intérêt ne sont pas indexés sur l'inflation, voient la valeur réelle des intérêts perçus chuter d'année en année. Cette situation a été vécue par les rentiers de la Belle Époque et par les créanciers des États ayant participé à la Première Guerre mondiale. La valeur réelle des revenus qu'ils tirent pendant les années de conflit et les années suivantes des titres d'État diminue. Les ménages qui ne parviennent pas à renégocier leurs revenus nominaux perdent aussi beaucoup. Il peut s'agir de salariés des petites entreprises n'ayant que de bien faibles possibilités de pression sur leurs employeurs, moindres en tout cas que celles des salariés des grandes entreprises qui, organisés syndicalement, peuvent plus facilement se mettre en grève. Il peut s'agir aussi des ménages vivant de revenus de transfert et qui doivent se soumettre aux règles fixées par les pouvoirs publics quant aux modalités d'évolution du niveau de ces revenus de transfert. Si, par exemple, il n'est pas prévu que les pensions de retraite soient indexées sur l'inflation, celle-ci peut affecter gravement le pouvoir d'achat des pensions.

b. — *L'effet de l'inflation sur le patrimoine et les dettes des agents économiques*

Dans la mesure où le logement est un produit peu substituable avec les autres produits de consommation, il est possible que les prix des logements n'augmentent pas au même rythme que les autres prix. L'inflation peut tout à fait se développer dans un pays où les prix des logements ne progressent pas, l'offre de logement étant abondante par comparaison avec les besoins d'une population stagnante ou en baisse. Dans ce cas, la valeur réelle des patrimoines composés de biens immobiliers baisse. Mais une configuration inverse est possible aussi.

Par ailleurs, si les profits des entreprises parviennent à rester stables, voire à progresser en valeur réelle en période d'inflation, ce qui peut tout à fait être le cas, les cours des actions n'ont pas de raison de perdre de leur valeur en termes réels. Si bien que les patrimoines en actions ne sont pas forcément affectés.

Les agents économiques qui en période de crise inflationniste détiennent des valeurs refuges, c'est-à-dire des actifs dont la valeur ne se déprécie pas à leurs yeux (métaux précieux comme l'or, certaines devises), voient la valeur réelle de leur patrimoine progresser : ces valeurs refuges sont de plus en plus recherchées par ceux qui veulent mettre leur patrimoine à l'abri et leur cours peut progresser plus vite que la hausse du prix des biens de consommation.

Au contraire, la valeur des patrimoines composés d'encaisses monétaires ou d'obligations à taux fixe risque de fondre. Ces titres rapportant des revenus réels de plus en plus faibles, les épargnants s'en détournent et le cours nominal des obligations anciennes risque de baisser, accentuant l'effet de l'inflation sur la baisse de leur valeur réelle. C'est ainsi que nombre de rentiers sont ruinés dans les pays industrialisés par les années d'inflation de la Grande Guerre et du début des années 1920. Il ne s'agit pas seulement de ménages très fortunés mais aussi de travailleurs âgés des couches moyennes, ayant économisé tout au long de leur vie afin d'obtenir des rentes suffisantes pour cesser leur activité professionnelle. La perte de richesse se mue alors parfois en ressentiment à l'égard du système politique et social dans son ensemble, contribuant à l'adhésion d'une partie de la classe moyenne au nazisme en Allemagne dans les années 1920, même si cela n'explique pas les victoires politiques du NSDAP au début des années 1930 dues, elles, à la crise économique et au chômage.

En revanche, l'inflation bénéficie aux agents économiques endettés. Si leurs revenus nominaux progressent, en raison de hausses de salaires pour les travailleurs ou de progression des bénéfices pour les entreprises, leur capacité de remboursement des dettes passées augmente. Ils peuvent donc se désendetter plus vite.

L'impact de l'inflation sur l'arbitrage entre consommation et épargne

Cet effet est incertain. En cas de hausse des prix, une anticipation de la poursuite de l'inflation peut inciter les agents économiques à avancer leurs achats de certains biens. L'inflation pourrait inciter à constituer des stocks et à faire baisser le taux d'épargne (un « patrimoine » de biens de consommation stockés venant remplacer une partie du patrimoine au sens classique). D'un autre côté, par effet d'encaisse réelle, l'inflation incite les agents économiques à augmenter la valeur de leurs encaisses nominales et à limiter donc temporairement leurs dépenses de consommation. En élargissant ce principe aux autres formes de patrimoine, on peut considérer que les agents sont attachés à conserver sa valeur réelle. Dès lors, l'évolution de la valeur réelle du patrimoine des agents, elle-même incertaine en cas d'inflation, déterminerait aussi l'évolution de l'arbitrage entre consommation et épargne.

c. — Des effets néfastes d'une inflation forte

Un pays qui connaît une inflation plus forte que celle de ses partenaires commerciaux risque de subir un déficit de son commerce extérieur. La perte de compétitivité doit être compensée, soit par des barrières douanières de plus en plus hautes, soit par des dévaluations monétaires périodiques. Loin d'être une solution, ces dernières entretiennent par l'inflation importée la dynamique de hausse des prix. La dévaluation monétaire peut en outre aggraver la situation financière des agents endettés en monnaie étrangère.

En outre, l'installation de l'inflation dans un pays conduit les créanciers à imposer aux prêteurs des primes de risques inflationnistes importantes sur les nouveaux prêts. Ainsi l'inflation, sauf à être de plus en plus forte ou systématiquement non anticipée par les créanciers, ne peut être un moyen efficace pour obtenir des taux d'intérêt réels durablement faibles. Au contraire, la prime de risque peut conduire à des taux d'intérêt nominaux de plus en plus hauts et donc à des taux réels croissants en dépit de l'inflation forte. Des mécanismes d'indexation des taux d'intérêt sur l'inflation sont en outre de plus en plus souvent imposés par les prêteurs, y compris sur les obligations émises par l'État. Même une fois l'inflation disparue, ces primes peuvent perdurer plusieurs années, par crainte d'un retour de l'inflation.

Une inflation trop forte peut conduire à une perte de confiance des agents économiques dans la monnaie officielle. Un accroissement de la vitesse de circulation de la monnaie en est souvent le signe. Dès lors, on peut assister à un rejet de la monnaie pure et simple et à l'utilisation par exemple d'une monnaie étrangère par les agents privés (phénomène dit de « dollarisation »). La banque centrale du pays perd dès lors le contrôle de la masse monétaire en circulation dans le pays, la politique monétaire devient inopérante.

d. — L'inflation est-elle forcément un problème grave pour une société ?

L'inflation modifie la répartition des revenus et des patrimoines entre les agents économiques. Cette modification ne s'opère ni selon un critère d'efficacité économique ni selon un critère de justice sociale mais est fonction du mode de fixation des revenus et de la nature des patrimoines. La perte d'efficacité économique est renforcée par le fait que, l'inflation étant souvent déséquilibrée (tous les prix n'évoluent pas à la même vitesse), les coûts de transaction progressent. Les agents subissent des coûts d'opportunité plus importants dus à l'instabilité des prix relatifs qui accompagne celle du niveau général des prix.

Une inflation forte sans gravité est cependant en théorie imaginable : si elle s'opère à un rythme équivalent à celle des partenaires commerciaux, si elle s'accompagne d'une indexation des revenus et des patrimoines des agents, si elle est équilibrée et ne met pas en cause la confiance dans la monnaie. Le coût de l'inflation se résume alors au changement des étiquettes de prix.

Il n'existe donc pas de taux d'inflation optimal dans une société. Même si l'inflation peut avoir bien des effets néfastes, leur ampleur dépend assez largement du type d'inflation. Le niveau d'inflation optimal dépend aussi des préférences collectives d'une société, elles-mêmes fonction du rapport de force politique entre ceux qui perdent et ceux qui gagnent à la dynamique inflationniste. Le principal effet positif de l'inflation étant pour les débiteurs l'allègement des dettes passées libellées dans la monnaie qui se déprécie, ce rapport de force politique est en fait celui qui s'établit entre les débiteurs et les créanciers.

2. – Les conséquences économiques de la déflation

a. — La déflation : une solution aux crises ?

La déflation survient généralement après une période de crise économique. Elle peut durer des années, le temps que l'économie se rétablisse. Les économistes tels Juglar, Pigou, Hayek, et même d'autres comme Schumpeter, voient la déflation comme une phase du cycle économique permettant, par la purge des excès passés, le rétablissement des conditions d'un nouvel essor. La baisse des prix des produits engendre d'inévitables faillites certes, mais ce sont les producteurs les plus fragiles qui disparaissent. La réduction du nombre d'offreurs ne laisse que les plus efficaces et le recul de l'offre permet à la baisse des prix de progressivement cesser. D'autant que la déflation, par effet d'encaisse réelle, stimule la consommation de ceux qui n'ont pas perdu leur emploi. Et ce, même si le chômage engendre une baisse des salaires tant que le plein emploi n'est pas retrouvé.

La demande extérieure peut par ailleurs se redresser grâce à la déflation. En outre, la chute de l'investissement au moment de la crise permet une baisse des taux d'intérêt nominaux. Ainsi, les producteurs n'ayant pas fait faillite ont, par la baisse des salaires et des taux d'intérêt, accès à des facteurs de production moins coûteux qu'auparavant et la croissance économique repart.

Les économistes néoclassiques des années 1930 reconnaissent bien volontiers que le processus de reprise peut mettre du temps à apparaître, en particulier en cas d'entrave à la baisse des prix des facteurs : soit que les salaires ne baissent pas assez en raison de l'action des syndicats ou de la présence de fortes allocations chômage, soit que les taux d'intérêt restent hauts du fait du déficit budgétaire de l'État qui, en épongeant les moyens de financement disponibles, en priverait les entreprises (effet d'éviction).

b. — La déflation : un facteur aggravant des crises ?

Pourtant, loin d'être une solution aux difficultés, il se pourrait bien que la déflation soit un facteur aggravant des crises économiques. C'est la conception qui domine aujourd'hui la pensée économique. Irving Fisher (« *The debt-deflation theory of great depressions* », 1933), pourtant néoclassique lui-même, émet des doutes sur l'efficacité d'un ajustement par la déflation. Les agents économiques sont souvent fortement endettés lorsque débutent les crises. Or, la déflation accroît le poids réel des dettes passées rendant de plus en plus difficile leur remboursement. Confrontés à des problèmes de liquidité, les agents endettés doivent vendre progressivement leurs actifs pour faire face aux échéances financières. Ils vendent leurs stocks, leurs titres, leurs biens immobiliers à bas prix, ce qui entretient la déflation et accentue encore l'endettement réel. La déflation s'auto-entretient et étrangle les agents économiques endettés, en particulier les entreprises.

Par ailleurs, en élevant le taux d'intérêt réel, la déflation rend aussi plus coûteux les emprunts nouveaux. Elle détériore qui plus est les perspectives de rentabilité des projets d'investissement et nuit donc à l'efficacité marginale du capital. La déflation serait donc très mauvaise pour l'investissement selon Keynes. Outre cet attentisme des entreprises, la baisse des prix aurait le même effet sur la consommation de biens durables des ménages. La déflation pousse selon ce raisonnement la demande à la baisse dans l'économie, ce qui entretient le cercle vicieux de la déflation.

c. — La déflation heureuse

La déflation n'est pas toujours associée à des situations économiques difficiles. Par exemple, en Grande-Bretagne la baisse des prix, de la fin des guerres napoléoniennes au milieu du XIXe siècle, s'accompagne d'une poursuite de la croissance. L'activité économique reste dynamique aussi aux États-Unis pendant une déflation marquée du milieu des années 1870 au milieu des années 1880.

Un choc d'offre positif rend en effet compatible la déflation avec la poursuite de la croissance. La baisse des prix est supportable par exemple lorsque les gains de productivité sont suffisants. Même si les salaires baissent moins vite que les prix des produits, en cas de hausse de la productivité du travail, les coûts salariaux unitaires peuvent se stabiliser voire diminuer. Dans ce cas, la déflation est compatible avec une progression des marges des entreprises et aussi des salaires réels. La baisse du prix d'une matière première permet aussi de concilier baisse des prix et préservation des marges. La déflation alors encourage la consommation. Offre et demande restent dynamiques, la croissance peut se poursuivre.

D QUELQUES GRANDES CRISES INFLATIONNISTES OU DÉFLATIONNISTES

1. – L'hyperinflation allemande

L'effort de guerre entraîne, en Allemagne comme dans les autres pays en conflit, le recours à des moyens de financement exceptionnels : suppression de la convertibilité-or de la monnaie dès 1914, hausses d'impôt. Politiquement isolé, le pays ne peut se financer qu'en interne, auprès de la Reichsbank ou de la population. En France et en Allemagne, l'inflation atteint 25 % en moyenne annuelle entre 1913 et 1919 (Asselain, *Histoire économique du xxe siècle*, Tome 2, 1995). La masse de la monnaie fiduciaire en circulation passe en Allemagne de l'indice 100 en 1913 à l'indice 1141 en 1918, soit une hausse équivalente à celle observée en Grande-Bretagne. Au total donc, l'Allemagne ne termine pas le conflit avec une détérioration de la valeur de sa monnaie plus forte que les autres belligérants, même si le mode de financement de la guerre retenu est plus inflationniste.

L'Allemagne est amputée d'une partie de sa puissance industrielle par la perte de territoires et les confiscations en nature opérées par les vainqueurs et le Traité de Versailles (1919) lui impose de payer des Réparations pour un montant de 132 milliards de marks, soit l'équivalent de trois années du PIB allemand d'avant-guerre. Alors que l'inflation accélère en 1919, sur le marché des changes le mark se déprécie fortement. La situation dérape à partir de 1922 sur le plan monétaire, alors que l'économie réelle repart pourtant bien. Le déficit budgétaire de l'État atteint des niveaux inquiétants, le volume des billets en circulation est multiplié par dix au cours de l'année et l'inflation est en moyenne de plus de 20 % par mois. La Reichsbank pratique des taux d'escompte réels négatifs, ce qui encourage une très forte création monétaire, alors qu'en rythme annuel l'inflation dépasse déjà 1000 %. L'Allemagne est alors au seuil de l'hyperinflation, si l'on retient la définition de Cagan (« The Monetary Dynamics of Hyperinflation », 1956) d'un taux d'inflation mensuel supérieur à 50 %[2] . L'accélération de l'inflation en 1922 est imputable aussi à l'effondrement du mark dans la deuxième partie de l'année, en raison d'une crise de confiance internationale dans la capacité de l'Allemagne à honorer les paiements prévus pour les Réparations. L'hyperinflation s'accentue au cours de l'année 1923 : les prix sont désormais multipliés par dix tous les mois. Des facteurs nouveaux viennent s'ajouter aux précédents pour expliquer l'emballement. L'occupation militaire de la Ruhr à partir de janvier 1923 par les troupes franco-belges pour obtenir, par des saisies, une compensation du retard de paiement des Réparations provoque une chute de l'activité industrielle, alors que les ouvriers, engagés dans une résistance passive, continuent d'être payés. Les problèmes financiers de l'État sont accentués par la chute des recettes fiscales : au début de l'été 1923, ses recettes couvrent moins de 10 % de ses dépenses, le reste est financé par création monétaire. On assiste enfin à une fuite devant la

2 Ce qui représente une inflation en rythme annuel de plus de 12 000 %. Rogoff et Reinhart retiennent un taux annuel de 500 % comme seuil de l'hyperinflation.

monnaie avec une multiplication par dix de la vitesse de circulation de la monnaie (Asselain, 1995). Trait caractéristique des hyperinflations, le rapport M/P diminue fortement, révélant à la fois la fuite devant la monnaie et l'effondrement de l'activité réelle.

La stabilisation monétaire est réalisée par le chancelier Stresemann en moins d'une année, entre novembre 1923, moment de l'introduction d'une nouvelle monnaie, le rentenmark, et août 1924 quand la monnaie devient le reichsmark, à nouveau convertible en or et qui plus est au taux d'avant-guerre. Le nouvel institut d'émission créé à l'automne 1923, la Rentenbank, est soumis à un plafond d'émission strict et le budget de l'État est redressé par de très fortes mesures de rigueur (hausses d'impôts et baisses de dépenses). Le soutien financier des États-Unis qui acceptent de prêter à l'Allemagne, le rééchelonnement des Réparations et la fin prévue de l'occupation de la Ruhr contribuent aussi au rétablissement de la situation.

2. – Des épisodes inflationnistes des Trente Glorieuses à l'inflation des années 1970

Après une certaine désinflation, l'inflation est de retour en France en 1951-1952 sur un rythme de 14 % l'an, ainsi qu'au début de la guerre d'Algérie. Ces deux épisodes inflationnistes sont cependant combattus en particulier par un ministre des finances resté célèbre, Antoine Pinay. Associant des mesures comme des grands emprunts populaires pour financer une partie du budget à l'aide d'une épargne préexistante dans la population, le relèvement des taux d'escompte de la Banque de France ou l'encadrement du crédit, des blocages de prix, des hausses d'impôts et restrictions de dépenses, et même un changement de monnaie en 1960 (nouveau franc), ces plans se montrent aptes à calmer les hausses de prix.

L'accélération de l'inflation est nette à partir de 1974. Le choc pétrolier de 1973 n'explique cependant mécaniquement qu'une hausse de deux points du taux d'inflation en France, alors que celui-ci passe de 6,8 % à 13,5 %. On assiste en fait à une forte hausse des coûts salariaux unitaires puisque la progression des salaires nominaux se renforce dans les années 1970, alors même que les gains de productivité ralentissent. Pour freiner la baisse de leurs marges, les entreprises répercutent autant qu'elles le peuvent ces hausses de coûts sur les prix. La relance budgétaire de 1975, si elle permet de contrer le choc de demande négatif dû à la hausse du prix des carburants et à l'effondrement de l'investissement privé, est une cause ponctuelle à l'accentuation de la tendance inflationniste de l'économie. La hausse des prélèvements sociaux et le deuxième choc pétrolier de 1979-1980 contribuent aussi à renforcer l'inflation. Les mécanismes d'indexation, le fort pouvoir syndical, le caractère modérément concurrentiel de l'économie nationale, le déficit budgétaire permanent de l'État expliquent de même ces tendances inflationnistes en France. Cette situation est assez générale dans les pays occidentaux industrialisés de cette époque : l'inflation est particulièrement forte en Italie et au Royaume-Uni (un peu moins de 15 % l'an entre 1973 et 1979), elle n'est modérée qu'en Allemagne de l'Ouest (4,5 % l'an).

3. – Les hyperinflations récentes

Même si les épisodes d'hyperinflation ont été plus rares depuis le milieu des années 1990, les décennies antérieures comportent de plusieurs épisodes d'inflation forte, voire d'hyperinflation au sens de Reinhart et Rogoff (Bolivie, 1984-1985 ; Nicaragua, 1985-1991 ; Argentine, 1986-1990 ; Pérou, 1988-1991 ; Brésil, 1988-1994 ; Angola, 1992-1996 ; Zaïre, 1991-1994 ; Zimbabwe, 2003-2009). À cette liste, il convient d'ajouter la forte inflation des pays de l'ancien bloc soviétique, entre 1990 et 1994 : Yougoslavie, Roumanie, Ukraine, Russie.

L'hyperinflation brésilienne est remarquable par sa durée, sept années au cours desquelles l'inflation a été en moyenne de plus de 5000 % par an, avec un pic en 1990 à plus de 30 000 %. L'inflation, déjà forte depuis le début de la décennie, commence à accélérer au début des années 1980 en raison de difficultés financières croissantes de l'État. La hausse des taux d'intérêt renchérit considérablement la dette extérieure, le choc pétrolier accroît le coût des importations tandis que les prix des produits primaires exportés baissent. L'État est obligé de prendre des mesures de limitation des importations. Les pénuries de produits désorganisent l'économie qui connaît une dépression de plusieurs années. Forte création monétaire pour financer le déficit budgétaire, pénuries, hausses de salaires entretiennent l'inflation. Plusieurs plans de stabilisation, en 1986, 1989, 1990 échouent à casser l'hyperinflation malgré des mesures fortes tels plusieurs changements d'unité monétaire, avant que le plan real de 1994 n'y parvienne. La désindexation des salaires et la parité symbolique entre un real et un dollar ont contribué, avec d'autres mesures comme la réduction du déficit budgétaire, à briser l'inflation.

La référence à une monnaie étrangère inspirant confiance est parfois choisie de manière plus officielle, comme en Argentine en 1991 avec la mise en place d'un *currency board* destiné à briser l'inflation et à faciliter l'accès aux crédits en dollars auprès des banques internationales. La masse monétaire est liée aux réserves de change disponibles dans le pays. En Argentine comme dans d'autres pays ayant traversé une période récente de très forte inflation, les résidents détiennent souvent une part croissante de leurs actifs en devises et les transactions s'effectuent aussi de façon croissante en monnaie étrangère. Le dollar étant souvent utilisé dans ces substitutions monétaires, on parle de « dollarisation ». Le phénomène peut prendre un caractère officiel, comme dans le cas de l'Argentine, de l'Équateur et du Zimbabwe ou être plus ou moins avancé de manière informelle (Bolivie, Pérou, Amérique centrale, etc.).

4. – La déflation japonaise contemporaine

Depuis 1995, à l'exception de quelques épisodes ponctuels de redressement, l'indice des prix à la consommation diminue au Japon à un rythme d'un peu moins de 1 % par an. En 1990-1991, le Japon subit une crise immobilière et financière considérable. L'endettement s'était considérablement accru dans les années 1980, nourrissant une bulle immobilière et boursière. La chute des cours au début des années 1990 conduit à une accumulation de créances douteuses dans les bilans des entreprises et des banques du pays. La baisse des prix des logements et de la bourse de Tokyo jusqu'en 2003, les réticences des agents privés à réaliser leurs pertes et le manque d'action politique visant à apurer les bilans des banques entretiennent le manque de dynamisme de l'offre et de la demande de crédit. L'investissement privé perd son dynamisme des années 1980 et les entreprises se désendettent pendant plus de quinze ans. Ce qui, ajouté à l'effet richesse négatif, rend la demande intérieure atone. La demande extérieure est de plus bridée par un doublement du taux de change effectif du yen entre 1990 et 2012. Le pays est touché par les crises financières et économiques des pays émergents et en transition en 1997-1998, qui fragilisent encore son secteur bancaire et sa demande extérieure. Malgré une tendance à la baisse du taux d'épargne des ménages (de 15 % en 1990 à 5 % en 2012), la consommation intérieure progresse au fil des années de plus en plus lentement, en raison d'une déformation croissante du partage de la valeur ajoutée en faveur des entreprises. Le déficit public élevé, autour de 10 % du PIB depuis la fin des années 1990, et des taux d'intérêt directeurs à zéro depuis cette époque ne compensent pas la faiblesse de la demande privée et les problèmes bancaires. La base monétaire double entre 1998 et 2012 sans que la masse monétaire (M3) ne progresse, révélant l'incapacité de la banque centrale à agir sur le volume de la monnaie en circulation. La mise en œuvre, à partir de 2013, d'une stratégie de détente quantitative est censée permettre, par de nouveaux canaux, de sortir l'économie japonaise d'une déflation qui s'est accompagnée d'une croissance économique de 1 % l'an en moyenne seulement depuis 1990, en rupture avec le miracle japonais des décennies antérieures.

5. – La zone euro au bord de la déflation

Au sein de la zone euro, le recul du rythme moyen d'inflation a débuté à l'été 2012, notamment sous l'effet du ralentissement de l'inflation en Espagne et en Italie. En 2014 et 2015, l'inflation mesurée en zone euro est comprise entre 0 % et 0,5 % par an, bien en deçà de la cible d'inflation de 2 % de la Banque centrale européenne. L'indice des prix à la consommation baisse même en 2014 et 2015 dans plusieurs pays : en Espagne, en Grèce, en Estonie et à Chypre, pays qui détient le record des baisses des prix avec un recul de l'IPC de 2 % en 2015. Même des pays comme l'Allemagne ou la France, où les prix continuent d'augmenter, connaissent un ralentissement de l'inflation très perceptible depuis les données annuelles de 2013. La diminution marquée de l'inflation entre 2012 et 2015 ne concerne pas que la zone euro, elle est observable en Europe, aux États-Unis et même au niveau mondial. Depuis plus de trente ans, l'inflation n'a jamais été aussi faible globalement dans le monde. La zone euro fait partie des régions les plus concernées par un phénomène dû en partie à la baisse des prix des matières premières après 2008.

L'observation de l'inflation sous-jacente (inflation corrigée de l'impact des évolutions des prix des produits à prix volatils ou sous contrôle des États) en zone euro montre cependant que, pour cette partie du monde, il faut rechercher des explications complémentaires. La crise des dettes souveraines dans la zone euro depuis 2010 a conduit certains États à réduire leur déficit public et à vouloir diminuer leur dépendance aux capitaux étrangers, ce qui impliquait pour les pays concernés une hausse de leurs soldes courants, auparavant très déficitaires. En Grèce, en Espagne et au Portugal en particulier. Un déficit courant manifeste en effet un besoin de financement global des agents économiques résidents, couvert par des fonds apportés par des agents non résidents. La poursuite de tels objectifs a notamment impliqué un effort de compression des demandes internes par des politiques budgétaires d'austérité qui ont conduit à la récession de 2012-2013. Si l'objectif de réduction des déficits courants a été atteint dès 2013 par l'Espagne et le Portugal et en 2015 par la Grèce, ces politiques de compression de la demande, menées dans un contexte de montée du chômage et de baisse des salaires, ont largement contribué au ralentissement voire à la baisse de l'indice des prix à la consommation. Ainsi, c'est le cumul de la récession et des politiques d'austérité menées dans plusieurs pays qui a accentué les pressions déflationnistes en zone euro. Enfin, la lenteur et la difficulté du processus de désendettement des agents privés expliquent aussi que la demande interne soit restée peu dynamique au cours des dernières années dans ces pays. Les difficultés sont en partie la conséquence de l'avortement de la reprise de 2011 : faute de dynamisme retrouvé de l'activité, à la différence de ce qui est observé aux États-Unis par exemple, l'apurement des bilans des agents est plus lent. La priorité au désendettement freine le dynamisme de la demande interne et les bilans des banques conservent des créances douteuses qui limitent les capacités de prêt, comme cela est par exemple le cas en Italie encore en 2016.

Cherchant à éviter tout basculement de l'économie dans une dynamique de déflation et afin d'accélérer le désendettement des agents privés et publics, la Banque centrale européenne conduit depuis septembre 2014 des politiques d'achats fermes d'actifs financiers destinées à amplifier son programme de stimulation de l'économie de la zone euro. En effet, la diminution des anticipations d'inflation dans le contexte de taux d'intérêt directeurs abaissés à un niveau plancher a rendu nécessaire l'utilisation d'outils non conventionnels de la politique monétaire pour augmenter la quantité de monnaie dans l'économie, abaisser encore les taux d'intérêt à long terme et déprécier l'euro. Ces trois évolutions doivent soutenir le dynamisme de la demande interne et favoriser une remontée des rythmes d'inflation. Si le taux de change effectif de l'euro a baissé de plus de 10 % entre 2014 et 2016, l'inflation reste à cette date en zone euro à peine positive. Un indicateur qui, croisé avec l'accroissement important de l'excédent courant des pays de la zone depuis 2012, témoigne d'une atonie persistante de la demande interne en zone euro. Cette fragilité entretient encore en 2016 les pressions déflationnistes, malgré les mesures fortes mises en œuvre par la Banque centrale européenne.

II

LE CHÔMAGE : ÉVOLUTION ET ANALYSES

Le chômage représente un déséquilibre majeur des pays développés à économie de marché. La nature et l'intensité du chômage ont beaucoup varié selon les périodes mais aussi les pays. D'importants débats opposent les économistes sur les causes du chômage.

A MESURE ET ÉVOLUTION DU CHÔMAGE

La définition du chômage ne va pas de soi du fait de la complexité des situations par rapport à l'emploi. Il est nécessaire de caractériser le chômage et de mettre en lumière son évolution dans les PDEM depuis plus d'un siècle.

1. – Cerner le chômage

La notion de chômage est relativement récente. Aujourd'hui encore, des difficultés de mesure du chômage existent, du fait de frontières floues entre l'activité, l'inactivité et l'emploi.

a. — Un rapide historique

La catégorie du chômage apparaît à la fin du XIXe siècle. L'existence d'un sous-emploi à l'occasion des crises agricoles n'était pas assimilable à du chômage : les ouvriers n'étaient pas vraiment coupés du monde rural. Un grand nombre d'entre eux conciliaient une activité industrielle salariée et une production agricole non marchande. À partir de la seconde révolution industrielle, le salariat se développe, dépourvu de protection sociale. Le chômage lors des crises économiques entraîne des conséquences désastreuses pour les travailleurs, ces derniers ne disposant que de leur force de travail pour s'assurer un revenu. Les réformateurs sociaux se penchent sur la question du chômage ; ils cherchent à distinguer les chômeurs de ceux qui ne travaillent pas et à cerner les causes du chômage. Penser en termes de chômage, c'est commencer à raisonner en termes de phénomène économique et social. Ainsi le concept de chômage moderne fait l'objet d'une « invention » (Robert Salais, Nicolas Baverez, Bénédicte Reynaud, *L'invention du chômage*, 1986). La catégorie statistique de chômeur apparaît en France pour la première fois dans le recensement de 1896. Elle ne concerne que les salariés (employés et ouvriers) ayant une profession et sans emploi le jour du recensement.

Il faut prendre garde aux comparaisons temporelles des taux de chômage car les statistiques de la période sous-évaluent le chômage parce qu'elles ne prennent pas en compte celui des travailleurs indépendants comme les artisans à domicile, ni celui des façonniers ou des journaliers agricoles. De même, le chômage féminin est sous-évalué, les femmes étant souvent déclarées sans profession ou « aides familiaux » dans l'agriculture. Le taux de salariat étant bien plus faible au début du XXe siècle qu'aujourd'hui, le seul recours à l'indicateur taux de chômage minore le sous-emploi effectif.

Progressivement, les préoccupations autour du chômage se traduisent par des normes internationales, l'Organisation internationale du travail (OIT) est créée en 1919. La définition du chômage continuera d'évoluer après la Seconde Guerre mondiale dans un contexte de quasi-plein emploi.

b. — *La définition statistique du chômage*

Le Bureau international du travail ou BIT (secrétariat permanent de l'OIT) a adopté en 1982 une définition du chômage reprise par l'ensemble des instituts statistiques des pays développés. Un chômeur est une personne en âge de travailler (15 ans ou plus), remplissant simultanément trois critères :

- le critère d'absence d'emploi : la personne n'a pas travaillé, ne serait-ce qu'une heure, dans la semaine qui précède l'enquête ;
- le critère de disponibilité : la personne peut occuper un emploi dans un délai inférieur à quinze jours ;
- le critère de recherche active d'emploi : la personne a fait des démarches spécifiques pour trouver un emploi, salarié ou non (par exemple des réponses à des petites annonces, des envois de curriculum vitae). Il faut noter que, depuis 2000, une liste harmonisée des démarches de prospection a été élaborée par l'Institut européen de statistique (Eurostat), ainsi une simple inscription au Service public de l'emploi n'est pas considérée comme une recherche active.

Ces recommandations du BIT sont très générales. Pour élaborer un questionnaire d'enquête, les statisticiens de chaque pays doivent les interpréter. La mesure du chômage est donc le résultat d'une construction.

En France, l'estimation du chômage est réalisée par deux organismes. L'Institut national de la statistique et des études économiques (INSEE) calcule le niveau de la population sans emploi à la recherche d'un emploi (PSERE) en se basant sur la définition du BIT. Pôle emploi comptabilise les demandeurs d'emploi en fin de mois (DEFM), c'est-à-dire « *des personnes sans emploi et disponibles pour en occuper un, qui ont fait la démarche de s'inscrire à Pôle emploi* » : une personne peut donc être chômeur au sens de Pôle emploi tout en exerçant une activité professionnelle très réduite, insuffisante pour interrompre les droits à indemnisation. Il existe cinq catégories classées de A à E en fonction du type d'emploi occupé (ou non) et des démarches imposées.

II apparaît que les données du chômage fournies par l'INSEE ne sont pas identiques à celles proposées par Pôle emploi, les divergences s'expliquant en partie par le fait que l'INSEE adopte un critère de recherche d'emploi plus restrictif que Pôle emploi.

Le taux de chômage est le rapport du nombre de chômeurs au nombre d'actifs. Dans ce chapitre, les taux seront toujours donnés au sens du BIT, ce qui permet de faire des comparaisons internationales. Il faut cependant prendre ces comparaisons avec précaution, du fait d'un taux de salariat très différent entre les pays, celui-ci étant bien plus faible dans les pays les moins avancés que dans les pays développés. Les PED ont ainsi encore une forte proportion de la population active travaillant dans un cadre non salarié ou dans l'économie informelle. Il y existe sans doute un sous-emploi assez élevé, mais on ne peut pas à proprement parler de chômage.

c. — *Le halo du chômage*

Répartir la population entre actifs occupés, chômeurs et inactifs pose problème du fait de la multiplication des situations aux frontières des trois catégories. Il est ainsi réducteur de définir le chômage comme la différence entre l'offre et la demande de travail. Il existe un halo du chômage (M. Cézard, « Le chômage et son halo », 1986) qui représente, comme le précise J. Freyssinet (*Le chômage*, 2004), les individus qui ne sont pas considérés comme chômeurs mais qui sont en situation équivalente à du chômage.

Ainsi des personnes sans emploi non classées comme chômeurs souhaiteraient travailler : elles recherchent un emploi, mais ne sont pas disponibles, généralement parce qu'elles poursuivent des études, suivent une formation, ou parce qu'elles gardent leurs enfants. Les « chômeurs découragés » sont les personnes qui souhaitent travailler, sont disponibles pour le faire mais qui déclarent ne plus rechercher d'emploi parce que la perspective d'y parvenir leur paraît trop faible.

Si la situation économique s'améliore, des « travailleurs découragés » vont de nouveau s'inscrire au chômage, contribuant ainsi à accroître l'offre de travail. Certaines personnes considérées comme inactives parce qu'elles ne font plus l'effort de chercher un emploi sont néanmoins en situation objective de chômage. La création d'emploi n'est alors plus synonyme de diminution équivalente du nombre de chômeurs.

Le chômage et son « halo »

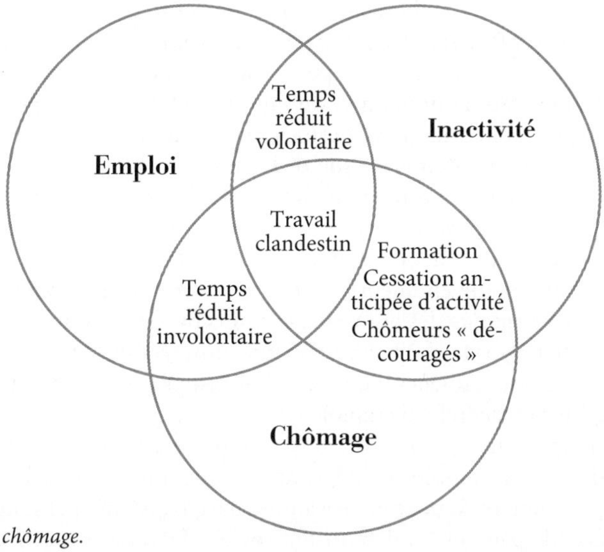

Source : Freyssinet, *Le chômage.*

Le BIT a introduit la notion du « sous-emploi » pour rendre compte des personnes se trouvant à mi-chemin entre l'emploi et le chômage. Ce sont les personnes ayant un emploi mais qui travaillent à temps partiel en souhaitant travailler plus ou celles qui ont involontairement travaillé moins que d'habitude, pour cause de chômage partiel par exemple. Fin 2016, le taux de sous-emploi était de 6,3 %.

Cette frontière floue entre chômage et emploi explique que les créations d'emplois n'aient pas d'effet symétrique sur le chômage. Le taux de flexion rend compte de cette interdépendance entre l'offre et la demande de travail ; il rapporte la baisse du nombre de chômeurs à la création de 100 emplois : si ce taux est proche de 1, la création d'emplois permet une nette diminution du taux de chômage ; inversement si ce taux est proche de 0.

2. – Les différentes caractéristiques du chômage

L'observation de la composition et de la durée du chômage est nécessaire pour appréhender ce phénomène. L'analyse des entrées dans le chômage permet de saisir aussi la nature de ce dernier.

a. — Un chômage sélectif

Le taux de chômage relatif calculé selon l'âge, le sexe, la catégorie socioprofessionnelle, le diplôme, etc. constitue une mesure de l'inégalité face au chômage. Certaines populations se caractérisent par une forte vulnérabilité au chômage. Les inégalités entre classes d'âge sont plus nettes : en 2015, le taux de chômage des moins de 25 ans est de quasiment 25 %. Le risque de chômage varie aussi beaucoup selon le niveau de formation. Le taux de chômage des sans diplôme est trois fois supérieur à celui des diplômés de l'enseignement supérieur ; ce que l'on retrouve au niveau des catégories socioprofessionnelles, les cadres connaissent un taux de chômage de 4 % contre 20,3 % pour les ouvriers non qualifiés (données 2015). De même, les travailleurs nationaux sont moins vulnérables que les travailleurs d'origine étrangère (hors Union européenne).

b. — La durée du chômage

Prendre en compte la durée du chômage permet de mettre en évidence un cercle vicieux du chômage : la probabilité de retrouver un emploi diminue avec l'ancienneté au chômage. Les entreprises ont tendance à ne pas embaucher les personnes au chômage depuis longtemps de peur d'une dégradation de leur capital humain et du fait que cette situation peut être appréhendée comme un signal négatif concernant les performances du chômeur. Enfin, l'intensité de la recherche d'un emploi peut s'affaiblir en raison de la démotivation du chômeur.

Robert Salais (« Le chômage, un phénomène de file d'attente », 1980) montre ainsi que le chômage fonctionne comme un processus de file d'attente inversée. Les formes d'emplois atypiques jouent un rôle dans la production d'un chômage de longue durée car elles fournissent en permanence un flux de nouveaux chômeurs. L'ordre d'arrivée ne détermine pas l'ordre de sortie du chômage : les plus performants des nouveaux entrants passent devant ceux qui le sont moins. La probabilité de maintien dans le chômage augmente ainsi très fortement avec la durée du chômage. Les caractéristiques individuelles jouent au fil du temps un rôle de plus en plus faible pour expliquer la longueur de la recherche d'emploi.

Le chômage de longue durée entraînant ainsi une perte d'employabilité est un déséquilibre majeur du marché du travail, l'employabilité se définissant comme la probabilité de trouver un emploi ou de changer d'emploi. Il peut mener à une marginalisation permanente du marché du travail, avec les risques de pauvreté et d'exclusion sociale. Le taux est particulièrement élevé en France : en 2015, 44,3 % des chômeurs l'étaient depuis plus d'un an (64,6 % pour les 50 ans ou plus).

c. — Différentes formes de chômage

Complétant la typologie de J. Freyssinet, J. Gautié (*Le chômage*, 2009) propose une classification à partir des transitions sur le marché du travail. Le chômage d'insertion concerne les nouveaux entrants sur le marché du travail qui sont essentiellement les jeunes en sortie d'études. Le chômage de conversion touche principalement les travailleurs fréquemment titulaires d'un emploi stable, à la suite d'un licenciement souvent lié aux mutations de l'appareil productif, mais qui sont relativement employables. Ce type de chômage est caractéristique de la période des années 1960 au début des années 1970. Le chômage répétitif concerne les travailleurs qui alternent périodes d'activité et de chômage. Il s'est accru depuis les années 1990 du fait d'une plus grande flexibilité externe du travail. Le chômage d'exclusion est lié à une probabilité d'insertion ou de réinsertion très faible sur le marché du travail. Il se traduit par un chômage de longue durée (de plus d'un an), voire de très longue durée (de plus de deux ans).

3. – L'évolution du taux de chômage : une perspective historique

Le chômage a connu des évolutions marquées depuis sa comptabilisation. Si les Trente Glorieuses ont été marquées par des taux de chômage particulièrement faibles, se pose aujourd'hui la question de la définition du plein emploi, du fait de taux de chômage restant à des niveaux élevés.

a. — Les grandes tendances du chômage

Le chômage reste faible au cours des trente premières années du XXe siècle, hormis au Royaume-Uni qui connaît un chômage bien plus élevé que les autres pays lors des années 1920. Cette période se caractérise par une croissance économique relativement soutenue.

Lors des années 1930, suite à la crise de 1929, le taux de chômage augmente de manière significative. D'environ 2 %, il passe à près de 5 %. Un taux qui paraît faible au regard des critères actuels, mais la comptabilisation était alors différente (*cf. supra,* « La définition statistique du chômage »).

Les Trente Glorieuses sont une période qualifiée de plein emploi. Le taux de chômage ne dépasse pas les 3 % dans la plupart des pays développés. À partir de la fin des années 1960, on assiste à une montée continue du chômage, qui se transforme en chômage de masse. Des différences importantes entre pays vont apparaître. Les États-Unis vont revenir à des taux de chômage faibles lors des années 1990 (moins de 5 %), à l'inverse de l'Europe. Le chômage européen, malgré des phases de diminution comme à la fin des années 1990, ne parvient pas à descendre en dessous d'un certain niveau. En France, la tendance globale a été plutôt à la baisse du chômage depuis la seconde moitié des années 1990, jusqu'à la crise de 2008 (7,4 % en 2008).

Figure 1 – Taux de chômage en France de 1975 à 2016 *(%)*

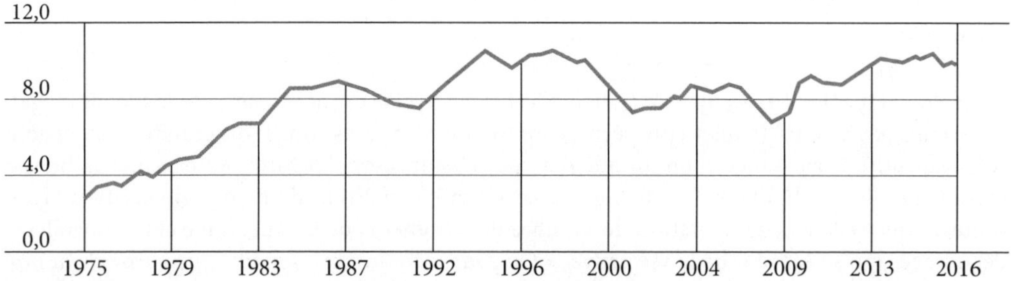

D'après l'INSEE.

Avec la crise de 2008, l'augmentation du chômage dans les pays développés a eu lieu avec une rapidité inédite depuis le premier choc pétrolier. Par exemple, aux États-Unis, le taux de chômage passe 4,6 % en 2007 à 9,6 % en 2010.

Figure 2 – Évolution récente du taux de chômage *(%)*

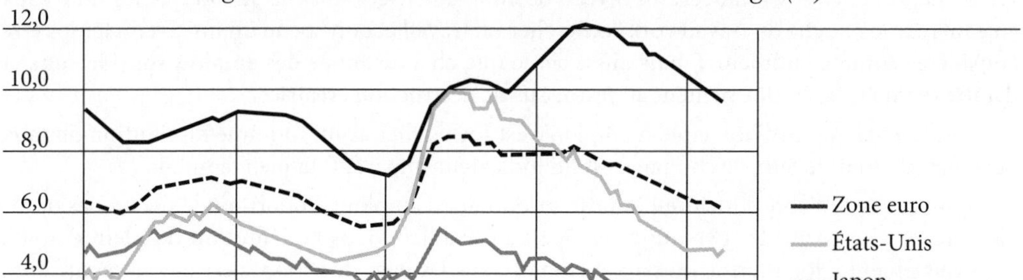

Source : OCDE.

Depuis 2010, les pays connaissent des évolutions différentes. La baisse est amorcée aux États-Unis et au Japon ; en revanche, la zone euro a des difficultés à endiguer la montée du chômage, avec des différences importantes entre les pays (fin 2016, le taux de chômage espagnol atteignait 18,7 % et celui de l'Allemagne 4,2 %). Le taux de chômage des jeunes est un problème préoccupant : fin 2016, d'après les données d'Eurostat, 18,4 % des jeunes de moins de 25 ans étaient à la recherche d'un emploi dans l'Union européenne, 20,7 % dans la zone euro, 46,5 % en Grèce ou encore 43,6 % en Espagne. Ce qui fait craindre une « génération perdue », comme le souligne le BIT, les jeunes risquant de perdre les acquis de leurs études.

Tableau 1 – Taux de chômage *(%)* dans quelques pays de l'OCDE en décembre 2015

Australie	Allemagne	Chili	Corée du Sud	Espagne	États-Unis	France	Grèce	Irlande
5,7	4,2	6,5	3,6	18,7	4,7	10,1	23,3	7,9

Italie	Japon	Portugal	Pays-Bas	Royaume-Uni	Suède	Zone euro	Union européenne	OCDE
12,0	3,1	10,9	5,9	4,8	7,0	10,0	8,5	6,3

Source : OCDE.

Selon l'OCDE (*Perspectives de l'emploi*, 2012), la reprise économique a été faible ou inégale et certains pays, en particulier européens, sont toujours en récession. Trois grandes conclusions se dégagent. La croissance économique n'a pas été suffisamment forte pour freiner la hausse conjoncturelle du chômage. Les personnes sans emploi souffrent d'une marginalisation croissante, ce que reflète l'augmentation du nombre des chômeurs de longue durée et de travailleurs découragés qui se retirent de la vie active. « *On peut craindre qu'au moins une partie de la progression conjoncturelle du chômage ne devienne structurelle.* »

b. — À la recherche du plein emploi

Le terme de plein emploi désigne une situation de l'économie où toutes les capacités matérielles de production sont requises et où toute personne désirant travailler peut effectivement bénéficier d'un emploi. Le plein emploi ne correspond pas à une situation où le taux de chômage serait nul. En effet, il y a un certain niveau de chômage frictionnel lié au fait que les nouveaux entrants sur le marché du travail vont rechercher un travail et donc pendant un certain temps être considérés comme chômeurs, mais aussi parce que chaque année des emplois sont détruits et d'autres sont créés, conformément au processus de destruction créatrice.

Rechercher aujourd'hui le plein emploi, c'est rechercher avant tout une diminution du taux de chômage. Mais le taux de chômage est un indicateur imparfait du plein emploi.

On peut tout d'abord inclure l'indicateur du taux d'emploi (proportion de personnes occupant un emploi parmi les personnes en âge de travailler) dans la définition du plein emploi. L'accroissement à long terme du taux d'emploi dans les pays développés est une nécessité afin, notamment, de faire face aux conséquences du vieillissement démographique. D'ailleurs, les objectifs de la stratégie de Lisbonne puis de la stratégie Europe 2020 ne sont pas des objectifs en termes de taux de chômage mais en termes de taux d'emploi (avec un objectif d'un taux global d'emploi passé de 70 % à 75 %).

Le plein emploi renvoie aussi à la question du travail à temps partiel non choisi. Le plein emploi ne peut représenter une situation économique où de nombreux travailleurs en situation de sous-emploi cherchent à travailler davantage.

Il faut aussi se poser la question d'élargir davantage la notion de plein emploi, en prenant en compte des critères qualitatifs. L'Organisation internationale du travail (OIT) a ainsi introduit le concept de travail décent qui est la possibilité d'accéder à un emploi, une rémunération appropriée, la sécurité au travail et des conditions de travail salubres, le respect des droits fondamentaux (liberté syndicale, non-discrimination au travail, absence de travail forcé et de travail des enfants). Le BIT s'est engagé dans la mise au point de batteries d'indicateurs statistiques destinés à mesurer le travail décent dans le monde.

B UN CHÔMAGE LIÉ AUX FLUCTUATIONS DE L'ACTIVITÉ ÉCONOMIQUE

Dans l'analyse keynésienne, une économie peut être durablement en situation de sous-emploi. Les entreprises sont désireuses de produire plus, mais ne le font pas par suite d'une insuffisance de la demande effective.

1. – Le chômage conjoncturel

Le chômage conjoncturel est lié au fait que le rythme de croissance de l'activité a tendance à fluctuer et que son ralentissement engendre du chômage qui se résorbe lorsque le cycle d'activité recommence à s'accélérer. Mais la croissance n'entraîne pas une diminution proportionnelle du chômage. Ce chômage conjoncturel a des effets différents selon les catégories de travailleurs.

a. — Le chômage keynésien

Dans le chapitre XXIV de la *Théorie générale de l'emploi, de l'intérêt et de la monnaie* (1936), John Maynard Keynes écrit : « *Les deux vices marquants du monde économique où nous vivons sont le premier que le plein emploi n'y est pas assuré, le second que la répartition de la fortune et du revenu y est arbitraire et manque d'équité* ». Keynes développe une analyse du chômage non fondée sur une théorie du marché du travail. Il s'oppose à la thèse néoclassique du chômage, en particulier à celle d'A.C. Pigou (*La théorie du chômage*, 1933), attribuant l'existence d'un sous-emploi permanent à une cause unique : la rigidité des salaires réels à la baisse. Les syndicats empêchent la baisse des salaires et le chômage est donc considéré comme « volontaire ». Pour Keynes, au contraire, le chômage est avant tout « involontaire », c'est-à-dire qu'en l'absence de toute rigidité des salaires à la baisse, le chômage peut subsister, car l'emploi offert est déterminé par le seul niveau de la demande effective, c'est-à-dire de la demande anticipée par les entreprises. Cette dernière détermine le volume de production qu'elles mettent en œuvre et donc l'emploi qu'il requiert. Or rien ne garantit que cette demande effective corresponde à une situation de plein emploi. Il existe ainsi du chômage involontaire même lorsque le marché des biens et services est en équilibre. Il s'agit d'un équilibre de sous-emploi : la demande effective est insuffisante pour assurer le plein emploi.

J.M. Keynes ne trouve donc pas adéquate la baisse des salaires pour réduire le chômage. Cette diminution est « *impraticable et inéquitable* », elle entraîne une baisse du pouvoir d'achat se traduisant par un recul de la demande et donc de l'emploi. « *Ainsi la réduction des salaires nominaux ne saurait d'une façon durable accroître l'emploi* ». Si, toutefois, il faut réduire les salaires réels, il vaut mieux une augmentation des prix, mieux acceptée socialement qu'une diminution des salaires nominaux.

b. — Chômage et croissance économique

Dans l'optique keynésienne, les variations à court terme du PIB ont des répercussions sur le niveau de l'emploi et donc sur celui du chômage. On peut distinguer le PIB effectif, effectivement réalisé, et le PIB potentiel qui désigne le niveau de PIB qui résulterait du plein emploi des facteurs de production dans l'économie sans apparition de tensions inflationnistes. La différence entre le PIB effectif et le PIB potentiel représente l'écart de production (ou *output gap*). La loi d'Okun représente la relation mise en évidence par Arthur Okun (« *Potential GNP: its measurement and significance* », 1962) entre l'évolution du chômage et celle de l'écart de production. Le taux de chômage est une fonction croissante de l'écart de production. Si la croissance effective est inférieure à la croissance potentielle, qui est la croissance maximale permise par la pleine utilisation des facteurs de production sans tensions inflationnistes, alors le chômage augmente. La loi d'Okun mesure ainsi la sensibilité du chômage à une modification de l'*output gap*.

L'ajustement de l'emploi aux fluctuations de l'activité n'est ni immédiat, ni strictement proportionnel. Par exemple, aux États-Unis, les estimations révèlent que l'augmentation de 1 % du PIB effectif réduit le taux de chômage de seulement 0,5 %. Cela s'explique par plusieurs raisons.

Tout d'abord, l'impact de la croissance sur l'emploi est amorti par le cycle de productivité. Face à des variations de la demande, les entreprises peuvent modifier le nombre d'heures travaillées par les salariés en place, plutôt que d'embaucher de nouveaux travailleurs. À l'inverse, une entreprise qui connaît une baisse de ses ventes peut réduire les heures travaillées plutôt que de licencier. Les entreprises ne vont ajuster leurs effectifs que si le rebond ou le creux conjoncturel s'avère durable. La productivité du travail s'accélère donc lors des phases de reprise et se réduit lors des phases de ralentissement conjoncturel. L'emploi et le chômage sont ainsi plus sensibles dans les pays où le marché du travail est flexible que dans les pays où il est relativement rigide. La France a, sur une longue période, un coefficient d'Okun plus faible que celui des États-Unis : Olivier Blanchard et Daniel Cohen (*Macroéconomie*, 2010) estiment que le coefficient d'Okun n'était, en France, que de 0,17 au cours des années 1960 et 1970, contre 0,40 aux États-Unis. Toutefois, le coefficient a changé en France durant la période récente, rejoignant celui des États-Unis : 0,4 contre 0,5. La croissance s'est donc « enrichie en emploi » en France. Cela est en grande partie lié à une plus grande flexibilité du marché du travail.

De plus, le nombre de travailleurs cherchant un emploi est influencé par la disponibilité des emplois. Lors d'une période de récession, certains travailleurs au chômage se découragent et renoncent à chercher activement du travail. Inversement, en phase de reprise, certaines personnes qui n'étaient pas activement à la recherche d'un travail vont se présenter sur le marché du travail. Le taux de flexion, indicateur rapportant la baisse du nombre de chômeurs à la création de 100 emplois, permet de rendre compte de ce phénomène : si ce taux est proche de 1, la création d'emplois diminue fortement le taux de chômage, si ce taux est proche de 0, la création d'emplois ne fait pas diminuer sensiblement le nombre de chômeurs.

c. — Les effets des fluctuations de l'activité économique sur le chômage catégoriel

Les différences de taux de chômage entre les catégories de travailleurs dépendent de leurs productivités et de leurs salaires relatifs, mais aussi de la conjoncture. Ainsi, le taux de chômage des jeunes est plus sensible aux variations de l'activité économique que celui des adultes. En cas de récession, les entreprises n'embauchent pas et ces nouveaux entrants ne trouvent pas d'emploi. Les jeunes en emploi souvent temporaire sont davantage menacés de perdre cet emploi, car les entreprises ne prolongent pas les contrats temporaires en cas de baisse de l'activité.

De même, si elles sont obligées de licencier, elles choisissent davantage les jeunes qui ont moins d'expérience dans l'entreprise et donc moins de capital humain spécifique. De même, les entreprises licencient plus facilement les travailleurs peu qualifiés car ils n'ont pas de compétences recherchées. Ces travailleurs connaissent donc une plus grande vulnérabilité face au ralentissement économique. On retrouve ce même phénomène pour les emplois de cadres et d'ouvriers. Une baisse d'activité a des effets plus rapides sur ces derniers emplois, la suppression des postes d'encadrement n'intervenant qu'en cas de baisse durable.

2. – L'arbitrage inflation-chômage

La courbe de Phillips, entendue de façon large comme une relation entre inflation et taux de chômage, devient rapidement une relation macroéconomique de référence. Pendant les Trente Glorieuses, l'idée d'un arbitrage possible entre le chômage et l'inflation était ainsi dominante.

a. — La courbe de Phillips

En 1958, A.W. Phillips (« *The relation between unemployment and the rate of change of money wage rates in the United Kingdom, 1861-1957* ») a mis en évidence une corrélation négative entre le taux de chômage et le taux de croissance des salaires nominaux pour la Grande-Bretagne sur la période 1861-1957. L'explication de cette relation est l'existence d'un mécanisme d'ajustement sur le marché du travail. Une augmentation de la demande de travail fait baisser le chômage, ce qui augmente le pouvoir de négociation des salariés et les salaires tendent à augmenter. Inversement lors d'une baisse de la demande de travail. La relation n'est pas linéaire : l'effet d'une baisse du chômage devient important lorsque le chômage est très faible, tandis qu'il est modeste lorsque le chômage est à un niveau élevé.

À partir d'études sur la Grande-Bretagne et d'autres pays, des économistes comme R.G. Lipsey (« *The relation bewteen unemployment and the rate of change of money wage rates in the United Kingdom, 1862-1957: A further analysis* », 1960) trouvent une relation similaire entre le taux de chômage et le taux d'inflation. P. Samuelson et R. Solow développent une analyse semblable (« *Analytical aspects of anti-inflation policy* », 1960). Le taux d'inflation est substitué au taux de croissance des salaires nominaux car la liaison entre les deux grandeurs est forte. La hausse des salaires provoque des tensions sur la demande de biens et services donc sur les prix et les entreprises augmentent leurs prix pour conserver leurs marges.

Cette relation négative entre inflation et chômage devint centrale dans la politique macroéconomique.

Figure 3 – Courbe de Phillips revue par Solow et Samuelson

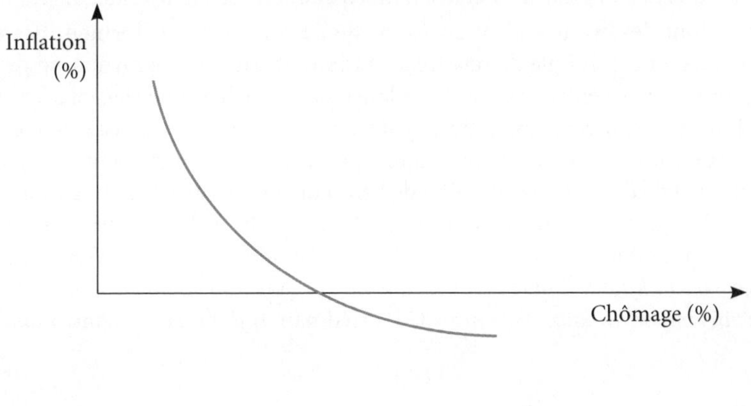

b. — *L'arbitrage inflation-chômage et le dilemme de politique économique*

La courbe de Phillips revisitée par P. Samuelson et R. Solow complète ainsi le modèle théorique IS/LM qui domine la pensée économique au cours des années 1950 et 1960. Il existe un arbitrage entre l'inflation et le chômage pour les responsables de la politique économique. Ils peuvent choisir entre une inflation faible associée à un taux de chômage plus élevé et une inflation plus forte associée à un taux de chômage plus faible. Ce dilemme de politique économique implique que les responsables accordent plus ou moins d'importance à l'un ou l'autre des objectifs, la stabilité des prix ou l'emploi. L'intervention publique a donc un caractère favorable à travers un réglage fin de la conjoncture (*fine tuning*) : une politique monétaire expansionniste permet de réduire le chômage au prix d'une inflation plus forte, une politique restrictive enraye l'inflation, ce qui se traduit par une augmentation du chômage. Ce fut l'un des fondements des politiques discrétionnaires pratiquées durant les années 1960, à l'image des politiques de *stop and go* mises en œuvre au Royaume-Uni.

C LE CHÔMAGE STRUCTUREL

Les politiques discrétionnaires visant à relancer la croissance pour diminuer le chômage vont rencontrer de sévères critiques. Se développe le concept de chômage structurel qui correspond au chômage qui ne peut pas être expliqué par un ralentissement de l'activité économique.

1. – La remise en cause des politiques conjoncturelles de lutte contre le chômage

L'arbitrage entre l'inflation et le chômage est remis en question, tout d'abord dans une optique monétariste, puis par les nouveaux économistes classiques. Le rôle des anticipations des agents devient primordial. Dans les années 1960 et 1970, certains auteurs vont montrer qu'un chômage « keynésien » et qu'un chômage « classique » peuvent coexister, rendant la pratique des politiques économiques délicate : il s'agit de la théorie du déséquilibre (ou des déséquilibres).

a. — *La critique monétariste*

En 1968, Milton Friedman (« *The role of monetary policy* ») remet en cause l'existence de la courbe de Phillips à long terme. Il construit la courbe de Phillips augmentée des anticipations et montre qu'il peut exister plusieurs courbes de Phillips à court terme mais que, à long terme, la courbe de Phillips est verticale. On retrouve ici à long terme le principe de la neutralité de la monnaie. L'hypothèse de dichotomie entre la sphère réelle et la sphère monétaire est réaffirmée : les variations de la masse monétaire n'ont d'effet que sur le niveau général des prix.

Les agents font des erreurs d'anticipations qu'ils corrigent : ils forment des anticipations adaptatives. Lors d'une politique de relance se traduisant par une augmentation de l'inflation, le salaire réel diminue et les entreprises ont tendance à embaucher, mais les salariés, victimes dans un premier temps de l'illusion monétaire, vont ensuite exiger une hausse de leurs salaires. Ils réalisent que leur pouvoir d'achat est plus faible que celui qu'ils anticipaient. L'augmentation des salaires a pour effet de dégrader la situation de l'emploi et le chômage revient à son niveau initial. La baisse du chômage n'est donc que transitoire. En revanche, la hausse des prix est permanente. « *À vrai dire, il n'y a qu'une seule décision à prendre. Le choix est entre le chômage sans inflation, et le chômage avec inflation. Il faut savoir ce que l'on préfère : un chômage modéré tout de suite ou un chômage plus important dans l'avenir.* » (M. Friedman, *Inflation et systèmes monétaires*, 1968).

Selon M. Friedman, il n'est pas possible de faire baisser durablement le niveau du chômage du fait de l'existence d'un « taux de chômage naturel ». « *Le taux naturel de chômage est le taux qui existerait dans un système d'équilibre général walrasien qui prendrait en compte les caractéristiques structurelles effectives du marché des biens et du marché du travail, y compris les imperfections, les changements aléatoires de la demande et de l'offre, le coût de recherche de l'information sur les emplois vacants et les disponibilités en main-d'œuvre, les coûts de mobilité, etc.* ». Les imperfections sur les différents marchés expliquent l'existence de ce taux de chômage qui est présent dans tout système économique ; il s'agit d'un taux de chômage plancher contre lequel aucune politique économique n'est durablement capable d'agir. Une réduction temporaire du taux de chômage, en dessous du taux naturel, ne peut être obtenue qu'au prix d'une inflation croissante. Les politiques de relance visant à réduire le chômage sont donc à rejeter.

Figure 4 – Courbes de Phillips selon Friedman

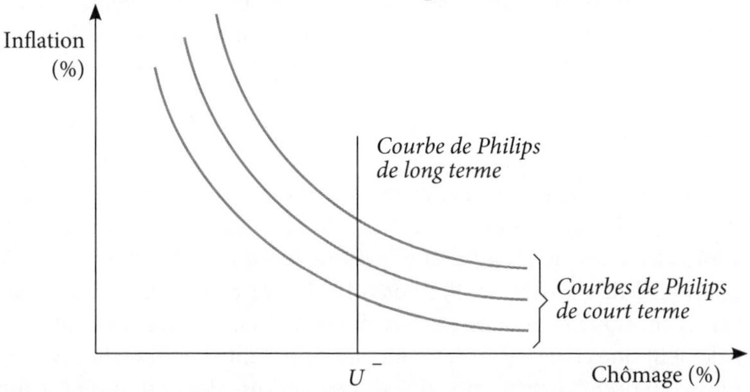

*b. — Le NAIRU (*Non accelerating inflation rate of unemployment*)*

Des économistes ont déduit de la courbe de Phillips et de sa critique par M. Friedman qu'il existe un taux de chômage compatible avec une inflation stable, c'est-à-dire un taux de chômage qui n'accélère pas l'inflation (il est donc impossible de faire baisser le chômage en dessous d'un certain niveau sans créer de l'inflation).

Le terme de NAIRU a été introduit par James Tobin (« *Stabilization policy ten years after* » 1980), mais à l'inverse de ce que souhaitait montrer M. Friedman, il va fournir un instrument aux politiques macroéconomiques. Celles-ci ont une utilité lorsque le taux de chômage effectif est supérieur au NAIRU calculé. Cette différence représentant le chômage conjoncturel, il est possible de dynamiser l'économie sans créer de tensions inflationnistes. En revanche, à l'approche ou en dessous du NAIRU, toute politique discrétionnaire visant à faire baisser le chômage s'accompagne d'une augmentation du niveau général des prix. Un arbitrage entre inflation et chômage est cependant possible puisque le niveau du NAIRU dépend de la norme d'inflation que l'on se donne. Le niveau de chômage compatible avec une inflation stabilisée à 4 % n'est sans doute pas le même que celui correspondant à une inflation de 2 %.

L'utilité du NAIRU pour la politique économique est discutée du fait en particulier de son estimation. Les différentes évaluations ne donnent que des mesures imprécises et les évaluations *ex-ante* du NAIRU connaissent souvent un biais pessimiste en termes d'inflation lors de période de baisse du chômage. Par exemple, lorsque le taux de chômage américain est descendu en dessous de 6 % (valeur estimée du NAIRU) à la fin de l'année 1994, la crainte d'une accélération de l'inflation a vu le jour. La banque centrale américaine n'a pas adopté de politique monétaire restrictive et le chômage a continué à baisser sans qu'il y ait de dérapages inflationnistes.

c. — L'approche de la nouvelle économie classique

Les nouveaux économistes classiques vont radicaliser la critique friedmanienne de la courbe de Phillips. L'hypothèse phare est que les agents ont des anticipations rationnelles. Cette notion a d'abord été introduite par J. Muth (« *Rational expectations and the theory of price movements* » 1961) : « *les anticipations, dans la mesure où elles sont des prévisions bien informées d'événements futurs, sont essentiellement identiques aux prévisions d'une théorie économique correcte* ». Les agents forment leurs anticipations en utilisant de manière rationnelle et optimale toute l'information disponible. Les anticipations rationnelles ne sont pas des prévisions parfaites. Les agents commettent des erreurs d'anticipation, mais celles-ci ne sont pas systématiques ; elles sont en moyenne nulles. Ainsi, en se basant sur cette hypothèse, les nouveaux classiques comme R. Lucas (« *Expectations and the neutrality of money* » 1972) vont affirmer que les agents ne sont jamais victimes de l'illusion monétaire (il existe une stricte neutralité de la monnaie) et donc qu'il n'existe pas d'arbitrage entre inflation et chômage. Toute augmentation annoncée de la masse monétaire se répercute dans les prix, sans que les variables réelles de l'économie ne soient affectées. Si une politique monétaire expansive est menée, les agents anticipent immédiatement l'augmentation de l'inflation et réclament des hausses de salaires : la relance se traduit uniquement par une accélération de l'inflation. La courbe de Phillips est une droite verticale, à court terme et à long terme.

Dans la continuité de ces travaux, F. Kydland et E. Prescott (« *Rules rather than discretion* » 1977) mettent l'accent sur la nécessité de suivre des règles pour assurer une cohérence temporelle des décisions de politique économique et donc une crédibilité des autorités publiques. Les nouveaux classiques s'opposent ainsi au caractère discrétionnaire des politiques économiques.

d. — La théorie du déséquilibre... l'arbitrage impossible entre chômage classique et keynésien

L'échec des politiques de relance pour faire face à la stagflation des années 1970 va amener des économistes à proposer de changer de référentiel théorique par rapport à l'approche keynésienne du chômage. Dans le cadre d'une approche en termes d'équilibre général, prenant donc en compte le marché du travail et celui des biens et services, ils vont partir de l'hypothèse que les prix et les salaires sont rigides à court terme et ne s'ajustent pas pour résorber les déséquilibres entre offre et demande sur les différents marchés. D. Patinkin (*Money, interest and prices*, 1965), R. Clower et A. Leijonhufud (« *The coordination of economic activities: a keynesian perspective* », 1975) sont les précurseurs de la théorie du déséquilibre ou de l'équilibre général à prix fixes. Les travaux de la seconde génération sont ceux en particulier de J.P. Benassy (« Théorie du déséquilibre et fondements microéconomiques de la macroéconomie », 1976) et E. Malinvaud (*Réexamen de la théorie du chômage*, 1980).

La théorie du déséquilibre cherche à concilier les analyses néoclassique et keynésienne du chômage.

Les prix étant rigides, en cas de déséquilibre, l'ajustement se fait par les quantités, le volume échangé s'ajuste au « côté court du marché », c'est-à-dire au niveau le plus faible de l'offre ou de la demande ; ainsi, il y a toujours une catégorie d'agent qui est rationnée : si le prix est supérieur au prix d'équilibre, ce sont les offreurs ; si le prix est inférieur au prix d'équilibre, ce sont les demandeurs. Dans le cas du marché du travail, l'excès d'offre ne se traduit pas par une diminution du salaire mais par du chômage. Ce chômage peut être « keynésien », résultant d'une insuffisance de la demande sur le marché des biens et services (les politiques traditionnelles de relance par la demande sont alors efficaces) ou de type « classique », lié à un salaire réel trop élevé et donc une rentabilité des entreprises insuffisante (ici les politiques de soutien à la demande sont inefficaces).

Tableau 2

		Marché des biens	
		Excès d'offre	Excès de demande
Marché du travail	Excès d'offre	Chômage keynésien	Chômage classique
	Excès de demande	-	Inflation contenue

Ces deux types de chômage peuvent coexister dans une économie. Le chômage mixte traduit cette coexistence : certaines branches productives, en excès d'offre, souffrent d'un chômage keynésien, tandis que d'autres connaissent un chômage lié aux contraintes qui pèsent sur l'offre. Il s'agit alors de stimuler l'offre des entreprises en situation « classique » sans déprimer davantage les débouchés des entreprises en situation « keynésienne ». Des politiques différenciées sont ainsi nécessaires.

2. – Le chômage structurel comme résultat d'un équilibre de marché

Revenir à l'analyse du marché du travail en équilibre partiel est nécessaire pour comprendre les causes du chômage chez les néoclassiques. Progressivement, un consensus a émergé sur la présence d'un chômage structurel qui peut être considéré comme un chômage d'équilibre, dont le niveau ne dépend pas de la conjoncture économique, mais qui est lié aux structures économiques.

a. — L'analyse standard du marché du travail

Les néoclassiques proposent une représentation du marché du travail reposant sur plusieurs hypothèses. Le travail est une marchandise comme une autre, échangée sur un marché. La demande de travail (D), représentant le nombre de travailleurs demandés par les entreprises, est décroissante avec le salaire réel (w/p), c'est-à-dire le salaire nominal divisé par le niveau général des prix. La productivité marginale décroît quand la quantité de travail employée augmente. Les entreprises embauchent ainsi tant que la productivité marginale est supérieure ou égale au salaire réel. L'offre de travail (O) représentant le nombre de personnes qui souhaitent travailler est croissante avec le salaire réel, le salarié arbitrant entre temps de travail et temps de loisir en fonction de sa contrainte de revenu (salaire). Si les conditions du modèle de concurrence pure et parfaite sont vérifiées, alors le marché du travail possède un équilibre unique. Il existe un niveau de salaire d'équilibre $(w/p)^*$, qui permet la satisfaction de l'offre et de la demande de travail, à un niveau d'emploi Q^*. Si l'offre de travail est supérieure à la demande de travail, la baisse du salaire conduit certains offreurs à sortir du marché du travail et des demandeurs à entrer sur le marché du travail. Un phénomène inverse se produit lorsque la demande est supérieure à l'offre. Si un déséquilibre persiste, c'est en raison de l'existence de rigidités qui empêchent le salaire de se fixer au niveau d'équilibre. Ces rigidités sont de plusieurs types : existence d'un salaire minimum, indemnisation du chômage, syndicats, législation sur la protection de l'emploi, politique fiscale et prélèvements sociaux. Il en résulte que le chômage est volontaire.

Ainsi, J. Rueff (« *L'assurance chômage, cause du chômage permanent* » 1931), A.C. Pigou (*The theory of unemployment*, 1933) et L. Robbins (*The great depression*, 1934) montrent que le chômage persistant de leur époque s'explique par le modèle néoclassique : le chômage résulte d'institutions, telles que le syndicat, le régime d'indemnisation chômage, qui entravent la flexibilité des salaires à la baisse. Comme le salaire observé est supérieur au salaire concurrentiel, un chômage apparaît, qui ne peut être résorbé que par le retour à la libre concurrence sur le marché du travail.

Figure 5 – Le marché du travail dans l'analyse néoclassique

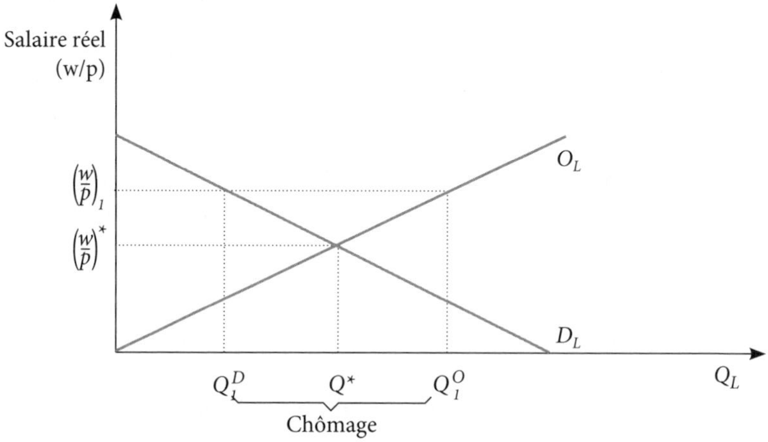

b. — L'équilibre d'un marché du travail imparfait

Les thèses sur le chômage d'équilibre ont en commun d'aboutir au résultat que, à l'équilibre, le chômage est supérieur à ce que justifierait la seule existence de frictions sur le marché du travail.

Il dépend des facteurs structurels liés au fonctionnement des différents marchés, en particulier celui du marché du travail. Différents modèles ont été élaborés pour expliquer la présence de ce chômage d'équilibre : l'accent peut être mis sur les facteurs jouant sur la rentabilité des entreprises.

Des explications sont apportées à l'existence de salaires non concurrentiels. L'explication traditionnelle des néoclassiques est que la rigidité des salaires à la baisse provient de la pression syndicale. Le chômage est alors volontaire. Mais depuis ces dernières années, la nouvelle microéconomie du travail apporte d'autres explications.

Certains auteurs se présentent comme nouveaux keynésiens, mais on s'éloigne ici de la vision de J.M. Keynes du chômage. Il s'agit en effet d'un chômage involontaire mais qui est lié au fonctionnement du marché du travail et non lié à une insuffisance de la demande effective.

Différentes thèses concernant les fondements microéconomiques des rigidités salariales ont été avancées.

La théorie des contrats implicites (C. Aziaridis, « *Implicit contracts and underemployment equilibria* », 1975) suppose que la rigidité des salaires résulte d'accords tacites entre l'entreprise et les travailleurs dont le but est de limiter l'incertitude. Les salariés ont une aversion au risque plus grande que les employeurs et ils souhaitent un salaire moins sensible à la conjoncture que dans le cas concurrentiel. Ils perçoivent ainsi des salaires plus faibles que dans le cas concurrentiel si la conjoncture est favorable, dans l'objectif de se protéger contre des baisses de salaires dans le cas de conjoncture défavorable. Il s'agit d'une sorte d'assurance contre la baisse des salaires qui explique la rigidité des salaires qui génère du chômage.

Le modèle « *insiders/outsiders* », développé par A. Lindbeck et D. Snower (*The insider-outsider theory of employment and unemployment*, 1988), présente les effets de l'opposition entre les salariés déjà en place (*insiders*) qui ont de l'ancienneté et qui sont expérimentés et les chômeurs (*outsiders*). Les *insiders* ont connaissance des coûts de rotation dans l'entreprise et peuvent influer sur ces coûts en acceptant de coopérer ou non avec de nouveaux travailleurs. Ils ont donc un pouvoir certain de négociation salariale : les *insiders* étant coûteux à remplacer, l'entreprise est incitée à leur verser des salaires plus élevés que le salaire concurrentiel et n'embauche pas d'*outsiders* pour des salaires plus faibles.

Les théories du salaire d'efficience, comme celle de G. Akerlof (« *Gift exchange and efficiency wage theory: four views* », 1984) ou de C. Shapiro et J. Stiglitz (« *Equilibrium unemployment as a worker discipline device* », 1984) reposent sur l'hypothèse fondamentale selon laquelle la productivité, supposée résulter de l'effort d'un salarié, est une fonction croissante de son salaire réel. Il peut ainsi être rationnel pour un employeur de rémunérer ses employés au-delà du salaire d'équilibre du marché, la réduction des salaires se traduisant par une baisse de la productivité des salariés.

Le dualisme du marché du travail

Les théories de la segmentation du marché du travail remettent en cause l'unicité et l'homogénéité du marché du travail, hypothèses affirmées par le modèle néoclassique. Suite aux travaux de P. Doeringer et M. Piore (*Internal labor markets and manpower analysis*, 1971), des économistes proposent de différencier deux marchés du travail : un marché primaire dans lequel les emplois sont stables, bien rémunérés, bien défendus par les syndicats, avec des possibilités de promotion et des conditions de travail satisfaisantes et un marché secondaire dans lequel les emplois sont précaires, mal rémunérés, peu défendus par les syndicats, offrant peu de promotion et avec des conditions de travail difficiles. Seul le marché secondaire correspond au modèle du travail néoclassique : le salaire y est déterminé par la confrontation de l'offre et de la demande. Alors que sur le marché primaire, le salaire n'est pas une variable d'ajustement, les entreprises détenant leurs propres règles quant à la fixation des salaires, les conditions d'embauche ou la promotion interne. Ces deux marchés sont relativement étanches, certains travailleurs se trouvant enfermés dans le marché secondaire, sans parvenir à obtenir un emploi dans le secteur primaire. Les théories récentes du marché du travail, en particulier les théories du salaire d'efficience et des « *insiders-outsiders* » donnent des fondements au rationnement de l'emploi dans le secteur primaire, au différentiel de salaire entre les deux secteurs et à la persistance du chômage. Par exemple, il peut être dans l'intérêt de l'entreprise de constituer un marché interne de la main-d'œuvre où elle mène une politique salariale incitative (salaire d'efficience) pour motiver ses salariés qualifiés à être productifs et pour les dissuader de chercher un emploi ailleurs. De même, l'existence de coûts potentiels de rotation de la main-d'œuvre donne aux salariés du marché primaire une rente de situation (*insiders*), qui leur permet d'obtenir un salaire supérieur au salaire concurrentiel et d'empêcher la concurrence des autres travailleurs (*outsiders*).

On peut déduire de ces analyses l'hypothèse de l'existence d'un chômage de file d'attente dû aux difficultés d'insertion sur le marché primaire. Certains demandeurs d'emploi préfèrent attendre de trouver un emploi sur le marché primaire plutôt que d'en accepter un sur le marché secondaire où ils risquent d'être enfermés.

c. — *Le modèle WS-PS ou un équilibre général revisité*

Le modèle WS-PS (*Wage Setting-Price Setting*) développé par Layard, Nickell et Jackman (*Unemployment*, 1991) constitue l'une des versions les plus abouties des modèles de chômage d'équilibre. C'est un modèle d'équilibre général d'une économie fonctionnant en concurrence imparfaite. Les agents économiques ont une influence sur les prix, ils sont « *price takers* ». Le chômage d'équilibre n'est donc pas défini dans le seul cadre du marché du travail.

Le modèle WS-PS repose sur deux relations impliquant le salaire réel : la première (WS) décrit la formation des salaires et la seconde (PS) celle des prix. WS est décroissante : plus le taux de chômage est fort, moins les salariés sont en mesure d'obtenir des salaires réels élevés. Les nouvelles théories du marché du travail apportent des fondements microéconomiques à la formation de cette courbe. PS est croissante : quand le salaire réel augmente, les entreprises subissent une diminution de leurs marges et procèdent à des licenciements, le taux de chômage augmente.

L'intersection des deux courbes détermine un niveau d'équilibre du chômage, celui qui rend compatibles les exigences en termes de salaire réel des salariés et des entreprises.

Le chômage d'équilibre dépend ainsi des déterminants respectifs des salaires et des prix : il est d'autant plus élevé que le coût salarial est élevé, que le régime d'indemnisation chômage est généreux, que le degré de concurrence sur le marché des biens est faible.

Figure 6 – Le modèle WS-PS

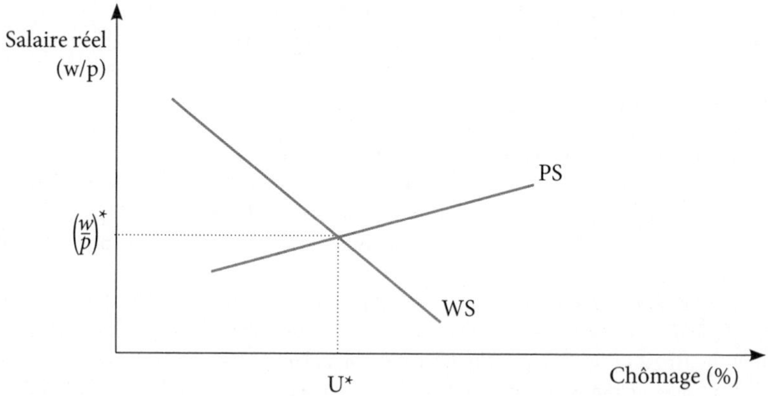

3. – Le chômage structurel comme conséquence de problèmes d'appariement sur le marché du travail

Ce chômage structurel peut aussi être expliqué par les facteurs qui ont un impact sur la mise en relation de l'offre et de la demande de travail.

a. — *Chômage de prospection et processus d'appariement*

Le chômage structurel peut être expliqué par le processus d'appariement entre l'offre et la demande de travail. Ainsi, des chômeurs peuvent ne pas trouver de travail alors que des entreprises disposent d'emplois vacants. L'appariement résulte de la confrontation entre la recherche d'emploi des travailleurs qui ont une connaissance imparfaite des postes vacants et le recrutement des entreprises qui perçoivent mal les caractéristiques des demandeurs d'emploi.

Les premières théories du chômage structurel l'avaient interprété comme un chômage frictionnel. Les modèles de « *job search* », depuis l'article fondateur de G. Stigler (« *Information in the Labor Market* »,1962) se focalisent sur la recherche d'emploi. La recherche d'information sur les emplois vacants est coûteuse. Ces coûts peuvent s'apparenter à des coûts directs (comme se rendre à des entretiens d'embauche) mais aussi à des coûts d'opportunité (coût du temps consacré à cette activité de recherche). Ces idées ont été suivies par E. Phelps (*Microeconomic foundations of employment and inflation theory*, 1970) ou D. Mortensen (« *A theory of wage and employment dynamics* », 1970) : le chômage s'apparente à une activité rationnelle de prospection. Le chômage de recherche vient de problèmes d'imperfection et donc de coût de l'information. Ne connaissant pas la totalité des postes disponibles ni la distribution des salaires, le demandeur d'emploi reste volontairement au chômage jusqu'à ce que le coût marginal d'un jour de recherche supplémentaire soit égal au bénéfice marginal espéré d'un jour de recherche supplémentaire.

La période de chômage dure d'autant plus que l'indemnisation du chômage est généreuse et longue. Mais C. Pissarides (*Equilibrium unemployment theory*, 1990) a une vision plus nuancée que les néoclassiques de l'indemnisation du chômage. Elle peut inciter les personnes à rester au chômage tant que le salaire proposé n'est pas supérieur à leur salaire de réservation (salaire minimal en dessous duquel ce chômeur refuse une offre d'emploi), mais elle laisse aussi le temps de trouver un emploi correspondant aux compétences des travailleurs. Il faut ainsi concevoir un régime d'indemnisation chômage qui fournisse des incitations à travailler, qui laisse le temps de trouver un emploi adapté et qui procure le maximum d'information possible aux chômeurs et aux recruteurs.

Au-delà du chômage frictionnel de prospection, le processus d'appariement renvoie au problème de l'adéquation entre l'offre et la demande de travail qui peut provenir de l'imperfection de l'information, de manque de mobilité des travailleurs, professionnelle ou géographique, de qualifications professionnelles inadéquates au regard des emplois vacants. C. Pissarides affirme ainsi que le chômage d'équilibre est d'autant plus élevé que cette adéquation est mauvaise. Des réformes structurelles sont ainsi nécessaires pour permettre un meilleur appariement.

b. — La courbe de Beveridge

Jusque dans les années 1980, la courbe de Beveridge, ainsi nommée en référence aux travaux de W. Beveridge (*Full employment in a free society*, 1944), était peu utilisée dans les travaux sur le chômage. L'article d'O. Blanchard et P. Diamond, « *The Beveridge curve* » (1989), la réactualise. Il s'agit d'une représentation graphique de la relation négative entre le taux de chômage et le taux d'emplois vacants. L'économie connaît un flux permanent de création et de destruction d'emplois. Si tous les emplois se trouvaient au même endroit et exigeaient les mêmes compétences, la réallocation des travailleurs se ferait sans coexistence d'emplois vacants et de chômeurs. Mais le processus d'appariement des travailleurs et des emplois n'est pas instantané. La position sur la courbe est un indicateur de la situation conjoncturelle de l'économie : lorsque la conjoncture est bonne, le chômage est faible et le taux d'emplois vacants est élevé ; inversement lors d'une conjoncture défavorable. La courbe renseigne aussi sur le fonctionnement du marché du travail. Ainsi un éloignement de la courbe de l'origine (ici le passage de la courbe 1 à la courbe 2) indique une dégradation de l'adéquation entre l'offre et la demande d'emplois : pour un même taux d'emplois vacants, il y a un taux de chômage plus élevé. Le processus d'appariement s'est détérioré.

Figure 7 – Courbe de Beveridge

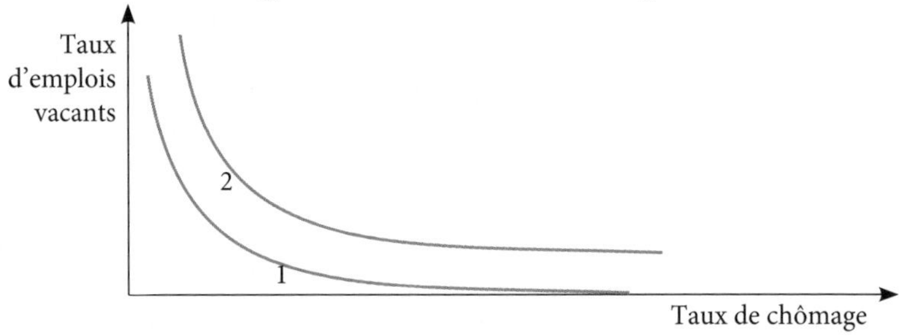

Dans les années 1970, un niveau de chômage bien plus faible en Europe s'accompagnait de difficultés de recrutement moindres qu'aujourd'hui. La courbe de Beveridge a connu un déplacement vers la droite : la composante structurelle du chômage aurait ainsi sensiblement augmenté. À l'inverse, aux États-Unis, elle s'est déplacée vers la gauche, ce qui dénoterait une amélioration du fonctionnement du marché du travail. Les différentes courbes de Beveridge établies pour la zone euro sur les vingt dernières années montrent que la hausse des emplois vacants depuis 2009 ne s'est pas accompagnée d'un recul du taux de chômage. À un même taux d'emplois vacants correspond un chômage plus élevé que lors des années d'avant la crise. Cela pourrait signaler l'émergence d'une dégradation de l'appariement entre emplois créés et qualifications des chômeurs. Plusieurs facteurs peuvent être source d'une dégradation de l'appariement entre offre et demande de travail, parmi lesquels le manque de mobilité géographique et l'inadéquation des qualifications aux postes vacants (A. Maravalle, M. E. de la Serve, G. Verdugo, « La courbe de Beveridge dans la zone euro depuis la crise : une hausse du chômage structurel depuis 2010 », 2014).

Lors de son discours au symposium annuel des banques centrales de Jackson Hole en août 2014, Mario Draghi, président de la BCE, affirme que des facteurs cycliques ont contribué à l'augmentation du chômage dans la zone euro, mais aussi qu'une partie du chômage est également structurelle, ce que refléterait *« un déplacement plus durable de la courbe vers l'extérieur »*.

Ce déplacement de la courbe vers l'extérieur peut s'expliquer en partie par une forte baisse du secteur de la construction, *« précédemment en surchauffe qui, comme le montre l'expérience aux États-Unis, a tendance à diminuer l'efficience de l'adéquation »*. Une autre raison est *« le manque d'opportunités de redéploiement pour les travailleurs peu qualifiés privés de leur emploi, comme en témoigne la disparité croissante entre les compétences de la main-d'œuvre et celles requises par les employeurs »*.

Figure 8 – Courbe de Beveridge du secteur manufacturier de la zone euro

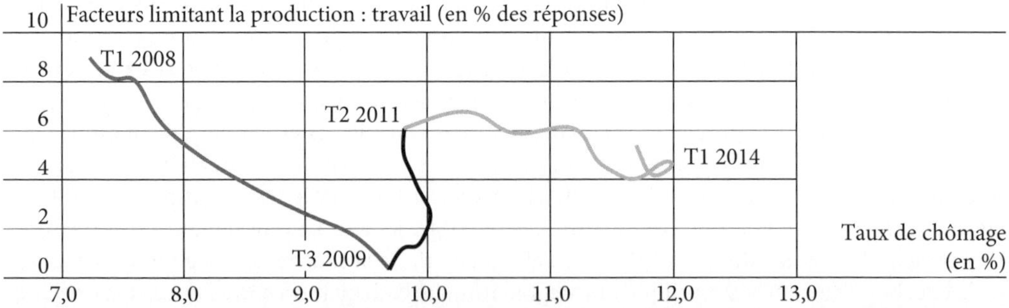

Sources : A. Maravalle, M. E. de la Serve, G. Verdugo, « La courbe de Beveridge dans la zone euro depuis la crise : une hausse du chômage structurel depuis 2010 », *Bulletin de la Banque de France*, 2014.

Ainsi, la crise a entraîné une hausse du chômage structurel en partie lié à des problèmes d'appariement entre l'offre et la demande de travail, essentiellement pour les travailleurs peu qualifiés. Mais il faut différencier selon les pays. Si en France, en Italie, et surtout en Espagne, la courbe s'est déplacée vers l'extérieur, elle s'est rapprochée de l'origine pour l'Allemagne.

■ L'hystérésis du taux de chômage

Un chômage conjoncturel peut se transformer en chômage de nature structurelle. Ce phénomène d'hystérésis ou hystérèse (concept physique qui désigne la persistance d'un phénomène quand cesse la cause qui l'a produit) a été mis en évidence en particulier par O. Blanchard et L. Summers (« *Hysteresis in unemployment* », 1986). L'hystérèse désigne le fait qu'après un choc, le chômage d'équilibre tend à augmenter avec le chômage effectif. Un chômage durablement élevé dégraderait les conditions de fonctionnement du marché du travail. La persistance de taux de chômage élevés peut entraîner une augmentation de l'ancienneté moyenne des chômeurs, ce qui peut s'accompagner d'une dégradation du capital humain et d'une perte de motivation dans la recherche de travail. De plus, les entreprises sont réticentes à embaucher des chômeurs qui sont restés longtemps au chômage. L'hystérèse peut aussi être expliquée par le fait que les *insiders* peuvent, lorsque la conjoncture s'améliore, réclamer des augmentations de salaires au détriment de nouvelles embauches. Ces mécanismes peuvent expliquer qu'au cours des années 1980, les taux de chômage aient particulièrement augmenté, notamment en Europe, où les politiques de désinflation menées se sont traduites par une augmentation du chômage effectif.

Ainsi que le rappelle J. Gautié (*Le chômage*, 2015), « *ceci souligne combien il peut être dangereux de laisser augmenter le chômage – celui-ci risquant alors de "s'enkyster"* » dans la société par tout un ensemble de cercles vicieux : perte d'employabilité, découragement, relégation des chômeurs dans des quartiers éloignés de l'emploi, où se cumulent les difficultés économiques et sociales. La politique économique doit donc être réactive.

Ainsi les modèles du chômage d'équilibre apportent des explications riches de la formation du chômage et de sa persistance. Ils indiquent comment certains chocs structurels peuvent avoir un impact sur le niveau du chômage en passant par une modélisation en équilibre général. « *Mais cette forte ambition théorique a dès lors pour contrepartie naturelle une carence des développements empiriques. Parce qu'il pose des difficultés d'évaluation assez extrêmes, le chômage d'équilibre reste par bien des aspects, une théorie sans mesure* » (Y. L'Horty, F. Thibault, « *Le chômage d'équilibre, de quoi parlons-nous ?* », 1997). De ce fait, certains économistes doutent du caractère opératoire de ce concept. Il y a une grande diversité d'hypothèses et de résultats des tests économétriques effectués. Ce que souligne E. Malinvaud : « *À propos du soi-disant taux de chômage structurel* [...] *Je crois que les tentatives pour savoir si le taux de chômage structurel français est aujourd'hui de 10 % ou de 5 % sont vaines* » (commentaire au rapport du Conseil d'analyse économique, *Plein emploi*, 2000). Pourtant il est considéré comme un instrument de politique économique orientée vers le plein emploi et est mobilisé par les analystes de très nombreuses institutions. Les différents rapports de l'OCDE depuis les années 1990 renvoient à l'émergence d'une synthèse dans l'analyse du chômage qui s'appuie sur le modèle WS-PS et les fondements microéconomiques de la courbe de Beveridge. Ce référentiel théorique conduit l'OCDE à prôner des politiques structurelles, plutôt que des mesures conjoncturelles, afin de réduire le chômage.

III

LES CRISES FINANCIÈRES ET LEUR RÉGULATION

En 1990, dans sa Brève histoire de l'euphorie financière, J.K. Galbraith écrivait : « *Quand viendra le prochain grand épisode spéculatif ? Et sur quoi portera-t-il – l'immobilier, les titres, les objets d'art, les voitures de collection ? Eh bien, il n'y a pas de réponse. Personne n'en sait rien, et celui qui prétend savoir ne sait pas qu'il ne sait pas. Mais une chose est certaine : il y aura un autre épisode, et d'autres encore après lui. Oui, comme on le dit de longue date, les imbéciles sont tôt ou tard séparés de leur argent. Le sont aussi, hélas, ceux qui, répondant à un climat général d'optimisme, se laissent prendre au sentiment de leur propre flair financier. Il en est ainsi depuis des siècles. Et il en sera ainsi pour longtemps.* »

A LES CRISES FINANCIÈRES FONT PARTIE INTÉGRANTE DE L'HISTOIRE DU CAPITALISME

Le terme de crise financière est très largement évoqué depuis 2008, mais il s'agit d'un phénomène récurrent dans l'histoire du capitalisme. C. Kindleberger dans son *Histoire mondiale de la spéculation financière* (1978, rééd. 2004) a montré comment les crises financières sont des moments forts et récurrents de l'histoire économique des derniers siècles.

1. – « *Il n'y a pas de capitalisme sans crise financière* » (Boyer, Dehove, Plihon, *Les crises financières*, Rapport du Conseil d'analyse économique, 2004)

La multiplicité des épisodes spéculatifs, la variété des supports de la spéculation (titres, devises, immobilier...), la diversité des activités touchées par les crises financières permettent d'en faire une typologie.

a. — Typologie des crises

Sous l'appellation de crise financière, on regroupe plusieurs formes de crises affectant des segments différents de la « finance » :

- les crises bancaires sont liées à des faillites de banques. Elles peuvent être déclenchées par la chute d'une banque, dont les effets de contagion se propagent à l'ensemble du système, ou peuvent également affecter l'ensemble du système bancaire au même moment ;
- les crises boursières se traduisent par l'effondrement du marché des actions et débutent généralement par un krach boursier. Une chute de 20 % est habituellement considérée comme un krach. Les crises obligataires, qui concernent un autre segment des marchés financiers, peuvent survenir en même temps que les crises boursières et peuvent être analysées simultanément. Mais une forme particulière de crise obligataire, celle qui concerne les titres publics, peut déboucher sur une crise des dettes souveraines ;

- la crise des dettes souveraines se produit lorsqu'un État fait défaut, totalement ou partiellement, sur sa dette publique. Ce type de crise peut être totalement déconnecté d'une crise boursière générale, traduisant la situation particulière d'un État ou de quelques États. Elle peut aussi être liée aux crises précédentes, comme ce fut le cas après 2009 ;
- les crises de change se produisent lorsque des difficultés importantes surviennent dans la cotation des devises. On les trouve plus spécifiquement dans des régimes de changes fixes et elles sont les conséquences de mouvements spéculatifs sur les devises, conduisant des banques centrales à ne plus pouvoir défendre la parité de leur monnaie, amenant parfois à la fermeture des marchés des changes ;
- d'autres difficultés économiques peuvent être considérées comme des crises financières. Une crise immobilière, caractérisée par des mouvements importants de prix des actifs immobiliers, à la hausse comme à la baisse, peut s'apparenter à une crise financière. Et ceci d'autant plus largement que les conséquences sur les marchés de capitaux peuvent être très rapides comme en témoignent les enchaînements qui se sont produits à partir de 2007. De même, des mouvements spéculatifs sur des matières premières ou sur des métaux précieux sont très proches de ceux que l'on observe sur les marchés financiers. L'interconnexion des marchés rend les différents actifs largement substituables et multiplie les possibilités d'opérations spéculatives... et donc les probabilités de crises financières.

La typologie précédente est évidemment à but strictement pédagogique. Si certaines crises rentrent facilement dans le cadre qui est décrit, d'autres ne présentent qu'une partie des caractéristiques et les combinent différemment. On trouve des crises jumelles, crises bancaires-crises de change, d'autres regroupent des crises de change et de dettes souveraines, d'autres encore présentent à tour de rôle différents visages. La crise dite des subprimes en est un excellent exemple : crise immobilière d'abord, elle se transforme en crise bancaire, puis boursière et finit par devenir une crise de dettes souveraines de plusieurs pays européens.

b. — Un peu d'histoire des crises financières

La crise des tulipes (1634-1637) est souvent considérée comme le premier exemple d'une spéculation ayant débouché sur une crise financière. Dans la Hollande du XVIIe siècle, les bulbes de tulipes rares sont devenus un symbole de la réussite économique et sociale, les prix ont tellement augmenté que des bulbes valaient parfois plus que des maisons. L'effondrement brutal des cours, effaçant en quelques jours la hausse de plusieurs mois, correspond bien à un krach provoquant la ruine de nombreux possesseurs de tulipes. La spéculation portait ici sur une plante, mais les instruments financiers qui l'accompagnaient – vente à terme, contrats qui ressemblaient à des options, c'est-à-dire le droit (pour l'acheteur de l'option) d'acheter (option d'achat) ou de vendre (option de vente) une quantité d'un produit (le produit sous-jacent) à un prix et à une échéance fixés d'avance, pendant une période limitée dans le temps – en font une véritable crise financière.

Au début du XVIIIe siècle, dans la France de la Régence, se produit une crise bancaire qui va laisser durablement des traces, générant la méfiance des Français envers les banques et le papier-monnaie. John Law, financier écossais installé à Paris, met en place une architecture financière qui doit permettre d'équilibrer les finances publiques et de réaliser des investissements dans les nouvelles colonies. Fermier général, créateur de la Compagnie des Indes occidentales, fusionnée ensuite avec les différentes compagnies de commerce colonial, et de la Banque générale devenue banque royale, il mélange les activités et les financements. Il émet des titres au porteur, échangeant les actions de sa banque, puis de sa compagnie, contre des titres de dette publique dépréciés. Les promesses de profit liées au commerce colonial ont conduit à une spéculation sur les actions de sa compagnie. Lorsque les cours commencent à chuter, Law rachète des actions de sa compagnie, en émettant des billets de sa banque. Mais la situation est rapidement intenable, les actions se déprécient, ainsi que les billets de banque. En quelques semaines, le système de Law s'écroule. En Angleterre, à la même date, une spéculation suivie d'un krach se produit sur les titres de la Compagnie des mers du Sud, chargée également d'exploiter les ressources coloniales et visant à concurrencer Law. Mais, selon Kindleberger, alors que la banqueroute de Law s'explique par des erreurs d'appréciation dans l'émission monétaire, le krach de la Compagnie des mers du Sud est lié à une escroquerie fondée sur une structure de financement pyramidale. Dans ce type de financement, que l'on appelle aujourd'hui une chaîne de « Ponzi », du nom d'un célèbre escroc du début du XXe siècle, les rendements sont liés aux apports de nouveaux souscripteurs.

Le XIXe siècle est ponctué par les crises financières. Des crises boursières ou bancaires se produisent presque tous les dix ans. Les scénarios se ressemblent : spéculation financière sur une matière première ou sur une activité nouvelle, particulièrement le chemin de fer ; effondrement d'une banque largement impliquée dans la spéculation ; propagation au reste du système bancaire, ou krach boursier. On trouve ainsi des crises en 1825 : premier krach boursier de l'histoire et véritable assèchement de la liquidité ; en 1836-1837 : spéculation foncière américaine et crise bancaire et boursière à Londres ; en 1847 : krach boursier et faillites de nombreuses compagnies de chemin de fer et de banques dans un contexte de crise économique généralisée ; en 1857 : krach boursier à New York ; en 1866 : faillite de la maison Overend Gurney à Londres, en raison des problèmes des chemins de fer anglais et américains, contagion à de nombreuses maisons de la City sauvées par l'intervention de la Banque d'Angleterre ; en 1873 : krach boursier en Allemagne et en Autriche, puis aux États-Unis, faillite de la banque Jay Cooke and Co ; en 1882 : faillite de l'Union générale en France ; en 1890 : faillite de la Baring anglaise, liée à ses investissements argentins.

On peut considérer que la crise de 1907, essentiellement américaine, est dans le prolongement de ces crises du XIXe siècle, tout en ressemblant beaucoup à celle de 2008. Elle débute par une spéculation sur le cuivre, et l'effondrement de la United Copper Company. Dans un contexte de système bancaire fragile, constitué de banques de petite taille et de développement des trusts mal régulés qui les concurrencent, les faillites bancaires se multiplient. Le symbole de cette crise est la faillite de la Knickerbocker Trust Company, troisième trust du pays, lâché par les autres institutions financières, parmi lesquelles J.P. Morgan. C'est l'intervention conjointe des grandes banques et de la chambre de compensation de New York qui permettra d'arrêter la contagion aux autres trusts. L'une des conséquences importantes de cette crise a été la création en 1913 de la Réserve fédérale.

La crise 1929, déjà évoquée (*cf.* partie 2, chapitre 1), débute par un krach boursier, se poursuit dans la faillite d'une grande partie du système bancaire américain et se propage au reste du monde *via* les mouvements de capitaux et les échanges internationaux.

Après la Seconde Guerre mondiale, les crises financières se font rares, dans un contexte de régulation économique forte. On trouve surtout des crises de change, dans les années 1960, liées à la dégradation progressive du système de Bretton Woods (*cf.* partie 3, chapitre 2). Elles reviennent en force à partir des années 1980 : crise de la dette des pays en développement (1982), krach boursier de 1987, crise japonaise en 1990, crises de change en Europe (1992-1993), crise mexicaine (1994), crise asiatique (1997) symbole de crise jumelle associant des difficultés de change et des défaillances bancaires, faillite du fonds spéculatif LTCM (*Long term capital management*) aux États-Unis (1998) suite au défaut sur la dette russe, dégonflement de la bulle Internet et « krach boursier rampant » (2001-2002)... et finalement crise des *subprimes* en 2007-2008, suivie d'une crise des dettes souveraines européennes à partir de 2009. Le rapport du CAE cité plus haut estime que « *les innovations, tant financières que réelles, semblent avoir joué un rôle déterminant dans le déclenchement de processus conduisant aux crises financières qui ont été observées* ».

2. – Les mécanismes des crises financières

La récurrence des crises financières permet de mettre en évidence quelques mécanismes communs. Le développement d'une bulle financière est lié à des innovations, la spéculation se poursuit d'autant plus que des mécanismes parfaitement rationnels poussent les agents à anticiper la hausse... mais un adage boursier dit que « les arbres ne montent pas jusqu'au ciel » et le krach finit par se produire.

a. — De l'innovation financière à la bulle

À l'origine des crises financières, on trouve une ou des innovations. Nouveaux produits servant de support à la spéculation : les tulipes, les titres au porteur de Law, les mines d'argent d'Amérique latine, les chemins de fer en construction, les prêts à des pays émergents ou à des ménages peu solvables... Nouveaux instruments de vente à terme, *call loan*, *junk bonds*, produits dérivés, titrisation de crédit...

Ces innovations financières accompagnent aussi les mutations de l'économie réelle et permettent de financer de nouvelles activités. Par exemple, le financement des chemins de fer dans la seconde moitié du XIXe siècle est rendu possible par la révolution bancaire qui s'opère à la même époque ; la titrisation et le développement des marchés financiers accompagnent les transformations de l'économie et du financement des entreprises et des États, à la fin du XXe siècle.

La bulle traduit l'apparition d'un mouvement spéculatif. Il peut porter sur des valeurs mobilières (actions) ou sur des matières premières (pétrole....) ou encore sur des valeurs immobilières... L'apparition d'une bulle correspond au moment où le prix d'un actif n'est justifiable que par des promesses de revenus ou de prix futurs peu réalistes.

Le développement de la bulle peut parfaitement s'expliquer par des comportements rationnels des agents, mais il relève également de comportements mimétiques et d'anticipations liées à la projection de la croissance passée. Les marchés financiers ne fonctionnent pas comme des marchés économiques standards. En effet, si le prix d'un actif monte, les quantités demandées ont tendance à augmenter, et inversement lorsque le prix baisse. Il est donc rationnel d'acheter lorsque le prix monte et, si tous les acteurs font de même, la hausse se poursuit. Tant que l'on croit que le prix va continuer à augmenter, il est encore rationnel d'acheter... même si l'on pense que le cours est surévalué. C'est la parabole du concours de beauté de Keynes que l'on retrouve ici. Il ne s'agit pas de savoir si le cours est approprié, mais si les autres vont penser qu'il va encore monter. Ce mécanisme suffit à provoquer des bulles.

b. — De la bulle à l'aveuglement au désastre

La théorie des marchés efficients de Fama (« *Efficient capital markets: a review of theory and empirical work* », 1970) suppose que les marchés intègrent immédiatement et traitent correctement toutes les informations disponibles, rendant le cours des titres le plus proche possible de leur valeur véritable. Les crises ne peuvent donc qu'être le résultat de chocs exogènes, imprévisibles, ou d'un mauvais fonctionnement des marchés limitant leur efficience. L'existence d'une bulle spéculative n'est pas possible puisque l'information des agents devrait les conduire à modifier leurs comportements.

La récurrence des crises financières conduit pourtant à se demander pourquoi « *elles reviennent toujours* » pour reprendre le titre français d'un ouvrage de P. Krugman. On peut aussi se demander pourquoi, alors que dans toutes les crises financières certains prédisent la crise, ils ne sont jamais écoutés.

Pour André Orléan (*De l'euphorie à la panique : penser la crise financière*, 2009) les périodes d'euphorie s'accompagnent d'un « aveuglement au désastre », selon l'expression de Minsky. Il est lié au fait qu'il est presque impossible de définir objectivement la valeur d'un actif. Si un expert annonce une bulle spéculative sur l'immobilier, il ne peut pas la justifier, il n'existe aucune valeur incontestable du prix d'un logement. Trois mécanismes viennent renforcer l'aveuglement :

- la croyance que l'on est entré dans une « nouvelle ère » : dans toutes les bulles, les acteurs affirment que les problèmes précédents ne se reproduiront pas, que les conditions qui ont conduit aux crises précédentes n'existent plus. C. Reinhart et K. Rogoff affirment d'ailleurs la même chose en titrant leur ouvrage *Cette fois c'est différent. Huit siècles de folie financière* (2010) ;
- la confiance dans « la sagesse des foules » : comment quelques individus isolés pourraient-ils avoir raison contre des marchés qui intègrent toutes les informations ? Mais même dans ce cas, « *pour gagner de l'argent sur un marché, l'important n'est pas de connaître la vérité, c'est-à-dire de connaître quelles sont les vraies valeurs du marché, mais bien de prévoir les mouvements du marché lui-même.* » (Orléan). Les investisseurs ne sont pas irrationnels, ils appliquent une rationalité « autoréférentielle » qui s'appuie sur les opinions des autres investisseurs ;
- ceux qui gagnent de l'argent sont forcément intelligents. Galbraith (*op. cit.*) affirme que dans le monde de la finance « *il y a une forte tendance à croire que plus un individu possède ou gère d'argent, plus profonde et magistrale est sa vision des phénomènes économiques et sociaux, et plus subtils et pénétrants sont ses processus mentaux* ». Cela conduit à des comportements mimétiques fondés sur la réussite de certains.

H. Minsky (*Stabilizing an Unstable Economy*, 1986) considère que la crise financière est un moment du cycle économique. Son « hypothèse d'instabilité financière » montre que le financement de l'économie se modifie au cours du cycle, devenant de plus en plus spéculatif. En début de cycle, on observe un financement prudent (*hedge finance*) qui correspond à une couverture intégrale de la dette (capital et intérêt) par les revenus de l'investissement. Puis apparaît un financement spéculatif (speculative finance) dans lequel seuls les intérêts sont couverts, mais pas le capital. La *Ponzi finance* correspond au financement le plus risqué dans lequel les emprunteurs espèrent que la plus-value sur le titre permettra d'assurer les remboursements, les revenus attendus ne couvrant ni le capital, ni les intérêts. Cette situation oblige l'agent à se réendetter en permanence.

Au cours du processus de croissance, les structures s'enchaînent. Dans la phase ascendante, les opportunités de profit poussent les emprunteurs à s'endetter. Ceci peut se traduire par une évolution d'une structure de financement prudent vers une structure spéculative. L'apparition d'une structure Ponzi provient de la hausse des taux d'intérêt et du fait que les agents sont obligés de céder une partie de leurs actifs pour honorer leurs dettes. Cette cession d'actifs se traduit par une chute des prix, une hausse de la valeur réelle de la dette et une aggravation de leur situation. La chute de la production apparaît alors et elle se poursuit tant que les positions des agents ne se sont pas assainies.

c. — Le krach et ses conséquences

Le krach est souvent un moment très bref, caractérisé par l'effondrement des cours boursiers. Il est là encore lié à des comportements mimétiques, la chute des cours provoquant des ventes massives accentuant le mouvement de baisse. La contagion à l'économie réelle passe par différents canaux :

- le *credit crunch* : la crise bancaire provoque une contraction de l'offre de crédit. Les banques deviennent plus exigeantes sur les conditions d'obtention de prêts, pour les entreprises comme pour les ménages. Cela finit par provoquer une réduction de la consommation et de l'investissement ;
- les effets de richesse : l'effondrement des cours des titres ainsi que de la valeur des biens immobiliers conduit les ménages à réduire leur consommation et à accroître leur épargne pour tenter de reconstituer la valeur de leur patrimoine. À cela s'ajoute la perte potentielle pour les retraités, liée aux difficultés des fonds de pension. Pour les mêmes raisons, les entreprises réduisent également leurs investissements ;
- la crise de confiance : les entreprises, craignant la diminution de la demande, réduisent leurs investissements, provoquant la chute de l'activité et la contraction des revenus. Les ménages, par crainte de la récession, augmentent leur épargne, réduisent leur consommation et alimentent la baisse de la demande. On est alors dans une logique de prophétie auto-réalisatrice Les banques refusent de se prêter entre elles, provoquant l'assèchement de la liquidité ;
- la transmission internationale de la crise se fait par la contraction du commerce international et/ou par des effets de taux de change.

3. – Un exemple à travers la « crise des *subprimes* »

La crise des subprimes combine les différents éléments développés plus haut. Des innovations financières, des acteurs aveuglés par leur réussite et des conséquences qui en font une crise particulièrement grave.

a. — Les innovations financières : titrisation et instruments dérivés

Dans le cadre de la globalisation financière, se sont développés de nouveaux instruments issus d'une ingénierie financière de plus en plus sophistiquée.

La titrisation est une pratique apparue dans les années 1970 pour les crédits hypothécaires et qui se développe considérablement à partir des années 1980. À l'origine, les organismes de crédit hypothécaire américains, *Freddie Mac* et *Fannie Mae*, rachètent aux banques les crédits qu'elles ont accordés et financent ce rachat par des titres qu'ils émettent sur le marché. On obtient ainsi des MBS (*Mortgage backed securities*). Ce principe est ensuite étendu à d'autres titres (crédits automobile, prêts étudiant, encours de cartes de crédit...), ce qui donne des ABS (*Asset backed securities*) et la pratique va se généraliser à la fin des années 1980. Des sociétés sont créées spécialement pour racheter les prêts accordés par les banques, elles émettent en contrepartie des titres, plus ou moins risqués et à rendement plus ou moins important. L'intérêt est important pour les banques, qui ne sont plus obligées de conserver dans leur bilan les contreparties des prêts accordés et peuvent donc respecter les ratios prudentiels qui leur sont imposés, tout en continuant à accorder des crédits. Ces titres jouent un rôle essentiel dans l'accroissement de la liquidité des marchés.

Le développement des produits dérivés est en partie lié à celui de la titrisation. En mélangeant des titres issus d'une première titrisation, on obtient des CDO (*Collateralised debt obligations*). Ces titres sont eux-mêmes le plus souvent découpés en trois catégories plus ou moins risquées. On appelle « senior » la catégorie la première tranche, peu risquée et au rendement faible, « mezzanine » la suivante qui n'est remboursée qu'après la première, et enfin « junior » ou « equity » la troisième, fortement risquée mais à fort rendement. Et pour ne pas s'arrêter en chemin, il est possible de mélanger les CDO dans des CDO au carré et CDO au cube...

La logique de cette dérivation de crédit repose sur l'idée que la dissémination du risque permet de le faire disparaître. Le risque de défaut d'un client pèse peu dans l'ensemble des paquets titrisés. La crise de 2008 montrera qu'il n'en est rien. Les CDS (*Credit default swap*) sont des contrats d'assurance contre les défauts de paiement. Un acheteur de protection paye une prime pour se protéger du défaut. L'offreur de protection reçoit la prime et tant qu'il n'y a pas trop d'emprunteurs qui ne remboursent pas, il est gagnant. Lehman Brothers était le principal acteur du marché des CDS qui avait été multiplié par dix entre 2002 et 2007. Sa disparition en septembre 2008 provoque la plus grave crise financière depuis 1929.

b. — Des acteurs aveuglés par leur réussite

Dans la crise des *subprimes*, tous les acteurs des marchés financiers portent une part de responsabilité dans l'enchaînement conduisant au désastre. Aveuglés par leur réussite, subjugués par les résultats des mathématiques financières qui promettent de supprimer les risques, ils ont fait preuve de la « myopie au désastre » dont parlait Minsky.

■ Les banques, les assurances et les *monolines* prennent des risques

Certains acteurs comme les fonds spéculatifs sont naturellement preneurs de risque, mais le problème est venu de la prise de risque par des acteurs dont ce n'est pas la fonction traditionnelle.

La fin de la séparation bancaire a conduit au développement de la banque à tout faire : banque de dépôt, d'investissement, bancassurance, caisse d'épargne... Cela permet aux établissements bancaires d'accroître leur taille, de diversifier leurs activités, de multiplier les occasions de profit tout en évitant d'être dépendants de certains secteurs. Elles accroissent leurs activités en proposant toujours plus de produits financiers, de plus en plus sophistiqués. Elles interviennent sur les marchés pour leurs clients, mais également pour leur compte propre, ce qui contribue souvent à une proportion importante de leurs résultats. Beaucoup de ces opérations ont lieu sur des marchés de gré à gré, peu régulés. Quelques « affaires » (Leeson et la faillite de la Barings en 1995, Kerviel et la Société Générale en 2008) viennent ternir l'image des *golden boys* de la finance, et montrent que les procédures de contrôle internes ne sont pas efficaces, mais comme ces activités sont globalement rentables, elles se développent. Ces *golden boys* sont rémunérés en fonction des performances de leurs placements et sont donc incités à prendre des risques.

Les assurances diversifient leurs activités traditionnelles vers des services financiers proches de ceux des banques et participent au développement des produits dérivés. Elles assurent également les prêts bancaires et seront donc touchées par les défauts de remboursement.

Les rehausseurs de crédit (*monolines*) sont des établissements financiers qui apportent leur garantie à des emprunteurs, leur permettant ainsi d'obtenir des crédits à des taux plus faibles. Le rehausseur dispose d'une bonne note et en fait profiter, moyennant une prime, l'emprunteur. Très importants aux États-Unis (MBIA, Ambac), ils y jouent un rôle essentiel dans le financement des collectivités locales. Ils ont également apporté leur garantie à des produits titrisés (particulièrement des CDO) et vont se retrouver touchés par la crise.

■ Les agences de notation fournissent une information imparfaite

Les agences de notation jouent un rôle essentiel pour l'information des acteurs des marchés. Trois grandes agences de notation – Moody's, Standard & Poor's et Fitch Ratings – dominent l'essentiel de cette activité. Elles évaluent la solvabilité financière des emprunteurs directs (entreprises, États) et notent également les opérations de titrisation. Leur notation (*rating*) permet d'évaluer les risques et fournit un signal aux marchés. Elle détermine les taux d'intérêt, primes de risque... qui sont alors imposés aux emprunteurs.

Si leur rôle est fondamental pour l'information des acteurs des marchés, elles ont également participé largement à l'aveuglement au désastre. Payées par les acteurs dont elles sont chargées de noter les produits, elles ont été critiquées pour avoir attribué des notes excellentes à des produits qui se sont révélés très risqués. Les banques ont parfois utilisé pour construire les produits titrisés les mêmes outils que les agences qui devaient assurer la notation.

■ **Les autorités de régulation ne maîtrisent rien...**

Dans un contexte marqué par une déréglementation généralisée, il n'est pas surprenant que le poids des autorités de régulation ait été limité.

Les banques centrales ont acquis la certitude qu'elles pouvaient gérer les crises financières en douceur. Leur succès dans la lutte contre l'inflation a accru leur crédibilité et a permis des taux d'intérêt faibles. Elles ont théorisé et intégré l'idée qu'il suffisait d'injecter des liquidités en cas de problème engendrant un aléa moral dans le monde financier : la Fed injecte ainsi massivement des liquidités en 1987, 1998 ou 2000 et sauve les établissements représentant un risque systémique (cf. LTCM). Alan Greenspan, à la tête de la Réserve fédérale pendant près de vingt ans, s'est ainsi confessé en 2008 devant une commission du Congrès :

- Henri Waxman : « *you found that your view of the world, your ideology, was not right, it was not working ?* »;
- Alan Greenspan : « [...] *No, that's precisely the reason I was shocked, because I had been going for 40 years or more with very considerable evidence that it was working exceptionally well.* »

Dans ce contexte de déréglementation, les institutions internationales ont été très en retrait. Elles n'ont pas su, pu, voulu imposer des règles prudentielles et les règles instaurées ont été facilement contournées par les banques. Le ratio Cooke défini par le Comité de Bâle en 1988 imposait que les fonds propres atteignent 8 % des engagements de crédit. Mais la titrisation a permis aux banques de sortir de leurs bilans une grande partie de leurs engagements. Le ratio Mc Donough, plus restrictif a été décidé en 2005, mais n'était pas encore appliqué lors de la crise de 2008.

Le développement des paradis fiscaux a permis de créer des structures financières opaques, incontrôlables, que les autorités internationales n'ont pas su ou pas pu réguler. Le FMI n'est intervenu dans les crises qu'*a posteriori*, et en imposant le plus souvent une déréglementation supplémentaire et l'ouverture des marchés (*cf.* Crises asiatique et d'Amérique latine, partie 2, chapitre 3).

c. — Un enchaînement inéluctable

Partie d'un tout petit segment du marché immobilier américain, la crise va se propager à la finance mondiale en quelques mois.

Les crédits *subprimes* sont accordés à des ménages à faible revenu, peu solvables, ceux que l'on appelait dans le jargon de la banque les « *Ninja* » (*No income, no job or asset*). Ce sont des crédits à taux variables, dans un contexte de faibles taux d'intérêt conduisant à des mensualités supportables. La montée du marché immobilier permettait de leur prêter sans risque, puisque leur bien garantissait le crédit. De plus, la valeur de leur bien augmentant, il devenait possible d'y adosser d'autres crédits (consommation, études...). À partir de 2004, la Fed augmente ses taux d'intérêt pour lutter contre les tendances inflationnistes. Les banques répercutent alors sur les emprunteurs dont les mensualités augmentent. Les premiers défauts de paiement apparaissent, alors que le marché de l'immobilier se retourne, rendant plus faible la probabilité de remboursement des crédits. Les saisies immobilières se développent, accentuant la baisse du marché.

Par le mécanisme de la titrisation, les crédits *subprimes* ont été mélangés à d'autres crédits, transformés en titres disséminés sur les marchés financiers. Il n'est quasiment plus possible de savoir qui détient les produits toxiques. Le risque censé avoir disparu est en fait devenu systémique.

Dès le début de l'année 2007, des indices de défaillance liés aux *subprimes* se multiplient. HSBC lance son premier « *profit warning* » en raison du développement des impayés sur les crédits immobiliers ; les premières difficultés apparaissent pour les organismes liés aux *subprimes*, New Century Financial Corporation n'arrive plus à se refinancer, en Grande-Bretagne Kensington revoit fortement ses résultats à la baisse. L'été 2007 révèle la gravité du problème. En juillet, la banque Bear Stearns ferme deux *hedge funds*. Les opérateurs vendent des titres pour retrouver de la liquidité et les marchés boursiers dévissent rapidement. Début août, plusieurs banques sont en difficulté et les banques centrales injectent massivement des liquidités car le marché interbancaire s'assèche. Dans les mois suivants, de nombreuses banques et assurances sont en faillite ou gravement menacées et la crise s'est propagée à la finance mondiale. La Northern Rock, spécialiste anglaise du crédit immobilier, n'est sauvée que par l'intervention de la Banque d'Angleterre ; Union des banques suisses (UBS), puis Merrill Lynch et Citigroup sont en difficulté dès la fin 2007, American International Group (AIG), leader du marché de l'assurance, annonce des pertes considérables. La Bear Stearns, quasiment en faillite, est rachetée par J.P. Morgan avec l'appui de la Fed en mars 2008...

La faillite de Lehman Brothers en septembre 2008 marque une accélération dans la diffusion de la crise. Elle est le principal acteur du marché des CDS et disparaît en quelques jours. Alors que Bank of America et/ou la Barclays sont candidats à la reprise, la Fed refuse de donner sa garantie contrairement à ce qu'elle avait fait pour J.P. Morgan à la reprise de Bear Stearns. Ce signal, qui peut être interprété comme la volonté de faire un exemple (lutte contre l'aléa moral), déclenche l'effondrement des marchés.

Les faillites bancaires se multiplient, les États sont obligés d'intervenir pour soutenir les banques, et éviter que les clients vident leurs comptes. Le paysage bancaire se recompose complètement, les marchés financiers poursuivent leur baisse. Le sauvetage des banques et le financement des plans de relance provoquent une montée de l'endettement public, dans un contexte de ralentissement économique marqué. À la fin 2009, apparaît alors une crise des dettes souveraines en Europe. L'endettement de certains États explose (Irlande), à la suite des plans de sauvetage, tandis que les finances d'autres pays sont durement touchées par la crise (Grèce, Portugal...). Les écarts de taux d'intérêt sur les titres publics se creusent entre les pays, accentuant les risques de défauts. L'Europe cherche alors à mettre en place des mécanismes de solidarité financière, mais se heurte aux premières véritables difficultés de la monnaie unique. Les tendances divergentes entre des économies partageant une monnaie unique conduisent à une véritable crise de la zone euro (*cf.* partie 3, chapitre 3).

B UNE RÉGULATION DIFFICILE

Les crises financières sont plus fréquentes dans les périodes où la régulation est faible. Toutes les grandes crises se sont traduites par un renforcement ultérieur des règles encadrant les marchés et les activités financières et bancaires. Cependant, la régulation n'est pas simple à mettre en œuvre.

1. – La nécessité d'une régulation pour prévenir les crises et en réduire l'impact

Face aux crises, les États sont le plus souvent obligés d'intervenir. Leur premier rôle, qui s'est affirmé à partir de la crise de 1929, consiste à limiter les conséquences des crises. Mais ils interviennent également pour tirer les leçons des crises. Mais ce volet est rendu très complexe par le fait que les crises changent de forme et que les acteurs sont persuadés que « cette fois c'est différent ».

a. — Une régulation est nécessaire pour prévenir les crises

En se focalisant simplement sur le XXe siècle, l'histoire économique montre à quel point les crises financières peuvent avoir des conséquences graves, tant sur le plan économique que politique et social.

■ Les crises financières ont des conséquences graves

La crise de 1929 a débuté par un krach boursier et a vu le système bancaire américain s'écrouler. L'effondrement de l'activité avec une production industrielle divisée par deux entre 1929 et 1932 ont conduit à la montée du chômage, que symbolisent les files de chômeurs devant les bureaux de placement. La contagion au reste de l'économie mondiale a été rapide et violente. L'Europe est rapidement touchée, particulièrement l'Allemagne. La montée des tensions internationales et la marche vers la guerre ont finalement été le prolongement de la crise.

Dans les années 1980-1990, les crises financières en Amérique latine ont également eu des conséquences très importantes pour les populations. Le dérapage hyperinflationniste, les politiques d'ajustement structurel taillant dans les dépenses sociales, la montée du chômage ont conduit à une décennie perdue. La crise asiatique de la fin des années 1990 a provisoirement brisé la dynamique de croissance dans laquelle étaient engagés certains États.

La crise des *subprimes* a durablement cassé la croissance dans les pays développés, provoquant une forte montée du chômage. La crise des dettes souveraines a conduit certains États à mener des politiques d'austérité provoquant le mécontentement de la population et réduisant encore la dynamique de la croissance.

■ Les États sont obligés d'intervenir

Face aux crises financières, la logique des gouvernements peut être de laisser faire. Cette approche est encore dominante jusqu'à la crise de 1929, reposant sur l'idée qu'il est normal, voire moral, que ceux qui ont spéculé puissent perdre. C'est un moyen de lutter contre l'aléa moral. Si les spéculateurs savent qu'ils seront secourus, ils auront tendance à prendre davantage de risques. Au XIXe siècle, le sauvetage des banques en difficultés est généralement réalisé par les banques elles-mêmes. La City londonienne joue un rôle majeur dans la résolution des crises bancaires de la fin du siècle.

Si les États n'interviennent que peu pour venir au secours des banques, ils sont souvent tentés de mettre en place des instruments de régulation destinés à éviter le retour des crises. Ainsi, dès la fin du XIXe siècle, une spécialisation bancaire stricte est instaurée en Grande-Bretagne ou en France. La crise de 1907, qui a touché particulièrement les États-Unis, a finalement conduit à la création de la Réserve fédérale (1913). La crise de 1929 ayant révélé la fragilité du système bancaire américain, débouche en 1933 sur le *Glass-Steagall Act* introduisant une spécialisation bancaire, c'est-à-dire une stricte séparation entre les banques de dépôt et les banques d'investissement et mettant en place un système fédéral d'assurance des dépôts (FDIC). Les crises des années 1980-1990 ont conduit à proposer de nouvelles des règles prudentielles... mais elles n'étaient toujours pas appliquées en 2008, et rien ne prouve qu'elles auraient pu empêcher la crise.

Cependant, l'importance des crises peut conduire les États à intervenir plus directement pour sauver le système économique. La crise de 2008 l'illustre parfaitement : les États sont massivement intervenus pour sauver le système bancaire (même si le non-sauvetage de Lehman Brothers a été le catalyseur du krach). Les plans de sauvetage ont permis d'éviter le scénario de 1929, mais ils ont également alimenté la croissance de la dette publique, avec les risques de défauts souverains. Ils ont également accrédité l'idée que les acteurs des marchés financiers pouvaient privatiser les profits et socialiser les pertes.

Les conséquences graves de la crise de 2008 ont conduit à remettre en cause, du moins dans le discours, le mécanisme de la globalisation financière réalisé depuis les années 1980. La comparaison avec les Trente Glorieuses conduit à réclamer davantage de régulation et de contrôle des marchés. Au cours de ces décennies d'après-guerre, les crises financières sont rares. Les réglementations bancaires et financières encadrent très fortement les activités et réduisent la spéculation. C'est parce que cette régulation est jugée excessive, empêchant une bonne allocation des ressources et se traduisant par un coût plus élevé du financement, que l'ouverture des marchés est décidée dans les années 1980. Mais avec comme conséquence un retour des crises financières.

b. — Mais elle est difficile à mettre en œuvre

Des mesures de régulation sont difficiles à mettre en œuvre car les crises changent de forme. Mais on peut également se demander si la régulation n'est pas inefficace, voire contre-productive.

■ Les crises changent de forme

Au cours des dernières décennies, les crises financières ont été fréquentes, mais elles se sont présentées sous des formes variées et le support spéculatif à l'origine de la bulle financière a souvent changé de forme.

Les années 1980 sont marquées par des crises de dettes souveraines qui font suite à une forte spéculation sur l'endettement des pays émergents de l'époque (Brésil, Mexique, Argentine, Pologne...). Le début des années 1990 a connu une spéculation sur les changes, particulièrement en Europe entre 1992 et 1993. La crise asiatique de la fin des années 1990 est liée à une ouverture importante de ces pays à des flux internationaux de capitaux, alors que leur économie n'était pas prête à l'assumer. La bulle « Internet » qui se dégonfle au début des années 2000 est une bulle boursière. La crise de *subprimes* a reposé sur une bulle immobilière,

La géographie des crises est également très variable. Le choc est susceptible de se produire n'importe où et de se transmettre rapidement à la finance mondiale. Si les crises les plus graves du XXe siècle sont parties des économies dominantes, certains chocs sont venus des pays émergents (crise de la dette, crise asiatique). Cela traduit le phénomène de mondialisation et rend l'emballement spéculatif encore moins facile à appréhender. L'information imparfaite des acteurs financiers favorise les comportements moutonniers et alimente la bulle.

■ L'intervention peut être contre-productive

L'instauration d'une réglementation des activités bancaires est très complexe et peut nuire à l'activité. Les mêmes instruments peuvent souvent servir pour se protéger ou pour spéculer. Par exemple, les opérations à terme sur les devises sont un instrument essentiel de sécurisation pour les entreprises. Elles peuvent ainsi connaître très précisément ce que leur coûtera l'obtention d'une devise dans trois mois par exemple. Mais c'est aussi un moyen de spéculer sur le cours des devises. Réglementer l'usage de ces instruments est alors très difficile. Une même opération d'achat/vente de devises effectuée par une banque peut relever d'une logique de compte propre, *a priori* considérée comme spéculative, ou comme répondant à un besoin de la clientèle. La frontière est ténue.

L'interdiction de mener certaines opérations peut empêcher les banques de jouer correctement leur rôle. C'est le cas par exemple de la « tenue de marché ». Il s'agit du fait que certaines banques, spécialisées dans une activité, assurent la cotation des produits et la liquidité du marché en étant prêtes à acheter et à vendre immédiatement les titres correspondants. Cette activité est utile à la clientèle et à tout le marché, mais suppose un portefeuille important et des opérations réalisées en compte propre. Réglementer davantage ces activités peut finalement nuire au fonctionnement du marché.

L'intervention de l'État peut avoir pour effet pervers d'accroître l'aléa moral. C'est l'une des raisons qui a certainement poussé les autorités américaines à ne pas sauver Lehman Brothers en 2008. Si les institutions financières pensent qu'elles sont « *too big to fail* » et que les États viendront à leur secours, elles sont incitées à prendre des risques. La garantie apportée par les États aux dépôts à vue est par exemple nécessaire pour éviter les *run* bancaires, mais peut également inciter les banques à développer des activités risquées, surtout dans un modèle de banque universelle.

2. – Quelles formes pour la régulation ?

Les grandes crises financières ont souvent débouché sur la mise en place d'instances de régulation. La crise qui débute en 2008, par son ampleur mondiale, par le fait qu'elle a touché des acteurs que l'on pensait à l'abri, a conduit à renforcer les instances de régulation et la supervision du système bancaire et financier, même si les avancées dans ce domaine ont été lentes et pas toujours aussi importantes que ce qui était envisagé dès 2009.

a. — Le renforcement de la régulation micro-prudentielle

Depuis les années 1980, on a le plus souvent privilégié une régulation micro-prudentielle, fondée sur l'édiction de normes comptables et financières. Les décisions du Comité de Bâle sur le contrôle bancaire sont à ce titre intéressantes. Créé en 1974, à la suite de la faillite de la banque allemande Herstatt qui avait failli provoquer une grave crise financière, il est chargé de proposer des règles dans le domaine bancaire.

▪ Le premier ratio prudentiel (ratio Cooke), défini en 1988 et appliqué à partir de 1992 dans la plupart des pays de l'OCDE, est fondé sur la prise en compte du risque. Les banques devaient détenir en fonds propres plus de 8 % de leurs engagements de crédit. Mais le développement de la titrisation réduit l'impact de ce ratio. En effet, les banques ne conservent pas dans leur bilan les crédits qu'elles ont consentis, et le ratio Cooke ne les contraint pas beaucoup. Le développement des produits dérivés inquiète également les régulateurs, qui tentent de les contrôler davantage. Cela aboutit finalement à l'élaboration de nouveaux ratios prudentiels.

▪ Les accords de Bâle II (2004) ont voulu durcir les normes imposées (ratio Mc Donough), mais ils n'étaient pas encore entrés en vigueur au moment de la crise de 2008. Il s'agit cette fois de tenir compte des risques de marché, de crédits et des risques opérationnels, dans le calcul d'un ratio de solvabilité des banques. Mais la définition et la mesure du « risque » reposent très largement sur les banques elles-mêmes et les agences de notation qui les évaluent.

▪ De nouvelles contraintes ont été décidées sous l'impulsion du G20 dans le cadre des accords de Bâle III (2010), pour une application prévue progressivement à partir de 2013. En complément du ratio de solvabilité de Bâle II, ils introduisent des ratios de liquidité des banques (l'un à court terme, l'autre à long terme), proposent une redéfinition des besoins en fonds propres et instaurent un ratio de levier, non défini par les risques, imposant que les fonds propres dépassent au minimum

3 % du total des actifs. De nouvelles négociations sont en cours en 2016-2017, sous l'appellation non encore officielle de Bâle IV, pour imposer une définition plus stricte du ratio de solvabilité.

Aux côtés de ces ratios, le Comité de Bâle insiste pour que les banques réalisent des « testaments bancaires ». Il s'agit d'établir à l'avance, pour chaque banque, les dispositions en cas de faillite et de détailler la manière dont elle serait démantelée. L'objectif est clairement de limiter les montants que les États pourraient être amenés à mobiliser pour sauver des banques, de responsabiliser les actionnaires et créanciers. Ces testaments, obligatoires pour les banques dites « systémiques », doivent être approuvés par les autorités de régulation qui peuvent en demander la réécriture. La Fed a ainsi refusé en décembre 2016 d'approuver le testament proposé par la Wells Fargo.

b. — Vers une plus grande spécialisation bancaire

La question de la spécialisation bancaire, opposant banques d'affaires et banques de dépôt, a été immédiatement posée. Le mouvement de décloisonnement opéré depuis les années 1980 a permis aux banques de s'engager dans des activités très variées, mêlant opérations pour leur propre compte et opérations pour leurs clients, activités de crédit et activités de marché..., posant de fait la question de la garantie des dépôts. L'existence d'une assurance des dépôts est une condition nécessaire pour éviter les *run* bancaires, mais elle revient en fait à garantir aux banques que les États viendront à leur secours, y compris si leurs difficultés proviennent d'activités spéculatives. Cela génère un phénomène d'aléa moral qui les pousse à prendre davantage de risques, c'est la logique du « *too big to fail* ». Le retour à une spécialisation bancaire plus nette est à l'œuvre depuis 2010, avec des différences nettes selon les pays.

■ Aux États-Unis la réglementation « Volcker », mise en application par la loi *Dodd-Franck* de 2010, remet en partie en vigueur la séparation bancaire du *Glass-Steagall* Act de 1933 (supprimé officiellement en 1999). Initialement, Paul Volcker voulait limiter la taille des banques et interdire que les banques de dépôt puissent placer l'argent de leurs clients dans des opérations spéculatives. La version retenue est un peu moins stricte (pas de limite de taille et possibilité d'investir à hauteur de 3 % dans des activités spéculatives), mais l'objectif est clairement de réduire l'activité spéculative des banques et d'éviter qu'une banque puisse à la fois spéculer sur des titres tout en conseillant à leurs clients de les acquérir. L'affaire des CDO « Abacus », dans laquelle la banque JP Morgan pariait à la baisse des titres qu'elle plaçait par ailleurs auprès de ses clients, a fortement inspiré cette partie de la réglementation.

■ Au Royaume-Uni, la commission Vickers propose en 2011 une stricte séparation des activités de banque de détail et de banque d'investissement. Il s'agit d'isoler la banque de détail, de la sanctuariser (garantie des pouvoirs publics), en laissant les banques libres de mener leurs autres activités. George Osborne, chancelier de l'Échiquier entre 2010 et 2016, a repris ces idées, mais la date d'entrée en vigueur, initialement 2015, est repoussée à 2019 pour coller à Bâle III.

■ En France, la loi bancaire votée en avril 2013 est proche, dans sa philosophie, de la logique américaine. Elle place les activités bancaires les plus risquées dans une filiale spécialisée pour protéger les dépôts. Elle vise également à encadrer la définition de la « tenue de marché » pour empêcher que les banques qualifient ainsi des opérations spéculatives et oblige celles-ci à davantage de transparence dans leurs activités, y compris avec les paradis fiscaux. Les décisions prises ne sont cependant pas allées aussi loin dans l'encadrement des activités bancaires que ce qui était initialement envisagé.

Le rapport Liikanen de 2012 vise à faire adopter une loi bancaire européenne proche du principe britannique de sanctuarisation de la banque de détail. Porté par le commissaire Michel Barnier, le projet européen de 2014 souhaitait clairement instaurer une stricte séparation bancaire en interdisant aux banques d'investir en compte propre et englobait la tenue de marché dans les activités potentiellement spéculatives. Mais le texte a suscité de fortes oppositions en Europe, en particulier du côté des banques, qui ont affirmé que cela nuirait au financement de l'économie et pèserait trop sur leur rentabilité, et le projet n'a pas abouti.

c. — *Supervision bancaire et stabilité financière : un nouvel enjeu de la régulation*

La crise ayant révélé l'importance des risques systémiques, des réformes importantes ont été mises en œuvre au cours des années 2010 pour garantir la stabilité financière. Celle-ci est définie par la BCE comme « *une situation dans laquelle le système financier – qui englobe les intermédiaires, les marchés et les infrastructures de marché – est capable de résister aux chocs et de résorber les déséquilibres financiers* ».

■ La stabilité financière passe par davantage de régulation macro-prudentielle

Les ratios micro-prudentiels évoqués plus haut sont utiles pour garantir que des établissements bancaires ne prennent pas trop de risques dans leur gestion. Mais ce n'est pas suffisant pour lutter contre le risque systémique. Il faut également mettre en œuvre une régulation macro-prudentielle, qui vient se rajouter et s'articuler à la politique monétaire. Pour éviter la formation de bulles financières par exemple, les autorités doivent envisager les conséquences de la politique monétaire dans ce domaine. Ainsi, dans la période de « grande modération » du début des années 2000, le fait que les banques centrales n'aient été attentives qu'à la stabilité des prix a conduit à l'accroissement des liquidités, au développement des crédits *subprimes* et, lorsqu'elles ont remonté les taux d'intérêt, là encore parce que leur objectif principal était l'inflation, elles ont enclenché la mécanique conduisant à la crise de 2008.

Le rapport du Conseil d'analyse économique « Banques centrales et stabilité financière » (n° 96-2011) affirme que la régulation macro-prudentielle doit chercher à :

- « *réduire les imperfections des marchés ;*
- *diminuer la procyclicité des acteurs financiers [qui ont une tendance collective à sous-estimer les risques et à s'y surexposer] en favorisant une modération du crédit en phase ascendante du cycle et son maintien en phase descendante ;*
- *amener les acteurs à internaliser les effets externes découlant de leurs comportements individuels.* »

Tout cela suppose la mise en œuvre d'une batterie d'indicateurs macroéconomiques et financiers permettant de repérer les bulles et de mener des politiques visant à les contrer. La conduite de cette régulation ne peut évidemment pas se faire dans un cadre strictement national et doit intégrer une dimension mondiale. En 2011, dans le cadre du renforcement de la surveillance budgétaire, l'Europe s'est ainsi dotée d'un ensemble d'indicateurs destinés à repérer les déséquilibres macroéconomiques : évolution des coûts salariaux, des parts de marché à l'exportation, du taux de change réel effectif, déséquilibre de la balance des paiements, seuils de dettes privées et publiques, de taux de chômage, flux de crédit dans le privé, évolution des prix du marché immobilier.

La question de savoir quel est l'organisme qui doit assurer cette stabilité financière s'est posée aux économistes et aux décideurs. Plus précisément, faut-il que les banques centrales intègrent un objectif de stabilité financière, en parallèle aux objectifs qui guident leur politique monétaire ?

Faut-il au contraire que des organismes indépendants assurent la régulation macro-prudentielle ? Si M. Aglietta plaide pour une politique monétaire élargie, considérant que « *les banques centrales doivent assumer la stabilité financière comme un objectif permanent, de la même importance que la stabilité des prix* » (*La crise, les voies de sortie*, 2010), d'autres souhaitent que ce soit des institutions distinctes qui assurent ces deux missions. Ainsi, le rapport du CAE « Banques centrales et stabilité financière » (2011) présentait des propositions divergentes, les auteurs n'ayant pas pu se mettre d'accord sur un texte commun. Les décisions prises au cours des dernières années apportent un élément de réponse.

Les décisions prises au cours des dernières années montrent que les banques centrales intègrent davantage la nécessité de la stabilité financière. Aux États-Unis, la Fed a reçu comme mandat supplémentaire d'assurer la stabilité financière. La loi Dodd-Franck donne également naissance au *Financial Stabililty Overnight Council* (Conseil de surveillance de la stabilité financière). Il a pour rôle d'identifier les risques financiers menaçant la stabilité du système financier et de surveiller les banques les plus importantes. Disposant de pouvoirs étendus, il surveille les marchés et les institutions financières et conseille le Congrès et la Réserve fédérale sur les questions de stabilité financière. La loi introduit également une plus grande transparence des marchés en réglementant davantage les opérations de gré à gré (création de chambres de compensation, exigences en capital plus élevées, diffusion d'informations). Les procédures de liquidation judiciaire des établissements financiers, qui reposaient sur la *Federal Deposit Insurance Corporation*, créée en 1933 pour garantir les dépôts bancaires, sont étendues aux compagnies d'assurance et aux institutions financières non bancaires. En Europe, les débats pour savoir qui allait assurer la stabilité financière ont été tranchés en intégrant le « Conseil de surveillance prudentielle » au sein de la BCE, tandis que la construction de l'Union bancaire vise à réduire le risque systémique.

■ La construction de l'Union bancaire en Europe

La crise ayant mis à jour la fragilité financière de l'Europe, avec des réglementations différentes mais une très grande interdépendance des systèmes bancaires, l'Union européenne s'est engagée, à partir de 2012, dans la voie d'une Union bancaire construite sur deux piliers : un « mécanisme de surveillance unique » (MSU) et un « mécanisme de résolution unique » (MRU).

Le mécanisme de surveillance unique, entré en vigueur en 2014, repose sur une structure « logée » au sein de la BCE, le « Conseil de surveillance prudentielle ». Chargé de superviser les grandes banques de l'Union européenne, il organise les « stress tests » des banques, leur délivre les agréments et peut sanctionner celles qui mettraient en danger la stabilité de la zone euro. Le MSU contrôle directement environ 130 banques (80 % des actifs bancaires de la zone euro) et 3 500 de manière indirecte via les autorités nationales. Il coopère avec les autres instances de régulation européennes, comme le Comité européen du risque systémique (CERS), chargé lui de la surveillance macro-prudentielle.

Le mécanisme de résolution unique, qui s'applique depuis le 1er janvier 2016, vise à unifier les procédures appliquées en cas de difficultés, voire de faillite, d'un établissement bancaire. Il s'agit essentiellement d'éviter de faire peser sur les contribuables le sauvetage des banques. Ainsi, les actionnaires des banques, les créanciers et les gros déposants (au-delà de 100 000 €) seront systématiquement les premiers affectés. Un fonds de résolution a également été créé. Alimenté par les banques (0,1 % des dépôts chaque année pendant dix ans, puis stabilisation à 1 %), il permettra de gérer la faillite éventuelle d'une banque. Ce n'est donc qu'en dernier recours qu'il sera fait appel aux États et aux contribuables.

Un troisième pilier d'une union bancaire, un Système unique de garantie des dépôts, n'a pas été mis en place. Initialement prévu dans le projet, il a été écarté car il a paru souhaitable que des progrès suffisants soient réalisés en matière de réduction du risque bancaire avant de développer un mécanisme commun de garantie des dépôts. Ce sont les États qui continuent à fixer les règles dans ce domaine et aucune solidarité européenne n'est donc prévue. Le niveau de la garantie a cependant été globalement accru.

■ **La prise en compte du risque systémique**

Le sommet du G20 de Londres en 2009 a permis la création du Conseil de stabilité financière (*Financial Stability Board*), visant à instaurer une plus grande coopération dans la surveillance et la supervision des institutions financières. Il remplace le Forum de stabilité financière créé en 1999 à la suite de la crise asiatique de 1997-1998. Transformé en 2013 en une véritable institution internationale, il vise à définir des standards internationaux de régulation financière, suit la mise en œuvre des décisions et évalue le risque systémique. À ce titre, il établit une liste des banques d'importance systémique (30 en 2016) à partir de 5 critères : l'importance des activités transfrontalières ; la taille du bilan de l'institution et de ses engagements hors-bilan ; les interconnexions avec d'autres institutions financières ; le degré de substituabilité des activités qu'elle exerce ; le degré de complexité de ces activités. Elles sont classées en 5 catégories, soumises à des exigences de fonds propres croissantes. Ainsi, dans la liste publiée en novembre 2016, on trouve 18 banques dans le groupe 1, soumises à 1 % de surcharge, dont la Société générale, le groupe Crédit agricole, le groupe Banque populaire Caisse d'Épargne, UBS, Royal Bank of Scotland… ; le groupe 2 est composé de 6 banques (+ 1,5 %), dont Barclays, Crédit suisse, Goldman Sachs… ; le groupe 3 ne comporte que 4 banques (+ 2 %), Bank of America, BNP Paribas, Deutsche Bank et HSBC ; le groupe 4, soumis à 2,5 % de surcharge, se limite à Citygroup et JP Morgan Chase ; le groupe 5 est actuellement vide.

Se pose également la question du *shadow banking*. La définition de cette finance parallèle que donne le Conseil de stabilité financière (FSB) repose sur l'idée qu'elle réalise « *une intermédiation de crédit impliquant des entités et activités en dehors du système bancaire traditionnel* » (« *Shadow banking : scoping the issues* », 2011). Le financement de l'ombre réalise ainsi des activités de même nature que celle des banques (transformation de liquidité et transformation de maturité), en émettant des titres sur les marchés financiers, mais il n'est pas soumis aux mêmes régulations que le système bancaire. Ce *shadow banking* s'est particulièrement développé au début des années 2000, porté par le mécanisme de la titrisation. La finance parallèle est clairement née dans les trous laissés par la régulation financière. On peut même dire qu'elle est le produit, à la fois, de la déréglementation des années 1980-1990 et de l'inefficacité de la régulation financière globale. En effet, c'est largement pour contourner les règles prudentielles (comme le ratio Cooke) que les banques ont favorisé les mécanismes de titrisation. Et le contexte de la déréglementation leur a permis de créer les outils sur lesquels le *shadow banking* s'est développé.

Très important aux États-Unis, où le financement par les marchés de capitaux est essentiel, il pèse un peu moins en Europe où les banques continuent à assurer l'essentiel du financement. Il a fortement régressé après la crise de 2008 mais pèse d'un poids important sur l'économie mondiale. Les estimations proposées par le FSB dans son rapport de 2017 reposent sur deux définitions, l'une étroite, l'autre large. La plus large chiffre le *shadow banking* à 92 000 milliards de dollars en 2015, soit 150 % du PIB des pays sur lesquels porte l'estimation. La plus étroite, reposant sur une analyse plus précise des fonctions des organisations non bancaires, évalue le *shadow banking* à 34 000 milliards de dollars et 70 % du PIB. Mais, au-delà de son poids, le *shadow banking* fait peser un risque systémique en raison de ses liens avec les institutions bancaires traditionnelles, par exemple les crédits accordés par les banques à des fonds monétaires ou des véhicules de titrisation. Inversement, les banques se sont aussi financées à l'aide de cette finance parallèle et ont acquis dans leurs portefeuilles les titres de ces acteurs non bancaires. Les défaillances des uns peuvent fragiliser l'ensemble du système financier mondial.

Les inquiétudes sur la stabilité financière mondiale demeurent importantes.

- Concernant les banques, les autorités prudentielles cherchent à quantifier le risque systémique et à imposer des contraintes visant à renforcer leur solidité, mais elles ne cherchent pas à réduire le risque systémique. Ainsi, les mesures de réduction de la taille des banques, qui étaient présentes dans les premiers projets, en particulier américains, n'ont pas abouti. Le bilan des 30 banques systémiques listées par le Conseil de stabilité financière représente davantage que la totalité de la dette publique mondiale. Les banques systémiques sont certainement mieux contrôlées, mais elles restent systémiques.
- Concernant le *shadow banking*, certaines mesures de réglementation sont à l'œuvre ou en préparation, en définissant des standards internationaux pour la gestion des fonds monétaires ou en cherchant à assurer davantage de transparence dans les opérations de titrisation. Mais c'est surtout de manière indirecte, en contrôlant davantage les banques et leurs relations avec la finance de l'ombre que les autorités de régulation espèrent éviter de nouvelles crises financières.

Pourtant, des voix s'élèvent pour réclamer un retour en arrière sur la régulation financière. Ainsi, le Président Trump s'est engagé à annuler certains points de la loi Dodd-Franck, au nom de la simplification des procédures.

CHRONOLOGIE

1720. — Banqueroute de Law.
1794-1797. — Forte inflation en France (crise des assignats).
1815-1850. — Déflation en Grande-Bretagne et dans plusieurs pays qui s'industrialisent.
1825. — Krach boursier à Londres.
1836. — Crise boursière et bancaire à Londres.
1847. — Crise boursière et bancaire en Europe.
1857. — Crise boursière à New York.
1866. — Crise bancaire à Londres (faillite Overend Gurney).
1873. — Krach boursier en Allemagne et Autriche, puis aux États-Unis (faillite Jay Cooke and Co).
1873-1896. — Déflation de la Grande Dépression de la fin du XIXe siècle.
1882. — Crise bancaire en France (faillite Union générale).
1890. — Faillite de la Baring.
1896. — Apparition en France de la catégorie statistique de chômage lors du recensement.
1907. — Crise boursière et bancaire aux États-Unis.
1911. — Création du premier régime d'assurance chômage au Royaume-Uni.
1913. — Création de la Fed.
1919. — Création de l'Organisation internationale du travail.
1919-1920. — Inflation d'après-guerre en France.
1922-1923. — Hyperinflation allemande.
Années 1920. — Déflation britannique.
1929. — Crise boursière et bancaire américaine puis généralisée.
Années 1930. — La « Grande Dépression ».
1933. — A. C. Pigou, *La théorie du chômage.*
1935. — Fondements de l'assurance chômage aux États-Unis avec le *Social Security Act.*
1936. — J.M. Keynes, *Théorie générale de l'emploi, de l'intérêt et de la monnaie.*
1945-1948. — Forte inflation d'après-guerre en France.
1951-1952 et 1956-1958. — Épisodes inflationnistes en France.
1958. — Création de l'UNEDIC, régime d'assurance chômage en France ; courbe de Phillips.
1960. — Courbe de Phillips revue par Samuelson et Solow.
1967. — Création de l'ANPE.
1968. — M. Friedman, *Inflation et systèmes monétaires.*
1972. — R. Lucas, « *Expectations and the neutrality of money* ».
1973. — Premier choc pétrolier, doublement du taux d'inflation dans les pays développés à économie de marché en 1974.
1977. — F. Kydland et E. Prescott, « *Rules rather than discretion* ».
1979. — Deuxième choc pétrolier ; forte hausse des taux directeurs de la Fed pour lutter contre l'inflation.
1982. — Crise de l'endettement (Mexique, Brésil, Argentine...).
1986-1990. — Hyperinflation en Argentine.
1987. — Krach boursier.
1988-1994. — Hyperinflation au Brésil.

CHRONOLOGIE

1990. — Crise japonaise (début).
1990-1994. — Forte inflation en Europe de l'Est et dans les pays de l'ex-URSS.
1991. — Modèle WS-PS développé par Layard, Nickell et Jackman (*Unemployment*, 1991).
1992-1993. — Crise de change en Europe.
1994. — Crise mexicaine, crise brésilienne.
1997. — Crise asiatique.
1998. — Crise russe, faillite de LTCM.
1999-2005. — Déflation au Japon.
2000-2001. — Krach boursier rampant, crise de la « nouvelle économie ».
2003-2009. — Hyperinflation au Zimbabwe.
2007-2008. — Crise des *subprimes* (début).
2008. — Création de Pôle emploi, issu de la fusion entre l'UNEDIC et l'ANPE.
2009-2012. — Déflation au Japon. Sortie de la déflation à partir de 2013.
2010. — Loi Dodd-Franck aux États-Unis.
2010-2014. — Crise des dettes souveraines dans la zone euro.
2013. — Entrée en déflation de l'économie grecque.
2014. — Entrée en vigueur de l'Union bancaire en Europe (Mécanisme de surveillance unique, Mécanisme de résolution unique).
2015. — Inflation moyenne nulle dans les pays de l'Union européenne, presque nulle aux États-Unis et négative en Suisse.

BIBLIOGRAPHIE

Inflation

Asselain (J.-C.), *Histoire économique du xxe siècle*, Presses de Sciences Po et Dalloz, 1995.

Bassoni (M.), Beitone (A.), *Monnaie, théories et politiques*, Sirey, 1997.

Bezbakh (P.), *Inflation et désinflation*, La Découverte, coll. « Repères », 2011.

Crozet (Y.), *Inflation ou déflation ? Du dilemme aux arbitrages intergénérationnels*, Nathan, 1999.

De Boyer (J.), *La pensée monétaire, histoire et analyse*, Les Solos, 2003.

Goux (J.-F.), *Inflation, désinflation, déflation*, Dunod, 1998.

Manoury (J.), *Des délices de l'inflation aux affres de la déflation*, Presses universitaires de Rouen et du Havre, 2009.

Theret (B.) (dir.), *La monnaie dévoilée par ses crises*, Ehess, 2008.

Vilar (P.), *Or et monnaie dans l'histoire 1420-1920*, Champs, Flammarion Poche, 1978.

Chômage

Anne (D.), L'horty (Y.), *Économie de l'emploi et du chômage*, Armand Colin, 2013.

Benassy-Quere (A.), Coeure (B.), Jacquet (P.), Pisani-Ferry (J.), *Politique économique*, de Boeck, 2012.

Blanchard (o.), Cohen (d.), *Macroéconomie*, Pearson Éducation, 2013.

Cahuc (P.), Carcillo (S.), *Améliorer l'assurance chômage*, Presses de Sciences Po, 2014.

Cahuc (P.), Zylberberg (A.), *Les ennemis de l'emploi, le chômage, fatalité ou nécessité ?*, Flammarion, 2015.

Centre d'études de l'emploi, *La qualité de l'emploi*, La Découverte, coll. « Repères », 2006.

Gautie (J.), *Le chômage*, La Découverte, coll. « Repères », 2015.

Krugman (P.), Wells (R.), *Macroéconomie*, de Boeck, 2016.

Mignon (V.), *La macroéconomie après Keynes*, La Découverte, coll. « Repères », 2010.

Perrot (A.), *Les nouvelles théories du marché du travail*, La Découverte, coll. « Repères », 1999.

BIBLIOGRAPHIE

« Emploi des jeunes et qualification », *Problèmes économiques* n°3098, novembre 2014.

« L'adieu au chômage. Non, les politiques n'ont pas tout essayé », *Regards croisés sur l'économie*, La Découverte, 2013.

« Comprendre l'économie. Questions économiques contemporaines », *Cahiers Français*, hors-série n° 8, 2015.

« Réformer le marché du travail ? », *Problèmes économiques*, n° 3134, La Documentation française, mai 2016.

Crises financières

Brender (A.), Gagna (E.), Pisani (F.), *La crise des dettes souveraines*, La Découverte, coll. « Repères » n°601, 2013.

Brender (A.), Pisani (F.), *La crise de la finance globalisée*, La Découverte, coll. « Repères » n°533, 2009.

Chavagneux (C.), *Une brève histoire des crises financières. Des tulipes aux subprimes*, La Découverte, 2011.

Couderc (N.), Montel-Dumont (O.), *Des subprimes à la récession*, Documentation française, 2009.

Galbraith (K.), *Brève histoire de la folie financière*, Seuil, 1992.

Kindleberger (C.), *Histoire mondiale de la spéculation financière*, Valor édition, 2004.

Krugman, (P.), Wells (R.), *Macroéconomie*, de Boeck, 2016.

Krugman (P.), *Pourquoi les crises reviennent toujours*, Seuil, 2000, rééd. 2009.

Reinhart (C.), Rogoff (K.), *Cette fois, c'est différent. Huit siècles de folie financière*, Pearson Éducation, 2010.

Conseil d'analyse économique, *Les crises financières*, n° 50, 2004.

Conseil d'analyse économique, *La crise des subprimes*, n° 78, 2008.

Conseil d'analyse économique, *Quelles leçons de la crise pour les banques centrales ?* n° 96, 2011.

SUJETS CORRIGÉS

SUJET
I

La croissance est-elle une condition suffisante pour résorber le chômage ?

En décembre 2016, le taux de chômage de la zone euro atteignait 10 % et 20,7 % des jeunes de moins de 25 ans étaient à la recherche d'un emploi. Pour nombre d'économistes, une relance de la croissance est nécessaire pour endiguer ce phénomène. La recherche d'une augmentation des richesses produites sur le long terme, généralement mesurée par l'évolution du PIB en terme réel est primordiale pour permettre une diminution du chômage. Le chômage, au sens du Bureau international du travail (BIT), représente la situation de personnes sans emploi, disponibles pour travailler et en recherche active d'un emploi. La réalité du chômage est plus importante encore que ne le suggèrent les statistiques. C'est le problème du halo du chômage : des personnes non classées comme chômeurs connaissent une situation objective de chômage. Par exemple, en France, 5 % des actifs sont en sous-emploi, c'est-à-dire qu'ils ne travaillent pas autant qu'ils le souhaiteraient (travail à temps partiel non choisi ou chômage partiel).

La question de la lutte contre le chômage a pris de l'ampleur à partir des années 1980 et l'apparition d'un chômage de masse. Elle a une actualité certaine aujourd'hui du fait du net accroissement du chômage après la crise des *subprimes*. Mais le chômage ne saurait se réduire à un chômage conjoncturel lié aux fluctuations de l'activité économique. Il existe aussi un chômage de type structurel sur lequel une reprise de la croissance n'aurait pas d'impact. Il faut donc se pencher sur la possible coexistence de ces deux types de chômage.

Ainsi, si la croissance est une condition nécessaire pour réduire le chômage, elle ne saurait être suffisante pour permettre sa résorption à un niveau frictionnel, c'est-à-dire à un niveau que l'on peut considérer comme le plein emploi.

I La croissance, condition nécessaire pour réduire le chômage

A. – Un lien positif entre croissance et création d'emplois

- *Pour produire plus, il y a la nécessité de créer des emplois. Ce qui permet une hausse des revenus distribués, d'où une hausse de la demande qui nécessite une hausse de la production, et donc davantage d'investissements et de créations d'emplois.*
- *L'optique keynésienne met l'accent sur la nécessité d'une relance de la demande pour lutter contre le chômage.*
- *Des références au modèle IS/LM (politique monétaire et politique budgétaire de relance – déplacement des courbes) et à la courbe de Phillips (dilemme inflation-chômage) sont indiquées.*

B. – Un seuil critique de croissance nécessaire

- *Le chômage est une fonction croissante de l'«* output gap *», c'est-à-dire de la différence entre la croissance effective et la croissance potentielle, celle-ci étant entendue comme la croissance résultant de la pleine utilisation des facteurs de production dans l'économie sans apparition de tensions inflationnistes : « loi d'Okun ».*
- *La politique économique doit intervenir lorsque la croissance effective s'éloigne de la croissance potentielle.*
- *Il faut tenir compte du fait que l'augmentation du PIB ne se traduit pas par une baisse proportionnelle du taux de chômage :*

- *l'impact de la croissance sur l'emploi est amorti par le cycle de productivité ;*
- *le nombre de travailleurs cherchant un emploi est influencé par la disponibilité des emplois ;*
- *le taux de flexion du chômage : le nombre d'emplois créés ne se traduit pas par une baisse de même nombre des chômeurs.*

Ainsi, en France, les différentes études (comme celles de l'OCDE ou de l'OFCE) indiquent que le taux de croissance doit au moins atteindre 1,5 % pour permettre une diminution du chômage.

Pour faire baisser le chômage, il est nécessaire de créer suffisamment d'emplois pour absorber la croissance de la population active, en tenant compte des gains de productivité.

C. – Le problème de la situation européenne actuelle

- *La croissance est faible, voire négative, depuis plusieurs années dans certains pays. Crainte de la déflation. Le chômage ne cesse de s'accroître. Pour revenir à des taux d'endettement considérés comme soutenables, les pays ont adopté des politiques de rigueur qui ont entraîné des réductions budgétaires importantes.*
- *La question de savoir à quel moment mener une politique budgétaire est cruciale. Il en va en effet de l'efficacité même de la stratégie de politique économique mise en place. Une impulsion budgétaire positive aura un impact différent sur l'activité selon que l'économie se situe en bas ou en haut de cycle. Dans le cas d'une relance budgétaire en haut de cycle, l'impact inflationniste annulera progressivement,* via *le creusement du déficit commercial, les effets positifs de la relance. À l'inverse, une politique de relance en bas de cycle sera durablement efficace car non inflationniste, le chômage structurel baissant avec le chômage effectif. Or l'Union européenne se trouve en bas de cycle.*
- *Or, pour réduire la composante keynésienne du chômage, il faut modifier la stratégie de sortie de crise. En effet, les multiplicateurs budgétaires sont très élevés et la réduction simultanée et dans les pays européens des déficits publics a des effets très négatifs sur l'activité et augmente le chômage. Fin 2012, Olivier Blanchard, économiste en chef du FMI, a cosigné une étude montrant que le Fonds avait dramatiquement sous-estimé l'effet récessif des coupes budgétaires.*
- *Des taux de chômage élevés, en particulier celui des jeunes. Crainte de l'effet d'hystérèse : les taux de chômage effectifs conduisant à un taux de chômage d'équilibre plus élevé. Il faut éviter que le chômage ne s'enkyste. La politique économique doit donc être réactive, et ne pas laisser la situation de l'emploi se dégrader lors d'un retournement de conjoncture.*
- *De plus, les réductions budgétaires peuvent avoir un effet négatif sur la croissance potentielle. Ce que souligne J. Stiglitz* (Le pari de l'inégalité, *2012) : la croissance potentielle risque de diminuer alors qu'elle est déjà moins forte qu'aux États-Unis. Si la croissance potentielle s'affaiblit, alors le chômage d'équilibre va avoir tendance à augmenter.*

II La croissance n'est pas une condition suffisante à la résorption du chômage

A. – Un chômage structurel correspondant au chômage non expliqué par un ralentissement de l'activité économique

- *Des politiques de relance jugées inefficaces.*
  - *Critique de Friedman : absence d'un arbitrage entre inflation et chômage du fait des anticipations adaptatives des agents. Le chômage ne peut jamais descendre en dessous de son niveau naturel.*
  - *Critique des nouveaux économistes classiques : les politiques discrétionnaires n'ont aucun impact sur l'emploi, du fait des anticipations rationnelles. Nécessité de suivre des règles pour assurer une cohérence temporelle des décisions de politique*

économique et donc une crédibilité des autorités publiques.

- *Le chômage d'équilibre correspond au fait que, à l'équilibre, le chômage est supérieur à ce que justifierait la seule existence de frictions sur le marché du travail : modèle WS-PS – thèses du* « job search » *– explications microéconomiques des rigidités salariales.*

B. – Flexibiliser le marché du travail : les nouvelles politiques de l'emploi

- *L'objectif est de se rapprocher d'un marché du travail plus flexible pour permettre une croissance plus riche en emplois.*
- *Baisser le coût du travail.*
- *Activer les politiques de l'emploi.*
- *Former les salariés et les chômeurs, accompagner les travailleurs pour permettre un meilleur appariement.*
- *D'importantes réformes structurelles (lois Hartz) sur le marché du travail allemand engagées au début des années 2000 ont contribué à baisser le chômage structurel (inciter les chômeurs à accepter un emploi, encourager l'activité professionnelle, en particulier des femmes et des seniors, raccourcissement de la période d'indemnisation chômage, baisse des charges patronales). Cette performance sur le front de l'emploi doit pourtant être pondérée par la hausse des inégalités de revenus et de la pauvreté en Allemagne.*

En France, en janvier 2013, a été signé l'accord national interprofessionnel, étape importante dans la constitution progressive d'une flexisécurité à la française avec de nouveaux droits accordés aux salariés mais aussi une réforme du droit au licenciement (simplification des modes de rupture de contrats), possibilité des accords de maintien dans l'emploi. L'objectif est de parvenir à une plus grande flexibilité du marché du travail permettant un meilleur appariement entre l'offre et la demande de travail.

Le gouvernement espagnol a annoncé, en 2013, une nouvelle réforme du marché du travail afin de lutter contre les principaux maux qui l'affectent : la dualité entre emplois stables et précaires, la destruction massive d'emplois, les rigidités de fonctionnement (coût élevé du licenciement, rigidités et centralisation des négociations salariales), le chômage des jeunes et de longue durée.

C. – D'autres réformes structurelles sont nécessaires

- *Favoriser une plus grande concurrence sur le marché des biens et services : baisser les barrières réglementaires à l'entrée, adopter une politique de la concurrence puissante. La flexibilité du marché du travail est insuffisante, le chômage structurel ne s'explique pas seulement par le fonctionnement du marché du travail. Des effets de complémentarité sont à rechercher. Les règles qui limitent la concurrence sur les marchés des biens et services ont un impact significatif négatif sur l'emploi. En France particulièrement, les barrières à l'entrée (en termes de quota, de limitation de surface…) dans des activités comme le commerce contribueraient à expliquer de façon importante le « déficit » d'emplois (rapport du Conseil d'analyse économique,* Les leviers de la croissance française, *2007)*
- *Des investissements primordiaux en capital humain, en recherche-développement. L'enjeu est de stimuler l'innovation.*
- *Une politique industrielle d'envergure. Ainsi le rapport CAE,* Crise et croissance : une stratégie pour la France, *2011, met l'accent sur une stratégie qui combine des interventions « horizontales » de l'État, susceptibles de concerner tous les secteurs (innovation, R&D, éducation, marché des biens, marché du travail…) et des interventions « verticales » touchant certains secteurs prioritaires ou stratégiques.*

SUJET
II

« Mieux vaut l'inflation que le chômage ». Cette formule que l'on prête au président Pompidou a-t-elle encore un sens 40 ans plus tard ?

Lorsque le président Pompidou affirme que l'inflation vaut mieux que le chômage, la France est confrontée au premier choc pétrolier. Elle connaît, pour la première fois depuis la Seconde Guerre mondiale une forte crise économique, marquée par une montée du chômage. L'inflation s'est accélérée depuis les années 1960 et accompagne la croissance. Elle pousse les consommateurs à acheter à crédit, réduit les dettes publiques et privées tout en étant indolore pour la plupart des agents, du fait des mécanismes d'indexation. Elle ne pénalise même pas la compétitivité extérieure car tous les pays connaissent une inflation soutenue et « *en matière d'inflation, l'important est de ne pas faire plus de bêtises que le voisin* » selon la formule de W. Baumgartner, ministre des Finances français en 1960-1962. On comprend donc aisément pourquoi la priorité est la lutte contre le chômage.

Cette configuration, qui reposait largement sur la courbe mise en évidence par Phillips (1958), s'est heurtée à la situation de stagflation et a conduit, dans les dix ans qui suivent à inverser les priorités.

La lutte contre l'inflation s'est imposée comme la principale contrainte des gouvernements, les conduisant même à confier cette mission à une Banque centrale devenue indépendante... et même à inscrire dans les statuts de la BCE qu'elle devait assurer la stabilité des prix.

Pourtant, des voix se sont élevées, dans les années 1990 surtout, pour réclamer un assouplissement de la politique monétaire, au nom de la défense de l'emploi. La priorité à la lutte contre l'inflation ne s'est cependant pas infléchie nettement.

Mais la très forte croissance du chômage depuis 2008, dans un contexte de modération des prix, conduit à poser à nouveau la question.

Nous montrerons que la question posée par Pompidou se révèle très largement dépassée à compter des années 1980 (I), mais le débat n'est pas pour autant éteint et la période récente semble lui redonner une nouvelle acuité, tout en modifiant en partie des éléments de la discussion (II).

I Un débat qui semblait dépassé à compter des années 1980

A. – Une formule qui s'appliquait à la fin des Trente Glorieuses

- *La courbe de Phillips (1958) met en évidence un lien inverse entre inflation et chômage. Une diminution du chômage, conduit à des tensions sur le marché du travail qui provoquent des hausses de salaires, répercutées dans les prix. La lutte contre l'inflation, par un durcissement des politiques monétaire et budgétaire, se traduit par un ralentissement de l'activité qui provoque une montée du chômage.*
- *Les gouvernements pouvaient ainsi arbitrer entre inflation et chômage. Mais les gouvernements privilégient le chômage, socialement plus gênant, laissant l'inflation s'installer.*

B. – Un arbitrage rendu impossible par la stagflation

- *La stagflation est la coexistence de l'inflation et du chômage dans un contexte de croissance ralentie. C'est une situation qui apparaît au début des années 1970 et se prolonge jusqu'au milieu des années 1980.*
- *La courbe de Phillips disparaît. Friedman soutient qu'elle devient verticale à long terme et la Nouvelle école classique affirme même qu'elle est toujours verticale. Le constat statistique est que la relation inverse n'existe plus, la courbe se déplaçant vers la droite.*
- *Les gouvernements ne peuvent plus compter sur la possibilité d'arbitrage et la lutte contre l'inflation devient la priorité de la politique économique. Le tournant est clair à partir du début des années 1980 aux États-Unis et en Grande Bretagne, un peu plus tardif en France.*
- *Au début des années 1990, on assiste à l'apparition de politiques de « ciblage d'inflation »,*

particulièrement dans les pays émergents mais également en Grande-Bretagne ou au Canada. Les autorités monétaires fixent des objectifs d'inflation à réaliser. Cela permet d'influencer les anticipations des agents et accroît la transparence de la Banque centrale. Dans la plupart des cas, il s'agit d'un ciblage souple, à moyen terme, permettant à la Banque centrale de réagir aux variations de l'activité.

C. – Un « débat interdit » depuis les années 1980

- *La recherche de la désinflation compétitive prend la place des dévaluations compétitives pour rétablir les échanges extérieurs. La lutte contre l'inflation est alors la priorité des gouvernements.*
- *L'instauration de politiques monétaires fondées sur un contrôle de la masse monétaire, la réduction des mécanismes d'indexation... permettent d'obtenir la désinflation. À partir des années 1990, la politique budgétaire est plus nettement contrainte par les exigences européennes, même si les seuils édictés par les traités ne sont pas toujours respectés.*
- *En 1995, J.-P. Fitoussi pose la question dans* « le débat interdit » *d'accepter plus d'inflation pour réduire le chômage, mais les priorités européennes restent les mêmes. La réduction du chômage, dans le cadre d'une croissance peu inflationniste, rend le débat moins pertinent au début des années 2000.*

II Une question à nouveau en débat... mais qui change de nature

A. – La montée récente du chômage redonne une actualité au débat

- *Depuis 2008, le chômage a fortement progressé, retrouvant les niveaux de la fin des années 1990. Alors que le chômage était de plus en plus considéré comme structurel et ne relevant donc pas d'une politique conjoncturelle de relance, sa progression depuis 2008 peut s'analyser comme la conséquence du ralentissement conjoncturel.*
- *La montée du chômage se fait dans un contexte de faible inflation... en dépit de politiques monétaires expansionnistes. Les banques centrales ont largement alimenté en liquidités les marchés, sans que l'on constate de net dérapage inflationniste. On ne peut donc pas compter sur la politique monétaire pour générer de l'inflation...*

B. – Mais la question se déplace vers l'effet de la politique de relance sur l'emploi

- *Si le chômage est d'origine conjoncturelle, on peut compter sur une politique de relance pour lutter contre. Cela devrait conduire les gouvernements à relâcher les contraintes budgétaires et monétaires.*
- *Mais les résultats sont contrastés. Aux États-Unis, la relance budgétaire et monétaire massive semble avoir des effets positifs sur la croissance et l'emploi. Dans certains pays européens en revanche, les déficits importants ont accru la dette publique, sans que les effets de relance soient nettement visibles. C'est par exemple le cas de la France. Inversement, l'Allemagne a connu une baisse importante de son chômage, sans politique de relance. Il faut cependant relativiser les performances allemandes sur ce point : sa démographie particulière, conduisant à une diminution de la population active, explique sans doute que les tensions sur l'emploi soient plus faibles. Les réformes structurelles du marché du travail (réformes Hartz) y ont également joué un rôle, relativisant l'importance du lien entre chômage et croissance économique.*
- *Des voix importantes s'élèvent depuis quelques années pour un assouplissement des normes d'inflation. O. Blanchard, économiste en chef du FMI, plaide dès 2010 pour que les pays revoient à la hausse la norme d'inflation acceptée. P. Krugman affirme, en 2012, que l'inflation est la solution pour les pays européens car elle permettrait une diminution des salaires réels et rétablirait leur compétitivité tout en permettant de réduire l'endettement.*

CHAPITRE 2

LES POLITIQUES ÉCONOMIQUES

I

L'ÉTAT ET L'ALLOCATION DES RESSOURCES

Le marché est généralement considéré comme le moyen de tirer le meilleur parti des ressources disponibles et de maximiser le bien-être collectif. Sous réserve que certaines conditions soient remplies, les mécanismes de marché permettent de réaliser le plus haut niveau de production compte tenu des moyens disponibles (optimum de Pareto). Alors pourquoi l'État intervient-il dans le jeu du marché ? Parce qu'il existe des imperfections de marché qui légitiment une action palliative de l'État visant une réalisation efficace des échanges. Pourtant, l'intervention publique n'est pas exempte de critiques. Il n'est pas toujours avéré que l'État fasse mieux que le marché quant à sa capacité à faciliter l'allocation des ressources ou à assurer l'intérêt général.

A L'ÉTAT FACE AUX DÉFAILLANCES DE MARCHÉ

La « main invisible » du marché ne conduit pas spontanément à une allocation optimale des ressources. C'est la raison pour laquelle l'intervention publique se justifie pour pallier les défaillances de marché.

1. – La nécessaire réglementation des marchés

Le marché nécessite l'existence d'institutions. C'est la raison pour laquelle les pouvoirs publics doivent garantir les droits de propriété et le fonctionnement concurrentiel des marchés.

a. — Garantir les droits de propriété et les contrats

La plupart des échanges ont lieu sur un marché. Sans institutions susceptibles de garantir les droits de propriété et le respect des contrats, les transactions seraient, sinon impossibles, du moins fortement limitées.

■ Le marché a besoin de règles institutionnelles pour fonctionner

Le développement des échanges, au niveau local comme au niveau international, nécessite que les marchés soient régulés par des institutions. C'est l'économiste américain Douglass North, prix Nobel d'économie en 1993, qui insiste sur le rôle central des institutions (« Institutions », dans *Journal of Economic Perspectives*, 1991) qu'il définit comme « des contraintes humaines qui structurent les interactions politiques, économiques et sociales. Elles consistent à la fois en des contraintes informelles (sanctions, tabous, coutumes, traditions et codes de conduite) et des règles formelles (constitutions, lois, droits de propriété). À travers l'histoire, les institutions ont été conçues par les êtres humains pour créer un ordre et réduire l'incertitude dans les échanges ». Des institutions insuffisantes ou de faible qualité génèrent des coûts de transaction importants qui réduisent les échanges.

Le développement des relations marchandes nécessite un cadre juridique rationnel qui doit respecter les principes de l'État de droit ; les règles juridiques doivent obéir à des principes supérieurs du droit (Constitution) et s'appliquer de façon égale à tous les individus. La reconnaissance du droit de la propriété par la loi garantit aux agents économiques qu'ils ne seront pas dépossédés de leurs actifs de manière arbitraire. De la même manière, la sécurité des contrats doit être telle que tout non-respect du contrat par l'une des parties contractantes donnera lieu à une action en justice qui permettra de sanctionner le contrevenant et d'indemniser la victime. Cela implique l'existence de tribunaux indépendants qui assurent le respect de ces lois, y compris à l'égard de l'État et de ses représentants.

■ L'existence d'un droit de propriété reconnu, un préalable au développement des échanges et au développement ?

Pour l'économiste péruvien Hernando de Soto (*Le mystère du capital : Pourquoi le capitalisme triomphe en Occident et échoue partout ailleurs*, 2000), c'est l'inexistence d'un système de droits de propriété clairement définis et garantis qui explique la pauvreté et le sous-développement. Il montre que 80 % de la population mondiale ne dispose pas de droits de propriété reconnus sur les actifs détenus (terrains, maisons...) ; il s'agit d'actifs sans titre de propriété qui s'apparentent à du « capital mort » puisque les détenteurs de ces actifs ne peuvent pas vendre leur propriété, l'assurer ou l'utiliser comme contrepartie (sous la forme d'hypothèque ou de caution) pour emprunter. L'absence de reconnaissance légale et de délimitation précise des droits de propriété ne permet pas à ces possessions de « servir d'apport en nature lors d'un investissement [...] et d'être directement transformées en capital ». Le développement des échanges et de la croissance économique passe, pour H. de Soto, par un droit légal universel de la propriété.

b. — Préserver la concurrence

L'État doit garantir le fonctionnement concurrentiel des marchés pour assurer une allocation optimale des ressources.

■ La concurrence doit être préservée pour assurer une allocation optimale des ressources

Selon l'analyse néoclassique, le marché permet une allocation optimale des ressources à condition que les règles de la concurrence pure et parfaite soient respectées (atomicité, transparence, homogénéité, libre entrée et libre sortie, mobilité des facteurs de production). Cela s'explique par le fait qu'en situation de concurrence, les entreprises sont incitées à abaisser leurs coûts et à innover pour résister à la concurrence ; les agents économiques peuvent alors disposer de produits peu chers et adaptés à leurs besoins. Or, sur certains marchés, le faible nombre d'entreprises (oligopole), voire la présence d'une seule firme (monopole), compromet l'efficacité du marché puisque ces entreprises disposent d'un pouvoir de marché (*price maker*) qui leur permet d'augmenter leur prix à un niveau supérieur à ce qui prévaudrait si les marchés étaient parfaitement concurrentiels. C'est une situation sous-optimale car, pour ce niveau de prix, une partie des consommateurs renoncent à consommer. Il en résulte une perte de production synonyme de perte de bien-être. En effet, la diminution du bien-être collectif ne s'explique pas par le fait que les consommateurs acquittent un prix plus élevé qu'en situation non concurrentielle (il y a seulement dans ce cas un transfert de surplus des consommateurs vers les (ou le) producteurs) mais parce qu'il y a diminution des quantités produites.

■ **Les moyens utilisés par l'État pour préserver la concurrence**

L'État doit réguler les marchés pour assurer leur fonctionnement concurrentiel. Il dispose pour cela de plusieurs types de dispositifs. Il peut recourir au contrôle des concentrations. L'objectif est de veiller à ce que des entreprises, par des opérations de croissance externe, ne puissent porter atteinte au libre jeu de la concurrence. Lorsque sur un marché, la taille moyenne des entreprises augmente et leur nombre se réduit, le risque de domination de marché s'accroît. Les pouvoirs publics peuvent alors interdire des opérations de fusion acquisition. Par ailleurs, l'État peut sanctionner des entreprises qui pratiquent un abus de position dominante en utilisant des moyens déloyaux c'est-à-dire anticoncurrentiels pour dominer le marché. Encore faut-il distinguer les entreprises qui dominent leur marché car elles ont fait preuve d'une plus grande efficacité, laquelle leur a permis d'éliminer leurs concurrents les moins performants, des entreprises qui pratiquent un abus de position dominante en utilisant des moyens déloyaux c'est-à-dire anticoncurrentiels pour dominer le marché. La condamnation de Microsoft le 24 mars 2004 par la Commission européenne à payer une amende de 497 millions d'euros pour abus de position dominante est emblématique de ce type de contrôle. La commission a considéré que Microsoft profitait de sa position de leader sur le marché des systèmes d'exploitation pour pratiquer des ventes liées : le système d'exploitation Windows était vendu avec le logiciel Windows Media Player, ne laissant aucune chance à ses concurrents de pénétrer ce marché. Les sanctions sont relativement rares car il n'est pas toujours facile d'identifier des abus de position dominante. Enfin, le troisième dispositif concerne le contrôle des ententes entre entreprises. Ces ententes ont pour objectif de fausser le jeu de la concurrence et de faire obstacle à la fixation d'un prix de marché. Ces actions concertées peuvent porter sur la fixation du prix, sur une limitation des quantités produites ou encore sur une répartition des parts de marché entre entreprises. Ce type d'action est d'autant plus probable que le marché est oligopolistique. Les poursuites contre les ententes sont relativement peu nombreuses puisque, par construction, il est difficile d'apporter la preuve qu'un accord confidentiel anticoncurrentiel a été passé entre plusieurs entreprises. On peut citer la condamnation par le Conseil de la concurrence le 30 novembre 2005 en France d'une entente entre trois opérateurs mobiles, Orange, SFR et Bouygues pour un montant de 534 millions d'euros pour s'être entendus pour stabiliser leur part de marché entre 2000 et 2002. Ou encore la condamnation en juillet 2016, par la Commission européenne, du « cartel des camions » à une amende record de 2,93 milliards d'euros. Entre 1997 et 2011, plusieurs constructeurs de camion se sont entendus sur les prix et sur le calendrier d'introduction des technologies pour diminuer les émissions polluantes. Les autorités publiques favorisent la délation qui consiste à amnistier le membre de l'entente qui dénonce l'accord anticoncurrentiel.

2. – Les défaillances de marché ne permettent pas une allocation optimale des ressources

Dans certains cas, l'équilibre de marché ne conduit pas à une allocation optimale des ressources. On parle alors de défaillances de marché. C'est le cas en présence de monopoles naturels, d'externalités et de biens collectifs.

a. — Monopoles naturels

Lorsque, pour des raisons techniques, une seule entreprise est appelée à servir l'ensemble du marché, les pouvoirs publics doivent intervenir pour réglementer la tarification du monopole naturel.

■ **Une situation de monopole naturel s'explique par des raisons techniques et par la taille du marché du bien considéré**

La structure du marché qui émerge « naturellement » en situation de rendements d'échelle croissants est le monopole ; toute hausse de l'échelle de production de l'entreprise se traduit par une baisse de son coût moyen. C'est généralement le cas d'activités présentant des coûts fixes importants, lesquels nécessitent d'atteindre un volume de production très élevé pour pouvoir être rentabilisés. Pour un marché donné, la production est alors assurée par une seule entreprise dont le coût moyen est minimal. En effet, l'entreprise la plus grande sur le marché a des coûts nécessairement inférieurs aux autres (à la condition qu'elle soit bien gérée), ce qui empêche l'entrée de nouvelles firmes dans la mesure où elle peut pratiquer des prix plus faibles. Cette situation de monopole naturel est caractéristique d'activités qui utilisent des réseaux de distribution : eau, gaz, chemin de fer, électricité, télécommunications ; dupliquer ces réseaux est difficilement rentable pour un nouvel entrant. Alors que le monopole est généralement condamné car produisant insuffisamment et à un prix excessif, une situation de monopole naturel est optimale pour la collectivité puisque le monopoleur produit plus efficacement (car à moindre coût) que si le marché était atomistique. Cependant, le modèle de concurrence pure et parfaite est mis en échec dans le cas d'un monopole naturel. En effet, la théorie économique indique que l'allocation des ressources est optimale lorsque l'entreprise égalise le prix au coût marginal. Or, dans le cas d'un monopole naturel, le coût marginal est toujours inférieur au coût moyen ; la tarification au coût marginal conduit dans le cas présent à produire à perte. L'intervention de l'État est alors nécessaire pour que celui-ci réglemente la tarification du monopole naturel.

■ **La nécessaire réglementation par l'État des monopoles naturels**

L'État doit réglementer les monopoles naturels de façon à ce que les économies d'échelle ne soient pas captées par le monopole sous la forme d'une rente (surprofit). Plusieurs types de mesures réglementaires peuvent être envisagés dans le cadre d'une tarification administrée : l'État peut contraindre le monopole à baisser ses prix jusqu'au coût marginal (soit dans le cadre d'une nationalisation, soit dans un cadre contractuel avec une entreprise privée), ce qui correspond à un optimum de 1er rang. Mais comme à ce prix l'entreprise réalise une perte, l'État doit lui verser une subvention d'exploitation pour compenser le déficit. Se pose alors le problème du financement de cette subvention qui oblige l'autorité publique à lever des impôts, lesquels peuvent générer des effets distorsifs préjudiciables pour le bien-être collectif (voir « Politique fiscale »). L'alternative consiste alors à obliger le monopole naturel à tarifer ses produits au coût moyen, lui évitant ainsi de subir des pertes et donc de lui verser des subventions (optimum de second rang). Il existe enfin une autre variante qui consiste, pour un monopole naturel, à moduler les prix de vente en fonction du degré de sensibilité de la demande par rapport au prix ; la tarification est d'autant plus élevée que les clients sont disposés à payer. De cette façon, les usagers prêts à payer plus chers financent le déficit du monopole naturel.

La régulation des monopoles naturels prend plus souvent la forme de nationalisations dans les pays européens ; l'approche américaine privilégie la réglementation.

b. — Externalités

Dans le cas d'externalités, les échanges ne conduisent pas à un optimum social. Il revient à l'État d'internaliser les effets externes pour favoriser le bien-être collectif.

■ En présence d'externalités, les quantités produites ou consommées ne sont pas optimales

C'est l'économiste néoclassique Arthur Cecil Pigou (1877-1959) qui a le premier défini le concept d'externalité (*The economics of welfare*, 1920). Cet auteur anglais est le père fondateur de l'économie du bien-être (avec Vilfredo Pareto), une branche de l'économie dont l'objet est d'étudier les moyens à mettre en œuvre pour maximiser la satisfaction des individus. Il observe que certaines situations ne sont pas optimales dans le sens où il est possible d'améliorer la satisfaction d'un individu sans détériorer celle d'un autre. C'est notamment le cas en présence d'externalités. On parle d'externalités lorsque les actions d'un agent économique modifient le bien-être d'autres agents sans donner lieu à une compensation. Les externalités peuvent être positives (on parle aussi d'économies externes) ou négatives (déséconomies externes) : fleurir son balcon et en faire profiter ses voisins peuvent s'apparenter à une externalité positive puisque les voisins en profitent gratuitement ; en revanche, jouer de la batterie dans son appartement produit une externalité négative puisque les voisins ne sont pas dédommagés pour la diminution de leur bien-être. Les externalités peuvent apparaître du côté de la production ou du côté de la consommation : la pollution des nappes phréatiques que génère un éleveur en pratiquant l'épandage est une externalité de production négative puisqu'elle résulte d'une activité productive et les coûts indirects de cette activité (par exemple, l'achat de bouteilles d'eau minérale que doit consentir la population locale en raison d'une eau du robinet devenue non potable) ne sont pas supportés par l'entreprise. Fumer en public correspond à une externalité de consommation négative puisque la fumée de cigarette inhalée par les fumeurs passifs réduit leur bien-être sans qu'ils bénéficient d'une compensation pour le préjudice subi de la part du fumeur indélicat.

Les externalités constituent une défaillance de marché dans la mesure où les agents économiques produisent ou consomment une quantité excessive (ou insuffisante) de certains biens par rapport au niveau qui serait socialement souhaitable. Dans le cas d'une externalité de production négative, les coûts privés de production sont inférieurs au coût social (le coût social correspond à la somme des coûts de production privés et des coûts supportés par les victimes). Parce que l'émetteur de l'effet externe négatif ne prend pas en compte dans son calcul économique le coût de la nuisance, le niveau de production sera trop élevé par rapport à l'optimum. Symétriquement, dans le cas d'externalités positives, les bénéfices sociaux sont supérieurs aux bénéfices privés, ce qui conduit à un niveau de production sous-optimal. On peut citer le cas des dépenses en recherche-développement ; l'entreprise supporte l'intégralité du coût de l'investissement mais n'est pas rémunérée pour sa contribution au bien-être collectif. L'entreprise limitera donc ses efforts en R&D, ce qui est socialement préjudiciable.

■ L'État peut internaliser les effets externes

L'État est donc appelé à internaliser (par rapport à des activités qui sont extérieures au marché) les effets externes en appliquant une taxe aux biens générateurs d'externalités négatives (on parle de taxe pigouvienne) ou en instaurant une taxe négative (subvention) sur les activités produisant des externalités positives. L'imposition d'une taxe permet d'accroître le coût marginal privé de l'entreprise de manière à le rendre égal au coût marginal social : c'est le principe du pollueur-payeur. L'État peut utiliser le produit de cette taxe pour dédommager les victimes des externalités négatives. Dans le cas d'externalités positives, l'État peut distribuer des subventions ou accorder des exonérations de façon à stimuler des comportements ou activités favorables au bien-être collectif. Par exemple, dans le domaine de la formation, l'État peut subventionner l'école (gratuité, bourses...) dans la mesure où le bénéfice privé de l'éducation d'un individu est plus faible que le bénéfice social. En effet, en investissant dans la formation, l'individu accroît sa productivité mais contribue aussi à élever la productivité de l'ensemble des agents. En ce qui concerne l'innovation, l'État peut renforcer les droits de la propriété intellectuelle pour inciter aux efforts de recherche par la mise en place de brevets permettant à l'entreprise de bénéficier d'un monopole temporaire. Dans ce domaine, l'Europe a renforcé le système de brevet en adoptant la convention sur le brevet européen en 1973 (encore appelée « convention de Munich ») : le brevet européen protège le demandeur-déposant dans tous les pays membres de l'UE. Les pouvoirs publics peuvent aussi financer de grands programmes de R&D, sources d'externalités positives : le soutien financier de l'État accordé à des projets collaboratifs entre entreprises dans le cadre des pôles de compétitivité en est un exemple. Les théories de la croissance endogène mettent l'accent sur le rôle de la gestion des externalités positives par la puissance publique comme facteur de croissance.

Si la taxe pigouvienne est efficace pour internaliser les coûts externes, elle est en pratique difficile à mettre en œuvre du fait des problèmes informationnels. Il faut pouvoir évaluer correctement le préjudice subi par les victimes pour fixer une taxe correspondante ; connaît-on réellement le coût social des activités de production et de consommation émettant des gaz à effet de serre ? Il faut ensuite s'assurer que l'introduction de la taxe a bien modifié les comportements ; cette activité de contrôle génère des coûts de transaction. La taxation relève d'une intervention étatique autoritaire qui ne permet pas aux agents de révéler leur préférence ; or, on peut imaginer que les agents soient plus ou moins enclins à subir un préjudice. En ce qui concerne les subventions, se pose la question du financement. La décision ne peut résulter que d'un calcul coût/avantage ; le bénéfice social du prélèvement doit être supérieur à l'usage alternatif qu'auraient pu en faire les agents (coût d'opportunité du prélèvement). Enfin, peut se poser un problème d'aléa moral : est-ce que les entreprises utiliseront bien les subventions obtenues pour les usages auxquels elles étaient destinées ? En situation d'asymétrie d'information, on peut craindre des comportements opportunistes (*cf. infra*).

c. — *Biens collectifs*

Les biens collectifs purs ne peuvent pas être produits par le marché. Parce qu'ils présentent une utilité sociale, l'État doit pallier cette défaillance de marché.

■ En présence de biens collectifs, le marché ne permet pas de répondre à une demande socialement utile

Selon la théorie libérale, l'État doit prendre en charge ce que les économistes appellent des biens collectifs. C'est l'économiste Paul Anthony Samuelson (1915-2009), prix Nobel d'économie en 1970, qui a conceptualisé cette notion. Il l'a définie de la manière suivante : « c'est un bien dont tous peuvent bénéficier en commun, c'est-à-dire dont la consommation par individu ne diminue en rien la quantité disponible de ce bien pour n'importe quel autre individu ». Ces biens (qui sont en réalité des services) ont deux propriétés :

- ils sont non rivaux (ou indivisibles), ce qui signifie que la consommation de ce bien par un individu ne réduit pas la quantité disponible pour les autres individus (c'est le sens de la définition de Samuelson) ; la non-rivalité implique que le coût marginal d'un bien supplémentaire produit est nul ; la tarification au coût marginal est donc impossible ;
- ils sont non exclusifs (ou non excluables), ce qui signifie qu'il n'est pas possible d'empêcher un individu de consommer ce bien ; une fois ce bien produit, il est à la disposition de tous. Il n'est techniquement pas possible de réserver l'usage d'un tel bien à ceux qui en auraient payé le prix.

Un bien collectif est dit pur lorsqu'il répond à ces deux propriétés. Il est qualifié d'impur si une seule de ces deux propriétés est remplie. Une séance de cinéma est un bien collectif impur : il répond au principe de non-rivalité (sauf problème de congestion) mais pas à celui de non-exclusion : on peut exclure l'individu qui ne voudrait pas s'acquitter du prix du billet d'entrée. Il faut préciser que l'évolution de la technologie modifie les propriétés d'un bien : les chaînes de télévision étaient des biens collectifs purs jusqu'à ce que la technologie du cryptage permette une exclusion par les prix (chaînes à abonnement). Les biens exclusifs sont appelés biens de club. Les biens qui sont rivaux mais non exclusifs sont appelés biens communs. C'est le cas des ressources naturelles telles que les ressources halieutiques : chaque pêcheur souhaite prélever la plus grande quantité de poisson possible (il y a rivalité, les poissons prélevés par l'un ne le seront pas par les autres) pour améliorer ses gains. Mais ce comportement de passager clandestin contribue à l'épuisement de la ressource (on parle de « tragédie des biens communs »).

Tableau 1 – Exclusivité et rivalité : la définition des biens collectifs

	Non exclusif	Exclusif
Non rival	Biens collectifs purs (ex. : phare, défense nationale...)	Biens de club (ex : programme de télévision crypté...)
Rival	Biens communs (ex. : banc de poisson)	Biens privés (ex. : pomme, paire de chaussures)

Source : d'après Agnès Bénassy-Quéré (*et al.*), *Politique économique*, De Boeck, 2009.

Les cas de biens collectifs purs sont bien connus : le phare maritime, l'éclairage public, la défense nationale, la diplomatie. Le fait qu'un individu profite de l'un de ces services ne réduit pas la possibilité pour d'autres usagers d'en profiter (non-rivalité) ; il est par ailleurs impossible d'exclure certains citoyens de ce service : personne n'acceptera d'en payer le prix alors qu'il peut en bénéficier gratuitement (non-exclusion). Dans le cas de biens collectifs purs, l'intervention de l'État est justifiée par le fait qu'il y a défaillance du marché. En effet, ces biens donnent lieu à des comportements de passager clandestin qui empêchent l'offre privée de répondre à une demande sociale pourtant utile ; autrement dit, il n'y a pas de demande solvable pour ce type de bien. Par exemple, il est économiquement inenvisageable pour une entreprise de vouloir organiser un feu d'artifice pour le 14 juillet en raison du comportement de *free rider* des spectateurs. Or, on peut considérer que certains services sont souhaités par la population sans que cette population soit disposée à en payer le prix : tout le monde souhaite disposer de trottoirs éclairés pour se rendre à son cinéma de quartier le samedi soir... Le libre jeu du marché conduit à une situation sous-optimale au sens de Pareto.

■ Comment prendre en charge les biens collectifs ?

Puisque la main invisible du marché est tenue en échec pour produire les biens collectifs, l'État est tenu d'intervenir. L'intervention publique peut prendre plusieurs formes selon que l'on a affaire à des biens collectifs purs, à des biens de club ou à des biens communs.

Les biens collectifs purs sont en réalité peu nombreux. Ils renvoient pour l'essentiel aux fonctions régaliennes de l'État (défense, police, diplomatie), lequel doit naturellement assurer leur production. Par exemple, la sécurité intérieure est assurée en France par les forces de police et de gendarmerie ; il s'agit d'une production publique réalisée par des fonctionnaires et du capital public.

En ce qui concerne les biens de club (biens ne répondant pas au principe de non-exclusion), l'État peut soit produire lui-même le bien, soit le faire produire en déléguant cette fonction à une entreprise privée (délégation de service public – DSP) en contrepartie d'un cahier des charges dont il financera les coûts en prélevant une taxe sur les usagers du bien public. Cette alternative a la préférence des libéraux pour qui les monopoles publics sont intrinsèquement inefficaces dans la mesure où l'absence de pression du marché ne les pousse pas à améliorer leur efficacité. Autrement dit, la production d'un bien collectif n'est pas forcément assurée par le secteur public. Si, comme en France, l'école ou la santé relèvent d'une production publique, c'est qu'il s'agit d'un choix collectif.

En ce qui concerne les biens communs, l'État doit concilier droit d'usage et préservation de la ressource. Il dispose de deux types de mesure : la réglementation et la privatisation des biens communs. Le cas de la pêche peut illustrer ces deux types d'intervention ; il peut réglementer les équipements (la taille des mailles des filets), les dates d'ouverture des pêches, le nombre de bateaux autorisés à prendre la mer ou encore introduire des quotas de pêche ; il peut aussi privatiser les droits de pêche en distribuant aux exploitants des zones de pêche de manière à les responsabiliser (solution adoptée aux États-Unis). Dans les deux cas, les coûts de contrôle et de surveillance sont élevés, d'autant que la gestion de ce type de bien nécessite généralement une coopération entre États.

Reste une interrogation majeure : comment déterminer le niveau de production de biens collectifs sachant que l'absence de prix ne permet pas de révéler les préférences des agents ? Pour P. Samuelson, parce que l'État est au service de l'intérêt général, il saura quelle quantité de biens collectifs offrir pour promouvoir le bien-être social. Une conception altruiste qui sera battue en brèche par le courant de l'économie politique (*cf. infra*, p. 603).

d. — Asymétries d'information

Trois économistes néokeynésiens sont à l'origine de l'économie de l'information : il s'agit de Joseph Stiglitz, George Akerlof et Michael Spence. Ces trois économistes ont reçu le prix Nobel d'économie en 2001 pour leurs travaux portant sur l'imperfection de l'information. L'économie de l'information analyse les situations de marché dans lesquelles l'information est incomplète et/ou asymétrique. Dans ce contexte, les échanges sont réduits, voire impossibles, puisque les contrats ne répondent pas au principe de transparence. Lorsque l'information est asymétrique, deux types de situation peuvent se rencontrer : la sélection adverse et l'aléa moral.

■ La sélection adverse ou l'opportunisme pré-contractuel

Lorsque l'information est imparfaite, le prix ne mesure pas forcément la qualité intrinsèque du produit. En situation d'information asymétrique, une seule des deux parties dispose d'une information parfaite ; dans ce cas, l'agent qui manque d'information peut être victime d'une sélection adverse (anti-sélection) en choisissant un mauvais produit ou un mauvais client. L'hypothèse implicite du modèle repose sur le caractère opportuniste de l'agent qui dispose de l'information parfaite.

La sélection adverse se manifeste lorsqu'il n'est pas possible pour un agent d'évaluer la qualité intrinsèque d'un bien ou d'un service. George Akerlof, dans un article fondateur intitulé « The market for lemons » (marché des voitures d'occasion de mauvaise qualité) publié en 1970, montre que la qualité d'une voiture d'occasion n'étant pas facilement observable, le consommateur n'achète qu'une voiture affichée au prix du marché (argus) ; il n'a pas les moyens de savoir si une voiture vendue à un prix supérieur vaut vraiment le coup. En l'absence de solution à ce problème, les vendeurs de véhicules de bonne qualité auront tendance à se retirer du marché si bien qu'il ne restera à la vente que les véhicules de mauvaise qualité. Les consommateurs finissent par s'en rendre compte et demandent une baisse des prix... Les mauvaises voitures ont chassé les bonnes. Sans une réglementation publique, on assisterait à la disparition du marché.

Pour remédier à cette imperfection de marché, l'État peut obliger les producteurs à offrir une garantie contractuelle (garantie de deux ans pour les véhicules neufs, contrôle technique obligatoire pour les voitures d'occasion, garantie pour vices cachés).

On observe aussi une asymétrie d'information intrinsèque entre le banquier et l'emprunteur. Le banquier en sait forcément moins que l'emprunteur quant à sa capacité réelle à rembourser. La détermination du taux d'intérêt doit donc tenir compte du risque de non-remboursement d'une partie des prêts qu'il accorde. À ce niveau de taux d'intérêt, les « bons » emprunteurs (ceux présentant les meilleures garanties) risquent de renoncer à leur projet. Ne restent que les mauvais risques qui obligent le banquier à augmenter ses taux, et ainsi de suite ; c'est une politique commerciale qui peut conduire l'institution bancaire à la faillite. Elle préférera alors rationner le crédit. Pour pallier cette asymétrie d'information, l'État peut, par exemple, se porter caution auprès de certaines catégories d'emprunteurs comme les étudiants par exemple.

■ L'aléa moral ou l'opportunisme post-contractuel

L'aléa moral (ou aléa de moralité) survient lorsque l'une des parties au contrat ne respecte pas ses engagements contractuels sans que l'autre partie puisse l'en empêcher. Ce comportement opportuniste est rendu possible par le fait qu'il n'est pas toujours possible d'observer et de contrôler la pertinence des actions engagées par le partenaire. Ce type de situation est observable sur un grand nombre de marchés. Par exemple, sur le marché de l'assurance, l'assuré peut décider de ne pas se conduire « en bon père de famille » car il sait qu'il sera couvert en cas de réalisation du risque pour lequel il s'est assuré ; l'aléa moral provient du fait que l'assureur ne peut pas contrôler le comportement de l'assuré. L'aléa de moralité peut aussi s'observer dans la relation entre un réparateur automobile et son client ou entre un chirurgien et son patient ; dans les deux cas, le client et le patient ne peuvent pas juger de la pertinence de l'intervention effectuée. La solution consiste à instaurer une règle juridique qui stipule une obligation de résultat dans le premier cas, une obligation de moyen dans le second.

Les pouvoirs publics peuvent eux-mêmes générer de l'aléa moral lorsqu'ils s'engagent à soutenir des entreprises en difficulté compte tenu des effets potentiellement négatifs pour l'ensemble de l'économie que ferait peser leur faillite. Ce phénomène s'observe tout particulièrement dans la relation entre banques centrales et institutions financières. En cas de crise financière, les banques centrales peuvent être contraintes de sauver les plus grands établissements bancaires (*too big to fail*) dans la mesure où un effondrement du système financier pourrait avoir des conséquences économiques majeures. Une telle protection est de nature à inciter les banques à prendre des risques inconsidérés sachant que les pertes sont socialisées et les profits privatisés. Le moyen de limiter le risque d'aléa moral est tout d'abord de laisser planer un doute quant à l'intervention effective de la banque centrale (le non-sauvetage de Lehman Brother en 2008 répondait à cet objectif) et de leur imposer des règles prudentielles à respecter.

e. — Rationalité limitée

L'économie comportementale montre que les agents économiques, considérés habituellement comme rationnels et optimisateurs par la théorie économique standard, prennent souvent des décisions sous-optimales. L'État peut les aider à éclairer leurs choix.

■ Les agents sont soumis à des biais cognitifs

Dans un contexte d'informations multiples et complexes, le processus décisionnel est rendu difficile si bien que le choix des agents peut se révéler sous-optimal par rapport à leurs objectifs. De telles situations sont tout particulièrement observables dans le domaine des placements financiers : les paramètres sont nombreux et complexes, le facteur incertitude est important, le risque encouru par les épargnants est potentiellement élevé (imaginons le cas où cette épargne doit servir au financement de la retraite). Les décisions de ces derniers peuvent être entachées d'un biais cognitif qui pourrait les conduire à faire des choix sous-optimaux qu'ils pourraient être amenés à regretter.

L'un des pères fondateurs de l'économie comportementale, Daniel Kahneman, prix Nobel d'économie en 2002, a exploré la prise de décision en condition d'incertitude. Il montre, dans un article paru en 1979 intitulé « Théorie du prospect », que les individus sont souvent victimes d'illusions cognitives. Parmi les nombreuses illustrations qu'il en donne, on peut citer « l'art de la négociation ». Il observe qu'il y a une asymétrie des comportements entre les pertes et les gains parce que les individus ont une aversion pour les pertes. L'activité de négociation est rendue de fait délicate : « les concessions que je fais aux autres sont souvent considérées comme des pertes pour moi et des gains pour eux, alors que les concessions que les autres font à mon égard, je les considère comme des gains et eux comme des pertes. Donc, l'aversion aux pertes crée des obstacles dans les négociations ». L'État peut intervenir de manière à éclairer leurs choix.

■ **Les agents sont soumis à une incohérence temporelle**

L'analyse économique montre que les agents ne se comportent pas toujours de manière cohérente selon que l'on se situe dans le court ou dans le long terme. Une décision qui peut s'avérer rationnelle sur un horizon temporel long (par exemple décider d'épargner une partie de ses revenus dans la perspective de sa retraite) peut s'avérer irrationnelle si l'agent diffère sa décision à une échéance ultérieure, tout en sachant qu'il ne s'agit pas d'un choix optimal. L'État peut alors les aider à rendre leur comportement cohérent sur l'ensemble du cycle de vie, et sans que cela soit contraire à leur volonté, en les obligeant dans le cas d'espèces à prélever une partie de leur salaire sous la forme de cotisations sociales, lesquelles sont affectées au financement des pensions de retraite.

B LES LIMITES DE L'INTERVENTION PUBLIQUE : LES DÉFAILLANCES DE L'ÉTAT

L'intervention de l'État a pour objectif de pallier les défaillances du marché. Pourtant, l'action publique n'est pas exempte de critiques. Il n'est pas toujours avéré que l'État fasse mieux que le marché quant à sa capacité à faciliter l'allocation des ressources ou à assurer l'intérêt général.

1. – Les contraintes de l'intervention publique

Parmi les différents équilibres, l'État doit promouvoir celui qui correspond à l'optimum social. Cependant, la procédure de choix est complexe et ne conduit pas forcément à l'intérêt général.

a. — Les imperfections du choix collectif

Les individus ont des préférences différentes en matière de politiques publiques. L'État doit donc s'efforcer d'agréger ces préférences de manière à mettre en œuvre des politiques publiques correspondant au choix collectif optimal.

■ **De l'optimum individuel à l'optimum social**

Le courant de l'économie du bien-être s'intéresse tout particulièrement à la question de la maximisation de la satisfaction d'un individu (optimum individuel) et par extension d'une société (optimum social). Les principaux représentants de ce courant sont Vilfredo Pareto (1848 -1923) et Arthur Cecil Pigou (1877 -1959).

La détermination de l'optimum individuel est facile à déterminer : pour ce qui est du consommateur, l'optimum est atteint lorsque l'agent rationnel choisit le panier de biens qui maximise sa satisfaction sous contrainte de revenu. C'est Pareto qui définit ce qu'est une situation optimale ; une situation est dite optimale quand il n'est plus possible d'améliorer le bien-être d'un individu sans détériorer celui d'au moins un autre. Tout équilibre général de concurrence pure et parfaite est un optimum parétien puisque, à l'équilibre, tous les agents maximisent leur utilité : il s'agit du premier théorème de l'économie du bien-être. Une situation paréto-optimale est compatible avec une répartition inégalitaire des revenus : une société dans laquelle un individu perçoit les 9/10e des revenus et le reste de la population le 1/10e restant peut être optimale au sens de Pareto. Une situation paréto-optimale indique seulement que, à l'équilibre (et il en existe un grand nombre voire une infinité), les ressources sont employées de façon efficace. S'il est possible d'améliorer le bien-être d'un individu sans modifier celui des autres, cela signifie que les ressources disponibles sont sous-employées. Autrement dit, le critère de Pareto permet d'éliminer toutes les situations se traduisant par un gaspillage des ressources mais n'indique pas, parmi les différents équilibres, celui qui doit être préféré. C'est à ce niveau que s'exercent les choix politiques. L'État doit arbitrer entre les différents optimums et choisir celui qui est le plus proche de l'optimum social, c'est-à-dire « l'*optimum optimorum* ». Mais comment le choisir ?

■ L'agrégation des préférences individuelles ne conduit pas forcément à l'optimum social

La détermination de l'optimum social est généralement résolue, dans les régimes démocratiques, par le recours au vote majoritaire. Or, l'agrégation de choix individuels ne conduit pas nécessairement à un choix collectif cohérent. Cette difficulté avait déjà été mise en évidence par le marquis de Condorcet en 1785 (on parle du paradoxe de Condorcet). L'économiste américain Kenneth Arrow (prix Nobel d'économie en 1972) a prolongé l'analyse en montrant que la règle de la décision à la majorité ne permet pas toujours de déboucher sur un choix collectif partagé (donc de choisir entre telle ou telle action politique). On parle du « théorème d'impossibilité ».

Imaginons une société constituée de 3 électeurs qui doit classer 3 propositions (par exemple 3 programmes économiques) ; leurs préférences sont transitives : si A > B et B > C (A > C.

Électeur 1	A > B	B > C
Électeur 2	B > C	C > A
Électeur 3	C > A	A > B

On observe que deux électeurs (donc une majorité) préfèrent A à B ; deux électeurs préfèrent B à C ; par transitivité, on devrait donc avoir une majorité d'électeurs qui préfère A à C. Or, une majorité préfère C à A ! Si les choix individuels sont transitifs, les choix agrégés ne le sont pas forcément. Donc la règle de la majorité ne permet pas toujours de définir un optimum social. Autrement dit, les règles démocratiques ne permettent pas toujours de déterminer les choix politiques qui recueillent l'assentiment majoritaire.

■ Il existe d'autres procédures pour déterminer l'optimum social

Il faut donc trouver d'autres moyens, d'autres procédures, pour définir des choix collectifs : il y a tout d'abord la méthode « dictatoriale », celle du despote éclairé : un seul individu décide de la répartition des ressources. C'est bien sûr une méthode rejetée par les démocrates mais aussi par l'approche microéconomique : les agents sont souverains, il faut respecter leurs choix.

La solution proposée par le philosophe américain John Rawls (1921-2002) dans *A theory of justice* (1971) consiste à préférer une répartition par rapport à une autre si cette répartition améliore le sort des plus démunis. Il montre que, placés sous un voile d'ignorance (personne ne connaissant ni sa place dans la société ni son talent), les individus se mettent d'accord sur deux principes de justice : le principe de liberté : un égal accès aux libertés fondamentales ; le principe de différence : les inégalités seront considérées comme justes si l'égalité des chances est respectée et si elles permettent d'améliorer le sort des plus désavantagés (principe du maximin c'est-à-dire maximisation de la situation minimale).

Nicholas Kaldor et John Hicks ont proposé (*The foundations of Welfare Economics*, 1939) une réinterprétation de l'optimum de Pareto en disant que l'on peut accepter une baisse de l'utilité de certains dans la mesure où le supplément d'utilité qui en résulte pour d'autres agents peut leur permettre de les dédommager (critère ou efficience Kaldor-Hicks). Ce critère est moins restrictif que l'optimum de Pareto puisque l'on peut imaginer que la situation d'un individu se dégrade sachant que la compensation doit être seulement théoriquement envisageable sans qu'elle soit forcément effective.

Enfin, Pigou compare la satisfaction procurée par une unité monétaire supplémentaire perçue par une personne pauvre et une personne riche. Il montre que la satisfaction procurée par cette unité monétaire supplémentaire est plus grande pour le premier que pour le second (utilité marginale décroissante du revenu). Cela justifie une redistribution des revenus puisque le supplément d'utilité perçu par l'un est plus grand que la désutilité de l'euro perdu par l'autre, le résultat étant une augmentation du bien-être collectif. Il ajoute néanmoins une restriction : les transferts de revenus des plus riches vers les plus pauvres ne doivent pas avoir pour effet de décourager et donc de diminuer la production (c'est l'image du « seau percé » d'Okun : redistribuer des revenus revient à transporter de l'eau des plus riches vers les plus pauvres en utilisant un seau percé donc en perdant de l'eau). Toute la question porte alors sur la détermination d'un seuil de prélèvements au-delà duquel la croissance est amoindrie.

b. — Les apports de l'économie politique

Certaines analyses insistent sur les « défaillances » de l'État, autrement dit remettent en cause l'hypothèse de bienveillance « naturelle » de la puissance publique.

■ **L'école du *Public Choice* conteste l'hypothèse d'un État maximisateur du bien-être social**

L'école du *Public Choice*, dont les principaux protagonistes sont James Buchanan, prix Nobel d'économie en 1986, et Gordon Tullock, cherche à montrer que les hommes politiques font prévaloir leurs intérêts particuliers sur l'intérêt général (*The calculus of consent. Logical foundations of constituional democracy*, 1962). Les différents modèles reposent sur les principes de l'analyse microéconomique, les agents sont rationnels et cherchent à maximiser une fonction d'utilité sous contrainte :

- les citoyens électeurs votent pour les candidats qui sont susceptibles de leur procurer le maximum d'avantages ;
- l'objectif des hommes politiques est d'être réélu, ce qui implique de définir un programme.

Le vote joue sur le plan politique le même rôle que les prix sur le marché, c'est la raison pour laquelle ils parlent de marché politique. Sur ce marché s'échangent des biens particuliers qui sont des biens publics indivisibles. Les individus acceptent d'en payer le prix (*via* l'impôt) s'ils prévoient d'en retirer un avantage (sous la forme d'équipements collectifs). Mais dans la mesure où l'unanimité est irréalisable, les décisions politiques ne peuvent simultanément satisfaire tous les individus. Dès lors, il est rationnel pour un gouvernement de donner satisfaction aux revendications des groupes de pressions puisque l'avantage perçu par ces derniers sera élevé, tandis que le coût, largement dilué sur l'ensemble des contribuables, suscitera peu de réactions. L'objectif n'est donc plus la maximisation du bien-être social. C'est de cette façon qu'ils expliquent l'augmentation continue des dépenses publiques ; pour éviter les dérives budgétaires et donc enchaîner le Léviathan, il faut interdire, par un pouvoir supérieur à celui du gouvernement, par exemple la constitution, les déficits budgétaires et fixer des seuils maximaux de prélèvements obligatoires. Les politiques de règle doivent se substituer aux politiques discrétionnaires.

■ Les fonctionnaires d'une bureaucratie ne cherchent pas forcément à satisfaire l'intérêt général

L'économiste américain William Niskanen (1933-2011) propose une théorie de la bureaucratie (*Bureaucracy and Representative Government*, 1971) dans laquelle il montre que, dans une organisation bureaucratique, le bureaucrate poursuit son objectif propre et cherche avant tout à maximiser sa fonction d'utilité. Parmi les différentes variables qui peuvent être incluses dans la fonction d'utilité du bureaucrate, on trouve : « le niveau de rémunération, les avantages du poste, la réputation, la puissance [...]. Or, toutes ces variables sont liées au niveau de budget par une fonction croissante et monotone ». Le bureaucrate va donc s'attacher à maximiser les ressources dont il a le contrôle. Cela est facilité par le fait que le bureaucrate a une information supérieure sur le coût de ses activités à celle de sa hiérarchie, ce qui lui permet de négocier un budget plus important que le coût réel de production. L'écart entre les deux correspond à son budget discrétionnaire. Cette logique bureaucratique conduit à une surproduction et à un surcoût qui éloignent de l'optimum social. La solution proposée par Niskanen est de mettre en concurrence les bureaux.

2. – L'incohérence temporelle et la crédibilité des politiques publiques

Les pouvoirs publics peuvent faire preuve d'incohérence temporelle lorsqu'ils changent d'orientation politique alors même que l'objectif initial est officiellement maintenu.

a. — L'incohérence temporelle et le cycle politico-économique

Un gouvernement peut chercher à maximiser ses chances de réélection et la théorie de l'incohérence temporelle est souvent mobilisée pour illustrer le comportement des hommes politiques à l'approche des échéances électorales.

■ L'incohérence temporelle peut avoir un objectif opportuniste ou électoraliste

Afin de maximiser leur chance de réélection, les gouvernants sont enclins à augmenter les dépenses publiques avant les échéances électorales afin de relancer l'activité et de diminuer le chômage mais au mépris des équilibres macroéconomiques (hausse de l'inflation et des déficits publics). Comme l'a montré l'économiste américain de l'école des choix publics, William Nordhaus (*The political Business Cycle*, 1970), cela donne naissance à un cycle politico-économique qui accroît l'instabilité de l'activité. Ces politiques génèrent des coûts économiques élevés puisqu'elles ne répondent généralement pas à des besoins économiques avérés.

■ L'observation corrobore un cycle politico-économique

L'INSEE a identifié en France un cycle électoral municipal sur la période allant de 1965 à 2000 ; il en ressort que l'investissement municipal augmente en moyenne de 6 % sur les deux dernières années précédant une élection municipale et baisse de près de 5 % sur les deux années suivant l'élection. Pour éviter ces soubresauts de la politique économique, on retrouve l'idée de contraindre la politique économique en instaurant des règles de progression de la dépense publique et des déficits publics (règle d'or).

b. — L'incohérence temporelle disqualifie les politiques discrétionnaires

Les politiques économiques discrétionnaires sont inefficaces car non crédibles. Il faut adopter des politiques de règle pour empêcher les décideurs politiques de remettre en cause leurs engagements.

■ Les politiques discrétionnaires, mêmes optimales, doivent laisser place à des politiques de règle

Pour Finn Kydland et Edward Prescott (« Rules Rather than Discretion: The Inconsistency of Optimal Plans », 1977), il faut privilégier les politiques de règle et bannir les politiques discrétionnaires, lesquelles sont soumises à un problème d'incohérence temporelle (*time inconsistency*). Les agents privés, capables d'anticipations rationnelles, n'accorderont aucun crédit aux politiques annoncées s'ils savent qu'elles pourront être remises en cause à tout moment ; cela annulera tous les effets attendus de ces politiques. L'exemple cité par ces deux auteurs concerne les politiques de négociations avec les preneurs d'otages. La position officielle de la plupart des autorités publiques est de refuser toute négociation avec les preneurs d'otage de façon à décourager toute tentative d'enlèvement. Pourtant, les États sont souvent amenés à revenir sur leur parole et à verser une rançon lors d'un enlèvement, ce qui décrédibilise cette attitude politique et encourage les malfaiteurs à poursuivre leurs activités.

■ Pour asseoir leur crédibilité, les autorités publiques doivent se « lier les mains »

Pour convaincre les agents privés que les pouvoirs publics ne reviendront pas sur leurs promesses, ces derniers doivent se « lier les mains », c'est-à-dire s'attacher à suivre des règles fixes qui les empêcheront de violer leurs engagements dans le futur et assoiront ainsi leur crédibilité. Kydland et Prescott prennent comme exemple vertueux la réglementation des brevets. En garantissant à l'inventeur qu'il bénéficiera d'une position de monopole pendant une période de temps, le système de brevet empêche toute politique discrétionnaire qui pourrait conduire les pouvoirs publics à supprimer cette protection une fois l'invention réalisée afin d'en favoriser la diffusion. Dans le cas contraire, les investisseurs renonceraient à s'engager dans un programme de recherche et développement. La conclusion de ces auteurs est qu'il est préférable de recourir à une politique de règle et de faire en sorte qu'il existe « des arrangements institutionnels qui rendent difficile et long de changer ces règles ».

II

L'ÉTAT ET LES POLITIQUES DE RÉGULATION DU CYCLE ÉCONOMIQUE

Les politiques conjoncturelles visent la régulation du cycle économique à court terme. Les objectifs de ces politiques sont ceux représentés par le carré magique de Nicholas Kaldor : croissance soutenue, solde extérieur équilibré, inflation maîtrisée et plein emploi.

A LA POLITIQUE BUDGÉTAIRE ET SES CONTRAINTES

La politique budgétaire est un instrument puissant de la politique conjoncturelle. Elle s'inscrit au cœur de l'analyse keynésienne. Longtemps considérée comme l'instrument de prédilection de la régulation conjoncturelle, son efficacité est remise en cause et les critiques dont elle fait l'objet sont de plus en plus nombreuses.

1. – Principes et efficacité de la politique budgétaire

Sous certaines conditions, la politique budgétaire peut être un instrument efficace de la régulation conjoncturelle. La période des Trente Glorieuses marque un véritable âge d'or des politiques budgétaires volontaristes.

a. — La politique budgétaire repose principalement sur l'effet multiplicateur

La politique budgétaire agit sur l'activité économique par l'action sur les dépenses et/ou les recettes de l'État, autrement dit par le budget de l'État.

■ Les différents types de multiplicateurs

La politique budgétaire a pour fonction de réguler l'activité économique, soit pour la stimuler (relance budgétaire), soit pour la freiner (austérité budgétaire). Pour Keynes (*Théorie générale de l'emploi, de l'intérêt et de la monnaie*, 1936), la dépense d'investissement est une composante de la demande globale, laquelle est le moteur de l'économie. L'efficacité de la politique budgétaire repose principalement sur l'effet multiplicateur, un mécanisme mis à jour par R. Kahn (1905-1989) puis repris par Keynes. Il montre qu'une variation des dépenses publiques se traduit par une variation de la production k fois supérieure : $\Delta Y = k.\Delta I$.

Le coefficient multiplicateur k est égal à $[1/(1 - c) = 1/s]$ en économie fermée et à $[1/(s + m)]$ en économie ouverte (avec c = propension marginale à consommer ; s = propension marginale à épargner ; m = propension marginale à importer). L'effet multiplicateur de la dépense publique sera d'autant plus élevé que la propension à consommer sera proche de 1 et que la propension à importer sera faible.

L'État peut aussi choisir de relancer l'activité en diminuant les impôts. Le multiplicateur fiscal permet de mesurer l'impact d'une variation des impôts sur la production. Il est égal à $[- c/(1 - c)]$; on en déduit que le multiplicateur fiscal est moins élevé que le multiplicateur d'investissement.

Une hausse des dépenses publiques est donc plus efficace pour relancer l'activité qu'une baisse des impôts. Il faut ajouter qu'une baisse des impôts est de portée nationale et ne touche que les agents qui sont redevables alors que la dépense publique peut être ciblée sur des secteurs d'activité et/ou des régions spécifiques. En revanche, une baisse des impôts permet de respecter le principe de souveraineté du consommateur.

■ Un budget équilibré peut stimuler l'activité économique

L'économiste norvégien Trygve Haavelmo (1911-1999) est allé plus loin en montrant que, dans une situation de sous-emploi, une augmentation des dépenses publiques financée par une hausse des impôts de même valeur (donc respectant l'équilibre budgétaire) avait un impact positif sur la croissance. L'explication tient au fait que l'effet multiplicateur positif de la dépense publique est supérieur à l'effet multiplicateur négatif de la hausse des impôts. On parle du théorème d'Haavelmo (« Multiplier effects of a balanced budget », 1945).

L'équilibre budgétaire n'est donc pas neutre. Même lorsqu'une hausse des dépenses est intégralement financée par une hausse des impôts, elles exercent quand même un effet stimulant sur l'activité économique qui est égal à l'impulsion initiale. Les keynésiens se sont longtemps appuyés sur ce théorème pour montrer que :

- l'on pouvait relancer l'activité économique sans recourir aux déficits budgétaires ;
- qu'il fallait privilégier les politiques de relance par la hausse des dépenses publiques plutôt que par la baisse des impôts car, dans tous les cas, l'effet multiplicateur des dépenses publiques est supérieur à l'effet multiplicateur des impôts.

Il faut ajouter que l'impact contracyclique du budget se manifeste en dehors même de toute politique budgétaire discrétionnaire. En période de récession, les recettes diminuent tandis que les dépenses augmentent (effet de ciseaux), et réciproquement en période de reprise de l'activité. Le budget agit comme des stabilisateurs automatiques qui atténuent spontanément les fluctuations cycliques.

b. — L'efficacité de la politique budgétaire au regard des expériences passées

L'utilisation de la politique budgétaire à des fins de stabilisation de l'activité économique est devenue systématique pendant les Trente Glorieuses.

■ Les Trente Glorieuses correspondent à l'âge d'or de la politique budgétaire

La politique budgétaire n'est utilisée que de manière ponctuelle pendant l'entre-deux-guerres et seulement dans des circonstances exceptionnelles. Le recours à la politique budgétaire devient systématique pendant les Trente Glorieuses. L'État se donne pour objectif de lisser les fluctuations cycliques en adoptant une politique de *stop and go* ; réduction des dépenses publiques et/ou hausse des impôts en période de tensions inflationnistes (surchauffe), ce qui correspond à une politique d'austérité ; hausse des dépenses et/ou baisse des impôts en période de récession, c'est alors une politique de relance. Les Européens ont surtout agi sur les dépenses tandis que les Américains ont préféré jouer sur les impôts. On considère que le déficit budgétaire est acceptable à court terme car le supplément de croissance obtenu permettra, *ex post*, une hausse des recettes susceptible de combler le déficit initial. Si la politique budgétaire est globalement expansive pendant cette période, les plans de rigueur sont paradoxalement plus nombreux que les plans de relance. Cela s'explique par le fait que l'activité économique reste en moyenne très dynamique et l'inflation menaçante.

■ **Les « *New Economics* » : une politique de relance exemplaire**

La politique de relance la plus emblématique est celle mise en œuvre par J.-F. Kennedy dès 1961 et poursuivie par L. Johnson à partir de 1963. À la fin des années 1950, les États-Unis connaissent un ralentissement économique et un taux de chômage qui atteint 6 % de la population active. Les nouvelles politiques économiques de Kennedy et Johnson entendent rompre avec la gestion des républicains, basée sur le respect scrupuleux de l'équilibre budgétaire. L'administration démocrate va se donner comme objectif de relancer la croissance économique pour atteindre le plein emploi. Les deux instruments utilisés sont la politique budgétaire et la politique monétaire (*cf. infra*). L'action budgétaire se veut ambitieuse : hausse des dépenses (financement de la recherche militaire et spatiale et politique sociale avec le *Medicare Act* et le *Medicaid Act*) et baisse des impôts sur le revenu et sur les sociétés (*tax cut*) ; il s'agit de stimuler la demande en soutenant la consommation et l'investissement privé. Les résultats sont flatteurs : le taux de croissance atteint 4,4 % par an en moyenne entre 1961 et 1966, le taux de chômage s'établit à 3 % de la population active en fin de période tandis que le taux de pauvreté est divisé par deux. Quant aux finances publiques, le déficit public se résorbe dès 1965 grâce au retour de la croissance. Le succès de cette politique (nonobstant la hausse de l'inflation) a inspiré de nombreux plans de relance dans les pays industrialisés.

2. – La politique budgétaire est soumise à des contraintes

Si la politique budgétaire a connu un âge d'or après 1945, elle a rapidement fait l'objet de critiques théoriques. Son efficacité a par la suite été remise en cause dans un contexte de ralentissement durable de l'activité économique. Par ailleurs, la discipline budgétaire imposée par l'Union européenne aux États membres vient limiter les marges de manœuvre de la politique budgétaire.

a. — Une remise en cause de son efficacité

L'impact expansionniste de la relance budgétaire se heurte à l'ouverture croissante des économies et ne conduit pas nécessairement aux effets escomptés comme le soulignent les économistes libéraux.

■ **L'ouverture des économies affaiblit l'efficacité du multiplicateur**

Si les politiques de relance keynésienne ont connu leur heure de gloire pendant les années 1960 en favorisant le plein emploi, l'apparition simultanée de l'inflation et du chômage (on parle de stagflation) dans les années 1970 est venue remettre en cause leur efficacité.

Dans un contexte d'ouverture croissante des économies, les relances isolées (pratiquées par un seul pays) viennent buter sur la contrainte extérieure : la croissance plus rapide que permet la relance se traduit par une dégradation de la balance commerciale (augmentation des importations) et oblige à faire machine arrière. L'ouverture croissante des économies rend plus difficile l'application de politiques de relance s'appuyant sur le principe du multiplicateur à cause des « fuites » que représentent les importations. Des évaluations conduites par l'OCDE montrent qu'en situation d'économie ouverte, l'effet multiplicateur peut perdre 40 % de son efficacité.

■ **Les économistes libéraux récusent l'efficacité d'une relance budgétaire**

La mise en œuvre d'une politique budgétaire de relance pour lutter contre le chômage peut prêter à discussion. Des arguments théoriques et factuels peuvent être avancés.

Pour les économistes libéraux, l'investissement public utilisé pour relancer l'économie ne fait que se substituer à l'investissement privé, sans modifier le niveau global de la demande. Cela repose sur un double effet d'éviction. Pour financer le déficit public généré par l'augmentation des dépenses, l'État va devoir emprunter sur les marchés financiers, ce faisant, il capte une partie de l'épargne disponible et contribue à accroître les taux d'intérêt (augmentation de la demande de fonds prêtables). L'augmentation des taux d'intérêt décourage une partie des investissements privés, ce qui annule l'effet de relance. À cet effet d'éviction indirect s'ajoute un effet d'éviction direct lié au fait que les agents anticipent une hausse future des impôts (pour combler le déficit) ; la hausse de l'épargne ôte toute efficacité à la politique budgétaire. Financer le déficit public par l'emprunt ou par l'impôt est équivalent : c'est ce que l'on appelle le théorème d'équivalence Ricardo-Barro.

Par ailleurs, les déficits budgétaires conduisent à un accroissement de l'endettement public qui peut produire un « effet boule-de-neige ». Les déficits (flux) successifs viennent gonfler la dette (stock). Les emprunts nécessaires pour faire face à ces déficits génèrent des frais financiers (intérêts) de plus en plus lourds qui alourdissent le poids de la dette. L'endettement n'est soutenable que si le taux d'intérêt réel est inférieur au taux de croissance du PIB.

b. — La politique budgétaire est contrainte dans le cadre de l'UE

L'intégration croissante de l'UE impose de fixer des règles de conduite quant à l'utilisation de la politique budgétaire, ce qui limite son usage.

■ La discipline budgétaire est indispensable dans le cadre d'une zone monétaire intégrée

L'intégration monétaire nécessite d'encadrer les politiques budgétaires nationales pour éviter de fragiliser l'ensemble de la zone. On peut invoquer plusieurs raisons :

- une politique budgétaire non soutenable conduite par un pays membre d'une zone peut se traduire tôt ou tard par une perte de confiance des créanciers et une hausse des primes de risques (*spread*) exigées sur les dettes souveraines. L'augmentation des taux d'intérêt peut produire des effets de contagion sur les taux d'intérêt de l'ensemble des pays membres de la zone, ce qui est dommageable pour la croissance économique ; par ailleurs, la hausse des *spread* peut être telle que le financement de la dette par les marchés devient impossible. La banque centrale est alors contrainte d'acheter de la dette de ce pays (la solidarité budgétaire ne jouant pas dans le cadre de l'UE) avec un risque d'inflation préjudiciable à l'ensemble de la zone ;
- le défaut souverain d'un État membre peut conduire à la faillite d'un certain nombre d'établissements bancaires et à une crise systémique ; la banque centrale doit alors jouer son rôle de « prêteur en dernier ressort » pour assurer la survie du système bancaire et de la zone dans son ensemble ;
- un déficit public excessif peut générer de l'inflation si l'impact sur la demande est trop expansif. Or, si les taux d'inflation divergent au sein d'une zone, l'action monétaire devient inopérante. La crise de la dette que connaît l'UE depuis ces dernières années a amplement illustré les risques d'un endettement non maîtrisé.

Le débat concerne donc moins l'utilité d'une discipline budgétaire que les modalités de cette discipline.

■ L'évolution de la discipline budgétaire au sein de la zone euro

Dans ce domaine, trois étapes peuvent être distinguées :

- l'article 104 du traité de Maastricht signé le 7 février 1992 indique que les États doivent éviter les déficits excessifs. C'est à cette occasion que sont établis les critères de convergence obligeant les pays membres à ne pas dépasser 3 % du PIB pour le déficit public et 60 % du PIB pour la dette publique. Bien que des sanctions aient été prévues en cas de non-respect de ces règles, les procédures de mise en œuvre n'ont pas été intégrées dans le traité ;

- le Pacte de stabilité et de croissance (PSC) signé à Amsterdam en 1997 réaffirme les règles précédentes en indiquant que l'équilibre budgétaire doit, à moyen terme, être assuré ; seules des circonstances exceptionnelles peuvent légitimer un déficit public supérieur à 3 %. Par ailleurs, les sanctions sont codifiées : en cas de dépassement des 3 % de déficit public, la sanction est de 0,2 % du PIB plus 0,1 point de PIB par point de déficit en trop, sans excéder 0,5 % du PIB. Le non-respect de cette règle notamment par la France et l'Allemagne a quelque peu discrédité ce pacte. Il a d'ailleurs été assoupli en 2005 tout en réaffirmant la norme de l'équilibre ;
- le pacte budgétaire européen signé le 2 mars 2012 par 25 États membres de l'UE (tous sauf le Royaume-Uni et la République tchèque), appelé officiellement « Traité sur la stabilité, la coordination et la gouvernance » (TSCG), est entré en vigueur le 1er janvier 2013. Il fixe une véritable règle d'or au niveau européen en contraignant les pays membres à respecter une contrainte budgétaire dont un certain nombre de pays s'étaient dispensés. Chaque pays signataire s'engage à ne pas dépasser un déficit structurel de 0,5 % du PIB. Les pays qui affichent une dette globale modérée, c'est-à-dire « nettement en dessous de 60 % du PIB », auront droit à un déficit structurel toléré de 1 %. Ce déficit structurel correspond au solde budgétaire corrigé des variations conjoncturelles. Évaluer la part structurelle du déficit n'est toutefois pas simple d'autant que le traité ne précise pas la méthodologie. Cela revient à estimer la croissance potentielle de longue période (nouvelle difficulté) et à la comparer à la croissance effective. L'enjeu est d'importance car le pacte budgétaire européen prévoit des sanctions automatiques en cas de non-respect des 0,5 % ; il s'agit d'une sanction financière pouvant s'élever jusqu'à 0,5 % de son PIB. Par ailleurs, les États doivent toujours réduire leur dette à moins de 60 % du PIB. Et pour éviter des sanctions, les pays doivent réduire l'écart entre leur niveau de dette et la barre des 60 % à un rythme moyen d'un vingtième par an : pour la France, cela revient à réduire la dette de 1,5 % chaque année [1/20 × (90 % – 60 %)] soit 30 milliards de plus par an.

Bien que le TSCG apporte davantage de flexibilité par rapport au PSC précédent, les critiques continuent à mettre l'accent sur le caractère procyclique de ce traité et sur l'insuffisante prise en compte de l'hétérogénéité des pays membres.

B LA POLITIQUE MONÉTAIRE ET SES CONTRAINTES

La politique monétaire constitue, aux côtés de la politique budgétaire, le second levier de la politique économique conjoncturelle. Son action a été profondément renouvelée sous l'effet de la déréglementation financière et des transformations institutionnelles concernant les banques centrales.

1. – Principes et efficacité de la politique monétaire

La politique monétaire vise à agir sur les grandes variables macroéconomiques en modifiant le comportement des agents par l'intermédiaire de la quantité de monnaie en circulation et/ou de son coût.

a. — Les principaux objectifs et instruments de la politique monétaire

Le principal objectif de la politique monétaire est de garantir la stabilité de la monnaie. Pour y parvenir, les banques centrales contrôlent les agrégats monétaires et les taux d'intérêt.

■ Les différents objectifs de la politique monétaire

Les autorités monétaires définissent des objectifs finals et des objectifs intermédiaires. Puisque la politique monétaire est un des instruments de la politique économique, elle a normalement pour objectifs finals la régulation macroéconomique de l'activité dans le but d'atteindre le carré magique de Kaldor. Dans les faits, les banques centrales privilégient généralement l'objectif de stabilité des prix. Cependant, il peut s'avérer plus aisé de suivre des objectifs intermédiaires plutôt que la cible finale. Les deux principaux instruments sur lesquels la politique monétaire peut chercher à agir concernent le suivi et le contrôle des agrégats monétaires (optique monétariste) et/ou les taux d'intérêt (optique keynésienne). La banque centrale européenne (BCE) s'appuie principalement sur le contrôle de l'agrégat monétaire (M3) et sur un ensemble de variables comme la demande, le marché du travail... autant d'indicateurs avancés qui renseignent sur de possibles dérapages inflationnistes.

■ Les instruments de la politique monétaire utilisés pendant les Trente Glorieuses

Jusque dans les années 1970, les interventions des autorités monétaires sont directes et réglementaires. Parmi les instruments utilisés, on peut citer l'encadrement du crédit qui consiste à limiter la progression du volume de crédits distribué par les banques ; tout dépassement se traduit par des pénalités financières. La France a utilisé cet instrument pour contrôler la création monétaire entre 1972 et 1987 dans une période de forte inflation. Si ce dispositif permet de limiter le crédit sans augmenter les taux d'intérêt et donc sans alourdir les charges financières des entreprises, il a pour inconvénient d'entraver les règles de la concurrence. En ce qui concerne le refinancement (opération qui consiste pour une banque à se procurer des liquidités auprès d'autres banques ou de la banque centrale), lorsque les banques avaient besoin de liquidités, elles pouvaient s'adresser directement auprès de la banque centrale, laquelle leur achetait des titres à court terme contre un taux d'intérêt appelé taux d'escompte. Ce taux était fixé autoritairement par la banque centrale en fonction de ses objectifs propres et jouait le rôle de taux directeur ; en le modulant, la banque centrale agissait sur les taux d'intérêt que les banques facturaient à leurs clients et donc sur le volume des crédits octroyés. La politique de l'escompte a été progressivement supprimée en France à partir de 1971. Enfin, les réserves obligatoires sont utilisées par les autorités monétaires pour accroître les besoins des banques en monnaie centrale en les obligeant à détenir un pourcentage de leurs dépôts auprès de la banque centrale. Cela permet à la fois de limiter les risques d'illiquidité des banques et de freiner la création monétaire en stérilisant une partie de la liquidité bancaire.

■ L'évolution du contexte institutionnel a profondément renouvelé les conditions d'exercice de la politique monétaire

Les années 1970 et 1980 marquent le développement de la finance libéralisée. Les interventions des autorités monétaires deviennent alors plus indirectes et s'appuient davantage sur les mécanismes de marché.

L'instrument privilégié de la politique monétaire dans la plupart des pays est l'*open market*. Il s'agit de différents types d'intervention de la banque centrale sur le marché monétaire. Ce marché, créé en 1986 en France, est le lieu où les banques s'échangent leurs excédents et leurs besoins en monnaie centrale. Ces opérations d'*open market* conduisent la banque centrale à intervenir sur le marché monétaire en demandant (achetant) ou en offrant (vendant) des titres à court terme.

Lorsqu'elle veut assouplir sa politique monétaire, elle demande (achète) des titres donc elle alimente le marché monétaire en liquidités, ce qui agit sur l'équilibre de marché et provoque une baisse des taux d'intérêt. Il en résulte une baisse du coût du refinancement pour les banques qui favorise le crédit. Et réciproquement.

Pour approvisionner le marché en liquidités, la banque centrale a recours à des appels d'offres : elle offre des liquidités, pour des montants limités, aux banques commerciales en échange de titres privés ou publics qu'elle prend en pension. Le taux minimal de refinancement qu'elle facture aux banques correspond au principal taux directeur de la banque centrale (taux Refi). Pour les banques qui ne trouvent pas les liquidités dont elles ont besoin sur le marché monétaire, elles ont accès de manière illimitée aux facilités de prêt marginal ; ce taux de facilité de prêt marginal correspond au taux plafond sur le marché monétaire. Enfin, les banques peuvent déposer leurs excédents de liquidité auprès de la banque centrale qui les rémunère au taux de la facilité de dépôt ; c'est le taux plancher du marché monétaire. En réalité, le taux Refi oriente le taux d'intérêt sur le marché monétaire de l'argent au jour le jour (mesuré par le taux EONIA, *Euro OverNight Index Average*) puisqu'il constitue le principal instrument de refinancement des banques.

Ces instruments de la politique monétaire sont qualifiés de traditionnels ou de conventionnels. En effet, depuis la crise des *subprimes*, ces instruments sont apparus insuffisants dans la mesure où les taux directeurs sont proches de 0 % et où la déflation menace, notamment dans la zone euro. Les banques centrales (d'abord la FED et la Banque d'Angleterre, puis la BCE) ont donc lancé des actions non conventionnelles de 3 types :

- une politique d'assouplissement quantitatif, qui vise à acheter en grande quantité des titres de dettes, souvent publiques, contre des liquidités fournies aux banques commerciales. Cette augmentation massive de la base monétaire (billets + réserves des banques commerciales à la banque centrale) a pour objectif de faciliter l'octroi de crédits. Mais cela n'a un impact sur la masse monétaire que si les banques commerciales distribuent effectivement davantage de crédits ;
- la politique de *qualitative easing* consiste à modifier la structure de bilan de la banque centrale en acceptant de prendre en pension des titres plus risqués. C'est un moyen de soutenir les banques en difficultés en réduisant la part des actifs risqués détenus par les banques de second rang fragilisées ;
- la politique de *credit easing* vise à combiner ces deux instruments, la banque centrale jouant à la fois sur la taille et sur la composition de son bilan.

La BCE consacre 80 milliards d'euros par mois dans le cadre de sa politique d'assouplissement quantitatif depuis son lancement en mars 2015. Mais les résultats de ces actions non conventionnelles sont apparus jusque-là peu efficaces. Alors que la déflation est toujours rampante dans la zone euro, le risque est de voir ces facilités de crédit alimenter des bulles spéculatives sur certains actifs.

b. — Politique discrétionnaire versus *politique de règle*

Lorsque la banque centrale a défini ses objectifs, elle doit déterminer sa ligne de conduite. Elle peut soit recourir à un mode d'intervention fondé sur des règles, soit pratiquer une politique discrétionnaire.

■ Règle ou discrétion : les différentes options

Si l'objectif principal d'une banque centrale est de garantir la stabilité des prix, se pose alors la question de sa ligne de conduite. Doit-elle agir de manière discrétionnaire c'est-à-dire piloter sa politique monétaire en fonction des circonstances, sans règle prédéfinie, ou doit-elle recourir à une règle stricte parfaitement prévisible définie à l'avance ? Dans le second cas, soit on considère que la règle s'applique de manière systématique, quelle que soit la situation de l'économie (règle passive ou règle de Friedman), soit on considère que la règle tient compte des circonstances (règle active ou contingente). La conduite de la politique monétaire peut donc se résumer aux options suivantes :

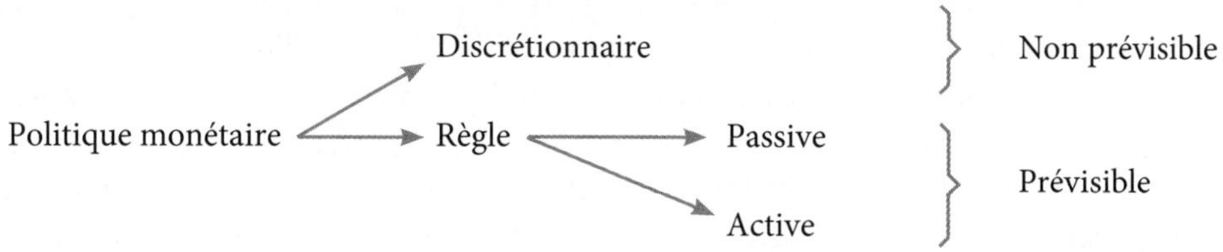

Pour Milton Friedman, la politique monétaire doit s'appuyer sur une règle intangible, quel que soit le contexte (donc règle passive) qui consiste à faire croître la masse monétaire à un rythme constant correspondant au taux de croissance nominal de l'économie sur le long terme.

La règle de Taylor correspond à une règle active. L'économiste américain John B. Taylor, spécialiste des questions monétaires, a proposé, en 1993 (« Discretion versus policy rules in practice »), un modèle qui doit permettre de guider la banque centrale dans la mise en œuvre de sa politique monétaire. Cette règle permet de calculer le taux d'intérêt optimal compte tenu de l'évolution de l'inflation et du PIB. Ce taux optimal se calcule de la manière suivante :

$$r = r^* + p + 0,5\ (p - p^*) + 0,5\ (y - y^*)$$

r = le taux d'intérêt de court terme ; r^* = taux d'intérêt neutre (qui n'a un effet ni récessif ni expansif) équivalent au taux de croissance tendanciel de l'économie ; p = inflation courante ; p^* = objectif d'inflation ; y = PIB effectif réel ; y^* = PIB potentiel.

En comparant le taux de Taylor et le taux d'intervention de la FED, on se rend compte que cette règle reflète bien la politique monétaire conduite par la banque centrale américaine ; cela est cohérent puisque la FED a un double objectif de stabilité des prix et de soutien de l'activité. En revanche, la règle de Taylor semble moins prédictive dans le cas de la BCE, sans doute parce qu'elle donne le primat à la lutte contre l'inflation.

■ La ligne de conduite des banques centrales

Une politique monétaire discrétionnaire a l'avantage de la flexibilité. Elle doit permettre le réglage fin de l'économie (*fine tuning*). Les keynésiens sont favorables aux politiques monétaires discrétionnaires ; l'action sur les taux d'intérêt peut être un instrument efficace de la politique conjoncturelle via le multiplicateur d'investissement. Une action discrétionnaire peut même se révéler particulièrement efficace car, en surprenant les agents, les effets sur l'économie réelle sont démultipliés. Une analyse remise en cause par la nouvelle école classique pour laquelle les agents font des anticipations rationnelles qui neutralisent tout effet de la politique monétaire.

Dans la pratique, la plupart des banques centrales modulent leurs interventions sans recourir à une règle explicite mais de manière pragmatique. Les autorités monétaires mènent des stratégies flexibles, hybrides donc discrétionnaires.

2. – La politique monétaire est soumise à des contraintes

Face aux limites rencontrées par la politique budgétaire pour agir efficacement contre les fluctuations de l'activité, la politique monétaire est aujourd'hui considérée comme un instrument efficace pour favoriser une croissance durable et la stabilité des prix. Une analyse qui doit être toutefois nuancée.

a. — Le débat sur l'indépendance/crédibilité de la banque centrale

La plupart des banques centrales ont pour objectif principal la stabilité des prix. Il existe aujourd'hui un consensus pour considérer que l'indépendance des instituts d'émission est une condition de leur réussite.

■ L'indépendance de la banque centrale, une condition de sa crédibilité ?

Le degré d'indépendance d'une banque centrale peut être mesuré à l'aune de trois critères :

- l'autonomie organique : une banque centrale est d'autant plus autonome que le mandat des gouverneurs de la banque centrale est long et désynchronisé des échéances politiques ;
- l'autonomie fonctionnelle renvoie à la capacité de la banque centrale à définir à la fois ses objectifs mais aussi les instruments pour les atteindre ;
- enfin, l'autonomie financière doit permettre à la banque centrale de pouvoir mettre en œuvre sa politique grâce à des ressources suffisantes.

L'indépendance de la banque centrale par rapport au pouvoir politique est considérée comme une condition de sa crédibilité. Sa politique monétaire sera jugée crédible si les agents privés ont confiance dans le fait qu'elle mettra tout en œuvre pour atteindre l'objectif qu'elle s'est assignée, à savoir défendre avec constance la stabilité des prix. Une telle crédibilité ne peut s'acquérir que sur une longue période ; cela peut expliquer la plus grande rigueur dont on a fait preuve la BCE depuis sa création en 1999 comparée à la FED (créée en 1913) pour lutter contre l'inflation et gagner la crédibilité des marchés. La transparence est une autre condition de la crédibilité de la banque centrale. En communiquant aux marchés toutes les informations concernant ses analyses et ses décisions de politique monétaire, et en affirmant sa volonté de poursuivre sa mission, les agents peuvent ancrer leurs anticipations de prix conformément aux objectifs de la banque centrale.

■ Les enjeux de la crédibilité pour les banques centrales

Pourquoi rechercher une telle crédibilité ? La montée en puissance des marchés financiers, sur lesquels les anticipations des agents ont une grande influence, oblige les autorités monétaires à évaluer l'impact de leurs décisions sur l'évolution des comportements des agents. Si les décisions prises par la banque centrale apparaissent comme contraire à la stabilité des prix, cela peut modifier les anticipations des agents dans le sens d'un comportement inflationniste et remettre en cause l'efficacité de la politique monétaire. Pour les économistes de la nouvelle école classique F. Kydland et E. Prescott (The inconsistency of optimal plans, 1977), l'incohérence temporelle menace la crédibilité des banques centrales. Il y a incohérence temporelle lorsque les autorités monétaires s'engagent durablement à lutter contre l'inflation et que, le moment venu, cet objectif est abandonné (pour, par exemple, modifier l'arbitrage inflation/chômage à l'approche d'une élection) sans que les opérateurs en soient informés à l'avance. L'enjeu de la crédibilité peut trouver un équivalent en termes de sécurité routière ; l'efficacité d'une politique de sécurité routière est d'autant plus grande que le gouvernement fera tout et durablement pour que les accidents de la route reculent (notamment via une politique de répression). De fait, les automobilistes seront plus prudents, ce qui conduira à une baisse des accidents de la route. Si, à l'approche d'une élection, on apprend qu'une amnistie pourrait être votée pour les infractions routières, les comportements se relâchent... Dans le cas de la politique monétaire, si la banque centrale sacrifie temporairement son objectif de lutte contre l'inflation, les agents vont anticiper une hausse des prix qu'ils vont intégrer dans leurs négociations... conduisant à de l'inflation.

b. — Une banque centrale indépendante lutte-t-elle plus efficacement contre l'inflation ?

Si l'indépendance des banques centrales est généralement considérée comme un moyen efficace de lutter contre l'inflation, c'est une condition ni nécessaire ni suffisante.

▪ Indépendance des banques centrales et lutte contre l'inflation

Est-il avéré que l'indépendance des banques centrales favorise leur réussite dans la lutte contre l'inflation ? Plusieurs études empiriques ont cherché à tester la relation entre leur degré d'indépendance et la stabilité des prix. D'un point de vue théorique, on s'attend à une relation inverse entre indépendance de la banque centrale et inflation (plus elle est indépendante, moins l'inflation est forte). R. Barro et D. Gordon ont montré (« Rules, discretion and reputation in a model of monetary policy », 1983), dans le prolongement des analyses de Kydland et Prescott, que lorsque la politique monétaire est conduite par une banque centrale non indépendante, elle est sujette à un biais inflationniste. En effet, les gouvernements peuvent être tentés d'adopter des actions monétaires discrétionnaires afin de doper la production et l'emploi en générant une inflation surprise. La plupart des études semblent en effet confirmer une corrélation négative entre autonomie et inflation (avec de nombreuses exceptions) mais de faible intensité.

On peut aussi s'interroger sur le sens de la causalité : les pays les plus vertueux en termes d'inflation peuvent aussi être ceux qui garantissent le plus facilement et le plus précocement l'indépendance à leur banque centrale.

▪ L'indépendance des banques centrales est une condition ni nécessaire ni suffisante pour lutter contre l'inflation

L'argument selon lequel seule une banque centrale indépendante permettrait de lutter efficacement contre l'inflation est discutable. Si l'on considère la politique de désinflation menée dans les années 1980 dans la plupart des pays industrialisés, on se rend compte qu'elle a largement atteint son objectif alors même que la plupart des banques centrales n'étaient pas indépendantes (sauf FED et Bundesbank). La baisse structurelle du taux d'inflation en France pendant cette période est essentiellement liée à une modification de la répartition de la valeur ajoutée (désindexation des salaires), alors même que la Banque de France restait dépendante du pouvoir politique.

D'autres auteurs soulignent les limites des banques centrales indépendantes en montrant que cela peut conduire à des jeux non coopératifs entre autorités monétaires et autorités budgétaires. L'économiste américain William Nordhaus montre (*Policy games*, 1994) que, si la coopération entre ces deux autorités est insuffisante, cela peut se traduire par un « jeu destructeur ». Une banque centrale indépendante qui conduirait une politique très restrictive (taux d'intérêt élevés pour lutter contre l'inflation) pourrait voir son action contrebalancée par une politique budgétaire expansive dans le but de compenser les effets récessifs de la politique monétaire. Il peut alors s'instaurer une radicalisation du *policy-mix* (action combinée de la politique monétaire et budgétaire), le durcissement monétaire allant de pair avec un déficit budgétaire croissant. C'est la situation qu'a connue la zone euro au début des années 2000. Ce phénomène a été amplifié dans la mesure où les nouveaux pays entrant dans l'UE (Pays d'Europe centrale et orientale, PECO) avaient des taux d'inflation supérieurs à la moyenne. La politique monétaire de la BCE a donc été en moyenne (trop) restrictive pour les pays les moins inflationnistes, avec des conséquences négatives sur la croissance et l'emploi.

C LES AUTRES INSTRUMENTS DE LA POLITIQUE CONJONCTURELLE

Les pouvoirs publics disposent d'autres leviers pour agir sur l'activité économique à court terme. Ils peuvent, sous certaines conditions, modifier le taux de change de la monnaie nationale afin de réguler les échanges extérieurs et/ou modifier la fiscalité pour agir sur le comportement des agents.

1. – La politique de change

La politique de change vise à agir sur la valeur externe de la monnaie dans le but de corriger certains déséquilibres (déficit commercial, inflation) et/ou de stimuler la croissance économique.

a. — Le choix du régime de change

Le choix du régime de change conditionne en partie la capacité des autorités publiques à agir sur la conjoncture économique.

■ Pour les flexibilistes, un système de changes flottants ne présente que des avantages

C'est Milton Friedman (1912-2006), prix Nobel d'économie en 1976, qui va le premier, dans un article célèbre de 1953 intitulé « Défense des taux de change flexibles », mettre en avant les avantages d'un système de changes flottants. Pour lui, un tel système permet un rééquilibrage automatique des balances courantes : un pays qui connaît un déficit verra sa monnaie se déprécier (baisse de la demande de monnaie de ce pays) ; l'amélioration consécutive de sa compétitivité-prix permet une hausse de ses exportations, ce qui conduit à un rééquilibrage de la balance courante. Et réciproquement en cas d'excédent. Donc en changes flottants, aucun déséquilibre n'est durable.

Puisque la banque centrale n'a plus à défendre un taux de change, le pays est libéré de la contrainte externe et peut donc se consacrer aux objectifs internes de régulation (chômage, inflation). La politique monétaire recouvre toute son autonomie. Pour attester de l'efficacité du régime de change flottant, Friedman cite les bonnes performances économiques du Canada qui n'a connu que huit années de change fixe (de 1962 à 1970), soit une quinzaine d'années de moins en moyenne que les autres pays développés.

■ Système de changes fixes ou unions monétaires ?

Les effets vertueux d'un système de change flottant ont été démentis par les faits. C'est la raison pour laquelle l'Europe a développé progressivement une coopération monétaire étroite avec, comme point d'orgue, la création d'une monnaie unique en 1999. Un régime de changes fixes (comme celui de Bretton Woods ou le SME) présente plusieurs avantages : il réduit l'incertitude pour les entreprises exportatrices et annule les coûts de transaction de change ; il réduit l'inflation en stabilisant les prix des produits importés ; il impose une contrainte de compétitivité aux producteurs nationaux ; il oblige à une certaine discipline dans les politiques économiques internes et, enfin, il accroît la confiance dans la devise du pays. Les inconvénients ne sont pas non plus négligeables : l'obligation qui est faite à la banque centrale de défendre la parité de sa monnaie lui coûte très cher en devises et l'oblige à constituer des réserves permanentes improductives ; l'insertion d'un pays dans un régime de change fixe, avec libre circulation des capitaux, lui ôte sa souveraineté monétaire. L'incapacité de ce système à faire face à des crises de change récurrentes a conduit l'Europe à adopter une monnaie unique. Pour Robert Mundell, les avantages liés à l'adoption d'une monnaie unique pour un groupe de pays sont d'autant plus élevés que cette entité tend vers une zone monétaire optimale (ZMO). Une zone monétaire est optimale si un choc asymétrique (par exemple une récession n'affectant qu'un ou quelques pays membres de l'Union) se traduit par une modification des prix relatifs et une mobilité des facteurs de production. Dans ce cas, le retour à l'équilibre est possible sans ajustement du taux de change (qui a de fait disparu) et de la politique monétaire. Bien que l'UE soit une ZMO imparfaite, Mundell s'est prononcé favorablement pour l'intégration monétaire tout en soulignant la nécessité d'une coopération économique accrue.

b. — La gestion des taux de change

La politique de change a pour objectif d'agir sur la valeur externe de la monnaie. Par ce biais, les pouvoirs publics peuvent agir sur l'activité, en stimulant la demande extérieure, ou sur l'offre, en incitant à une restructuration de l'appareil productif.

■ La politique de dévaluation

Les effets d'une dévaluation du taux de change sur le solde extérieur sont décrits par la courbe en J (*cf.* partie 3, chapitre 2). Trois effets peuvent être distingués : dans un premier temps, le prix des produits importés augmente, ce qui aggrave le déficit commercial ; par la suite, le volume des importations diminue tandis que le volume des exportations augmente grâce à une amélioration de la compétitivité-prix. Le premier effet est un effet valeur qui dégrade le solde extérieur (il y a dans ce cas dégradation des termes de l'échange : le prix des importations augmente relativement aux prix des produits exportés, il faut exporter davantage pour se procurer une même quantité de produits importés), les deux derniers effets sont des effets volume qui affectent positivement la balance commerciale. L'effet d'une dévaluation sur le solde de la balance commerciale est donc incertain : il est positif si les effets volume l'emportent sur l'effet valeur, et inversement. Selon le théorème des élasticités critiques de Marshall, Lerner et Robinson, une dépréciation du taux de change ne permet de rétablir l'équilibre commercial que si la somme de l'élasticité-prix de la demande nationale d'importation et de la demande étrangère d'exportation est supérieure à 1, autrement dit, si l'effet volume l'emporte sur l'effet prix.

D'un point de vue macroéconomique, la dévaluation engendre un gain de croissance par l'effet de substitution qui favorise la production nationale par le jeu de la baisse des prix relatifs des exportations et de la baisse des importations liées à leur renchérissement. Cela a un effet bénéfique sur la demande et sur l'emploi. Toutefois, ce raisonnement dépend fortement de l'élasticité de l'offre. Ainsi, à court terme, l'impact dépendra des capacités de production disponibles et à long terme de la sensibilité de l'investissement aux variations de la production. En revanche, la dévaluation va stimuler l'inflation. En effet, cela va conduire à une hausse du prix des produits importés d'une part et d'autre part à une hausse des salaires liés à l'augmentation des prix surtout si l'indexation est forte. L'inflation et la hausse des salaires risquent alors de dégrader la compétitivité-prix et *in fine* la balance commerciale. On peut parler dans ce cas d'un cercle vicieux des monnaies faibles.

■ La politique de monnaie forte

La politique de monnaie forte vise à desserrer à moyen terme la contrainte externe et à sortir du cycle : inflation ⇒ déficit commercial ⇒ dévaluation. En effet, une monnaie forte permet de bénéficier de produits importés moins coûteux ; le renchérissement du prix des exportations exprimées en monnaie étrangère nécessite en revanche de s'engager dans une politique de désinflation (baisse des coûts de production et notamment des salaires) afin de restaurer la compétitivité-prix des produits sur les marchés extérieurs ; cela doit inciter par ailleurs les entreprises à s'engager dans une compétitivité structurelle ; cela doit conduire à un excédent commercial, lequel favorise le renforcement de la monnaie : c'est le cercle vertueux des monnaies fortes...

On peut parler de monnaie forte si une monnaie tend à s'apprécier alors que les taux d'intérêt sont égaux ou plus faibles qu'à l'étranger ; si ça n'est pas le cas, la monnaie est davantage une monnaie soutenue qu'une monnaie forte.

Toutefois, si la monnaie est surévaluée, la politique de monnaie forte peut avoir pour conséquence une dégradation de la balance commerciale liée à la hausse du taux de change, lequel dégrade la compétitivité prix. Il est alors nécessaire d'accentuer la désinflation pour résorber ce déséquilibre. Une surévaluation excessive d'une monnaie peut être un facteur de désindustrialisation.

2. – La politique fiscale

La politique fiscale concerne l'ensemble des mesures visant à modifier le niveau et/ou la structure de la pression fiscale. L'outil fiscal reste, dans le cadre communautaire, l'un des rares leviers dont disposent encore les États pour agir sur l'économie.

a. — Les enjeux de la politique fiscale

Le champ de la politique fiscale est extrêmement varié. Par ses effets (dé)incitatifs, elle cherche à agir sur le comportement des agents.

■ **La politique fiscale est une composante essentielle de la politique économique**

La politique fiscale a quatre objectifs :

- **financer la production de biens collectifs pour lesquels le marché est défaillant.** Lorsqu'un bien ne répond pas au principe d'exclusion, aucune entreprise n'acceptera de fournir ce bien en raison du comportement de passager clandestin des bénéficiaires. L'État peut alors obliger le contribuable à financer ce bien grâce à l'impôt. Les ressources prélevées lui permettront soit de produire lui-même ce bien soit de financer une entreprise privée pour que celle-ci en assure la production ;
- **corriger les inégalités dans la répartition des revenus primaires et des richesses**. La redistribution fiscale a pour objectif d'atteindre l'optimum optimorum c'est-à-dire l'allocation optimale des ressources qui a la préférence des citoyens. Il est généralement admis que ce sont les impôts progressifs, dont le taux moyen progresse avec le revenu (en France, l'impôt sur le revenu) ou le patrimoine (l'impôt de solidarité sur la fortune et les droits de succession), qui permettent de réduire l'éventail des revenus et des patrimoines. Selon T. Piketty (*Les hauts revenus en France au XXe siècle*, 2001), l'impôt sur le revenu introduit en France en 1914 a été le principal instrument de la réduction des inégalités ;
- **stabiliser l'activité économique**. La politique fiscale peut avoir un objectif contra-cyclique. Dans une phase de ralentissement conjoncturel, une baisse des impôts permet de stimuler la demande (multiplicateur fiscal) et, par voie de conséquence, l'activité économique. Inversement, en situation de surchauffe économique, un relèvement des impôts freine la demande et l'activité ;
- **agir sur les comportements des agents économiques**. Les incitations fiscales, bien que de pratique ancienne, sont devenues un enjeu central de la politique fiscale. Elles visent à encourager les activités jugées socialement bénéfiques et à décourager celles considérées comme nuisibles. La fiscalité permet de corriger les externalités ; lorsqu'elles sont négatives, les pouvoirs publics taxent les agents responsables ; lorsqu'elles sont positives, l'État

peut accorder des exonérations fiscales (on parle de dépenses fiscales). On peut citer l'exemple du crédit d'impôt recherche (CIR) qui permet de réduire le montant de l'impôt sur les sociétés des entreprises qui réalisent des investissements en matière de R&D afin d'encourager leurs efforts dans ce domaine. La fiscalité permet alors de se rapprocher de l'optimum social.

Les multiples champs dans lesquels la politique fiscale peut être mobilisée rendent son utilisation complexe. Une hausse des impôts progressifs peut se justifier pour réduire les inégalités mais peut diminuer l'incitation au travail et donc l'efficacité économique.

■ La politique fiscale est soumise à des contraintes

La politique fiscale est soumise à tout un ensemble de coûts économiques. Il y a tout d'abord des coûts administratifs liés au recouvrement de l'impôt, mesuré par le taux d'intervention (coût de la gestion de l'impôt/total des impôts collectés). Il s'élève en France à 1,2 % en moyenne (avec des écarts sensibles selon le type de l'impôt). Mais surtout, la fiscalité crée des effets distorsifs en modifiant le comportement des agents. L'introduction d'une taxe conduit généralement à une perte sèche c'est-à-dire à une diminution du bien-être collectif comme l'a montré pour la première fois l'ingénieur français Jules Dupuit (1804-1886). Cela peut paraître contre-intuitif si l'on considère que les prélèvements ont pour contrepartie des prestations, en nature ou en espèces, d'un même montant (au taux d'intervention près). Ceci s'explique par le fait qu'une taxe accroît le prix de vente et décourage ainsi une partie des agents, ce qui conduit à une réduction des échanges. Les effets distorsifs de la fiscalité s'observent par exemple sur le marché du travail. L'impôt sur le revenu (IR) modifie l'arbitrage travail-loisir. La progressivité du barème de l'IR peut conduire les travailleurs à réduire leur quantité de travail. La courbe de Laffer montre qu'en voulant prélever une part croissante du gâteau, l'État peut finalement en diminuer la taille. Ceci n'est vérifié que si l'effet substitution loisir-travail est supérieur à l'effet revenu. Dans le cas où l'effet revenu (augmentation de l'offre de travail pour compenser la baisse du revenu) l'emporte sur l'effet substitution, la courbe de Laffer est invalidée.

La « règle de Ramsey », du nom du mathématicien Franck Ramsey (1903-1930), indique les principes permettant de réduire les pertes d'efficacité liées à la fiscalité : le niveau de la taxe doit être faible ; elle doit s'appliquer à des bases imposables faiblement élastiques au prix. La fiscalité la moins distorsive est celle qui repose sur une matière imposable large et des taux faibles.

Cette règle pose cependant un problème d'équité : si l'on privilégie les assiettes fiscales peu sensibles aux taxes, cela signifie qu'il faut davantage imposer la matière imposable peu mobile géographiquement (la consommation, les actifs immobiliers...) et alléger la fiscalité sur la matière fiscale la plus mobile comme les actifs financiers ou les revenus des travailleurs les plus mobiles... qui se trouvent être les mieux rémunérés.

b. — Une concurrence fiscale en Europe ?

Parce que la fiscalité est devenue un instrument central de l'attractivité des territoires, les États européens sont enclins à mettre en place des stratégies non coopératives dans ce domaine.

■ Une présomption de concurrence fiscale en Europe

La présomption d'une concurrence fiscale croissante en Europe est forte, pour au moins quatre raisons :

- l'intégration économique de l'Union européenne a fortement progressé au cours de ces vingt dernières années avec l'achèvement du Marché unique en 1993 et l'Union monétaire

en 1999. Cette intégration des marchés, en supprimant les derniers obstacles à la libre circulation, a favorisé la mobilité des facteurs de production ;
- l'outil fiscal reste l'un des rares leviers de la politique économique sur lequel peuvent agir les pouvoirs publics nationaux. En effet, avec l'adoption de la monnaie unique, la politique monétaire échappe à la souveraineté des États de la zone euro tout comme la politique de change qui a, de fait, disparu (les dévaluations compétitives sont devenues impossibles). La politique budgétaire est elle aussi contrainte par les traités budgétaires qui encadrent rigoureusement les déficits et la dette publique. Reste la politique fiscale qui peut permettre à un pays d'améliorer sa compétitivité ;
- la fiscalité relève de la compétence exclusive des États au nom du principe de subsidiarité. Toute tentative d'harmonisation ou de coopération dans ce domaine doit obtenir l'unanimité, ce qui signifie que chaque pays a, de fait, un pouvoir de veto ;
- l'élargissement de l'UE (douze nouveaux entrants entre 2004 et 2007) a accru l'hétérogénéité de la zone en termes de taille (les nouveaux sont de faible taille donc en moyenne fortement ouverts sur l'extérieur) et de développement (inférieur à la moyenne et disposant d'une fiscalité plus légère). Dans ce cadre, l'occurrence de stratégies non coopératives s'accroît : les pays de petite taille ont intérêt à adopter une fiscalité qui favorise leurs exportations (baisse de l'impôt sur les sociétés) au détriment de leur marché intérieur (hausse de la TVA) qui n'est pas le principal moteur de leur croissance. *A contrario*, les pays de grande taille (Allemagne, France, Italie...) doivent moduler leur fiscalité de façon à ne pas étouffer la demande interne qui représente le principal débouché.

■ Constate-t-on une concurrence fiscale en Europe ?

L'évolution du taux de prélèvements obligatoires ne semble pas révéler en Europe une « course vers le bas » (« *race to the bottom* ») dans le domaine fiscal. Ce taux est stable et se situe au-dessus de la moyenne comparé à l'ensemble des pays de l'OCDE. En revanche, la structure des prélèvements s'est sensiblement déformée depuis ces dernières années. Le poids des impôts indirects sur la consommation a progressé au détriment des impôts directs qui frappent les revenus ou le patrimoine. Les taux de l'impôt sur les sociétés (IS) et les taux marginaux de l'impôt sur le revenu (IR) ont diminué d'environ 10 points en moyenne au sein des pays de l'UE depuis le milieu des années 1990. L'écart n'a fait que se creuser avec les États-Unis et le Japon qui se situent respectivement à 3 et 7 points au-dessus de l'UE en termes d'IS. Symétriquement, les impôts indirects sur la consommation ont partout progressé : l'Allemagne, par exemple, a augmenté de 3 points le taux de TVA et baissé son taux d'IS à 28 % en 2007. La France s'est engagée plus timidement et plus tardivement dans cette concurrence fiscale : elle a supprimé la taxe professionnelle le 1er janvier 2012 ; elle va relever son taux de TVA avec pour objectif de compenser dans les recettes fiscales les allégements de charges pesant sur les entreprises pour un montant de 20 milliards d'euros (crédit d'impôt pour la compétitivité et l'emploi : ce qui équivaut à une baisse des cotisations sociales de 6 %) ; les taux passeront au 1er janvier 2014 de : 19,6 %, 7 % et 5,5 % à 20, 10 et 5 %.

■ Faut-il s'inquiéter de la concurrence fiscale ?

Un certain nombre d'analystes sont favorables à une concurrence fiscale entre États : la concurrence n'est-elle pas source d'efficacité, quel que soit son domaine d'application ? Deux arguments sont invoqués : la concurrence permet de faire émerger les systèmes de gouvernance étatique les plus efficaces, donc d'imposer les « *best practices* » à l'ensemble des pays. Pour l'école du *Public Choice*, la concurrence fiscale est le meilleur moyen de mettre un frein à l'interventionnisme étatique en limitant sa capacité à prélever et donc à dépenser.

Les effets négatifs sont aussi notoires, on en compte au moins trois :

- la diminution des prélèvements contraint les États à réduire l'offre de biens publics, ce qui peut se révéler sous-optimal par rapport aux choix collectifs (*cf. supra*, p. 595) ;
- un pays qui parvient à attirer, par exemple, des investissements grâce à une fiscalité avantageuse alors que les conditions de production sont localement défavorables génère une allocation sous-optimale des facteurs ;
- enfin, la concurrence fiscale pousse les gouvernements à diminuer la pression fiscale qui pèse prioritairement sur les facteurs les plus mobiles qui sont généralement soumis à des taux d'imposition supérieurs. Le système fiscal devient de fait moins redistributif, ce qui peut être contraire au principe d'équité.

III

L'ÉTAT ET LES POLITIQUES STRUCTURELLES

Les politiques structurelles visent à élever le taux de croissance sur le long terme en dynamisant le tissu industriel, en renforçant la concurrence, en stimulant la recherche et l'innovation, lesquelles sont facteurs de compétitivité et en orientant l'offre et la demande de travail dans le sens d'une plus grande efficacité.

A LA POLITIQUE INDUSTRIELLE

Dans son acception la plus large, la politique industrielle désigne l'ensemble des mesures prises par les pouvoirs publics pour agir sur la structuration et le développement de l'industrie. Elle touche à la fois à la politique commerciale (quel degré d'ouverture ?), à la politique de concurrence (quel degré de concentration ?) et à la politique de R&D (quel niveau d'aides ?). Conduire une politique industrielle suppose que les mécanismes de marché ne permettent pas à eux seuls l'émergence et le développement d'un secteur industriel dynamique.

1. – Justifications et évolution de la politique industrielle

La politique industrielle a une origine ancienne. Elle a été utilisée de manière cyclique au cours de l'histoire et ses conceptions ont évolué au gré du contexte économique et des orientations politiques dominantes.

a. — Les justifications de la politique industrielle

Promouvoir une politique industrielle peut se justifier du point de vue de l'analyse économique mais aussi compte tenu du rôle moteur de l'industrie dans l'économie.

■ Les fondements économiques d'une politique industrielle

L'analyse économique justifie l'intervention de l'État en situation de défaillances de marché. Lorsque l'information est imparfaite ou en présence d'externalités, l'allocation des ressources n'est pas optimale, ce qui légitime l'intervention de l'État. Par exemple, l'existence d'une asymétrie d'information sur le marché du crédit explique que les banques rationnent la demande de crédit émanant des entreprises. Ce phénomène touche plus particulièrement les PME-PMI qui peuvent éprouver des difficultés à trouver les fonds nécessaires auprès des banques commerciales traditionnelles pour financer leurs investissements et donc leur développement. Ceci s'explique par le fait que le système financier peut manquer d'informations sur les chances de succès d'une (jeune) entreprise. Une politique industrielle visant à favoriser l'accès aux crédits pour les PME (qui sont celles qui éprouvent le plus de difficultés à se financer) peut permettre de corriger cette imperfection de marché et dynamiser le tissu industriel.

La création en janvier 2013 de la Banque publique d'investissement (BPI) renvoie à cet objectif. Dotée de 20 milliards d'euros de capitaux propres, elle doit financer les TPE, PME et ETI (entreprises de taille intermédiaire), soit par des opérations en fonds propres, soit par des prêts et garanties. Elle doit soutenir tout particulièrement les investissements dans les secteurs stratégiques d'avenir (le numérique, les énergies renouvelables) avec pour modèle revendiqué le *Mittelstand* allemand, ce tissu de PME et ETI très compétitives et tournées vers l'exportation.

Dans son ouvrage *Nations et mondialisation* (2008), Dani Rodrik souligne que l'État doit soutenir les entreprises qui veulent introduire de nouvelles technologies sur leur marché car elles doivent faire face à des coûts d'apprentissage (elles ne connaissent pas les coûts réels qu'elles devront supporter et doivent engager des dépenses pour récolter de l'information). Ceci induit des coûts privés (que n'auront plus à subir les autres) qui diminuent d'autant leurs bénéfices anticipés. Mais elles produisent en même temps des bénéfices sociaux qui peuvent justifier que l'État subventionne les premiers entrants. Il s'agit là d'externalités positives qu'il convient d'encourager.

■ Le rôle moteur de l'industrie dans l'économie justifie une politique dédiée

Pourquoi vouloir développer une politique spécifiquement orientée vers l'industrie alors que celle-ci occupe une place minoritaire et décroissante dans l'économie de la plupart des pays développés ?

D'abord parce qu'elle produit des effets d'entraînement pour l'ensemble des secteurs d'activité. Par la diversité des consommations intermédiaires qu'elle intègre dans ses processus productifs, elle génère de l'activité et de l'emploi aussi bien dans les services, dans le BTP que dans l'industrie elle-même. Selon une étude réalisée dans le bassin grenoblois (« Impact du site microélectronique de Crolles sur l'emploi et le pôle économique Grenoble-Isère », université Pierre-Mendès-France et cabinet Reverdy, 2007), lorsque Microelectronics crée un emploi, un autre emploi est créé chez ses fournisseurs directs et quatre emplois sont créés dans le secteur tertiaire. On observe d'ailleurs que les régions françaises qui connaissent le plus fort développement de l'emploi sont celles où le tissu industriel est le plus dynamique.

Par ailleurs, l'industrie est à l'origine des deux tiers des efforts de R&D en France, les innovations qui en découlent irriguent ainsi tout le tissu productif. En 2016, l'équipementier automobile Valeo, leader du dépôt de brevets, en a déposé à lui seul 994, suivi de PSA avec 930 demandes publiées. L'industrie joue aussi un rôle central dans les échanges extérieurs puisque les produits industriels représentent les trois quarts des exportations des biens et services. Enfin, l'industrie enregistre des gains de productivité sensiblement plus élevés que les autres secteurs, ce qui, par un effet de déversement, profite à l'ensemble de l'économie.

b. — Les différentes approches de la politique industrielle

Il existe un débat sur l'orientation que doit prendre la politique industrielle. Doit-elle cibler des secteurs ou des entreprises (vision privilégiée par la France) ou bien l'environnement global des entreprises (vision communautaire) ?

■ La politique industrielle : approche verticale *versus* approche horizontale

Deux grandes approches guident la mise en œuvre d'une politique industrielle. L'approche verticale consiste à sélectionner des secteurs ou des entreprises qui bénéficieront du soutien des pouvoirs publics. C'est historiquement la voie qui a été choisie par la plupart des pays dans la mesure où il s'agissait de cibler des activités que l'on voulait soutenir pour en faire des « champions nationaux », pour assurer l'indépendance nationale ou encore pour protéger les activités en déclin. L'approche horizontale consiste à agir sur l'environnement global des entreprises par des actions portant principalement sur la concurrence et l'attractivité du territoire (infrastructures de recherche, incitations fiscales et réglementaires favorisant l'innovation) en vue de renforcer la compétitivité de l'appareil productif industriel. Depuis les années 1970, les politiques industrielles conduites par les États ont eu tendance à se déplacer des politiques sectorielles verticales vers des politiques horizontales d'entreprises. En Europe, les aides d'État de type horizontal représentaient 85 % du montant total des aides en 2009 contre 50 % au milieu des années 1990. L'explication principale tient au fait qu'en se rapprochant de la frontière technologique, l'État serait moins apte que le marché pour sélectionner les secteurs porteurs d'avenir.

■ **Grandeur et décadence de la politique industrielle en France**

La politique industrielle française a une longue histoire. Elle débute sous Colbert avec la création de manufactures comme Saint Gobain (1665), se poursuit avec la construction d'écoles dédiées comme l'École des ponts et chaussées (1747) et l'École des mines (1783). Au début du XXe siècle, la France souhaite s'affranchir de sa dépendance énergétique. Cette volonté conduit l'État à devenir un des propriétaires de la Compagnie française des pétroles (devenue Total) dont elle rachète en 1931 35 % du capital et pousse au développement d'une filière de production, du puits à la station-service, seule à même de garantir l'indépendance.

Les Trente Glorieuses se caractérisent par un volontarisme industriel avec la mise en place, après-guerre, d'une planification indicative et la nationalisation de nombreuses entreprises de réseaux en particulier. Les années 1960 et 1970 marquent l'apogée de la politique industrielle ; il s'agit alors de créer quelques « champions nationaux » dans chaque secteur capables d'affronter la concurrence mondiale. Elie Cohen (« Que reste-t-il des politiques industrielles ? », *L'Industria*, revue du CERIS, 2007) parle d'un « colbertisme high-tech » pour qualifier ce type d'intervention de l'État axé sur le développement des grands projets nucléaire, aéronautique, ferroviaire, télécommunications... Pour y parvenir, les pouvoirs publics favorisent la concentration industrielle (d'autant plus qu'un certain nombre d'entreprises sont publiques), utilisent un protectionnisme offensif, préfinancent le développement industriel, facilitent le transfert des résultats de la recherche publique au champion national ou encore ouvrent des débouchés par ses commandes publiques. Il s'agit d'une approche typiquement verticale.

Le début des années 1980 coïncide avec l'arrivée de la gauche au pouvoir et la nationalisation de banques et d'industries dont l'objectif est d'orienter plus facilement les choix industriels mais aussi de venir au secours d'entreprises en difficultés. L'État veut développer et renforcer les filières de production (filière bois, filière automobile...). L'échec relatif de cette stratégie et les contraintes imposées par l'Union européenne vont mettre un terme à ce volontarisme industriel. Il faut attendre le milieu des années 2000 pour qu'émerge un nouveau consensus favorable à des politiques industrielles actives avec notamment la notion de « pôle de compétitivité » (*cf.* p. 674).

2. – La politique industrielle dans le cadre européen

La politique industrielle a longtemps été étrangère aux objectifs communautaires. Mais la mondialisation et l'intensification de la concurrence pourraient marquer l'émergence d'un volontarisme industriel en Europe.

a. — Une politique industrielle communautaire à minima

L'Europe a longtemps réduit sa politique industrielle à une politique commerciale visant à intensifier la concurrence au sein de la zone.

■ **La politique industrielle est étrangère au projet communautaire**

Le traité de Rome, signé en mars 1957, donne naissance à la Communauté économique européenne. Elle a pour objectif premier l'élimination des obstacles à l'échange et le développement de la concurrence ; la réalisation de cet objectif devant permettre à elle seule de renforcer la compétitivité de l'industrie européenne. L'instauration d'un grand marché présente les avantages de toute politique libre-échangiste : l'élargissement des marchés permet de faire jouer les économies d'échelle ; la spécialisation accentue l'avantage comparatif dont bénéficient certains secteurs. Le renforcement de la concurrence pousse les entreprises à se moderniser et à se concentrer, ce qui accroît leur compétitivité et pousse à l'émergence de firmes de taille européenne ou mondiale. La politique industrielle relève *de facto* de chaque pays membre en vertu du principe de subsidiarité. La communauté va donc s'efforcer d'abolir les barrières protectionnistes tout en instaurant un tarif extérieur commun. À la fin des années 1960, la suppression des droits de douane est acquise, en avance sur le calendrier initial. Cela se traduit par un accroissement des échanges extérieurs pour les six pays fondateurs, les exportations augmentant en moyenne de 12 % par an entre 1958 et 1965. Pourtant, le sentiment de retard de l'industrie européenne face aux États-Unis et au Japon se renforce. Apparaît alors l'idée que la taille du marché n'est pas une condition suffisante au maintien d'une Europe compétitive.

■ La politique industrielle communautaire : une approche strictement horizontale

L'Europe affiche à partir des années 1970 un volontarisme industriel dont l'objectif est d'accroître la taille des firmes européennes afin qu'elles puissent s'imposer sur les marchés extérieurs. Les moyens mobilisés sont cependant très éloignés de cette ambition industrielle. Les faibles efforts financiers consentis seront davantage orientés vers les restructurations industrielles (crise pétrolière) que vers les industries de pointe (la politique technologique représente 2 % du budget communautaire, soit 0,02 % du PIB). Les résultats les plus tangibles, bien que modestes, concernent le programme Eurêka créé en 1985 qui organise la coopération scientifique et technique entre entreprises et laboratoires européens. Plusieurs programmes ont été lancés (Esprit, Brite, Race...) dans le domaine des hautes technologies. Mais c'est finalement la logique concurrentielle qui va être renforcée avec l'adoption de l'Acte unique (1986) et le traité de Maastricht (1992) : contrôle renforcé des concentrations et des aides d'État à l'industrie, ouverture des marchés publics et déréglementation des monopoles publics nationaux.

b. — Vers une nouvelle politique industrielle européenne plus offensive ?

L'intensification de la concurrence internationale et l'avènement d'une économie fondée sur l'innovation pourraient réorienter la politique industrielle communautaire.

■ Une inflexion de la politique industrielle européenne

On assiste depuis les années 2000 à un regain d'intérêt pour la politique industrielle en Europe. Cela s'explique par l'intensité de la concurrence internationale, un processus de désindustrialisation perceptible dans un certain nombre de pays de l'UE et la prise de conscience de l'importance du secteur manufacturier. En effet, l'industrie emploie plus de 34 millions de personnes, représente les trois quarts des exportations communautaires et plus de 80 % des dépenses de R&D du secteur privé. La Commission européenne a lancé en 2005 une politique industrielle, mieux intégrée, qui comprend sept nouvelles initiatives trans-sectorielles sur la compétitivité, l'énergie et l'environnement, les droits de la propriété intellectuelle, l'amélioration de la réglementation, la recherche et l'innovation industrielles, l'accès aux marchés, les compétences et la gestion des mutations structurelles. À ce niveau, l'approche reste essentiellement horizontale en favorisant avant tout l'environnement de l'entreprise. Il s'agit de promouvoir et d'élaborer un environnement économique qui favorise la compétitivité. Mais la Commission y ajoute sept nouvelles initiatives visant des secteurs spécifiques, tels que les produits pharmaceutiques, la défense et l'information ou encore les technologies de la communication, répondant à une approche plus sectorielle et verticale. Parmi les actions sectorielles, l'énergie est désormais considérée comme l'un des piliers essentiels de la compétitivité européenne. En effet, le prix de l'énergie est devenu un facteur clé de la compétitivité des entreprises européennes puisque ce poste de dépense est le deuxième après les frais de main-d'œuvre. Il faut noter que la politique industrielle communautaire ne se substitue pas à l'action des États membres mais la complète.

■ Le renouveau de la politique industrielle communautaire se heurte à des problèmes de financement

L'ambition industrielle de l'Europe repose principalement sur des financements privés. Cela constitue un obstacle majeur au développement de grands projets d'infrastructures pouvant servir de point d'appui à l'industrie. Le programme européen de radionavigation par satellite, Galileo, concurrent du GPS américain, illustre bien ces difficultés ; il a pris un retard considérable en raison d'un financement public-privé inadéquat. Il a finalement été décidé de lui substituer un financement intégral par le budget européen. La décision de réduire le budget européen de 10 % pour la période allant de 2014 à 2020 (soit 0,95 % du revenu national brut européen au lieu de 1,15 % pour la période 2007-2013) n'est pas de nature à inverser la tendance. Le commissaire européen au marché intérieur et aux services, Michel Barnier, a proposé que soit mis en place des « *project bonds* » ouvrant la possibilité aux investisseurs de financer des projets d'envergure européenne *via* des obligations émises par l'Europe. L'Europe doit sans doute se donner les moyens de ses ambitions car, comme le souligne Joseph Stiglitz, si la Corée avait joué le jeu de l'avantage comparatif en acceptant les règles du libre-échange, elle serait aujourd'hui spécialisée dans la production de riz plutôt que de dominer le marché mondial de l'Internet haut débit.

B LA POLITIQUE DE L'EMPLOI

La politique de l'emploi s'est considérablement développée à partir des années 1970 dans un contexte d'augmentation continue du chômage et d'incapacité des politiques de relance à y faire face. Elle regroupe l'ensemble des mesures visant à agir sur l'offre et la demande de travail en dehors des politiques économiques conjoncturelles. Au regard de leur efficacité comparée, les dépenses actives de retour à l'emploi ont été privilégiées depuis ces dernières années au détriment des mesures d'indemnisation du chômage et d'incitation au retrait d'activité.

1. – Les enjeux de la politique de l'emploi

Parmi les missions de l'État, il est généralement admis que le plein-emploi constitue un objectif majeur de la politique économique. Il lui revient, au travers de la politique de l'emploi, de jouer le rôle « d'employeur en dernier ressort ».

a. — La politique de l'emploi est devenue centrale avec l'augmentation du chômage

Compte tenu de la dégradation du marché du travail au cours de ces dernières décennies, la politique de l'emploi a pris une place tout à fait centrale parmi les différentes actions étatiques.

■ L'augmentation des dépenses de l'État consacrées à la politique de l'emploi

La politique de l'emploi combine une très grande variété de dispositifs dont l'objectif est de faciliter le retour à l'emploi, maintenir dans l'emploi ou créer de nouveaux emplois. La plupart des pays ont accentué leurs efforts concernant les dépenses pour l'emploi (DPE) avec la montée du chômage. Définir le périmètre de ces dépenses n'est pas toujours aisé et rend les comparaisons internationales parfois aléatoires. En France, les DPE représentent environ 2,5 % du PIB, ce qui la situe dans la moyenne européenne. Cela englobe des mesures de soutien (allocations chômage et préretraites) et des mesures actives (formation professionnelle, aide à la création d'entreprise, incitations à l'emploi, création directe d'emploi). L'indemnisation chômage représente plus de la moitié de ces dépenses (« Les dépenses en faveur de l'emploi et du marché du travail », DARES Analyses, n° 7, janvier 2013). Ces résultats ne prennent toutefois pas en compte les mesures d'abaissement du coût du travail (les exonérations de cotisations sociales sur les bas salaires ont représenté près de 30 milliards d'euros en 2010 soit plus de 10 % du total des cotisations dues par les salariés et les employeurs) et les politiques d'assistance comme le RSA dont le coût a fortement augmenté ces dernières années. La prise en compte de ces dispositifs fait passer les dépenses pour l'emploi à plus de 4 % du PIB (contre 0,9 % en 1973).

■ Les dépenses pour l'emploi présentent de fortes disparités selon les pays

Le montant des DPE est très variable selon les pays. Parmi les extrêmes, on trouve le Danemark qui y consacre 4,5 % de son PIB alors que les États-Unis ou le Royaume-Uni y affectent environ 0,5 % de leur PIB. Une partie de l'écart peut aisément s'expliquer par le fait que les pays proches du plein emploi ne consacrent que peu de ressources à la politique de l'emploi. Pour neutraliser cet effet, on peut rapporter le montant des dépenses actives (hors indemnisation du chômage) au nombre de chômeurs. Les résultats montrent que la Suède ou le Danemark consacrent environ quatre fois plus de dépenses actives par chômeur que le Royaume-Uni, les États-Unis ou encore la Corée du Sud. Cette grande diversité de situation parmi les pays développés s'explique en grande partie par les spécificités nationales des marchés du travail. Il faut préciser qu'au niveau de l'UE, la politique de l'emploi, bien que faisant désormais l'objet d'une concertation au niveau communautaire, relève de la compétence des États (principe de subsidiarité), ce qui ne favorise pas la convergence dans ce domaine.

b. — Diversité et efficacité comparée des politiques de l'emploi

Parmi les différents modèles de politique de l'emploi, certains se révèlent plus efficaces que d'autres dans la mesure où ils permettent d'atteindre un taux d'emploi élevé.

■ Quel est l'impact de la politique de l'emploi sur le chômage ?

Selon François Mitterrand, « en matière de lutte contre le chômage, on a tout essayé » (entretien télévisé du 14 juillet 1993). Un tel constat est de nature à faire douter de l'efficacité de la politique de l'emploi et de la nécessité même d'en conduire une. Si on y ajoute le fait qu'il ne semble pas y avoir de corrélation nette entre dépenses pour l'emploi et taux de chômage, cela a de quoi rendre perplexes les économistes les plus interventionnistes. En effet, certains pays ont des dépenses pour l'emploi qui sont faibles et connaissent pourtant un taux de chômage limité (par exemple, les États-Unis avant la crise des *subprimes*) ; d'autres comme la France conjuguent des dépenses pour l'emploi élevées et un chômage important ; d'autres encore ont des dépenses pour l'emploi très élevées et un taux de chômage très bas (Danemark).

On peut toutefois objecter quatre types d'argument :

- un pays qui a un marché du travail efficient peut limiter ses dépenses pour l'emploi ;
- il existe des mesures qui ne se traduisent pas par des dépenses mais qui ont aussi un impact sur le chômage (par exemple, le salaire minimum, la réglementation de l'embauche et du licenciement, des négociations salariales...) ;

– certains dispositifs sont plus efficients que d'autres pour atteindre leur objectif. En matière de création d'emplois par exemple, un dispositif efficient est celui qui permet de minimiser le coût compte tenu du nombre d'emplois créés. De ce point de vue, la théorie économique peut aider, *ex ante*, à arbitrer entre différentes mesures en concurrence, ce qui n'exclut pas d'évaluer, *ex post*, les effets obtenus ;
– la politique de l'emploi répond parfois davantage à des considérations politiques qu'à un contexte économique. Certaines mesures sont prises à contre-courant de la conjoncture, de manière procyclique. Par exemple, la création de contrats aidés est souvent décorrélée de l'activité économique. On peut citer la création des emplois jeunes à la fin des années 1990 au moment où l'activité économique redémarre ; ces contrats aidés sont supprimés à partir de 2002, date à laquelle arrive une nouvelle majorité politique, alors même que l'activité ralentit.

■ Pourquoi les politiques de l'emploi les plus efficaces ne s'imposent-elles pas ?

L'étude comparée des politiques de l'emploi montre que certaines d'entre elles sont plus efficaces que d'autres. Pourquoi n'y a-t-il donc pas un alignement sur les modèles qui ont permis de revenir au voisinage du plein emploi ?

Il faut d'abord noter qu'il n'existe pas qu'un seul modèle de politique de l'emploi donnant de bons résultats. Si les politiques qui visent une plus grande flexibilité du marché du travail sont généralement considérées comme celles permettant de réduire durablement le chômage, un taux d'emploi élevé est compatible avec des formes institutionnelles variées. C'est davantage la cohérence d'ensemble des institutions qui permet un fonctionnement efficace du marché du travail. Comme le souligne J.-P. Fitoussi, « les variables institutionnelles lorsqu'elles sont considérées isolément n'apparaissent pas jouer un rôle déterminant dans l'explication du niveau du chômage ».

La résistance à l'adoption de politiques de l'emploi efficaces peut aussi s'expliquer par les conflits d'intérêt existant entre les travailleurs en emploi (les *insiders*) et les chômeurs (les *outsiders*). Les premiers, mieux organisés, peuvent s'opposer à des mesures pouvant remettre en cause leurs conditions de travail ou leur rémunération. En France, le débat (alimenté notamment par le rapport Cahuc-Kramarz, « De la précarité à la mobilité : vers une Sécurité sociale professionnelle », 2005) qui a porté sur l'instauration d'un contrat unique du travail a clairement fait apparaître une opposition des travailleurs disposant de contrats stables. Pour surmonter ces oppositions, les réformes sont souvent mises en œuvre de manière graduelle et/ou partielle. Or, la nécessaire complémentarité institutionnelle voue ces réformes incomplètes à l'échec.

Enfin, l'orientation de la politique de l'emploi fait intervenir le débat sur ce que doit être un emploi convenable. L'objectif d'accroissement du nombre d'emplois peut se faire au détriment de leur qualité. Par exemple, la réduction du salaire minimum est sans doute de nature à accroître l'embauche des travailleurs peu qualifiés mais cela peut conduire à un développement des travailleurs pauvres. Les réformes du marché du travail introduites en Allemagne sous le gouvernement de Gerhard Schröder entre 2003 et 2005 (lois Hartz) corroborent cette analyse. La réduction de la durée d'indemnisation du chômage et de son montant et la création de minijobs (emplois à temps partiels exonérés de cotisations sociales, payés entre 400 et 800 € par mois) ont bien permis de réduire le chômage mais ont conduit dans le même temps à un doublement des *working poors* et à une hausse des inégalités. De ce point de vue, le taux d'emploi ne dit rien sur la qualité de l'emploi.

2. – Des politiques passives aux politiques actives de l'emploi

Face à l'augmentation rapide des dépenses « passives » (prestations chômage et préretraites) et à leur incapacité à juguler le chômage, les pays développés ont mis l'accent sur les dépenses « actives » de l'emploi, conformément aux recommandations de l'OCDE.

a. — Une tendance à l'activation des dépenses pour l'emploi

Il existe dans les pays développés un consensus pour développer les politiques d'activation des dépenses pour l'emploi. Les bons résultats enregistrés par les pays scandinaves ont servi de référence.

■ Un chômage de masse impose de développer les dépenses actives pour l'emploi

« L'activation » des DPE apparaît légitime, en particulier lorsque le chômage de longue durée se développe (en 2017 en France, sur 100 chômeurs, 42 le sont depuis plus d'un an). En effet, l'éloignement prolongé du marché du travail réduit la probabilité de retrouver un emploi. L'altération et/ou l'obsolescence des qualifications que subit le demandeur d'emploi avec l'allongement de la durée du chômage réduit sa productivité et donc son « employabilité ». S'il existe une inadaptation des qualifications des chômeurs aux besoins de l'économie, la mise en place de programmes de formations devient alors un objectif de la DPE. De même, des mesures spécifiques (ciblées) sont justifiées pour pallier des dysfonctionnements sur le marché du travail en particulier vis-à-vis des jeunes sans qualification ou des travailleurs « âgés » qui souffrent d'un chômage structurel. En améliorant l'adéquation entre l'offre et la demande d'emploi, les politiques actives de l'emploi diminuent le chômage frictionnel (qui résulte des délais d'ajustement de la main-d'œuvre, d'un emploi à l'autre).

Elles contribuent à réduire les emplois vacants, ce qui freine la pression à la hausse sur les salaires engendrée par une pénurie sectorielle de main-d'œuvre et augmente l'emploi.

Mais c'est aussi un moyen de stimuler la reprise d'emploi en faisant peser sur les chômeurs des incitations positives ou négatives.

■ L'activation des DPE permet de lutter contre les trappes à inactivité

Des politiques « d'activation » des dépenses passives ont été mises en œuvre dans la plupart des pays industrialisés depuis les années 1990. Cela consiste à substituer des dépenses actives à des dépenses passives (de soutien) en favorisant la création d'emplois et le retour à l'emploi plutôt que l'indemnisation chômage ou les retraits d'activité. De ce point de vue, les pays scandinaves ont servi d'exemple.

Malgré de fortes disparités entre les pays, la part de l'indemnisation du chômage dans le total des dépenses pour l'emploi n'a cessé de reculer. Cela s'explique « mécaniquement » lorsque le chômage recule : moins d'indemnisations chômage sont à distribuer. Mais c'est surtout l'adoption de mesures restrictives qui en est la cause. D'une part, les durées de travail exigées pour l'ouverture de droits à l'assurance chômage ont été allongées. D'autre part, les contrôles et les sanctions ont été systématisés, la preuve d'une recherche active d'emploi devant être apportée par le chômeur pour continuer à percevoir des allocations.

L'idée sous-jacente, c'est que des allocations généreuses augmentent le niveau moyen du chômage. La théorie du *job search* (ou chômage de prospection) apporte des éléments d'explication : des indemnités chômage élevées haussent le salaire de réservation du chômeur (c'est-à-dire le salaire minimum pour lequel il est prêt à travailler) et prolongent la recherche d'emploi. On parlera de trappe ou de piège à inactivité lorsqu'un bénéficiaire d'allocations (qu'il s'agisse d'indemnités chômage, du RMI ou de minima sociaux) ne trouve pas intérêt à quitter l'un de ces dispositifs pour occuper une activité rémunérée déclarée.

Si l'écart entre un revenu d'activité (surtout s'il s'agit d'un temps partiel) et le revenu de remplacement est insuffisant, l'incitation à reprendre un travail sera également faible.

Si l'on considère qu'il existe un chômage « volontaire », on peut soit diminuer les prestations soit accroître les revenus d'activité.

Depuis le 1er janvier 2016, la prime d'activité (PA) a remplacé la prime pour l'emploi (PPE) et le RSA activité. Instaurée en 2001, la PPE avait pour objectif d'accroître les revenus d'activité en accordant un crédit d'impôt aux ménages à bas revenus salariaux. Il s'agit de « rendre le travail payant » (*making the work pay*) et ainsi d'inciter à la reprise d'un emploi ou au maintien dans l'emploi des personnes peu qualifiées. L'instauration du RSA activité en 2008 visait à compléter les revenus du travail suite à une reprise d'activité. PPE et RSA activité avaient pour vocation à réduire les trappes à inactivité. Mais, en raison de leur faible efficacité (montant faible pour le premier, méconnaissance et complexité du dispositif pour le second), la prime d'activité est venue se substituer aux deux précédents dispositifs ; la PA est accordée de manière systématique à tous ceux ayant des revenus modestes, dès l'âge de 18 ans, et pour des montants supérieurs aux deux précédents dispositifs.

Si l'activation des dépenses pour l'emploi est justifiée lorsqu'il s'agit de favoriser le retour à l'emploi et de réduire les durées de chômage, des interrogations subsistent quant à la mise en œuvre et aux effets de ces mesures.

b. — activation des dépenses pour l'emploi (DPE) montre des limites

Les dispositifs actifs d'aide au retour à l'emploi peuvent dégrader les conditions d'emploi et générer des effets pervers.

■ L'activation des DPE accroît la concurrence entre chômeurs dans un contexte de pénurie d'emploi

La priorité donnée aux dépenses actives pour l'emploi depuis le milieu des années 1980 a conduit la plupart des pays à durcir les conditions ouvrant droit à l'indemnisation du chômage. Dans plusieurs pays comme le Royaume-Uni ou de manière plus récente en Allemagne, la durée d'indemnisation du chômage a été réduite et le contrôle de la recherche d'emploi renforcé, générant des transferts vers l'inactivité et l'assistance. L'obligation d'accepter un emploi (de plus en plus éloigné du profil du candidat) se renforce au fur et à mesure que l'ancienneté au chômage progresse. C'est une société dans laquelle le *workfare* (une aide de la collectivité contre une activité) se substitue au *welfare* reconnaissant à l'État le devoir inconditionnel de « mettre l'homme à l'abri du besoin » (William Beveridge).

Si les offres d'emplois non satisfaites sont nombreuses, il semble légitime que l'action publique favorise activement le retour à l'emploi y compris en sanctionnant les chômeurs refusant les emplois proposés. Mais en période de chômage de masse, cette politique conduit à accentuer la concurrence pour l'accès aux emplois disponibles et, *in fine*, à pousser les chômeurs à accepter n'importe quel emploi, qu'il soit inadapté au travailleur et/ou de mauvaise qualité. Dès lors, l'enjeu principal pour chaque société concerne la définition de l'« emploi convenable », celui qui ne peut être refusé sans s'exposer à une sanction, sous peine de voir se dégrader la qualité de l'emploi.

■ Les dispositifs actifs d'aide au retour à l'emploi peuvent aussi générer des effets pervers

Les mesures « ciblées » sur certaines catégories d'actifs plus fragiles face au chômage (jeunes, travailleurs non qualifiés, chômeurs de longue durée, actifs âgés...) peuvent générer des effets pervers :

- on peut parler d'effet de substitution lorsque les entreprises embauchent des travailleurs bénéficiant de subventions à l'emploi (comme des réductions de charges sociales) au détriment d'autres chômeurs. L'effet net sur le volume de l'emploi est nul, il y a simplement modification de l'ordre de la file d'attente sans que le taux de chômage global diminue ;

- il peut y avoir effet d'aubaine lorsque les entreprises bénéficient d'une mesure d'exonération à l'embauche alors que l'emploi aurait été créé sans la mesure. Dans ce cas, le dispositif n'a fait que subventionner l'entreprise sans avoir d'effet sur l'emploi (du moins à court terme) ;
- des mesures de discrimination positive (favoriser une catégorie par rapport à une autre) peuvent générer des effets de stigmatisation. Un « public » bénéficiant d'une aide au retour à l'emploi pourra être jugé comme moins productif par les entreprises (sinon comment justifier ces aides ?), ce qui légitime en retour la préférence des employeurs pour d'autres catégories de chômeurs.

Favoriser l'aide au retour à l'emploi est un objectif essentiel dans la lutte contre le chômage. À ce titre, l'activation des dépenses pour l'emploi emporte aujourd'hui largement l'adhésion.

Pour autant, réduire la part des dépenses passives ne va pas sans danger. Le risque est alors de transférer la prise en charge des chômeurs de l'assurance vers l'assistance (solidarité de l'État) sans réduire le chômage.

Il faut en outre que les dispositifs d'aide au retour à l'emploi bénéficient prioritairement à ceux qui en ont le plus besoin, c'est-à-dire les chômeurs les plus éloignés du marché du travail. C'est le seul moyen de réduire les inégalités face à l'emploi et de lutter contre le « noyau dur » du chômage.

C LES AUTRES INSTRUMENTS DE LA POLITIQUE STRUCTURELLE

Parmi les autres instruments de la politique structurelle, on peut distinguer ceux visant à promouvoir les mécanismes de marché (la politique de concurrence) de ceux visant à pallier les insuffisances du marché (politique de l'innovation).

1. – Les politiques visant à stimuler la concurrence

La politique de concurrence se développe à partir de la fin du XIXe siècle aux États-Unis. Il s'agit de mettre en œuvre une législation susceptible de s'opposer aux concentrations industrielles qui menacent les fondements mêmes de l'économie de marché.

a. — Une mise en perspective historique des politiques de la concurrence

Les politiques de concurrence sont relativement récentes. Elles sont contemporaines du phénomène de concentration des entreprises.

■ **Dans quel contexte la politique de la concurrence aux Etats-Unis naît-elle ?**

Les États-Unis sont le berceau des politiques de concurrence. Cela s'explique par le fait que le décollage économique de ce pays s'est appuyé sur des entreprises de grande taille bénéficiant d'économies d'échelle grâce à un vaste marché (forte croissance de la population et uniformité des goûts). Ces firmes apparaissent dans des secteurs très capitalistiques (pétrole, chemins de fer, sidérurgie...) dans lesquels l'importance des coûts fixes limite le nombre de concurrents. Dans ce contexte, ces grandes entreprises vont développer deux grands types de stratégie visant à échapper à la concurrence :
- des ententes ou des cartels : il s'agit dans le premier cas d'un accord, explicite ou tacite, entre entreprises d'une même branche concernant la fixation du prix et/ou la répartition des parts de marché ; dans le second, les adhérents constituent un organisme commun dans le but de fausser les règles de la libre concurrence ;
- des trusts : il s'agit d'une organisation spécifique (imaginée par un conseiller de Rockefeller, Samuel Dodd) qui consiste à transférer les titres détenus par des actionnaires de sociétés

juridiquement indépendantes à une direction commune d'un conseil de *trustees* (hommes de confiance), lesquels vont gérer le groupe au nom des actionnaires et des sociétés. Le premier trust aux États-Unis est la Standard Oil (1882) créé par Rockefeller qui contrôlait 85 % de la production du pétrole raffiné. Les États-Unis vont être les premiers à interdire ces monopoles de fait en instaurant le *Sherman Antitrust Act* en 1890. Cette loi condamne à de lourdes amendes et à des peines d'emprisonnement tout membre d'une entente qui vise à restreindre le commerce mais elle laisse aux tribunaux une marge d'interprétation importante. Plusieurs entreprises tomberont sous le coup de cette loi : la Standard Oil sera divisée en 34 sociétés distinctes en 1911. Le *Clayton Act* voté en 1914 vient compléter le *Sherman* : il interdit les pratiques commerciales déloyales et les cumuls de fonction d'administrateur de sociétés concurrentielles. Ces deux lois, qui ont une valeur quasi constitutionnelle, ont définitivement posé les bases de la politique de concurrence américaine.

■ La généralisation des politiques de concurrence

Tous les pays industrialisés ont adopté au cours du XXe siècle une politique antitrust dont la sévérité est variable selon les pays et les époques. Les années 1930 marquent un assouplissement de cette législation avec l'adoption aux États-Unis du *National Industrial Recovery Act* (1933) qui légalisa de fait les cartels pour lutter contre la déflation des produits industriels. Les années d'après-guerre correspondent au retour à une politique de concurrence plus stricte avec l'adoption du *Celler-Kefauver Act* (1950) qui renforce le contrôle des concentrations. Les années 1980 marquent une inflexion de cette politique sous l'influence de la théorie des marchés contestables issue des travaux de Baumol, Panzar et Willig (*Contestable markets and the theory of industry structure*, 1982). Pour ces auteurs, il suffit de garantir la libre entrée et la libre sortie sur un marché pour que le jeu de la concurrence s'exerce pleinement. Ainsi, même lorsque le nombre d'offreurs est limité (voire unique), la simple menace d'entrée d'une entreprise concurrente suffit à maintenir les prix et les profits au même niveau qu'en régime de concurrence pure et parfaite.

Si la politique de la concurrence a été plus tardive à se mettre en place en Europe, elle n'a cessé d'être renforcée depuis le traité de Rome.

b. — La politique européenne de concurrence

La politique européenne de concurrence est au fondement du marché commun. La plupart des règles sont contenues dans le traité de Rome de 1957.

■ Les règles de concurrence contenues dans le traité de Rome

L'article 81 du traité de Rome interdit explicitement les ententes dans le marché intérieur. La Commission prohibe toute forme « de partage de marché, la fixation de quotas de production ou accord sur les prix entre entreprises pour les maintenir artificiellement élevés ». Il s'agit de pratiques qui faussent le marché au détriment des consommateurs et des autres producteurs.

L'article 82 du traité interdit les abus de position dominante. Il ne s'agit pas de condamner les positions dominantes qui peuvent résulter de la plus grande efficacité d'une entreprise sur son marché mais la tentation qu'elle pourrait avoir de profiter de cette situation pour utiliser des pratiques déloyales (ventes liées, prix excessifs...). Seuls les abus sont sanctionnés par le droit communautaire de la concurrence.

Les articles 87 et 88 du traité de Rome interdisent les aides de l'État, qu'elles qu'en soit la forme (subventions, taux d'intérêt bonifiés...), accordées aux entreprises susceptibles de fausser la concurrence. Il existe cependant des dérogations (notamment lorsqu'une région est gravement touchée par une crise).

■ Les règles de concurrence adoptées après le traité de Rome

Les concentrations sont réglementées depuis 2004. L'objectif est de veiller à ce que les mouvements de concentration (par fusions-acquisitions) ne conduisent pas, *a priori*, à des risques de domination de marché. À ce titre, la Commission européenne utilise un indice synthétique pour mesurer le degré de concentration du marché, c'est-à-dire une situation dans laquelle un petit nombre d'entreprises représente une grande partie de la production. Cet indicateur, c'est l'IHH (Indice de Herfindahl-Hirschmann), qui permet d'appréhender le possible pouvoir de marché ou, symétriquement, le degré de concurrence qui s'exerce entre entreprises. L'indicateur additionne les carrés des parts de marché de toutes les entreprises du secteur. Plus l'IHH est fort, plus la production est concentrée. Si une opération de concentration est susceptible de faire progresser l'IHH de plus de 150 points pour des niveaux d'IHH supérieurs à 1 000, une investigation est lancée pour savoir si l'opération de concentration est acceptable.

En ce qui concerne les marchés publics, longtemps réservés aux entreprises nationales, ils sont désormais ouverts à l'ensemble des entreprises européennes. La directive du 31 mars 2004 consacre l'égalité de traitement, la non-discrimination et la transparence en ce qui concerne l'accès aux marchés publics dans l'UE. L'enjeu est important car il s'agit d'investissements représentant environ 15 % du PIB de l'UE.

2. – Les politiques visant à stimuler l'innovation

Les politiques d'innovation sont devenues une « ardente obligation » pour tous les pays de l'UE depuis l'adoption de la Stratégie de Lisbonne. L'objectif de ces politiques est d'améliorer la compétitivité et la croissance de long terme.

a. — Les instruments des politiques d'innovation

Il existe de nombreux instruments permettant aux entreprises d'être plus performantes en termes d'innovation. Les incitations passent par des règles et des aides financières.

■ La politique d'innovation de l'Union européenne

Une politique d'innovation passe d'abord par la protection des idées nouvelles. Il faut pouvoir assurer à l'auteur d'une invention qu'il puisse en tirer un avantage exclusif pendant une période de temps donnée afin d'inciter aux efforts d'investissement. C'est la raison pour laquelle la CEE a adopté en 1973 la convention sur le brevet européen (CBE) qui unifie le droit des brevets au niveau européen. En 2014 doit être créé le brevet unitaire européen dont l'objectif est de réduire les coûts pour les entreprises européennes et d'assurer une protection automatique dans les 27 États membres. Par ailleurs, l'UE a fait de la recherche et de l'innovation une de ses priorités pour dynamiser l'emploi et la croissance. La stratégie de Lisbonne adoptée en 2000 prévoyait que les États membres consacrent 3 % de leur PIB à la R&D (1 % de financement public et 2 % d'investissements privé). Un objectif (non atteint) qui a été réaffirmé lors de l'adoption de la Stratégie UE 2020 en juin 2010. Le traité de Lisbonne, entré en vigueur en 2009, renforce l'action de l'UE dans la recherche et l'innovation. Il jette les bases d'un espace européen de la recherche (EER) dont l'objectif est de « permettre la libre circulation des chercheurs, des connaissances scientifiques et des technologies » au sein de l'Union et de stimuler la coopération entre l'industrie et la recherche dans un cadre transnational. Ce programme a été doté d'un budget de 50 milliards d'euros pour la période 2007-2013.

■ La politique d'innovation de la France

Le crédit d'impôt recherche (CIR), créé en 1983, fait partie des principaux leviers de la politique d'innovation ; son coût représente environ 4 milliards d'euros par an pour l'État. Il a pour objectif d'encourager les efforts des entreprises en matière de R&D. Ils bénéficient aux entreprises soumises à l'impôt sur les sociétés qui effectuent des dépenses de recherche et peut représenter jusqu'à 30 % de leurs dépenses en R&D. Le bilan de ce dispositif est difficile à établir. Certaines critiques portent sur le comportement opportuniste des entreprises qui l'utiliseraient comme un instrument d'optimisation fiscale ; les effets d'aubaines sont aussi dénoncés. Depuis 2013, le crédit d'impôt innovation (CII) vient compléter le CIR. Ce nouveau dispositif, réservé aux PME, prévoit un remboursement à hauteur de 20 % des dépenses engagées en aval de la R&D, celles portant sur « la conception de nouveaux produits, de prototypes ou installations pilote ». Cela revient à rendre éligible des investissements qui ne pouvaient pas l'être au titre du CIR.

b. — Quelle efficacité des politiques d'innovation ? Le bilan des pôles de compétitivité

Les pôles de compétitivité marquent le retour d'un certain volontarisme industriel en France. L'efficacité de ce dispositif doit être cependant relativisée.

■ La logique des pôles de compétitivité

La politique des pôles de compétitivité a été lancée en 2004. Elle répond à la volonté de soutenir l'innovation en incitant au développement de projets collaboratifs de recherche et développement émanant d'entreprises de toutes tailles, de laboratoires de recherche et d'établissements de formation. L'objectif d'un pôle de compétitivité (ou *cluster*) est de créer des synergies entre chercheurs, industriels et formateurs regroupés sur un territoire bien identifié et spécialisés sur une thématique donnée. Il s'agit donc d'agir sur la spécialisation de l'économie française de façon à la rendre plus compétitive dans un contexte de mondialisation. Pas moins de 71 pôles ont été labellisés dans des domaines aussi divers que les biotechnologies, l'aéronautique, les écotechnologies... Le soutien de l'État aux pôles de compétitivité passe par des aides financières qui s'élèvent à environ un demi-milliard d'euros par an.

■ Un bilan en demi-teinte

Au-delà de la question de leur efficacité, les pôles de compétitivité semblent avoir gagné leurs lettres de noblesse : ils sont aujourd'hui perçus et reconnus comme des pôles d'excellence dans leur domaine respectif. La politique des pôles a incontestablement permis d'intensifier les relations entre les différentes parties prenantes, même lorsqu'il existait déjà une tradition de coopération. Par ailleurs, cette politique a permis de mobiliser des acteurs locaux, notamment les collectivités locales, gage d'une meilleure adéquation avec les spécificités territoriales. Les critiques ne sont pas moins nombreuses : on peut souligner le nombre sans doute excessif de pôles labellisés : l'objectif initial était de n'en retenir que 15 ! Il existe donc un risque de saupoudrage préjudiciable à l'efficacité du dispositif. Par ailleurs, les effets d'aubaines sont importants puisque les aides financières sont versées à des acteurs qui souvent coopéraient déjà par le passé. Enfin, la gestion des pôles paraît trop bureaucratique et trop éloignée du terrain, ce qui est antinomique avec la logique *bottom-up* des pôles.

CHRONOLOGIE

1944-1946. — Nationalisations en France.
1947-1953. — Premier plan français (suivi de onze autres jusqu'au début des années 2000).
1948. — Création du deutsche mark et déflation monétaire en RFA.
1949. — Création du MITI au Japon, fixation d'une parité du yen favorable aux exportations.
1952. — Plan Pinay anti-inflation en France.
1953. — Début des politiques de *stop and go* en Grande-Bretagne.
1953-1961. — L'administration Eisenhower, aux États-Unis, privilégie la lutte contre l'inflation.
Années 1960. — Aux Etats-Unis, J.F. Kennedy puis L.B. Johnson mènent une politique de stimulation de la demande (*tax cut*) et de lutte contre la pauvreté.
Années 1970. — La stagflation fait son apparition dans les PDEM.
1979. — Austérité monétaire aux États-Unis. Libéralisation de l'économie britannique sous M. Thatcher.
1981. — Relance Mauroy en France. Libéralisation de l'économie sous R. Reagan aux États-Unis.
1983. — Tournant de la rigueur en France. Politique de désinflation compétitive.
1985. — Privatisations au Japon. Libéralisation des marchés monétaire et financier en France.
1990-1997. — En Allemagne, réunification de la RFA et de la RDA ; privatisations à l'Est. Politiques économiques de maîtrise de l'inflation et d'assainissement des finances publiques en Europe conformément aux critères de convergence définis à Maastricht.
1999. — Onze pays de l'UE adoptent l'euro. Ils sont 17 en 2013.
2003. — Réformes Hartz en Allemagne : incitation à la recherche d'emploi des chômeurs et développement des emplois de proximité par des exonérations de charges.
2007-2009. — Assouplissement des politiques monétaires et plans de relance budgétaires face à la crise économique et financière (crise des *subprimes*).
2010. — Crise de la dette dans les pays du Sud de l'Europe. Plan de sauvetage de la Grèce. Mise en place d'un fonds de stabilisation par l'UE et le FMI doté de 750 milliards d'euros. Politiques monétaires non conventionnelles conduites par les principales banques centrales.
2011. — L'agence de notation Standard and Poor's dégrade la note de la dette publique américaine, espagnole et italienne.
2012. — La BCE annonce un nouveau programme de rachat de dette. Signature du Pacte budgétaire européen par 25 des 27 États membres de l'UE qui accroît l'intégration communautaire.
2014. — Forte baisse du prix du pétrole et de l'euro ; la zone euro est proche de la déflation. Entrée en vigueur du mécanisme de supervision unique (MSU), qui transfère à la Banque centrale européenne la supervision des 128 plus grandes banques européennes.
2015. — La Banque centrale européenne (BCE) prévoit un programme de rachat de dette pour un montant de plus de 1 000 milliards d'euros, à raison de 60 milliards d'euros chaque mois jusqu'en septembre 2016. Mario Draghi, Président de la BCE, lance un programme de rachat d'actifs de 60 milliards d'euros par mois de mars 2015 jusqu'à décembre 2017 au plus tôt, soit un *quantitative easing* d'au minimum 2 000 milliards d'euros. Montant réévalué à 80 milliards mensuels depuis mars 2016.
2016. — Le Brexit fait craindre une concurrence fiscale accrue entre les pays européens.

BIBLIOGRAPHIE

AGHION (PH.), COHEN (E.), PISANY-FERRY (J.), *Politique économique et croissance*, rapport n° 59 du Conseil d'analyse économique, 2006.

AGHION (P.), ROULET (A.), *Repenser l'État*, Seuil, 2011.

ANNE-BRAUN (J.) *et alii*, « Formation initiale et continue : quels enjeux pour une économie fondée sur la connaissance ? », *Trésor-Eco*, n° 165, mars 2016.

BÉNASSY-QUÉRÉ (A.) *et alii*, « Quelle union budgétaire pour la zone euro ? » *Les Notes du CAE*, février 2016.

BENASSY-QUERE (A.), COEURE (B.), JACQUET (P.), *Politique économique*, de Boeck, coll. « Ouvertures économiques », 2009.

BEZBAKH (P.), *Inflation et désinflation*, La Découverte, coll. « Repères », 2006.

BOZIO (A.), GRENET (J.), *Économie des politiques publiques*, La Découverte, coll. « Repères », 2010.

CAHUC (P.), ZYLBERBERG (A.), *Le chômage, fatalité ou nécessité ?*, Flammarion, coll. « Champs », 2009.

DUFRENOT (G.), LORENZI (J.-Y.), SAND-ZANTMAN (A.), *Les Politiques économiques dans le monde*, Economica, 2009.

FERRANDON (B.) (DIR.), *La Politique économique et ses instruments*, La Documentation française, 2004.

GAUTIÉ (J.), *Le Chômage*, La Découverte, coll. « Repères », 2015.

GIRAUD (P.-N.), WEIL (T.), *L'industrie française décroche-t-elle ?*, La Documentation française, 2013.

L'HORTY (Y.), *Les Nouvelles Politiques de l'emploi*, La Découverte, coll. « Repères », 2006.

POURCEL (P.), *Le chômage*, Bréal, coll. « Thèmes & Débats », 2016.

TIROLE (J.), *Économie du bien commun*, PUF, 2016.

TREMOULINAS (A.), *Comprendre la fiscalité*, Bréal, coll. « Thèmes & Débats », 2011.

« Comprendre les politiques économiques », *Problèmes économiques*, Hors-série n°4, septembre 2013.

« Les politiques économiques », *Les Cahiers français*, n° 335, novembre-décembre 2006.

« Travail, emploi, chômage », *Les Cahiers français*, n° 353, novembre-décembre 2009.

« Les politiques économiques à l'épreuve de la crise », *Les Cahiers français*, n° 359, novembre-décembre 2010.

SUJETS CORRIGÉS

SUJET
I

Le marché mondialisé impose-t-il de restreindre « les prétentions interventionnistes des gouvernements » comme s'interroge J.-P. Fitoussi dans* La démocratie et le marché *(2004) ?

Bien qu'un premier mouvement de mondialisation ait pu être observé dans la deuxième moitié du XIXe siècle, la mondialisation actuelle présente sans nul doute des spécificités qui la rendent totalement originale. C'est la première fois dans l'histoire que l'on assiste à une globalisation des firmes et de la finance, lesquelles organisent leur stratégie sur la base d'une optimisation de leurs activités à l'échelle mondiale. Comme le souligne Pierre-Noël Giraud (*La mondialisation, émergence et fragmentations*, 2008), on assiste à « une mise en compétition généralisée de l'ensemble des territoires et des sédentaires qui les habitent par les firmes globales, des acteurs nomades par excellence ; mise en compétition généralisée des firmes globales par les investisseurs institutionnels de la finance globale de marché. » Dans ce contexte, les leviers traditionnels de la politique économique semblent marquer le pas, qu'il s'agisse de la politique conjoncturelle dont l'objectif est de réguler l'activité sur le court terme ou de la politique structurelle qui vise à élever la croissance potentielle. Quelle marge de manœuvre reste-t-il aux États face à des acteurs de plus en plus mobiles et des économies de plus en plus ouvertes ? Peuvent-ils encore assurer leur fonction de stabilisation de l'économie? Dans un contexte de mise en concurrence des territoires, la politique économique ne retrouve-t-elle pas une légitimité, mais sous des formes renouvelées ?

Si la mondialisation actuelle disqualifie certaines actions de politique économique (I), les interventions de l'État peuvent renforcer l'attractivité des territoires et la cohésion sociale (II).

I La mondialisation actuelle disqualifie certaines politiques économiques

A. — L'intégration croissante des économies disqualifie les politiques de relance isolées

- *L'ouverture croissante des économies rend inefficace les politiques de relance non concertées. Une politique de relance vient se heurter à la contrainte externe. L'exemple de la relance Mauroy de 1981-1982 en est une bonne illustration.*
- *L'intégration monétaire des 19 pays de la zone euro supprime deux leviers de la politique économique au niveau national : la politique monétaire, qui relève de la BCE, et la politique de change, désormais impraticable dans le cadre d'une monnaie unique.*

B. — La politique économique est soumise à des contraintes de financement face à des stratégies d'acteurs mondialisés

- *Si le financement de la dépense publique passe par une hausse des prélèvements, la compétitivité de l'économie nationale peut en être affectée : baisse des investissements et diminution de l'offre de travail. Ce facteur inhibe fortement la politique économique dans un contexte de concurrence fiscale exacerbée.*
- *Si le financement de la dépense publique se fait par recours à l'endettement, cela peut conduire à une hausse des primes de risque si les investisseurs perçoivent un risque d'insolvabilité. Par ailleurs, le recours à l'emprunt peut conduire à un double effet d'éviction :*

direct (effet Ricardo-Barro) et indirect (hausse des taux d'intérêt).

C. — La politique industrielle traditionnelle peut conduire à des effets contre-productifs

- *L'industrie a souvent été soutenue par la puissance publique. Le volontarisme français dans ce domaine a rarement été démenti. Les résultats n'ont pourtant pas toujours été au rendez-vous. Si la politique des « champions nationaux » a pu déboucher sur la constitution de grands groupes industriels de taille mondiale, les échecs sont tout aussi marquants. Les politiques de soutien aux industries en déclin, souvent très coûteuses, ne font en général que retarder d'inévitables restructurations.*
- *La stratégie verticale du grand projet perd de son efficacité à partir du moment où l'on est plus dans une logique de rattrapage. Lorsque l'on se rapproche de la frontière technologique, c'est l'innovation qui devient primordiale ; les interventions doivent devenir beaucoup plus horizontales.*

II Les interventions de l'État peuvent renforcer l'attractivité des territoires et la cohésion sociale

La mondialisation conduit à une mise en concurrence des territoires ; les États sont incités à redéfinir leur politique économique de façon à attirer des facteurs de production internationalement mobiles et ainsi tirer parti de la mondialisation.

A. — La qualité du capital public est un facteur primordial de l'attractivité des territoires

- *L'État doit s'attacher à rendre l'environnement des entreprises le plus favorable possible de manière à « fidéliser » les entreprises sur le territoire national et à inciter les FMN à y développer leurs activités. Cela nécessite d'accroître le capital humain (investissements dans la formation), technologique (stimuler la R&D) et développer les infrastructures (réseaux routiers, télécommunications...). Les travaux d'Aschauer (1989) ont montré l'importance du capital public dans la production d'externalités positives, lesquelles améliorent la productivité des facteurs privés. Ces résultats sont conformes aux analyses de la croissance endogène et légitiment une intervention de l'État dans les biens collectifs générateurs d'effets externes. La qualité des infrastructures apparaît discriminante dans le choix d'implantation des FMN.*
- *La qualité des institutions se révèle tout aussi fondamentale comme l'a montré Douglass North. L'État doit construire un ordre juridique rationnel et garantir la sécurité des contrats, conditions essentielles dans la décision d'investissement. Il doit défendre la valeur de sa monnaie pour ne pas perdre la confiance des investisseurs. L'arbitrage des FMN quant aux territoires d'implantation tient compte de la qualité des institutions.*

B. — La mondialisation nécessite de redéfinir le cadre de l'action publique tant au niveau microéonomique que macroéconomique

- *L'attractivité du territoire passe d'abord par la suppression de toute forme de discrimination à l'égard des investisseurs étrangers. Au-delà, le développement d'agences de promotion territoriale est un nouvel outil de la politique économique dont l'objectif est de valoriser l'image d'une région afin d'attirer les IDE.*
- *Dans la nouvelle théorie du commerce international, P. Krugman montre que les conditions de l'échange international reposent, contrairement au postulat libre-échangiste, sur la concurrence imparfaite et sur les rendements croissants. Dès lors, les « accidents historiques » constituent un facteur déterminant de la spécialisation. Cela peut justifier l'intervention de l'État afin de remettre en cause l'arbitraire et le hasard de l'histoire et ainsi mettre en œuvre une politique commerciale protectionniste. Ses conclusions sont toutefois très nuancées.*

C. — Parce que la mondialisation accroît l'insécurité sociale, l'intervention de l'État s'avère indispensable pour garantir la cohésion sociale

- *La mondialisation met directement en concurrence les travailleurs peu qualifiés des pays riches avec ceux des PED. Il en résulte un creusement des inégalités salariales et d'emploi dans les PDEM entre travailleurs qualifiés et les travailleurs peu ou pas qualifiés. La mondialisation n'est donc par un jeu gagnant-gagnant.*
- *L'État doit donc s'assurer que les gains de la mondialisation bénéficient à l'ensemble de la population. Pour y parvenir, il peut agir sur plusieurs leviers : en redéfinissant le champ et le financement de la protection sociale ; en menant une politique de l'emploi offensive ; en engageant des réformes structurelles sur le marché du travail ; en améliorant la formation initiale et continue... .*

La mondialisation pourrait laisser penser que les capacités d'intervention de l'État se sont affaiblies, voire que l'action publique est devenue nuisible. Si les fonctions de régulation conjoncturelles ont incontestablement perdu en efficacité au niveau des États nations, l'impérieuse nécessité de rendre les territoires attractifs redonne à l'État toute sa place mais sous des formes renouvelées. Les actions structurelles, plus locales, plus incitatives, fondées sur la coopération entre les différents acteurs sont plus que jamais nécessaires pour tirer parti des opportunités offertes par la mondialisation.

SUJET
II

La politique budgétaire doit-elle être soumise à des règles ?

L'entrée en vigueur du « Traité sur la stabilité, la coordination et la gouvernance » (TSCG) le 1er janvier 2013 entérine l'adoption d'une « règle d'or » budgétaire pour les pays de l'UE (sauf le Royaume-Uni et la République tchèque). Un moyen de discipliner le budget des États pour certains, une contrainte qui limite les interventions budgétaires discrétionnaires pour d'autres.

Faut-il s'en remettre à une politique de règle qui encadre les interventions budgétaires des pouvoirs publics ou doit-on privilégier les interventions discrétionnaires pour agir efficacement sur l'activité économique ?

Tandis que pour les keynésiens, la politique budgétaire doit être utilisée de manière discrétionnaire (I), l'analyse libérale entend montrer la supériorité des politiques de règle (II). Avec l'adoption du TSCG, l'UE consacre le recours à la règle budgétaire, laquelle fait l'objet d'un débat (III).

I Pour les keynésiens, la politique budgétaire doit être utilisée en fonction du contexte macroéconomique sans règle préétablie

A. — L'impulsion budgétaire est particulièrement efficace lorsqu'elle s'appuie sur un déficit budgétaire

- *La politique budgétaire a acquis ses lettres de noblesse avec la théorie keynésienne. Dans la mesure où la propension à consommer d'une collectivité décroît au fur et à mesure que son revenu augmente (loi psychologique fondamentale), la demande en biens de consommation devient insuffisante pour accroître la production et l'emploi. Il en résulte un équilibre de sous-emploi.*
- *L'État peut alors agir sur la demande globale en pratiquant une politique budgétaire de relance (la politique monétaire peut se révéler inefficace si les anticipations sont pessimistes et/ou en situation de trappe à liquidité).*

- *Les effets d'une politique budgétaire sur la croissance reposent principalement sur l'effet multiplicateur. Ce dernier est d'autant plus efficace que la hausse des dépenses publiques est financée par emprunt (donc* via *un déficit budgétaire). Un prélèvement proportionnel affaiblit l'impulsion sans l'annuler (théorème d'Haavelmo).*

B. — Instituer une règle budgétaire contraignante peut conduire à des actions procycliques

- *Vouloir respecter une règle d'or instituant l'équilibre budgétaire risquerait, en période de récession, de provoquer une baisse cumulative et autoentretenue de l'activité économique, la baisse des dépenses publiques (pour rééquilibrer les finances publiques) alimentant la baisse de la demande globale et ainsi de suite.*
- *L'exemple des politiques déflationnistes conduites dans les premières années qui ont suivi la crise de 1929 montre les effets pervers d'une politique budgétaire reposant sur une règle intangible (en l'occurrence, celle de l'équilibre budgétaire).*
- A contrario, *la relance de 2009 a permis de mettre un terme à une phase récessive qui, sans une politique budgétaire de relance énergique, aurait pu conduire à une dépression. S'en remettre aux seuls stabilisateurs automatiques peut se révéler insuffisant en cas de choc de forte amplitude.*

II Les libéraux dénoncent les effets négatifs d'une politique budgétaire discrétionnaire

A. — Les impulsions budgétaires discrétionnaires sont inefficaces

- *Les économistes libéraux ont depuis longtemps marqué leur préférence pour des politiques de règle. Cette posture s'explique par le déni d'efficacité que ces auteurs attribuent aux politiques budgétaires discrétionnaires. Ils considèrent qu'une hausse des dépenses publiques est neutre sur l'activité économique. Tout déficit budgétaire se traduit par un effet d'éviction direct (théorème d'équivalence Ricardo-Barro) ou indirect (effet Friedman).*
- *Les nouveaux économistes classiques F. Kydland et E. Prescott (« Rules rather than discretion: the inconsistency of optimal plans », 1977) ont montré que les politiques discrétionnaires optimales ne sont pas temporellement cohérentes. Les agents privés, capables d'anticipations rationnelles, n'accorderont aucun crédit aux politiques annoncées s'ils savent qu'elles pourront être remises en cause à tout moment ; cela annulera tous les effets attendus de ces politiques.*
- *Pour convaincre les agents privés que les pouvoirs publics ne reviendront pas sur leurs promesses, ces derniers doivent se « lier les mains », c'est-à-dire s'attacher à suivre des règles fixes qui les empêcheront de violer leurs engagements dans le futur, par « des arrangements institutionnels qui rendent difficile et long de changer ces règles ».*

B. — Les impulsions budgétaires discrétionnaires peuvent être contre-productives

- *Les politiques budgétaires discrétionnaires sont généralement mises en œuvre dans un contexte d'information imparfaite sur la situation économique réelle (nature, intensité, réversibilité... du choc), ce qui peut conduire l'État à prendre des décisions inadéquates.*
  - *La hausse des dépenses et/ou la baisse des impôts peuvent se révéler difficilement réversibles avec pour conséquence des déficits structurels.*
  - *La mise en œuvre de mesures budgétaires peut se révéler relativement longue (faire voter de nouvelles dépenses...), si bien que la politique budgétaire peut devenir procyclique.*
  - *Enfin, l'économie politique montre que les gouvernements utilisent la politique budgétaire de manière discrétionnaire à des fins électoralistes. Pour maximiser leur chance de réélection, ils peuvent donner satisfaction aux revendications des groupes de pression*

puisque l'avantage perçu par ces derniers sera élevé, tandis que le coût, largement dilué sur l'ensemble des contribuables, suscitera peu de réactions. Les gouvernants peuvent aussi être enclins à augmenter les dépenses publiques avant les échéances électorales afin de relancer l'activité et diminuer le chômage mais au mépris des équilibres macroéconomiques (William Nordhaus, The political Business Cycle, *1970) ; cela donne naissance à un cycle politico-économique qui accroît l'instabilité de l'activité.*

- *Pour éviter les dérives budgétaires, il faut interdire, par un pouvoir supérieur à celui du gouvernement, par exemple la constitution, les déficits budgétaires et fixer des seuils maximaux de prélèvements obligatoires. Les politiques de règle doivent se substituer aux politiques discrétionnaires.*

III En Europe, la souveraineté budgétaire est de plus en plus soumise à un cadre réglementaire

A. — En Europe, les règles budgétaires ont pour double objectif d'assurer la convergence et de faciliter la coordination du *policy mix*

- *En Europe, la volonté de substituer la règle à la discrétion en matière budgétaire a trouvé un premier écho en 1992 lors de la signature du traité de Maastricht ; l'objectif est alors d'assurer la convergence macroéconomique des pays membres de l'UE dans la perspective du passage à la monnaie unique en 1999. Les deux principaux critères adoptés sont la limitation des déficits publics à 3 % du PIB et la dette publique à 60 % du PIB.*
- *Le Pacte de stabilité et de croissance signé en 1997 introduit un mécanisme de sanctions financières en cas de non-respect de ces engagements.*
- *La signature le 2 mars 2012 du Traité sur la Stabilité, la Coordination et la Gouvernance (TSCG) conduit à instaurer une règle d'or (inscrite dans la Constitution des pays membres ou dans un texte juridique difficile à remettre en cause) visant à fixer un déficit structurel ne pouvant dépasser 0,5 % du PIB. Le suivi de ces règles doit permettre de coordonner les politiques budgétaires et de mettre en œuvre un* policy-mix *cohérent pour l'ensemble des pays membres.*

B. — Des règles actives aux effets discutables

- *La volonté de se conformer aux règles budgétaires a eu pour conséquence de déformer la structure des dépenses des États : les dépenses d'investissement ont parfois été sacrifiées au profit des dépenses de fonctionnement, plus difficiles à comprimer.*
- *L'application des critères de Maastricht a conduit à une orientation globalement restrictive et procyclique de la politique budgétaire pendant les années 1990. Reste que les règles prévues par le PSC et le TSCG sont actives puisqu'elles permettent un dépassement des plafonds autorisés en période de basse conjoncture.*
- *Les marges de manœuvre des gouvernements dépendent en grande partie de la situation financière initiale des pays : un pays qui est proche du déficit maximum autorisé devra conduire une politique de rigueur procyclique pour tenir ses engagements. L'empressement de la Commission pour que les pays membres de l'UE réduisent leur déficit et leur dette dès 2010 a fortement pesé sur la reprise économique.*

Il semble bien que la règle s'impose face à la discrétion en matière de politique budgétaire (après la politique monétaire). D'un point de vue théorique, cela marque la victoire de l'analyse libérale pour laquelle les politiques discrétionnaires sont au mieux inefficaces, au pire contre-productives. Pourtant, limiter l'action budgétaire aux seuls stabilisateurs économiques semble peu réaliste, la crise de 2008-2009 est là pour le rappeler. Dès lors, la règle doit être suffisamment flexible pour laisser une certaine marge de manœuvre aux États pour intervenir de manière discrétionnaire en situation de choc négatif de grande ampleur. C'est le difficile équilibre qu'essaie d'atteindre le TSCG.

CHAPITRE 3

LES POLITIQUES SOCIALES

I

JUSTICE SOCIALE ET LÉGITIMATION DE L'INTERVENTION PUBLIQUE

L'État est devenu providence après la Seconde Guerre mondiale en Europe en instaurant des systèmes de protection sociale (*cf.* II) et des politiques de réduction des inégalités (*cf.* I-B). Des dispositifs variés sont aujourd'hui mobilisés (redistribution, services publics, réglementation) et ont une certaine efficacité. Depuis une trentaine d'années, l'évolution de l'architecture de ces dispositifs a évolué, faisant largement écho aux débats théoriques sur la justice sociale, notamment autour de l'œuvre de J. Rawls.

A LE MAELSTRÖM DES THÉORIES DE LA JUSTICE SOCIALE

La question de la justice sociale émerge en France au milieu des années 1980 dans un contexte de renversement de tendance en matière de réduction des inégalités. Alors que les inégalités économiques s'accroissent avec la hausse du chômage et la rigueur salariale qui s'impose à partir de 1983, l'égalité des droits et des chances est de plus en plus réclamée : marche pour l'égalité et contre le racisme, dite « marche des Beurs », et politique des ZEP à la rentrée scolaire 1982. Si la première s'inscrit dans la lignée de la Révolution française de 1789, la seconde fait davantage écho à l'ouvrage de J. Rawls, *Théorie de la justice*, paru en 1971 aux États-Unis, dont la traduction ne paraît qu'en 1987 en France. Depuis, la question de la justice sociale est au cœur de nombreux débats philosophiques qui opposent un ensemble de théories souvent très formelles et abstraites.

1. – La justice sociale comme fondement de l'intervention publique

L'entrée la plus évidente en matière de justice, c'est l'égalité : quand vient le dessert, la justice consiste à partager le gâteau en parts égales.

a. — Égalité ou liberté ?

En première approche, la justice sociale peut s'entendre comme l'ensemble des règles présidant à la répartition des biens et des positions sociales. On trouve dans l'*Éthique à Nicomaque*, d'Aristote, une conception de la justice fondée sur l'égalité : ce qui est juste est ce qui est égal. Aristote distingue alors la justice commutative qui repose sur l'égalité arithmétique (ce qui est de même valeur dans l'échange marchand par exemple) et la justice distributive qui repose sur l'égalité proportionnelle, géométrique (un salaire double par exemple pour une durée du travail ou une productivité double).

Dans nos sociétés démocratiques, une triple égalité est en jeu selon Alexis de Tocqueville (*De la démocratie en Amérique*, 1835) : l'égalité des droits, l'égalité de fait et l'idéal de l'égalité des chances. Dans le passage de la société aristocratique à la société démocratique, la naissance s'efface devant le mérite comme critère de distribution des statuts, désormais acquis et donc « justes », et non plus assignés et « injustes ». Les hommes naissent et demeurent libres et égaux en droit dans la société démocratique, chacun devient le seul responsable de ses réussites comme de ses échecs. La croyance en la méritocratie est une « fiction nécessaire » qui justifie l'existence d'inégalités « justes ». Elle participe de l'idéal démocratique de l'égalité des chances et de la mobilité sociale.

Pourtant, les libertariens rejettent la justice sociale. Le libertarisme est un courant de philosophie politique qui donne en effet la primauté absolue à la liberté individuelle. Contrairement aux libéraux classiques, ils ne conçoivent pas la liberté individuelle comme le meilleur moyen pour atteindre le bonheur collectif (*cf. infra*, l'utilitarisme dans la lignée de J. Bentham et A. Smith), mais comme une fin en soi. La défense de la propriété privée et la suprématie du marché, la lutte contre le pouvoir étatique et le danger de toute préoccupation de justice sociale sont les thèmes qu'ils développent. Une société juste est d'abord une société libre.

Pour son principal représentant historique, F.-A. Von Hayek, la notion de justice sociale est vide de sens car l'ordre du marché est « une catallaxie ». C'est un ordre spontané, c'est-à-dire un ordre résultant de l'action des hommes, mais qui n'a pas été consciemment construit et planifié : « *Chacun est conduit, par le gain qui lui est visible, à servir des besoins qui lui sont invisibles.* » Elle est même dangereuse, car elle revient à « personnifier » la société et à l'imposer aux hommes : « *Aussi longtemps que la croyance en la "justice sociale" régira l'action politique, le processus doit se rapprocher de plus en plus d'un système totalitaire* » (*Droit, justice et liberté*, tome 2, « Le mirage de la justice sociale »).

R. Nozick est le principal philosophe contemporain du libertarisme. Dans *Anarchie, État et utopie* (1974), il défend l'idée d'un « État-minimal » dont le rôle est limité au maintien de la sécurité civile, de la propriété privée et à la garantie du respect des contrats. Toute forme de protection sociale et d'État-providence est rejetée au nom de la liberté individuelle et du respect du droit de propriété. Des inégalités extrêmes sont donc le prix de la liberté.

Entre l'égalitarisme radical qui considère toute restriction apportée au principe d'égalité arithmétique comme cachant une injustice inacceptable, même au nom du mérite, et l'ultralibéralisme qui nie la notion même de justice sociale, la doctrine dominante a longtemps été l'utilitarisme.

b. — L'utilitarisme, la pensée dominante de la justice sociale ?

Les sujets humains sont régis par la logique égoïste du calcul des plaisirs et des peines selon Jeremy Bentham (1748-1832), fondateur de l'utilitarisme : sont justes les institutions humaines qui permettent de maximiser l'utilité collective ou encore, comme le dit J. Bentham, de produire le « *plus grand bonheur pour le plus grand nombre* ». L'utilitarisme de J. Bentham est un utilitarisme égalitariste et scientiste : tous les individus sont égaux, « *chacun compte pour un, et aucun ne compte pour plus qu'un* » et tout est ramené à une simple question de calcul individuel et collectif dans un monde où l'utilitarisme est universel. En vertu de la décroissance de l'utilité marginale, il faut prendre aux riches pour donner aux pauvres puisque la baisse du bonheur des premiers sera plus faible que la hausse du bonheur des seconds : l'égalisation des richesses par la redistribution accroît le bonheur collectif. La réduction des inégalités de revenus et des autres avantages socioéconomiques est souhaitable car les phénomènes d'envie et de jalousie sont par ailleurs des désutilités qui diminuent l'utilité totale.

Trois critiques principales peuvent être opposées à l'utilitarisme selon P. Van Parijs (*Qu'est-ce qu'une société juste ?*, 1991). Tout d'abord, le présupposé de comparabilité des utilités individuelles : il est très difficile d'établir l'intensité d'une préférence de manière à savoir si celle-ci compense ou non celle d'un autre. Si l'individu A préfère X à Y et l'individu B préfère Y à X, il est difficile de savoir combien prendre du Y à A pour le donner à B contre du X. Avec V. Pareto, l'économie néoclassique a ainsi abandonné l'utilité cardinale pour l'utilité ordinale. Ensuite, le radicalisme égalitariste de J. Bentham pose problème : d'une part, la répartition compte, et pas seulement le bonheur collectif ; d'autre part, le développement de la protection sociale, principalement dans les États européens, va au-delà de son apport au bien-être collectif dans l'optique de la plupart des utilitaristes libéraux héritiers de J. Bentham. Ils rendent en effet très fréquemment l'État-providence responsable de la moindre efficacité économique des économies européennes : son coût et ses prestations tout à la fois brideraient la compétitivité, limiteraient les incitations au travail, à l'épargne et à la production. Le critère utilitariste de la maximisation du bien-être collectif, à leurs yeux, met donc le plus souvent au premier plan la liberté individuelle et seulement au second l'intervention de l'État. Enfin, le radicalisme scientiste est intenable : le bien-être matériel n'est pas la seule chose qui compte, tout ne peut pas lui être sacrifié, notamment les droits de l'individu.

2. – Les théories de la justice sociale de J. Rawls et A. Sen

La théorie de justice de J. Rawls a justement pour but d'éviter que l'on sacrifie le sort des plus défavorisés au bien-être de la majorité. Elle a été abondamment discutée, notamment par A. Sen.

a. — Égale liberté pour tous et principe de différence chez J. Rawls.

Contre cette tradition utilitariste dont il déplore la domination, J. Rawls publie en 1971 son ouvrage majeur, *Théorie de la justice*. Il reproche aux utilitaristes d'oublier la répartition des satisfactions individuelles et les libertés fondamentales des individus.

J. Rawls formule un projet politique et non moral en affirmant la priorité du juste sur le bien. Il part des théories du contrat social et cherche à dégager les principes de justice nécessaires à la fondation d'une société juste, forcément « *issus d'un accord conclu dans une situation initiale elle-même équitable* ». La situation initiale conçoit les partenaires « *comme des êtres rationnels qui sont mutuellement désintéressés* ». La fiction de l'état de nature propre aux théories du contrat social est alors remplacée par le « voile d'ignorance », une expérience de pensée qui utilise les principes du « choix rationnel en situation d'incertitude » : ce « comme si » aboutit à un « *accord de principe qui doit assurer la conciliation des perspectives d'existence* ». Les hommes, placés sous un voile de l'ignorance, c'est-à-dire sans avoir la moindre information sur la position qu'ils occuperont dans la société ni sur ce que seront leurs caractéristiques personnelles (homme ou femme, intelligence, état de santé, goûts, etc.), auraient intérêt à maximiser leurs chances en minimisant leurs risques : c'est le principe du maximin.

Les deux principes de base qui seraient alors choisis par des individus placés sous le voile d'ignorance sont le principe de l'égale liberté pour tous et le principe de différence. La justice, en ces deux principes par conséquent, régit la répartition des « biens sociaux primaires », c'est-à-dire « *ce qu'un être rationnel désirera, quels que soient ses autres désirs* », soit :

- les libertés de base (libertés politiques, liberté d'expression et de réunion, liberté de pensée et de conscience, protection de l'intégrité de la personne, droit de propriété personnelle, protection à l'égard de l'arrestation et de l'emprisonnement arbitraires) ;
- les chances d'accès aux diverses fonctions et positions sociales, les prérogatives et pouvoirs attachés à celles-ci, la richesse et le revenu, et le respect de soi.

Le principe de l'égale liberté pour tous est un principe constitutionnel des libertés et droits inaliénables. « *Chaque personne a un droit égal à un ensemble pleinement adéquat de libertés et droits de base égaux pour tous, qui soit compatible avec un même ensemble pour tous, et dans lequel les libertés politiques égales, et elles seules, doivent être garanties à leur juste valeur.* »

Le principe de différence est défini en deux temps : « *Les inégalités sociales et économiques doivent être organisées de façon à ce que, à la fois, (a) l'on puisse raisonnablement s'attendre à ce qu'elles soient à l'avantage de chacun et (b) qu'elles soient attachées à des positions et à des fonctions ouvertes à tous.* » Les inégalités sont un fait, il faut déterminer les inégalités justes. J. Rawls rejette donc tout à la fois la liberté naturelle (c'est l'exigence de la justice qui doit s'imposer) et l'aristocratie naturelle, mais aussi l'égalité libérale (la simple égalité des chances, qui revient à abandonner la justice au profit de la loterie des dons naturels). Ainsi, les inégalités économiques et sociales sont justifiées si elles sont attachées à des positions et à des fonctions ouvertes à tous et si elles sont au plus grand bénéfice des membres les plus désavantagés de la société. Ces principes sont cependant hiérarchisés (ordre « lexical ») : l'amélioration de la situation des plus désavantagés au nom du principe de différence ne peut pas justifier des atteintes aux libertés de base ni restreindre la juste égalité des chances. Selon J. Rawls, des institutions visant à réduire l'influence des contingences sociales et du hasard naturel ont donc toute leur place. Les mécanismes de redistribution font alors bénéficier les plus défavorisés de l'efficacité du système économique.

La justification du principe de différence se trouve dans la prise en compte du bien-être, notamment de ceux qui ont le moins : l'utilitarisme sort par la porte (principe d'égale liberté) et revient alors par la fenêtre avec le principe de différences. Par ailleurs, celui-ci est compatible avec des inégalités considérables de situations, notamment avec la thèse du ruissellement (« *trickle down* ») de l'économie de l'offre : « *Favoriser les plus désavantagés : cette position "rawlsienne" peut paraître, à première vue, très radicale. Mais elle n'est pas si éloignée de ce que disent les responsables politiques qui préconisent des réductions d'impôts : ils expliquent que celles-ci vont stimuler l'activité économique, donc rapporter des recettes fiscales supplémentaires que l'on pourra utiliser pour relever les revenus des plus pauvres d'entre nous. Ce raisonnement le montre bien : l'objectif de Rawls n'a rien d'intrinsèquement égalitariste. En cherchant à maximiser le bien-être des plus désavantagés, on peut aboutir à une répartition très inégalitaire* » (Anthony B Atkinson, *Inégalités*, 2016).

b. — Égalisation des capabilités (A. Sen) et des réalisations (M. Fleurbaey).

A. Sen, s'il reconnaît l'importance de la contribution de J. Rawls, s'en démarque en insistant sur la diversité fondamentale des êtres humains : les différences liées à l'âge, l'hérédité, la santé, les aptitudes physiques et intellectuelles, leur donnent des possibilités très différentes de choisir leur vie, même quand ils disposent d'un bagage identique de biens premiers sociaux. « *Il est important de prendre en compte non seulement les biens premiers détenus par les individus, mais aussi les caractéristiques personnelles qui commandent la conversion des biens premiers en facultés personnelles de favoriser ses fins* » (A. Sen, *Repenser l'inégalité*, 1992). De fait, un invalide riche peut souffrir de plus de restrictions qu'un pauvre sans handicap physique, nous dit A. Sen, qui propose en conséquence de réorienter la question de la justice sociale des moyens d'existence aux possibilités réelles d'effectuer les activités qu'on valorise.

A. Sen articule ainsi son argumentation autour de deux concepts qu'il a forgés : les « *capabilities* » et les « *functionings* ». Le premier, généralement traduit en français par « capacités » ou par le néologisme « capabilités », désigne les chances qu'a une personne de réaliser ses objectifs, de pouvoir choisir sa vie. Le second, le plus souvent traduit en français par « fonctionnements », désigne les façons d'être et d'agir des individus, des plus élémentaires (avoir suffisamment à manger, être en bonne santé, échapper aux maladies et à la mort prématurée, etc.) aux plus complexes (être heureux, rester digne à ses propres yeux, prendre part à la vie de la communauté, etc.) que les individus valorisent. Dans *L'Idée de justice* (2009), A. Sen souligne que derrière les « fonctionnements accomplis », il peut y avoir des capabilités bien différentes et par conséquent ces dernières ne peuvent être ramenées aux premiers : « *Par exemple, en termes de faim ou de carence alimentaire, quelqu'un qui jeûne volontairement pour des raisons politiques ou religieuses est parfois tout aussi dénutri qu'une victime de la famine. Leur sous-alimentation manifeste – leur fonctionnement accompli – est tout à fait comparable ; pourtant les capabilités de la personne aisée qui choisit de jeûner sont bien supérieures à celle de la personne qui meurt de faim involontairement par pauvreté et indigence.* » Ce qui compte alors, c'est moins la perspective des fonctionnements réalisés que celle des capabilités, de l'aptitude réelle des gens à choisir entre différents types de vie selon A. Sen.

Pour ce dernier, on ne peut pas restreindre la question de la justice sociale, comme le fait J. Rawls, à la répartition des « biens premiers sociaux ». La justice sociale doit être évaluée en termes de « capacités » à convertir la dotation en biens premiers sociaux en liberté de choisir sa vie. Par exemple, une personne handicapée peut être mieux dotée qu'une personne valide, mais aura moins de « capacités » en raison de son handicap. Les inégalités de dotations en atouts naturels doivent donc être corrigées par des mécanismes redistributifs. En faisant référence aux libertés réelles qu'ont des personnes différentes de choisir leur vie, cette égalisation des « capacités » va plus loin que l'égalisation des « biens premiers sociaux ».

Dans une perspective proche de celle d'A. Sen, M. Fleurbaey s'intéresse aux « réalisations fondamentales » des individus (*Théories économiques de la justice*, 1996). Celles-ci correspondent aux « fonctionnements » d'A. Sen. Elles sont influencées par trois catégories de facteurs selon M. Fleurbaey : les ressources externes (principalement les revenus et les richesses), les facteurs internes que les individus ne maîtrisent pas (les dons naturels notamment) et les facteurs internes qu'ils peuvent contrôler (les préférences et objectifs personnels). Devant la difficulté à différencier clairement les facteurs que les individus contrôlent et les autres, M. Fleurbaey propose de distinguer parmi les « réalisations fondamentales » celles qui relèvent de la responsabilité individuelle et celles qui impliquent une certaine responsabilité de la société, qualifiées de « réalisations sociales » et au nombre de six : le respect de la vie privée, la santé, l'éducation et la formation, la richesse, le pouvoir (influence sur les décisions collectives) et l'intégration sociale. Face aux inégalités injustes en termes de « réalisations sociales », la justice sociale consiste alors en une action compensatrice et redistributive.

Malgré leurs divergences, les théories de la justice sociale ont toutes pour ambition de trouver un critère d'impartialité permettant de traiter de façon similaire tous les membres d'une collectivité. Dans la mesure où elle constitue un enjeu essentiel du contrat social, l'égalité est le principe de justice sociale privilégié des sociétés démocratiques contemporaines. Néanmoins, selon J.-P. Fitoussi et P. Rosanvallon (*Le Nouvel Âge des inégalités*, 1996), « *l'égalité n'est pas un état, mais un projet, un principe d'organisation qui structure le devenir d'une société. [...] Il est essentiel que la société y adhère et y croie : autrement, les inégalités y seraient vécues comme profondément injustes. Ce qui peut rendre les inégalités existantes intolérables n'est peut-être pas tant leur croissance qu'un affaiblissement de la perception du principe d'égalité qui les légitime, ou l'impression que ce principe n'est plus réellement en vigueur* ».

Au-delà des désaccords existant sur le type d'égalité socialement souhaitable par conséquent, cette aspiration égalitaire des sociétés démocratiques se traduit dans les principes de justice de J. Rawls, les logiques compensatoires d'A. Sen et M. Fleurbaey, ainsi qu'à certains égards dans les approches utilitaristes, en ce qu'ils justifient tous l'intervention des pouvoirs publics en matière de protection sociale. Celle-ci consiste alors dans un ensemble de mécanismes de redistribution des revenus qui ont à la fois pour mission de faire bénéficier les plus démunis de l'efficacité du système économique, et de réduire les inégalités qui limitent les capabilités de certains individus (*cf. infra*, B). Ce faisant, le bien-être individuel et le bien-être collectif augmentent.

3. – Du mérite à la reconnaissance

Dans les sociétés démocratiques, les revendications de justice évoluent : à la garantie des besoins de base pour tous, la reconnaissance des mérites de chacun et la réduction des inégalités (M. Forsé et M. Parodi, « Justice distributive. La hiérarchie des principes selon les européens », *Revue de l'OFCE*, 2006), s'ajoute la reconnaissance de l'égale valeur des identités.

a. — Les ambiguïtés de l'idéal républicain du mérite

Alors que l'égalité arithmétique consiste à donner à tous la même chose, le mérite est une égalité proportionnelle : il donne à chacun en fonction de sa contribution. L'ambiguïté du mérite tient alors en premier lieu à sa fonction idéologique. La croyance en la méritocratie est en effet une « fiction nécessaire » qui justifie l'existence d'inégalités « justes ». Elle participe de l'idéal démocratique de l'égalité des chances et de la mobilité sociale (Tocqueville, *De la démocratie en Amérique*, 1835).

Pour les libertariens, le mérite aussi s'impose puisque les individus sont libres de mettre en jeu leurs capacités dans la compétition sociale. Ceux qui s'investissent sont récompensés. En revanche, pour des « libéraux égalitaires » comme J. Rawls, A. Sen ou M. Fleurbaey, les individus ne sont pas responsables des facteurs qui échappent à leur contrôle. En conséquence, ils ne devraient pas être pénalisés pour leur absence de « talents ». Ce sont là des « inégalités injustes ». Ils devraient seulement être récompensés pour leurs « efforts ». Il faudrait donc distinguer dans le mérite la composante du « talent » de celle de « l'effort ».

Lever cette ambiguïté n'est pas aisée. Ainsi, associé à l'idéal républicain d'égalité des chances, le principe du mérite permet de justifier certaines inégalités sociales, comme celles liées à la réussite scolaire. Or, pour M. Duru-Bellat (*L'Inflation scolaire*, 2006), le mérite scolaire n'est pas juste, puisque les enfants ne choisissent ni leurs parents ni ce qu'ils leur lèguent. Les verdicts scolaires entérinent des inégalités de réussite réelles, dont les élèves ne sont pas entièrement responsables. Certes, ces verdicts prennent en compte les efforts des élèves, mais personne n'est dupe que ces efforts se greffent et/ou bénéficient d'un soutien dépendant du milieu familial. Si le mérite scolaire existe bien - concrètement, les élèves réalisent des performances inégales –, l'origine de ce mérite est marquée par les aléas de l'héritage.

Les sociétés démocratiques reposent ainsi sur un programme paradoxal, qui n'implique pas forcément d'éliminer les inégalités sociales elles-mêmes, mais d'atténuer l'effet des inégalités sociales sur les chances de succès des individus.

b. — De l'égalité des résultats à l'égale valeur des identités (la reconnaissance)

Mais cette importance du mérite n'a de sens que par rapport à la fonction sélective de l'école, c'est-à-dire de dégager une hiérarchie scolaire venant fonder la hiérarchie sociale sur une autre base que la naissance. Dans une école où prévaudrait l'objectif de formation de tous, c'est l'égalité de résultat qui serait recherchée. On rejoint alors le principe d'égale satisfaction des besoins de base mis en exergue par la tradition marxiste.

Dans le communisme en effet, « à chacun selon ses besoins ». Il n'est pas exclu que, pour Marx, il ne s'agisse là que d'une description optimiste d'une société d'abondance où chacun pourra prélever tout ce dont il a besoin. Mais la plupart des marxistes y voient plutôt un principe de justice sociale, en l'occurrence d'égale satisfaction des besoins. Ceci dit, ils ne s'en tiennent pas à une définition restrictive des besoins, limitée aux seuls besoins physiologiques, c'est-à-dire un minimum vital (pauvreté absolue). Ils incluent aussi les divers biens que les hommes estiment dignes d'être possédés, donc ce qui est nécessaire non pas pour survivre, mais pour mener une vie jugée « décente ». Développer une telle approche nécessite de représenter les éléments de consommation ou de conditions de vie jugés indispensables (envoyer ses enfants à l'école jusqu'à la fin de la scolarité obligatoire, participer à la vie politique, pouvoir entretenir sa maison, etc.). Ce minimum « social », multidimensionnel, élargi des besoins fondamentaux aux besoins sociaux minimaux, doit permettre une réelle intégration sociale. Après tout, un gouvernement socialiste qui se contenterait de fournir aux citoyens les moyens de subsistance matérielle les plus élémentaires ne constituerait guère un progrès par rapport à l'invention de l'État-providence en Europe au XXe siècle.

Un tel élargissement des besoins pris en compte dans le minimum social fait intervenir la subjectivité des experts. Quand on choisit de se référer aux gens eux-mêmes et qu'on laisse les pauvres s'auto-désigner notamment, la dimension subjective est délibérément assumée. La pauvreté ainsi mesurée n'est pas une bonne manière d'appréhender leur bien-être : on peut être très insatisfait de son sort tout en se considérant à l'aise matériellement et inversement être heureux malgré les difficultés financières quotidiennes. Il apparaît en conséquence bien compliqué de déduire directement du principe d'égale satisfaction des besoins (voire de bien-être) une politique de lutte contre la pauvreté et de redistribution.

Les besoins ne sont pas seulement physiologiques et sociaux, mais symboliques, voire psychologiques, comme l'atteste la demande de reconnaissance dans nos sociétés contemporaines. Le fait de ne pas se sentir traité comme un égal en termes de respect dû aux individus définit une absence de reconnaissance : des jeunes, des femmes, des homosexuels, des salariés, etc., tous demandent la reconnaissance de leurs singularités individuelles et communautaires. Dans nos sociétés contemporaines, N. Fraser (*Qu'est-ce que la justice sociale ? Reconnaissance et redistribution*, 1997) pense repérer même un « tournant culturel » (peut-être pas total) dans les revendications de justice : elles évoluent d'une demande de redistribution économique – l'égale allocation des biens – à une demande de reconnaissance culturelle – l'égale valeur des identités. Ainsi, « la quête de reconnaissance » fait aujourd'hui figure de « nouveau phénomène social total » (A. Caillé, 2007) : le désir d'être reconnu est devenu un motif de mobilisation, de « lutte pour la reconnaissance » (A. Honneth, 1992).

L'ouvrage de C. Taylor, *Multiculturalisme. Différence et démocratie* (traduit en 2009), paraît la même année que celui d'A. Honneth, et son objet est sensiblement le même : la « politique du multiculturalisme » est en effet d'emblée identifiée à une « politique de la reconnaissance ». « *Plusieurs courants politiques actuels tournent autour du besoin – parfois de l'exigence – de reconnaissance. Le besoin, peut-on dire, est l'une des forces à l'œuvre derrière les mouvements politiques nationalistes. Quant à l'exigence, elle vient au premier rang de bien des façons, dans la politique actuelle des groupes minoritaires ou subalternes, dans certaines formes de féminisme et dans ce qu'on appelle aujourd'hui, la politique du "multiculturalisme"* » (Taylor).

Selon C. Taylor, nous sommes passés depuis le XVIIIe siècle d'une société fondée sur le code de l'honneur, où le statut des uns et des autres obéit à un principe hiérarchique très strict, à une société de l'égale « dignité » de tous les citoyens. C'est désormais la personne en tant que telle qui doit être respectée, autrement dit sans distinction de classe, de sexe, etc. Ce modèle moderne de l'égale dignité, hérité des Lumières, conditionne l'exigence de reconnaissance : en tant que citoyens égaux en dignité aux autres, certains citoyens refusent la discrimination et exigent d'être reconnus. Néanmoins, selon C. Taylor, en même temps que l'exigence universelle d'égale dignité, se manifeste un « idéal d'authenticité » qui voit, dans la revendication d'une identité au contraire singulière d'un individu ou d'un groupe, le fondement de sa valeur. D'où par conséquent une tension entre une politique libérale de la dignité et une politique communautaire de la différence. La première définit la justice en termes de droits universels et n'accepte pas la différenciation du droit. L'État garantit l'égalité des droits sans considération pour les options culturelles et la façon dont les citoyens définissent la « vie bonne ». La politique de la reconnaissance de C. Taylor pense à l'inverse la justice comme reconnaissance des différences, du fait de l'importance de la culture et de la « vie bonne » pour l'identité individuelle et collective.

L'État libéral, qui refuse de prendre en compte les différences culturelles – en interdisant le port public du voile pour les musulmans par exemple –, ne permet pas aux citoyens issus des minorités de perpétuer leur culture. Ils intériorisent alors une image dépréciée d'eux-mêmes. Pour C. Taylor, cette « cécité à la différence » de l'État libéral est le symptôme d'une domination culturelle qui n'accorde pas de valeur aux cultures minoritaires. Accommoder le droit en fonction des différences culturelles constitue en revanche une politique de la reconnaissance de la diversité culturelle.

Cependant, la plupart des féministes opposent à C. Taylor que cet objectif d'égalité culturelle peut entrer en conflit avec celui d'égalité entre hommes et femmes compte tenu de la place subordonnée des femmes dans certaines configurations culturelles. Pour les libéraux, il est certes envisageable de protéger une culture minoritaire de la domination de la culture majoritaire, mais il n'est pas légitime de contraindre des individus à pratiquer la culture du groupe auquel ils sont identifiés. Il s'agit de concevoir la reconnaissance culturelle comme devant servir la liberté individuelle : les cultures peuvent en effet être des supports à la construction du sujet, mais ne doivent pas enfermer le sujet.

c. — Reconnaissance et redistribution dans nos sociétés contemporaines

Pour N. Fraser, les sociétés contemporaines restent de toute manière caractérisées à la fois par des injustices socioéconomiques – de marginalisation économique par exemple (chômage, précarité, etc.) – et par des injustices culturelles ou symboliques – de mépris et d'invisibilité sociale par exemple (S. Beaud, *La France invisible*, 2006). Il ne s'agit pas de rabattre l'une sur l'autre ou inversement, elles ont une part d'irréductibilité. Elles nécessitent donc des politiques différentes, de redistribution et de reconnaissance en l'occurrence. Les minorités (les femmes par exemple) peuvent à la fois demander la reconnaissance de leur différence et l'égalité par la redistribution. N. Fraser s'appuie en fait sur la distinction de M. Weber dans *Économie et société* (1921) entre classes économiques (déterminantes d'une probabilité d'accès aux biens et services) et groupes de statut (déterminants d'un certain prestige, *i.e.* honneur social) : la reconnaissance n'est pas une question psychologique (un « besoin humain vital » selon C. Taylor), mais un problème d'organisation sociale et d'institutions qui produisent des statuts différents. N. Fraser formule ainsi une « théorie critique de la reconnaissance » : elle refuse d'essentialiser la différence culturelle, mais propose de reconnaître l'égalité de statut des identités culturelles. Une minorité ethnique, culturellement dominée par exemple, doit bénéficier d'une discrimination positive afin d'élever son statut et lui donner un égal accès de participation à la vie sociale et politique. Au-delà, ce modèle statutaire de la reconnaissance présente deux avantages par rapport au modèle de

C. Taylor : la politique de redistribution est maintenue comme une condition objective de la participation du citoyen et la politique de reconnaissance statutaire évite de se prononcer sur la valeur des différentes cultures.

Bien qu'elles renvoient à deux représentations différentes de la société, les inégalités liées aux rapports sociaux de classe et les discriminations dont sont victimes certains groupes minoritaires participent de toute manière bien souvent d'une même logique de domination. En effet, en France notamment, les handicaps liés à l'origine culturelle et à l'origine sociale se cumulent d'autant plus nettement que la ségrégation urbaine est marquée. La question sociale s'avère donc complémentaire de la question « ethnico-raciale » dans « l'économie globale des relations entre groupes sociaux » selon R. Castel (*La Discrimination négative. Citoyens ou indigènes*, 2007) : la lutte contre les discriminations doit faire diminuer la surreprésentation des minorités ethniques parmi les chômeurs, les précaires, les pauvres et des jeunes de banlieues parmi les jeunes en échec scolaire. Ménager un supplément de ressources par une politique de discrimination positive est donc nécessaire, comme de déroger à l'égalité de l'école républicaine par des zones d'éducation prioritaire (ZEP) : ce serait « *plutôt le levier d'une critique pratique des déviations élitistes de ce système qui est censé traiter à parité tous les enfants, mais qui, en réalité, fonctionne comme un instrument de sélection pour accéder aux échelons supérieurs en éliminant et en humiliant successivement les élèves trop mal armés pour la compétition scolaire conçue comme une course à l'excellence* ».

B L'INTERVENTION DES POUVOIRS PUBLICS PERMET DE RÉDUIRE LES INÉGALITÉS ÉCONOMIQUES ET LE MANQUE DE RECONNAISSANCE

Il existe différentes formes d'inégalités, économiques, sociales, culturelles, etc., qui ont même tendance à se cumuler et à se reproduire (A. Bihr et R. Pfefferkorn, *Le Système des inégalités*, 2008). La question de leur compensation mobilise des théories de la justice sociale permettant de juger du caractère illégitime de ces inégalités. Les politiques de lutte contre les inégalités consistent à mettre en œuvre des dispositifs visant à compenser, totalement ou partiellement, les manques de ressources économiques, sociales, culturelles, etc., de certaines personnes ou de certains groupes, puisque contraires aux principes de justice sociale retenus. En général, on considère qu'il est juste de compenser les inégalités dont la source échappe au contrôle de l'individu comme ses héritages (économiques comme le patrimoine, sociaux comme le genre, culturels comme l'origine ethnique, etc.). Ces derniers peuvent en effet brider la capacité de l'individu à construire sa vie alors qu'il ne peut en être tenu pour responsable. Ainsi, alors même que les valeurs démocratiques devraient interdire tous les comportements qui traitent inégalement des personnes égales, on continue d'observer des pratiques discriminatoires – comme le montre, par exemple, la difficulté des élèves des lycées professionnels d'origine maghrébine à obtenir un stage dans une entreprise.

Les politiques de redistribution des revenus par l'intermédiaire de prélèvements et de transferts monétaires, l'offre de services publics (d'éducation notamment) et l'action par la réglementation visent à limiter les inégalités et leur reproduction.

1. – La redistribution monétaire, outil principal de réduction des inégalités économiques primaires

Les inégalités économiques de revenus primaires sont diminuées par le système socio-fiscal qui opère une redistribution en prélevant davantage sur ceux qui gagnent le plus et en réalisant des transferts monétaires (mais aussi en nature, *cf. infra*) prioritairement en faveur de ceux qui gagnent le moins. Cependant, cet objectif de redistribution est contesté depuis les années 1980, principalement au nom d'un objectif concurrent d'incitation.

a. — Redistribuer monétairement pour lutter contre les inégalités de niveaux de vie

Dans son *Portrait social* de la France, l'INSEE mesure l'impact redistributif du système socio-fiscal français. Le champ d'analyse retenu par cette étude est celui de la redistribution monétaire, qui exclut à ce titre la redistribution opérée par les transferts en nature (éducation et santé principalement, *cf. infra*). Il ne comprend pas non plus les transferts sociaux et les cotisations sociales liés aux assurances sociales (retraite, maladie et chômage, *cf. infra,* II) et, s'agissant des prélèvements, il laisse de côté les impôts indirects acquittés par les ménages (par exemple la TVA). Le niveau de vie d'un ménage est le revenu après redistribution monétaire ou revenu disponible du ménage par unité de consommation (*cf.* schéma ci-dessous). Pour calculer le niveau de vie des personnes au sein d'un même ménage, on utilise l'échelle d'équivalence des unités de consommation qui attribue 1 unité de consommation au premier adulte du ménage, 0,5 unité de consommation à toute personne supplémentaire de 14 ans ou plus, et 0,3 unité de consommation à tout enfant de moins de 14 ans. À revenus égaux, les familles plus nombreuses ont un niveau de vie plus faible.

Figure 1 – Schéma récapitulatif des différents concepts de revenu et contours du champ de la redistribution

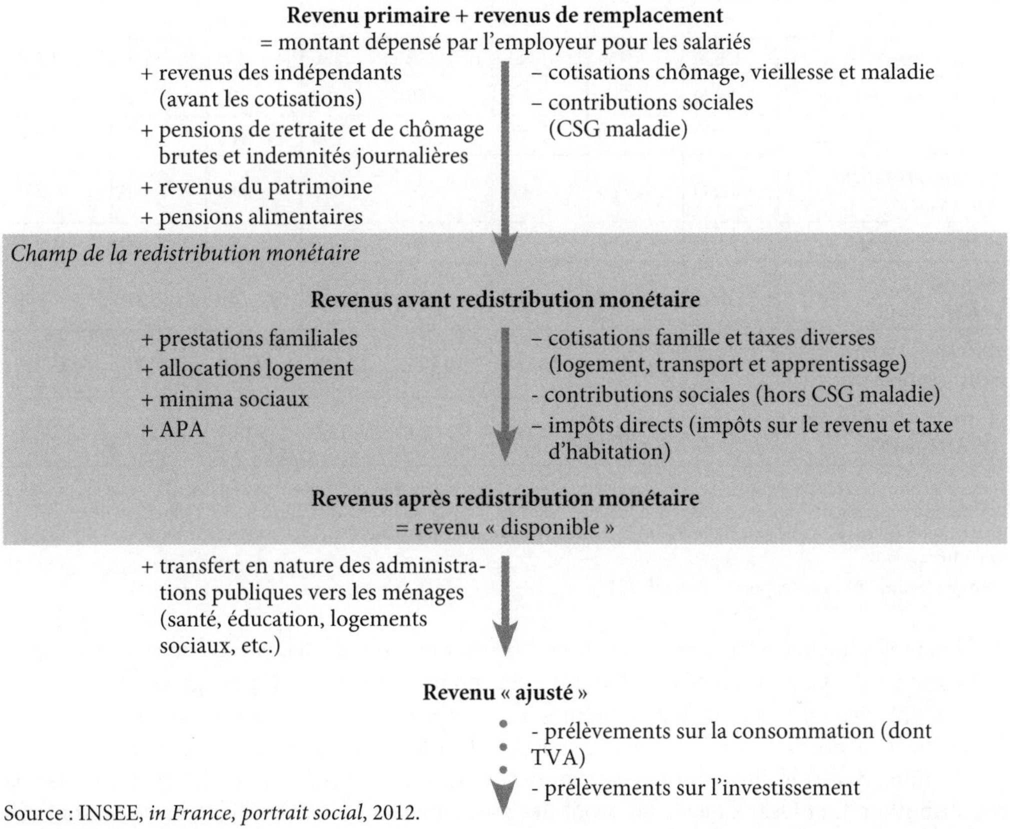

Source : INSEE, *in France, portrait social*, 2012.

Avant redistribution monétaire, les 10 % qui gagnent le plus touchent 21 fois plus de revenus primaires que les 10 % qui gagnent le moins en 2015 (tableau ci-dessous). Après redistribution monétaire, ce n'est plus que 5,7 fois plus. De même, les 20 % qui gagnent le plus touchent 8,3 fois plus que les 20 % qui gagnent le moins. Après redistribution monétaire, ce n'est plus que 4 fois plus.

Tableau 1 – Montants moyens des prélèvements et prestations par unité de consommation en 2015

	Fractiles de niveau de vie avant redistribution monétaire (2015)							
	D1	**Q1**	**Q2**	**Q3**	**Q4**	**Q5**	**D10**	**Ensemble**
Niveau de vie avant redistribution (A)	**3 370**	**6 630**	**15 300**	**21 270**	**28 510**	**54 790**	**71 270**	**25 300**
Prélèvements	**- 140**	**- 300**	**- 890**	**- 1 880**	**- 3 460**	**- 10 590**	**- 15 510**	**- 3 420**
Financement de la protection sociale :	- 150	- 300	- 750	- 1270	- 1 840	- 3 490	- 5 310	- 1 620
Cotisations sociales	*- 50*	*- 120*	*- 330*	*- 550*	*- 820*	*- 1 550*	*- 1 980*	*- 670*
Contributions sociales	*- 100*	*- 180*	*- 420*	*- 720*	*- 1 030*	*- 2 390*	*- 330*	*- 950*
Impôts directs :	10	0	- 140	- 610	- 1 620	- 6 650	- 10 200	- 1 800
Impôt sur le revenu	*60*	*80*	*90*	*- 260*	*- 1 160*	*- 5 980*	*- 9 420*	*- 1 450*
Taxe d'habitation	*- 50*	*- 80*	*- 230*	*- 350*	*- 460*	*- 670*	*- 780*	*- 360*
Prestations	**6 630**	**4 860**	**1 360**	**730**	**480**	**250**	**240**	**1 540**
Prestations familiales :	1 970	1 700	810	560	380	190	180	730
Allocations familiales	*770*	*690*	*380*	*300*	*240*	*160*	*140*	*360*
Autres prestations familiales	*1 200*	*1 000*	*430*	*260*	*130*	*40*	*40*	*370*
Aides au logement	2 060	1 490	250	60	30	10	10	370
Minima sociaux et RSA activité	2 600	1 670	300	110	70	50	50	440
Niveau de vie après redistribution (B)	**9 850**	**11 190**	**15 760**	**20 120**	**25 530**	**44 460**	**55 990**	**23 410**
Taux de redistribution (B-A)/A (en%)	**192,3**	**68,8**	**3,0**	**- 5,4**	**- 10,5**	**- 18,9**	**- 21,4**	**- 7,5**

Note de lecture : les cotisations sociales ici prises en compte sont les seules cotisations sociales patronales au titre de la famille. Les minima sociaux sont l'allocation de soutien familial, l'allocation d'éducation de l'enfant handicapé, l'allocation de la PAJE (prestation d'accueil du jeune enfant), le complément de libre choix d'activité de la PAJE, le complément familial et l'allocation de rentrée scolaire.

Source : INSEE, *in France, portrait social*, 2016.

Les prélèvements et les prestations ne contribuent pas tous également à réduire les inégalités de niveau de vie. Leur efficacité redistributive dépend notamment de leur progressivité.

Un prélèvement est progressif s'il représente une part croissante du revenu lorsque celui-ci augmente. Une prestation est progressive si sa part dans le revenu diminue à mesure que le niveau de vie initial s'accroît. Plus un prélèvement ou un transfert est progressif, plus il contribue à la redistribution des niveaux de vie au profit des plus pauvres. Tous les prélèvements ne sont pas progressifs : l'impôt sur le revenu l'est, mais les prélèvements proportionnels (la CSG par exemple) ne le sont pas et les prélèvements forfaitaires sont mêmes dégressifs. Les prestations sont en revanche toutes progressives (mêmes forfaitaires, elles représentent une part décroissante du revenu quand celui-ci augmente), mais certaines le sont davantage que d'autres : elles peuvent être en effet plus ou moins ciblées sur les niveaux de vie les plus faibles. Globalement, les prestations réduisent bien davantage les inégalités de niveau de vie que les prélèvements, puisqu'elles y contribuent à hauteur de 66 %, contre 34 % pour l'ensemble des prélèvements en 2015.

Tableau 2 – Contribution à la réduction des inégalités
(en %)

Prélèvements	**34,2**		
Cotisations et contributions sociales redistributives :		5,4	
Cotisations sociales			*1,5*
Contributions sociales			*3,9*
Impôts directs :		28,8	
Impôt sur le revenu			*29,5*
Taxe d'habitation			*-0,7*
Prestations	**65,8**		
Prestations familiales :		25,6	
Allocations familiales			*10,7*
Autres prestations familiales			*14,9*
Aides au logement		18,7	
Minima sociaux et RSA activité		21,5	
Niveau de vie	**100**		

Source : INSEE, *in France, portrait social*, 2016

Du côté des prélèvements, l'impôt sur le revenu (en incluant la prime pour l'emploi) réalise 29,5 % de la réduction des inégalités de niveau de vie. S'il ne représente en masse qu'un peu moins du tiers des prélèvements, il est en revanche le prélèvement le plus progressif : de fait, il contribue à diminuer le niveau de vie du 4e quintile de 5 % et du 5e quintile d'un peu plus de 10 %.

Du côté des prestations sociales, les prestations familiales constituent l'instrument principal de réduction des inégalités (contribution à hauteur de 25,6 %). Deux types de prestations familiales différentes sont néanmoins en jeu. D'une part, les prestations familiales sans condition de ressources (c'est le cas des allocations familiales jusqu'en juillet 2015, du complément de libre choix d'activité, complément de libre choix de garde, des subventions publiques aux crèches collectives et familiales), dont le barème est le plus souvent forfaitaire, jouent un rôle important dans la réduction des inégalités du fait de l'importance des sommes en jeu et parce que les ménages avec enfants situés en bas de la distribution des revenus sont plus nombreux et sont donc les premiers bénéficiaires. D'autre part, les prestations familiales sous condition de ressources, qui réalisent *a priori* une redistribution plus forte du fait de leur ciblage (40 % de ces prestations sont attribuées au 1er quintile) mais dont les montants distribués sont globalement plus faibles (15 % de l'ensemble des dépenses de prestations sociales contre 41 % pour les prestations familiales sans condition de ressources), opèrent de ce fait une redistribution finalement moins importante que les prestations familiales sans condition de ressources. Pour les 20 % des ménages les plus modestes, les prestations familiales représentent au total 15 % de leur niveau de vie (contre 3,1 % en moyenne sur l'ensemble de la population).

Quant aux aides au logement et aux minima sociaux, ils contribuent respectivement à 13 % et 15 % du niveau de vie du 1er quintile. Ils participent à hauteur de 40,2 % (18,7 % + 21,5 %) de la réduction des inégalités de niveau de vie. Les aides au logement sont très ciblées et concernent quasi exclusivement les 20 % les plus modestes, qui touchent 2 750 euros par an en moyenne par ménage allocataire. L'aide personnalisée au logement (APL), créée en 1977, est attribuée aux locataires sous conditions de ressources.

Destinés à garantir un minimum de ressources, les minima sociaux élèvent d'abord le niveau de vie des plus pauvres, notamment de 1 670 euros par an contre 920 euros en 2008 pour le 1er quintile. Ce poids accru des minima sociaux ces dernières années est d'abord une conséquence de la revalorisation progressive de certains d'entre eux : les montants du minimum vieillesse (ASPA) et l'allocation adulte handicapé (AAH) ont augmenté de près de 15 % entre 2008 et 2011 et, en juin 2009, le revenu de solidarité active (RSA, *cf. infra*) a remplacé le RMI et l'allocation parent isolé (API), augmenté de son volet « activité ». La prime d'activité (PA) est une aide à l'emploi plutôt qu'un minimum social, mise en place le 1er janvier 2016 (elle n'est donc pas intégrée dans l'étude de l'INSEE citée ici). Elle remplace la prime pour l'emploi (PPE) et le RSA activité. La PA a été créée avec un barème proche du RSA activité au moment de son lancement, mais elle étend le bénéfice aux salariés de 18-24 ans, aux étudiants salariés, aux apprentis, aux jeunes en stage percevant plus de 78 % du SMIC et aux indépendants. En conséquence, elle touche davantage de foyers (environ 2,5 millions en septembre 2016, alors que le RSA activité comptait 900 000 bénéficiaires à la fin de 2015).

Dans le cadre du Plan pluriannuel de lutte contre la pauvreté et pour l'inclusion sociale (2013-2017), des revalorisations ont été menées. Enfin, ce poids accru des minima sociaux est aussi l'effet de la crise économique, ces derniers jouant un rôle d'amortisseur en cas de perte de revenu.

Au total, en 2015, les 20 % des ménages les plus modestes ont un revenu après redistribution monétaire supérieur de 68,8 % à leurs revenus avant redistribution monétaire, alors que les 20 % des ménages qui gagnent le plus ont subi une perte de 18,9 %. Pour les quintiles intermédiaires, notamment Q2 et Q3, l'impact de la redistribution monétaire est en revanche très limité puisque respectivement de + 3 % et – 5,4 % en 2015 : ils ne sont ni assez aisés pour payer un impôt élevé sur le revenu, ni assez pauvres pour bénéficier des prestations et minima sociaux sous condition de ressources. L'équité semble prévaloir ici : la priorité à la lutte contre la pauvreté conduit à vouloir assurer un revenu décent à tous, quitte à réduire l'écart avec les catégories de revenus situées juste au-dessus de la pauvreté.

Néanmoins, les prélèvements retenus ici excluent les cotisations sociales liées aux assurances sociales et les impôts indirects acquittés par les ménages. Si on les intègre, C. Landais, E. Saez et T. Piketty (*Pour une révolution fiscale*, 2011) montrent que l'ensemble de ces prélèvements obligatoires est dégressif pour les revenus les plus élevés et faiblement progressif pour les revenus plus faibles : les 0,001 % qui gagnent le plus s'acquittent d'impôts plus faibles en proportion de leur revenu que les 10 % qui gagnent le moins. Les auteurs en appellent donc à « une révolution fiscale ».

Figure 2 – Un système fiscal faiblement progressif... ou franchement régressif ?

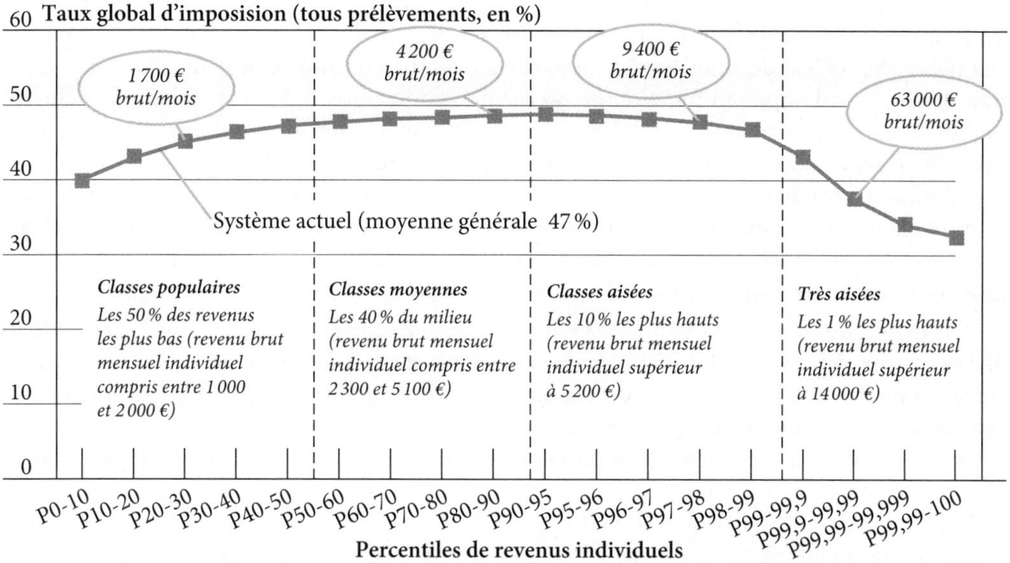

Lecture : le graphique montre le taux global d'imposition (incluant tous les prélèvements) par groupe de revenus au sein de la population de 18-65 ans travaillant à au moins 80 % du plein-temps. P0-P10 désigne les percentiles 0 à 10, c'est-à-dire les 10 % des personnes avec les revenus les plus faibles ; P10-20 les 10 % suivants... P99,999-100 désigne les 0,001 % les plus riches. La moyenne générale d'imposition est de 47 % en moyenne. Les taux d'imposition croissent légèrement avec le revenu jusqu'au 95e percentile, puis baissent avec le revenu pour les 5 % les plus riches.

Source : C. Landais, T. Piketty et E. Saez, *Pour une révolution fiscale*, chap. 1, p. 50, 2011.

b. — Inciter monétairement au détriment de la redistribution

La prise en compte croissante de l'objectif d'incitation dans le système socio-fiscal depuis les années 1980 fragilise sa capacité à redistribuer, tant du côté des prélèvements que du côté des prestations sociales.

Du côté des prélèvements, le principe constitutionnel d'imposition des citoyens selon leurs capacités contributives commande une progressivité de l'impôt sur le revenu. Cependant, la tranche supérieure de l'impôt sur le revenu est passée de 65 % en 1982 à 40 % en 2010, puis est remontée à 45 % depuis 2012. La contribution de celui-ci à la réduction des inégalités de niveau de vie a ainsi nettement baissé en France, notamment depuis la réforme de 2007, passant de 36,9 % en 1996 à 26,2 % en 2007 pour atteindre 28,7 % en 2011 et 29,5 % en 2015.

Il ne faut pas oublier en effet que les prélèvements peuvent poursuivre d'autres objectifs que le seul objectif de redistribution, notamment celui d'incitation aux comportements vertueux et de financement des dépenses publiques. Or, depuis les années 1980, ces trois objectifs de redistribution, d'incitation et de financement sont suspectés de ne pas être compatibles. L'économie de l'offre au tournant des années 1980 a en effet défendu avec succès auprès des gouvernements conservateurs de M. Thatcher et R. Reagan l'idée que « trop d'impôts tue l'impôt » (A. Laffer) : la hausse des prélèvements nécessaires pour financer des dépenses publiques supplémentaires versées à des fins de redistribution désincite les ménages à travailler et à épargner, donc diminue la production et par conséquent l'assiette sur laquelle les prélèvements sont effectués. En voulant augmenter les impôts, on les diminue : il y a un dilemme entre incitation et redistribution.

C'est à ce titre que, du côté des prélèvements, notamment de l'impôt sur le revenu, des baisses des taux marginaux ont été conçues comme nécessaires, diminuant la contribution de l'impôt sur le revenu à la lutte contre les inégalités de niveaux de vie. De telles mesures incitatives bénéficient aux plus riches et leur accumulation tend même à remettre en cause le principe d'une participation de chacun à l'impôt en fonction de ses facultés contributives. De l'après-Seconde Guerre mondiale au début des années 1980, les classes supérieures des pays d'Europe continentale s'étaient plus ou moins résignées à des taux de prélèvement relativement élevés. La mondialisation leur permet maintenant d'y échapper ou de menacer d'y échapper. La société de semblables qu'avait finalement engendrée l'État-providence (*cf. infra*, II) tend à être remise en cause : la redistribution est plus difficile à organiser et à faire accepter à mesure que le pays devient moins homogène. La capacité des pays à organiser la redistribution par l'impôt s'érode ainsi progressivement.

De même, du côté des prestations, la redistribution est remise en cause. Alors que la faiblesse de l'écart entre le revenu minimum des sans-emploi et des salariés était considérée auparavant comme positive à la fois du point de vue de la justice sociale (l'égalité des conditions) et de l'efficacité économique (comme soutien de la demande), on lui reproche désormais de créer une trappe à inactivité, les travailleurs les moins qualifiés étant peu incités au retour à l'emploi compte tenu de la faiblesse du gain. Le débat sur les trappes à inactivité depuis le milieu des années 1990 en France a néanmoins contribué à mettre en évidence l'injustice dont sont victimes les travailleurs pauvres, notamment du fait du RMI (instauré en 1988) et des droits connexes qui y sont attachés (environ tout de même 20 % du RMI). Selon D. Anne et Y. L'Horty (« Transferts sociaux locaux et retour à l'emploi », *Économie et Statistique* n° 357-358, 2002), un couple avec deux enfants par exemple doit travailler 44 h 30 au SMIC horaire par semaine pour atteindre le même niveau de vie qu'en restant au RMI et en bénéficiant des droits connexes liés à ce statut (transports publics gratuits, tarif préférentiel de la cantine scolaire pour les enfants, prime de Noël, etc.). Le taux marginal de prélèvement sur le RMI est en effet de 100 % (même si à partir de 1992, un intéressement est mis en place, il ne permet de cumuler les revenus d'activité avec le RMI que pendant un an) : tout euro gagné en travaillant diminue d'autant le montant du RMI. L'incitation au retour à l'emploi est ainsi nulle – ce qui a justifié le remplacement du RMI par le RSA (revenu de solidarité active) au 1er juin 2009, mais la redistribution est forte puisque jusqu'à l'équivalent de 15 550 euros annuels dans le cas-type évoqué, le niveau de vie est le même.

Le principe du RSA est de cumuler des revenus d'activité et le revenu de solidarité afin que le travail paie dès la première heure effectuée. Pour cela le taux marginal de prélèvement est limité à 38 % : pour 100 euros gagnés en travaillant, le revenu de solidarité ne baisse plus que de 38 euros, si bien que la personne a élevé ses revenus de 62 euros. Selon D. Anne et Y. L'Horty (« Aides sociales locales, RSA et gains au retour à l'emploi », *Économie et Statistique* n° 429, 2009), même en tenant compte des aides sociales locales (les droits connexes), le RSA rend le retour à l'emploi rémunérateur dans la quasi-totalité des 13 villes étudiées et des configurations familiales. Il faudrait néanmoins transformer les aides locales liées au statut du RSA en aides sous condition de ressources pour diminuer les effets de seuil lorsque les revenus d'activité augmentent et font sortir la personne du statut du RSA.

Le bénéfice premier du passage du RMI au RSA relève donc de la justice sociale : toute personne qui travaille gagne plus qu'une personne qui ne travaille pas. En revanche, la montée en régime du dispositif a été décevante (1,84 million de bénéficiaires en septembre 2016), preuve que la question de la stigmatisation n'a pas été réglée. Le remplacement du RSA activité par la prime d'activité (PA) au 1er janvier 2016, présentée comme une aide à l'emploi, donc moins stigmatisante que le RSA et plus simple d'accès, a permis d'augmenter le taux de recours. O. Bargain, S. Carcillo, Y. L'Horty et É. Lehmann (« Mieux lutter contre la pauvreté par des aides monétaires », *Note du CAE* n° 41, 2017) proposent d'aller plus loin en automatisant les versements sous condition de ressources pour mettre fin au non-recours, ce qui pourrait passer selon eux par la fusion du RSA et de la PA au sein d'un revenu de base unique, sous condition de ressources, et associé à un programme d'insertion pour les personnes sans emploi. L'activation (*cf. infra,* II) des inactifs risque néanmoins de déboucher sur l'institutionnalisation de sous-emplois de quelques heures par semaine, contribuant à la consolidation d'un « précariat » (R. Castel, « Au-delà du salariat ou en deçà de l'emploi ? », *in* S. Paugam (dir.), *Repenser la solidarité. L'apport des sciences sociales*, 2007). Enfin, la crise économique dans laquelle est entrée l'économie française à partir de 2009 pose à nouveau davantage le problème de l'insuffisance de la demande de travail que celle de l'offre de travail.

2. – L'offre de services publics et la réglementation

Le niveau de vie des ménages est souvent modifié par les transferts et prélèvements monétaires précédents, mais il bénéficie également de transferts des administrations publiques « en nature », c'est-à-dire opérés sous forme de services gratuits ou délivrés à faible coût. La réglementation peut également infléchir le fonctionnement du marché dans le sens de l'égalité.

a. — Les services publics réduisent les inégalités et leur reproduction

Ces services publics touchent en particulier les domaines de la santé, de l'éducation et du logement social. Ils répondent au souci de garantir aux personnes un accès *a priori* identique aux soins, à l'éducation ou aux services de logement, quel que soit leur niveau de ressources. Ils répondent ainsi davantage à un objectif d'équité que de redistribution. D'un point de vue comptable, ces transferts en nature ne font pas partie du revenu disponible brut (RDB) mais s'y ajoutent pour constituer un second agrégat, le revenu disponible ajusté (RDBA).

Dans cette nouvelle perspective (*cf.* tableau ci-dessous datant de 2008, faute d'actualisation par l'INSEE), la redistribution monétaire réalise désormais tout juste 50 % (32 % + 17,5 %) de la réduction des inégalités. Les transferts en nature apparaissent bien davantage redistributifs puisqu'ils contribuent pour 69 % à la réduction des inégalités.

Ceci s'explique avant tout par l'importance des sommes dépensées, notamment dans la santé et l'éducation. En 2011, l'INSEE évalue ainsi la dépense des ménages en éducation à 9,2 milliards d'euros tandis que les administrations publiques y consacrent dix fois plus, à savoir 95,5 milliards d'euros. Avec une contribution de 36,5 % à la réduction des inégalités, l'éducation est même le transfert en nature des administrations publiques vers les ménages le plus redistributif. Il est en effet très progressif en raison de la surreprésentation des ménages avec enfants dans le bas de l'échelle des niveaux de vie. D'un poids comparable, mais d'une progressivité moindre, la santé contribue à hauteur de 29,6 % à la réduction des inégalités globales de niveau de vie.

Enfin, les prélèvements sur les ménages laissés de côté jusqu'à présent, en particulier un certain nombre de taxes sur la consommation (taxe sur la valeur ajoutée, taxe intérieure sur les produits pétroliers, droits de consommations sur les tabacs, etc.) et sur l'investissement (prélèvements sur les transactions immobilières et sur les gros travaux) affectent aussi les niveaux de vie. Ces prélèvements sur la consommation et l'investissement sont les seuls instruments dont l'effet final tend à augmenter les inégalités de niveaux de vie : ils y contribuent à hauteur de 18,6 %, dont 17,9 % au titre des impôts sur la consommation.

Tableau 3 – Contribution à la redistribution
(en %)

Champ « habituel » de la redistribution	Prélèvements	17,5
	Cotisations et cotisations redistributives	*2,8*
	Impôt sur le revenu (net PPE)	*14,7*
	Taxe d'habitation	*0,0*
	Prestations	32,0
	Prestations familiales	*14,5*
	Aides au logement (location)	*8,0*
	Minima sociaux	*7,9*
	Allocation personnalisée d'autonomie	*1,6*
Transferts en nature des administrations publiques vers les ménages	Total services	69,0
	Santé	*29,6*
	Éducation	*36,5*
	Logement social	*2,9*
Impôts indirects	Total impôts indirects	- 18,6
	Taxes sur la consommation	*- 17,9*
	Taxes sur l'investissement	*- 0,7*
Niveau de vie « final »		**100**

Source : E. Amar, M. Beffy, F. Marical, E. Raynaud, « Les services publics de santé, éducation et logement contribuent deux fois plus que les transferts monétaires à la réduction des inégalités de niveau de vie », *in France, portrait social*, INSEE, 2008.

Note : le revenu « final » ou niveau de vie « final » est le revenu ajusté (*cf.* schéma *supra*) corrigé des prélèvements sur la consommation et l'investissement.

Se loger est une possibilité que les pauvres n'ont pas, c'est pourquoi le logement social est apparu à la fin du XIXe siècle. Depuis la loi Siegfried (1894) qui organise les premières formes du logement social, les habitats à bon marché (HBM), le logement social s'est développé notamment à l'occasion de la crise du logement après la Seconde Guerre mondiale. Sur les 2,15 millions de logements sociaux construits entre 1955 et 1975, les deux tiers sont situés dans les dizaines de grands ensembles qui voient le jour au même moment dans des ZUP (zones à urbaniser en priorité) à la périphérie des villes existantes, mal reliées au centre. En 2016, sur 29,2 millions de résidences principales, dont 11,6 millions sont mises en location, le logement social représente 4,9 millions, soit 16,8 % des résidences principales. Lorsqu'un ménage accède à un logement social, il paie *a priori* un loyer plus faible que s'il louait ce logement sur le marché libre. Il bénéficie donc d'une subvention implicite des administrations publiques qui correspond à la différence de loyer (corrigé des allocations logement, *cf. supra*) entre le secteur libre et le secteur locatif social pour ce logement.

La part des dépenses de logement social dans le revenu disponible ainsi mesurée est très faible et leur effet redistributif final est par conséquent limité (2,9 %). Pour comparaison, l'incidence des aides au logement, dont le poids dans le revenu disponible est à peine plus élevé, est près de trois fois plus importante. Les aides au logement bénéficient en effet aux plus pauvres.

Figure 3 – Poids des services des administrations publiques et des taxes sur la consommation et l'investissement par rapport au revenu net, selon le niveau de vie avant redistribution

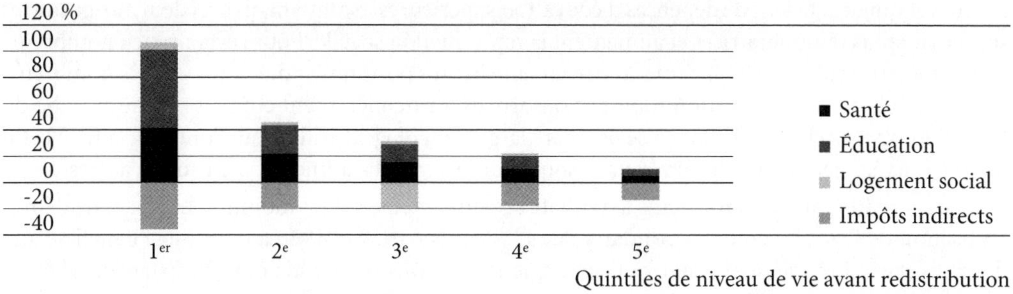

Source : E. Amar, M. Beffy, F. Marical, E. Raynaud, « Les services publics de santé, éducation et logement contribuent deux fois plus que les transferts monétaires à la réduction des inégalités de niveau de vie », dans *France, portrait social*, INSEE, 2008.

b. — Le service public d'éducation, réducteur d'inégalités ?

Dans le cadre d'analyse de J. Rawls, l'accès à des biens fondamentaux doit être garanti afin de permettre à chacun de mener sa vie comme il l'entend et non d'être contraint dans ses projets. L'égalité des chances commande de plus que les positions sociales les plus valorisées dans une société soient ouvertes à tous et ne soient pas préemptées par certains groupes. C'est à cette condition que les inégalités de positions peuvent être légitimes. Certes, J. Rawls n'inclut pas explicitement l'éducation (et la santé) dans les « biens premiers sociaux », mais une société juste fournit à chacun la possibilité de faire l'effort et même doit « donner le plus à ceux qui ont le moins », donc compenser, au moins en partie, le manque de talent naturel. Une manière pour la société de s'acquitter d'une telle tâche est de promouvoir un service public d'éducation.

Dans la lignée des critiques faites aux travaux de G. Becker (1964) sur les investissements en capital humain comme résultat d'un calcul coûts/avantages d'individus rationnels, un service public d'éducation trouve aussi sa justification dans sa contribution à l'efficacité économique. La rationalité limitée des acteurs et l'imperfection du marché du crédit font que les enfants, notamment ceux issus de milieux modestes, risquent de ne pas suffisamment s'éduquer. La croissance économique est alors plus faible.

La massification scolaire est la généralisation de l'accès à l'école pour les générations récentes. Le lien entre l'origine socioculturelle (mesurée par la position sociale du père ou le niveau de diplôme le plus élevé chez les parents) et le niveau scolaire s'estompe. La massification de l'éducation primaire est l'œuvre de la IIIe République de J. Ferry, mais celle de l'éducation secondaire s'étale des années 1960 aux années 1990. Depuis le milieu des années 1990, les trois quarts d'une classe d'âge accèdent au baccalauréat. La massification de l'enseignement supérieur se poursuit mais, d'ores et déjà, les diplômés du supérieur représentent 44 % des classes d'âge qui sortent du système éducatif en 2014 (DEPP, *L'État de l'école*, édition 2016).

Pourtant, les inégalités sociales à l'école restent fortes, même plus fortes que dans les systèmes éducatifs des autres pays de l'OCDE. Pour C. Baudelot et R. Establet (*L'Élitisme républicain. L'école française à l'épreuve des comparaisons internationales*, 2009), l'école française se caractérise avant tout par son élitisme : une culture du classement et de l'élimination précoce, doublée d'une grande tolérance aux inégalités et à leur reproduction. Au sein de l'enseignement supérieur coexistent ainsi les universités, relativement ouvertes, et les grandes écoles, particulières sélectives. Or, l'entrée dans ces grandes écoles est fortement déterminée par l'origine sociale, les réservant de fait aux enfants de cadres et d'enseignants. Ce sont ainsi les enfants des ménages les plus aisés qui font les études les plus longues et qui bénéficient de dépenses d'éducation supérieures. Ce faisant, ils accèdent aux positions sociales les plus rémunératrices et alimentent la reproduction sociale. Pour certains, peu nombreux, la méritocratie scolaire est donc une course aux meilleures positions ; pour d'autres, très nombreux, elle se traduit par une relégation rapide et désormais particulièrement coûteuse sur le marché du travail. Au XXIe siècle, l'école française demeure largement otage des idées qui l'ont vue naître à la fin du XIXe : distinguer une petite élite sans se soucier d'élever suffisamment le niveau des autres.

Le genre joue aussi un rôle dans la réussite scolaire, même s'il est moindre. La phase de démocratisation de l'enseignement secondaire dans les années 1950 et 1960 a davantage bénéficié aux filles et celles-ci réussissent mieux à l'école que les garçons (C. Baudelot et R. Establet, *Allez les filles !*, 1992). Pourtant, les parcours scolaires des filles restent marqués par des stéréotypes de genre – elles sont surreprésentées dans les filières littéraire et économique et sociale et sous-représentées dans les filières scientifiques, et, malgré leur meilleure réussite scolaire, elles n'intègrent pas les formations les plus rentables pour leur insertion sur le marché du travail. L'inefficacité des politiques publiques à réduire cette différenciation sexuelle des parcours scolaires est d'autant plus préjudiciable aux filles que le diplôme est devenu plus déterminant qu'avant pour l'accès aux différentes positions sociales. Les inégalités dans le système éducatif expliquent ainsi en partie les inégalités de salaires entre hommes et femmes sur le marché du travail (M. Duru-Bellat, *L'École des filles. Quelle formation pour quels rôles sociaux ?*, 2004).

c. — La réglementation contribue à réduire les inégalités économiques

Dans une économie de marché, la liberté de fixation des prix est présentée comme la condition de l'efficacité économique. Néanmoins, à certaines périodes de l'histoire en France, par exemple, un contrôle des prix a pu être établi, comme le contrôle des loyers initié pendant la Première Guerre mondiale, pour préserver le pouvoir d'achat des ménages. C'est cependant l'action sur les prix des facteurs de production qui intéresse principalement la réduction des inégalités économiques. Si l'État ne détermine directement que la rémunération des fonctionnaires, il peut néanmoins modifier la répartition primaire des revenus par la législation. Les économistes distinguent en général les rationnements de marché provoqués respectivement par des prix planchers (comme le salaire minimum) et des prix plafonds (comme le contrôle des loyers). Compte tenu des effets statiques et dynamiques de ces contrôles des prix, les économistes préconisent souvent de les écarter et de leur substituer éventuellement une action correctrice des prix de marché *a posteriori* par la redistribution monétaire *(cf. supra)*. Pourtant, l'exemple du salaire minimum montre que ce n'est pas forcément le cas.

Le salaire minimum interprofessionnel de croissance (SMIC) en France est accusé d'être responsable d'une partie du chômage et de creuser les inégalités en privant certains individus, souvent les moins qualifiés, d'un accès au marché du travail. Instauré en 1970 en remplacement du salaire minimum interprofessionnel garanti (SMIG), qui était indexé sur l'inflation mais pas sur la croissance, le SMIC a certes permis, dans le sillage de la forte hausse du SMIG de 1968, de réduire les inégalités de salaires en France : entre 1968 et 1983, le pouvoir d'achat des salariés au SMIC a notamment augmenté de 130 %. Cependant, la hausse du chômage des salariés rémunérés autour du SMIC a accompagné ce mouvement de sorte qu'un chômage classique se serait ainsi développé en France selon certains économistes, tels P. Cahuc et A. Zylberberg (*Le Chômage : fatalité ou nécessité ?*, 2005). La productivité marginale de nombreux travailleurs est trop faible pour compenser un salaire horaire minimum si élevé, si bien qu'ils sont mis à l'écart (hausse du chômage) ou seulement utilisés les quelques heures où leur productivité est suffisante et où ils sont donc rentables économiquement (hausse du temps partiel et des emplois précaires). La baisse des inégalités salariales obtenue par l'instauration du SMIC aurait donc pour effet pervers de produire une hausse des inégalités face à l'emploi (chômage, temps partiel, emplois précaires).

En revanche, aux États-Unis, le capitalisme fondé sur le marché laisse une plus grande place à l'ajustement marchand des salaires, de sorte que si le chômage est resté plus faible, les inégalités salariales ont augmenté de 20 % entre les qualifiés et les non-qualifiés entre 1979 et 1995 (P. Krugman *et alii*, Économie internationale, 9e édition, 2012). À travers des exemples empiriques, l'ouvrage de D. Card et A. Kruger, *Myth and Measurement : the New Economics of the Minimum Wage* (1995) dénonce des situations où le pouvoir de monopsone sur le marché du travail conduit à un niveau de salaire inférieur au niveau concurrentiel. Dans une étude empirique sur les *fast-food* du New Jersey, la hausse du salaire minimum dans cet État en 1992 conduit ainsi à la hausse de l'emploi. L'instauration d'un salaire plancher suffisamment élevé par l'administration fédérale peut donc réduire les inégalités tout en améliorant l'efficacité économique en compensant au moins partiellement la structure non concurrentielle de marché.

Même si on ne peut pas rendre compte de la hausse des inégalités salariales aux États-Unis par l'existence d'un pouvoir de monopsone, un salaire minimum dont le niveau n'est pas trop faible est efficace économiquement et juste socialement. D'ailleurs, les études empiriques sur le salaire minimum ont des conclusions ambiguës, même lorsqu'elles s'intéressent à l'importance de l'écart entre le salaire minimum et le salaire moyen ou le salaire médian. Depuis la crise de 2007, l'Angleterre (2015) et certains États des États-Unis (2016) se sont engagés dans un processus d'augmentation du salaire minimum alors que l'Allemagne en a créé un au niveau fédéral (2015). Destinées d'abord à contrer les effets déflationnistes de la compression des salaires (argument keynésien), ces mesures ont également des visées de correction des inégalités dont la responsabilité dans la crise est aujourd'hui avérée (argument classique).

Sur les marchés des biens et services, certains suggèrent plutôt de libérer les prix : en réduisant les rigidités des marchés de biens et services, notamment dans les industries en réseaux (transports, énergie, etc.) et le commerce de détail, l'offre devient plus concurrentielle, les prix baissent et vont accroître le pouvoir d'achat des consommateurs. De même, il serait possible de faire baisser les prix par une réforme des professions réglementées, qui bénéficient soit de monopoles légaux, soit de barrières à l'entrée (conditions de diplômes, *numerus clausus,* charges patrimoniales), soit de tarifs réglementés (dans le droit, la médecine, l'artisanat, l'urbanisme, etc.) : la plus grande ouverture à la concurrence (en revoyant le régime d'autorisation de prestations qui régit leur accès) pourrait entraîner des baisses de tarifs qui libéreraient du pouvoir d'achat pour les ménages, notamment pour les plus modestes. Autrement dit, plutôt que d'augmenter le salaire minimum, on encourage la baisse des prix afin de hausser le pouvoir d'achat sans toucher à son niveau nominal, ce qui peut être favorable à la compétitivité des produits nationaux.

Enfin, les réglementations traduisent aussi les préférences collectives en matière d'inégalités. La question de la diversité des modèles économiques a été traitée par Michel Albert, (*Capitalisme contre capitalisme,* 1991) : il introduit la distinction entre le modèle rhénan et le modèle néo-américain. On doit à Bruno Amable (*Les Cinq Capitalismes. Diversité des systèmes économiques et sociaux dans la mondialisation*, 2005) une analyse institutionnelle élargie à l'ensemble des économies développées contemporaines. Les institutions sont des règles, formelles et informelles, du jeu économique : elles ouvrent et ferment des possibilités et orientent par là les comportements des acteurs économiques. Nos économies diffèrent ainsi, selon B. Amable, de par les institutions particulières dans les domaines de la concurrence sur les marchés de produits, du marché du travail et de la relation d'emploi, de la protection sociale, du système éducatif et du système financier. Les complémentarités institutionnelles associées à ces institutions particulières sont spécifiques, définissant des types de capitalisme distincts (*cf.* tableau ci-dessous).

Tableau 4

	Capitalisme fondé sur le marché (États-Unis, Royaume-Uni)	Capitalisme européen continental (France, Allemagne)	Économies sociales-démocrates (Danemark, Suède)	Capitalisme asiatique (Japon)
Concurrence sur le marché des produits	La concurrence par les prix est centrale : l'État n'intervient pas, les variations de prix coordonnent les agents économiques (ménages, entreprises, etc.).	La concurrence par les prix s'accompagne d'une concurrence par la qualité : engagement de l'État, la coordination « hors-prix » des agents économiques est forte.	Grande importance de la concurrence par la qualité, fort engagement de l'État, la coordination « hors-prix » des agents économiques est forte.	La concurrence par les prix s'accompagne d'une concurrence par la qualité : engagement de l'État, la coordination « hors-prix » des agents économiques est forte.
Rapport salarial	Faible protection de l'emploi, flexibilité externe, pas de politique de l'emploi active, stratégies défensives des syndicats, décentralisation de la négociation salariale.	Forte protection de l'emploi, flexibilité externe limitée, politique de l'emploi modérément active, syndicats modérément forts, coordination de la négociation salariale.	Protection de l'emploi modérée, politique de l'emploi active, syndicats forts, centralisation des négociations salariales.	Protection de l'emploi dans la grande firme, flexibilité externe limitée et dualisme du marché du travail, aucune activation de la politique de l'emploi, décentralisation de la négociation salariale.
Secteur financier	Forte protection des actionnaires minoritaires, faible concentration de la propriété, grande importance des investisseurs institutionnels, marché actif pour les fusions-acquisitions, sophistication des marchés financiers, développement du capital-risque.	Faible protection des actionnaires extérieurs, forte concentration de la propriété, aucun marché actif pour les fusions-acquisitions, faible sophistication des marchés financiers, développement modéré du capital-risque, forte concentration bancaire.	Forte concentration de la propriété, importance des investisseurs institutionnels, pas de marché pour les fusions acquisitions, faible sophistication des marchés financiers, haut degré de concentration bancaire.	Faible protection des actionnaires extérieurs, forte concentration de la propriété, participation des banques à la gestion des entreprises, pas de marché pour les fusions-acquisitions, aucune sophistication des marchés financiers, haut degré de concentration bancaire.
Protection sociale	Faible protection sociale, faible participation de l'État, accent sur le soulagement de la pauvreté, système de retraite par capitalisation.	Haut degré de protection sociale fondée sur l'emploi, engagement de l'État mais financement par des cotisations, systèmes de retraite par répartition.	Haut niveau de protection sociale, forte participation de l'État qui assure le financement par l'impôt.	Faible protection sociale, accent sur le soulagement de la pauvreté, faible part des dépenses sociales dans le PIB.
Éducation	Faibles dépenses publiques, système d'enseignement supérieur très compétitif, éducation secondaire non homogénéisée, accent sur les compétences générales et formation tout au long de la vie.	Haut niveau des dépenses publiques, forts taux de scolarisation dans l'éducation secondaire, accent sur l'homogénéité de celle-ci, accent sur les compétences spécifiques.	Haut niveau de dépenses publiques, forts taux de scolarisation, accent sur la qualité de l'éducation primaire et secondaire, accents sur les compétences spécifiques et la formation permanente.	Faible niveau des dépenses publiques, forts taux de scolarisation, accents sur l'éducation secondaire, technique et les compétences spécifiques.

Source : Extrait de Bruno Amable, *Les Cinq Capitalismes. Diversité des systèmes économiques et sociaux dans la mondialisation*, Seuil, 2005. Le capitalisme méditerranéen n'est pas présenté ; quelques modifications et simplifications ont été apportées par l'auteur.

Par exemple, un ensemble de règles organise dans le capitalisme européen continental et social-démocrate le marché du travail, à commencer par celles relatives à la fixation des salaires qui permettent de lutter contre les inégalités salariales. L'instauration légale d'un salaire minimum (en France) ou des négociations entre les syndicats des salariés et des employeurs dans les économies sociales-démocrates (en Suède par exemple) fixent un salaire plancher en deçà duquel il est interdit de rémunérer un salarié. En France, le taux de syndicalisation des salariés est faible et de l'ordre de 8 %, si bien que les inégalités de salaires sont bornées par le bas grâce à la hausse régulière du SMIC. Plus qu'un choix entre efficacité économique et justice sociale, chaque configuration institutionnelle lutterait ainsi contre certaines inégalités dont on peut penser que la population les tolère peu, et laisserait en revanche proliférer d'autres inégalités.

Il demeure que toutes les configurations institutionnelles ne sont pas égales ; pour B. Amable comme pour C. Mathieu et H. Sterdyniak (« Le modèle social européen et l'Europe Sociale », *Revue de l'OFCE*, 2008), le modèle des économies sociales-démocrates de l'Europe du Nord représente une configuration institutionnelle supérieure, aussi efficace économiquement, mais surtout beaucoup plus juste socialement que le modèle anglo-saxon (*cf.* le triangle d'or danois, *infra*, II).

3. – Les politiques de discrimination positive : l'exemple français

La lutte pour l'égalité passe de plus en plus par la reconnaissance des comportements discriminatoires. Les politiques dites de discrimination positive en France ont néanmoins des objectifs plus larges.

a. — Qu'est-ce que la discrimination positive ?

En traitant également des personnes dont les conditions sociales sont inégales, l'égalité formelle a été accusée, notamment par la critique marxiste, de légitimer les inégalités réelles. Afin de satisfaire les aspirations à l'égalité réelle des individus dans les sociétés démocratiques (Tocqueville, *De la démocratie en Amérique*, 1834), la discrimination positive « *institue une inégalité formelle en faveur d'un certain groupe d'individus en vue de parvenir à une réelle égalité des chances entre les uns et les autres* » selon L. Ferry dans son introduction à *Pour une société de la nouvelle chance. Une approche républicaine de la discrimination positive* (2005).

D. Schnapper (« Lutte contre les discriminations et lien social », *in* S. Paugam (dir.), *Repenser la solidarité. L'apport des sciences sociales*, 2007) distingue deux types de « politiques communément dites de discrimination positive ».

La première consiste à prendre des mesures pour compenser les handicaps sociaux, mais qui conservent le principe de l'égalité formelle : on « donne plus à ceux qui ont moins » pour assurer l'égalité des chances, c'est-à-dire faire reposer les inégalités sociales sur les différences de « capacité » des individus (*cf. supra*, J. Rawls, 1971). C'est ainsi le rôle des bourses au mérite dans l'Éducation nationale.

La seconde en revanche consiste à atteindre l'égalité des résultats en imposant la représentation égale des groupes particuliers (sexe, origine ethnique ou raciale) dans les diverses institutions sociales, donc en suspendant l'égalité formelle. La parité hommes-femmes imposée dans certaines élections en France s'inscrit dans cette logique (*cf. infra*). Selon D. Schnapper, il faut réserver à ce second type de politiques le terme de « discrimination positive ». Ces politiques remettent en question le principe de l'égalité des individus en les assignant à un groupe d'origine (*cf. supra*, C. Taylor, 1992).

La discrimination positive instaure un dispositif préférentiel qui rompt avec l'égalité en droits au profit de certains groupes jugés être dans des situations si défavorables que les politiques traditionnelles de lutte contre les inégalités sont insuffisantes. Née aux États-Unis, la politique de discrimination positive – *affirmative action* – s'inscrit d'abord dans une logique de réparation envers les Noirs et dans le mouvement social des « droits civiques » (*cf.* D. Sabbagh, *L'Égalité par le droit. Les paradoxes de la discrimination positive aux États-Unis*, 2003). En 1965, l'*Executive Order 11246* du Président Johnson encadre les politiques d'actions positives qui commencent à être expérimentées depuis le début des années 1960, dans les universités notamment. Des places sont réservées aux Noirs à l'école, puis dans l'emploi. Ces accès privilégiés de certains Noirs doivent permettre de dégager une élite noire dont le dividende sera double : à la fois fragiliser le stéréotype racial des Blancs – les Noirs sont bons à rien – et proposer aux Noirs des modèles auxquels s'identifier (G. Calvès, *La Discrimination positive*, 4e édition, 2016). Néanmoins, au début des années 1980, des étudiants d'autres minorités ethniques (asiatiques et hispaniques notamment) ont obtenu de la justice la remise en cause de certains dispositifs d'*affirmative action.* Au même moment, ces dispositifs sont aussi accusés de favoriser un recrutement moins diversifié que dans les décennies précédentes, en l'occurrence dans les classes moyennes, au détriment des milieux sociaux défavorisés des ghettos. De même, C. K. Meyers (2005) utilise la suppression des programmes d'*affirmative action* en Californie en 1996 dans l'éducation et dans le recrutement de la fonction publique pour en mesurer l'impact. Elle découvre qu'après leur suppression, le taux d'activité des minorités a baissé. Ainsi, ces programmes doivent à tout le moins être poursuivis beaucoup plus longtemps que ce qui avait été envisagé au départ pour obtenir des résultats contre la discrimination au travail. Mais c'est alors un problème pour nos démocraties : en sont-elles encore tout à fait si l'égalité formelle est suspendue de manière permanente ?

En France, le refus proclamé de prendre en compte toute dimension « ethnique » au nom du « modèle républicain » est dans les faits contourné par les politiques publiques qui favorisent certaines populations en les définissant non pas de manière « ethnique » mais par des critères territoriaux et sociaux. Ainsi la politique de la ville identifie par exemple des « zones sensibles » (1991) ou des « zones franches » (1996) selon des critères socioéconomiques (taux de chômage, pauvreté, etc.) alors qu'une politique ouverte de discrimination positive aurait directement visé selon un critère « ethnique » les populations immigrées les plus modestes concentrées dans les « quartiers ». Il en est de même s'agissant de la politique des « zones d'éducation prioritaire » (ZEP) mise en place dès les années 1980 (*cf. infra*).

Cette euphémisation de la discrimination positive est apparue en France comme une nécessité pour gérer de manière pragmatique les tensions entre égalité formelle et égalité réelle. Car, par définition, pour assurer l'égalité réelle, les politiques de discrimination prennent en compte des critères contraires (origine historique, religion ou traits phénotypiques) à l'égalité formelle qui fonde la citoyenneté. Selon D. Schnapper, cet infléchissement de la politique française, qui conduit à prendre en compte les singularités historiques et identitaires dans le pays qui y résistait le plus fortement, est un signe de la force de la dynamique démocratique.

Néanmoins, selon G. Calvès (*La Discrimination positive*, 4e édition, 2016), celle-ci s'est accompagnée dès la fin des années 1990 du passage au second plan de la répression des faits discriminatoires, dont la violation expose pourtant théoriquement à des sanctions pénales. Elle s'est trouvée diluée, à l'instigation des pouvoirs publics, dans des pratiques diverses de « conciliation » et de « médiation ». Les victimes présumées de discrimination ont été encouragées non pas à déposer plainte auprès de la justice mais à faire leurs « réclamations » auprès de la Haute Autorité de lutte contre les discriminations et pour l'égalité (HALDE, 2005-2011 ; et, depuis, le Défenseur des droits), pourtant dépourvue de tout pouvoir de sanction. Ainsi, l'arme du droit a été mise de côté et tout se passe comme si s'opérait de fait une décriminalisation des comportements discriminatoires. L'action des pouvoirs publics apparaît ainsi comme ambiguë : d'un côté ils prennent des mesures de discrimination positive qui peuvent remettre en cause l'égalité formelle et, de l'autre, ils se refusent à prendre au sérieux les faits discriminatoires qui contestent la simple égalité en droit des citoyens.

S'agissant de la France, on peut s'attacher à faire ici très (trop) rapidement un double bilan : celui de la politique des zones d'éducation prioritaire menée depuis 1982 et celui de la loi sur la parité entre femme et homme en politique, votée en 2000. La première consiste à donner davantage à ceux qui ont le moins dans un objectif d'égalisation des chances et ne relève pas à proprement dit d'une politique de discrimination positive si l'on suit D. Schnapper (*cf. supra*), la seconde en est en revanche un exemple parfait puisque la loi de 2000 remet en cause l'égalité formelle à des fins d'égalisation réelle.

b. — Deux exemples français de discrimination positive : la politique des ZEP et la loi sur la parité.

En France, la politique d'éducation prioritaire est mise en place à la rentrée scolaire 1982 par A. Savary, ministre de l'Éducation nationale. L'objectif poursuivi, maintes fois défini et rappelé dans la réglementation, est de « *renforcer l'action éducative dans les zones où les conditions sociales sont telles qu'elles constituent un facteur de risque, voire un obstacle, pour la réussite scolaire des enfants et des adolescents et donc, à terme, pour leur intégration sociale* » (circulaire n° 90-028 du 3 février 1990, citée par P. Merle *in La Ségrégation scolaire*, 2012). Ces zones sont dites « zones d'éducation prioritaire » (ZEP). Il est néanmoins difficile de faire le bilan de la politique d'éducation prioritaire car elle a été remodelée plusieurs fois depuis 1982. De 1982 à 2004, la métamorphose est d'abord numérique puisque la proportion des collégiens concernés est passée de 8 % à 20 %, notamment à l'occasion de la création des « réseaux d'éducation prioritaire » (REP) par S. Royal en 1997. En 2006, la création des « réseaux ambition réussite » (RAR) doit recentrer les moyens vers les établissements qui en ont le plus besoin, après l'extension précédente qui les avait en partie dilués. En 2015, il y a eu une nouvelle actualisation du dispositif et des aménagements avec le retour à la dénomination REP, mais toujours avec un recentrage des moyens (deux fois plus en REP+ qu'en REP).

Au-delà des difficultés d'évaluation liées à l'instabilité du dispositif, la plupart des études ont conclu à un bilan mitigé, voire négatif, de la politique d'éducation prioritaire. R. Bénabou, F. Kramarz et C. Prost (« Zones d'éducation prioritaire : quels moyens pour quels résultats ? », *Économie et Statistique* n° 380, 2004) concluent à un effet non significatif sur les résultats scolaires pour des élèves en ZEP par rapport à des élèves à profil identique hors ZEP.

Il faut dire que les moyens supplémentaires restent limités : l'effort budgétaire global en faveur des collèges ZEP notamment est inférieur à celui consenti pour les collèges de centre-ville. La discrimination positive est paradoxalement négative (*cf. infra*) car les établissements hors ZEP bénéficient de professeurs plus expérimentés, donc en moyenne mieux rémunérés, et d'une offre scolaire plus attractive (plus d'options, de sections linguistiques). La mauvaise image scolaire contribue au *turnover* élevé et à l'instabilité du corps enseignant. Les attentes des enseignants à l'égard des élèves sont limitées, ce qui exerce un effet négatif sur leur progression.

Le recentrage des moyens sur les collèges « ambition réussite » (RAR) à partir de 2006 a dégradé la réussite scolaire dans ces établissements car leur étiquetage a renforcé la stigmatisation, provoquant des stratégies d'évitement de la part des familles et des enseignants. Les demandes de dérogation émanant des familles et de mutation de la part des enseignants ont ainsi fortement augmenté et la ségrégation scolaire et sociale a augmenté. Le bilan négatif des collèges RAR valide plus globalement celui de l'éducation prioritaire : les élèves dont les compétences scolaires sont les plus faibles sont ainsi de plus en plus scolarisés dans les établissements de l'éducation prioritaire. Entre 2003 et 2009, leur part est passée de 25 % à 33 % (*cf.* P. Merle, *ibid.*).

Dès les années 1970, l'ONU et les institutions européennes ont reconnu la logique de discrimination positive en faveur des femmes afin de promouvoir l'égalité de genre : des mesures spécifiques dérogeant au principe de l'égalité de traitement (et notamment des quotas) ont été préconisées pour contrer les effets de la discrimination réelle dont sont victimes les femmes en l'absence de dispositifs formels discriminatoires. La loi du 6 juin 2000, dite « sur la parité », oblige ou incite les partis politiques à présenter autant d'hommes que de femmes à la plupart des élections. Aujourd'hui, une centaine de pays sont de même concernés par l'application de quotas sexués pour remédier à la sous-représentation persistante des femmes en politique. Plus de quinze ans après l'adoption de la loi, constate-t-on un accroissement du nombre de femmes dans les assemblées politiques ? Cette loi est-elle d'autre part un réel levier d'égalité ?

Le succès relatif de la loi sur la parité était inscrit dans ses termes mêmes. Elle a été votée par des élites politiques très majoritairement masculines (le Parlement était alors composé à 90 % d'élus hommes). Si les mandats municipaux, régionaux et européens ont été fortement affectés par la loi sur la parité, celle-ci n'a eu qu'un impact très limité dans les assemblées politiques où le monopole masculin s'exerçait de la manière la plus massive avant le vote de la loi (Assemblée nationale, Sénat, conseils généraux). Ainsi, le pourcentage de femmes élues à l'Assemblée nationale est passé de 12,3 % en 2002 à 26,9 % en 2012. Dans cette lente progression de la féminisation, les partis politiques ne sont cependant pas égaux : à gauche, les femmes représentent 44,8 % des candidats et 36,7 % des élus, mais, à droite, les femmes représentent 38,4 % des candidats et seulement 12,8 % des élus. Ces disparités mettent en lumière les stratégies électorales des partis politiques et en particulier l'attribution de circonscriptions plus difficiles aux femmes. À l'heure où les femmes ont été nommées à parité au gouvernement, les hommes sont encore très majoritaires au Parlement, y compris à gauche. La sanction financière est pourtant non négligeable du fait de la diminution de la dotation publique aux partis, soit un manque à toucher de 3,9 millions d'euros pour Les Républicains et 0,9 million d'euros pour le Parti socialiste.

À rebours de la plupart des discours qui ont publiquement soutenu la parité, et dans une perspective féministe, notamment soutenue par Christine Delphy (« Pour l'égalité : action positive plutôt que parité », *in Classer, dominer. Qui sont les « autres »?*, 2008), la loi sur la parité est une discrimination positive appliquée aux femmes en tant que minorité : non pas une minorité numérique, mais un groupe *minorisé* dans la structure des rapports de genre. C'est bien parce qu'elles sont concrètement discriminées dans l'accès aux positions politiques par un ensemble de mécanismes plus ou moins visibles (dont certains peuvent se parer des habits de l'universalité et de la méritocratie) que les quotas sexués sont justifiés. Ainsi entendue, la parité est une critique de la « domination masculine » (P. Bourdieu, 1998) et interroge les limites démocratiques de la vision libérale de la représentation politique, qui conduit *de facto* à légitimer le monopole des positions de pouvoir par les membres du groupe majoritaire. La loi sur la parité constitue ainsi un levier pour lutter contre les inégalités structurelles entre hommes et femmes, dans le champ politique et au-delà. Mais elle ne peut pas être le seul. Comme le suggère N. Fraser, les politiques d'égalité pourraient associer une logique de *redistribution* des ressources vers les groupes dominés/minorisés avec une dimension de *reconnaissance* symbolique de ces groupes (*cf. supra*).

C LA HAUSSE DES INÉGALITÉS ÉCONOMIQUES DANS LES PDEM DEPUIS TRENTE ANS : QUELS ENJEUX ?

Au-delà des inévitables querelles de chiffres inhérentes à la mesure d'un phénomène – qui plus est sensible –, le retour d'inégalités économiques croissantes dans les PDEM, notamment aux États-Unis, est désormais bien étayé. Les explications de ce retour des inégalités dans les pays développés sont aussi bien circonscrites. Nombre d'économistes assurent que, désormais, les inégalités économiques ont atteint aujourd'hui dans les PDEM un niveau trop élevé, tant dans une perspective de justice sociale que d'efficacité économique.

1. – Définitions, mesures et évolutions historiques des inégalités économiques dans les PDEM

Réfléchir sur la hausse des inégalités économiques nécessite en premier lieu de les identifier et d'en cerner les frontières. Au cours des trente dernières années, les inégalités économiques internes ont augmenté dans les PDEM, venant remettre en cause la courbe de Kuznets (1955).

a. — Définir et mesurer les inégalités économiques

L'étude des inégalités est longtemps restée un angle mort de la recherche économique car la théorie néoclassique qui s'est imposée depuis le dernier tiers du XIXe siècle évacue la question de la répartition, centrale dans l'analyse classique, notamment chez Ricardo et Marx. L'antinomie ricardienne salaire-profit (*cf.* chapitre 1) disparaît puisque la rémunération supposée des facteurs de production à leur productivité marginale est juste (égalité proportionnelle). Cependant, des travaux, surtout empiriques, se sont multipliés ces dernières décennies, et ont soulevé les effets potentiellement négatifs des inégalités sur le dynamisme économique. Le livre de T. Piketty, *Le Capital au XXIe siècle* (2013), en est probablement le point d'orgue.

Les inégalités économiques sont des différences d'accès aux ressources économiques, les revenus et patrimoines au premier chef. Les revenus (flux) peuvent alimenter les patrimoines (stocks) qui génèrent eux-mêmes des revenus : les inégalités économiques sont donc cumulatives. Pour certains auteurs, comme A. Bihr et R. Pfefferkorn (*Le Système des inégalités*, 2008), elles sont aussi structurantes des inégalités sociales : une plus faible réussite scolaire des enfants peut être liée à l'absence d'une chambre pour soi, conséquence de la faiblesse des revenus des parents par exemple.

Dans nos sociétés salariales (90 % des actifs sont salariés en France aujourd'hui), le revenu principal des individus est le salaire, c'est-à-dire la rémunération de l'offre de travail dans le cadre d'une analyse néoclassique. Les inégalités de salaires renvoient alors aux inégalités de productivité, elles-mêmes découlant des inégalités de capital humain (G. Becker, 1964). Les asymétries d'information sur le marché du travail sont telles, néanmoins, que les écarts sont importants entre les deux, voire dans une relation causale opposée (théorie du salaire d'efficience). La répartition sociale primaire des revenus va de toute manière s'écarter de la répartition fonctionnelle des revenus entre les facteurs de production (travail et capital), car certains acteurs toucheront des revenus mixtes ou des revenus du capital, et pas les autres. L'intervention redistributrice horizontale des assurances sociales et verticale des pouvoirs publics (État, collectivités territoriales) modifie enfin la répartition primaire et débouche sur des inégalités de niveaux de vie des ménages *(cf. supra)*.

Les patrimoines économiques se transmettent de génération en génération. L'héritage a pendant longtemps été accusé d'alimenter les inégalités de patrimoine et de revenus. Selon la dernière enquête de l'INSEE sur les patrimoines (2016), les 10 % de ménages les mieux dotés en patrimoine (D9) possèdent au minimum 595 700 euros d'actifs, alors que les 10 % les plus modestes (D1) en détiennent au maximum 4 300 euros chacun, soit 139 fois moins. Les inégalités de patrimoine sont beaucoup plus marquées que celles des revenus. À titre de comparaison, en 2015, les 10 % de ménages les plus modestes gagnent avant redistribution 21 fois moins que les 10 % qui gagnent le plus.

La mesure des inégalités peut être effectuée tout d'abord par des indicateurs de disparité. En ordonnant les ménages selon le revenu ou le patrimoine par ordre croissant, il est possible de construire un continuum au sein duquel par exemple on peut découper des déciles (des tranches de 10 %) : la médiane (D5) est le revenu ou le patrimoine qui sépare en deux l'effectif. Le rapport inter-déciles (D9/D1) donne le coefficient multiplicateur entre le revenu et le patrimoine des 10 % les plus aisés et les 10 % qui le sont le moins. Les travaux de Piketty, le succès de l'article de J. Stiglitz « *Of the 1 %, by the 1%, for the 1%* » en 2011 et surtout derrière *Occupy Wall Street* avec le slogan « *We are the 99 %* », ont conduit à populariser des études découpant les distributions en centiles (1 %). Avec l'explosion des inégalités tout en haut de la distribution des revenus, des études mobilisent les millimes (0,1 %) et dix-millimes (0,01 %).

La mesure des inégalités peut utiliser des indicateurs de dispersion, au premier rang desquels la courbe de Lorenz – qui rapporte graphiquement, en abscisse, la part cumulée d'une population, à, en ordonnée, la part cumulée d'un critère (revenu, patrimoine, etc.) – et le coefficient de Gini, qui n'est autre que le rapport [A/(A + B)], soit 2A puisque A + B = 1/2 (le coefficient de Gini est donc compris entre 0 et 1).

Figure 4

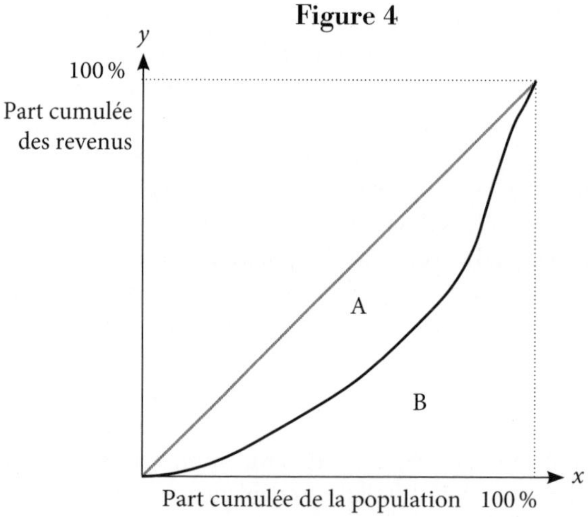

L'avantage du coefficient de Gini est qu'il prend en compte toute la distribution. Ce n'est pas le cas par exemple du rapport inter-décile, qui ne mesure que l'écart entre les deux déciles D1 et D9, sans tenir compte des autres écarts entre déciles. Cependant, l'utilisation du coefficient de Gini n'est pas toujours aisée. Pour mesurer les inégalités de revenu dans le monde par exemple, trois solutions sont habituellement retenues : le PIB/habitant, le PIB/habitant pondéré par la population du pays en question, le revenu individuel. Mais le poids de la population chinoise dans la population mondiale est tel que la hausse rapide du PIB/habitant chinois entre 1980 et 2000 suffit à elle seule à conduire à la baisse des inégalités internationales dans le monde si on pondère les PIB/habitant de chaque pays par le poids relatif de sa population, là où, en l'absence d'une telle pondération, on constate au contraire une hausse des inégalités internationales dans le monde. D'une part, 1/5 de la population mondiale a vu son niveau de vie progresser et ce n'est pas rien, de l'autre, pour les 4/5 restants, les inégalités ont progressé sur la période. Deux résultats somme toute importants.

b. — Les évolutions historiques récentes des inégalités économiques dans les PDEM

Après la Seconde Guerre mondiale, les inégalités économiques à l'intérieur des PDEM ont eu tendance à diminuer. On doit à S. Kuznets (1955) une relation successivement croissante et décroissante entre les inégalités à l'intérieur d'un pays et son niveau de développement (au sens du PIB/habitant). Alors que, dans les premiers temps de l'industrialisation, les inégalités de revenus avaient pu augmenter à la faveur des opportunités saisies par quelques-uns, après la Seconde Guerre mondiale, la croissance économique s'accompagne davantage de la réduction des inégalités grâce au recul des revenus de la propriété, à la progression des salaires pour les travailleurs qualifiés de plus en plus nombreux en lien avec la diversification du salariat et les progrès de l'éducation, mais également, pour S. Kuznets, aux développements nouveaux de l'État-providence.

De fait, la première moitié du XXe siècle a été très défavorable aux propriétaires : deux guerres mondiales et la crise de 1929 ont eu raison de la forte concentration du capital qui caractérisait à la fois l'Europe et les États-Unis de la Belle Époque. T. Piketty montre que la « grande compression » (P. Krugman) des inégalités économiques au XXe siècle est aussi en partie le produit de l'introduction de l'impôt sur les successions et de l'impôt progressif sur le revenu (respectivement 1901 et 1914 pour la France). Jusqu'à la fin des années 1970, leur forte progressivité va maintenir la concentration du capital et des revenus à un niveau historiquement faible.

Figure 5 – Le taux supérieur de l'impôt sur les revenus, 1900-2013 *(en %)*

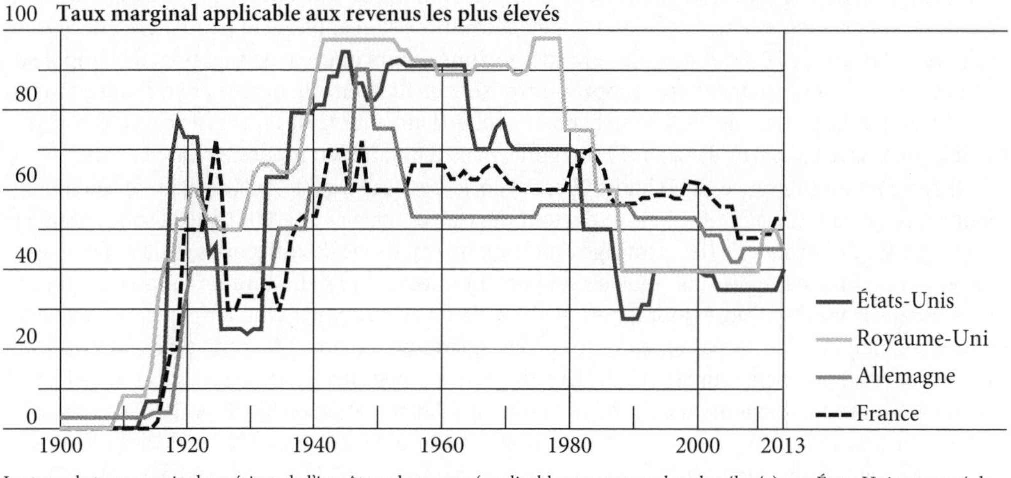

Lecture : le taux marginal supérieur de l'impôt sur le revenu (applicable aux revenus les plus élevés) aux États-Unis est passé de 70 % en 1980 à 28 % en 1988.

Source : piketty.pse.ens.fr/capital21c., repris sur piketty.blog.lemonde.fr/2016/02/18/de-linegalite-en-amerique/

Figure 6 – Le taux supérieur de l'impôt sur les successions, 1900-2013 *(en %)*

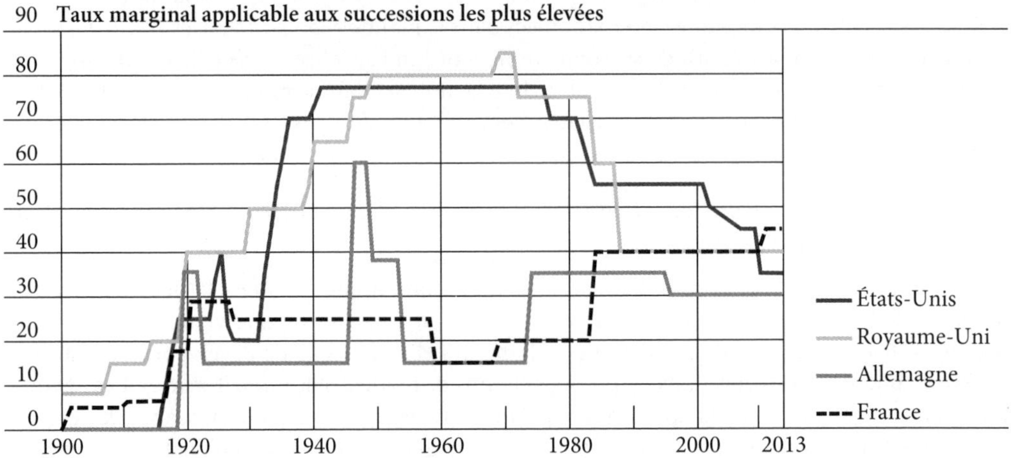

Lecture : le taux marginal supérieur de l'impôt sur les successions (applicable aux successions les plus élevés) aux États-Unis est passé de 70 % en 1980 à 35 % en 2013.

Source : piketty.pse.ens.fr/capital21c., repris sur piketty.blog.lemonde.fr/2016/02/18/de-linegalite-en-amerique/

Il y a un siècle, à la veille de la Première Guerre mondiale, l'impôt sur le revenu n'existait quasiment pas. Puis les taux ont augmenté très vite à partir de la fin de la guerre et du début des années 1920. Tous les pays sont concernés, mais ce sont clairement les États-Unis puis le Royaume-Uni qui sont à l'avant-garde. Si l'on fait la moyenne sur la période 1930-1980, c'est-à-dire un demi-siècle, on constate que le taux applicable aux revenus américains les plus élevés est en moyenne de 82 %, avec des pointes à 91 % des années 1940 aux années 1960, de Roosevelt à Kennedy, et toujours 70 % lors de l'élection de Reagan en 1980. Sur la même période, la France et l'Allemagne se limitent à des taux supérieurs de l'ordre de 50-60 %, ce qui est déjà une révolution par rapport à l'avant-Première Guerre mondiale, mais qui reste modeste en comparaison. L'écart est encore plus massif s'agissant de l'impôt sur les successions. Les États-Unis et le Royaume-Uni appliquent pendant des décennies des taux de l'ordre de 70-80 % aux plus grandes fortunes, alors que le taux marginal de l'impôt sur les successions a généralement été compris entre 20 % et 40 % en Allemagne et en France tout au long du XXe siècle. Le taux de 45 % actuellement appliqué aux plus fortes successions est historiquement le plus élevé jamais utilisé dans l'Hexagone, mais il paraît bien modeste relativement.

Il demeure qu'en France, pendant les Trente Glorieuses, les inégalités salariales en revanche augmentent, ce qui fait dire à L. Chauvel (« Le retour des classes sociales ? », 2001) que ce sont davantage les « inégalités dynamiques » (le rattrapage rapide du niveau de vie des catégories sociales favorisées) que les « inégalités statiques », au sens du rapport interdécile, qui s'effondrent : un ouvrier peut se projeter dans la vie d'un cadre dont il rattrape le niveau de vie en vingt-cinq à trente ans lorsque les salaires augmentent de 5 % par an en termes réels, quand bien même l'écart de niveau de vie entre cadres et ouvriers augmente sur la période. La réduction des inégalités « statiques » est paradoxalement davantage un produit des années 1970, lié notamment à l'instauration du SMIC en 1970, qui passe de la moitié du salaire médian cette année-là à deux tiers du salaire médian en 1982 (calculs de l'auteur à partir de G. Cornilleau, « Inégalités de salaires et de revenu. La stabilité dans l'hétérogénéité », 2012).

Depuis le tournant des années 1980, les inégalités économiques augmentent dans les PDEM, particulièrement aux États-Unis. Les inégalités de revenus primaires comme les inégalités de patrimoine sont d'ailleurs de nos jours beaucoup plus fortes aux États-Unis qu'en Europe (Royaume-Uni, France, Allemagne et Suède). Mais c'était l'inverse il y a un siècle, souligne T. Piketty (*Le capital au XXIe siècle*, 2013), identifiant par conséquent un « grand renversement des inégalités » entre l'Europe et les États-Unis depuis trente ans. De nos jours, aux États-Unis, les 10 % les plus riches possèdent 70 % du patrimoine et les 50 % les plus pauvres ont moins de 5 % du patrimoine alors qu'ils touchent entre 20 et 30 % du revenu. Les États-Unis sont cependant aujourd'hui encore loin du niveau des inégalités de patrimoine en Europe du début du XXe siècle : la classe moyenne américaine a toujours existé et aujourd'hui 30 % à 40 % du patrimoine appartient encore à la classe moyenne (les 40 % qui restent). Il n'y a en revanche aucune réelle classe moyenne en Europe avant les années 1960, lorsque les 10 % les plus riches voient leur part baisser de 90 % à 60 % du patrimoine total. La classe moyenne européenne détient aujourd'hui un peu plus que la classe moyenne américaine, mais c'est un phénomène historique récent.

Figure 7 – L'inégalité patrimoniale : Europe et États-Unis 1810-2010 *(en %)*

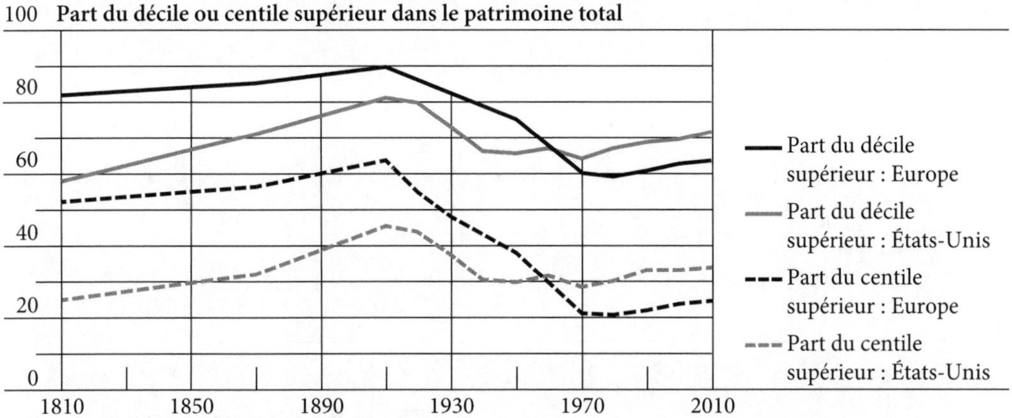

Lecture : jusqu'au milieu du XXe siècle, les inégalités patrimoniales étaient plus fortes en Europe qu'aux États-Unis.

Figure 8 – L'inégalité des revenus : Europe *vs.* États-Unis, 1900-2010 *(en %)*

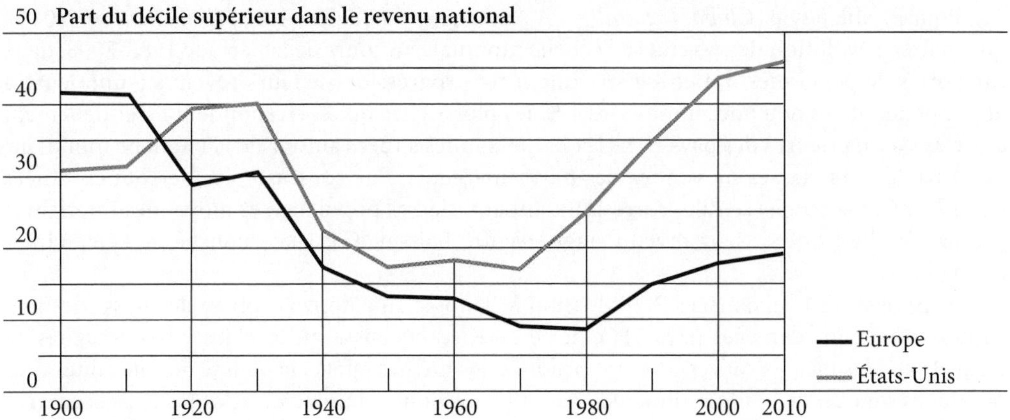

Lecture : la part du décile supérieur dans le revenu national était plus forte en Europe en 1900-1910; elle est nettement plus forte aux États-Unis en 2000-2010.

Source figures 7 et 8 : T. Piketty, *Le Capital au XXIe siècle*, 2013.

De fait, l'OCDE a bien étayé statistiquement un phénomène de hausse des inégalités économiques quasi généralisée dans les PDEM : entre 1985 et 2013, seule la Turquie connaît une baisse des inégalités de revenus. En France, si la hausse des inégalités de revenus apparaît limitée sur la période, elle cache une ouverture de l'éventail des revenus tout en haut de la distribution : selon T. Piketty, entre 1983 et 2015, le revenu moyen des 1 % les plus aisés a progressé de 100 % (en sus de l'inflation), et celui des 0,1% les plus aisés de 150 %, contre à peine 25 % pour le reste de la population (soit moins de 1 % par an).

Figure 9 –
Coefficients de Gini des inégalités de revenu, milieu des années 1980 et 2013, ou dernière année connue

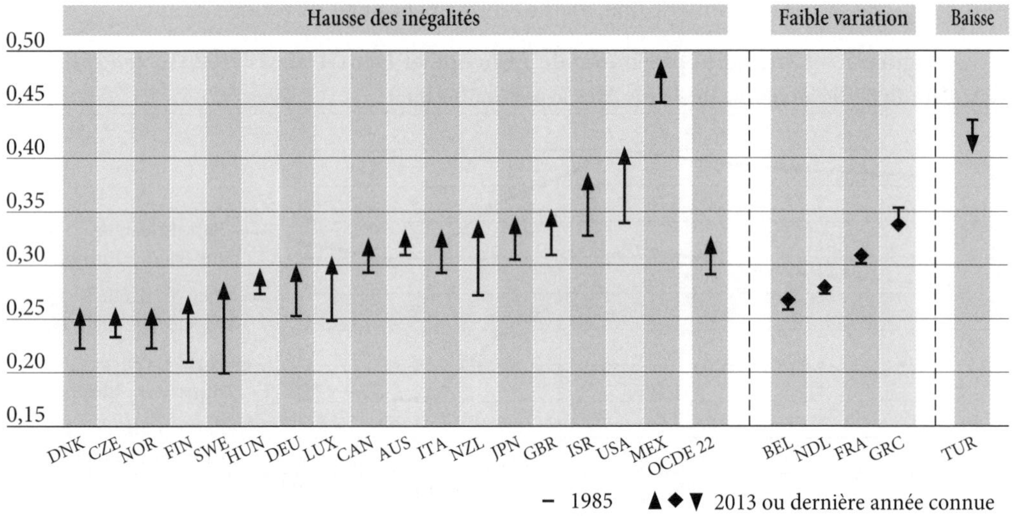

Source : OCDE, *Tous concernés : pourquoi moins d'inégalité profite à tous*, 2015.

Pour B. Milanovic (*Global Inequality : A New Approach for the Age of Globalization*, 2016), qui analyse l'évolution des revenus à l'échelle mondiale au cours de la période 1988-2008, deux catégories de personnes ont enregistré une forte progression de leurs revenus (supérieure à 60 %) pendant ces deux décennies : les 1 % les plus riches qui correspondent essentiellement aux classes supérieures des pays riches et les personnes situées autour de la médiane mondiale, identifiables aux classes moyennes des pays émergents. Par contraste, les personnes situées entre le 80ᵉ et le 90ᵉ percentile, correspondant aux classes populaires et moyennes inférieures des pays riches, ont vu leur revenu stagner voire baisser. C'est la « courbe de l'éléphant » (*cf.* figure 10).

Ainsi observe-t-on dans les PDEM, selon Milanovic, une nouvelle phase de hausse des inégalités de revenus dans ces pays : la courbe de Kuznets laisserait la place à des « vagues de Kuznets »… les mêmes causes pouvant produire les mêmes effets : la hausse des inégalités économiques serait tout à la fois alimentée par la révolution technologique des NTIC, s'accompagnant de la destruction d'emplois productifs industriels bien rémunérés au profit de la création d'emplois de services plus hétérogènes en termes de qualification et de rémunération, mais aussi par la mondialisation contemporaine et la moindre redistribution monétaire.

Figure 10 – Courbe de l'éléphant

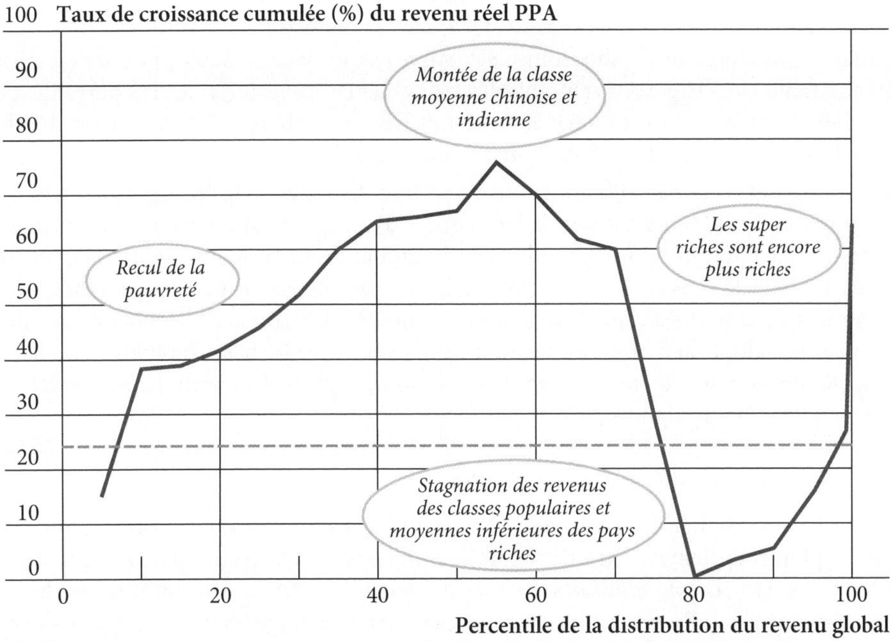

En ordonnée : la croissance du revenu disponible réel enregistrée entre 1988 et 2008 ; en pointillé, la croissance moyenne de 25 % entre 1988 et 2008.

Source : d'après B. Milanovic, *Global Inequality: A New Approach for the Age of Globalization*, 2016.

2. – Les explications de la hausse récente des inégalités économiques dans les PDEM

La mondialisation contemporaine et le progrès technique lié à la révolution des NTIC se conjuguent et se renforcent pour augmenter les inégalités économiques dans les PDEM. Mais les politiques mises en œuvre ont influé significativement sur les évolutions nationales.

a. — Le rôle de la mondialisation commerciale, productive et financière

Les inégalités entre travailleurs qualifiés et travailleurs non qualifiés se sont notamment creusées dans les pays développés : aux États-Unis, le « *skill premium* » (écart de salaire lié à la qualification supérieure) des salariés titulaires d'un diplôme universitaire par rapport à ceux n'ayant pas dépassé le niveau d'enseignement secondaire est passé de 40 % en 1980 à près de 80 % dans les années 2000. Dans les pays d'Europe continentale comme la France, ce sont les inégalités d'accès à l'emploi qui se sont creusées, les travailleurs non qualifiés étant plus touchés par le chômage. Dans la phase de mondialisation contemporaine, les pays du Nord et les pays du Sud ont en effet surtout échangé, conformément aux prédictions du théorème HOS, du travail qualifié contre du travail non qualifié. Le développement du commerce Nord-Sud a donc pesé dans le sens d'une hausse de la demande et de la rémunération du travail qualifié et symétriquement d'une baisse pour les travailleurs non qualifiés.

La libéralisation des mouvements de capitaux et les technologies de l'information et de la communication ont joué dans le même sens : dans le cadre de la DIPP, les firmes ont délocalisé leurs activités intensives en main-d'œuvre non qualifiée dans les pays en développement. Le risque de délocalisation concerne même de plus en plus des tâches relativement qualifiées mais répétitives (comptabilité, services informatiques, ingénierie) : A. Blinder et A. Krueger (« Alternative Measures of Offshorability : A Survey Approach », 2009), évaluent à 25 % des emplois aux États-Unis la part des emplois délocalisables (« *offshoring* »). Cela pourrait expliquer que les salaires des professions intermédiaires ont très peu progressé dans les pays développés depuis 1990 selon L. Chauvel (*La Spirale du déclassement*, 2016).

La mondialisation a par ailleurs contribué à la hausse des inégalités par d'autres canaux (F. Bourguignon, *La Mondialisation de l'inégalité*, 2012). La libéralisation des mouvements de capitaux a stimulé l'optimisation du rendement du capital, contribuant à redéfinir la gouvernance de l'entreprise dans le sens de la maximisation de la valeur actionnariale, ce qui s'est traduit par l'augmentation de la part du capital dans la valeur ajoutée. La hausse de la concurrence internationale a justifié l'adoption d'une fiscalité moins progressive sur les bases mobiles (capital et hauts revenus). Dès lors, « *éviter la mondialisation de l'inégalité passe par une mondialisation de la redistribution* », écrit F. Bourguignon (2012).

b. — Le rôle du progrès technique

Le creusement des inégalités entre travailleurs qualifiés et non qualifiés dans les pays développés peut s'expliquer également par un progrès technique biaisé en faveur du travail qualifié : ainsi, pour Paul Krugman (*La mondialisation n'est pas coupable*, 1998), c'est plutôt la révolution des NTIC. Si le chômage en France est inégal et touche bien davantage les moins diplômés et que les inégalités salariales ont fortement augmenté aux États-Unis, c'est du fait d'évolutions relatives de l'offre et de la demande de travail selon les qualifications différentes : quand la demande de travail qualifié progresse alors que la demande de travail non qualifié régresse, ou quand l'offre de travail qualifié n'augmente pas assez vite alors que l'offre de travail non qualifié diminue trop lentement. L'existence d'une rigidité à la baisse des salaires, comme le SMIC en France, conduit alors à un rationnement de l'offre de travail non qualifié plutôt qu'à la baisse de sa rémunération comme aux États-Unis. La destruction créatrice schumpétérienne serait le principal facteur de la hausse des inégalités de salaires, donc de revenus, ou face à l'emploi.

Dans la même perspective, la baisse relative depuis les années 1990 des emplois intermédiaires et de leur rémunération pourrait s'expliquer par une plus grande possibilité d'automatiser les tâches répétitives et codifiables. Erik Brynjolfsson et Andrew McAfee (*Le Deuxième Âge de la machine*, 2014) soulignent ainsi que le retour du chômage technologique avec la révolution numérique affecte non seulement le volume mais aussi la structure des emplois et la répartition des revenus. Les NTIC permettent de remplacer les travailleurs dans les tâches administratives (la révolution informatique dans le secteur bancaire par exemple), dans les ateliers d'usine (automatisation) et le traitement de l'information : les perdants sont davantage les qualifications intermédiaires, ce dont témoigne la stagnation du revenu médian aux États-Unis depuis les années 1970. Les petits cols blancs et non seulement les cols bleus sont touchés. Seuls ceux qui ont des aptitudes supplémentaires à la créativité sont gagnants (hausse de revenus et d'opportunités d'emplois). Le déversement pour les autres vers des emplois à faible valeur ajoutée dans les services protégés ou non exportables (hôtellerie, restauration, services de soins personnels) creuse alors les inégalités puisqu'il ne peut se faire qu'au prix de la baisse des salaires pour ces emplois de « serviteurs » (A. Gorz, « Pourquoi la société salariale a besoin de nouveaux valets », 1990).

Cependant, la distinction entre les effets de la mondialisation et ceux du progrès technique est malaisée, les deux phénomènes étant largement interdépendants dans les PDEM selon P.-N. Giraud (*La Mondialisation : émergences et fragmentation*, 2012). La pression concurrentielle accrue par l'ouverture commerciale induit en effet des « innovations défensives » (Wood, 1994) et sélectionne les entreprises les plus productives, qui sont aussi celles qui recourent le plus à l'innovation technologique (les autres externalisent à l'international, délocalisent). Prenant en compte ces éléments, les études menées dans les années 2000 ont tendu à réévaluer la responsabilité de la mondialisation dans la montée des inégalités salariales à 50 %. La mondialisation productive via la DIPP met en concurrence les travailleurs qualifiés « nomades » (P.-N. Giraud) des PDEM, de sorte que la faiblesse des salaires des travailleurs « sédentaires » (P.-N. Giraud) peut être un facteur de compétitivité en limitant les rémunérations des travailleurs « nomades », tout en maintenant leur niveau de vie par la stagnation des prix des services produits par les « sédentaires » qu'ils consomment : dans ce cas, la mondialisation productive récompense les PDEM qui laissent les salaires des « sédentaires » baisser, donc les inégalités se creuser.

Au total, les effets du progrès technique et de la mondialisation dans ces différentes dimensions se conjuguent à court terme pour détruire des emplois et polariser les revenus dans les PDEM.

c. — Le rôle des changements institutionnels et de politiques

Les évolutions des inégalités internes de revenu au cours de la période contemporaine ont été différentes selon les PDEM, en dépit d'une exposition proche à la mondialisation : les politiques mises en œuvre ont influé significativement sur les évolutions nationales. Tant les institutions du marché du travail que la politique en matière de redistribution pèsent sur le niveau national des inégalités de revenu dans les pays développés.

Depuis trente ans, la fiscalité est devenue moins progressive, particulièrement aux États-Unis. Partout, les taux marginaux d'imposition ont baissé au nom des « incitations » (*cf. supra*, T. Piketty, 2013). L'optimisation fiscale des acteurs privés, à commencer par celle des FMN, s'est développée grâce à l'utilisation des niches fiscales qui ont été multipliées (plus de 400 en 2016 en France pour un manque à gagner budgétaire annuel de l'ordre de 90 milliards d'euros), et le recours aux paradis fiscaux, qui restent au cœur de la mondialisation financière en dépit des quelques avancées depuis le G20 de Londres (avril 2009). P. Egger *et alii*, (« The taxing deed of globalization », *CEPR*, 2016) mettent en évidence une baisse de 1,5 % du taux d'imposition des plus riches entre 1980 et 2012 dans les PDEM. Pour T. Piketty, si les inégalités économiques de revenu et de patrimoine ont bien davantage progressé dans les pays anglo-saxons qu'en France, ce n'est pas du fait de la mondialisation et du progrès technique, qui ont également touché la France, mais en raison de la diminution relativement plus rapide et plus forte de la progressivité de leurs fiscalités.

De même, la déréglementation inégale des marchés nationaux, particulièrement du marché du travail, a joué un rôle important dans la hausse différenciée des inégalités économiques nationales selon l'OCDE. Certes, depuis trente ans, la plupart des pays de l'OCDE ont mené des réformes réglementaires visant à renforcer la concurrence sur les marchés. Tous les pays ont notablement assoupli par exemple leur législation de protection de l'emploi (LPE) applicable aux titulaires de contrats temporaires. Les salaires minimums ont de leur côté reculé relativement aux salaires médians dans différents pays. Les mécanismes de fixation des salaires ont été décentralisés, accompagnant le recul du taux de syndicalisation dans la plupart des pays. Les taux de remplacement des prestations de chômage ont souvent été diminués. À l'exception de la LPE, ces aspects des changements réglementaires et institutionnels ont, pour l'OCDE, exercé un impact positif sur le taux d'emploi. Cependant, ils ont aussi contribué au creusement, certes inégal selon les mesures prises mais réel, des disparités salariales. Différentes études ont ainsi mis en évidence une relation entre, d'une part, la moindre sévérité de la LPE et le recul du taux de syndicalisation et de conventions collectives et, d'autre part, une plus forte dispersion salariale parmi les actifs. En France, où la part des formes particulières d'emploi (FPE) est passée de 4,7 % à 10,9 % entre 1985 et 2000 alors que le SMIC était maintenu, la dispersion des salaires a peu augmenté en termes de salaires horaires, mais beaucoup plus en termes de « revenu salarial », à savoir la somme de tous les salaires touchés au cours d'une période donnée, qui permet de prendre en compte la diversité des temps de travail professionnel sur l'année liée au développement des FPE.

3. – Les enjeux liés aux fortes inégalités économiques actuelles dans les PDEM

Pour de nombreux économistes, que ce soit en termes d'efficacité économique, notamment de croissance économique, ou de justice sociale, particulièrement d'égalité des chances dans nos sociétés démocratiques, les inégalités économiques dans les PDEM sont devenues trop élevées.

a. — De fortes inégalités économiques limitent l'accès au capital et donc la croissance économique selon l'OCDE et le FMI

Depuis la crise de 2008, les institutions internationales (OCDE en 2015, *Tous concernés : pourquoi moins d'inégalité profite à tous*, et FMI en 2015, *Causes et conséquences de l'inégalité*) alertent sur le risque pour la croissance que représentent les trop fortes inégalités économiques actuelles dans nombre d'économies développées : l'augmentation des inégalités entre 1985 et 2005 a fait perdre 4,7 points de croissance aux pays de l'OCDE entre 1990 et 2010, et même 6 à 7 points aux États-Unis ; selon le FMI, une augmentation de 1 % des revenus des 20 % les plus pauvres se traduit au contraire par une croissance accrue de 0,38 points dans les cinq années qui suivent.

Figure 11 – Les inégalités sont préjudiciables aux compétences des plus pauvres

Score moyen en maîtrise des chiffres en fonction du niveau d'instruction des parents (NIP) et des inégalités

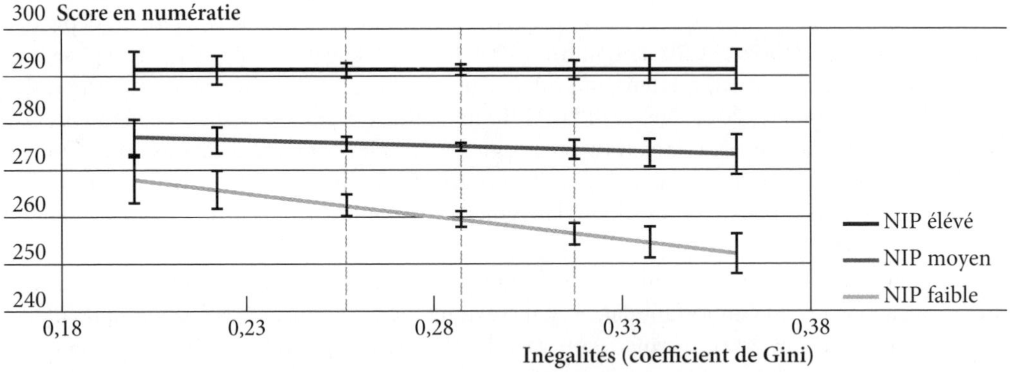

Ce graphique représente le score moyen estimé en maîtrise des chiffres pour les individus dont les parents ont un niveau d'instruction faible, intermédiaire ou élevé, en fonction du degré des inégalités (exprimé en points de Gini). NIP faible : aucun des deux parents n'a accédé au deuxième cycle de l'enseignement secondaire ; NIP moyen : au moins l'un des deux parents a accédé à l'enseignement secondaire/post-secondaire ; NIP élevé : au moins l'un des deux parents a accédé à l'enseignement tertiaire. Les barres représentent les intervalles de confiance à 95 %. Les lignes verticales en pointillés indiquent le 25e centile, la médiane et le 75e centile de la distribution sous-jacente des inégalités.

Source : OCDE, *Tous concernés : pourquoi moins d'inégalité profite à tous*, 2015.

Le capital humain est au cœur de l'explication de l'OCDE : le capital humain des personnes dont les parents ont un faible niveau d'instruction (NIP) diminue lorsque les inégalités de revenu augmentent, ce qui n'est pas le cas avec un niveau d'instruction moyen ou élevé. Les inégalités de revenu empêchent les populations défavorisées de s'instruire, « ce qui limite la mobilité sociale et le développement des compétences ».

De fait, les inégalités d'accès à l'éducation ont atteint des sommets inouïs aux États-Unis : les enfants issus des milieux les plus modestes ont une probabilité à peine supérieure à 20 % d'accéder aux études supérieures, contre plus de 90 % pour les enfants issus des milieux les plus favorisés. Encore faut-il préciser que les enfants d'origine modeste qui parviennent à se frayer un chemin vers les études ne vont évidemment pas aux mêmes universités que les enfants favorisés. Le revenu moyen des parents des étudiants de Harvard correspond actuellement au revenu moyen des 2 % des Américains les plus aisés. La corrélation apparaît parfaite entre le revenu des parents et la probabilité d'accéder à l'enseignement supérieur, nécessaire à l'accès aux positions sociales les mieux rémunérées : l'égalité des chances est ainsi très faible aux États-Unis *(cf. infra)*.

Figure 12

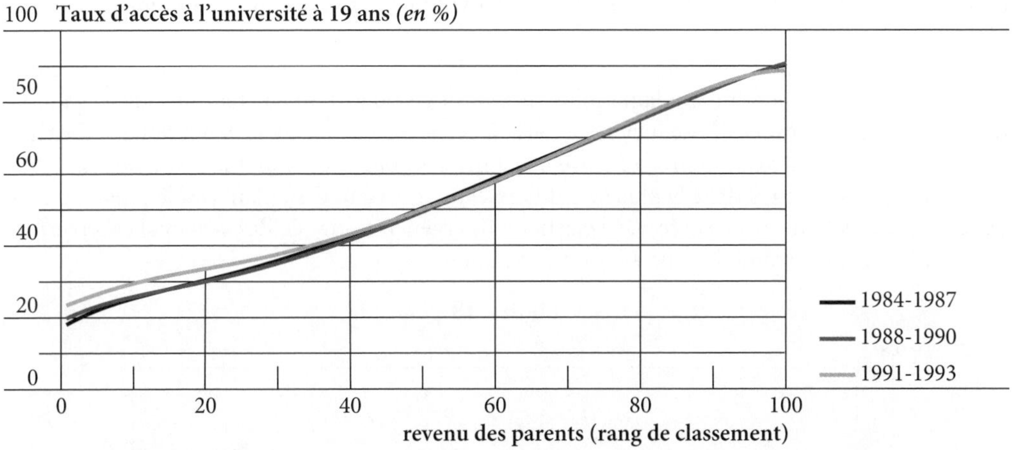

Note de lecture : en ordonnée, le taux d'accès à l'université des enfants selon, en abscisse, le revenu des parents.

Source : Chetty *et alii*, « Is the United States still a land of opportunity ? Recent trends in intergenerational mobility », *NBER*, 2014.

L'OCDE en arrive à recommander des politiques de lutte contre les inégalités visant les 40 % les plus pauvres. Il ne s'agit plus de réduire la pauvreté et de donner plus à ceux qui ont le moins, mais d'opérer une plus grande redistribution en visant aussi les classes moyennes inférieures. Cela passe par des prestations en espèces et une amélioration de l'accès aux services d'éducation et de soin. Les stratégies de développement doivent renforcer la formation et l'enseignement professionnel pour les travailleurs les moins qualifiés.

L'accumulation de capital humain joue en effet un rôle important dans la croissance économique pour les théoriciens de la croissance endogène, tant dans une perspective schumpétérienne (P. Aghion et P. Howitt, « A model of growth through creative destruction », *Econometrica*, 1992) que dans la perspective des externalités positives que cette accumulation du capital humain génère et qui entretiennent la croissance économique (R. Lucas, « On the mechanics of economic development », *Journal of Monetary Economics*, 1988).

b. — De fortes inégalités économiques peuvent perturber les incitations, limiter la demande et fragiliser la démocratie

Selon J. Stiglitz (*Le Prix de l'inégalité*, 2012), les inégalités économiques peuvent être la conséquence de rentes obtenues par quelques-uns, notamment par la « capture du régulateur » : les grands dirigeants qui contrôlent un conseil d'administration et obtiennent des rémunérations disproportionnées ; le secteur bancaire et financier qui bénéficie du soutien des pouvoirs publics en toutes circonstances (déréglementation/faible régulation et socialisation des pertes en cas de crise). Mais c'est aussi l'exploitation des plus démunis via des prêts usuriers et l'utilisation des cartes de crédit.

Selon J. Stiglitz, les poids croissants de l'héritage et de la rente financière conduisent à des inégalités économiques de plus en plus coûteuses. Économiquement, la croissance souffre d'un manque de demande du fait de la stagnation des revenus du plus grand nombre dont le surendettement pendant un temps a constitué un mauvais palliatif (crise des *subprimes* en 2007). La croissance risque ensuite de baisser du fait d'une mauvaise allocation des ressources détournées d'usages productifs par les rentes. Politiquement, la démocratie représentative est capturée par la ploutocratie, conduisant les classes populaires au vote protestataire ou à l'abstention et à des révoltes sociales.

De fortes inégalités économiques, en fragilisant la cohésion sociale, peuvent nuire à la croissance économique. Elles limitent la mobilité sociale, qui est pourtant au cœur de l'idéal égalitaire des sociétés démocratiques (Tocqueville, 1834) : la « courbe de Gatsby le magnifique », de Miles Corak (2012), est une relation inverse entre inégalités économiques et mobilité sociale. Les États-Unis sont à la fois le pays riche le plus inégalitaire et où le revenu des enfants est le plus lié à celui de leurs parents (liaison mesurée par l'élasticité intergénérationnelle des revenus) : l'*American Dream* n'existe pas, la mobilité sociale y est très faible.

Figure 13

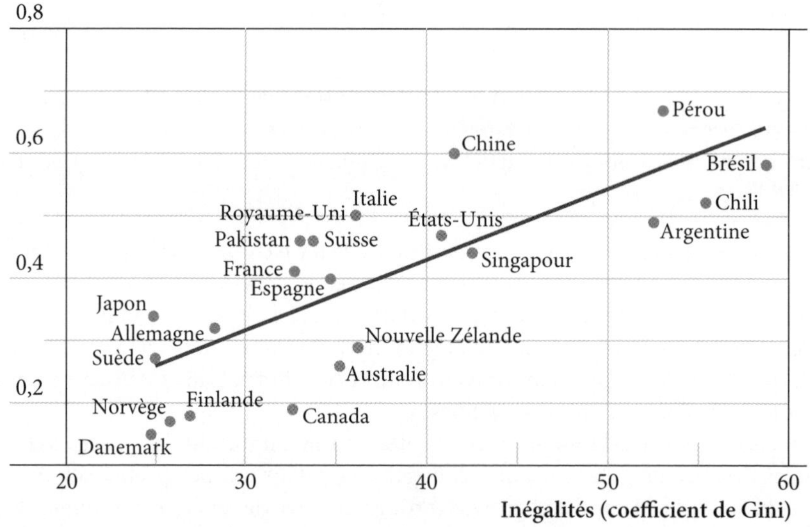

Note de lecture : en ordonnée, l'élasticité intergénérationnelle des revenus et, en abscisse, l'indice de Gini. Plus les inégalités sont fortes, plus les revenus des enfants dépendent de ceux de leurs parents.

Source : M. Corak, « Inequality from generation to generation : the United States in comparison », 2012.

En comparant la situation aux États-Unis et celle au Canada, Miles Corak met en avant l'importance de l'éducation dans les premières années de vie de l'enfant et celle du temps consacré par les parents à l'éducation de l'enfant (durée du congé maternité, pourcentage de familles divorcées, durée de travail des parents et disponibilité le soir…) en montrant que cela permet d'améliorer la mobilité sociale. Il met également l'accent sur le fait qu'il ne faut pas uniquement considérer les ressources monétaires, mais aussi justement ces ressources non monétaires : la générosité de l'État-providence et le droit du travail favorisent la mobilité sociale.

Tableau 5

	Paradigme keynésien	**Paradigme néoclassique**	**Stratégie d'investissement social**
Auteurs de référence	Keynes, Beveridge	Hayek, Friedman	Amartya Sen, G. Esping-Andersen
Diagnostics sur le chômage	Chômage et récession sont liés à un déficit de demande.	Chômage et inflation sont liés aux coûts et rigidités du marché du travail, aux prestations sociales passives qui découragent la recherche d'emploi.	Chômage et précarité sont liés au manque de qualification adéquate des individus et au manque d'activité à haute valeur ajoutée dans l'économie.
Analyse des relations entre les politiques sociales et l'économie	Relations positives, renforcements mutuels. Les assurances sociales permettent de lisser les comportements de consommation (de réduire l'épargne de précaution et de stimuler la consommation de masse), de relancer l'économie en période de récession et de créer des emplois.	Impact négatif des dépenses sociales publiques sur l'économie. L'État-providence apparaît comme une des causes de la crise (stagflation). Les systèmes sociaux sont trop coûteux (niveaux élevés des prélèvements obligatoires, effets démotivants des prestations, les politiques sociales empêchent certaines activités privées de se développer dans le domaine des assurances et des fonds de pension notamment).	Les politiques d'investissement social apparaissent comme pré-condition de la croissance économique et de la création d'emplois de qualité. Rôle économique positif des politiques sociales d'investissement dans le capital humain, des politiques d'égalité, des politiques de conciliation, qui favorisent la hausse des taux d'emplois de qualité et accompagnent l'entrée dans l'économie de la connaissance.
Objectifs des politiques sociales	Sécurité sociale et maintien du revenu. Le plein emploi (des hommes). Permettre l'indépendance par rapport au marché.	Lutter contre la pauvreté et l'inactivité. Favoriser la croissance par la réduction des prélèvements obligatoires et des dépenses sociales publiques. Pousser au retour de tous sur le marché du travail.	Lutter contre les inégalités héritées. Favoriser la participation de tous au marché du travail / élargir la base fiscale. Préparer les générations présentes à l'économie de demain.

Source : B. Palier et R. Roussel (dir.), « Stratégies de croissance, emploi et protection sociale », *Revue française des affaires sociales*, La Documentation Française, 2016, p.11.

En effet, l'État-providence n'est pas seulement un coût, il peut être un investissement : la lutte contre la pauvreté, la ségrégation urbaine, l'amélioration de l'accès à un enseignement de qualité, des législations contre les discriminations, des mesures de discrimination positive pour les zones défavorisées, peuvent favoriser la mobilité sociale. B. Palier et G. Esping-Andersen développent l'idée (*Trois leçons sur l'État-providence*, 2008) que l'État-providence peut favoriser l'activité des femmes en prenant en charge en partie les enfants en bas âge et par là contribuer également à l'égalité des chances puisque de nombreux travaux montrent que les inégalités se construisent très tôt et sont plus difficiles à corriger qu'à prévenir. Il faut ainsi promouvoir selon les auteurs un État-providence stratège, un État-providence de l'amont (prévenir) et non plus seulement de l'aval (guérir) : le triangle d'or danois en offre un exemple, assurant la sécurité du revenu et de l'employabilité au moyen d'une politique de formation tout au long de la vie plutôt que la sécurité de l'emploi. La faible sécurité de l'emploi permet alors la destruction créatrice, moteur de la croissance schumpétérienne. Le « paradigme néoclassique » initié depuis le tournant néolibéral des années 1980, qui avait pu effacer, plus ou moins selon les PDEM, le « paradigme keynésien », doit céder la place à une « stratégie d'investissement social » (Morel, *Palier et Palme*, 2012).

Dans son dernier ouvrage, *Inégalités* (2016), Anthony B. Atkinson (1944-2017) invite les pays de l'OCDE à reconstruire les politiques de redistribution qu'ils ont démantelées depuis les années 1980 en renforçant : la progressivité de l'impôt sur le revenu (avec une tranche marginale au moins à 65 %) ; l'imposition sur les successions et les cessions de patrimoine car, citant J. Stuart Mill (1861), « l'État doit favoriser la diffusion plutôt que la concentration des richesses ». Les transferts publics envers les enfants doivent être augmentés pour réduire la pauvreté infantile via des allocations familiales (inexistantes aux États-Unis, la pauvreté infantile a progressé d'un tiers entre 1969 et 2013).

Mais les pays de l'OCDE doivent aussi innover en matière de redistribution, notamment en finançant, avec les recettes fiscales ci-dessus, un héritage minimum pour quiconque atteint l'âge de 18 ans, et en introduisant un « revenu de participation » : il remplacerait l'exonération d'impôt sur le revenu an attribuant à chacun la même somme d'argent liquide et irait à ceux qui participent à la vie en société en général (emploi, éducation, formation, recherche d'emploi, aide à autrui – critères dont seraient dégagés les malades et les handicapés). Ce « revenu de participation » est une forme parmi d'autres proposées de « revenu universel de base ».

Les gouvernements doivent aussi s'attaquer au chômage en fixant une cible de chômage (à l'instar de la Fed chargée par le congrès de promouvoir « l'emploi maximum ») à atteindre non pas grâce à la flexibilisation du marché du travail et à l'encouragement au retour à l'emploi, mais par l'action du gouvernement comme employeur en dernier ressort qui fournirait des emplois garantis (*cf.* la loi américaine de 1978 autorisant le Président à créer des « réservoirs d'emplois publics »). Enfin, les pays de l'OCDE doivent mieux répartir les richesses en relevant le salaire minimum, en favorisant un rééquilibrage des parties prenantes pour sortir du capitalisme actionnarial et en mettant en place des comptes pour les petits épargnants dont les rendements seraient garantis et positifs par rapport à l'inflation.

À l'instar d'Anthony B. Atkinson, nombreux sont ainsi les économistes à mettre en avant aujourd'hui la nécessité d'une lutte plus affirmée contre les inégalités économiques dans les PDEM.

II

ÉTAT-PROVIDENCE ET PROTECTION SOCIALE

Selon F. Démier, *Histoire des politiques sociales* (1996), dont les contenus ci-dessous sont largement inspirés, la notion d'État-providence ne prend sa pleine signification que dans l'espace européen, elle est une composante de l'histoire de l'Europe et un des signes de son originalité par rapport aux États-Unis ou au Japon. Mais du premier XIXe siècle libéral et individualiste à l'Europe de la sécurité sociale de l'après-Seconde Guerre mondiale, l'évolution n'est pas linéaire et les voies nationales semblent avoir prévalu dans la définition d'une politique sociale moderne.

A SANS L'ÉTAT-PROVIDENCE (1789-1945) ?

Dans une Europe où l'histoire de la nation s'est partiellement confondue avec celle de l'émergence de l'État moderne, rationnel et centralisé, la protection sociale a été l'une des attributions de la puissance publique dès l'Ancien Régime. L'État-providence de l'Ancien Régime en Europe relève néanmoins essentiellement d'une politique sociale de maintien de l'ordre face aux pauvres que l'Église et la charité privée ne parviennent plus à contenir. L'approche minimale de la politique sociale qui domine le discours libéral au XIXe siècle ne parvient pas non plus à faire face à la « question sociale » posée en partie par l'industrialisation, de sorte que s'élaborent progressivement d'autres réponses, complexes, faites de traditions – la charité privée –, et d'innovations – la prévoyance individuelle, le mutualisme et les assurances sociales.

1. – Libéralisme, industrialisation et question sociale au XIXe siècle (1789-1883)

Jusqu'aux années 1830 persiste la conviction libérale que la pauvreté est le résultat du sous-développement économique de la société féodale. Le progrès industriel fera reculer la misère. Pour un temps, c'est cependant l'inverse qui se produit. Une nouvelle forme de pauvreté, le paupérisme, apparaît au début du XIXe siècle pour désigner non pas une pauvreté liée à des circonstances exceptionnelles comme de mauvaises conditions climatiques, mais une pauvreté de masse (indigence, maladie, vieillesse sans ressource, etc.) dont le développement accompagne celui de l'industrialisation.

a. — La conviction libérale du recul de la misère par l'industrialisation

La lutte contre la pauvreté est condamnée par les économistes anglais, et d'abord par le pasteur T.-R. Malthus. Dans son *Essai sur la population* (1798), il dénonce les lois sur les pauvres qui entretiennent la pauvreté en encourageant la reproduction des pauvres (*cf.* partie 1, chapitre 1). La « bienfaisance publique » est perçue comme une fausse bonne idée. En offrant un complément hebdomadaire de revenu aux travailleurs pauvres, le système de Speenhamland qui se généralise à partir de 1795 est accusé de favoriser l'inactivité. La taxe des pauvres en Angleterre est passée de deux à sept millions de livres entre 1775 et 1831. Le gouvernement whig de 1834 vote en conséquence une loi sur les pauvres qui conditionne l'octroi d'une aide à l'entrée dans les workhouses, véritables maisons de redressement (séparation des sexes et des générations, uniforme et éducation religieuse) dans lesquelles les pauvres sont punis et rééduqués. Les paroisses ne sont plus tenues de secourir les pauvres valides. Dès 1835, la taxe des pauvres a baissé de 30 %. En Angleterre, ce schéma libéral antiétatique trouve néanmoins une plus grande cohérence parce qu'il est épaulé par un progrès économique plus net qu'en Europe continentale. Le boom ferroviaire crée de nombreux emplois pendant que la baisse du prix du blé soutient le pouvoir d'achat des salaires, du moins jusqu'à la crise de 1848.

En France, dès 1790, le Comité de mendicité de l'Assemblée constituante affirme qu'il n'est pas de devoir plus important pour la société nouvelle, fondée sur un contrat d'hommes libres, que d'éradiquer la pauvreté, mais c'est l'option « libérale » qui l'emporte dans la philosophie des notables avec le décret d'Allarde du 2 mars 1791, qui supprime les maîtrises et les jurandes, et la loi Le Chapelier du 14 juin 1791 qui abroge les corporations et les associations. Le secours ne peut être que conditionnel et ce qui paraît déterminant c'est la capacité ou non à travailler. Le Comité présidé par La Rochefoucault-Liancourt déclare ainsi : « *La société doit à tous ses membres de la subsistance ou du travail. S'ils sont malades, on doit les secourir. Mais c'est en donnant du travail à ceux qui n'en ont pas qu'on détruira la mendicité.* » Le système d'assistance hérité de la société féodale qui repose sur l'hôpital doit donc être démantelé. La mise au travail de ces pauvres hérités de la société féodale favorisera la croissance économique, seule à même de les sortir de leur pauvreté. Le travail dans les prisons ou dans les ateliers de charité doit réinsérer le pauvre dans le salariat, le responsabiliser et décharger la société. La politique sociale ne concerne plus alors que les pauvres « invalides » : les enfants, les vieillards, les malades incurables ou mentaux, tous incapables de travailler (Bronislaw Geremek, *La potence ou la pitié. L'Europe et les pauvres du Moyen-Âge à nos jours*, 1987).

b. — La « modernité libérale restreinte » (P. Wagner) : le défi du paupérisme

Le projet d'une société libérale est en principe universel, mais il ne s'est pleinement appliqué, dans un premier temps, qu'à une fraction très limitée des populations des pays occidentaux qui connaissaient leur industrialisation. Au tournant des années 1840 selon J.-B Marbeau, l'inventeur des crèches, la France aurait 250 000 mendiants, 1,8 million d'indigents, 3 millions d'individus inscrits aux bureaux de bienfaisance, et 6 millions de Français, soit plus de 15 % de la population, ont besoin d'être secourus. Ce n'est donc pas seulement la misère des ouvriers et de leurs familles qui accompagne la première industrialisation, c'est plus généralement la perpétuation d'un état d'insécurité sociale permanente qui affecte la plupart des catégories populaires. Telle est la face sombre de l'État de droit. Il laisse de côté ceux qui n'ont pas les moyens d'assurer leur existence par la propriété (R. Castel, *L'insécurité sociale*, 2009). En France, la plupart des libéraux, tel A. Blanqui, partagent les inquiétudes des catholiques sociaux, tel Villermé dans son *Tableau de l'état physique et moral des ouvriers employés dans les manufactures de coton, de laine et de soie*, publié en 1840.

Face au paupérisme en France, les réponses sont cependant longtemps dérisoires. L'ensemble des dépenses sociales représente 0,3 % du revenu national en 1840. Les bureaux de bienfaisance, créés en 1796 dans le but d'organiser à domicile l'assistance aux pauvres, ont été rattachés à l'administration municipale. À la veille de 1848, il y a 1 338 hôpitaux et hospices et 7 599 bureaux de bienfaisance. Le pivot de l'assistance sociale en France demeure l'hôpital : en 1840, quand les hôpitaux ont dépensé en secours publics pour 49 millions de francs, les bureaux de bienfaisance n'en ont dépensé que 9 millions. Néanmoins, l'hôpital est d'abord une institution urbaine et parisienne si bien que les bureaux de bienfaisance sont au cœur d'une assistance aux pauvres extrêmement variée : distribution de pain, de bouillons, de linge, placement des enfants en apprentissage, inhumation gratuite, et quelques médecins y donnent des consultations gratuites. Par ailleurs, un réseau complexe d'institutions anciennes et modernes, religieuses et laïques, tente d'aider, de contrôler et de moraliser la société des pauvres. De « généreux » souscripteurs mettent en place dans les années 1840 des dispensaires et des petits hospices, tel le vicomte A. de Melun qui crée en 1844 la Société d'économie charitable. Mais la mendicité est toujours réprimée : dépôts de mendicité et maisons de refuge traitent encore le pauvre par l'enfermement.

La révolution de 1848 montre avec évidence l'inadaptation des œuvres de bienfaisance à la société industrielle. Les sociétés de charité, pour la plupart chrétiennes, sont submergées financièrement et leur discours moralisateur est de plus en plus mal reçu. Les hommes de 1848 souhaitent adapter le droit à la nouvelle société industrielle par l'instauration d'une protection sociale. Pour L. Blanc, la prévoyance généralisée doit remplacer l'assistance occasionnelle.

c. — La prévoyance individuelle, solution face aux risques sociaux ?

Les notables du début du XIXe siècle tentent de promouvoir la prévoyance individuelle. Les caisses de secours mutuels doivent apporter la sécurité aux pauvres en leur permettant d'accéder à terme à une petite propriété. À l'exception des socialistes, en effet, on est persuadé que le travail ne peut être réglementé sans que l'édifice industriel ne s'effondre. Aussi, les mesures prises sont-elles cantonnées à la préservation de la « race » comme on dit alors par l'interdiction du travail des enfants (1836 en Angleterre, 1841 en France).

À la fin du XVIIIe siècle en Angleterre, sont fondées les premières caisses d'épargne afin d'accueillir les économies des travailleurs. En juillet 1828, une charte leur assure un intérêt de 3,5 % et vers 1850, elles comptent 1,2 million de déposants et 80 millions de dépôts. En France, la monarchie de Juillet encourage les caisses d'épargne en 1830 par un intérêt de 4 %, mais vers 1840, il ne s'en compte qu'une trentaine. Avec une limite imposée aux épargnants en France à 1 500 francs, elles ne peuvent de toute manière constituer une assurance vieillesse. De fait, les classes populaires ont surtout largement recours aux monts-de-piété. À la veille de 1848, 364 caisses prêtent 49 millions de francs.

La véritable nouveauté des années 1840 est dans le progrès des sociétés de secours mutuels (*Friendly societies*). En 1851, en Angleterre, il y en a 14 000 de reconnaissance légale qui rassemblent 1,6 million de membres et un capital de 160 millions. Elles assurent les secours les plus divers : frais d'enterrement, secours en cas de maladie, veuvage ou vieillesse, fourniture de combustible, de vêtements, etc. En France, les sociétés mutuelles sont alimentées par les cotisations des travailleurs ainsi que par des subventions d'origine patronale ou municipale. Leur objectif est de garantir, en cas de maladie, une allocation quotidienne pour servir de salaire. En 1847, elles sont au nombre de 2 050, ce qui reste faible en comparaison de l'Angleterre où leur succès est beaucoup plus net.

En France, après juin 1848, nombreux sont ceux à être persuadés qu'on ne peut plus abandonner l'assistance et la prévoyance à la seule initiative privée. L'État doit intervenir. La loi du 22 avril 1850 sur l'assainissement des logements insalubres entraîne l'ingérence des pouvoirs publics dans la gestion du patrimoine immobilier contre les propriétaires. La cité ouvrière Rochechouart est construite en 1849. La loi du 24 juillet 1850 réforme l'administration des monts-de-piété et celle du 10 janvier 1849 organise l'Assistance publique à Paris, avec un directeur nommé par le ministre, et crée pour la France un Conseil de l'Assistance publique et des comités cantonaux chargés de la surveillance du travail et des institutions de charité. Les crèches publiques sont fondées. La loi du 15 juillet 1850 permet aux sociétés de secours mutuels de devenir des « établissements d'utilité publique ». Le 25 juin 1850, la Caisse nationale des retraites est créée, ouverte à tous, mais financée par les seuls ouvriers sur la base du volontariat car les libéraux ont réussi à faire échouer l'obligation et le principe de cotisations patronales. Certes, les salaires sont bas ce qui constitue un frein au développement, mais la prévoyance a désormais la priorité sur l'assistance.

À l'opposé d'une Angleterre où le libéralisme a suffisamment de vitalité pour inviter les travailleurs à gérer eux-mêmes leur propre sécurité, la France (mais aussi l'Allemagne), à cause de la profondeur de la crise politique qu'elle traverse, est donc portée, au milieu du siècle, à réintroduire une responsabilité collective de l'État devant le sort des travailleurs. La politique de Napoléon III institue un contrôle étatique sur des organisations dominées par l'idée de la prévoyance individuelle. Les mutuelles « approuvées » bénéficient d'une aide de l'État : elles couvrent maladie et retraite et à partir de 1868, les accidents et le décès. Le préfet Haussmann établit à Paris en 1853 le premier service de médecine gratuit pour les indigents. L'État-providence ne peut cependant pas être confondu avec l'État autoritaire. Les ouvriers refusent les « cités » ouvrières, restent réticents vis-à-vis des sociétés de secours mutuels d'utilité publique et s'inscrivent en faible nombre à la Caisse nationale des retraites. Il est vrai que les caisses de retraite à l'opposé des caisses d'épargne n'offrent aucun droit de regard au déposant jusqu'à l'échéance. Cela explique l'échec de cette tentative précoce d'un État-providence autoritaire.

2.– La naissance de l'État-providence (1883-1914) ?

a. — La tentation de la « monarchie providence » en Allemagne

En Allemagne, la poussée révolutionnaire de 1848 confirme le rejet de l'option libérale. Frédéric-Guillaume IV envisage de promouvoir une « monarchie providence » capable d'organiser une collaboration solide entre la « couronne » et le prolétariat contre la bourgeoisie libérale. Mais c'est Bismarck, fortement frappé par la Commune de Paris et confronté à une percée rapide du socialisme allemand, qui a vite été convaincu de la nécessité d'une politique sociale beaucoup plus interventionniste dans une société malmenée par l'industrialisation rapide.

Le tournant est pris en 1879 quand les élections portent au Reichstag une majorité conservatrice. Les droits sociaux nouveaux s'imposent pour ne pas concéder des droits politiques plus larges. Nombre de technocrates défendent l'idée d'une intervention nécessaire de l'État dans la société. A. Wagner, mais aussi le conseiller de Bismarck, H. Wagener, souhaitent une politique capable de soutenir la société, menacée d'éclatement par le libéralisme. La « nouvelle école historique allemande » est proche de ce courant technocrate. G. Schmoller préconise le recours à l'État dans une approche conservatrice et nationaliste de la question sociale. Le consensus autour d'une « monarchie-providence » s'impose. Le patronat n'est pas hostile à une coordination des assurances par l'État, même obligatoires. C'est un moyen de lui faire prendre en charge une partie des frais du paternalisme. Mais il veut contrôler localement les caisses d'assurance et limiter le niveau des aides accordées. Les travailleurs ne sont pas contre l'assurance obligatoire et les socialistes restent confiants dans leur capacité à participer à la réforme sociale tout en conservant leur liberté.

L'assurance maladie est instaurée par la loi du 15 juin 1883, complétée en 1892. Elle est alimentée pour les deux tiers par les ouvriers, pour un tiers par le patronat. Elle accorde la gratuité des soins et de l'hôpital, le versement en argent de la moitié du salaire pendant 26 semaines. Elle est obligatoire mais la loi laisse subsister les caisses de maladie établies par les ouvriers ou les patrons. L'assurance est administrée non par l'État, mais par des associations corporatives, élues pour les deux tiers par les ouvriers et pour un tiers par les patrons, sous le contrôle des autorités locales.

L'assurance accident est instaurée par la loi du 6 juillet 1884. Elle est financée par les seuls employeurs organisés en caisses mutuelles. Elle ouvre droit à des secours monétaires pouvant monter jusqu'aux deux tiers du salaire. L'assurance vieillesse-invalidité est votée le 22 juin 1889. Les ouvriers et les patrons cotisent à égalité à un système de retraite par capitalisation dont les frais de gestion sont pris en charge par l'État qui contribue aussi à son financement. L'assurance est obligatoire pour les salaires inférieurs à 2 000 marks et ouvre droit à une retraite à l'âge de 70 ans après 30 ans de cotisation. Elle est gérée par des caisses régionales mixtes composées d'ouvriers, de patrons et de délégués du gouvernement. Les cotisations ne représentent que 0,5 % du salaire, mais à l'époque, sur 500 ouvriers assurés, six seulement parvenaient à l'âge de 70 ans. Aucune indemnité n'est versée à la veuve ou à l'orphelin. (S. Kott, *L'Allemagne au XIXe siècle*, 2006).

Le schéma mis en place est assez éloigné du schéma étatiste de Bismarck. Décentralisé, il ne donne à l'État qu'un rôle de contrôle en dernier ressort. Le patronat cotise assez peu et contrôle tout de même l'organisation, mais la présence des ouvriers en son sein est une avancée importante. Alors que Napoléon III en France n'avait pu rallier véritablement les ouvriers à son projet de Caisse nationale de retraite qui fonctionnait de manière administrative et bureaucratique, très habilement, l'État allemand, autoritaire et antidémocratique, a su confier partiellement l'administration de l'assurance aux assurés eux-mêmes, ce qui condamne rapidement un mouvement mutuelliste qui n'avait du reste jamais été très puissant.

À partir des années 1890, les caisses de gestion des assurances font une place plus grande aux représentations des travailleurs et jouent même un rôle d'arbitrage dans les conflits au sein des entreprises. Les classes dirigeantes européennes, dans leur majorité, considèrent que l'intervention de l'État allemand sur le terrain social n'est que l'expression de l'archaïsme d'un pouvoir autoritaire. Les faits démentent le catastrophisme libéral. Le Reich, à partir des années 1890, inclut les familles, sans augmenter les cotisations. En 1892, l'assurance maladie est étendue des seuls ouvriers de l'industrie aux domestiques et aux ouvriers agricoles. L'indemnité n'est égale qu'à 50 % du salaire, pour 13 semaines. En 1913, 13 millions de personnes bénéficient de l'assurance maladie et le régime des retraites est bénéficiaire : 290 millions de recettes pour 193 millions de pensions versées.

Le succès de l'économie allemande, la possibilité d'intégrer les syndicats dans un système étendu de conventions collectives (il n'y a pas en Allemagne d'équivalent du syndicalisme révolutionnaire français), démontrent que les débuts de l'État-providence s'imposent finalement comme une composante de l'efficacité économique du capitalisme allemand.

b. — Le Royaume-Uni sur la voie du réformisme social

La Grande-Bretagne ne dispose pas d'un système de protection sociale efficace vers 1870. Les nombreuses sociétés privées philanthropiques ne font pas reculer la grande pauvreté. De fait, malgré la Grande Dépression (1873-1896), la Grande-Bretagne résiste encore à l'intervention de l'État. Les classes populaires ont largement recours aux compagnies d'assurance (7 millions de membres en 1874) et au réseau mutuelliste des *Friendly Societies* (4 millions de membres en 1874). En effet, le très puissant mouvement syndical anglais est jusqu'à la fin du siècle un obstacle à l'intervention de l'État. Les *trade unions* fonctionnent en fait comme des sociétés de secours mutuels. Les cotisations élevées qui leur sont versées servent aussi de secours en cas de maladie et de chômage. Elles financent des retraites sans qu'il y ait véritablement de fonds spécial affecté à cet usage. L'élargissement progressif des bases du syndicalisme anglais à des catégories de travailleurs moins qualifiés étend cette protection sociale.

Certes, au tournant des années 1880, J. Chamberlain fait évoluer la loi des pauvres : il incite les municipalités à donner du travail et de l'aide aux pauvres, à assister les enfants, en dehors des *Poor*

Houses. Vers 1900, les dispensaires, les aides familiales, les visites de médecins, sont désormais les dépenses les plus importantes de la loi des pauvres et les *Poor Houses* n'accueillent plus que des invalides et des vagabonds. Pourtant, jusqu'en 1905, les réformes anglaises sont bloquées. Chamberlain ne parvient pas à persuader son parti de faire prendre en charge les retraites par l'État.

De 1906 à 1914, le parti libéral se convertit à l'idée d'une intervention sociale de l'État. W. Churchill et D. Lloyd George, appuyés par le courant réformateur dont fait partie W. Beveridge, obtiennent une majorité législative acquise aux réformes. Elle y est poussée par la pression qu'exerce la nouvelle tendance des *trade unions*, le néo-unionisme, inspiré par le marxisme et la *Fabian Society* (1884). Les grèves et le chômage imposent le vote d'une pension vieillesse non contributive financée par le budget et destinée aux plus de 70 ans n'ayant pas 32 livres de revenus par an (*Old Age Pension Acts*, 1908). L'indemnité vieillesse est un minimum vieillesse à destination des indigents. En 1914, 970 000 personnes bénéficient de 12 millions de livres d'aide. La voie vers une politique de redistribution est ouverte.

En 1911, les libéraux font voter, avec l'appui du Labour et des *trade unions* mais contre le corps médical, le *National Insurance Act* couvrant la maladie et le chômage. Lloyd Georges lui-même avait étudié les assurances sociales bismarckiennes et était désormais persuadé des vertus de l'obligation. Pour les salaires de moins de 160 livres, l'affiliation est obligatoire et l'assurance chômage ouvre un droit à une aide durant 13 semaines. Loin de l'étatisation, la gestion des assurances est confiée à des organismes agréés (mutuelles, syndicats, mais aussi sociétés d'assurance). Le système d'assurance maladie devient le plus étendu d'Europe. Il couvre tous les travailleurs manuels âgés de 16 à 70 ans et les autres salariés touchant de basses rémunérations. Le financement est assuré conjointement par les cotisations des salariés, des patrons et une aide de l'État. En 1914, 14 millions de Britanniques sont couverts. Ce plan de Lloyd George est un plan contre la pauvreté.

c. — Les hésitations sociales de la République française

Depuis le début du XIXe siècle, un des soucis majeurs du patronat français a été de retenir un ouvrier. Le paternalisme d'entreprise est une réponse qui s'est imposée depuis longtemps notamment dans les grandes usines (mines, métallurgie, voire textile) mais prend des formes de plus en plus variées dans la seconde moitié du XIXe. Au Creusot, les Schneider contrôlent la société ouvrière depuis l'école jusqu'à l'hôpital et la maison de retraite. La philanthropie alsacienne s'inscrit dans les cités ouvrières. J.-H. Dollfus a créé en 1853 la Société des cités ouvrières, comprenant 500 maisons ouvrières, l'école, les caisses d'épargne, les institutions d'hygiène sociale. Ainsi, en France comme en Europe en général, le patronat des grandes entreprises entend imposer à l'État sa police sociale. Mais il le peut d'autant plus que le syndicalisme révolutionnaire refuse de toute manière la 3e voie réformiste. Ce faisant, il encourage le patronat à compter sur un camp de la peur et à partir de 1906 sur la répression.

Il faut dire aussi que le Second Empire, qui a porté atteinte aux libertés, a discrédité l'idée de l'intervention de l'État et que le *Sozial Staat* allemand constitue un contre-exemple. Certes, l'aile radicale autour de Clemenceau demande des enquêtes sur la condition ouvrière dans la crise et souhaite l'intervention sociale de l'État. C. Raspail demande la création d'un ministère du Travail. Mais la France républicaine, à l'opposé de l'Allemagne, cherche moins le consensus dans la sécurité sociale que dans la démocratie politique, promesse d'un accès de chacun à la propriété et à la sécurité dans l'indépendance. Le droit de réunion et d'association accordé par la loi Waldeck-Rousseau (1884) va dans ce sens. Ainsi, aux yeux des dirigeants républicains, le prolétariat n'est plus une classe à part. Pour J. Ferry : « *il n'existe pas de solution étatiste au problème de la misère ouvrière. [...] l'État ne doit que faciliter le développement de la prévoyance individuelle.* » C'est ainsi que le projet de Mirman est rejeté en 1905 – un revenu minimum avant la lettre, financé par l'impôt et capable d'assister l'ensemble de la population, salariés et non-salariés, dans le besoin. Jaurès y voit le piège d'une législation uniquement assistantielle qui limiterait les secours aux catégories les plus démunies et interdirait de développer une législation sociale en faveur des salariés : « *Nous sommes sûrs qu'un jour c'est l'organisation générale et systématique de l'assurance étendue à tous les risques qui se substituera à l'assistance.* » Généraliser l'assistance, ce serait accroître la dépendance du peuple. Promouvoir l'assurance à laquelle l'ouvrier accède en payant ses cotisations, c'est faire, comme Jaurès le disait : « *qu'il n'y ait plus là comme une organisation de charité, mais comme la reconnaissance du droit sanctionnée par un sacrifice égal.* » (cité par R. Castel, *Les métamorphoses de la question sociale*, 1995). Pour le courant réformateur, la référence au Solidarisme de Léon Bourgeois s'impose. Si l'égalité économique est impossible, des assurances obligatoires pour les travailleurs doivent leur donner accès à un minimum social. Ce courant réformateur exerce une réelle influence à l'Office du travail (1891) puis au ministère du Travail (1906).

Le tournant est de fait pris en France à l'occasion du vote de la loi sur les accidents du travail (1898). L'incapacité permanente donne droit à une rente des deux tiers du salaire, la mort à une rente au conjoint de 20 % du salaire. Une proposition de loi sur les retraites ouvrières finit même par passer le 5 avril 1910 malgré les réticences du patronat : l'âge de la retraite est fixé à 65 ans, les assurés gagnant moins de 3 000 francs par an cotisent obligatoirement et les employeurs contribuent pour le même montant. Mais, à l'opposition patronale s'additionne une opposition ouvrière bien compréhensible – 94 % des assujettis ne devaient pas atteindre le cap des 65 ans ! À la Belle Époque au total, seulement 10 % des salariés masculins bénéficient d'un régime de retraite.

Mais la France développe encore des lois d'assistance qui, tout en étant décalées par rapport à la logique moderne de l'assurance sociale promue par les réformateurs, apportent un soulagement à la fraction la plus pauvre des salariés : l'assistance médicale gratuite pour le plus démunis (1893), la protection sociale des vieillards et des infirmes (1905), le repos de quatre semaines après l'accouchement avec indemnité compensatrice de la perte de salaire (1913). Le budget de l'assistance publique ne représente pourtant que 5 % du budget. La politique sociale locale conjugue action municipale et œuvres privées. La mutualité française se fédère en 1898, mais en dépit d'une aide croissante de l'État, il n'y a en 1913 que 2 millions de mutualistes assurés contre la maladie et 5 % des ouvriers.

Le parti radical et les classes moyennes ont joué un grand rôle dans l'échec d'une politique sociale nouvelle. La base sociale du parti radical, la petite entreprise, refuse en effet de voir l'État social pénétrer dans la sphère de la production. Tenté avec son aile gauche et les réformateurs de promouvoir une législation sociale plus avancée, le parti radical s'arrête à mi-chemin. Cette contradiction se retrouve dans des avancées législatives multipliant les dérogations qui vident la loi de son contenu. En 1906, à l'unanimité, l'Assemblée vote la loi sur le repos hebdomadaire, mais dès 1907, les préfets multiplient les dérogations en faveur des petites entreprises. À défaut de s'acheminer vers l'État-providence, l'État reste en France avant tout le défenseur de la propriété, d'une propriété démocratisée qui offre une certaine sécurité à une partie de la classe moyenne, plus qu'aux classes populaires. Il y a ainsi plus de 15 millions de déposants dans les caisses d'épargne en 1913, mais seul un ouvrier sur huit dispose d'un livret.

d. — Une Europe du progrès social au tournant du XXe siècle

L'État social bismarckien annonce, même si c'est encore dans un cadre autoritaire, l'État-providence qui naîtra dans un grand mouvement démocratique après 1945. L'intervention sociale progresse partout en Europe, certes inégalement, davantage par exemple en Angleterre qu'en France.

Devant la montée des socialismes et à l'heure d'un capitalisme de grandes entreprises, les bourgeoisies européennes renoncent en partie à l'individualisme libéral.

Dès 1888, l'Autriche instaure un régime à l'allemande d'assurances sociales. Puis c'est le Danemark en 1891-1892, la Belgique en 1894 et le Luxembourg en 1901. L'obligation de cotiser signifie qu'il s'agit de corriger les défauts du libéralisme. Dans toute l'Europe, au tournant du siècle, la panoplie des lois sociales s'enrichit. L'indemnisation des accidents du travail reconnaît un risque professionnel un peu partout : l'Allemagne (1884), l'Autriche (1889), la Norvège (1894), l'Angleterre (1897), la France et l'Italie (1898), la Hollande (1899). Dans les années 1890 émergent, avec la seconde révolution industrielle, des grandes entreprises au sein desquelles les salariés sont amenés à rester durablement, notamment à mesure que s'affirme la coupure avec la campagne. Or, les activités de cette seconde révolution industrielle sont plus dangereuses encore pour les salariés. Ces entreprises multiplient les accidents de travail et utilisent plus intensivement le travail (taylorisme).

Outre le fait qu'il ne touche que les ouvriers de la grande industrie, abandonnant les autres à eux-mêmes, le paternalisme n'empêche plus l'explosion de grandes grèves et les caisses d'épargne sont de plus en plus souvent déficitaires. En revanche, l'essor du mouvement associatif ouvrier se traduit par la création de coopératives de consommation, de production et de caisses de chômage. En France, en Grande-Bretagne comme en Allemagne, des politiques sociales nouvelles émergent dans le cadre municipal alors qu'une partie importante des courants socialistes demandent le renversement du système capitaliste (1re Internationale et 2e Internationale). Car, alors que le capitalisme change d'échelle, on a redécouvert une pauvreté endémique. En Angleterre, un tiers des classes populaires vit dans une terrible pauvreté, dénoncée par C. Booth (*La Vie et le Travail de la population de Londres*). La croyance dans l'auto-assistance est contestée à partir des années 1880 par l'idée d'action collective. Le congrès des *trade unions* fait pression sur les commissions royales qui travaillent sur la question sociale. Enfin, le libéralisme européen est aussi contesté par l'encyclique *Rerum novarum* du nouveau pape Léon XIII qui voit dans le libéralisme le responsable de la dissolution des liens sociaux. En France, les catholiques français en viennent à soutenir l'intervention sociale de l'État.

À la veille de la Première Guerre mondiale, l'avancée la plus importante a eu lieu dans le domaine de l'assurance maladie, à un moindre degré, dans celui des retraites. À l'exception de l'Angleterre, les expériences d'assurance contre le chômage ont échoué. Mais ces premières avancées vers les « assurances sociales » sont réservées surtout au secteur de la grande entreprise. Le changement ne touche guère la petite entreprise qui connaît au tournant du siècle le développement du *sweating system* (travail à domicile des femmes et des enfants) en dehors de tout contrôle. Une large partie des classes populaires relève encore de la logique traditionnelle de l'assistance, voire de la charité.

3. – Les politiques sociales en danger pendant l'entre-deux-guerres

a. — Le naufrage du Wohlfahrtstaat *(l'État de bien-être) de la République de Weimar*

L'Allemagne qui disposait d'un important système de protection sociale n'a pu éviter l'échec de l'union sacrée, le glissement d'une partie de son mouvement ouvrier vers la révolution. L'unité de la société allemande s'est disloquée, mais la bourgeoisie industrielle, telle W. von Siemens, est néanmoins parvenue à isoler les révolutionnaires et à trouver l'appui d'un socialisme réformiste qui avait un bilan social important à défendre aux yeux des ouvriers. La politique sociale de Weimar constitue un des piliers d'un régime très fragile. Dès lors que celle-ci s'effondre sous les coups de buttoir de la crise des années 1930 et du choix de la déflation par le chancelier Brüning,

Hitler et les nazis accèdent au pouvoir en se posant « en garant de la Constitution – « *en facteurs d'ordre, prêts à réprimer une tentative révolutionnaire violente de la gauche avec la police et, au besoin, l'armée* » (H. A. Winkler, *Histoire de l'Allemagne. XIXe-XXe siècle*, 2000).

De fait, le nouveau danger pour l'équilibre social vient d'un chômage d'une ampleur sans précédent. Le principe d'une assurance chômage est néanmoins acquis par la loi du 16 juillet 1927. Elle est financée par une contribution des salariés et des employeurs et s'organise en lien avec les bureaux de placement. Les syndicats, puissants, confortent leurs positions dans la gestion de l'ensemble du système d'assurances sociales : l'ADGB contrôle en 1928 73 % des caisses d'assurance maladie regroupant 85 % des assurés. Le système de secours des syndicats (secours complémentaires de chômage, maladie, décès, besoins imprévus, etc.) prend une ampleur inédite, passant pour l'ADGB de 10 millions de marks en 1924 à 110 millions en 1931, soit 52 % de ses dépenses. De très nombreux accords collectifs sont signés dans les entreprises (salaires, durée du travail, congés payés) par un patronat paternaliste. Le consensus social, fondé sur le dialogue social entre les syndicats et le patronat, va néanmoins rapidement éclater au début des années 1930. La politique déflationniste du chancelier H. Brüning (mars 1930-mai 1932) pour soutenir le mark entraîne la réduction des dépenses sociales. Le 29 septembre 1931, le patronat demande à Brüning la baisse des salaires et des charges sociales. Les syndicats demandent une hausse de l'indemnité chômage. Mais la forte poussée du chômage en rend le financement impossible. L'État est même conduit à prendre en charge l'assurance chômage et impose au contraire de fortes baisses des allocations. La crise économique est trop forte pour que les assurances sociales résistent. Une partie importante du monde ouvrier allemand penche alors pour une tout autre voie que celle de la « démocratie sociale » voulue par Weimar. Beaucoup rejoignent le parti communiste. D'autres, peu nombreux, se laissent séduire par la « communauté nationale » défendue par les nazis.

En Allemagne (comme en Italie), les partis fascistes proposent une politique sociale nouvelle. L'État totalitaire doit apporter la sécurité au travailleur face à l'inefficacité de la démocratie libérale. L'année 1932 est un point bas économiquement mais aussi politiquement en Allemagne : le NSDAP arrive en tête aux élections législatives de novembre, porté par les classes moyennes (*Mittelstand*), après la dissolution du Reichstag par Von Papen (qui a remplacé Brüning en mai). La baisse du chômage en Allemagne est le grand succès d'Hitler – nommé chancelier le 30 janvier 1933 –, mais les Allemands le paient très cher. Dès 1934, Hitler interdit la grève et crée une organisation d'État, le DAF (*Deutsche Arbeit Front*) pour remplacer les syndicats et les procédures de négociation collective mises en place par la République de Weimar. L'offre de travail est réduite par l'exclusion des juifs et des femmes (« *Kinder, Kirche, Küche* ») pour lesquelles les allocations maternité sont portées à 12 semaines et une pension pour les veuves à partir du troisième enfant est décidée. Le développement de l'activité est facilité par le blocage des salaires nominaux alors que la réduction de la concurrence par la coordination par l'État permet d'augmenter les prix et conduit à la baisse du salaire réel : la part des salaires dans le PIB passe de 64 % à 57 % entre 1932 et 1938 et celle de la consommation de 83 % à 59 % (du fait de la hausse des impôts) au profit des dépenses publiques. Pourtant Hitler est très populaire en 1938 et 1939 avec la fin du chômage et les succès en politique extérieure.

b. — La priorité de l'équilibre financier sur les dépenses sociales en France et en Angleterre

Malgré le faible contenu social de la République, la France a réussi, en 1917, à éviter que les masses, sur le front ou à l'arrière, ne remettent radicalement en cause le consensus politique et social.

Pour la paysannerie, la propriété a joué un rôle stabilisateur et pour les familles de mobilisés, l'allocation largement accordée par l'État a permis de maintenir le pouvoir d'achat populaire et le moral. En Angleterre, à cause de la demande de main-d'œuvre, le nombre des assistés recule de 762 000 en 1914 à 555 000 en 1919. La pression des militaires et des syndicats (forts de 8 millions de membres en 1919 contre 1 million en 1914) a joué.

Dans tous les pays belligérants, l'habitude est prise d'une intervention plus fréquente de l'État dans les rapports sociaux. Les syndicats sont associés à la politique économique. En France, la pression est forte pour que l'on rattrape le retard sur les législations sociales étrangères. Il s'agit de conjurer la révolution russe, de tenir compte des avantages acquis par l'Alsace-Lorraine, de faire face à l'état social et sanitaire de la population après la guerre. Pourtant, une seule mesure significative sur le plan social est acquise en avril 1919, la journée de 8 heures et la reconnaissance des conventions collectives. La crise financière, le poids des indemnisations liées à la guerre, submergent les gouvernements.

En Angleterre, la loi de 1920 augmente l'indemnité vieillesse et l'assurance chômage est étendue à tous les salariés. Cependant, la politique déflationniste visant à faire recouvrer à la livre sa parité-or d'avant la guerre produit la stagnation économique et le chômage. Un certain nombre d'améliorations au système de protection sociale britannique sont néanmoins apportées. Un régime contributif de pension vieillesse avec une retraite fixée à 60 ans pour les femmes et 65 ans pour les hommes est instauré en 1925.

En France en 1921, Millerand, alors président du Conseil du Bloc national, présente un projet d'assurances sociales inspiré du modèle allemand, mais il est bloqué au Sénat. Les expériences du Bloc national et du Cartel des gauches sont en effet aussi dominées par le mythe du retour à la Belle Époque. Le retour à l'équilibre financier, clé de toute stabilisation de la société, exclut de se lancer dans de lourdes dépenses sociales. La crainte partagée de mettre en difficulté la petite entreprise en augmentant les coûts salariaux et la faiblesse de syndicats divisés empêchent de rompre avec l'équilibre traditionnel.

À partir de 1926 néanmoins, l'échec des politiques traditionnelles de gauche comme de droite impose le changement. La loi de 1928 introduit un système d'assurance obligatoire pour les seuls salariés du commerce et de l'industrie gagnant un salaire inférieur à un plafond, qui cotisent à hauteur de 4 % de leur salaire, les employeurs contribuant pour le même montant. Les risques maladie et maternité sont désormais couverts pour un peu plus d'un tiers de la population à la veille de la guerre. Le régime maladie implique un ticket modérateur de 25 %. Mais la loi de 1928 rencontre une forte opposition, du patronat, mais aussi du monde médical et de la mutualité. La loi du 30 avril 1830 permet ainsi aux médecins de conserver la liberté des tarifs, le tarif de l'assurance n'étant qu'une base de remboursement. L'obligation d'affiliation constitue certes une évolution significative, mais les prestations sont très faibles, et même complétées en 1932 par un régime d'allocations familiales, les assurances sociales de 1930 demeurent des compléments à un dispositif qui, sur le fond, relève toujours de la prévoyance individuelle (les assurances privées) ou collective (la mutualité), en particulier pour le risque vieillesse.

Comme en Allemagne, la crise de 1929 met à mal le système d'aide aux chômeurs en Angleterre. Dès 1931, des coupes affectent l'ensemble des aides sociales malgré l'appel de J. M. Keynes à ne surtout pas diminuer les dépenses sociales. Le niveau de revenu accordé par l'indemnité chômage (la dole) est très bas à 35 livres par semaine pour une famille de cinq personnes. La sortie de crise est néanmoins rapide en Angleterre : avec une croissance économique de 4 % par an entre 1932 et 1937, le chômage baisse. L'Angleterre bénéficie en effet du gouvernement d'union nationale de Ramsey Mac Donald et du consensus politique autour de deux ruptures favorables à la croissance : l'abandon de la livre forte avec la dévaluation de 18 % de décembre 1931 et du libre-échange avec la multiplication par trois des droits de douane, ainsi qu'une politique économique expansionniste. À partir de 1933, en effet, l'État augmente ses dépenses, alors qu'il ne commence à réarmer qu'à partir de 1935, et la banque d'Angleterre mène une politique de *cheap money* en baissant son taux d'escompte à 2 % en 1933. La hausse de la demande intérieure, notamment la hausse des dépenses publiques, a permis le retour de la croissance et la baisse du chômage. À partir de 1935, un organisme centralise la politique d'aide aux chômeurs : l'*Unemployment Assistance Board*, qui accorde une aide au-delà des 36 semaines du *dole*.

En France, en dépit de mesures importantes de promotion du progrès social, le Front populaire ne modifie pratiquement pas la politique de protection sociale en France. La Révolution nationale de Vichy redéfinit les grandes orientations de la politique sociale. Elle repose sur une conception « communautaire » des rapports sociaux. La famille, la patrie, doivent accorder à l'individu les moyens de vivre. La Charte du travail doit instaurer une « communauté de l'entreprise », mais impose surtout un syndicat unique. La mise en place d'un salaire minimum garanti et d'« offices départementaux de placement » chargés des chômeurs complète les leviers d'un paternalisme étatique prôné par Pétain. Mais les contraintes de l'occupation entraînent le rejet du régime de Vichy.

B AVEC L'ÉTAT-PROVIDENCE DE 1945 À NOS JOURS ?

L'idée très classique d'une naissance de l'État-providence moderne en 1942 avec le plan Beveridge (*Social and Allied Service*) n'est pas fausse. Une nouvelle solidarité et une nouvelle dynamique sociale émergent sur les décombres de la Seconde Guerre mondiale. Désormais, la puissance publique entend protéger l'ensemble de la population des risques sociaux majeurs (maladie, vieillesse, chômage et accident du travail).

1.– L'édification de mondes d'État-providence à l'heure de la prospérité (1945-1979)

Au nom de la guerre contre le fascisme, la lutte des classes a été pour un temps écartée. La paix revenue, l'État-providence pourrait éviter son retour.

a. — La mise en place de l'État-providence en Europe à la fin de la Seconde Guerre mondiale

Le plan Beveridge de 1942 en Grande-Bretagne avait en vue « d'abolir la misère », « de libérer l'homme du besoin » et de lutter contre « la maladie, l'ignorance, la sordidité et l'oisiveté ». Ce plan est fondé sur les trois principes d'unité, d'uniformité et d'universalité : il s'agit de garantir à chacun un minimum décent par des prestations uniformes financées par des cotisations uniformes, mais aussi de fiscaliser les prestations familiales et de santé. Beveridge souhaite enfin une centralisation des fonds et de l'organisation en rupture avec l'héritage des *Friendly societies.* Cette politique de sécurité sociale s'articule à la politique économique keynésienne de plein emploi qui fait du chômage un risque majeur. L'État-providence et régulateur de l'activité économique est désormais consensuel et perçu comme le seul moyen de faire société.

Le plan Beveridge trouve une application au Royaume-Uni dans cinq grandes lois mises en place par les travaillistes. Avec le *National Health Service* en 1945, un système de santé très complet est instauré, financé par l'impôt et fournissant à chacun des services médicaux gratuits. Une nouvelle loi sur les accidents du travail et une loi sur l'assistance en 1948 remplacent celles de 1897 et de 1908. La loi sur les allocations familiales (1945) institue le premier régime d'allocations familiales qui s'applique à toute famille de moins de deux enfants. En 1946, la loi sur l'assurance nationale unifie tous les régimes existants, confiés désormais à un ministère de l'Assurance maladie. Sans cotisation préalable, tous les citoyens accèdent donc aux soins. Les montants des pensions et des indemnités chômage ne dépendent pas des salaires antérieurs. Après 1945, au Danemark, en Irlande, en Norvège, en Suède, en Finlande, le rapport Beveridge sert de base aux systèmes de protection sociale qui se mettent en place.

L'auteur du projet français de Sécurité sociale est Pierre Laroque, nommé en septembre 1944 à la tête de la nouvelle Direction générale des assurances sociales. En mars 1944, le Conseil national de la résistance (CNR) adopte à l'unanimité le programme décisif « *d'un plan complet de sécurité sociale visant à assurer à tous les citoyens des moyens d'existence dans tous les cas où ils ne sont pas capables de se les procurer par le travail, avec une gestion appartenant aux représentants des intéressés et de l'État* ». L'objectif de P. Laroque est de mettre en place un système unique, s'appliquant à tous les travailleurs, tout en restant fidèle à la tradition française de la mutualité. Le choix de l'assurance sociale néanmoins conduit à la couverture des seuls travailleurs cotisant à une caisse. L'ordonnance du 4 octobre 1945 confie la gestion aux intéressés sur la base des principes mutualistes. Un système étatique à l'anglaise a été écarté. La loi du 22 mai 1946 institue la Sécurité sociale pour l'ensemble des Français. Les cotisations sont versées auprès d'une caisse primaire départementale de manière paritaire par les employeurs et les salariés (maladie, vieillesse) et par le seul employeur pour les accidents du travail et la famille. La caisse nationale assure la solidarité entre les régions et les professions. La Sécurité sociale couvre les risques maladie, invalidité, vieillesse, accidents du travail. L'assuré n'a pas le choix de sa caisse, mais il peut choisir son médecin et son hôpital. En mai 1946, le système est étendu aux non-salariés et en août 1946, les prestations sont élargies (allocations prénatales, primes à la première naissance). Les dépenses de Sécurité sociale représentent 8,1 % du PIB en 1947. La forte ambition de cet ensemble contraste avec la timidité jusque-là de la législation sociale française. Le système français apparaît ainsi comme poursuivant des buts beveridgiens (universalité) avec des moyens bismarckiens (assurances couvrant les travailleurs) selon B. Palier (*Gouverner la Sécurité sociale*, 2002).

Dès l'automne 1946 pourtant, la Sécurité sociale se heurte à une opposition du patronat, de la mutualité et des compagnies d'assurance. L'unité du système est contestée. La loi du 21 février 1949 consacre ainsi l'autonomie des caisses d'allocations familiales (qui étaient gérées jusque-là par le patronat). Les professions déjà protégées imposent le maintien de leurs propres régimes : agriculteurs, commerçants, mineurs, artisans, cheminots, marins, militaires, etc. Salariés et exploitants agricoles obtiennent l'autonomie et la prise en charge de l'ensemble des risques par la Mutualité sociale agricole (MSA). Dès mars 1947, la négociation de l'AGIRC (Association générale des institutions de retraites des cadres) a permis les retraites complémentaires pour les cadres. Enfin, en 1953, 25,3 % des Français ne bénéficient toujours pas de la Sécurité sociale.

En Allemagne, l'« économie sociale de marché » fait l'objet d'un consensus après la guerre, aussi bien pour son principal artisan, L. Erhard de la CDU, que pour les socialistes qui rompent avec le marxisme au congrès de Bad Godesberg, en 1959. L'économie de marché est productive, source de croissance, elle fournit le carburant à une politique de redistribution qui peut se faire en conséquence de plus en plus généreuse. L'intervention de l'État est limitée à la mise en place d'un cadre favorable : c'est un ordolibéralisme. Les assurances sociales bismarckiennes sont rétablies. La réforme Adenauer de 1957 vise à rapprocher le plus possible la pension de retraite et celle d'invalidité du pouvoir d'achat obtenu pendant la vie active. Il s'agit de maintenir le statut de l'ancien actif, mais aussi, à l'encontre du schéma égalitaire anglais, d'accepter le maintien des inégalités de revenus après redistribution. La pension s'élève alors à 60 % du revenu d'activité et est indexée sur l'inflation. À partir de 1961, un droit de tous à l'assistance est reconnu. Les ambitions allemandes sont donc celles d'un État-providence riche où les transferts sociaux sont rendus possibles par l'efficacité économique.

b. — Développement de l'État-providence et développement économique

L'État-providence qui se met en place à l'échelle européenne à partir de 1945-1946 a changé de nature et de fonction. Son but était encore dans l'entre-deux-guerres celui de l'assistance, d'un rééquilibrage précaire des dysfonctionnements sociaux les plus voyants, dans un souci politique qui consistait à neutraliser les luttes de classes à l'heure du développement de la grande industrie. Sans perdre totalement cette fonction politique, l'État-providence d'après-guerre joue un rôle beaucoup plus vaste, qui lui est assigné par la réflexion critique sur la grande crise des années 1930. La grande crise a montré qu'une couverture très insuffisante des risques sociaux se traduit par une véritable spirale déflationniste qui risque d'emporter l'économie libérale elle-même. Après 1945, les dépenses sociales de l'État-providence apparaissent à la fois comme un soutien à la demande et à l'offre en contribuant à la hausse de la productivité du travail. Le progrès économique ne nécessite plus le sacrifice du progrès social, mais au contraire s'en nourrit.

La forte croissance économique au cours des Trente Glorieuses a permis un élargissement très rapide de la couverture sociale. Depuis 1974, 99,5 % des Français sont couverts par la Sécurité sociale. En Allemagne, depuis l'intégration des revenus les plus élevés dans le système en 1970, 99 % des Allemands sont couverts. La couverture ne concerne plus seulement la maladie et la vieillesse, mais l'ensemble des risques. L'indemnisation du chômage, déjà acquise en Angleterre et en Allemagne, a aussi été instaurée en France en décembre 1958 : les ASSEDIC (Associations pour l'emploi dans l'industrie et le commerce) sont financées par les cotisations sur les salaires et des subventions de l'État. Dans tous les pays européens, des régimes de retraite complémentaires ont gommé partiellement la différence de niveau de vie entre la période d'activité et celle de la retraite.

Cette volonté d'améliorer les prestations a conduit à une renaissance des mutuelles, mais surtout à une intervention croissante de l'État. La liberté contractuelle qui avait présidé au développement de la mutualité a régressé au profit d'une « société assurantielle » contrôlée par l'État. La priorité est devenue l'éradication du risque. La présence des représentants des assurés dans les organismes de Sécurité sociale a été pratiquement garantie dans l'ensemble des pays européens, mais elle n'a pas empêché une bureaucratisation progressive des institutions et un déplacement de la responsabilité et de la direction du système vers l'État. L'État tente en France d'imposer une plus grande homogénéité, notamment des régimes de retraite.

La protection sociale a sorti les classes populaires de la grande vulnérabilité face aux risques sociaux qu'elles connaissaient au XIXe, les rapprochant dans leur condition du reste de la société. L'État-providence contribue fortement non à réduire les inégalités de revenus par exemple, mais à produire une société de semblables (R. Castel, *Les métamorphoses de la question sociale*, 1995). La solidarité est renforcée par la politique familiale en France qui s'appuie certes sur des allocations mais aussi sur des réductions d'impôts accordées aux familles (le quotient familial), des politiques d'aides à l'enfance (dont les crèches), des aides au logement, etc. Attribuée non pas en fonction de l'intégration professionnelle mais du fait de la résidence sur le territoire national, cette aide favorise l'intégration à la communauté nationale.

La redistribution verticale reste par ailleurs limitée. Dans la plupart des pays européens, les prélèvements ne sont pas progressifs avec le revenu et le taux de cotisation décroît même au-dessus d'un revenu plafond. De plus, dans les États-providence bismarckiens (Allemagne, France dans une moindre mesure) bien davantage que dans les États-providence beveridgiens (Royaume-Uni, mais surtout sociodémocrates d'Europe du Nord), l'effort consiste en des prestations en espèces plus que des services collectifs gratuits ou quasi gratuits (école, hôpital, etc.).

Le système de retraite français reproduit les inégalités de revenu de l'âge actif, voire les accentue si l'on tient compte de l'espérance de vie. L'aide sociale aux personnes âgées a eu beaucoup de mal à s'imposer à l'instar du minimum vieillesse (1956). Jusqu'à la fin des années 1970, le minimum vieillesse ne dépasse pas 50 % du SMIC. Malgré la croissance des Trente Glorieuses, les politiques d'assistance sont restées nécessaires car la pauvreté touche entre 5 et 10 % de la population.

c. — Les voies nationales de l'État-providence

Aux États-Unis, si la politique économique conjoncturelle est traditionnellement très réactive depuis les années 1960 (régulation), l'État-providence y est résiduel comparativement aux États-providence qui se sont développés en Europe après la Seconde Guerre mondiale. Les régimes d'entreprises de protection sociale ont recours aux assurances privées et l'intervention de l'État est cantonnée à l'assistance.

Selon R. Titmuss (*Social policy*, 1974), on peut distinguer le modèle résiduel américain du modèle institutionnel redistributif européen. Dans le modèle résiduel, la politique sociale intervient en dernière instance quand les solidarités primaires (réseau familial, communautaire ou corporatif) ou le marché font défaut. Les prestations sociales s'adressent uniquement aux pauvres, à ceux qui ne peuvent se prendre en charge eux-mêmes et pour un temps limité. Dans le modèle institutionnel, l'État doit assurer à chacun la possibilité de se réaliser. L'État fournit des services que le marché ne parvient pas à fournir, mais différenciés selon les classes sociales.

Selon F-X Merrien (*L'État social. Une perspective internationale*, 2005), l'État-providence est certes la grande réalisation européenne du XXe siècle, mais sa généalogie est triple : le concept français d'État-providence, la notion allemande d'État social (*Sozialstaat*) et la notion britannique de *Welfare State*. G. Esping-Andersen (*Les trois mondes de l'État-providence*, 1990) retient de son côté trois « mondes » d'État-providence : le monde libéral (le marché reste le principe central d'organisation de la société), le monde conservateur-corporatiste (l'État se substitue au marché en s'appuyant sur le statut du travail salarié et la famille) et le monde social-démocrate (l'État se substitue au marché en s'appuyant sur la citoyenneté).

La notion de « monde d'État-providence » signifie un ensemble d'arrangements institutionnels stables entre marché, État et sphère privée. Ainsi, chaque monde peut être identifié par un degré de dé-marchandisation, c'est-à-dire « *le degré jusqu'auquel les individus ou les familles peuvent soutenir un niveau de vie socialement acceptable indépendamment d'une participation au marché* » (G. Esping-Andersen), et par des relations stables entre l'État, le marché et la famille. Le modèle continental-conservateur reflète tant la mobilisation de gauche que l'influence catholique et la redistribution est faible. En revanche, le modèle libéral accorde un rôle principal aux mécanismes de marché – assurances privées –, limitant sa protection aux plus faibles tout en les stigmatisant d'être assistés. Enfin, le modèle social-démocrate est un système beveridgien généreux universaliste à la redistribution assumée. Un quatrième monde d'État-providence peut être identifié selon Stephan Leibfried (1992) dans l'Europe du Sud. Il est à mi-chemin entre les modèles bismarckien et beveridgien, mais les solidarités familiale et communautaire notamment religieuse (l'Église) jouent un rôle beaucoup plus important du fait de l'économie informelle et de la très faible défamilialisation pour les femmes (il est difficile pour la femme de ne pas être épouse et mère au foyer).

Si la France comme l'Allemagne appartiennent au monde des États-providence conservateurs, il y a pourtant des différences nettes entre les deux pays. La France a un modèle plus égalitariste, reconnaissant le travail des femmes, la prise en charge publique des jeunes enfants alors que l'Allemagne défend un modèle familial traditionnel et privatise l'éducation des enfants. En Allemagne et dans l'Europe du Sud, la division traditionnelle des tâches règne, « l'homme gagne le pain de la famille » (*male breadwinner*). Cette tradition explique la faible participation des femmes au marché du travail, la nature de leur travail lorsqu'elles travaillent (temps partiel), le manque de crèches, l'insuffisance de la protection de la maternité et l'inégalité face à la sécurité sociale. À l'opposé, en Suède par exemple, les femmes sont incitées à l'emploi par une fiscalité séparée, des congés parentaux et un grand nombre de crèches. La France est, de ce point de vue, plus proche de la Suède que de l'Allemagne.

Les systèmes de santé et de retraite diffèrent au sein de l'Europe de l'État-providence. Le financement des régimes de santé est contrasté. La fiscalisation domine au Danemark, en Irlande, au Royaume-Uni mais moins en Allemagne et en France où les cotisations sociales assurent l'essentiel du financement. La part laissée à la charge du citoyen britannique représente 10 % des frais médicaux, mais 15 % pour l'Allemand et 20 % pour le Français (hors mutuelles). En France, en Belgique et au Luxembourg, les patients sont remboursés malgré un ticket modérateur (fixé à 20 % en 1945 en France par exemple) mais il y a libre choix du médecin. À l'inverse dans d'autres pays d'Europe, la médecine est gratuite, le généraliste est salarié, mais les patients doivent s'inscrire alors à l'année auprès d'un seul généraliste. Le libéralisme à la française (celui de choisir son médecin, de rémunérer le médecin à l'acte, la liberté d'installation et de prescription) se révèle plus coûteux sans apporter de meilleurs résultats médicaux.

Les régimes de retraite peuvent retenir le versement de pensions uniformes (Royaume-Uni, Danemark) ou proportionnelles aux revenus antérieurs (France, Allemagne). La pension publique forfaitaire au Royaume-Uni étant faible, elle s'accompagne pour la moitié des salariés d'un complément (20 % du salaire) versé par l'entreprise et au-delà repose largement sur des fonds de pension alimentés par les entreprises et l'assurance individuelle financée par l'épargne. En fait, employeurs et salariés peuvent même s'affranchir du système officiel de cotisation pour y substituer des fonds de pension privés fondés sur la capitalisation et alimentés par des contributions défiscalisées. La moitié des Britanniques en bénéficient à la fin des années 1970. Les syndicats ont accepté cette solution de capitalisation qui compense selon eux la faiblesse des pensions versées par l'État. Le système est mixte (répartition/capitalisation) dans les pays d'Europe du Nord et en Allemagne. La Sécurité sociale verse environ 50 % du salaire moyen du salarié qui atteint 65 ans. Un complément, versé par les entreprises qui organisent leur système de prévoyance, permet au salarié d'atteindre les deux tiers de son salaire net d'actif. Dans les pays d'Europe latine (France, Espagne, Italie, Portugal), les retraites reposent en revanche totalement sur la répartition. Les retraites de base et complémentaires sont entièrement financées par les cotisations sur le travail et gérées par les partenaires sociaux. Au total, l'addition des différentes retraites permet de percevoir les deux tiers de son salaire net d'actif.

2. – L'État-providence en question depuis les années 1980

Face à la triple crise de l'État-providence (P. Rosanvallon, 1981), les propositions anglo-saxonnes radicales d'un retour à l'État gendarme ont été évitées en Europe depuis les années 1980. Néanmoins, le tournant récent des politiques d'activation est ambigu.

a. — La crise financière de l'État-providence

La croissance des dépenses sociales dans les années 1970 (+ 90 %) et au début des années 1980 (+ 24 %) en Europe continentale s'explique par des hausses de prestations sociales en faveur des catégories sociales les plus touchées par la crise économique (ouvriers de l'industrie au chômage, familles monoparentales, chômeurs de longue durée). L'effet ciseau de la hausse des dépenses et de la stagnation des recettes induite par le ralentissement économique a été accentué jusqu'à la fin des années 1980 par le fait que beaucoup de gouvernements ont fait sortir des chômeurs de la population active, par des dispositifs de préretraite ou de pensions d'invalidité, mettant en œuvre ce qu'Esping-Andersen a appelé une « protection sociale sans travail » (1996). Des hausses de cotisations sont intervenues sur la même période pour compenser l'augmentation des dépenses.

Mais le financement et l'avenir de l'État-providence ne sont pas seulement hypothéqués par la crise économique. Les problèmes de financement de l'assurance vieillesse sont aussi croissants avec la hausse de l'espérance de vie et des droits des actifs prenant leur retraite. Le vieillissement démographique va en effet s'accélérer d'ici à 2035 du fait du départ à la retraite des générations nombreuses du baby-boom. Ce choc démographique massif constitue une « nouvelle transition démographique » en France comme en Europe. Il signifie la dégradation rapide du ratio de dépendance des personnes âgées, mesuré par le quotient des plus de 65 ans aux 15-64 ans, et par conséquent la mise en péril du financement des systèmes de retraite et de la protection sociale. En conséquence, les réformes des systèmes de retraite se multiplient.

S'y ajoute le problème de financement de l'assurance maladie. Certes, là encore, le vieillissement pèse sur les dépenses de santé. La France est le 6e pays du monde avec des dépenses de santé qui représentent 11 % du PIB en 2015, loin derrière les États-Unis (16,9 %) et très proche de la Suisse, le Japon, l'Allemagne et la Suède (tous entre 11 et 11,5 %). En effet, les dépenses de santé augmentent avec l'âge : les dépenses de soins sont de 2 à 2,5 fois upérieures entre 60 et 80 ans, et de plus de 3,5 fois au-delà, à ce qu'elles sont entre 40 et 50 ans. Néanmoins, l'évolution du poids des dépenses de santé dans le PIB dépend de bien d'autres facteurs que du vieillissement démographique. Il s'agit d'abord de l'évolution de la richesse nationale, des prix relatifs des soins et produits de santé, du progrès technique, notamment en ce qu'il étend l'offre de soins ; mais aussi, bien sûr, des modes de régulation du système et de l'effet à long terme des réformes.

Dans ce contexte, on assiste en Europe à une combinaison variable selon les pays, de hausse du coût des dispositifs sociaux et par conséquent des cotisations et des impôts qui les financent, de réductions des prestations et de hausse des déficits et de l'endettement.

b. — La contestation croissante de l'État-providence dans les années 1980 et 1990

Sous la pression des exemples anglo-saxons, le compromis social-démocrate de Keynes/Beveridge a été progressivement remis en cause. M. Thatcher au Royaume-Uni et R. Reagan aux États-Unis ont opéré dans les années 1980 une révolution conservatrice qui a considéré la protection sociale comme une cause de la crise économique.

Les néolibéraux des années 1970, à commencer par M. Friedman, souhaitent limiter fortement l'action de l'État et soulignent l'excessive réglementation de l'économie de marché. À l'occasion de l'échec des remèdes keynésiens à sortir de la crise de 1973, ils parviennent à faire entendre l'idée que la crise n'est plus celle de l'économie de marché comme en 1929, mais celle de l'État-providence. Ainsi, Laffer explique que « trop d'impôt tue l'impôt » et défend le retour au capitalisme par le retour à l'État minimum. L'État-providence doit être ramené à une assistance minimale alors que les assurances privées prendraient davantage en charge les risques sociaux pour les classes moyennes pouvant payer.

Les nouveaux dispositifs introduits à partir du milieu des années 1980 retiennent des actions ciblées et tendent à invoquer des responsabilités individuelles, par exemple liées à l'accoutumance au chômage et à la dépendance par rapport à l'aide publique. La réduction de la générosité de l'indemnisation de l'inactivité est perçue comme nécessaire pour favoriser l'intégration par le travail. Le *workfare* vise pour l'essentiel à réduire la part des budgets sociaux par la baisse de la solidarité et l'instauration de fortes incitations à l'activité quelles qu'elles soient. C'est une remarchandisation de la relation salariale. Le *workfare* doit succéder au *welfare*.

Les responsables de la vie économique et politique en Europe ont écarté dans les années 1980 ces stratégies de rupture anglo-saxonnes. Les droites ont certes critiqué l'État-providence mais au pouvoir n'ont que peu réformé. À partir des années 1990 néanmoins, le contexte change. Sous l'effet de la récession économique de 1993 qui augmente le besoin de financement de la protection sociale et des contraintes européennes liées au nécessaire respect des critères de Maastricht, les pays d'Europe continentale optent désormais pour un recul de la protection sociale : en France par exemple, de nouvelles conventions médicales sont signées, l'allocation unique dégressive de chômage est mise en place en 1992 et le mode de calcul des retraites est modifié en 1993. En Allemagne, les lois Blum en 1989 et Seehofer en 1993 ont redéfini les mécanismes de contrôle des médecins, des hôpitaux et des médicaments. Le recul progressif des « acquis sociaux » touche l'ensemble des assurances sociales.

Il demeure que l'objectif annoncé de ces réformes de *retrenchment* (B. Palier, « La politique des réformes dans les États-providence bismarckiens », dans *Réformes de la protection sociale en Europe*, Revue Française des Affaires Sociales, 2006) est la consolidation financière du système et non son démantèlement et passe par la plus grande contributivité des prestations, c'est-à-dire que les prestations sont de plus étroitement déterminées par les cotisations qui ont été versées. L'État obtient d'ailleurs souvent l'accord des partenaires sociaux en proposant de financer en contrepartie par l'impôt les prestations non contributives (les minima sociaux, comme l'allocation spécifique de solidarité pour les chômeurs de longue durée en fin de droits et âgés de plus de 50 ans). Ainsi ces changements ont aussi pu être perçus comme préservant les assurances sociales.

c. — La crise d'efficacité et de légitimité de l'État-providence

Depuis les années 1990, le discours est devenu de plus en plus critique à l'encontre des assurances sociales. On les accuse d'aggraver les difficultés économiques, sociales et politiques : la contributivité de la plupart des prestations sociales renforcerait l'exclusion sociale puisque, à défaut d'avoir cotisé ou suffisamment cotisé, des personnes n'accèdent pas à la protection sociale ; le poids des cotisations sociales pèserait sur le coût du travail et la compétitivité, la gestion par les partenaires sociaux empêcherait l'État de contrôler les dépenses et de mettre en œuvre les réformes nécessaires.

Face à la nouvelle pauvreté et aux nouveaux problèmes sociaux, le chômage de longue durée d'exclusion et l'augmentation du nombre de familles monoparentales notamment, l'État en France met ainsi en place de nouvelles prestations ciblées financées par l'impôt. Le financement de la Sécurité sociale est modifié par la politique de baisse des cotisations sociales sur les bas salaires menée à partir de 1993 et le basculement sur la CSG, donc sur les ménages, du financement des prestations non contributives. Le Parlement a obtenu un rôle important dans la gestion de l'assurance maladie avec le vote d'un Objectif annuel national des dépenses d'assurance maladie (ONDAM) depuis 1996. La crise de légitimité mise en évidence par P. Rosanvallon (1981) s'approfondit : si le développement de la protection sociale depuis 1945 n'a pas été porté par les mouvements sociaux mais décidé par l'État, il en est désormais de même s'agissant de la réduction de la protection sociale.

Le consentement au financement de l'État-providence a fortement diminué depuis les années 1990. Certes, la cotisation sociale est traditionnellement perçue comme plus légitime que l'impôt car la cotisation obéit à une logique assurantielle dans laquelle son montant est la contrepartie objectivement calculée du risque pris en charge. Cependant, dans les systèmes bismarckiens, les cotisations sont proportionnelles au salaire et non au risque. De plus, la perception de la justice du système assurantiel a évolué à mesure que celui-ci prenait en charge non seulement des situations objectives, mais aussi influencées par des comportements. Le chômeur est certes sans emploi, mais fait-il tous les efforts pour en retrouver un ? L'objectivité des risques a de plus elle-même changé de nature. Les comportements à risque – tabac, alcool, surpoids, etc. – sont bien plus qu'avant désignés dans l'explication de la réalisation de risques de santé. Or, plus la perception du rôle du comportement est forte et moins le système assurantiel apparaît légitime. Pour conserver l'État-providence, il faut alors redresser les comportements. À défaut, la contestation des prélèvements sociaux se fait de plus en plus forte (P. Rosanvallon, *La nouvelle question sociale*, 1995).

d. — L'activation des politiques sociales depuis les années 2000

La crise d'efficacité et de légitimité de l'État-providence nécessiterait sa refondation. Les dispositifs de protection sociale sont toujours tournés vers le maintien du niveau des retraites et la compensation de la perte de revenu des chômeurs alors que les sources majeures d'inégalités concernent, depuis la fin des années 1980, l'exclusion sociale par le chômage de longue durée, l'opposition entre le travail manuel et intellectuel et l'accès aux postes à responsabilité. Ces nouvelles inégalités peuvent être des freins à l'efficacité économique dynamique : perte d'expérience professionnelle, désocialisation des chômeurs de longue durée et lenteur du processus de modernisation productive. Le lien entre justice sociale et efficacité économique demanderait ainsi davantage à être reconfiguré qu'à être abandonné.

Les politiques sociales actives visent, dans cette perspective, à rechercher d'autres moyens pour relever les défis collectifs que le seul recours aux impôts et aux transferts publics. Pour l'OCDE (*Accroître les chances de chacun. Pour une politique sociale active au bénéfice de tous*, 2005), la politique sociale active consiste à renoncer à l'ancienne approche fondée sur l'indemnisation pour mettre « *l'accent sur l'investissement dans les individus pour qu'ils soient le plus à même de devenir des membres autonomes de la société qui subviennent à leurs propres besoins* ». Elle introduit dans les dispositifs de solidarité des mesures d'activation et de responsabilisation individuelle.

Depuis le début des années 2000, une nouvelle vague de réformes a ainsi été engagée en Europe continentale. Les gouvernements ont mis en place des politiques d'activation visant à favoriser le retour à l'emploi des chômeurs et des inactifs (l'intéressement du RMI puis le RSA en juin 2009 en France par exemple), et des politiques de réduction de la couverture sociale maladie renvoyant les citoyens vers les assurances privées pour les responsabiliser. De même, les systèmes de retraite par répartition sont rendus moins généreux pour laisser davantage de place à la prévoyance individuelle par le recours à l'épargne et aux régimes par capitalisation (par exemple les PERP et PERCO créés en 2003 pèsent respectivement 14 milliards d'euros d'encours pour 2,3 millions de PERP et 13 milliards d'euros d'encours pour 2,2 millions de PERCO fin 2015 selon la Fédération française de l'assurance).

Ces politiques d'activation s'inscrivent en référence au modèle du *workfare* anglo-américain dominant depuis les années 1990. Cependant, elles peuvent trouver dans la flexisécurité danoise une alternative avantageuse, qui améliore par exemple l'efficacité des politiques de l'emploi sans comprimer excessivement la part des dépenses de solidarité collective. Le Danemark est en effet largement ouvert à la concurrence internationale, mais la fiscalité et les cotisations sociales y absorbent près de la moitié du PIB, l'indemnisation du chômage atteint 90 % du salaire pour les chômeurs les plus défavorisés pendant quatre ans, le taux de syndicalisation est de 80 % et l'emploi public représente un tiers de l'emploi total. Pourtant, le taux d'emploi y est un des plus élevés du monde, le chômage faible, le niveau de vie proche de celui des États-Unis et la croissance économique dans la moyenne des économies de l'OCDE. C'est la complémentarité institutionnelle du triangle d'or danois : flexibilité quantitative de l'emploi, indemnisation généreuse assurant la sécurité du revenu et politique active de l'emploi passant par la formation. Cette configuration institutionnelle a l'avantage d'une grande réactivité, donc de favoriser une croissance schumpétérienne dont les gains de productivité sont répartis ensuite entre les acteurs (entreprises, salariés et État). De fait, avec cette flexisécurité, la solidarité est maintenue par des dispositifs collectifs et non pas marchands.

Le cercle vertueux entre solidarité sociale et progrès économique qui caractérisait les Trente Glorieuses a disparu. La cohésion sociale ne va plus de soi comme lorsque le progrès de la productivité obtenu au prix d'une spécialisation croissante des tâches industrielles suffisait à accroître la solidarité. Elle devient au contraire le résultat d'une mobilisation politique de la société civile face à l'ensemble des risques qu'elle encourt. L'État n'est plus le garant du progrès, mais celui qui met en place des incitations. Il est devenu un animateur, c'est un État qui « rend capable » chacun d'entrer dans le jeu de la compétition économique (J. Donzelot, « Un État qui rend capable », dans S. Paugam (dir.), *Repenser la solidarité. L'apport des sciences sociales*, 2007).

Ces réformes institutionnelles conduisent au passage d'États-providence bismarckiens préservant le revenu et le statut à des systèmes destinés à favoriser l'emploi et la compétitivité. À cette occasion, les assurances sociales n'ont pas disparu, mais s'est constitué à leurs côtés un « deuxième monde » d'assistance sociale : séparer assurance et solidarité implique en effet que les assurances sociales ne doivent plus être solidaires. Ces réformes ont toutes contribué à dualiser le système français de protection sociale selon B. Palier. Cette dualisation est triple. Tout d'abord, elle sépare ceux qui relèvent de l'assurance (car ayant suffisamment contribué pour bénéficier des prestations d'assurance sociale) et les autres, ceux qui relèvent de la solidarité. Ensuite, les dispositifs publics de protection sociale diminuent et la part prise par les organismes privés est croissante. Enfin, les secteurs relevant toujours principalement des assurances sociales (retraites et chômage, même s'ils intègrent des prestations sous condition de ressources destinées aux plus démunis) sont de plus en plus distincts des secteurs relevant davantage d'une logique non contributive, financée par l'impôt et servant des prestations forfaitaires (santé et famille, politiques sociales de l'État – nationales, départementales et communales). Ce processus de dualisation ne touche pas que la France, mais aussi l'Allemagne et les pays d'Europe du Sud.

Cette dualisation pose problème. En effet, l'opinion est attachée à la protection sociale, et même si les citoyens reconnaissent son coût élevé, très peu envisagent une remise en question de la couverture des risques sociaux, et ce, pour une raison fondamentale : l'État-providence, beaucoup plus qu'un simple mécanisme de protection sociale, est devenu la condition nécessaire de la citoyenneté. Son invention a permis de dépasser la question sociale du XIXe siècle. Dans les termes de R. Castel, si la propriété privée est l'apanage de quelques-uns, la propriété sociale est en revanche commune à tous. La démocratie libérale devient alors possible.

Enfin, Éloi Laurent défend même « *le bel avenir de l'État-providence* » dans un ouvrage éponyme (2014). Il pointe tout d'abord de « *fausses accusations* » à l'encontre de l'État-Providence. D'une part, l'État-providence ne bride pas le dynamisme économique et il n'écrase pas de ses insupportables charges la création de richesse et l'innovation puisqu'il favorise la prise de risque, développe les capacités humaines et maintient la cohésion sociale. D'autre part, l'État-providence n'est pas insoutenable financièrement puisqu'il n'a jamais provoqué la moindre crise économique et que son coût est ridiculement faible en termes de frais de gestion par rapport à une multitude d'assurances privées, grâce aux économies d'échelle qu'il permet, tout en étant extrêmement rémunérateur en stabilisant les revenus en cas de crise (il a ainsi divisé par quatre les effets de la dernière crise pour les ménages européens). Le rôle de l'État-providence doit ensuite être étendu selon É. Laurent car « *la nature du risque (et de l'assurance) a changé depuis la fin du XIXe siècle et l'après-Seconde Guerre mondiale : le risque n'est plus seulement social, il est devenu social-écologique* ». Alors que les inégalités sociales et les inégalités écologiques se renforcent, il faut effectuer « *la transition de l'écologie qui accuse à l'écologie qui protège* » en créant une nouvelle branche « vulnérabilité écologique » de la Sécurité sociale et en développant des politiques de santé environnementale : le rôle des facteurs environnementaux (pollution…) dans le développement des maladies chroniques (diabètes, cancers…) est en effet avéré et davantage de dépenses de prévention dans ce domaine permettraient d'économiser beaucoup sur celles de la santé.

CHRONOLOGIE

1795. – Généralisation du système de Speenhamland en Angleterre.
1834. – Loi sur les pauvres en Angleterre.
1883, 1884 ET 1889. – Lois sur les assurances sociales allemandes (maladie, accident du travail et vieillesse).
1898. – Loi sur les accidents du travail en France.
1908. – Assistance vieillesse en Angleterre (*Old Age Pension Acts*).
1910. – Loi sur les retraites ouvrières en France.
1911. – Assistance maladie et chômage en Angleterre (*National Insurance Act*).
1925. – Assurance vieillesse en Angleterre.
1928-30-32. – Assurances maladie et maternité et allocations familiales en France.
1938. – Salaire minimum aux États-Unis.
1942. – Plan Beveridge en Angleterre.
1945. – *National Health Service* en Angleterre.
1946. – La Sécurité sociale en France.
1956. – Instauration du minimum vieillesse en France.
1958. – L'indemnisation du chômage en France (naissance des ASSEDIC).
1970. – SMIC en France.
1988. – RMI.
1992. – Allocation unique dégressive de chômage en France.
1993. – Réforme de l'assurance vieillesse en France.
1996. – Instauration de l'Objectif national des dépenses d'assurance maladie (ONDAM) en France.
2000. – Loi sur la parité.
2001. – Remplacement de l'Allocation unique dégressive par l'Allocation de retour à l'emploi (non dégressive mais liée à la durée de cotisation précédente et limitée à 24 mois).
2009. – RSA.
2013. – Loi sur le mariage « pour tous ».
2016. – Loi Travail.

BIBLIOGRAPHIE

CALVES (G.), *La discrimination positive*, Que Sais-Je ?, 4e édition, 2016.

DEMIER (F.), *Histoire des politiques sociales*, Seuil, 1996.

ESPING-ANDERSEN (G.), *Les Trois Mondes de l'État-providence*, PUF, 1990, trad. 2007.

FLEUTOT (D.), *Les États-providence*, Bréal, coll. « Thèmes & Débats », 2017.

FRASER (N.), *Qu'est-ce que la justice sociale ? Reconnaissance et redistribution*, 1997, trad. 2005.

GAZIER (B.), PALIER (B.), PÉRIVIER (H.), *Refonder le système de protection sociale*, Presses de Sciences Po, 2014.

GUEGUEN (H.), MALOCHET (G.), *Les théories de la reconnaissance*, La Découverte, coll. Repères, 2012.

INSEE, *France, portrait social*, 2015.

KYMLICKA (W.), *Les théories de la justice. Une introduction*, 1990, trad. 2003.

MERRIEN (F.-X.), PARCHET (R.), KERNEN (A.), *L'État social. Une perspective internationale*, Armand Colin, coll. « U Sciences Po », 2005.

PALIER (B.), *La réforme des systèmes de santé*, Que Sais-Je ?, 7e édition, 2015.

PALIER (B.), *La réforme des retraites*, Que Sais-Je ?, 5e édition, 2014.

PAUGAM (S.) (DIR.), *Repenser la solidarité. L'apport des sciences sociales*, 2007.

PIKETTY (T.), *L'économie des inégalités*, La Découverte, coll. « Repères », 7e édition, 2015.

PIKETTY (T.), *Le capital au XXIe siècle*, Seuil, 2013.

ROSANVALLON (P.), *La société des égaux*, 2012.

ROSANVALLON (P.), *La crise de l'État-providence*, 1981.

« Inégalités économiques, inégalités sociales », *Cahiers Français* n° 355, 2009.

« La protection sociale : quels débats ? Quelles réformes ? », *Cahiers Français* n° 358, 2010.

« Justice sociale et action publique. Des principes à leur mise en œuvre », *Problèmes politiques et sociaux* n° 949-950, juin-juillet 2008.

« Les inégalités », *Cahiers Français* n° 386, avril 2015.

« Pauvreté et vulnérabilité sociale », *Cahiers Français* n° 390, janvier 2016.

SUJETS CORRIGÉS

SUJET
I

L'État-providence est-il encore la solution à nos problèmes ?

À l'issue de la Seconde Guerre mondiale, la Sécurité sociale est mise en place en France. Elle vise à protéger ses assurés des risques sociaux. Au-delà de la diversité des États-providence qui se mettent en place pour l'essentiel en Europe à cette époque, un nouveau consensus émerge : le retour et le maintien de la prospérité sont désormais indissociables des mesures de justice sociale portées par les États-providence. Après l'épreuve de la Dépression des années 1930 et de la guerre, le libéralisme économique a fait long feu.

Pourtant, force est de constater qu'aujourd'hui un consensus opposé domine : les économies européennes seraient handicapées dans la concurrence internationale par les coûts élevés de fonctionnement des États-providence, souvent imputés tant à leur générosité qu'à leur inefficacité. Alors que le chômage caractérise les économies européennes depuis plus de trente ans, que le lien social en est distendu, la crise économique s'accompagne donc de la crise de l'État-providence (Rosanvallon, 1981).

Face aux problèmes économiques et sociaux européens, les États-providence sont-ils désormais totalement et également disqualifiés ?

Si dans la seconde moitié du XXe siècle, l'État-providence répond à la question sociale du XIXe siècle (I), il est cependant entré en crise depuis les années 1970, de sorte qu'il est tout à la fois remis en question et sommé de se réformer (II).

I L'État-providence répond dans la seconde moitié du XXe siècle à la question sociale du XXe siècle

A. — Les impasses du travail-marchandise au XIXe siècle : la « question sociale ».

- *La libéralisation des économies féodales au tournant du XIXe siècle en Europe est perçue par les économistes classiques comme le facteur explicatif principal des industrialisations anglaise et française et surtout comme le moyen d'éradiquer la pauvreté. Ainsi pour T. R. Malthus (1798), il ne faut surtout pas aider les pauvres, mais leur permettre de trouver un travail en laissant le marché du travail fonctionner librement. Il condamne ainsi les* poor laws.
- *Cependant, la transformation du travail en marchandise (Polanyi, 1945) produit une nouvelle pauvreté, le paupérisme, et la condition prolétarienne. L'horreur qu'elle inspire aux contemporains (Villermé, 1840) ne conduit pas l'État à intervenir et à remettre en cause le consensus libéral, si ce n'est à la marge (l'interdiction du travail des enfants de 1841, conçue comme une mesure de « sauvegarde de la race »). Certes, K. Marx fait de la condition prolétarienne le résultat nécessaire de la loi de surpopulation relative, mais la révolution marginaliste réaffirme la confiance dans le fonctionnement libre des mécanismes de marché.*

B. — Les interventions sociales progressent lentement et inégalement en Europe au tournant du XXe siècle

- *Il faut véritablement attendre les années 1880, avec la mise en place de l'État social* *bismarckien, pour voir, même si c'est encore dans un cadre autoritaire, les prémices de l'État-providence qui naîtra dans un grand mouvement démocratique après 1945. L'intervention sociale progresse néanmoins partout en Europe au tournant du XXe siècle, certes inégalement, davantage par exemple en Angleterre (où l'assurance chômage a été instaurée en 1911,* National Insurance Act*) qu'en France. Devant la montée des socialismes et à l'heure d'un capitalisme de grandes entreprises, les bourgeoisies européennes renoncent en partie à l'individualisme libéral.*

- *Durant l'entre-deux-guerres, on assiste tout à la fois au naufrage de l'État social allemand durant les années 1930 et à de faibles progrès en France et en Angleterre. En France, les assurances sociales de 1930 demeurent des compléments à un dispositif qui, sur le fond, relève toujours de la prévoyance individuelle (les assurances privées) ou collective (la mutualité), en particulier pour le risque vieillesse. En Angleterre, l'assurance chômage, menacée dans les premiers temps de la crise de 1929, est finalement consolidée par l'*Unemployment Assistance Board *de 1935 et la sortie rapide de la crise.*

C. — Le développement de différents types d'État-providence en Europe est considérable après la Seconde Guerre mondiale jusqu'aux années 1970

- *L'idée très classique d'une naissance de l'État-providence moderne en 1942 avec le plan Beveridge (*Social and Allied Service*) n'est pas fausse. Désormais, la puissance publique entend protéger l'ensemble de la population des risques sociaux majeurs (maladie, vieillesse, chômage et accident du travail). Après 1945, les dépenses sociales de l'État-providence apparaissent à la fois comme un soutien à la demande, en maintenant les revenus, et à l'offre, en contribuant à la hausse de la productivité du travail. Efficacité économique et justice sociale vont désormais de pair.*
- *Mais les formes prises par l'État-providence sont différentes selon les pays : G. Esping-Andersen (*Les trois mondes de l'État-providence, *1990) retient trois « mondes » d'État-providence : le monde libéral en Angleterre (le marché reste le principe central d'organisation de la société), le monde conservateur-corporatiste en Allemagne ou en France (l'État se substitue au marché en s'appuyant sur le statut du travail salarié et la famille) et le monde social-democrate dans les pays nordiques (l'État se substitue au marché en s'appuyant sur la citoyenneté).*

II La crise de l'État-providence depuis les années 1970 nécessite davantage sa réforme que son retrait au tournant du XXIe siècle

A. — L'État-providence connaît une triple crise depuis les années 1970 (P. Rosanvallon, 1981)

- *La crise financière : le ralentissement de la croissance, la montée du chômage et dernièrement l'ampleur de la crise économique pèsent sur les recettes et les dépenses du système de protection sociale (le « trou de la Sécu »). L'accumulation récurrente de déficits budgétaires a progressivement élevé la dette publique au point que la question de sa soutenabilité est posée.*
- *La crise d'efficacité : le système de protection sociale n'a pas empêché le maintien d'inégalités sociales devant la mort et, depuis les années 1990, la protection sociale est de plus en plus perçue comme contreproductive du fait de l'exigence de compétitivité de l'offre. Le soutien à la demande est contesté après les échecs des politiques de relance dans les années 1970.*
- *La crise de légitimité : l'expansion de la protection sociale depuis 1945 n'a pas été portée par les mouvements sociaux mais décidée par l'État et la propension à cotiser en fonction de ses revenus (et non pas en fonction de son risque) a fortement baissé.*

B. — Le *Welfare State* est remis en cause au profit du *workfare* et des politiques d'activation depuis les années 1990

- *À partir du milieu des années 1980, le renouveau des idées libérales se traduit par l'invocation des responsabilités individuelles dans la crise de l'État-providence et la crise économique. La réduction de la générosité de l'indemnisation de l'inactivité est perçue comme nécessaire pour favoriser l'intégration par le travail (Économie de l'offre,* supra*). Le* workfare *doit succéder au* welfare*. Le* workfare *vise pour l'essentiel à réduire la part des budgets sociaux par la baisse de la solidarité et l'instauration de fortes incitations à l'activité quelles qu'elles soient. C'est une remarchandisation de la relation salariale.*
- *La politique sociale active (OCDE, 2005) consiste à renoncer à l'ancienne approche fondée sur l'indemnisation pour mettre « l'accent sur l'investissement dans les individus pour qu'ils soient le plus à même de devenir des membres autonomes de la société qui subviennent à leurs propres besoins ». En référence au modèle du* workfare *anglo-américain, les gouvernements en Europe ont mis en place depuis le début des années 2000 des politiques d'activation visant à favoriser le retour à l'emploi des chômeurs et des inactifs (le RSA a remplacé le RMI en juin 2009 en France par exemple).*

C. — Les voies étroites d'un renouveau de l'État-providence au tournant du XXIe siècle

- *Au modèle du* workfare *anglo-américain, il existe néanmoins une alternative, celle de la flexisécurité danoise. La complémentarité institutionnelle du triangle d'or danois (flexibilité quantitative de l'emploi, indemnisation généreuse assurant la sécurité du revenu et politique active de l'emploi passant par la formation) a l'avantage d'une grande réactivité, donc de favoriser une croissance schumpétérienne dont les gains de productivité sont répartis ensuite entre les acteurs (entreprises, salariés et État).*
- *Pour autant, nombre de pays européens, comme la France, mais aussi en Allemagne et dans les pays d'Europe du Sud, se trouvent désormais au milieu du gué. En France, les réformes de* retrenchment *(B. Palier, 2006) ainsi que les réformes liées au* workfare *ont déstabilisé un État-providence en crise et provoqué une dualisation (B. Palier, 2007), plus que permis une véritable rénovation.*

Le problème est au final plus compliqué qu'il n'y paraît s'il faut bien davantage inventer de nouvelles formes d'État-providence que supprimer l'essentiel des interventions sociales des États. Au terme de notre réflexion, la forme nordique des États-providence offre néanmoins des pistes sérieuses de renouvellement du fait de sa capacité à concilier justice sociale et efficacité économique plutôt qu'à sacrifier la première pour la seconde.

Compte tenu de l'histoire européenne et de l'ampleur de la crise que l'Europe traverse notamment, cette piste ne devrait pas être négligée d'autant qu'elle est peut-être aussi un moyen de redorer le blason des démocraties représentatives par l'attention qui serait portée avant tout aux classes moyennes et populaires.

SUJET
II

Efficacité économique et justice sociale

Nombreux sont ceux qui prônent pour la France un « choc de compétitivité » pour faire renouer l'économie française avec la croissance économique. Depuis les années 1990, s'est en effet imposée l'idée plus générale que l'efficacité économique - qui peut être appréhendée de manière statique et dynamique à savoir l'équilibre et la croissance de l'économie - nécessiterait d'abandonner, en partie au moins, l'État-providence, désormais trop coûteux et inefficace. Ainsi, s'il fut un temps où la recherche d'une plus grande égalisation des situations et de la croissance économique allaient de pair, ce temps est révolu. D'ailleurs, depuis la parution de l'ouvrage de J. Rawls en 1971, l'égalisation des chances et des droits est même souvent perçue comme un objectif plus légitime que l'égalisation des situations.

Dans quelle mesure dès lors efficacité économique et justice sociale sont-elles incompatibles ? Certaines acceptions de la justice sociale ne sont-elles pas compatibles avec l'efficacité économique ?

Si la croissance et l'équilibre économiques et la recherche de l'égalisation des situations semblent incompatibles (I et II), il demeure que toute recherche d'une plus grande égalité dans nos sociétés démocratiques n'est pas forcément dommageable à l'efficacité de l'économie (III).

I L'efficacité économique augmente les inégalités de situations

A. — L'équilibre économique au détriment de l'égalité des situations

- *L'analyse néoclassique de l'équilibre d'une économie de marché s'appuie sur les choix des agents économiques (consommateur, producteur) et justifie les inégalités économiques de rémunération entre les facteurs de production (travail, capital) par leurs inégales contributions à la production. Le salarié est ainsi rémunéré à sa productivité marginale à l'équilibre (J. Bates Clark). Le fonctionnement du marché du travail et du capital aboutit à des inégalités de salaires et de profits qui peuvent être élevées mais qui sont justes.*
- *L'analyse marxiste de l'équilibre d'une économie de marché dénonce l'égalité formelle, car elle est au service de l'exploitation capitaliste, donc d'inégalités réelles injustes. Les capitalistes extraient la plus-value en substituant du capital au travail et en déqualifiant le travail (loi de surpopulation relative). Une armée industrielle de réserve est ainsi produite par le comportement des capitalistes et exerce une pression constante au maintien d'un salaire de subsistance. Les inégalités de situation sont à la fois fortes et injustes puisqu'elles découlent de la propriété inégale et injuste des moyens de production selon Marx.*

B. — La croissance économique au détriment de l'égalité des situations

- *L'analyse schumpétérienne fait du processus de destruction créatrice le moteur de l'innovation et de la croissance économique. S'il élève globalement le niveau de la production, ce processus ne fait pas néanmoins que des gagnants. Des secteurs, des entreprises, des qualifications sont déclassés par l'innovation. Ainsi, durant les Trente Glorieuses en France, les inégalités de salaires progressent alors que la pauvreté recule. Depuis 30 ans, l'augmentation des inégalités dans les pays riches est souvent attribuée à un progrès technique biaisé - il ne l'était pas pendant les Trente Glorieuses - qui engendre une demande croissante de travail qualifié et détruit les emplois non qualifiés.*

- *On doit à P.-N. Giraud (*L'inégalité du monde, *1996) une analyse originale de la mondialisation des économies comme un processus de mise en compétition des activités « nomades » qui se déploient entre territoires et sont en compétition entre elles. Les « emplois compétitifs » de ces activités nomades diminuent en Europe notamment du fait de la concurrence des Pays à bas salaires et à capacités technologiques (PBSCT). La création nette d'« emplois protégés » dans des activités « sédentaires » (qui se déploient uniquement à l'intérieur du territoire) ne s'effectue pas grâce au déplacement de la demande mais par la baisse des prix de ces activités, c'est-à-dire par l'appauvrissement des « protégés ». La croissance s'accompagne de la hausse des inégalités intranationales.*

II Les politiques d'égalisation des situations nuisent à l'efficacité économique

A. — L'action réglementaire en faveur de l'égalité des situations est économiquement inefficace

- *L'action réglementaire sur les prix (prix planchers) ou sur les salaires (SMIC) est souvent économiquement inefficace car elle produit des rationnements (comme le chômage). Un salaire minimum relativement élevé va certes limiter l'éventail des salaires, mais va exclure du marché du travail la main-d'œuvre dont la productivité est trop faible pour compenser un tel salaire. Le marché du travail est rationné et la production est minorée.*
- *L'action réglementaire (les rigidités sur les marchés) peut réduire le potentiel de croissance. Lorsque la flexibilité quantitative externe est limitée par la réglementation, les faillites d'entreprises et les réductions d'effectifs sont plus difficiles à opérer. La destruction créatrice est entravée, le progrès technique est ralenti et la croissance diminuée.*

B.- L'action redistributrice en faveur de l'égalité des situations est économiquement inefficace

- *La redistribution par des impôts progressifs et des prestations sociales ciblées peut désinciter l'offre de travail. Lorsque les taux marginaux d'imposition sont élevés, l'action redistributrice est maximisée mais le signal envoyé est très désincitatif. Pour Laffer, « trop d'impôts tue l'impôt » : l'augmentation du taux marginal produit un effet substitution (le travail est moins intéressant) qui domine un effet revenu (travailler plus pour gagner plus), donc conduit à la baisse de l'offre de travail. Le remplacement du RMI par le RSA a comme objectif de faire que le travail paie, d'autant que les droits connexes sous condition de statut renforçaient la « trappe à pauvreté ».*
- *La redistribution peut limiter l'épargne, qui est, dans le schéma néoclassique, favorable à la croissance économique (modèle de Solow). La propension marginale à épargner est croissante du revenu : ce sont les catégories les plus aisées qui épargnent le plus. Augmenter les impôts sur ceux qui gagnent le plus diminue ainsi l'épargne, donc la croissance. Ce raisonnement a été popularisé sous la théorie du « ruissellement », à savoir que les inégalités doivent être maintenues pour maximiser la croissance, dont les catégories populaires finiront par profiter.*

III Les voies étroites de l'efficacité économique et de la justice sociale

A. — Égalité des chances et efficacité économique

- *Chez J. Rawls (1971), le principe de différence découle de la procédure du voile de l'ignorance : les individus ne sachant rien* a priori *de leur situation dans la société, ont intérêt à maximiser la situation des plus défavorisés. Quant au principe de juste égalité des chances, il suppose que l'origine sociale n'influence pas les chances d'accès aux diverses positions et fonctions. Ces deux principes justifient l'existence d'institutions (comme l'enseignement gratuit et obligatoire) visant à réduire l'influence des contingences sociales et du hasard naturel. L'école permettrait alors une allocation méritocratique des ressources qui contribue à l'efficacité économique.*

- *Pour A. Sen, la justice sociale doit être évaluée en termes de « capacités » à convertir la dotation en biens premiers sociaux en liberté de choisir sa vie. Par exemple, une personne handicapée peut être mieux dotée qu'une personne valide, mais aura moins de « capacités » en raison de son handicap. Les inégalités de dotations en atouts naturels doivent donc être corrigées par des mécanismes redistributifs. Une politique en faveur de l'emploi des handicapés (comme la loi de 1987 en France obligeant les entreprises de plus de 20 salariés d'embaucher 6 % de travailleurs handicapés) augmente le taux d'emploi et le bien-être global.*

B. — Équité, reconnaissance et efficacité économique

- *Dans la lignée du résultat de Leibenstein (1957) en économie du développement d'une hausse de l'efficacité productive du travailleur mieux rémunéré, ont été développées des théories du salaire d'efficience qui inversent par conséquent la relation entre salaire et productivité. Proposer des salaires plus élevés permet d'augmenter l'implication du travailleur et ainsi sa productivité. La prise en compte du sentiment d'équité – chacun se compare aux autres et souhaite pour une contribution égale aux autres, un salaire égal à celui des autres – est donc favorable à l'effort du salarié et à l'efficacité économique (Akerlof, 1982).*
- *Pour N. Fraser (1997), les sociétés contemporaines sont caractérisées à la fois par des injustices socioéconomiques – de marginalisations économiques par exemple (chômage, précarité, etc.), et par des injustices culturelles ou symboliques – de mépris et d'invisibilité sociale par exemple. Elles suscitent une demande d'équité et nécessitent donc des politiques différentes, à la fois de redistribution et de reconnaissance. À défaut, le sentiment d'injustice peut contribuer à multiplier les conflits et/ou l'apathie qui génèrent des coûts sociaux et pèsent sur l'efficacité économique.*

La formidable efficacité productive de nos économies occidentales est largement imputable à l'importance du capital humain et social que nos sociétés occidentales sont parvenues à accumuler. Le maintien voire la poursuite de l'accumulation de ces capitaux nécessite non pas de renoncer à la justice sociale, mais bien davantage de la conjuguer au pluriel.

SUJETS DE CONCOURS

HEC

1997 : L'internationalisation des économies et son incidence sur la croissance et les fluctuations économiques depuis la fin du XIXᵉ siècle.

1998 : Développement économique et inégalités sociales dans les pays occidentaux depuis la fin du XIXᵉ siècle.

1999 : Innovation et emploi dans les pays industrialisés depuis le début du XIXᵉ siècle.

2000 : En vous aidant de l'analyse économique et historique, vous apprécierez le rôle de la concentration des entreprises dans le développement économique depuis le milieu du XIXᵉ siècle.

2001 : Les rôles respectifs de l'État et du marché dans la répartition et la redistribution des revenus depuis la fin du XIXᵉ siècle.

2002 : En quoi les crises économiques et financières majeures marquent-elles une étape dans le développement économique et social ? (On se placera dans une double perspective historique, depuis le début du XIXᵉ siècle, et économique.)

2003 : La mondialisation économique est-elle irréversible ? Vous analyserez la question en faisant appel à la théorie économique et à l'évolution historique depuis le début du XIXᵉ siècle.

2004 : Causes et conséquences de la tertiarisation des économies avancées.

2005 : En vous aidant de l'analyse économique et historique, étudiez l'efficacité des modes de financement des économies des pays avancés.

2006 : L'émergence des nouveaux pays industriels est-elle un frein à la croissance des pays avancés ?

2007 : La lutte contre la pauvreté depuis le début du XIXᵉ siècle dans les pays développés.

2008 : Les ressources naturelles : obstacle ou moteur pour la croissance économique ?

2009 : Peut-on parler d'un apprentissage des politiques économiques de la part des gouvernements depuis le début du XXᵉ siècle?

2010 : Le rôle de l'or dans l'économie mondiale depuis le début du XIXᵉ siècle dans une perspective historique.

2011 : Sorties de crise.

2012 : La crédibilité des accords monétaires.

2013 : Administrations publiques et compétitivité depuis le début du XIXᵉ siècle.

2014 : Équité et libre-échange depuis le début du XIXᵉ siècle.

2015 : Institutions et développement depuis le début du XIXᵉ siècle.

2016 : Les États ont-ils encore à arbitrer entre le chômage et l'inflation ?

2017 : L'entreprise (depuis le XIXᵉ siècle) peut-elle se passer de l'entrepreneur ?

ESSEC

1997 : Redistribuer les revenus, est-ce un objectif légitime des gouvernements dans les pays industriels développés ?

1998 : Toute crise économique n'apparaît-elle pas aussi comme une crise de l'analyse économique ?

1999 : Pourquoi la croissance ? La croissance pour quoi ?

2000 : Dans quelle mesure la hausse progressive du taux de chômage observé après 1970 résulte-t-elle d'une hausse du taux de chômage d'équilibre ou de la lenteur et de la complexité des dynamiques d'ajustement enclenchées par une succession de chocs négatifs ?

2001 : Le GATT et la montée des protectionnismes.

2002 : Analyser l'évolution du système monétaire international, des accords de Bretton Woods au flottement des monnaies.

2003 : Les conséquences économiques des guerres. (Vous examinerez cette question en faisant appel à la théorie économique et en faisant référence aux événements historiques depuis 1900.)

2004 : La croissance des pays en développement nuit-elle à la prospérité des pays industrialisés ?

2005 : Unité et diversité du capitalisme.

2006 : Intérêt et limites de l'intervention de l'État.

2007 : L'évolution de l'organisation du travail et ses liens avec la croissance économique.

2008 : L'État-Nation est-il en crise ?

2009 : Progrès technique et emploi.

2010 : Le libre-échange est-il un facteur de croissance ?

2011 : Faut-il combattre les monopoles ?

2012 : « L'Europe sera monétaire ou ne sera pas ». Qu'en pensez-vous ?

2013 : La France face aux mondialisations.

2014 : Le protectionnisme a-t-il de l'avenir dans une économie de plus en plus internationalisée ?

2015 : Croissance et inégalités.

2016 : La guerre des monnaies.

2017 : « Gagnant en extension, l'Europe perd en intensité » Que pensez-vous de cette affirmation de François Perroux (1974) ?

ESCP

1997 : Les dépenses publiques favorisent-elles la croissance économique ? NB : Vous appuierez votre argumentation sur l'expérience des grands pays industrialisés.

1998 : La place particulière du dollar dans le système monétaire international après 1944 a-t-elle favorisé et favorise-t-elle encore la croissance de l'économie mondiale ?

1999 : Processus d'intégration économique et monétaire et croissance économique des États membres de la Communauté puis de l'Union européenne, de 1957 à nos jours. NB : On pourra privilégier dans les exemples les cas allemand et français.

2000 : La protection sociale est-elle un obstacle à la compétitivité d'une nation ?

2001 : Pour favoriser le développement, faut-il plus ou moins d'État ? (Prendre l'exemple des PED depuis 1945.)

2002 : Les changements démographiques conditionnent-ils le changement social ?

2003 : Les rythmes de l'innovation expliquent-ils fondamentalement les rythmes de l'économie ?

2004 : Ouverture commerciale à l'international et croissance économique.

2005 : Les phénomènes de pauvreté peuvent-ils s'expliquer par le développement du libre-échange ?

2006 : La concentration industrielle est-elle toujours un obstacle à la concurrence ? (Vous appuierez vos assertions sur des exemples tirés de l'histoire économique depuis 1850.)

2007 : L'inflation est-elle toujours et partout un frein à la croissance ?

2008 : L'ouverture internationale a-t-elle modifié fondamentalement la nature des crises financières ?

2009 : Les banques centrales ont-elles eu et ont-elles aujourd'hui une influence décisive sur l'activité économique ?

2010 : Les Unions économiques régionales ont-elles été et sont-elles encore un moyen de contourner le libre-échange ?

2011 : La mondialisation explique-t-elle principalement le rattrapage des pays émergents ?

2012 : L'inflation est-elle la meilleure des solutions pour résoudre les crises de la dette publique ?

2013 : Le taux de change est-il encore aujourd'hui un bon facteur de compétitivité ?

2014 : Existe-t-il une fiscalité optimale pour assurer la croissance économique ?

2015 : Peut-on considérer que la concurrence constitue le véritable moteur de la croissance économique ?

2016 : La mondialisation peut-elle expliquer les mauvaises performances économiques et sociales des pays ?

2017 : Le bon fonctionnement d'un marché justifie-t-il l'intervention de l'État ?

ECRICOME

1997 : Dans quelle mesure les expériences conduites au XXe siècle dans les pays capitalistes développés (PCD) et la situation actuelle peuvent-elles justifier la politique du franc fort ?

Ce n'est pas parce que les firmes multinationales investissent en Afrique que cette dernière est sous-développée, c'est au contraire parce qu'elles n'y sont pas assez présentes ! (Emannuel Arghiri). Cette citation d'Emannuel Arghiri vous paraît-elle rendre compte du rôle des firmes multinationales dans l'histoire du développement ? (3 tableaux annexes)

1998 : La recherche de la productivité est-elle une solution à la crise de l'emploi dans les économies capitalistes ?

Peut-il exister une croissance sans épargne ?

1999 : L'entrepreneur dans l'invention et dans le développement du capitalisme.

Alors que pendant les quarante années qui ont suivi la Seconde Guerre mondiale, la plupart des pays capitalistes développés (PCD) ont connu de fortes tendances inflationnistes, à l'heure actuelle, la déflation paraît de nouveau possible. Comment expliquez-vous cette évolution ?

2000 : La recherche de la grande dimension est-elle inéluctable pour l'entreprise dans le système capitaliste ?

Existe-t-il une spécificité économique et sociale française depuis le début de l'industrialisation ?

2001 : L'euro : étape ou aboutissement ?

Mobilité sociale et croissance économique en France depuis 1945.

2002 : Les déséquilibres démographiques mondiaux et leurs conséquences sur le développement.

À la lumière de l'expérience historique, pensez-vous que l'équilibre budgétaire doive être un objectif des politiques économiques ?

2003 : Le financement des économies émergentes depuis le début du XIXe siècle.

Le modèle social européen est-il compatible avec la mondialisation ?

2004 : Préserver la concurrence : un facteur essentiel de régulation du capitalisme ?

Le libre-échange, tel qu'il est conçu par l'Accord général sur les tarifs et le commerce (GATT), est-il un facteur de croissance économique depuis 1947 ?

2005 : Système de change et croissance économique au XXe siècle.

La déréglementation des marchés du travail a-t-elle des effets sur l'emploi ?

2006 : À quels changements les grandes entreprises capitalistes ont-elles dû procéder pour se développer dans l'économie mondiale ?

L'internationalisation financière a-t-elle accru les inégalités de développement ?

2007 : La dotation en facteurs explique-t-elle l'évolution de la spécialisation internationale des nations ?

Les prélèvements obligatoires représentent-ils un frein à la croissance économique dans les PDEM ?

2008 : Quel rôle les institutions doivent-elles jouer dans le développement des pays ?

Concurrence monétaire et compétitivité des nations.

2009 : Depuis 1945, dans quelle mesure l'endettement des agents économiques a-t-il été facteur de croissance dans les PDEM ?

Le progrès économique a-t-il fait reculer l'insécurité sociale depuis la fin du XIXe siècle dans les pays capitalistes ?

2010 : Qu'est-ce qu'un partage équitable des fruits de la croissance ?

Commerce international et crises économiques : les enseignements de l'histoire.

2011 : Les nations ont-elles intérêt à faire appel aux investisseurs étrangers ?

Le chômage est-il dû à la mise en œuvre de politiques inappropriées ?

2012 : Peut-on toujours parler des classes moyennes ?

Le progrès technique peut-il être orienté et conduit par la puissance publique ?

2013 : Depuis le début du XXe siècle, qu'est-ce qu'un bon taux de change ?

Faut-il souhaiter, ainsi que le soutenait J.M. Keynes, « l'euthanasie des rentiers » ?

2014 : À la lumière de l'histoire et de l'analyse économiques, vous vous demanderez s'il est possible d'évaluer l'efficacité des dépenses publiques.

Depuis le XIXe siècle, la réussite des pays émergents s'explique-t-elle principalement par leurs dotations factorielles ?

2015 : L'euro : d'où vient-il ? Où mène-t-il ?

La globalisation financière a-t-elle amélioré l'allocation du capital depuis les années 1980 ?

2016 : Qu'est-ce qu'une bonne gouvernance d'entreprise ?

Depuis les années 1980, la mondialisation est-elle responsable du chômage dans les pays avancés ?

2017 : Un État doit-il s'inquiéter de l'augmentation de sa dette publique ?

Faut-il lutter contre les inégalités économiques ?

INDEX DES NOMS PROPRES

Les folios en gras indiquent que l'auteur cité est abordé sur plusieurs pages.

INDEX DES NOTIONS

Les folios en gras indiquent que la notion est abordée sur plusieurs pages.

Impression & brochage sepec - France
N° d'impression : 10803170603 - Dépôt légal : juin 2017
IMPRIM'VERT®
PEFC 10-31-1470 / Certifié PEFC / Ce produit est issu de forêts gérées durablement et de sources contrôlées. / pefc-france.org